FANS OF THE YEAR

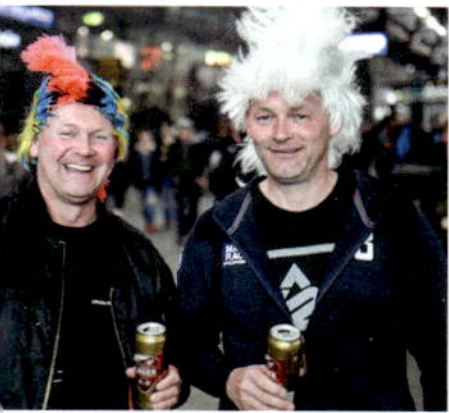
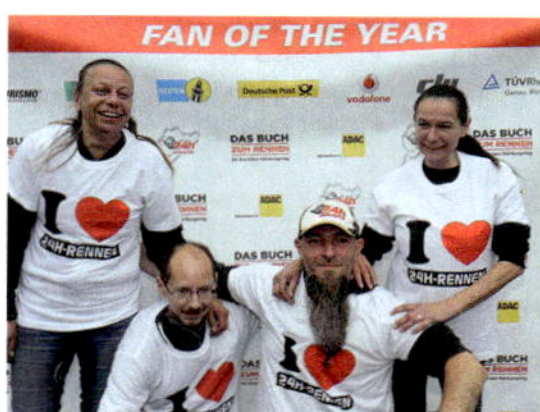

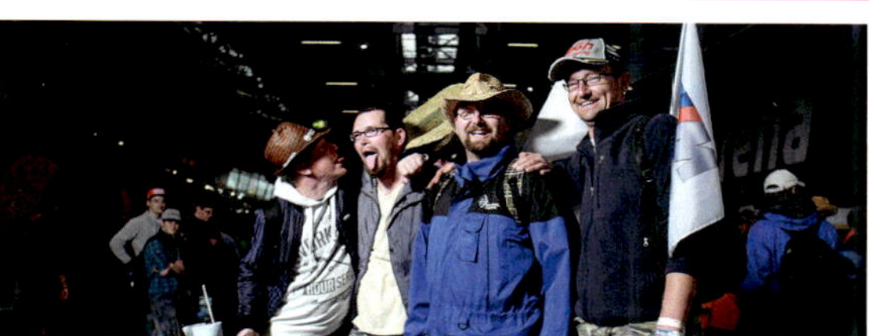

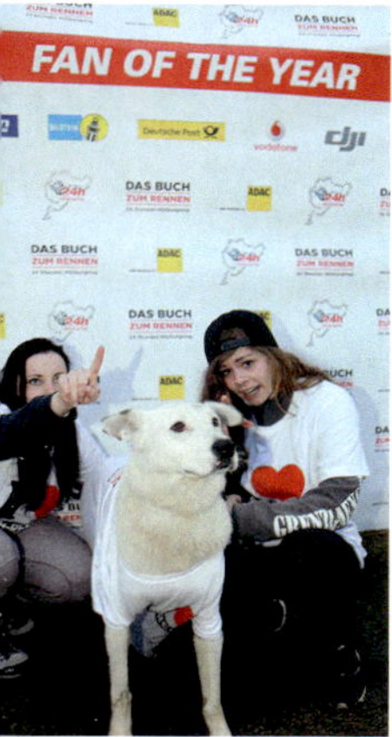

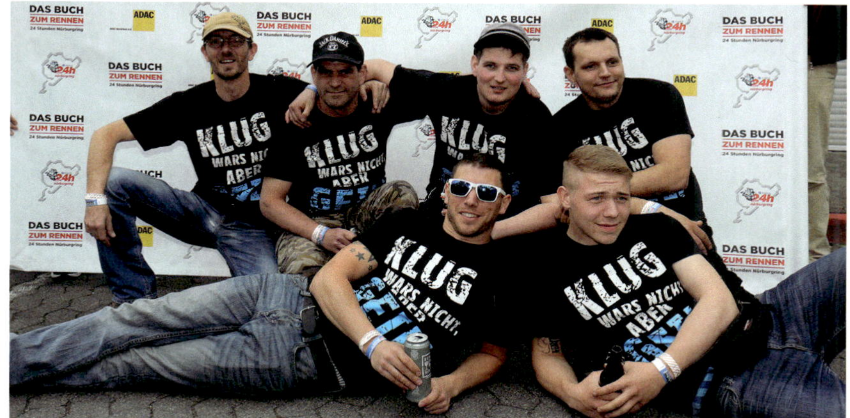

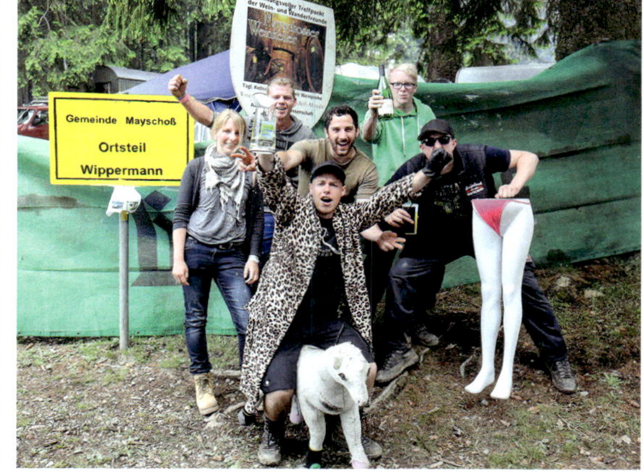

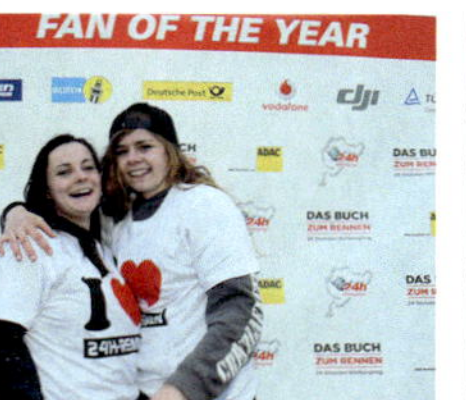

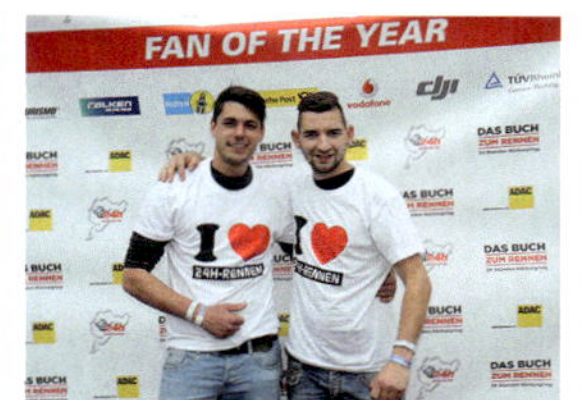

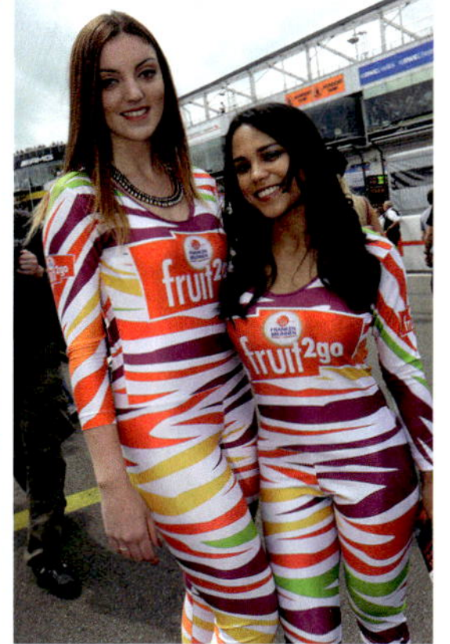

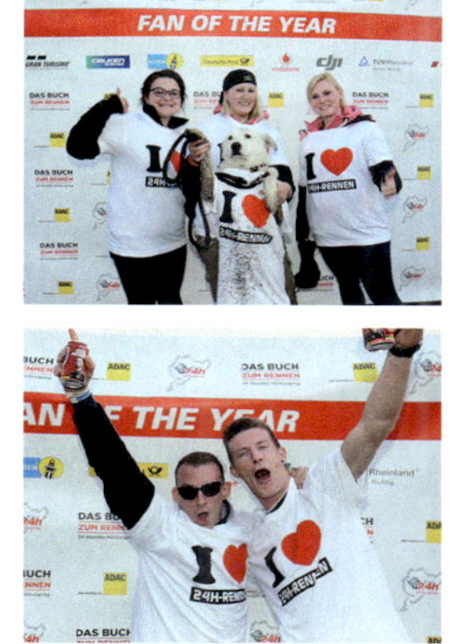

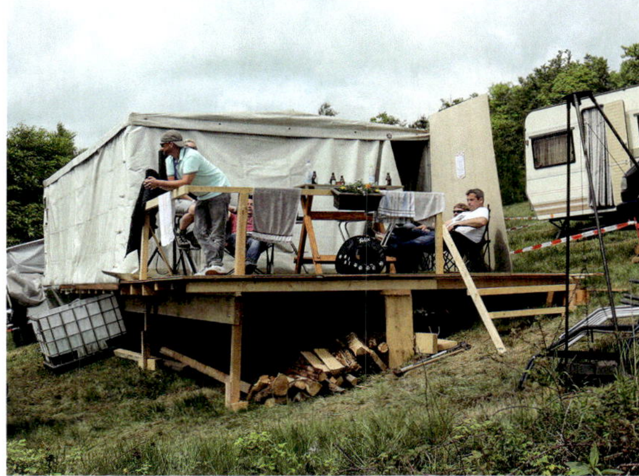
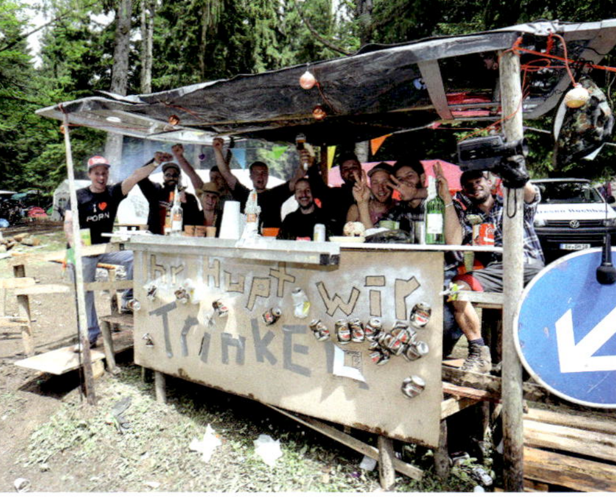
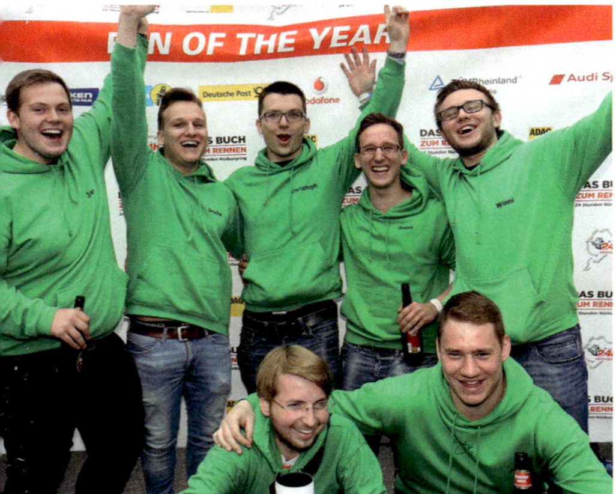

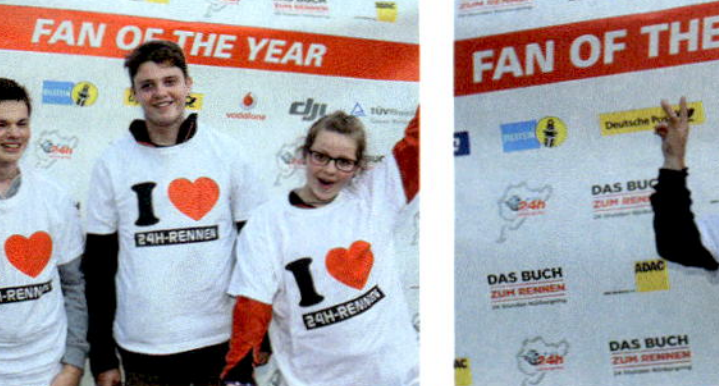

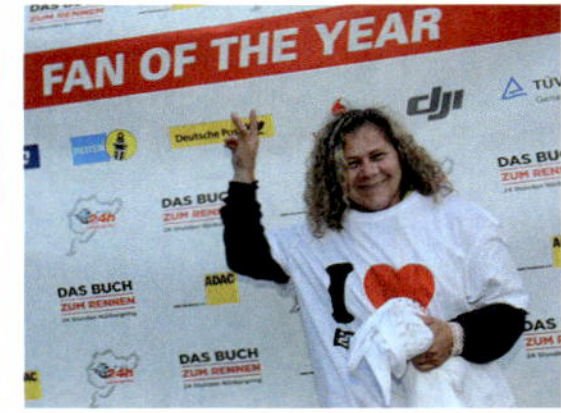

DAS BUCH
ZUM RENNEN
24 Stunden Nürburgring

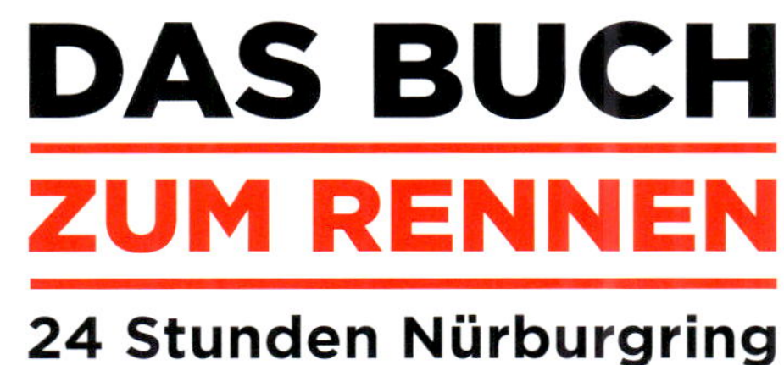
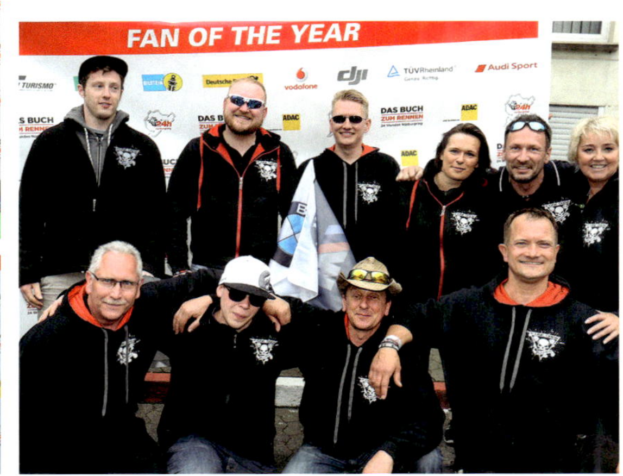

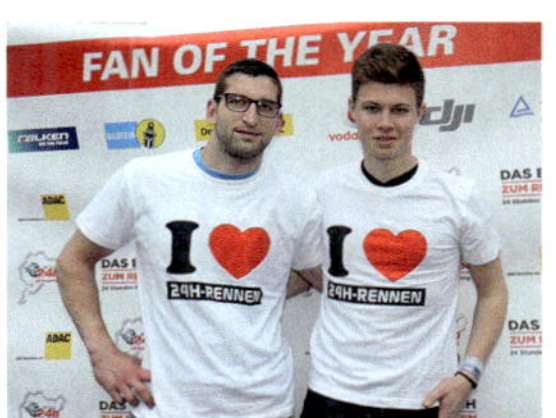

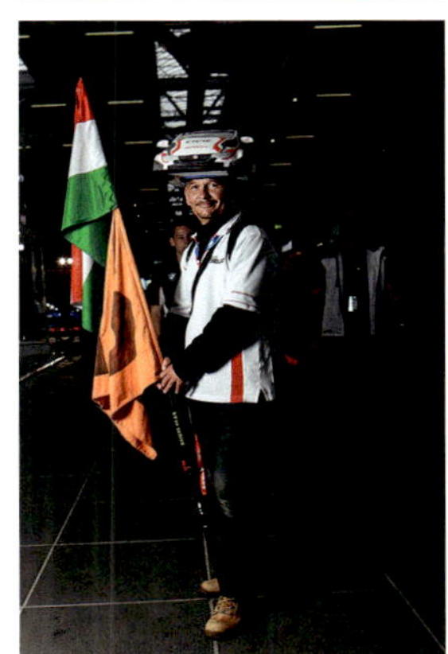
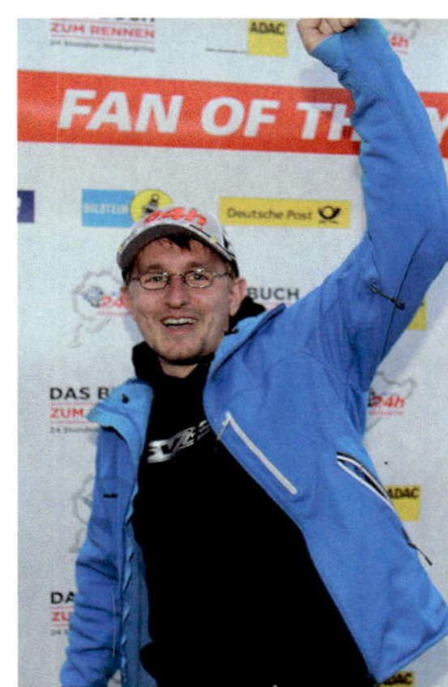
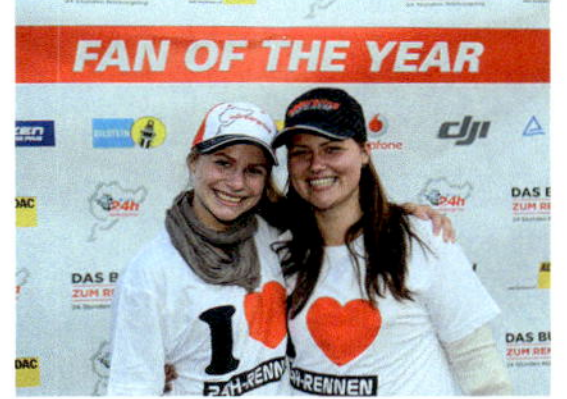

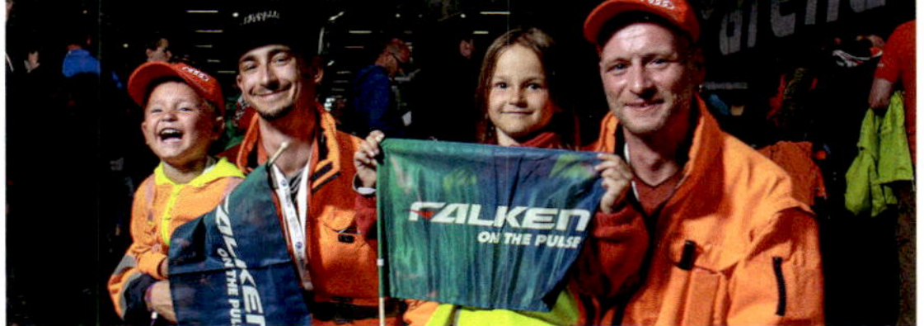

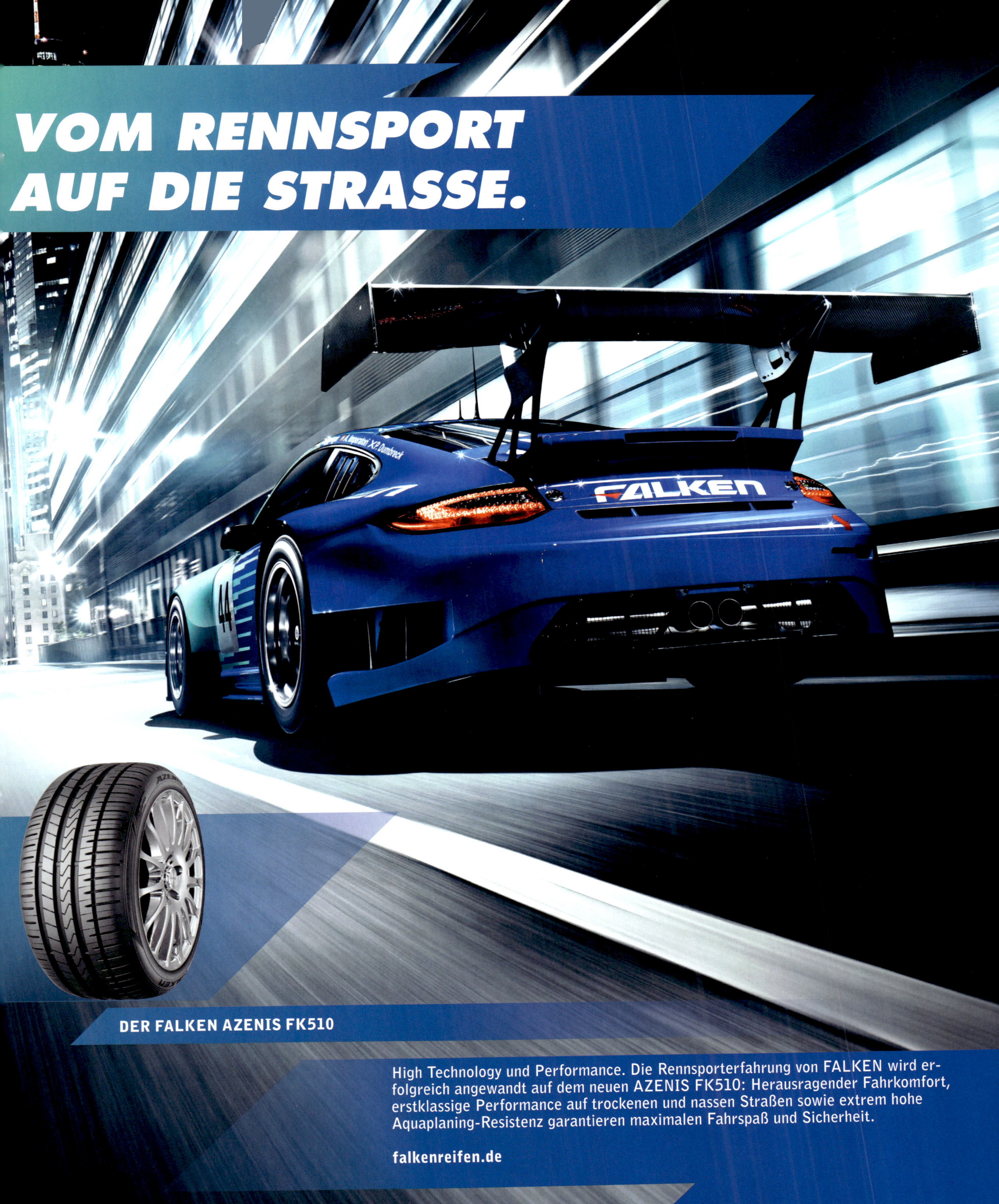

VOM RENNSPORT
AUF DIE STRASSE.
FALKEN
DER FALKEN AZENIS FK510
High Technology und Performance. Die Rennsporterfahrung von FALKEN wird erfolgreich angewandt auf dem neuen AZENIS FK510: Herausragender Fahrkomfort, erstklassige Performance auf trockenen und nassen Straßen sowie extrem hohe Aquaplaning-Resistenz garantieren maximalen Fahrspaß und Sicherheit.
falkenreifen.de
FALKEN
REIFEN

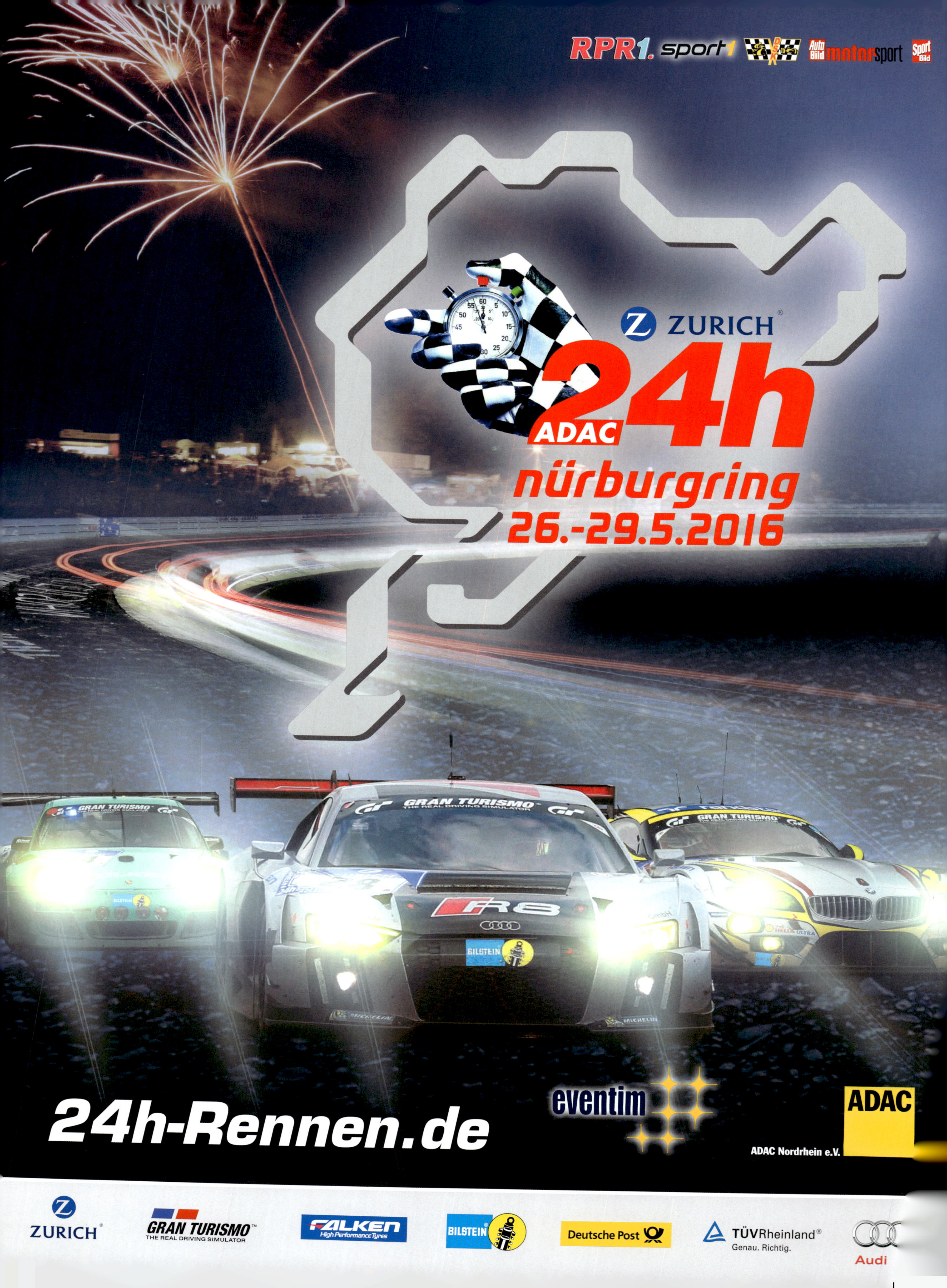

RPR1. sport1 Auto Bild motorsport Sport Bild

ZURICH

ADAC 24h nürburgring

26.-29.5.2016

24h-Rennen.de

eventim

ADAC

ADAC Nordrhein e.V.

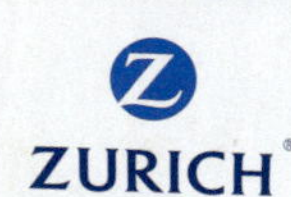

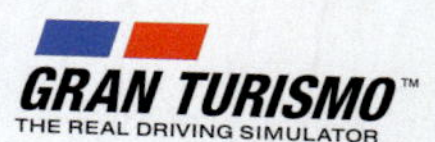

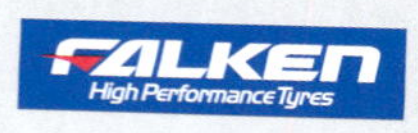

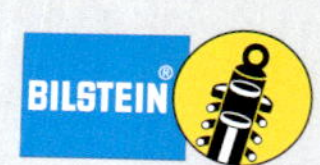

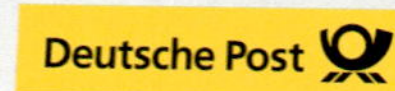

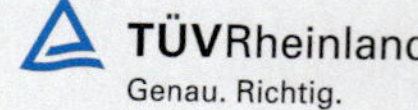

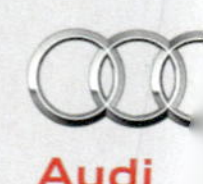

6

QUALIFYING RACE 8

EVENTS 16

QUALIFYING 42

RACE 80

CLASSES 172

FACTS & RESULTS 254

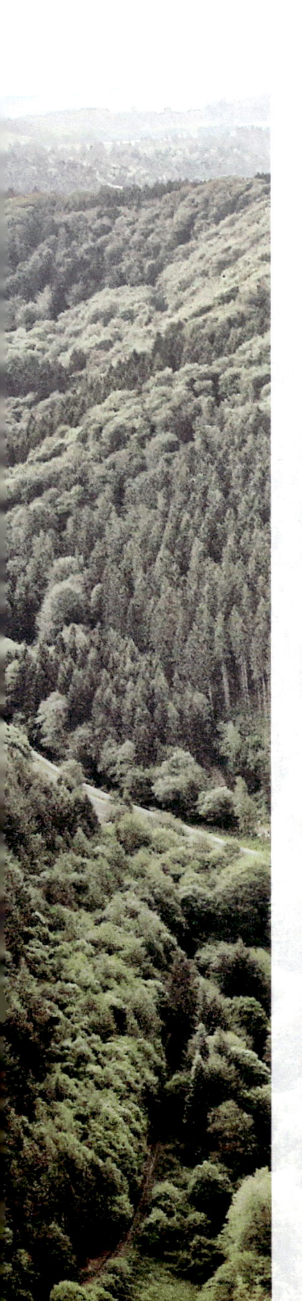

PRESENTED BY:

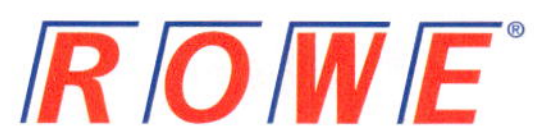

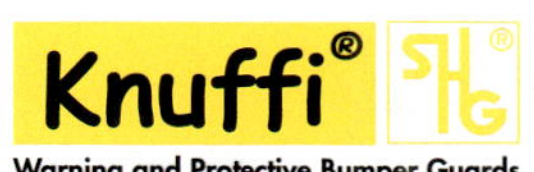

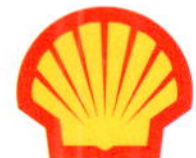
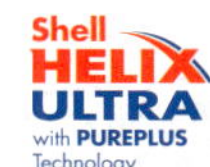

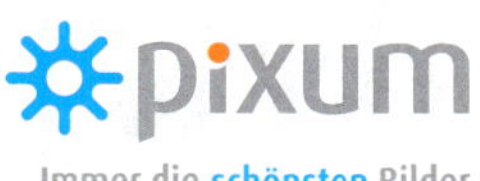

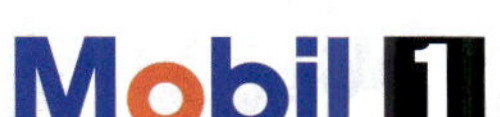

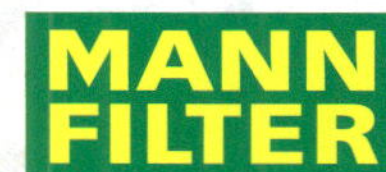

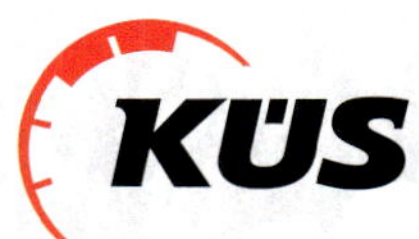

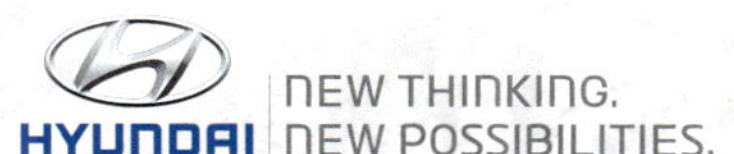

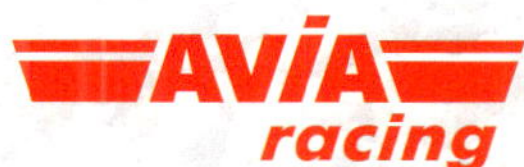

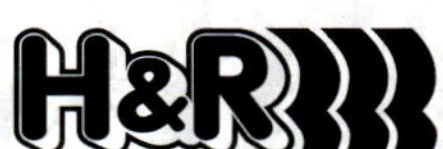

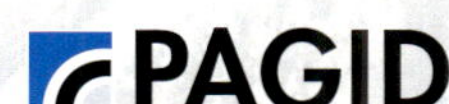

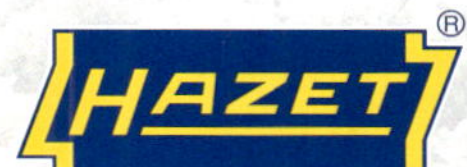

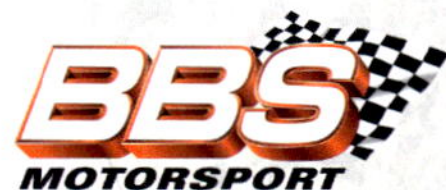

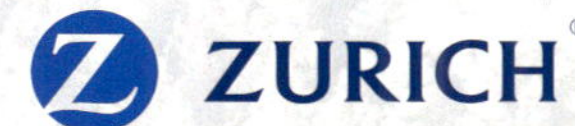

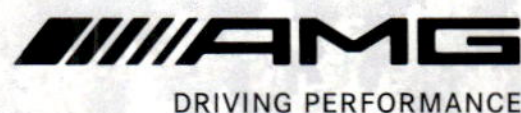

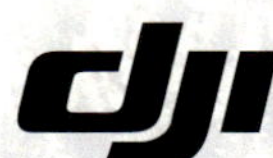

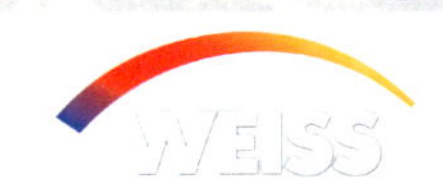

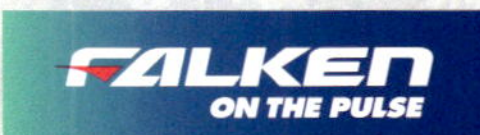

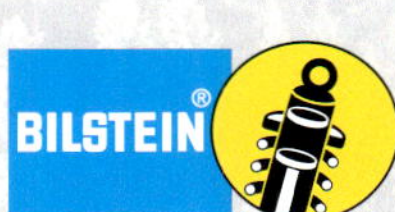

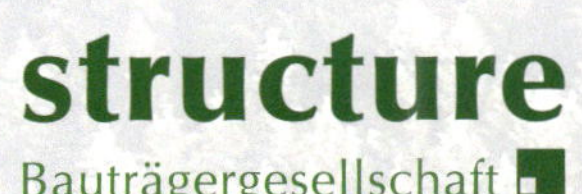

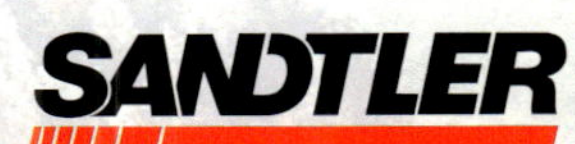

Peter Meyer, Vorsitzender des ADAC Nordrhein e. V.

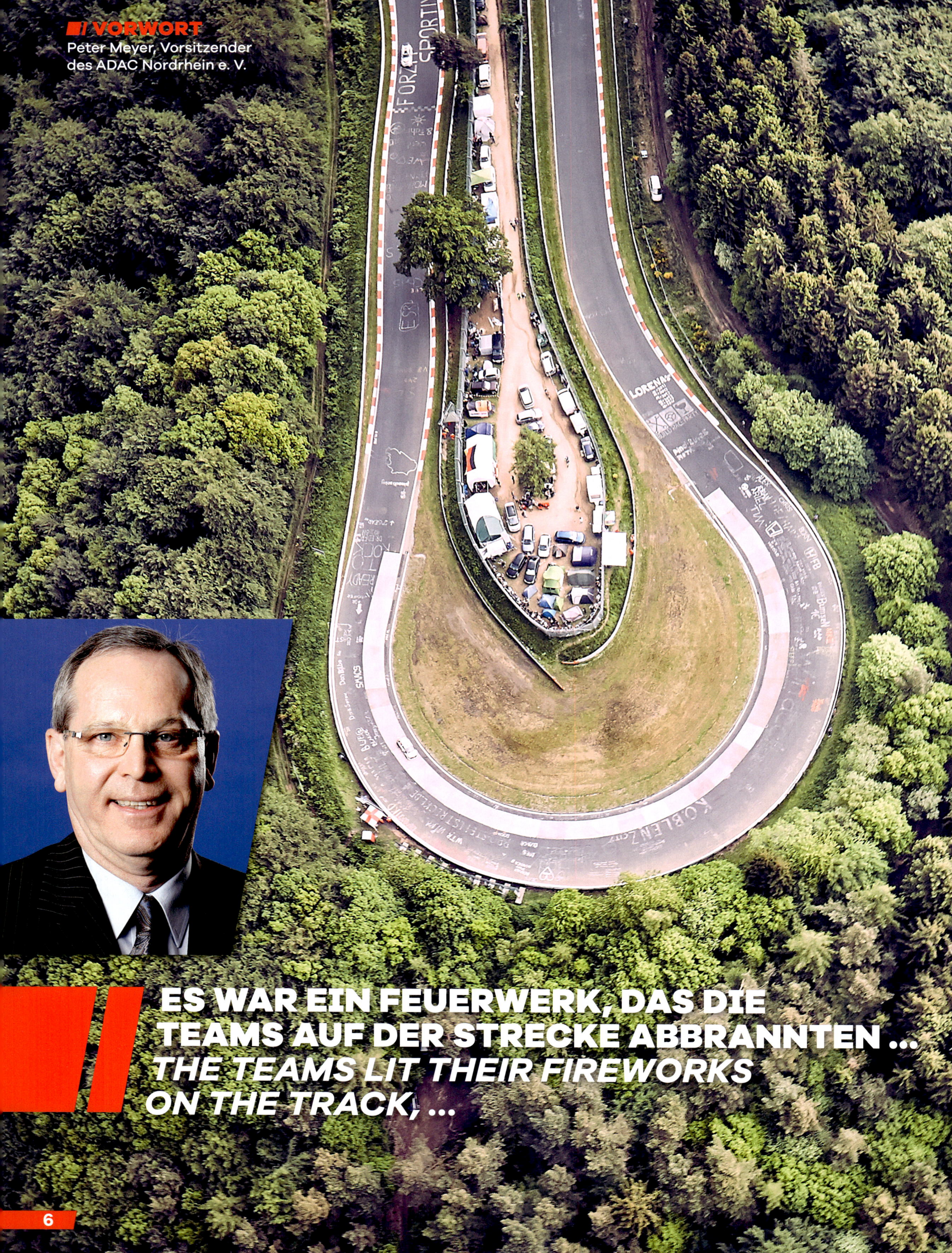

ES WAR EIN FEUERWERK, DAS DIE TEAMS AUF DER STRECKE ABBRANNTEN ...

THE TEAMS LIT THEIR FIREWORKS ON THE TRACK, ...

Liebe Leser,
Dear readers,

Es ist ein Phänomen unserer Zeit, dass Superlative im Überfluss verwendet werden. Ob Supermarktangebot oder Sportevent: alles scheint am besten, am spektakulärsten, am atemberaubendsten sein zu müssen. Der Fluch dieser sprachlichen Mode wird deutlich, wenn die Superlative tatsächlich einmal angebracht wäre – so, wie beim ADAC Zurich 24h-Rennen 2016. Denn es gibt viele Gründe, warum diese 44. Auflage des Nordschleifen-Klassikers selbst aus der Reihe seiner bemerkenswerten Vorgänger heraussticht.
Da war etwa – einmal mehr – das Eifelwetter, das sich in den ersten Rennstunden zu einem Hauptdarsteller zu entwickeln schien: Eine Stunde nach dem Start musste Rennleiter Walter Hornung die Rote Flagge zeigen, nachdem ein heftiger Hagelschauer das Weiterfahren unmöglich machte. Was sich anschließend entwickelte, war genau das, worauf die 185 000 Zuschauer gehofft hatten, die trotz der widrigen Witterungsbedingungen das Wochenende an der Nordschleife verfolgten. Das 24h-Rennen bot Motorsport, wie er sein soll: abwechslungsreich und spannend buchstäblich bis zum letzten Meter.
Über 30 Führungswechsel erlebten die Fans in den 20 Rennstunden. Und wenn es am Ende auch einen Mercedes-Vierfachsieg zu feiern gab, so waren die Kräfteverhältnisse in der Spitzengruppe doch ausgeglichen: Mit BMW, Bentley, Audi und Porsche schafften es vier weitere Hersteller in die Top Ten des Endergebnisses. Es war ein Feuerwerk, das die Teams auf der Strecke abbrannten – und dieses Feuerwerk endete standesgemäß mit einem echten Knalleffekt. Denn erst in der letzten Rennrunde überholte Black-Falcon-Pilot Maro Engel den bis dahin führenden Christian Hohenadel im HTP-Mercedes-AMG. Im Ziel lag Engel knapp 5,7 Sekunden vorne und sorgte damit nicht nur für Jubel bei seinen Teamkollegen Bernd Schneider, Adam Christodoulou und Manuel Metzger, sondern auch für den knappsten Zieleinlauf der 24h-Historie.
Natürlich wurde das gewagte Überholmanöver, das zum Sieg führte, anschließend kontrovers diskutiert. Auch das ist schließlich Motorsport: Da kochen auch einmal die Emotionen hoch und der Blutdruck steigt. Ein echtes Urteil aber fällt man besser erst mit etwas Abstand und mit umfassenden Informationen – zu beidem halten Sie mit diesem Buch den Schlüssel in der Hand. Das enorm vielfältige Geschehen des 24h-Wochenendes wurde von der ersten bis zur letzten Minute begleitet. Unzählige Fotos, akribische Recherche, Statistik-Auswertungen: Nirgendwo sonst ist das Geschehen beim ADAC Zurich 24h-Rennen umfassender dokumentiert. Das gilt nicht nur für das Geschehen an der Spitze des Feldes. Auch der Kampf in den vielen Wertungsklassen wird hier noch einmal aufgerollt. Und natürlich fehlen auch die vielen Rennen und Events im Rahmenprogramm nicht. Mit anderen Worten: Das offizielle Jahrbuch zum 24h-Rennen ist der wohl schönste Schmöker für die motorsportfreie Zeit und vermutlich das beste Mittel, um die Vorfreude auf die 45. Auflage im Jahr 2017 zu schüren. In diesem Sinne wünsche ich Ihnen viel Vergnügen und beste Unterhaltung.

It is a phenomenon of our time that superlatives are used in abundance. Whether it is for supermarket promotions or sporting events: it seems that everything has to be the best, the most spectacular, the most breath-taking. The burden of this lingual trend becomes apparent when, for once, using such superlatives would indeed be appropriate, like for the 2016 ADAC Zurich 24h-Rennen. After all, there are many reaons why this 44th running of the classic event at the Nordschleife even stands out from its remarkable predecessors.
There was, for instance, the Eifel weather that seemed to be taking centre stage in the opening hours of the race: one hour after the start, race director Walter Hornung had to display the red flags as a heavy hailstorm prevented continuation. What unwound itself after that was exactly what the 185,000 spectators who attended the event at the Nordschleife in spite of the adverse weather conditions had hoped for. The 24h race provided motorsport as it should be: varied and thrilling, literally until the final metres.
During the 20 hours of racing, the fans got to see over 30 lead changes. And even though Mercedes locked out the first four positions in the final classification, the group of front-runners was well balanced: with BMW, Bentley, Audi and Porsche, four other manufacturers managed to score a top ten finish. The teams lit their fireworks on the track, and these fireworks appropriately ended with a real bang. Only on the final lap, Black Falcon's Maro Engel managed to overtake erstwhile leader Christian Hohenadel in the HTP Mercedes-AMG. At the finish, Engel had a margin of barely 5.7 seconds and thus not only sparked joy for his team-mates Bernd Schneider, Adam Christodoulou and Manuel Metzger, but also staged the closest finish in history of the 24h race.
Of course, the audacious overtaking manoeuvre that led to victory was the reason for some controversy and discussions afterwards. That, after all, is also a part of motorsport: emotions are running high, as is the blood pressure. But it is better to bring in a real verdict with a little bit of distance and with comprehensive information. This book gives you the key to both elements. The varied and colourful action of the 24h weekend has been documented from the first till the last second. Countless images, thorough research, statistics and analyses: nowhere else, you will find a more comprehensive documentation of the action in the ADAC Zurich 24h-Rennen. And that not only applies to the action at the front of the field. The battles in the many different categories have been covered as well. Of course, the many races and events on the support package have been included, too. In other words: the official yearbook of the 24h race probably is the most beautiful reading material for the motorsport free time and most likely also the best way to whet your appetite for the 45th running in 2017. In this sense, I wish you a lot of joy and great entertainment.

Peter Meyer

Ihr Peter Meyer
Vorsitzender des ADAC Nordrhein e. V.
Sincerely, Peter Meyer
Chairman, ADAC Nordrhein e. V.

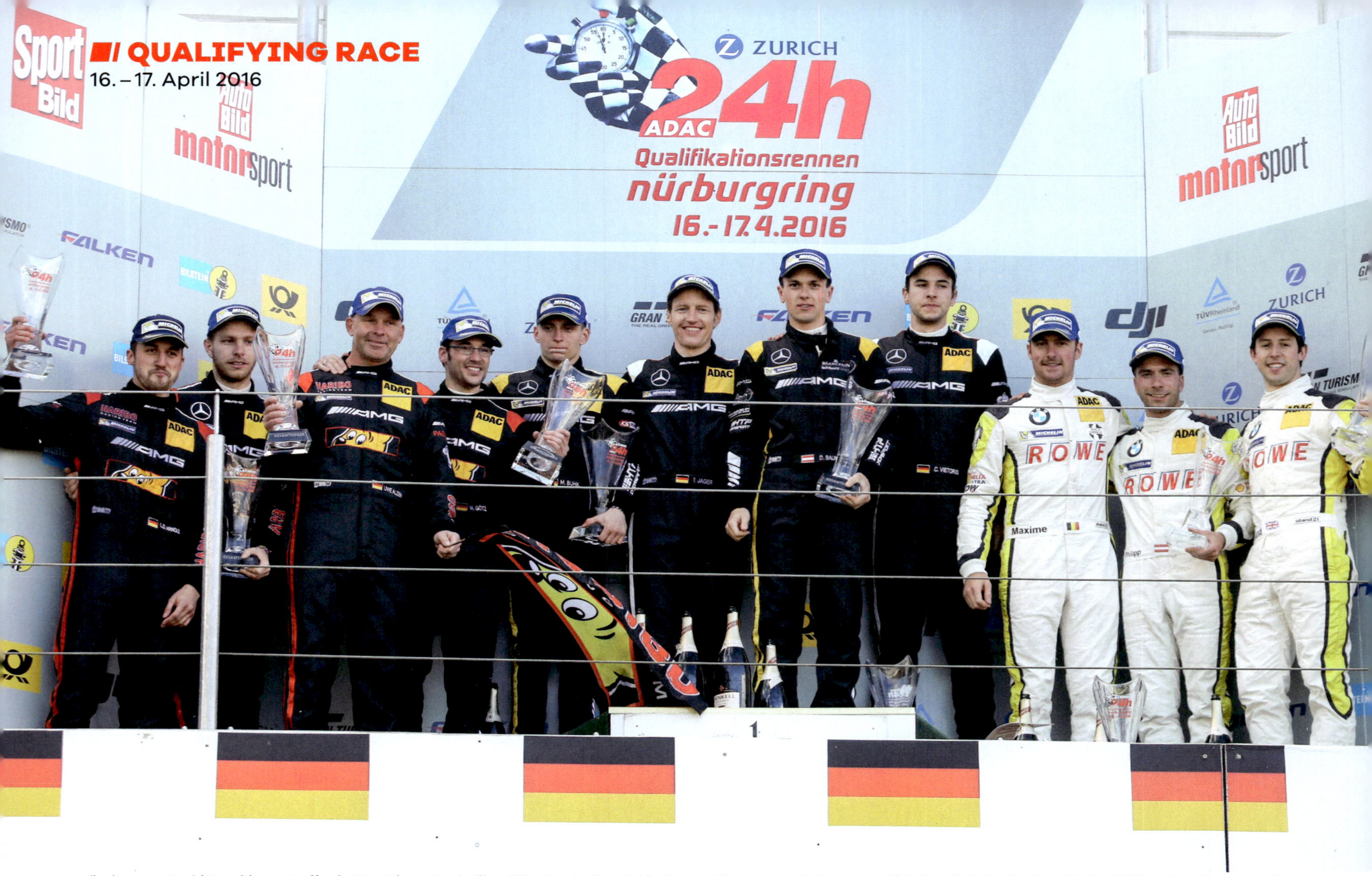

(l.-r.): Lance David Arnold, Jan Seyffarth, Uwe Alzen, Maximilian Götz, Maximilian Buhk, Thomas Jäger, Dominik Baumann, Christian Vietoris, Maxime Martin, Philipp Eng, Alexander Sims

QUALIFYING RACE

16. – 17. APRIL 2016

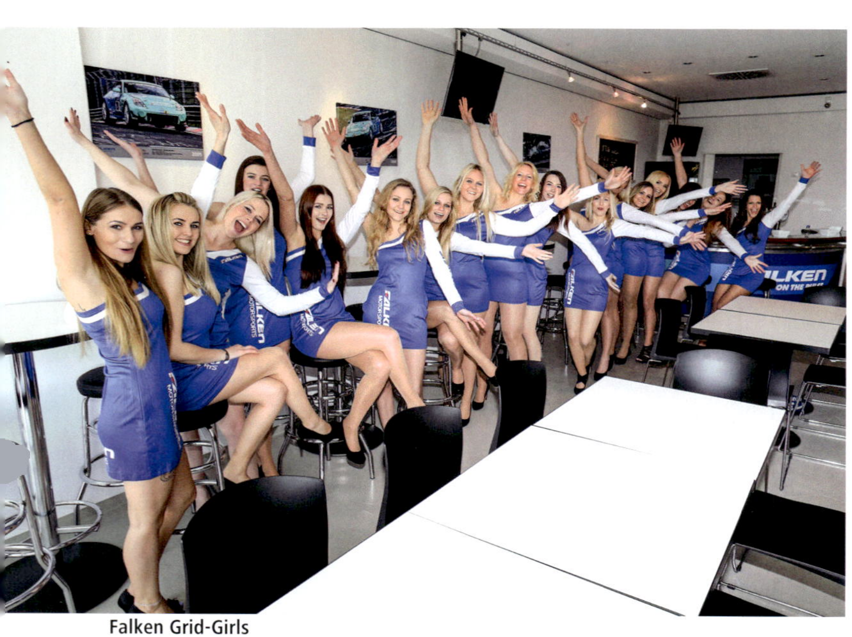
Falken Grid-Girls

Zwei Mercedes-AMG GT3 eroberten beim 24h-Qualifikationsrennen die ersten beiden Plätze. Für das Team HTP Motorsport gingen Maximilian Buhk, Christian Vietoris, Thomas Jäger und Dominik Baumann bei der Generalprobe für das ADAC Zurich 24h-Rennen als Sieger durchs Ziel. Nach sechs Stunden auf der 25,378 km langen Kombination aus Grand-Prix-Kurs und Nordschleife lagen sie 54,109 Sekunden vor den Markenkollegen des Haribo Racing Teams AMG mit Uwe Alzen, Lance David Arnold, Maximilian Götz und Jan Seyffarth. Die Polesitter von Rowe Racing komplettierten im Feld der 72 Starter das Podium: Alexander Sims, Philipp Eng und Maxime Martin wechselten sich am Steuer des BMW M6 GT3 ab.

Wechselhafte Witterung sorgte am gesamten Rennwochenende immer wieder für Spannung. Gerade in der Startphase war die Wahl der richtigen Reifen eine Herausforderung – und selbst die Routiniers lagen zuweilen daneben. Davon konnte etwa Polesitter Maxime Martin ein Lied singen. Er übernahm zu Beginn des Rennens im BMW M6

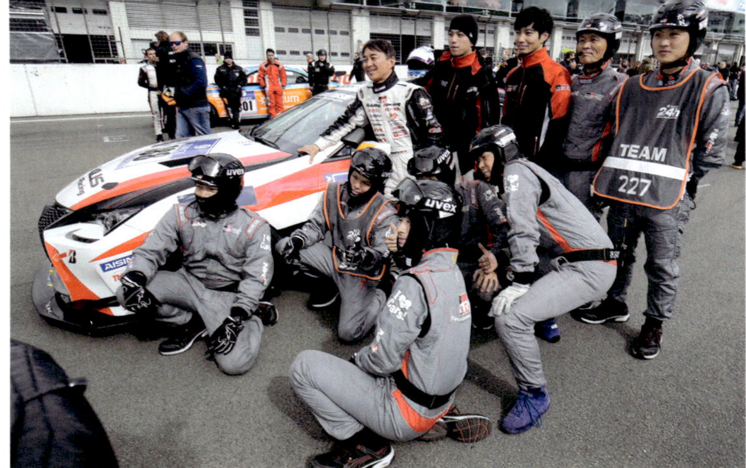

TOYOTA GAZOO Racing-Team

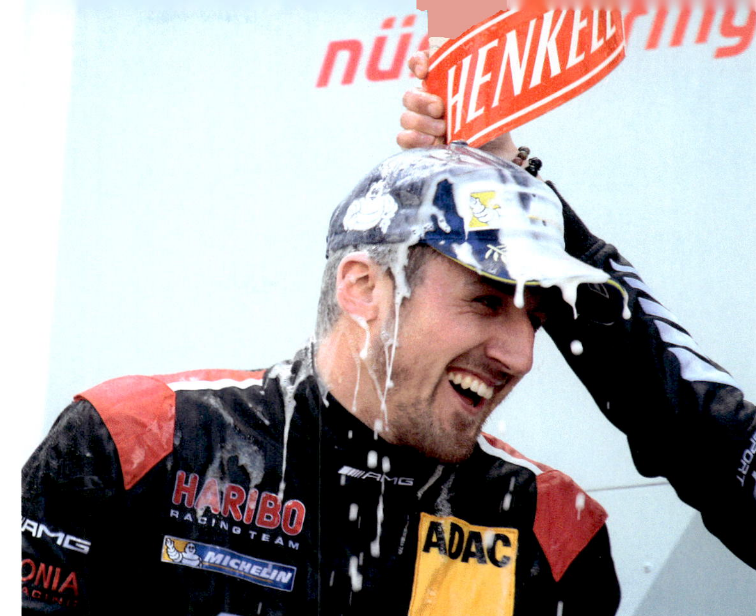

Lance David Arnold

Mercedes-AMG GT3s locked out the first two positions in the 24h Qualification Race. In the dress rehearsal for the ADAC Zurich 24h-Rennen, Maximilian Buhk, Christian Vietoris, Thomas Jäger and Dominik Baumann came out on top for HTP Motorsport. After six hours, they were 54.109 seconds clear of fellow Mercedes-AMG drivers Uwe Alzen, Lance David Arnold, Maximilian Götz and Jan Seyffarth in the Haribo Racing Team entry. Having started from pole position in the 72 cars strong field, the ROWE Racing trio of Alexander Sims, Philipp Eng and Maxime Martin claimed the final podium slot.

Changeable weather conditions were a challenge for all competitors throughout the weekend and especially in the opening stages of the race, the right tyre choice was difficult, as pole-sitter Maxime Martin was to find out. The action-packed race saw no less than 14 lead changes with six different cars.

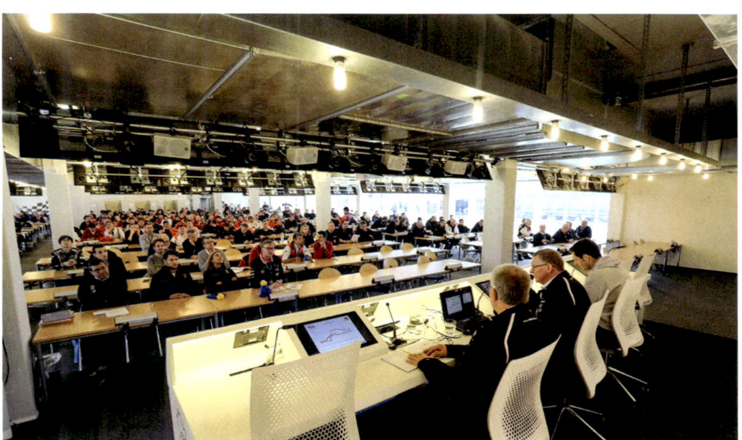
driver's briefing

Alexander Sims, Philipp Eng, Maxime Martin

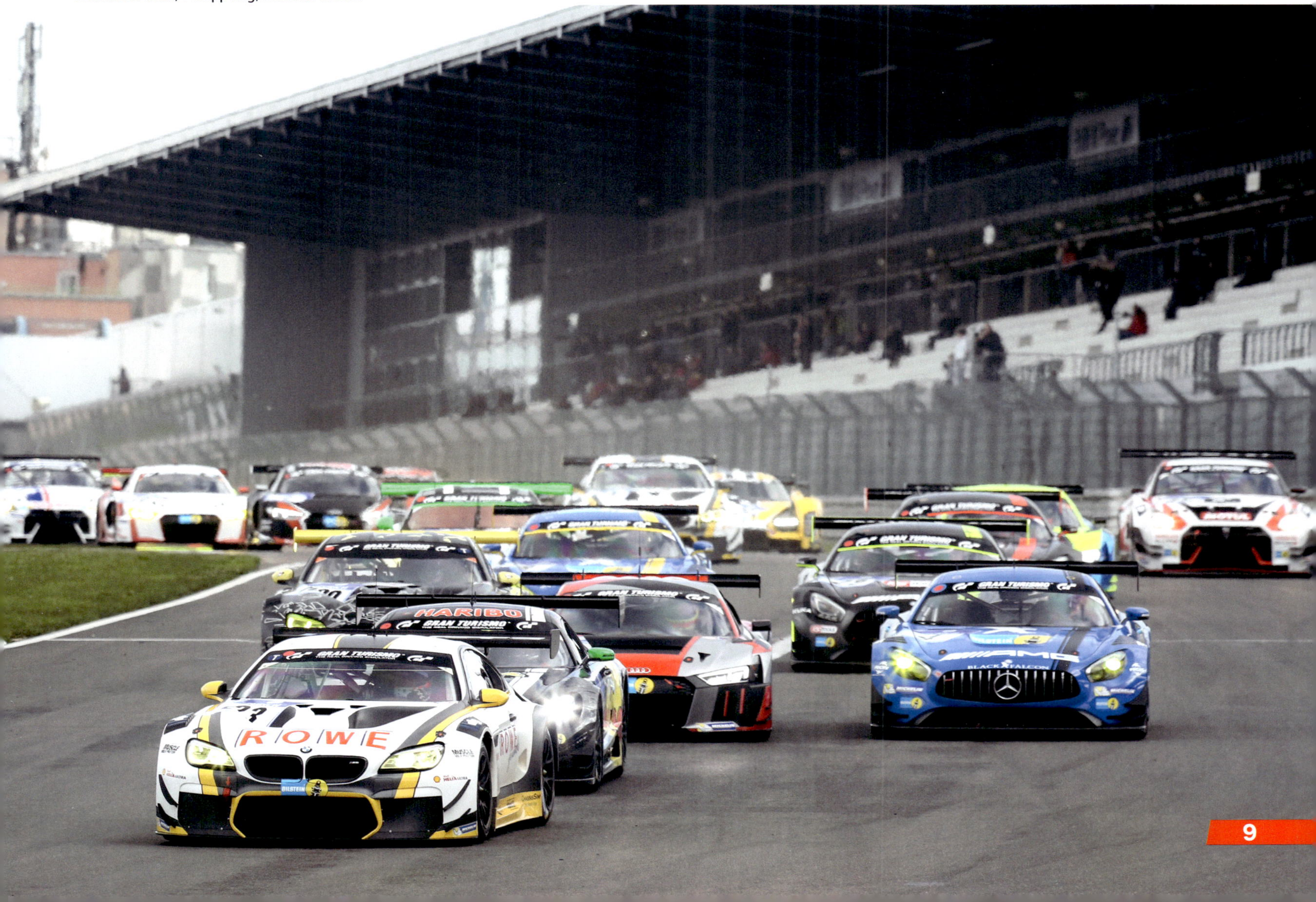

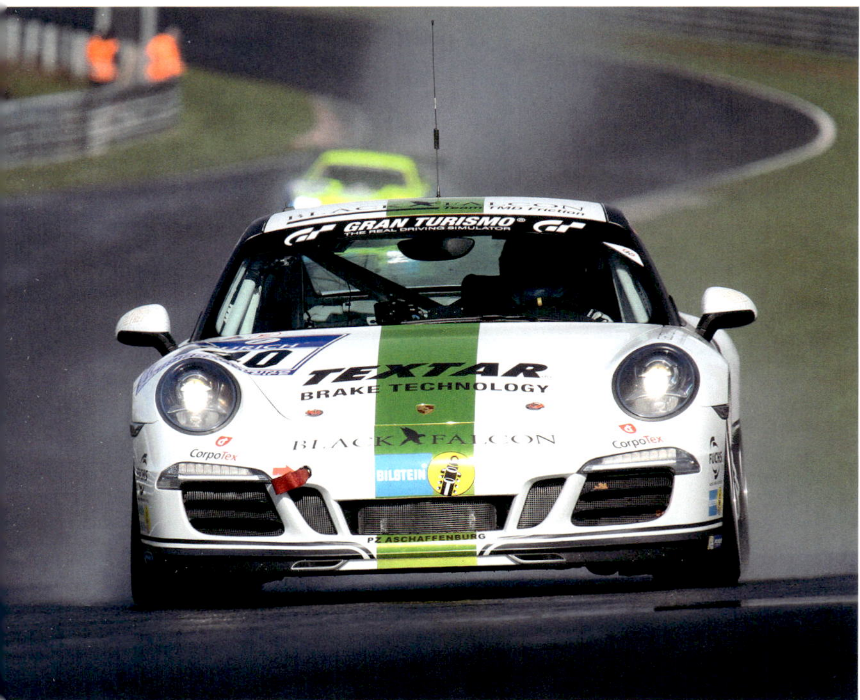
Aurel Schoeller, Andre Kuhn, Philip

GT3 die Führung, fiel aber nach einer ungünstigen Reifenwahl zurück. Auch das zweite Team in der ersten Startreihe hatte schon zu Beginn ein Aha-Erlebnis. „Ich hatte mich nach Kurve eins schon als Zweiter eingereiht, als ich von einem Konkurrenten einen Schlag aufs Heck bekommen habe", schilderte Uwe Alzen. Im Haribo-Mercedes-AMG musst er sich zunächst ganz hinten einreihen, startete dann aber eine beeindruckende Aufholjagd. „Innerhalb des Turns konnte ich bis auf Platz drei vorfahren. Das war wirklich nicht einfach. Es herrschten widrige Wetterverhältnisse mit Graupelschauern, teilweise war der Asphalt sogar weiß. Ich hatte aber gesehen, dass es heller wird, bin auf Slicks draußen geblieben und habe mich durchgeboxt."

Am Ende waren es die Markenkollegen von HTP Motorsport, die die Nase vorne hatten. Christian Vietoris konnte vor dem DTM-Saisonauftakt in drei Wochen so bereits Siegersekt versprühen und freute sich: „Heute morgen haben wir im Zeittraining die blaue Lampe für die Teilnahme am Top-30-Qualifying bekommen. Damit haben wir das Hauptziel des Wochenendes erreicht. Jetzt ist auch noch ein Sieg herausgekommen – einfach klasse. Ich freue ich mich auf das 24h-Rennen. Das ist in diesem Jahr ein echtes Highlight in meinem Kalender."

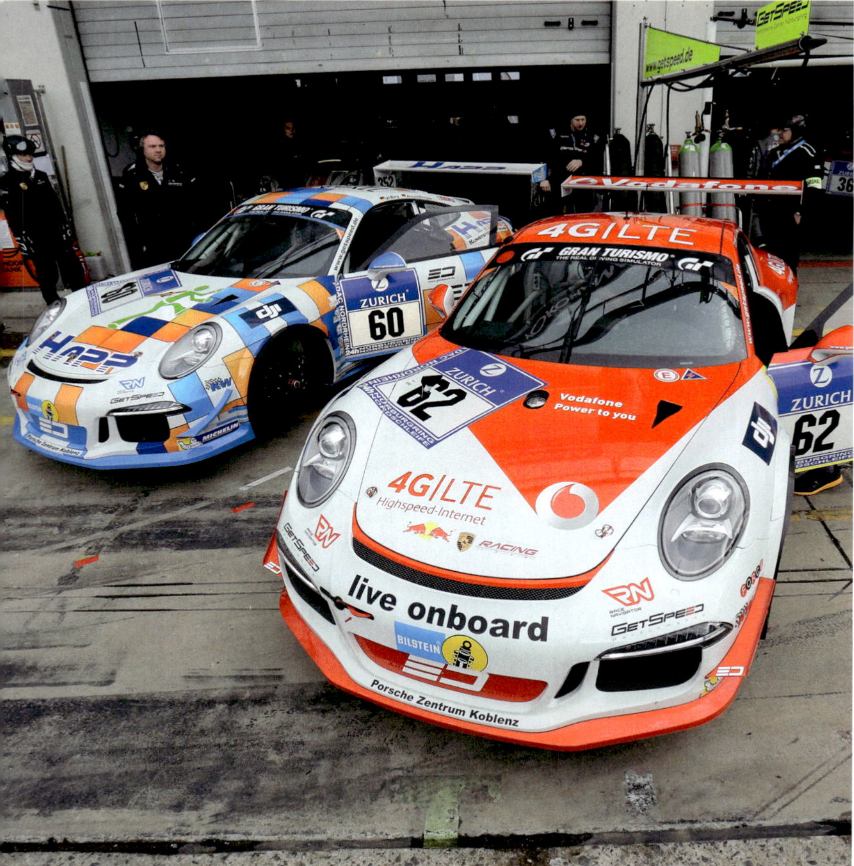
(60): Ulrich Berg, Arturo Devigus - (62): Adam Osieka, Kiki Sak Nana, Andy Sammers

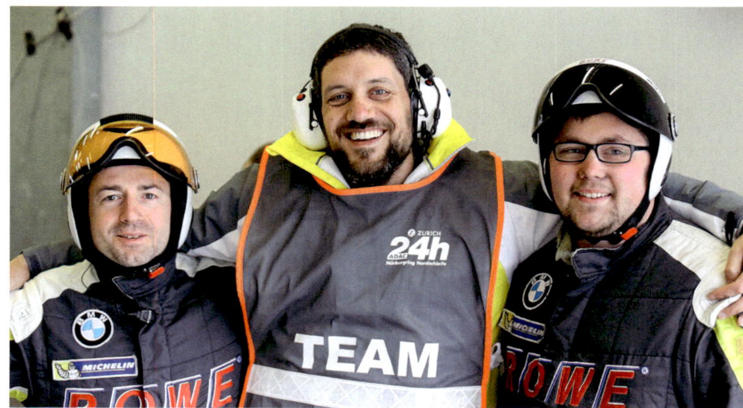
(l.-r.): Georg Klemm, Oliver Kornisch, Stefan Kegel

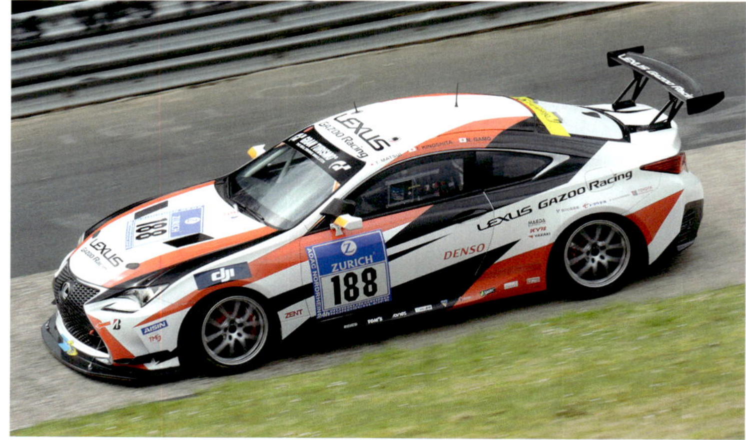
Naoy a Gamo, Takamitsu Matsui, Takayuki Kinoshita

Markus Schrick, Guido Naumann, Alexander Köppen, Peter Schumann

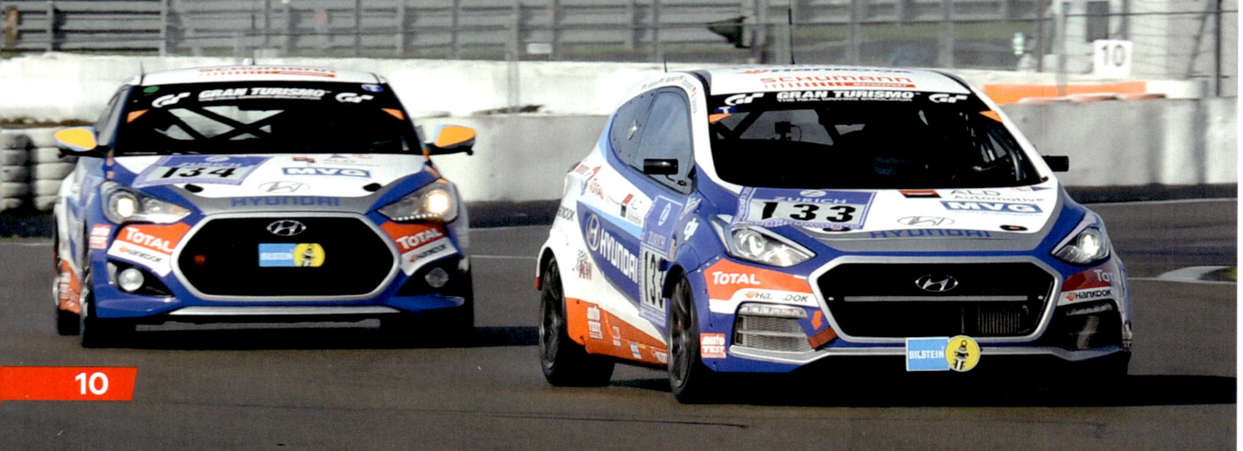

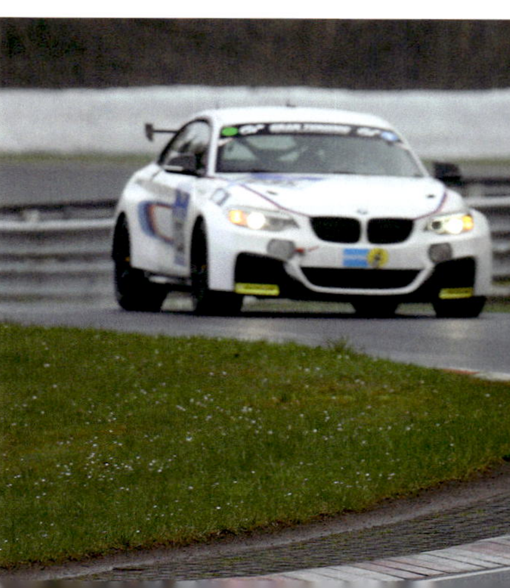

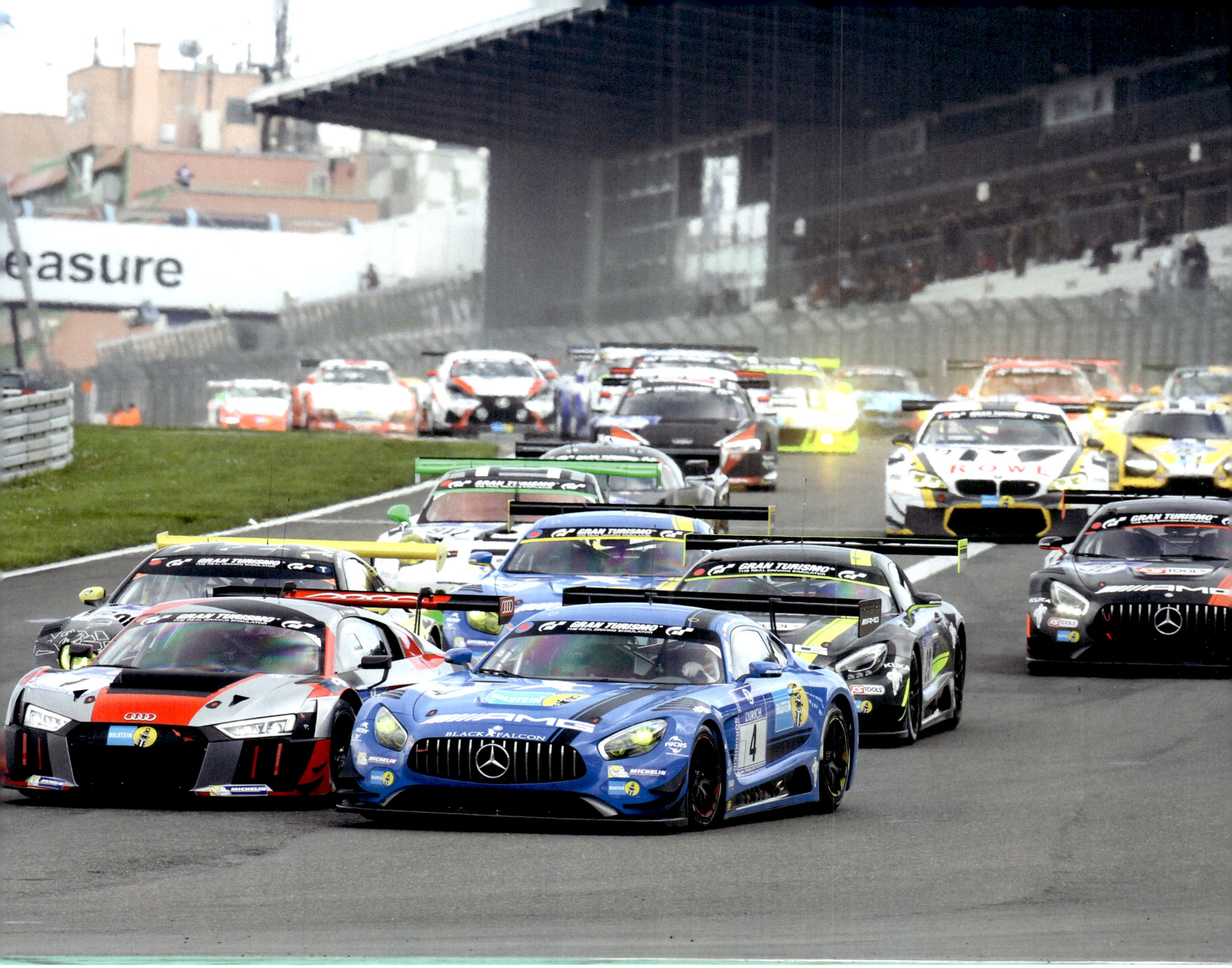

(1): Nico Müller, Pierre Kaffer, Mike Rockenfeller - (4): Bernd Schneider, Maro Engel, Adam Christodoulou, Manuel Metzger

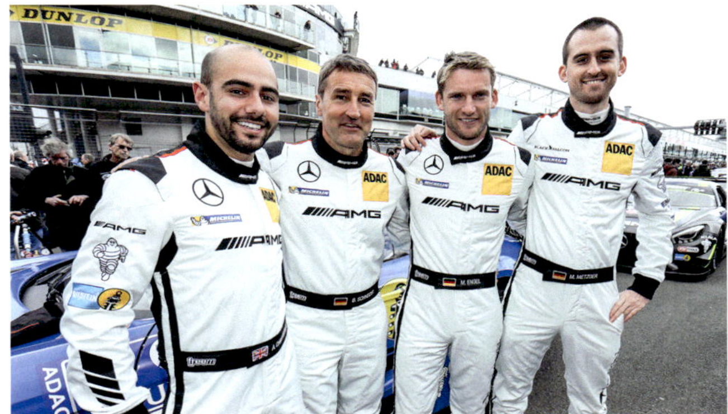

(l.-r.): Adam Christodoulou, Bernd Schneider, Maro Engel, Manuel Metzger

Harald Rettich, Fabrice Reicher, Ralf Goral, Christian Leutheuser

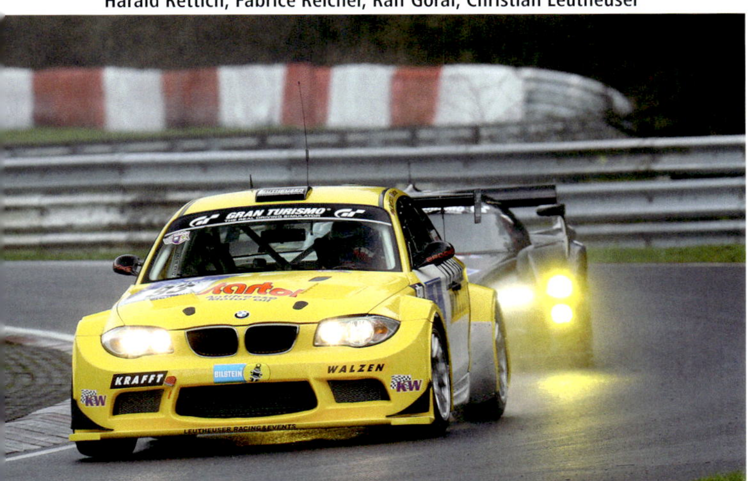

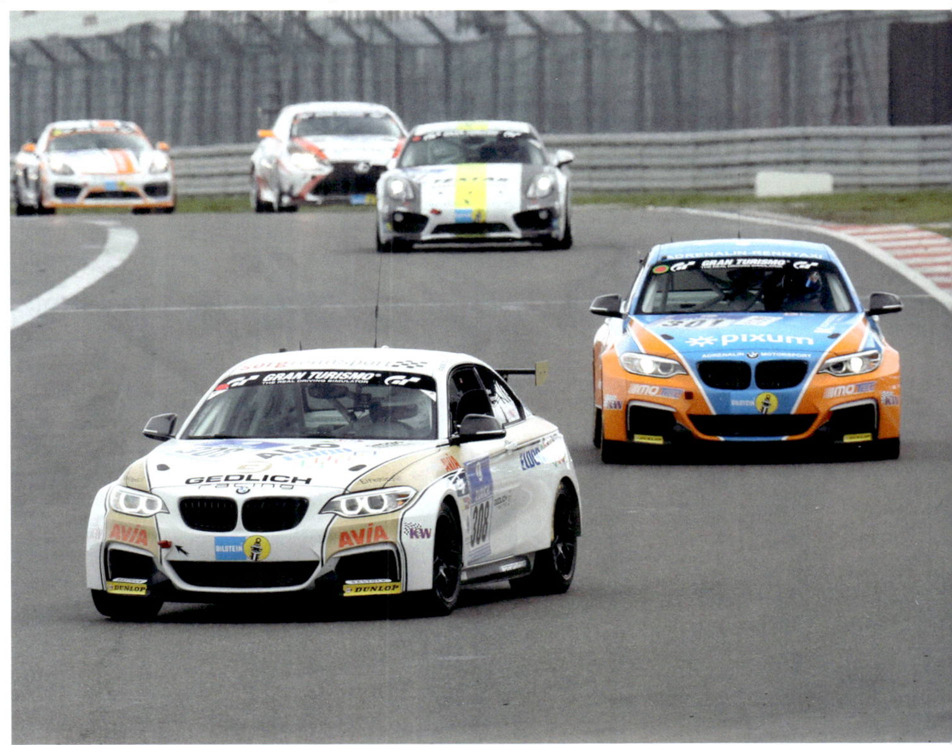

Heiko Eichenberg, Friedhelm Mihm, Max Kottmayr

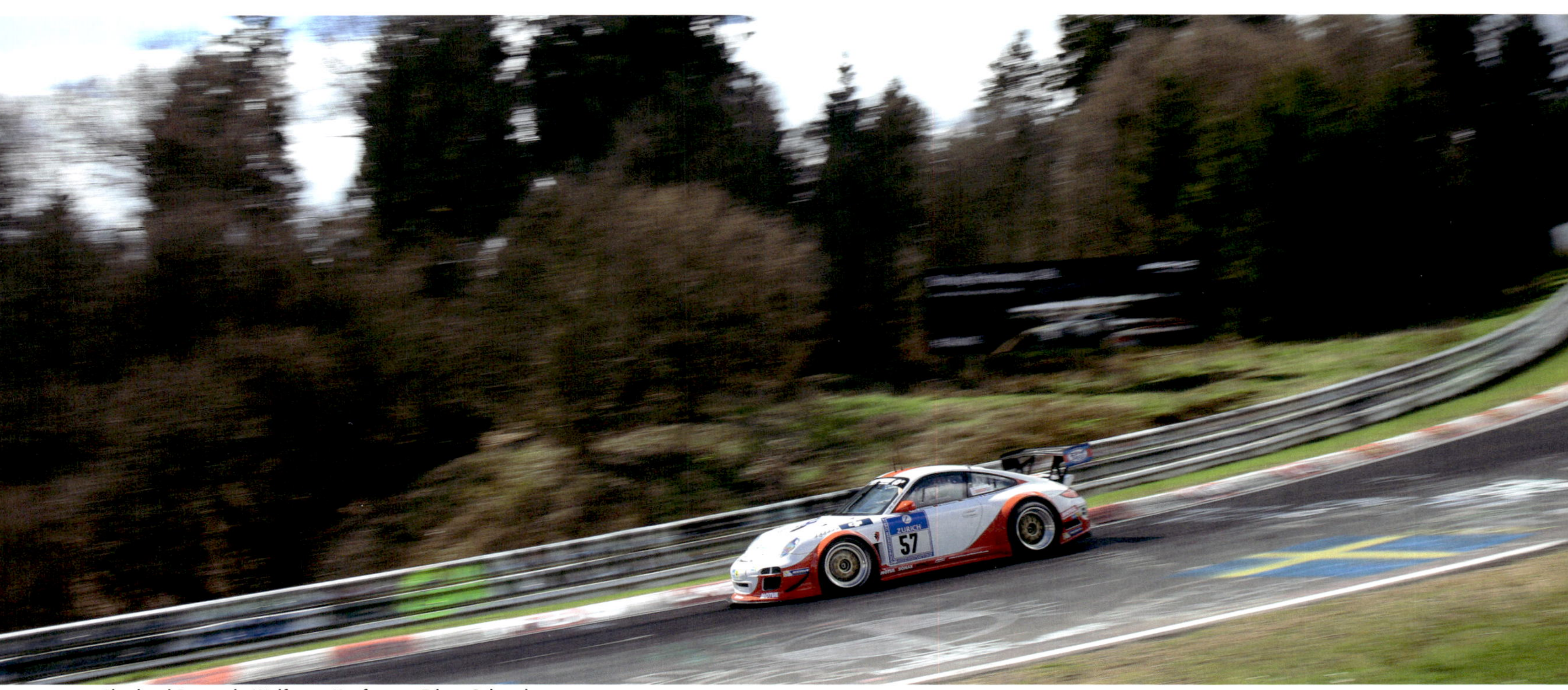

Eberhard Baunach, Wolfgang Kaufmann, Edgar Salewsky

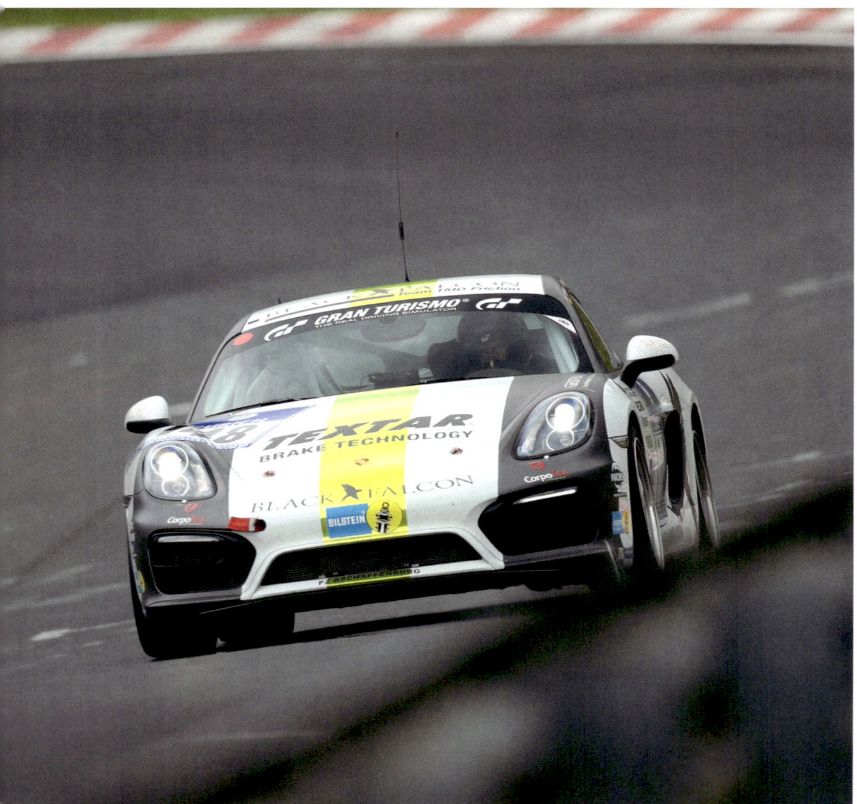

Stefan Karg, Olaf Schlüter, Sugar Mountain, Alexander Böhm

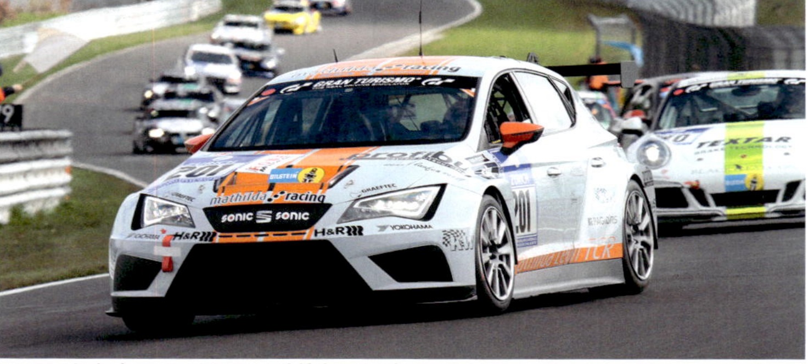

Georg Niederberger, Jürgen Wohlfahrt, Andreas Gülden

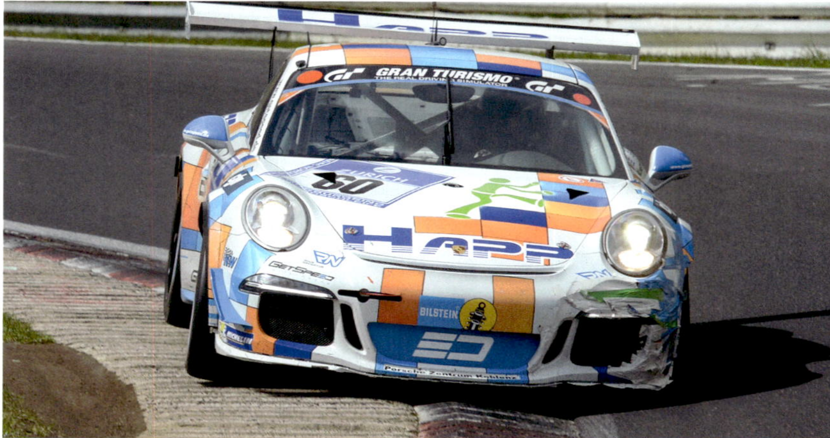

Ulrich Berg, Arturo Devigus

Norbert Fischer, Christian Konnerth, Gabriele Piana

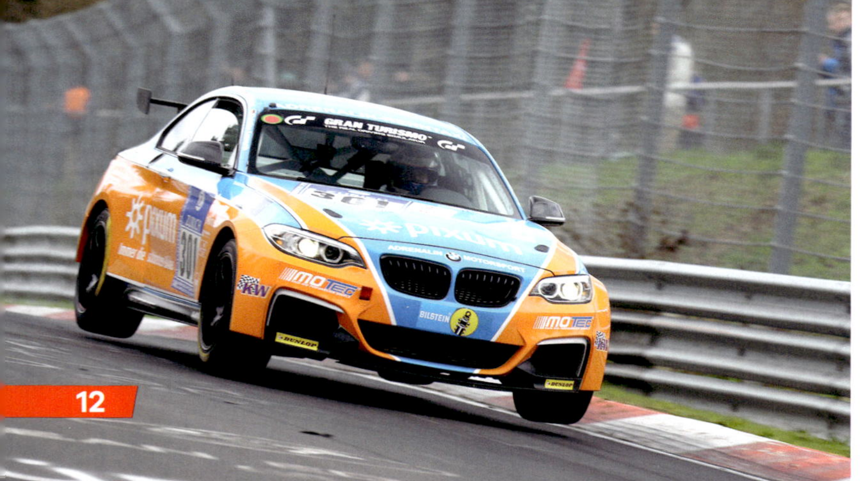

Black Falcon pit-crew

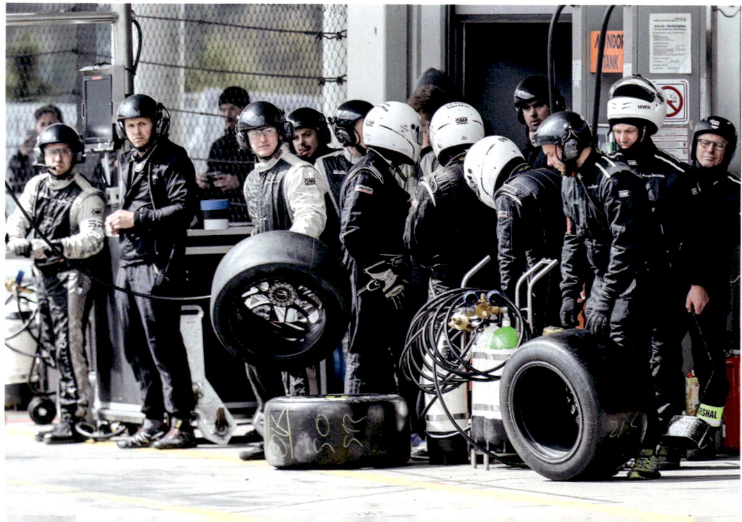

Podium für ROWE Racing im 24h-Qualirennen
ROWE Racing takes podium in 24h qualifying race

Maxime Martin, Philipp Eng und Alexander Sims sorgten für das erste Nordschleifen-Podium des neuen BMW M6 GT3. Nach 41 Runden über die GP-Strecke und die Nordschleife hatte das Trio lediglich 2.38 Minuten Rückstand auf die Spitze. Zudem hatte sich die ROWE-Mannschaft in 8.19,017 Minuten die Pole-Position gesichert. Team-Eigner Michael Zehe war total zufrieden: „Es hätte niemand gedacht, nach sechs Stunden hier noch vorne mit dabei zu sein. Wir haben die Pole geholt, was schon ein schöner Erfolg war. Im Rennen haben wir dann Sicherheitsentscheidungen getroffen und deshalb zu viele Boxenstopps gemacht, weil wir dem Wetter nicht getraut haben und das Rennen auf jeden Fall beenden wollten. Der M6 GT3 hat eine gute Basis und wir konnten noch einige Dinge ausprobieren. Der frühe Rückschlag für das Schwesterauto kann bei einem so großen Starterfeld passieren, aber wir haben noch das Beste daraus gemacht. Wir konnten nach der Reparatur alle Fahrer noch einmal fahren lassen und viele Kilometer und Erkenntnisse sammeln."

Maxime Martin, Philipp Eng and Alexander Sims secured the maiden podium finish at the Nordschleife for the new BMW M6 GT3. After 41 laps of the GP circuit and the Nordschleife, the trio was only 2m38s down on the winners. Moreover, the ROWE team had claimed pole position with 8m19.017s.
Team owner Michael Zehe was totally happy: "Nobody had thought that we would be among the front runners here after six hours. We claimed pole position, which already was a nice success. In the race, we opted to play it safely and therefore made too many pit stops, because we weren't certain about the weather and we definitely wanted to finish. The M6 GT3 has a good basis and we were able to try a few things. The early setback for the sister car is something that can happen in such a huge field, but we still made the best of it. After the repair, we were able to let all the drivers do another stint and racked up many kilometres and gain experience."

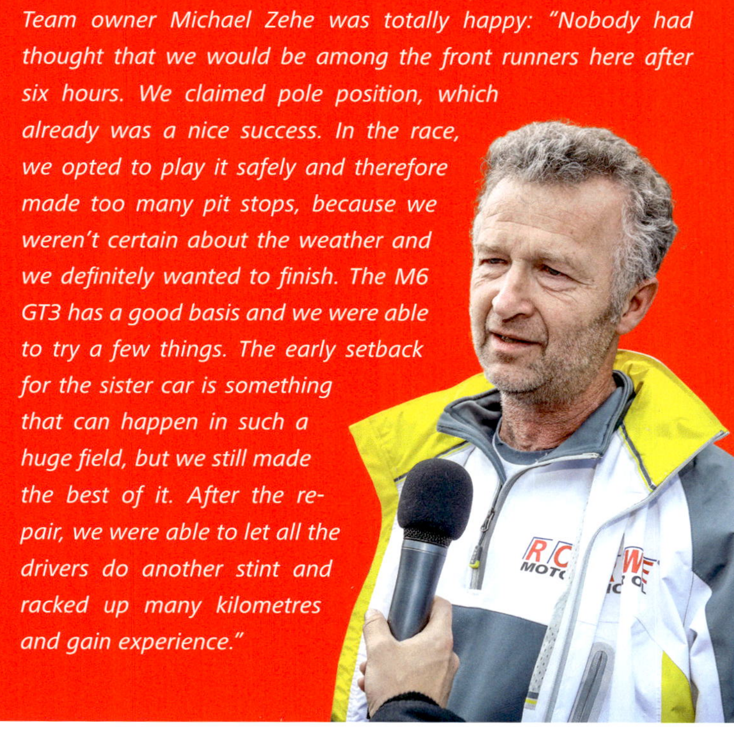

(l.-r.): Maxime Martin, Philipp Eng, Alexander Sims

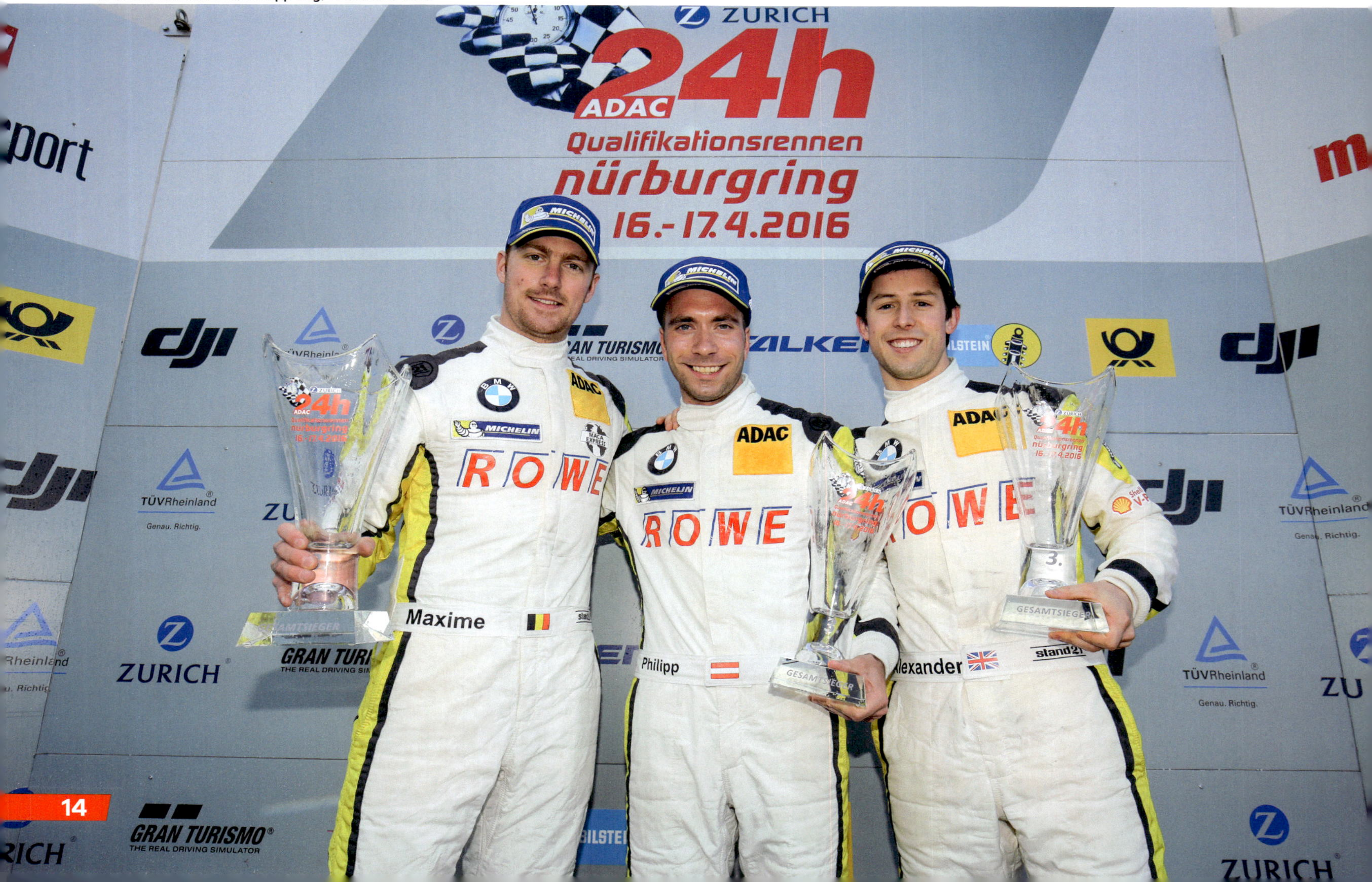

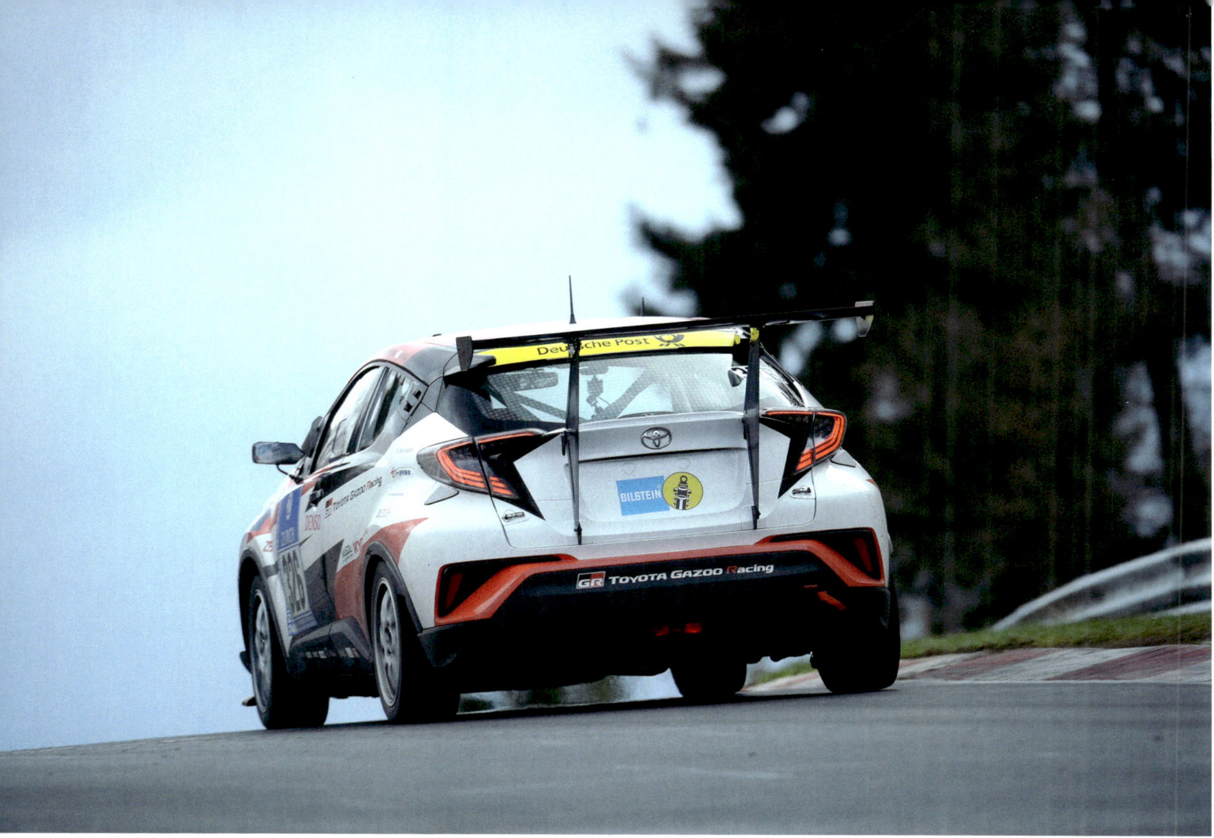

Masahiko Kagey ama, Kumi Sato, Kanagawa-ku, Tomoy uki Katay ama, Hiroy uki Koba

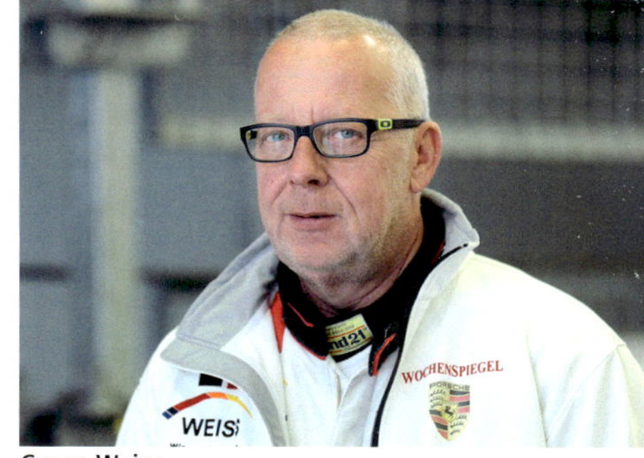
(l.-r.): Lance David Arnold, Maximilian Götz, Uwe Alzen, Jan Seyffarth

Georg Weiss

Im ereignisreichen Rennen wechselte 14 Mal die Führung, sechs verschiedene Fahrzeuge sammelten Führungskilometer. Am Ende lagen nicht nur die beiden Mercedes-AMG und der BMW M6 GT3 von Rowe auf Podiumskurs, sondern auch ein Porsche: Der von Jörg Bergmeister und Matteo Cairoli pilotierte 911 GT3 R von Manthey Racing war jedoch in einer Code-60-Zone zu schnell unterwegs und wurde deshalb mit einer Zeitstrafe belegt. Dennoch: Mit seiner Vorstellung zeigte das Weltmeisterteam der WEC 2015, dass auch mit den 911ern beim 24h-Rennen zu rechnen ist.

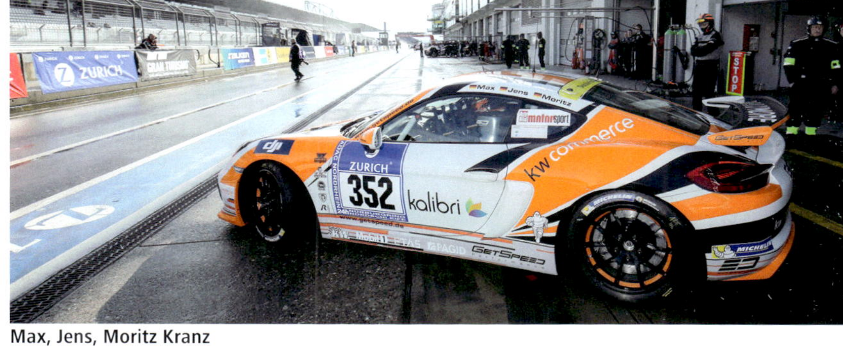

Max, Jens, Moritz Kranz

In der erstmals ausgeschriebenen Klasse für Porsche Cayman GT4 CS hatten „Max", „Jens" und Moritz Kranz für das Team Get-Speed die Nase vorn. Im BMW M235i Racing Cup freute sich das Pixum Team Adrenalin Motorsport über Platz eins mit den Piloten Norbert Fischer, Christian Konnerth und Gabriele Piana. Bei den Produktionswagen setzten sich Aurel Schoeller und Andre Kuhn mit dem Black Falcon-Porsche 911 Carrera durch.

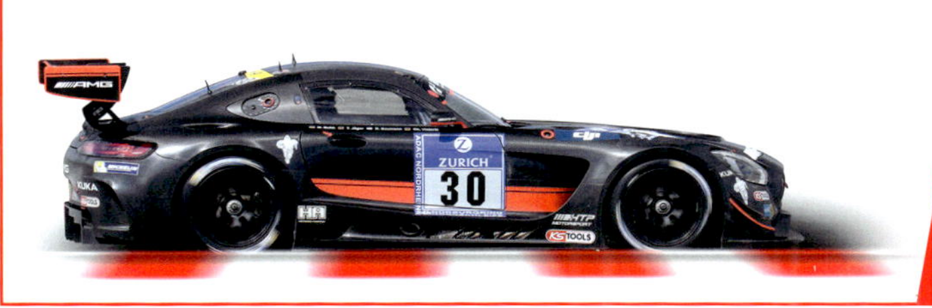

1 **Overall and 1st Place Class SP9 GT3**

HTP Motorsport – Mercedes-AMG GT3
Maximilian Buhk, Christian Vietoris, Thomas Jäger, Dominik Baumann
41 rounds, 172,78 km/h, 8:18.608 min.

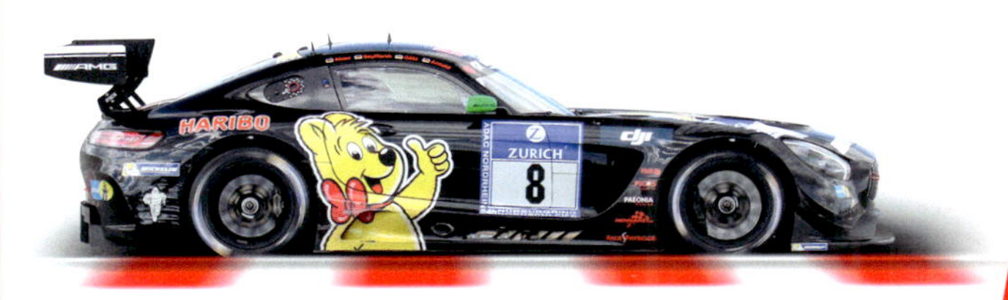

2 **Overall and 2nd Place Class SP9 GT3**

HARIBO Racing Team – Mercedes-AMG GT3
Uwe Alzen, Lance David Arnold, Maximilian Götz, Jan Seyffarth
41 rounds, 172,35 km/h, 8:19.856 min.

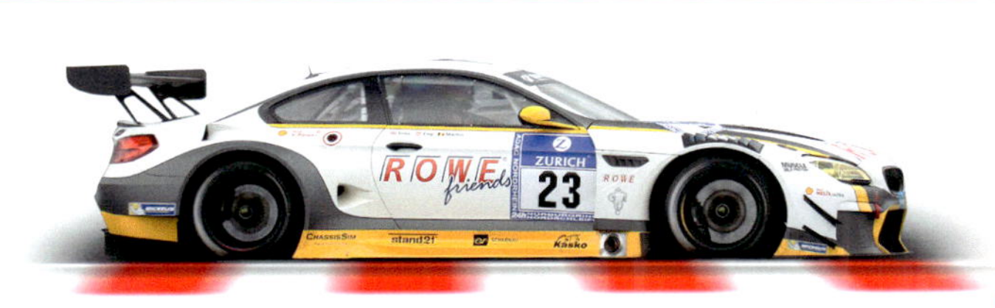

3 **Overall and 3rd Place Class SP9 GT3**

ROWE Racing – BMW M6 GT3
Alexander Sims, Philipp Eng, Maxime Martin
41 rounds, 171,52 km/h, 8:18.873 min.

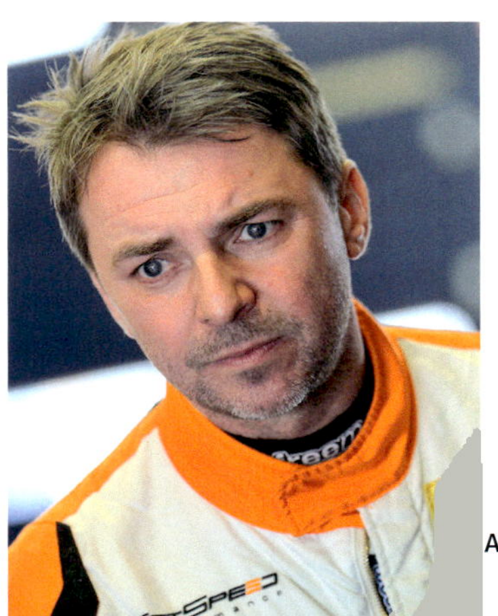
Adam Osieka

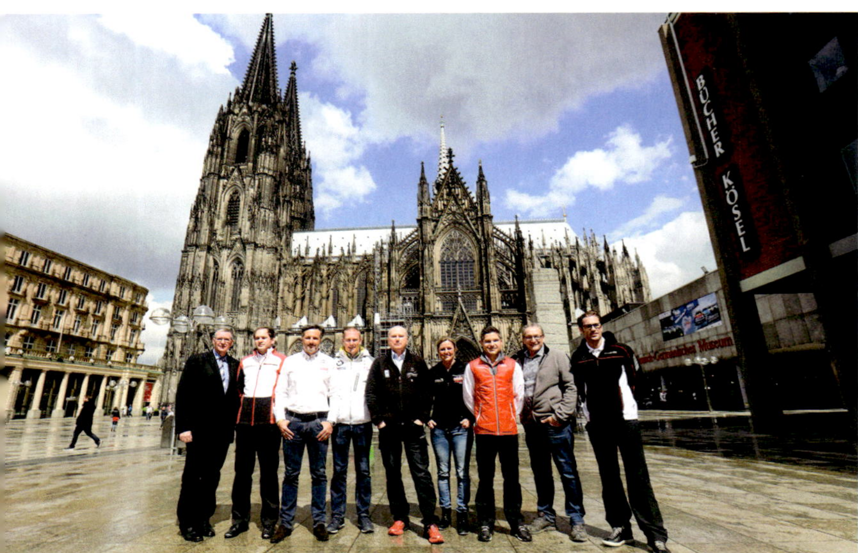

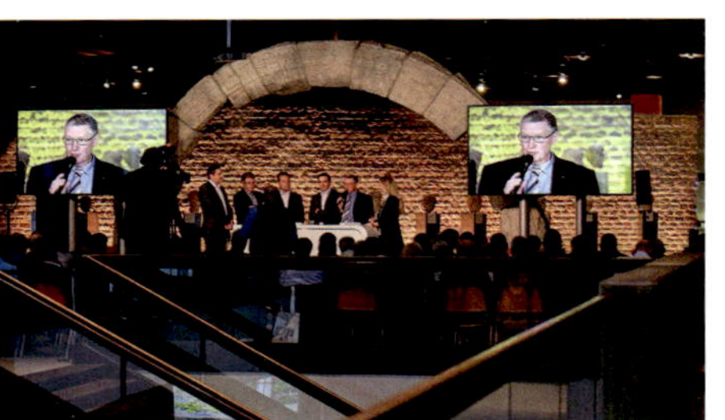

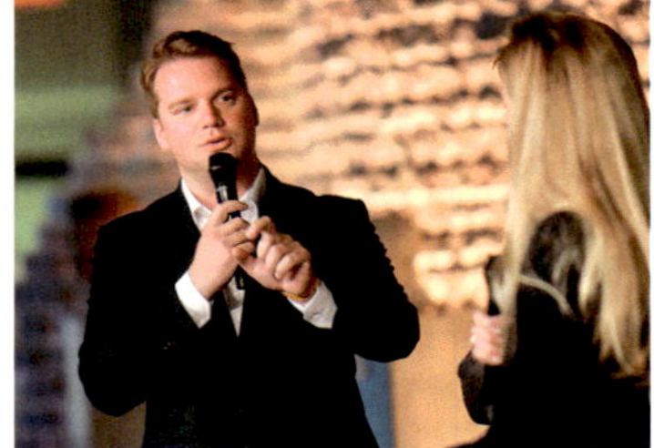

On May 3, the Roman-Germanic Museum in Cologne was the venue where some of the most important participants gathered to give a preview of the most important race of the year. Next to the drivers Christopher Mies (Audi), Maxime Martin (BMW), Maximilian Götz (Mercedes-AMG) and Richard Lietz (Porsche), team owner James Glickenhaus was present as well. Representatives of the organisation also were on stage. While the drivers mainly spoke about their chances, there was also plenty of background information for the attending crowd.
"With Vodafone, we have acquired a new partner for the production of moving images. During the 24h race, there will be telephone poles around the Nordschleife to establish a so-called 'campus network'. This allows for video signals to be transmitted live from the entire Nordschleife. For instance, spectators can select from eleven different onboard perspectives on the website," Peter Lauterbach, chairman of the board of _wige Media AG said.
For the first time since 1987, when 3-Sat covered the race, the 24h race will be broadcast live on TV in full length. "When we do something, we do it properly and we give the event the platform it deserves. We really want to try to make the 24h race so tangible that spectators at home also get a feeling of what is happening on and off the track. Our live broadcast will be 25 hours and 50 minutes, a world record in free TV," Oliver Schablitzki, head of RTL NITRO, explained. And RTL head of sport Manfred Loppe added: "We will be on site with a staff of 80. They are all passionate for the event. We will also be broadcasting impressions from the Eifel on RTL while the Formula 1 race in Monaco is running."

PRESSE-KONFERENZ

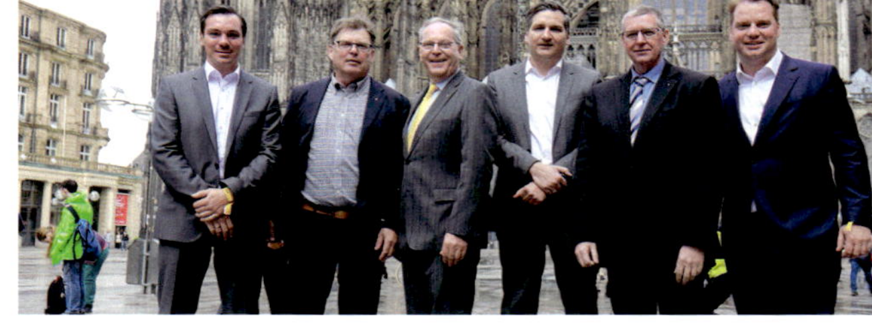

Am 3. Mai trafen sich im Römisch-Germanischen Museum in Köln einige der wichtigsten Protagonisten, um einen Blick vorauszuwerfen auf das Rennen des Jahres. Neben den Piloten Christopher Mies (Audi), Maxime Martin (BMW), Maximilian Götz (Mercedes-AMG) und Richard Lietz (Porsche) war auch Teamchef James Glickenhaus dabei. Auch Vertreter aus dem organisatorischen Umfeld kamen zu Wort. Während die Aktiven sich vornehmlich über ihre Chancen äußerten, gab es für das Auditorium auch jede Menge Hintergrundinformationen.
„Wir haben mit Vodafone einen neuen Partner für die Produktion von bewegten Bildern gewonnen. Es wird beim 24h-Rennen Masten rund um die Nordschleife geben, mit denen ein so genanntes „Campus-Netz" aufgebaut wird. Dieses macht es möglich, Videosignale von der gesamten Nordschleife live zu senden. Der Zuschauer kann auf der Website zum Beispiel aus elf verschiedenen Onboards aufwählen", sage Peter Lauterbach, der Vorstandsvorsitzende der _wige Media AG. Erstmals seit 1987, damals 3-Sat, wird das 24h-Rennen komplett live im TV übertragen werden. „Wenn wir etwas machen, dann machen wir es richtig und geben dem Event die Fläche, die es auch verdient. Wir wollen wirklich versuchen, das 24h-Rennen so greifbar zu machen, dass auch der Zuschauer Zuhause ein Gefühl dafür bekommt, was da auf und neben der Rennstrecke passiert. Unsere Livesendung wird 25 Stunden und 50 Minuten lang sein – das bedeutet einen Free-TV-Weltrekord", sagte RTL NITRO-Senderchef Oliver Schablitzki. Und RTL-Sportchef Manfred Loppe ergänzte: „Wir kommen mit einem großen Team von 80 Leuten. Sie sind alle verrückt und leidenschaftlich bei der Sache. Auch während des Formel-1-Rennen in Monaco läuft wollen wir auch bei RTL immer wieder Eindrücke aus der Eifel einstreuen."

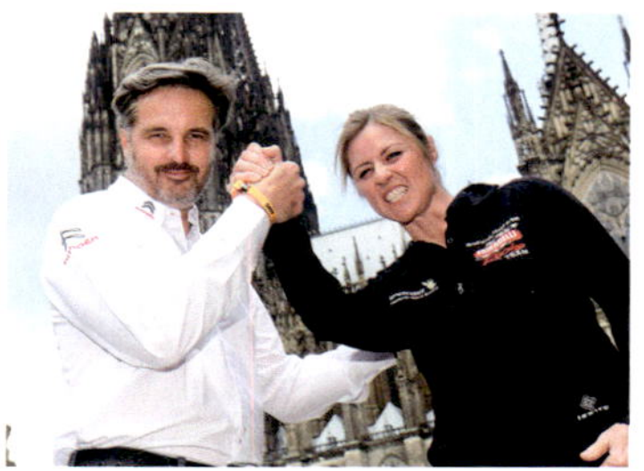

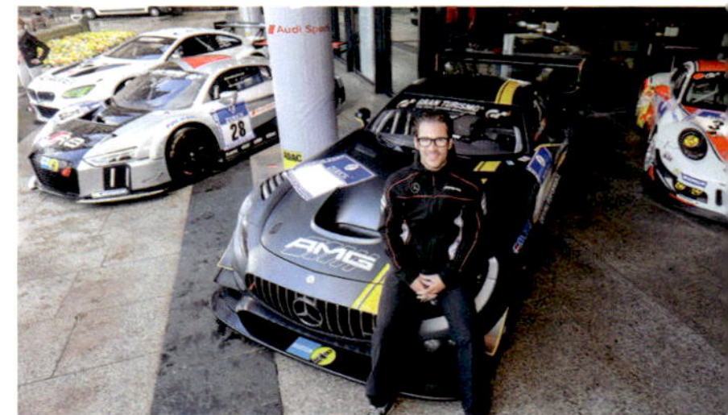

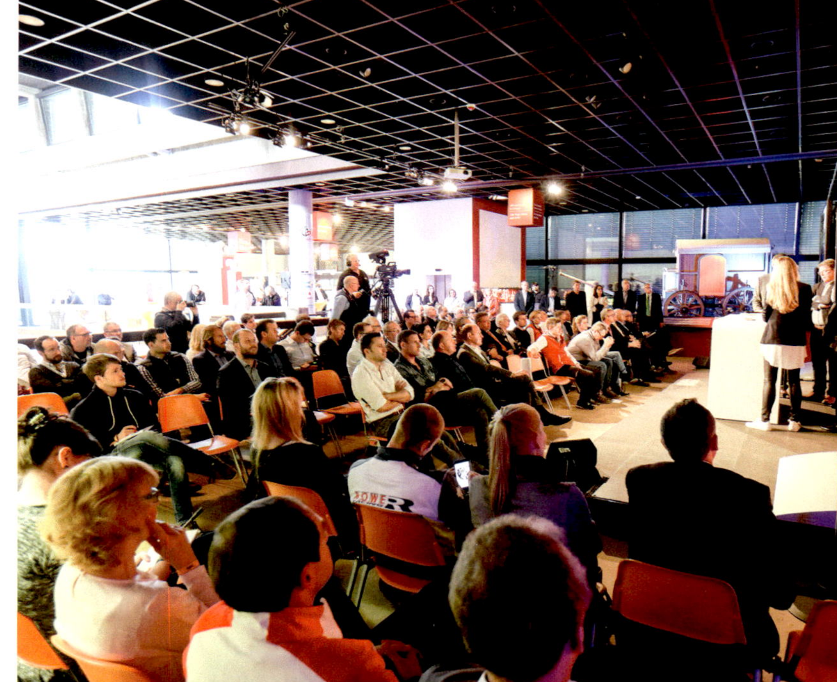

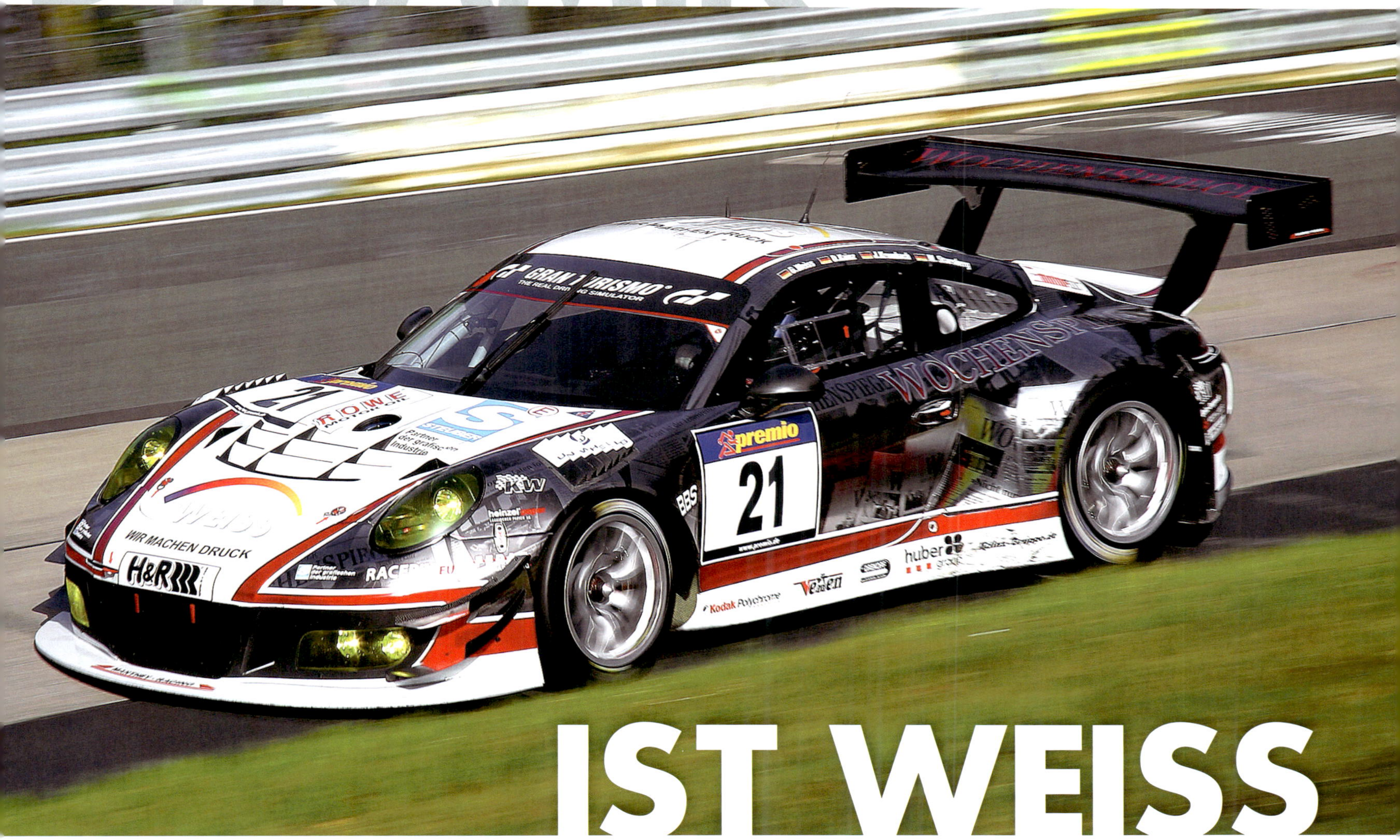

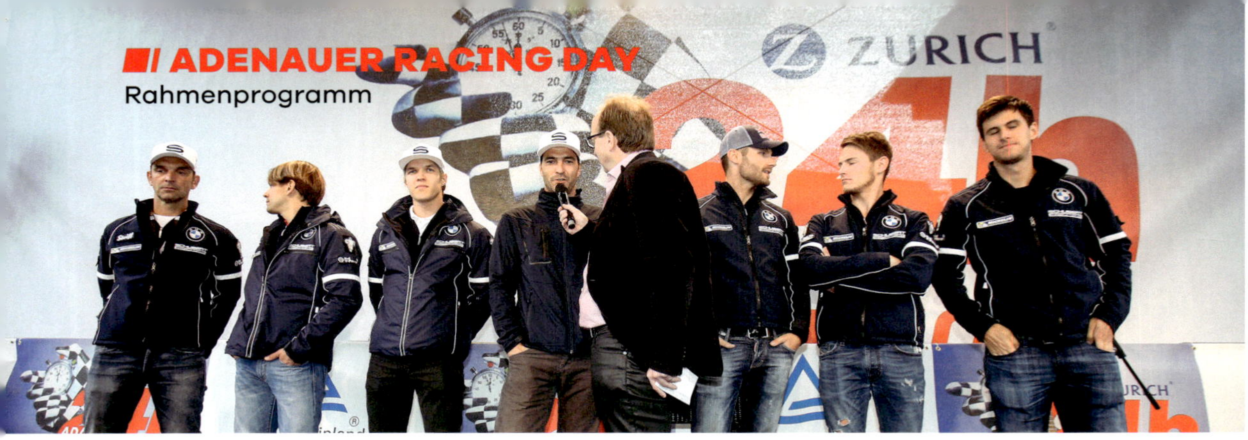

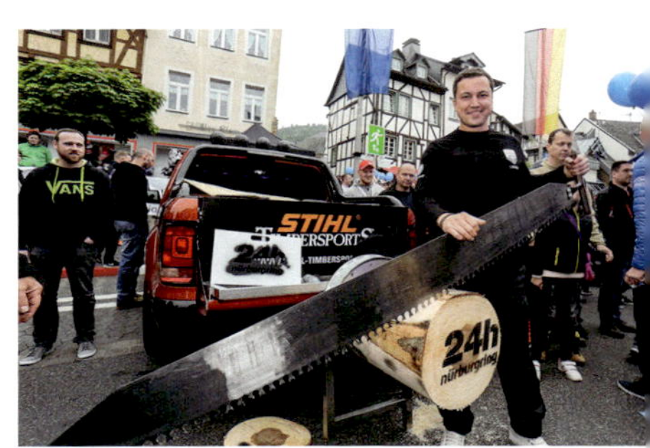

ADENAUER RACING DAY

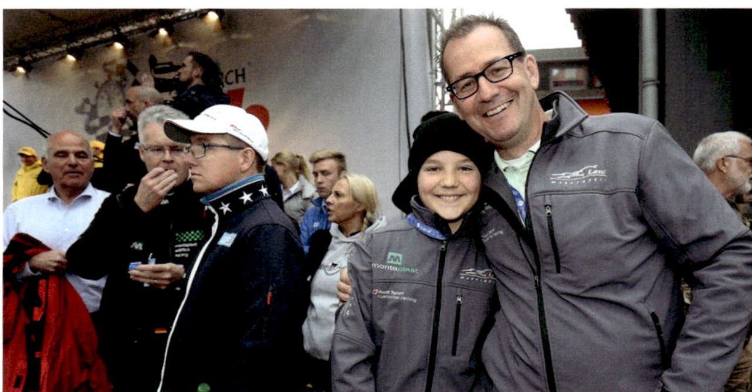

„Rut un Wieß wie lieb ich dich", singt die Kölner Band „Bläck Fööss" in einem Song, der auch in der Eifel sehr populär ist. Doch „rot und weiß" sind nicht nur die Farben der Domstadt, sondern stehen in diesen Tagen auch für Adenau: Die über 1000 Jahre alte Johanniterstadt am Fuße des Nürburgrings empfing auch in diesem Jahr beim Adenauer Racing Day Fahrer und Fans der größten Motorsportveranstaltung der Welt in einem farbenfrohen und motorsportlich geschmückten Stadtbild. „Das ist eine prima Werbung für Adenau und ein klares Bekenntnis zum Nürburgring", sagte Andrea Thelen, die Vorsitzende des Gewerbevereins.

Die 2015 begonnene Aktion der rot-weiß lackierten Bordsteine rund um den Marktplatz wurde dieses Jahr weiter ausgedehnt und umfasst nun auch den Kreisel am Ortseingang. Er erinnert optisch nun ebenfalls an die rot-weiß lackierten Curbs des Nürburgrings. Außerdem wurden auf dem Marktplatz etliche Flaggen von Großveranstaltungen gehisst und entlang der Hauptstraße sorgten übergroße schwarz-weiß karierte Zielflaggen für Rennsport-Feeling mitten in der Stadt.

Im Herzen von Adenau herrschte auch diesmal wieder Volksfeststimmung beim Prolog für das 24h-Rennen. Über 3.000 begeisterte Fans hatten sich entlang der Hauptstraße, die über den Marktplatz führt, versammelt. Sie warteten ab 16.00 Uhr schon ungeduldig auf die Ankunft der 20 Rennfahrzeuge unterschiedlicher Couleur sowie die anschließende Fahrervorstellung. Diese fand wie immer auf einer großen Showbühne statt, die diesmal allerdings nicht wie in den Vorjahren auf dem Platz hinter der katholischen Pfarrkirche aufgebaut war, sondern wie früher zentral auf dem Marktplatz.

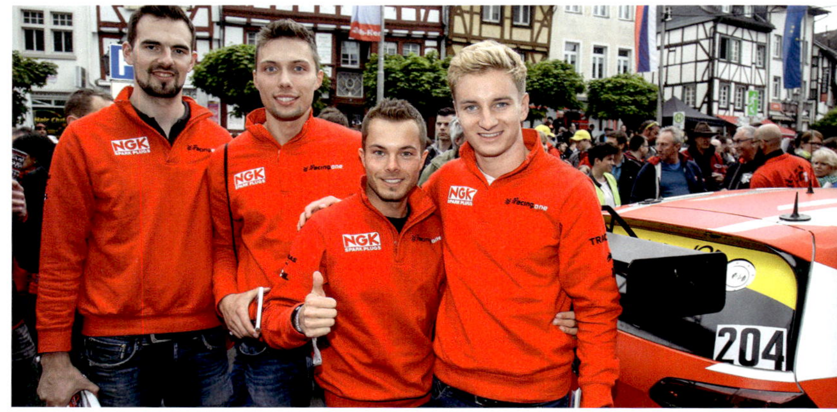

Pünktlich um 15.30 Uhr hatte sich der Corso mit Fahrzeugen aus allen möglichen Klassen über die Nordschleife in Bewegung gesetzt. Ab der Ausfahrt Breitscheid ging es unter Polizei-Geleit weiter über die Hauptstraße bis zum Marktplatz. Auf der Showbühne begrüßte Moderator Olli Martini zunächst das fast komplette Starterfeld der WTCC. In einer zweiten Gesprächsrunde standen die 24h-Starter Rede und Antwort: „Wir Fahrer freuen uns jedes Jahr darauf, hierher nach Adenau kommen zu dürfen", sagte Audi-Pilot Frank Stippler. „Diese Veranstaltung ist eine Verneigung vor den Fans, die von den Automobilherstellern sehr gerne unterstützt wird. Das ist ja das schöne am 24h-Rennen und auch an der VLN, dass es immer wieder Gelegenheiten gibt, wo wir Fahrer Kontakt zu den Fans haben". Zakspeed-Pilot Sebastian Asch sah es ähnlich: „Wahnsinn, diese Stimmung hier. Ich finde solche Veranstaltungen toll. Dies ist ein Event zum „Anfassen". Hier können die Fans direkt zu den Fahrern kommen und sich ausgiebig mit ihnen unterhalten, was ab morgen im Fahrerlager nicht mehr so möglich ist, da jeder unter Zeitdruck steht".

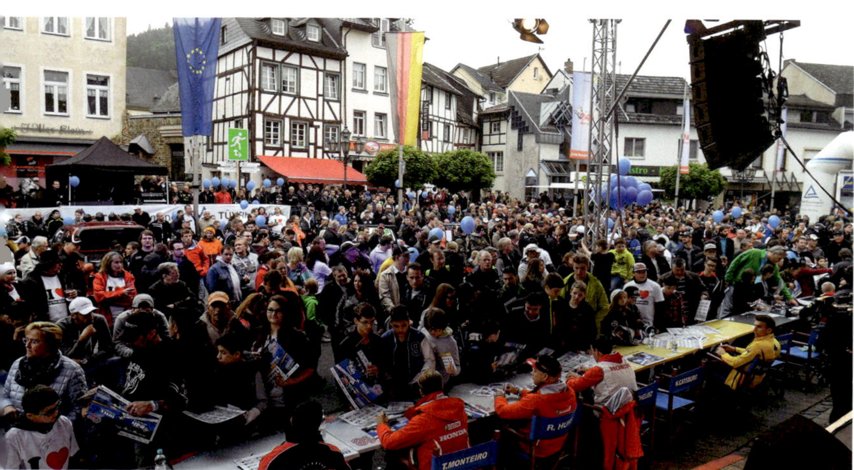

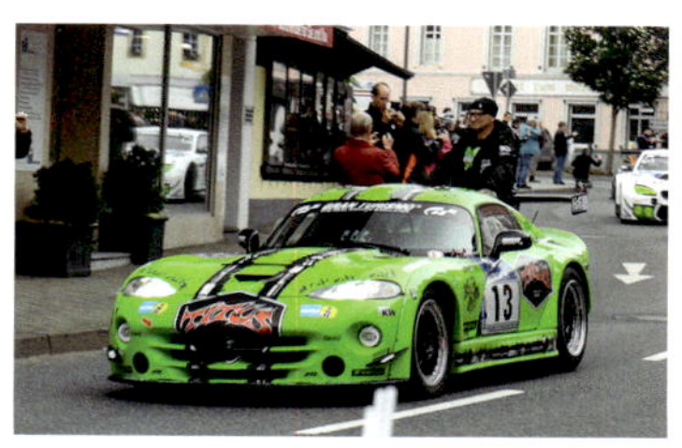

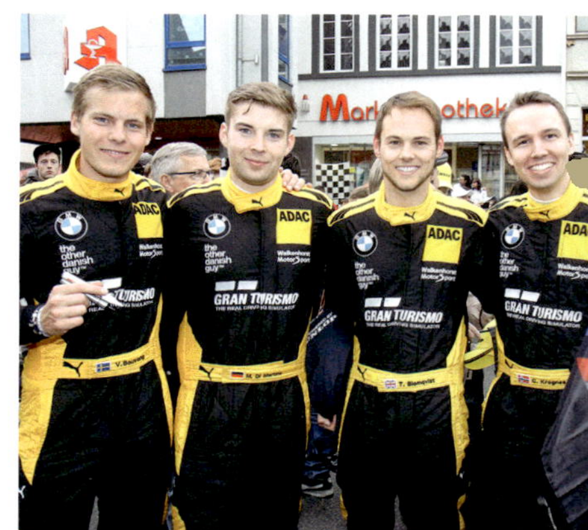

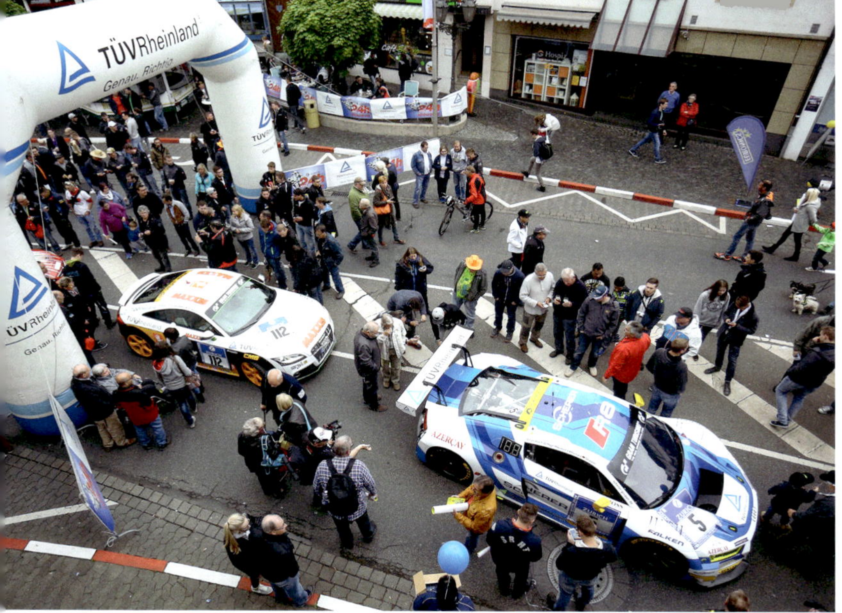

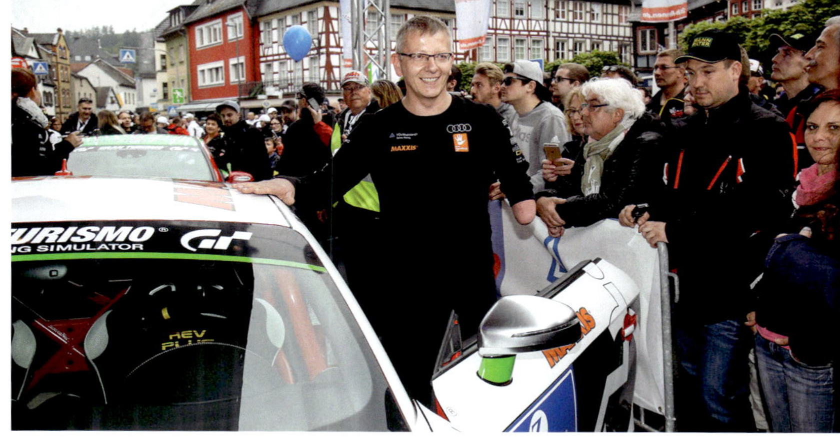

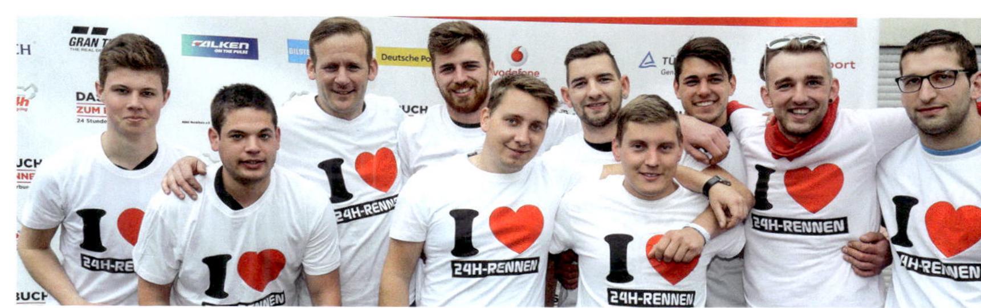

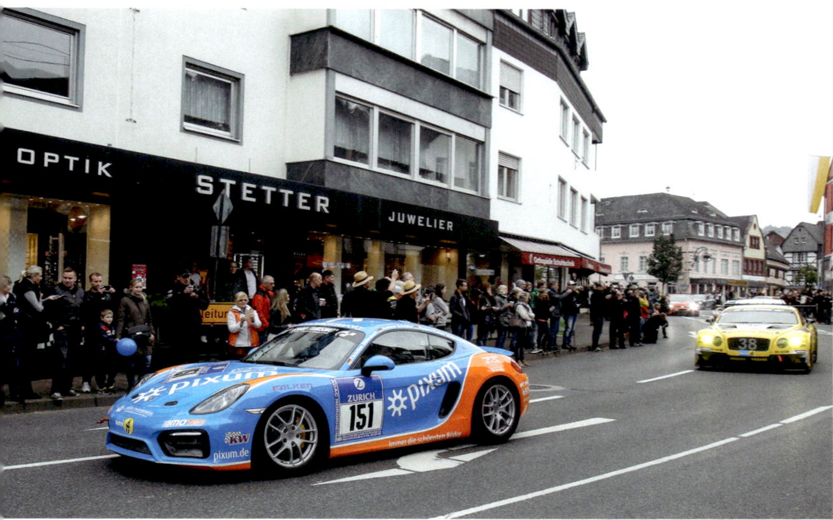

Once again, the city of Adenau welcomed drivers and fans of the world's biggest motorsport event during the traditional Adenauer Racing Day. The kerbstones were painted in red and white as a reference to the Nürburgring and over 3,000 fans gathered in the city centre, waiting for the cavalcade of 20 race cars to arrive. At the main stage, all WTCC drivers took part in an interview and autograph session, followed by selected drivers from the 24-hour race. "This event is a way to show our appreciation to the fans, gladly supported by the manufacturers," Audi driver Frank Stippler said. Zakspeed's Sebastian Asch commented: "The atmosphere here is just great. I love such events that really allow fans to interact with the drivers."

Viktor Knor ist Zurich-Fanbotschafter 2016
Viktor Knor is the 2016 Zurich fan ambassador

Zurich stellte einmal mehr die Fans in den Blickpunkt des Rennens. Im Vorfeld der Veranstaltung konnten sich 24h-Fans erstmals aus der Mitarbeiterschaft des Versicherers über das Internet als Fanbotschafter bewerben. Zurich-Mitarbeiter Viktor Knor qualifizierte sich für diese besondere Aufgabe. Er konnte Blicke hinter die Kulissen werfen, die sonst kaum Fans erleben können.

Viktor war in der Rennleitung und in der Sprecherkabine, fuhr im Intervention Car mit, steuerte eine DJI-Drohne auf dem Boulevard, nahm bei der Falken-Drift-Show als Beifahrer Platz und besuchte die Fans entlang der Nordschleife. Über seine Eindrücke und Gefühle berichtete er live und exklusiv für die Fangemeinde auf den verschiedenen Social-Media-Plattformen. Alle am Ring Campierenden oder auch Daheimgebliebenen waren so über die Zurich Online-Plattformen ganz nah am Geschehen.

Once again, Zurich put the fans into the limelight of the race. Prior to the event, employees of the insurance company had the chance to apply for the role of the fan ambassador for the first time. Zurich employee Viktor Knor qualified for this special task. He was able to cast a glance behind the scenes that hardly any fan can normally experience.

Viktor visited race control and the commentary box, got a passenger ride with the intervention car, piloted the DJI drone at the boulevard, got on the passenger seat during the Falken Drift Show and visited the fans along the Nordschleife. He reported live and exclusively about his impressions and emotions to the fan community on Facebook and on the internet. All campers along the track and those who stayed at home thus had a chance to get close to the action through the Zurich online platforms.

NÜRBURGRING-AWARD

Die 300 geladenen Gäste erhoben sich von ihren Sitzen im Kino des Ringwerks und spendeten Standing Ovations, als Sabine Kehm am Freitagabend stellvertretend für Formel-1-Rekordweltmeister Michael Schumacher den neuen Nürburgring Award für dessen Lebenswerk in Empfang nahm. Schumacher war einer von drei Preisträgern bei der erstmaligen Verleihung der Auszeichnung im Vorfeld des 24h-Rennens. Außerdem wurde Musiker und Rennfahrer Smudo als Botschafter des Jahres geehrt, Mercedes-AMG erhielt nach den Erfolgen in der Formel 1 und DTM 2015 den Award als Marke des Jahres. Im Mittelpunkt stand allerdings die Ehrung von Michael Schumacher, mit fünf GP-Siegen auf dem Nürburgring auch in der Eifel Rekordhalter. Der ehemalige Mercedes-Sportchef und langjährige Schumacher-Wegbegleiter Norbert Haug hielt eine sehr persönliche Laudatio auf den 47-Jährigen, der nach seinem schweren Skiunfall vor zweieinhalb Jahren zu Hause gepflegt werden muss. Haug überreichte danach die Trophäe unter großem Applaus an Schumachers Managerin Sabine Kehm. „Ein Preis für das Lebenswerk ist eine ganz große Sache. In Michaels Fall kann man einfach nur sagen: Er hat ihn verdient, denn er hat als Motorsportler alles richtig gemacht. Dieser Preis ist eine Bestätigung seiner großen Willenskraft, seiner Motivation und natürlich auch seines großen Talents, seiner großen Disziplin und seines Arbeitsethos", sagte die frühere Journalistin Kehm in ihrer Dankesrede: „Eins ist aber klar: Wir würden uns alle besser fühlen, wenn heute Abend nicht ich, sondern Michael selber hier stehen würde und sich bedanken könnte."

„Aber leider ist das nicht möglich und wir alle müssen das akzeptieren und damit umzugehen lernen. Trotzdem werden wir alle weiter hoffen und weiter alles tun, dass es vielleicht auch mal wieder anders sein wird. Wie die Familie von Michael finde auch ich diese Auszeichnung sehr schön, denn durch diesen Preis für das Lebenswerk Michaels wird seine sportliche Karriere gewürdigt und wieder in den Mittelpunkt gerückt. Es wird Zeit, dass auch wieder diese Themen in den Vordergrund gerückt werden. Deswegen bedanke ich mich heute besonders dafür, dass das durch diesen Preis getan wird."

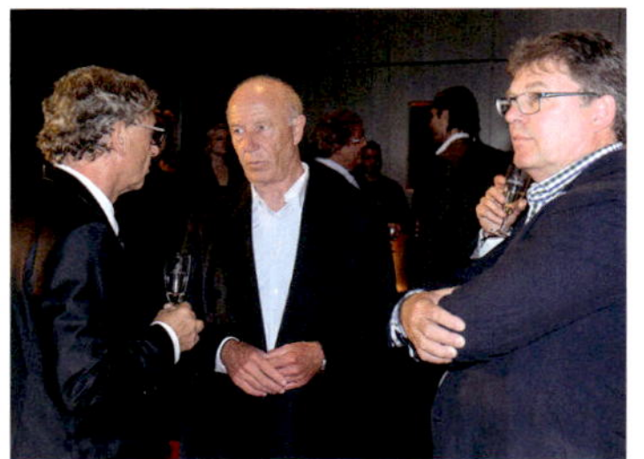

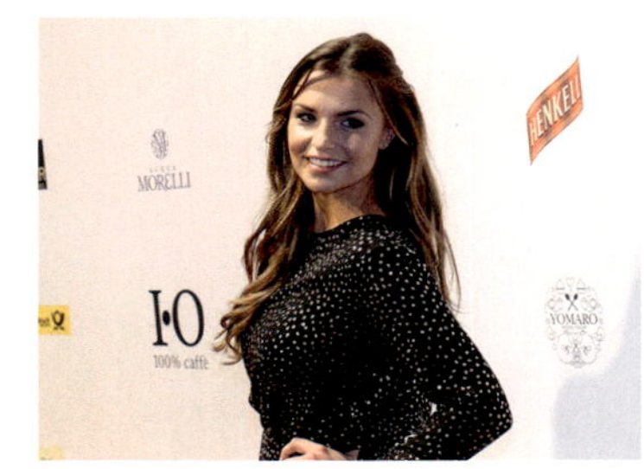

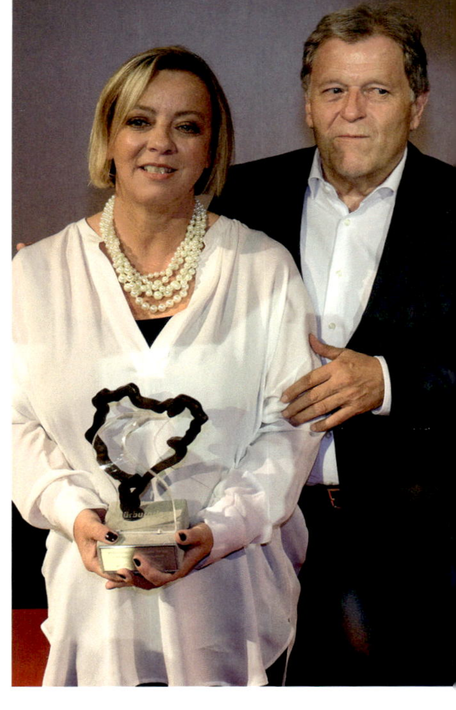

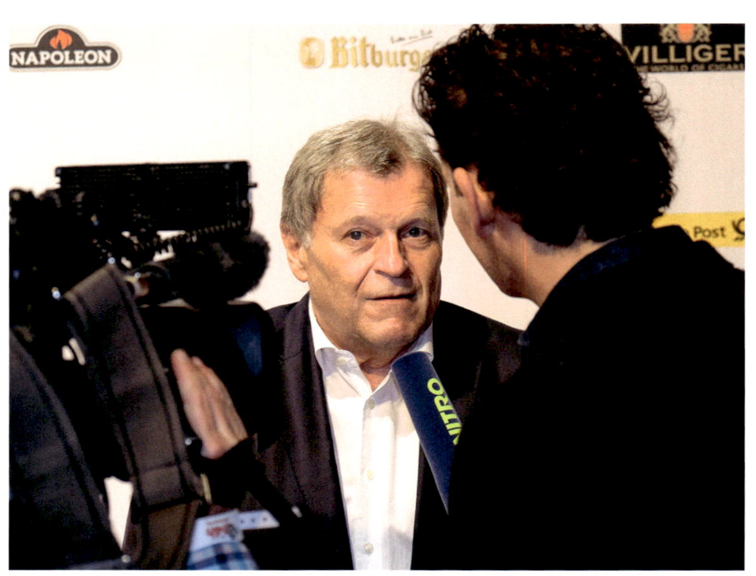

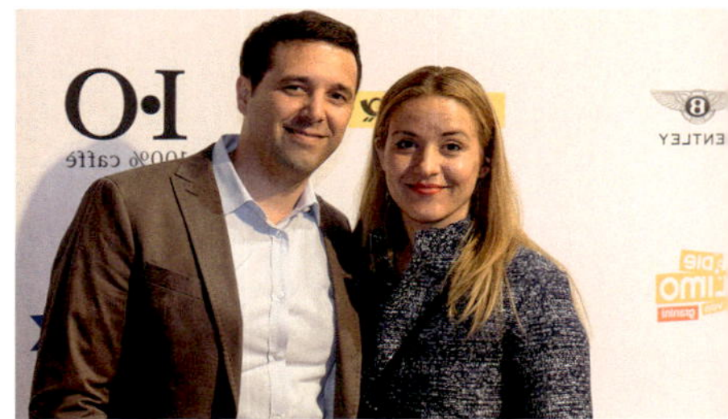

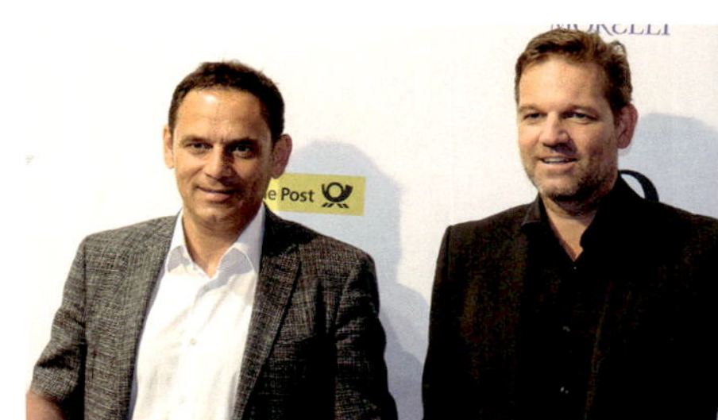

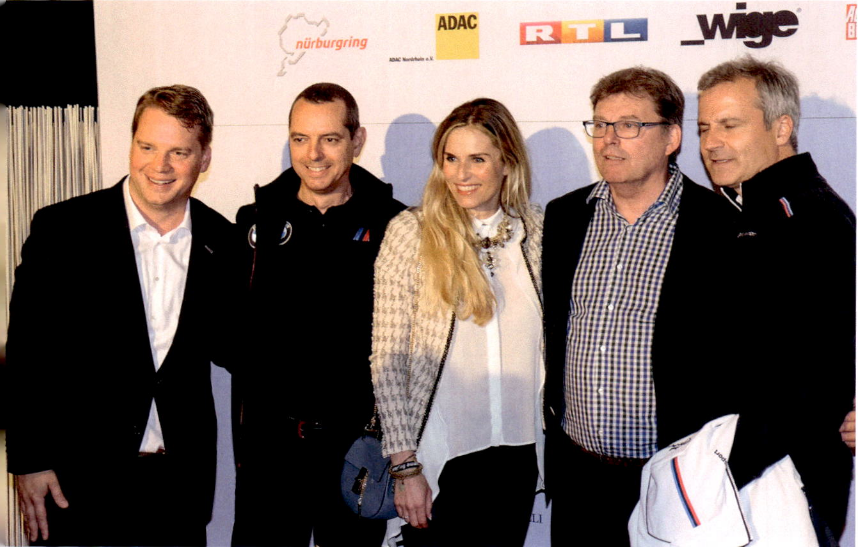

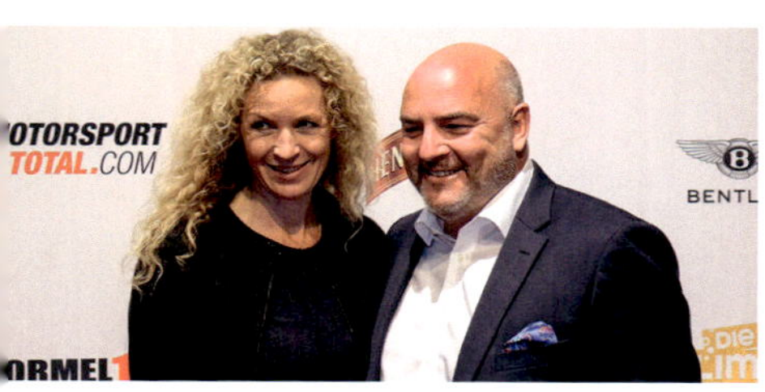

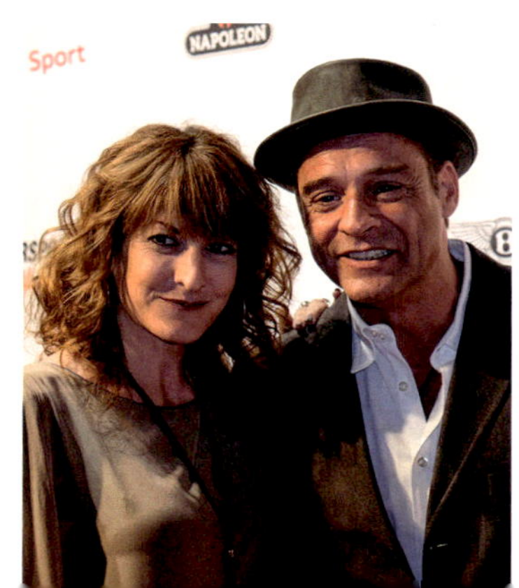

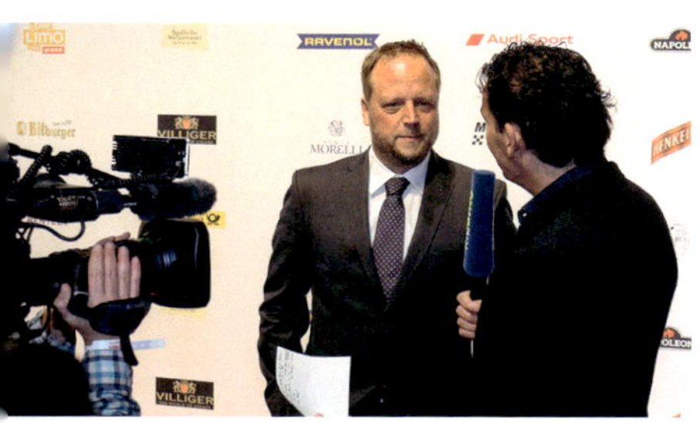

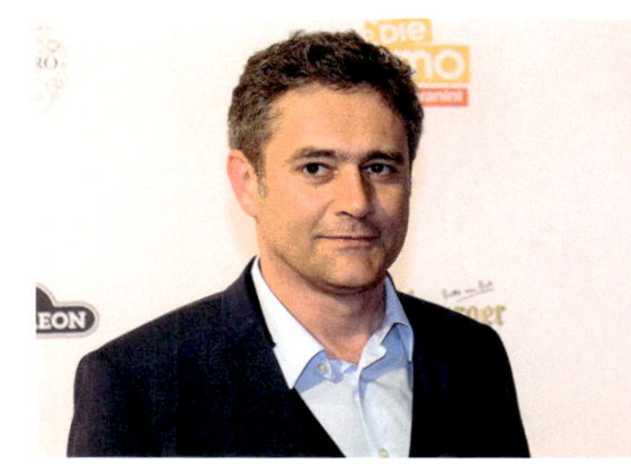

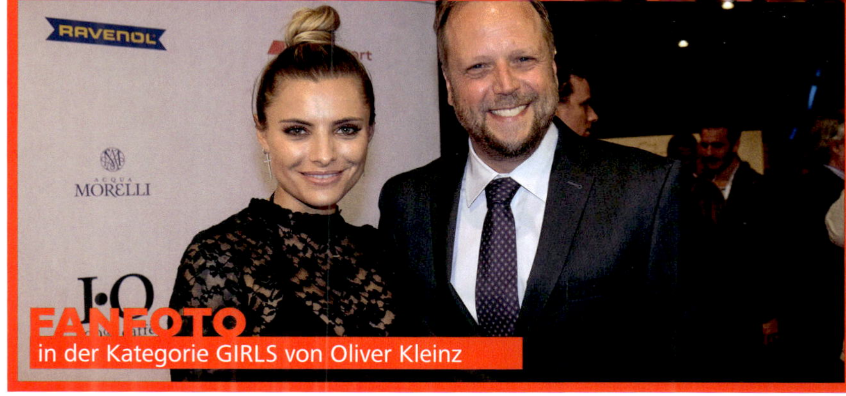

FANFOTO
in der Kategorie GIRLS von Oliver Kleinz

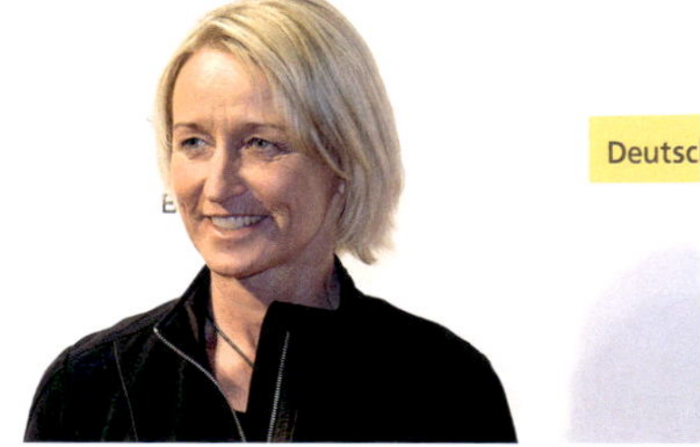

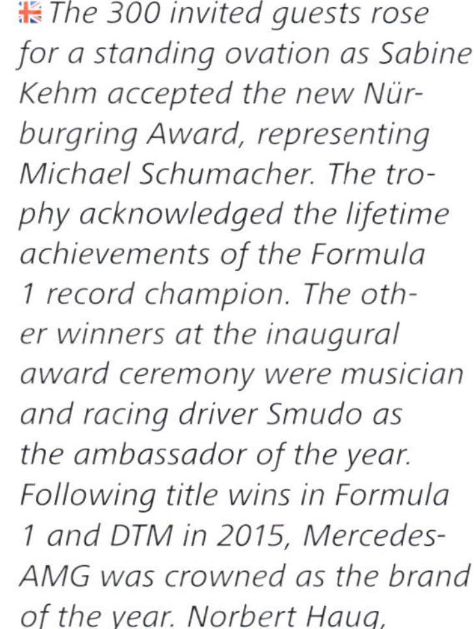

The 300 invited guests rose for a standing ovation as Sabine Kehm accepted the new Nürburgring Award, representing Michael Schumacher. The trophy acknowledged the lifetime achievements of the Formula 1 record champion. The other winners at the inaugural award ceremony were musician and racing driver Smudo as the ambassador of the year. Following title wins in Formula 1 and DTM in 2015, Mercedes-AMG was crowned as the brand of the year. Norbert Haug, former head of motorsport at Mercedes-Benz, held the eulogy for Michael Schumacher, also a record winner with five Grand Prix wins at the Nürburgring, before handing over the trophy to Sabine Kehm.

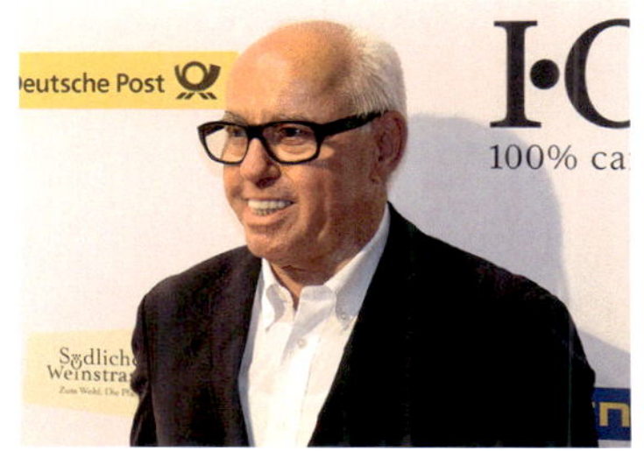

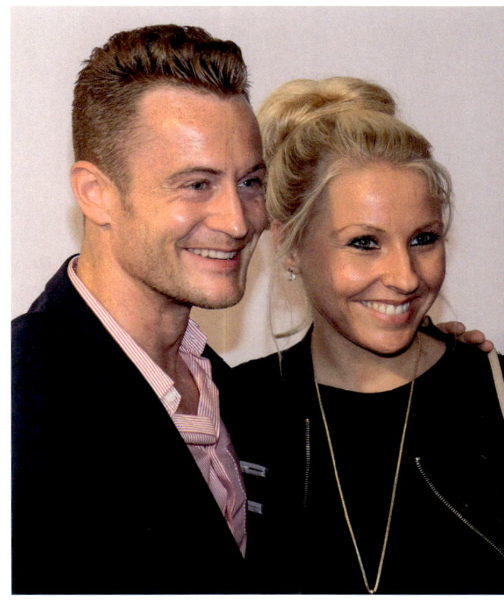

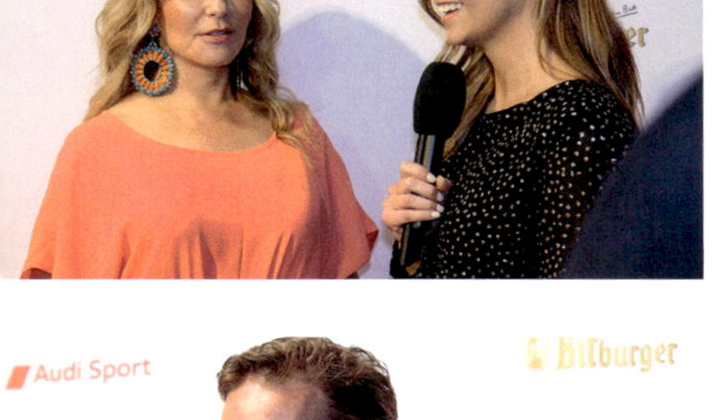

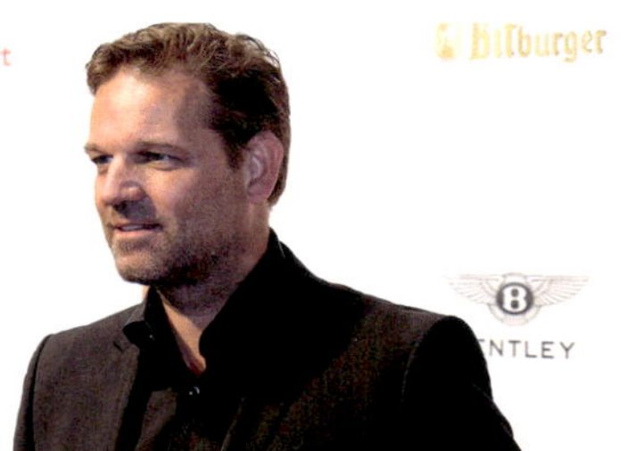

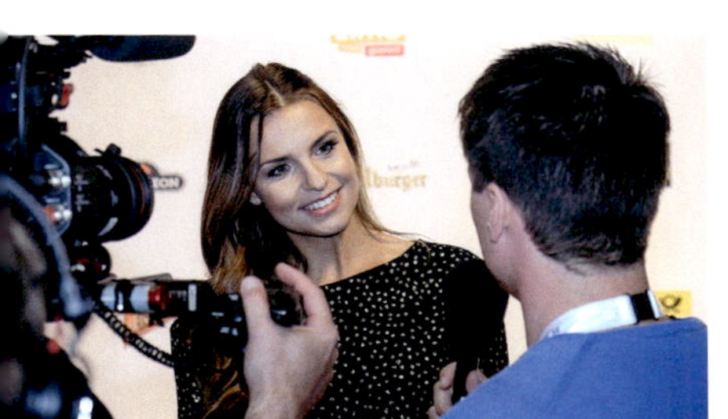

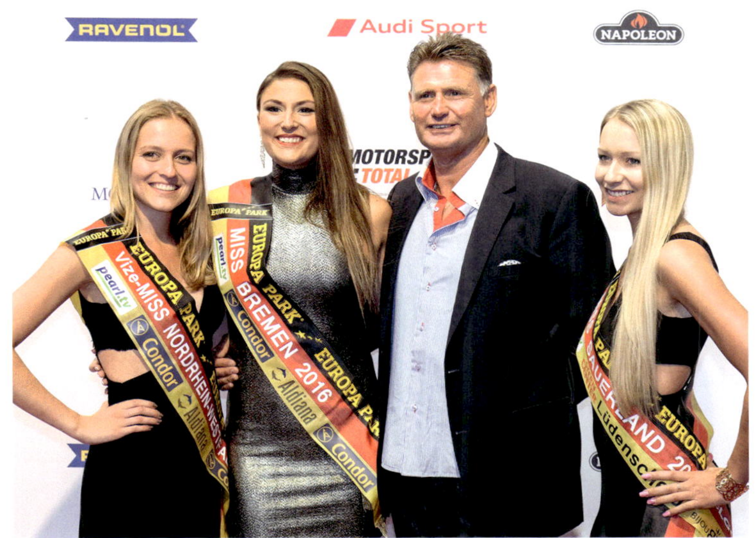

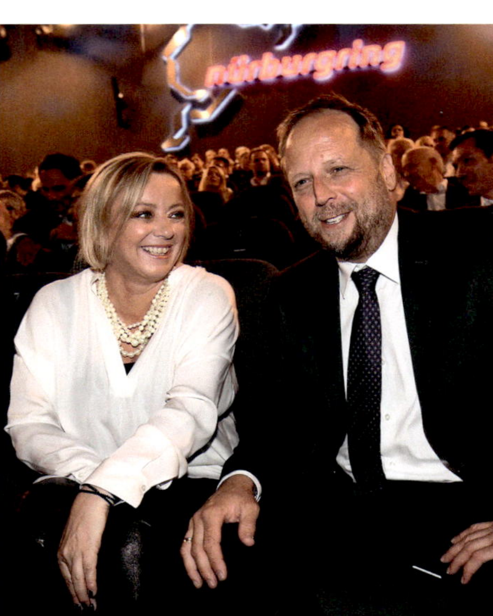

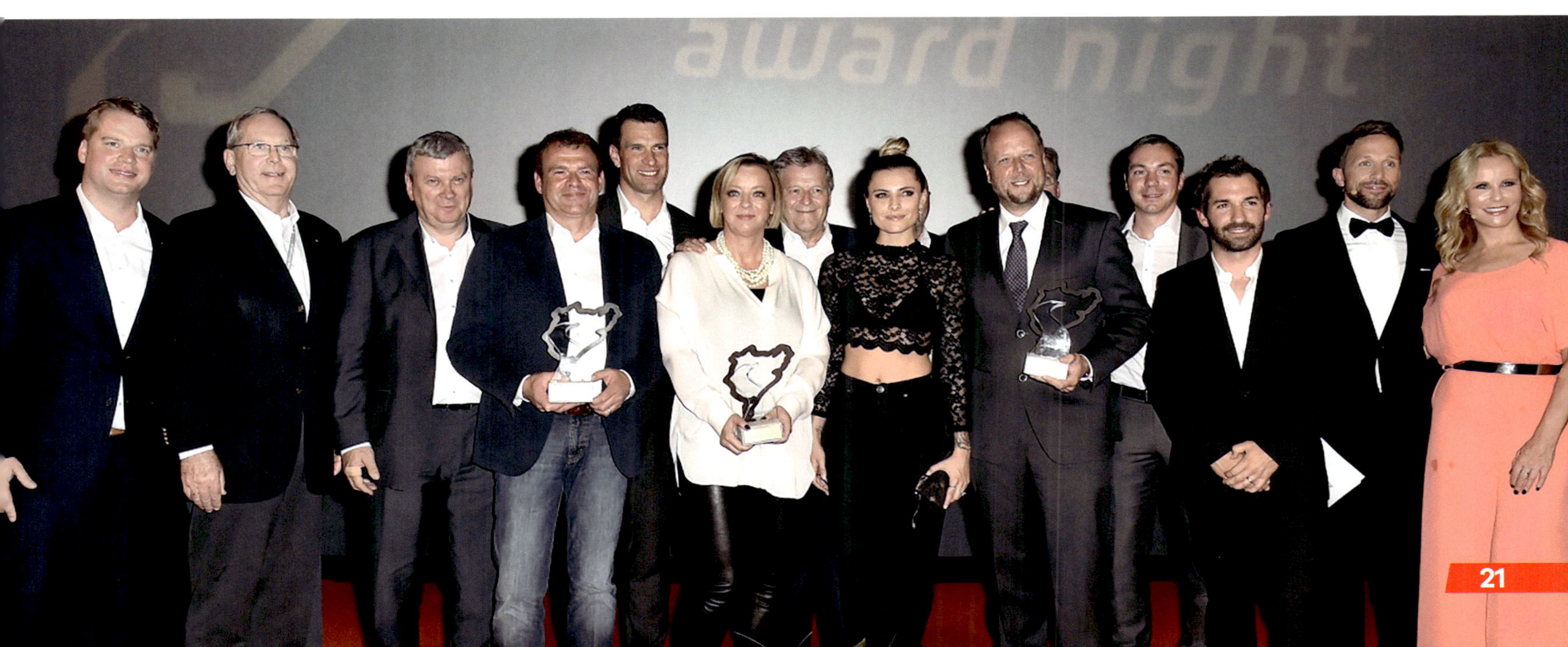

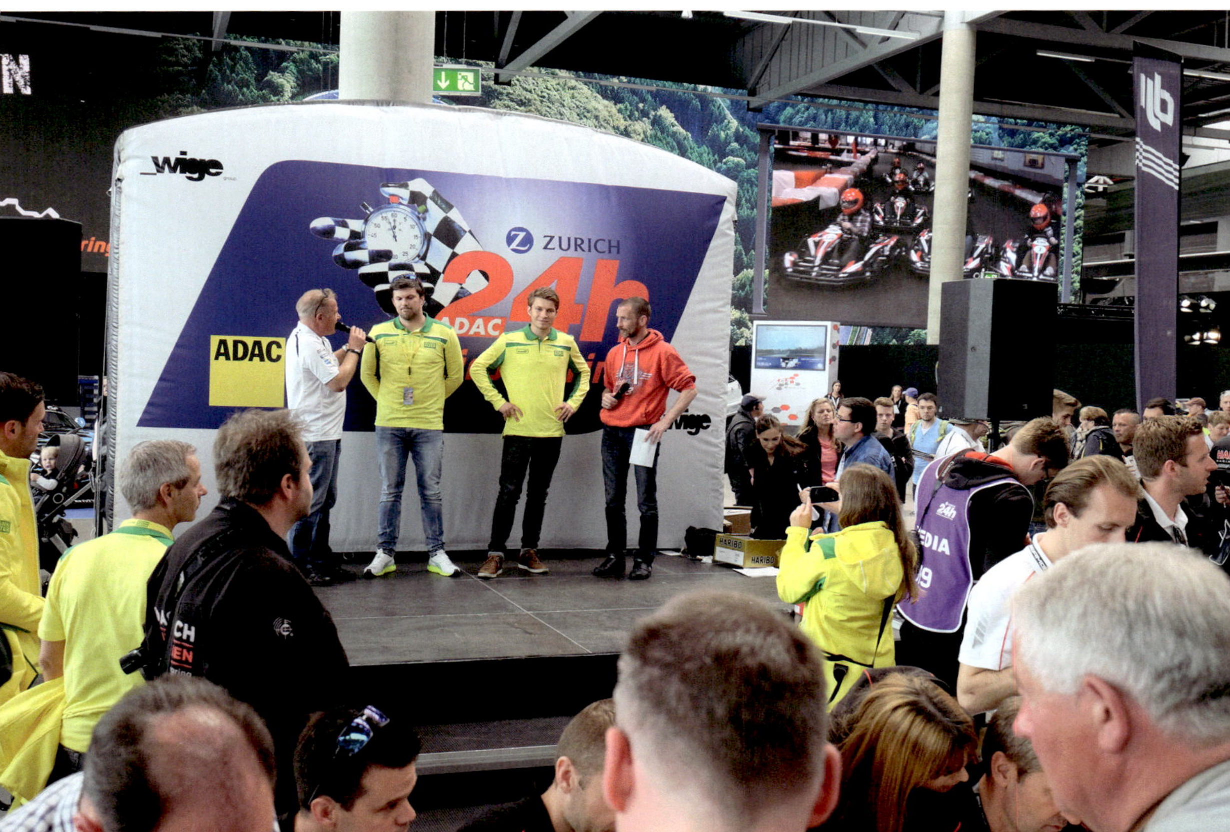
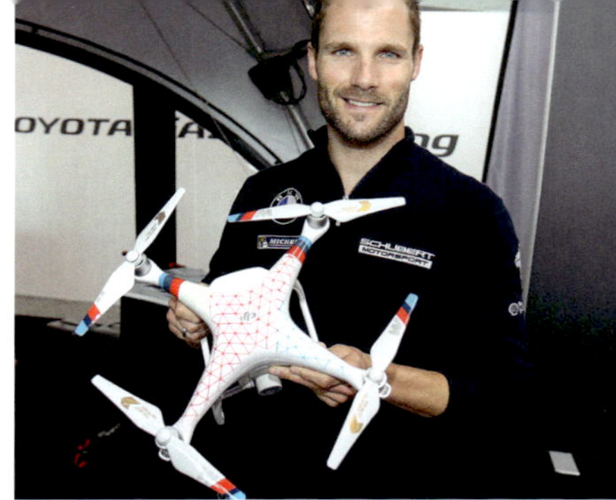
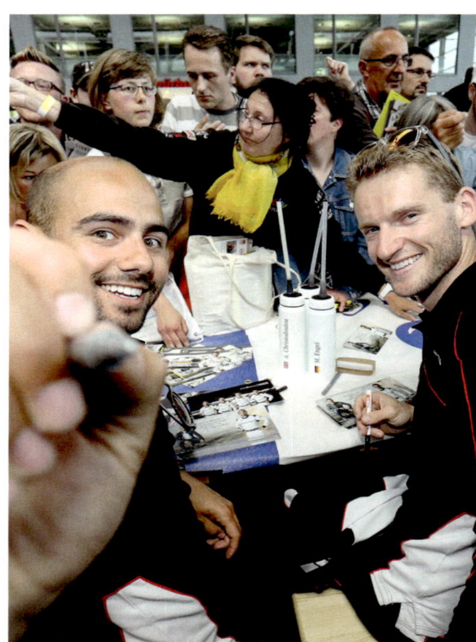

AUTOGRAMM-STUNDE

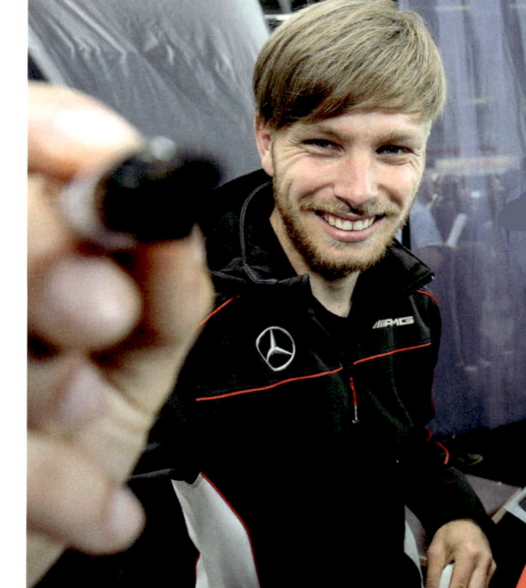
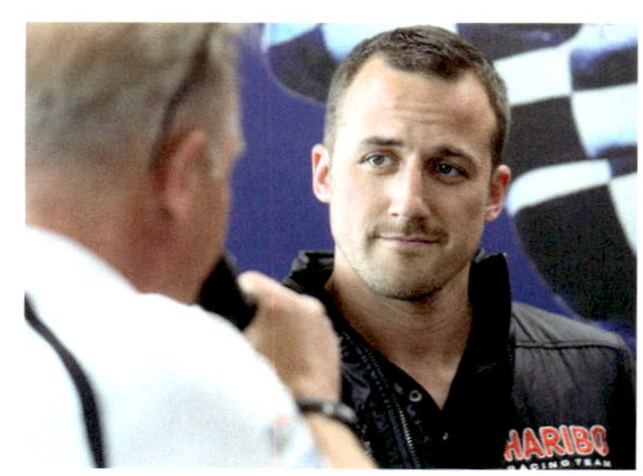

Die Autogrammstunde auf dem Nürburgring-Boulevard war wie immer ein großer Erfolg. Nicht nur, dass die Fahrer jeden Autogrammwunsch erfüllten und für Smalltalks zu haben waren. Ob die Zakspeed-Piloten in den knallgelben MANN FILTER-Jacken oder die Rowe-Fahrer, die erstmals mit einem BMW an den Start gingen: Mehrere Dutzend Teilnehmerinnen und Teilnehmer schrieben persönliche Widmungen und Autogramme. Auf Karten, Zeitungen, T-Shirts oder die nackte Haut. Die Fans waren total begeistert und sorgten für eine großartige Stimmung auf dem Ring Boulevard.

As usual, the autograph session at the Nürburgring boulevard was a huge success. The drivers fulfilled every request for an autograph and talked about the race. Dozens of drivers, including the Zakspeed drivers in their bright-yellow MANN FILTER jackets and the ROWE drivers, who raced a BMW for the first time, met up with the fans. The atmosphere at the Ring Boulevard was great!

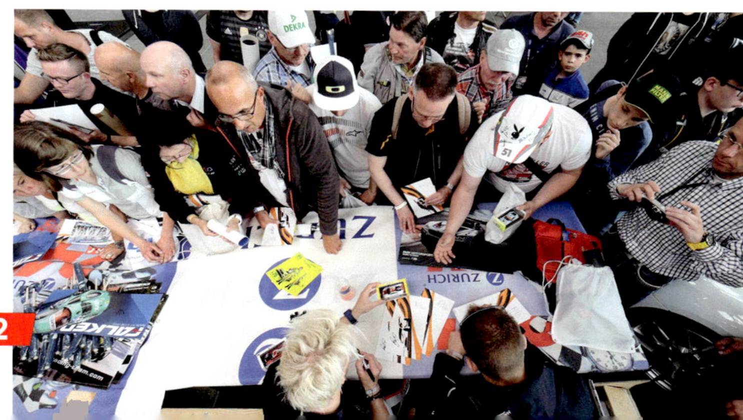
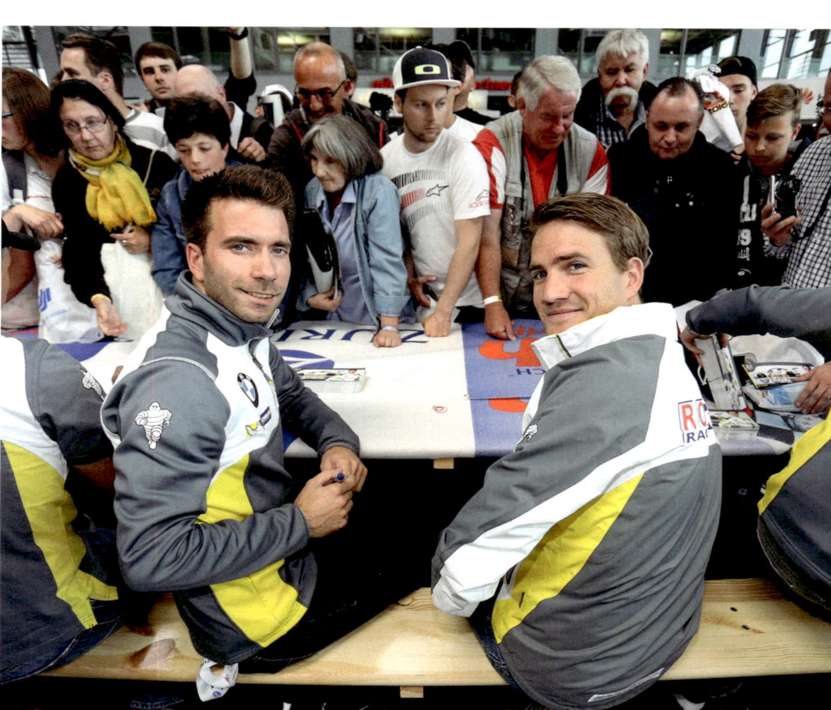

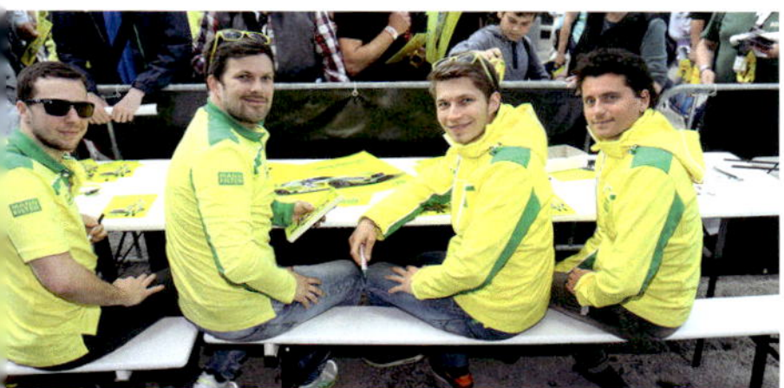

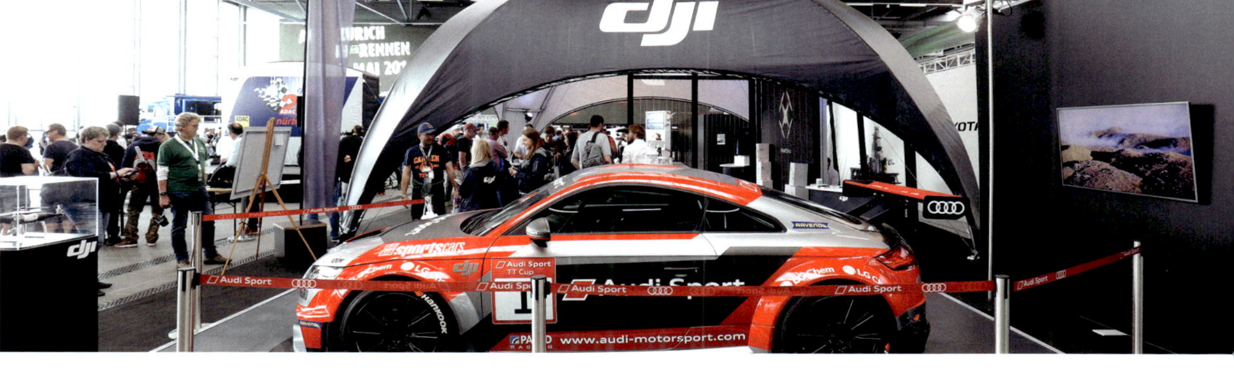

Unglaubliche Bilder aus unglaublichen Perspektiven

DJI hat sich seit seiner Gründung im Jahr 2006 über einen reinen Hersteller von Drohnen hinaus zu einem Technologieunternehmen entwickelt. Dabei wurde stets der Fokus auf neue Möglichkeiten des Filmens gelegt. Kerngeschäft ist jedoch die Produktion der Multicopter. Gimbals, also kardanische Aufhängungen für Drohnen als auch für handgehaltene Action- und Filmkameras sind dabei ebenso Erweiterungen wie auch Kooperationen mit anderen Herstellern. DJI Produkte sind sowohl im gewerblich-professionellen als auch im Hobbybereich im Einsatz.
Am DJI-Stand auf dem Boulevard herrschte reges Treiben. Auch Rennfahrer wie Markus Winkelhock und Martin Tomczyk ließen es sich nicht nehmen, eine Drohne mal selbst zu steuern.
Wie schon im Vorjahr, waren DJI-Kameras zu allen möglichen und unmöglichen Uhrzeiten im Dienst und nahmen wunderschöne Bilder auf. Ob Startaufstellung, Autogrammstunde oder RCN-Lauf, ob Nebel, Regen, ein Lagerfeuer oder einfach nur der Sonnenaufgang hinter der Hohen Acht: Selbst alteingesessene Eifler-Ureinwohner bekamen plötzlich Perspektiven zu Gesicht, die sie zuvor nicht kannten.

Incredible footage from incredible perspectives

Since the company was founded in 2006, DJI has developed from a drone manufacturer to a technology company. The focus has always been on new possibilities of capturing images. Production of the Multicopter still remains the core business, however. Gimbal suspensions for drones as well as hand-held action and film cameras, have extended the range, just like co-operations with other manufacturers. DJI products are used for both professional and private purposes.
There is plenty of action at the DJI stand on the boulevard. Racing drivers like Markus Winkelhock and Martin Tomczyk also take the opportunity to guide a drone themselves.
Like in the previous year, DJI cameras were in operation at almost every hour and captured wonderful images. The starting grid, the autograph session and the RCN race, fog, rain, a camp fire or just sunrise behind the Hohe Acht: even seasoned Eifel inhabitants got to see perspectives previously unknown to them.

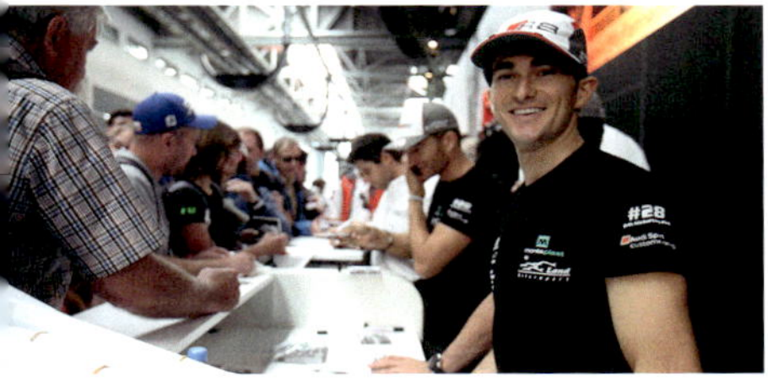

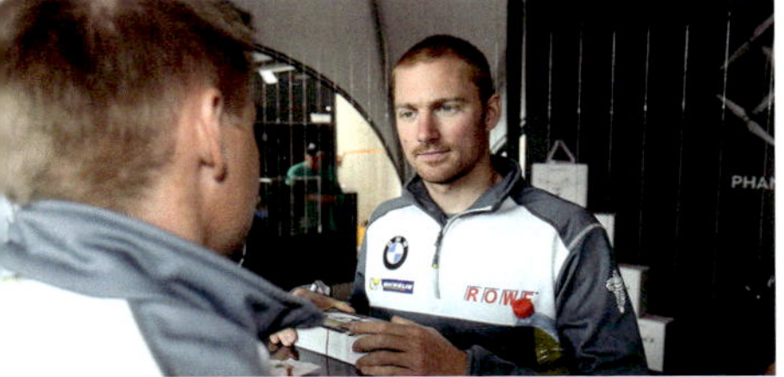

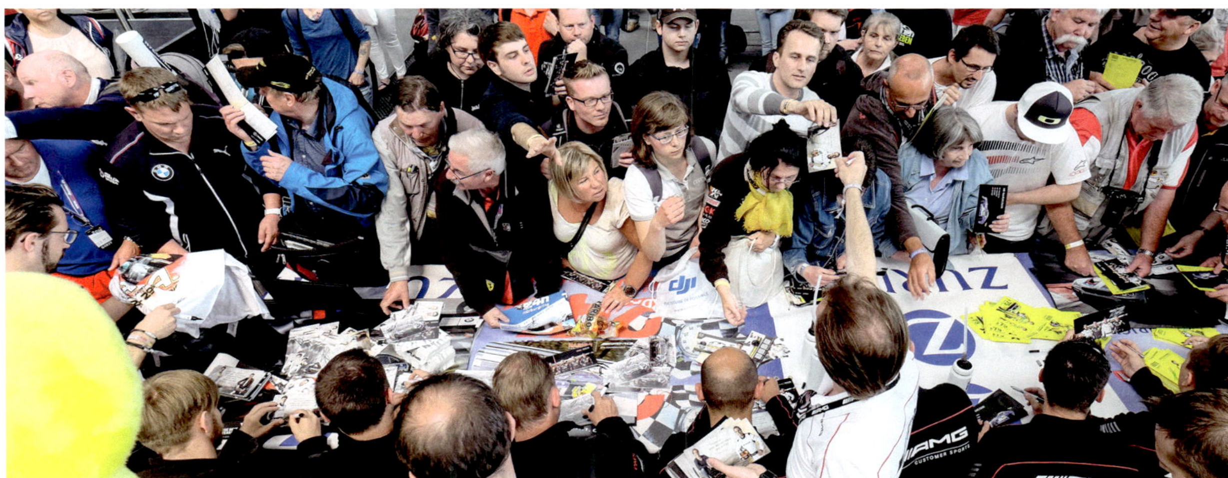

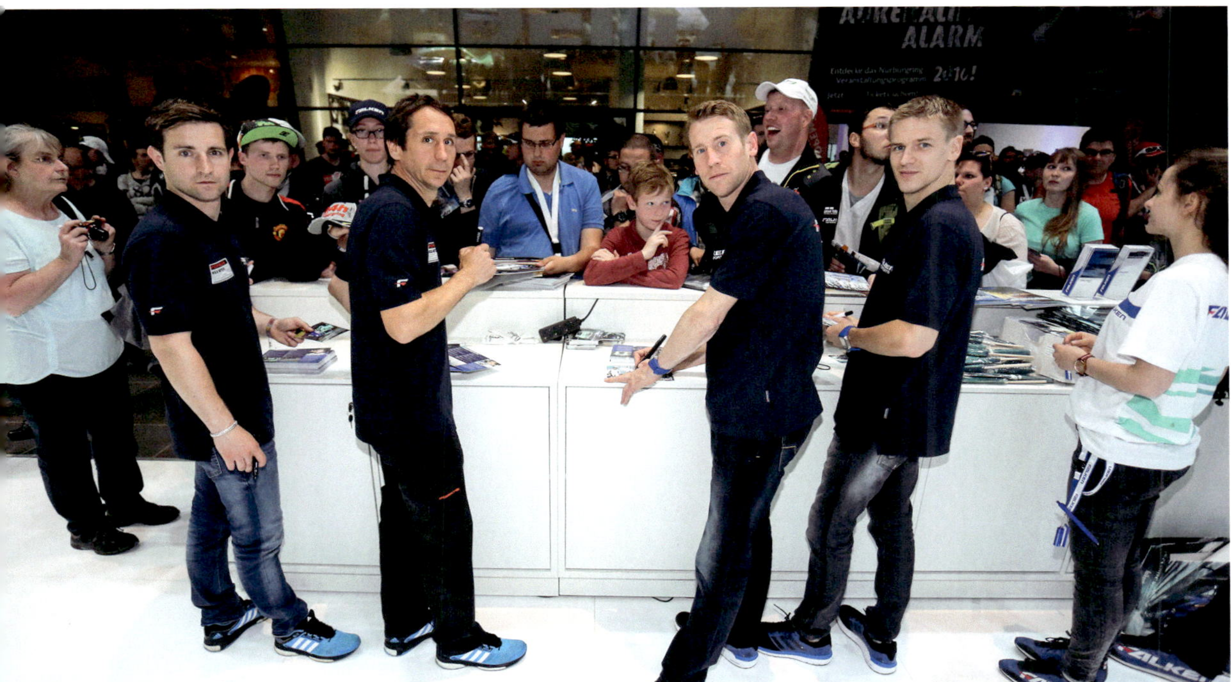

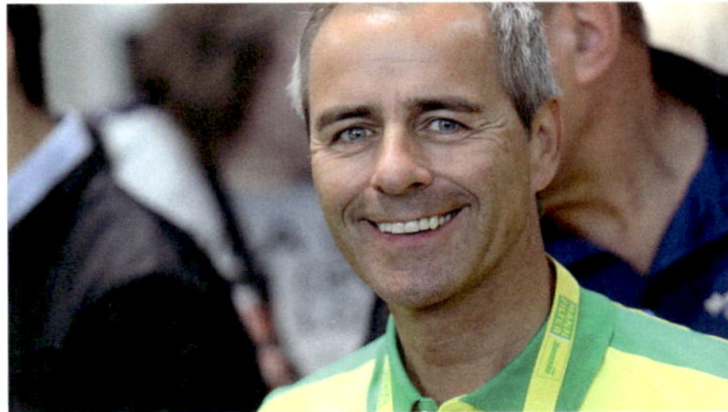

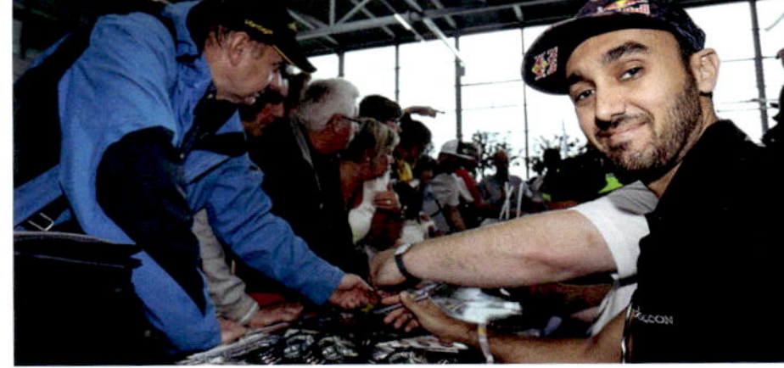

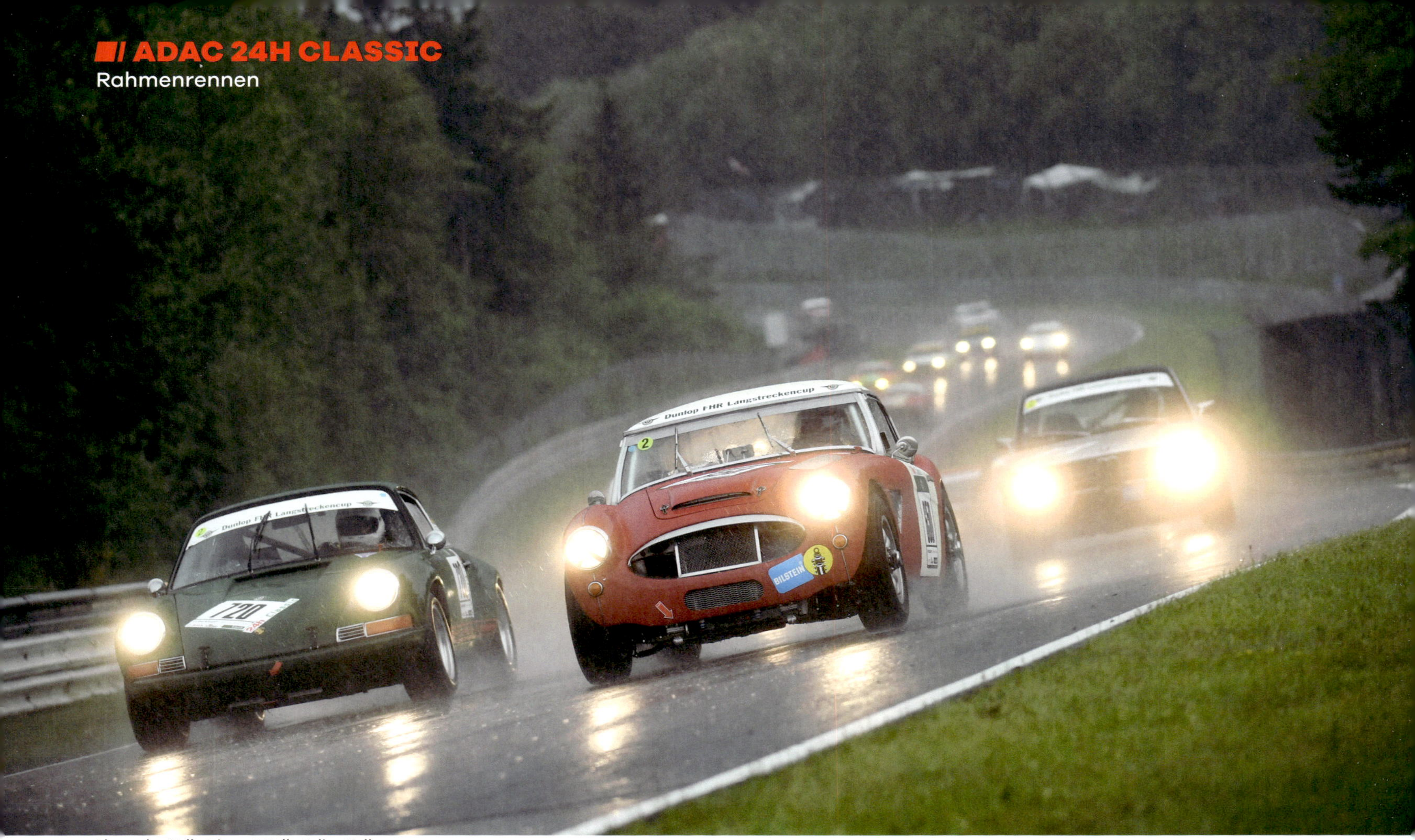

Alexander Kolb, Vincent Kolb, Julius Kolb

ADAC 24h Classic

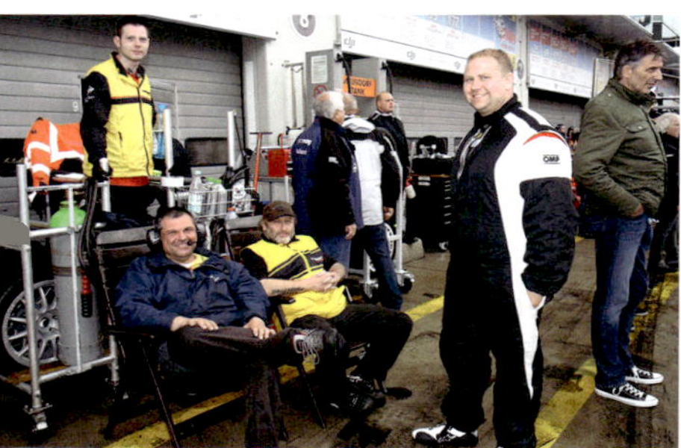
Derichs Rennwagen-Team

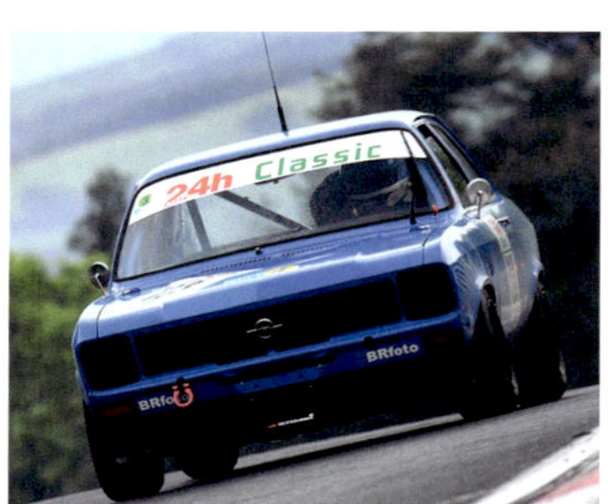

Oliver Davidovic, Axel Duffner

In souveräner Manier gewann Michael Schrey das ADAC 24h-Classic Rennen, und das zum vierten Mal nach 2009, 2012 und 2015. Mit seinem Porsche 935 K1 wurde der Rietberger nach 15 Runden mit einem Vorsprung von 6.15,719 Minuten vor den Zweitplatzierten – Andreas und Ralf Schall im Mercedes-Benz 190 E – abgewinkt. Das Nordschleifen-erfahrene Vater-Sohn-Gespann hatte sich zuvor in der Schlussphase nach vorne auf den Podestrang geschoben. Dritte wurden Michael Menden und Peter Posavac im BMW M3. Alle drei Erstplatzierten waren in den Klassen der Youngtimer Trophy unterwegs. Das schnellste Fahrzeug des im gleichen Rennen ausgetragenen FHR Langstrecken-Cup für Oldtimer pilotierten Markus Diederich und Michael Wittke. Das Duo beendete mit seinem Porsche 914/6 GT das Rennen am Ende auf Gesamtrang sieben. Es war ein emotionaler Moment, als sich mehr als 200

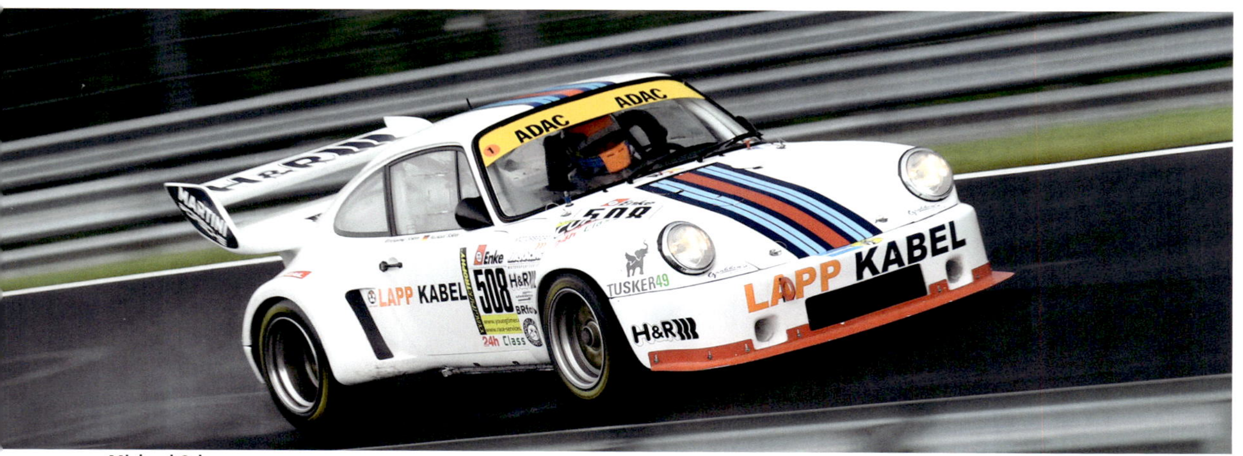

Michael Schrey

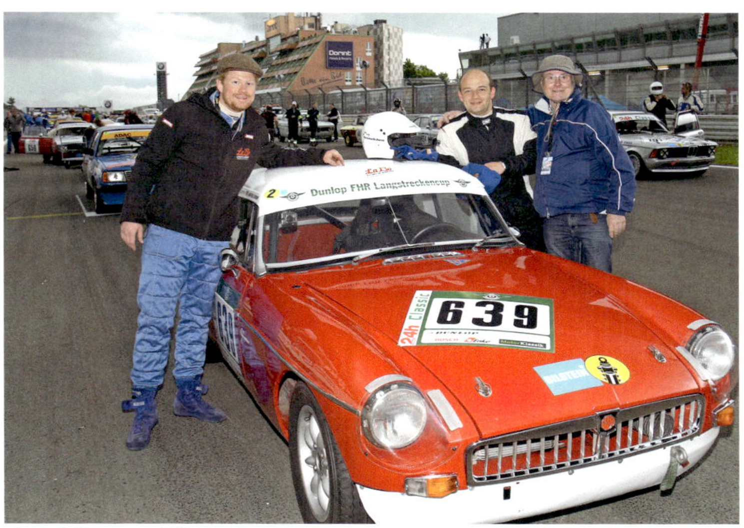

Anatoli Bomm and Markus Lawrenz

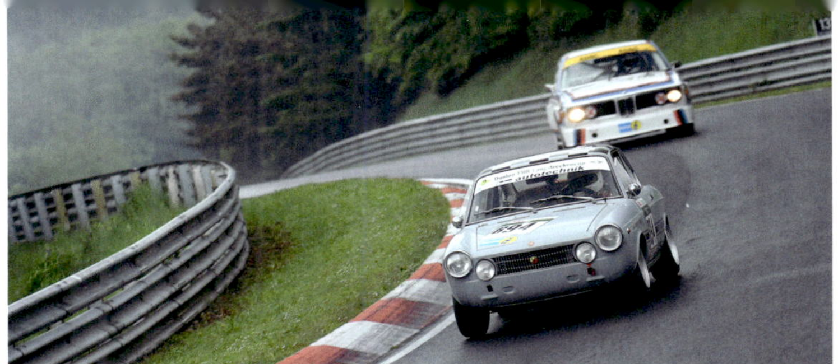

Klaus Kleber, Jürgen Schürgers

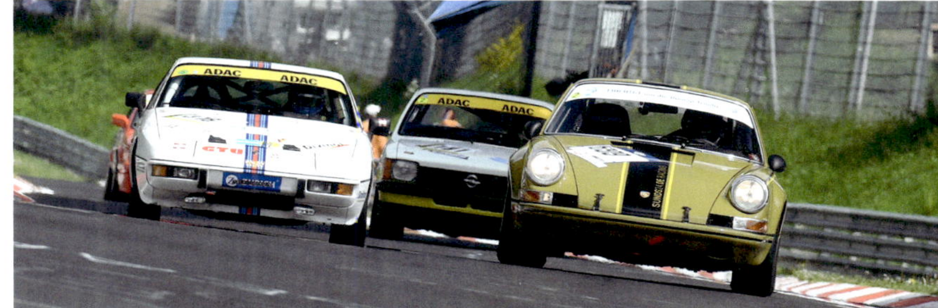

(318): Ralf Zensen, Hans Martin Irnich - (699): Karsten Schreyer, Georg Bellof

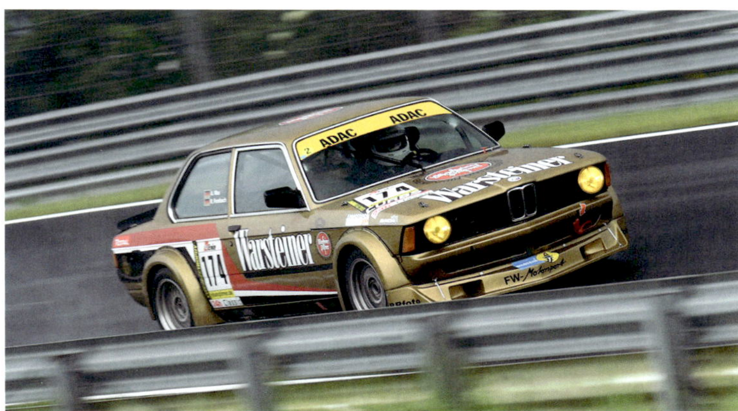

André Wax, Ronald Kenneth Forsbach

Scoring his fourth win after 2009, 2012 and 2015, Michael Schrey claimed victory in the ADAC 24h Classic race with his Porsche 935 K1. After 15 laps, he was 6 min. 15.719 sec. clear of father and son Andreas and Ralf Schall, who finished second with their Mercedes 190 E. Third place in the race with 200 cars went to Michael Menden and Peter Posavac with a BMW M3, so that drivers from the Youngtimer Trophy locked out the top three. Victory in the FHR Langstrecken Cup for oldtimer cars went to Markus Diederich and Michael Wittke with a Porsche 914/6 GT.

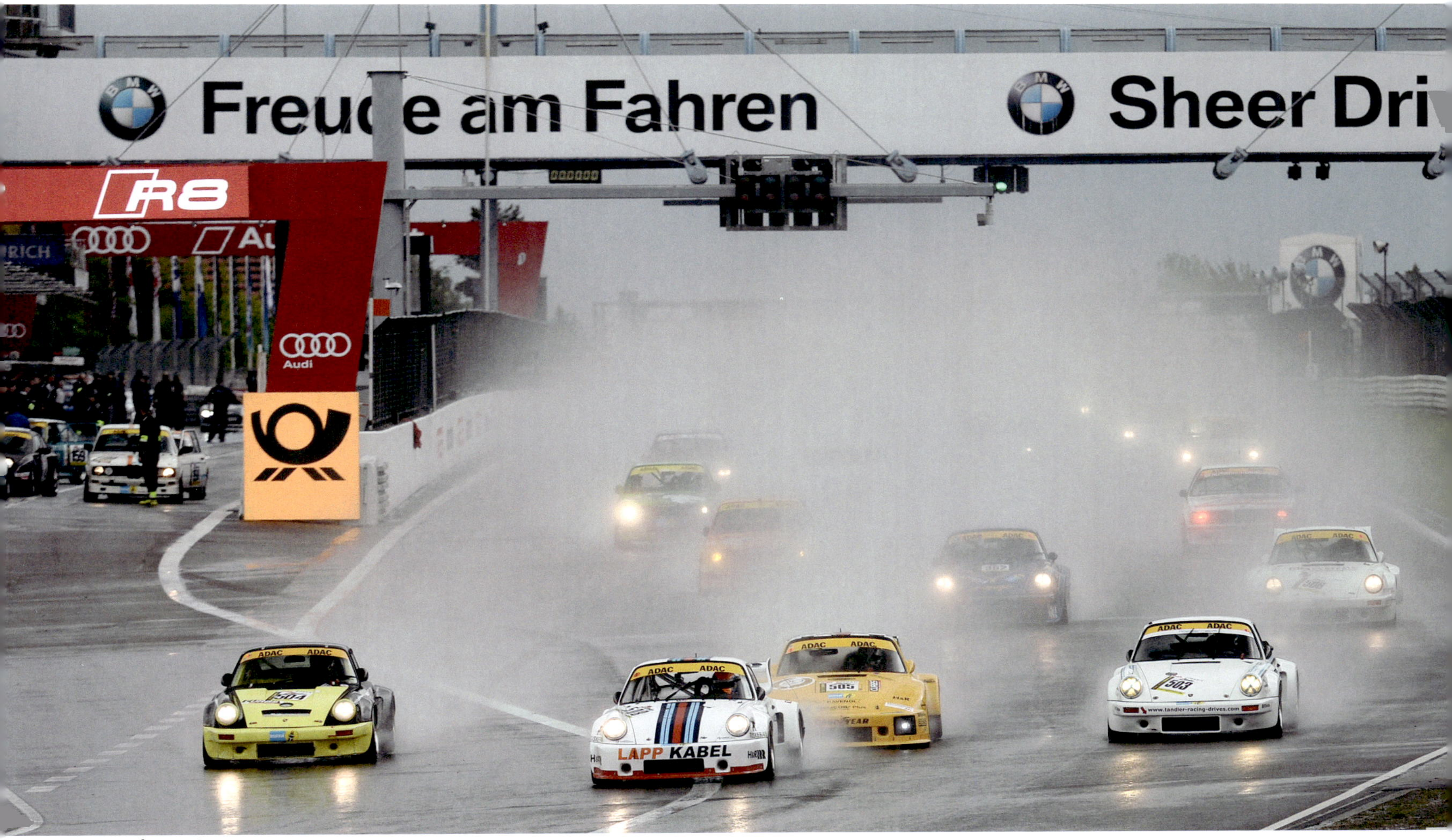

start of group 1

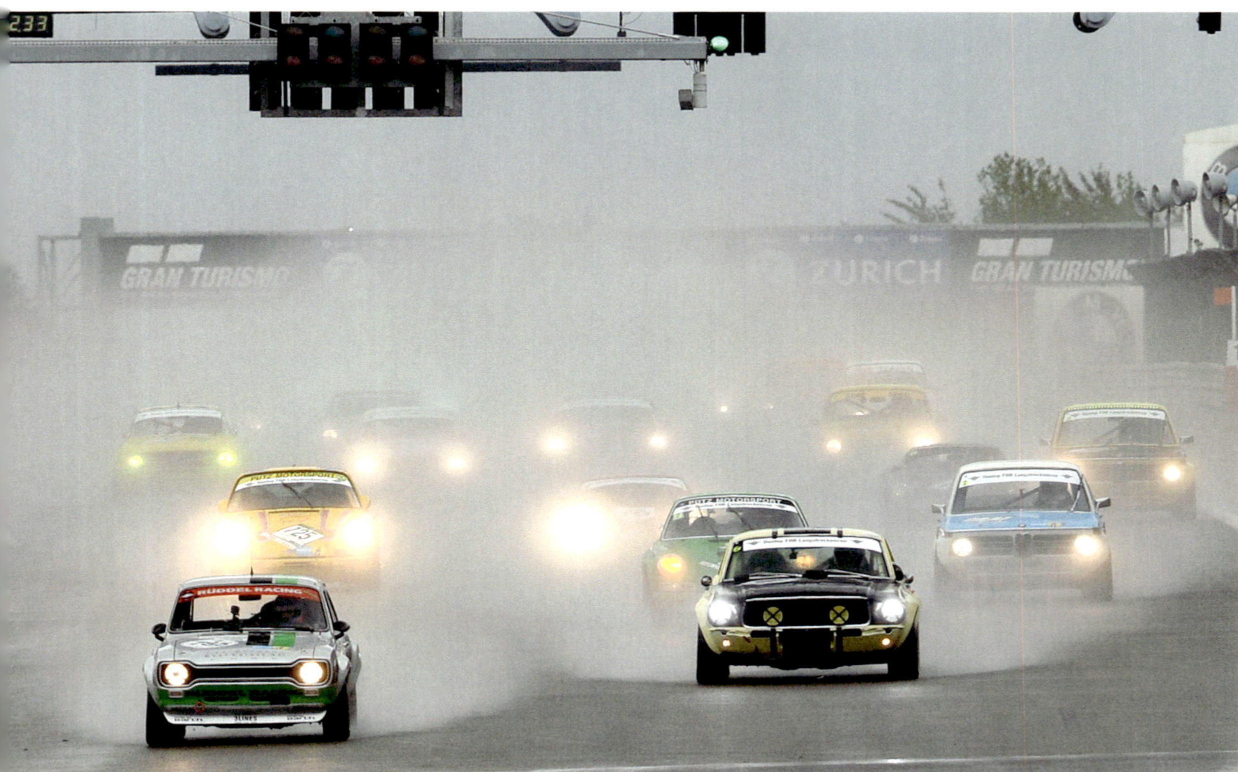

start of group 2

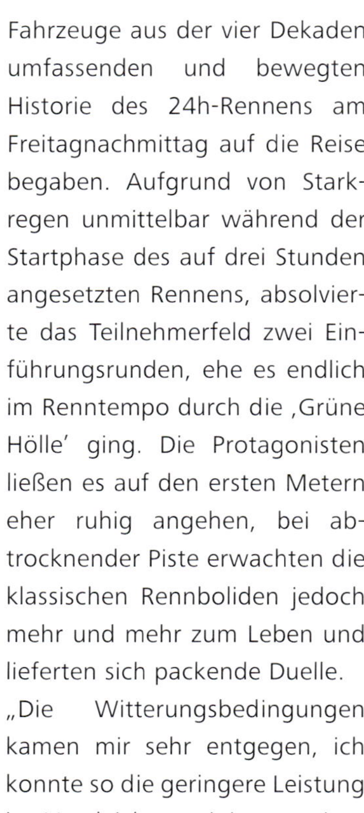

Fahrzeuge aus der vier Dekaden umfassenden und bewegten Historie des 24h-Rennens am Freitagnachmittag auf die Reise begaben. Aufgrund von Starkregen unmittelbar während der Startphase des auf drei Stunden angesetzten Rennens, absolvierte das Teilnehmerfeld zwei Einführungsrunden, ehe es endlich im Renntempo durch die ‚Grüne Hölle' ging. Die Protagonisten ließen es auf den ersten Metern eher ruhig angehen, bei abtrocknender Piste erwachten die klassischen Rennboliden jedoch mehr und mehr zum Leben und lieferten sich packende Duelle.

„Die Witterungsbedingungen kamen mir sehr entgegen, ich konnte so die geringere Leistung im Vergleich zu einigen meiner Kontrahenten kompensieren", sagte Schrey. „Ich fühle mich auf der Nordschleife einfach wohl, bin schon unzählige Runden gefahren und konnte meinen Vorteil nutzen." Auch wenn der Sieg am Ende souverän wirkte, vor allem die Startphase hatte es in sich. Schrey: „Nach der ersten Einführungsrunde habe ich gehofft, dass der Start nicht freigegeben wird – großen Respekt an die Rennleitung, dass sie es genauso gesehen hat. Danach musste ich Heiko Hammel mit seinem Porsche zunächst ziehen lassen, weil der mit den schmaleren Reifen schneller auf Temperatur kam. In Runde vier habe ich dann die Führung übernommen."

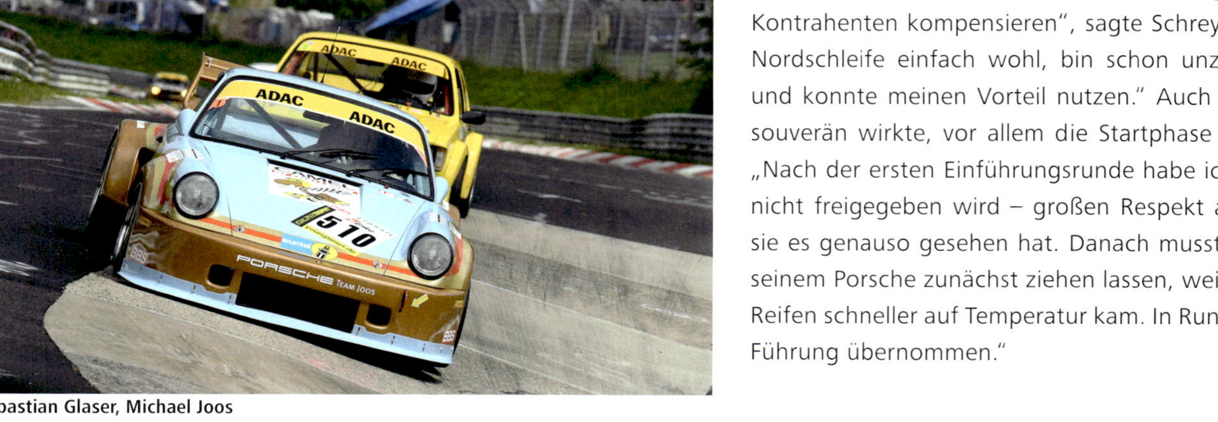

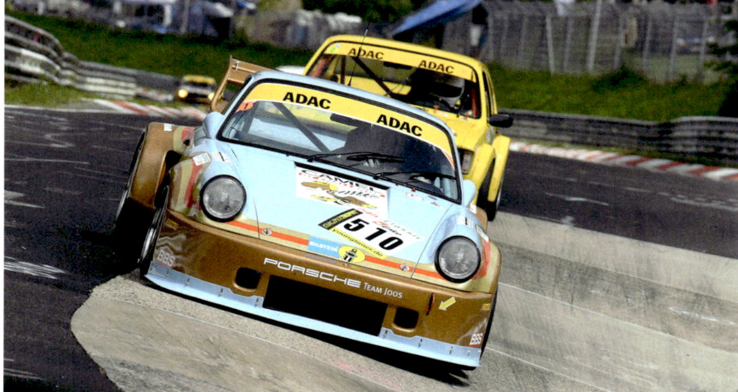

Sebastian Glaser, Michael Joos

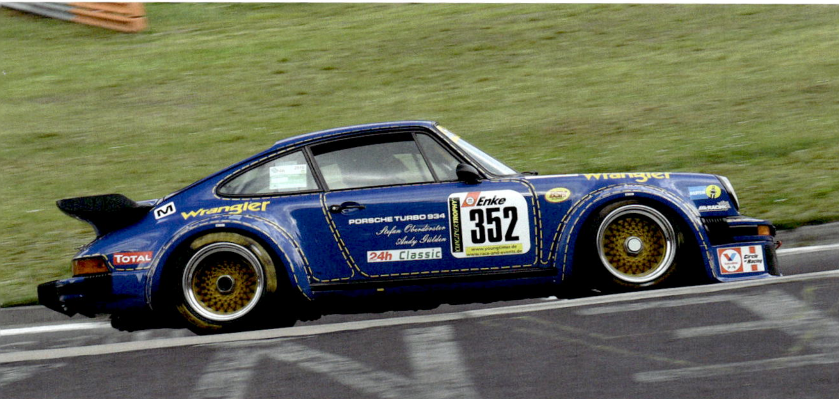

Stefan Oberdörster, Andy Gülden

Michael Küke

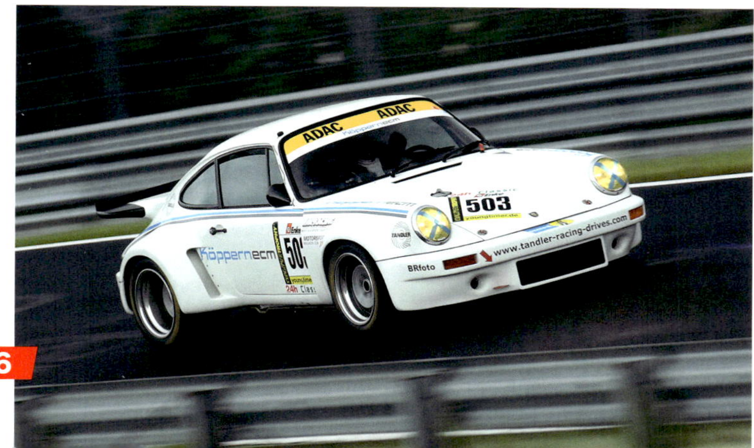

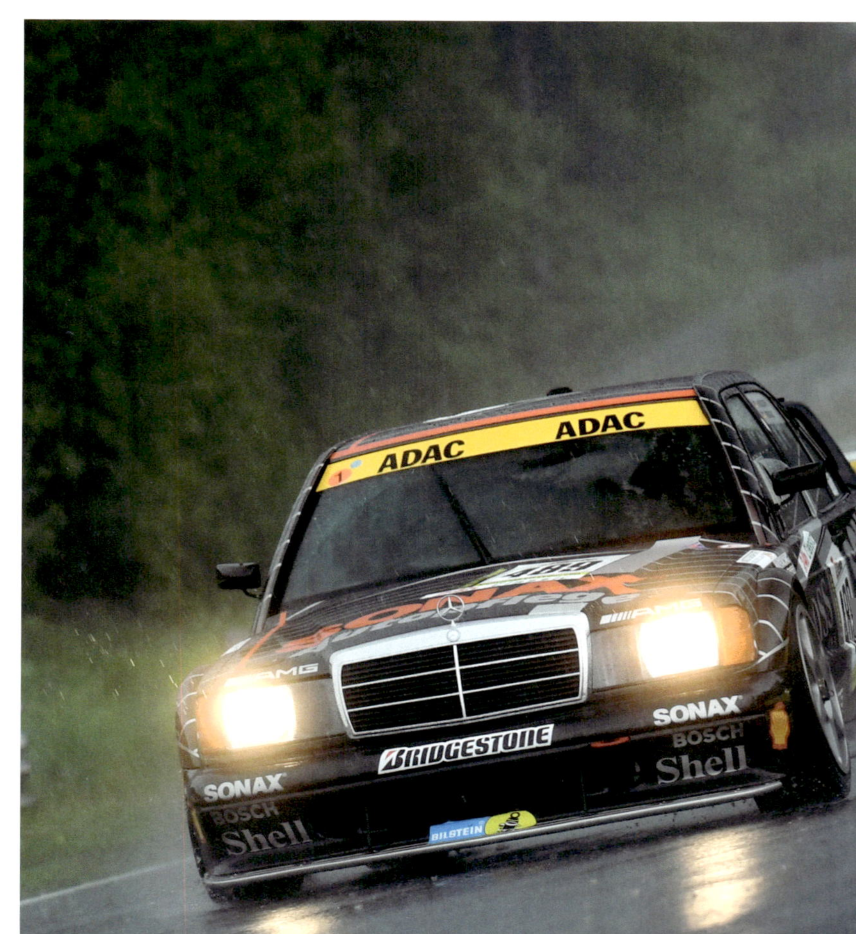

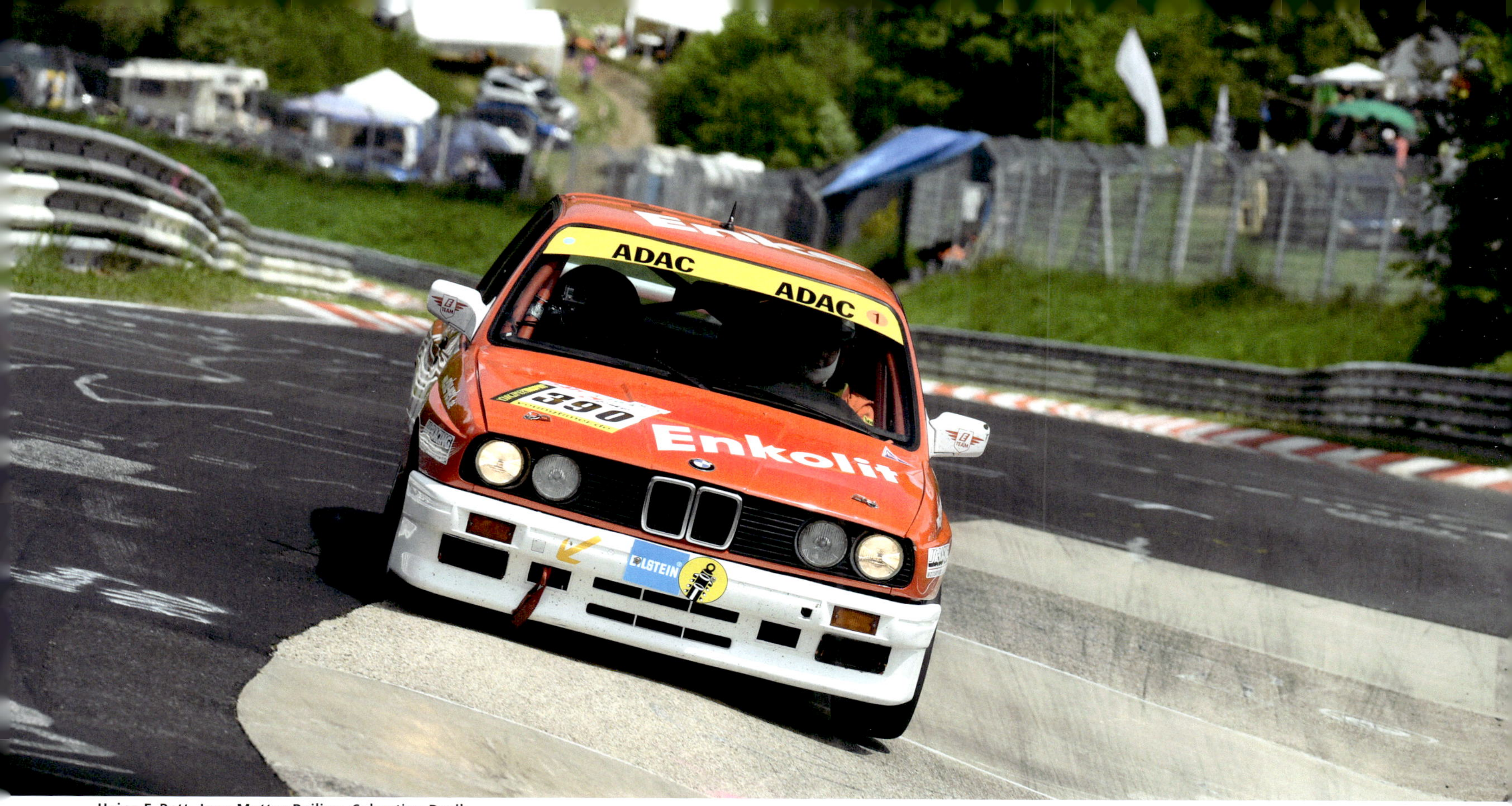

Heinz-F. Pott, Jaan Mattes Reiling, Sebastian Durik

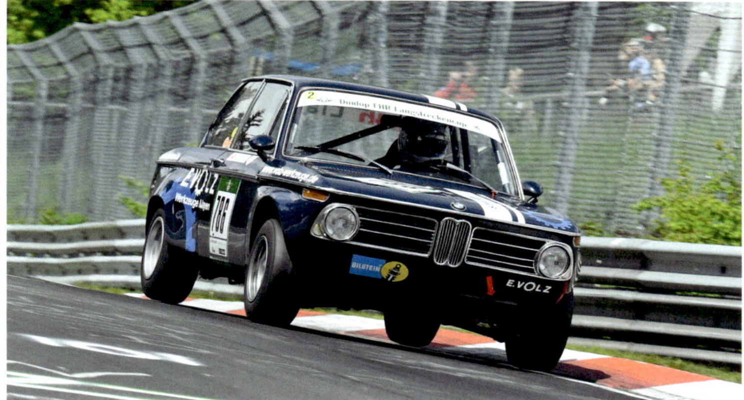

Alexander Mohr, Martin Hermes, Andreas Hermes

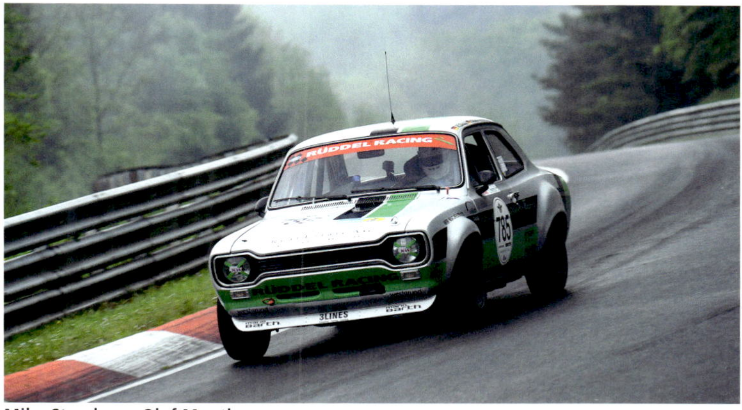

Mike Stursberg, Olaf Manthey

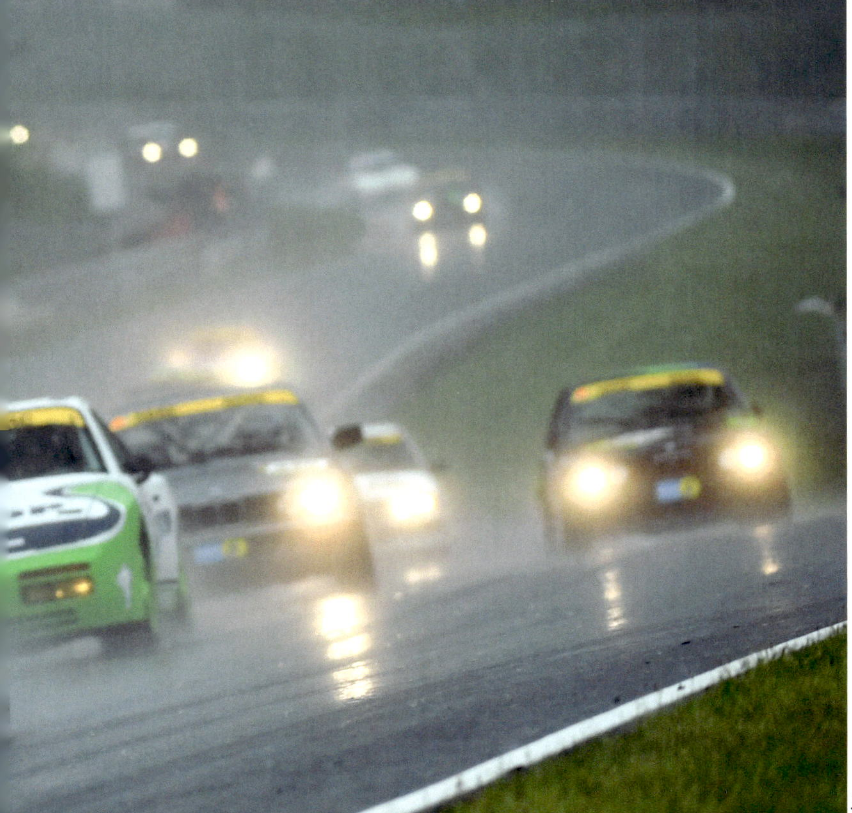

Jörg Hatscher, Torsten Stadler

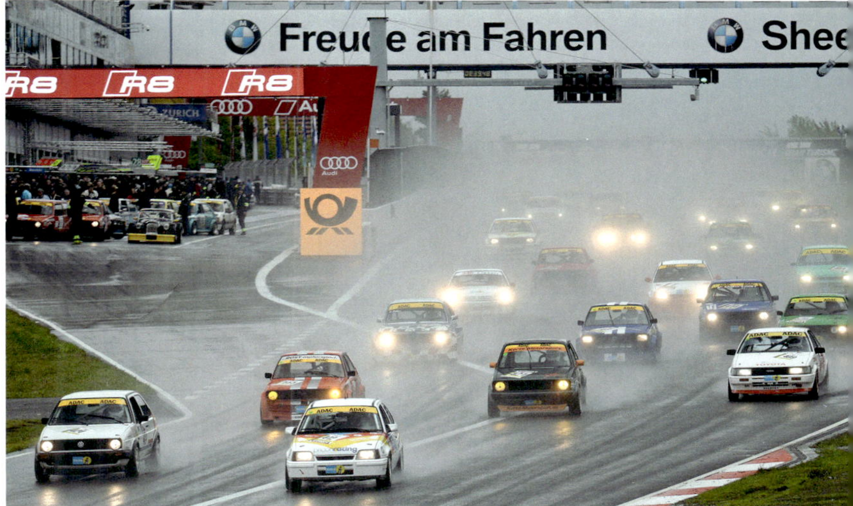

start of group 3

ADAC 24h Classic

Pos.	No.	Drivers	Car
1	508	Michael Schrey	Porsche 935 K1
2	490	Andreas Schall/Ralf Schall	Mercedes-Benz 190E
3	455	Michael Menden/Peter Posavac	BMW M3

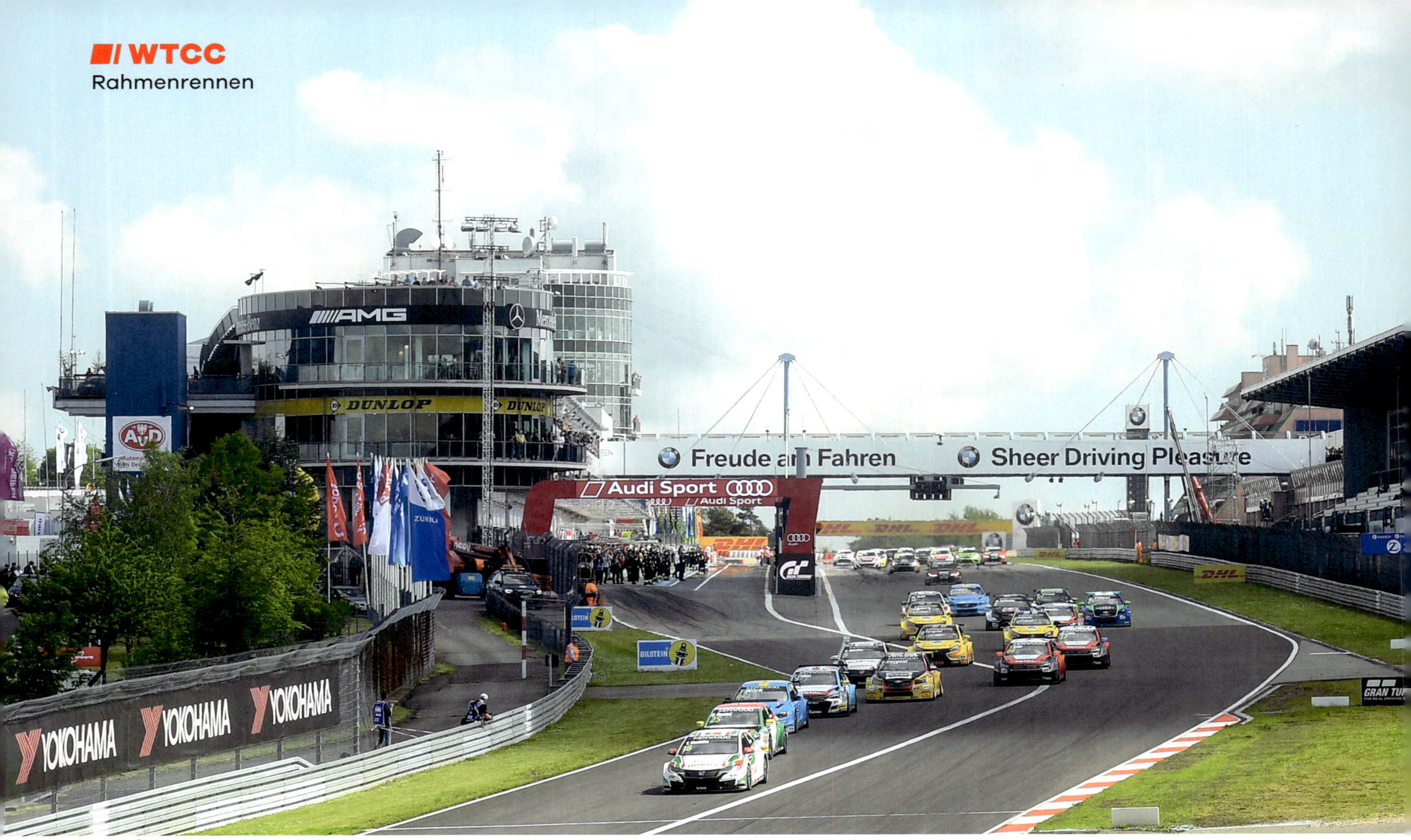

start of race 1

WTCC

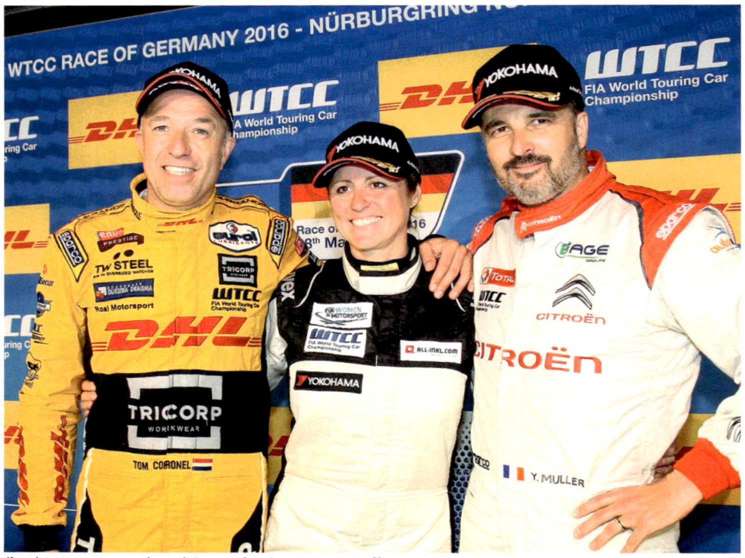

(l.-r.) Tom Coronel, Sabine Schmitz, Yvan Muller

WTCC Rennen 1

Die Entscheidung fiel in der letzten Runde: In der oberen Mutlinks im Kesselchen platzte beim bis dahin führenden Honda-Piloten Tiago Monteiro der rechte Vorderreifen. Der Portugiese krachte in die Leitplanken und schleuderte zurück auf die Strecke. Der hinter ihm fahrende Yvan Muller (Citroen) konnte nicht mehr ausweichen und kollidierte mit dem Honda. Der drittplatzierte Jose-Maria Lopez (Citroen) konnte mit viel Glück eine Kollision mit den anderen beiden vermeiden, zog vorbei und siegte mit 0,526 Sekunden Vorsprung vor Citroen-Privatier Tom Chilton. Norbert Michelisz wurde als bester Honda Dritter.

WTCC Rennen 2

Jose-Maria Lopez bleibt der König der Nordschleife: Auch im zweiten Rennen auf der schwierigsten Rennstrecke der Welt siegte der Argentinier. Der Citroen-Pilot machte damit einen großen Schritt Richtung WM-Titel Nummer drei. Seine ärgsten Verfolger Monteiro, Muller und Tom Coronel (Chevrolet) konnten nach ihren Unfällen im Eröffnungsrennen nicht mehr antreten. Michelisz freute sich über Rang zwei genau so wie Chilton über Rang drei. Der Brite war damit erneut bester Privatfahrer. Auf den Plätzen vier bis sechs folgten Rob Huff (Honda), Mehdi Bennani (SLR-Citroen) und Nick Catsburg (Lada). Nach Rang zehn in Lauf eins verpasste Sabine Schmitz (Chevrolet) dieses Mal als elfte knapp die Punkteränge.

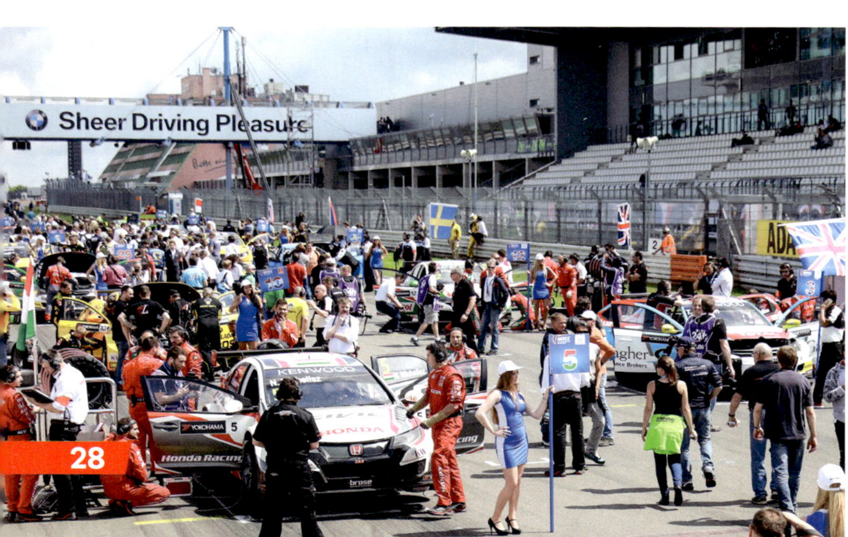

Norbert Michelisz

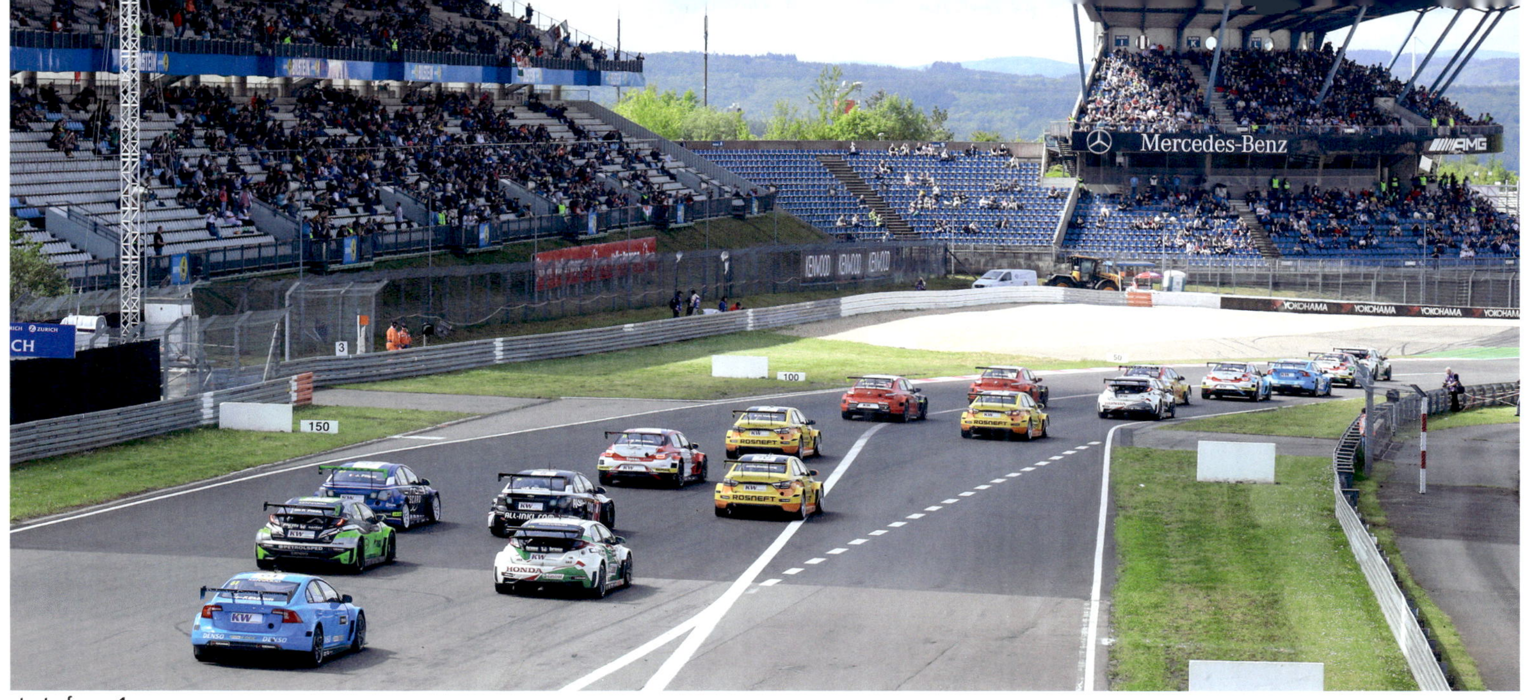

start of race 1

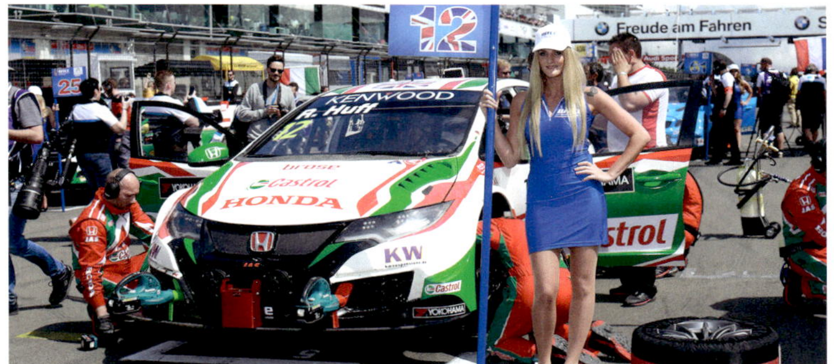

Rob Huff

WTCC Race 1/2

With a pair of wins, Citroën's José-María López remained the king of the Nordschleife. With his success, the Argentine also set a big step towards the world championship title. In the first race, Honda driver Tiago Monteiro looked set for victory until both his right front tyre and his hopes were blown.

WTCC Race 1

Pos.	No.	Driver	Team	Car
1	37	José María López	Citroën Total WTCC	Citroën C-Elysée WTCC
2	3	Tom Chilton	Sebastien Loeb Racing	Citroën C-Elysée WTCC
3	5	Norbert Michelisz	Honda Racing Team JAS	Honda Civic WTCC

WTCC Race 2

Pos.	No.	Driver	Team	Car
1	37	José María López	Citroën Total WTCC	Citroën C-Elysée WTCC
2	5	Norbert Michelisz	Honda Racing Team JAS	Honda Civic WTCC
3	3	Tom Chilton	Sebastien Loeb Racing	Citroën C-Elysée WTCC

(37): José María López – (3): Tom Chilton

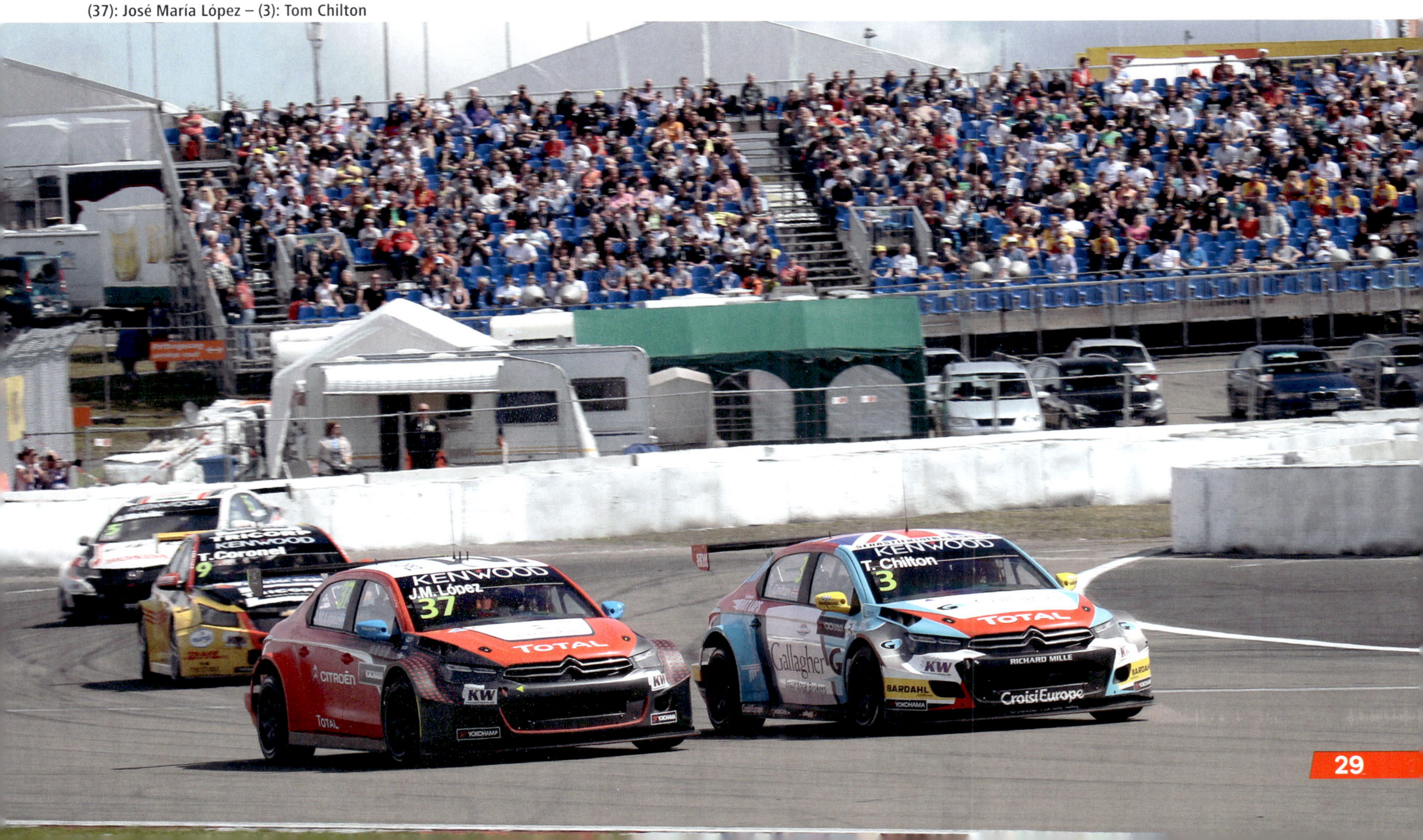

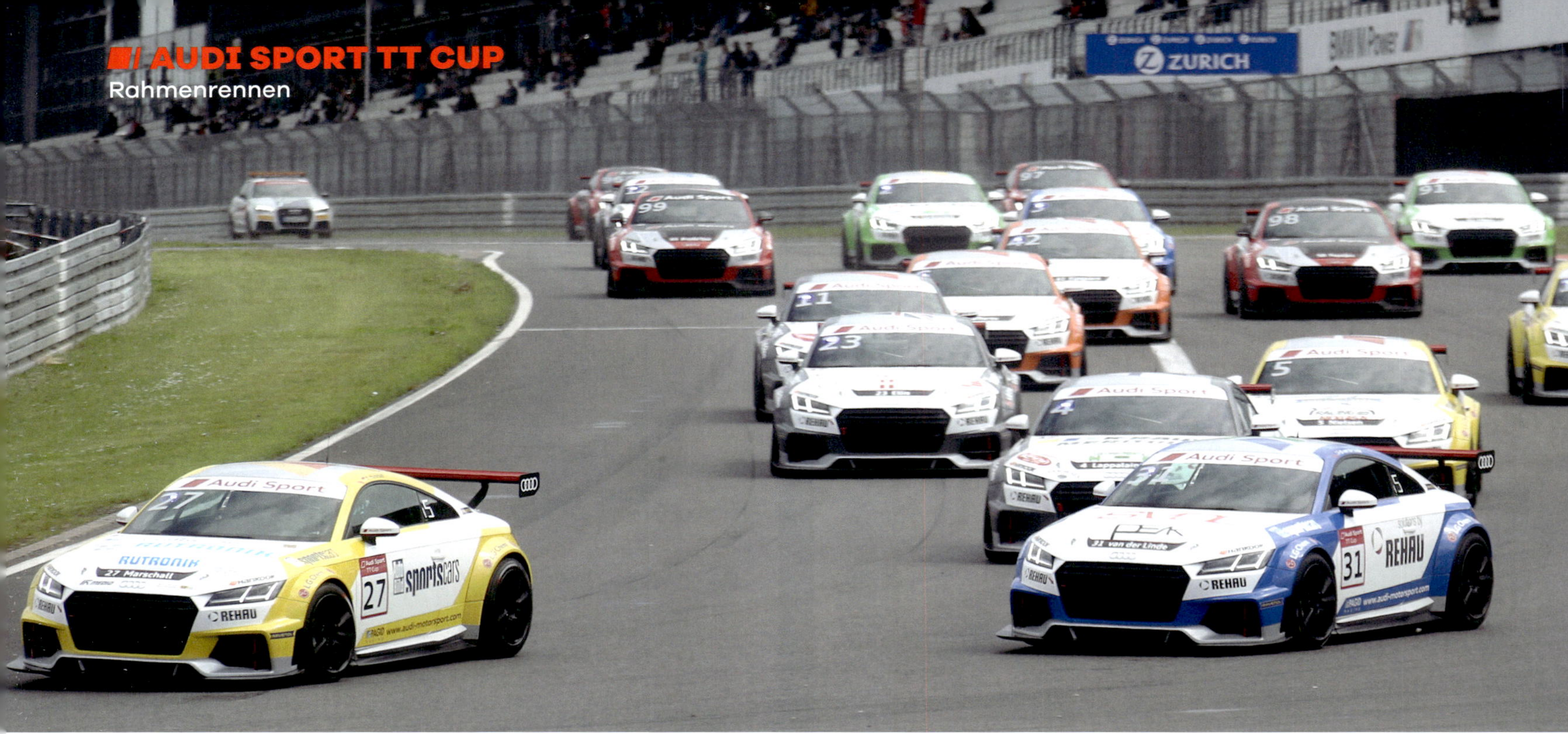
(27): Dennis Marschall - (31): Sheldon van der Linde

Audi Sport TT Cup

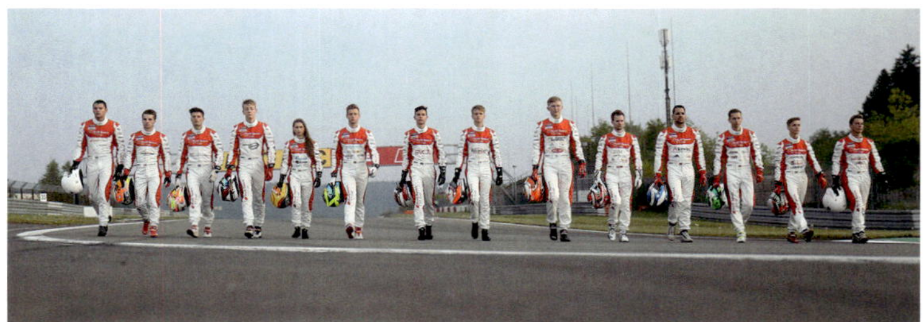
Audi Sport TT Cup drivers

Audi TT Cup Rennen 1

Erstmals startete der Audi TT Cup im Rahmen der ADAC 24h. Die beiden Rennen wurden aber nur auf dem 4,638 Kilometer langen Grand-Prix-Kurs ausgetragen. Nachdem beim Saisonauftakt in Hockenheim die Rookies dominierten, standen im ersten Rennen mit Dennis Marschall, Joonas Lappalainen und Christoph Hofbauer drei erfahrene Piloten auf dem Podium. Marschall feierte einen ungefährdeten Start-Ziel-Sieg. Es folgten Emil Lindholm, Philip Ellis und Nicklas Nielsen.

Audi TT Cup Rennen 2

Das zweite Rennen stand im Zeichen von Sheldon van der Linde. Der erst 17-jährige Südafrikaner gewann damit bereits drei der vier Saisonläufe. Der Doppelsieger vom Saisonauftakt in Hockenheim startete von der Pole-Position und fuhr nach einem harten, aber stets fairen Duell mit Marschall als Erster über die Ziellinie. Lappalainen komplettierte als Dritter das Podium. Nielsen, Lindholm und Ellis folgten. In der Gesamtwertung hat van der Linde nach dem zweiten von sieben Rennwochenenden 87 Punkte auf dem Konto und führt mit sechs Zählern Vorsprung auf den Zweitplatzierten Marschall. Lappalainen folgt mit 73 Punkten auf Rang drei.

Audi TT Cup Race 1/2

For the first time, the Audi TT Cup featured on the support bill of the 24-hour race, although the two races were held at the Grand Prix circuit. Dennis Marschall scored an undisputed lights-to-flag win in race one, 17-year-old South African Sheldon van der Linde scored his third win of the season in the second race.

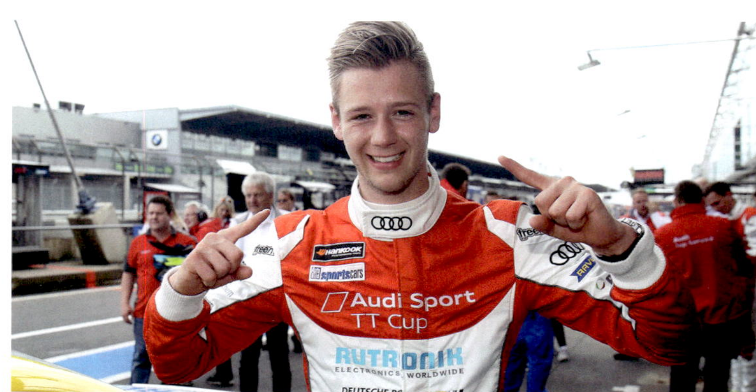
Dennis Marschall

Audi Sport TT Cup Race 1

Pos.	No.	Driver	Car
1	27	Dennis Marschall	Audi TT Cup
2	4	Joonas Lappalainen	Audi TT Cup
3	7	Christoph Hofbauer	Audi TT Cup

Audi Sport TT Cup Race 2

Pos.	No.	Driver	Car
1	31	Sheldon van der Linde	Audi TT Cup
2	27	Dennis Marschall	Audi TT Cup
3	4	Joonas Lappalainen	Audi TT Cup

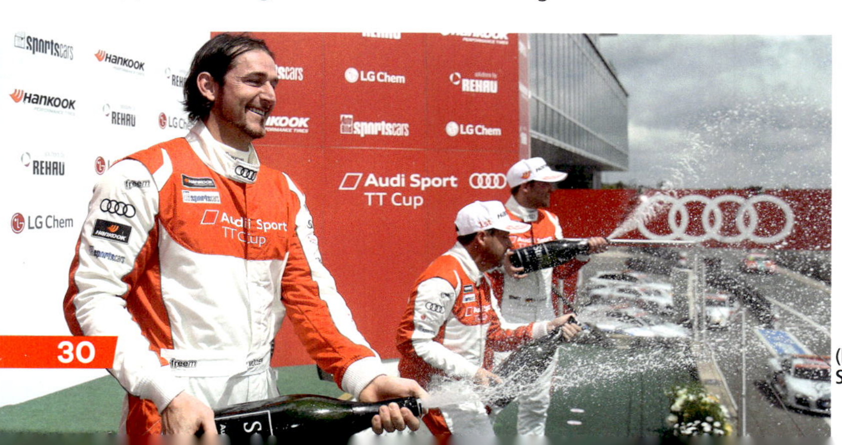
(l.-r.): Heinz Müller, Richard Meaden, Sönke Brederlow

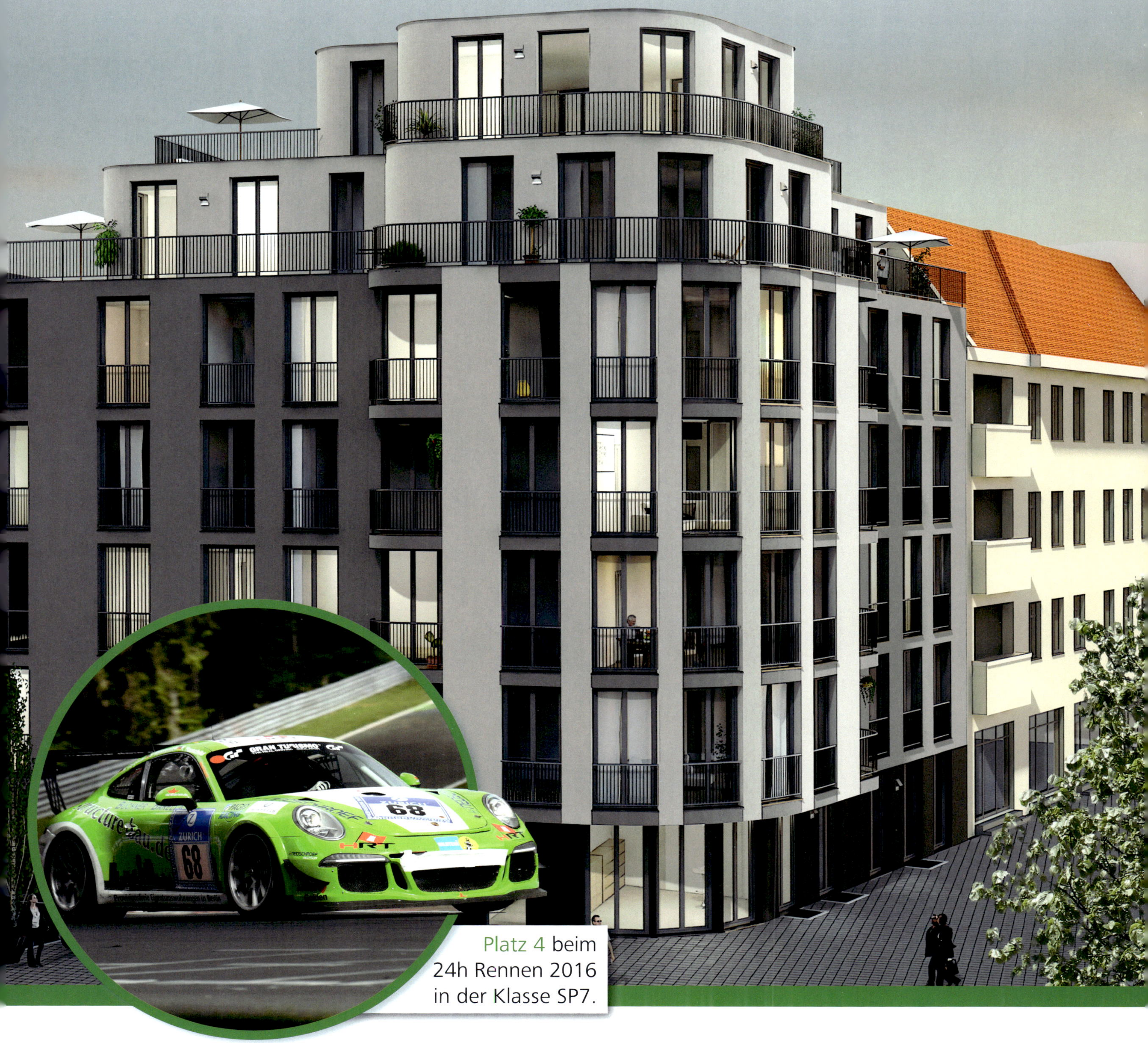

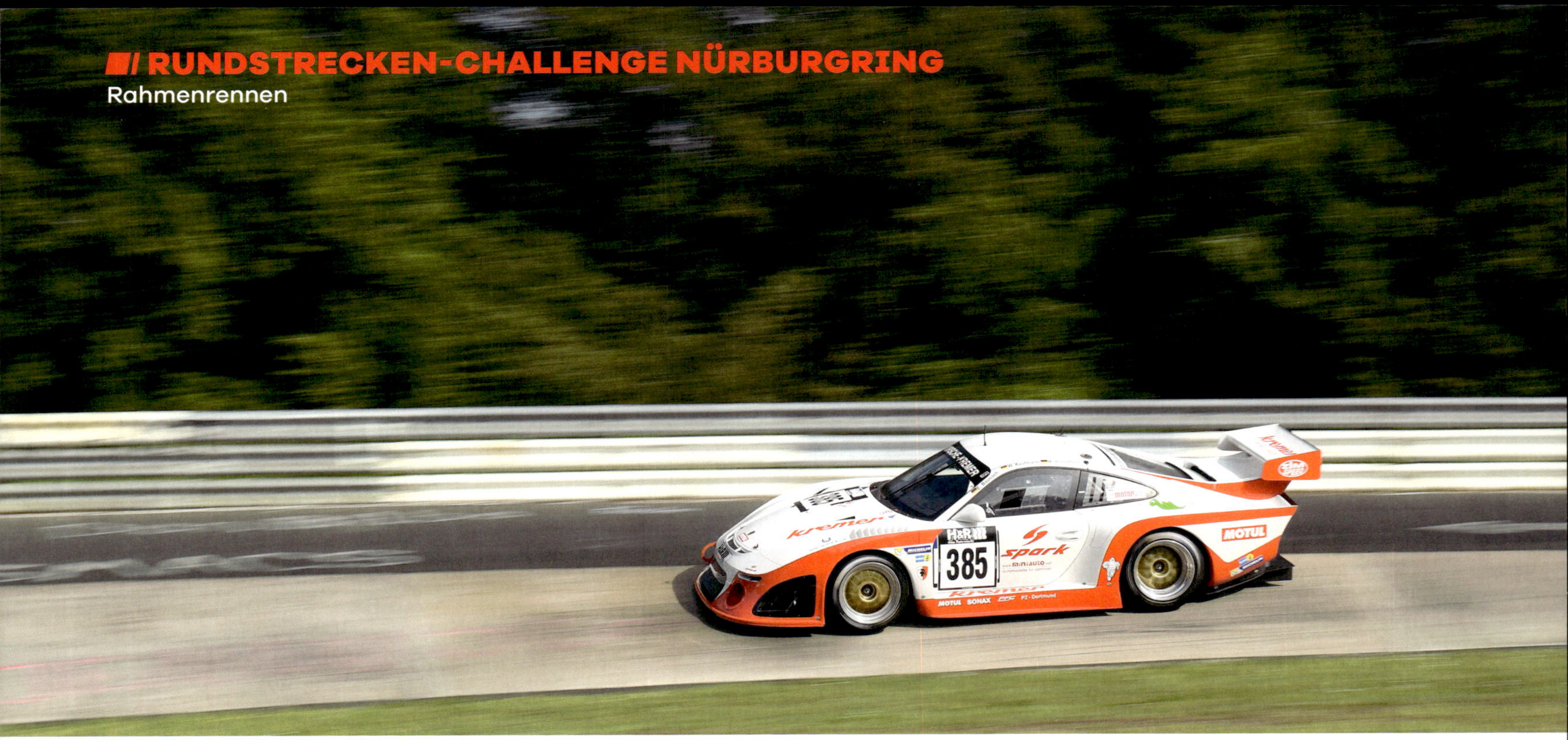

Eberhard Baunach, Maik Rönnefahrt

RCN

Wie auch schon in den Vorjahren, konnte sich die RCN kaum vor Startern retten: Fast 240 (!) Teams wollten die 15-Runden-Distanz auf der Nordschleife in Angriff nehmen, 175 durften aber nur starten. Christopher Gerhard war im TAM-Racing-Porsche GT3-Cup einmal mehr der Schnellste und siegte mit 2.35 Minuten Vorsprung auf Eberhard Baunach und Maik Rönnefarth im Kremer-Porsche 911 K3. Winfried Assmann/Kai Riemer komplettierten im Arkenau-Porsche GT3 das Podium. Der beste Serienwagen folgte bereits auf Rang vier: Dr. Dr. Stein Tveten mit dem aesthetic racing-Porsche 911 Carrera. Stephan Reuter siegte mit seinem BMW 318ti Compact erneut in der stark besetzten Gruppe H bis 2000 ccm und baute somit seine Tabellenführung vor Marcel Senn (Seat Leon) weiter aus.

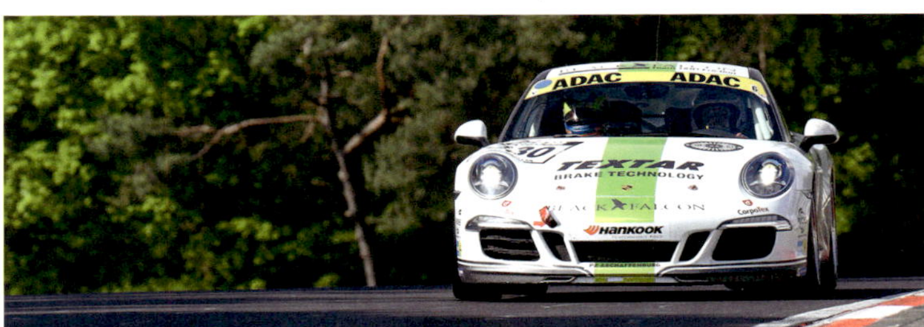

Dr. Uwe Lebens, Francesco Lopez

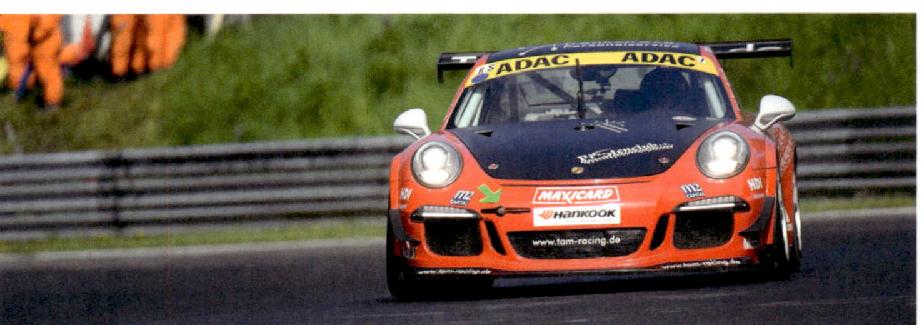

Christopher Gerhard

Like in previous years, interest for the RCN was huge with a capacity grid of 175 teams. TAM Racing Porsche GT3 Cup driver Christopher Gerhard won from Eberhard Baunach/Maik Rönnefarth with the Kremer Porsche 911 K3.

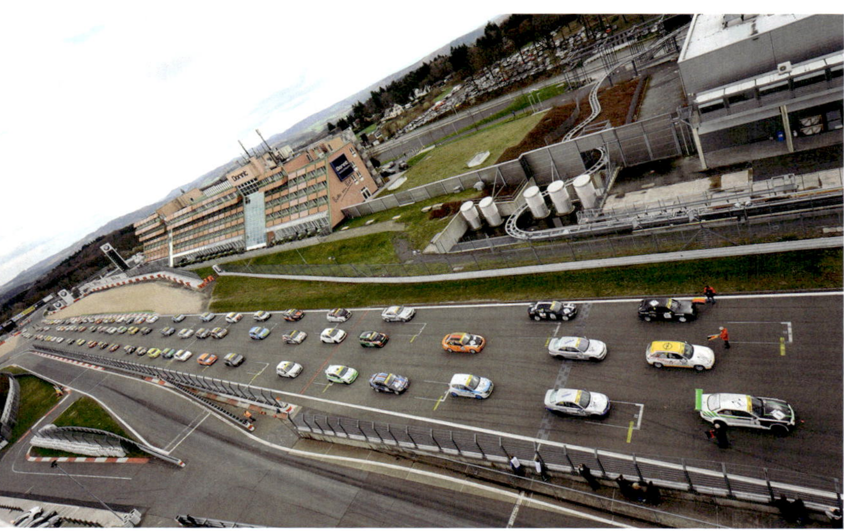

starting grid

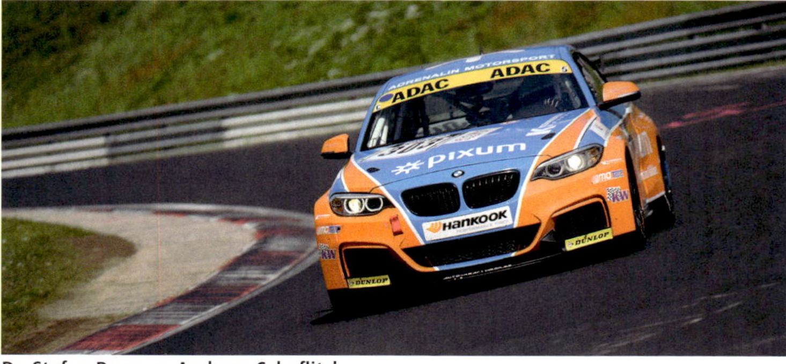

Dr. Stefan Branner, Andreas Schaflitzl

Rundstrecken-Challenge Nürburgring

Pos.	No.	Driver	Team	Car
1	111	Christopher Gerhard	TAM Racing	Porsche 991 GT3-Cup
2	385	Eberhard Baunach/Maik Rönnerfarth	Kremer Racing	Porsche 911 K3
3	199	Winfried Assmann/Kai Riemer	Arkenau Motorsport	Porsche 911 GT3-Cup

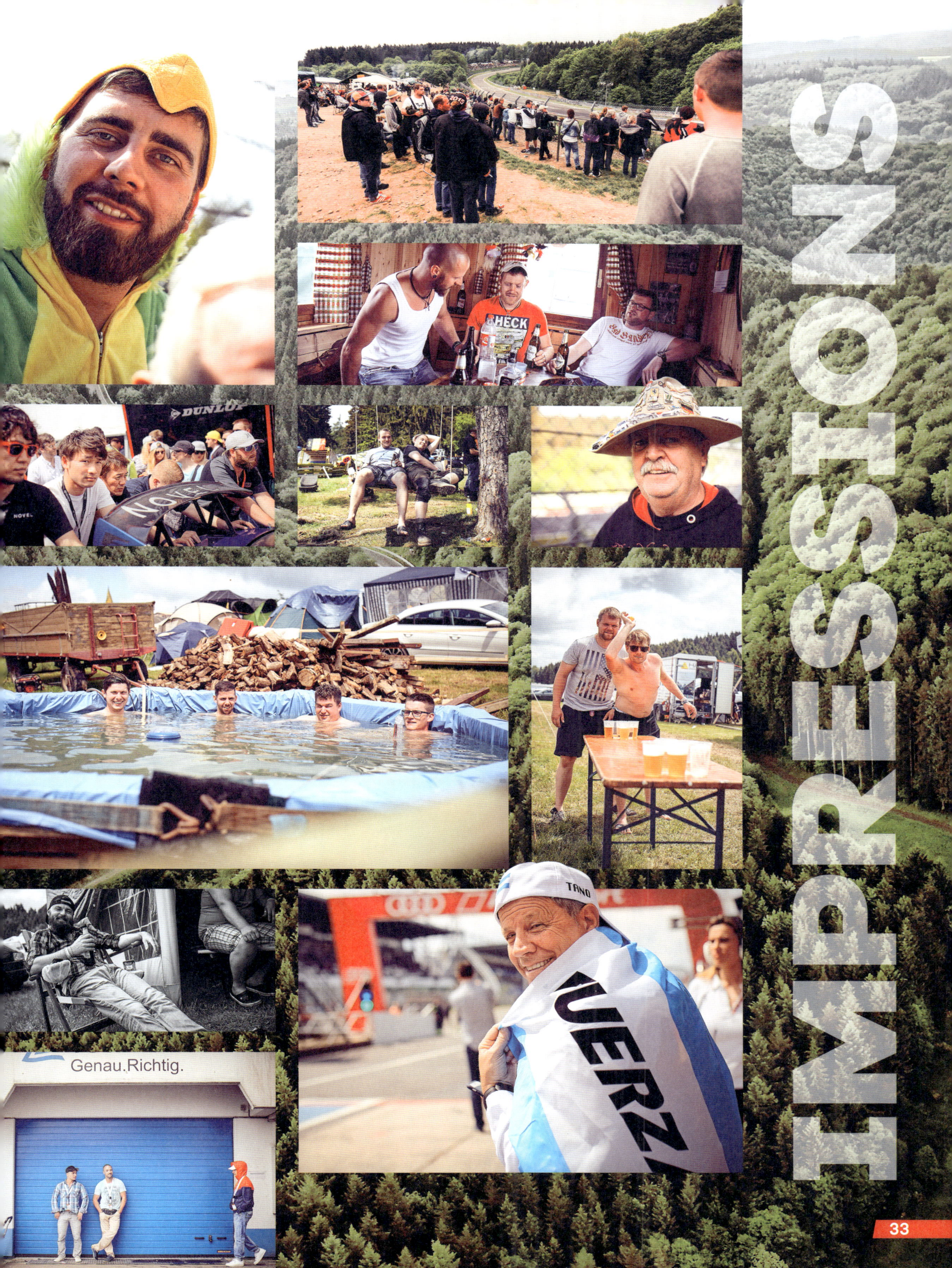
IMPRESSIONS
DUNLOP
CHECK
Genau.Richtig.
TANO

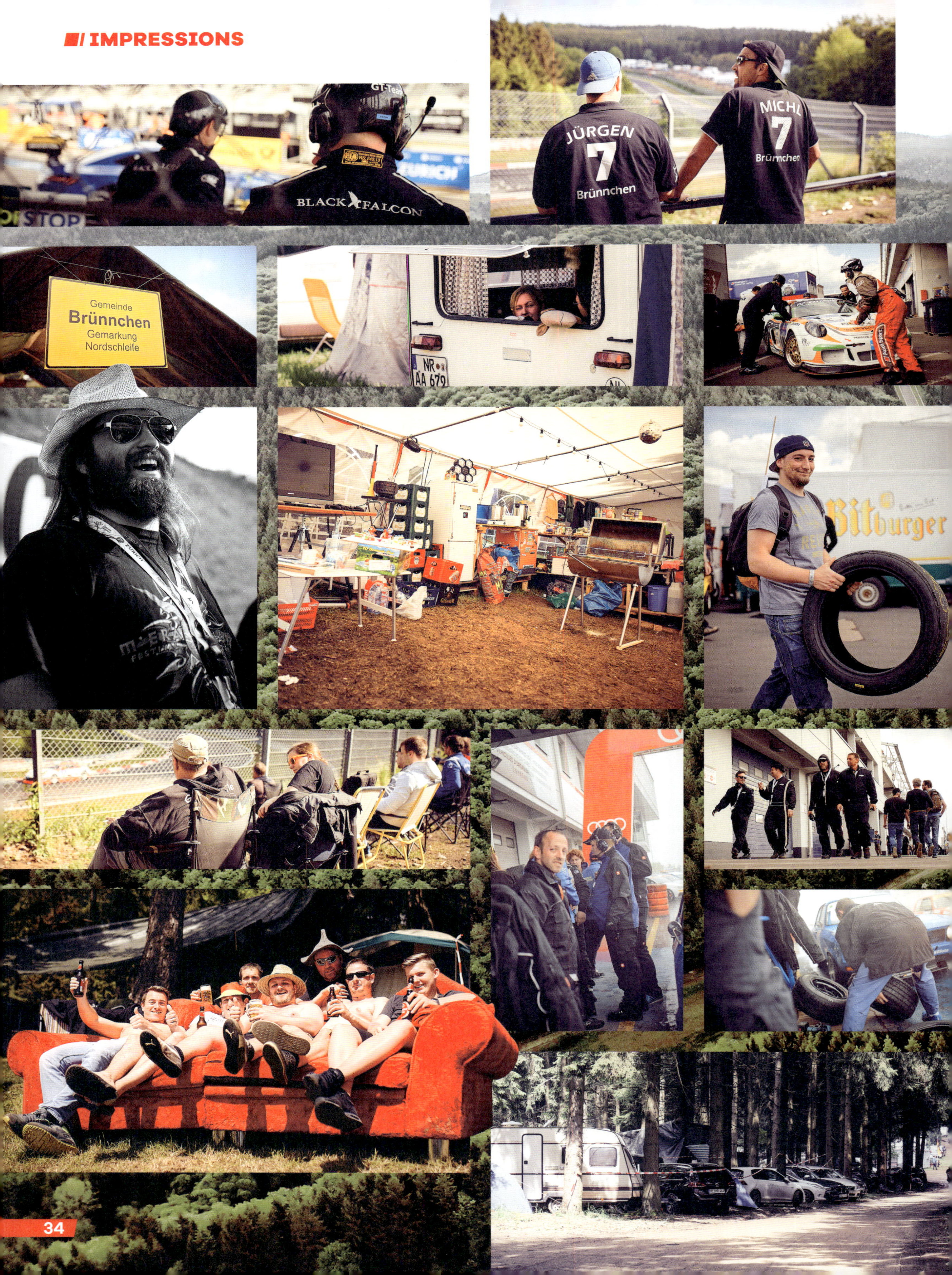
BLACK FALCON
JÜRGEN
7
Brünnchen
MICHL
7
Brünnchen
Gemeinde
Brünnchen
Gemarkung
Nordschleife
Bitburger

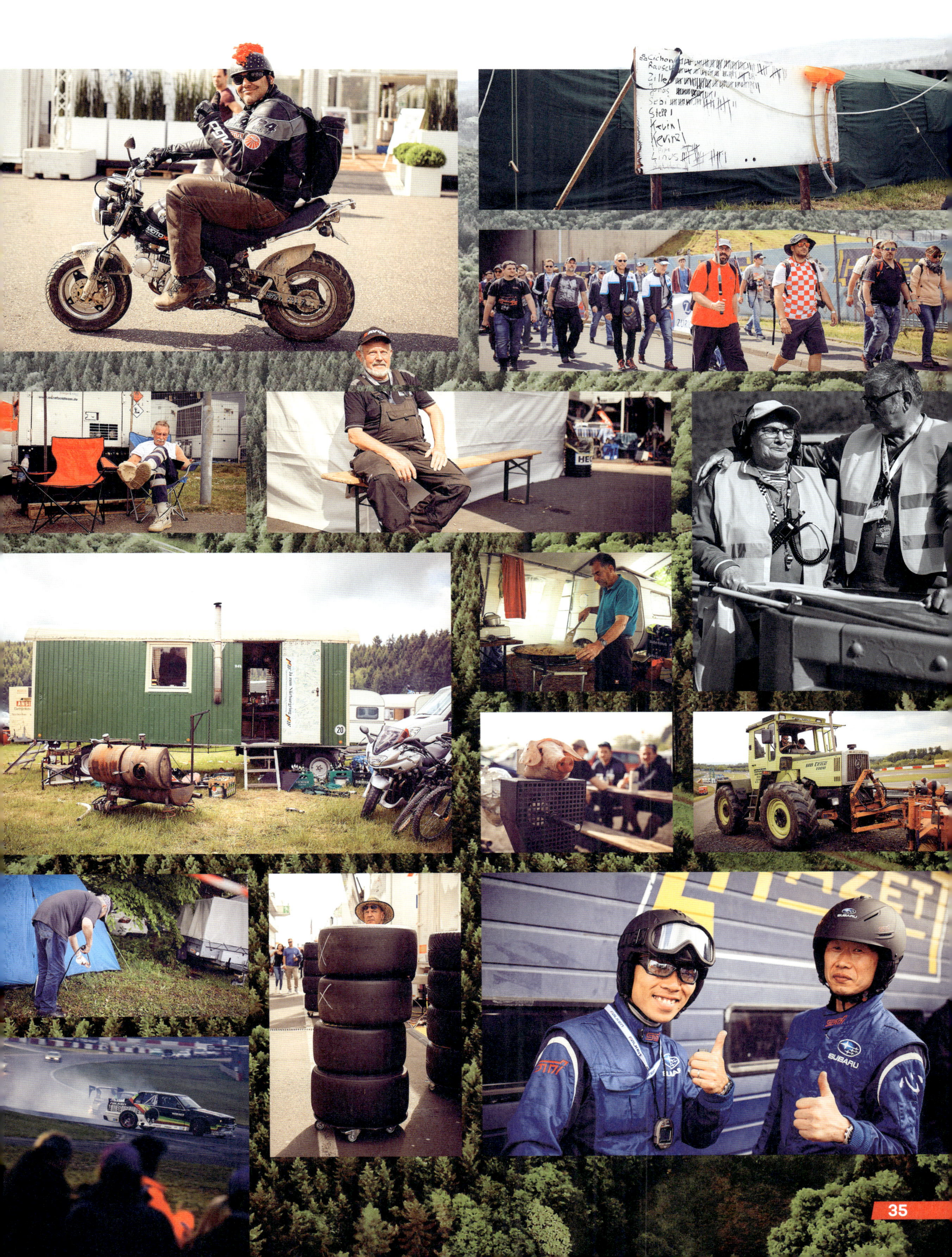
SUBARU

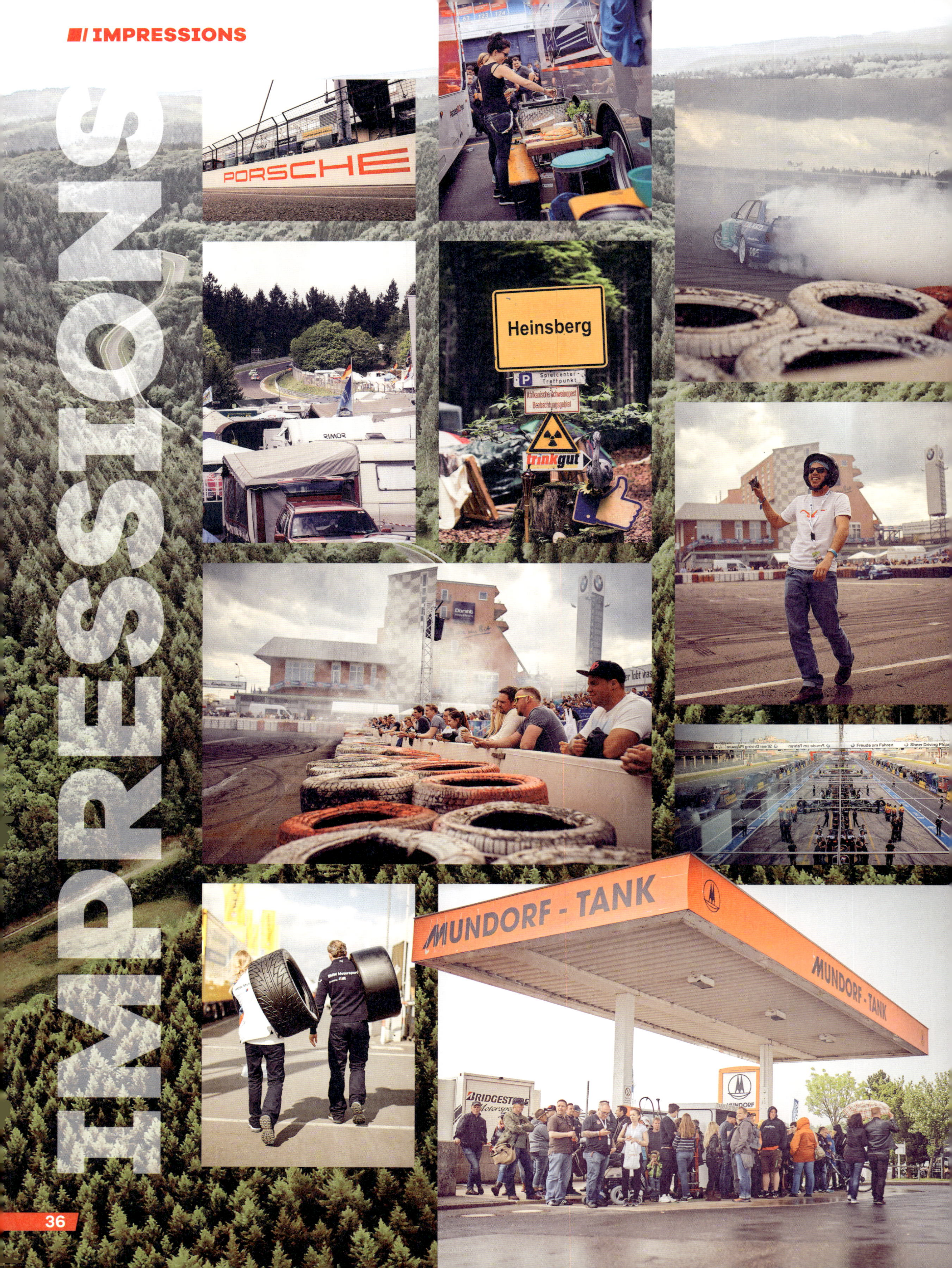
IMPRESSIONS
PORSCHE
Heinsberg
MUNDORF - TANK
MUNDORF - TANK
BRIDGESTONE

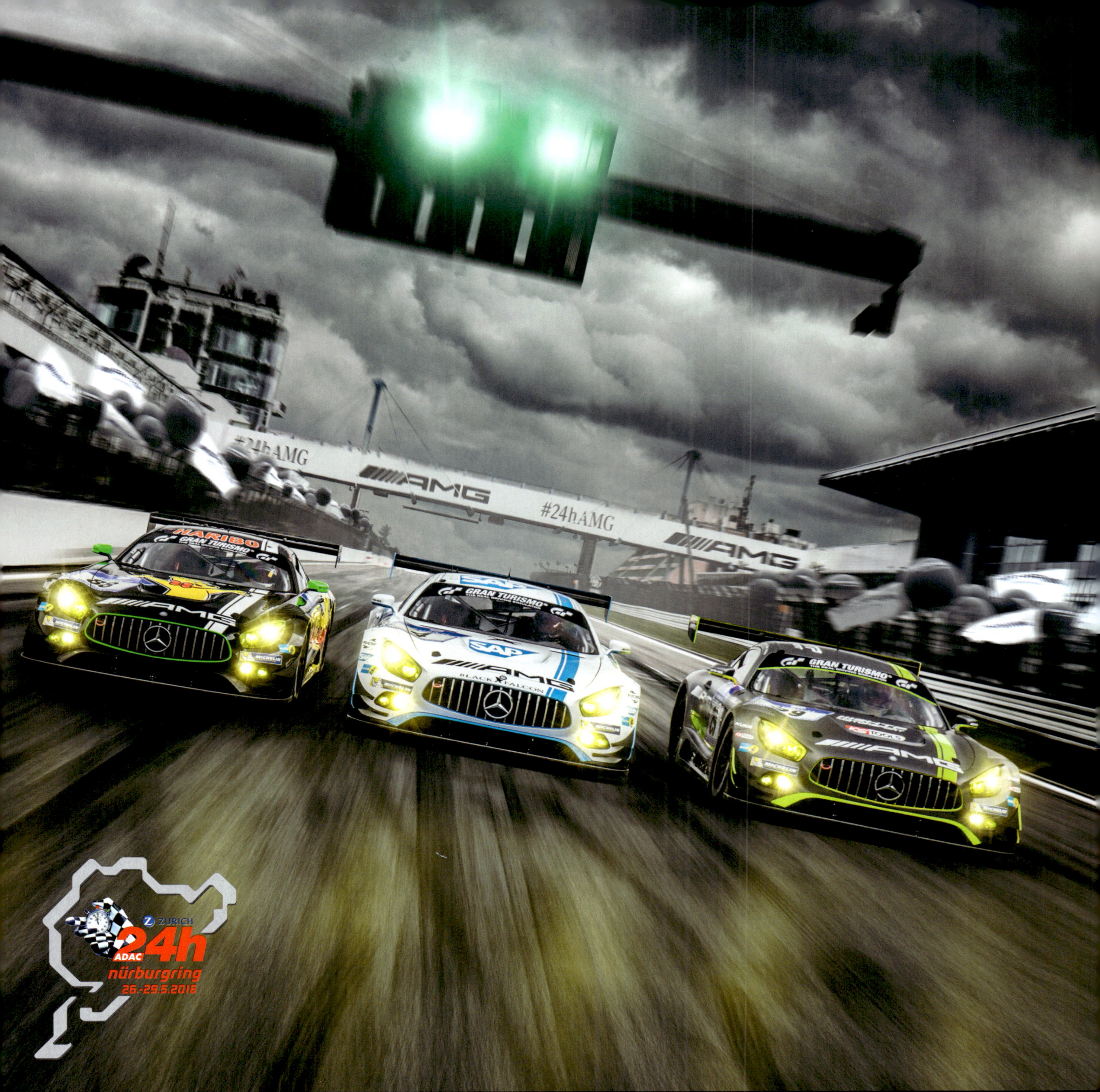

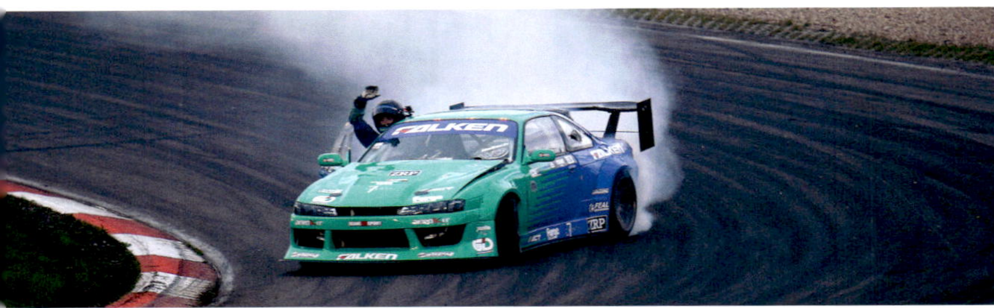

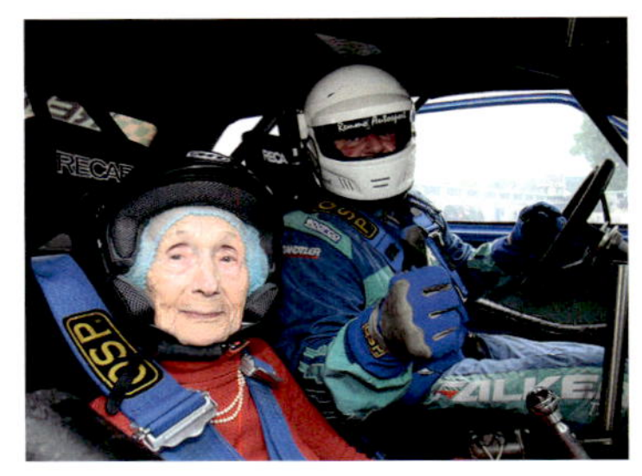

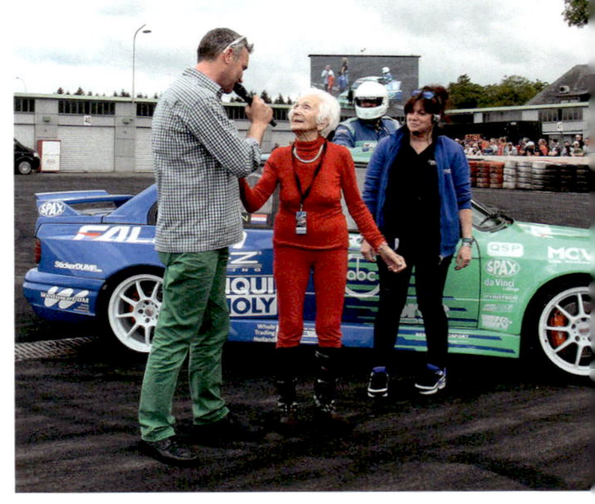

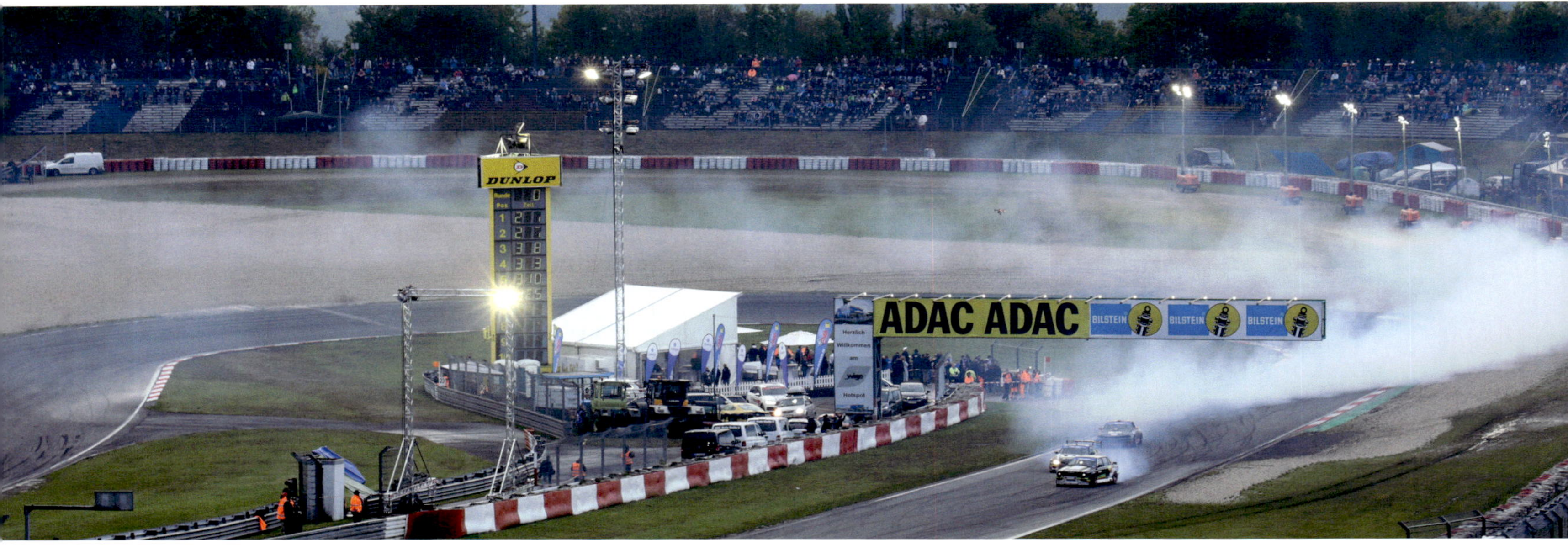

FALKEN DRIFT CHALLENGE

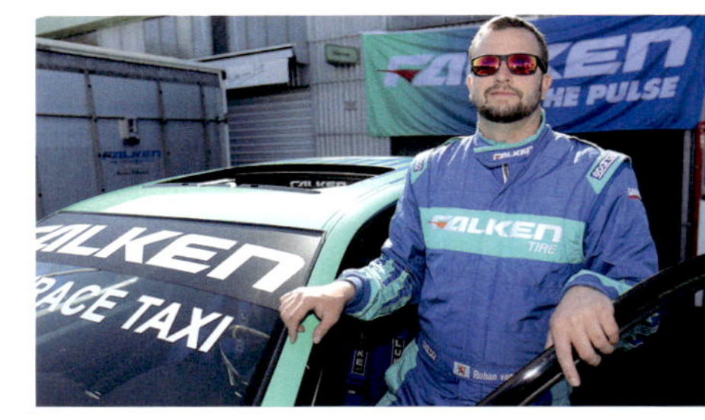

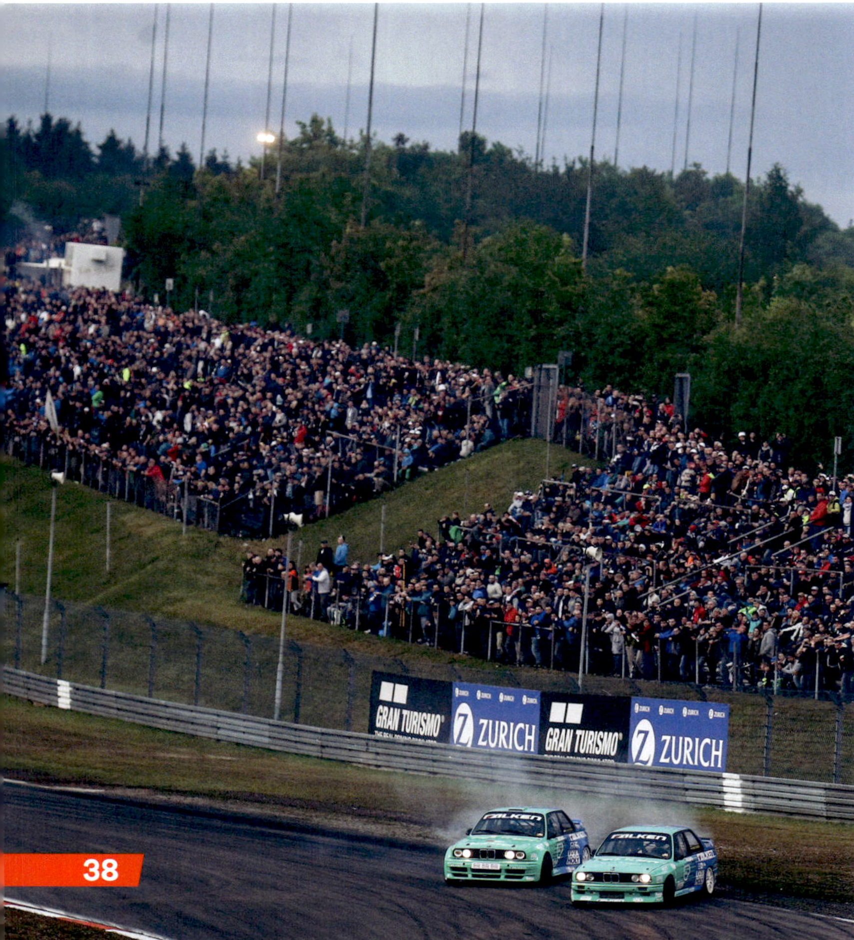

Die Müllenbachschleife war am Freitagabend für die Fans des ADAC Zurich 24h-Rennens traditionell Anlaufpunkt Nummer eins. Zahlreich fanden sich die Rennbesucher am tiefsten Punkt des Grand-Prix-Kurses ein, um bei der Falken Drift Show, dem Red Bull Freestyle und bei Livemusik im DSK Zelt ordentlich für Stimmung zu sorgen.

Im Anschluss an das Top-30-Qualifying machte die Falken Drift Show den Anfang. Unter anderem sorgte das hauseigene Drift-Team des japanischen Reifenherstellers für Furore. Die Quertreiber rund um Remo Niezen, Rohan van Riel und Rick van Goethem begeisterten das Publikum mit gewagten Driftwinkeln. Wenn gleich mehrere Fahrzeuge im Formationsflug durch die 180-Grad-Kurve flogen, dann hielt es niemanden auf seinem Sitz.

Als sich die Rauchschwaden der Drift-Show gelegt hatten, schlug die Stunde von Trial-Ass Julien Dupont sowie den Freestylern Luc Ackermann, Petr Pilát und Davide Rossi. Mit waghalsigen Flugmanövern heizten die Zweirad-Akrobaten den Fans mächtig ein. „Der Nürburgring ist echt ein Highlight“, sagte der Franzose Dupont. „Hier sind massenweise Fans, Autos und einfach packender Sport. Yvan Muller kommt aus meiner Heimatstadt Lyon – ihm drücke ich für das WTCC-Rennen besonders die Daumen.“

Im Anschluss an die Drift- und Freestyle-Show startete die große Party im DSK-Zelt. Die Band ‚Skybagg‘ aus der Eifel brachte mit ihrem abwechslungsreichen Repertoire schnell die Partygäste zum Tanzen.

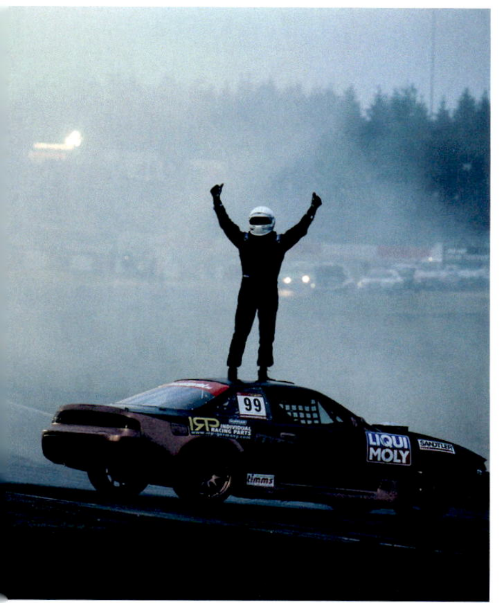

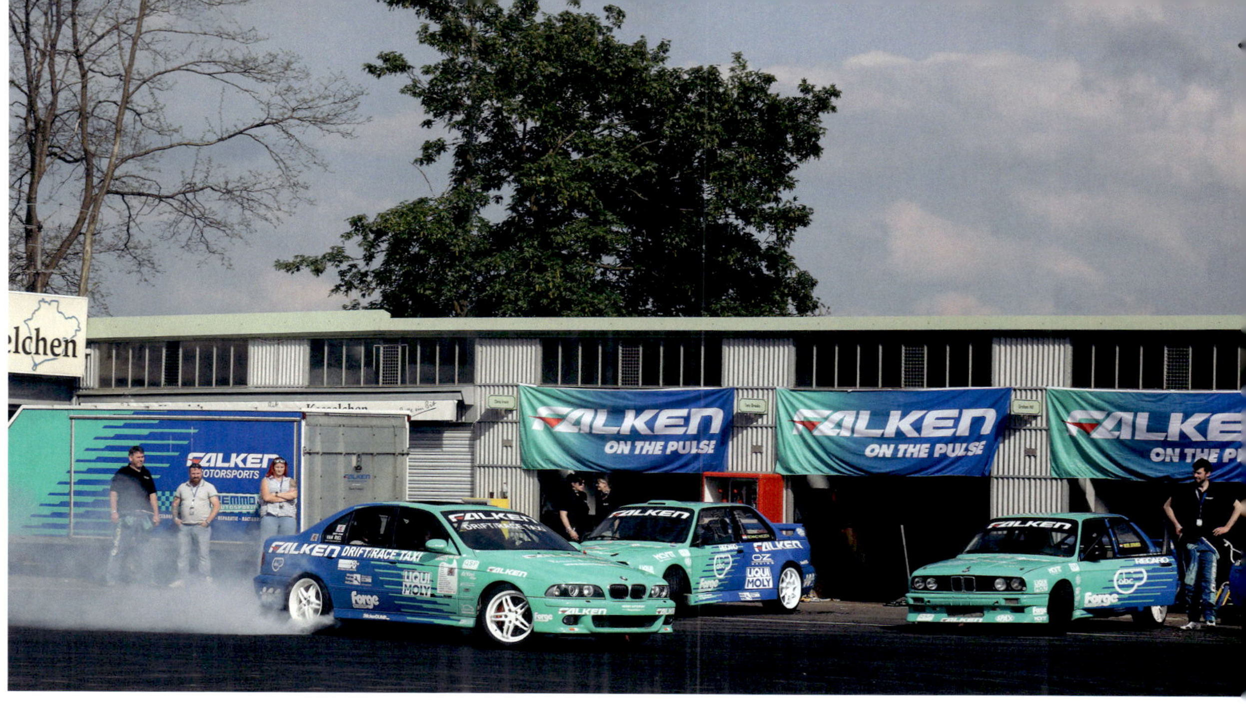

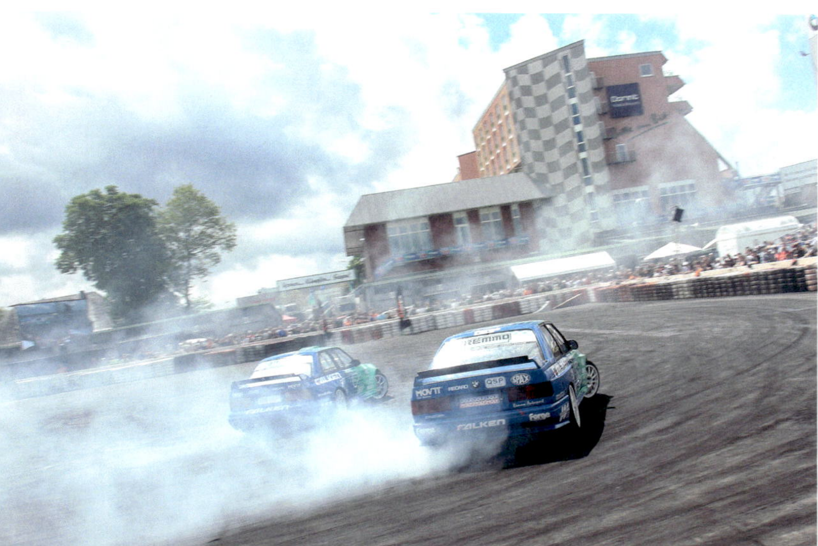

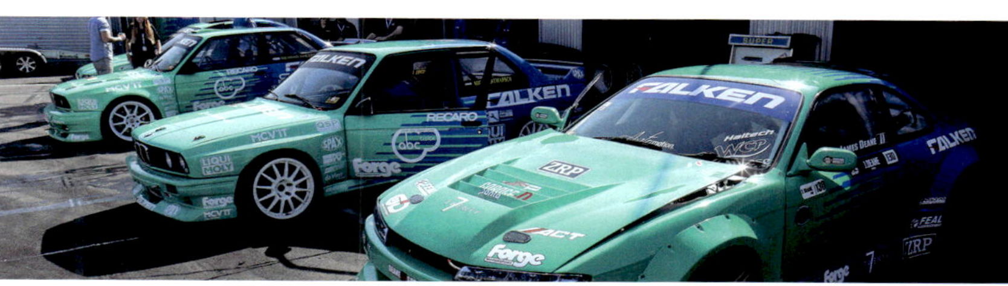

On Friday evening, the Müllenbachschleife was the place to be for the fans of the ADAC Zurich 24h-Rennen. The Falken Drift Show with the Japanese brand's own drift team starring Remo Niezen, Rohan van Riel and Rick van Goethem, Red Bull Freestyle with trial ace Julien Dupont and freestyle specialists Luc Ackermann, Peter Pilát and Davide Rossi, and live music from local band 'Skybagg' in the DSK hospitality entertained the crowd.

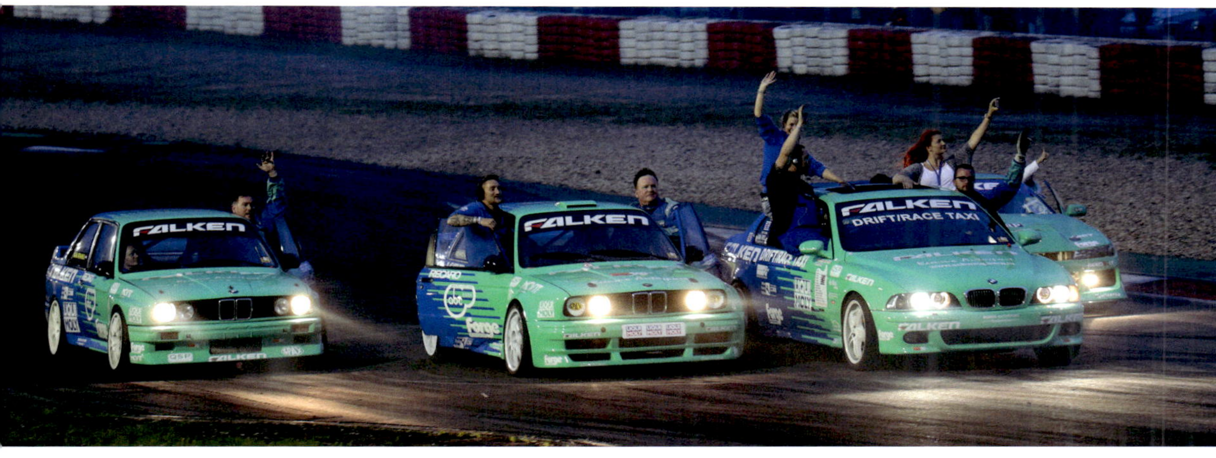

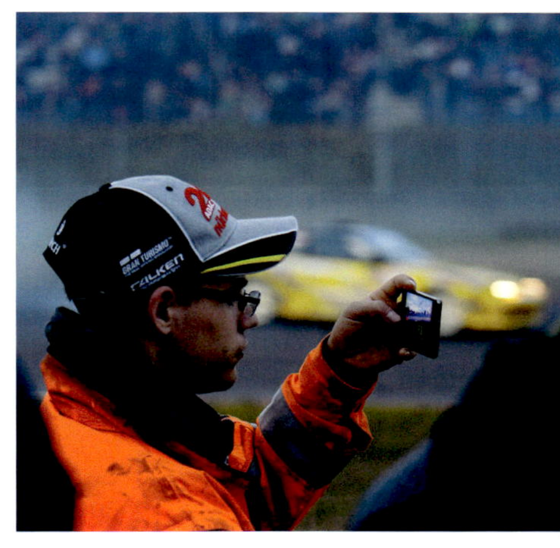

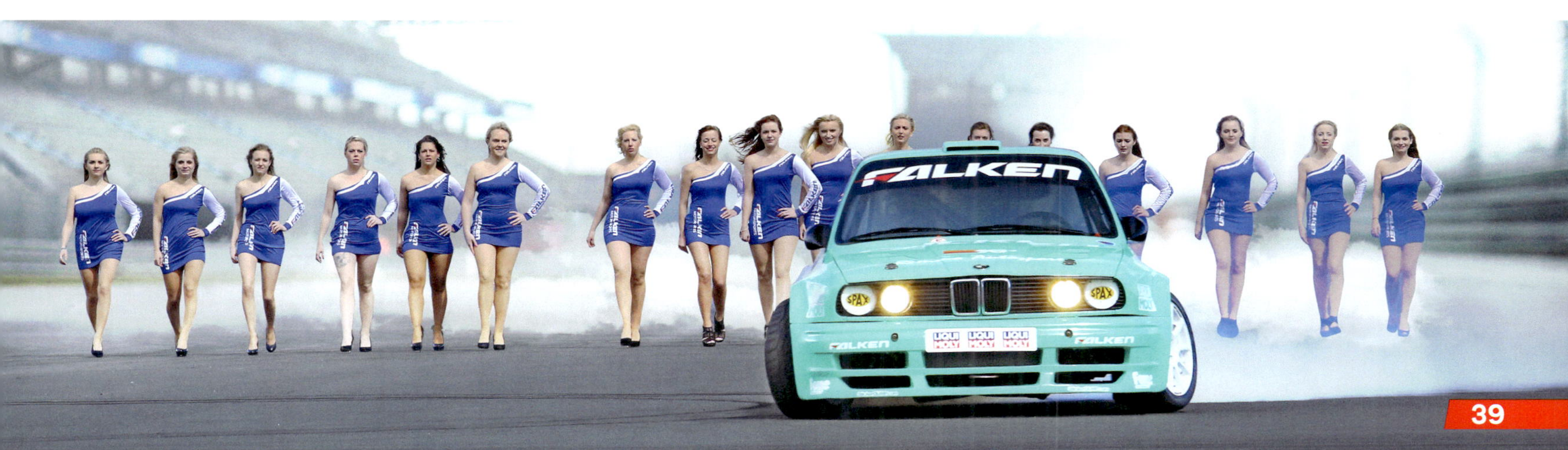

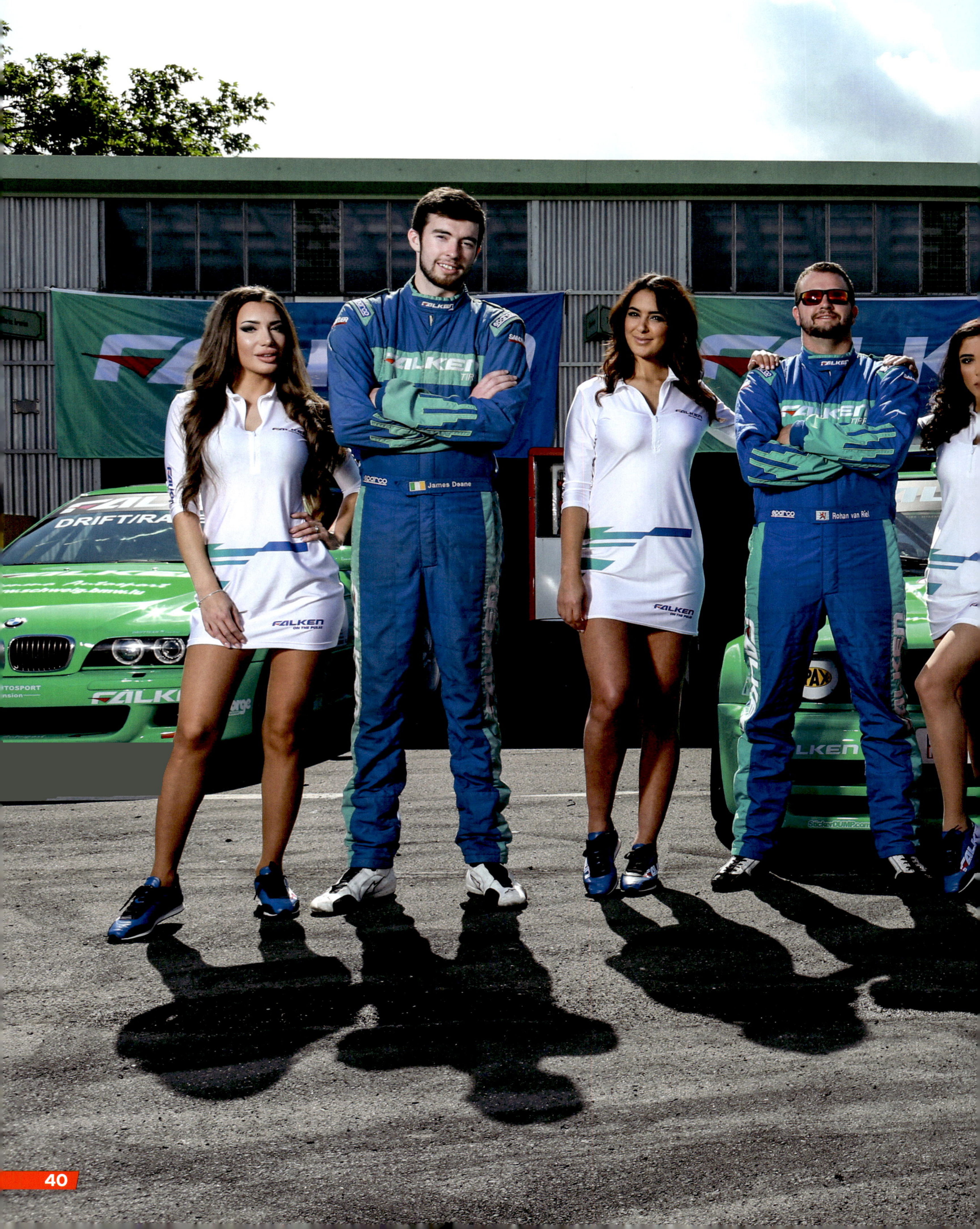
James Deane
Rohan van Riel

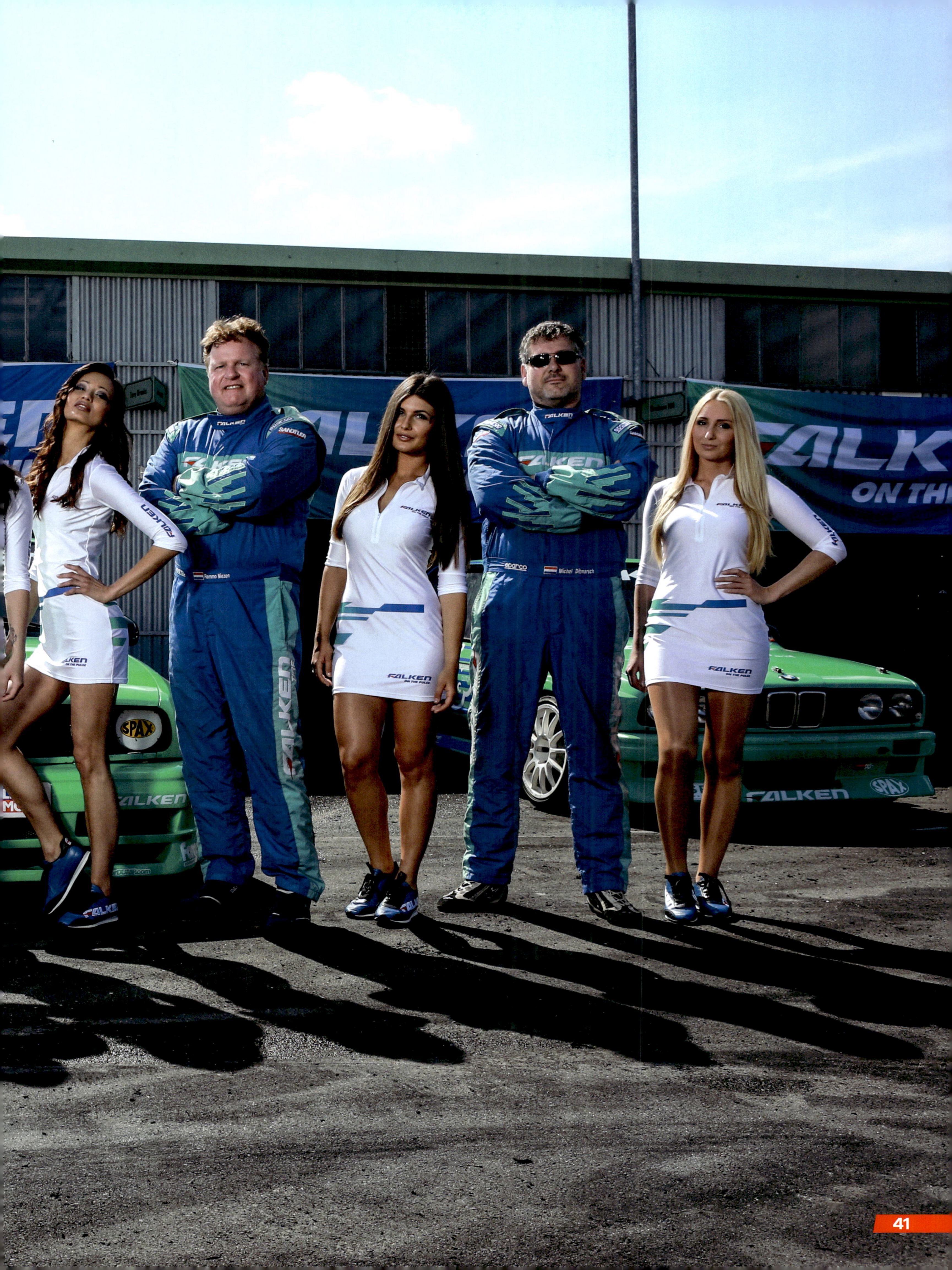

FALKEN
SANDTLER
sparco
SPAX

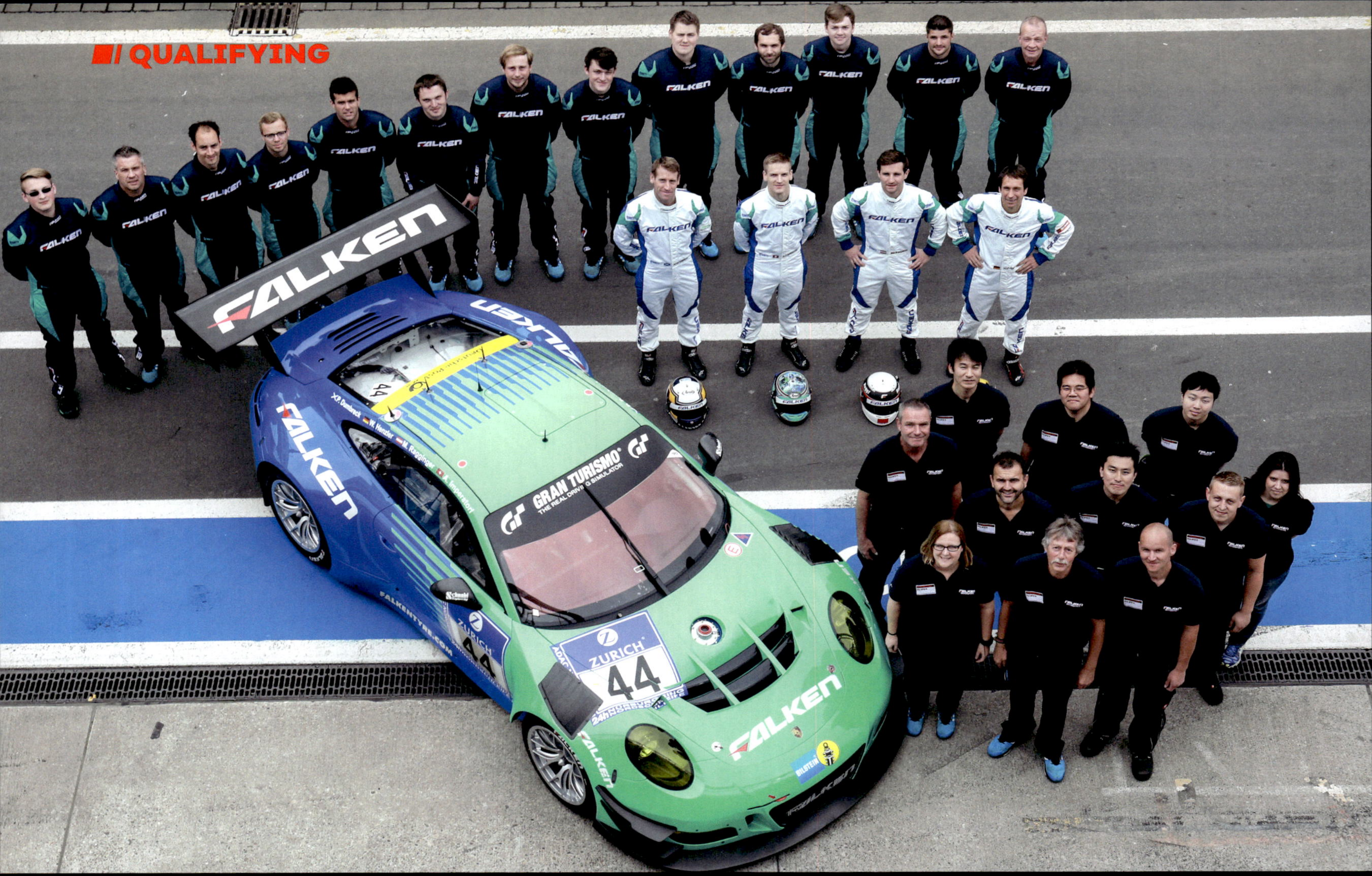

Falken Motorsports Team

QUALIFYING

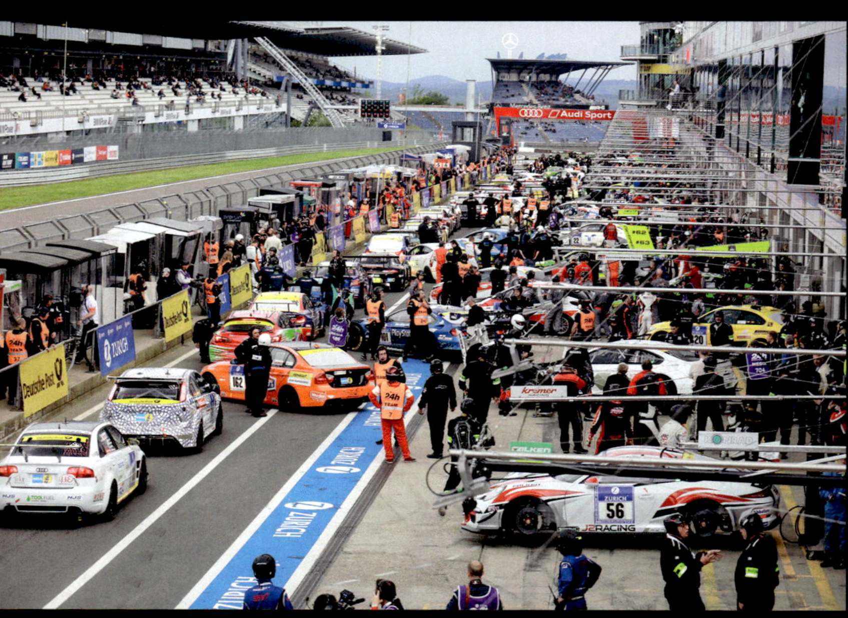

Freies Training

Beim Freien Training begaben sich die Protagonisten der 44. Auflage am Donnerstagnachmittag zum ersten Mal auf die Rennstrecke. Bei strahlendem Sonnenschein rund um die 25,378 Kilometer lange Nürburgring-Nordschleife absolvierte das AMG-Team Black Falcon mit den Piloten Hubert Haupt, Yelmer Buurman, Maro Engel und Dirk Müller im Mercedes-AMG GT3 (#9) die schnellste Runde in 8.20,018 Minuten. Der Vorsprung auf die zweitplatzierten Markenkollegen des Haribo Racing Team-AMG (#8) betrug 2,118 Sekunden. Auf Platz drei wurde der Audi R8 LMS (#28) von Montaplast by Land Motorsport abgewinkt. Der schnellste Werks-Porsche von Manthey Racing (#912) beendete den ersten Schlagabtausch auf Rang sieben, der bestplatzierte BMW M6 GT3 war am Ende die Startnummer 22 von ROWE Racing auf Position 12.

(9): Hubert Haupt, Yelmer Buurman, Maro Engel, Dirk Müller
(14): Abdulaziz Al Faisal, „Gerwin“, Indy Dontje, Robert Huff

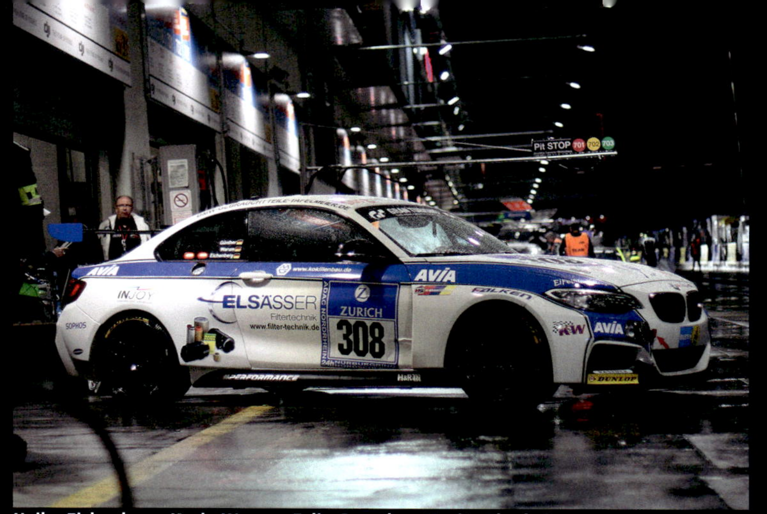

Heiko Eichenberg, Kevin Warum, Felix Guenther, Moritz Oberheim

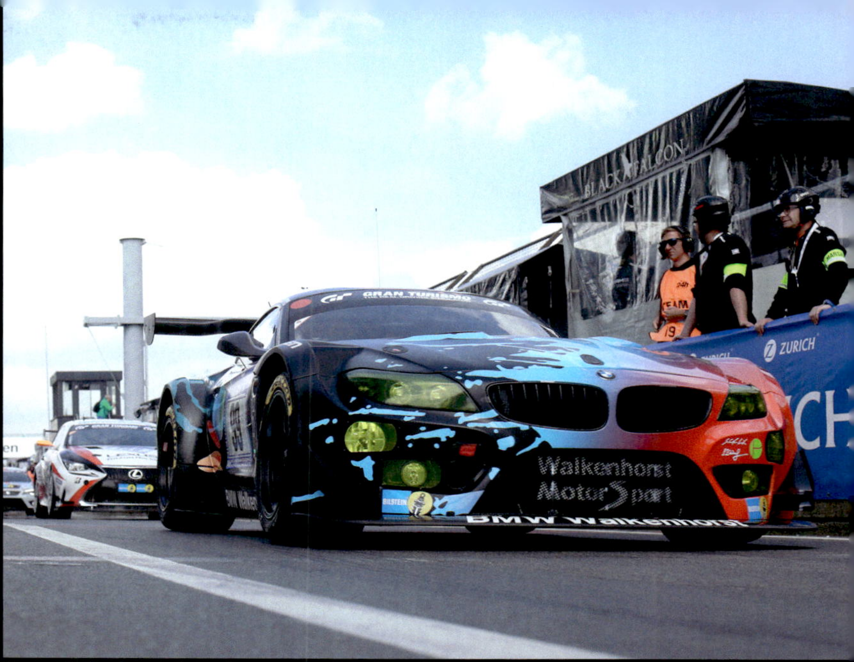

Henry Walkenhorst, Peter Posavac, Daniela Schmid, Jaap van Lagen

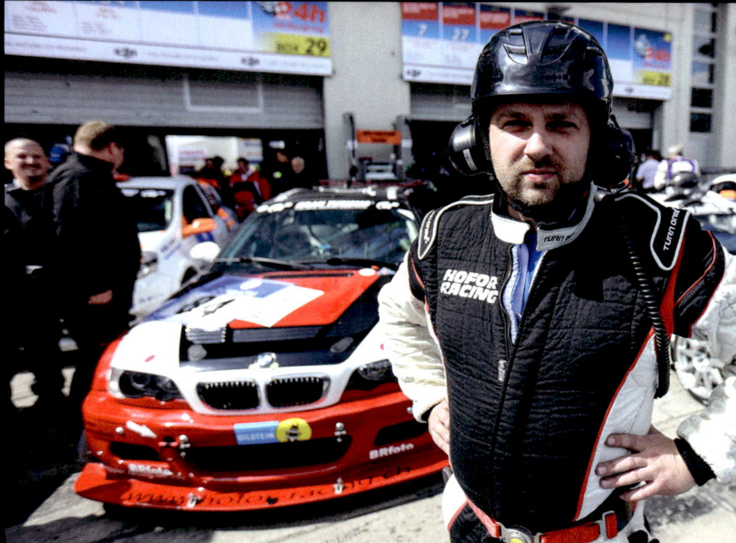

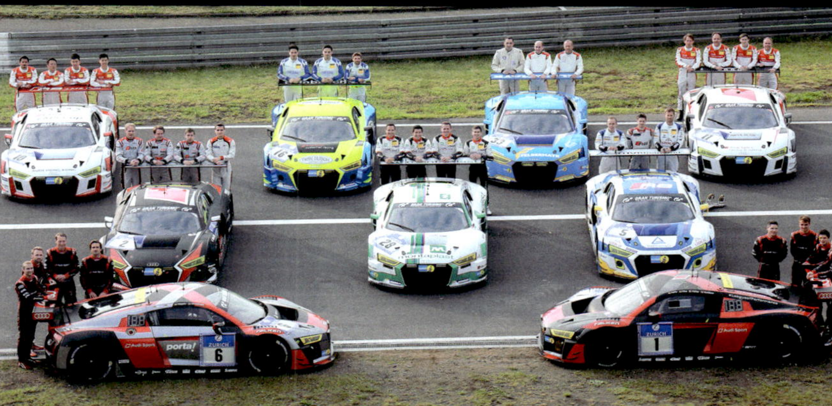

Audi Sport Customer Racing - Teams

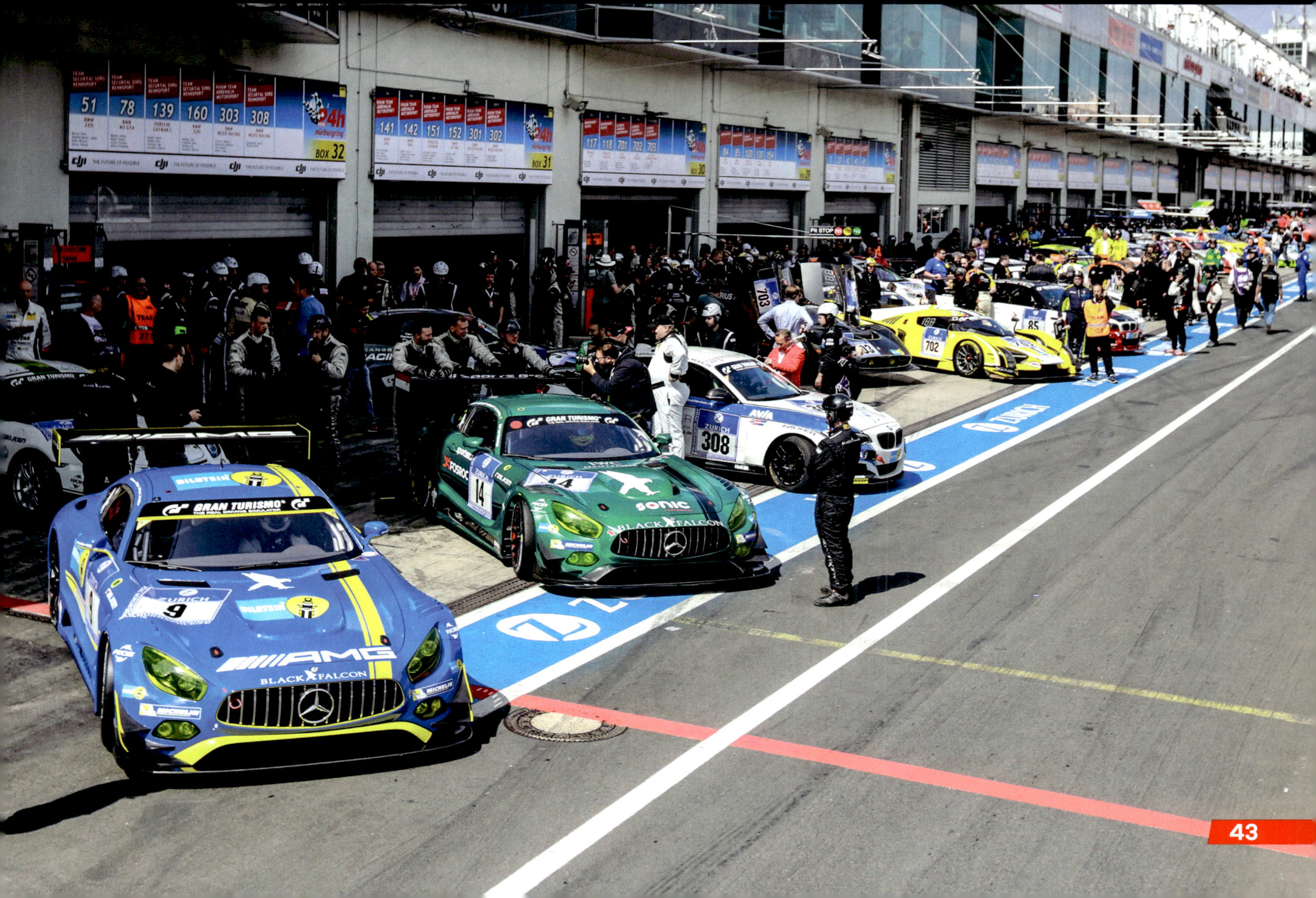

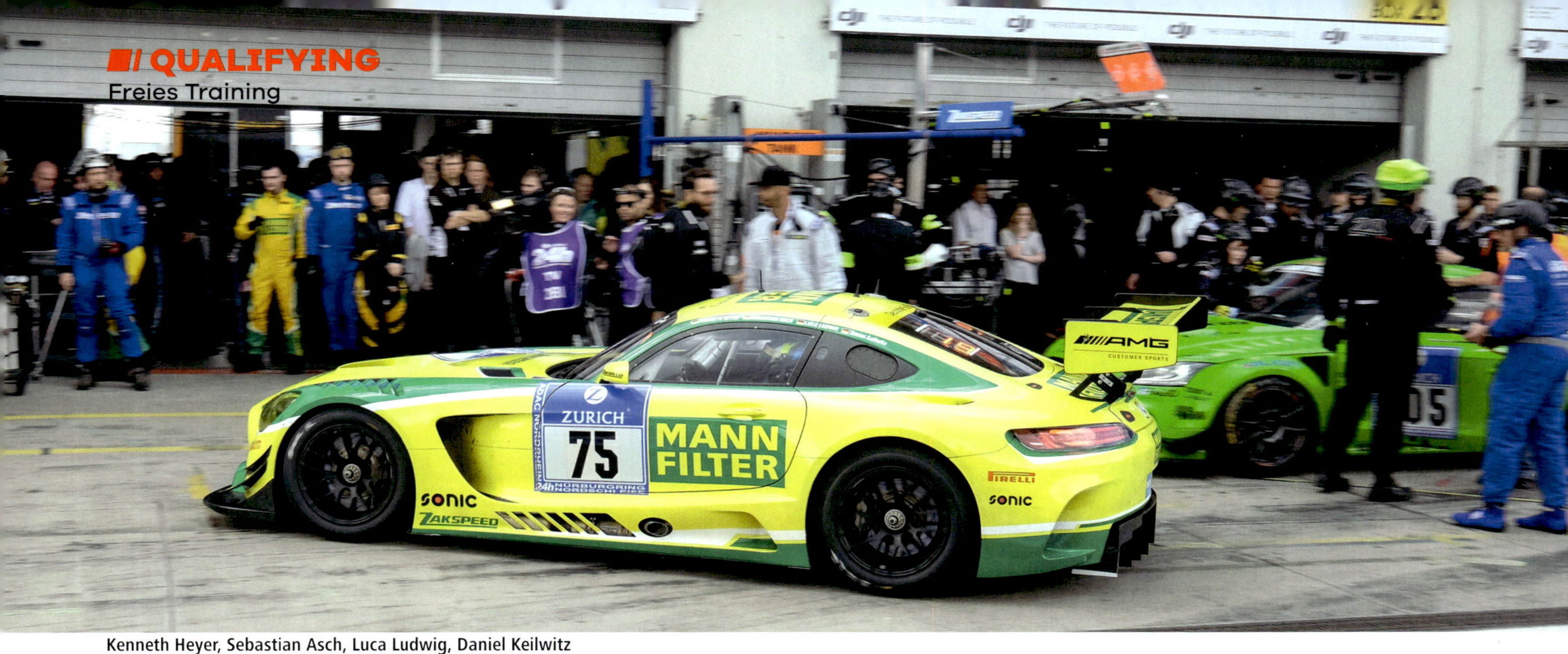

Kenneth Heyer, Sebastian Asch, Luca Ludwig, Daniel Keilwitz

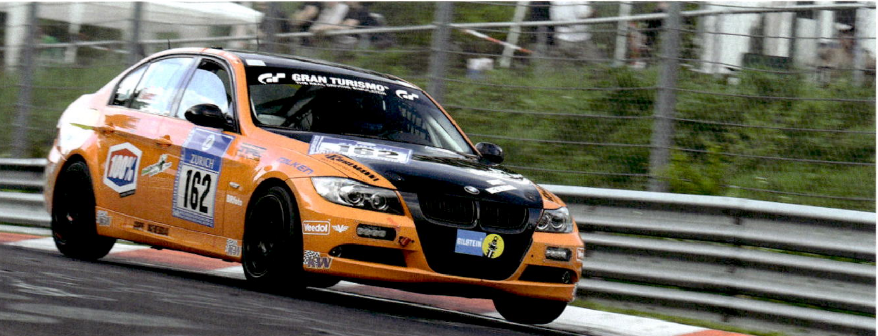

Michael Mönch, Jan von Kiedrowski, Han Choi Jang, Marco von Ramshorst

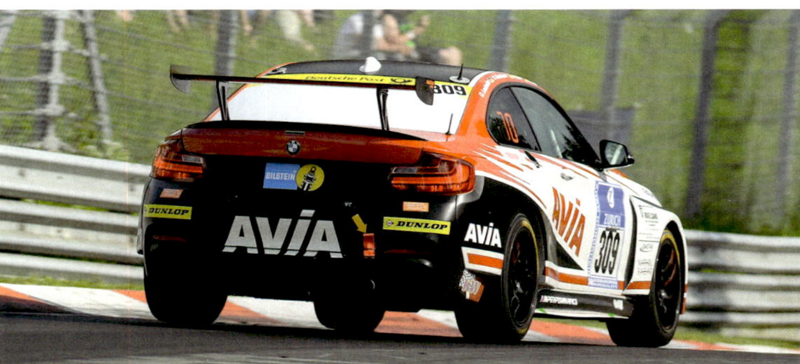

Christian Volz, Andre Duve, Rafael Hundeborn, Oliver Louisoder

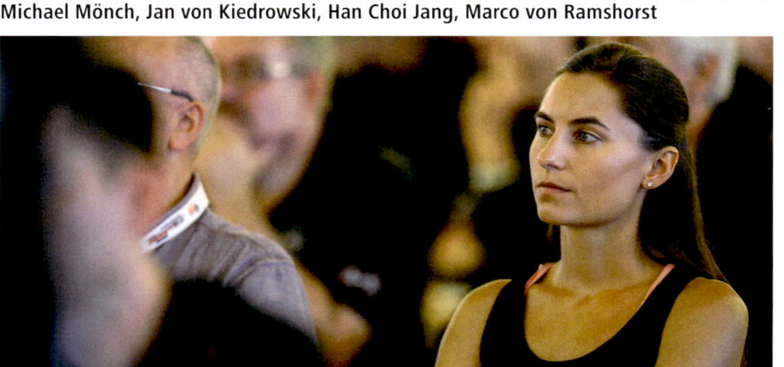

Manthey Racing Team

Chantal Kroll

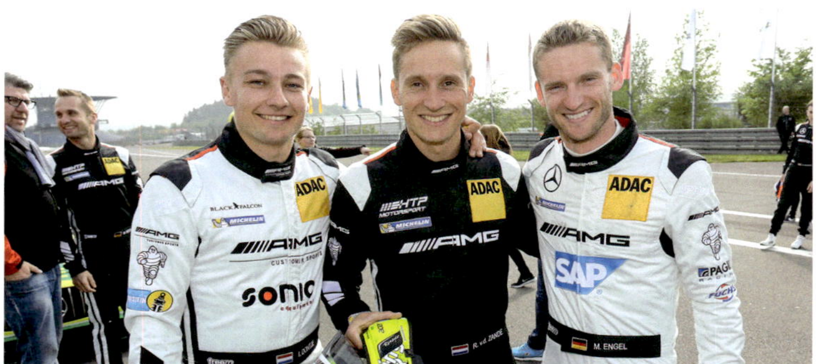

(l.-r.): Indy Dontje, Renger Van der Zande, Maro Engel

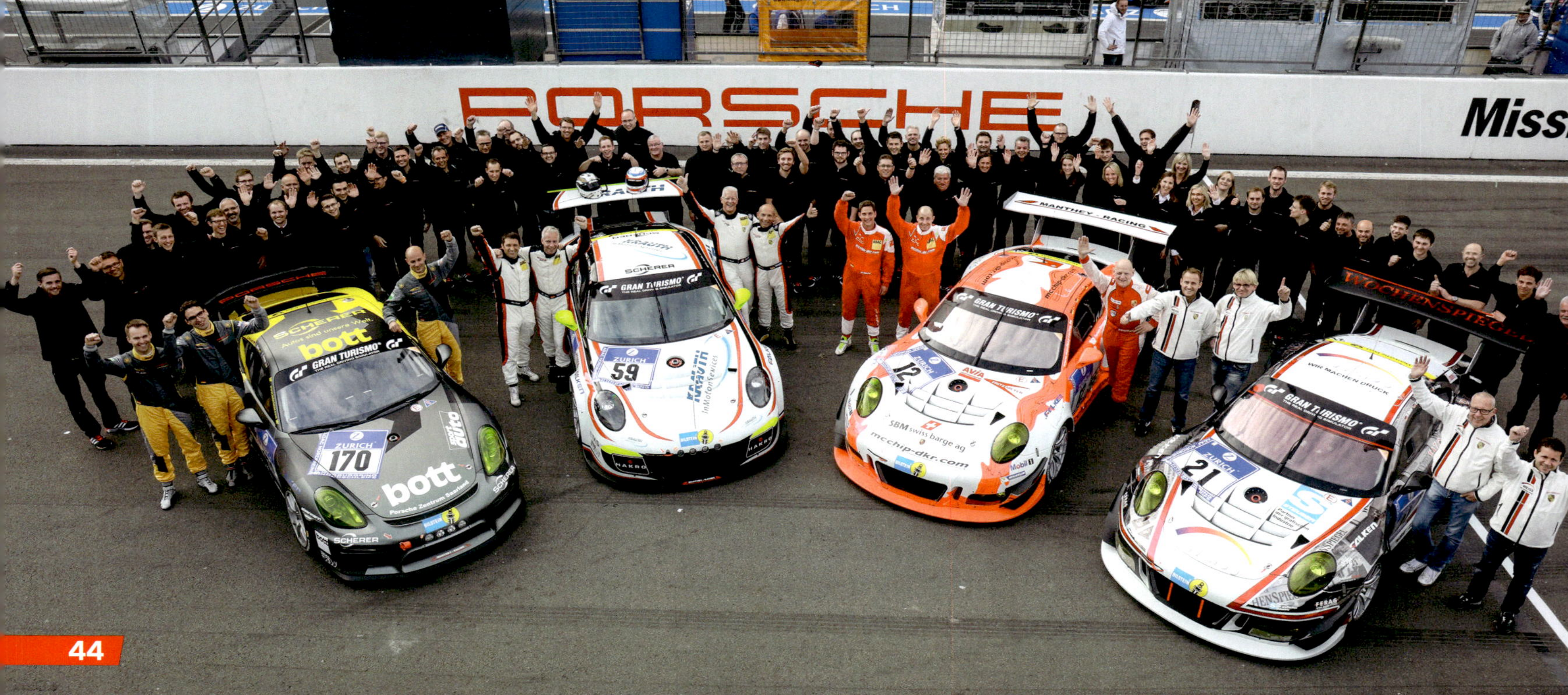

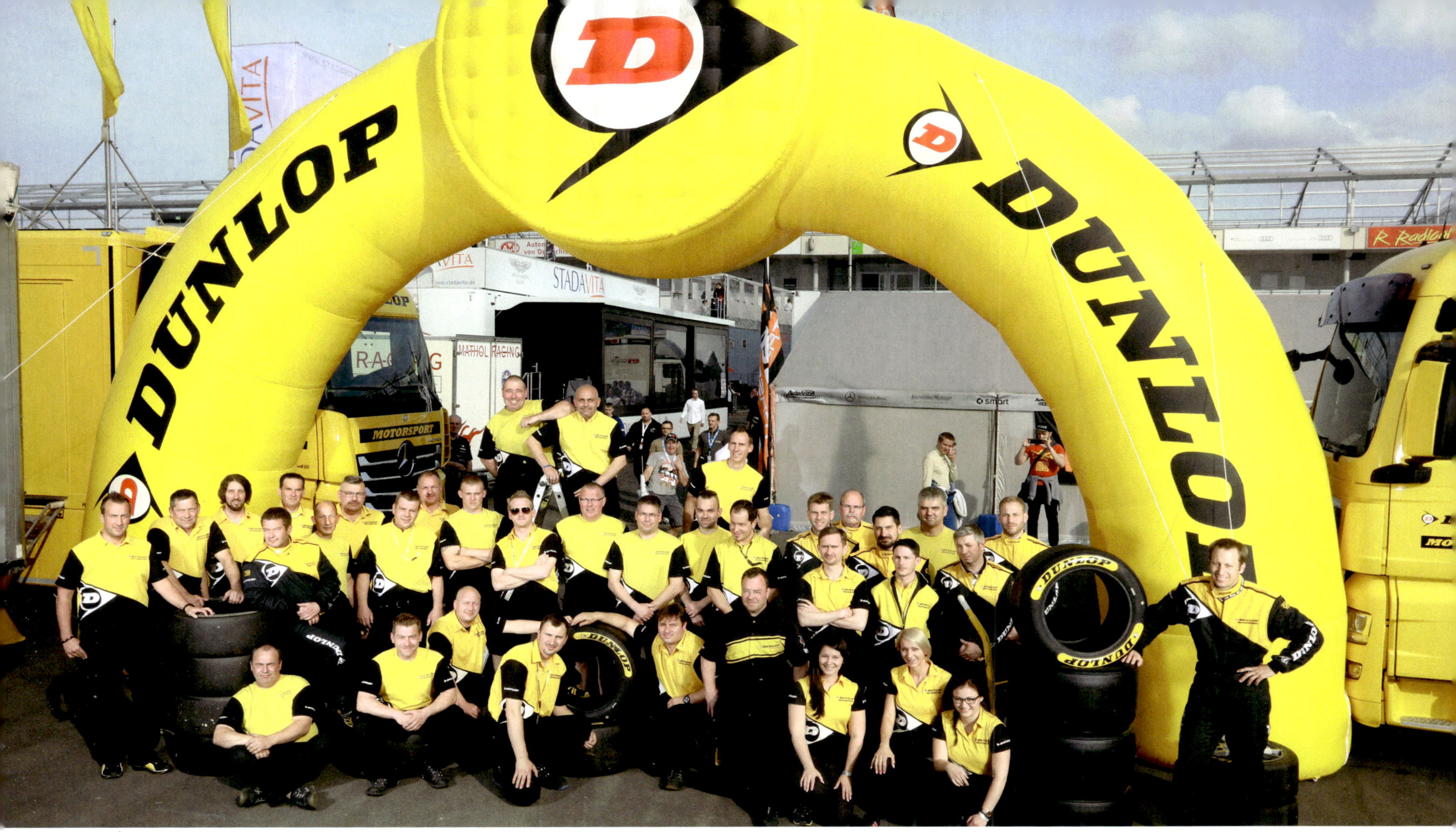

Dunlop crew

Free pratice

🇬🇧 *Free practice on Thursday afternoon was the first opportunity for the participants of the 44th running of the race to head out onto the track. In bright sunshine, the AMG-Team Black Falcon with Hubert Haupt, Yelmer Buurman, Maro Engel and Dirk Müller behind the wheel of the Mercedes-AMG GT3 (#9) posted the fastest lap time of 8 min. 20.018 sec. Another Mercedes-AMG, the Haribo Racing Team-AMG entry (#8) ended up second, 2.118 seconds down. The Montaplast by Land Motorsport Audi R8 LMS (#28) was classified third. After the first action, the best-placed Manthey Racing works-Porsche (#912) was seventh, the fastest BMW M6 GT3 was the ROWE Racing car (#22) in twelfth place.*

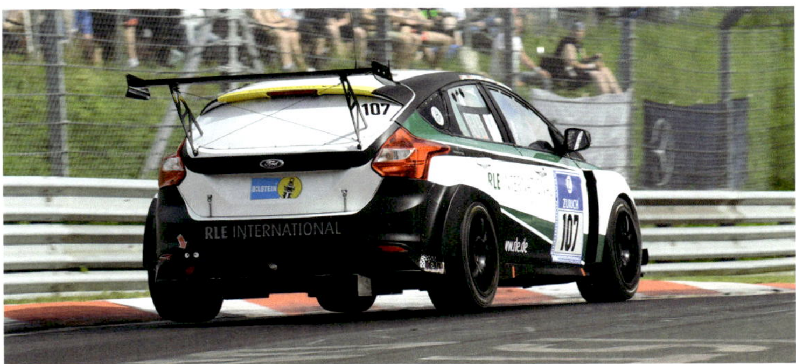

Patrick Prill, Marcel Willert, Jens Ludmann, Steffen Schlichenmeier

Markus Schrick, Peter Schumann, Guido Naumann, Heiko Hammel

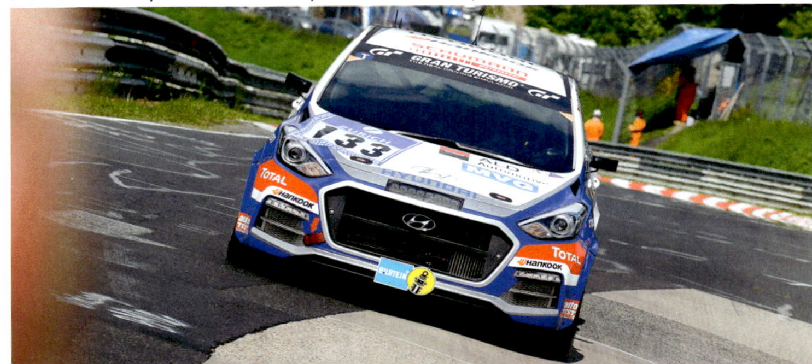

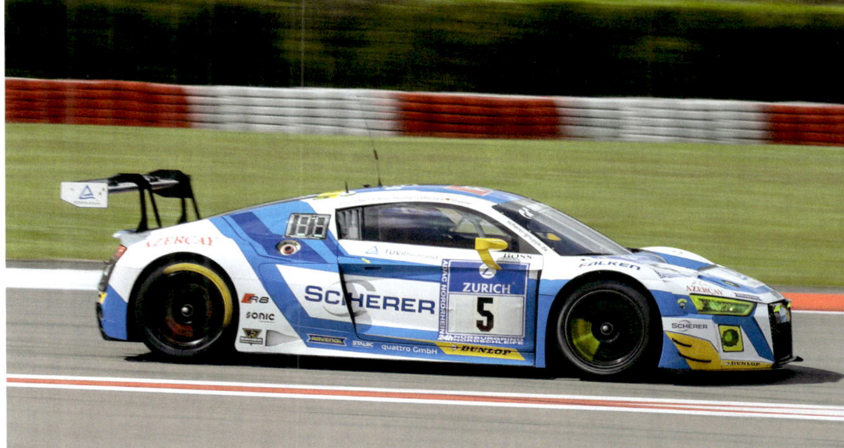

Frank Stippler, Anders Fjordbach, Edoardo Mortara, Nicki Mayr-Melnhof

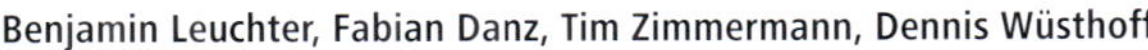

Benjamin Leuchter, Fabian Danz, Tim Zimmermann, Dennis Wüsthoff

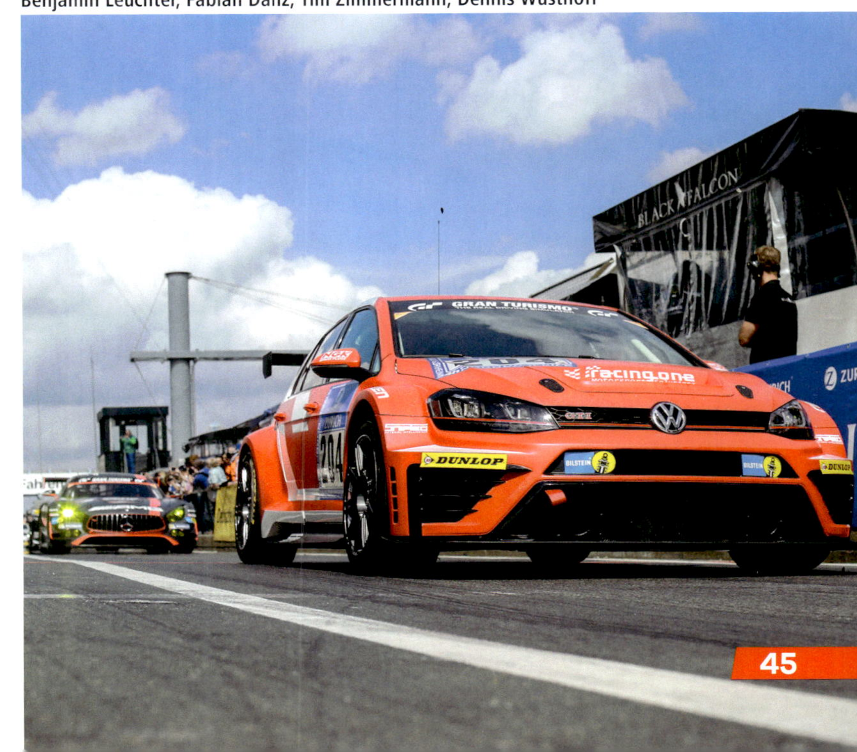

Jutta Kleinschmidt fiel kurzfristig aus
Jutta Kleinschmidt became unavailable at short notice

„Das Training beim diesjährigen 24h-Rennen war für uns wichtiger denn je", sagte Wolfgang Müller, der zum 12. Mal an den Start ging. „Unser VW Scirocco war brandneu und wir brauchten jeden Testkilometer. Dann meldete sich leider zwei Wochen vor der Veranstaltung unsere langjährige Teamkollegin, die erfahrene Rallyepilotin Jutta Kleinschmidt, mit einem gebrochenen Fuß ab. Somit teilten wir uns die Lenkradarbeit nur zu dritt. In den ganzen Trainingssitzungen mussten wir so viel testen wie möglich, um die beste Abstimmung für trockenen und nassen Untergrund zu finden, denn die Wetterprognose sagte Schauern voraus. Felix und Markus Horn zeigten von Beginn an, dass sie den Scirocco komplett beherrschen und legten sofort Top-Rundenzeiten hin. Im zweiten Training gelang es Youngster Felix in einer freien Runde, das Auto auf Startposition vier in unserer Klasse zu platzieren. Das neue DSG-Getriebe macht richtig Freude und wir freuen uns sehr auf das Rennen."

"For us, practice for this year's 24h race was more important than ever," Wolfgang Müller said, participating for the twelfth time. "Our VW Scirocco was brand-new and we needed every kilometre of testing. Then, unfortunately, our long-time team partner, seasoned rally driver Jutta Kleinschmidt, became unavailable due to a broken foot a fortnight prior to the event. Thus, we shared driving duties among the three of us. In all the practice sessions, we had to test as much as we could to find the best set-up for dry and wet conditions, because the weather forecast had rain showers in store. Felix and Markus Horn made it clear from the very beginning that they fully controlled the Scirocco and they posted top lap times straight away. In second practice, youngster Felix managed to put our car fourth on the grid in our class in a clean lap. The new DSG gearbox is fun to drive and we are really looking forward to the race."

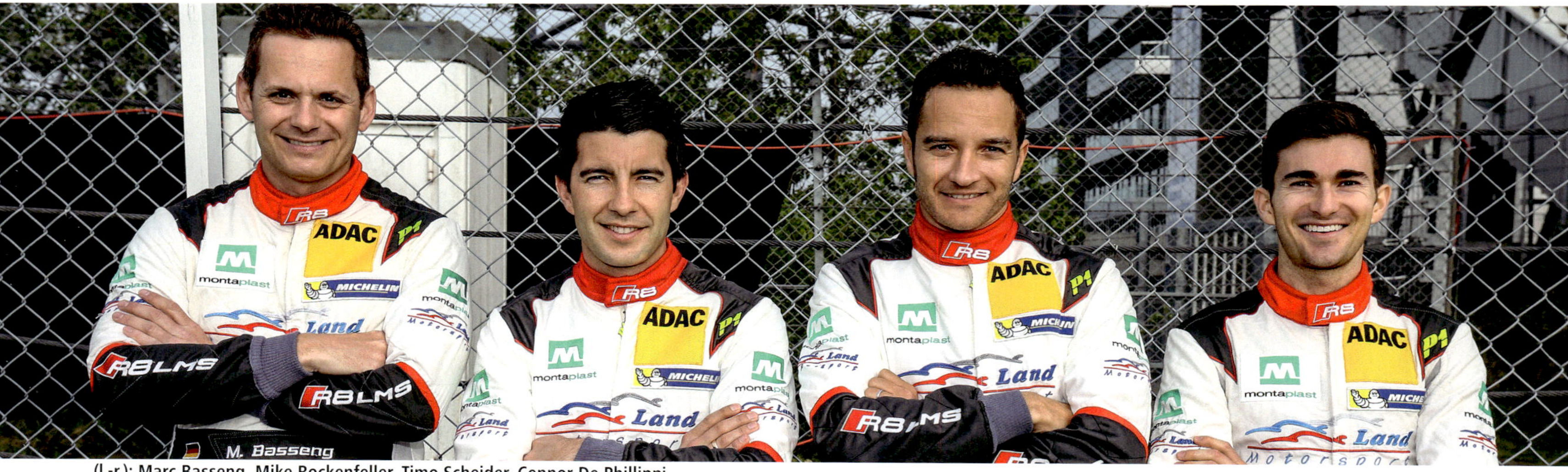

(l.-r.): Marc Basseng, Mike Rockenfeller, Timo Scheider, Connor De Phillippi

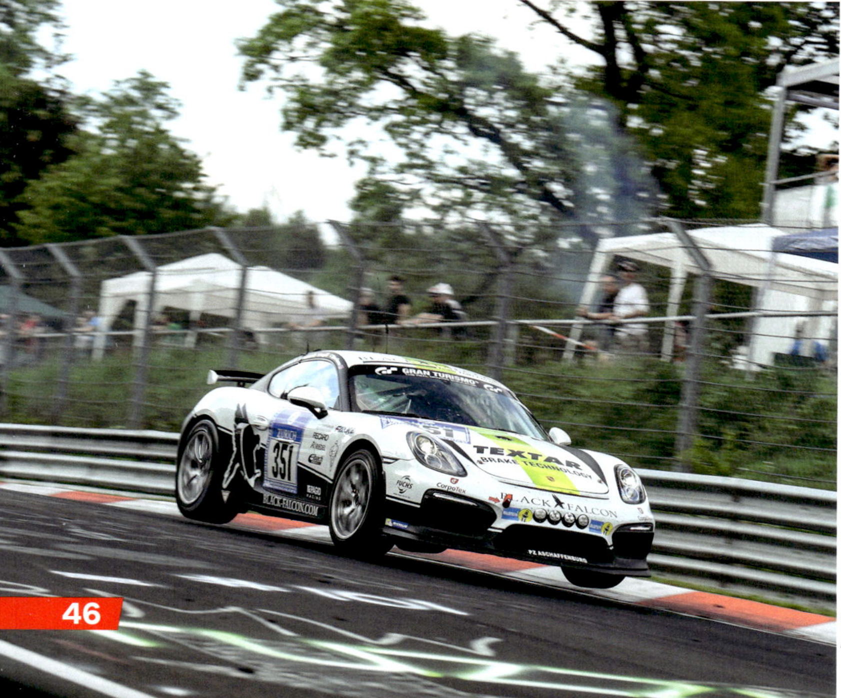
Christian Björn-Hansen, Runar Vatne, „Sugar Mountain", Stefan Karg

Dirk Müller sagte stellvertretend für viele Teams: „Wir arbeiten am Set-Up und bereiten uns intensiv fürs Rennen vor. Heute Abend im Nachttraining müssen wir uns noch die blaue Lampe für das Top-30-Quali erarbeiten." Philipp Eng (BMW #23) kehrte begeistert von seiner ersten Runde zurück: „Es ist Wahnsinn, wie viele Leute da schon stehen. Da ist jetzt schon eine tolle Stimmung."

Erste Probleme gab es natürlich auch: Der Zakspeed-Nissan GT-R (#24) strandete mit technischem Defekt im Klostertal, der Lexus RC-F (#36) in Breidscheid. Der ProSport-Porsche Cayman (#79) bekam die Spiegelei-Flagge zu sehen, weil er zu laut war. Ein anderer Cayman (#137), der von Mathol-Racing und den Fahrern Ivan Jacoma, Claudius Karch, Timo Mölig und Marc Hennerici war mit 9.35,557 Minuten der schnellste Produktionswagen und Gesamt-65.

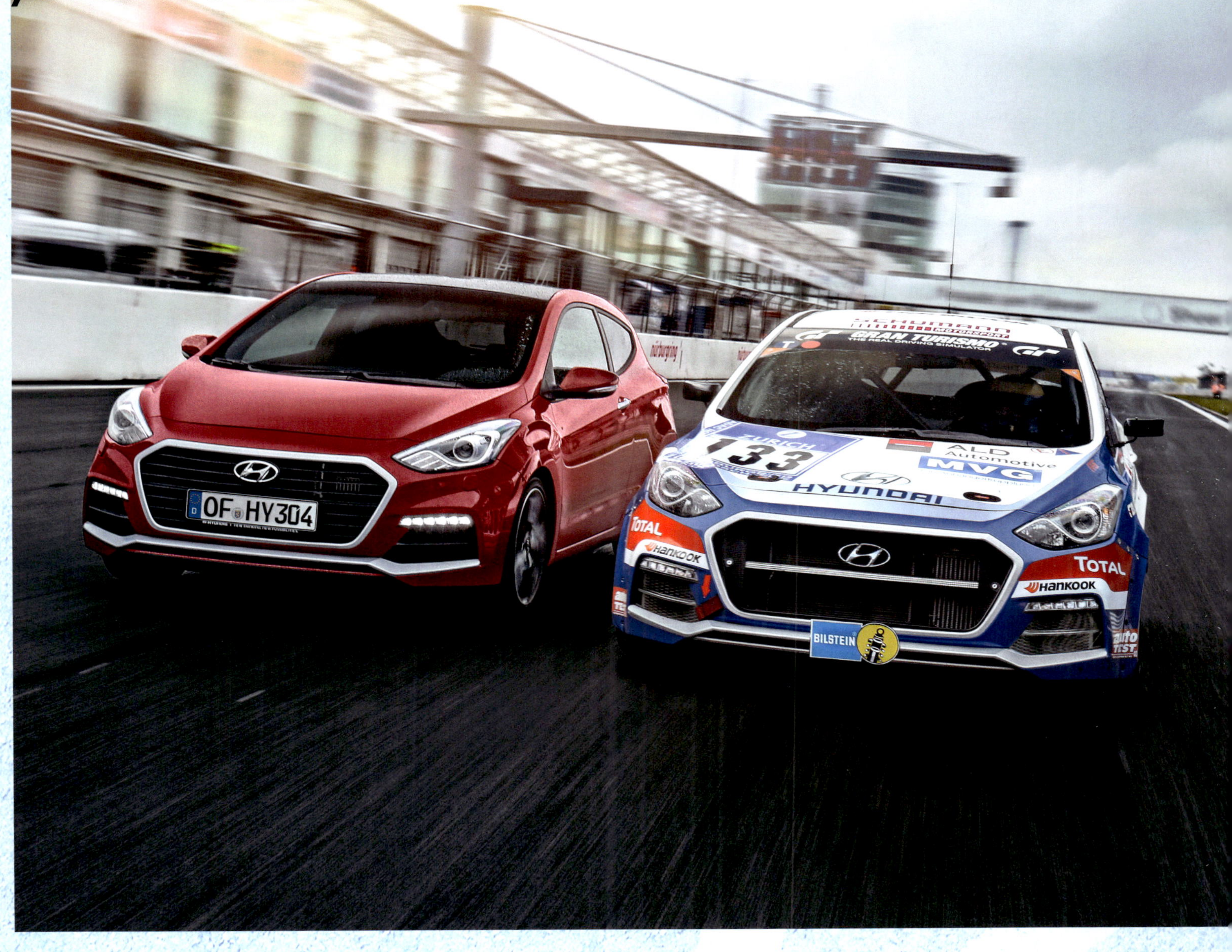

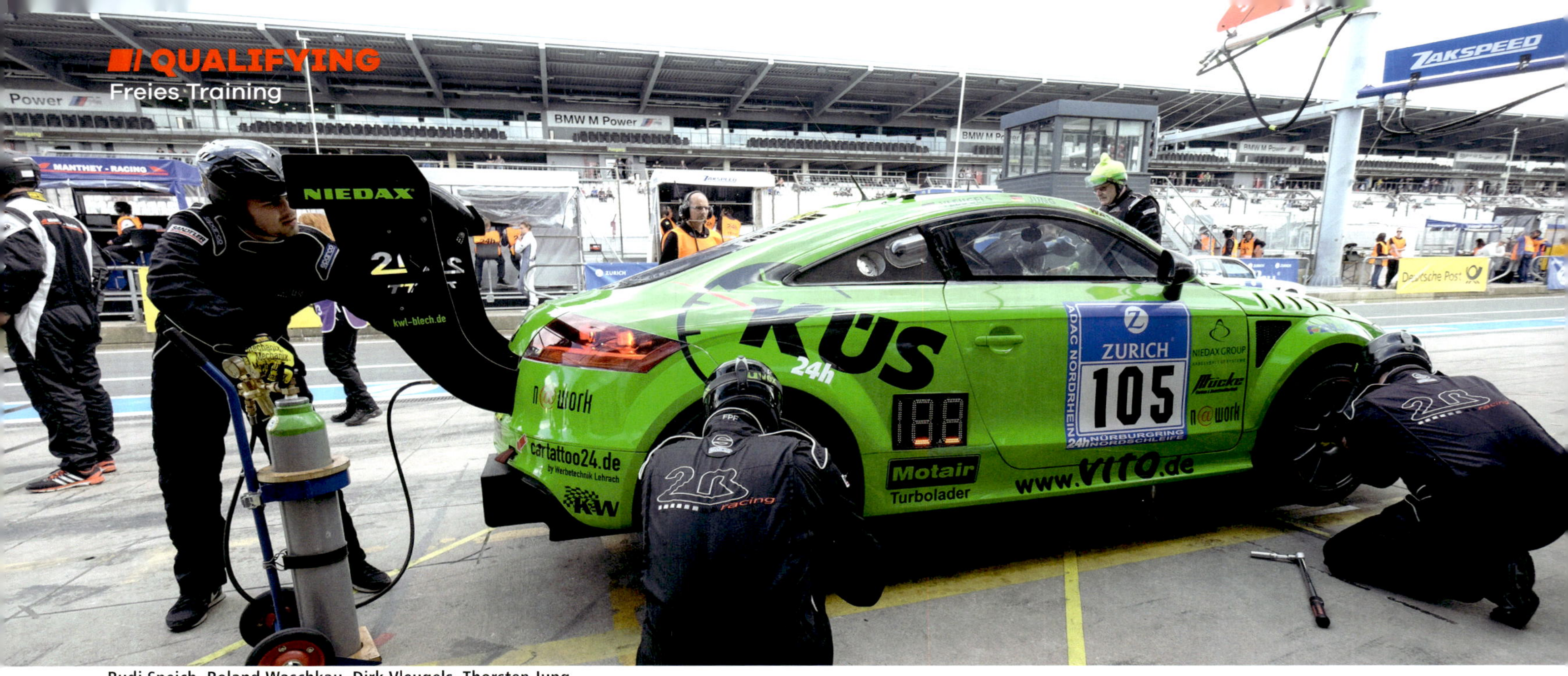

Rudi Speich, Roland Waschkau, Dirk Vleugels, Thorsten Jung

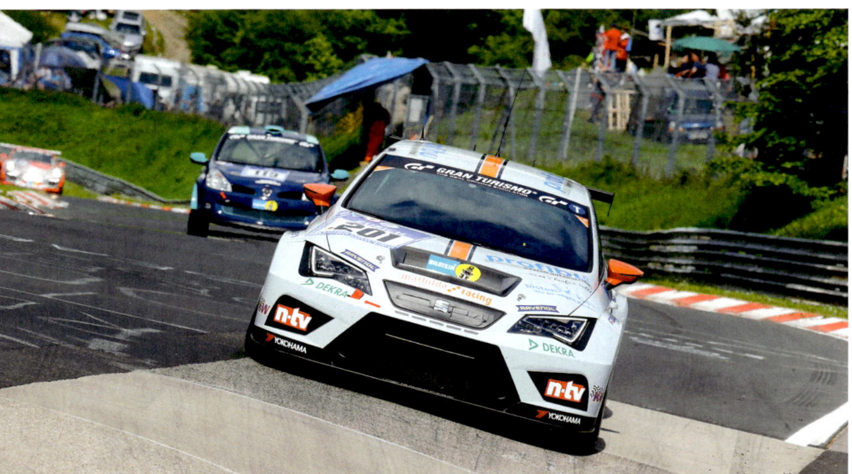

Georg Niederberger, Jürgen Wohlfarth, Andreas Guelden, Jordi Gene

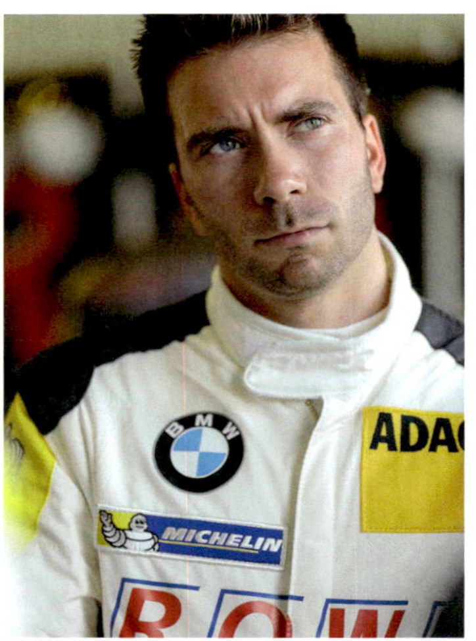

Philipp Eng

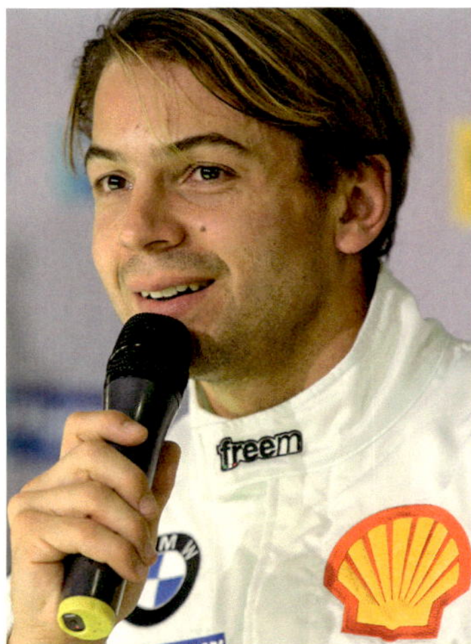

Augusto Farfus

Mercedes-AMG GT3 drivers

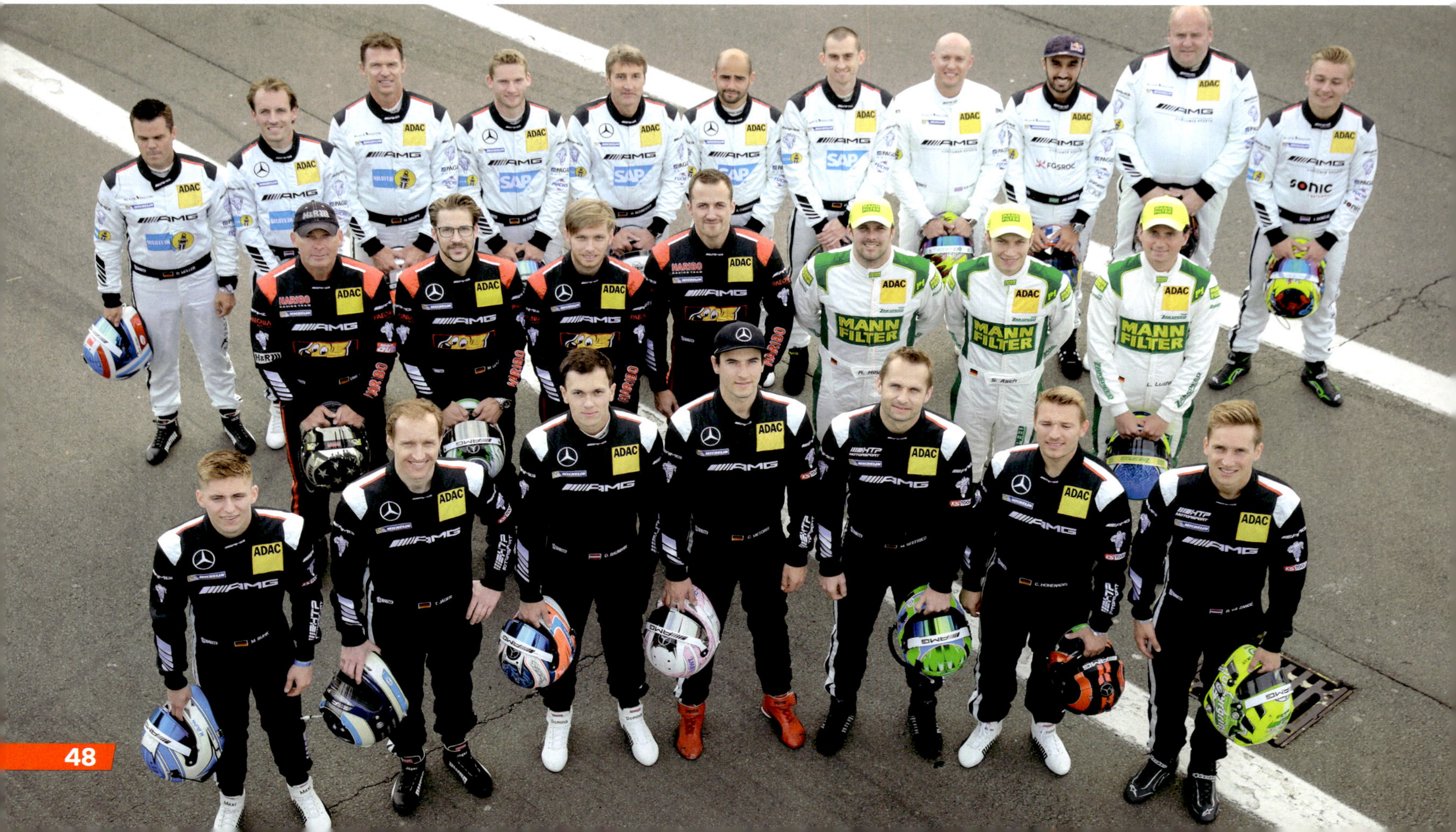

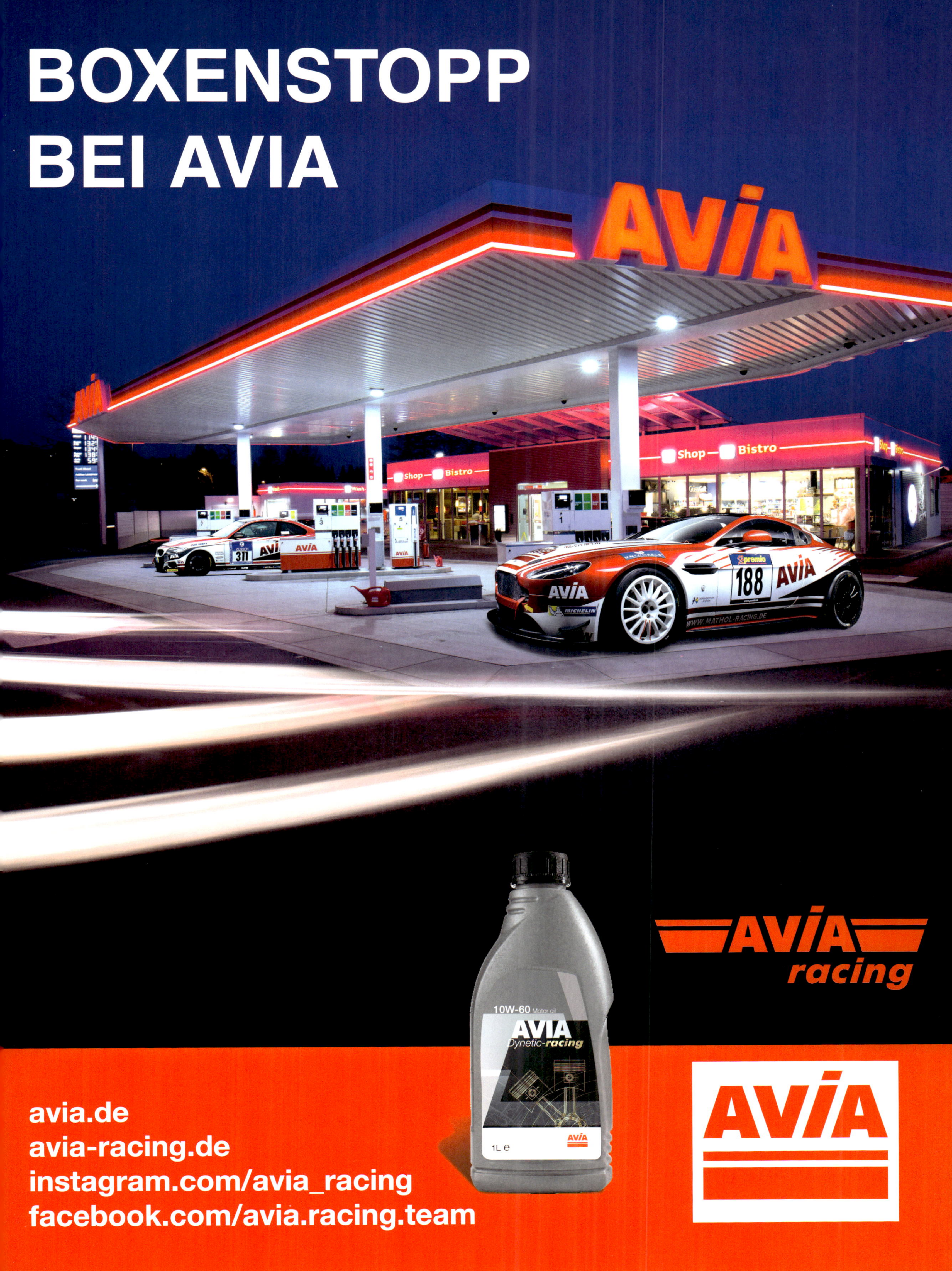
BOXENSTOPP
BEI AVIA
AVIA
Shop
Bistro
AVIA
188
AVIA
racing
10W-60 Motor oil
AVIA
Dynetic-racing
1L e
avia.de
avia-racing.de
instagram.com/avia_racing
facebook.com/avia.racing.team
AVIA

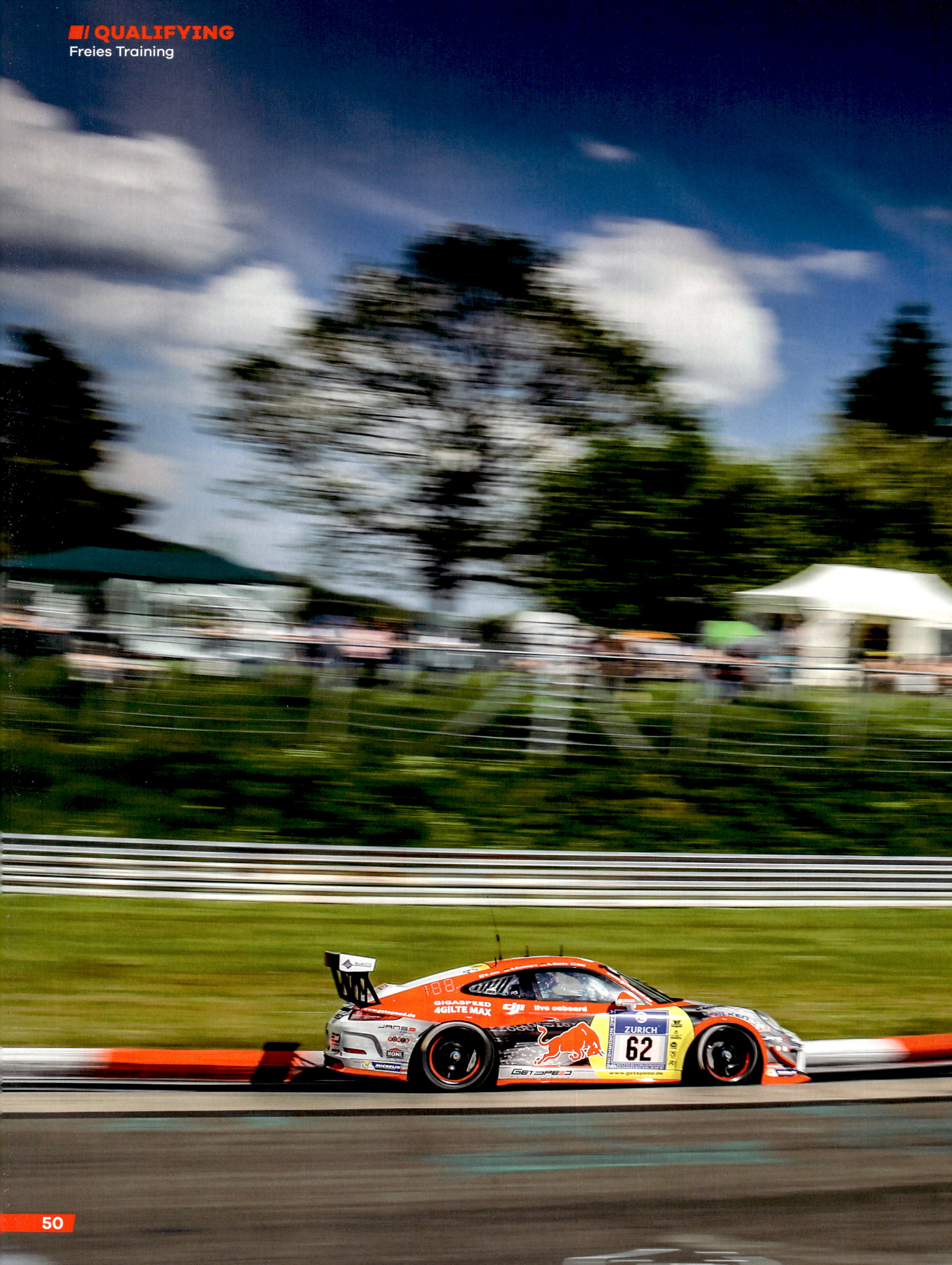
GIGASPEED
4G|LTE MAX
live onboard
ZURICH
62
GETSPEED
www.getspeed.de

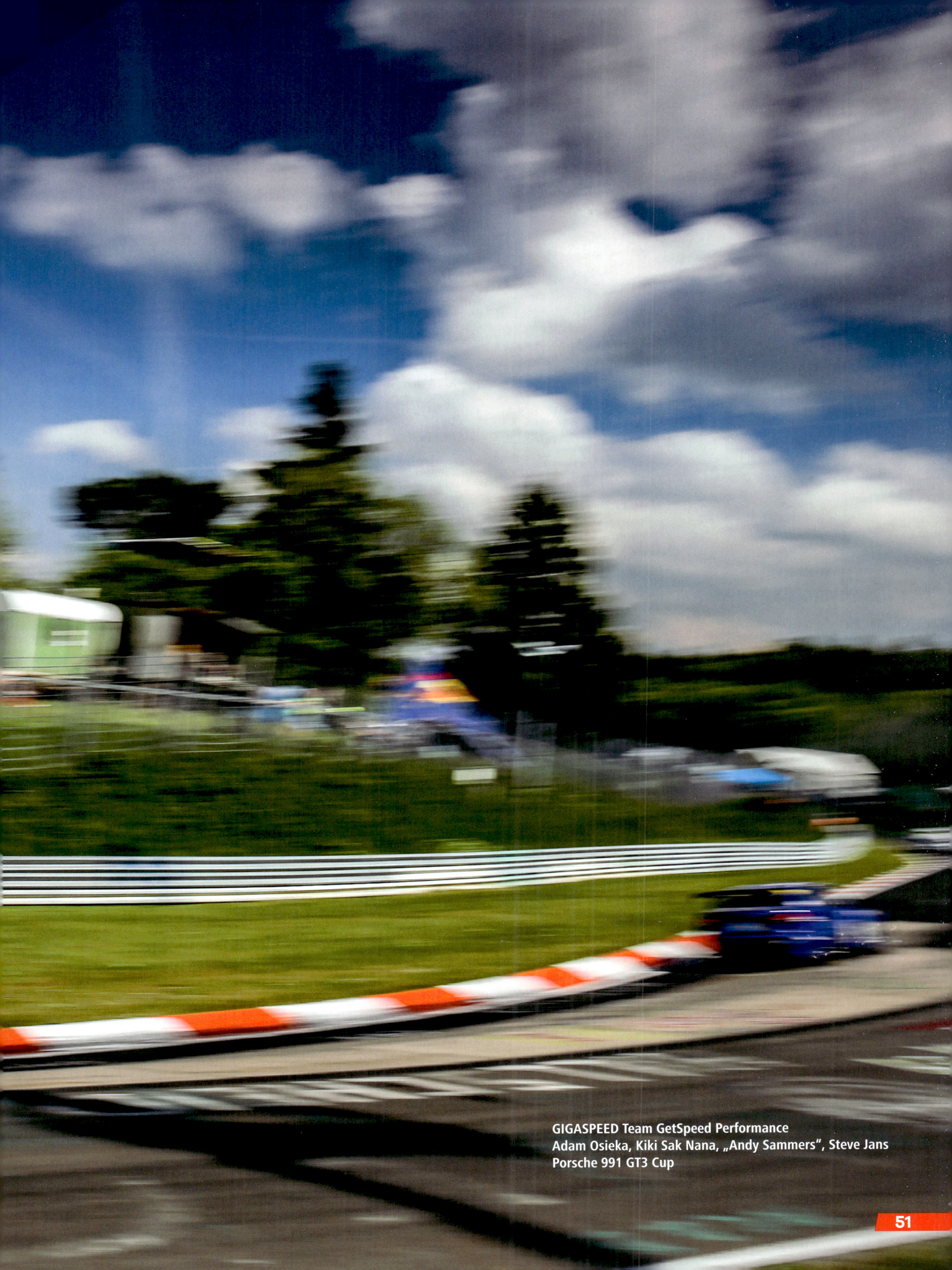

GIGASPEED Team GetSpeed Performance
Adam Osieka, Kiki Sak Nana, „Andy Sammers", Steve Jans
Porsche 991 GT3 Cup

QUALIFYING
1. Qualifying

Erstes Qualifying

Die Sieger des vergangenen Jahres, Laurens Vanthoor, Christopher Mies und Nico Müller – ergänzt durch Routinier Pierre Kaffer – sicherten sich im ersten Qualifying die vorläufige Pole-Position. Im Audi R8 LMS des Audi Sport Team WRT fuhr das Quartett auf anfangs noch trockener Piste früh die Bestzeit. Die Uhr stoppte nach 8.21,951 Minuten. Der Vorsprung auf die zweitplatzierten Markenkollegen von Twin Busch Motorsport, Marc und Dennis Busch, Christian Mamerow und René Rast, betrug 1,215 Sekunden. Das Mann-Filter Team Zakspeed mit Kenneth Heyer, Sebastian Asch, Luca Ludwig und Daniel Keilwitz wurde mit 8.23,000 Min. Dritter. Auch auf den weiteren Positionen ging es sehr eng zu. Die Positionen vier bis neun trennten nur 0,8 Sekunden.
Das erste Zeittraining zum Eifelmarathon begann trocken, in der zweiten Stunde stellte sich zum Teil heftiger Regen ein. Die Teams nutzten so die Gelegenheit, sich auf mögliche wechselnde Bedingungen beim Rennen einzustellen. Schließlich waren auch für das Rennen selber wechselnde Bedingungen vorhergesagt. Zeitverbesserungen waren in der zweiten Hälfte des Qualifyings somit nicht mehr machbar.
„Die Bedingungen sind so schwierig, wie man es von der Nordschleife kennt. Stellenweise ist es sehr nass und teilweise gibt es leichten Nebel direkt über dem Asphalt, weil es recht warm ist und der Regen verdampft", schilderte BMW-Pilot Jörg Müller. Phoenix-Teamchef Ernst Moser gab zu: „Wir geben derzeit keine 100 Prozent, da wir bei den Witterungsverhältnissen kein Risiko eingehen wollen. Wir arbeiten am Setup, stellen in der Dunkelheit das Licht ein und unsere Fahrer sollen ihre Pflichtrunden absolvieren." Maximilian Götz von Haribo-Racing bestätigte: „Wir fahren derzeit jeder mindestens eine Runde im Regen und in der Dunkelheit, um uns an diese Bedingungen zu gewöhnen." Es gab auch Fahrer oder Teamchefs, die sich über den Niederschlag

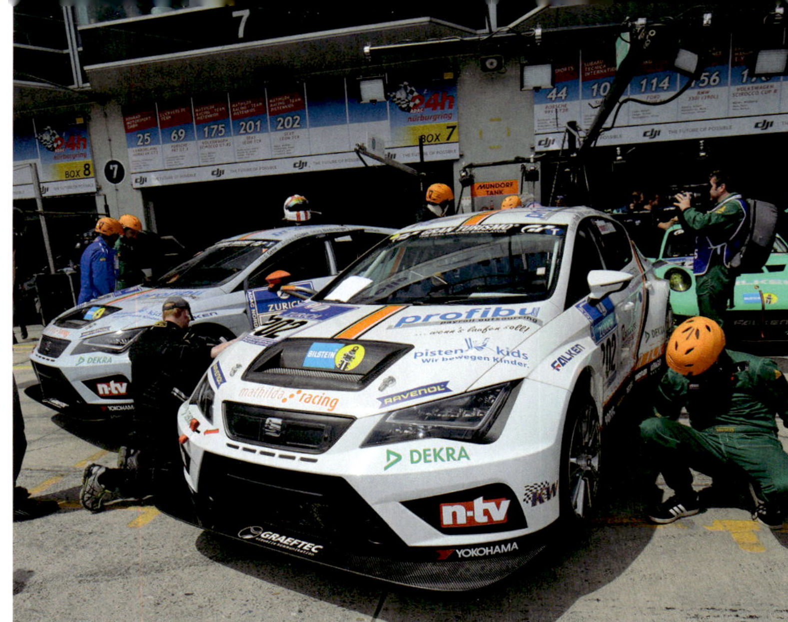

Michael Paatz, Klaus Niedzwiedz, Axel Friedhoff, Max Friedhoff

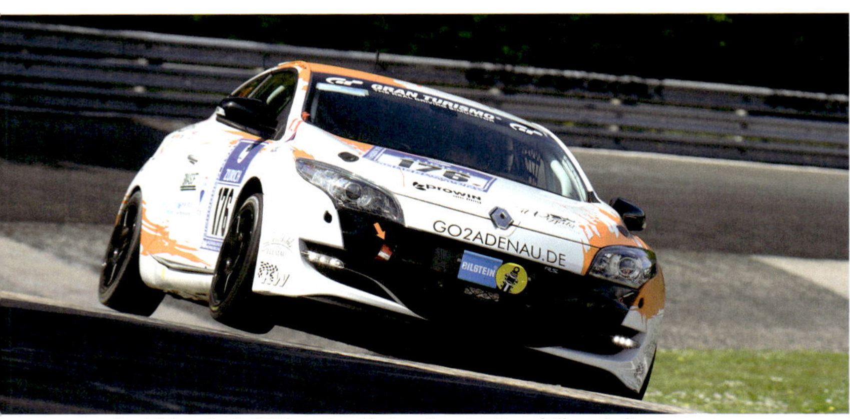

Axel Jahn, Andrei Sidorenko, Florian Quante, Bernd Kleeschulte

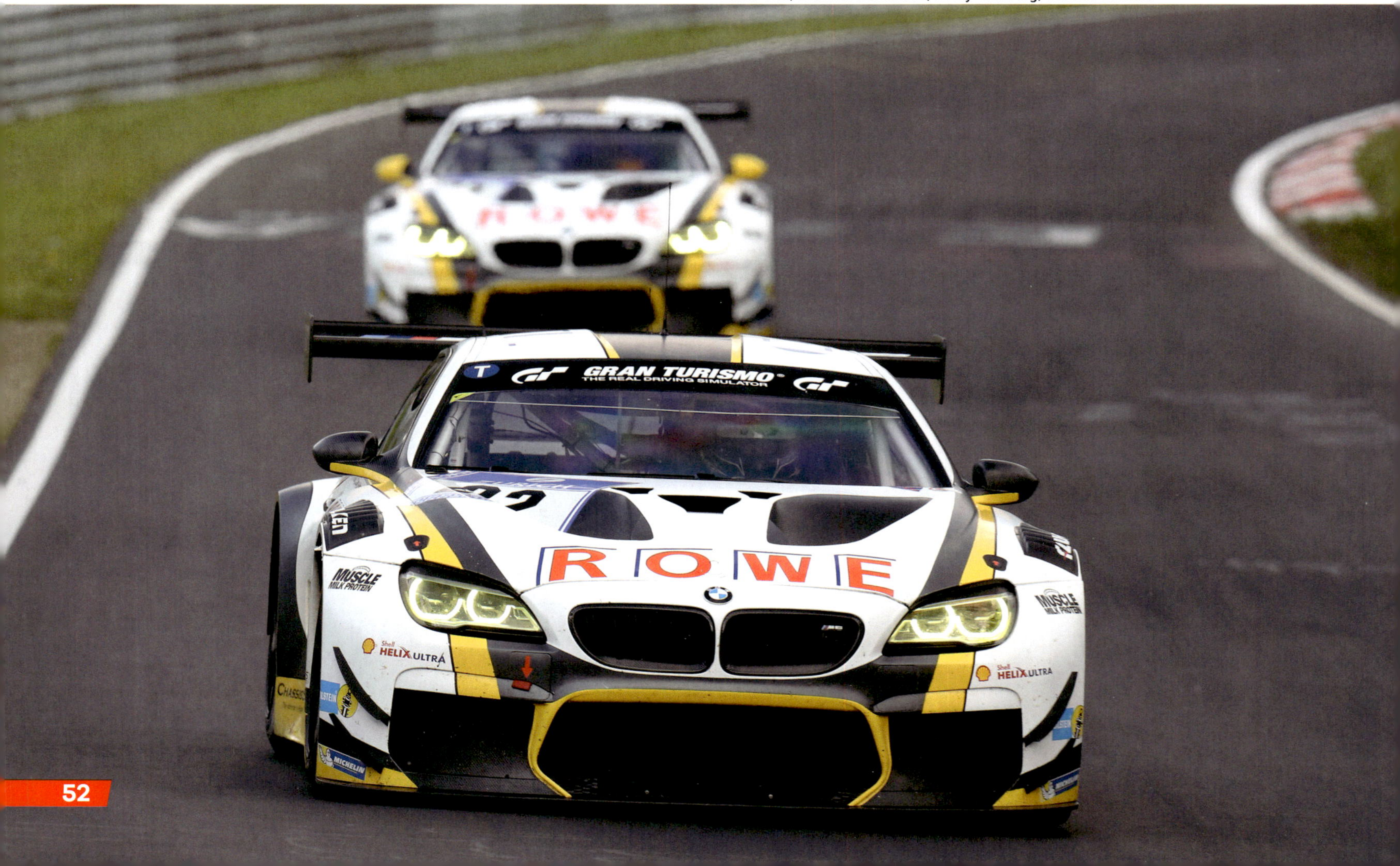

Klaus Graf, Richard Westbrook, Nicky Catsburg, Markus Palttala

First qualifying

Winners the previous year, Laurens Vanthoor, Christopher Mies and Nico Müller were this time supported by stalwart Pierre Kaffer, and claimed provisional pole position in first qualifying. In the Audi Sport Team WRT Audi R8 LMS, the quartet posted the fastest time as the track was still dry early in the session: 8 min. 21.951 sec. They were 1.215 seconds clear of their fellow Audi drivers, the Twin Busch Motorsport team with Marc and Dennis Busch, Christian Mamerow and René Rast. The Mann-Filter Team Zakspeed ended up third with a time of 8 min. 23.000 sec. for drivers Kenneth Heyer, Sebastian Asch, Luca Ludwig and Daniel Keilwitz. The battle for the following positions was closely fought, too: just 0.8s separated the teams from fourth to ninth place. First qualifying got underway in dry conditions, but there was partly heavy rain in the second hour. That enabled teams to prepare for the changeable weather conditions that were forecast for the race as well. The rain prevented any improvements in lap times during the second half of qualifying.

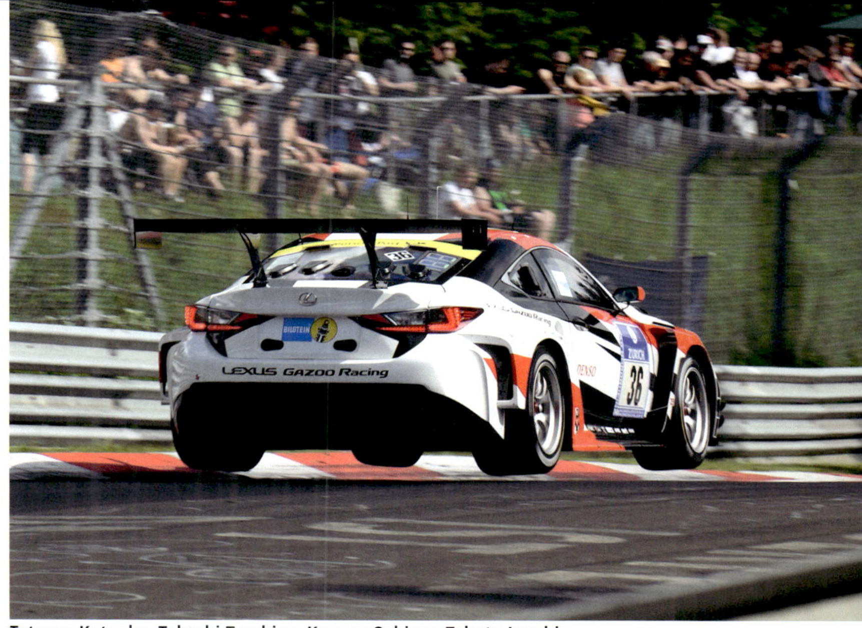

Tatsuya Kataoka, Takeshi Tsuchiya, Kazuya Oshima, Takuto Iguchi

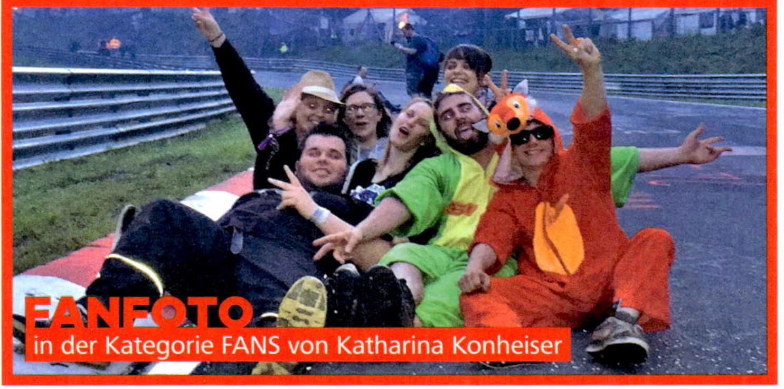

Peter Dumbreck, Wolf Henzler, Martin Ragginger, Alexandre Imperatori

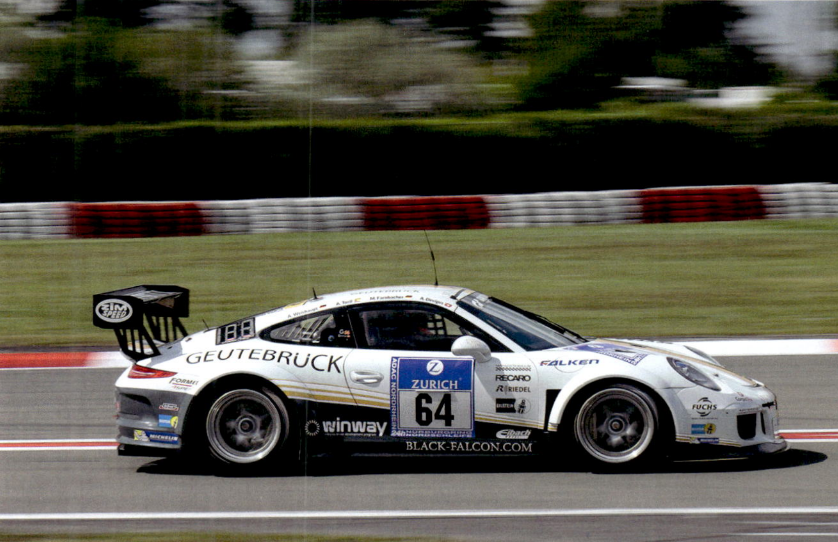

Arturo Devigus, Andreas Weishaupt, Alexander Josef Toril Boquoi, Mario Farnbacher

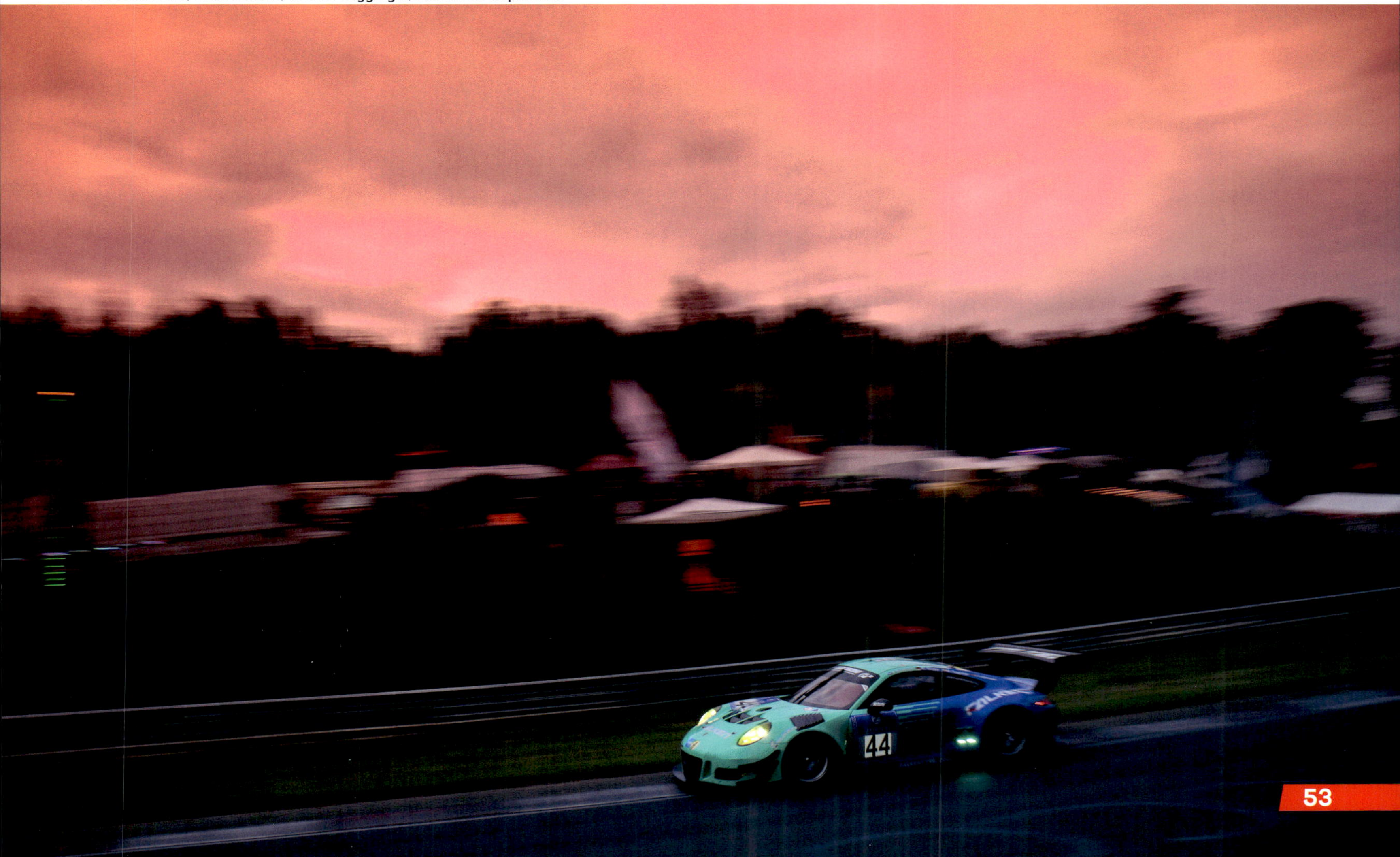

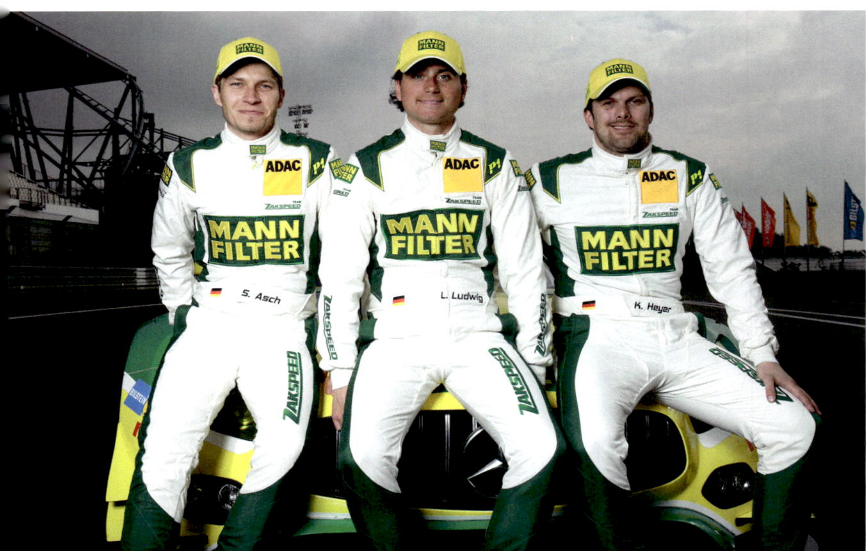

(l.-r.): Sebastian Asch, Luca Ludwig, Kenneth Heyer

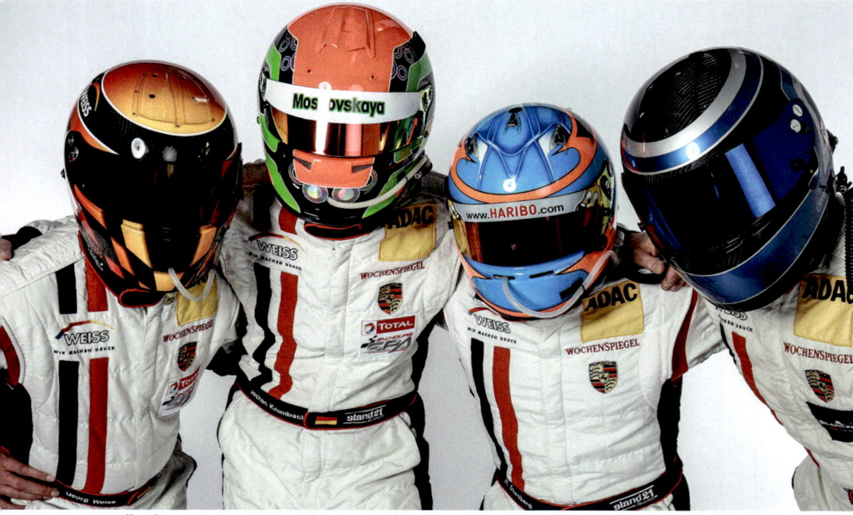

(l.-r.): Georg Weiss, Jochen Krumbach, Mike Stursberg, Oliver Kainz

Martin Kroll, Chantal Kroll, Bernd Küpper, Lars Juergen Zander

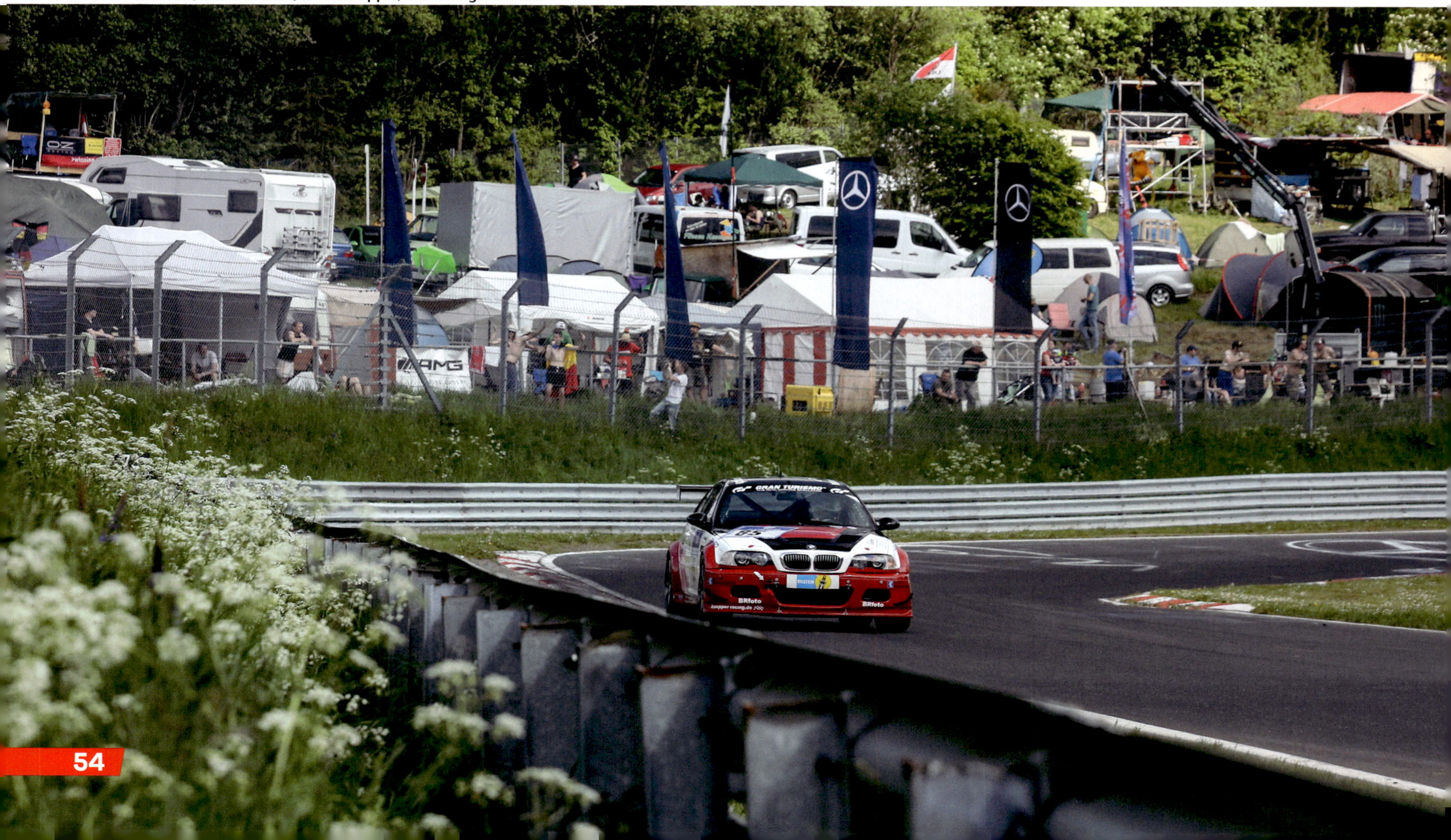

freuten. So wie James Glickenhaus, dem Teamchef der drei SCG-Fahrzeuge. „Für das Rennen wünschen wir uns viel Regen, weil wir dann Dank unseres hohen Abtriebes mehr Chancen haben. Das Qualifying läuft bislang gut. Es gibt nur die Spiegelei-Flagge für eines unserer Fahrzeuge, weil das GPS-Signal ausgefallen war."

Gute Stimmung herrschte im Team von Four Motors, denn „Smudo", Thomas von Löwis of Menar, Daniel Schellhaas und Axel Duffner markierten bei den alternativen Treibstoffen die Bestzeit. Mit 9.56,998 Minuten blieb der Cayman somit auch unter zehn Minuten. In 10.13,603 Minuten hatte der Kissling-Opel Manta von Hans-Olaf Beckmann, Volker Strycek, Peter Hass und Jürgen Schulten in der Klasse SP3 die Nase vorn. Für die Bestzeit bei den Produktionswagen sorgten Dr. Dr. Stein Tveten, Oskar Sandberg und Yannick Fürbich im aesthetic racing-Porsche 911 Carrera: 9.31,152 Minuten.

Die ersten Kaltverformungen gab es natürlich auch. Am schlimmsten erwischte es den Zakspeed-Nissan (#24) nach einem Abflug im Schwalbenschwanz, die Titus-Viper (#13), die im Bergwerk von der Strecke abkam sowie den Werks-Hyundai i30 (#102) nach einem Leitplankentreffer in Aremberg.

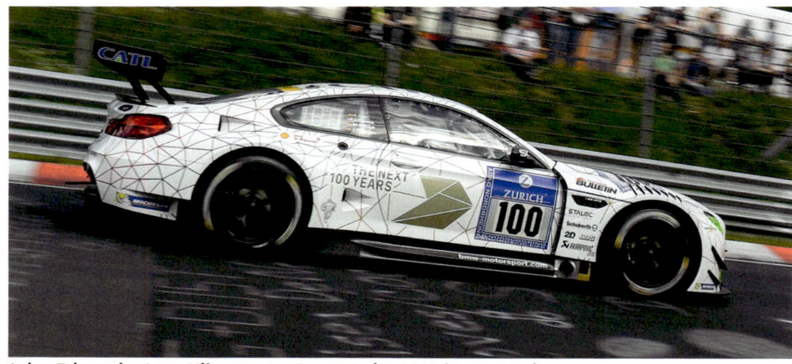

John Edwards, Jens Klingmann, Lucas Luhr, Martin Tomczyk

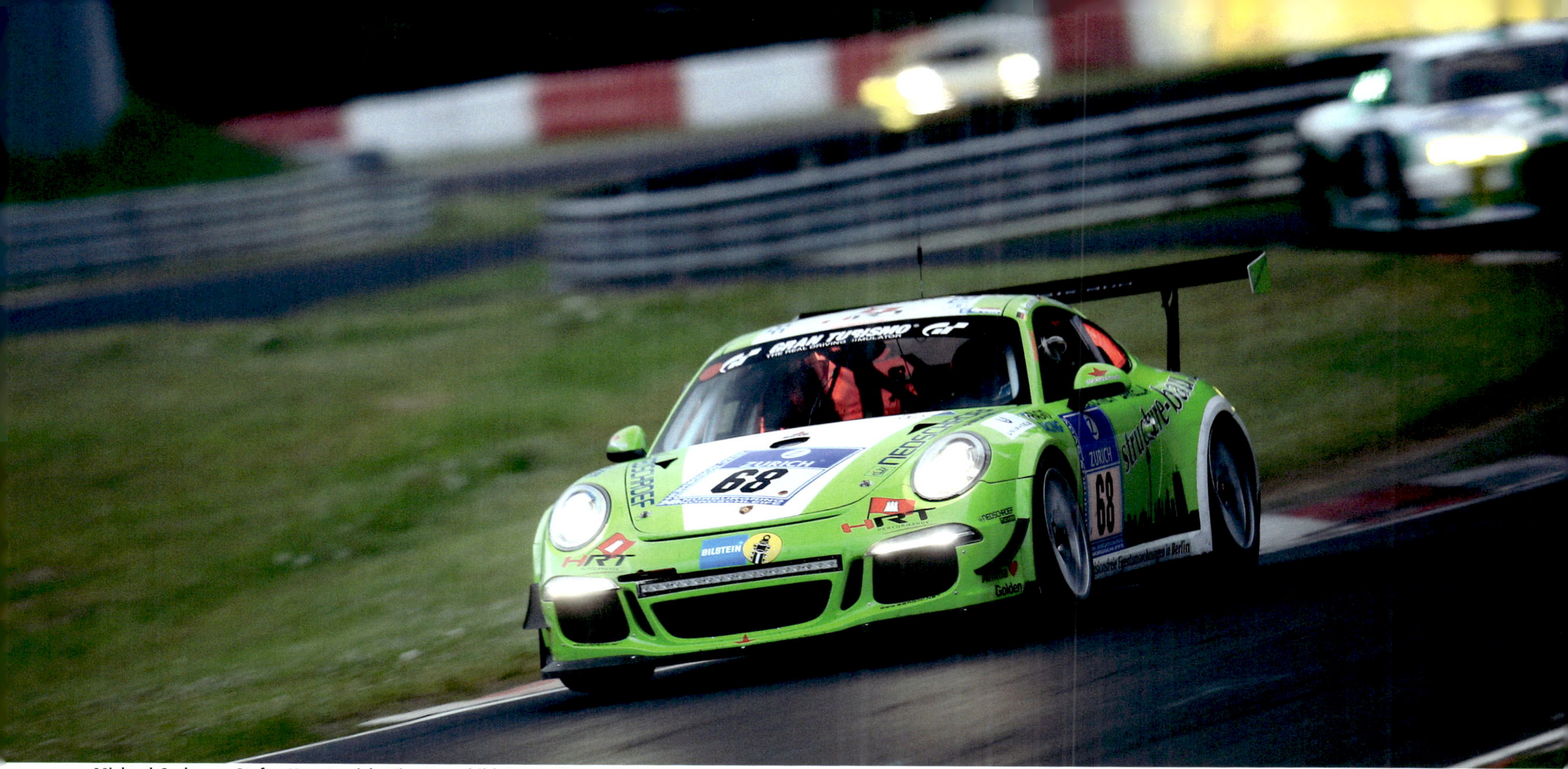

Michael Czyborra, Stefan Kenntemich, Kim Hauschild, Sergio Negroni

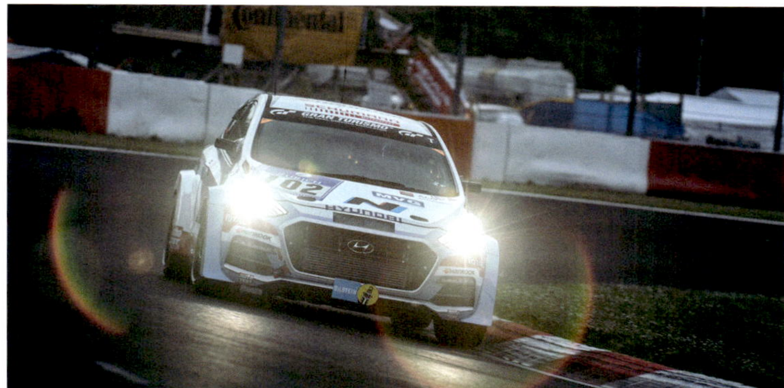

Alexander Köppen, Rory Penttinen, Michael Bohrer, Bruno Beulen

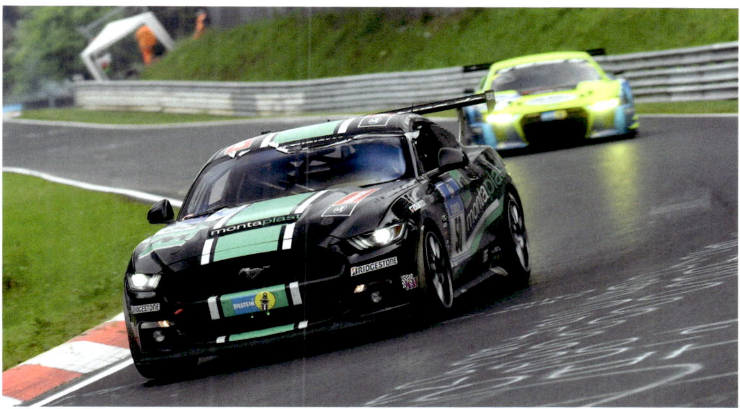

Stephan Wölflick, Urs Bressan, Jürgen Gagstatter

(l.-r.): Hubert Haupt, Maro Engel, Yelmer Buurman, Dirk Müller

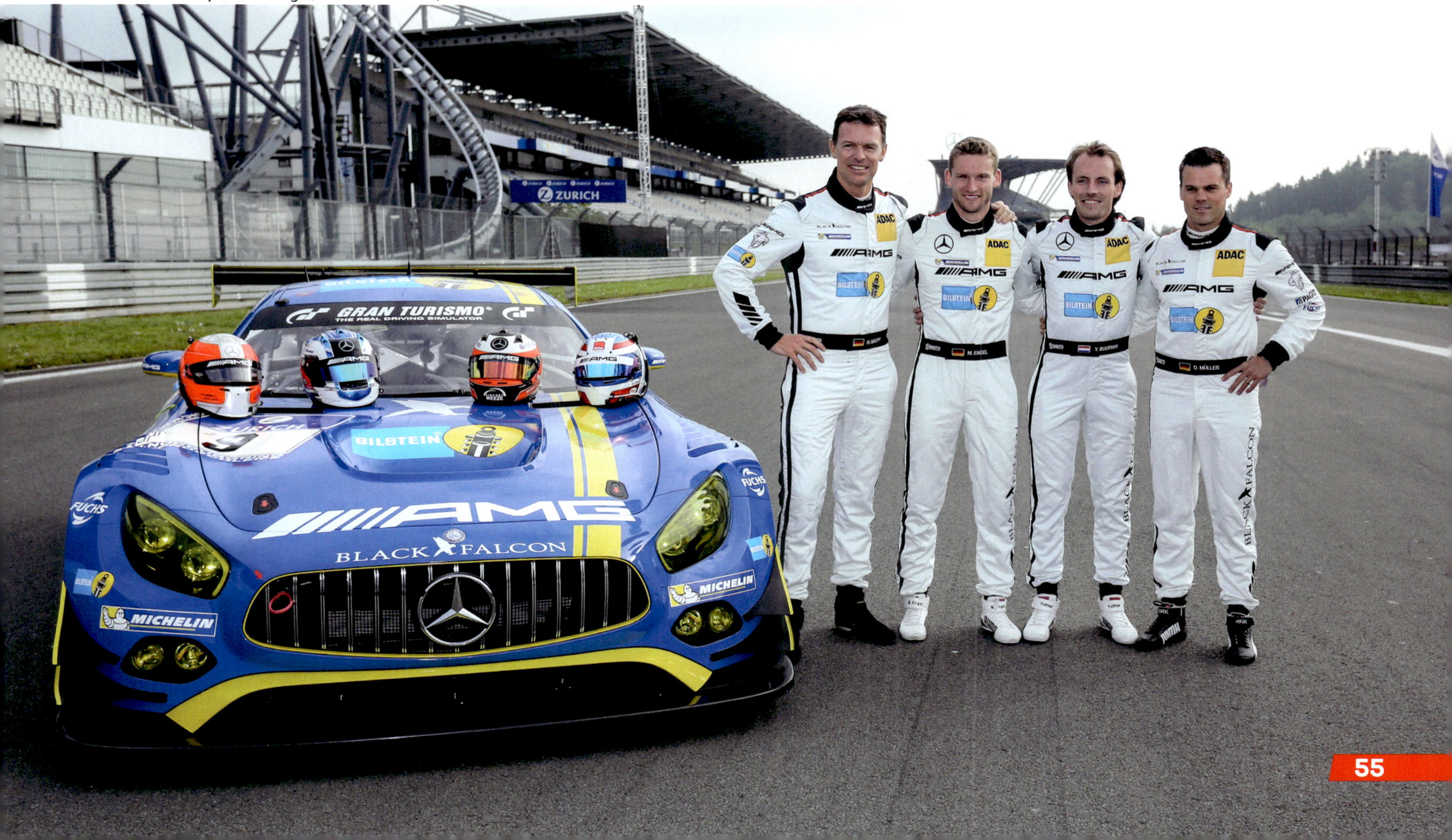

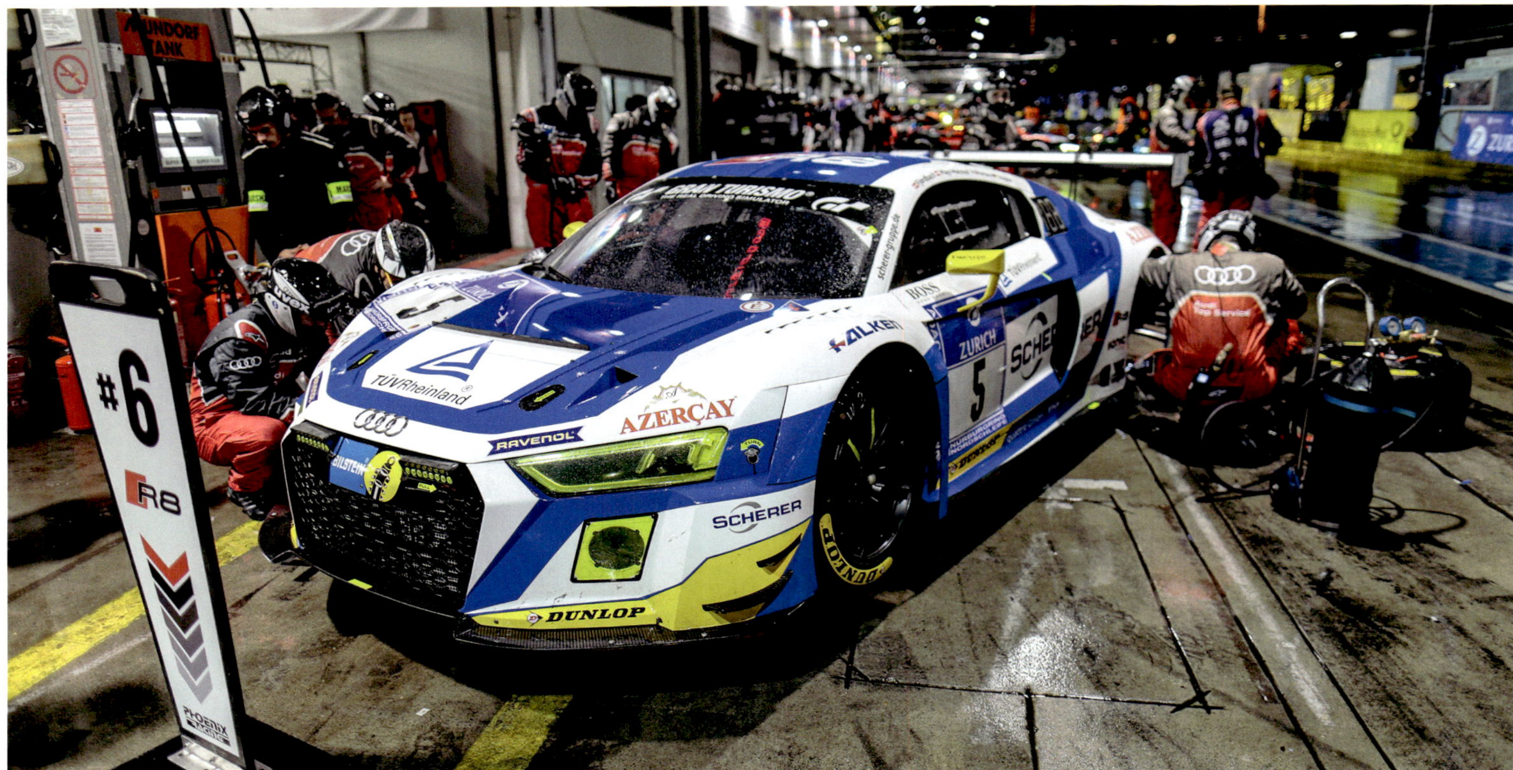

Frank Stippler, Anders Fjordbach, Edoardo Mortara, Nicki Mayr-Melnhof

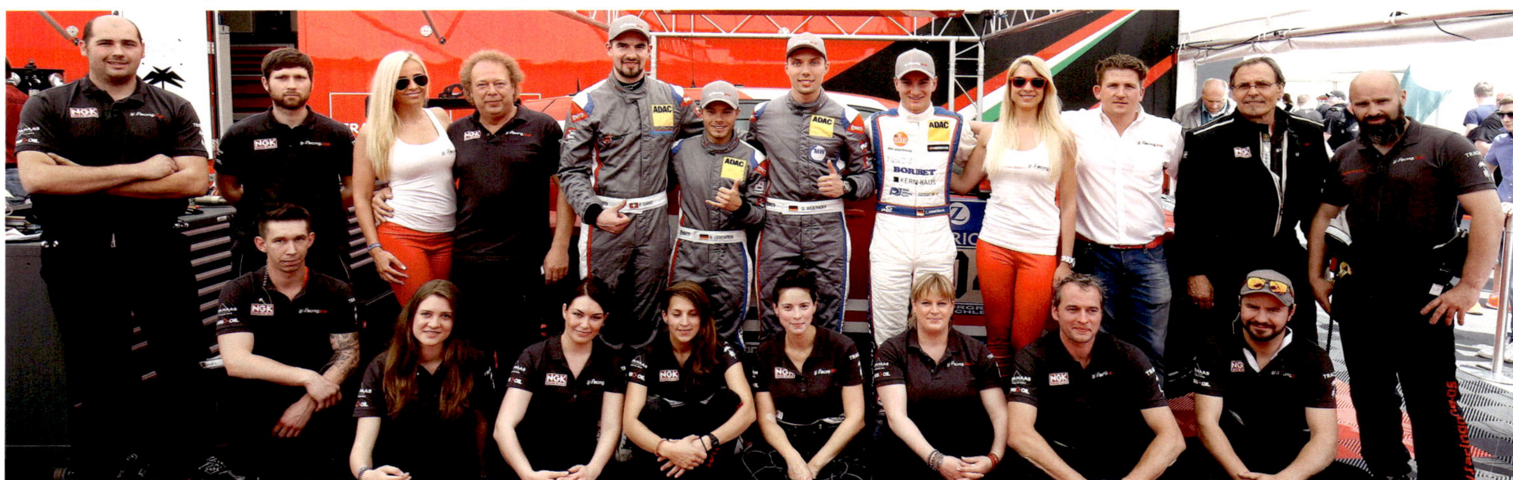
Fabian Danz, Benjamin Leuchter, Dennis Wüsthoff, Tim Zimmermann and racing one GmbH Team

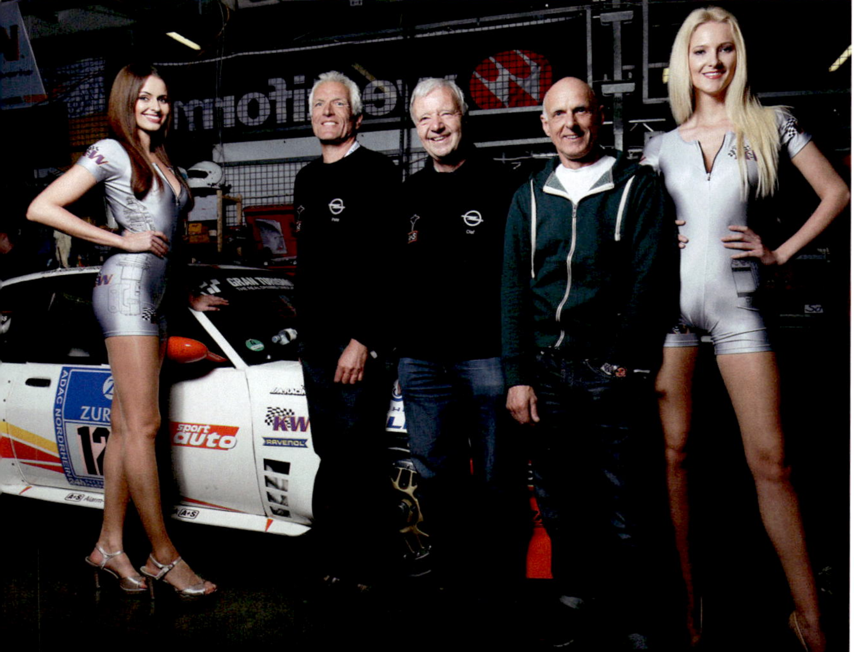
(l.-r.): Peter Hass, Olaf Beckmann, Volker Strycek

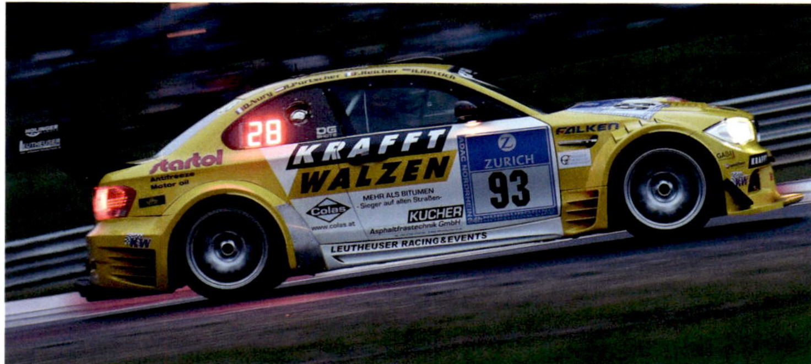

Richard Purtscher, Harald Rettich, Fabrice Reicher, Dominique Nury

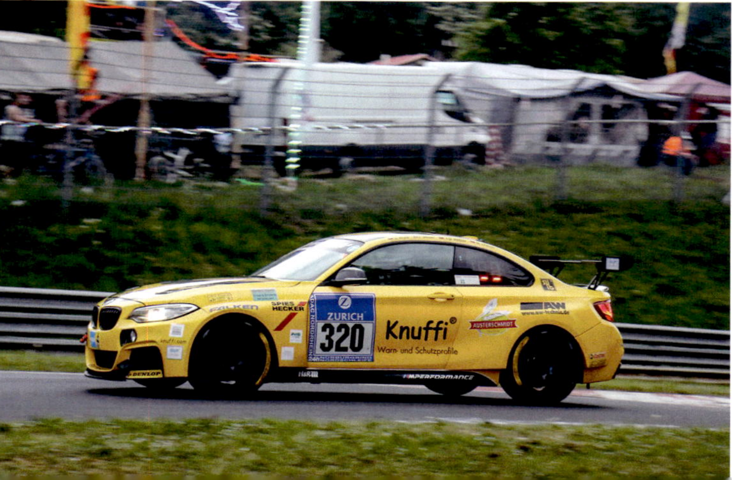

Thomas D. Hetzer, Stefan Kruse, Henning Cramer, Florian Weber

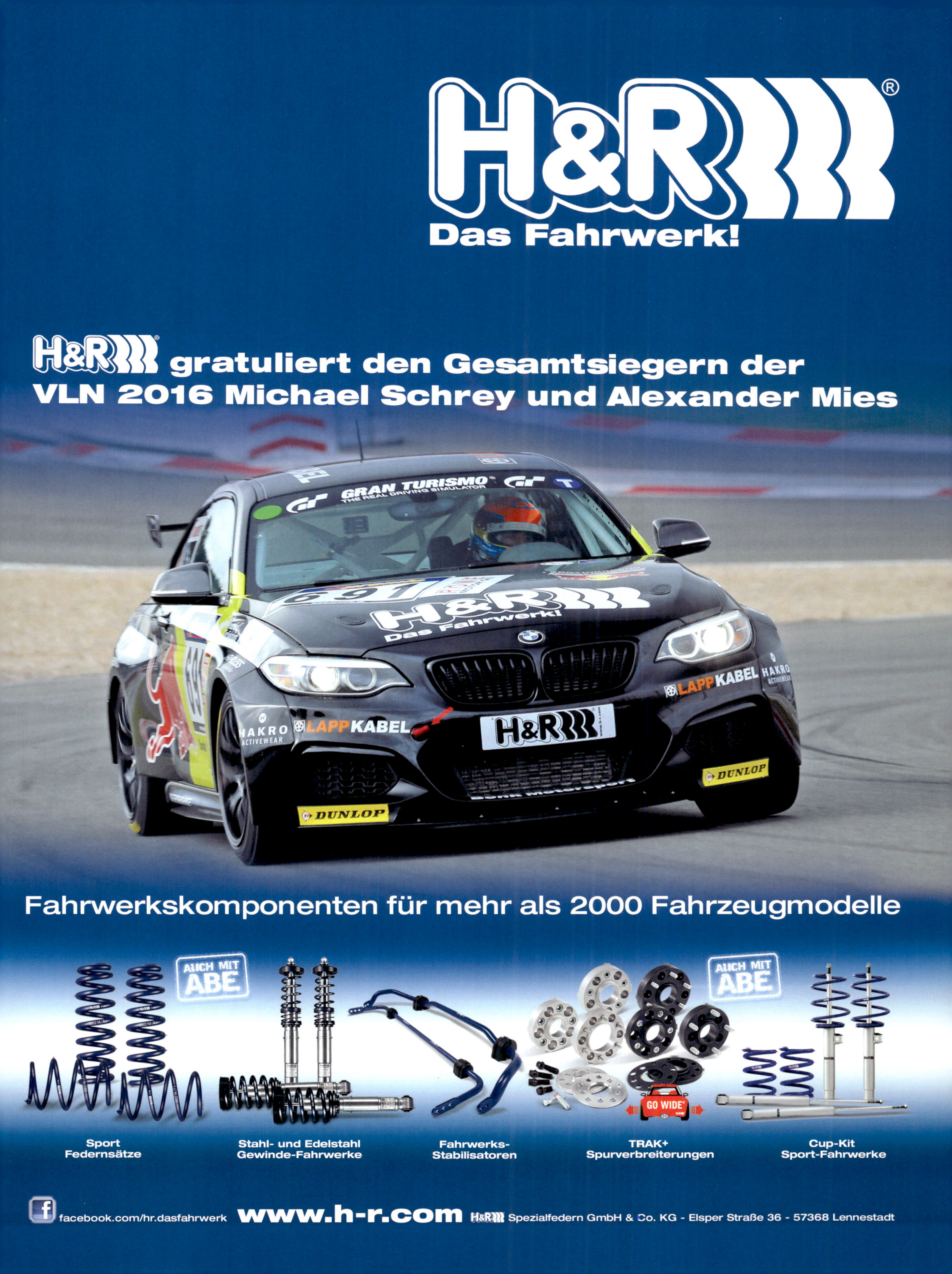

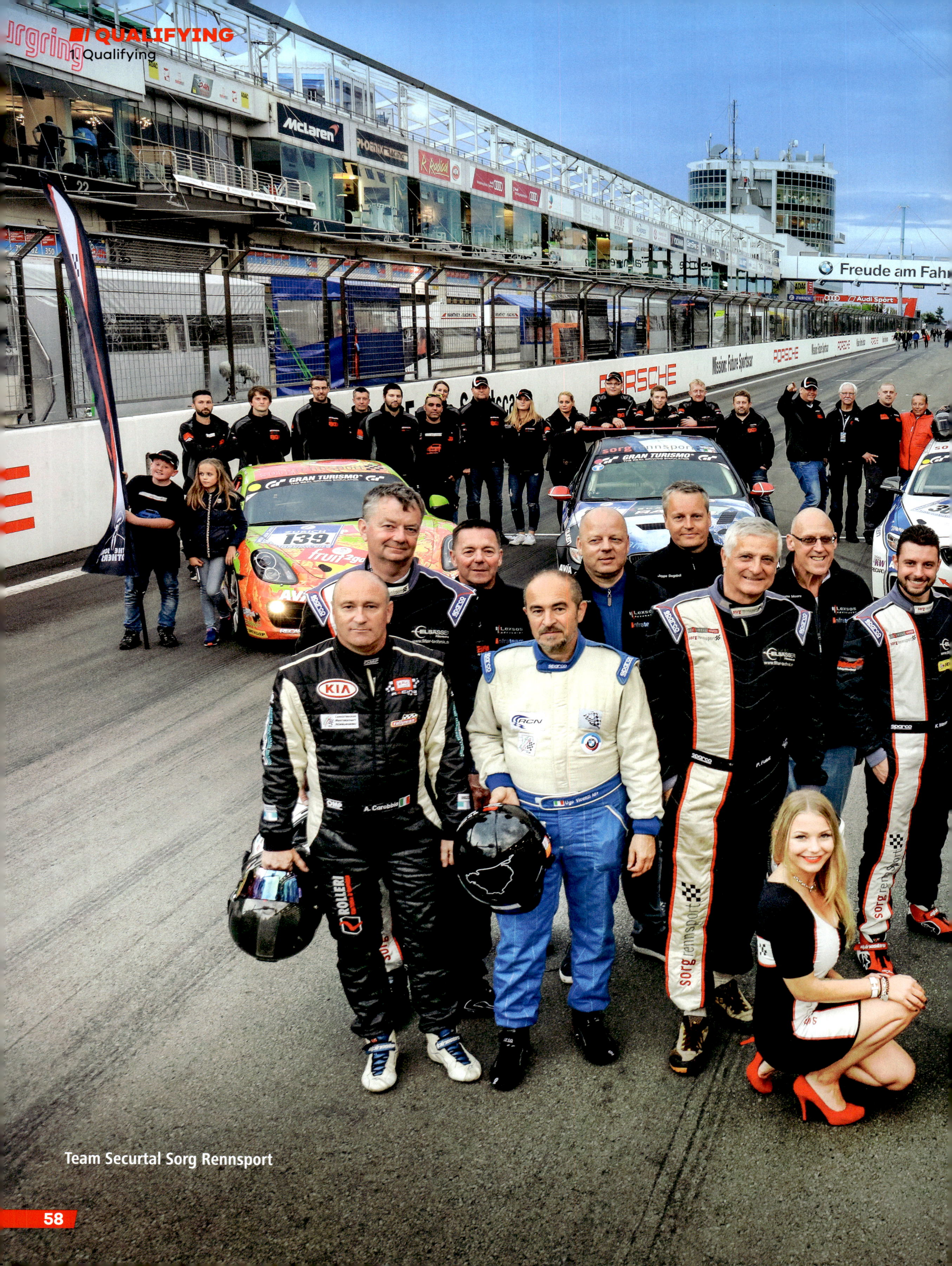

Team Securtal Sorg Rennsport

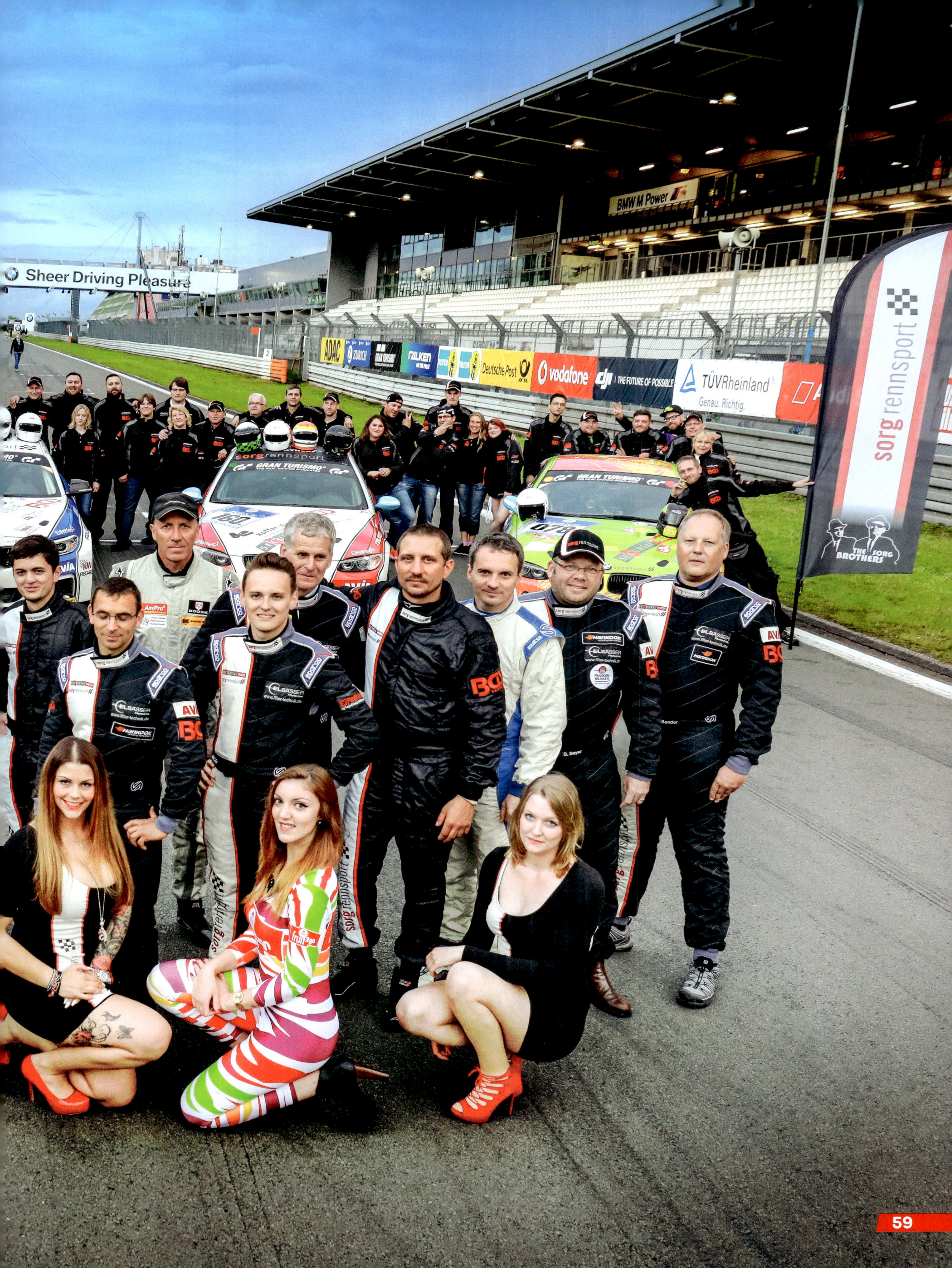
Sheer Driving Pleasure
BMW M Power
ADAC
ZURICH
FALKEN
Deutsche Post
vodafone
THE FUTURE OF POSSIBLE
TÜVRheinland
Genau. Richtig.
sorg rennsport
THE SORG BROTHERS
GRAN TURISMO

Zweites Qualifying

Im zweiten Qualifying lieferten sich die schnellsten Nordschleifenteams einen spannenden Schlagabtausch. Am Ende lag das Haribo Racing Team an der Spitze des Tableaus: Der Mercedes-AMG GT3 (#88) von Uwe Alzen, Lance David Arnold, Maximilian Götz und Jan Seyffarth war mit 8.16,311 Minuten so schnell wie kein anderes Fahrzeug im Feld. Auch die weiteren Spitzenplätze gingen an Fahrzeuge mit dem Stern: Der HTP-Mercedes-AMG GT3 (#29) von Christian Vietoris, Marco Seefried, Christian Hohenadel und Renger van der Zande war nur 0,180 Sekunden langsamer als das Fahrzeug der Markenkollegen, an dritter Position folgte Black Falcons Nummer 14 mit Abdulaziz Al Faisal, „Gerwin", Indy Dontje und Robert Huff. Die ersten 26 Fahrzeuge bewegten sich am Ende innerhalb eines Abstandes von zehn Sekunden, was die hohe Leistungsdichte an der Spitze des Feldes unterstrich.

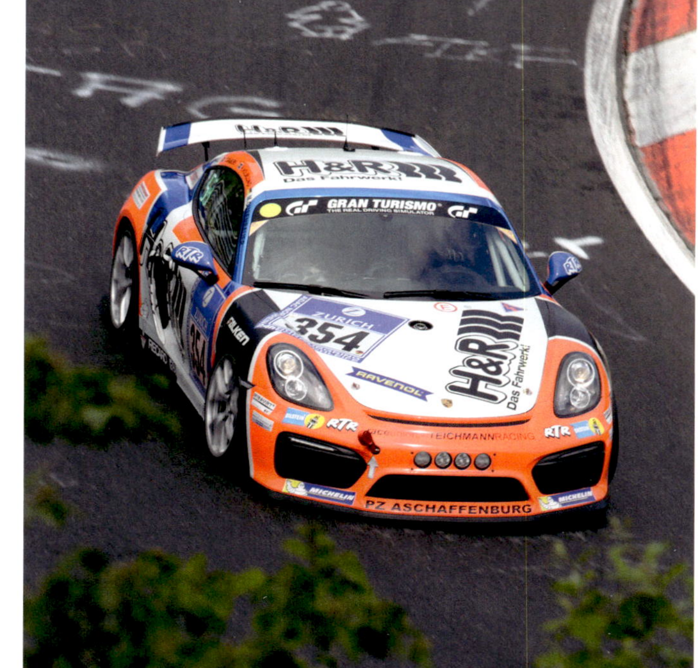
Hans Holmlund, Tommy Graberg, Scott Marshall, Moritz Gusenbauer

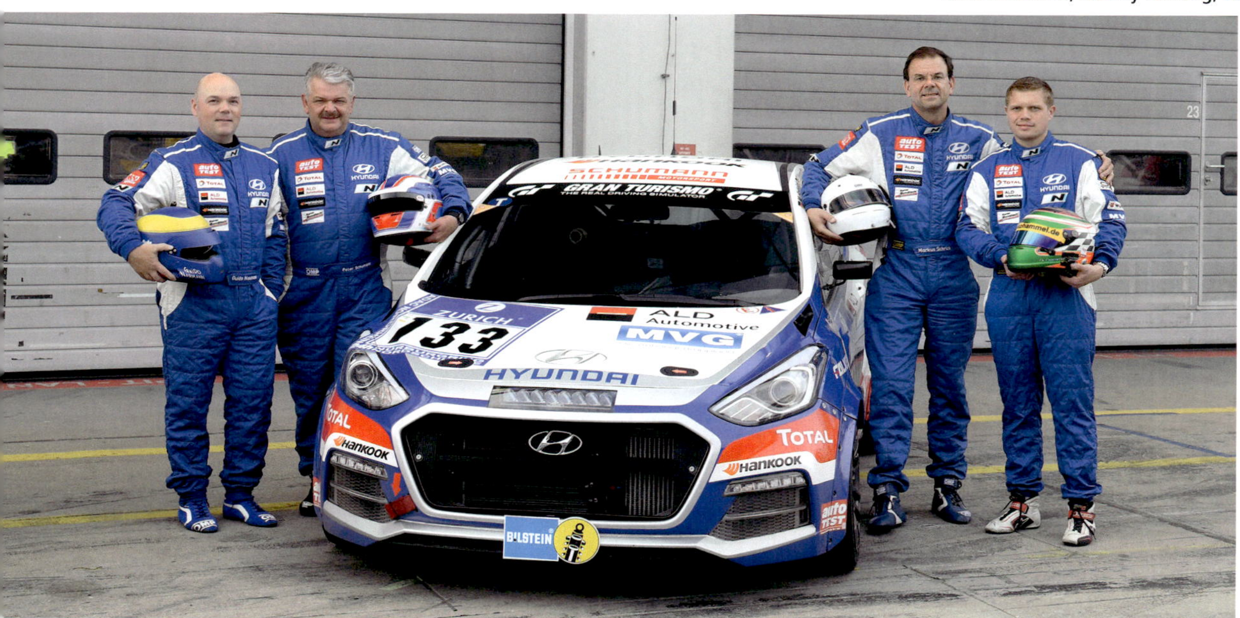
(l.-r.): Guido Naumann, Peter Schumann, Markus Schrick, Heiko Hammel

Nachdem das erste Qualifying über weite Strecken auf nasser Piste ausgetragen wurde, freuten sich die Teams diesmal über trockene Bedingungen. So konnten die Fahrzeuge am Ende immer schnellere Zeiten markieren, und alleine in der zweiten Stunde des Qualifyings wechselte die Führung acht Mal. Am Ende war es Maxi Götz, der im Mercedes-AMG GT3 mit dem Haribo-Bären auf der Motorhaube die Bestzeit herausfuhr.

„Ich hatte eine relativ freie Runde", freute er sich: „Es gab auch keine Gelbphasen – insofern war auch etwas Glück dabei. Das Auto ist noch nicht ganz da, wo ich es haben will. Aber es lässt sich gut fahren. Mal sehen, was im Top-30-Qualifying geschieht. Ich denke, dass Audi- und Porsche-Teams nachziehen werden."

Mit dem kombinierten Ergebnis des ersten und zweiten Qualifyings standen nun auch die Teams fest, die sich den Einzug in das Top-30-Qualifying am Freitagabend gesichert hatten. 13 Plätze für das Einzelzeitfahren waren noch zu vergeben, während 17 Teams sich ihre Teilnahme bereits über die bisherigen VLN-Läufe oder das 24h-Qualirennen gesichert hatten.

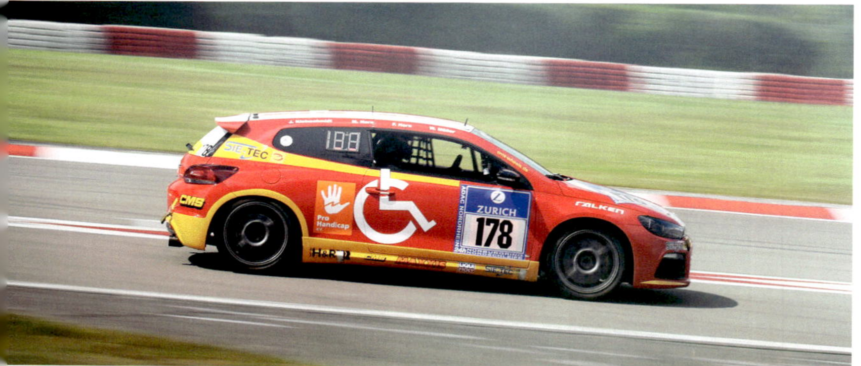
Wolfgang Müller, Felix Horn, Markus Horn

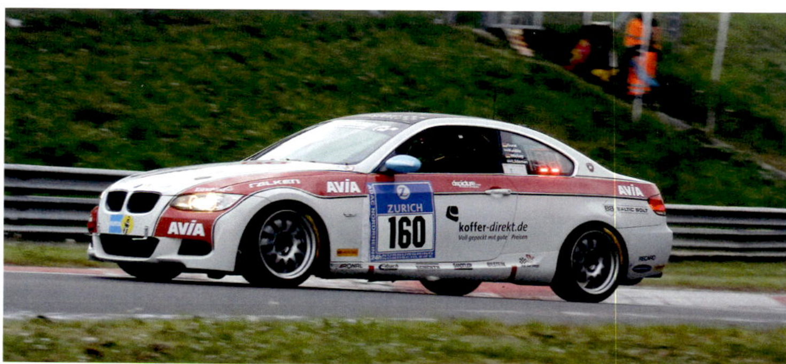
Erki Koldits, Roul Liideman, Ulf Wickop, Ralf Goral

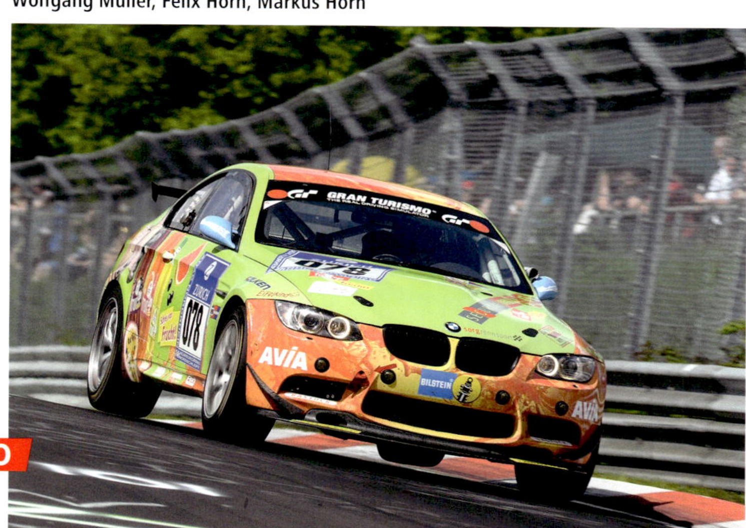
Oliver Bender, Stefan Beyer, Friedhelm Mihm, Torsten Kratz

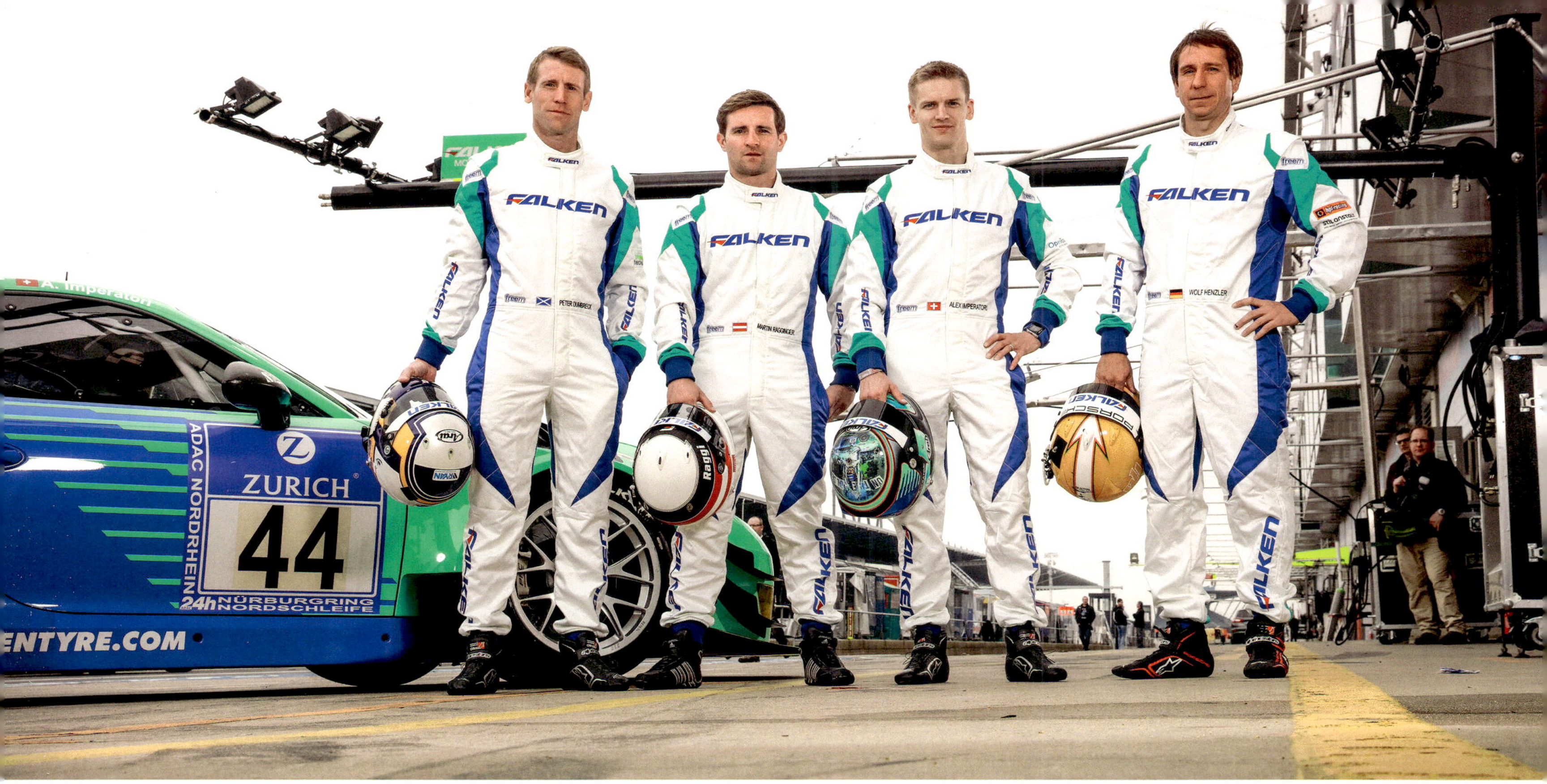

(l.-r.): Peter Dumbreck, Martin Ragginger, Alexandre Imperatori, Wolf Henzler

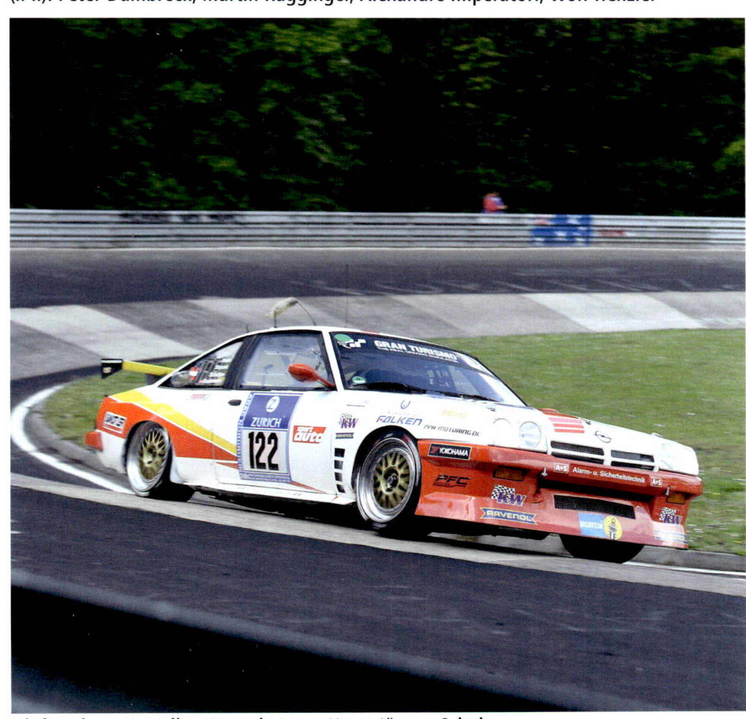

Olaf Beckmann, Volker Strycek, Peter Hass, Jürgen Schulten

Second qualifying

There was a thrilling battle among the fastest teams at the Nordschleife in second qualifying, held in dry conditions and with no less than eight changes in first place only in the second hour. The Haribo Racing Team came out on top: no other car in the field was faster than the Mercedes-AMG GT3 (#88) of Uwe Alzen, Lance David Arnold, Maximilian Götz and Jan Seyffarth with a time of 8 min. 16.311 sec., achieved by Maxi Götz.

Cars with the three-pointed star claimed the other top positions as well: the HTP Mercedes-AMG GT3 (#29) with Christian Vietoris, Marco Seefried, Christian Hohenadel and Renger van der Zande was only 0.180 seconds slower. The #14 Black Falcon car with Abdulaziz Al Faisal, Gerwin, Indy Dontje and Rob Huff followed in third place. The lap times of the first 26 cars were within ten seconds. Like in the previous year, Scuderia Cameron Glickenhaus already lost one car in qualifying, following a crash by Manuel Lauck with the #703 car at Flugplatz. The car was damaged beyond immediate repair.

Philipp Göschel, Dirk Heldmann, Rolf Scheibner, Frank Weishar

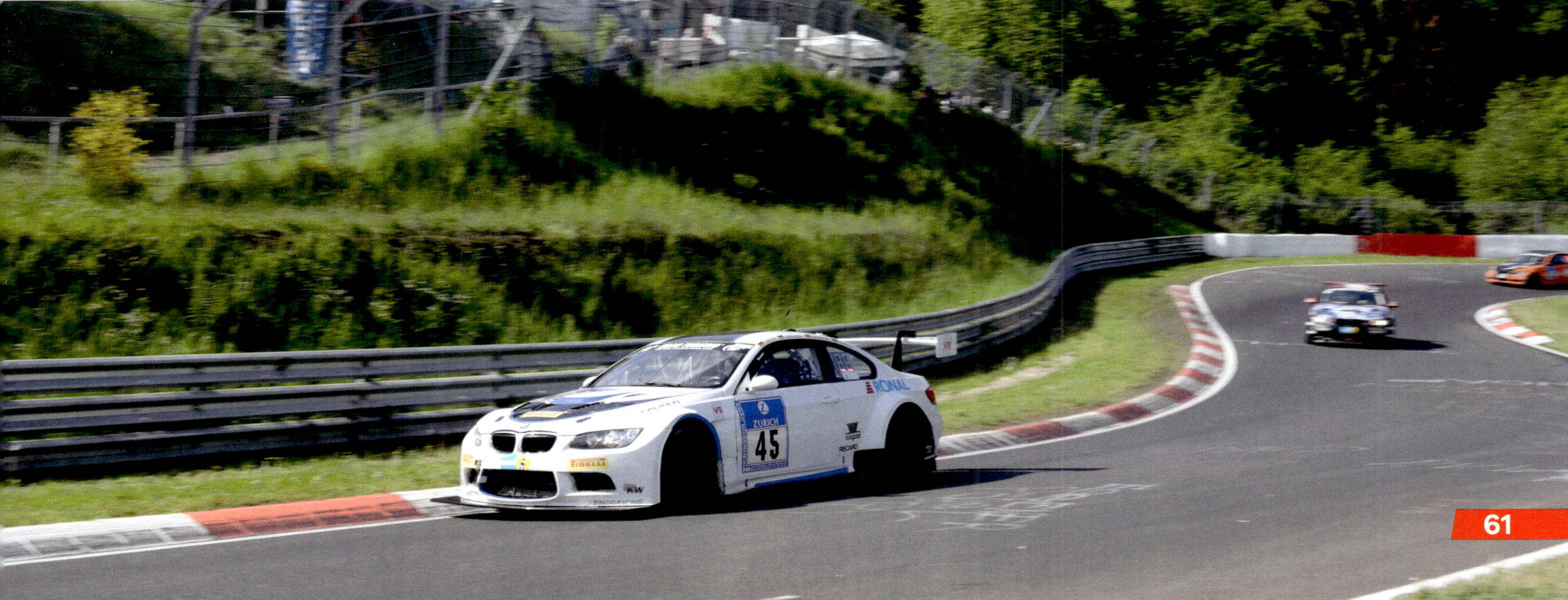

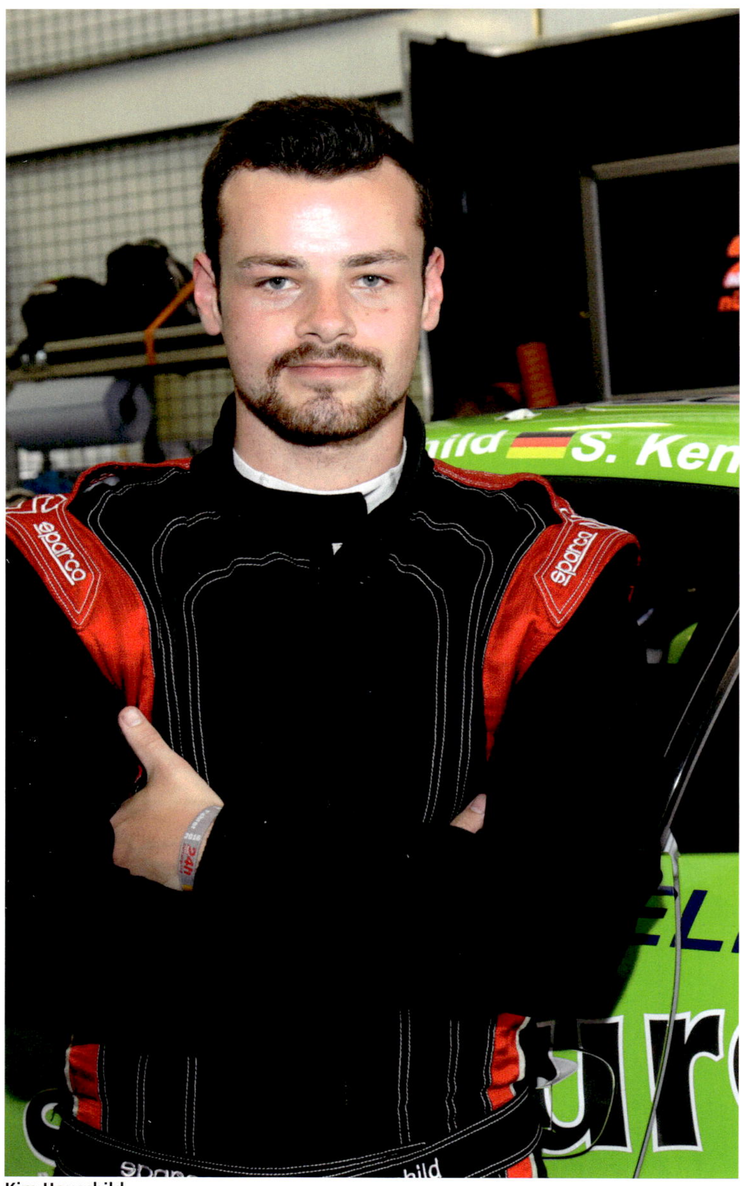

Kim Hauschild

Zu den Glücklichen gehörten unter anderem das Wochenspiegel-Team-Manthey (#21), Frikadelli-Racing (#3) sowie Aston Martin Racing (#7). Dagegen konnte sich der in den letzten Jahren sehr erfolgreiche Falken-Porsche (#44) nicht für das Einzelzeitfahren qualifizieren. Von den drei Walkenhorst-BMW schaffte es nur die Nummer 999. Der langsamste GT3 war der Zakspeed-Nissan (#24), der nach fast sechs Stunden Qualifying als Gesamt-92. sogar noch einen Rang hinter dem Beckmann-Manta lag!

In den letzten Minuten des Qualifyings kam Manuel Lauck am Steuer des SCG P4/5 Competizione M16 (#703) im Bereich Flugplatz von der Strecke ab und prallte gegen die Leitplanken. Die Schäden waren zu umfangreich, um das Fahrzeug bis zum Rennen instandzusetzen. Wie im Vorjahr, damals aber nach Unfall im Kesselchen, verlor die Scuderia Cameron Glickenhaus leider ein Auto bereits im Qualifying.

Das Rennen abhaken musste auch Christian Konnerth, der eigentlich zusammen mit Norbert Fischer, Daniel Zils und Uwe Ebertz den Adrenalin-BMW M235i (#303) lenken wollte. Beim Sturz mit einem Motorroller im Fahrerlager brach sich Konnerth am Donnerstag mehrfach das Schlüsselbein und landete im Krankenhaus.

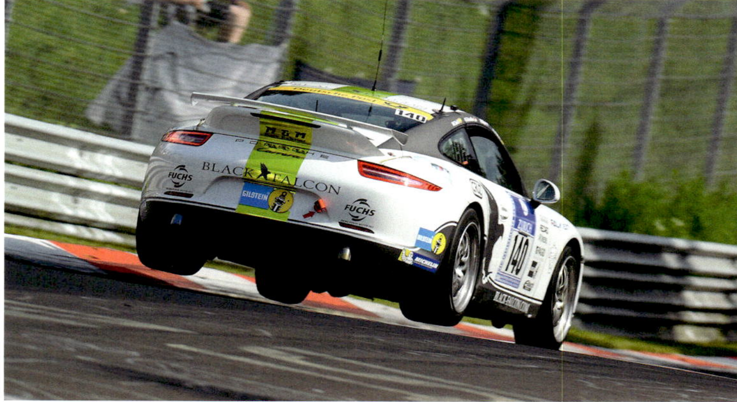

Aurel Schoeller, Andre Kuhn, „Philip", Miguel Toril Boquoi

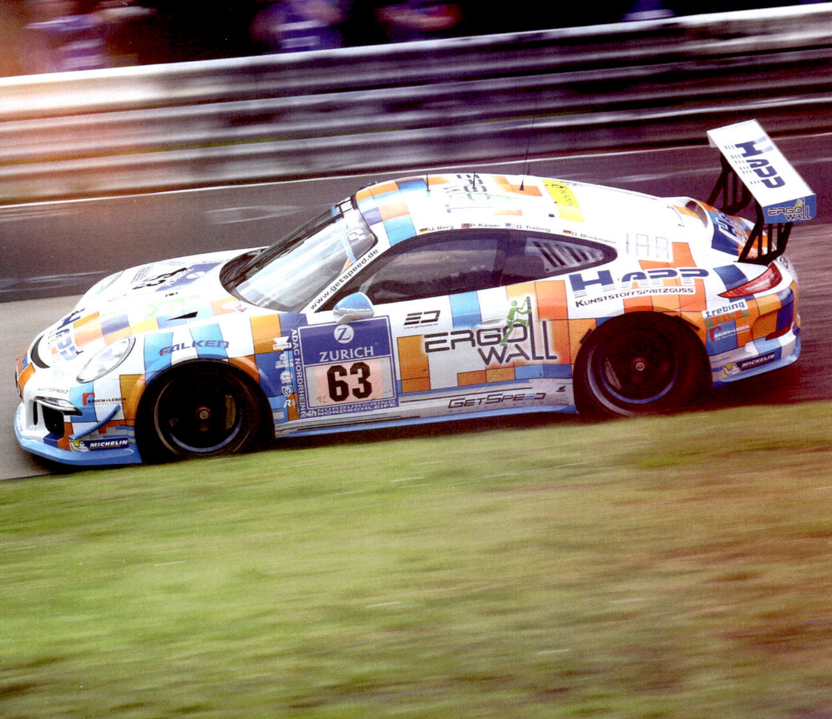

Ulrich Berg, Patrik Kaiser, Dennis Trebing, Dominik Brinkmann

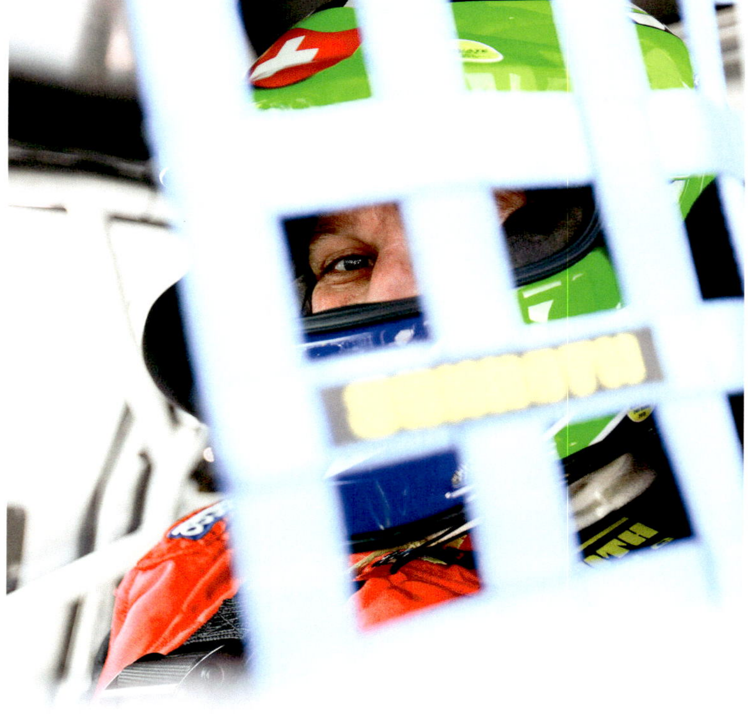

Roland Eggimann

Top 30 Einzelzeitfahren

Maro Engel sicherte für das AMG-Team Black Falcon die prestigeträchtige Pole-Position. Engel hatte sogar das Pech, aufgrund der Auslosung der Startreihenfolge als Erster auf die Strecke gehen zu müssen, da das Asphaltband nach vorherigem Regen recht nass war. Doch der Mercedes-Pilot meisterte dieses souverän und war am Freitagabend im Top-30-Qualifying auf dem Nürburgring in 8.14,515 Minuten in seinem Mercedes-AMG GT3 mit der #9 der schnellste Mann.

Damit wird er am Samstag um 15.30 Uhr mit seinen Teamkollegen Hubert Haupt, Yelmer Buurman und Dirk Müller als Erster in den traditionsreichen Eifel-Marathon gehen. Auch wenn das bei einer Renndauer von 24 Stunden traditionell keinen wirklich entscheidenden Vorteil bringt, ist es doch zumindest ein kleiner psychologischer Erfolg im Kampf der hochkarätigen Langstrecken-Teams.

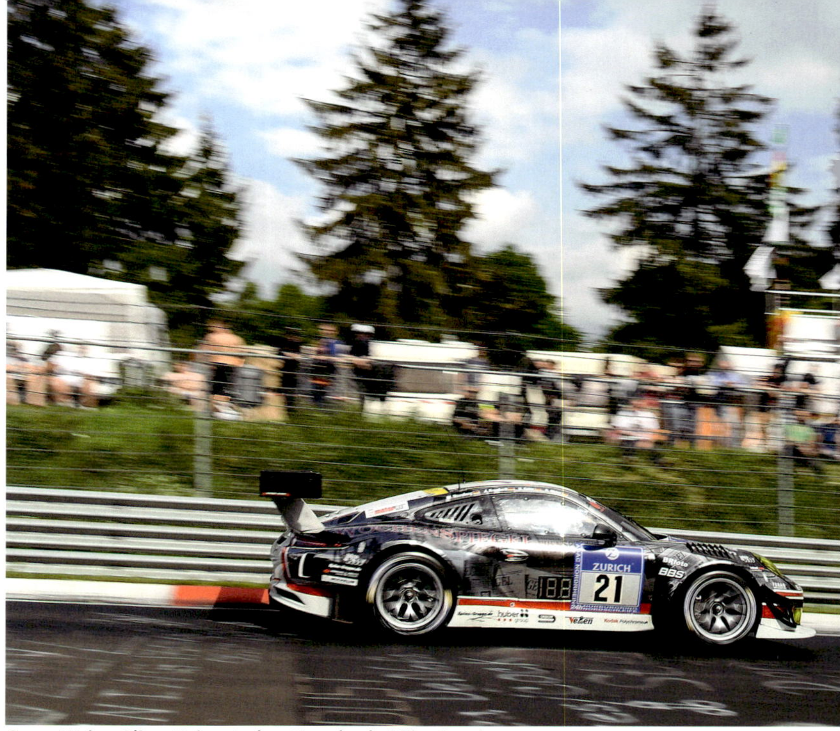

Georg Weiss, Oliver Kainz, Jochen Krumbach, Mike Stursberg

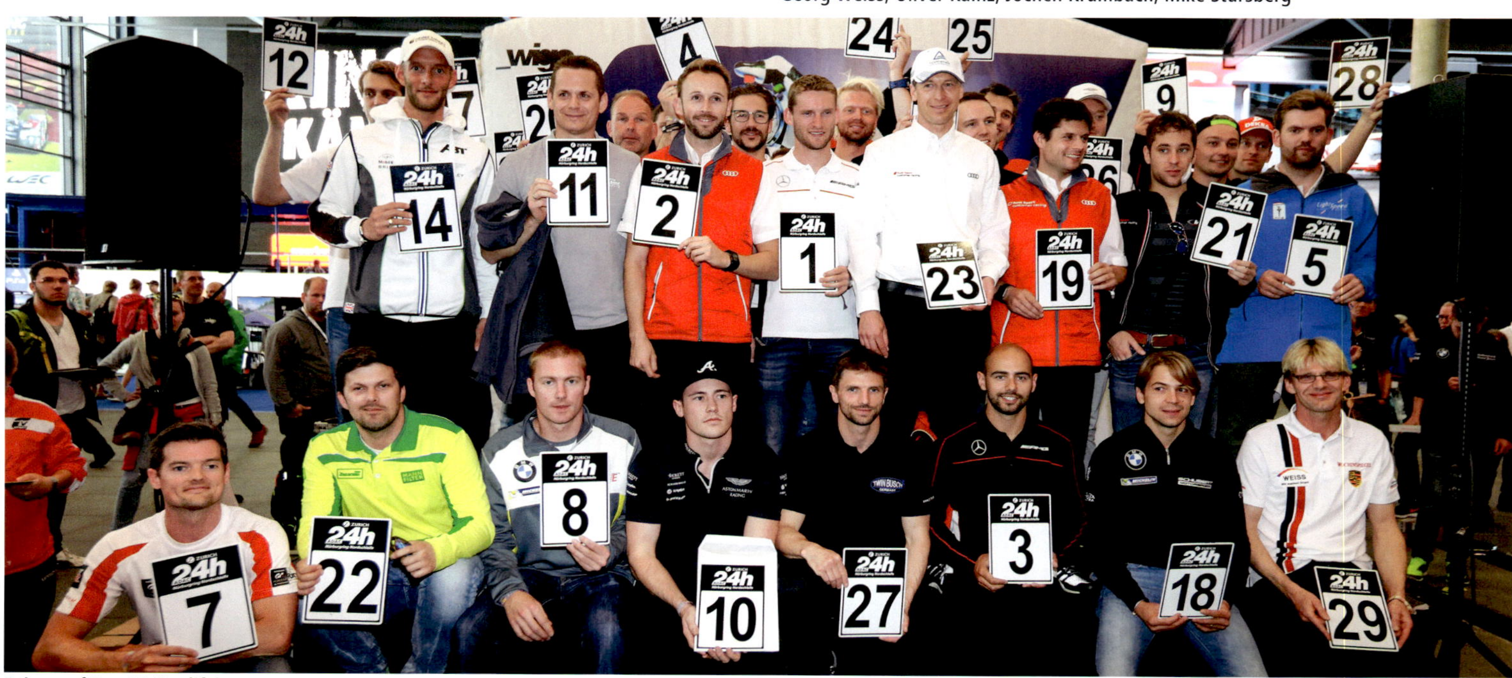
Drivers of Top-30-Qualifying

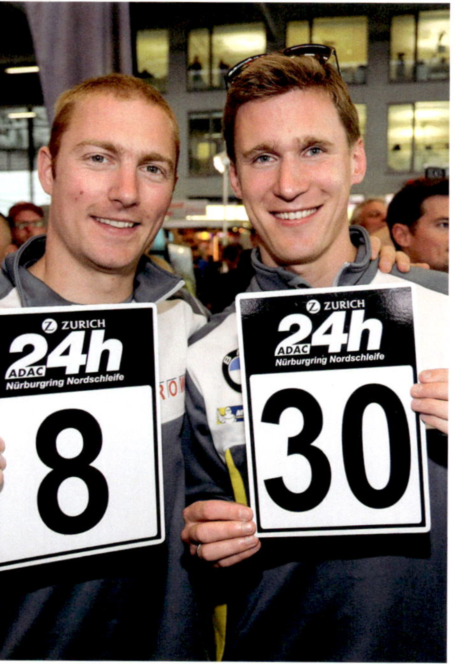

Maxime Martin and Nicky Catsburg

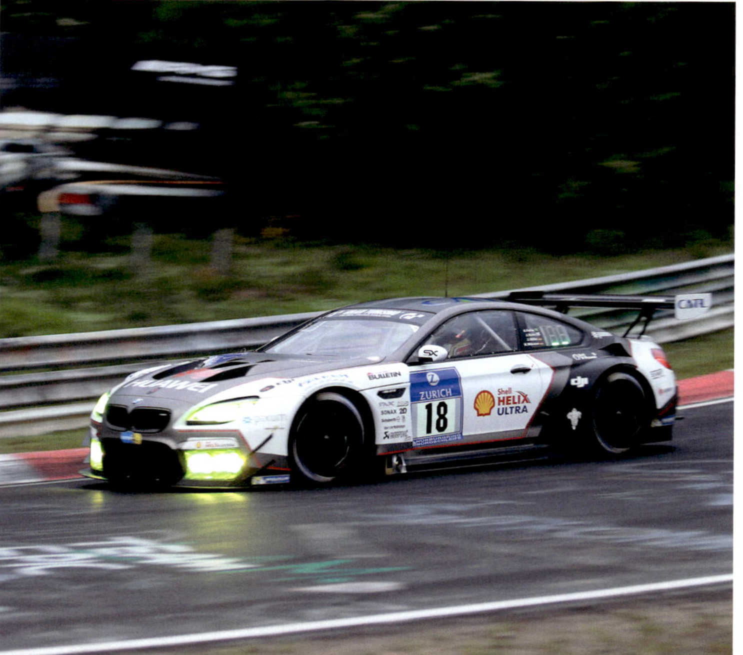

Augusto Farfus, Jesse Krohn, Jörg Müller, Marco Wittmann

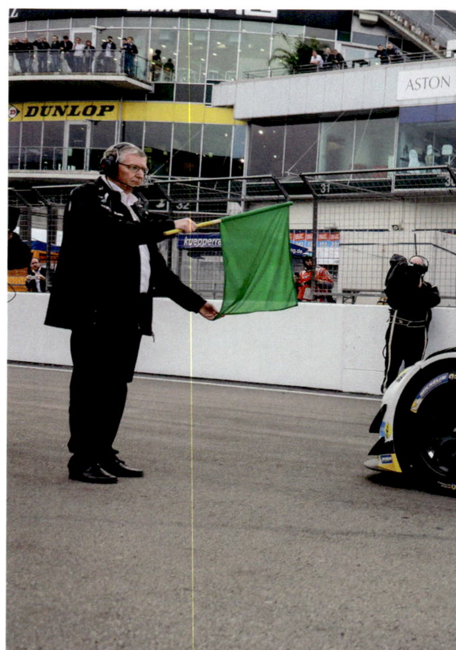

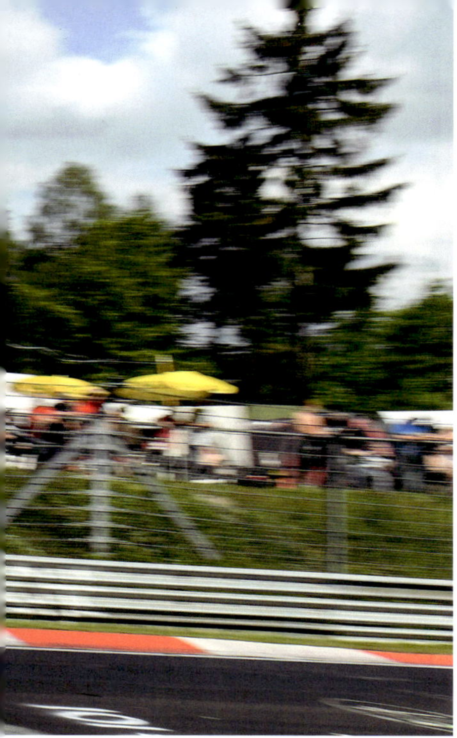

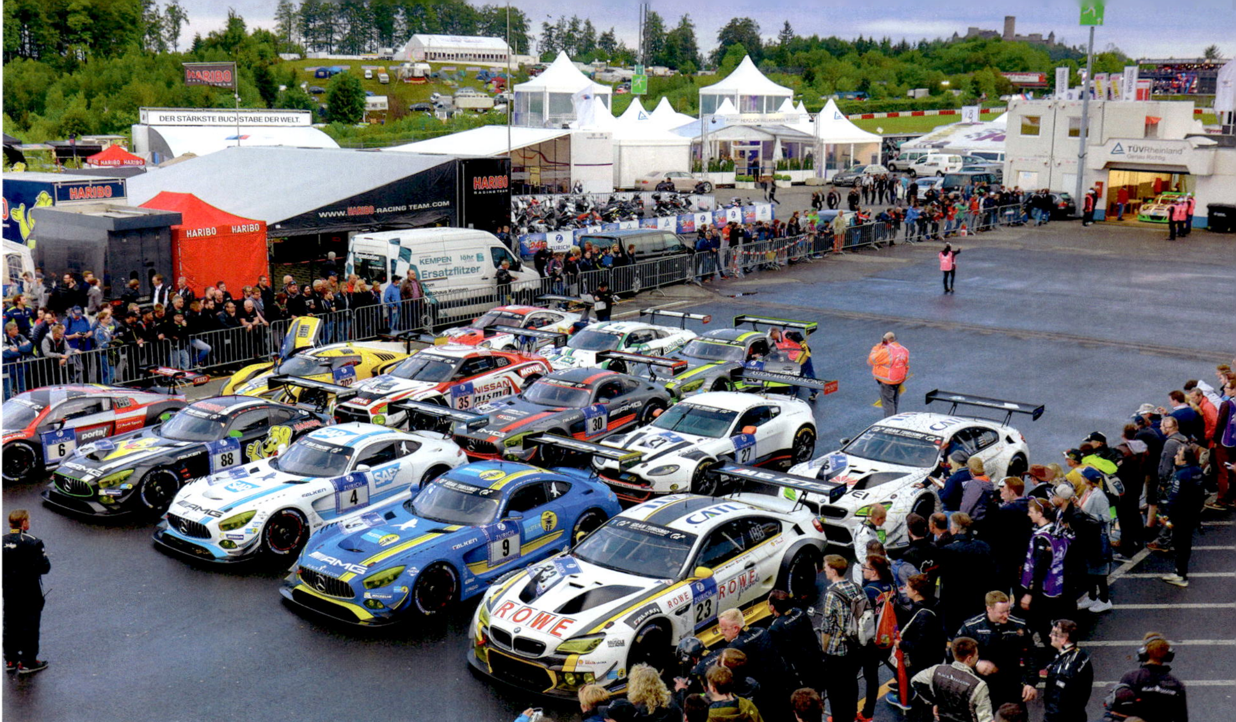

Top 30 qualifying

🇬🇧 *Maro Engel claimed the prestigious pole position in the AMG-Team Black Falcon Mercedes. Engel had the disadvantage of being the first on track after the draw for the starting order, and the track still being quite damp after an earlier rain shower. The driver of the #9 Mercedes-AMG GT3 was unfazed and posted a time of 8m14.515s that remained unbeaten. Thus, Engel and team-mates Hubert Haupt, Yelmer Buurman and Dirk Müller claimed pole position, a slight psychological advantage.*

Next up was the #18 Schubert Motorsport BMW M6 GT3 with Augusto Farfus, Jesse Krohn, Jörg Müller and Marco Wittmann, in which Farfus was 1.6 seconds slower than Engel. Both with an identical line-up, the two Haribo Mercedes claimed third and fourth place. Crashes for Kévin Estre (Manthey Porsche), Christian Mamerow (Twin-Busch Audi), Luca Ludwig (Zakspeed Mercedes) and Nicky Catsburg (Rowe BMW) caused extra work for those teams.

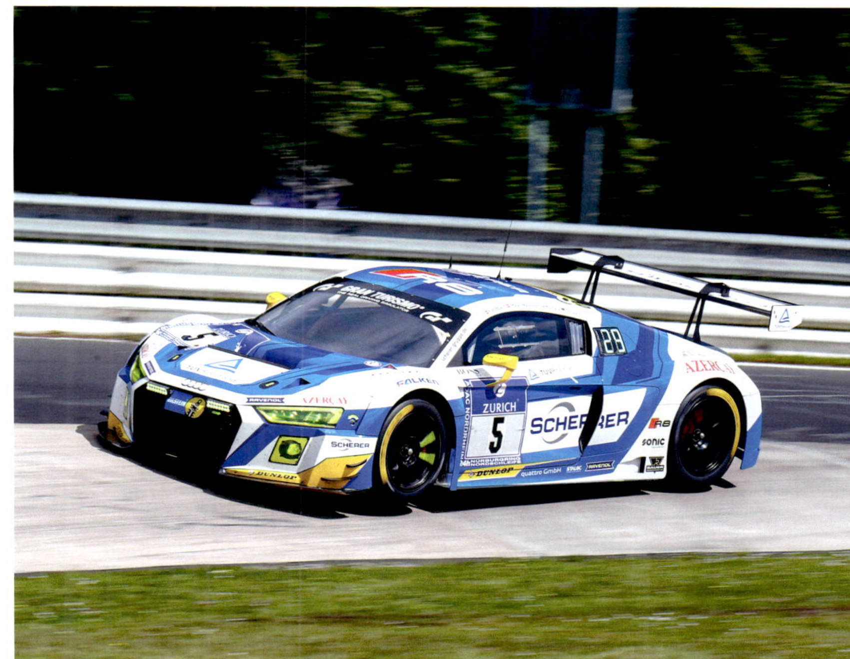

Frank Stippler, Anders Fjordbach, Edoardo Mortara, Nicki Mayr-Melnhof

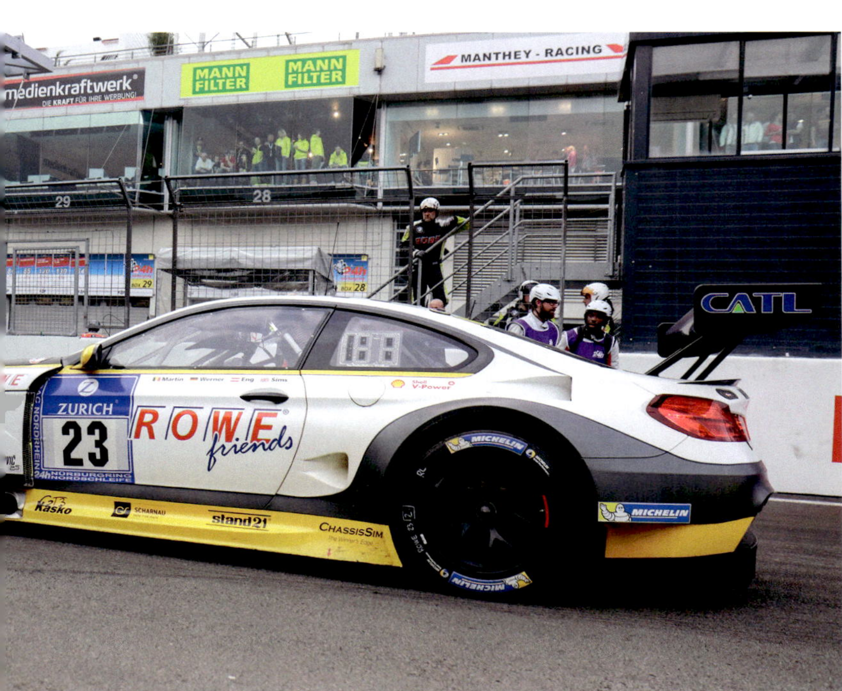

Alexander Sims, Philipp Eng, Maxime Martin, Dirk Werner

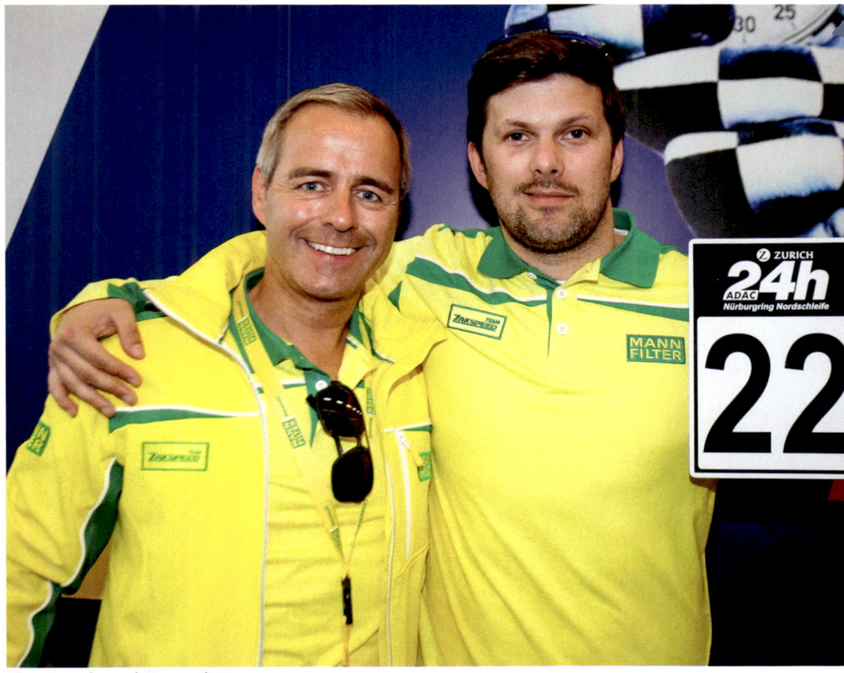

Jörg Engels and Kenneth Heyer

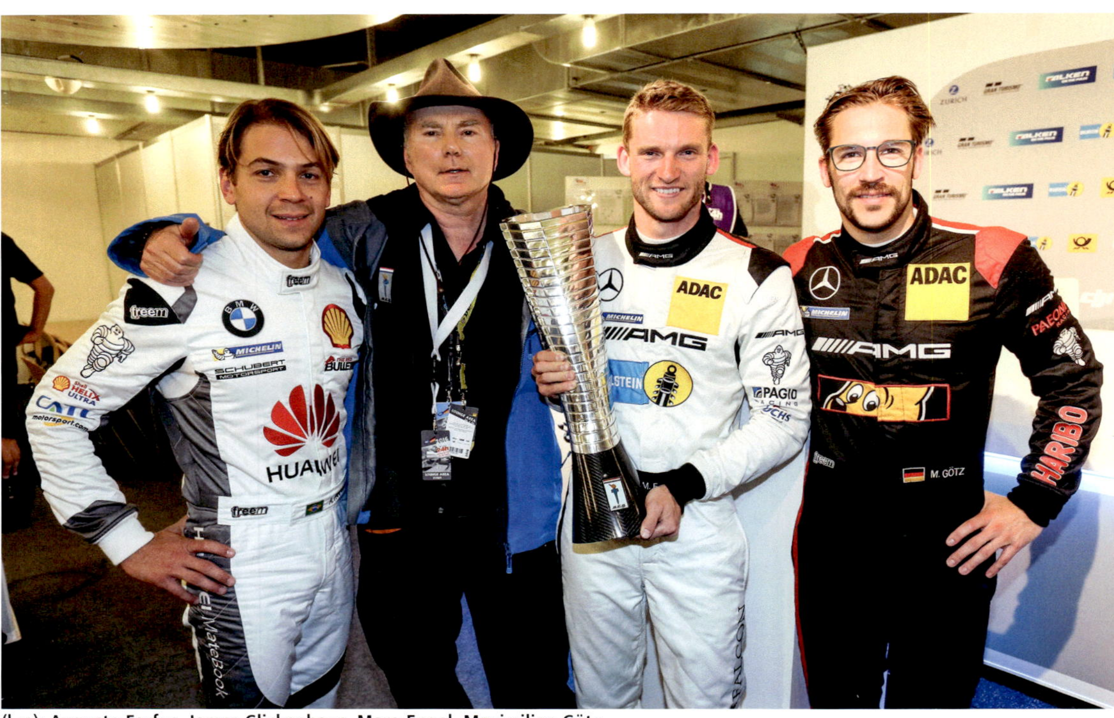

(l.-r.): Augusto Farfus, James Glickenhaus, Maro Engel, Maximilian Götz

Neben der Black-Falcon-Mannschaft in der ersten Startreihe standen am Samstag Augusto Farfus, Jesse Krohn, Jörg Müller und Marco Wittmann. Der Brasilianer Farfus war im BMW M6 GT3 mit der #18 von Schubert Motorsport in 8:16,146 Minuten 1,6 Sekunden langsamer als Engel. Die Plätze drei und vier gingen bei schwierigen Bedingungen mit anfangs feuchter Strecke komplett an die beiden identisch besetzten Haribo-Mercedes. Uwe Alzen holte für die #88 in 8:18,380 Minuten Platz drei, Teamkollege Maximilian Götz war in der #8 in 8:18,530 Minuten nur 15 Hundertstelsekunden langsamer.

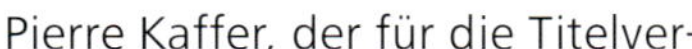

Pierre Kaffer, der für die Titelverteidiger vom Audi Sport Team WRT in der #1 saß, musste wegen eines Reifenschadens noch einmal zurück in die Box und kam dann in seiner einzigen gezeiteten Runde nur auf Platz 22. Schon vor der eigentlichen Zeitenjagd platzten die Hoffnungen von Kevin Estré im Manthey-Porsche #911 und Christian Mamerow im Twin-Busch-Audi #16, weil sie ihre Autos schon in der Einführungsrunde gegen die Leitplanke setzten. Später crashten auch noch Luca Ludwig im Zakspeed-Mercedes #75 und Nicky Catsburg im Rowe-BMW mit der #22, dessen Zeit aus der ersten Runde zumindest aber noch für Startplatz sieben reichte.

Maro Engel erster Preisträger der Glickenhaus-Trophäe

Maro Engel wins inaugural Glickenhaus Trophy

Der Beste des Top 30-Einzelzeitfahrens durfte sich dieses Jahr nicht nur über die Pole-Position fürs Rennen freuen. Zusätzlich erhielt der Schnellste erstmals die von James Glickenhaus gestiftete Trophäe. Diese wird ab 2016 jeweils als Wanderpokal an den Polesetter vergeben. Der amerikanische Filmregisseur und -produzent selbst ist seit Jahren dem Zauber der Nordschleife erlegen. „Wenn man zum Nürburgring kommt und in das Fahrerlager geht, steht man vor einer Wand voller Namen. In diesem Moment weiß man: Dieses ist heiliger Boden."

Maro Engel war superstolz auf seine Leistung und die Trophäe. „Ein Riesen-Dank gilt dem Team Black Falcon: Das Auto war perfekt", sagte der 30-Jährige. „Ich denke, heute war der Schlüssel zum Erfolg, dass wir die Reifen perfekt vorbereitet haben. Die Bedingungen waren echt schwierig, wie man an den zahlreichen Ausrutschern sehen konnte. Auch ich hatte auf meiner Outlap eine Schrecksekunde mit einem heftigen Quersteher. Wir haben jetzt beim Start freie Sicht, das ist das Wichtigste", sagte Engel und streckte die Trophäe in den Himmel.

The best driver in the Top 30 qualifying not only had pole position for the race to boast about this year. Additionally, the fastest driver was presented with the inaugural trophy, donated by James Glickenhaus. From 2016 onwards, this will be handed to the pole sitter as a challenge cup. The American film director and producer has been fascinated by the Nordschleife for many years. "Whenever you come to the Nürburgring and enter the paddock, you face a wall full with names. That is the moment when you realise: this is sacred ground."

Maro Engel was really proud of his performance and the trophy. "Many thanks to my team Black Falcon, the car was perfect," the 30-year-old said. "We had prepared the tyres perfectly today, which I think was the key to success today. Conditions were really difficult, as became apparent by the many drivers who spun. I had a big sideways moment on my out lap, too. Now, we have an untroubled view at the start, that is the most important thing," Engel said and lifted his trophy up into the sky.

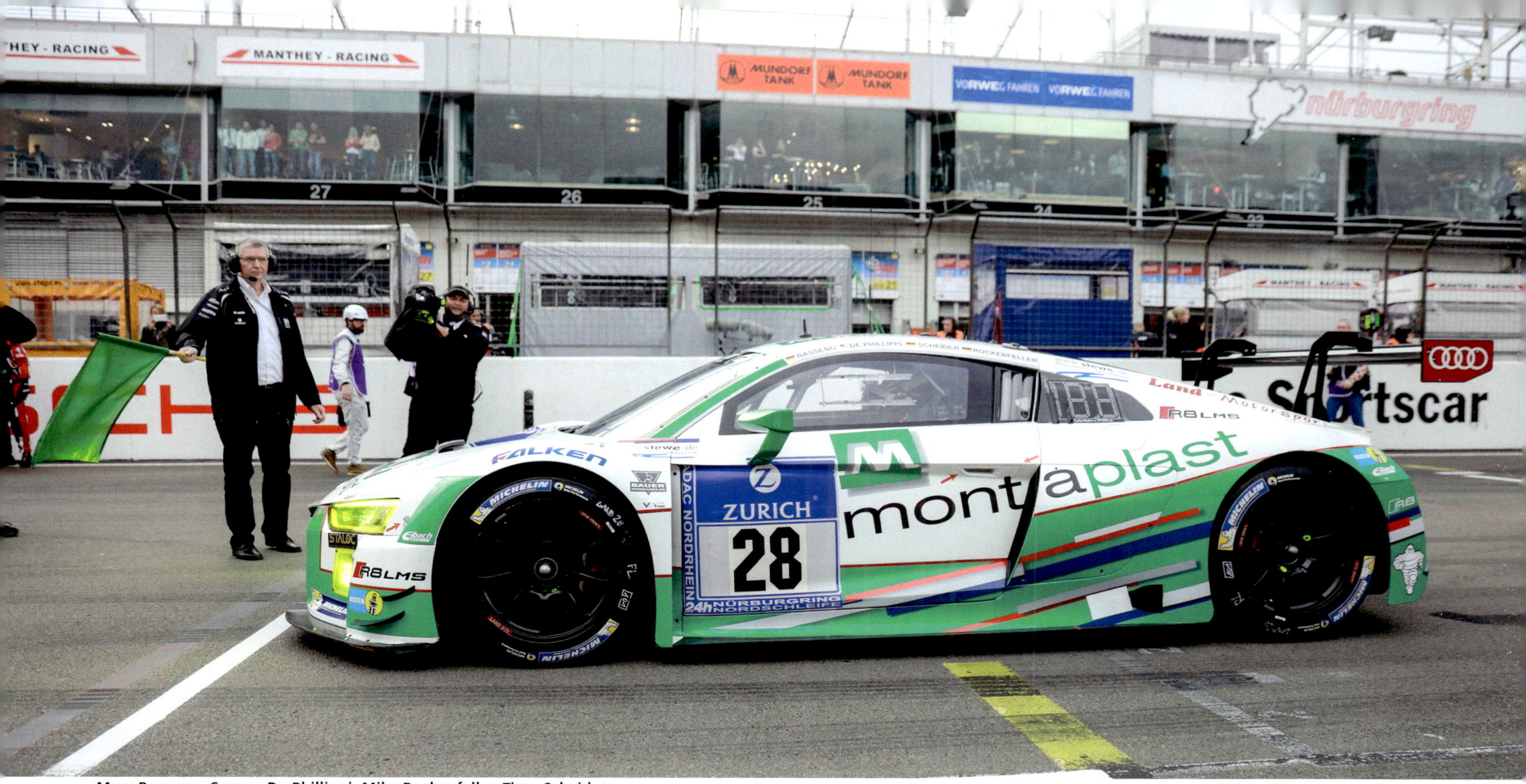

Marc Basseng, Connor De Phillippi, Mike Rockenfeller, Timo Scheider

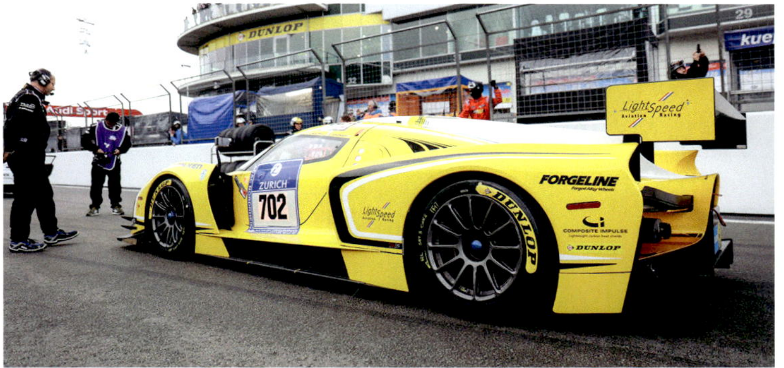

Thomas Mutsch, Jeff Westphal, Andreas Simonsen, Felipe Laser

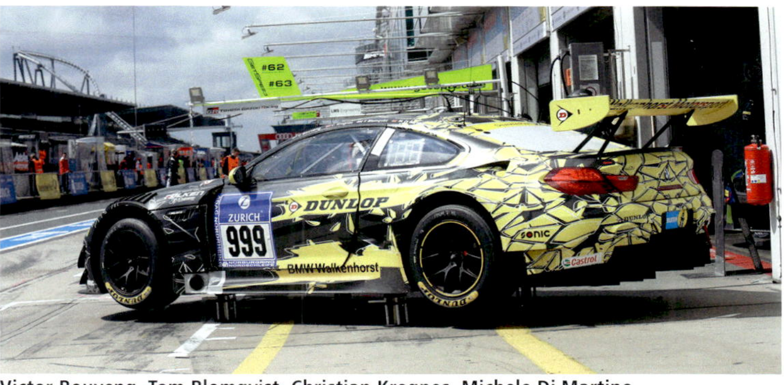

Victor Bouveng, Tom Blomqvist, Christian Krognes, Michele Di Martino

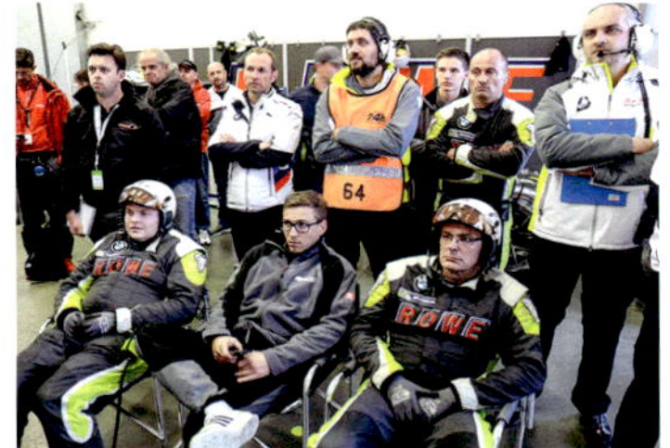
ROWE Racing Team

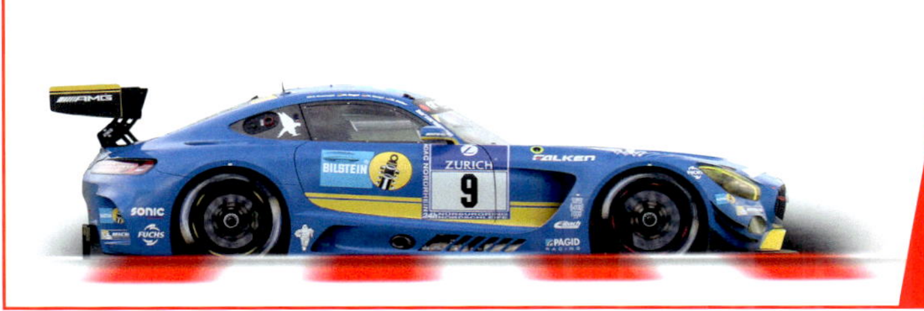

1st Place Qualifying Class SP9 GT3

AMG-Team Black Falcon - Mercedes-AMG GT3
Hubert Haupt, Yelmer Buurman, Maro Engel, Dirk Müller
2 laps, 8:14.515 min.

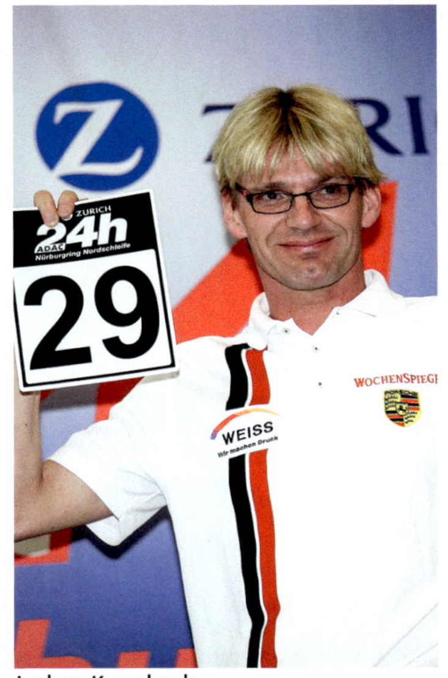

Jochen Krumbach

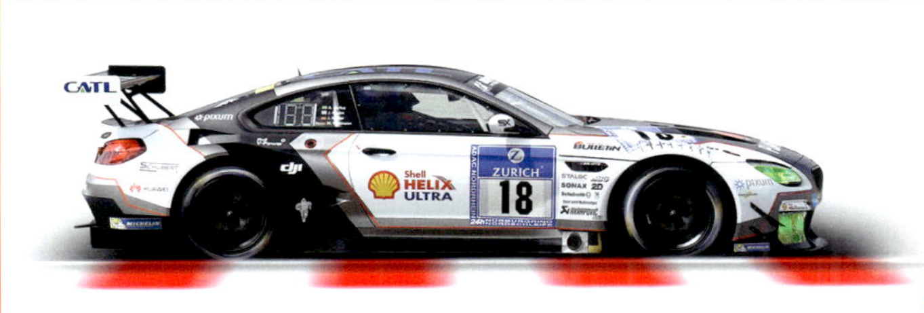

2nd Place Qualifying Class SP9 GT3

Schubert Motorsport GmbH - BMW M6 GT3
Augusto Farfus, Jesse Krohn, Jörg Müller, Marco Wittmann
2 laps, 8:16.146 min.

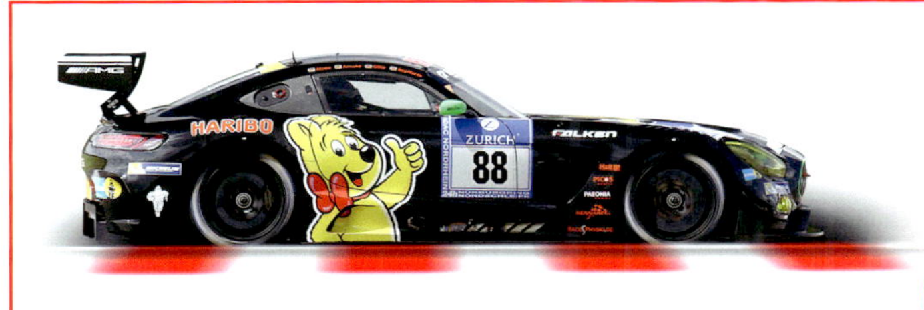

3rd Place Qualifying Class SP9 GT3

HARIBO Racing Team-AMG - Mercedes-AMG GT3
Uwe Alzen, Lance David Arnold, Maximilian Götz, Jan Seyffarth
2 laps, 8:18.380 min

NÜRBURGRING NORDSCHLEIFE

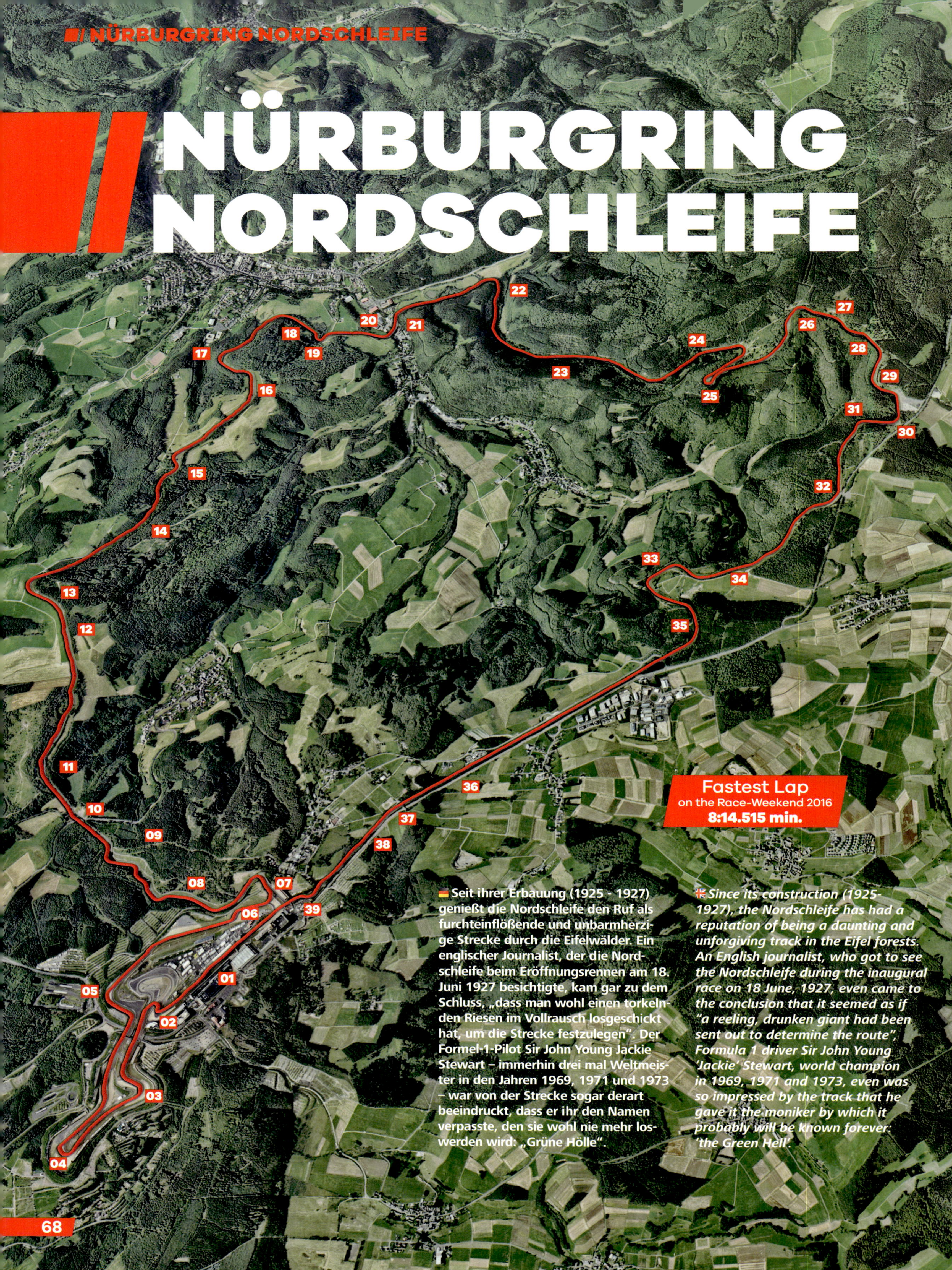

Seit ihrer Erbauung (1925 - 1927) genießt die Nordschleife den Ruf als furchteinflößende und unbarmherzige Strecke durch die Eifelwälder. Ein englischer Journalist, der die Nordschleife beim Eröffnungsrennen am 18. Juni 1927 besichtigte, kam gar zu dem Schluss, „dass man wohl einen torkelnden Riesen im Vollrausch losgeschickt hat, um die Strecke festzulegen". Der Formel-1-Pilot Sir John Young Jackie Stewart – immerhin drei mal Weltmeister in den Jahren 1969, 1971 und 1973 – war von der Strecke sogar derart beeindruckt, dass er ihr den Namen verpasste, den sie wohl nie mehr loswerden wird: „Grüne Hölle".

Since its construction (1925-1927), the Nordschleife has had a reputation of being a daunting and unforgiving track in the Eifel forests. An English journalist, who got to see the Nordschleife during the inaugural race on 18 June, 1927, even came to the conclusion that it seemed as if "a reeling, drunken giant had been sent out to determine the route", Formula 1 driver Sir John Young 'Jackie' Stewart, world champion in 1969, 1971 and 1973, even was so impressed by the track that he gave it the moniker by which it probably will be known forever: 'the Green Hell'.

01 Start- und Zielgerade: Hier beginnt und endet die Runde, ist mit 627 Meter üNN der zweithöchste Punkt der Strecke.

02 Yokohama-S: Um mehr Platz im Fahrerlager zu haben, wird beim 24h-Rennen auf die Mercedes-Arena verzichtet. Das Yokohama-S ist eine enge Kurvenkombination.

03 Ford-Kurve: Fahrerisch anspruchsvoll und interessant für die Fans, die recht nah an der Strecke sitzen.

04 Dunlop-Kehre: Ist der niedrigste Punkt und die langsamte Kurve der GP-Strecke.

05 Bilstein-Kurve: Hier geht es darum, mit möglichst viel Schwung in den anschließenden Advan-Bogen zu fahren.

06 Veedol-Schikane: Die Veedol-Schikane kann in zwei Varianten befahren werden. Die enge, eckige Ausführung für Formel 1 und DTM oder die weiter geschnittene, flüssige Variante für 24h und VLN.

07 Auffahrt Nordschleife: Am mit 632 Metern üNN höchsten Streckenpunkt des gesamten Nürburgrings verlassen die Fahrzeuge den GP-Kurs.

08 Hatzenbach: Hier verläuft der gleichnamige Bach neben der Strecke.

09 Hocheichen: Während der Bauzeit gab es an dieser Stelle mächtige Eichenwälder.

10 Quiddelbacher Höhe: Bergrücken nahe der Ortschaft Quiddelbach.

11 Flugplatz: In den 30er Jahren landeten hier die Maschinen der Prominenz.

12 Schwedenkreuz: Hier steht ein altes Wegkreuz aus dem Dreißigjährigen Krieg (1618 bis 1648).

13 Aremberg: Von hier aus kann man auf den rund 15 km entfernten gleichnamigen Berg blicken.

14 Fuchsröhre: Während der Bauzeit hatte sich ein Fuchs in eines der Kanalisationsrohre verkrochen.

15 Adenauer Forst: Waldgebiet der unterhalb liegenden Stadt Adenau.

16 Metzgesfeld: Im Grundbuch eingetragene Flurbezeichnung, Ursprung und Bedeutung ungeklärt.

17 Kallenhard: Im Grundbuch eingetragene Flurbezeichnung, Ursprung und Bedeutung ungeklärt.

18 Dreifachrechts: Inoffizielle Bezeichnung. Aufgrund der hier eigenartigen Rennlinie durch die drei Rechtsknicke ist diese Passage auch als „miss-hit-miss" bekannt.

19 Wehrseifen: Seifen ist der keltische Begriff für Tal.

20 Breidscheid: Strecke verläuft durch den gleichnamigen Ort.

21 Ex-Mühle: Hier stand bis in die 30er Jahre eine Mühle, übrig ist nur noch der ehemalige Wasserlauf. Ursprünglich sollte an diesem Punkt die Start- und Zielanlage errichtet werden. Der Besitzer der Mühle weigerte sich aber, die notwendigen Grundstücke zur Verfügung zu stellen.

22 Bergwerk: Bis ins 18. Jahrhundert war hier ein Silberbergwerk in Betrieb.

23 Kesselchen: Talkessel unterhalb des Karussells. Hier haben viele Teams ein Funkloch.

24 Klostertal: Im 14. Jahrhundert gab es hier einen Johanniter-Orden.

25 Karussell: Eine 210 Grad-Steilwand-Kurve. Wurde erst gebaut, nachdem die ursprüngliche Steilstrecke für viele Fahrzeuge zu steil war. Die Nordschleife wurde somit rund 700 Meter länger.

26 Hohe Acht: In der Nähe ist der gleichnamige und höchste Berg der Eifel (747 Meter).

27 Hedwigs Höhe: Hedwig hieß die Ehefrau von Dr. Otto Creutz, Landrat in den 1920er Jahren.

28 Wippermann: Im Grundbuch eingetragene Flurbezeichnung, Ursprung und Bedeutung ungeklärt.

29 Eschbach: In der Nähe verläuft der gleichnamige Bach.

30 Brünnchen: Ein Quellgebiet. Von hier aus führten Ende des 19. Jahrhunderts Bewässerungsleitungen in die unterhalb liegende Gemeinde Herschbroich.

31 Eiskurve: Bei Temperaturstürzen setzt hier regelmäßig als erstes Glatteis ein. Aufgrund der Schattenlage auch schlecht abtrocknender Streckenabschnitt.

32 Pflanzgarten: Hier befanden sich Gärten und Anbaufelder der Grafen zu Nürburg.

33 Stefan-Bellof-S: Benannt nach dem ersten und einzigen Fahrer, der die Nordschleife in einer Durchschnittsgeschwindigkeit von mehr als 200 km/h umrundete.

34 Schwalbenschwanz: Die Bauarbeiter erfanden diesen Namen 1926. Aus der Vogelperspektive sieht dieser Abschnitt wie das Ende eines Schwalbenschwanzes aus. Hier gibt es eine rund 100 Grad Steilkurve.

35 Galgenkopf: Hier war die ehemalige Richtstätte der Grafen zu Nürburg. An dieser Stelle wurden öffentlichen Hinrichtungen vollzogen.

36 Döttinger Höhe: Bergrücken nahe der Ortschaft Döttingen.

37 Antoniusbuche: Hier stand lange Zeit eine Buche als Wahrzeichen, an ihrem Fuß befand sich ein dem heiligen Antonius geweihter Altar.

38 Tiergarten: Begräbnisplatz für die im Kampf umgekommenen Tiere gräflich nürburgischen Schlachtrösser und anderer Tiere.

39 Hohenrain-Schikane: Nach der natürlich erhobenen Feldgrenze – hohen rain – benannte Schikane vor Start und Ziel. Wurde 1967 eingefügt, damit die Fahrzeuge im Bereich Start-und-Ziel langsamer sind.

01 *Start and finish straight:* *Here, a lap begins and ends. At 627 metres above sea level, this is the second-highest point of the track.*

02 *Yokohama S:* *In order to have more paddock space, the Mercedes Arena remains unused during the 24h race. The Yokohama S is a combination of tight corners.*

03 *Ford corner:* *Demanding for drivers and interesting for the fans who are seated quite closely to the track.*

04 *Dunlop hairpin:* *The lowest point and the slowest corner at the Grand Prix circuit.*

05 *Bilstein corner:* *Here, carrying maximum momentum for the subsequent Advan bend is crucial.*

06 *Veedol chicane:* *The Veedol chicane can be negotiated in two variations. The tight and angular lay-out is used by Formula 1 and DTM while the wider, more fluent version is used for 24h and VLN.*

07 *Access Nordschleife:* *At this point, the highest of the entire Nürburgring at 632 metres above sea level, the cars leave the Grand Prix circuit.*

08 *Hatzenbach:* *the eponymous creek is running alongside the track.*

09 *Hocheichen:* *There were forests of oak trees when the track was built.*

10 *Quiddelbacher Höhe:* *Ridge near the village of Quiddelbach.*

11 *Flugplatz:* *In the 1930s, the airplanes of the VIPs used to land here.*

12 *Schwedenkreuz:* *Here, an old crucifix from the 30-year war (1618 till 1648) can be found.*

13 *Aremberg:* *From here, you can see the eponymous mountain, which is some 15 km away.*

14 *Fuchsröhre:* *During the construction of the track, a fox had hidden in one of the sewers.*

15 *Adenauer Forst:* *Forest belonging to the city of Adenau located below.*

16 *Metzgesfeld:* *Name of this area as mentioned in the land register, origin and meaning unknown.*

17 *Kallenhard:* *Name of this area as mentioned in the land register, origin and meaning unknown.*

18 *Dreifachrechts:* *Unofficial name. Because of the particular racing line through the three right-hand corners, this section is also known as "miss-hit-miss".*

19 *Wehrseifen:* *'Seifen' is the Celtic word for valley.*

20 *Breidscheid:* *The track runs through the eponymous village.*

21 *Ex-Mühle:* *Until the 1930s, there was a mill over here, now the only thing left is the water. Originally, start and finish were to be located here. However, the owner of the mill refused to provide the necessary land.*

22 *Bergwerk:* *Until the 18th century, there was a silver mine here.*

23 *Kesselchen:* *Valley underneath the Karussell. Here, many teams don't have radio contact.*

24 *Klostertal:* *In the 14th century, a monastery for the Knights of St. John was located here.*

25 *Karussell:* *A corner with a 210 degree banking. Was only built after the original steep section turned out to be too steep for many cars. As a result, the Nordschleife became 700 metres longer.*

26 *Hohe Acht:* *The eponymous mountain, the highest in the Eifel (747 metres) is nearby.*

27 *Hedwigs Höhe:* *Hedwig was the name of the wife of Dr. Otto Creutz, a member of the provincial government in the 1920s.*

28 *Wippermann:* *Name of this area as mentioned in the land register, origin and meaning unknown.*

29 *Eschbach:* *The eponymous creek is running nearby.*

30 *Brünnchen:* *An area with headwaters. From here, irrigation lines ran into the community of Herschbroich at the end of the 19th century.*

31 *Eiskurve:* *When temperatures drop, this is the area that regularly ices first. Because of the location in the shadow, this is also a part of the track that dries out slowly.*

32 *Pflanzgarten:* *Here, the gardens and fields of the Earl of Nürburg were located.*

33 *Stefan-Bellof-S:* *Named after the first and only driver to have completed a lap of the Nordschleife at an average speed of over 200 km/h.*

34 *Schwalbenschwanz:* *Construction workers came up with this name in 1926. When seen from above, this part of the track looks like the end of a swallow's tail. The corner here is banked at 100 degrees.*

35 *Galgenkopf:* *This is the place were the convicted of the Earl of Nürburg were hung from the gallows. Public executions were carried out here.*

36 *Döttinger Höhe:* *Ridge near the village of Döttingen.*

37 *Antoniusbuche:* *A huge beech stood here for a long time with an altar dedicated to St. Anthony underneath it.*

38 *Tiergarten:* *Graveyard for animals succumbed during the war: war horses of the Earl of Nürburg and other animals.*

39 *Hohenrain-Schikane:* *Chicane before start and finish named after the natural boundary of the field. The chicane was installed in 1967 to slow down the cars on the main straight.*

Warm Up

Nur wenige Teams nutzten am frühen Samstagmorgen die Möglichkeit, ihre Rennboliden einem letzten Funktionstest zu unterziehen. Dennoch kam dem Warm-Up eine wichtige Bedeutung zu. Und zwar genau für die Teams, die im Top 30-Qualifying oder im zweiten Qualifying unfallbedingt oder aufgrund von technischen Defekten strauchelten. Teilweise in Nachtschichten wurden die Fahrzeuge wieder auf Vordermann gebracht und absolvierten nun ihren Roll-Out.

Zu besagten Autos zählten der BMW M6 GT3 (#22) von Rowe Racing genauso wie der Porsche 911 GT3 R (#911) von Manthey Racing, der Bentley Continental GT3 (#38) des Bentley Team Abt und der Renault Clio (#127) von Avia Racing.

Die Zeiten spielten eine untergeordnete Rolle und so sollte man der Audi-Dominanz an der Spitze des Tableaus auch nicht allzu viel Beachtung schenken. Die beiden Audi R8 LMS des Teams WRT (#1 und #2) flankierten auf den Top 3-Positionen das Pendant (#28) von Land Motorsport. Die Bestzeit der Vorjahressieger mit der Startnummer eins, 8.31,550 Minuten, unterstreicht, dass im Warm-Up definitiv keine Zeitenjagd stattgefunden hat. Insgesamt absolvierten nur 45 der 158 qualifizierten Fahrzeuge eine gezeitete Runde.

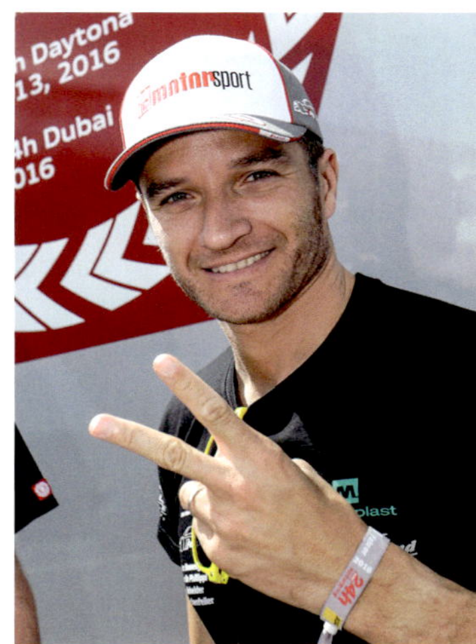

Timo Scheider

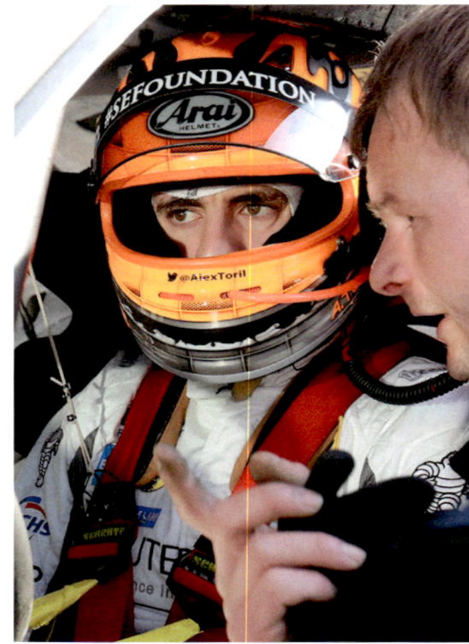

Alexander Josef Toril Boquoi

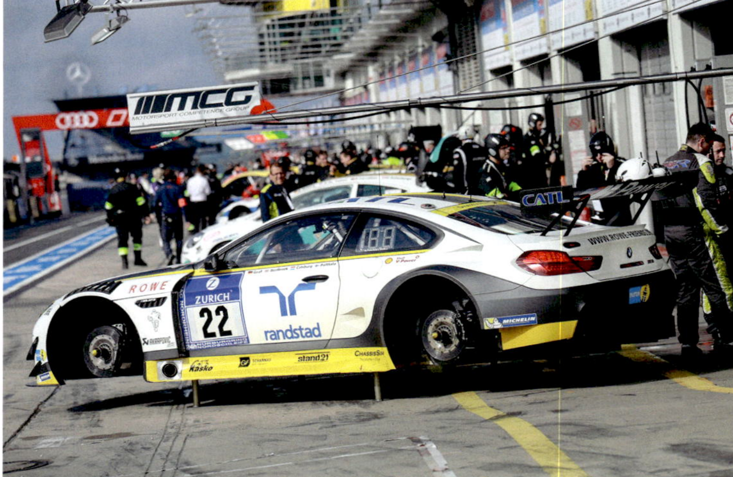

Klaus Graf, Richard Westbrook, Nicky Catsburg, Markus Palttala

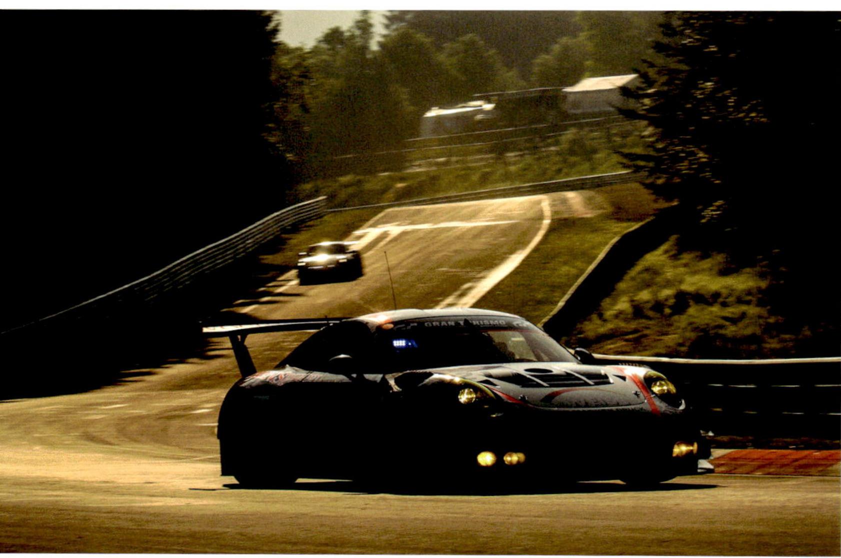

Georg Weiss, Oliver Kainz, Jochen Krumbach, Mike Stursberg

Warm Up

Only a few teams used the opportunity to complete final preparations during the Saturday morning session, but for those teams that had to repair their cars following accidents or technical issues in second qualifying or the Top 30 session, the warm up was important. Times were less significant, but the two WRT Audis were first and third, with the Land Audi in second place.

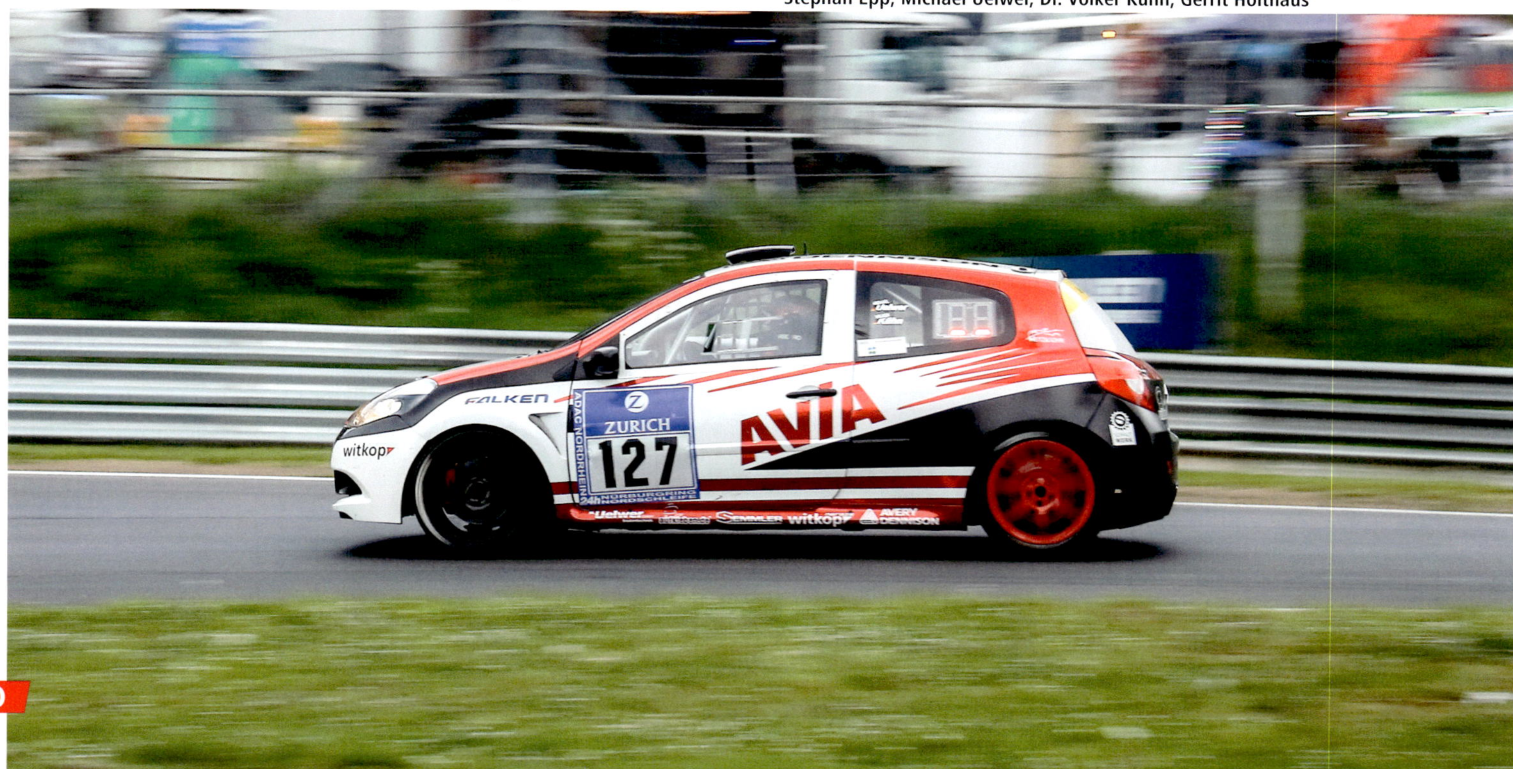

Stephan Epp, Michael Uelwer, Dr. Volker Kühn, Gerrit Holthaus

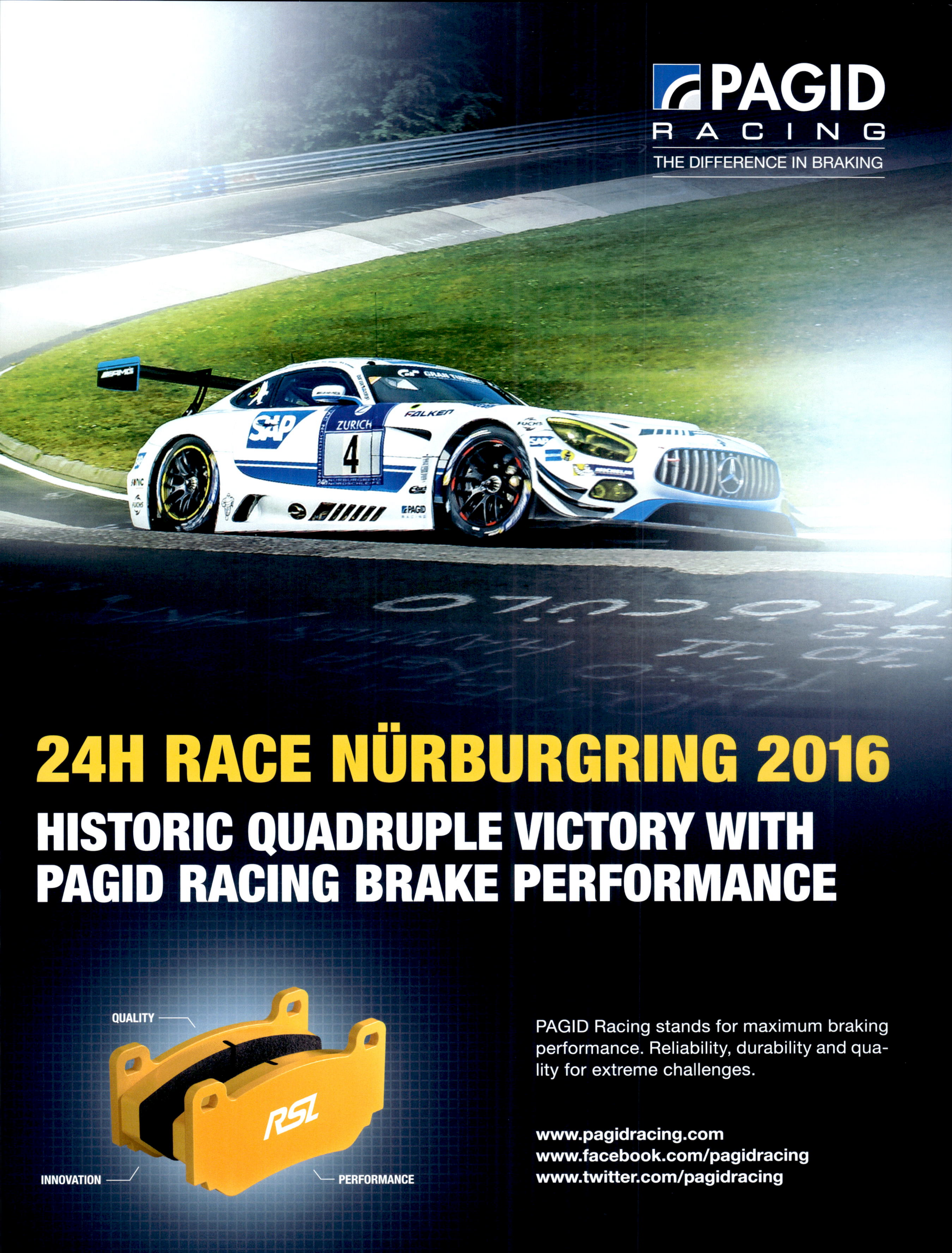

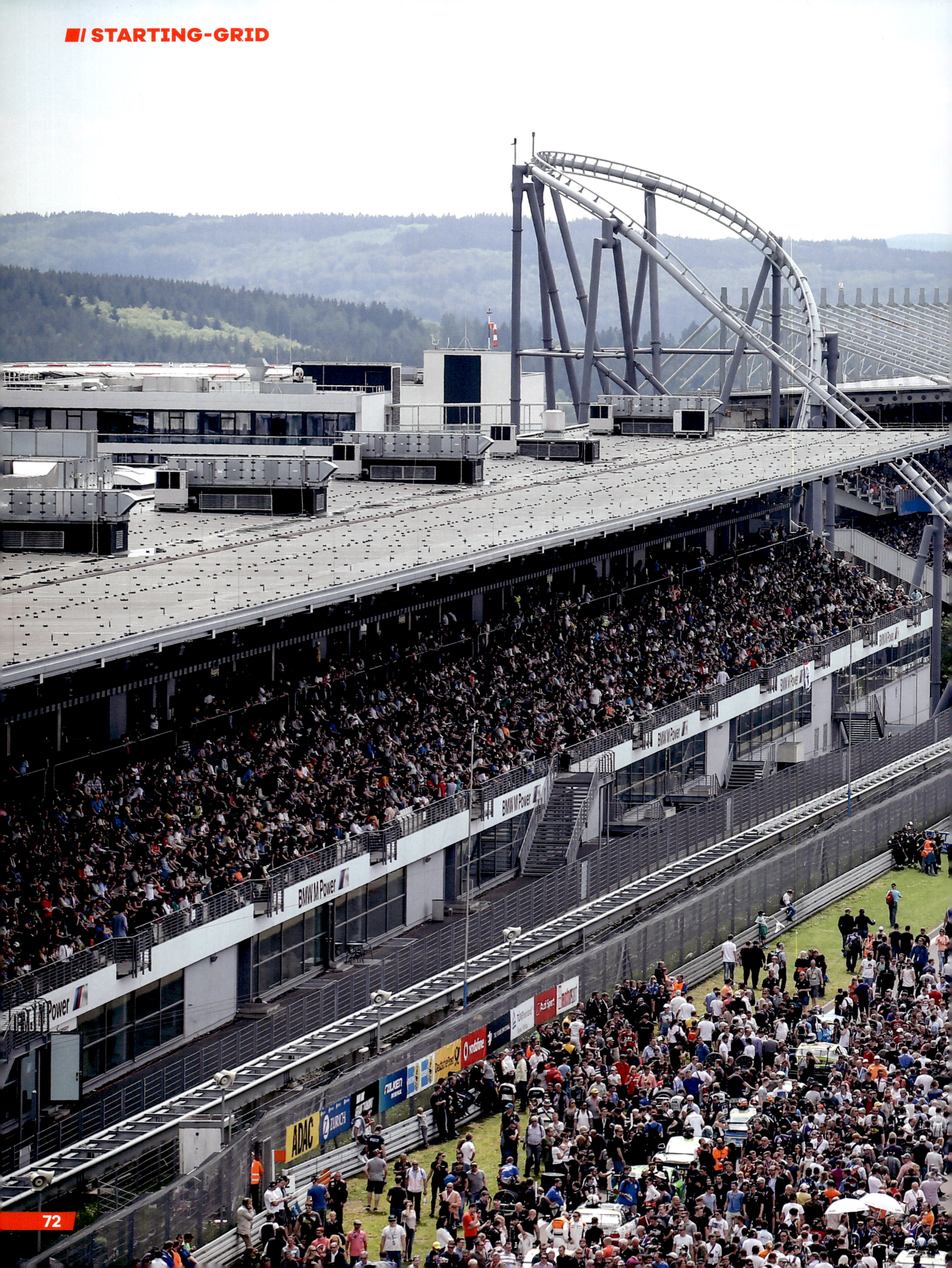
BMW M Power
BMW M Power
BMW M Power
BMW M Power
ADAC
ZURICH
FALKEN
vodafone
Audi Sport

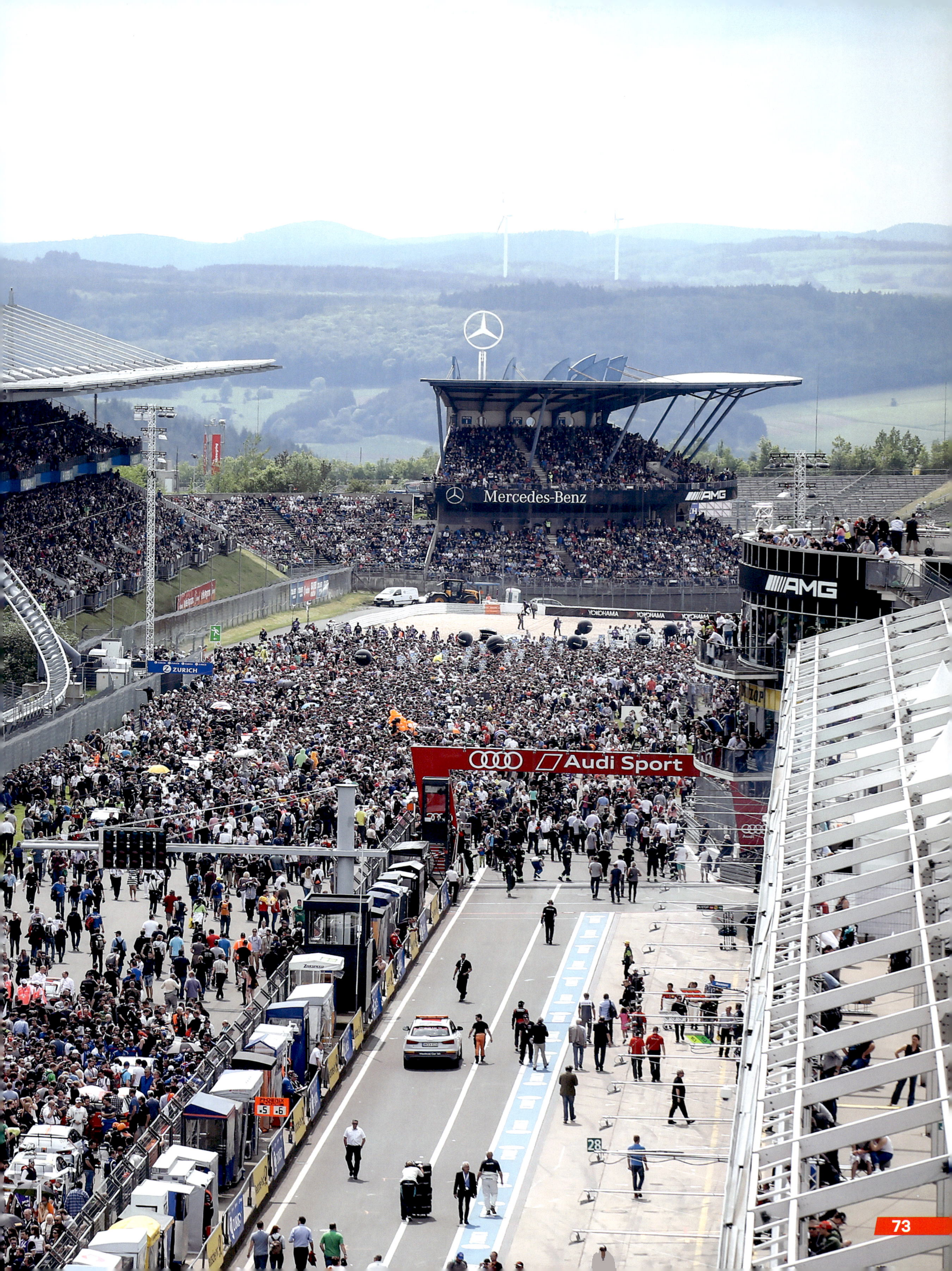
Mercedes-Benz
AMG
AMG
ZURICH
Audi Sport

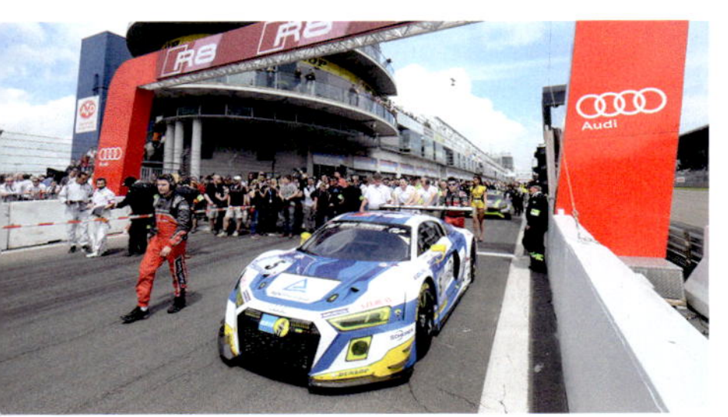
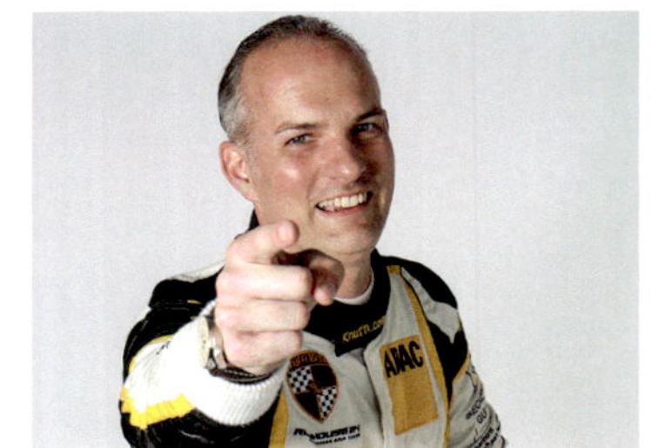
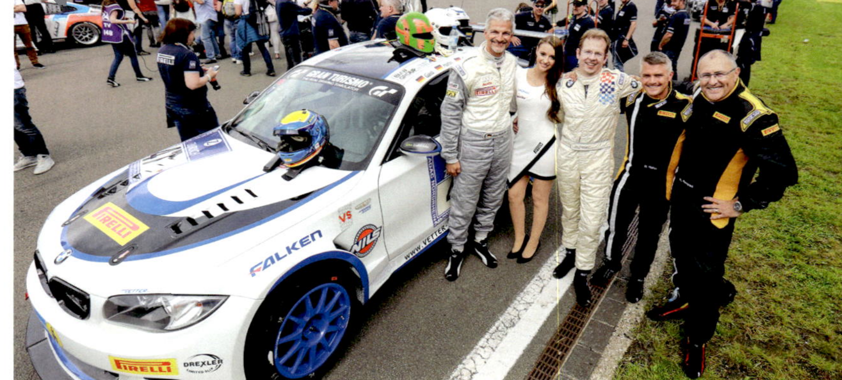
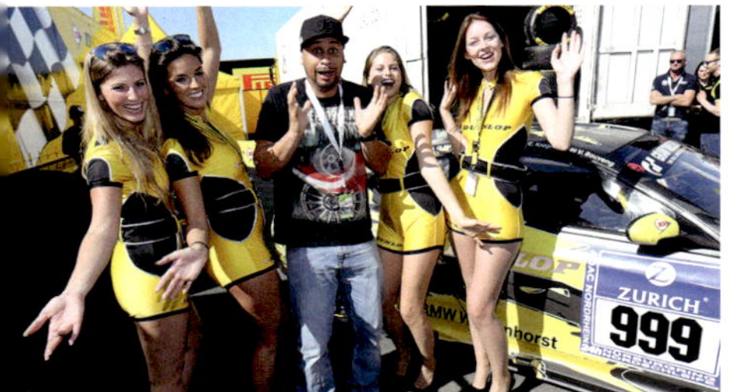

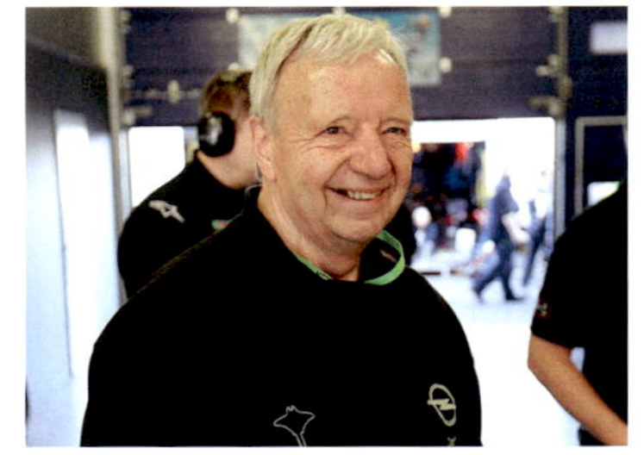
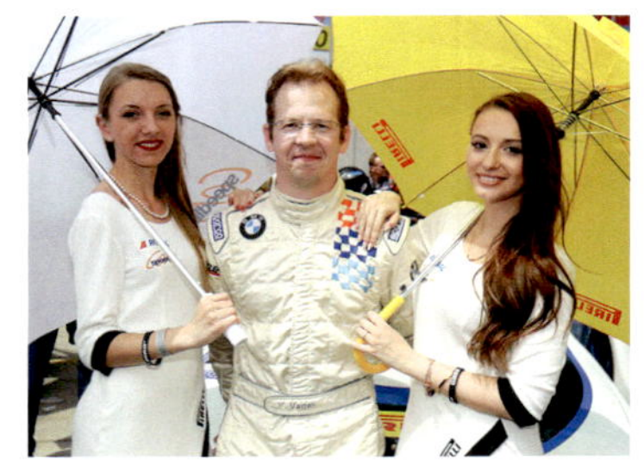
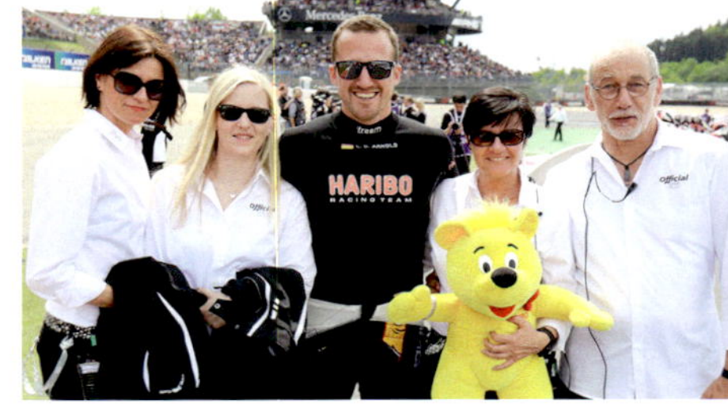

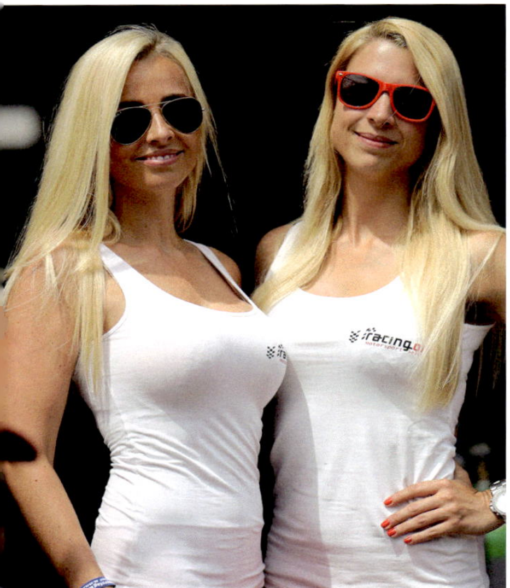
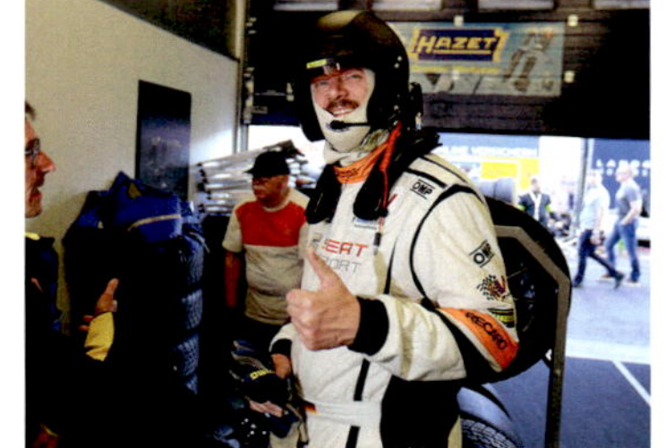
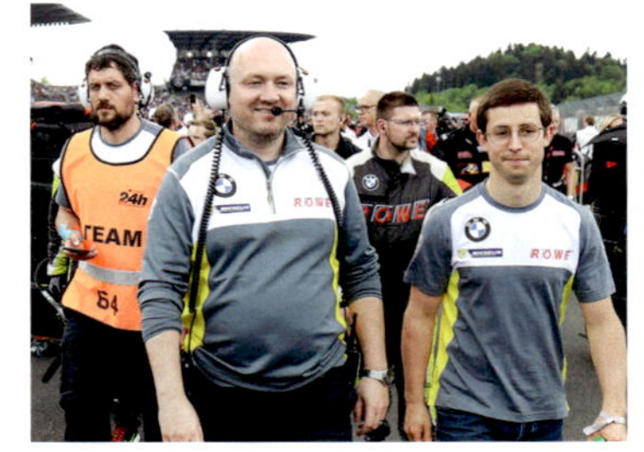
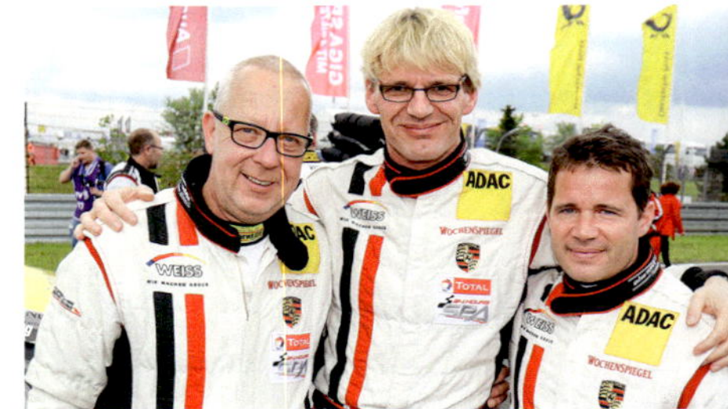
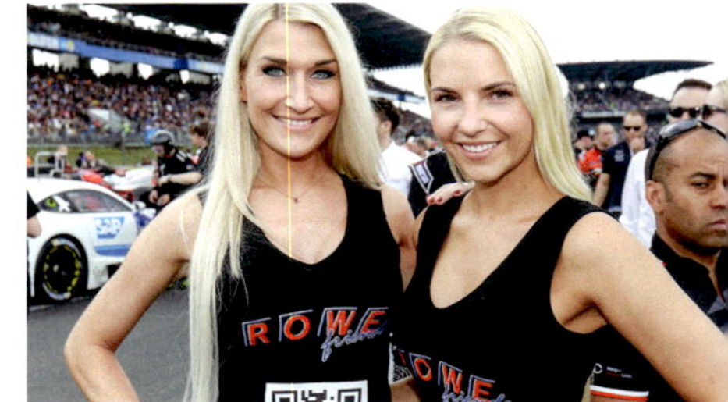
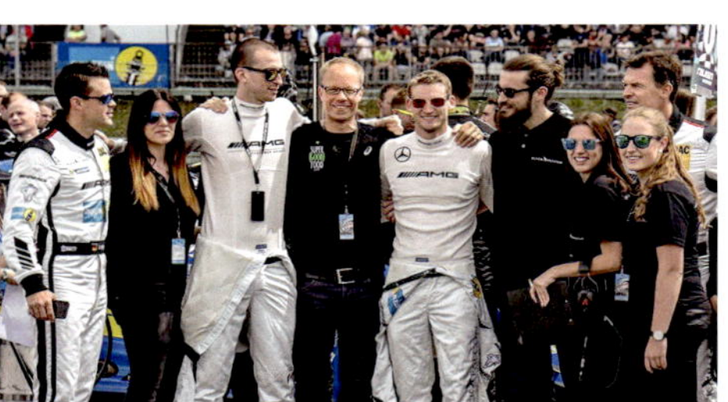

Endlich begann sie, die Startaufstellung auf der Start-und-Ziel-Geraden. Während unermüdliche Helfer die 156 Fahrzeuge auf ihren richtigen Startplatz lotsten, präsentierten viele Teammitglieder oder Teilnehmer ihre Glücksbringer an oder auch in den Autos. Tausende begeisterte Fans bevölkerten die Startaufstellung und nutzten die Gelegenheit, letzte Benzingespräche vor dem Start zu führen. Auch Unmengen an Fotos wurden geschossen: Mit Fahrern, mit Grid-Girls, von Rennautos oder auch einfach von sich selbst und dann unverzüglich ins Netz gestellt.

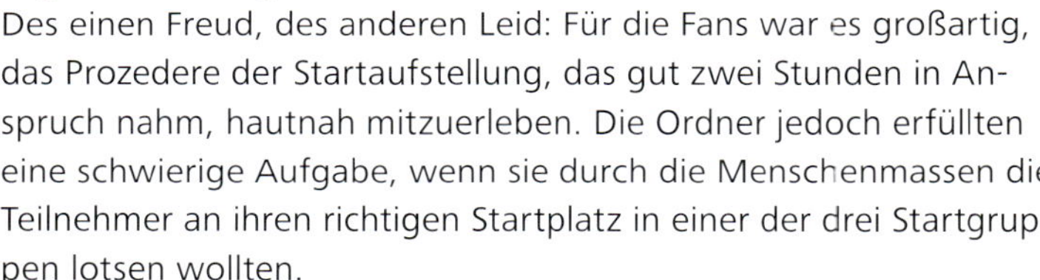
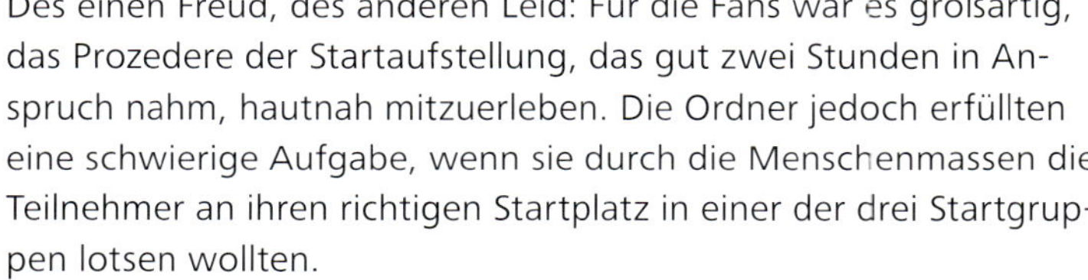

Des einen Freud, des anderen Leid: Für die Fans war es großartig, das Prozedere der Startaufstellung, das gut zwei Stunden in Anspruch nahm, hautnah mitzuerleben. Die Ordner jedoch erfüllten eine schwierige Aufgabe, wenn sie durch die Menschenmassen die Teilnehmer an ihren richtigen Startplatz in einer der drei Startgruppen lotsen wollten.

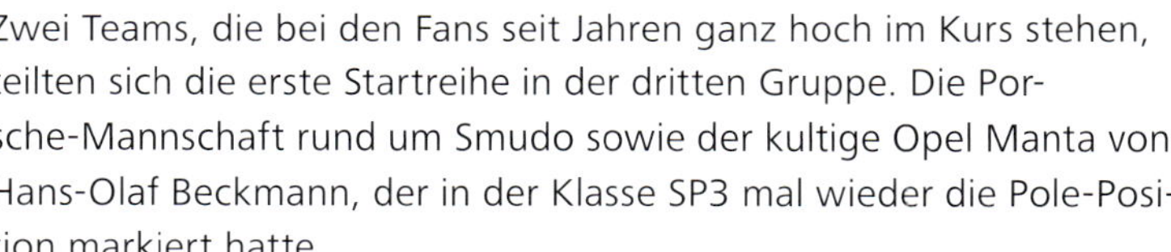

Zwei Teams, die bei den Fans seit Jahren ganz hoch im Kurs stehen, teilten sich die erste Startreihe in der dritten Gruppe. Die Porsche-Mannschaft rund um Smudo sowie der kultige Opel Manta von Hans-Olaf Beckmann, der in der Klasse SP3 mal wieder die Pole-Position markiert hatte.

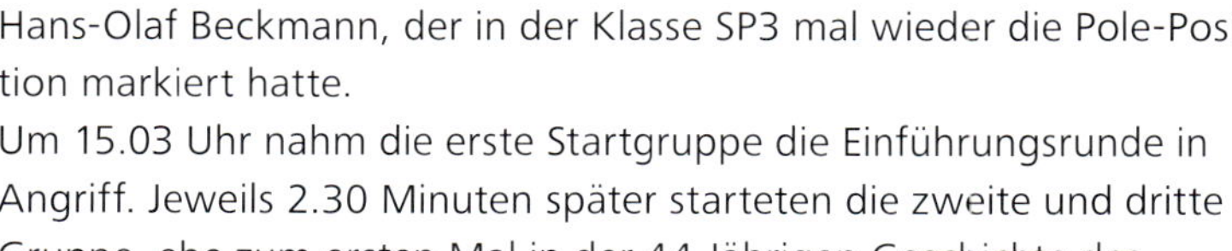

Um 15.03 Uhr nahm die erste Startgruppe die Einführungsrunde in Angriff. Jeweils 2.30 Minuten später starteten die zweite und dritte Gruppe, ehe zum ersten Mal in der 44-Jährigen Geschichte des ADAC-Klassikers der Rennstart um 15.30 Uhr erfolgte.

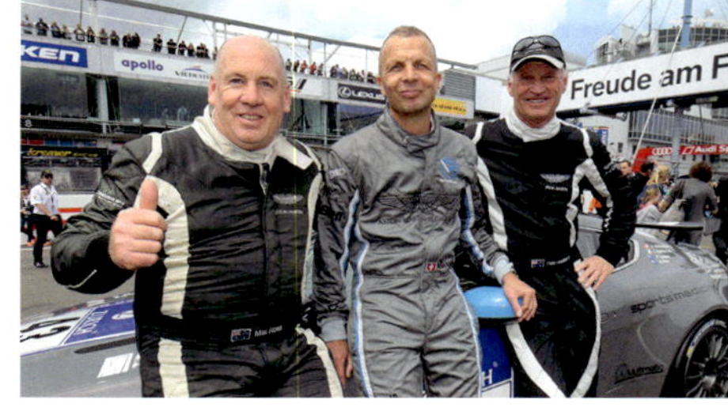

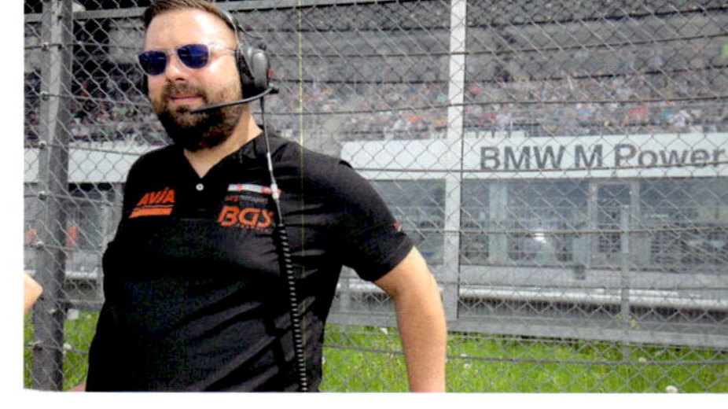

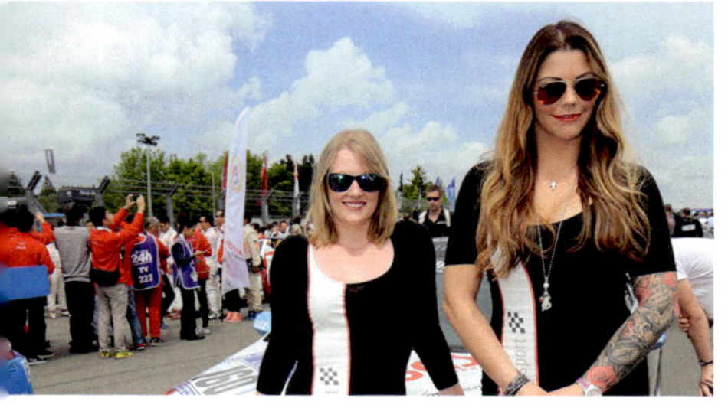
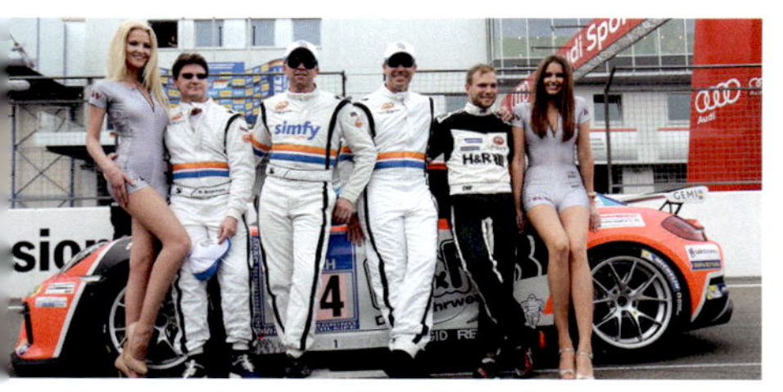
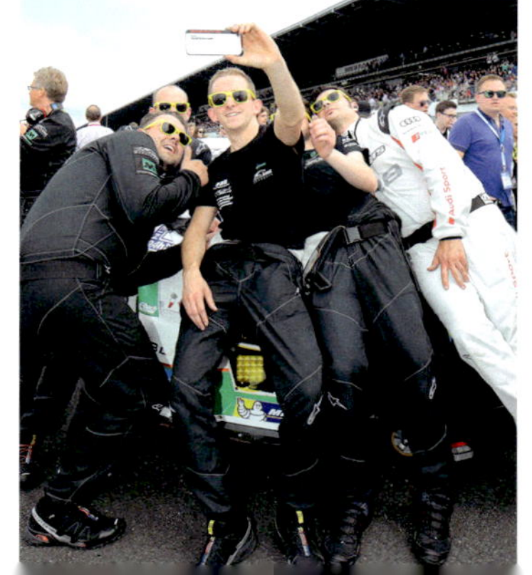
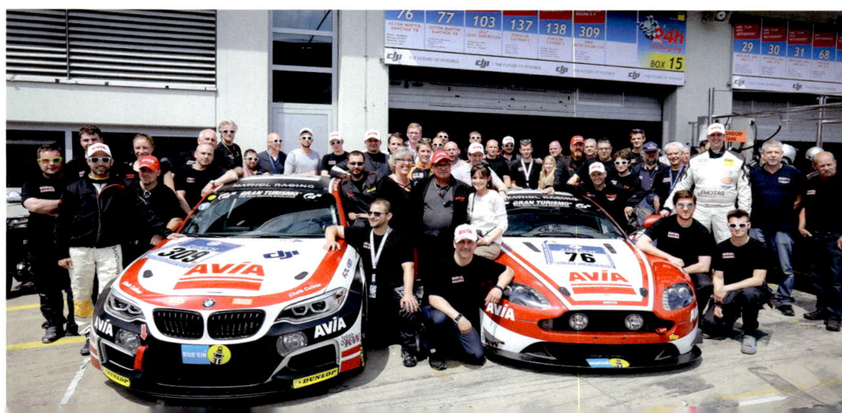

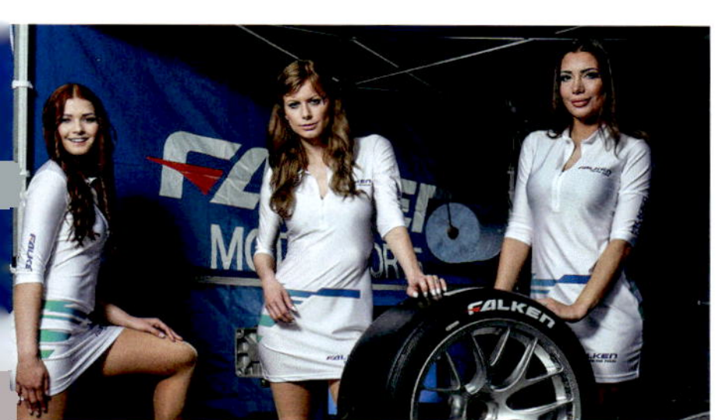

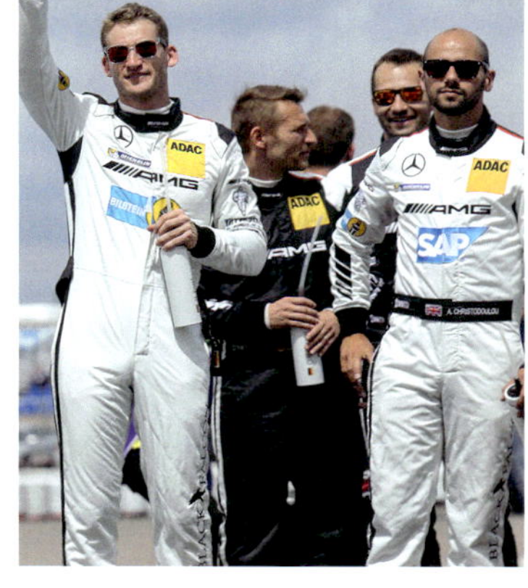

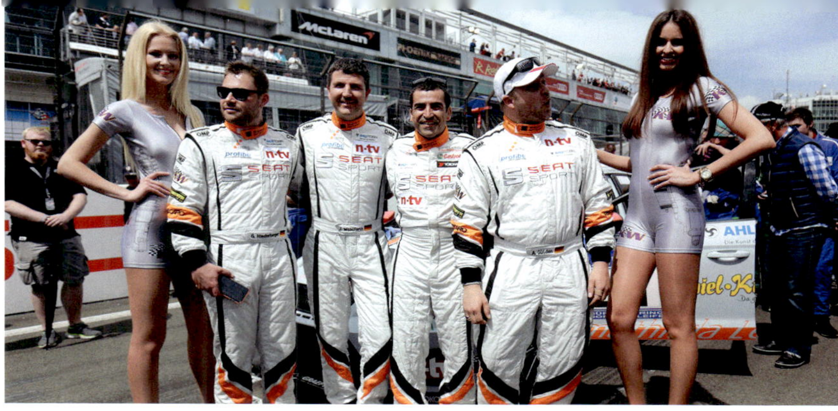

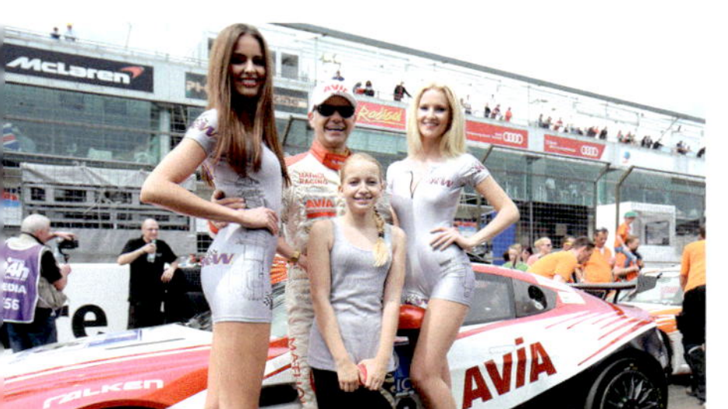

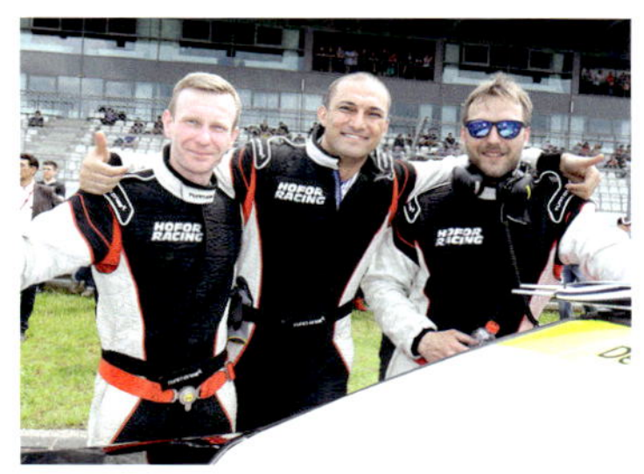

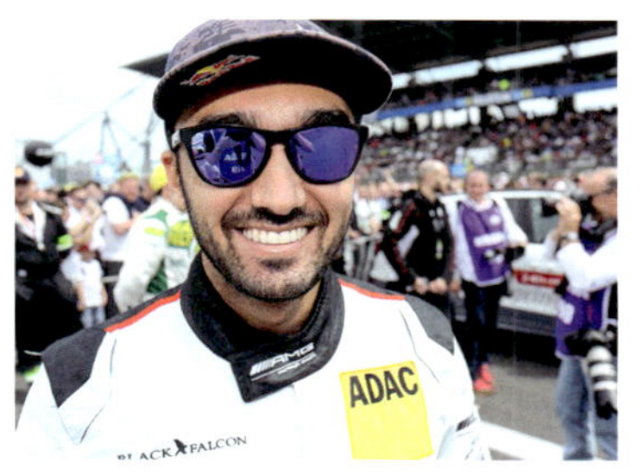

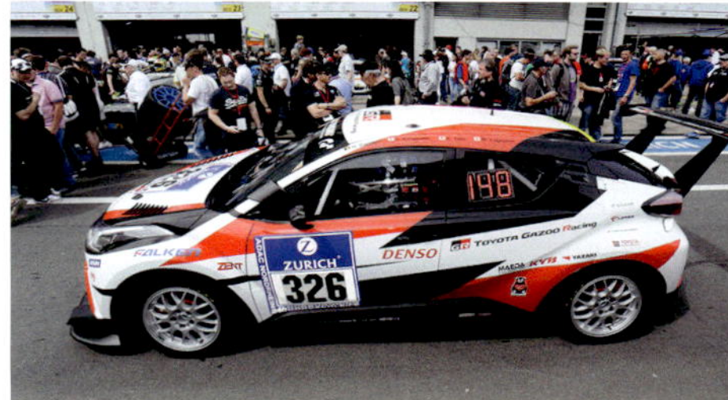

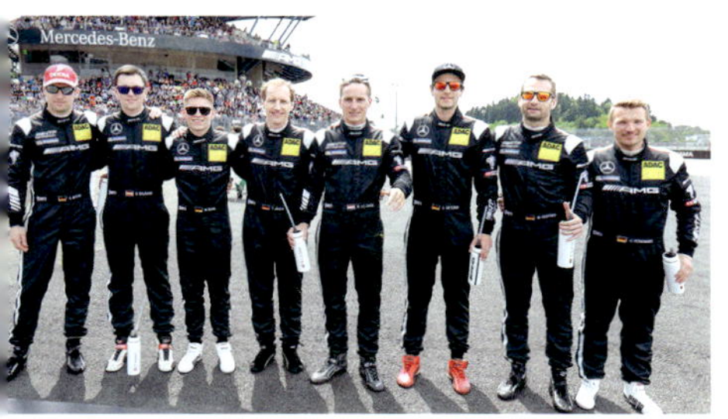

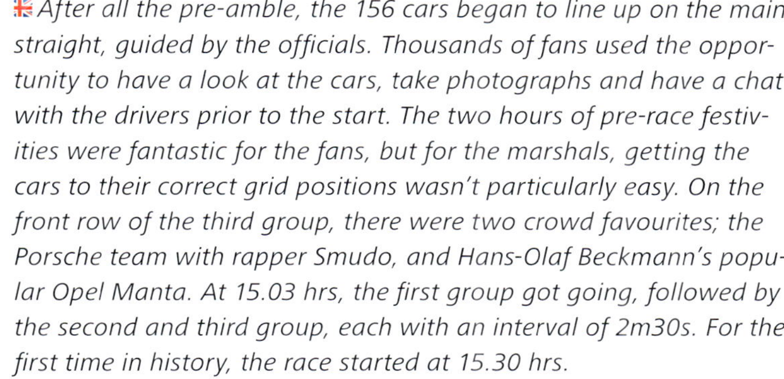

After all the pre-amble, the 156 cars began to line up on the main straight, guided by the officials. Thousands of fans used the opportunity to have a look at the cars, take photographs and have a chat with the drivers prior to the start. The two hours of pre-race festivities were fantastic for the fans, but for the marshals, getting the cars to their correct grid positions wasn't particularly easy. On the front row of the third group, there were two crowd favourites; the Porsche team with rapper Smudo, and Hans-Olaf Beckmann's popular Opel Manta. At 15.03 hrs, the first group got going, followed by the second and third group, each with an interval of 2m30s. For the first time in history, the race started at 15.30 hrs.*

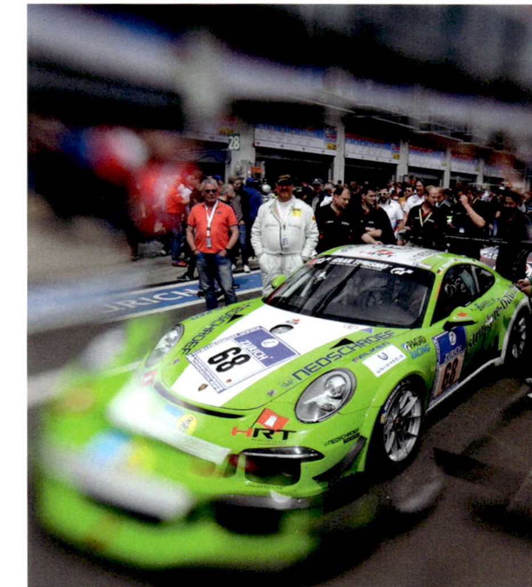

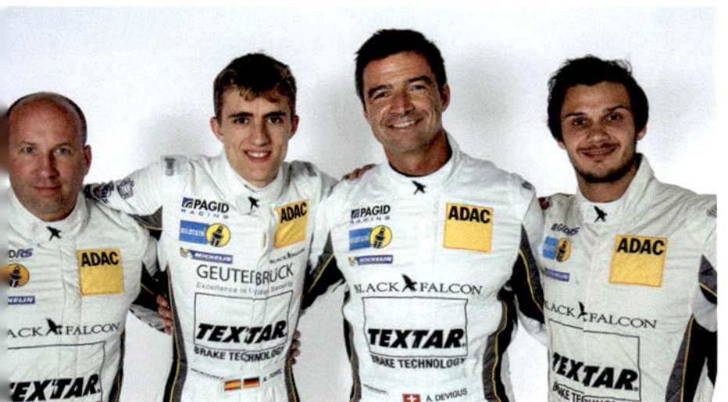

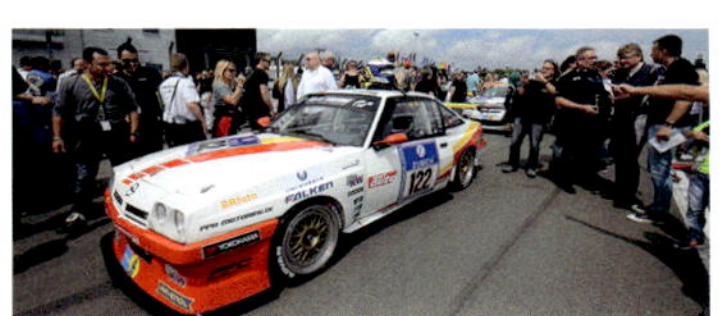

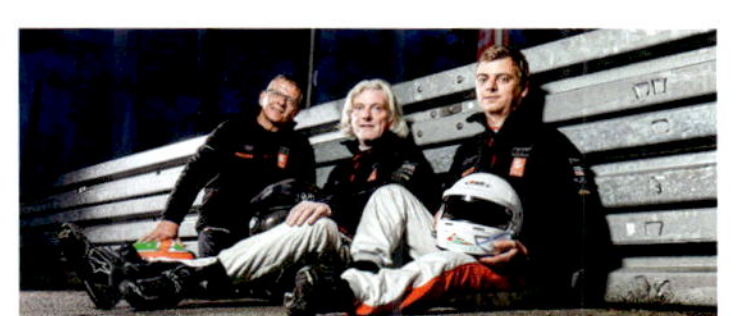

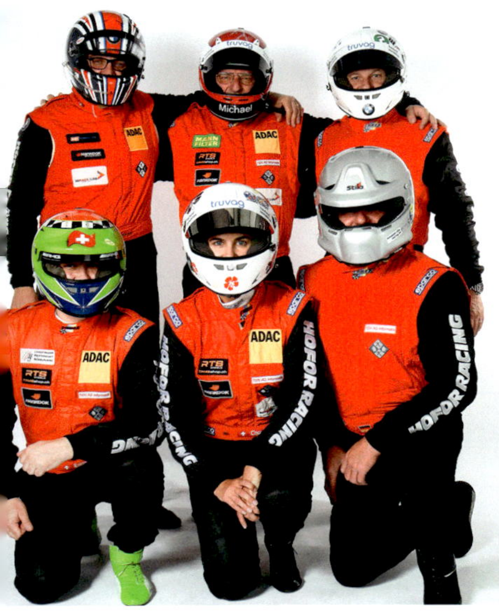

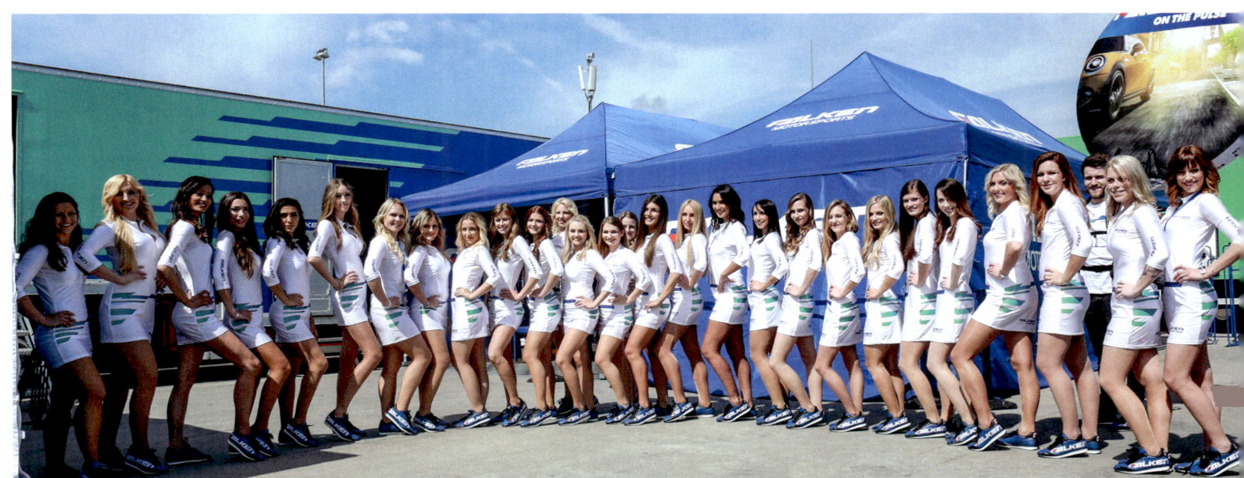

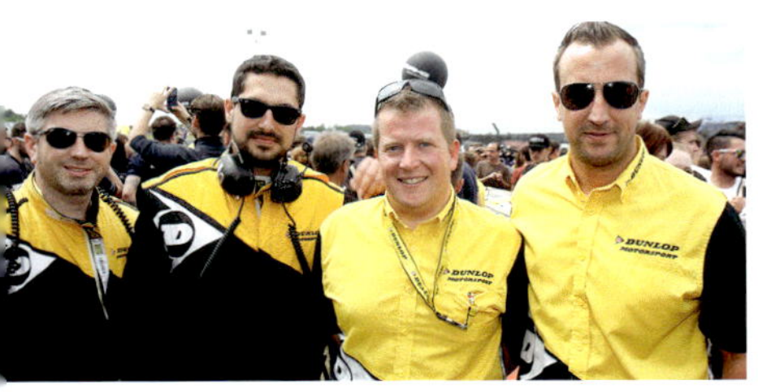

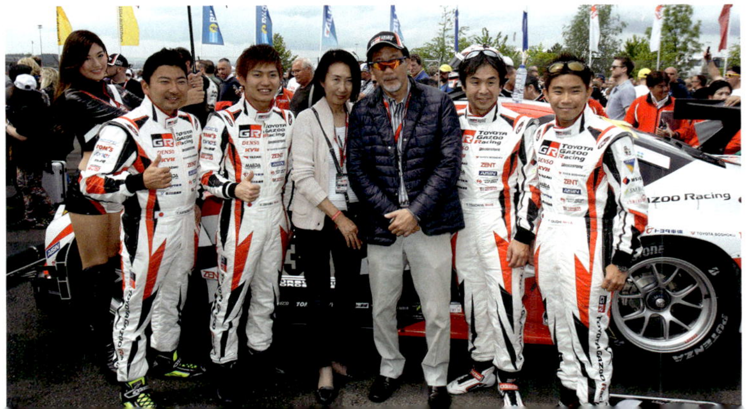

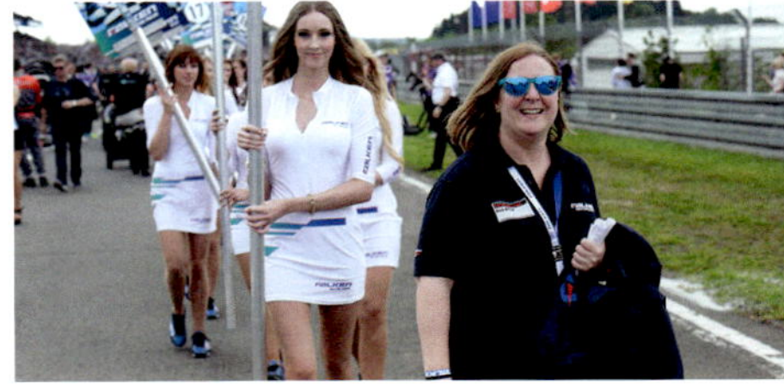

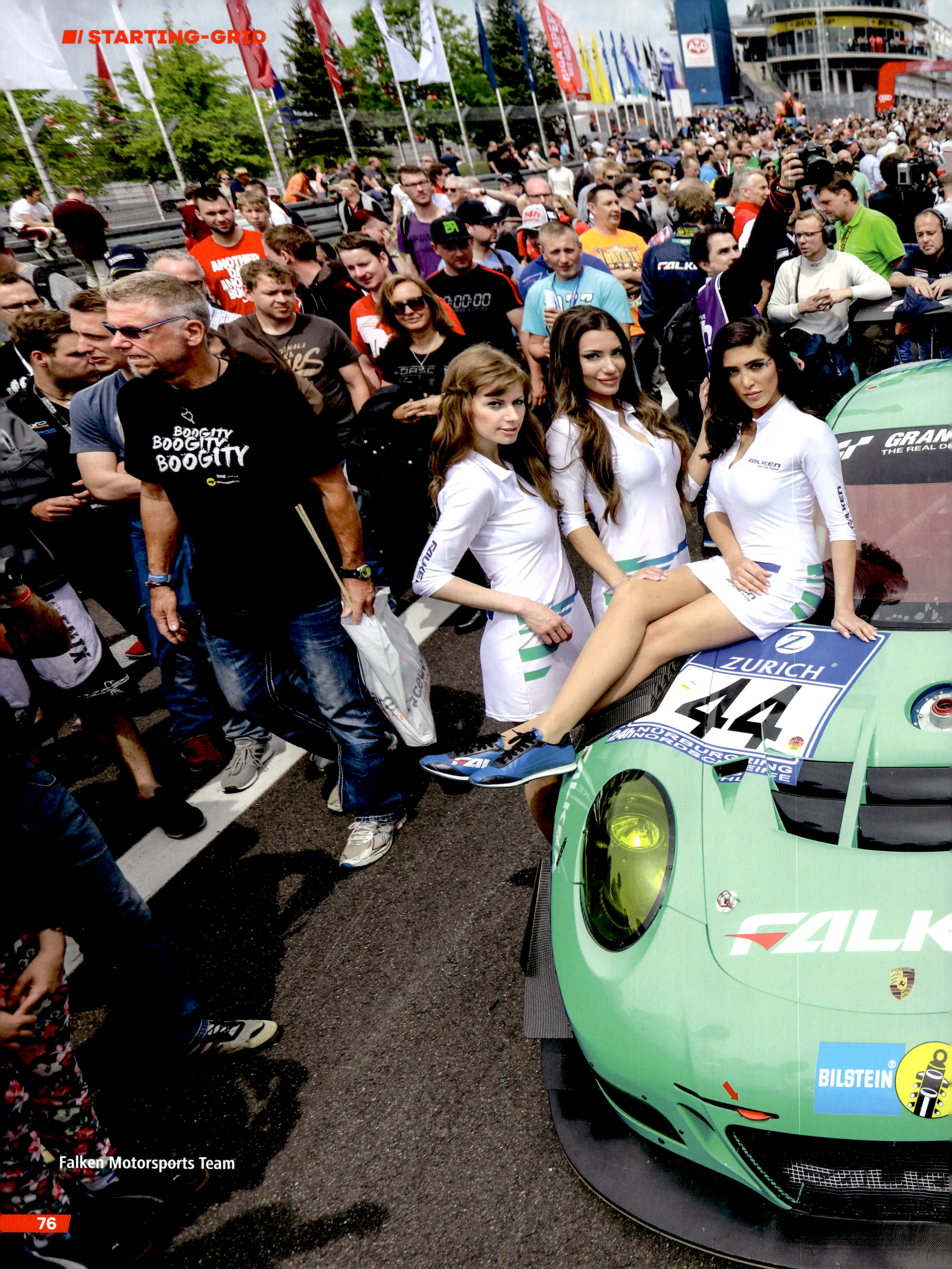

Falken Motorsports Team

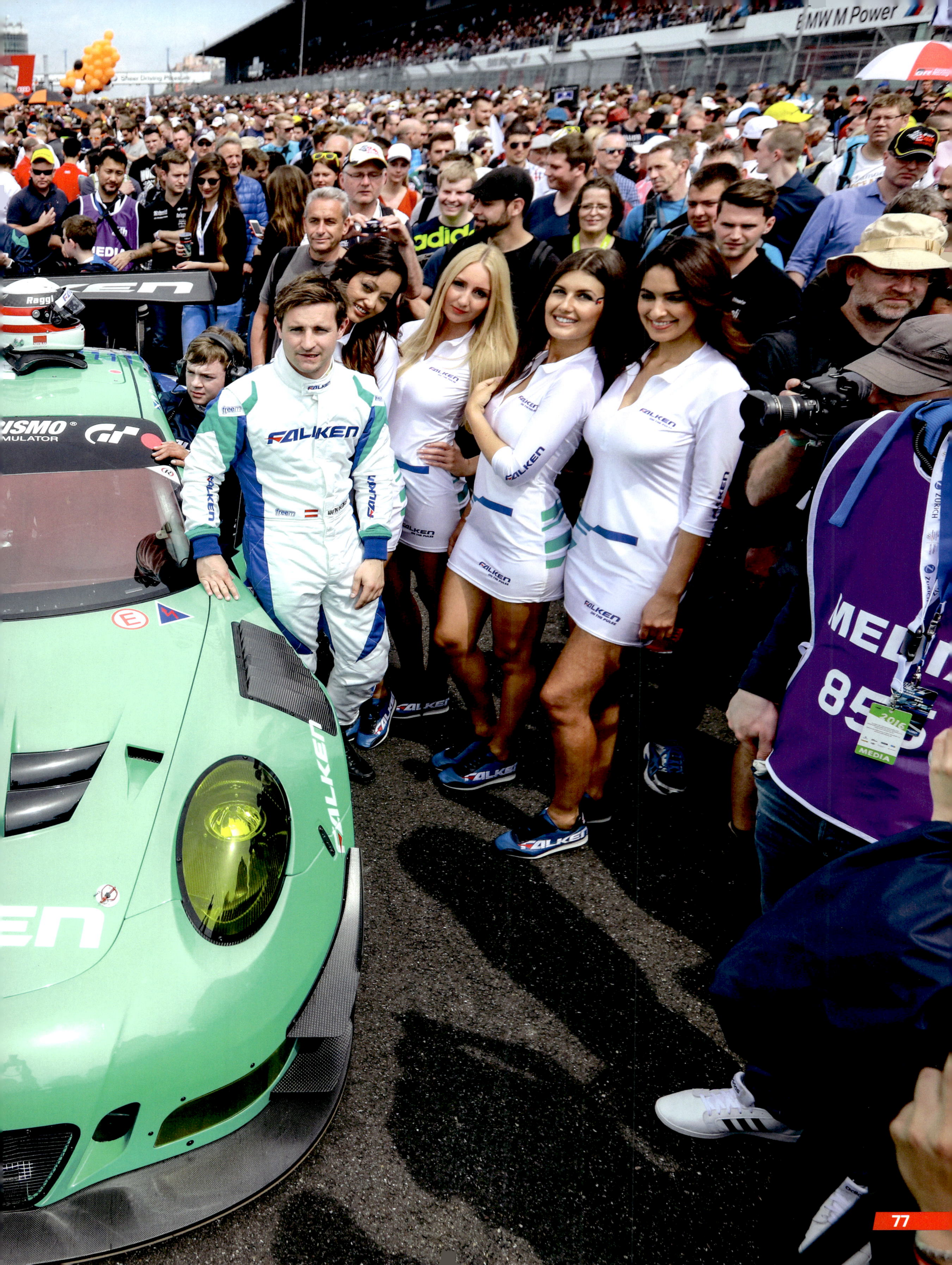
BMW M Power
FALKEN
FALKEN
MEDIA

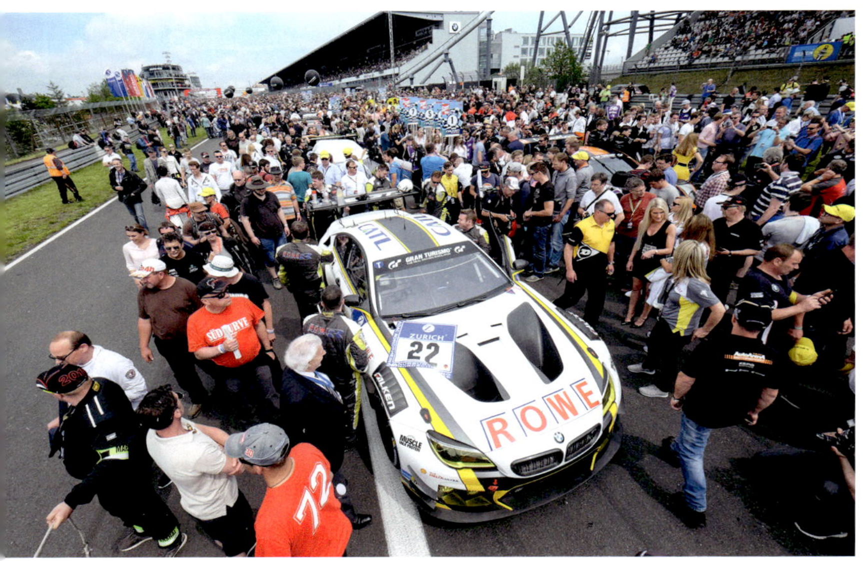
ZURICH
22
ROWE

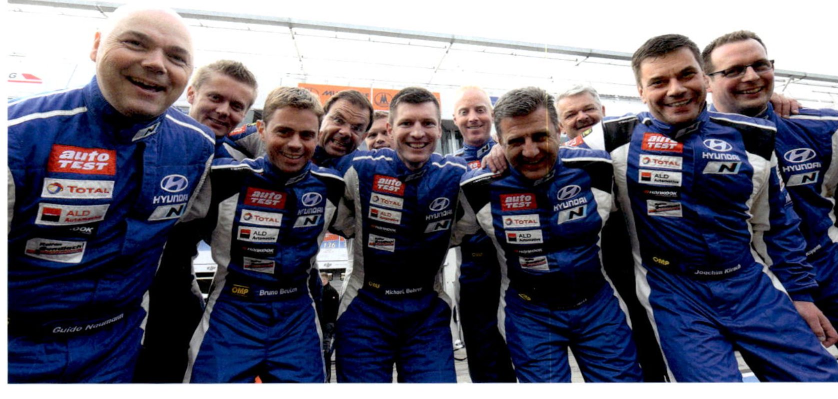

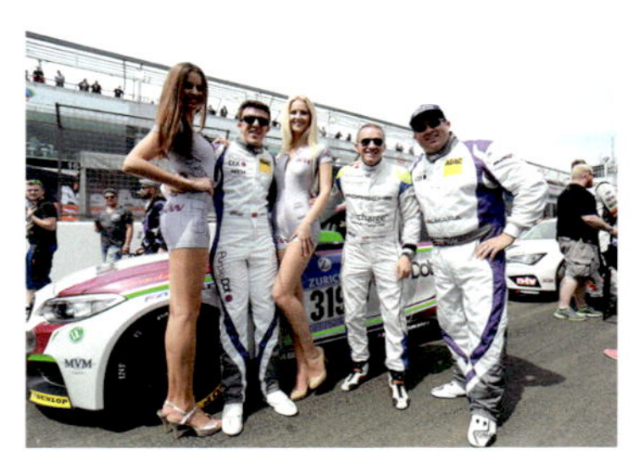

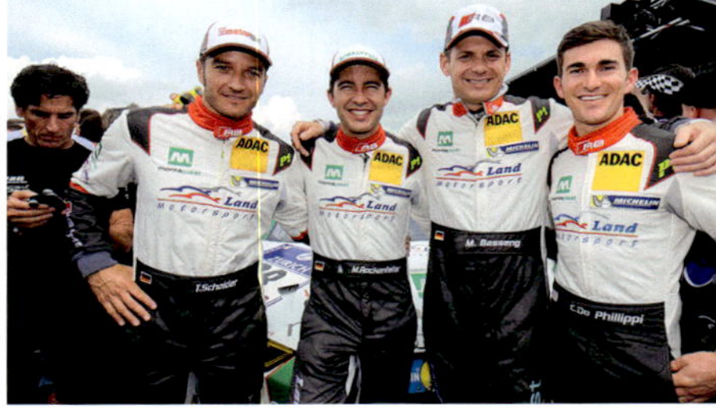

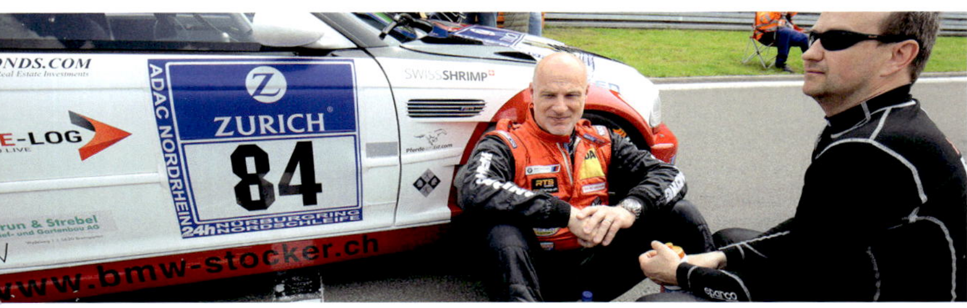
ZURICH
84
ADAC NORDRHEIN
www.bmw-stocker.ch

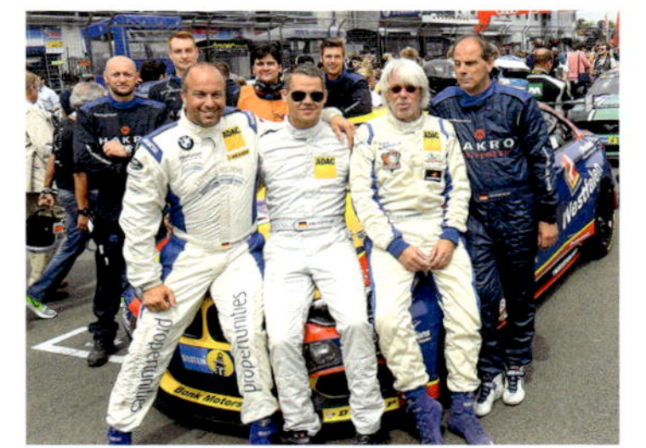

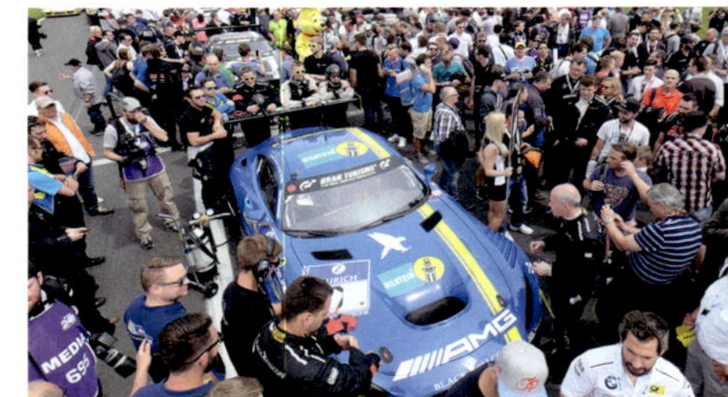

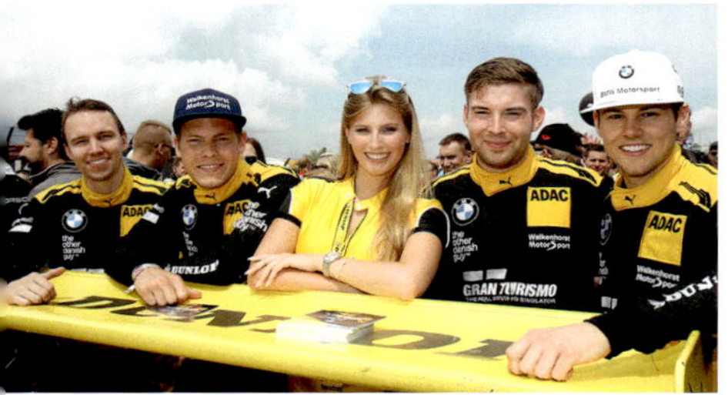

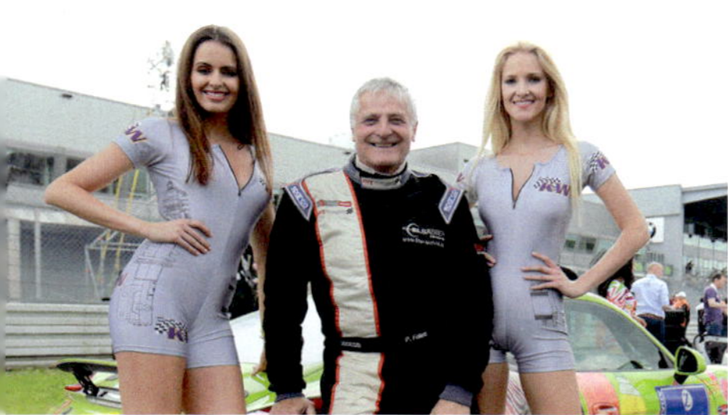

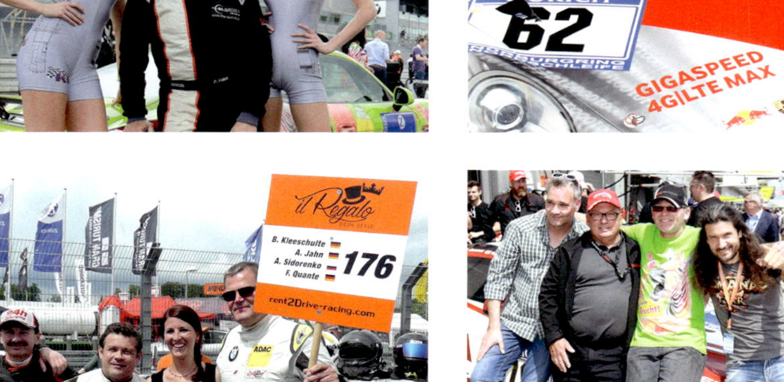
il Regalo
B. Kleeschulte
A. Jahn
A. Sidorenko
F. Quante
176
rent2Drive-racing.com

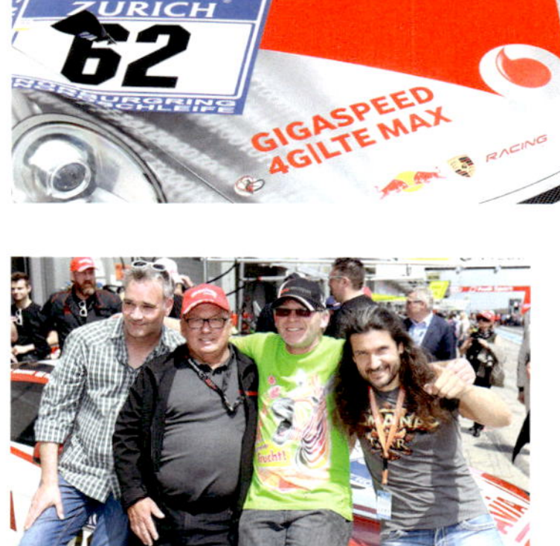

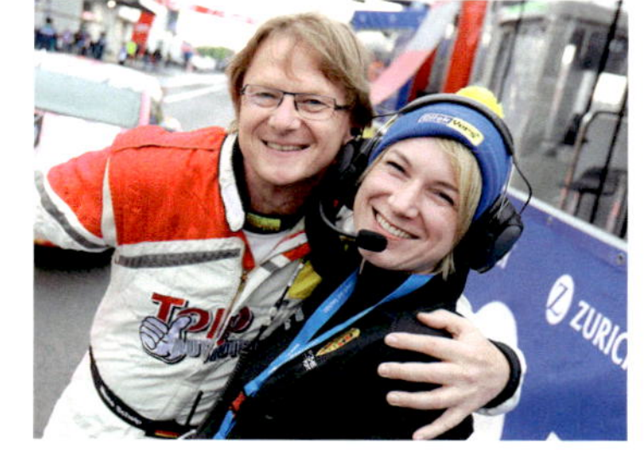

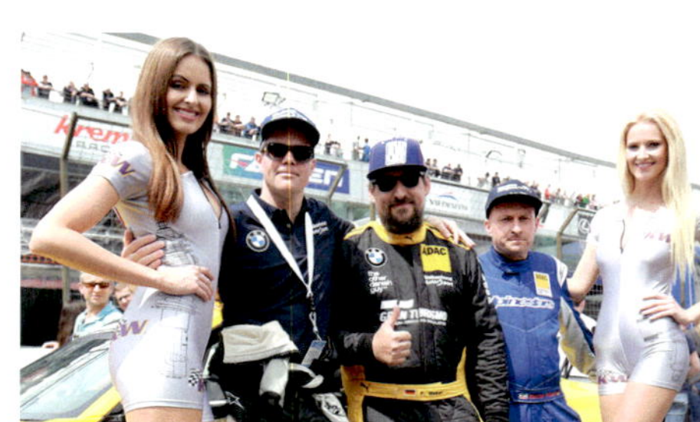

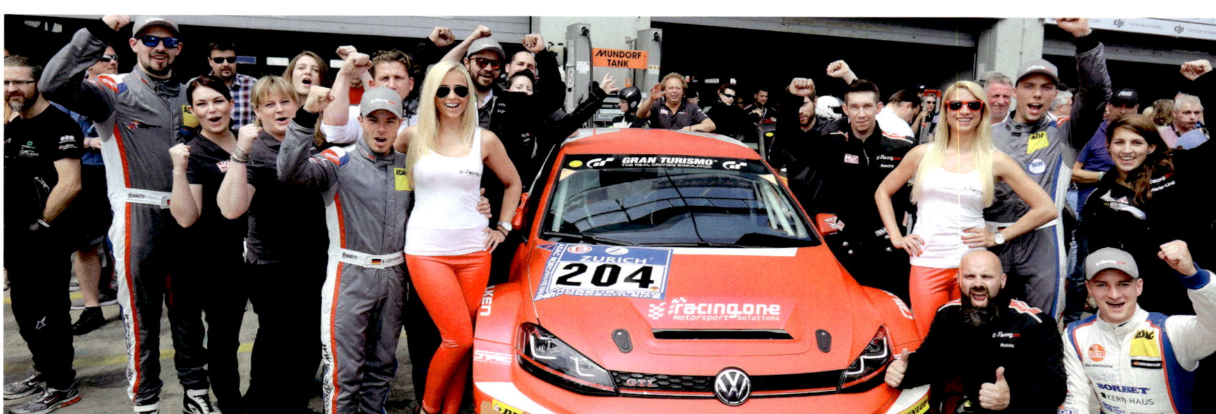
MUNDORF TANK
GRAN TURISMO
ZURICH
204
racing.one

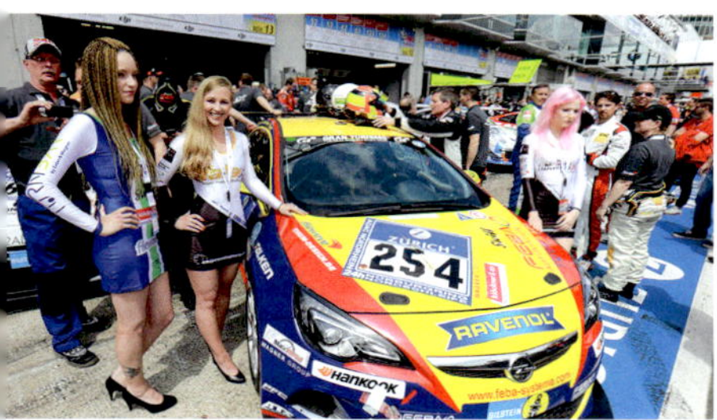
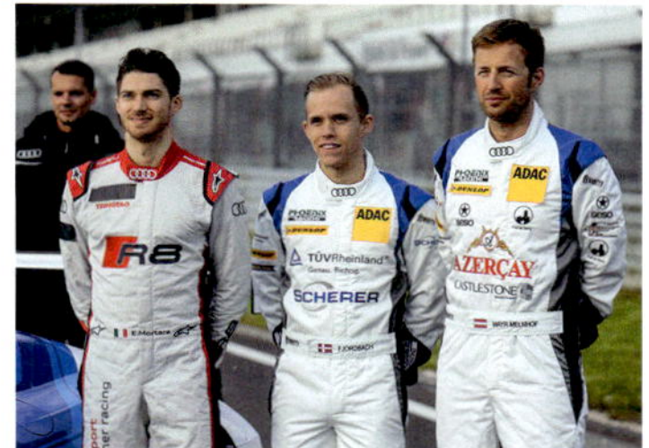
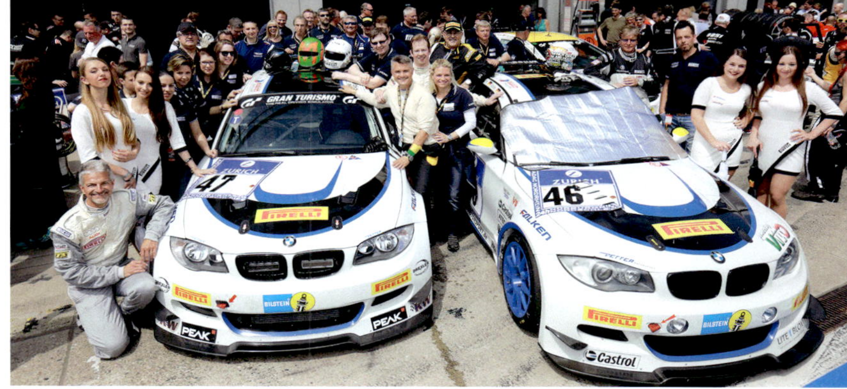
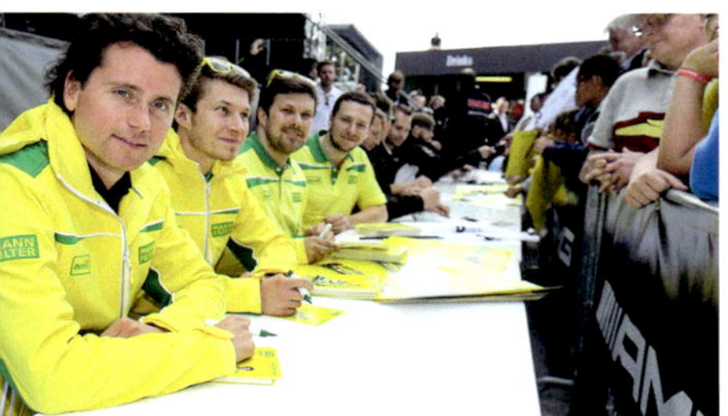
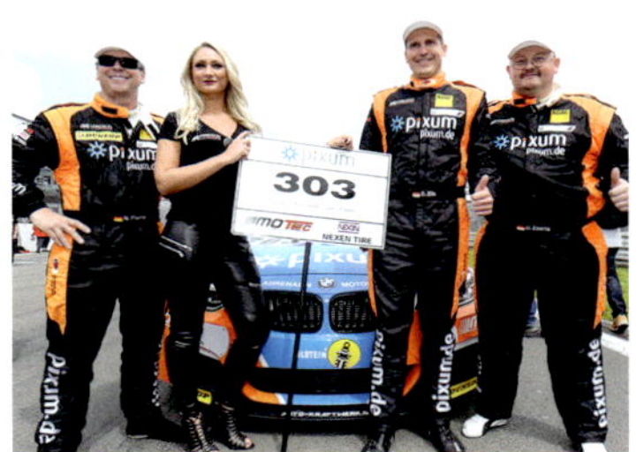
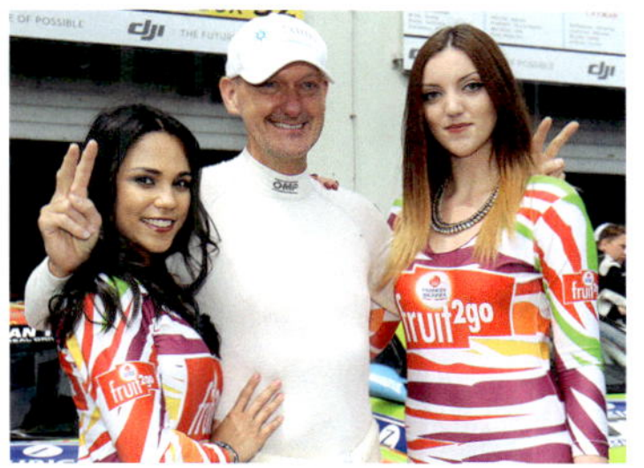
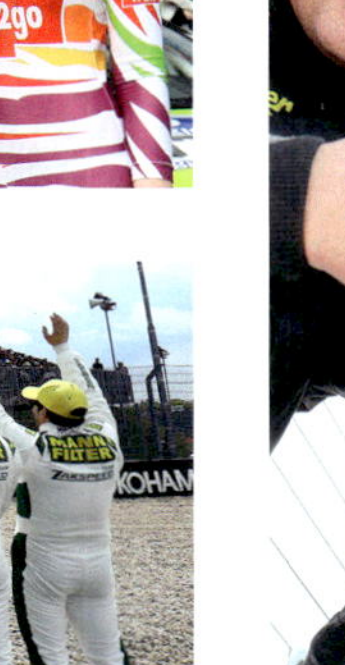
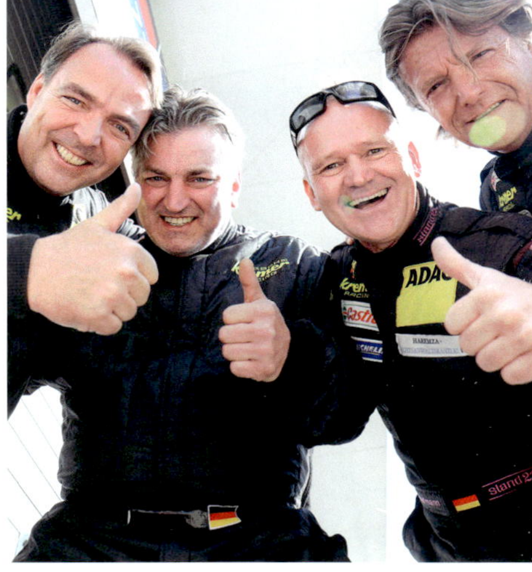
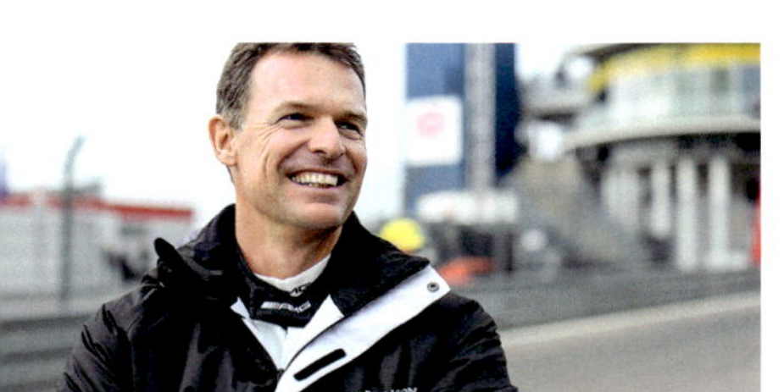

Hofor Racing und die letzten Minuten vor dem Start
Hofor Racing and the final minutes prior to the start

„Die Startaufstellung war dieses Jahr ein noch größeres Gewusel", sagte Chantal Kroll. „Man hätte ja denken können, dass sich einige aufgrund der schlechten Wettervorhersage lieber zu Hause den Livestream anschauen, aber falsch gedacht! Es war so voll, wie ich und auch die anderen es noch nicht erlebt hatten. Tolle Eindrücke! Und vor dieser Kulisse durften wir starten, atemberaubend!" Während Chantal und ihr Onkel Martin Kroll in den beiden BMW M3 GTR die Rolle des Startfahrers übernahmen, schaute sich Vater Michael die Anfangsphase auf den Monitoren in der Box an.

„Leider hat die TV-Regie entschieden, den Start der zweiten und dritten Gruppe nicht zu zeigen", sagte der 57-Jährige. „Da sieht man dann doch, wo die Präferenz liegt. Nicht unbedingt beim Breitensport. Ich denke, davon kann man spätestens nach diesem Event nicht mehr reden. Was die Werke dort aufgefahren haben hat DTM- und Formel 1-Niveau erreicht. Das ist für den Ottonormal-Racer nicht mehr nachzuvollziehen, warum mit solcher Gewalt dort vorgegangen wird. Anscheinend erkennen die Marketingverantwortlichen der Automobilindustrie nach jahrelanger Abstinenz in kleineren Serien doch, dass sich Motorsport lohnen kann. Anders ist dieser Aufwand nicht zu erklären. Schade aber, dass damit der Nimbus des 24h-Rennens am Ring etwas ins Wanken gerät."

"This year, the crowd on the starting grid was even bigger than before," Chantal Kroll said. "One could have been tempted to think that some people would rather stay at home to watch the live stream, given the bad weather forecast, but no way! It was more crowded than the others and I had ever seen it before. Great impressions! And in front of this crowd, we were able to start, breath-taking!" While Chantal and her uncle Martin Kroll took on the duties of the starting drivers in the two BMW M3 GTRs, father Michael watched the opening stages of the race on the screens in the pit box.

"Unfortunately, the TV director decided not to show the start of the second and the third group," the 57-year-old said. "That shows where the preference is: not necessarily on the club racers. I think that description is no longer appropriate after this event anyway. What the manufacturers put on has reached DTM and Formula 1 level. For Joe Average as a racing driver, it is beyond understanding why so much effort is put in there. Apparently, the marketing bigwigs of the motoring industry finally discovered, after an absence of many years in smaller series, that motorsport can pay off. There is no other way to explain this effort. But it is too bad that the spirit of the 24-hour race at the 'Ring is being slightly disturbed like this."

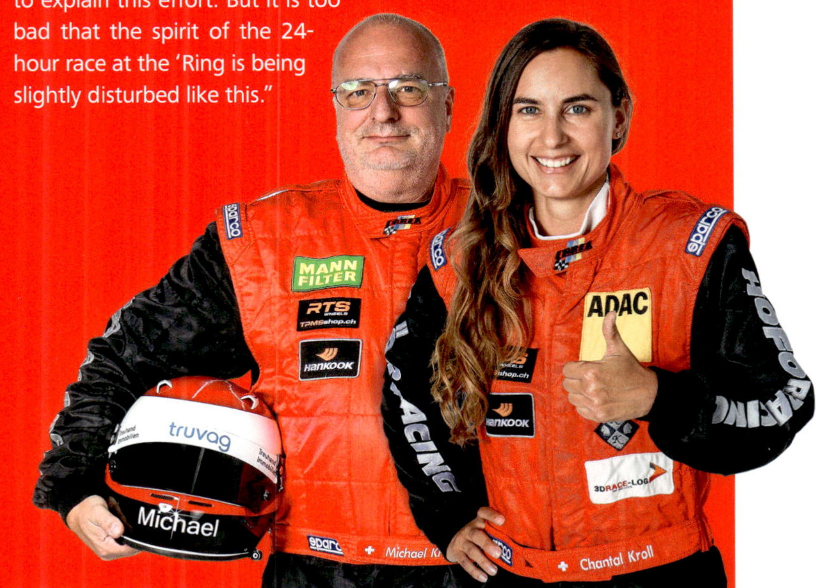

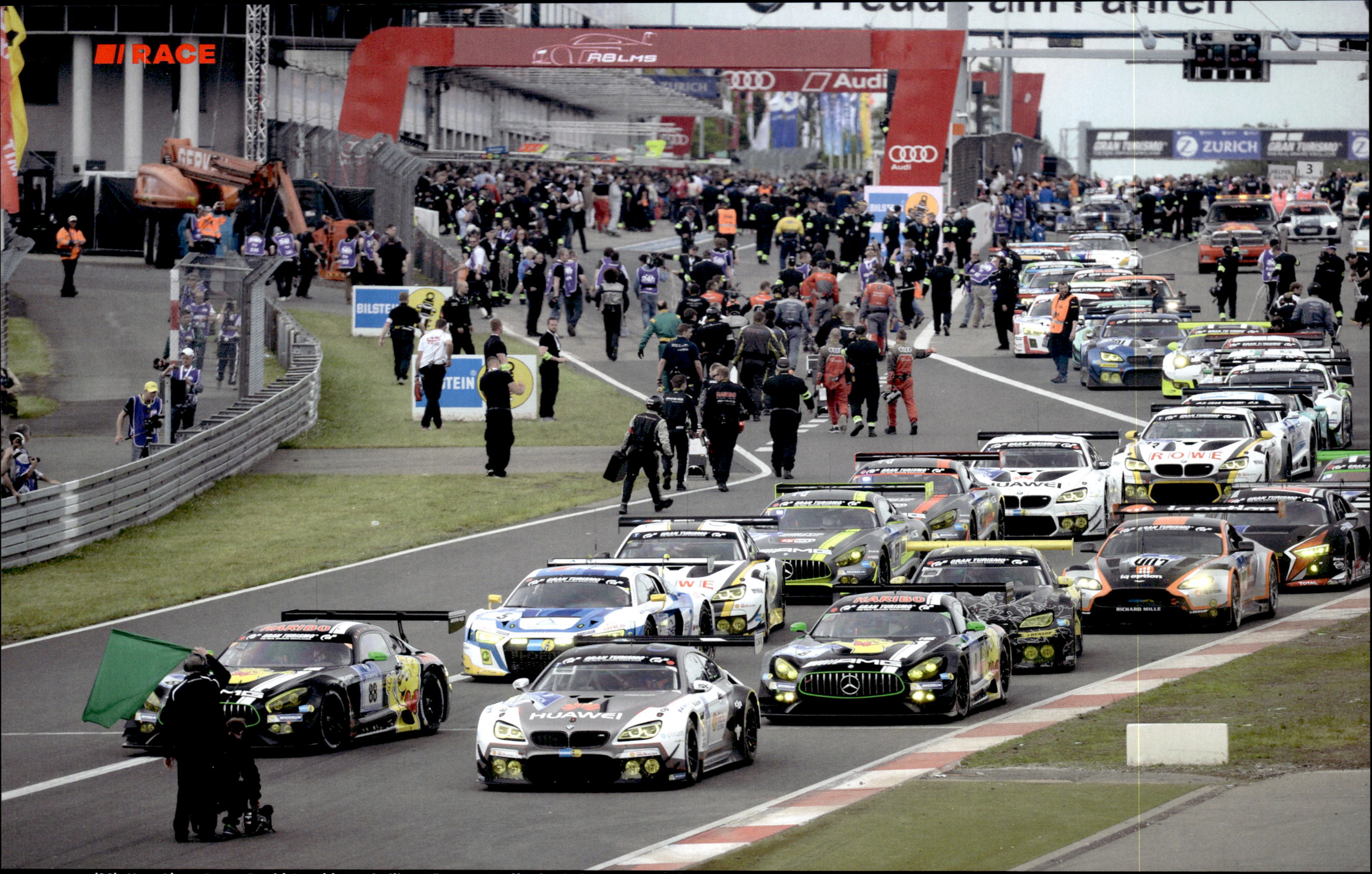

(88): Uwe Alzen, Lance David Arnold, Maximilian Götz, Jan Seyffarth - (18): Augusto Farfus, Jesse Krohn, Jörg Müller, Marco Wittmann

// RACE

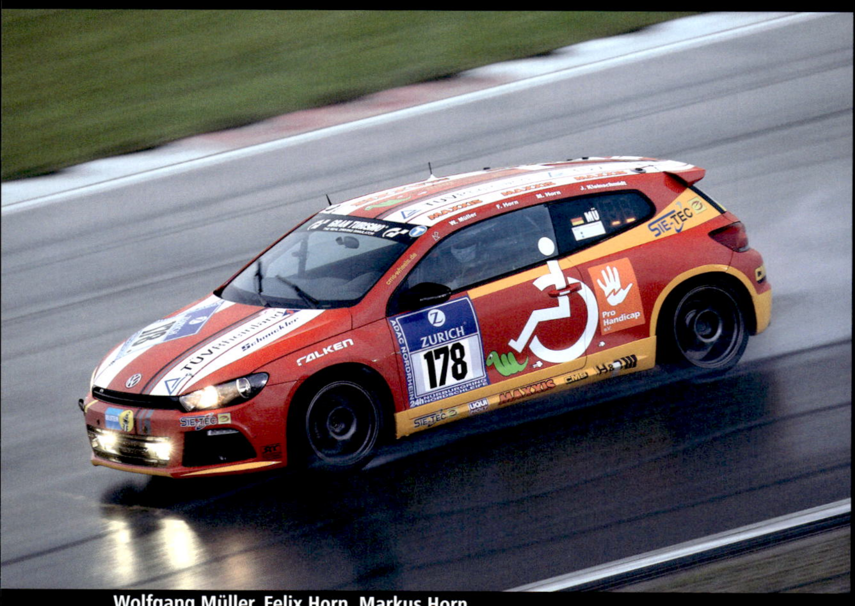

Wolfgang Müller, Felix Horn, Markus Horn

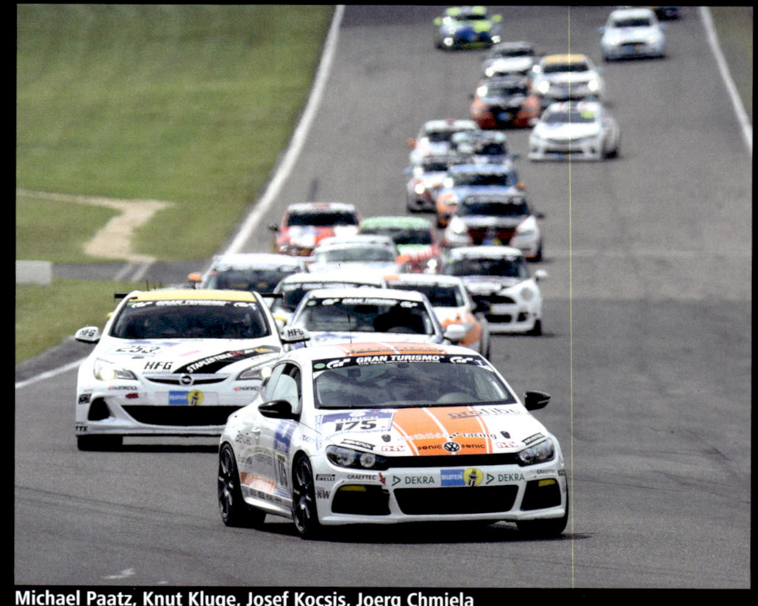

Michael Paatz, Knut Kluge, Josef Kocsis, Joerg Chmiela

(l.-r.): Wolfgang Kaufmann, Edgar Salewsky, Philippe Haezebrouck, Eberhard Baunach and Kremer Racing team

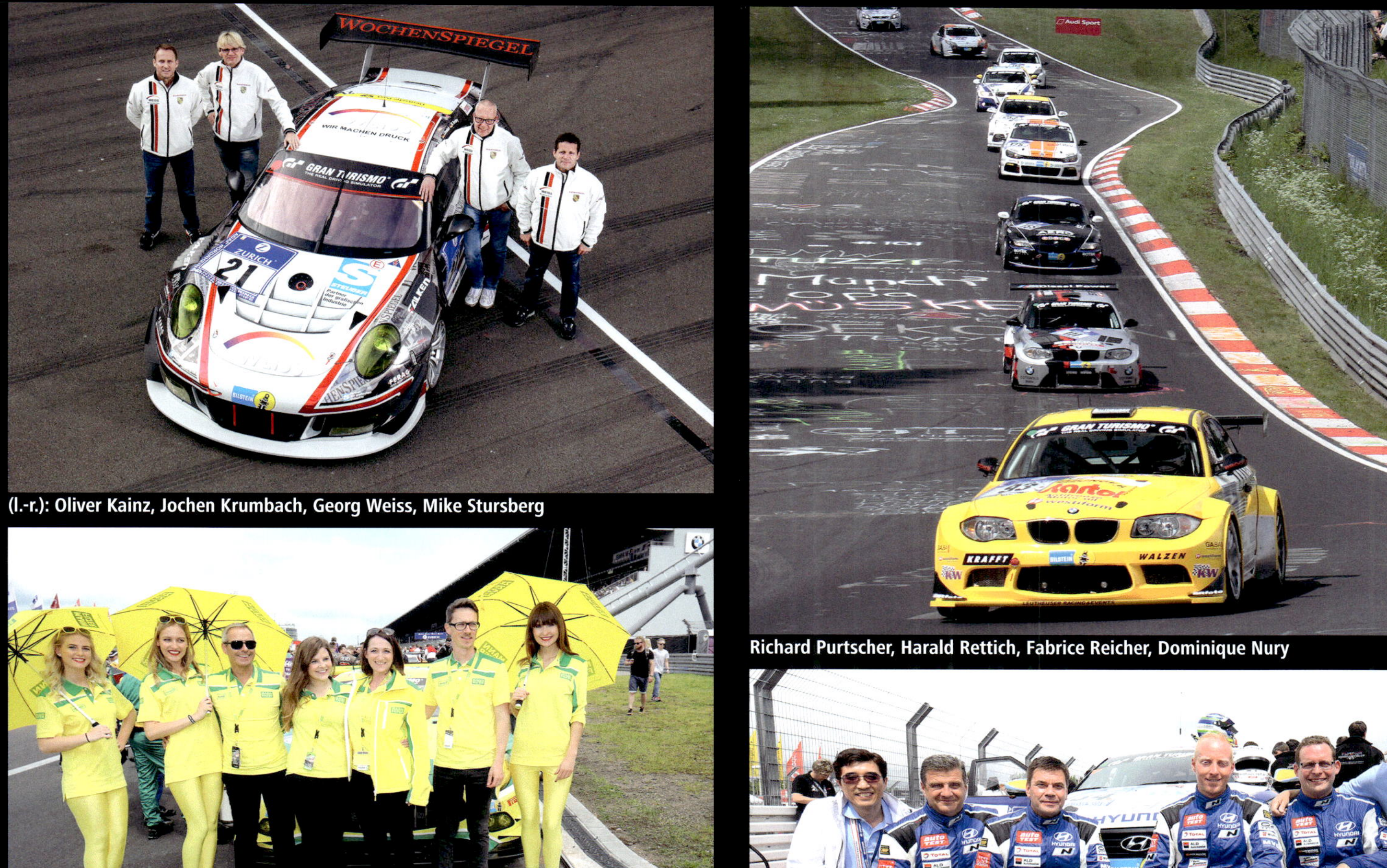

(l.-r.): Oliver Kainz, Jochen Krumbach, Georg Weiss, Mike Stursberg

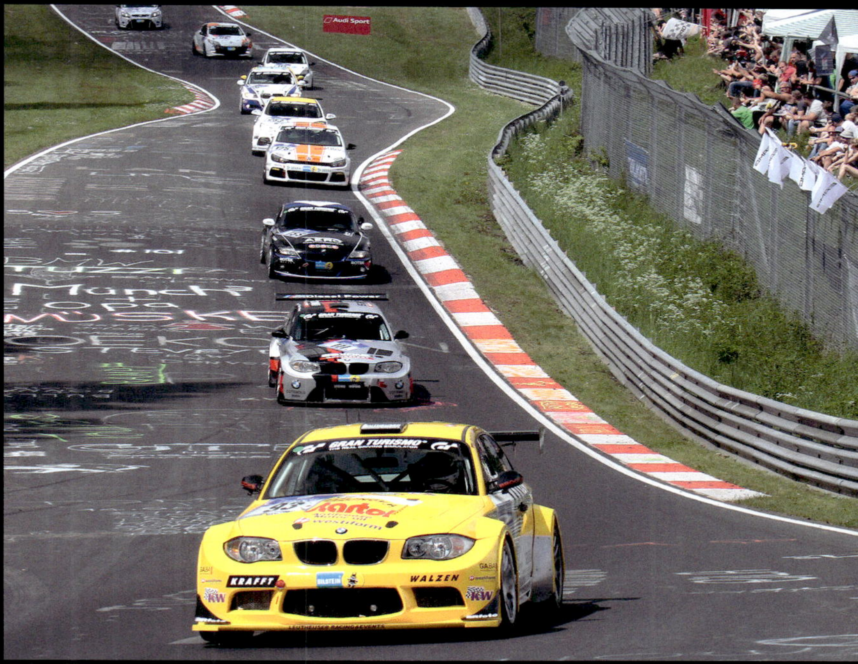

Richard Purtscher, Harald Rettich, Fabrice Reicher, Dominique Nury

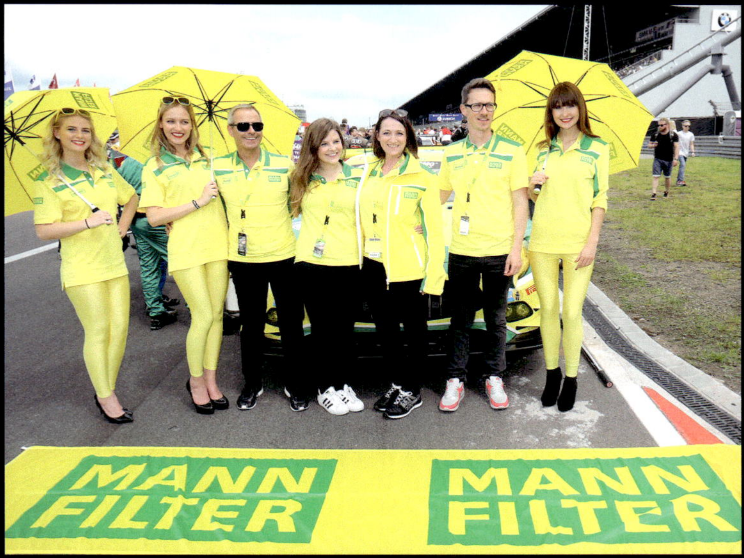

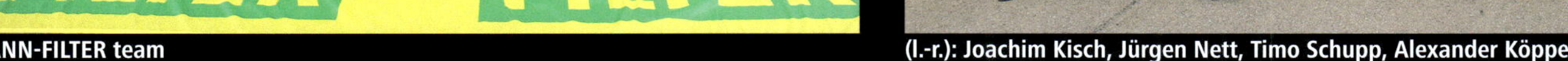

MANN-FILTER team

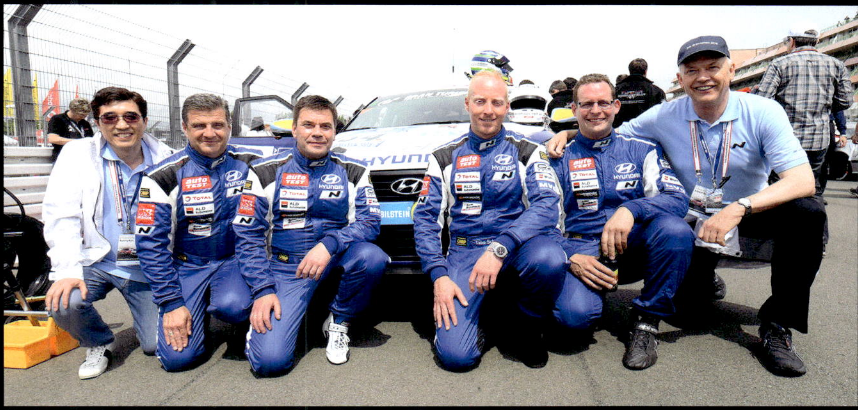

(l.-r.): Joachim Kisch, Jürgen Nett, Timo Schupp, Alexander Köppen

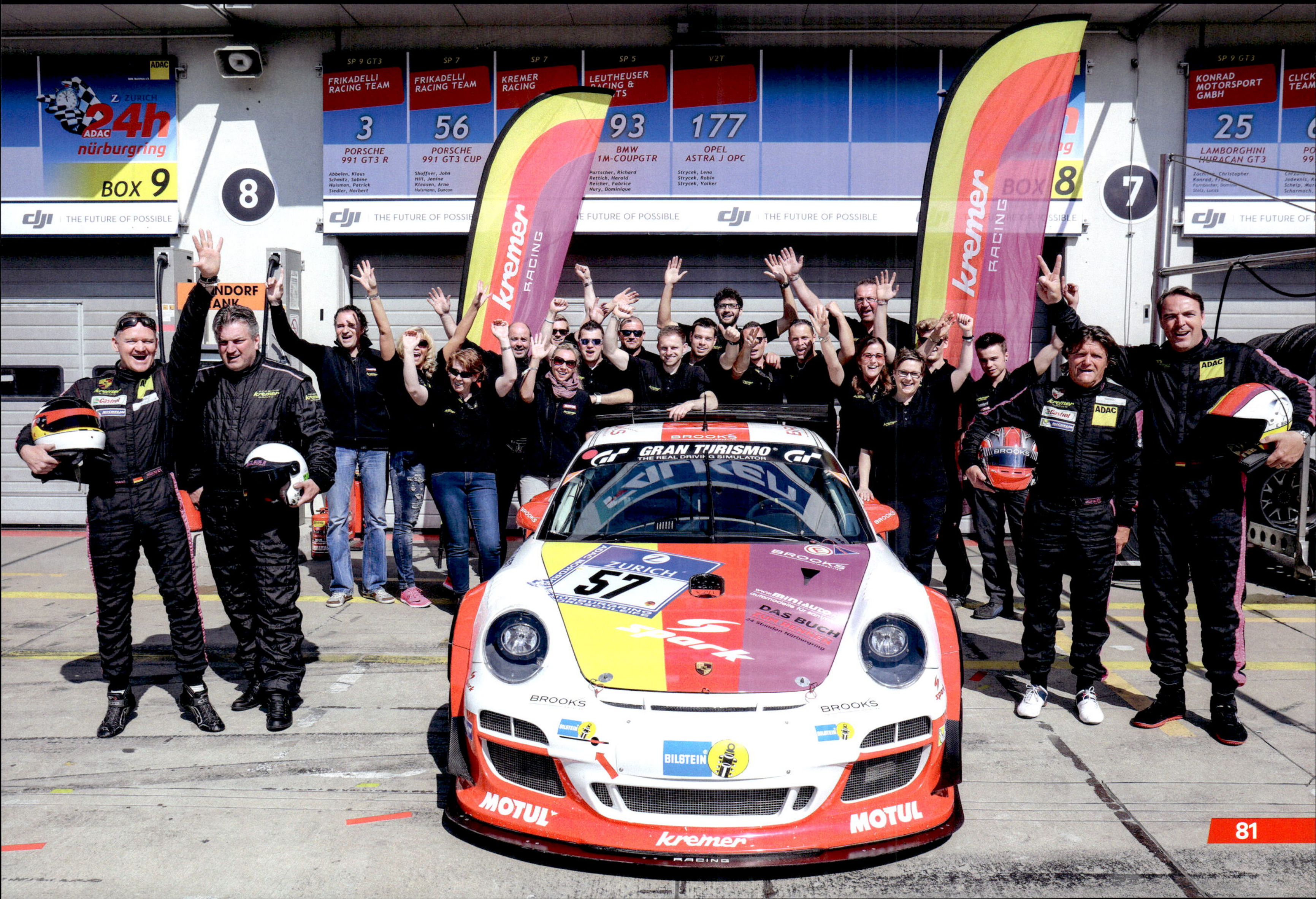

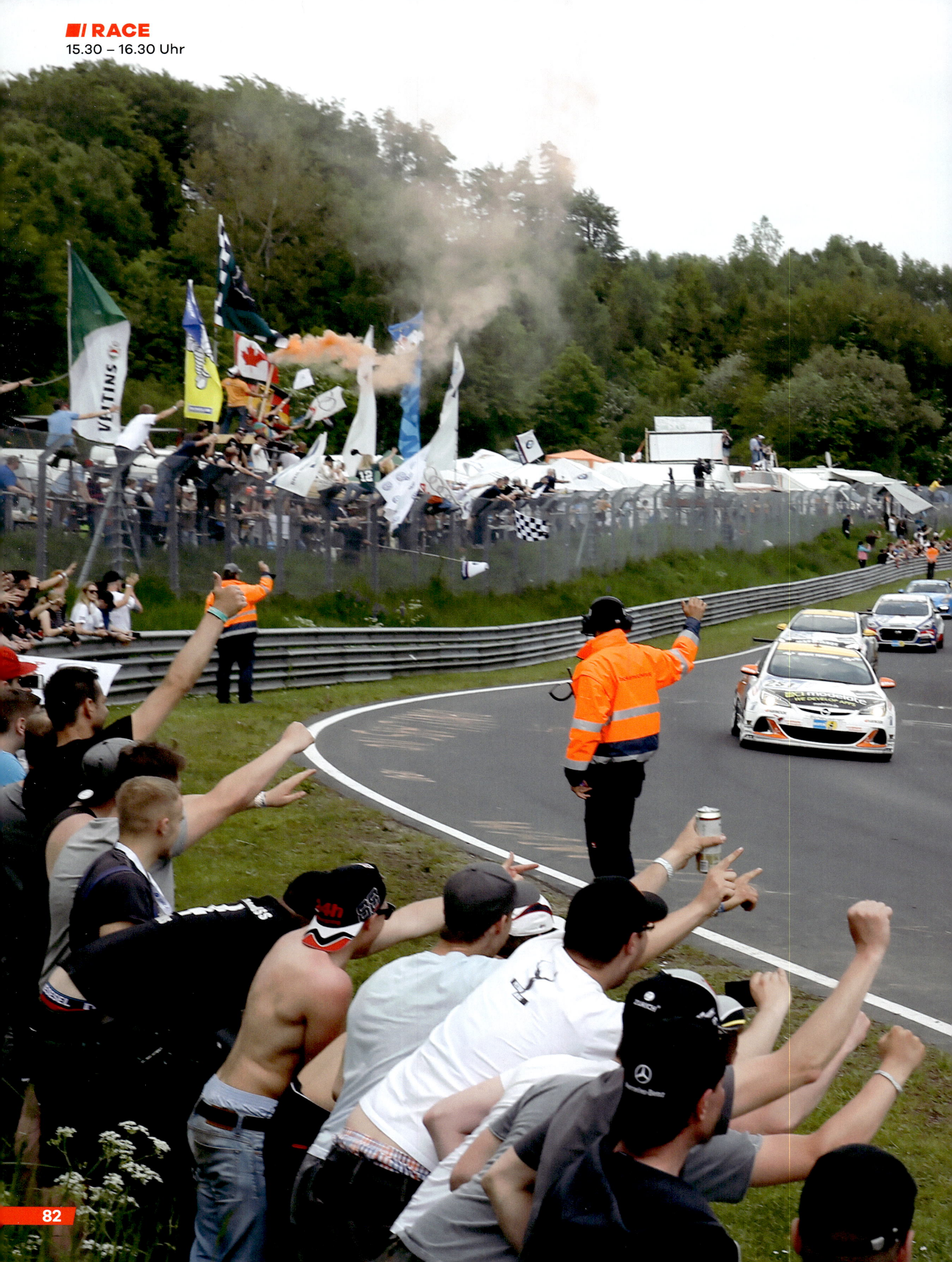
VELTINS

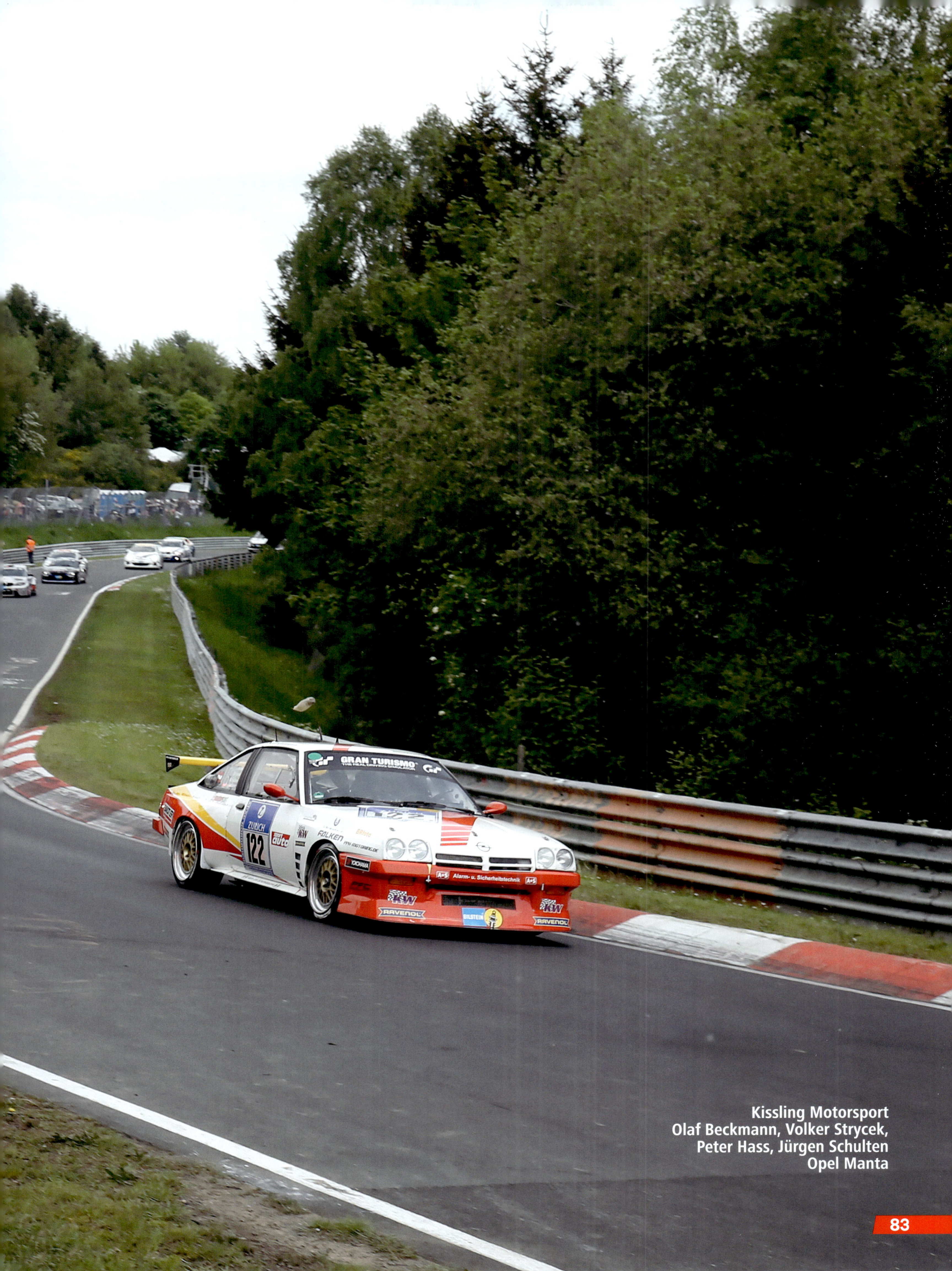

Kissling Motorsport
Olaf Beckmann, Volker Strycek,
Peter Hass, Jürgen Schulten
Opel Manta

15:30 – 16:30 Uhr

Start bei bestem Frühlingswetter
Mercedes-AMG und BMW bestimmen das Tempo
Hagelschauer sorgt für Unterbrechung

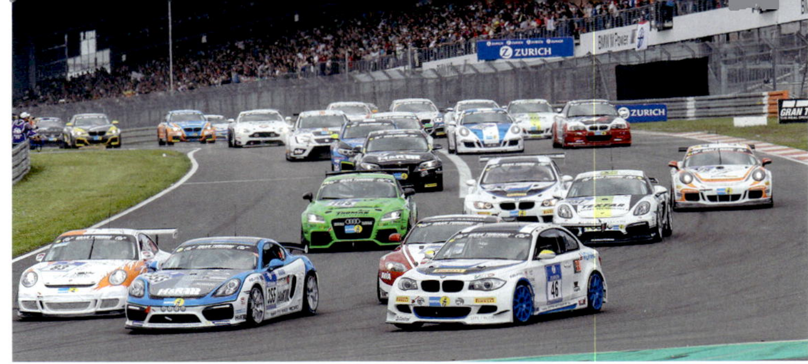

(83): David Ackermann, Carsten Welschar, Jörg Wiskirchen, Walter Csaba
(355): Daniel Bohr, Frank Schmickler, Pierre Humbert
(46): Thomas Ahles, Dierk Möller, Tom Moran, Rudi Adams

Die rote Flagge kam um 16.20 Uhr: Knapp 50 Minuten nach dem Start musste die Rennleitung den Langstreckenklassiker mit der roten Flagge unterbrechen. Starker Hagel verwandelte die Strecke innerhalb von Minuten im Bereich Adenauer-Forst in eine Schneepiste. Nachdem die Startphase auf trockener Strecke absolviert wurde, kamen nach dem Hagelschauer die auf Slicks gestarteten Fahrzeuge nicht mehr die Steigung zum Adenauer-Forst hinauf. Es bildete sich ein Stau bis in die Fuchsröhre. Die Rennleitung sah sich deshalb gezwungen, die 44. Auflage des 24h-Rennens vorerst zu unterbrechen, um die Rückführung der Fahrzeuge in die Boxengasse möglich zu machen.

Zuvor hatte es bereits bei Starkregen 27 Abflüge im Bereich Schwedenkreuz und Aremberg gegeben. Lediglich vier von ihnen konnten aus eigener Kraft nicht weiterfahren. Schon in der zweiten Runde war Le Mans-Sieger Nick Tandy im Bereich der Hohen Acht so hart mit dem Werks-Porsche 911(#911) gegen die Leitplanken geprallt, dass sein Rennen zu Ende war. Es war ausgerechnet jenes Fahrzeug, welches Kevin Estre im Top-30-Qualifying zerlegt hatte und über Nacht von Manthey Racing wieder aufgebaut worden war.

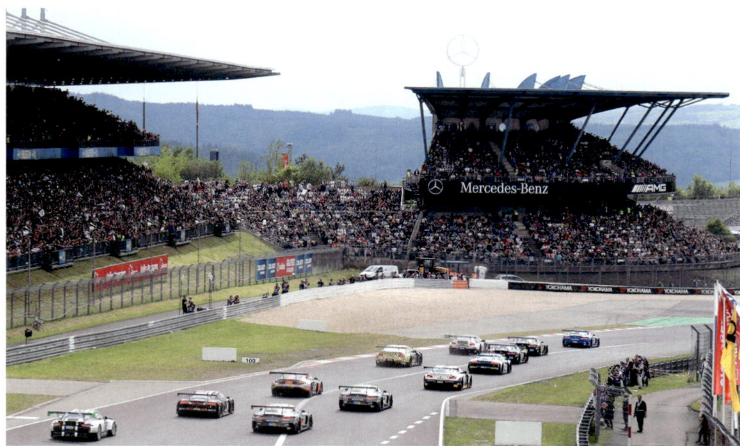

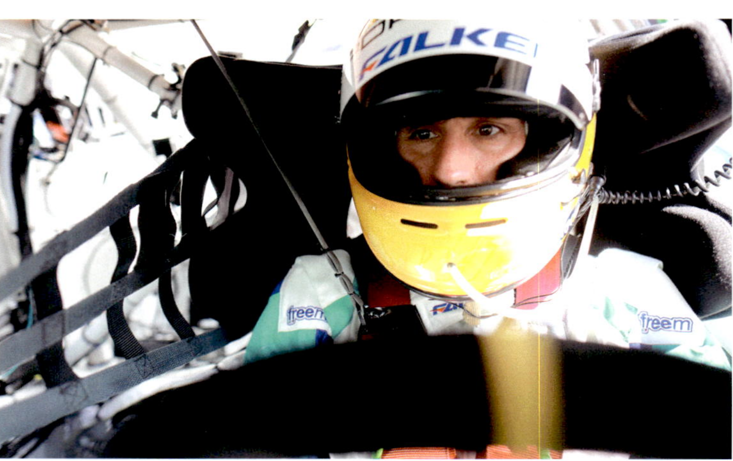

Wolf Henzler

(9): Hubert Haupt, Yelmer Buurman, Maro Engel, Dirk Müller -
(88): Uwe Alzen, Lance David Arnold, Maximilian Götz, Jan Seyffarth - (18): Augusto Farfus, Jesse Krohn, Jörg Müller, Marco Wittmann

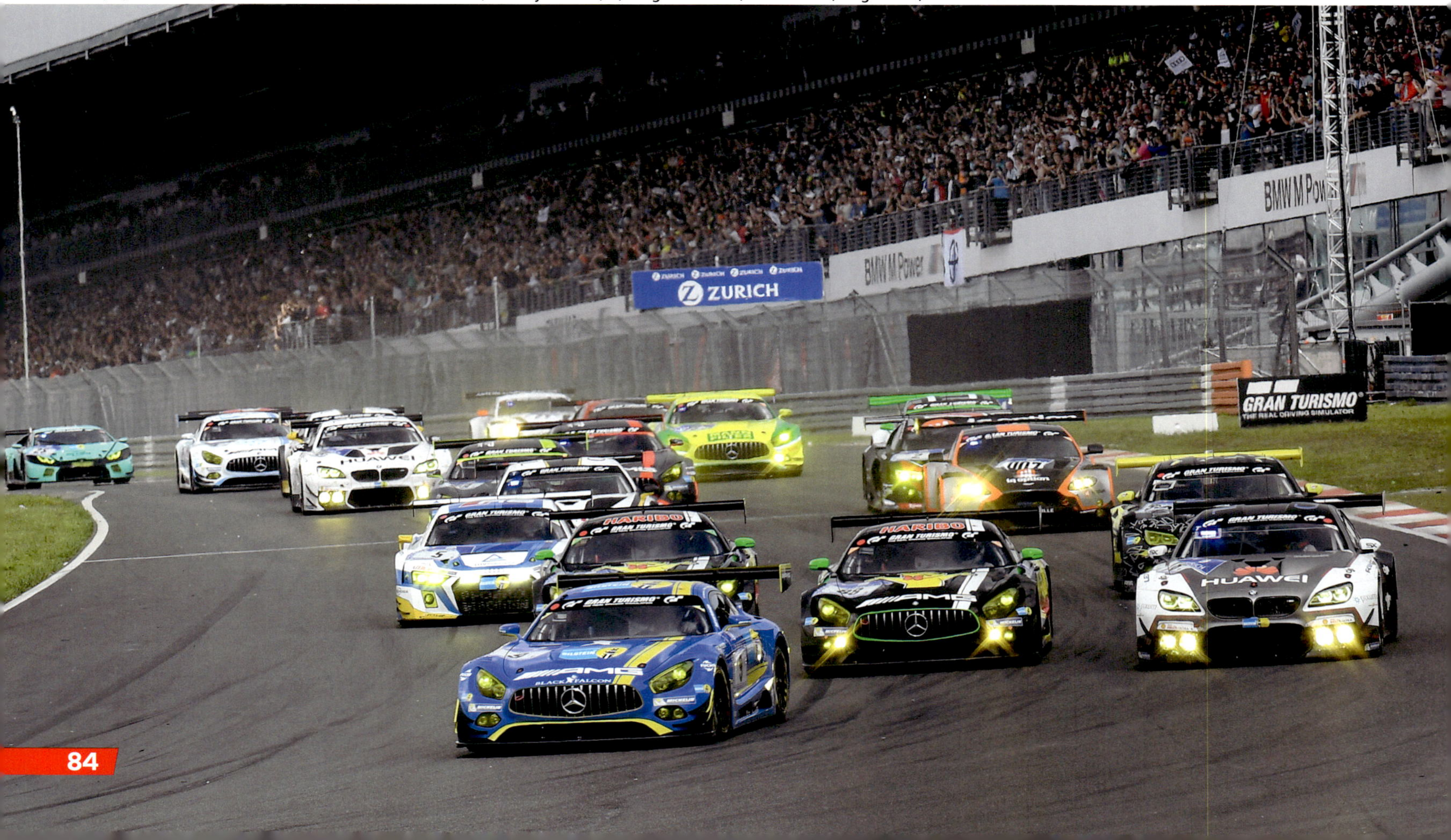

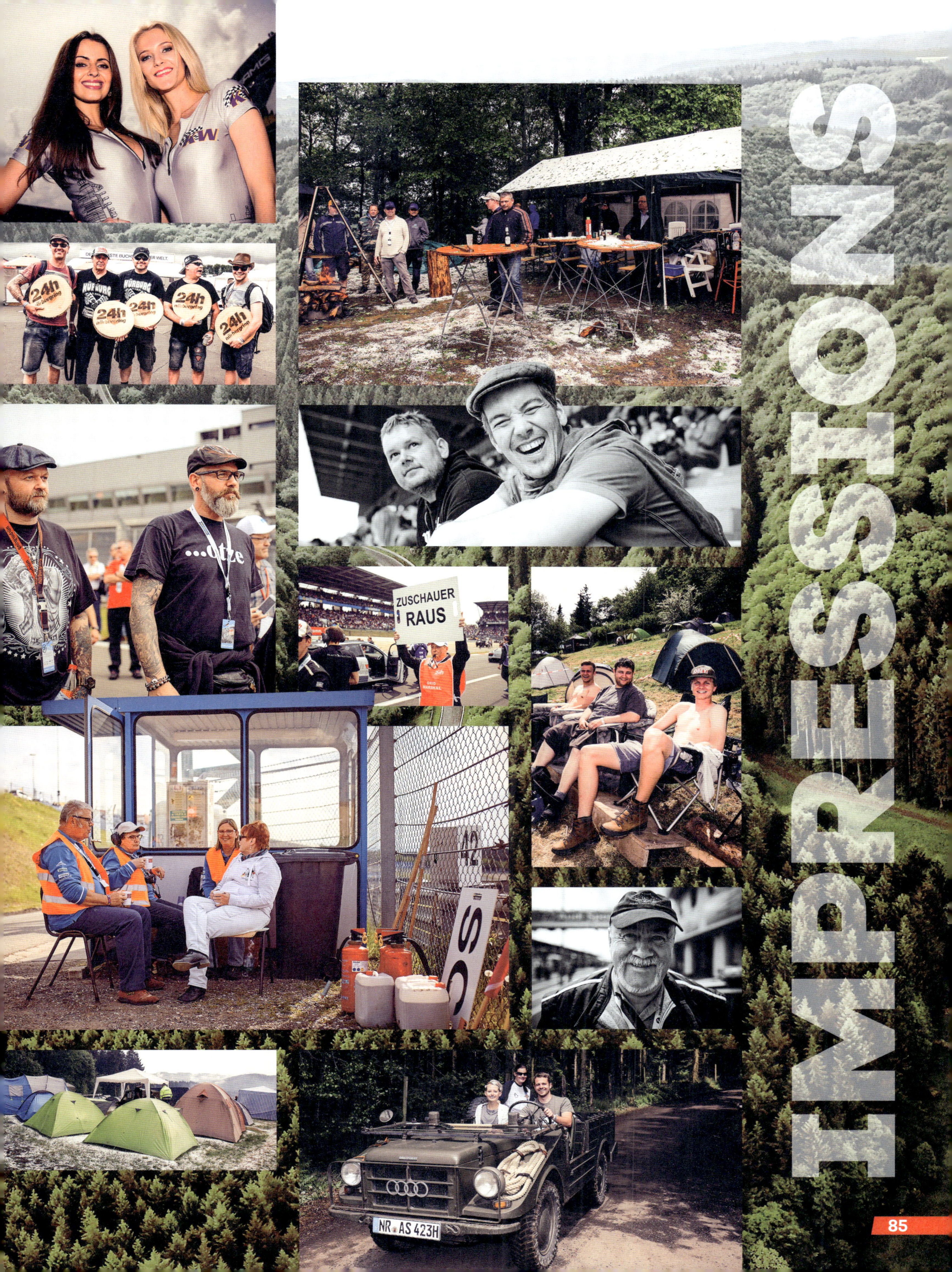
IMPRESSIONS
ZUSCHAUER
RAUS
NR AS 423H

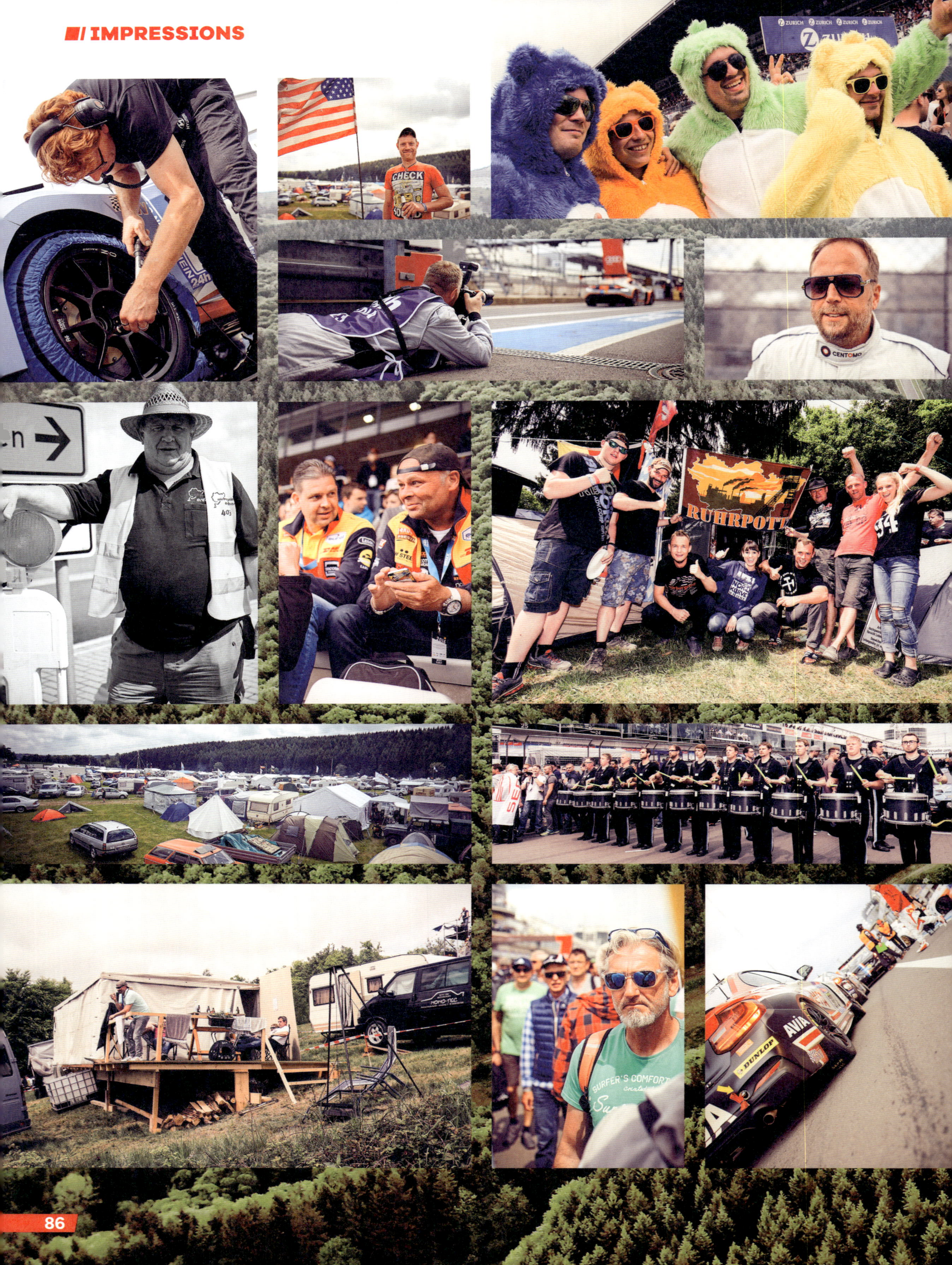
CHECK
RUHRPOTT
DUNLOP
AVIA

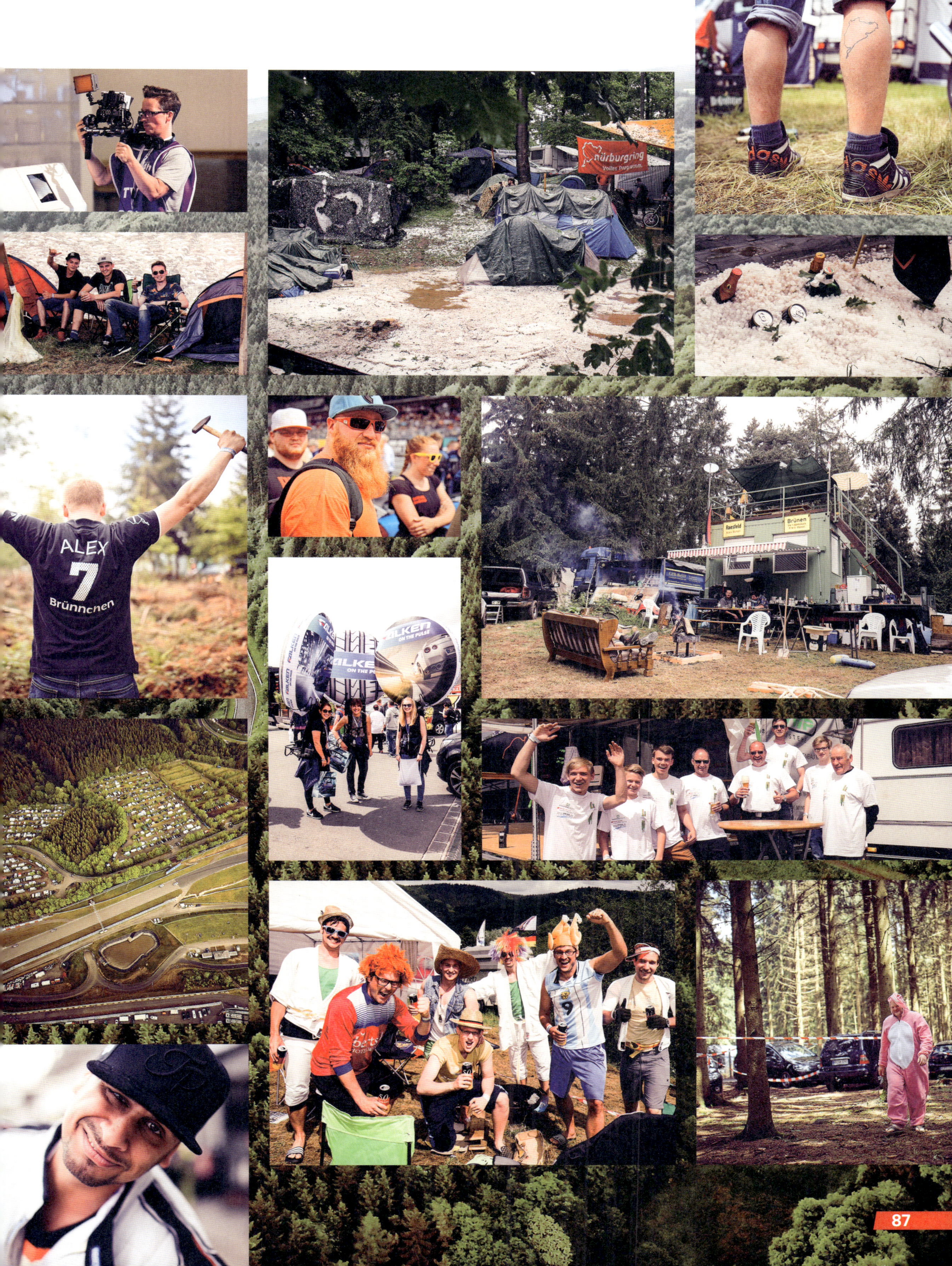
nürburgring
ALEX
7
Brünnchen
FALKEN
Raesfeld
Brünen

IMPRESSIONS

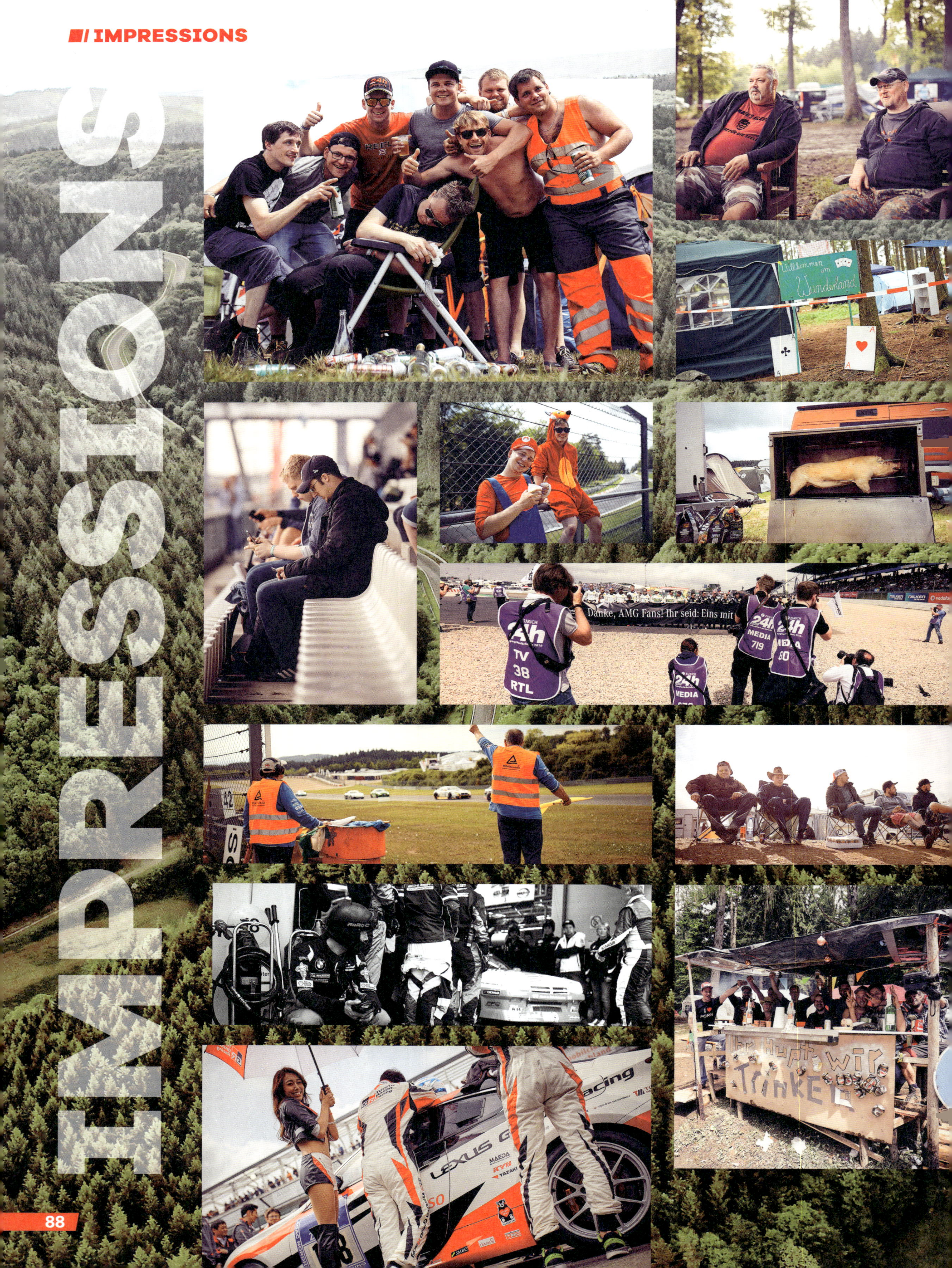

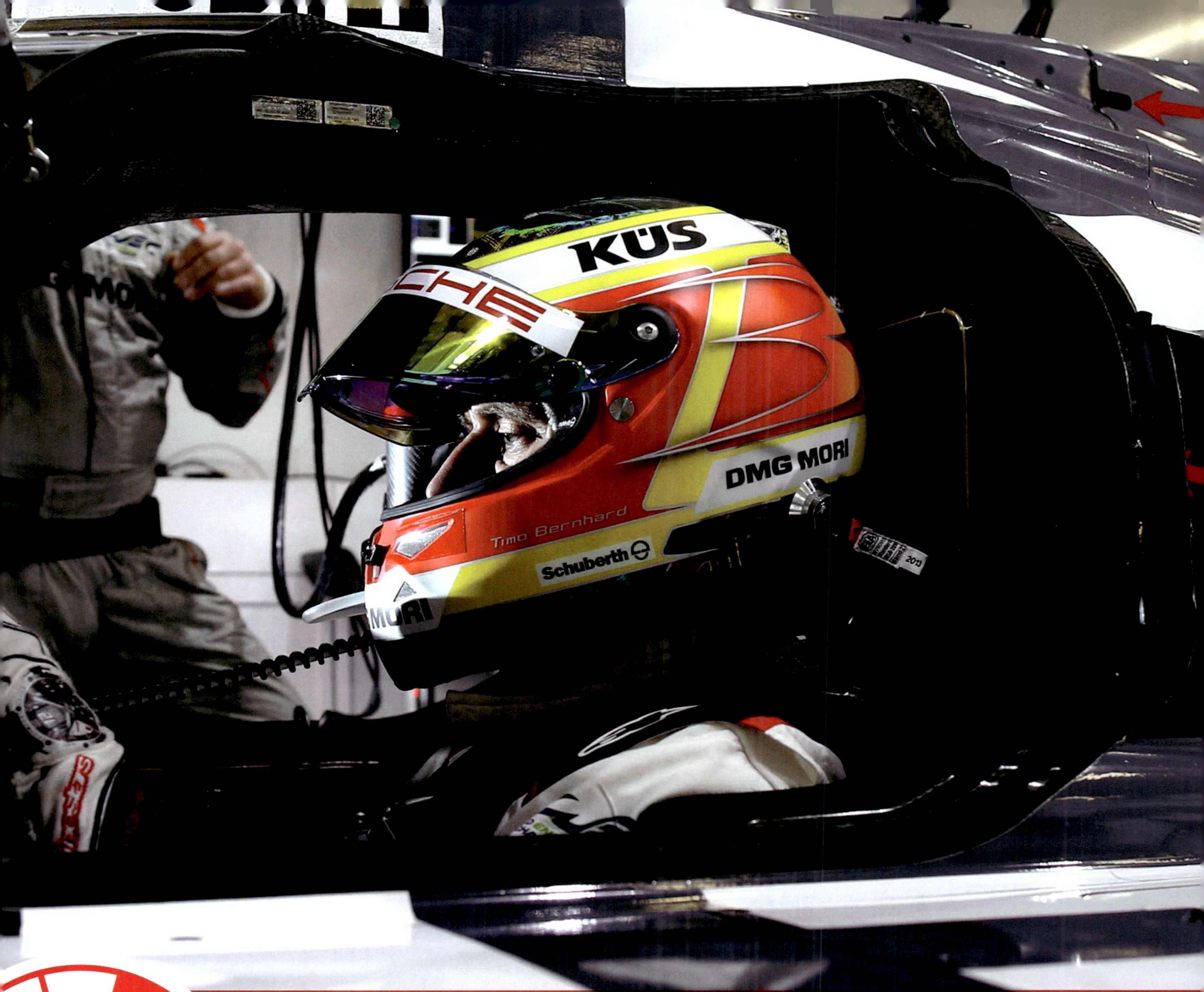

„So ist die Eifel manchmal“, schilderte Rennleiter Walter Hornung, nachdem er das Rennen mit der roten Flagge neutralisiert hatte. „An eine Weiterführung des Rennens war unter diesen Bedingungen nicht zu denken. Wir müssen zunächst die Strecke räumen und uns einen genauen Überblick über die Folgen dieses Wettersturzes verschaffen. Zunächst einmal ist wichtig, dass wir keine Verletzten zu beklagen hatten, nun müssen wir aufräumen, den Teams eine Gelegenheit zur Reparatur geben und danach neu in die Startaufstellung gehen. Der Zieleinlauf wird wie geplant am Sonntag um 15.30 Uhr erfolgen.“

Vor dem Abbruch hatten Mercedes-AMG und BMW die führenden Fahrzeuge gestellt. Für das AMG-Team Black Falcon konnte Maro Engel im Mercedes-AMG GT3 mit der #9 den Start gewinnen und sich vor den BMW M6 GT3 #18 von Schubert Motorsport setzen, mit dem er sich die erste Startreihe geteilt hatte. Die beiden Spitzenreiter legten in der Folge ein hohes Tempo vor und setzten sich Runde um Runde vom Feld ab.

Die Verfolger führte Maximilian Götz im Mercedes-AMG GT3 des Haribo Teams an, der nach drei Runden jedoch schon rund zehn Sekunden Rückstand hatte. Beim Abbruch nach der fünften Runde hatten sich wiederum Götz und Markenkollege Christian Hohenadel (#29, HTP-Motorsport) als schnelles Duo von den weiteren Verfolgern ein wenig absetzen können. Ihnen folgten Klaus Graf (#22, Rowe Racing) und Frank Stippler (#5, Phoenix Racing).

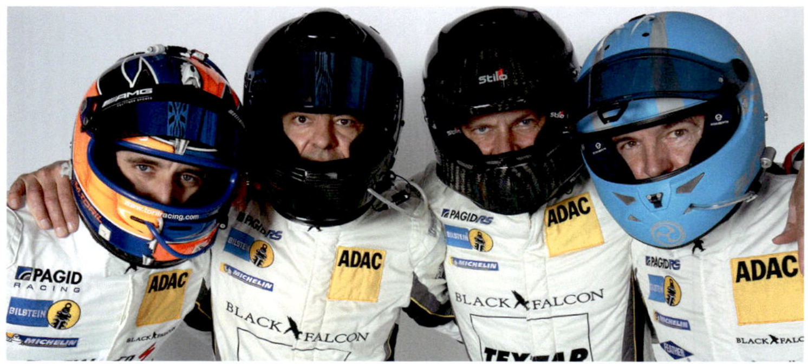

(l.-r.): Miguel Toril Boquoi, „Philip“, Andre Kuhn, Aurel Schoeller

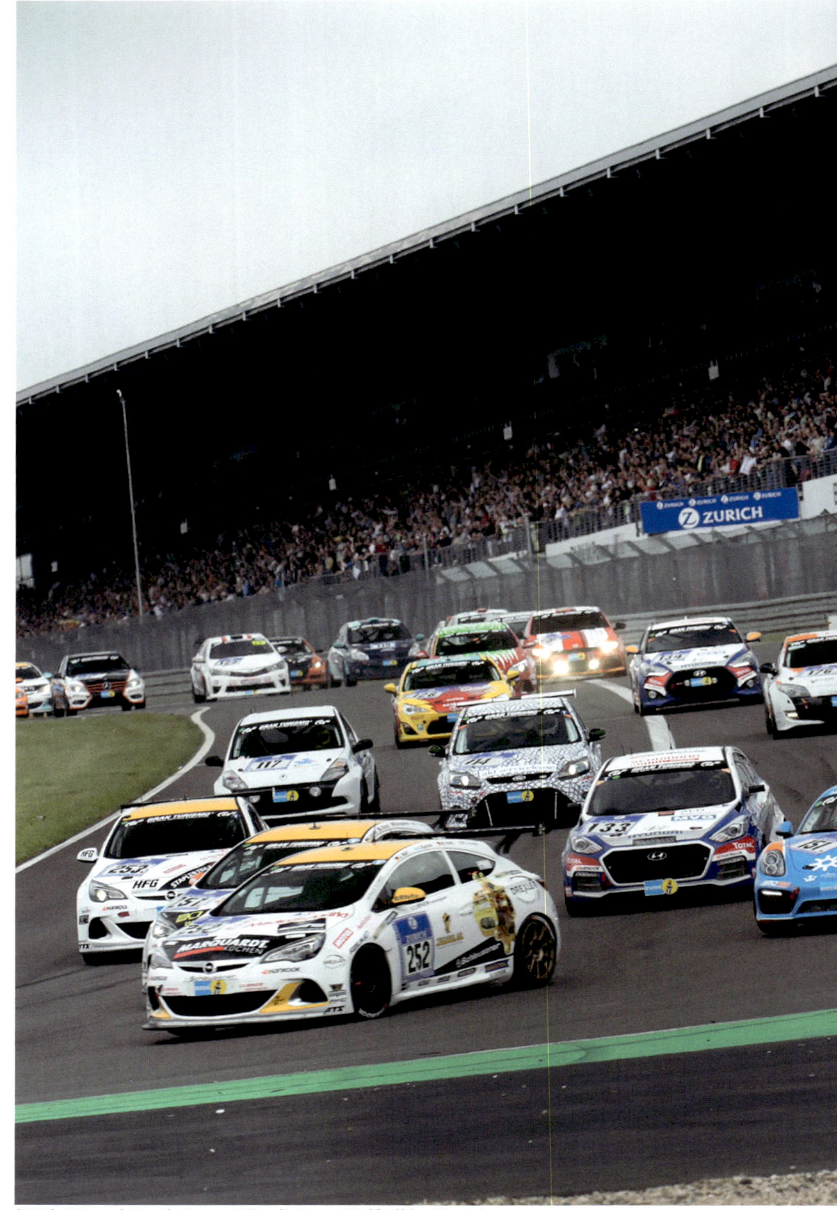

(252): Marcel Hartl, Roger Vögeli, Jens Wulf, Ilkka Kariste

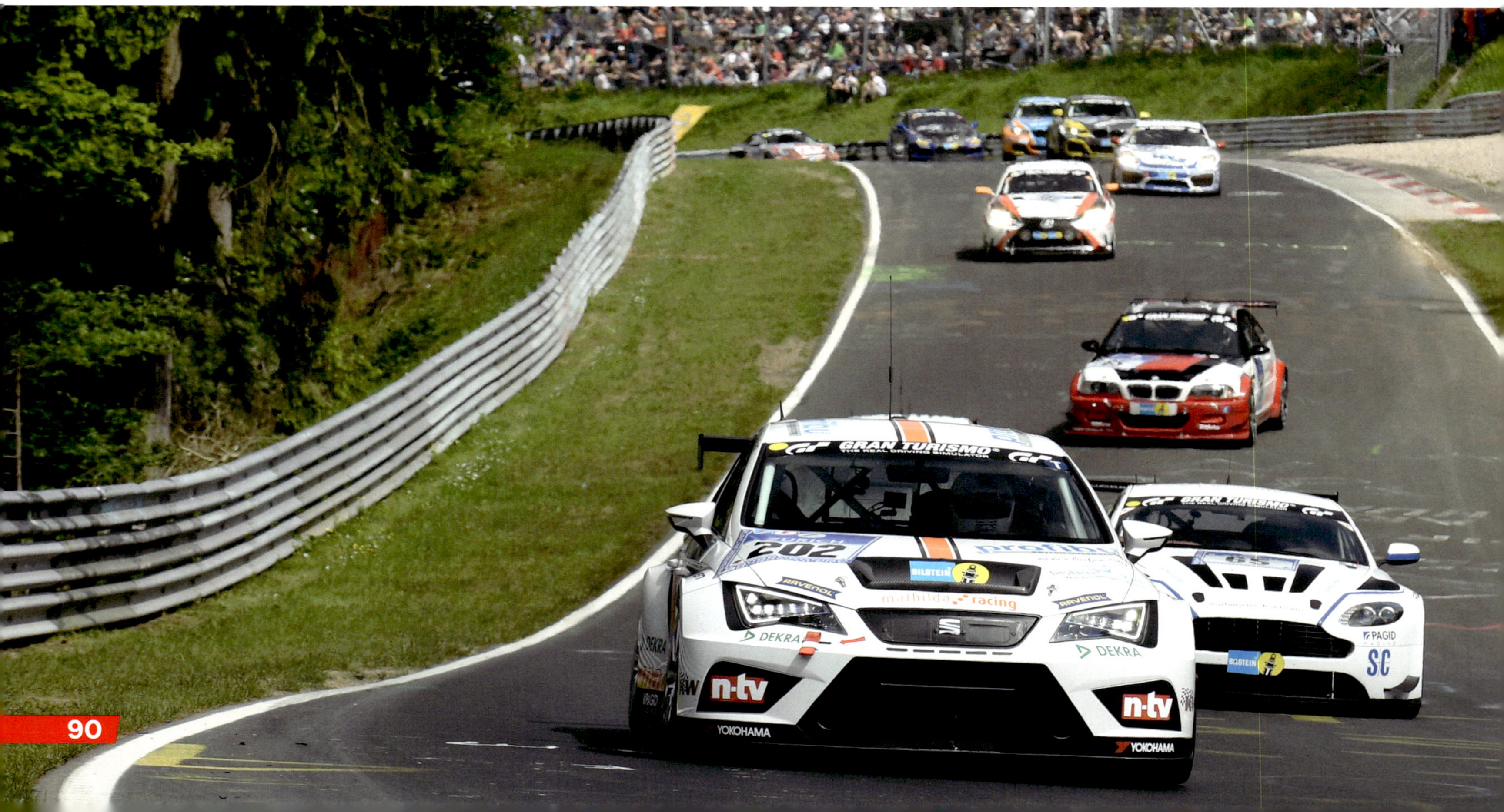

▌Start in excellent spring weather conditions
▌Mercedes-AMG and BMW set the pace
▌Hailstorm causes interruption

At 16.20 hrs, the session was red flagged, some 50 minutes after the start. Within a few minutes, hail had turned the track into an ice-skating rink at Adenauer Forst. As the track was dry when the race got underway, the slick-shod cars had no chance to get up the hill, and the traffic jam reached all the way down to Fuchsröhre, so race control had no other option than to suspend the race. No fewer than 27 crashes had already been reported at Schwedenkreuz and Aremberg following heavy rain. Only four cars were unable to make it back under their own steam. On lap two, Le Mans winner Nick Tandy had

(151): Christian Büllesbach, Andreas Schettler, James Briody, Carlos Arimon

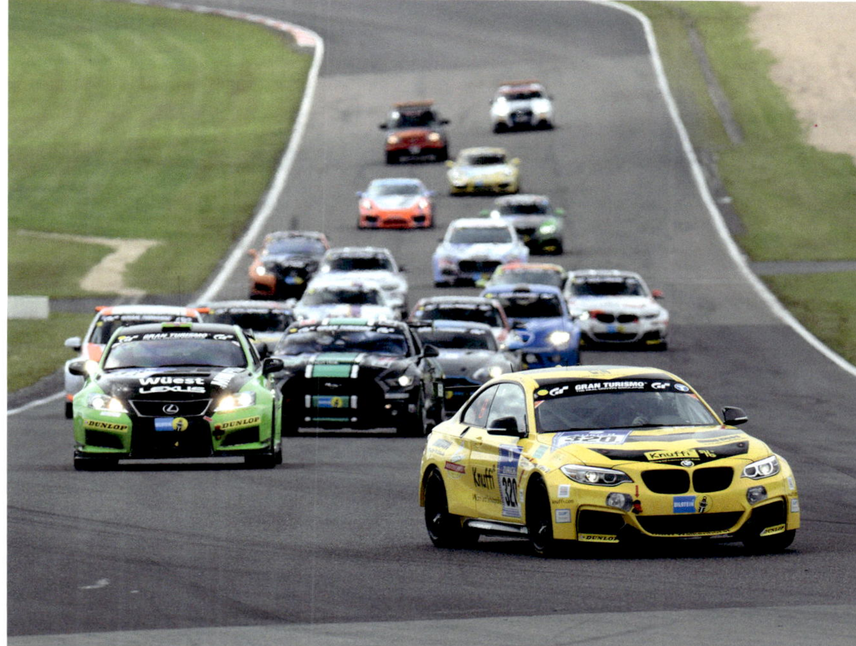

Thomas D. Hetzer, Stefan Kruse, Henning Cramer, Florian Weber

(l.-r.): Takamitsu Matsui, Naoya Gamo, Takayuki Kinoshita

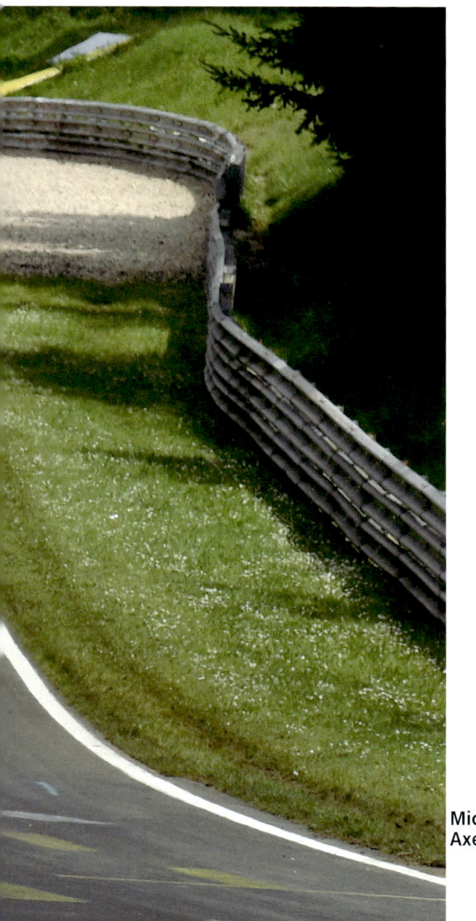

Michael Paatz, Klaus Niedzwiedz, Axel Friedhoff, Max Friedhoff

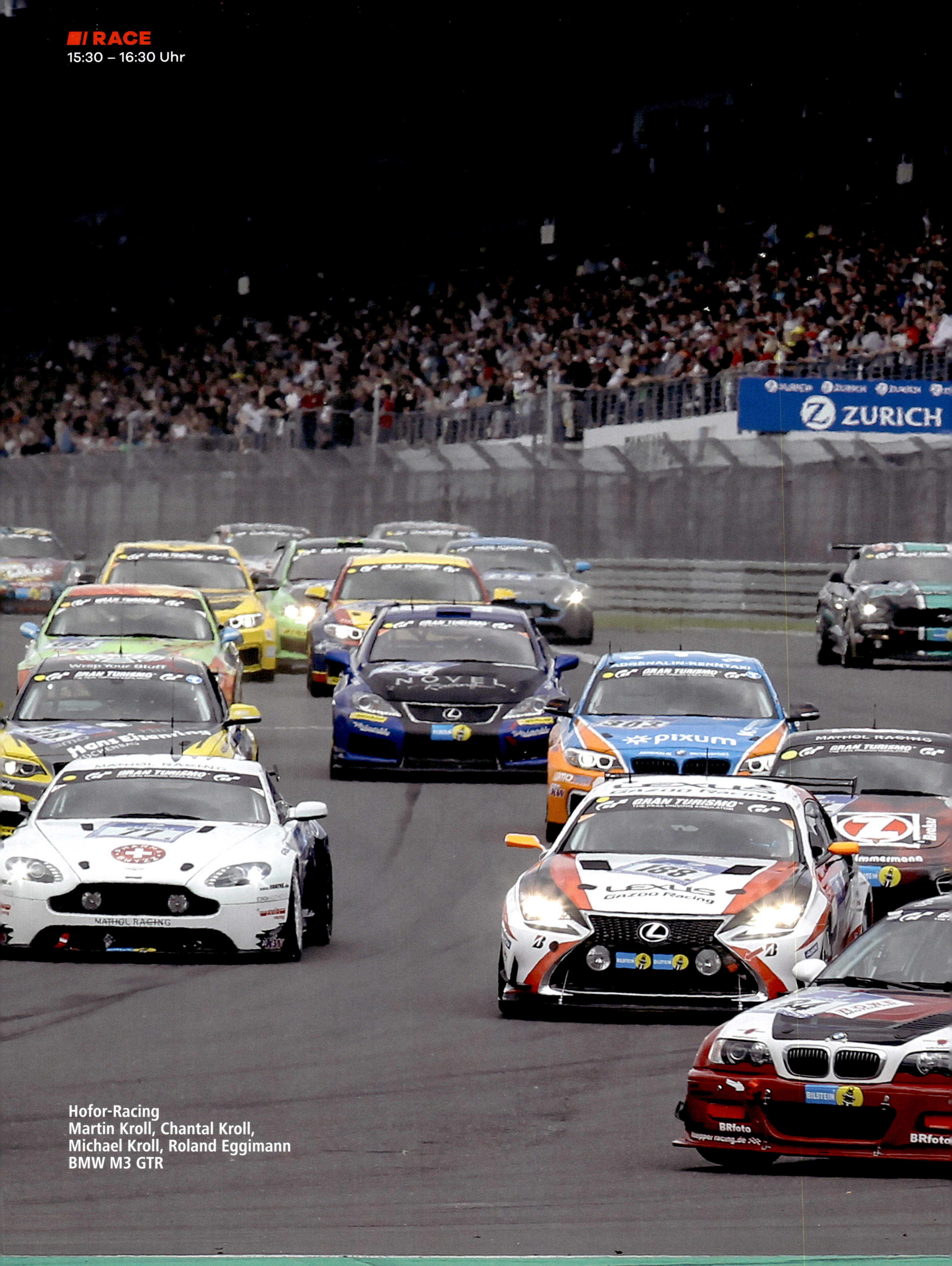

Hofor-Racing
Martin Kroll, Chantal Kroll,
Michael Kroll, Roland Eggimann
BMW M3 GTR

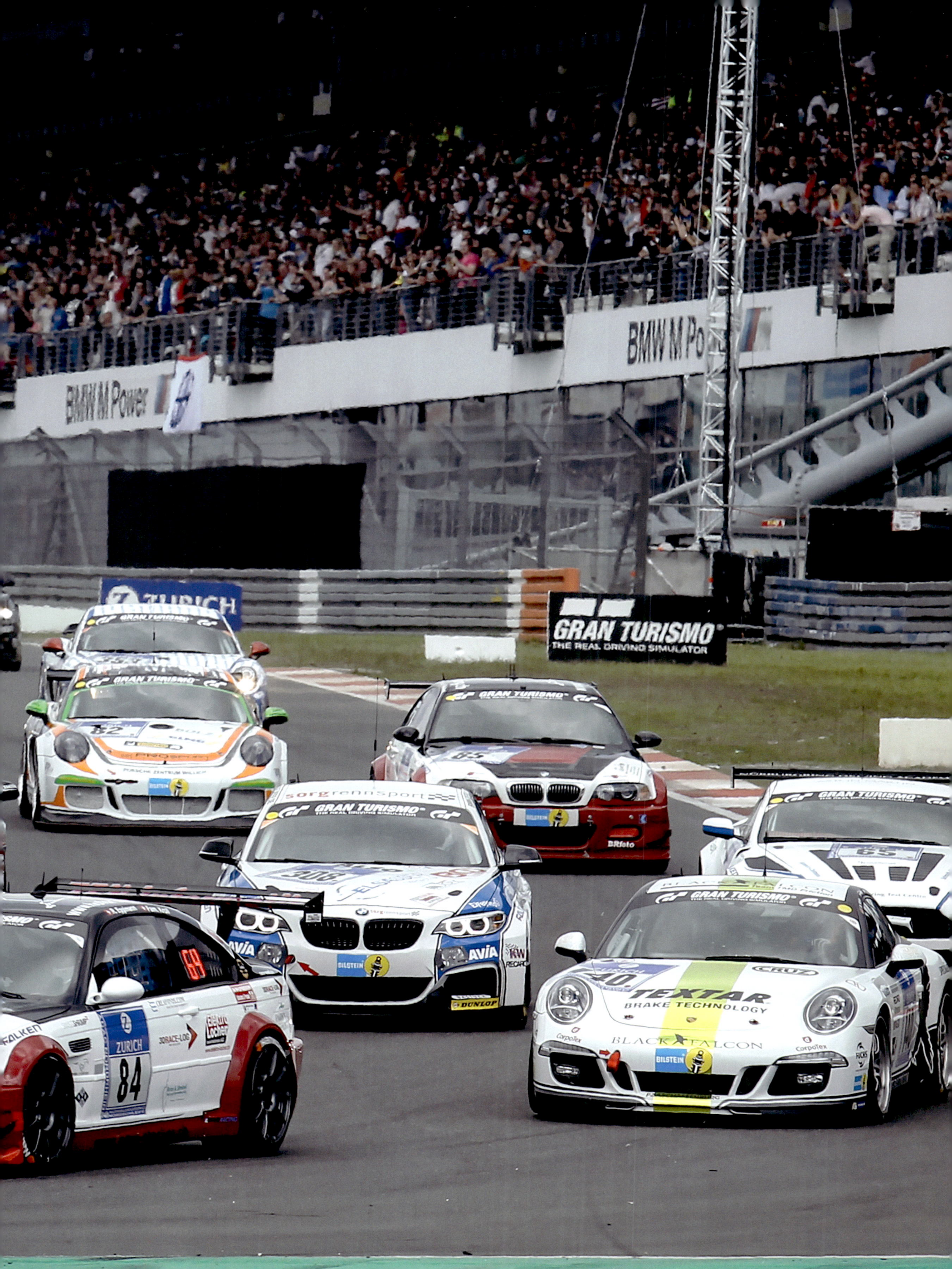
BMW M Power
ZURICH
GRAN TURISMO
THE REAL DRIVING SIMULATOR
TEXTAR
BRAKE TECHNOLOGY
BLACK FALCON
BILSTEIN
AVIA
DUNLOP
FALKEN
84
40

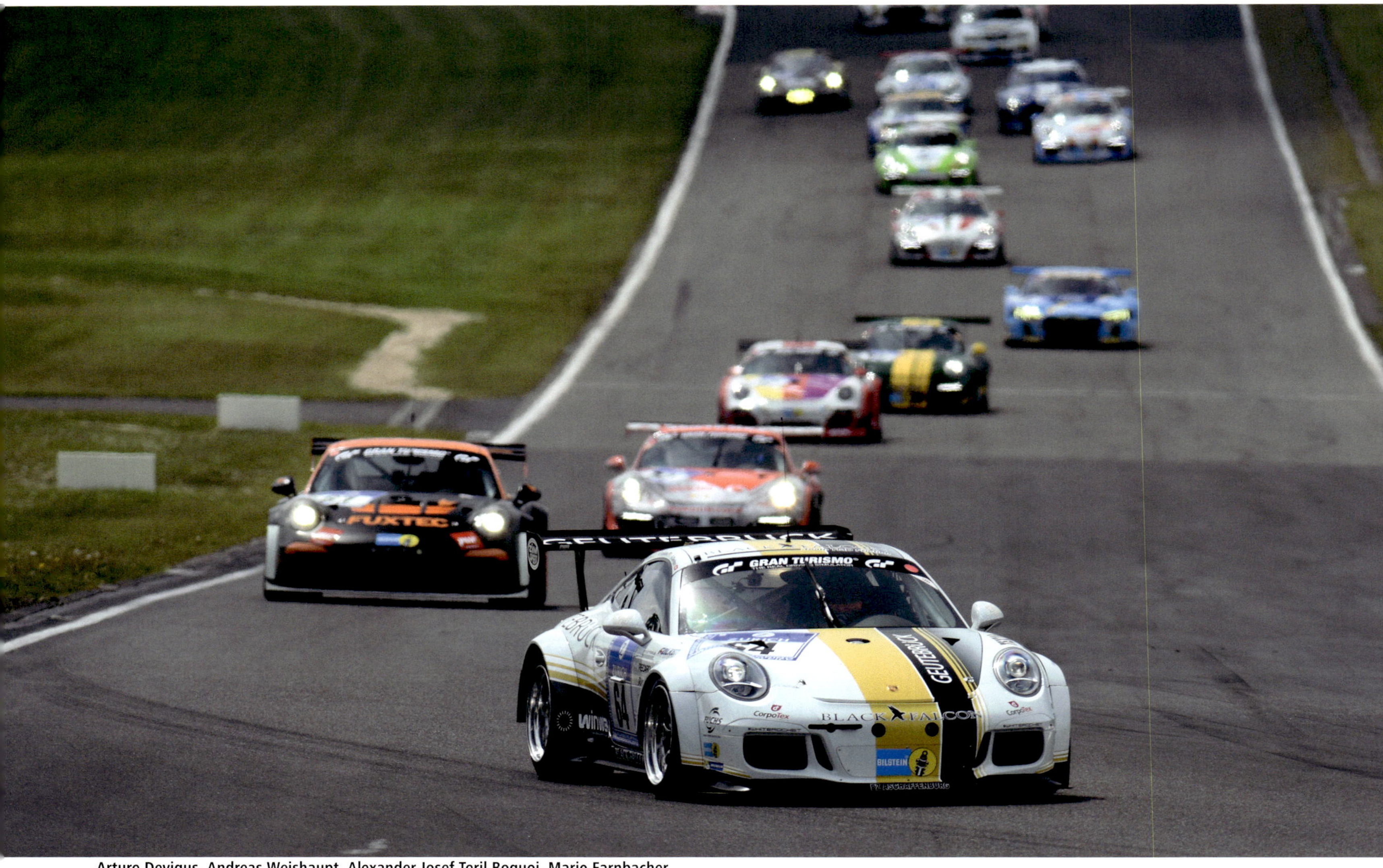

Arturo Devigus, Andreas Weishaupt, Alexander Josef Toril Boquoi, Mario Farnbacher

„Fühlte mich wie ein Rocky Mountain Bezwinger"
"It felt as if I had conquered the Rocky Mountains"

„Beim diesjährigen Rennen hat die Nordschleife erneut klargestellt, warum sie auch die "Grüne Hölle" genannt wird. Ich glaube nicht, dass es irgendwo auf der Welt eine solche Wettersituation geben würde wie auf der Nordschleife. Ich hab die Bilder noch im Kopf, wie wir bei bestem Eifelwetter die Startaufstellung genießen durften und einige Zeit später sah es auf der Nordschleife aus wie auf Horrorbildern eines Katastrophengebietes aus den Nachrichten.

Wenn man dann sieht, wie die Menschen darauf reagieren und es brutal schnell und massenhaft in der Social-Media-Welt verbreitet wurde, sieht man, wie besonders dieser Platz hier oben in der Eifel nach wie vor ist. Die Bilder waren surreal und man musste sich wirklich zweimal die Augen reiben um zu verstehen, dass es Eis war, das die komplette Fahrbahn bedeckte. Ich bin in den letzten zehn Jahren so viele Top-Autos gefahren und habe so viele Geschichten erlebt. Aber 2016 wird schwer zu toppen sein. Ich fühlte mich wie ein Rocky Mountain Bezwinger."

K. Heyer

"During this race, the Nordschleife made it clear once again why it is also dubbed as 'The Green Hell'. I don't think that a similar weather situation like at the Nordschleife can occur anywhere else in the world. I still remember how we enjoyed the activities starting grid in great Eifel weather, but only a little while later, conditions at the Nordschleife looked like the horrific images you sometimes see on the TV news from an area hit by a catastrophe.

When you then see how people react and the speed and scale at which the news spread on social media, it becomes clear how special this place here in the Eifel still is. The images were surreal and you really had to look twice to understand that it was ice covering the entire track. In the last ten years, I have been driving so may top cars and experienced so many things, but 2016 will take some beating. It felt as if I had conquered the Rocky Mountains."

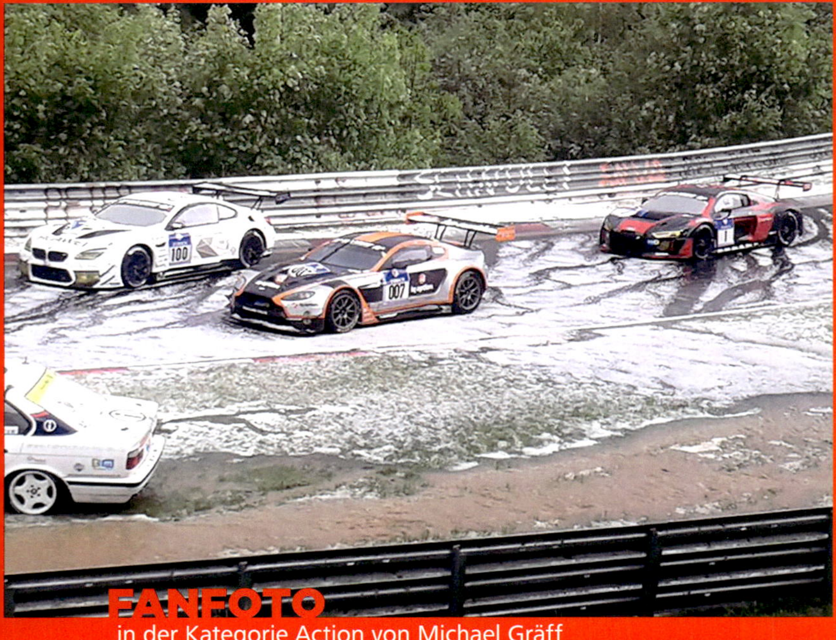

FANFOTO
in der Kategorie Action von Michael Gräff

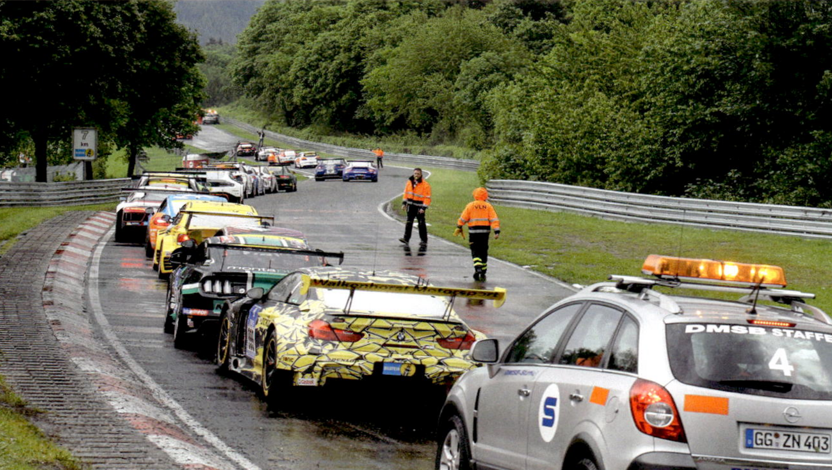

Victor Bouveng, Tom Blomqvist, Christian Krognes, Michele Di Martino

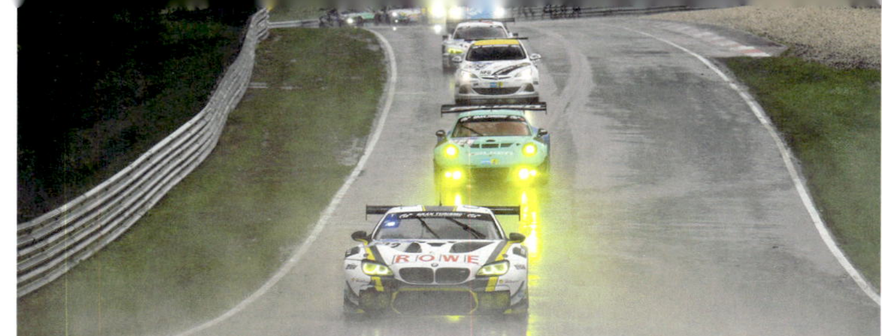

Klaus Graf, Richard Westbrook, Nicky Catsburg, Markus Palttala

„Der Start war gut, ich habe mit den Fahrern um mich herum besprochen, dass wir beim Start nicht zu aggressiv in die ersten Kurven gehen. Das hat gut geklappt, wir sind unbeschadet ins Rennen gestartet", sagte Adam Christodoulou. „Als der starke Regen eingesetzt hat, habe ich beim Streckenabschnitt Schwedenkreuz bis auf zirka 25 km/h herunter gebremst, als ich einen BMW in die Leitplanke rutschen sah. Selbst bei dieser Geschwindigkeit konnte ich mein Auto kaum auf der Strecke halten. Es hat sich angefühlt wie auf Eis."

Dirk Werner ergänzte: „Fuchsröhre berghoch ging noch, aber im Adenauer Forst haben alle so stark gebremst, dass es einen Stau gab. Im Anschluss konnte man nicht mehr anfahren. Ich habe es eine Minute lang probiert, aber die Räder haben nur durchgedreht. Ich habe dann den Motor ausgestellt und gewartet bis alles vorbei war."

Christian Menzel bewies eine große Portion Humor und lobte die Fans: „Ich habe schon viel erlebt auf der Nordschleife, aber das war wirklich total verrückt. Als nichts mehr ging, habe ich den Motor abgestellt, bin ausgestiegen und habe mit Eisbällen geworfen. Ich bewundere die Fans, die stehen knöcheltief im Schlamm und machen Party ohne Ende. Hut ab."

Während der Pause bis zum Re-Start herrschten keine Parc Fermé Bestimmungen. An allen Fahrzeugen konnte gearbeitet werden, an den Boxen oder auch im Teamzelt im Fahrerlager. Die rund 70 Fahrzeuge, die im Stau am Adenauer-Forst standen, erreichten die Boxen mit bis zu einstündiger Verspätung. Einzig die beiden SP6-Porsche von ProSport Performance wurden beim Leitplankeneinschlag in Aremberg so stark beschädigt, dass sie beim Re-Start fehlten.

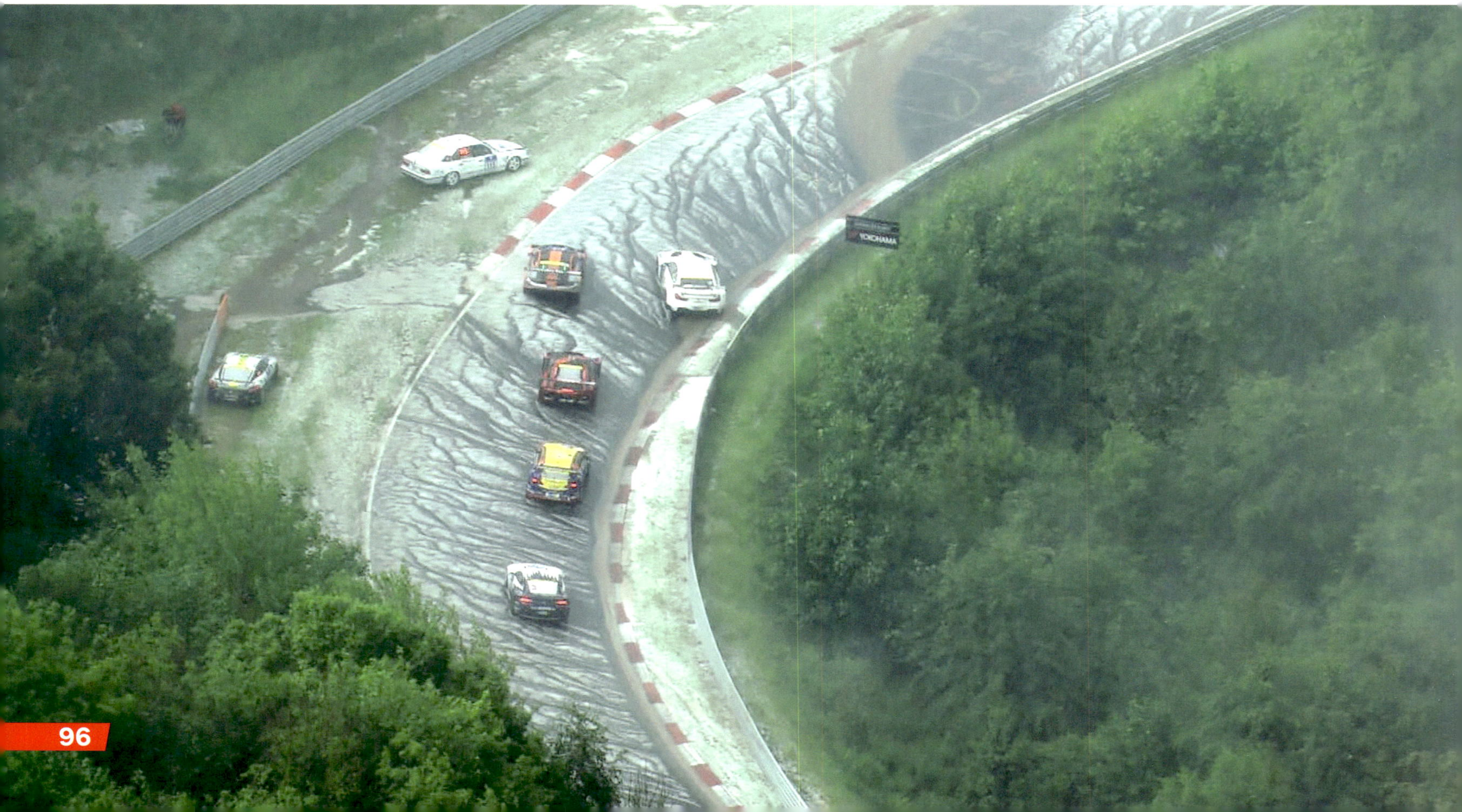

crashed the #911 works-Porsche at Hohe Acht, damaging it beyond repair. In the top 30 qualifying, it was Estre who had already caused considerable damage to the same car that required an all-nighter from the Manthey crew.

Prior to the interruption, Maro Engel in the #9 Black Falcon Mercedes-AMG and the #18 Schubert Motorsport BMW had pulled clear from the rest of the field, led by Maxi Götz in the Haribo Mercedes.

During the interruption to the race, there were no parc fermé rules, so teams were allowed to work on the cars. For some, it took over an hour to make it back to the pits. Only the two ProSport Performance SP6 Porsches were too heavily damaged to race again.

Verhagelte Anfangsphase: Unterbrechung

Hail in the opening stages: interruption

Walter Hornung hatte rund 50 Minuten nach dem Start keine andere Chance: Als die Rennfahrzeuge auf der verschneiten und verhagelten Piste im Bereich Adenauer-Forst die Steigung nicht mehr erklimmen konnten, musste der erfahrene Rennleiter, der seit 2003 dieses Amt bekleidet, mit der roten Flagge abbrechen. „So ist die Eifel manchmal. An eine Weiterführung des Rennens war unter diesen Bedingungen nicht zu denken. Wir müssen zunächst die Strecke räumen und uns einen genauen Überblick über die Folgen dieses Wettersturzes verschaffen. Zunächst einmal ist wichtig, dass wir keine Verletzten zu beklagen haben, nun müssen wir aufräumen, den Teams eine Gelegenheit zur Reparatur geben und danach neu in die Startaufstellung gehen."

Some 50 minutes after the start, Walter Hornung had no other option: when the race cars were no longer able to complete the uphill part at Adenauer Forst due to the snow and hail that covered the track, the experienced race director, who has held this position since 2003, had to interrupt the race using the red flags. "This is what the Eifel is like sometimes. In these conditions, there was no way to continue the race. First of all, we have to clean the track and get a detailed overview of the consequences of this sudden drop in temperature. The most important thing is that nobody got injured. Now, we have to clean up, give the teams a chance to repair and then get back into the starting grid procedure."

TOP 15 OVERALL // 15:30 – 16:30 Uhr

Pos.	No.	Drivers / Car
1	9	Haupt / Buurman / Engel / D. Müller Mercedes-AMG GT3
2	18	Farfus / Krohn / J. Müller / Wittmann BMW M6 GT3
3	88	Alzen / Arnold / Götz / Seyffarth Mercedes-AMG GT3
4	29	Vietoris / Seefried / Hohenadel / Van der Zande Mercedes-AMG GT3
5	8	Alzen / Arnold / Götz / Seyffarth Mercedes-AMG GT3
6	22	Graf / Westbrook / Catsburg / Palttala BMW M6 GT3
7	5	Stippler / Fjordbach / Mortara / Mayr-Melnhof Audi R8 LMS
8	30	Baumann / Mücke / Buhk / T. Jäger Mercedes-AMG GT3
9	2	Leonard / Frijns / Sandström / Vervisch Audi R8 LMS
10	4	Schneider / Engel / Christodoulou / Metzger Mercedes-AMG GT3
11	23	Sims / Eng / Martin / Werner BMW M6 GT3
12	7	Thiim / Turner / Sorensen / Lamy Aston Martin Vantage
13	100	Edwards / Klingmann / Luhr / Tomczyk BMW M6 GT3
14	912	Lietz / Bergmeister / Christensen / Makowiecki Porsche 911 GT3 R
15	6	Haase / Rast / Winkelhock / Stippler Audi R8 LMS

CLASS LEADERS // 15:30 – 16:30 Uhr

Class	No.	Drivers / Car
AT	112	"Smudo" / von Löwis of Menar / Schellhaas / Duffner Porsche Cayman GT4
Cup1	251	Brüggenkamp / Schröder / Wanger / Tribelhorn Opel Astra OPC Cup
Cup3	355	Bohr / Schmickler / Humbert Porsche Cayman GT4
Cup5	305	Schrey / A. Mies / Akata / D. Vanthoor BMW M235i Racing
SP2T	133	Schrick / Schumann / Naumann / Hammel Hyundai i30 1,6T
SP3	122	Beckmann / Strycek / Hass / Schulten Opel Manta
SP3T	104	"C. Tiger" / Goroyan / Andree / Leisen Audi TT RS2
SP4T	96	Löhnert / Wasel / C. Schmitz / M. Jäger Audi TT RS
SP5	93	Purtscher / Rettich / Reicher / Nury BMW 1M-Coupé GTR
SP6	83	Ackermann / Welschar / Wiskirchen / Walter Porsche GT3 Cup
SP7	59	"Steve Smith" / Renger / Reimer / Proczyk Porsche 911 GT3 Cup MR
SP8	42	Cate / Dr. Kamelger / Turner / Guelden Aston Martin Vantage GT8
SP8T	48	T. Schulze / M. Schulze / Tresson / Shulzitskiy Nissan GT-R
SP9	9	Haupt / Buurman / Engel / D. Müller Mercedes-AMG GT3
SP10	76	Weber / Preacher / Bermes / Hennerici Aston Martin Vantage V8
SP-PRO	36	Kataoka / Tsuchiya / Oshima / Iguchi Lexus RC F
SP-X	702	Mutsch / Westphal / Simonsen / Laser SCG SCG003C
TCR	201	Niederberger / Wohlfarth / Gülden / Gene Seat Leon TCR
V2T	175	Paatz / Kluge / Kocsis / Chmiela Volkswagen Scirocco GT-RS
V3	126	"Brody" / Dreszer / Muytjens / Barbaro Toyota GT86
V3T	171	von Garrel / Ohlinger / Cox BMW M235 i
V4	141	Rink / Brink / Piana / Steinhaus BMW E90
V5	151	Büllesbach / Schettler / Briody / Arimon Porsche Cayman
V6	158	Dr. Dr. Tveten / Sandberg / Fübrich Porsche 911

Re-Start nach fast drei Stunden Pause
Starker Regen sorgt für drei Einführungsrunden
Rowe-BMW und Haribo-Mercedes-AMG an der Spitze

Nach dem verhagelten Beginn und einer fast dreistündigen Pause erfolgte um 19.20 Uhr der Re-Start. Um die Fahrer bei nunmehr recht kräftigen Regenfällen besser an die Bedingungen zu gewöhnen, wurden zunächst drei Einführungsrunden hinter dem Safety-Car abgespult.

Die bis zum Abbruch überwiegend deutlich führende Mercedes-AMG-Armada wurde nach dem Re-Start von der Konkurrenz aufgeschnupft. Im achten Umlauf, dem ersten nach den drei Einführungsrunden, stürmte Markus Palttala im Rowe-BMW (#22) an die Spitze. Es folgten Frederic Vervisch (#2, WRT-Audi), Christian Hohenadel (#29, HTP-Mercedes-AMG) und Jörg Müller (#18, Schubert-BMW).

Während die Mercedes-AMG-Fahrer von Black Falcon und HTP eine ruhigere Gangart einlegten, gaste das Haribo-Duo an. In der achten Runde übernahm Uwe Alzen (#8) die Spitze, einen Umlauf später rückte Maximilian Buhk (#88) auf Platz eins vor. Bis Letztgenannter nach 13 Runden planmäßig die Boxen ansteuerte, blieb es bei der Doppelführung des Goldbären. Der Falken-Porsche verbesserte sich kontinuierlich, war nach 15 Runden bereits Zweiter.

Trotz des teilweise sehr starken Regens und des vielen Wassers auf der Strecke passierten kaum Unfälle oder Dreher. Eine Schrecksekunde gab es bei HTP-Motorsport (#29), als ein Dreher von Hohenadel in der Hatzenbach ohne Einschlag endet. Lediglich ein paar Sekunden gingen verloren.

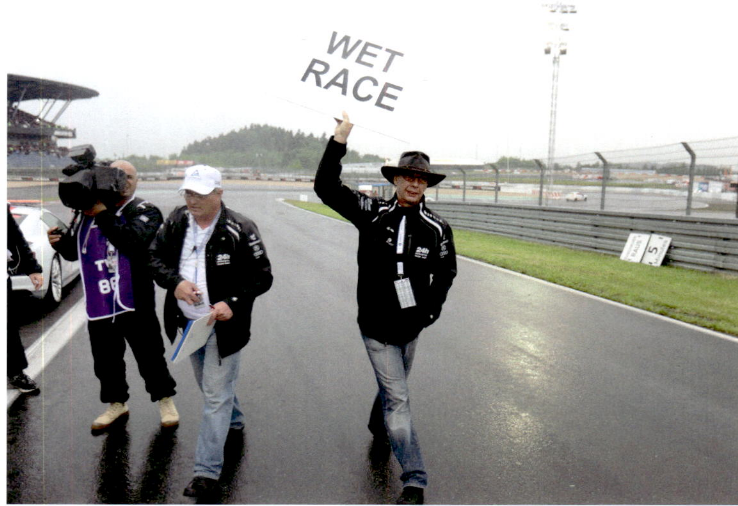

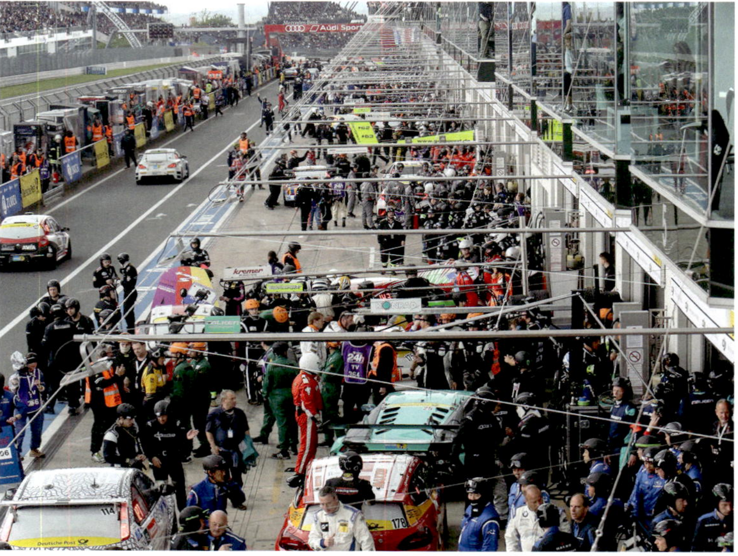

Michael Paatz, Knut Kluge, Josef Kocsis, Joerg Chmiela

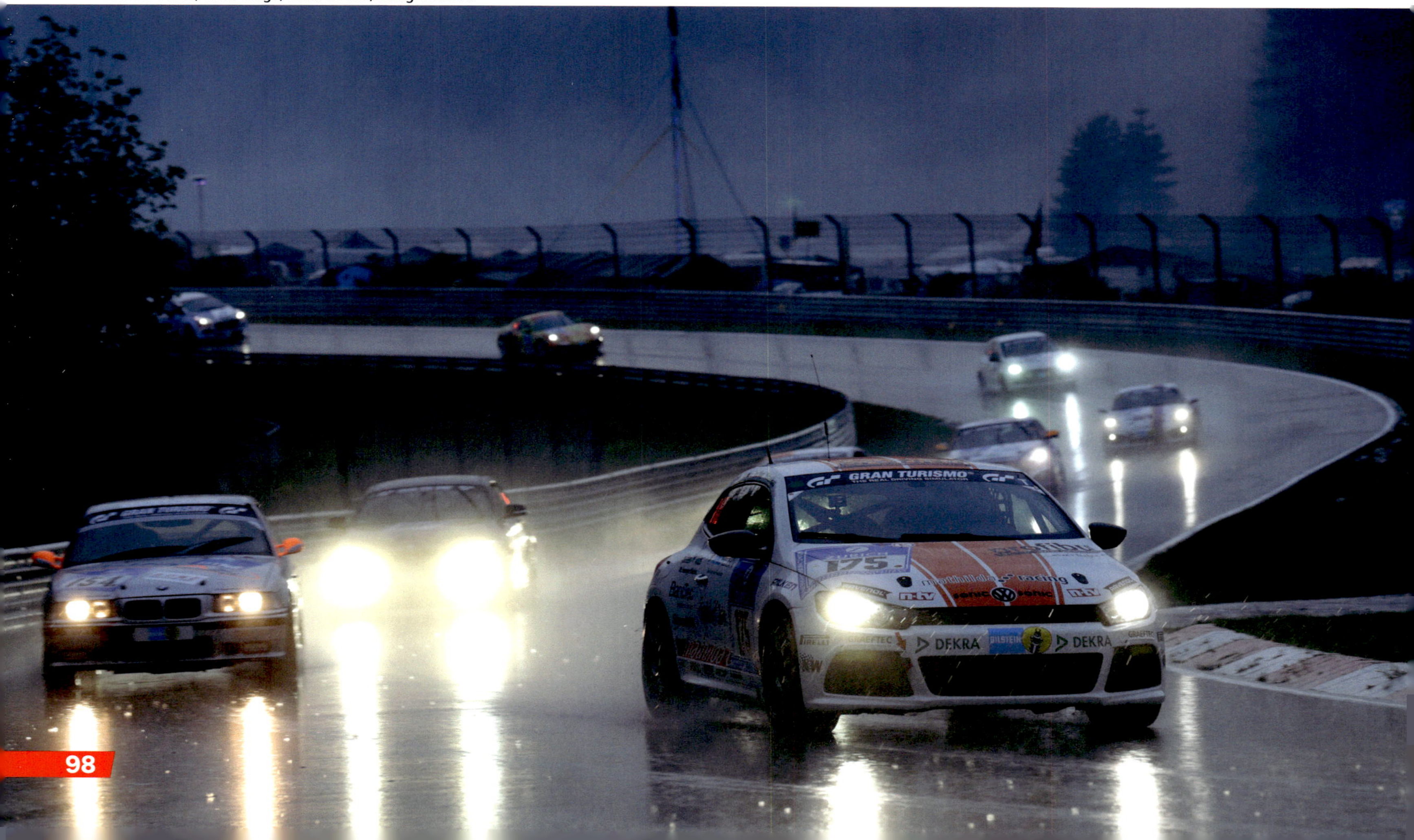

- **Re-start after an interruption of almost three hours**
- **Three formation laps due to heavy rain**
- **Rowe BMW and Haribo Mercedes-AMG up front**

After an interruption of almost three hours, action resumed at 19.20hrs. Firstly, the drivers had to complete three laps behind the safety car to adapt to the conditions, and it was still raining heavily. On the first lap of racing, Markus Palttala overtook the Mercedes-AMG armada to take the lead with the #22 Rowe BMW, followed by Fred Vervisch (#2 WRT Audi), Christian Hohenadel (#29 HTP Mercedes) and Jörg Müller (#18 Schubert BMW). Later on, Hohenadel spun at Hatzenbach, but was able to continue.

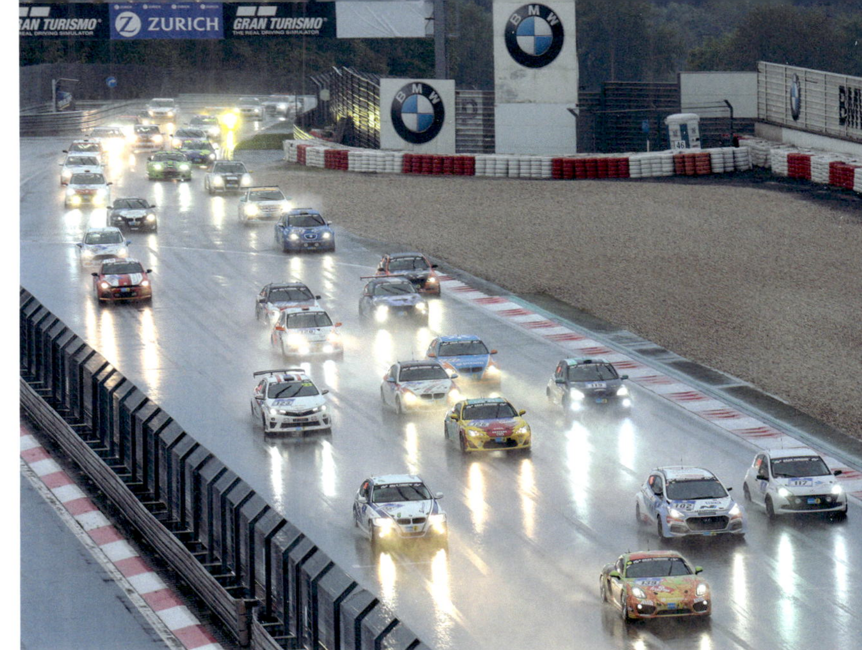

(156): Albert Egbert, Maik Rönnefarth, Michael Hollerweger - (139): Peter Haener, Paul Follett, Ugo Vicenzi, Alberto Carobbio - (102): Alexander Köppen, Rory Penttinen, Michael Bohrer, Bruno Beulen - (117): Jürgen Peter, Claus Gronning, „Rennsemmel"

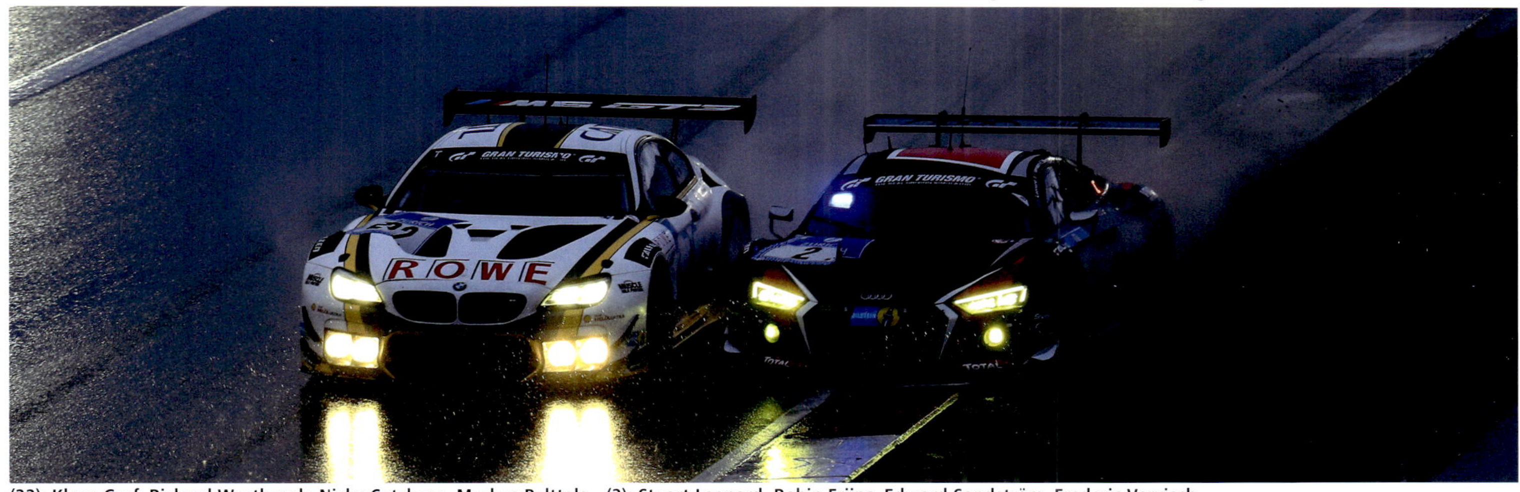

(22): Klaus Graf, Richard Westbrook, Nicky Catsburg, Markus Palttala - (2): Stuart Leonard, Robin Frijns, Edward Sandström, Frederic Vervisch

re-start starting grid

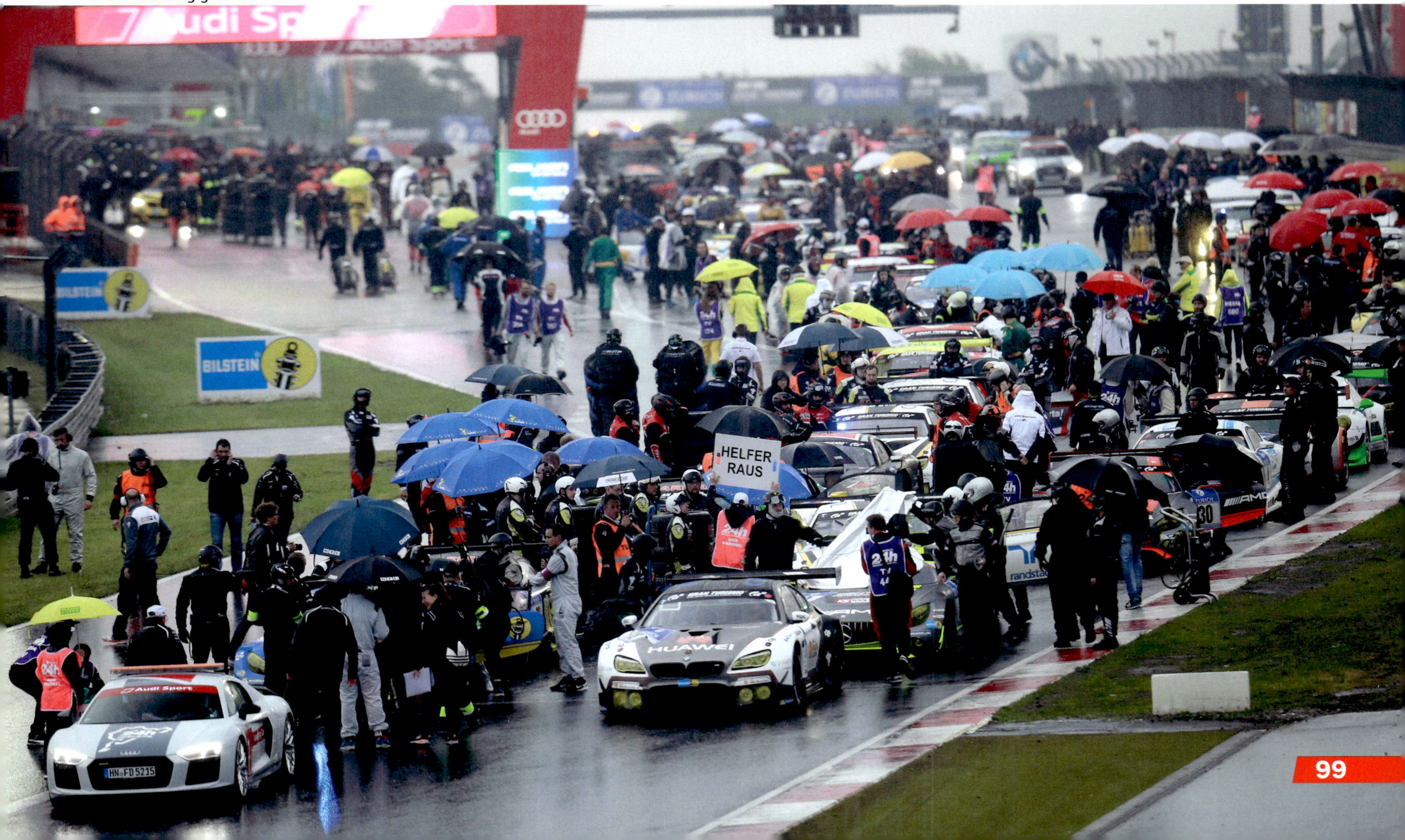

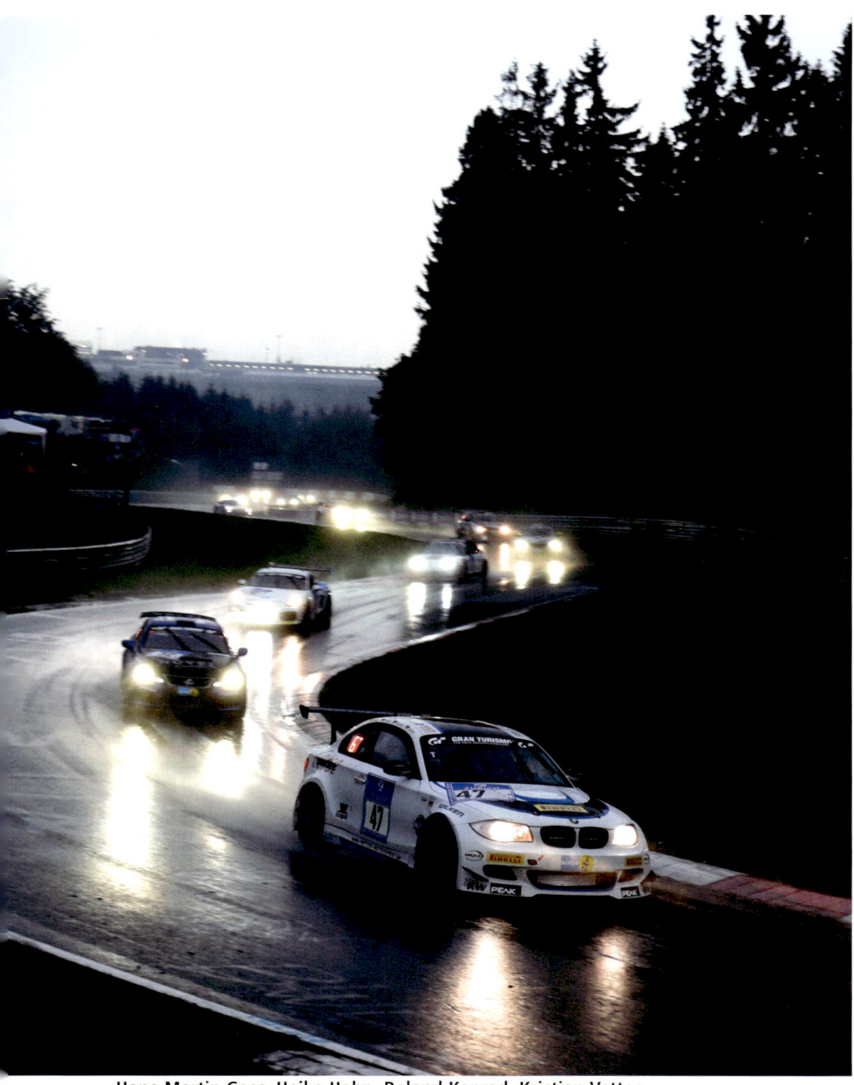

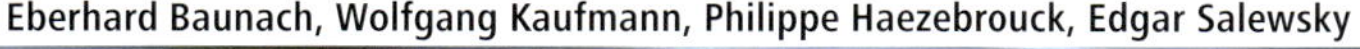

Hans-Martin Gass, Heiko Hahn, Roland Konrad, Kristian Vetter

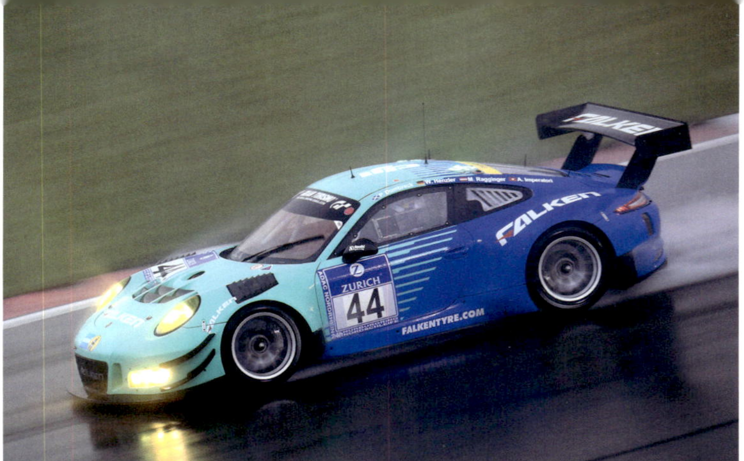

Peter Dumbreck, Wolf Henzler, Martin Ragginger, Alexandre Imperatori

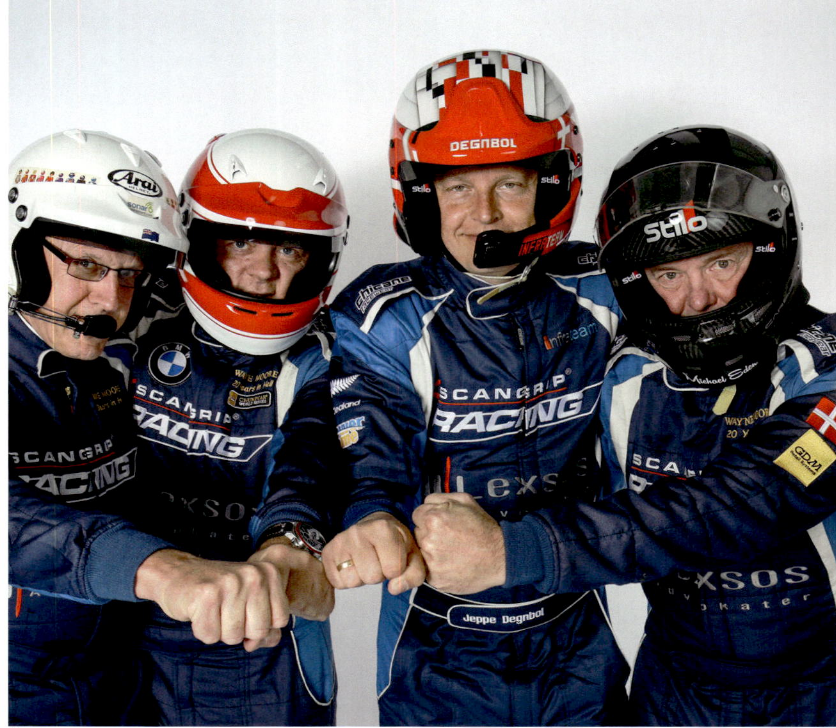

(l.-r.) Wayne Moore, Niels Borum, Jeppe Degnbol Moller, Michael Eden

Eberhard Baunach, Wolfgang Kaufmann, Philippe Haezebrouck, Edgar Salewsky

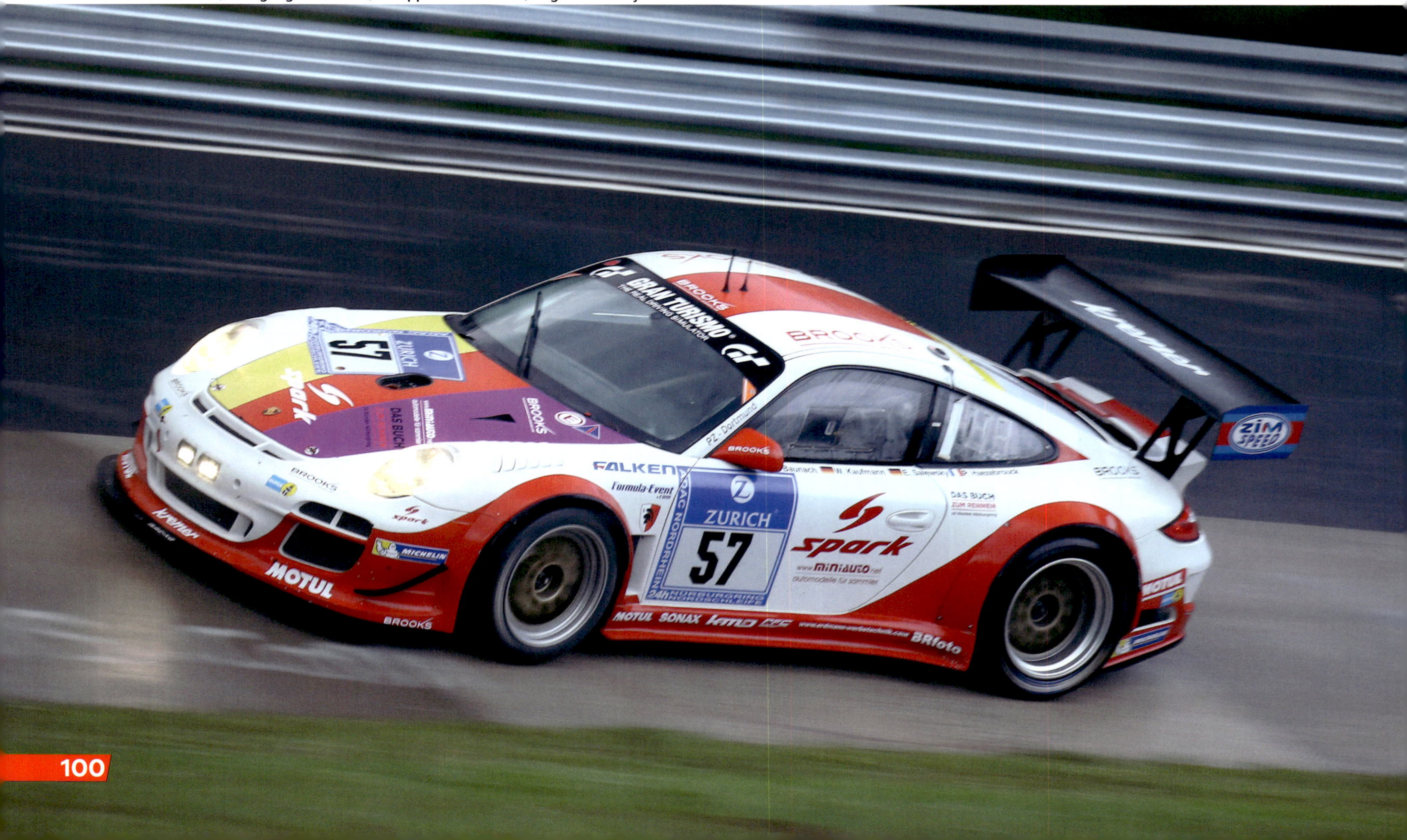

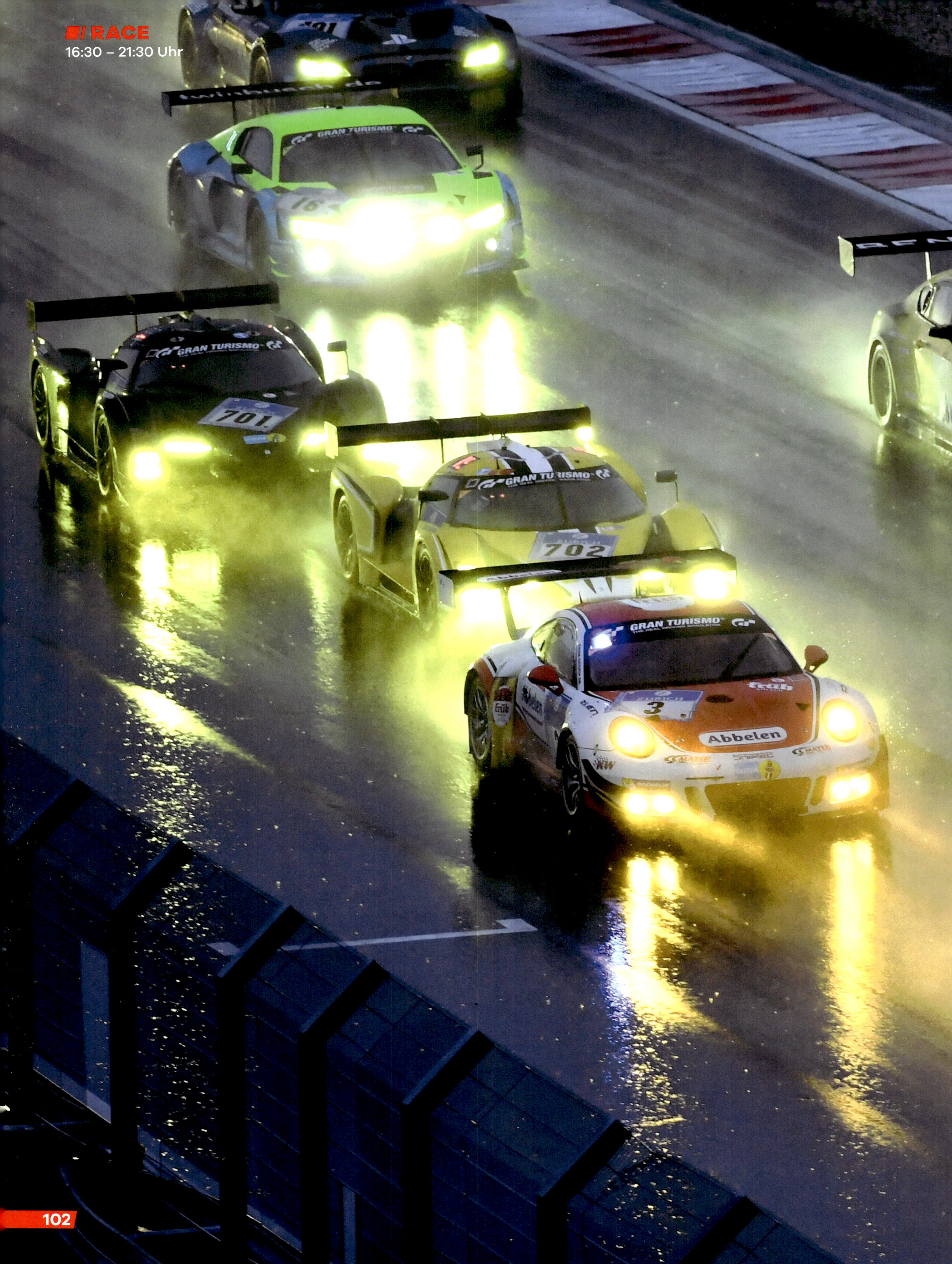
GRAN TURISMO
701
702
3
Abbelen

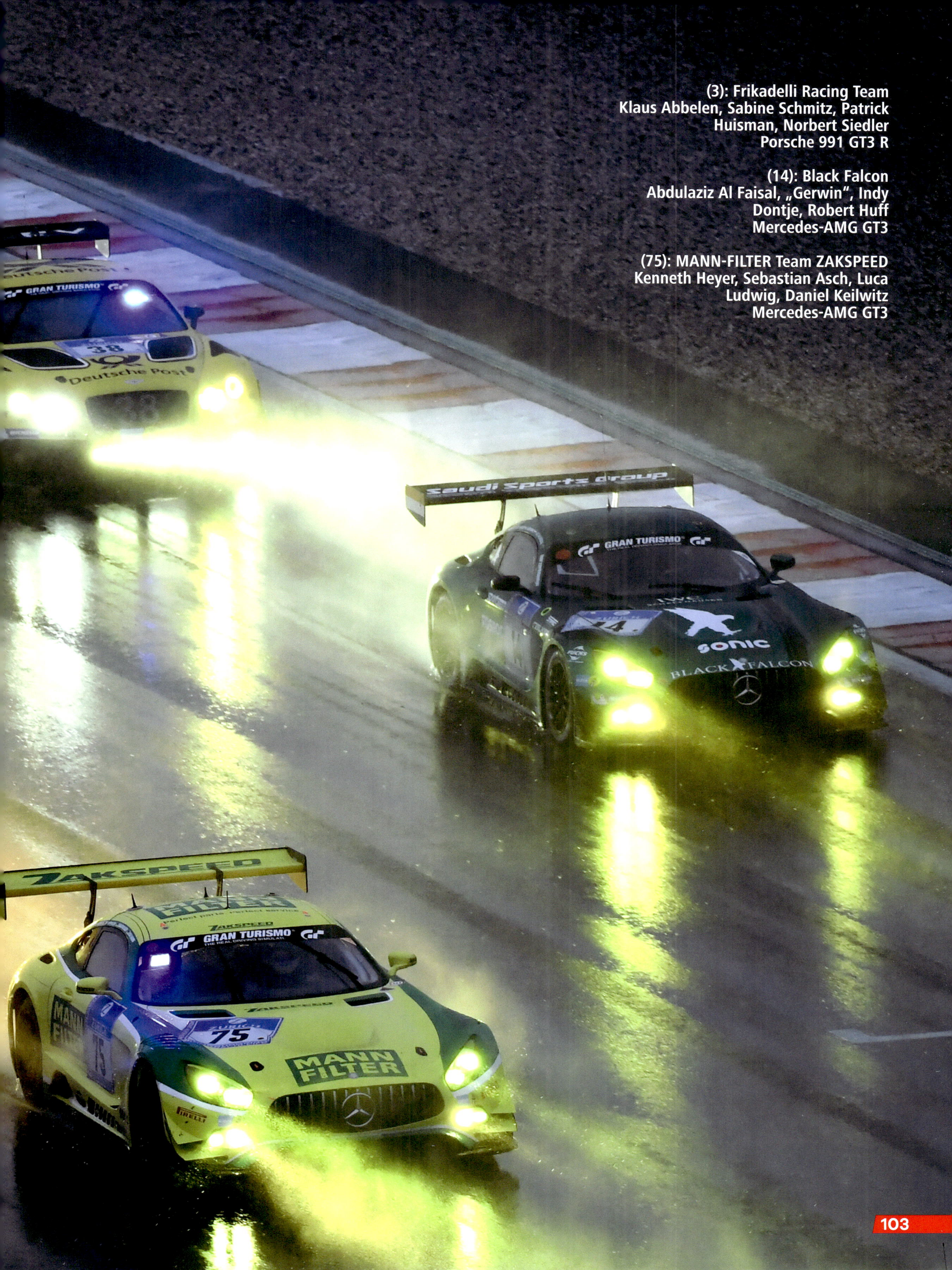

(3): Frikadelli Racing Team
Klaus Abbelen, Sabine Schmitz, Patrick Huisman, Norbert Siedler
Porsche 991 GT3 R

(14): Black Falcon
Abdulaziz Al Faisal, „Gerwin", Indy Dontje, Robert Huff
Mercedes-AMG GT3

(75): MANN-FILTER Team ZAKSPEED
Kenneth Heyer, Sebastian Asch, Luca Ludwig, Daniel Keilwitz
Mercedes-AMG GT3

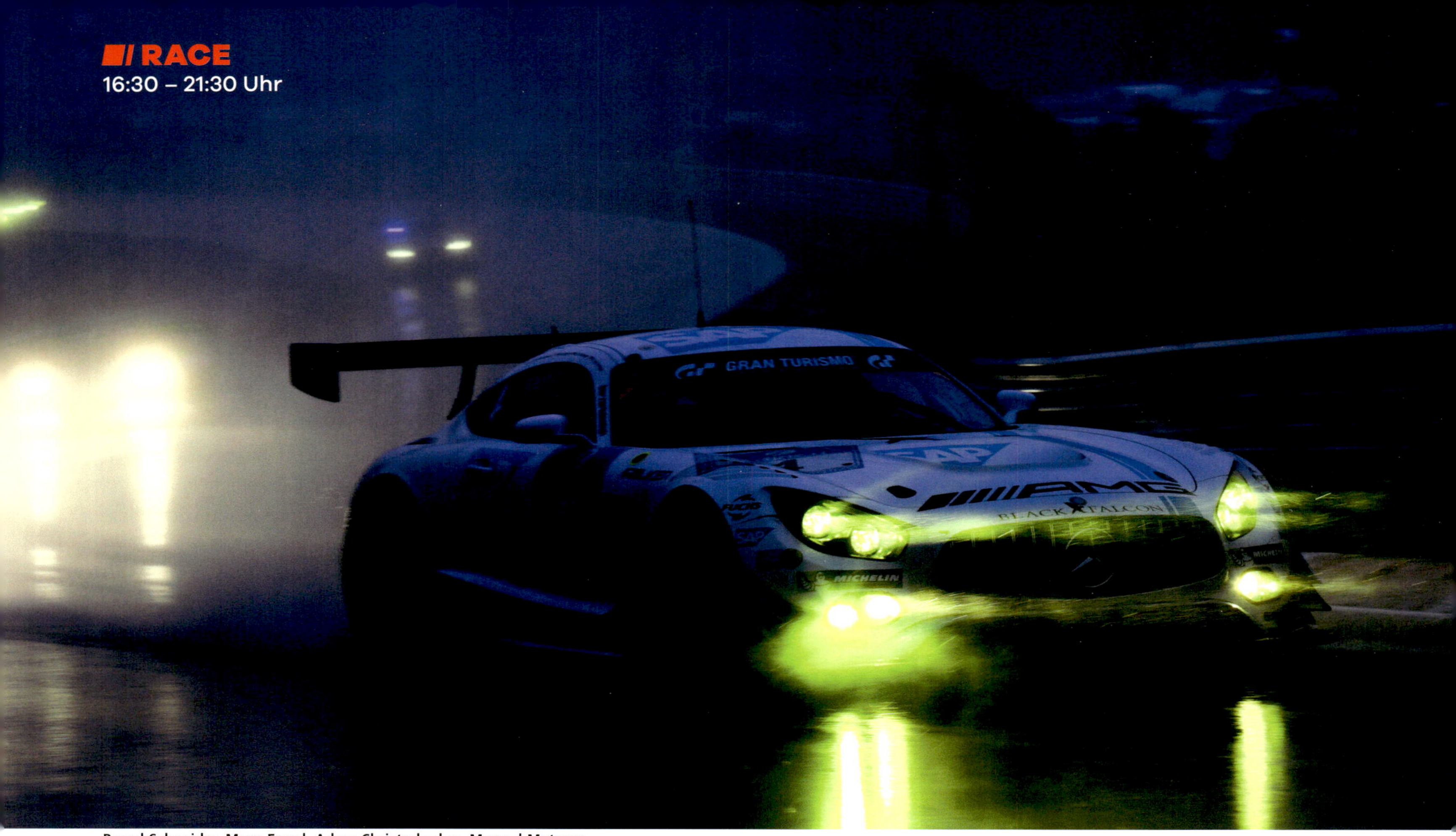

Bernd Schneider, Maro Engel, Adam Christodoulou, Manuel Metzger

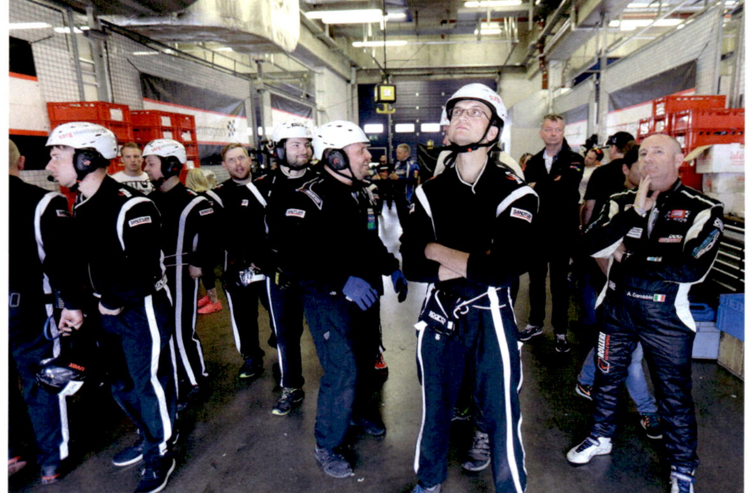

Team Securtal Sorg Rennsport

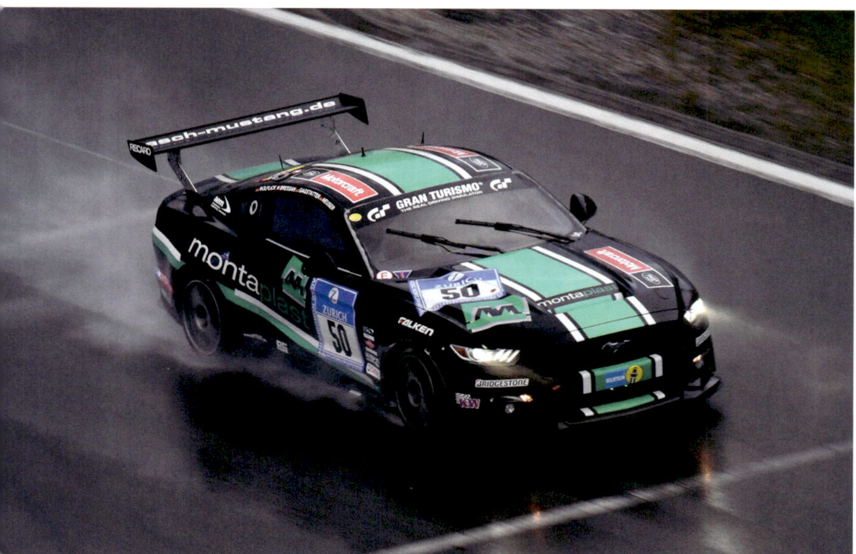

Stephan Wölflick, Urs Bressan, Jürgen Gagstatter

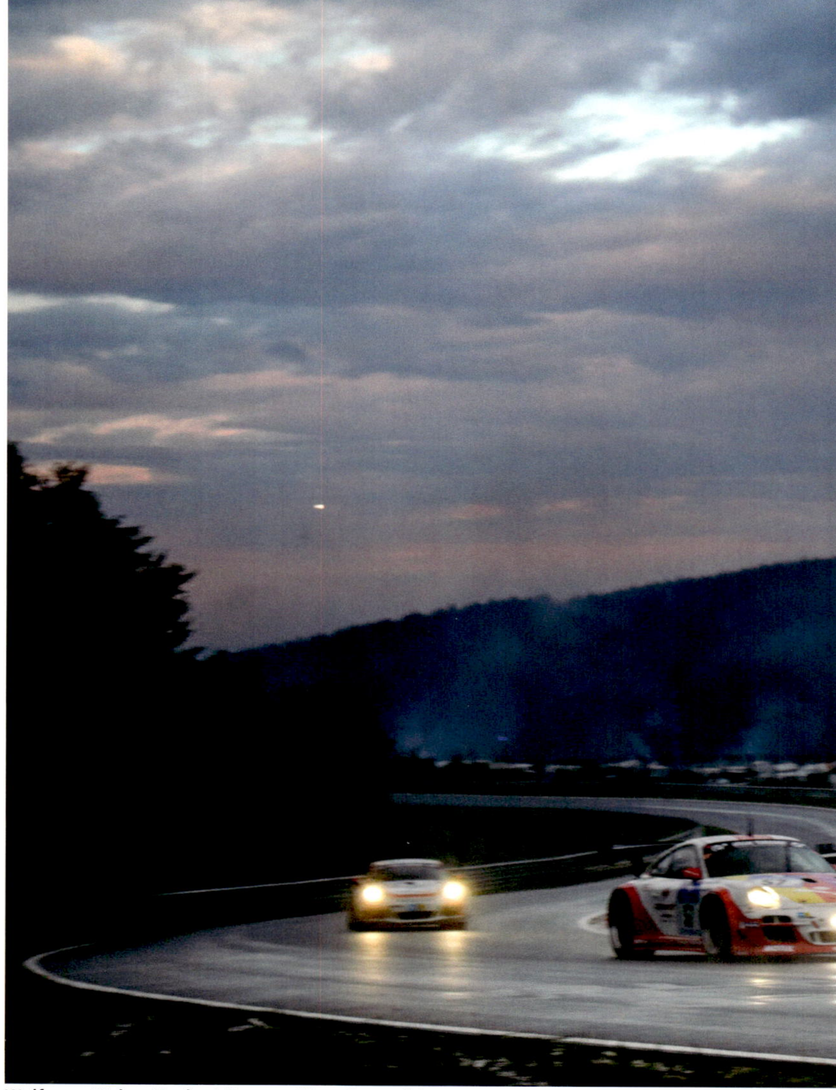

Wolfgang Weber, Norbert Bermes, Marc Hennerici

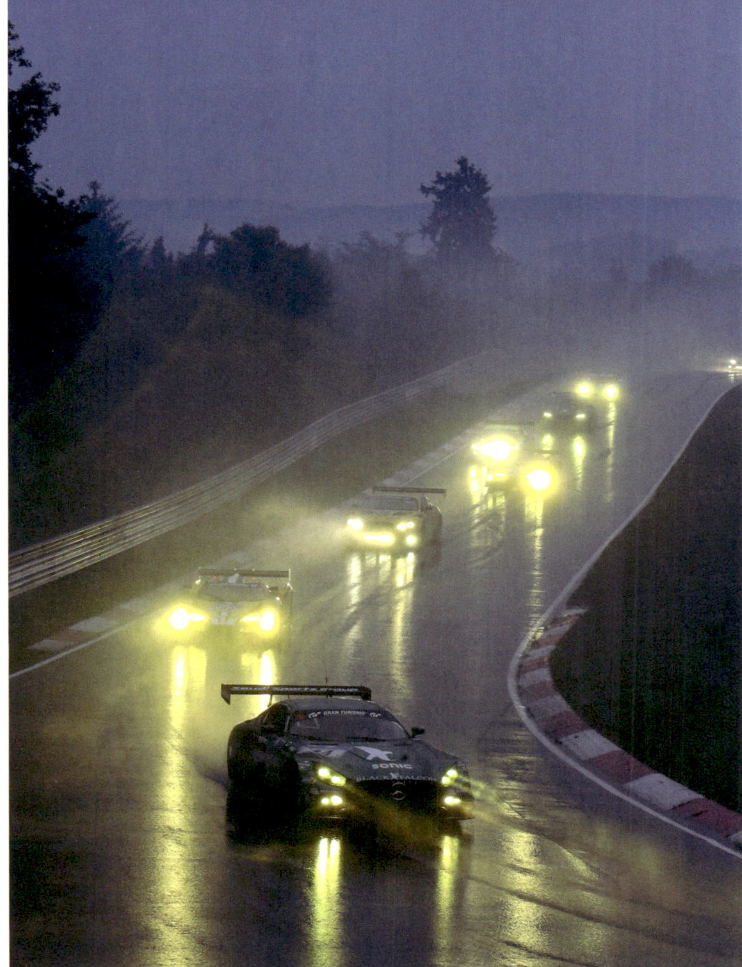

Abdulaziz Al Faisal, „Gerwin", Indy Dontje, Robert Huff

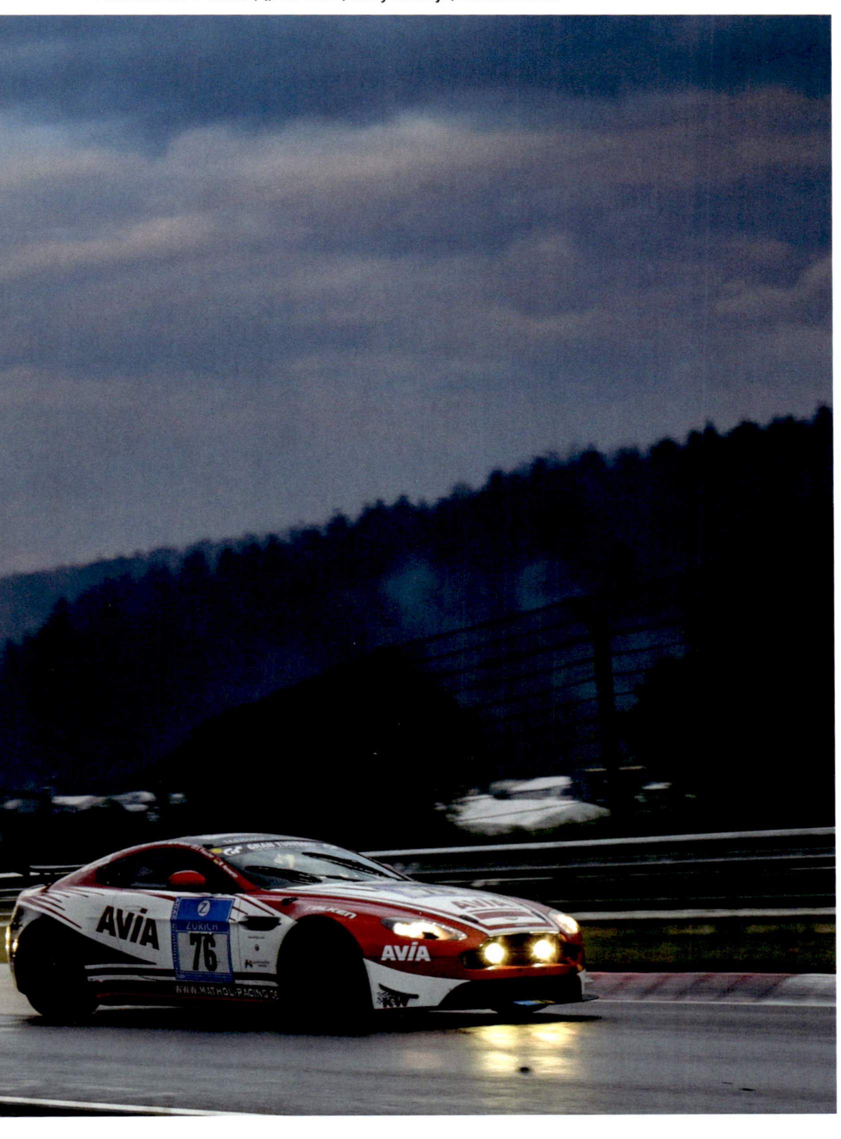

TOP 15 OVERALL // 16:30 – 21:30 Uhr

1	8	Alzen / Arnold / Götz / Seyffarth Mercedes-AMG GT3
2	88	Alzen / Arnold / Götz / Seyffarth Mercedes-AMG GT3
3	9	Haupt / Buurman / Engel / D. Müller Mercedes-AMG GT3
4	30	Baumann / Mücke / Buhk / T. Jäger Mercedes-AMG GT3
5	4	Schneider / Engel / Christodoulou / Metzger Mercedes-AMG GT3
6	912	Lietz / Bergmeister / Christensen / Mackowiecki Audi R8 LMS
7	29	Vietoris / Seefried / Hohenadel / Van der Zande Mercedes-AMG GT3
8	100	Edwards / Klingmann / Luhr / Tomczyk BMW M6 GT3
9	2	Leonard / Frijns / Sandström / Vervisch Audi R8 LMS
10	44	Dumbreck / Henzler / Ragginger / Imperatori Porsche 911 GT3 R
11	702	Mutsch / Westphal / Simonsen / Laser SCG SCG003C
12	1	L. Vanthoor / C. Mies / N. Müller / Kaffer Audi R8 LMS
13	35	Krumm / Ordonez / Hoshino / Buncombe Nissan Nismo GT-R GT3
14	5	Stippler /Fjordbach / Mortara / Mayr-Melnhof Audi R8 LMS
15	25	Zöchling / F. Konrad / D. Farnbacher / Stolz Lamborghini Huracan GT3

CLASS LEADERS // 16:30 – 21:30 Uhr

AT	111	Barrow / Cox / Shaw / Morrow BMW 135D GTR
Cup1	251	Brüggenkamp / Schröder / Wanger / Tribelhorn Opel Astra OPC Cup
Cup3	355	Bohr / Schmickler / Humbert Porsche Cayman GT4
Cup5	310	T. Jäger / Partl / Adams BMW M235i Racing
SP2T	133	Kiesch / Nett / Schupp / Köppen Hyundai Veloster 1,6T
SP3	123	Smittacharch / Charoensukhawatana / Manat / Nattapong Toyota Corolla Altis
SP3T	104	"C. Tiger" / Goroyan / Andree / Leisen Audi TT RS2
SP4T	110	Dr. Lohn / Benninghofen / Kraske / Jaussi Volkswagen Golf 5 R-Line GTI
SP5	93	Purtscher / Rettich / Reicher / Nury BMW 1M-Coupé GTR
SP6	83	Ackermann / Welschar / Wiskirchen / Walter Porsche GT3 Cup
SP7	62	Osieka / Sak Nana / "Andy Sammers" / Jans Porsche 991 GT3 Cup
SP8	42	Cate / Dr. Kamelger / Turner / Guelden Aston Martin Vantage GT8
SP8T	48	T. Schulze / M. Schulze / Tresson / Shulzhitskiy Nissan GT-R
SP9	8	Alzen / Arnold / Götz / Seyffarth Mercedes-AMG GT3
SP10	76	Weber / Preacher / Bermes / Hennerici Aston Martin Vantage V8
SP-PRO	36	Kataoka / Tsuchiya / Oshima / Iguchi Lexus RC F
SP-X	702	Mutsch / Westphal / Simonsen / Laser SCG SCG003C
TCR	201	Niederberger / Wohlfarth / Gülden / Gene Seat Leon TCR
V2T	175	Jahn / Sidorenko / Quante / Kleeschulte Renault Megane RS
V3	126	"Brody" / Dreszer / Muytjens / Barbaro Toyota GT86
V3T	171	von Garrel / Ohlinger / Cox BMW M235 i
V4	141	Rink / Brink / Piana / Steinhaus BMW E90
V5	151	Büllesbach / Schettler / Briody / Arimon Porsche Cayman
V6	158	Dr. Dr. Tveten / Sandberg / Fübrich Porsche 911

Schubert-BMW platzt in Führung liegend der Motor
Haribo-Racing: Einer in Front, einer ausgeschieden
Technische Probleme am Frikadelli-Porsche

Mit Einbruch der Dunkelheit klarte auch der Himmel auf. Der Regen stoppte gegen 21.15 Uhr, die Ideallinie wurde ab kurz nach 22 Uhr trocken. Immer mehr Teams wechselten auf Intermediates oder sogar auf Slicks. Nach dem planmäßigen Boxenstopp des Haribo-Mercedes-AMG (#8) nach 15 Runden, übernahm der Schubert-BMW (#18) zu Beginn der 16. Runde um 21.35 Uhr die Führung. Allerdings nur bis zum Ende der Döttinger Höhe. Der Motor platzte und der M6 rollte mit einer riesigen Rauchwolke ins Aus.

Das Haribo-Duo übernahm somit wieder die Spitze. Und auch andere Mercedes-AMG machten bei den trockenen Bedingungen jetzt Boden gut. Hinter den beiden Goldbären tauchten – boxenstoppbedingt – beide Black Falcon (#4 und #9) sowie beide HTP-Fahrzeuge (#29 und #30) auf. Einzig der verbliebene Manthey-Porsche (#912) sowie der verbliebene Schubert-BMW (#100) hielten Kontakt zur Mercedes-AMG-Übermacht.

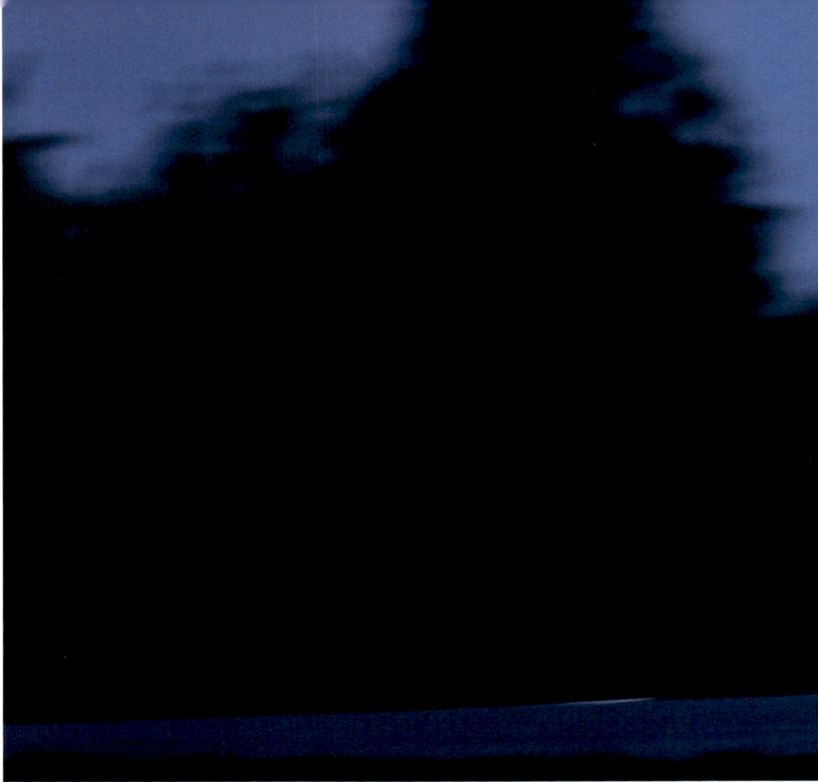

Kenneth Heyer, Sebastian Asch, Luca Ludwig, Daniel Keilwitz

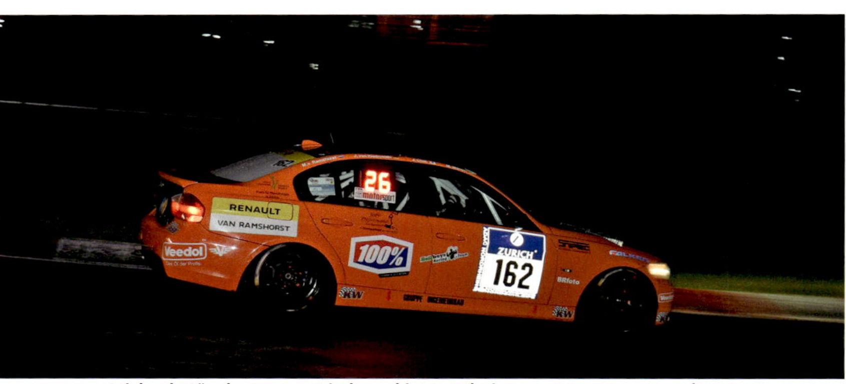

Michael Mönch, Jan von Kiedrowski, Han Choi Jang, Marco von Ramshorst

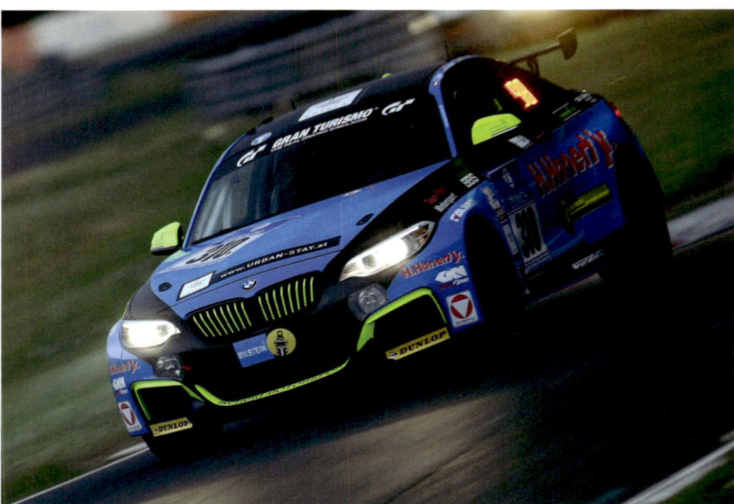

Thomas Jäger, Max Partl, Rudi Adams

Adam Osieka, Kiki Sak Nana, „Andy Sammers", Steve Jans

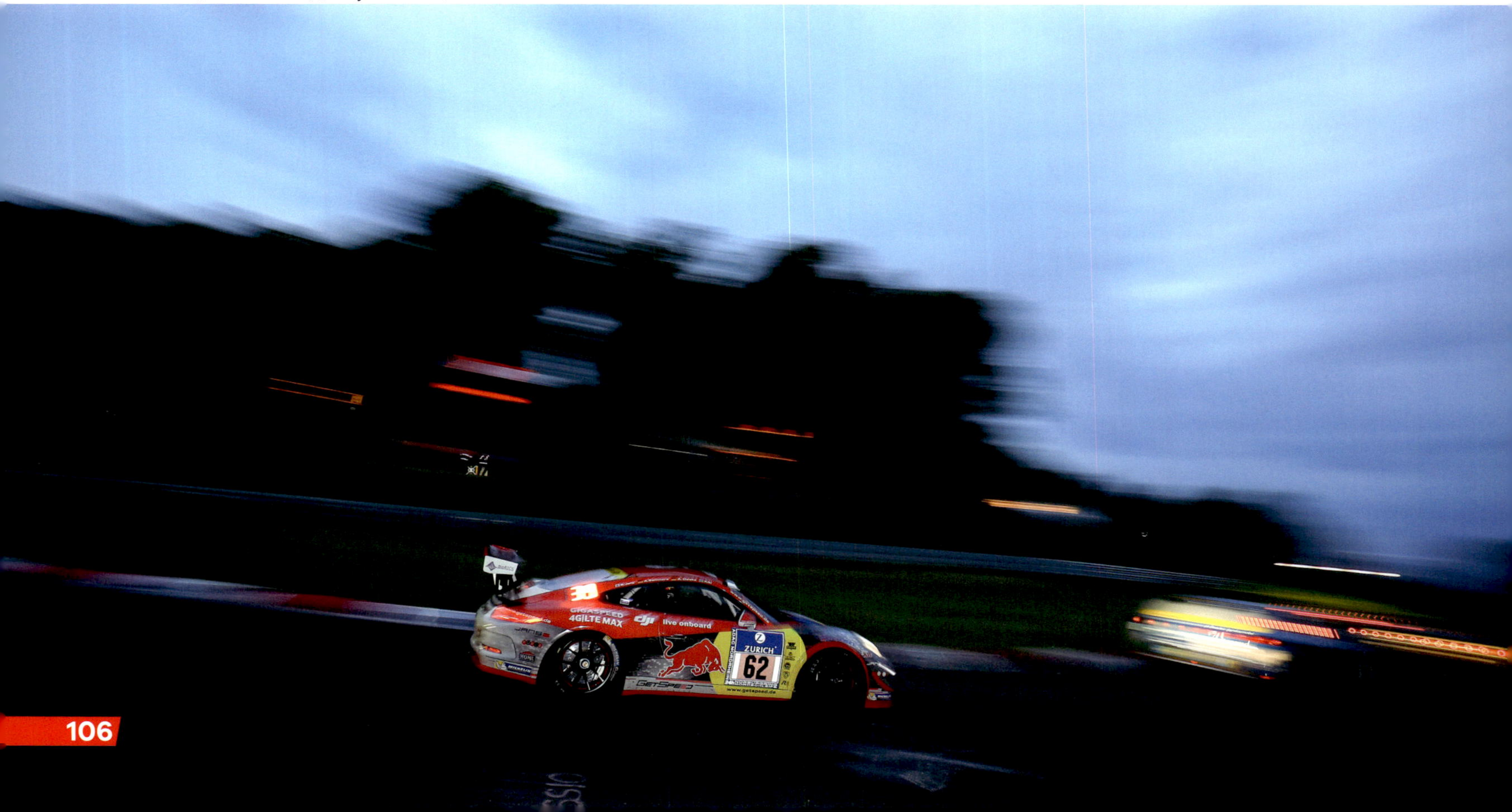

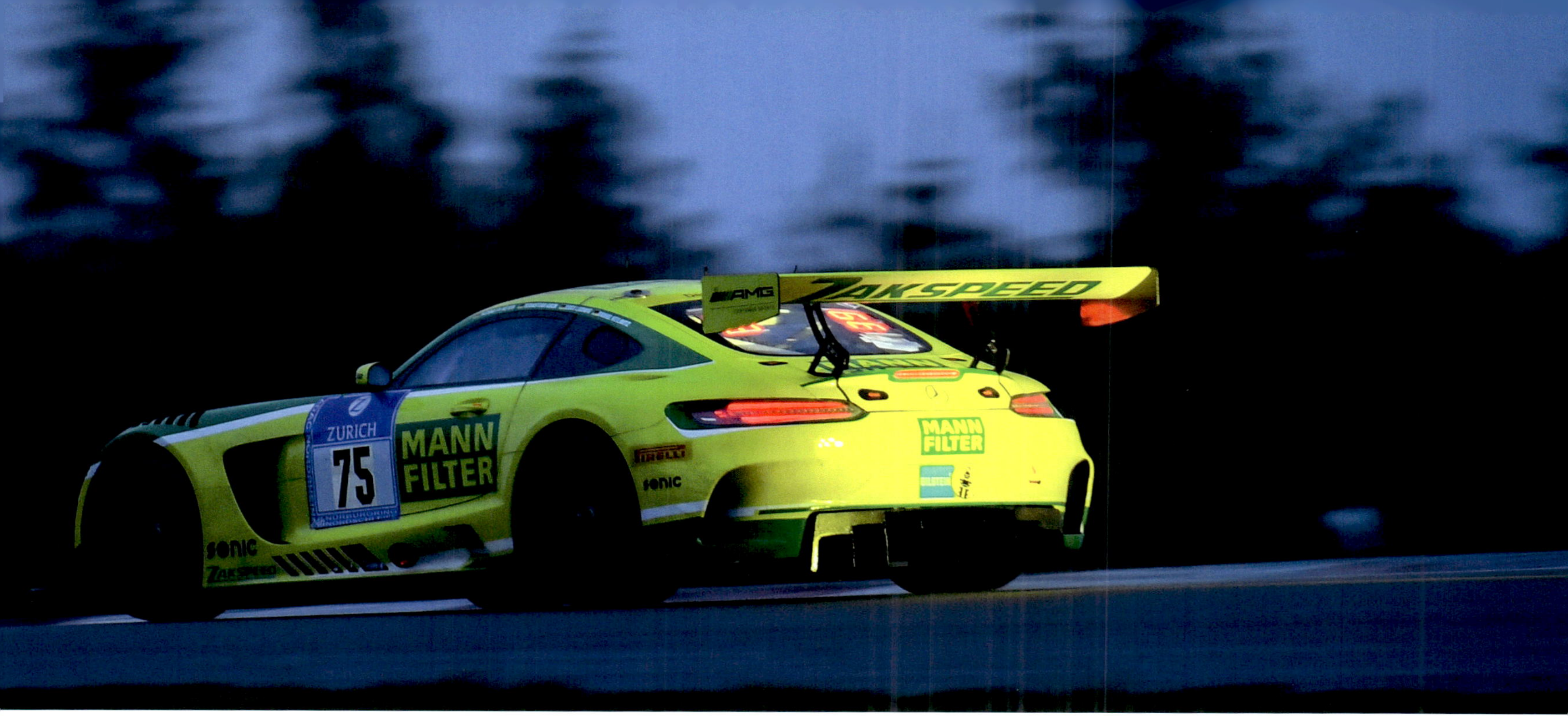

Michael Czyborra, Stefan Kenntemich, Kim Hauschild, Sergio Negroni

▌Schubert BMW: blown engine while in the lead
▌Haribo Racing: one car up front, one car retired
▌Technical problems on the Frikadelli Porsche

Darkness fell and the sky cleared once again. Rain stopped at 21.15 hrs and the racing line dried out. More teams changed to intermediates or slicks as the conditions improved. After the scheduled stop for the Haribo Mercedes (#8), the Schubert BMW (#18) took the lead on lap 16, but held the position only until the end of the Döttinger Höhe, where the engine blew. Thus, the two Haribo Mercedes were back in first and second places, followed by the two Black Falcon cars (#4 and #9) and the two HTP entries (#29 and #30).
Throttle valve issues caused the Frikadelli Porsche (#3) to drop back to 34th place. At 22.45 hrs, the #8 Haribo Mercedes retired from the lead following a collision with a backmarker.

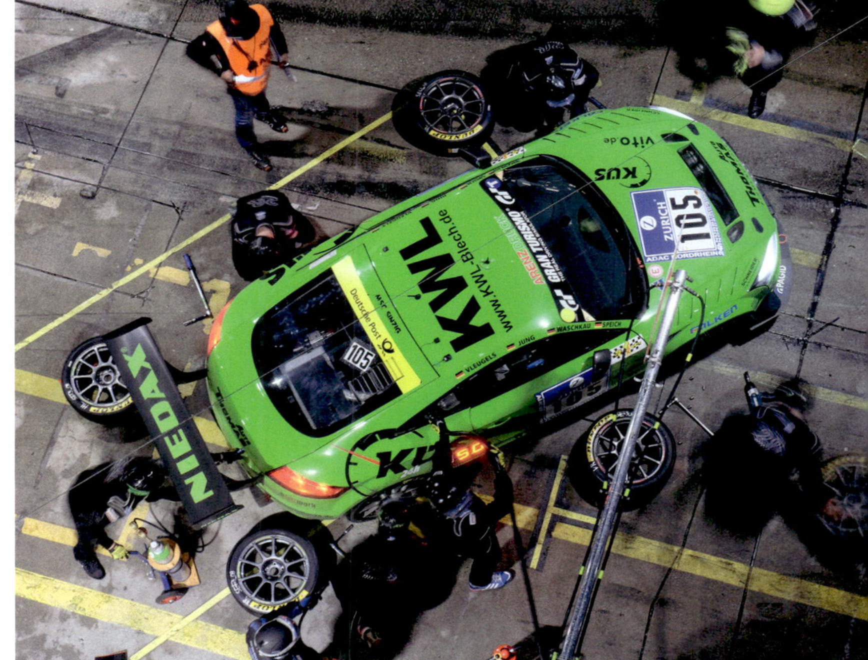

Rudi Speich, Roland Waschkau, Dirk Vleugels, Thorsten Jung

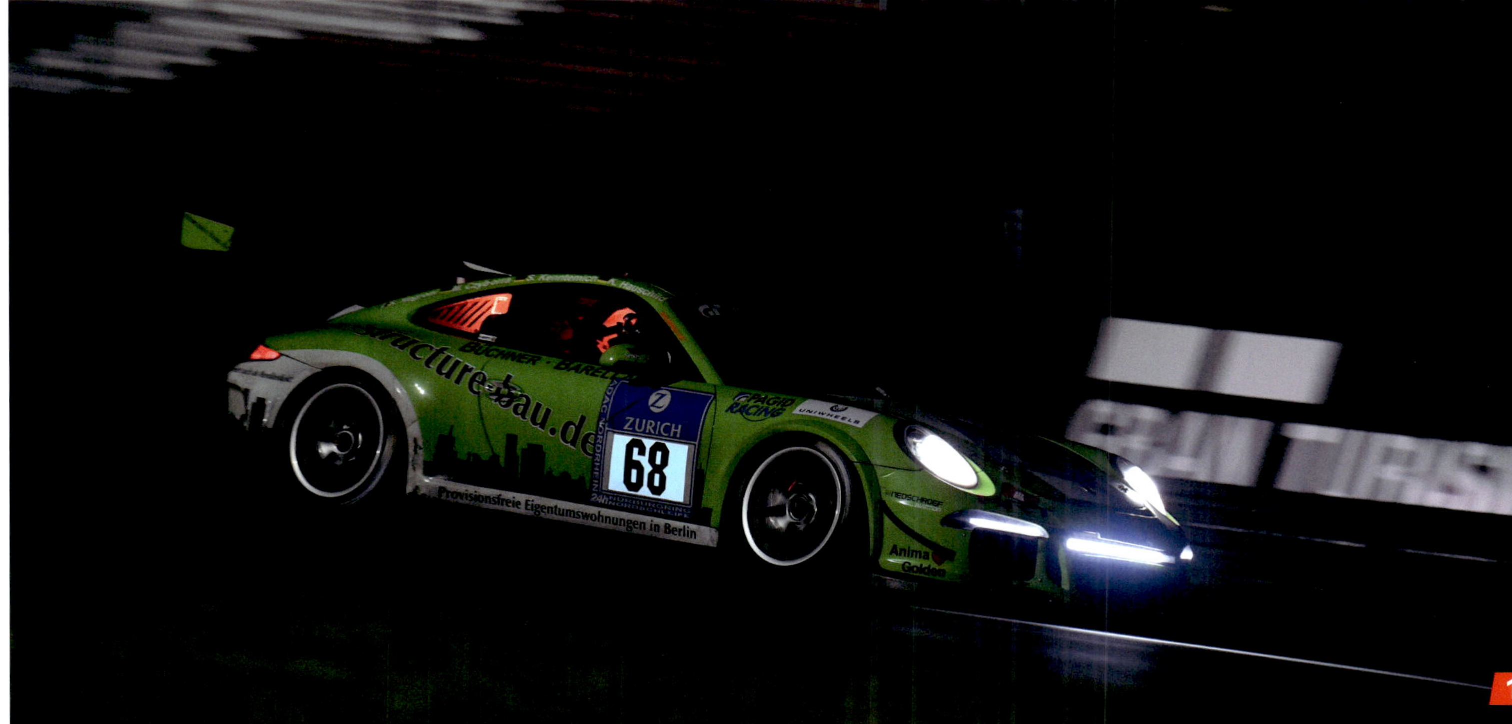

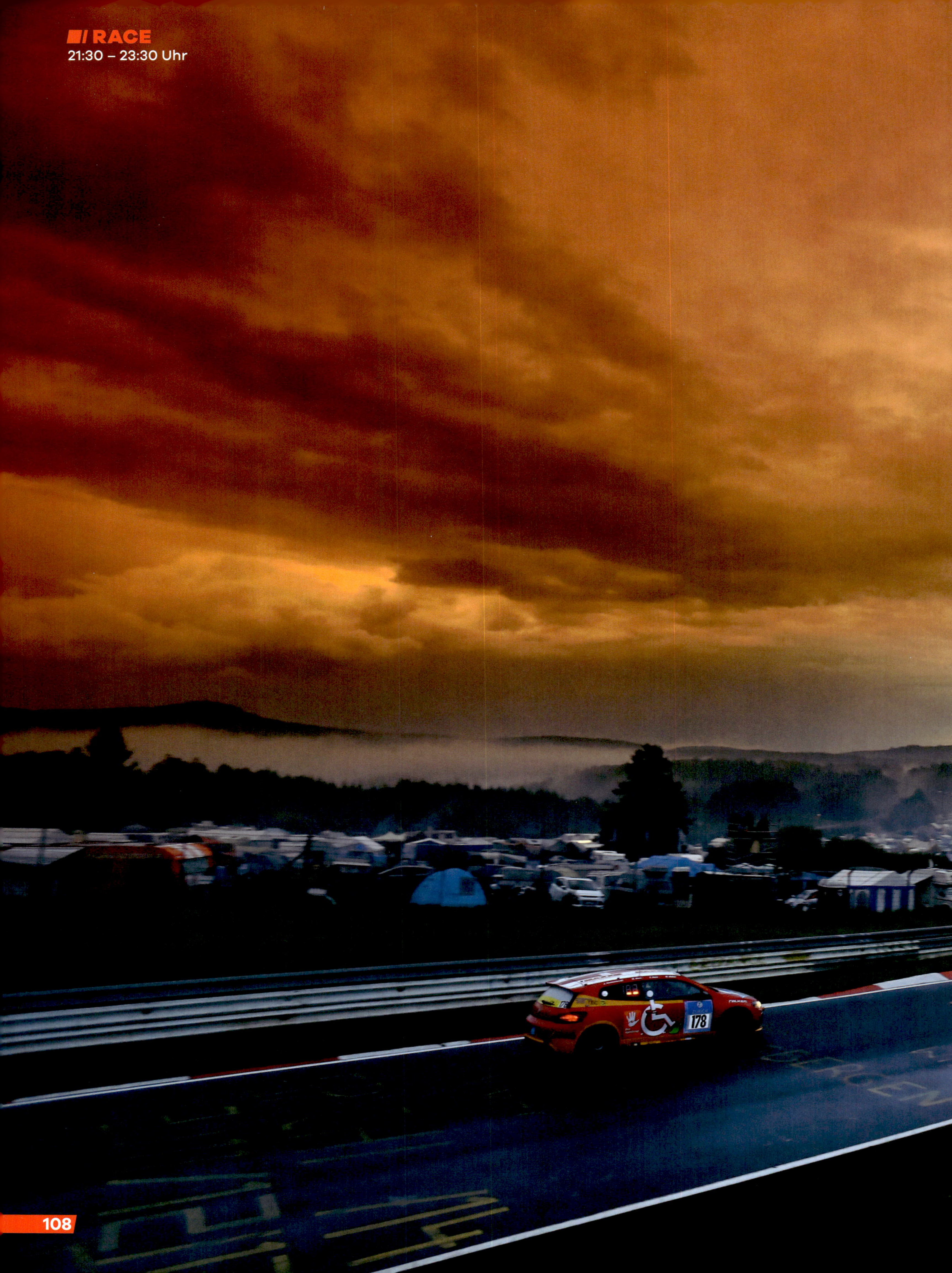
178

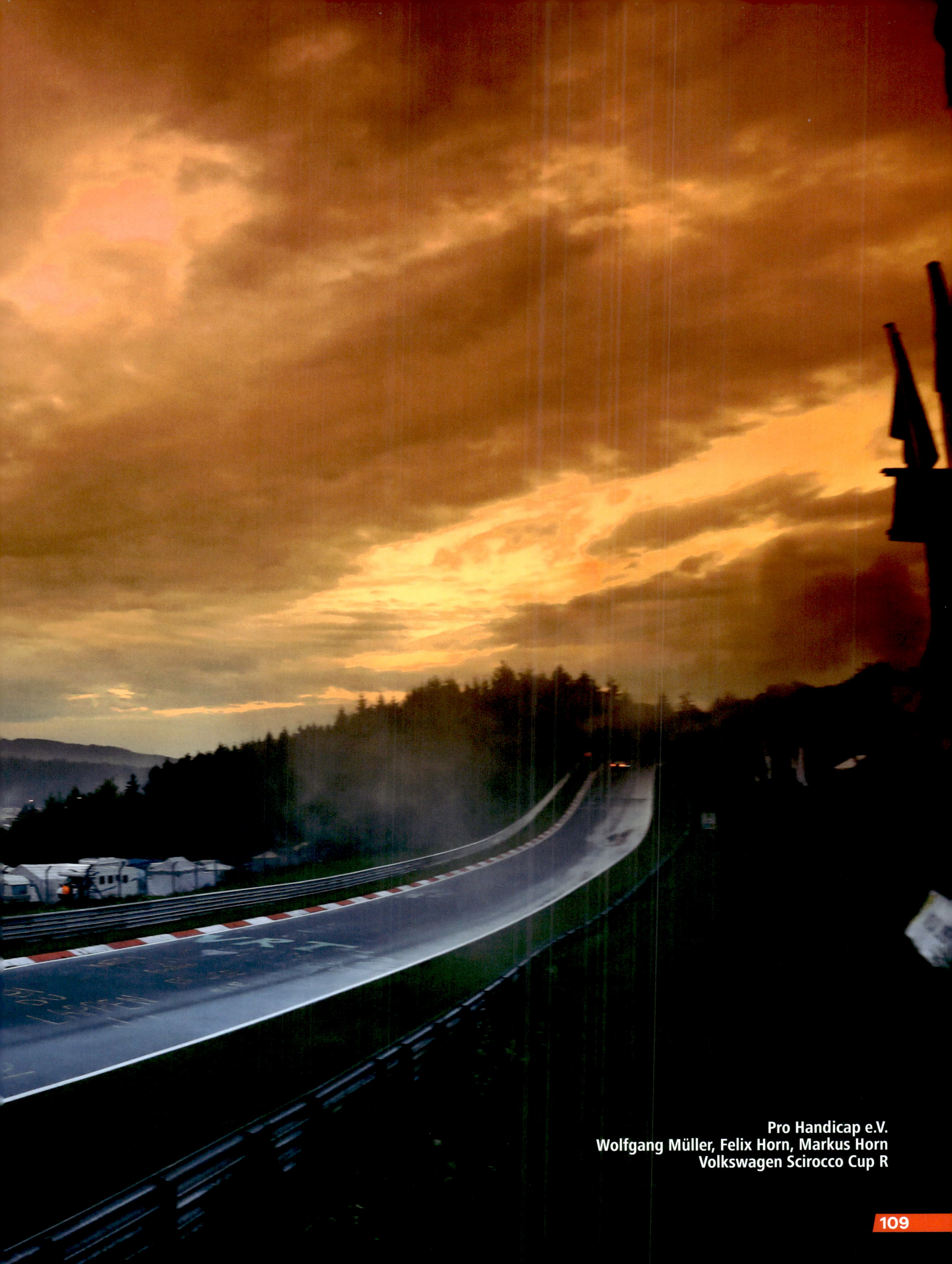

Pro Handicap e.V.
Wolfgang Müller, Felix Horn, Markus Horn
Volkswagen Scirocco Cup R

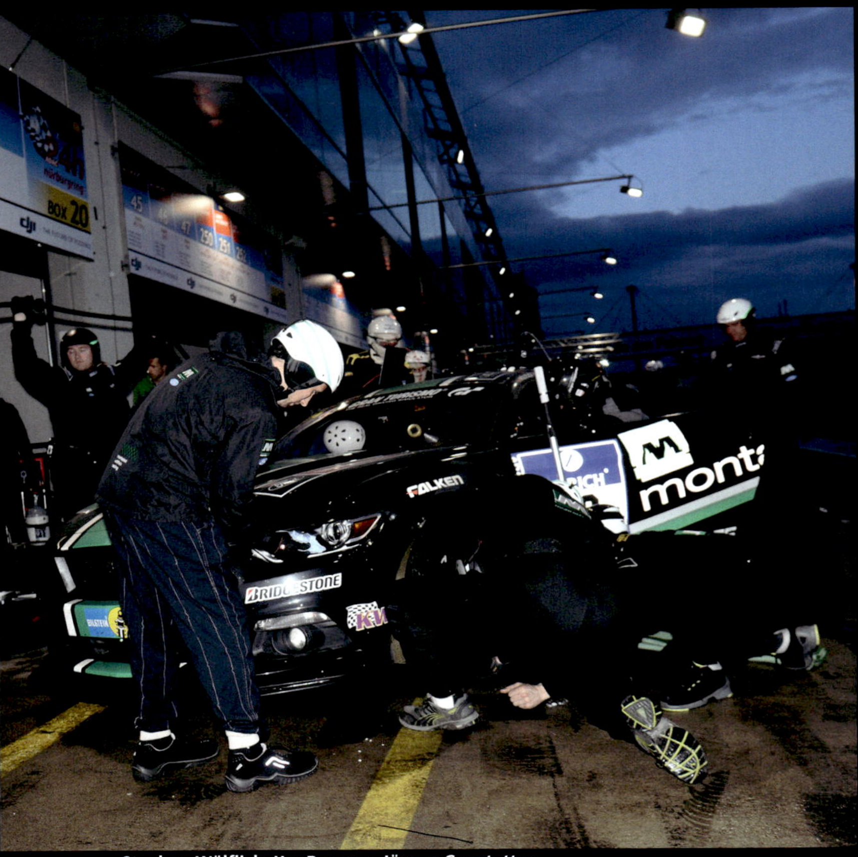

Stephan Wölflick, Urs Bressan, Jürgen Gagstatter

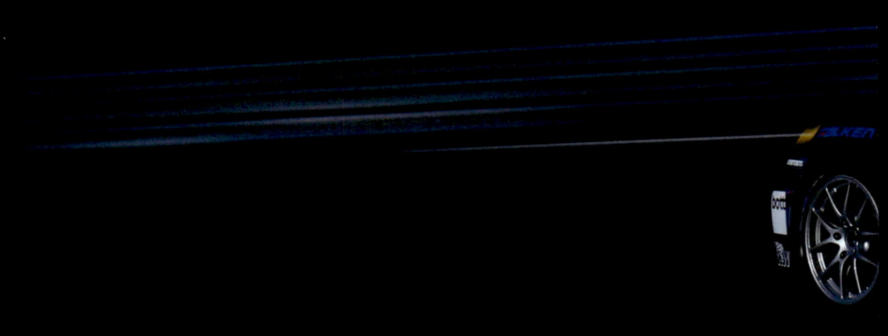

Christoph Breuer, Christian Gebhardt, Lars Kern

Der Frikadelli-Porsche (#3) stürzte wegen Problemen mit einer Drosselklappe bis auf Rang 34 zurück. „Auf der Döttinger Höhe waren 220 km/h das Höchste der Gefühle", sagte Sabine Schmitz. Glück im Unglück hatte der Aston Martin mit der Nummer 7: Darren Turner rutschte im Wehrseifen gegen die Leitplanken, konnte die Fahrt aber fortsetzen. Nach vier Runden Standzeit wegen Elektronikproblemen ist der Sorg Rennsport-BMW M3 GT4 (#78) wieder dabei. „Bei dem starken Regen hatte Wasser irgendwie den Weg ins Innere gefunden", ärgerte sich Teamchef Daniel Sorg.

Um 22.45 Uhr endete das Rennen für die Nummer 8 mit Maxi Götz am Steuer, die zu diesem Zeitpunkt in Führung lag. „Ich hatte im Bereich Pflanzgarten/großer Sprunghügel eine Berührung mit einem zu Überrundenden. Da war es zu einem Missverständnis gekommen. Ich habe mich dann gedreht, bin vorwärts angeschlagen und habe mir dabei den Frontsplitter kaputtgemacht. So kann man mit dem Auto nicht weiterfahren." Gerhard Ungar, technischer Leiter von AMG, erklärte: „Es macht keinen Sinn das Fahrzeug zu reparieren. Wir hätten später in der Nacht eines der beiden Haribo-Autos zurückgezogen. So wurde uns die Entscheidung abgenommen, welches."

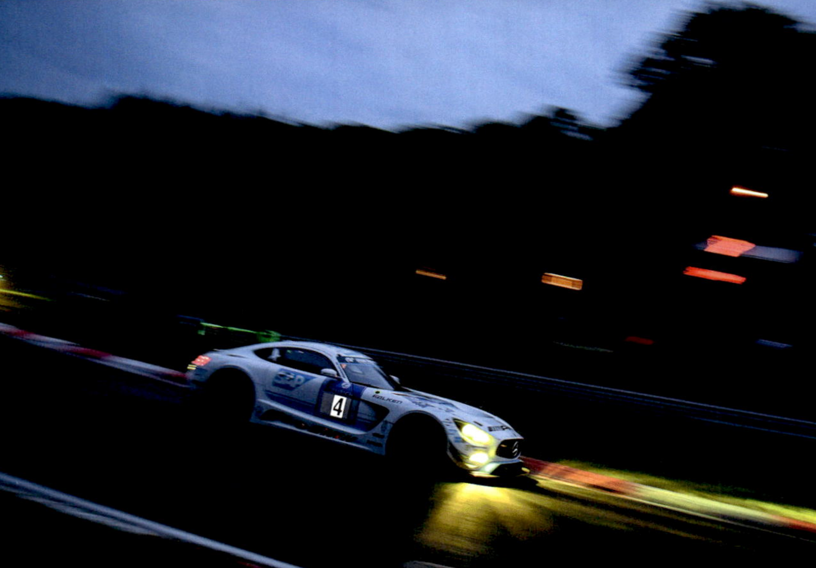

Bernd Schneider, Maro Engel, Adam Christodoulou, Manuel Metzger

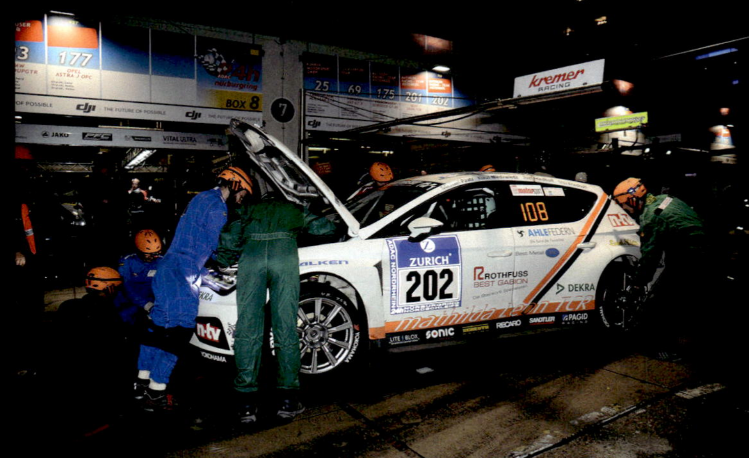

Michael Paatz, Klaus Niedzwiedz, Axel Friedhoff, Max Friedhoff

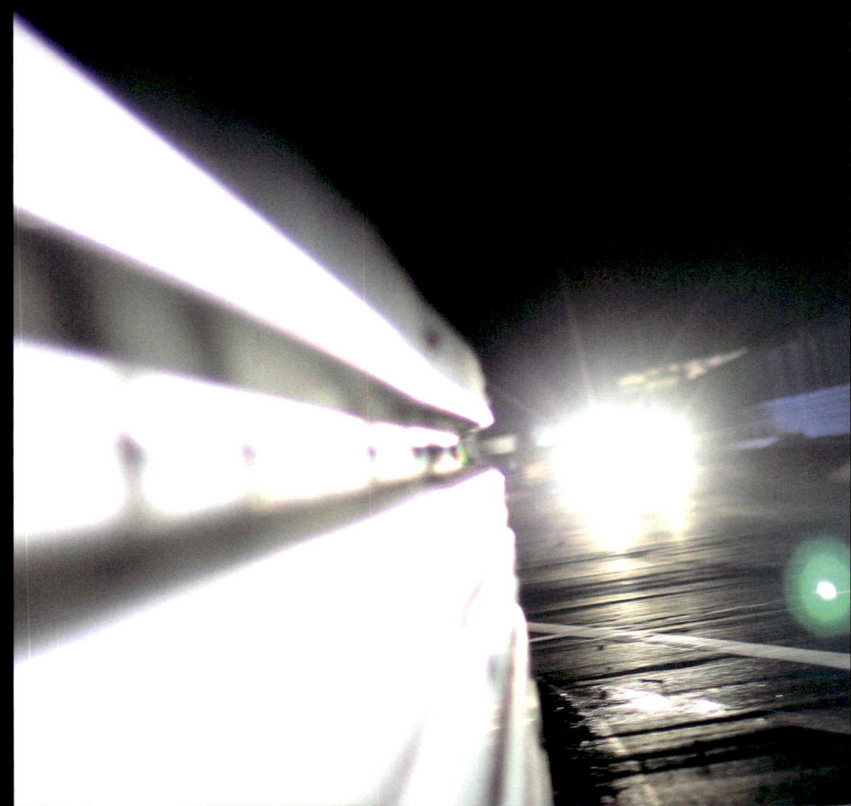

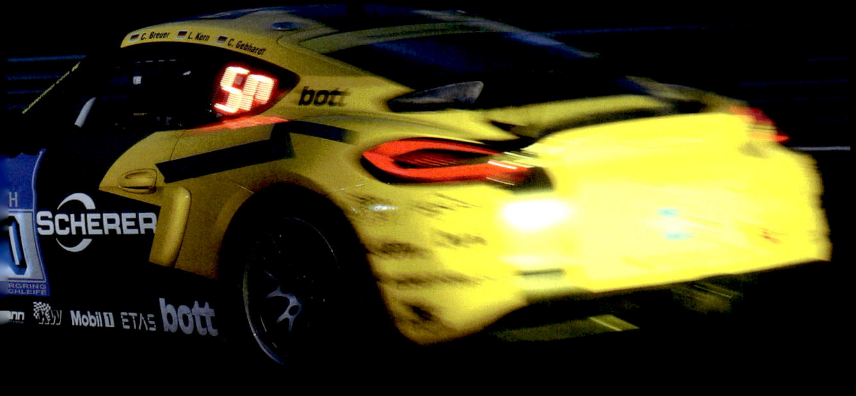

TOP 15 OVERALL // 21:30 – 23:30 Uhr

1	88	Alzen / Arnold / Götz / Seyffarth Mercedes-AMG GT3
2	912	Lietz / Bergmeister / Christensen / Mackowiecki Porsche 911 GT3 R
3	4	Schneider / Engel / Christodoulou / Metzger Mercedes-AMG GT3
4	30	Baumann / Mücke / Buhk / T. Jäger Mercedes-AMG GT3
5	29	Vietoris / Seefried / Hohenadel / Van der Zande Mercedes-AMG GT3
6	2	Leonard / Frijns / Sandström / Vervisch Audi R8 LMS
7	100	Edwards / Klingmann / Luhr / Tomczyk BMW M6 GT3
8	9	Haupt / Buurman / Engel / D. Müller Mercedes-AMG GT3
9	1	L. Vanthoor / C. Mies / N. Müller / Kaffer Audi R8 LMS
10	23	Sims / Eng / Martin / Werner BMW M6 GT3
11	999	Bouveng / Blomqvist / Krognes / Di Martino BMW M6 GT3
12	35	Krumm / Ordonez / Hoshino / Buncombe Nissan GT-R GT3
13	28	Basseng / De Phillippi / Rockenfeller / Scheider Audi R8 LMS
14	5	Stippler / Fjordbach / Mortara / Mayr-Melnhof Audi R8 LMS
15	44	Dumbreck / Henzler / Ragginger / Imperatori Porsche 911 GT3 R

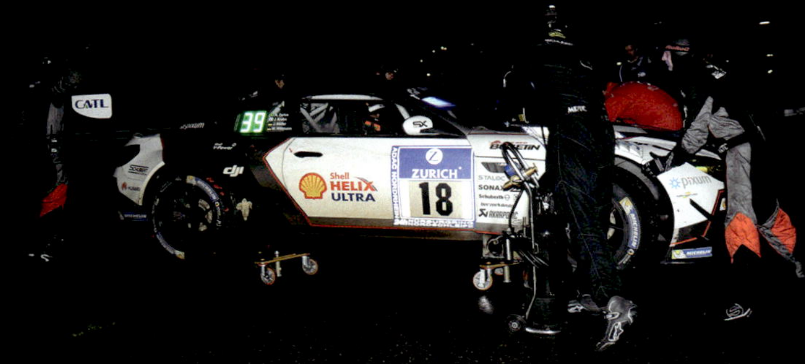

Augusto Farfus, Jesse Krohn, Jörg Müller, Marco Wittmann

CLASS LEADERS // 21:30 – 23:30 Uhr

AT	111	Barrow / Cox / Shaw / Morrow BMW 135D GTR
Cup1	252	Hartl / Vögeli / Wulf / Kariste Opel Astra OPC Cup
Cup3	351	Björn-Hansen / Vatne / "Sugar Mountain" / Karg Porsche Cayman GT4
Cup5	305	Schrey / A. Mies / Akata / D. Vanthoor BMW M235i Racing
SP2T	133	Kiesch / Nett / Schupp / Köppen Hyundai Veloster 1,6T
SP3	123	Smittacharch / Charoensukhawatana / Manat / Nattapong Toyota Corolla Altis
SP3T	106	van Dam / Lasse / Schrick / Yamauchi Subaru WRX STI
SP4T	110	Dr. Lohn / Benninghofen / Kraske / Jaussi Volkswagen Golf 5 R-Line GTI
SP5	93	Purtscher / Rettich / Reicher / Nury BMW 1M-Coupé GTR
SP6	83	Ackermann / Welschar / Wiskirchen / Walter Porsche GT3 Cup
SP7	64	Devigus / Weishaupt / A. Toril Boquoi / M. Farnbacher Porsche 991 GT3 Cup
SP8	42	Cate / Dr. Kamelger / Turner / Guelden Aston Martin Vantage GT8
SP8T	47	Gass / Hahn / R. Konrad / Vetter BMW E82
SP9	88	Alzen / Arnold / Götz / Seyffarth Mercedes-AMG GT3
SP10	76	Weber / Preacher / Bermes / Hennerici Aston Martin Vantage V8
SP-PRO	36	Kataoka / Tsuchiya / Oshima / Iguchi Lexus RC F
SP-X	702	Mutsch / Westphal / Simonsen / Laser SCG SCG003C
TCR	201	Niederberger / Wohlfarth / Gülden / Gene Seat Leon TCR
V2T	175	Jahn / Sidorenko / Quante / Kleeschulte Renault Megane RS
V3	126	"Brody" / Dreszer / Muytjens / Barbaro Toyota GT86
V3T	171	von Garrel / Ohlinger / Cox BMW M235 i
V4	141	Rink / Brink / Piana / Steinhaus BMW E90
V5	156	Egbert / Rönnefarth / Hollerweger BMW 330i
V6	158	Dr. Dr. Tveten / Sandberg / Fübrich Porsche 911

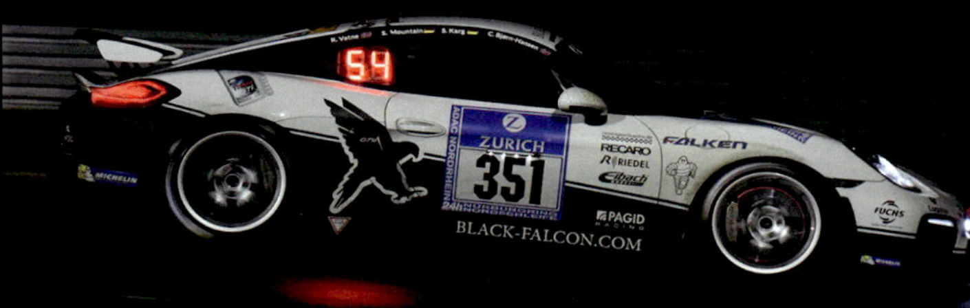

Christian Björn-Hansen, Runar Vatne, „Sugar Mountain", Stefan Karg

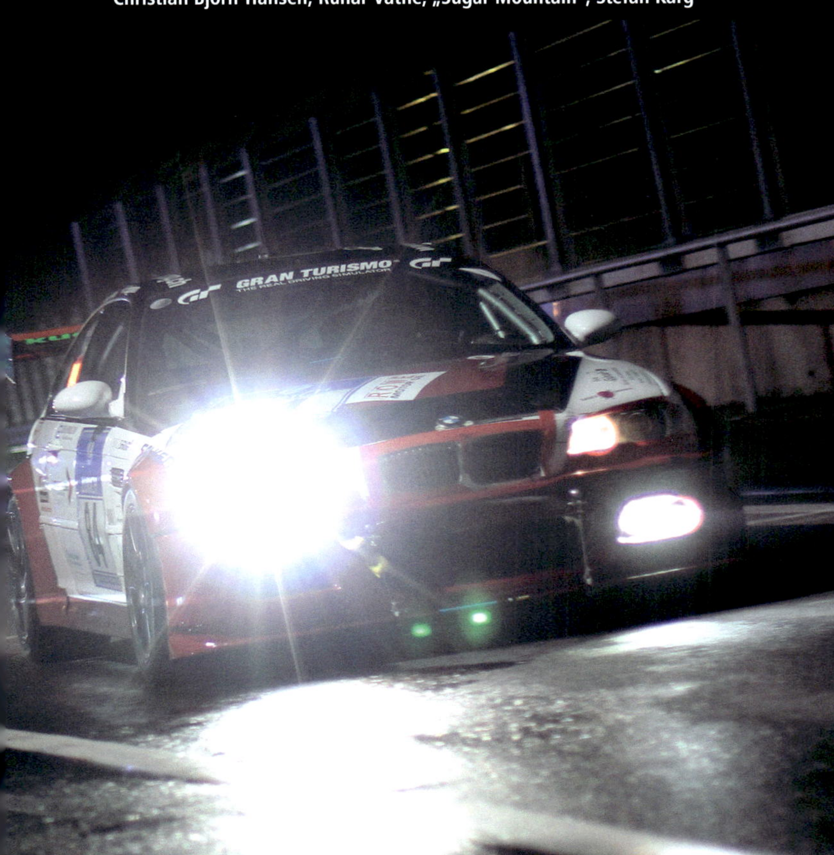

Martin Kroll, Chantal Kroll, Michael Kroll, Roland Eggimann

Auf trockener Strecke Mercedes-AMG überlegen
Manthey-Porsche mit neun Runden Stints
Vorjahressieger Audi chancenlos

Das unfallbedingte Aus des Schwesterautos hatte das Haribo-Racing-Team gut verdaut: Die Nummer 88 kontrollierte das Geschehen zwischen der achten und zehnten Rennstunde und gab die Spitze nur einmal ab. Während alle in den Top-Ten liegenden Mercedes-AMG durchweg Acht-Runden-Stints absolvierten, schaffte der Manthey-Porsche (#912) zweimal neun Runden. Nach 30 Umläufen bedeutete dieses erstmals die Führung, nach 39 Runden immerhin Rang zwei. Von den reinen Rundenzeiten her erwiesen sich die Mercedes-AMG GT3 als überlegen und bestimmten zunehmend das Geschehen an der Spitze.

Hinter den fünf Mercedes-AMG und dem Porsche folgten der Schubert-BMW (#100) sowie der bestplatzierte Scuderia Glickenhaus-SCG003C (#702). Und was machte Audi, der Sieger der letzten beiden Jahre und zum Kreis der Favoriten gehörend? Der beste R8, die von Land Motorsport eingesetzte Nummer 28, lag soeben in den Top-Ten vor

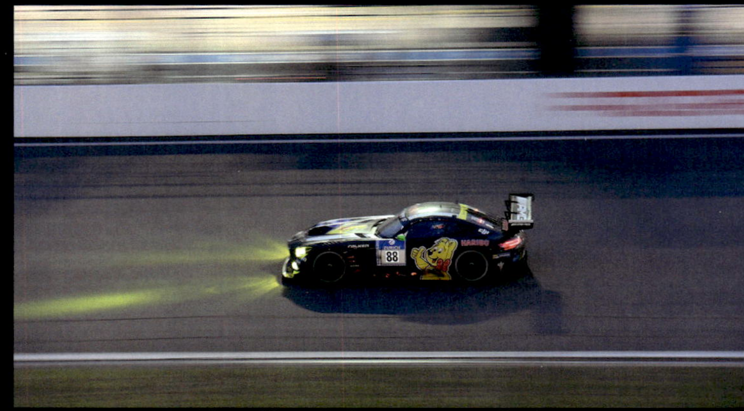

Uwe Alzen, Lance David Arnold, Maximilian Götz, Jan Seyffarth

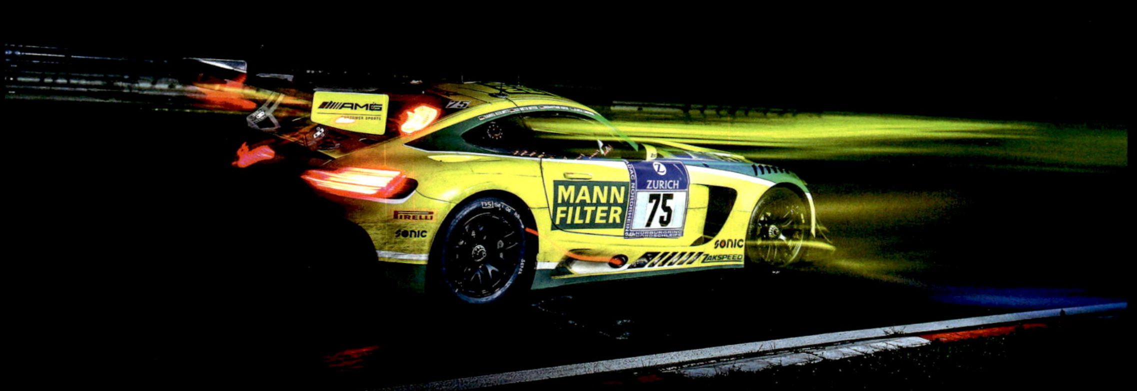

Kenneth Heyer, Sebastian Asch, Luca Ludwig, Daniel Keilwitz

Marc Basseng, Connor De Phillippi, Mike Rockenfeller, Timo Scheider

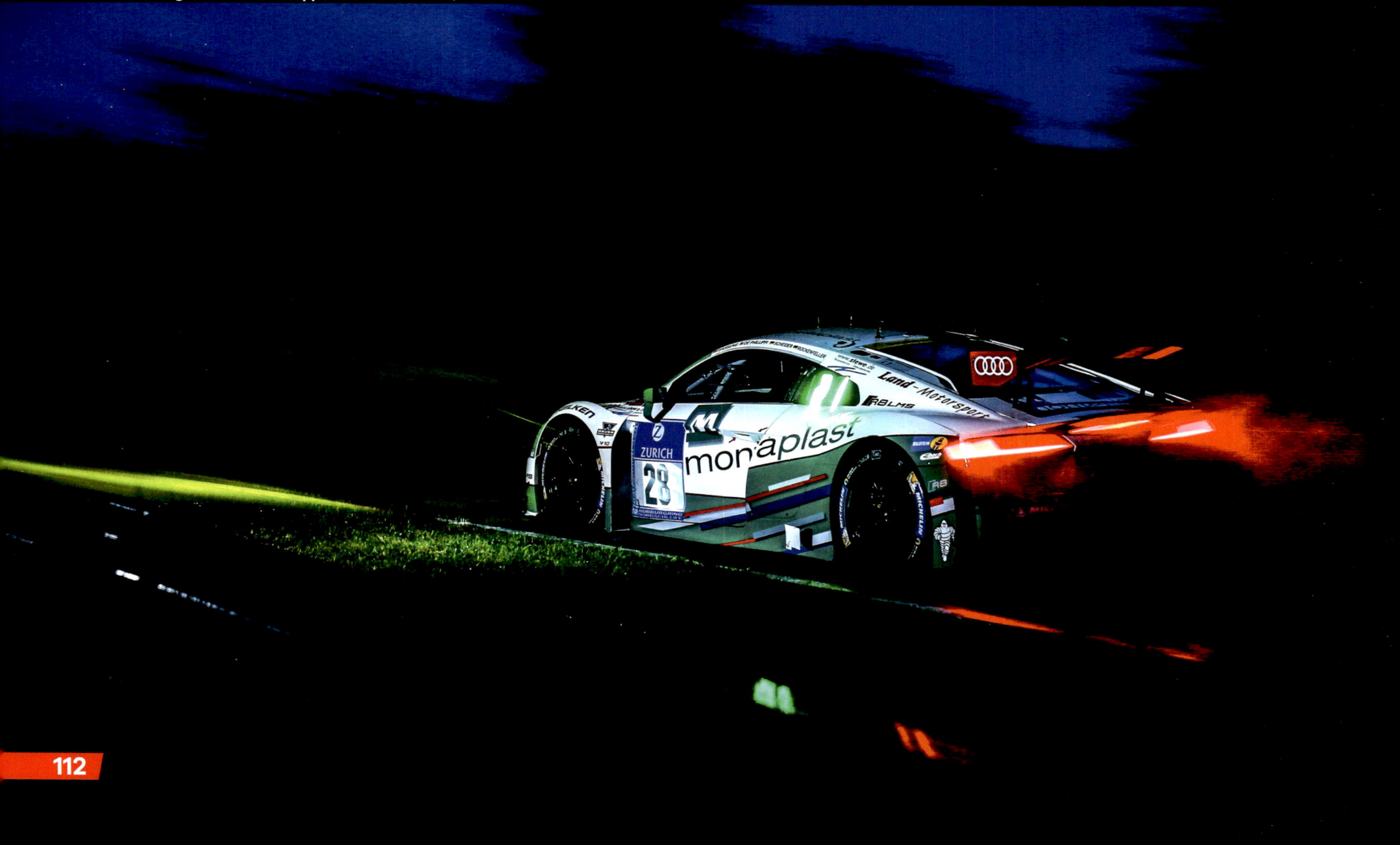

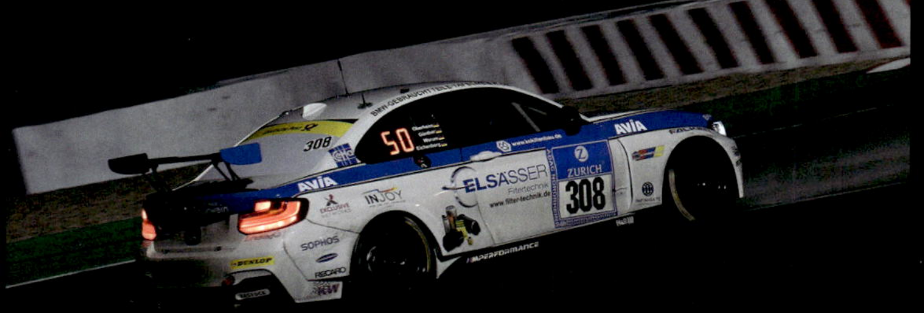

Heiko Eichenberg, Kevin Warum, Felix Guenther, Moritz Oberheim

Für jedes erdenkliche Wetter den richtigen Reifen
The right tyres for every possible weather situation

🇩🇪 Als Neunter wieder in den Top-Ten, dazu bestplatzierter Porsche: Peter Dumbreck war nach seinem 13. Start, davon jetzt zehn im Falken-Team, zufrieden. Dabei fing das Wochenende für den Porsche 911 GT3-R nicht so gut an. Das Einzelzeitfahren wurde verpasst, die Startnummer 44 musste vom 35. Startplatz aus die Jagd zweimal rund um die Uhr in Angriff nehmen. „Die Grüne Hölle machte mit dem wechselnden Wetter ihrem Namen wieder alle Ehre. Die Anfangsphase war wirklich unglaublich, durch den Abbruch fielen wir weit zurück. Ich durfte den Re-Start fahren und auf der nassen Piste war ich mit den Falken-Reifen perfekt unterwegs, konnte rund 25 Positionen gutmachen. Zur Rennhalbzeit waren wir erstmals in den Top-20, am Ende dann sogar in den Top-Ten. Wir hatten übers Wochenende jedes erdenkliche Wetter und immer den passenden Falken-Reifen."

🇬🇧 Again within the top ten with his ninth-place finish and the best-placed Porsche on top of that: Peter Dumbreck was satisfied after his 13th participation, his tenth with the Falken team. The weekend hadn't started too well for the Porsche 911 GT3-R. The team missed out on the single-car qualifying run, the number 44 had to start from 35th place on the grid. "With the changeable weather conditions, the Green Hell again lived up to its reputation. The opening stages really were incredible, we massively dropped back to the interruption. I was allowed to drive at the restart and I ran perfectly well with the Falken tyres on the wet track. I was able to make up some 25 positions. Halfway through the race, we were in the top 20 for the first time and then even in the top ten. Over the weekend, we had every possible weather situation and always the right Falken tyres to deal with them."

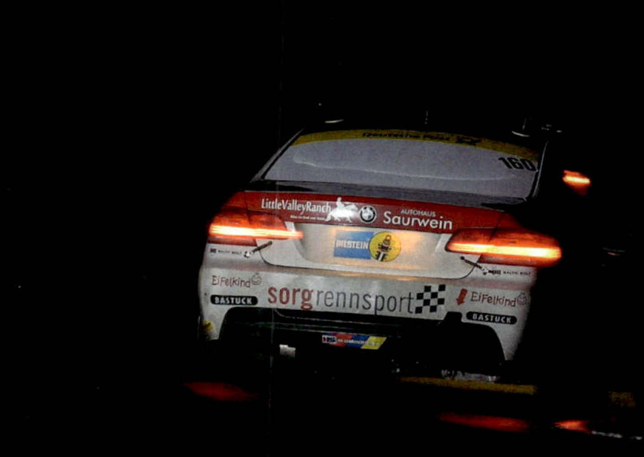

Erki Koldits, Roul Liideman, Ulf Wickop, Ralf Goral

Mercedes-AMG dominant at dry track
Manthey Porsche with nine-lap stints
Last year's winner Audi without a chance

🇬🇧 The sister car having retired after an accident, the #88 Haribo car remained in the lead. While all Mercedes-AMG cars completed eight laps between stops, the Manthey Porsche managed to do nine laps twice, enabling it to take a temporary lead after 30 laps. However, the Mercedes-AMG GT3 had the upper hand in terms of top speed and increasingly dominated proceedings. Five Mercedes-AMG and the Porsche were followed by the Schubert BMW (#100) and the Scuderia Glickenhaus SCG003C (#702). Next up were the Audis of Land Motorsport, WRT and Phoenix while Steven Kane crashed the #37 Bentley at Fuchsröhre.

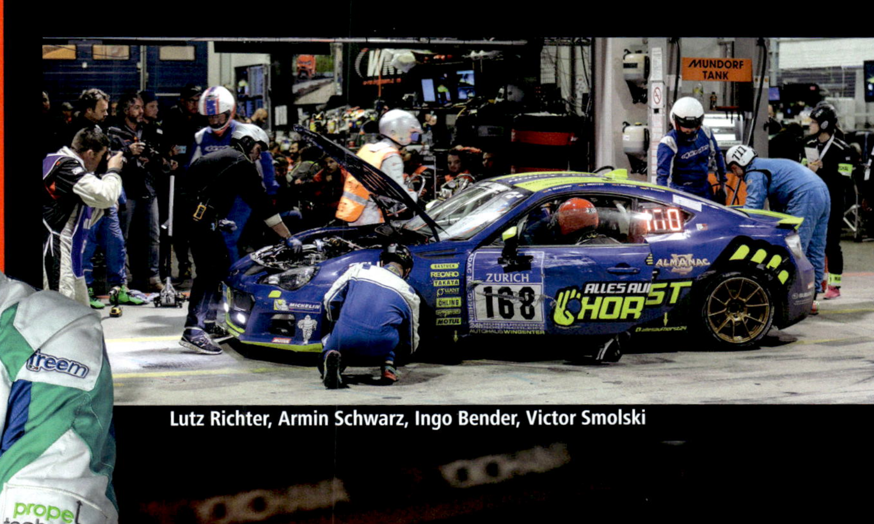

Lutz Richter, Armin Schwarz, Ingo Bender, Victor Smolski

John Edwards, Jens Klingmann, Lucas Luhr, Martin Tomczyk

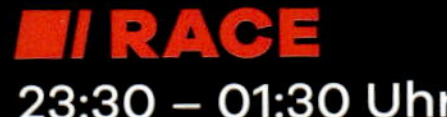

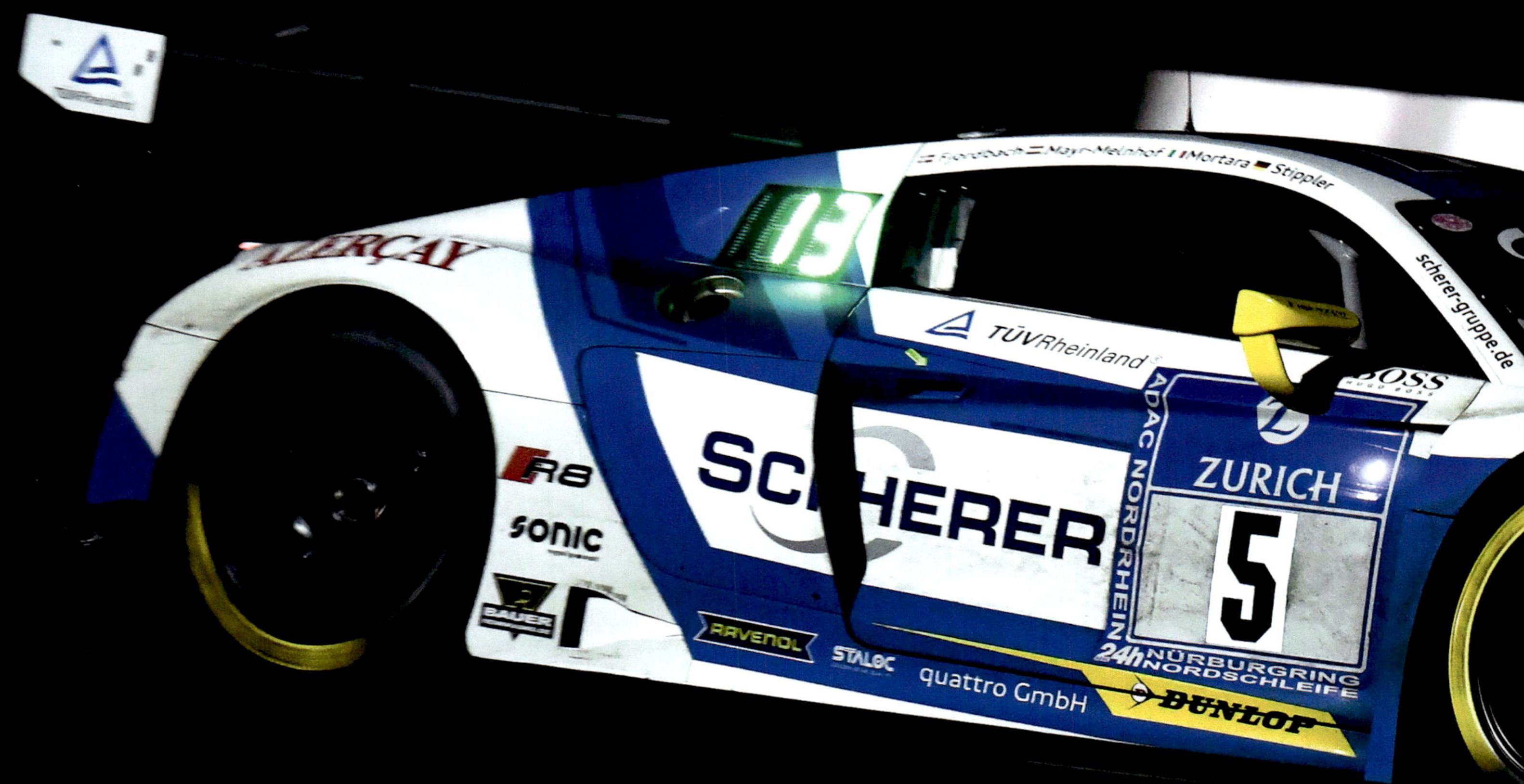
13
TÜVRheinland
scherer-gruppe.de
BOSS
ADAC NORDRHEIN
ZURICH
5
24h NÜRBURGRING NORDSCHLEIFE
DUNLOP
quattro GmbH
RAVENOL
R8
sonic

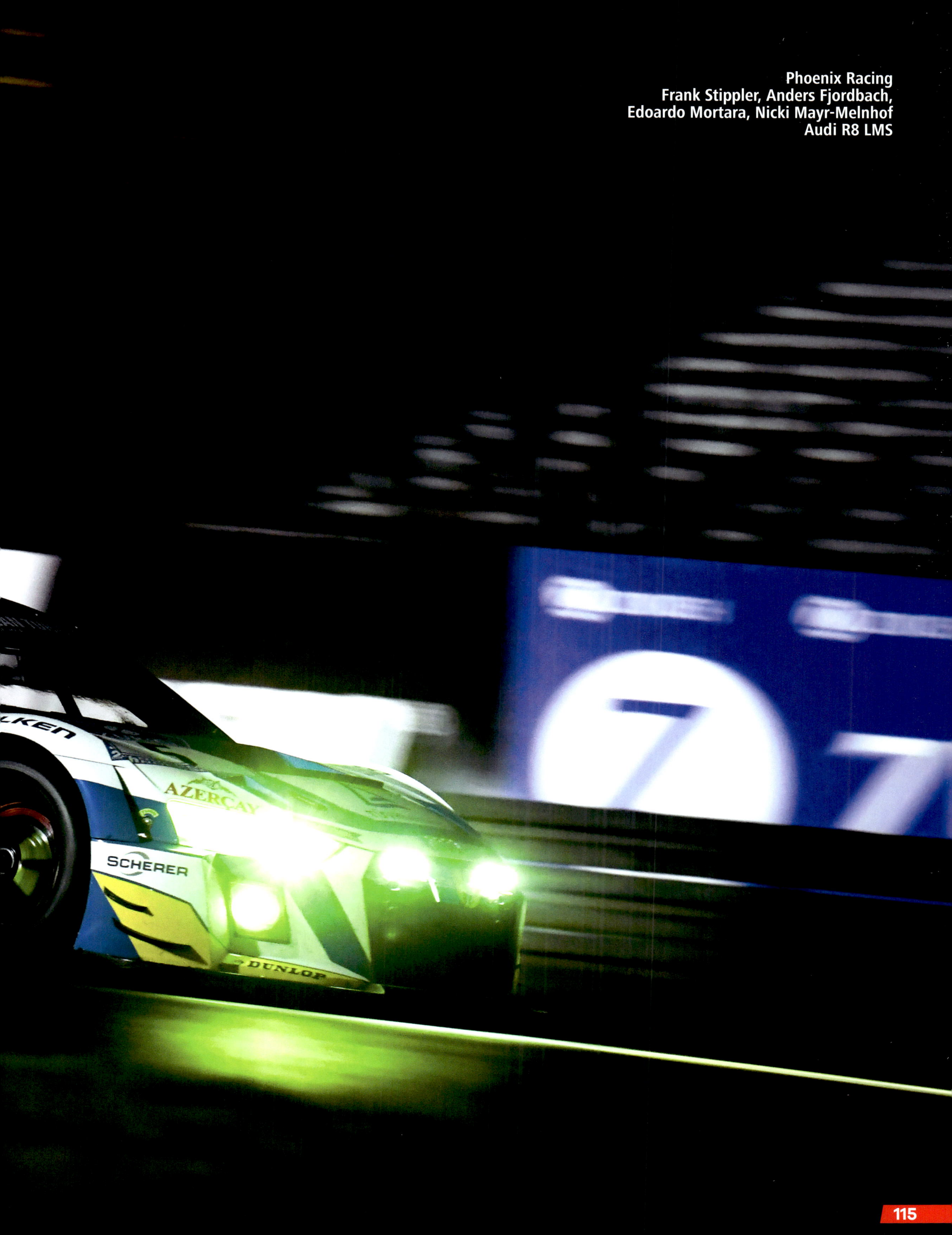

Phoenix Racing
Frank Stippler, Anders Fjordbach,
Edoardo Mortara, Nicki Mayr-Melnhof
Audi R8 LMS

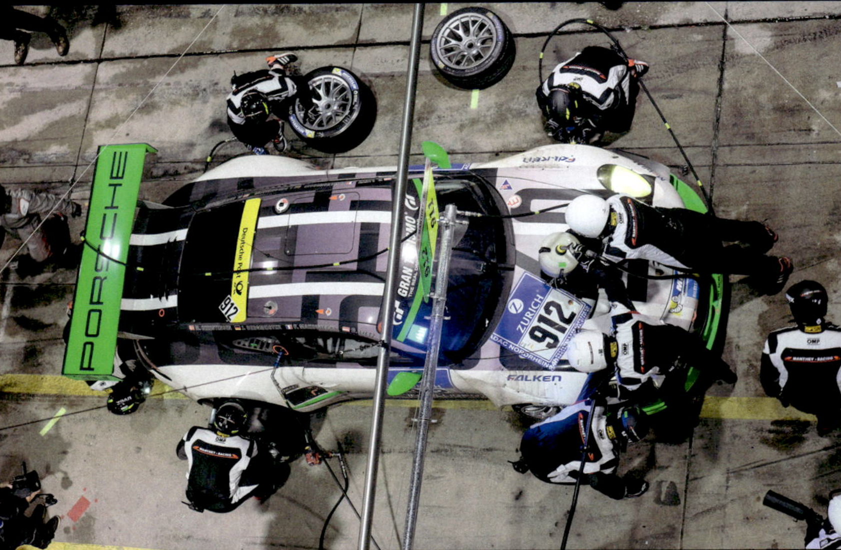

Richard Lietz, Jörg Bergmeister, Michael Christensen, Fred Makowiecki

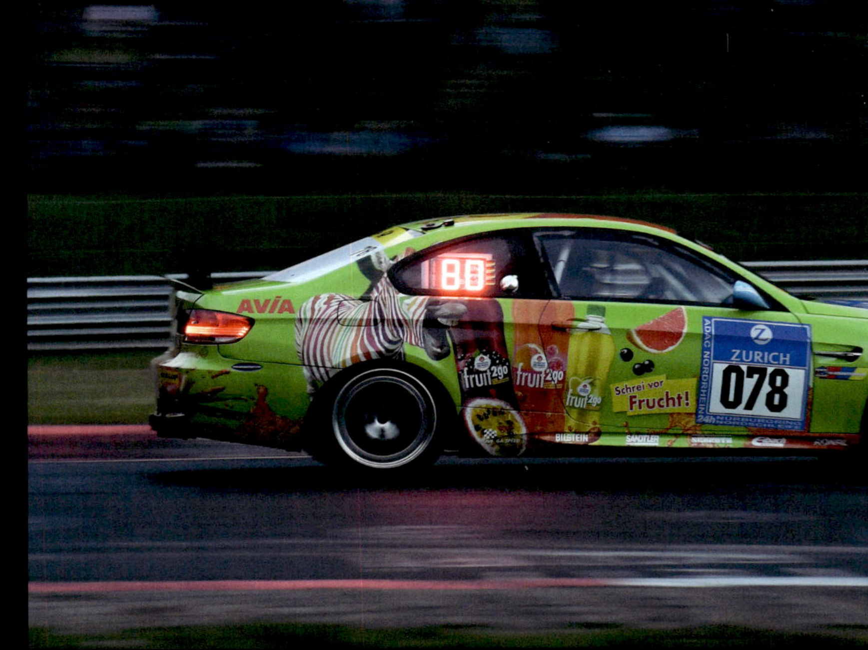

Oliver Bender, Stefan Beyer, Friedhelm Mihm, Torsten Kratz

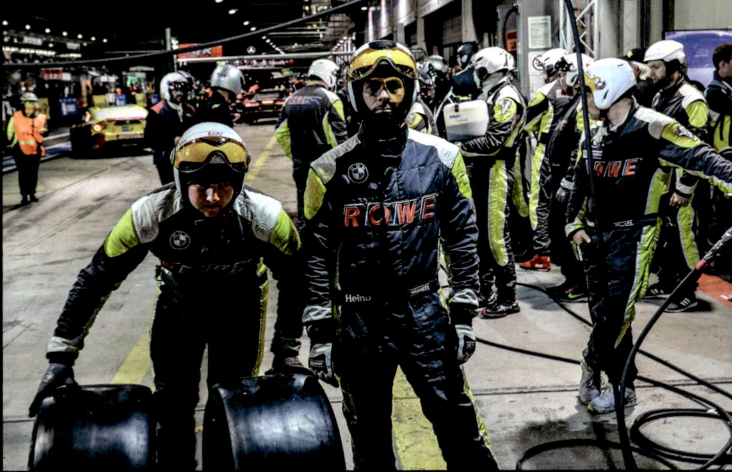

ROWE Racing team

der Nummer zwei aus der belgischen WRT-Mannschaft und dem Dunlop-bereiften Phoenix-R8 (#5). Die Chancen von Bentley schwanden um 50 Prozent, nachdem Steven Kane ausgangs Fuchsröhre die Nummer 37 an den Leitplanken beschädigte.

Im seriennahen Alles auf Horst-Subaru BRZ (#168) gehörte der frühere Rallye-Europameister und RAC Rallye-Gewinner Armin Schwarz zu den Piloten. „Die größte Herausforderung wird es, die Nacht zu überstehen. Mal sehen, was das Wetter macht. Auf der Strecke gibt es noch ein paar feuchte Stellen, speziell neben der Linie. Zudem ist die Temperatur recht niedrig. Da muss man zusehen, die Reifen auf Temperatur zu halten. Die Nordschleife ist für mich die tollste Sonderprüfung auf Asphalt."

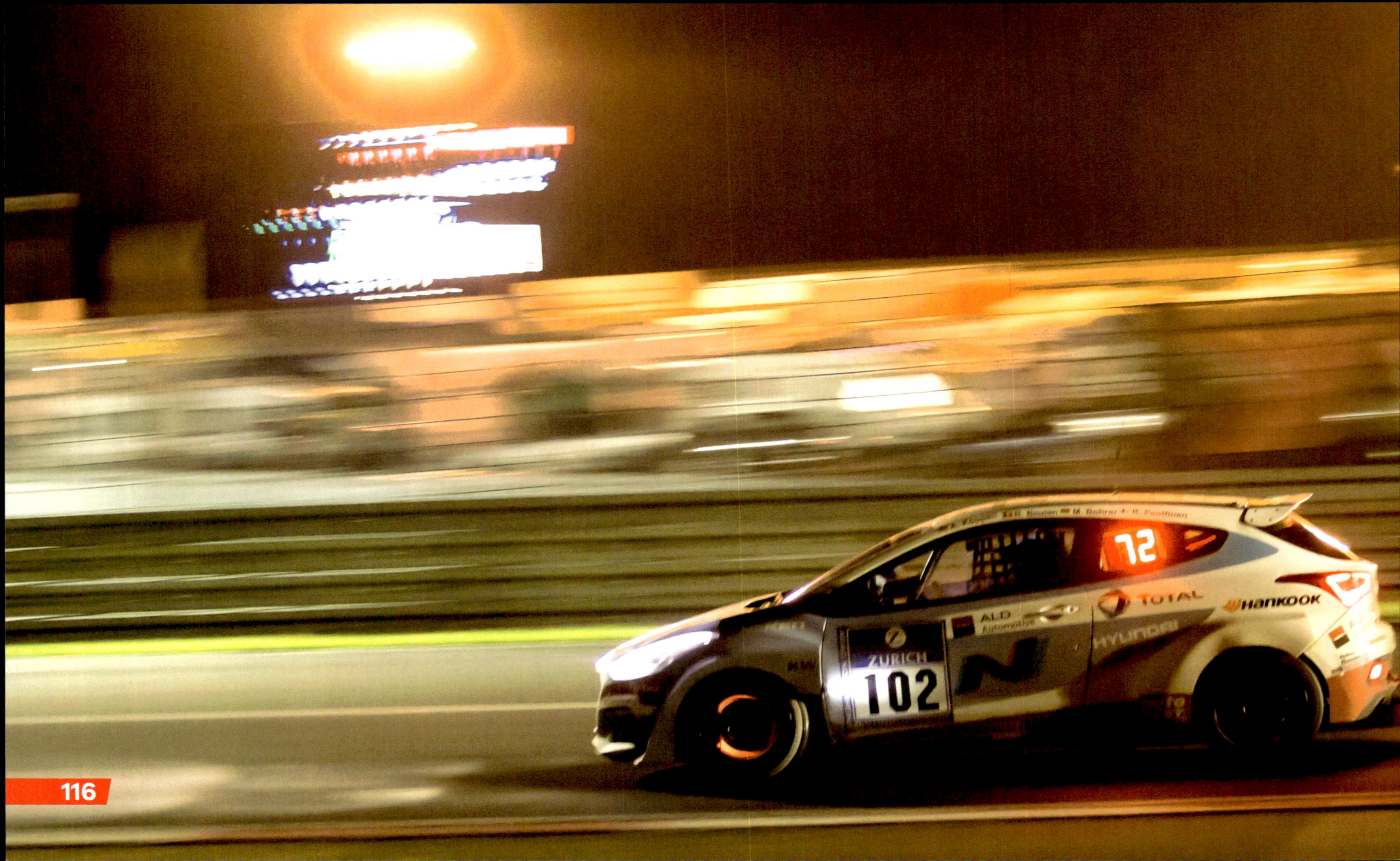

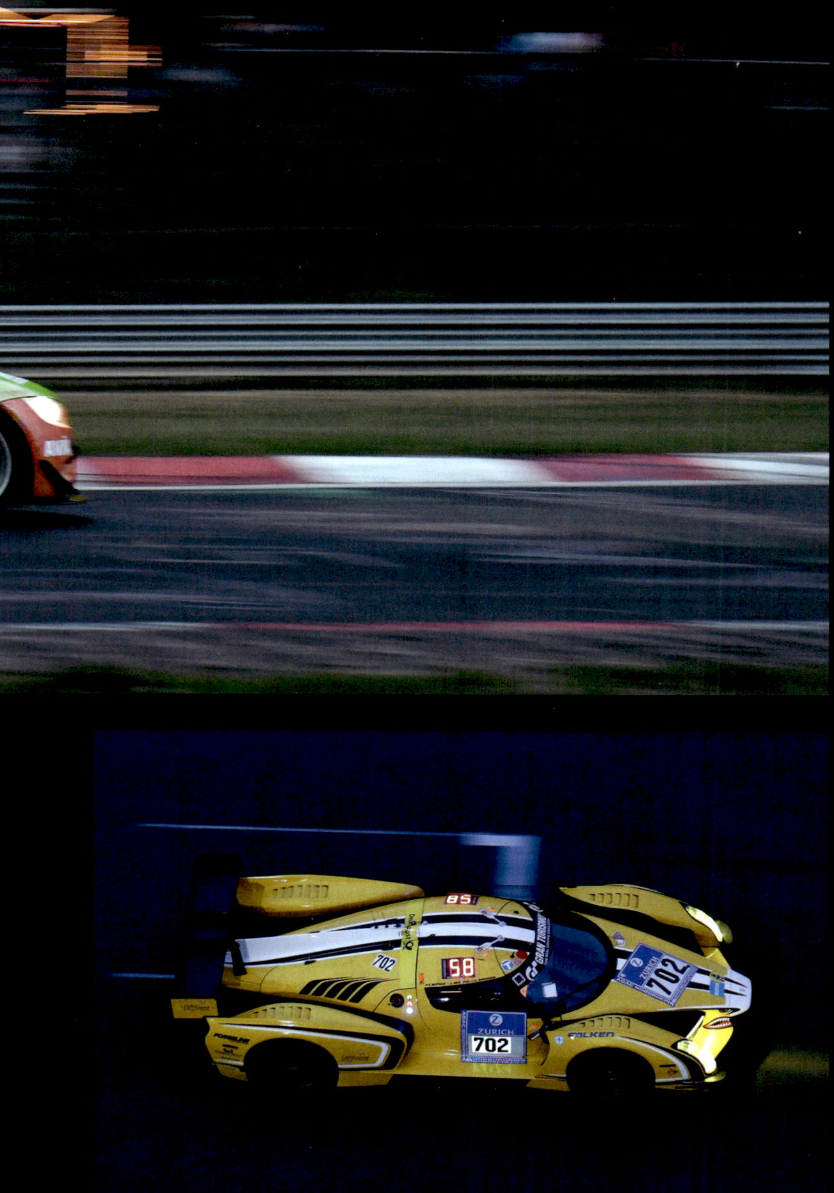

Thomas Mutsch, Jeff Westphal, Andreas Simonsen, Felipe Laser

TOP 15 OVERALL // 23:30 – 01:30 Uhr

1	88	**Alzen / Arnold / Götz / Seyffarth** Mercedes-AMG GT3
2	9	**Haupt / Buurman / Engel / D. Müller** Mercedes-AMG GT3
3	29	**Vietoris / Seefried / Hohenadel / Van der Zande** Mercedes-AMG GT3
4	30	**Baumann / Mücke / Buhk / T. Jäger** Mercedes-AMG GT3
5	100	**Edwards / Klingmann / Luhr / Tomczyk** BMW M6 GT3
6	912	**Lietz / Bergmeister / Christensen / Makowiecki** Porsche 911 GT3 R
7	4	**Schneider / Engel / Christodoulou / Metzger** Mercedes-AMG GT3
8	702	**Mutsch / Westphal / Simonsen / Laser** SCG SCG003C
9	2	**Leonard / Frijns / Sandström / Vervisch** Audi R8 LMS
10	5	**Stippler / Fjordbach / Mortara / Mayr-Melnhof** Audi R8 LMS
11	23	**Sims / Eng / Martin / Werner** BMW M6 GT3
12	25	**Zoechling / F. Konrad / Farnbacher / Stolz** Lamborghini Huracan GT3
13	22	**Graf / Westbrook / Catsburg / Palttala** BMW M6 GT3
14	1	**L. Vanthoor / C. Mies / N. Müller / Kaffer** Audi R8 LMS
15	28	**Basseng / De Phillippi / Rockenfeller / Scheider** Audi R8 LMS

CLASS LEADERS // 23:30 – 01:30 Uhr

AT	111	**Barrow / Cox / Shaw / Morrow** BMW 135D GTR
Cup1	252	**Hartl / Vögeli / Wulf / Kariste** Opel Astra OPC Cup
Cup3	354	**Holmlund / Graberg / Marshall / M. Gusenbauer** Porsche Cayman GT4
Cup5	308	**Eichenberg / Warum / Günther / Oberheim** BMW M235i Racing
SP2T	133	**Kiesch / Nett / Schupp / Köppen** Hyundai Veloster 1,6T
SP3	123	**Smittacharch / Charoensukhawatana / Manat / Nattapong** Toyota Corolla Altis
SP3T	106	**van Dam / Lasse / Schrick / Yamauchi** Subaru WRX STI
SP4T	110	**Dr. Lohn / Benninghofen / Kraske / Jaussi** Volkswagen Golf 5 R-Line GTI
SP5	93	**Purtscher / Rettich / Reicher / Nury** BMW 1M-Coupé GTR
SP6	83	**Ackermann / Welschar / Wiskirchen / Walter** Porsche GT3 Cup
SP7	64	**Devigus / Weishaupt / A. Toril Boquoi / M. Farnbacher** Porsche 991 GT3 Cup
SP8	45	**Göschel / Heldmann / Scheibner / Weishar** BMW M3 E92
SP8T	51	**Borum / Degnbol Moller / Eden / Moore** BMW 335i
SP9	88	**Alzen / Arnold / Götz / Seyffarth** Mercedes-AMG GT3
SP10	79	**Moller Madsen / Rebhan / Viebahn / Hess** Porsche Cayman Pro4
SP-PRO	36	**Kataoka / Tsuchiya / Oshima / Iguchi** Lexus RC F
SP-X	702	**Mutsch / Westphal / Simonsen / Laser** SCG SCG003C
TCR	201	**Niederberger / Wohlfarth / Gülden / Gene** Seat Leon TCR
V2T	175	**Jahn / Sidorenko / Quante / Kleeschulte** Renault Megane RS
V3	126	**"Brody" / Dreszer / Muytjens / Barbaro** Toyota GT86
V3T	161	**von Garrel / Ohlinger / Cox** BMW M235 i
V4	161	**Assenheimer / Marbach / Gusenbauer** Mercedes-Benz C 230
V5	156	**Egbert / Rönnefarth / Hollerweger** BMW 330i
V6	158	**Dr. Dr. Tveten / Sandberg / Fübrich** Porsche 911

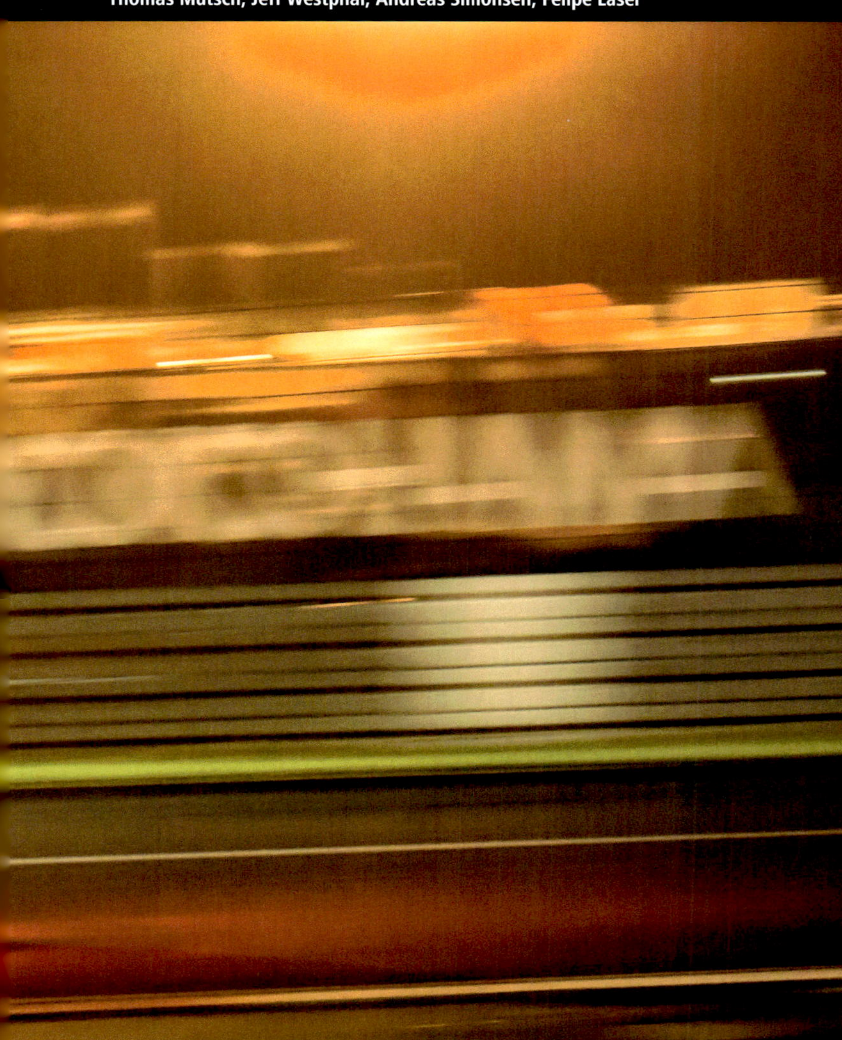

Alexander Köppen, Rory Penttinen, Michael Bohrer, Bruno Beulen

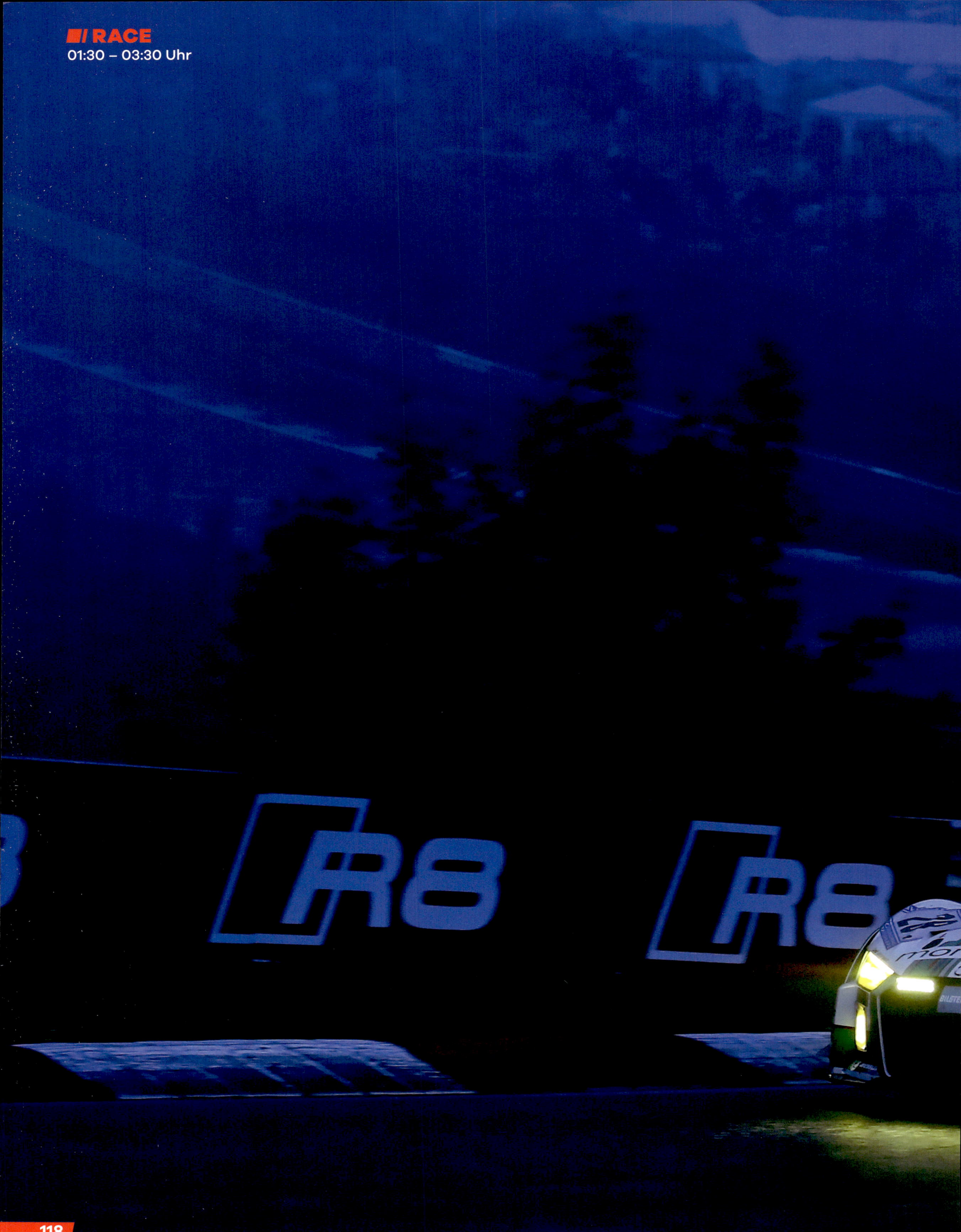
R8
R8

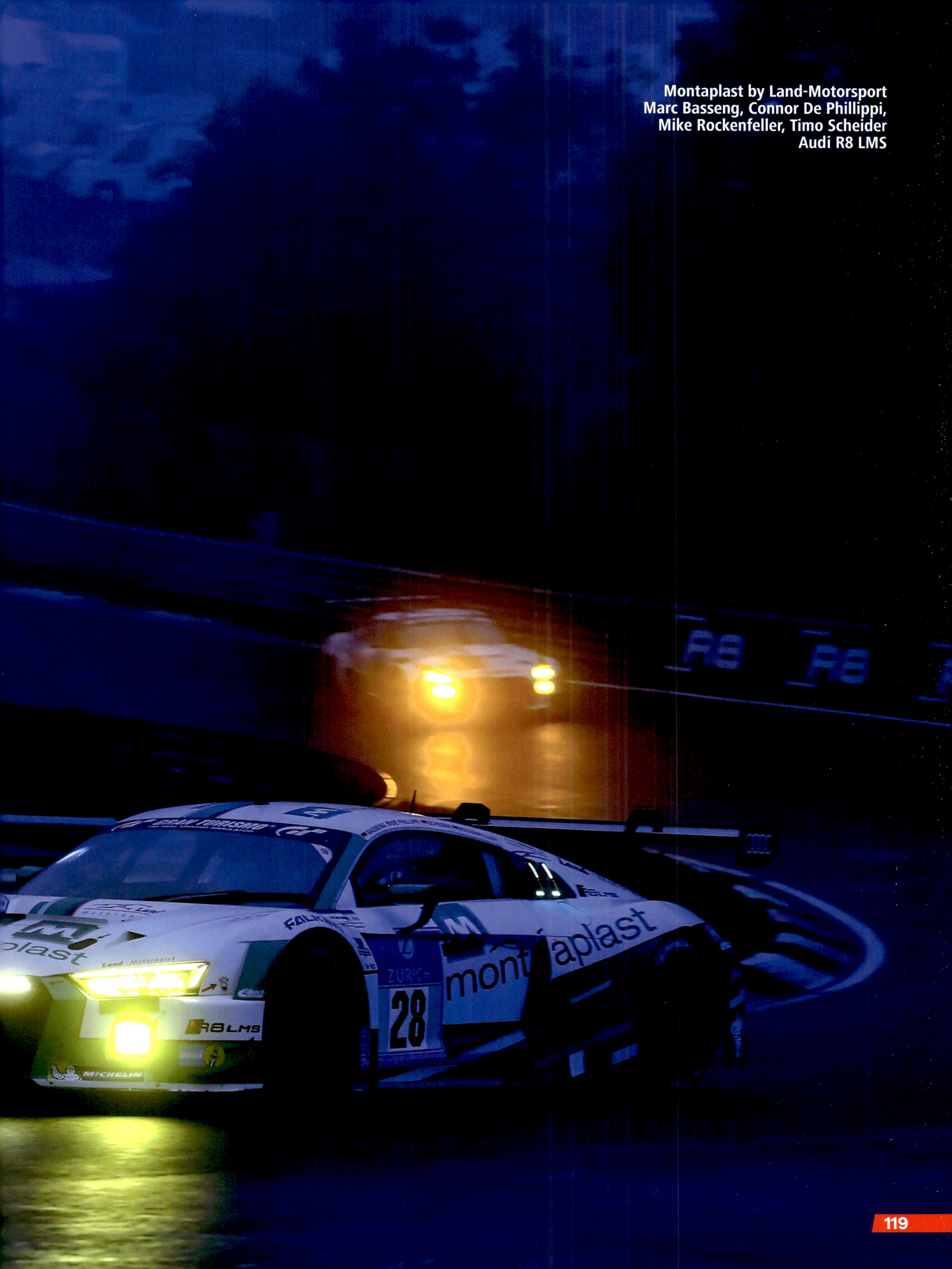

Montaplast by Land-Motorsport
Marc Basseng, Connor De Phillippi,
Mike Rockenfeller, Timo Scheider
Audi R8 LMS

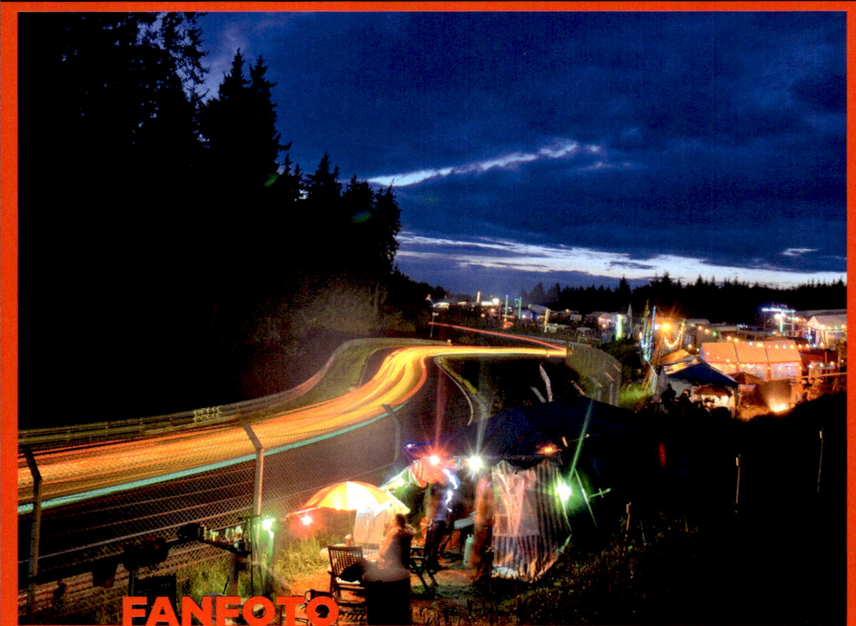

FANFOTO
in der Kategorie Atmosphäre von Timo Rennert

Nordschleife teilweise im Nebel
Auffahrunfall für den führenden Haribo-GT3 ohne Folgen
Pole-Setter von Black Falcon mal wieder in Front

"Mein Stint war ein Beispiel, warum ich 24-Stunden-Nürburgring fahre: Alle paar Meter etwas Neues: Nebel, Gelbe Flaggen, Überholmanöver – einfach genial", sagte Arno Klasen gegen 1.45 Uhr, nachdem er aus dem J2Racing-Cup-Porsche gestiegen war. Und Bentley-Pilot Christian Menzel ergänzte: „„Die nebeligen Passagen zu Beginn meines Stints waren schon heftig. Die Bedingungen waren insgesamt schwierig, da zahlt sich meine Nordschleifenerfahrung aus."

Richard Westbrook (Rowe-BMW) brachte die aktuellen Streckenverhältnisse auf den Punkt: „Die Strecke ist überwiegend trocken, aber in manchen Kurven trocknet sie einfach nicht ab. Das ist die Nordschleife! Aber ich beschwere mich nicht - ich habe riesigen Spaß. Ich liebe es!"

An der Spitze hat der Mercedes-AMG mit der Nummer 88 weiterhin alles im Griff. Nachdem das Schwesterauto nach einer Kollision vor Mitternacht aus dem Rennen genommen werden musste, hatte nun auch der verbliebene Goldbär ein Aha-Erlebnis: Ausgangs Karussell gab es einen Auffahrunfall mit dem Twin Busch-Audi, hierbei wurde die Front leicht beschädigt. Zum Glück blieb der Kühler unversehrt.

In der 47. Runde um 2.28 Uhr überholte Hubert Haupt (Black Falcon-Mercedes-AMG #9) den Haribo-Markenkollegen Maxi Götz. Der Pole-Setter führte somit erstmals wieder seit der siebten Runde. An Start-und-Ziel betrug der Abstand zwischen den beiden gerade einmal 0,513 Sekunden. Im nächsten Umlauf stellte Götz aber die alte Reihenfolge wieder her.

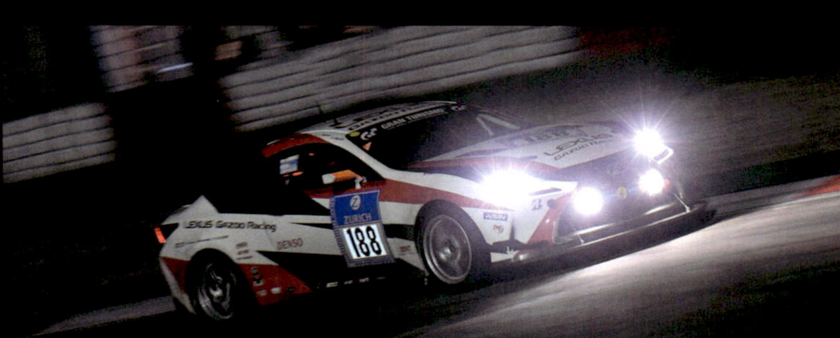

Takayuki Kinoshita, Takamitsu Matsui, Naoya Gamo, „Morizo"

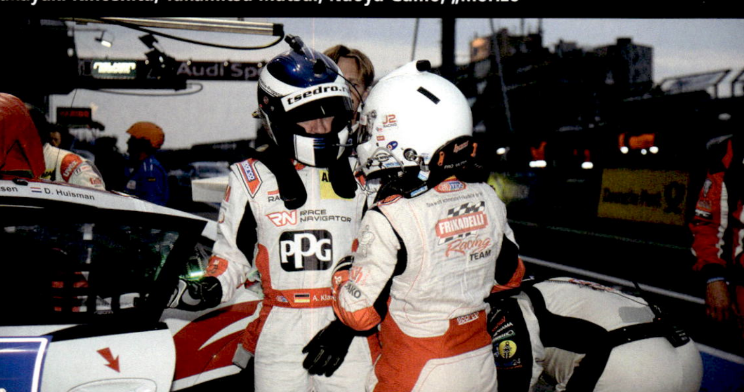

Arno Klasen and Janine Hill

Hubert Haupt, Yelmer Buurman, Maro Engel, Dirk Müller

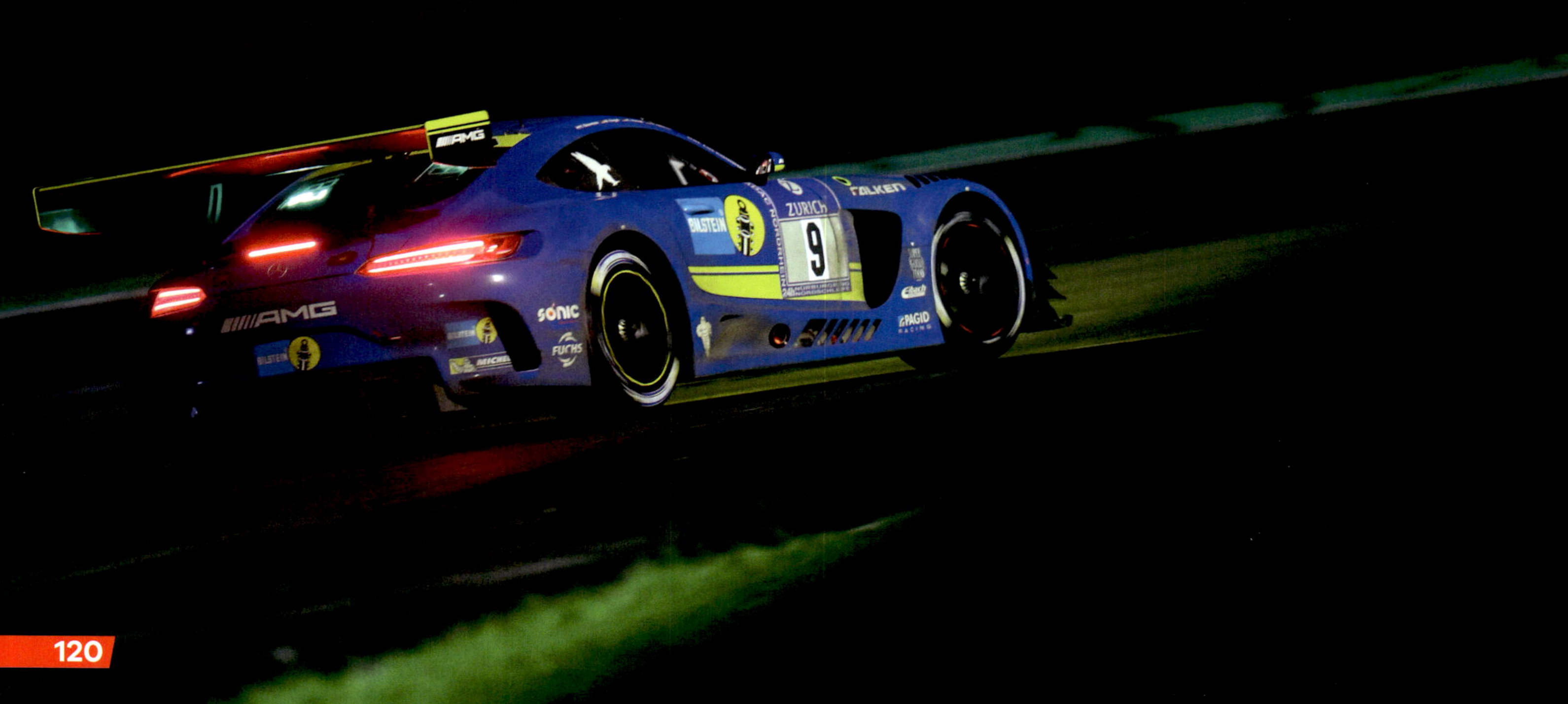

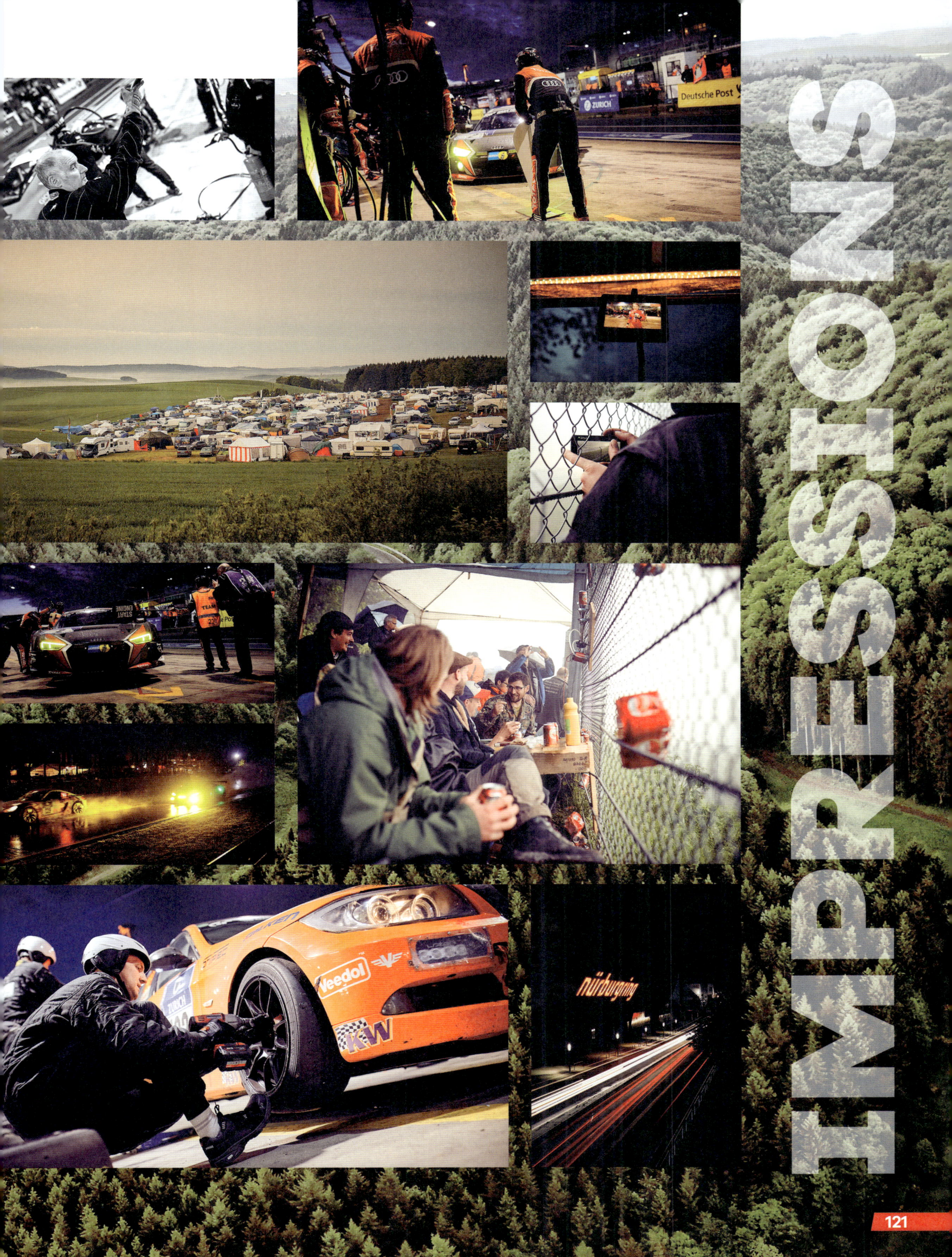
IMPRESSIONS
Deutsche Post
ZURICH
nürburgring
Veedol
KW

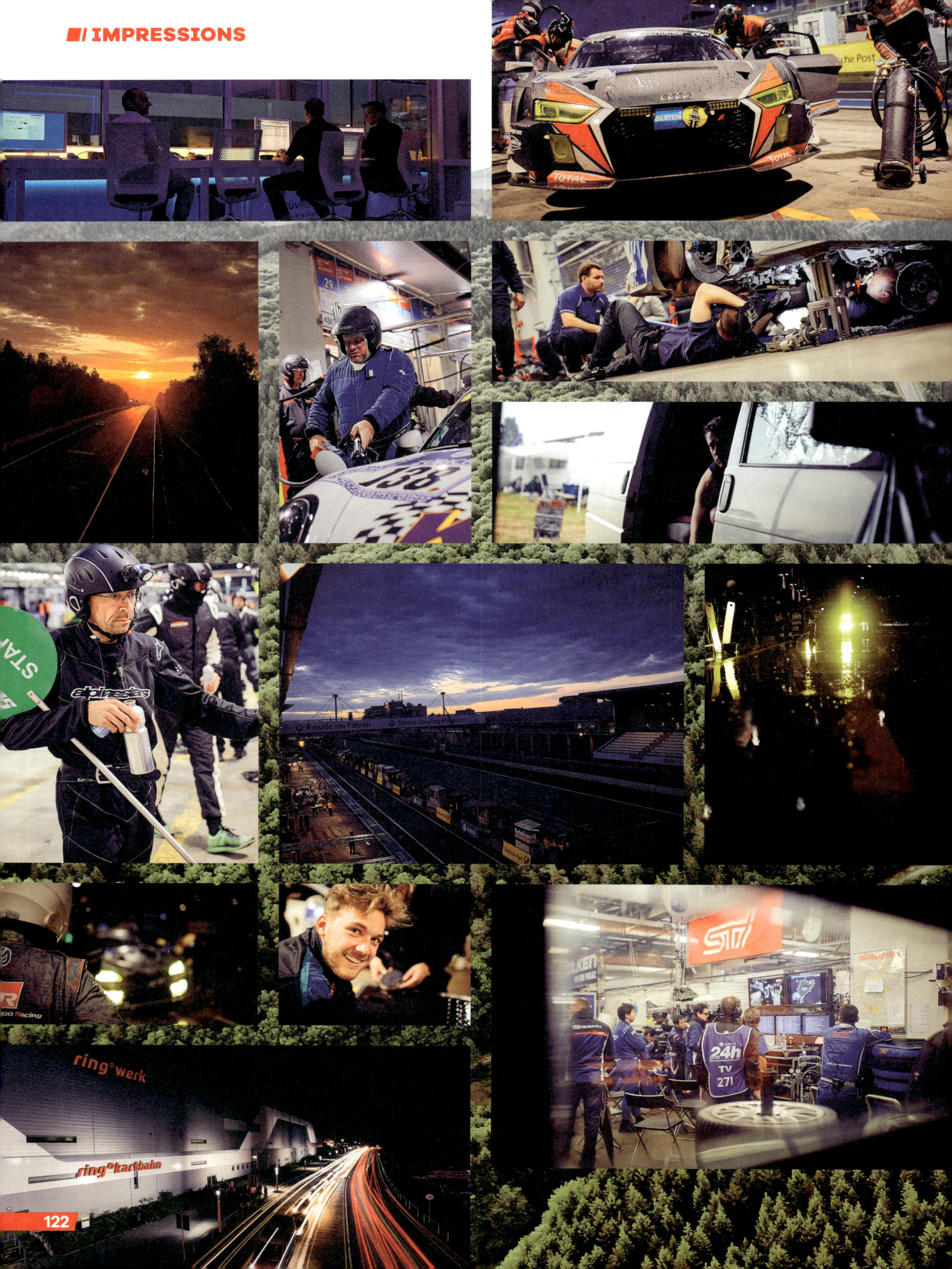
ring°werk
ring°kartbahn
STI
24h
TV
271
Freude am Fahren
Sheer Driving Pleasure
BILSTEIN
TOTAL

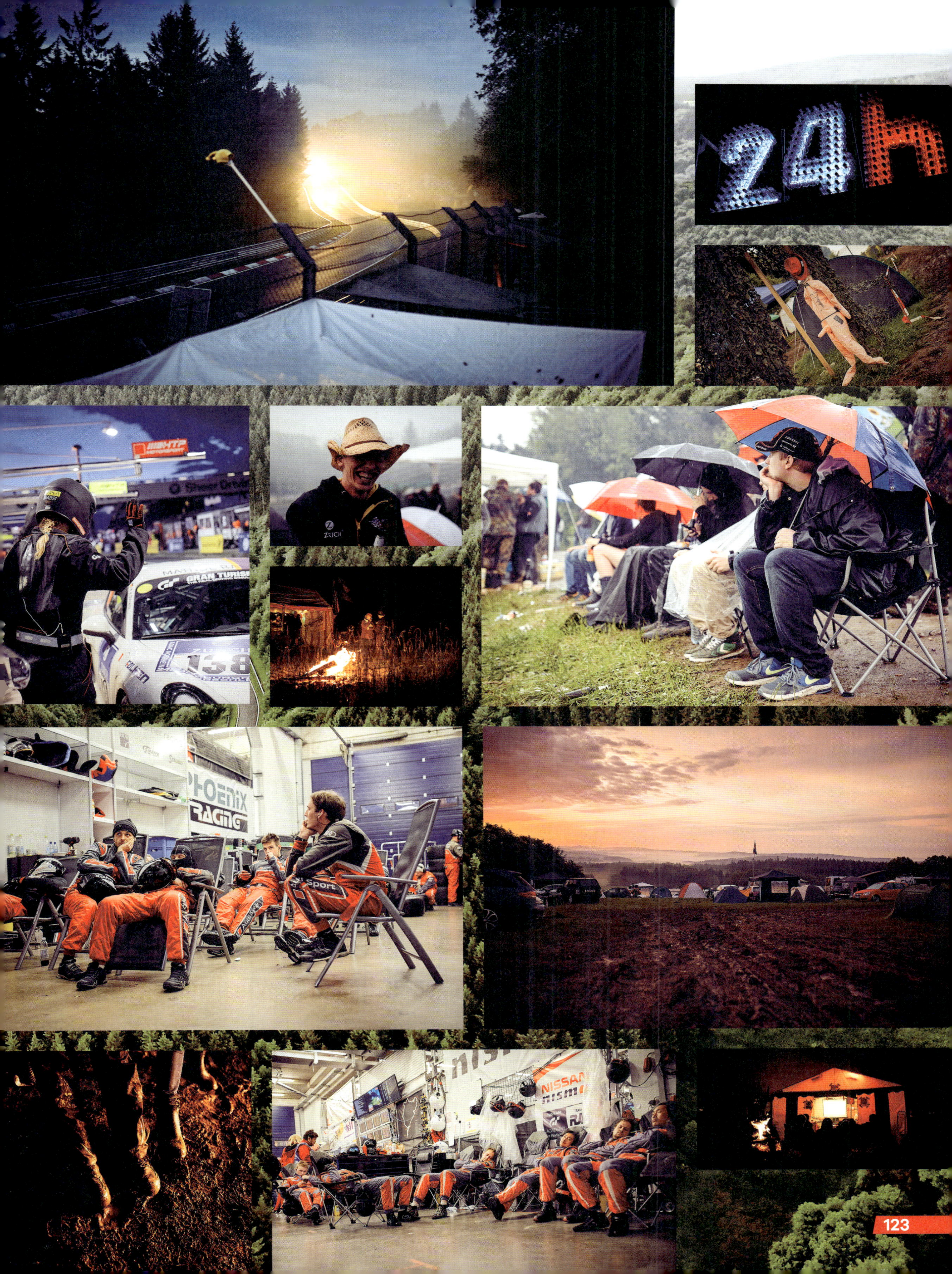
24h
PHOENIX
RACING
138
NISSAN

IMPRESSIONS

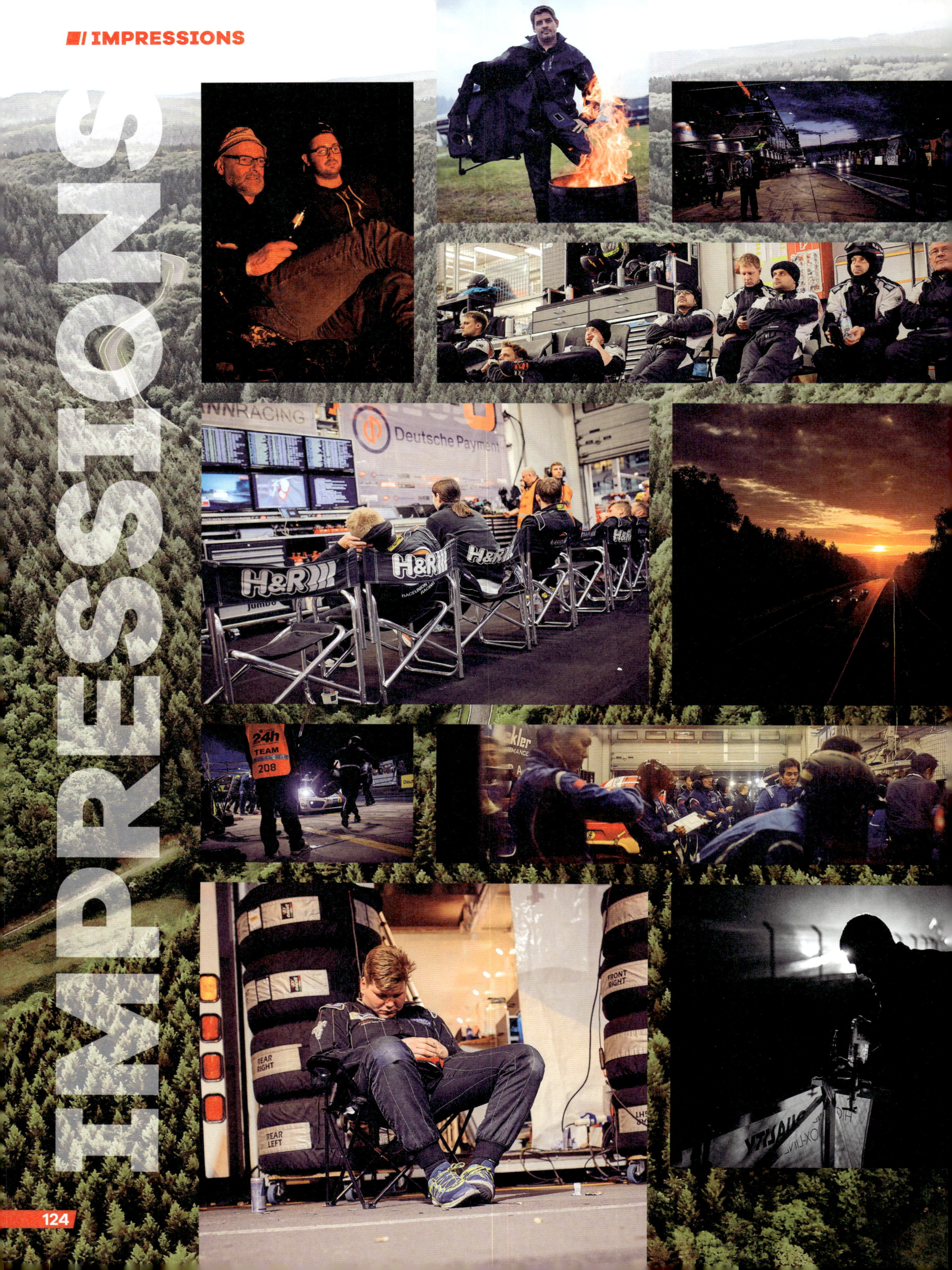

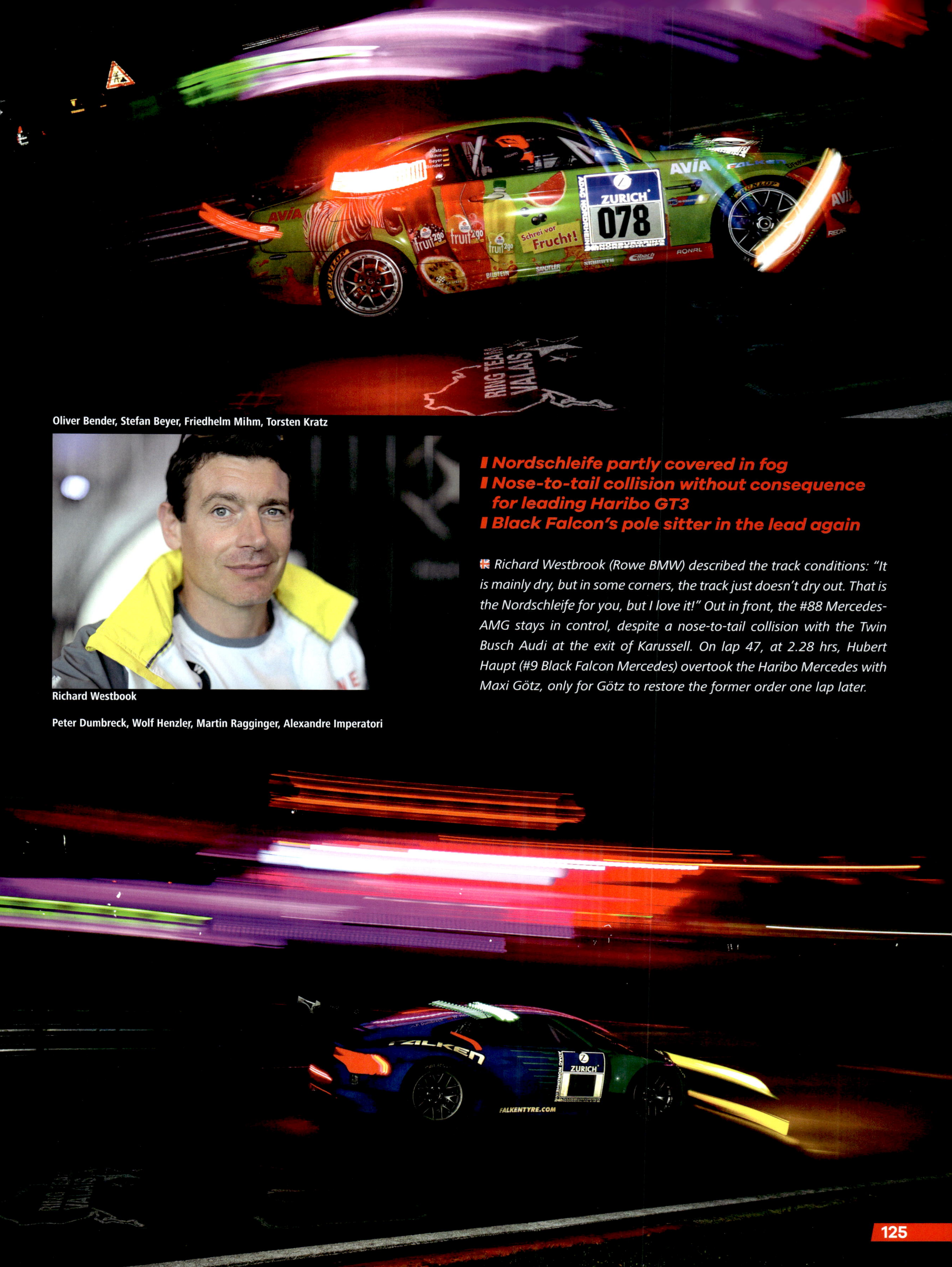

Oliver Bender, Stefan Beyer, Friedhelm Mihm, Torsten Kratz

Richard Westbook

Peter Dumbreck, Wolf Henzler, Martin Ragginger, Alexandre Imperatori

▌Nordschleife partly covered in fog
▌Nose-to-tail collision without consequence for leading Haribo GT3
▌Black Falcon's pole sitter in the lead again

Richard Westbrook (Rowe BMW) described the track conditions: "It is mainly dry, but in some corners, the track just doesn't dry out. That is the Nordschleife for you, but I love it!" Out in front, the #88 Mercedes-AMG stays in control, despite a nose-to-tail collision with the Twin Busch Audi at the exit of Karussell. On lap 47, at 2.28 hrs, Hubert Haupt (#9 Black Falcon Mercedes) overtook the Haribo Mercedes with Maxi Götz, only for Götz to restore the former order one lap later.

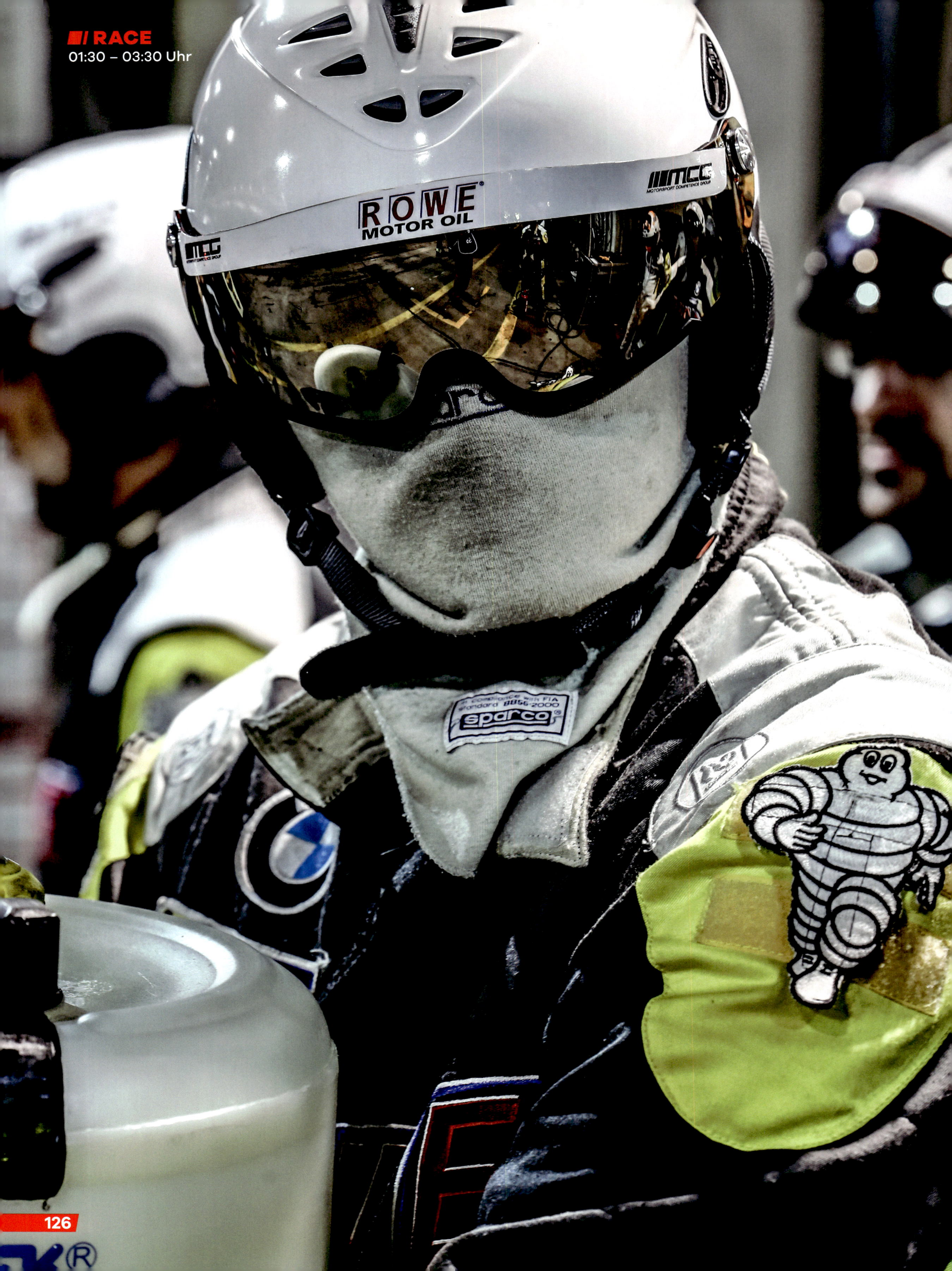
ROWE
MOTOR OIL
MCG
sparco

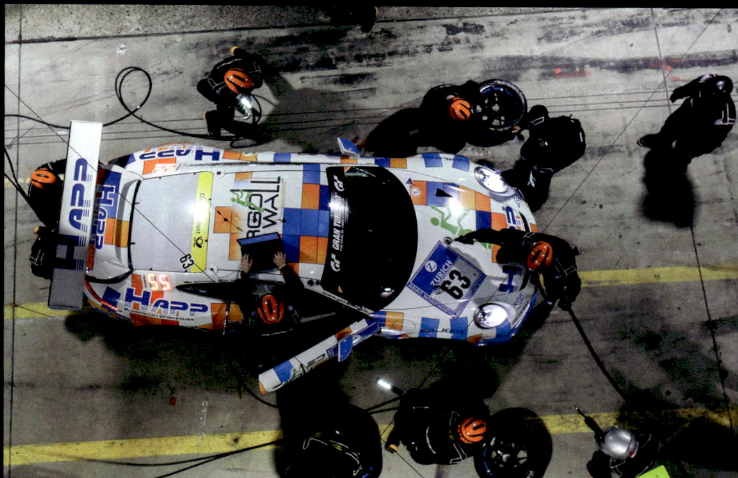
Ulrich Berg, Patrik Kaiser, Dennis Trebing, Dominik Brinkmann

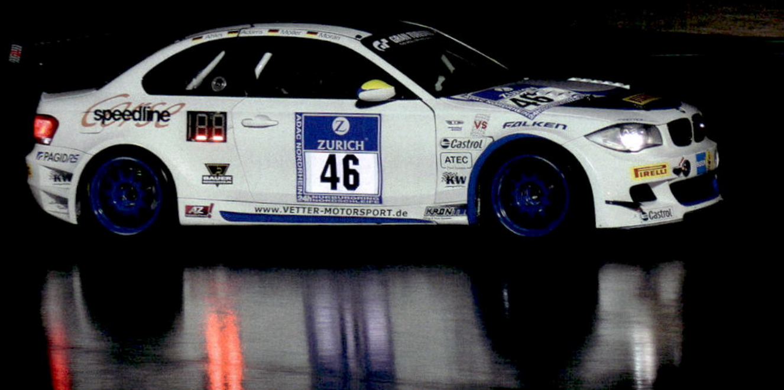
Thomas Ahles, Dierk Möller, Tom Moran, Rudi Adams

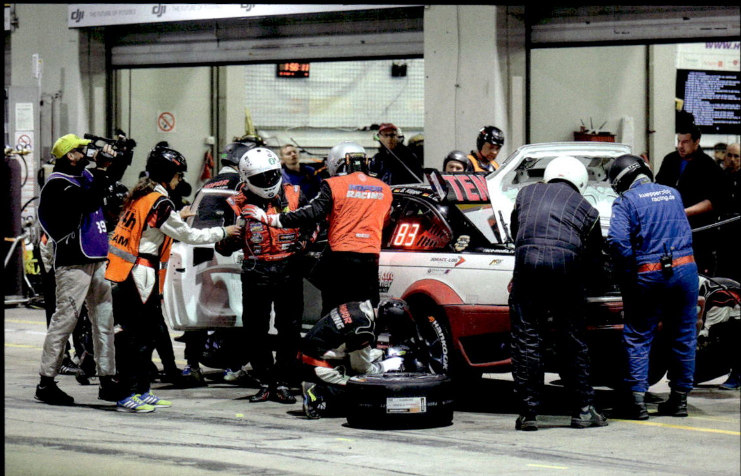
Martin Kroll, Chantal Kroll, Bernd Küpper, Lars Juergen Zander

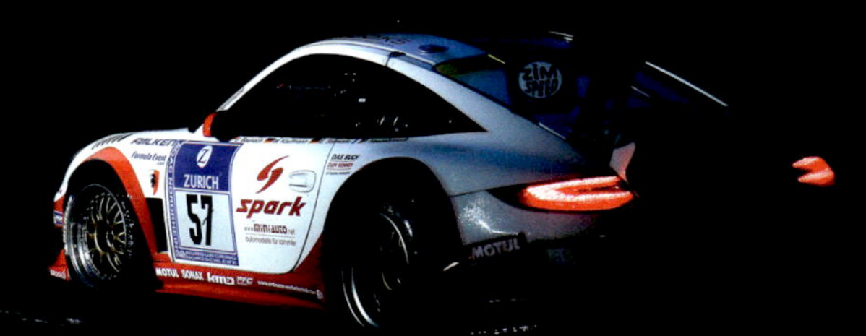
Eberhard Baunach, Wolfgang Kaufmann, Philippe Haezebrouck, Edgar Salewsky

TOP 15 OVERALL // 01:30 – 03:30 Uhr

1	88	Alzen / Arnold / Götz / Seyffarth Mercedes-AMG GT3
2	4	Schneider / Engel / Christodoulou / Metzger Mercedes-AMG GT3
3	100	Edwards / Klingmann / Luhr / Tomczyk BMW M6 GT3
4	9	Haupt / Buurman / Engel / D. Müller Mercedes-AMG GT3
5	29	Vietoris / Seefried / Hohenadel / Van der Zande Mercedes-AMG GT3
6	912	Lietz / Bergmeister / Christensen / Makowiecki Porsche 911 GT3 R
7	2	Leonard / Frijns / Sandström / Vervisch Audi R8 LMS
8	1	L. Vanthoor / C. Mies / N. Müller / Kaffer Audi R8 LMS
9	23	Sims / Eng / Martin / Werner BMW M6 GT3
10	28	Basseng / De Phillippi / Rockenfeller / Scheider Audi R8 LMS
11	22	Graf / Westbrook / Catsburg / Palttala BMW M6 GT3
12	6	Haase / Rast / Winkelhock / Stippler Audi R8 LMS
13	38	Brück / Menzel / Smith / Hamprecht Bentley Continental GT3
14	5	Stippler / Fjordbach / Mortara / Mayr-Melnhof Audi R8 LMS
15	25	Zoechling / F. Konrad / D. Farnbacher / Stolz Lamborghini Huracan GT3

CLASS LEADERS // 01:30 – 03:30 Uhr

AT	112	"Smudo" / von Löwis of Menar / Schellhaas / Duffner Porsche Cayman GT4
Cup1	252	Hartl / Vögeli / Wulf / Kariste Opel Astra OPC Cup
Cup3	354	Holmlund / Graberg / Marshall / M. Gusenbauer Porsche Cayman GT4
Cup5	305	Schrey / A. Mies / Akata / D. Vanthoor BMW M235i Racing
SP2T	133	Kiesch / Nett / Schupp / Köppen Hyundai Veloster 1,6T
SP3	123	Smittacharch / Charoensukhawatana / Manat / Nattapong Toyota Corolla Altis
SP3T	106	van Dam / Lasse / Schrick / Yamauchi Subaru WRX STI
SP4T	110	Dr. Lohn / Benninghofen / Kraske / Jaussi Volkswagen Golf 5 R-Line GTI
SP5	93	Purtscher / Rettich / Reicher / Nury BMW 1M-Coupé GTR
SP6	83	Ackermann / Welschar / Wiskirchen / Walter Porsche GT3 Cup
SP7	64	Devigus / Weishaupt / A. Toril Boquoi / M. Farnbacher Porsche 991 GT3 Cup
SP8	42	Cate / Dr. Kamelger / Turner / Guelden Aston Martin Vantage GT8
SP8T	51	Borum / Degnbol Moller / Eden / Moore BMW 335i
SP9	88	Alzen / Arnold / Götz / Seyffarth Mercedes-AMG GT3
SP10	77	Hertenstein / Preacher / "Takis" / Lungstrass Aston Martin Vantage V8
SP-PRO	36	Kataoka / Tsuchiya / Oshima / Iguchi Lexus RC F
SP-X	170	Breuer / Gebhardt / Kern Porsche Cayman GT4
TCR	201	Niederberger / Wohlfarth / Gülden / Gene Seat Leon TCR
V2T	175	Jahn / Sidorenko / Quante / Kleeschulte Renault Megane RS
V3	126	"Brody" / Dreszer / Muytjens / Barbaro Toyota GT86
V3T	161	von Garrel / Ohlinger / Cox BMW M235 i
V4	141	Rink / Brink / Piana / Steinhaus BMW E90
V5	156	Egbert / Rönnefarth / Hollerweger BMW 330i
V6	140	Schoeller / Kuhn / "Philip" / M. Toril Boquoi Porsche 911

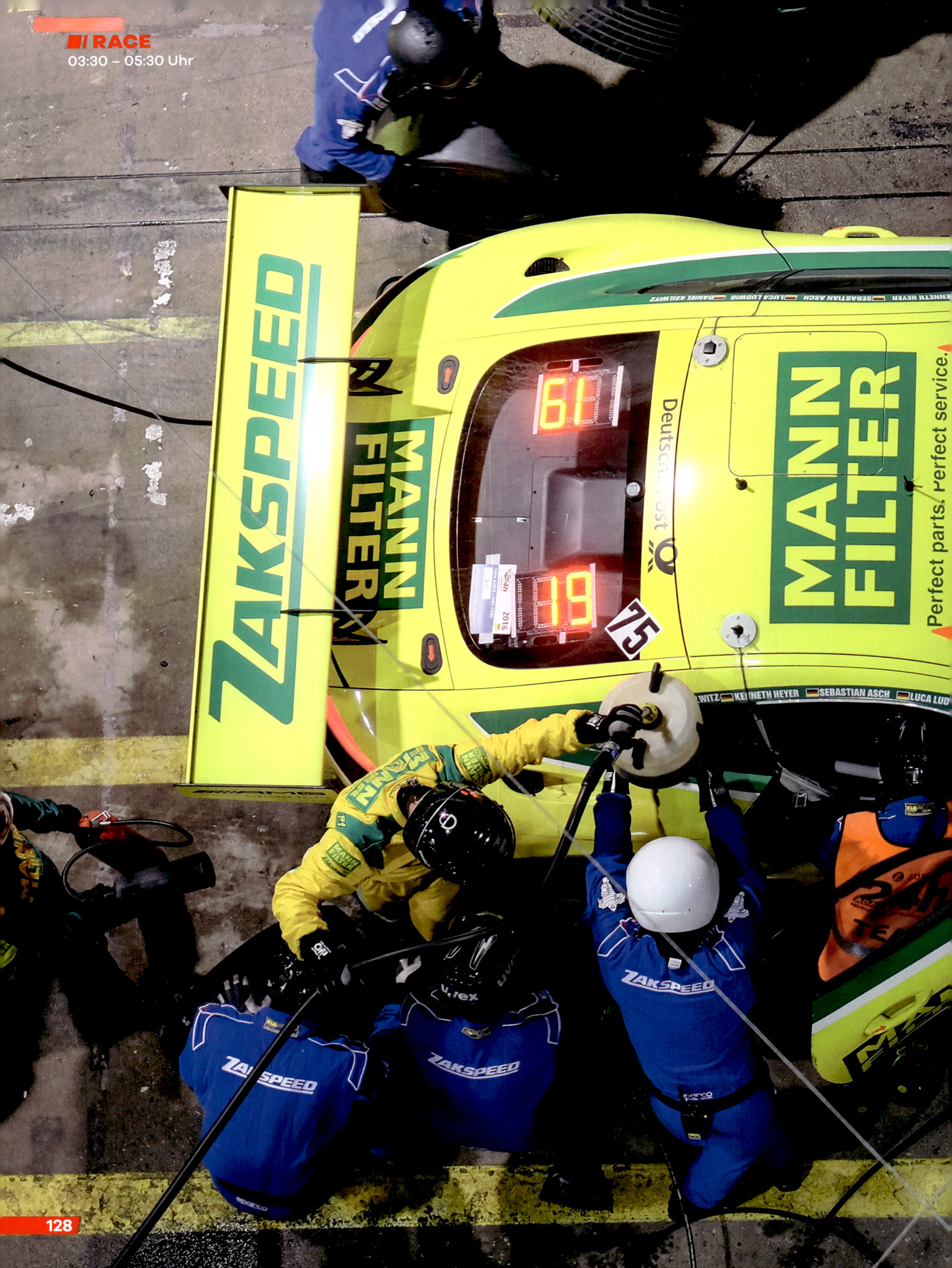
ZAKSPEED
MANN FILTER
61
19
75
Deutsche Post
MANN FILTER
Perfect parts. Perfect service.
KENNETH HEYER SEBASTIAN ASCH LUCA LUD
ZAKSPEED
ZAKSPEED
ZAKSPEED

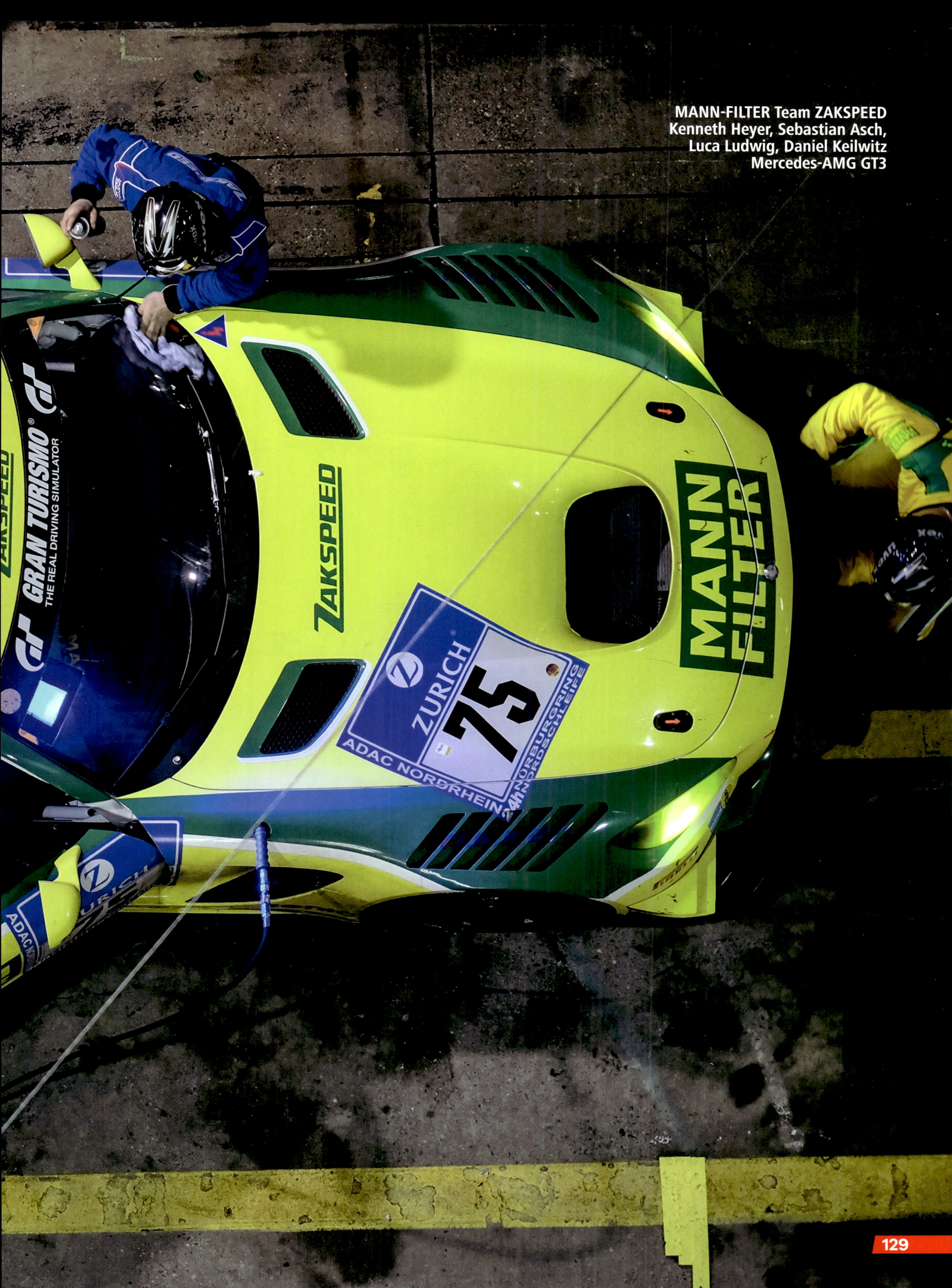

MANN-FILTER Team ZAKSPEED
Kenneth Heyer, Sebastian Asch,
Luca Ludwig, Daniel Keilwitz
Mercedes-AMG GT3

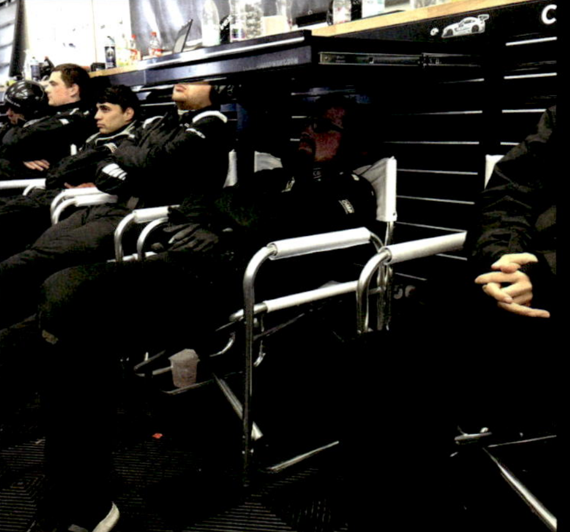

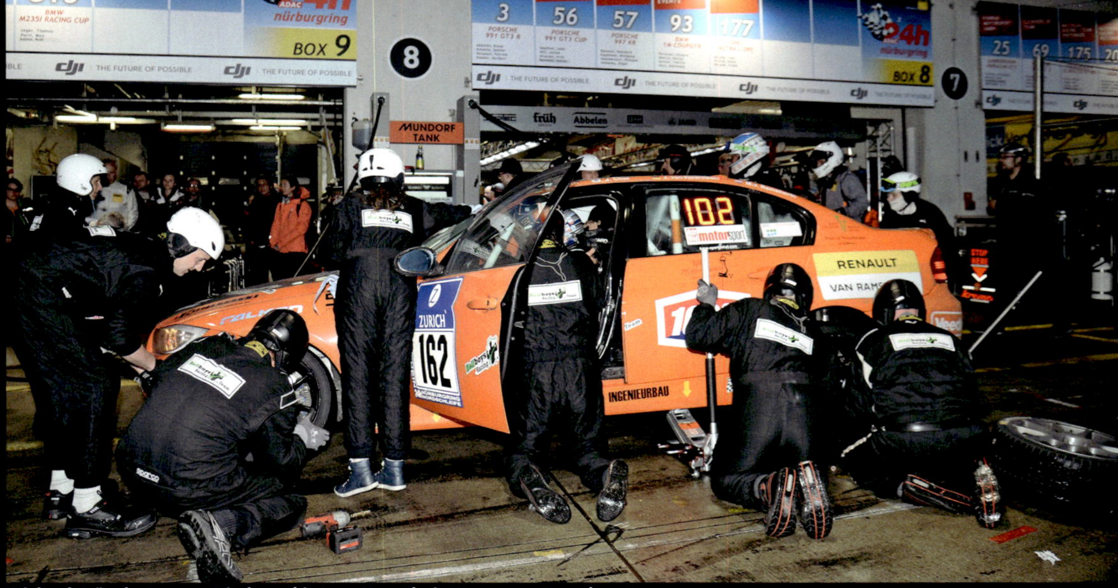

Michael Mönch, Jan von Kiedrowski, Jang Han Choi, Marco von Ramshorst

Zwei Black Falcon- jagen einen Haribo-Mercedes-AMG
Unfallaus für Frikadelli-Porsche
Klaus Graf verursacht Kollision in der Hatzenbach

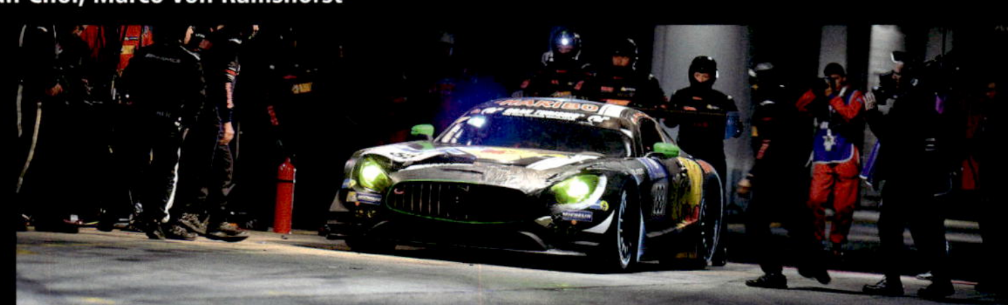

Uwe Alzen, Lance David Arnold, Maximilian Götz, Jan Seyffarth

Der schwarze Haribo-Mercedes-AMG bestimmte auch in der tiefsten Nacht das Tempo. Lediglich nach dem planmäßigen Stopp zu Beginn der 63. Runde (4.55 Uhr) ging für einen Umlauf der Black Falcon-GT3 mit der Nummer vier in Front. Black Falcon und Nummer vier? Richtig! War es im bisherigen Rennverlauf das Schwesterauto mit der Nummer neun, so konnte sich die Nummer vier immer weiter an die Spitze vorkämpfen.
Vor allem Manuel Metzger brannte am Steuer der Nummer vier extrem schnelle Rundenzeiten in den Asphalt und war konstant schneller als der Haribo-Bolide. In der 61. Runde markierte der Schweizer im vierten Sektor eine absolute Bestzeit für das gesamte Rennen. In der kompletten Runde war der weiß-blaue-Mercedes-AMG rund elf Sekunden schneller als die Nummer 88. Maxi Götz hatte aber zumindest teilweise hierfür eine Erklärung: „Ich hatte beim Überrunden ein paar Mal Pech und habe Zeit verloren, sodass unsere Verfolger von Black Falcon Boden gutmachen konnten."
Um 4.31 Uhr endete das Rennen für den Frikadelli-Porsche (#3): Sabine Schmitz drehte sich bei der Anfahrt zur Hohen Acht von der Strecke und krachte frontal in die Leitplanken. Im Vorjahr endete die Fahrt ebenfalls fast genau an dieser Stelle, auch bei Dunkelheit. Damals war aber Patrick Pilet am Volant. Das Rennen war ebenfalls für den Gesamtsiebten Rowe-BMW (#22) zu Ende. Im Bereich Hatzenbach verbremste sich Klaus Graf und fuhr auf den Sorg-BMW M3 (#78) mit Torsten Kratz am Steuer. Beide krachten mehrfach in die Leitplanken.
Bei Konrad Motorsport gab es zur Rennmitte nur zufriedene Gesichter. Der Lamborghini lief gut und rangierte auf dem 14. Gesamtrang. Gegen 4.23 Uhr wurde sicherheitshalber das Lenkrad getauscht. Auf dem Weg Richtung Top-Ten nahm der Falken-Porsche (#44) im Adenauer-Forst den Werks-Hyundai (#102) auf die Hörner und beschädigte sich leicht die Front.

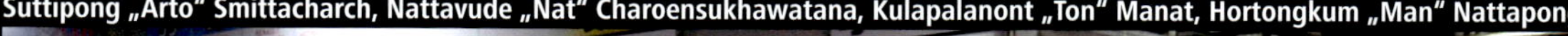

Suttipong „Arto" Smittacharch, Nattavude „Nat" Charoensukhawatana, Kulapalanont „Ton" Manat, Hortongkum „Man" Nattapong

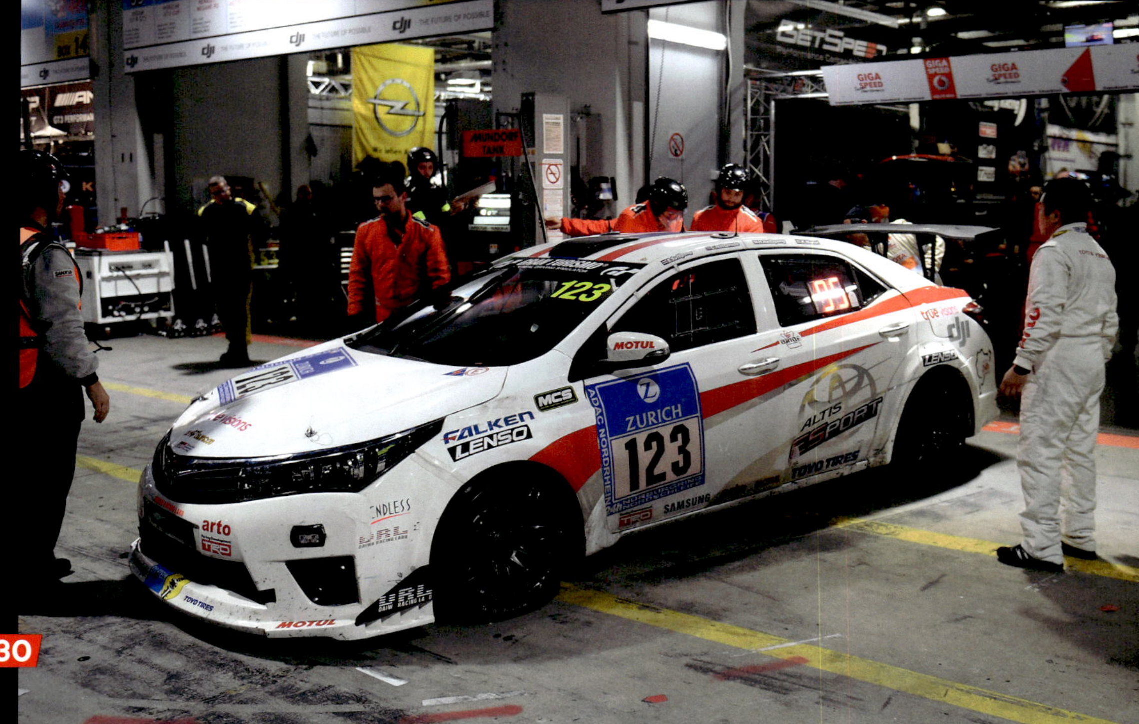

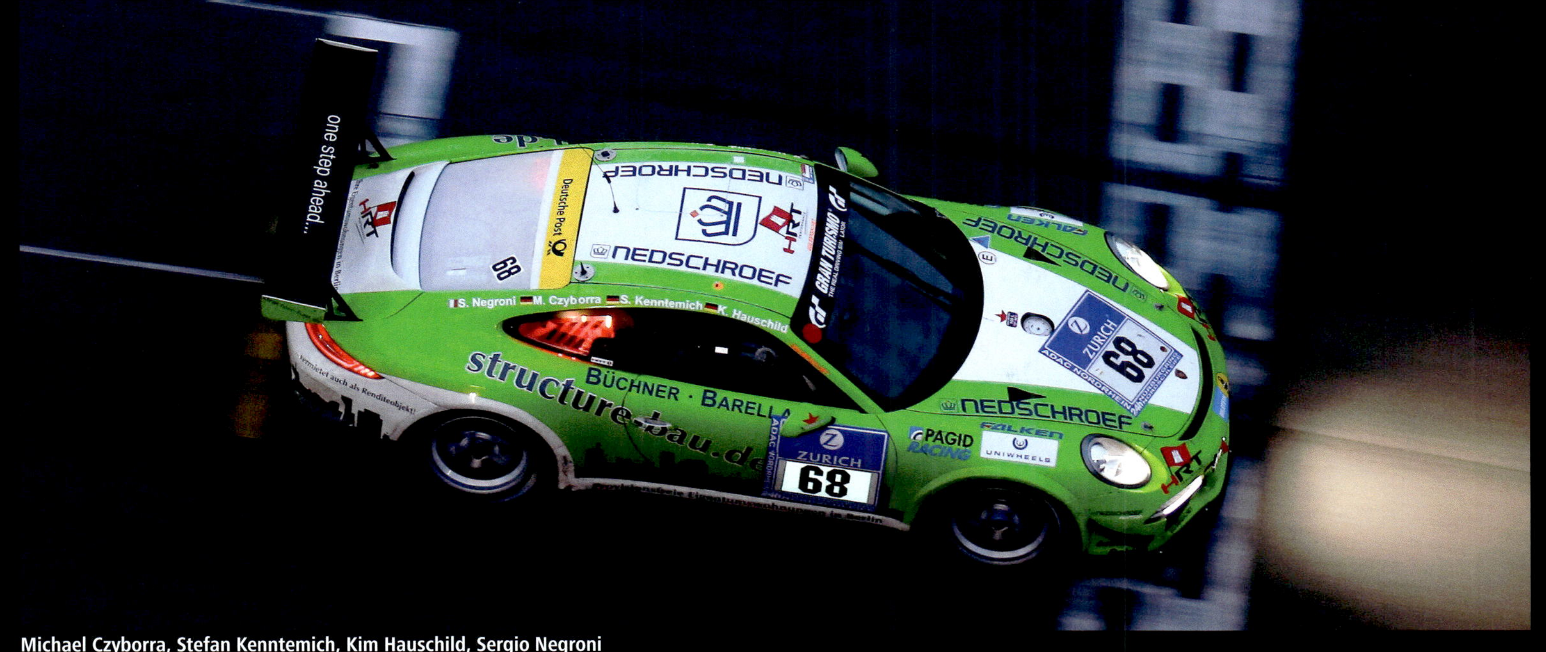

Michael Czyborra, Stefan Kenntemich, Kim Hauschild, Sergio Negroni

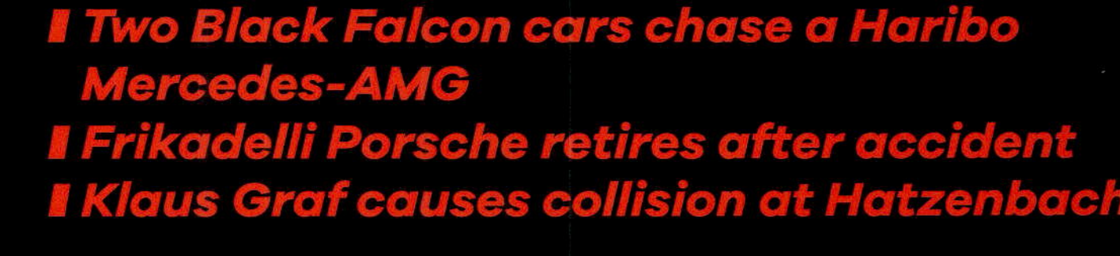

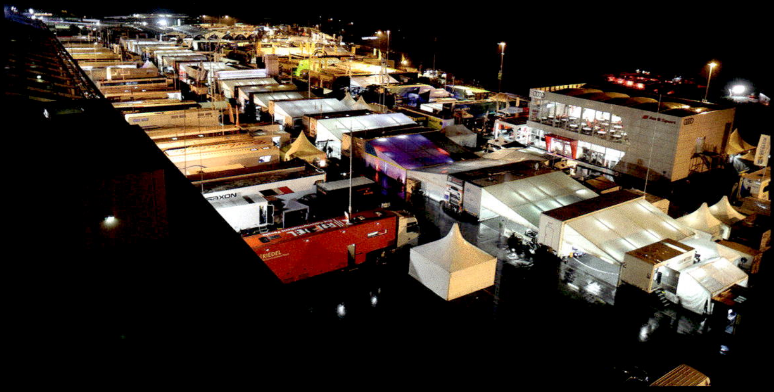

- **Two Black Falcon cars chase a Haribo Mercedes-AMG**
- **Frikadelli Porsche retires after accident**
- **Klaus Graf causes collision at Hatzenbach**

The black Haribo Mercedes-AMG set the pace in the heat of competition during the night. The Mercedes made a pit stop on lap 63, allowing the #4 Black Falcon Mercedes into the lead for just one lap, the Black Falcon car having moved ahead of its #9 sister car. At 4.31 hrs, the race was over for the #3 Frikadelli Porsche after Sabine Schmitz hit the barriers at Hohe Acht. The #22 Rowe BMW retired after a collision at Hatzenbach.

Bernd Schneider, Maro Engel, Adam Christodoulou, Manuel Metzger

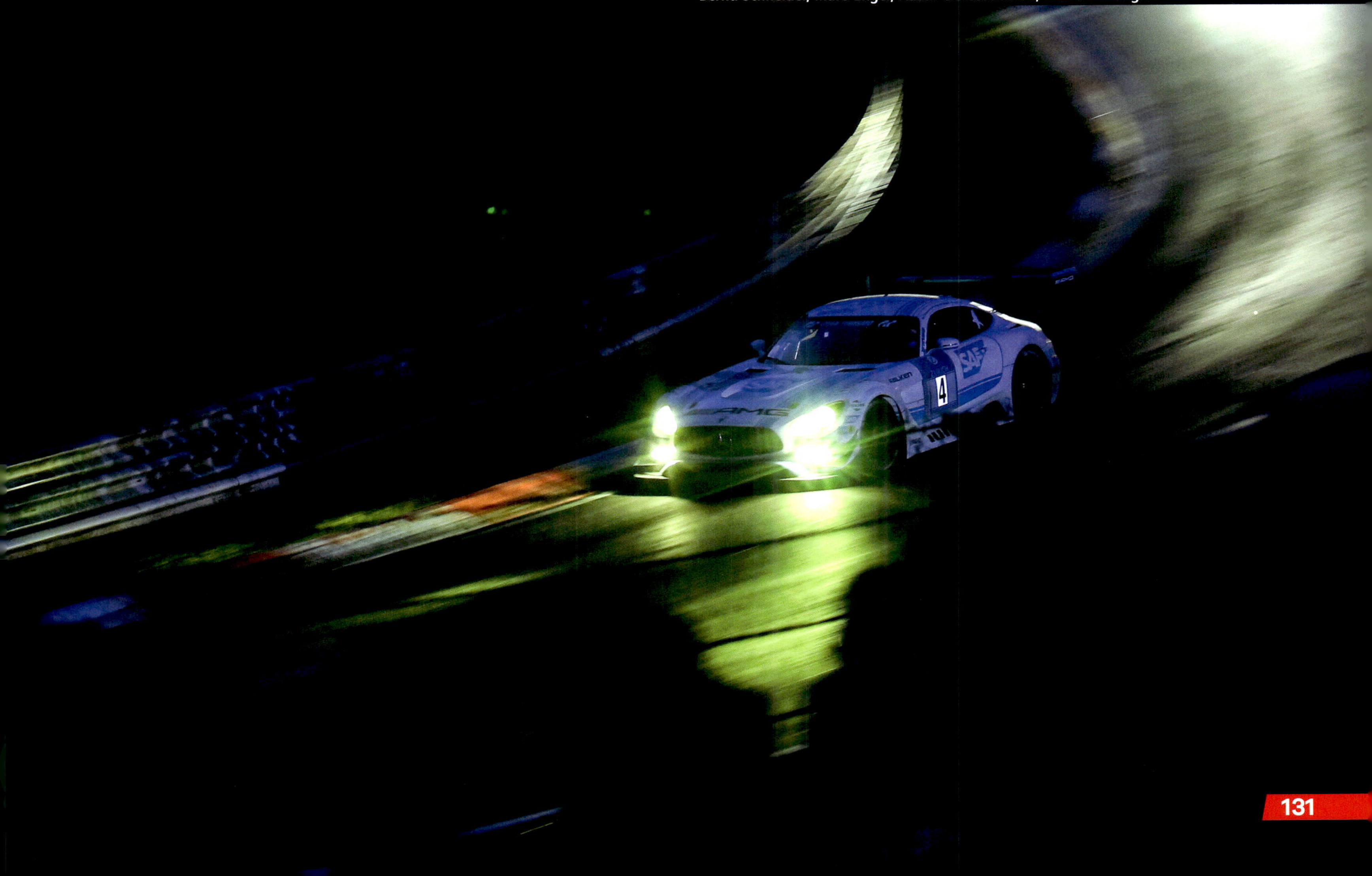

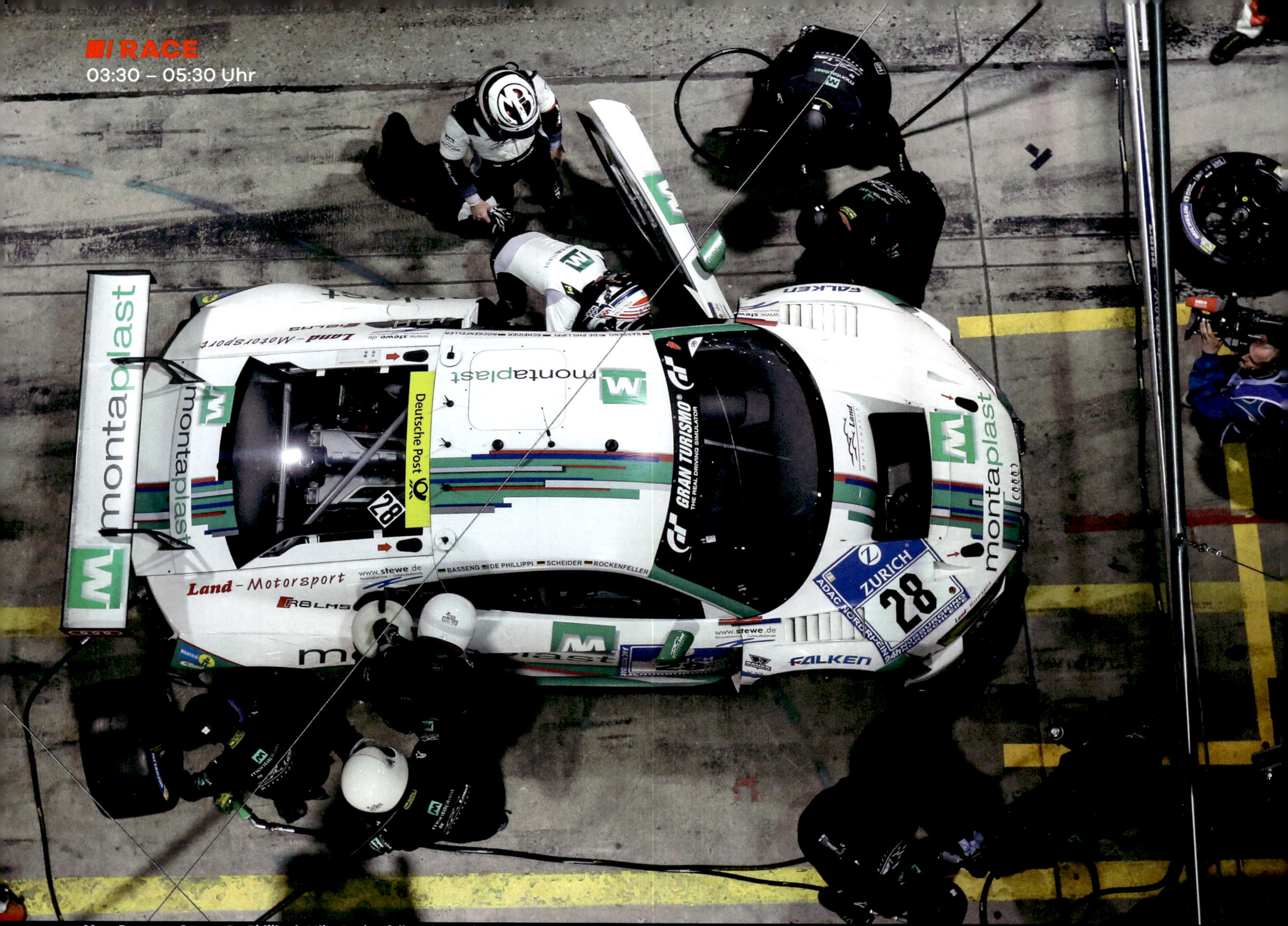

Marc Basseng, Connor De Phillippi, Mike Rockenfeller, Timo Scheider

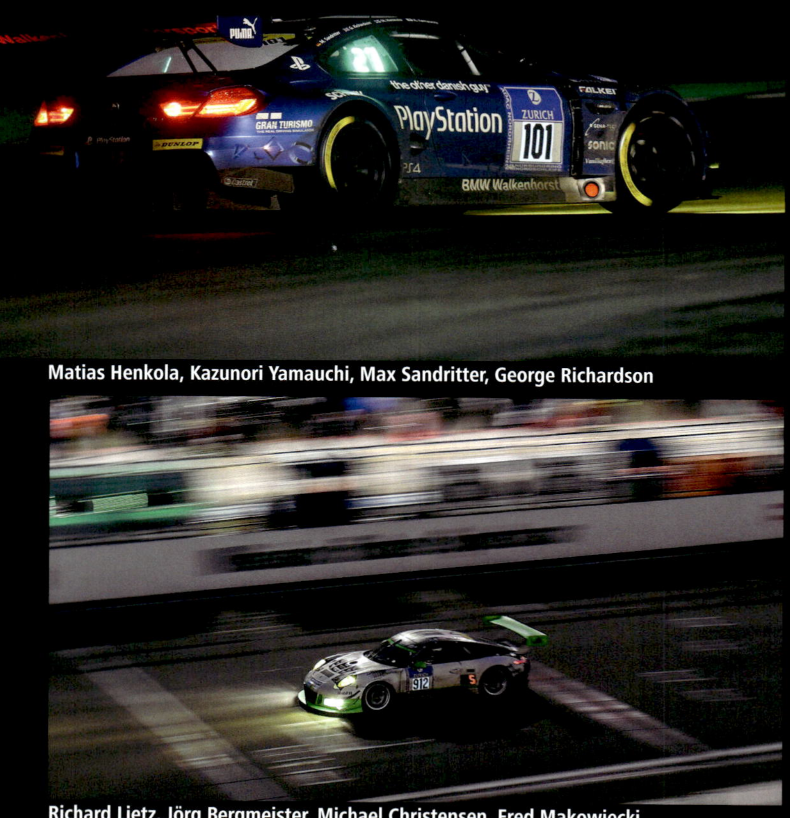

Matias Henkola, Kazunori Yamauchi, Max Sandritter, George Richardson

Richard Lietz, Jörg Bergmeister, Michael Christensen, Fred Makowiecki

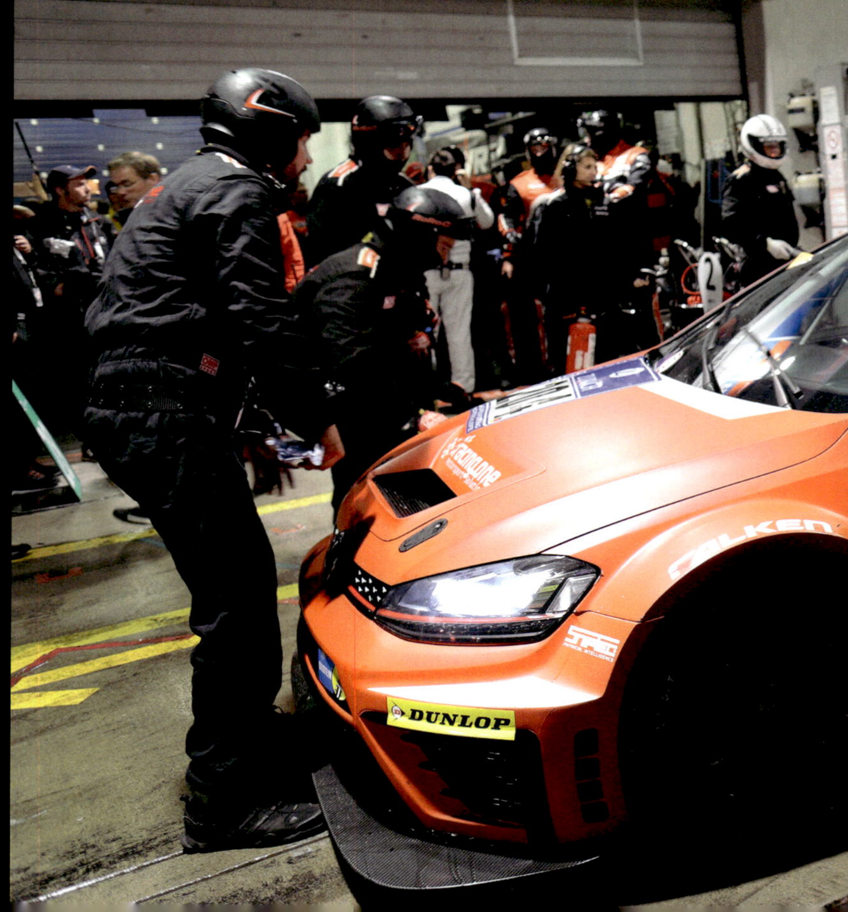

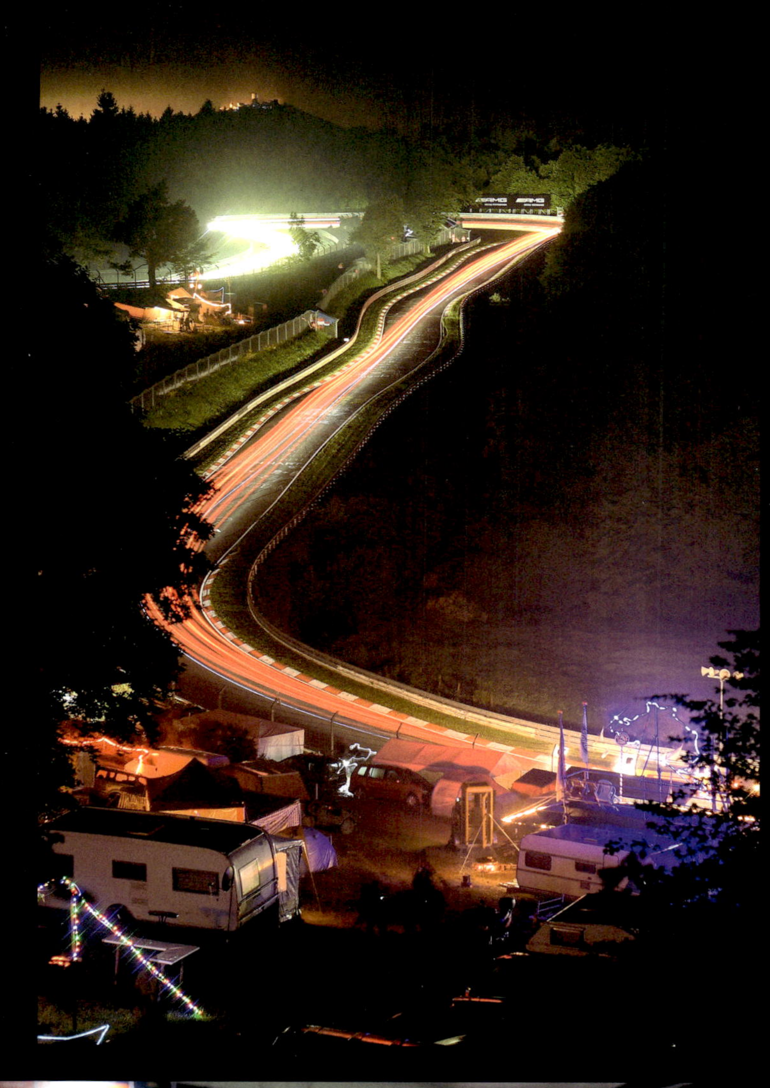

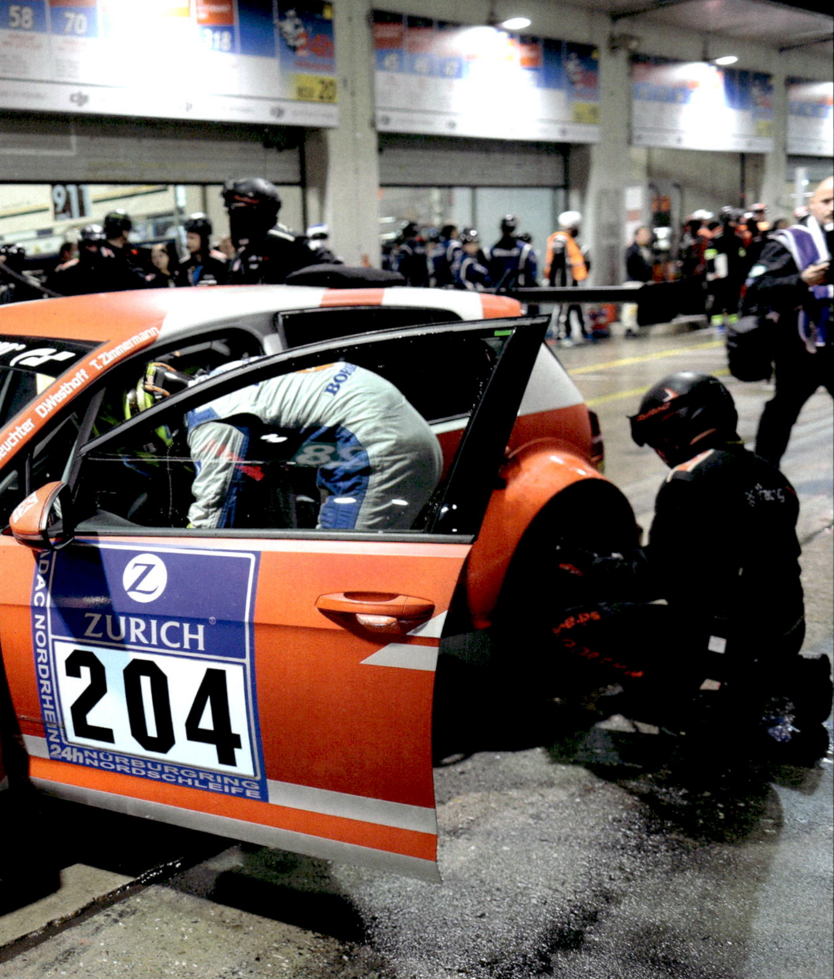

TOP 15 OVERALL // 03:30 – 05:30 Uhr

1	88	**Alzen / Arnold / Götz / Seyffarth** Mercedes-AMG GT3
2	29	**Vietoris / Seefried / Hohenadel / Van der Zande** Mercedes-AMG GT3
3	9	**Haupt / Buurman / Engel / D. Müller** Mercedes-AMG GT3
4	4	**Schneider / Engel / Christodoulou / Metzger** Mercedes-AMG GT3
5	912	**Lietz / Bergmeister / Christensen / Makowiecki** Porsche 911 GT3 R
6	100	**Edwards / Klingmann / Luhr / Tomczyk** BMW M6 GT3
7	23	**Sims / Eng / Martin / Werner** BMW M6 GT3
8	6	**Haase / Rast / Winkelhock / Stippler** Audi R8 LMS
9	28	**Basseng / De Phillippi / Rockenfeller / Scheider** Audi R8 LMS
10	2	**Leonard / Frijns / Sandström / Vervisch** Audi R8 LMS
11	5	**Stippler / Fjordbach / Mortara / Mayr-Melnhof** Audi R8 LMS
12	25	**Zoechling / F. Konrad / D. Farnbacher / Stolz** Lamborghini Huracan GT3
13	38	**Brück / Menzel / Smith / Hamprecht** Bentley Continental GT3
14	16	**M. Busch / D. Busch / Mamerow / Rast** Audi R8 LMS
15	44	**Dumbreck / Henzler / Ragginger / Imperatori** Porsche 911 GT3 R

CLASS LEADERS // 03:30 – 05:30 Uhr

AT	111	**Barrow / Cox / Shaw / Morrow** BMW 135D GTR
Cup1	251	**Brüggenkamp / Schröder / Wanger / Tribelhorn** Opel Astra OPC Cup
Cup3	354	**Holmlund / Graberg / Marshall / M. Gusenbauer** Porsche Cayman GT4
Cup5	305	**Schrey / A. Mies / Akata / D. Vanthoor** BMW M235i Racing
SP2T	133	**Kiesch / Nett / Schupp / Köppen** Hyundai Veloster 1,6T
SP3	118	**Umemoto / Rühl / Okumura / Hamano** Renault Clio Cup
SP3T	106	**van Dam / Lasse / Schrick / Yamauchi** Subaru WRX STI
SP4T	110	**Dr. Lohn / Benninghofen / Kraske / Jaussi** Volkswagen Golf 5 R-Line GTI
SP5	93	**Purtscher / Rettich / Reicher / Nury** BMW 1M-Coupé GTR
SP6	83	**Ackermann / Welschar / Wiskirchen / Walter** Porsche GT3 Cup
SP7	64	**Devigus / Weishaupt / A. Toril Boquoi / M. Farnbacher** Porsche 991 GT3 Cup
SP8	42	**Cate / Dr. Kamelger / Turner / Guelden** Aston Martin Vantage GT8
SP8T	51	**Borum / Degnbol Moller / Eden / Moore** BMW 335i
SP9	88	**Alzen / Arnold / Götz / Seyffarth** Mercedes-AMG GT3
SP10	77	**Hertenstein / Preacher / "Takis" / Lungstrass** Aston Martin Vantage V8
SP-PRO	36	**Kataoka / Tsuchiya / Oshima / Iguchi** Lexus RC F
SP-X	170	**Breuer / Gebhardt / Kern** Porsche Cayman GT4
TCR	201	**Niederberger / Wohlfarth / Gülden / Gene** Seat Leon TCR
V2T	175	**Jahn / Sidorenko / Quante / Kleeschulte** Renault Megane RS
V3	126	**"Brody" / Dreszer / Muytjens / Barbaro** Toyota GT86
V3T	161	**von Garrel / Ohlinger / Cox** BMW M235 i
V4	141	**Rink / Brink / Piana / Steinhaus** BMW E90
V5	156	**Egbert / Rönnefarth / Hollerweger** BMW 330i
V6	140	**Schoeller / Kuhn / "Philip" / M. Toril Boquoi** Porsche 911

Benjamin Leuchter, Fabian Danz,
Tim Zimmermann, Dennis Wüsthoff

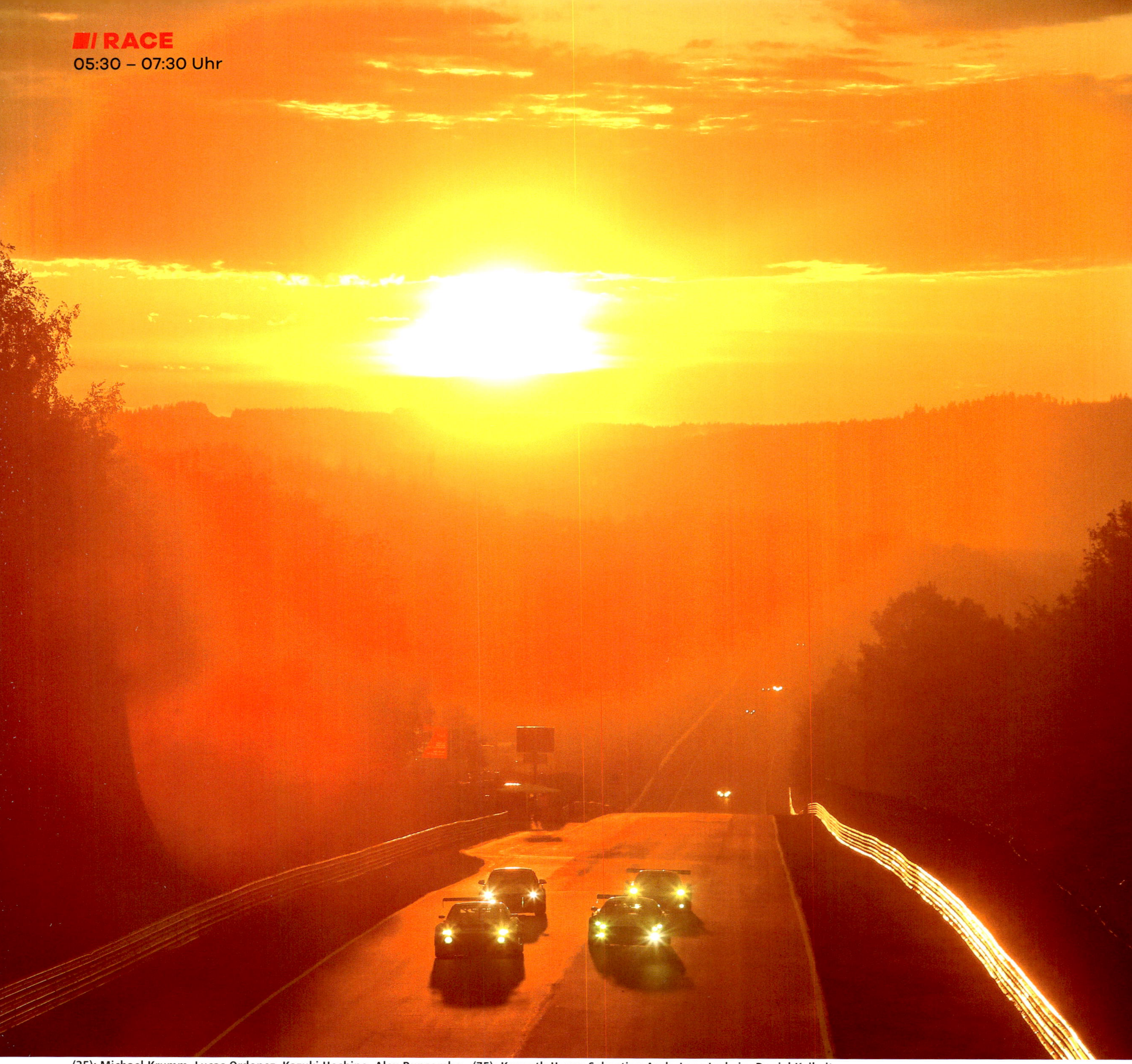

(35): Michael Krumm, Lucas Ordonez, Kazuki Hoshino, Alex Buncombe - (75): Kenneth Heyer, Sebastian Asch, Luca Ludwig, Daniel Keilwitz

Vorsprung für Haribo Racing schrumpft
Mit HTP-Motorsport drittes Mercedes-AMG-Team an der Spitze
Kollision zweier Audi: Winkelhock übersieht De Phillippi

Mit dem Sonnenaufgang kam deutlich mehr Leben an die Spitze des Gesamtklassements: Black Falcons Nummer vier verlor etwas Zeit wegen eines zusätzlichen Reifenwechsels und der Haribo-GT3 war, obwohl zumeist auf Rang eins, weiterhin nicht das schnellste Auto im Feld. Dafür sorgte Marco Seefried mit dem HTP-Mercedes-AMG (#29), der um 6.17 Uhr und nach 72 gefahrenen Runden erstmals in Führung ging. Bis um 7.30 Uhr gab es immer einen Wechsel auf Platz eins, wenn der jeweils Führende (#29, #88, #9) planmäßig an die Boxen abbog.

Todunglücklich war hingegen Audi-Fahrer Markus Winkelhock (#6). Der Phoenix-Pilot erkannte gegen 5.40 Uhr im Bereich Ravenol-Kurve eine Code-60-Phase viel zu spät und krachte dem Land-Audi R8 (#28) trotz Vollbremsung in letzter Sekunde vehement ins Heck. Zum Zeitpunkt des Unfalls lag das Duo auf den Plätzen neun und zehn. Nun war es für beide zu Ende.

Abgesehen von der Kollision hatte das Audi-Lager einen erhofften dritten Sieg in Folge bereits abgehakt. „Wir sind gegen die siegverdächtige Konkurrenz zu langsam. Meiner Meinung nach hatte sich das bei den VLN-Läufen schon abgezeichnet", sagte Frank Stippler.

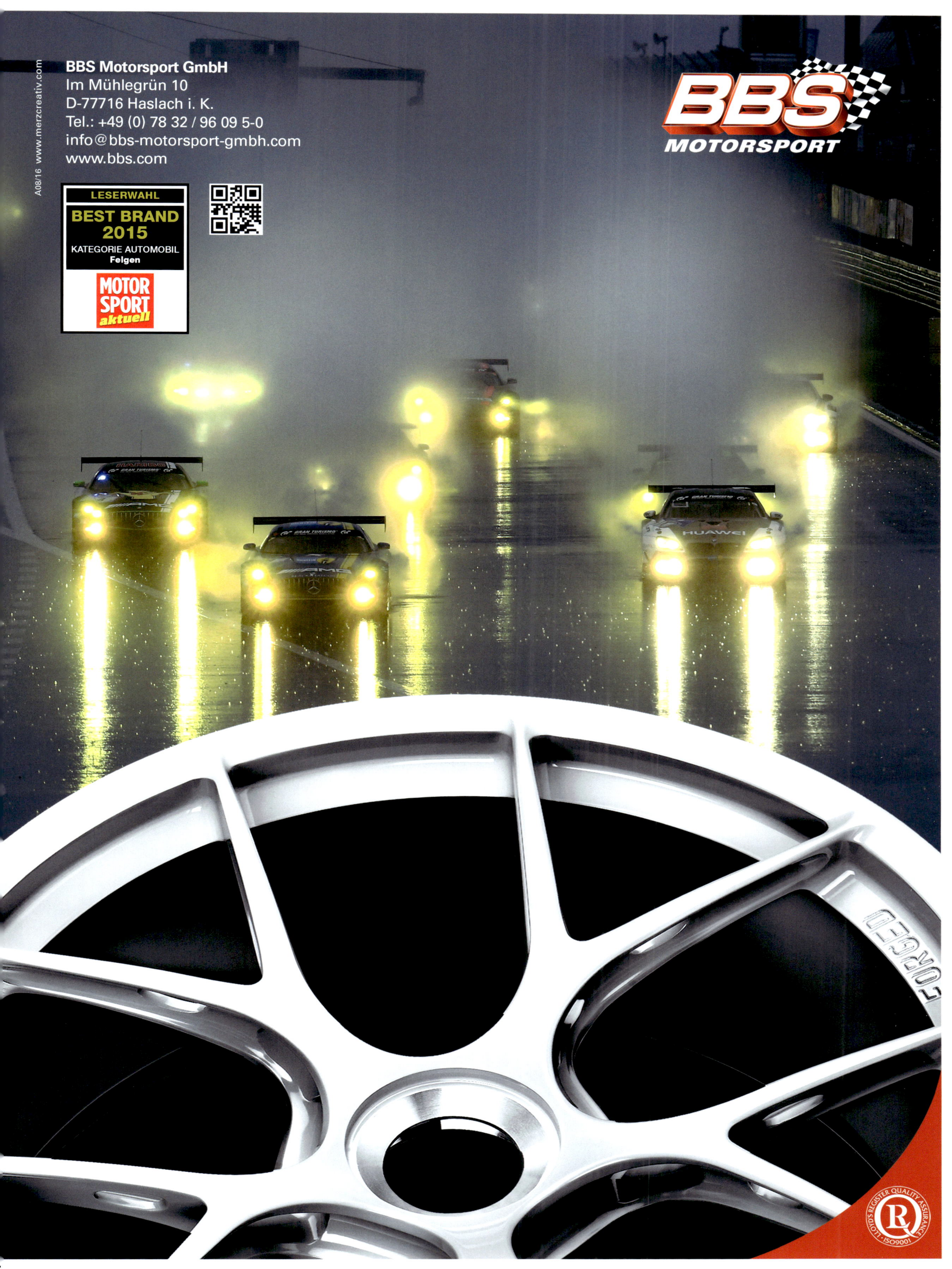

A08/16 www.merzcreativ.com
BBS Motorsport GmbH
Im Mühlegrün 10
D-77716 Haslach i. K.
Tel.: +49 (0) 78 32 / 96 09 5-0
info@bbs-motorsport-gmbh.com
www.bbs.com
BBS
MOTORSPORT
LESERWAHL
BEST BRAND
2015
KATEGORIE AUTOMOBIL
Felgen
MOTOR
SPORT
aktuell
FORGED
LLOYD'S REGISTER QUALITY ASSURANCE
ISO9001

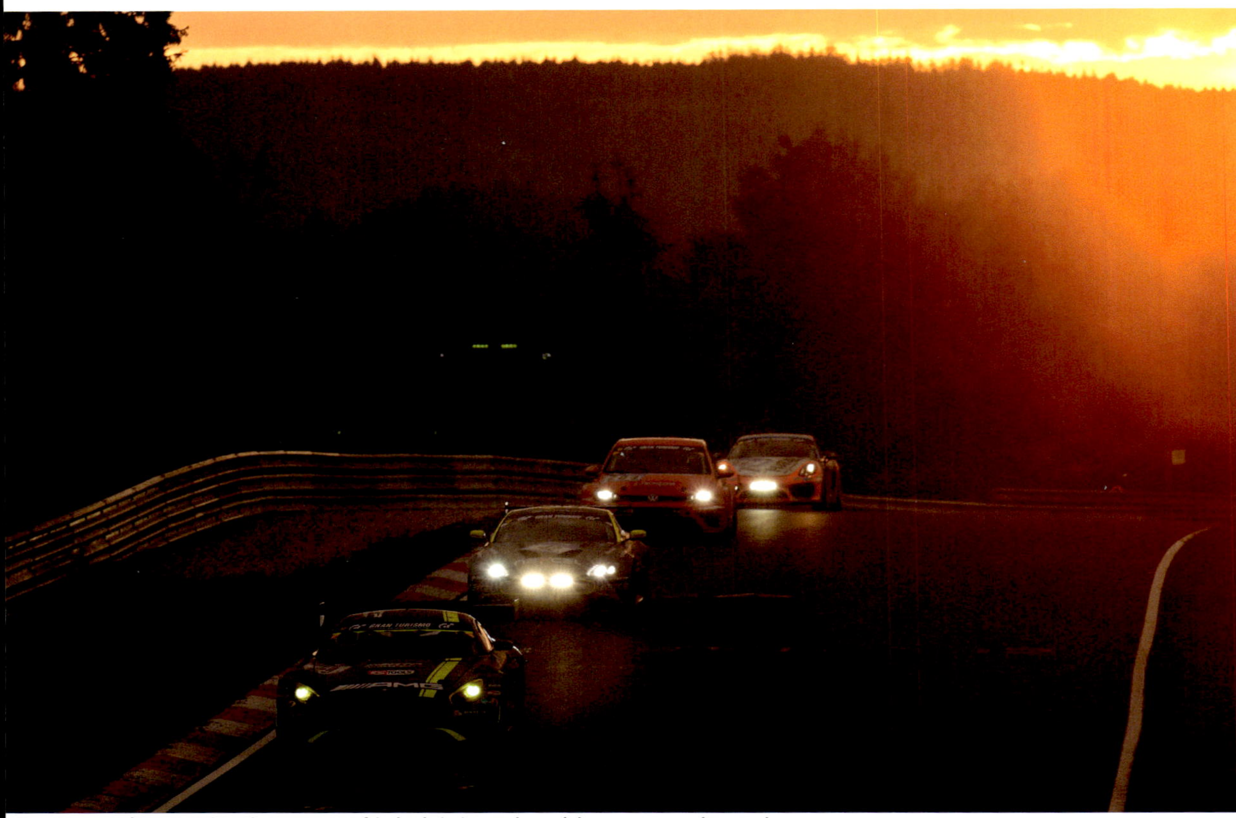
Christian Vietoris, Marco Seefried, Christian Hohenadel, Renger Van der Zande

„Wenn bei Audi alles glatt gelaufen wäre, hätten wir vielleicht um das Podium mitfahren können. Aber generell sind wir dieses Jahr zu langsam. Das zeigen auch die Unfälle. Die Fahrer sind alle Profis, aber man muss das Quäntchen mehr Risiko gehen, um möglichst vorne mitzufahren."

Auch bei Porsche begrub man die Sieg-Hoffnungen. Der Manthey-Bolide (#912), der im Regen sogar zeitweise führte, war derzeit Sechster, das Schwesterfahrzeug von Falken (#44) Elfter. Martin Ragginger bestätigte: „Dass wir nicht ganz vorne mitfahren, liegt daran, dass wir auf den Geraden einfach nicht die Leistung haben, die wir gerne hätten."

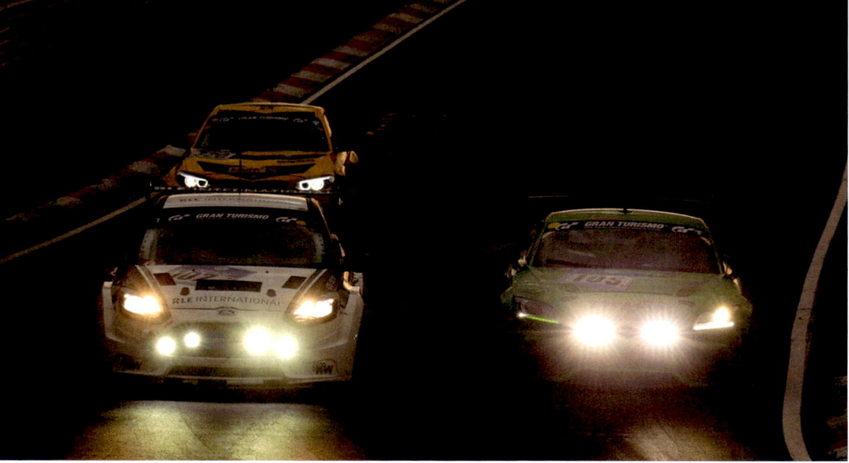
(107): Patrick Prill, Marcel Willert, Jens Ludmann, Steffen Schlichenmeier
(105): Rudi Speich, Roland Waschkau, Dirk Vleugels, Thorsten Jung

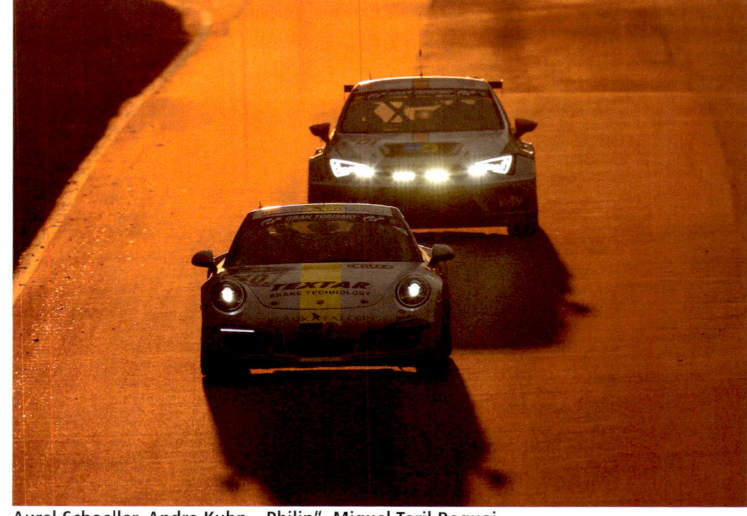

Aurel Schoeller, Andre Kuhn, „Philip", Miguel Toril Boquoi

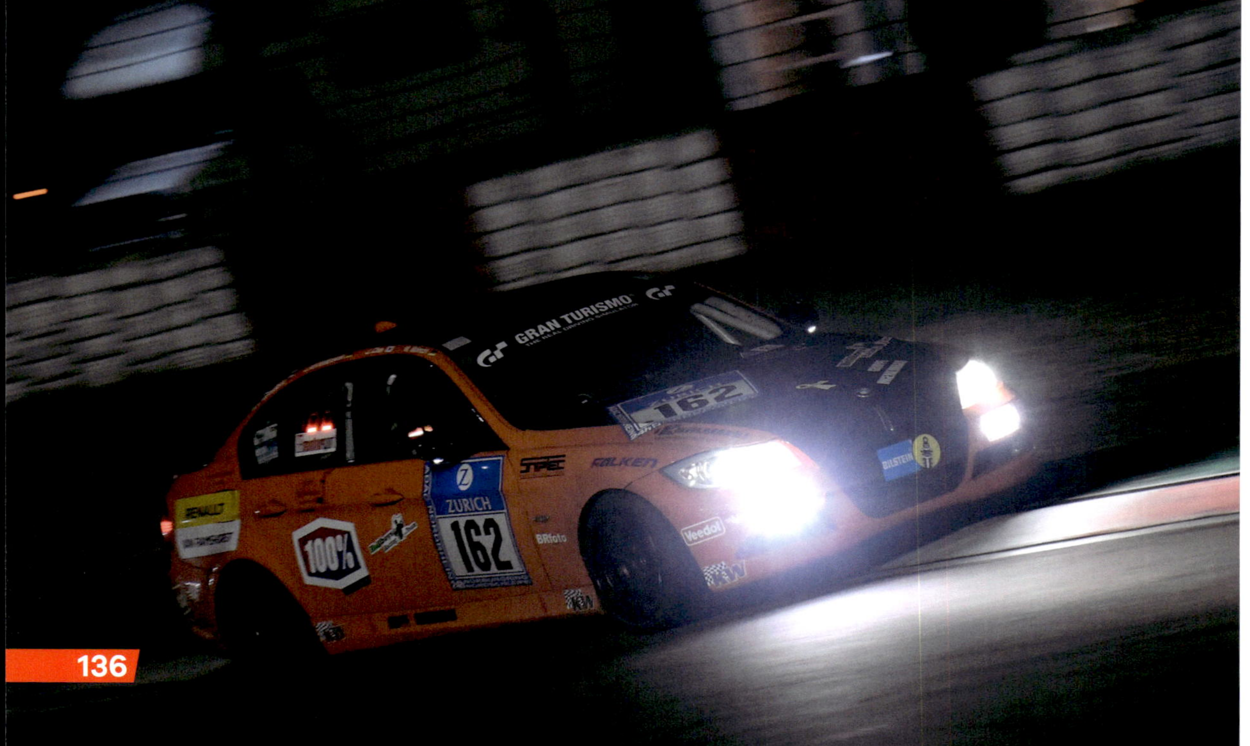

Michael Mönch, Jan von Kiedrowski, Han Choi Jang, Marco von Ramshorst

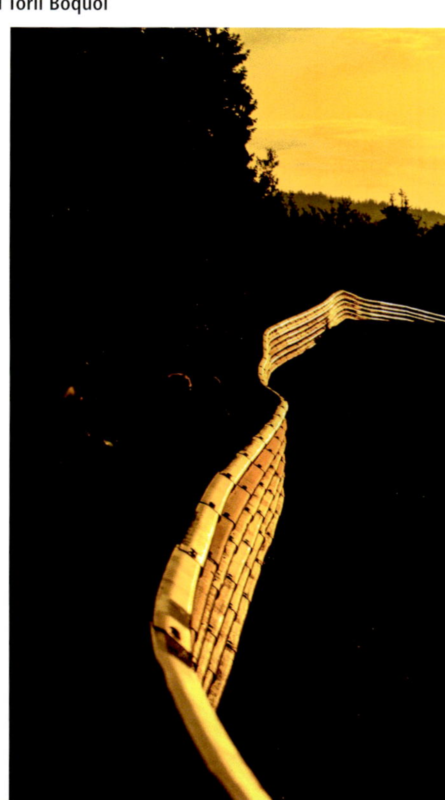

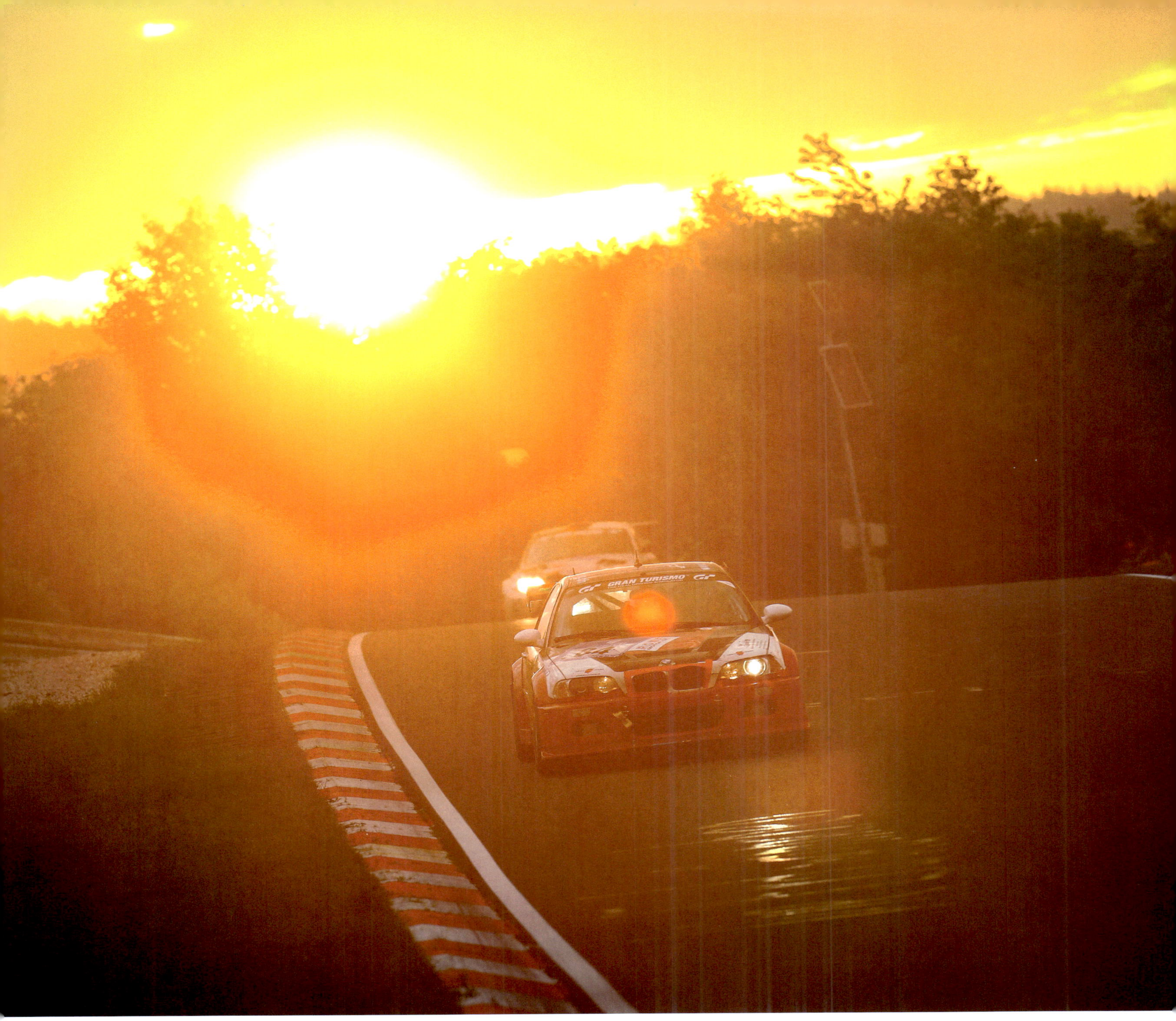

Georg Niederberger, Jürgen Wohlfarth, Andreas Guelden, Jordi Gene

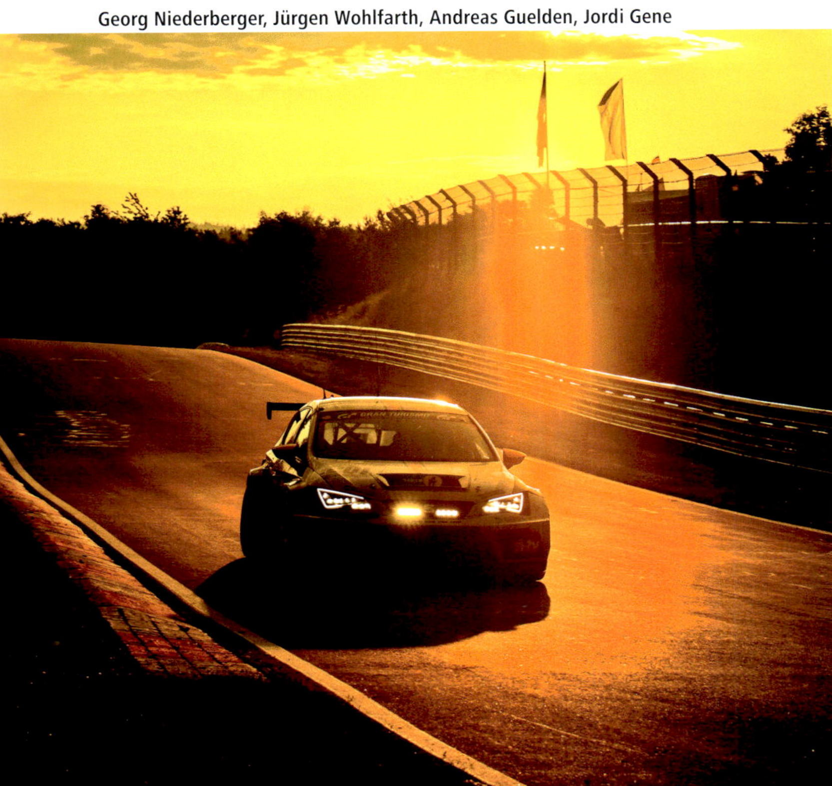

❙ *Haribo Racing's lead deceases*
❙ *HTP Motorsport is the third Mercedes-AMG team to lead the race*
❙ *Collision of two Audis: Winkelhock overlooks De Phillippi*

As the sun came up, there was more action at the front of the field. The #4 Black Falcon Mercedes lost some time due to a tyre change and the Haribo Mercedes lost the lead to Marco Seefried in the #29 HTP Mercedes after 72 laps. Every pit stop led to further lead changes. Driving the #6 Phoenix Audi, Markus Winkelhock saw a code 60 zone too late and hit the back of the #28 Land Audi, both cars retiring from ninth and tenth place. The Audi and Porsche teams were complaining about a lack of speed.

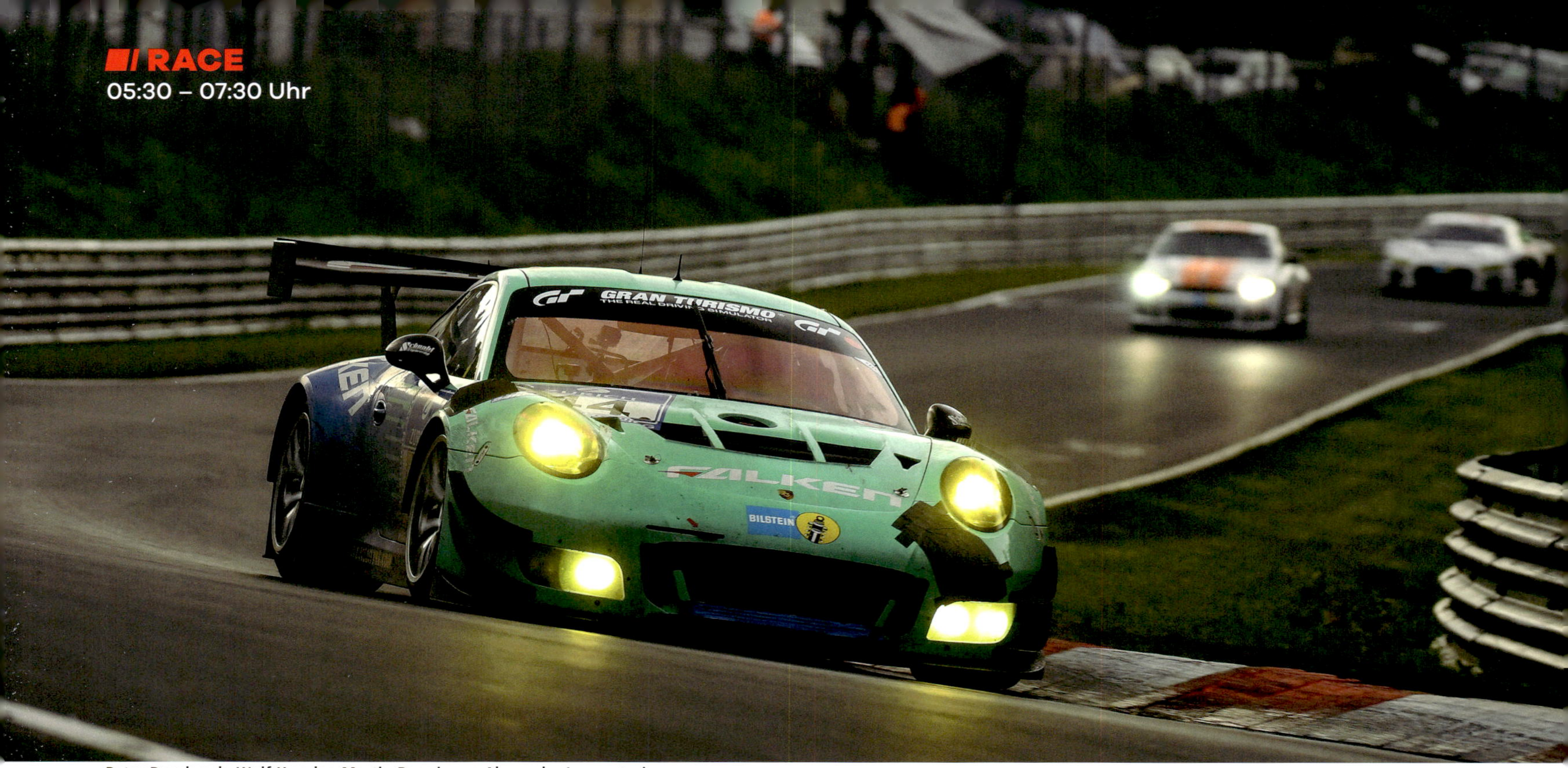

Peter Dumbreck, Wolf Henzler, Martin Ragginger, Alexandre Imperatori

Michael Czyborra, Stefan Kenntemich, Kim Hauschild, Sergio Negroni

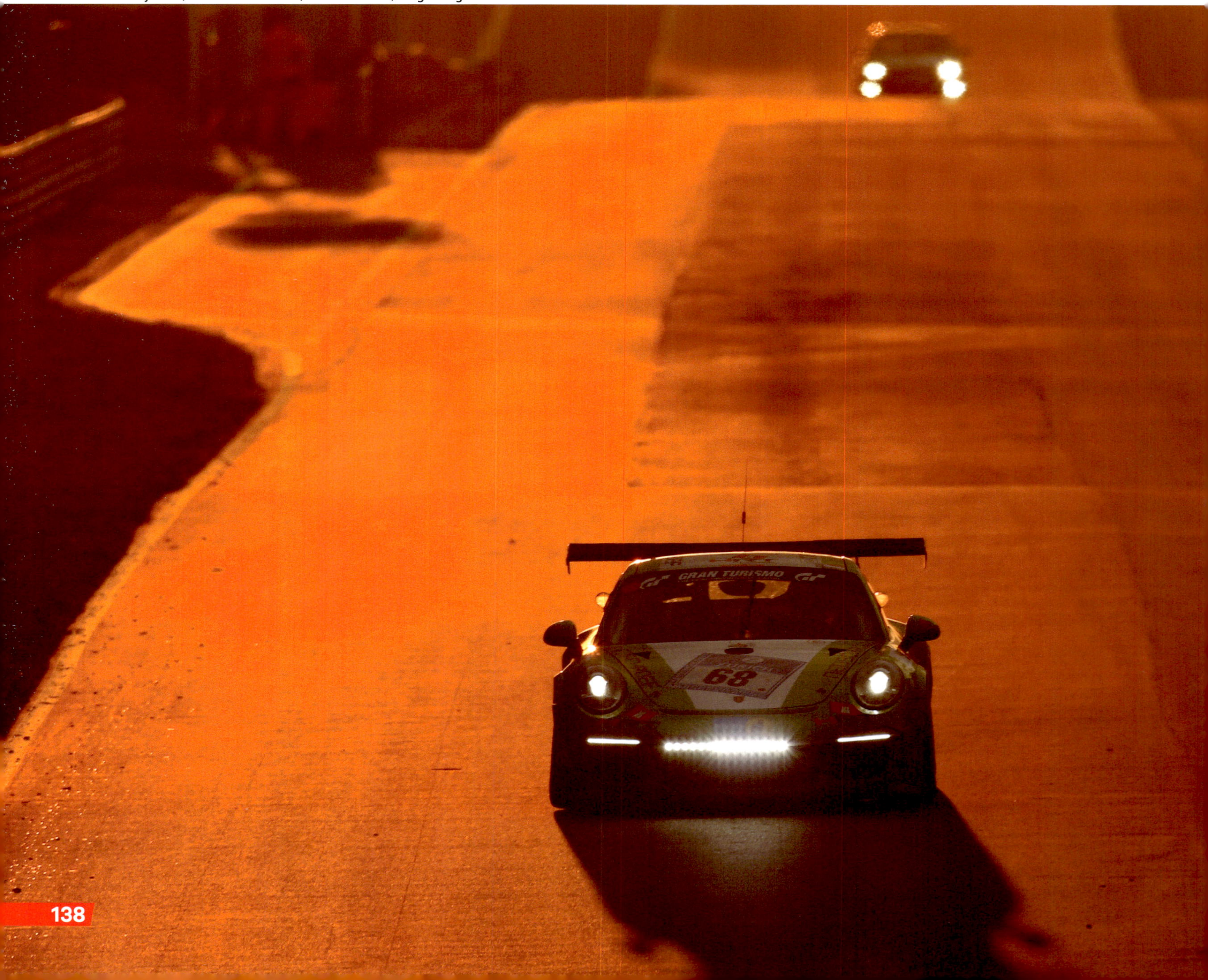

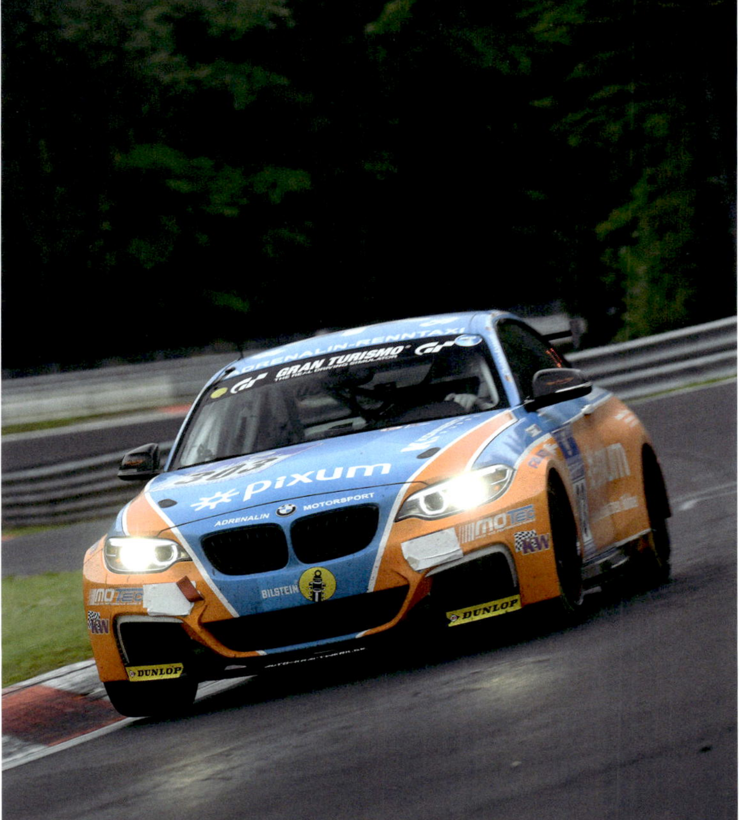

Norbert Fischer, Daniel Zils, Uwe Ebertz

TOP 15 OVERALL // 05:30 – 07:30 Uhr

1	9	Haupt / Buurman / Engel / D. Müller Mercedes-AMG GT3
2	29	Vietoris / Seefried / Hohenadel / Van der Zande Mercedes-AMG GT3
3	88	Alzen / Arnold / Götz / Seyffarth Mercedes-AMG GT3
4	4	Schneider / Engel / Christodoulou / Metzger Mercedes-AMG GT3
5	100	Edwards / Klingmann / Luhr / Tomczyk BMW M6 GT3
6	912	Lietz / Bergmeister / Christensen / Makowiecki Porsche 911 GT3 R
7	23	Sims / Eng / Martin / Werner BMW M6 GT3
8	2	Leonard / Frijns / Sandström / Vervisch Audi R8 LMS
9	5	Stippler / Fjordbach / Mortara / Mayr-Melnhof Audi R8 LMS
10	38	Brück / Menzel / Smith / Hamprecht Bentley Continental GT3
11	16	M. Busch / D. Busch / Mamerow / Rast Audi R8 LMS
12	44	Dumbreck / Henzler / Ragginger / Imperatori Porsche 911 GT3 R
13	75	Heyer / Asch / Ludwig / Keilwitz Mercedes-AMG GT3
14	35	Krumm / Ordonez / Hoshino / Buncombe Nissan GT-R GT3
15	21	Weiss / Kainz / Krumbach / Stursberg Porsche 911 GT3 R

CLASS LEADERS // 05:30 – 07:30 Uhr

AT	111	Barrow / Cox / Shaw / Morrow BMW 135D GTR
Cup1	252	Hartl / Vögeli / Wulf / Kariste Opel Astra OPC Cup
Cup3	354	Holmlund / Graberg / Marshall / M. Gusenbauer Porsche Cayman GT4
Cup5	305	Schrey / A. Mies / Akata / D. Vanthoor BMW M235i Racing
SP2T	133	Kiesch / Nett / Schupp / Köppen Hyundai Veloster 1,6T
SP3	118	Umemoto / Rühl / Okumura / Hamano Renault Clio Cup
SP3T	106	van Dam / Lasse / Schrick / Yamauchi Subaru WRX STI
SP4T	110	Dr. Lohn / Benninghofen / Kraske / Jaussi Volkswagen Golf 5 R-Line GTI
SP5	93	Purtscher / Rettich / Reicher / Nury BMW 1M-Coupé GTR
SP6	83	Ackermann / Welschar / Wiskirchen / Walter Porsche GT3 Cup
SP7	64	Devigus / Weishaupt / A. Toril Boquoi / M. Farnbacher Porsche 991 GT3 Cup
SP8	42	Cate / Dr. Kamelger / Turner / Guelden Aston Martin Vantage GT8
SP8T	51	Borum / Degnbol Moller / Eden / Moore BMW 335i
SP9	9	Haupt / Buurman / Engel / Müller Mercedes-AMG GT3
SP10	77	Hertenstein / Preacher / "Takis" / Lungstrass Aston Martin Vantage V8
SP-PRO	36	Kataoka / Tsuchiya / Oshima / Iguchi Lexus RC F
SP-X	170	Breuer / Gebhardt / Kern Porsche Cayman GT4
TCR	201	Niederberger / Wohlfarth / Gülden / Gene Seat Leon TCR
V2T	175	Jahn / Sidorenko / Quante / Kleeschulte Renault Megane RS
V3	126	"Brody" / Dreszer / Muytjens / Barbaro Toyota GT86
V3T	161	von Garrel / Ohlinger / Cox BMW M235 i
V4	141	Rink / Brink / Piana / Steinhaus BMW E90
V5	156	Egbert / Rönnefarth / Hollerweger BMW 330i
V6	140	Schoeller / Kuhn / "Philip" / M. Toril Boquoi Porsche 911

Michael Czyborra, Stefan Kenntemich, Kim Hauschild, Sergio Negroni

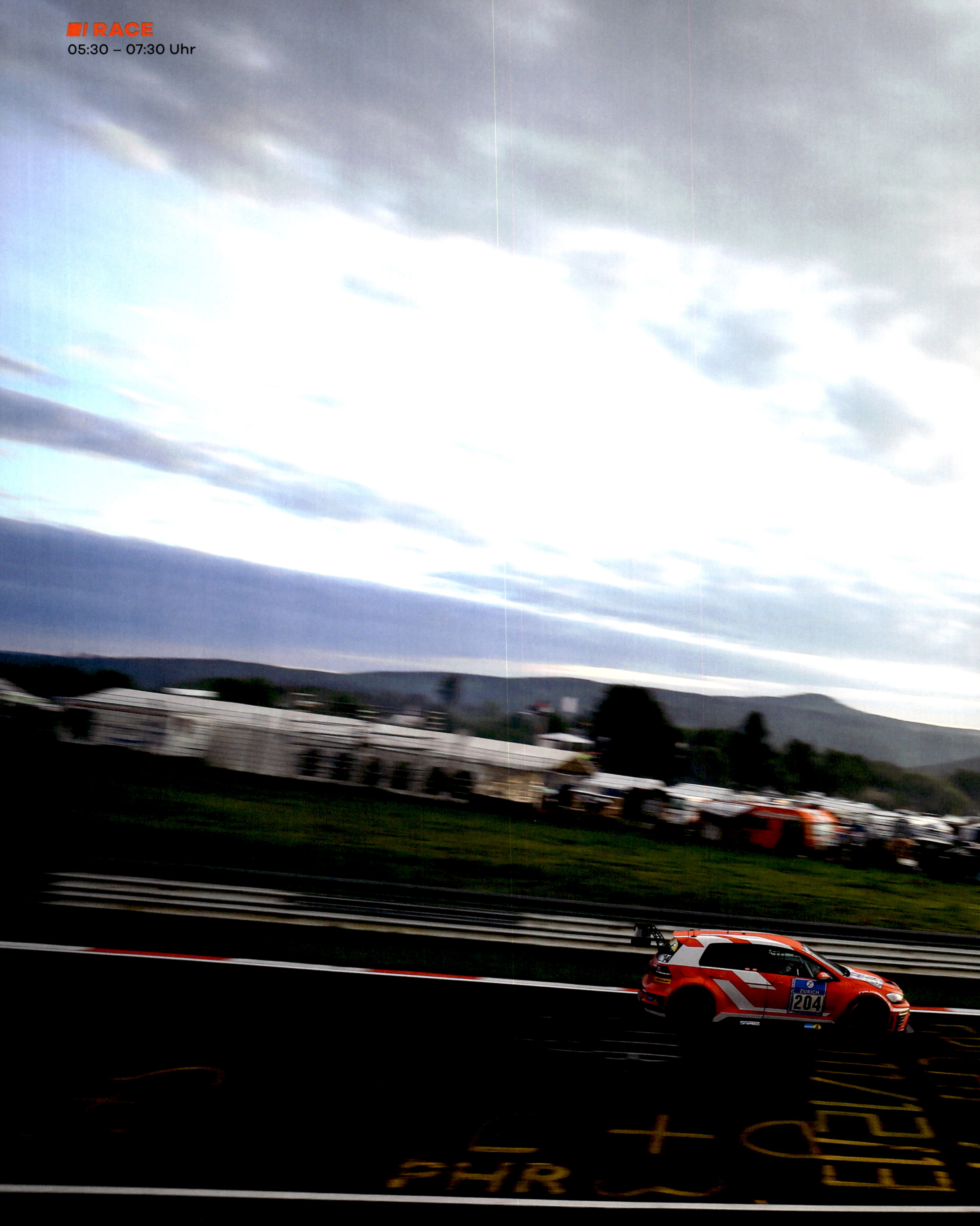
ZURICH
204
PHR

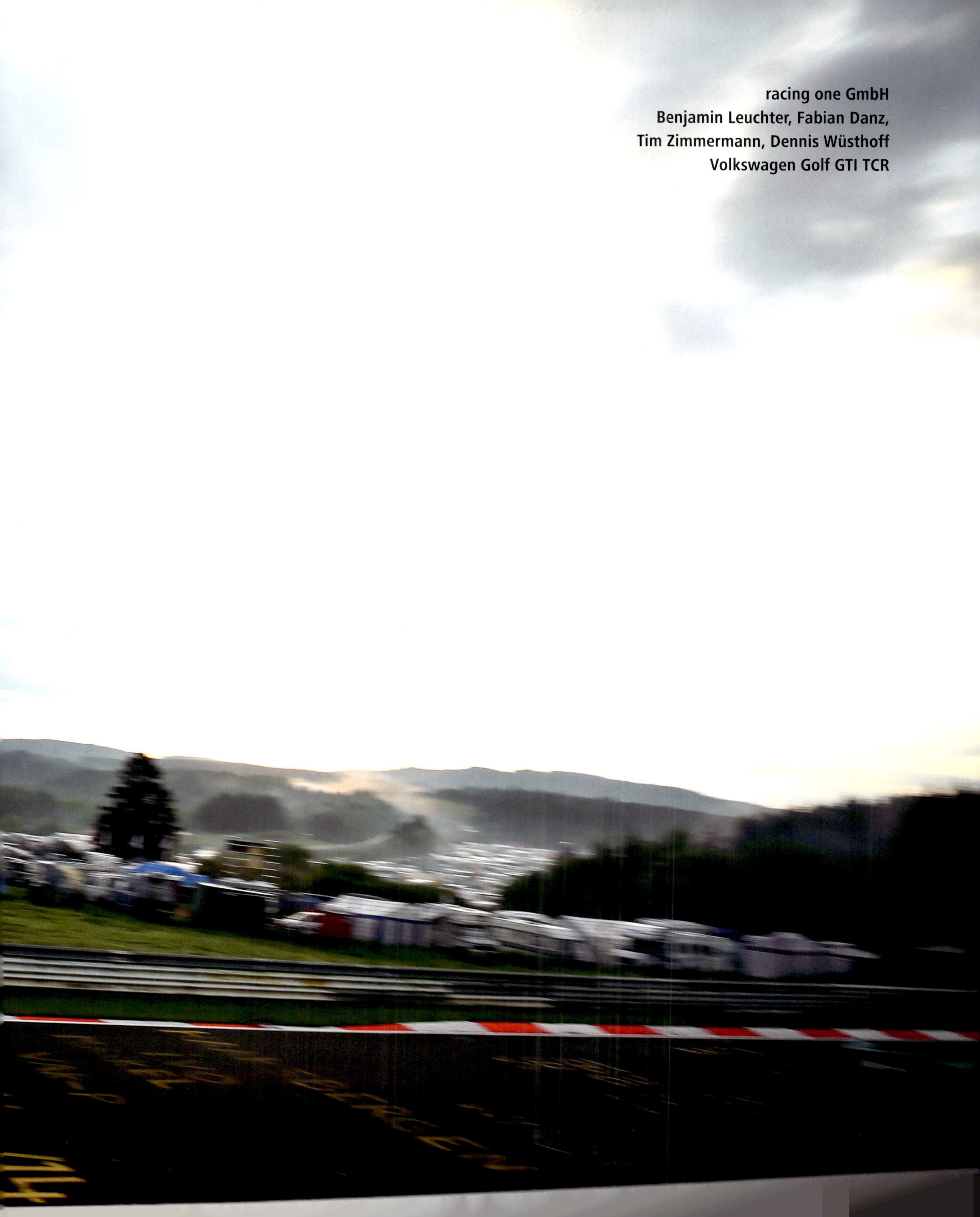

racing one GmbH
Benjamin Leuchter, Fabian Danz,
Tim Zimmermann, Dennis Wüsthoff
Volkswagen Golf GTI TCR

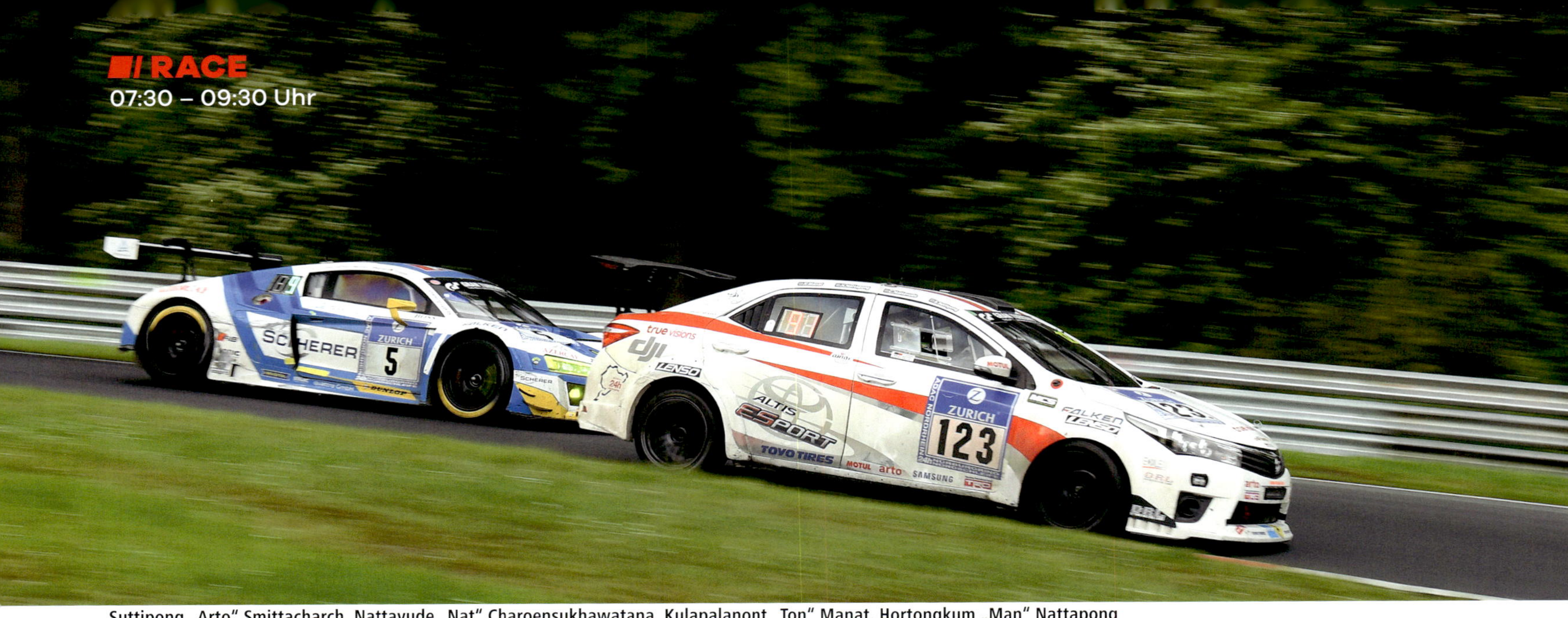

Suttipong „Arto" Smittacharch, Nattavude „Nat" Charoensukhawatana, Kulapalanont „Ton" Manat, Hortongkum „Man" Nattapong

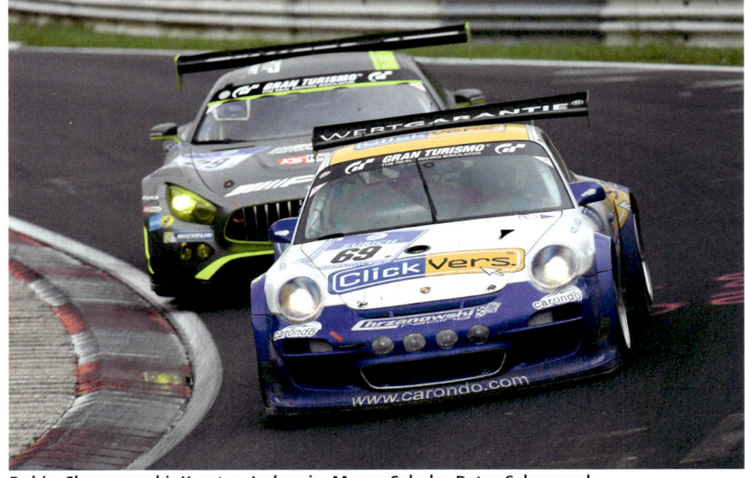

Robin Chrzanowski, Kersten Jodexnis, Marco Schelp, Peter Scharmach

20. Führungswechsel um 9.25 Uhr
HTP, Balck Falcon und Haribo abwechselnd auf Platz eins
Falken-Porsche erstmals in den Top Ten

Das Bäumchen-Wechsel-Dich-Spiel an der Spitze wurde intensiver: Gleich fünfmal wechselte in den frühen Morgenstunden der erste Platz, ausnahmslos boxenstoppbedingt. Die vier Mercedes-AMG GT3 der Teams Black Falcon (#4 und #9), HTP (#29) und Haribo (#88) hielten weiterhin die Konkurrenz in Schach. In Schlagdistanz zum Führungsquartett belegten der Schubert-BMW (#100) und der Manthey-Porsche (#912) die Plätze fünf und sechs.

Niels Borum, Jeppe Degnbol Moller, Michael Eden, Wayne Moore

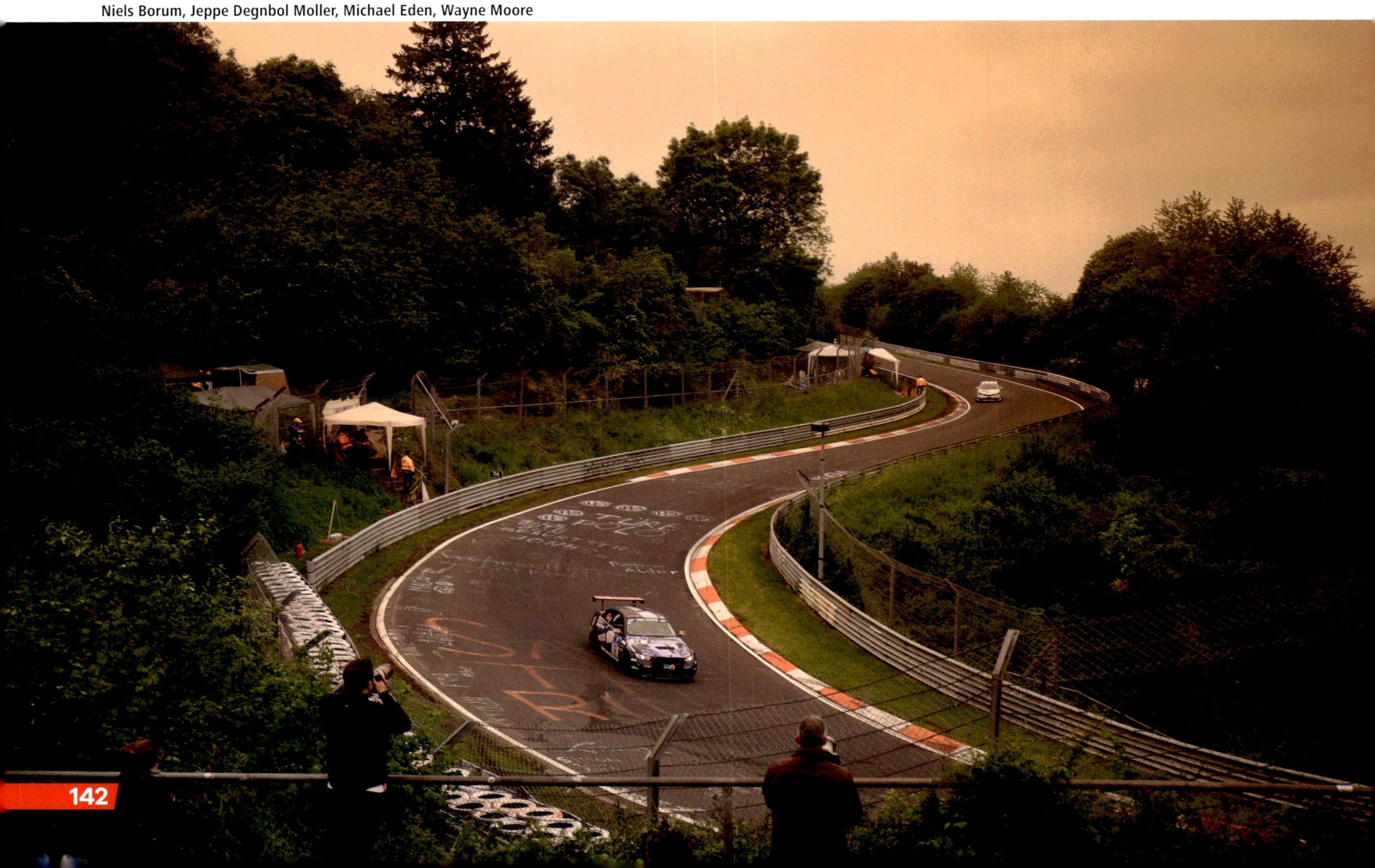

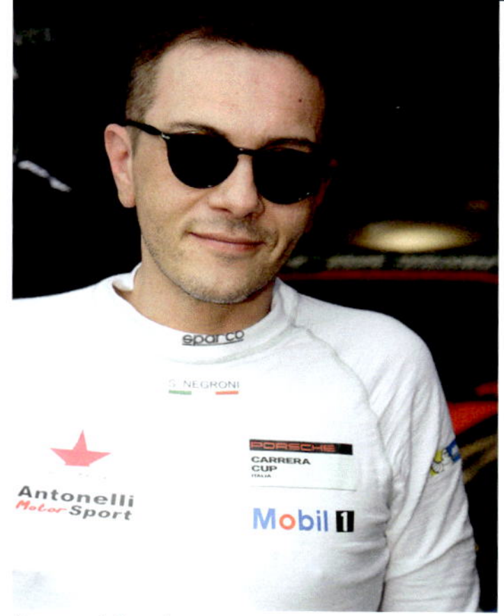

Negroni Sergio

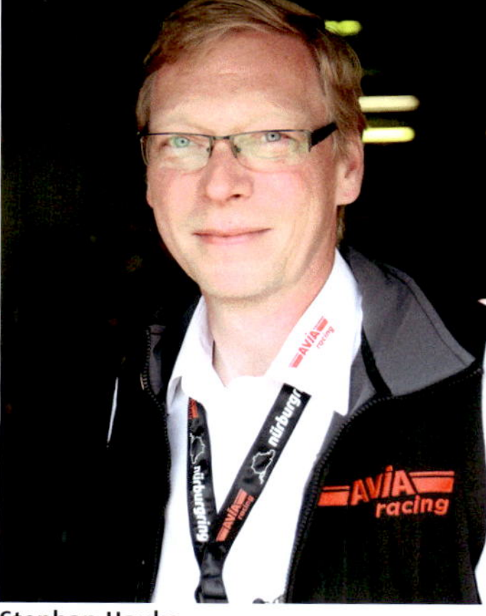

Stephan Hauke

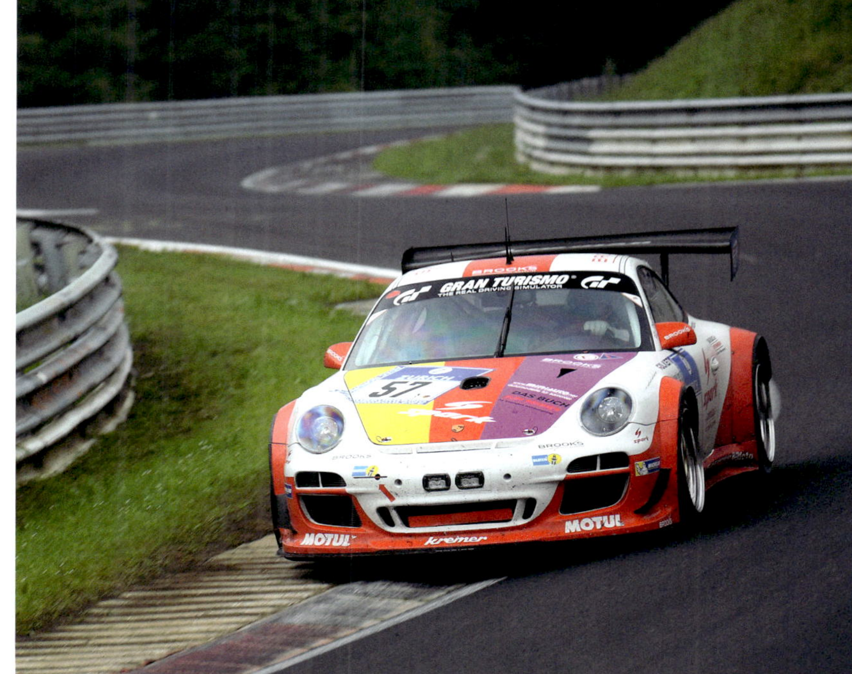

Eberhard Baunach, Wolfgang Kaufmann, Philippe Haezebrouck, Edgar Salewsky

- **20th lead change at 9.25 hrs**
- **HTP, Black Falcon and Haribo alternate in the lead**
- **Falken Porsche in the top ten for the first time**

The battle for the lead intensified with five changes during the early morning hours, all of them following pit stops. The four Mercedes-AMG GT3 of the teams Black Falcon (#4 and #9), HTP (#29) and Haribo (#88) still remained in control, with the Schubert BMW (#100) and the Manthey Porsche (#912) in fifth and sixth, followed by the WRT Audi (#2) and the Phoenix Audi (#5), the best-placed Bentley (#38) and the Falken Porsche.

At 8.10 hrs, the race was over for the third Black Falcon Mercedes (#14) after Indy Dontje collided with Kersten Jodexnis in the #69 Chrzanowski Racing Porsche at the Stefan Bellof S. Two cars returned to the race: the #1 WRT Audi after an accident in the morning and the #18 Schubert BMW after a blown engine on Saturday evening.

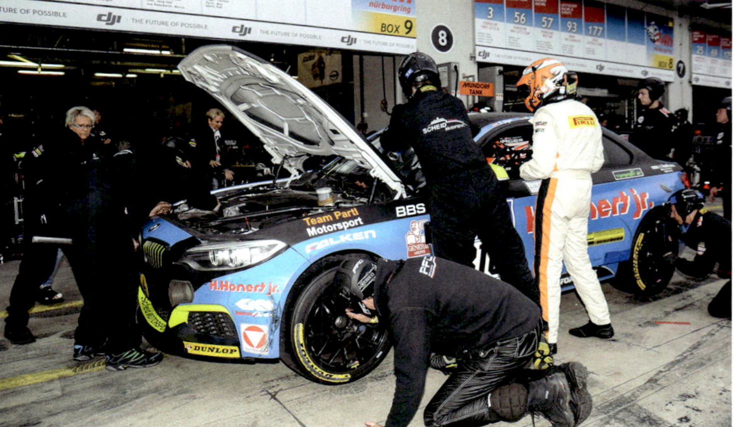

Thomas Jäger, Max Partl, Rudi Adams

(4): Bernd Schneider, Maro Engel, Adam Christodoulou, Manuel Metzger - (44): Peter Dumbreck, Wolf Henzler, Martin Ragginger, Alexandre Imperatori

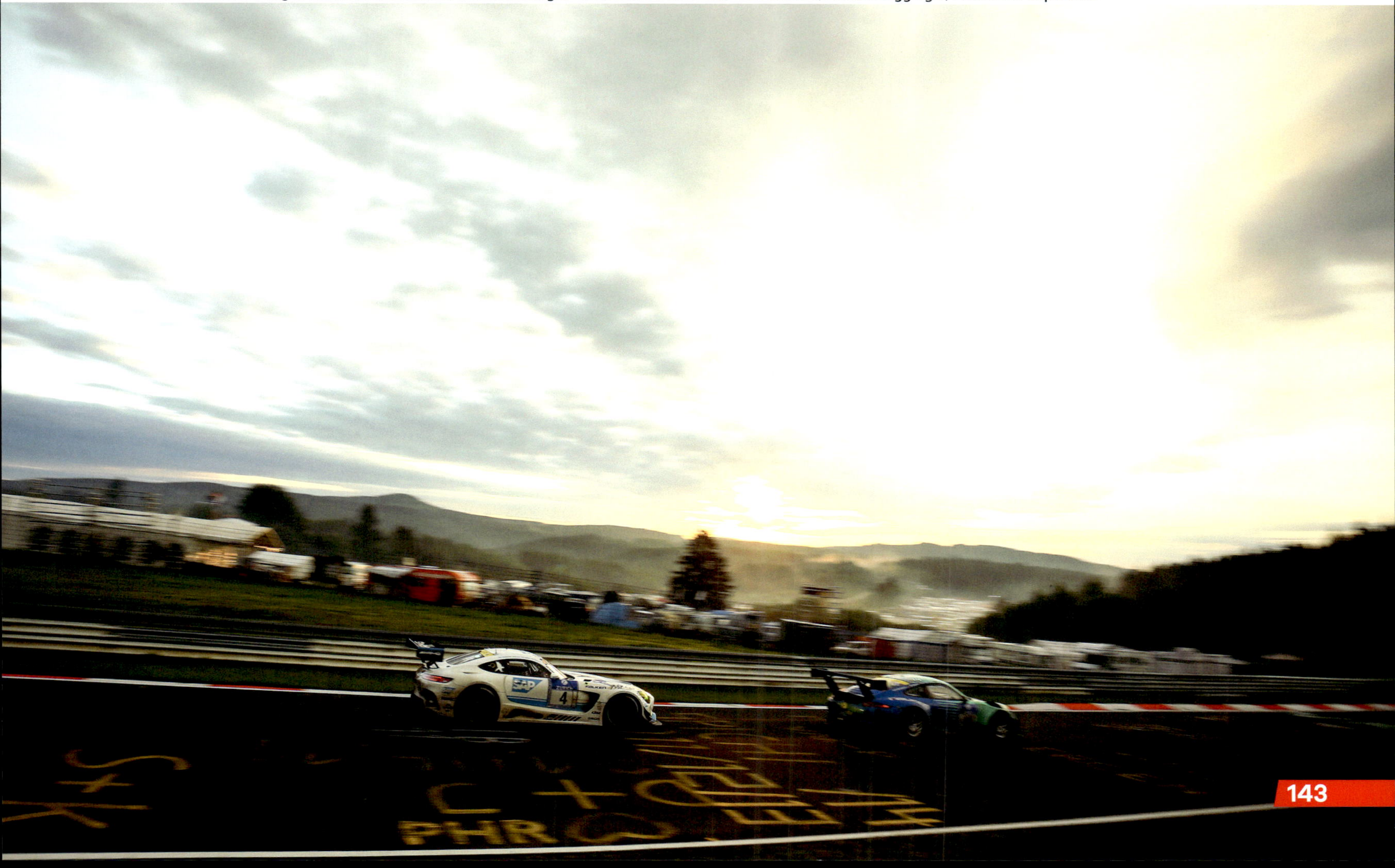

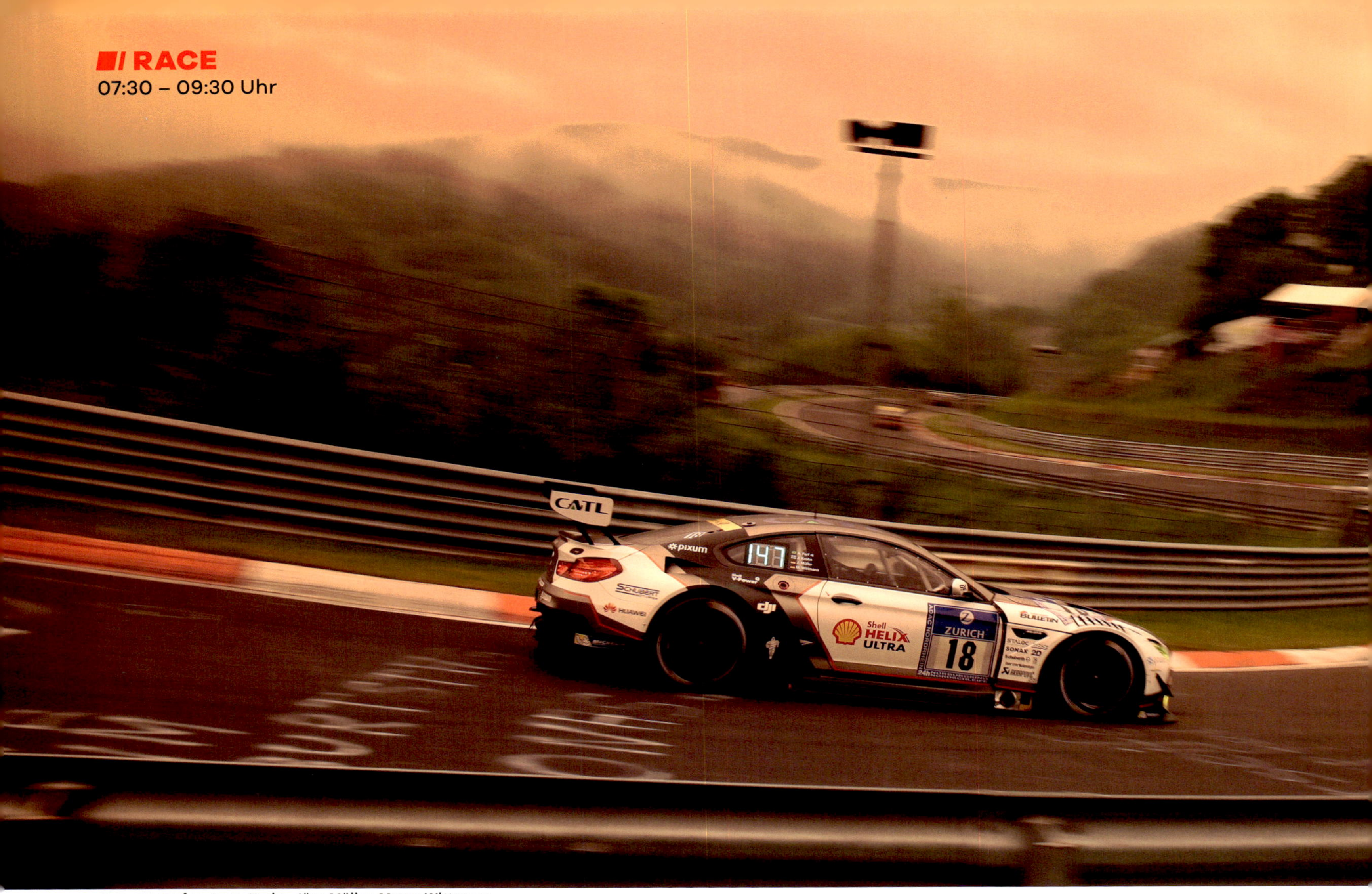

Augusto Farfus, Jesse Krohn, Jörg Müller, Marco Wittmann

Für den mittlerweile 20. Führungswechsel sorgten nach 93 Runden (9.25 Uhr) die vier Haribo-Piloten Alzen, Arnold, Götz und Seyffarth. Sie lagen in den vergangenen zwei Stunden für fünf Runden in Front. Die HTP-Mannschaft ebenfalls, Black Falcons Nummer neun für drei. Die Teamkollegen in der Nummer vier büßten immer wieder ein paar Sekunden ein, hielten sich aber noch vor den Verfolgern von BMW und Porsche. Die besten Audi folgten auf den Plätzen sieben (WRT #2) und acht (Phoenix #5). Neunter war der beste Bentley (#38), der Falken-Porsche komplettierte jetzt die Top-Ten.

HTP-Teamchef Günter Haberer sah noch keine Vorentscheidung: „Die ersten sechs Fahrzeuge liegen ganz eng beisammen. Es sind noch knapp sechs Stunden zu fahren. Ich glaube, es wird noch ein ganz spannender Kampf. Unsere Fahrer und das Team haben einen tollen Job gemacht, speziell bei den schwierigen Bedingungen am Anfang."

Um 8.10 Uhr endete das Rennen für den dritten Black Falcon-Mercedes-AMG (#14). Im Bereich Stefan-Bellof-S versuchte Indy Dontje ein Überholmanöver, welches unter relativ gleichschnellen Fahrzeugen an dieser Stelle nicht machbar ist. Und genau so endete der Versuch: Porsche-Pilot Kersten Jodexnis (Chrzanowski-Racing #69) überschlug sich mehrfach und kam zur Vorsicht ins Krankenhaus, Dontje krachte in die Leitplanken.

Derweil feierten zwei Teams ein Comeback im Rennen. Sowohl der WRT-Audi R8 (#1), der in den Morgenstunden in einen Unfall verwickelt war als auch der BMW M6 (#18) von Schubert Motorsport, der am Abend einen Motorschaden erlitt, kehrten nach mehrstündigen Reparaturen wieder auf die Piste zurück.

Thomas Ahles, Dierk Möller, Tom Moran, Rudi Adams

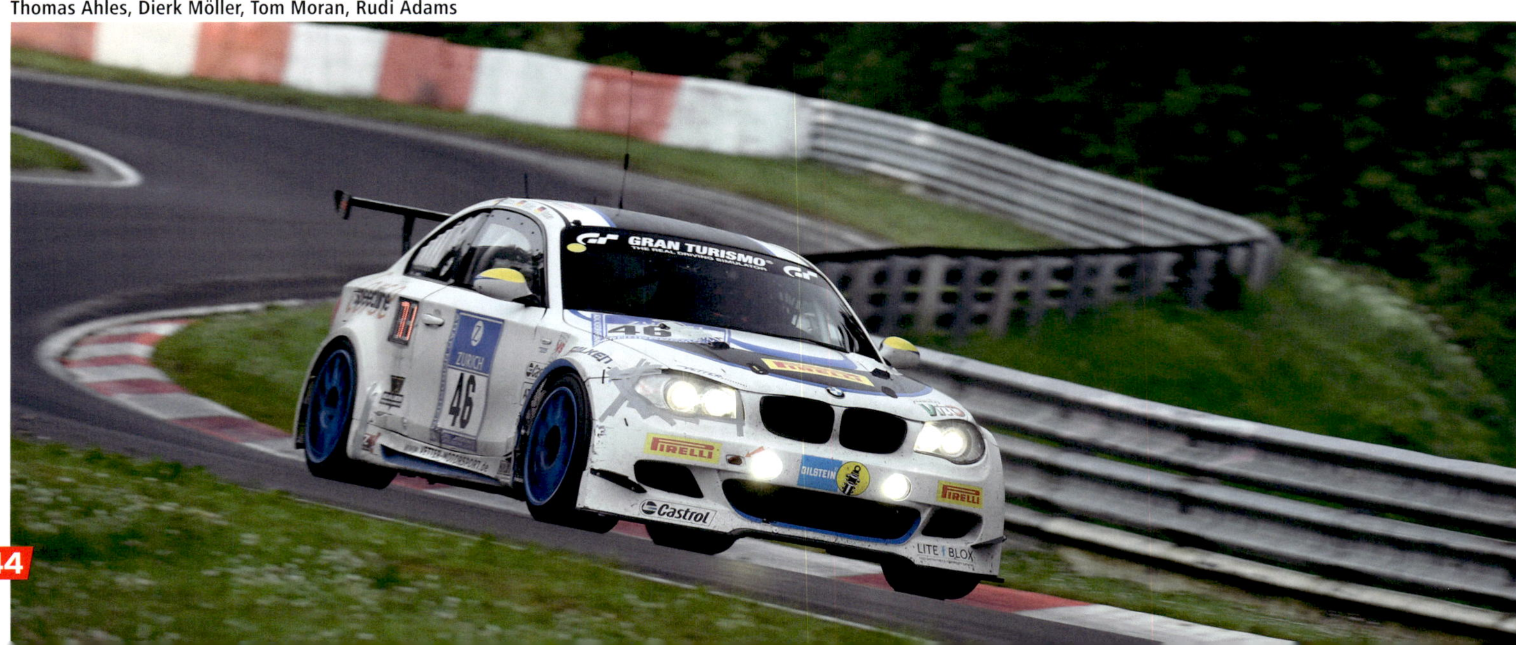

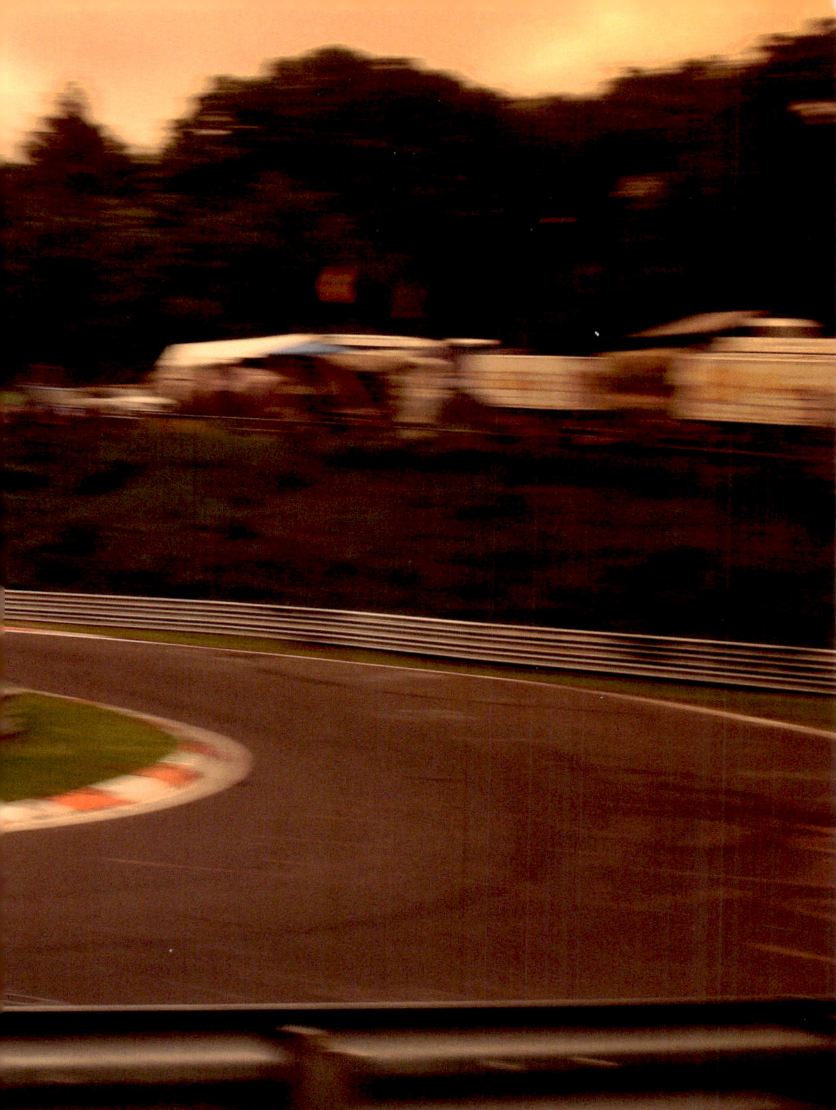

TOP 15 OVERALL // 07:30 – 09:30 Uhr

Pos.	Nr.	Fahrer / Fahrzeug
1	88	Alzen / Arnold / Götz / Seyffarth Mercedes-AMG GT3
2	4	Schneider / Engel / Christodoulou / Metzger Mercedes-AMG GT3
3	100	Edwards / Klingmann / Luhr / Tomczyk BMW M6 GT3
4	29	Vietoris / Seefried / Hohenadel / Van der Zande Mercedes-AMG GT3
5	9	Haupt / Buurman / Engel / D. Müller Mercedes-AMG GT3
6	912	Lietz / Bergmeister / Christensen / Makowiecki Audi R8 LMS
7	23	Sims / Eng / Martin / Werner BMW M6 GT3
8	2	Leonard / Frijns / Sandström / Vervisch Audi R8 LMS
9	5	Stippler / Fjordbach / Mortara / Mayr-Melnhof Audi R8 LMS
10	38	Brück / Menzel / Smith / Hamprecht Bentley Continental GT3
11	44	Dumbreck / Henzler / Ragginger / Imperatori Porsche 911 GT3 R
12	16	M. Busch / D. Busch / Mamerow / Rast Audi R8 LMS
13	75	Heyer / Asch / Ludwig / Keilwitz Mercedes-AMG GT3
14	35	Krumm / Ordonez / Hoshino / Buncombe Nissan GT-R GT3
15	21	Weiss / Kainz / Krumbach / Stursberg Porsche 911 GT3 R

CLASS LEADERS // 07:30 – 09:30 Uhr

Klasse	Nr.	Fahrer / Fahrzeug
AT	111	Barrow / Cox / Shaw / Morrow BMW 135D GTR
Cup1	251	Brüggenkamp / Schröder / Wanger / Tribelhorn Opel Astra OPC Cup
Cup3	354	Holmlund / Graberg / Marshall / M. Gusenbauer Porsche Cayman GT4
Cup5	305	Schrey / A. Mies / Akata / D. Vanthoor BMW M235i Racing
SP2T	133	Kiesch / Nett / Schupp / Köppen Hyundai Veloster 1,6T
SP3	118	Umemoto / Rühl / Okumura / Hamano Renault Clio Cup
SP3T	106	van Dam / Lasse / Schrick / Yamauchi Subaru WRX STI
SP4T	110	Dr. Lohn / Benninghofen / Kraske / Jaussi Volkswagen Golf 5 R-Line GTI
SP5	93	Purtscher / Rettich / Reicher / Nury BMW 1M-Coupé GTR
SP6	83	Ackermann / Welschar / Wiskirchen / Walter Porsche GT3 Cup
SP7	64	Devigus / Weishaupt / A. Toril Boquoi / M. Farnbacher Porsche 991 GT3 Cup
SP8	42	Cate / Dr. Kamelger / Turner / Guelden Aston Martin Vantage GT8
SP8T	51	Borum / Degnbol Moller / Eden / Moore BMW 335i
SP9	88	Alzen / Arnold / Götz / Seyffarth Mercedes-AMG GT3
SP10	77	Hertenstein / Preacher / "Takis" / Lungstrass Aston Martin Vantage V8
SP-PRO	36	Kataoka / Tsuchiya / Oshima / Iguchi Lexus RC F
SP-X	170	Breuer / Gebhardt / Kern Porsche Cayman GT4
TCR	201	Niederberger / Wohlfarth / Gülden / Gene Seat Leon TCR
V2T	175	Jahn / Sidorenko / Quante / Kleeschulte Renault Megane RS
V3	126	"Brody" / Dreszer / Muytjens / Barbaro Toyota GT86
V3T	161	von Garrel / Ohlinger / Cox BMW M235 i
V4	141	Rink / Brink / Piana / Steinhaus BMW E90
V5	156	Egbert / Rönnefarth / Hollerweger BMW 330i
V6	140	Schoeller / Kuhn / "Philip" / M. Toril Boquoi Porsche 911

Alexander Köppen, Rory Penttinen, Michael Bohrer, Bruno Beulen

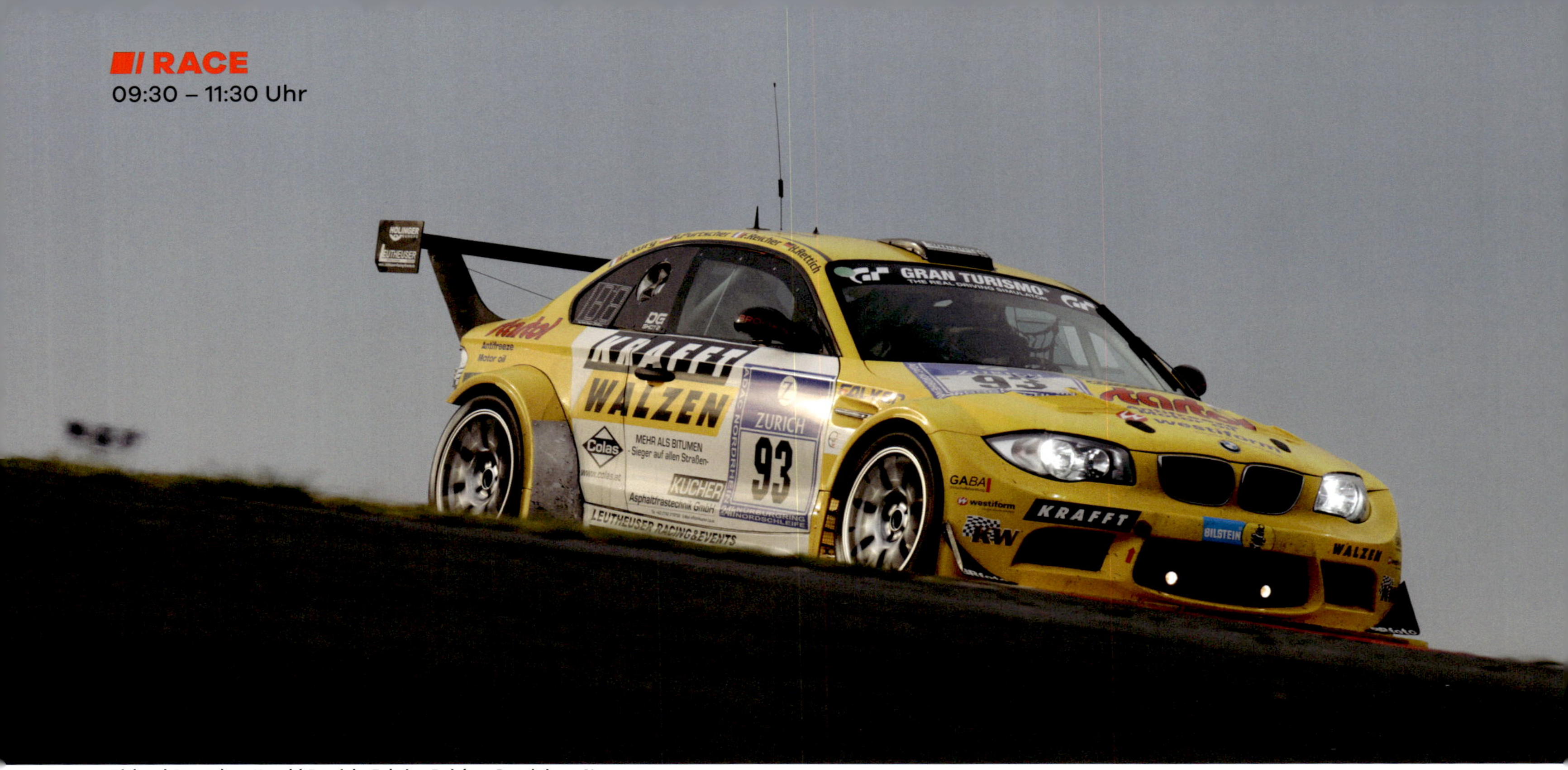

Richard Purtscher, Harald Rettich, Fabrice Reicher, Dominique Nury

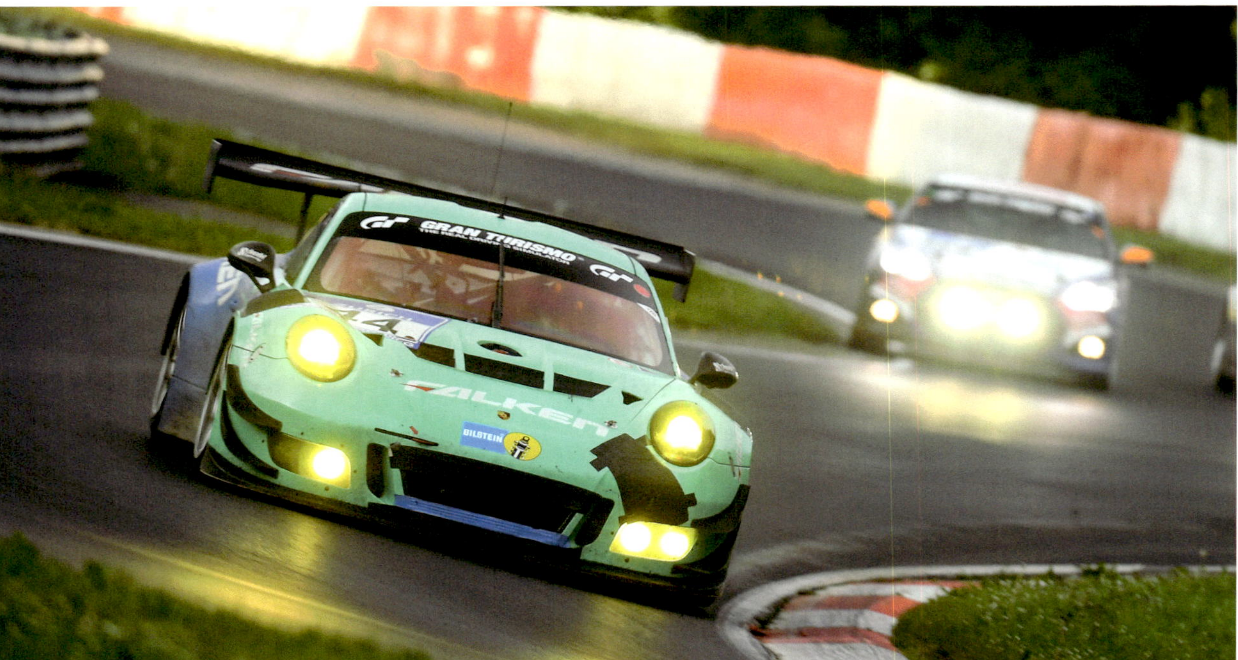

Peter Dumbreck, Wolf Henzler, Martin Ragginger, Alexandre Imperatori

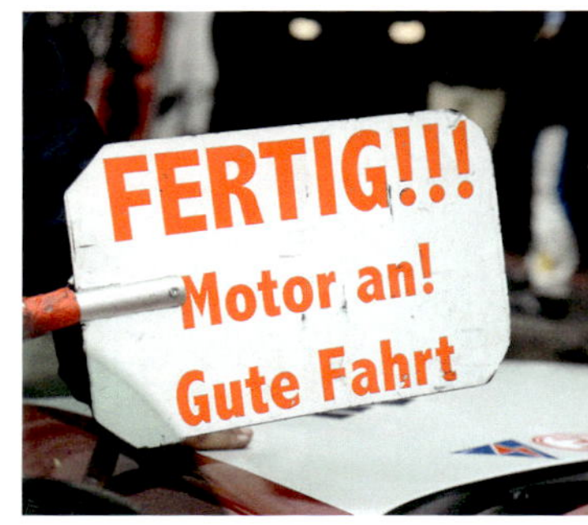

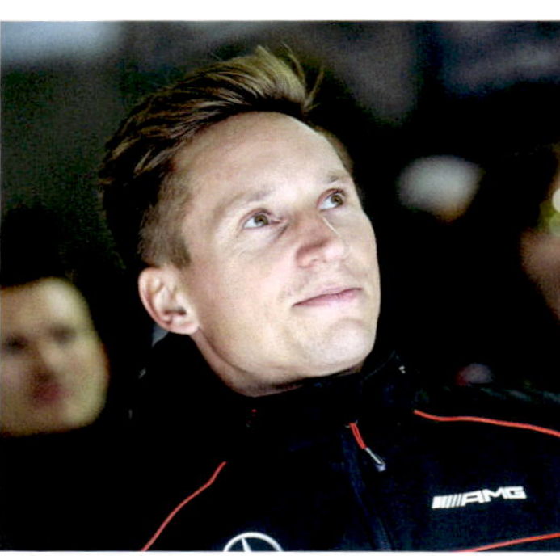

Renger Van der Zande

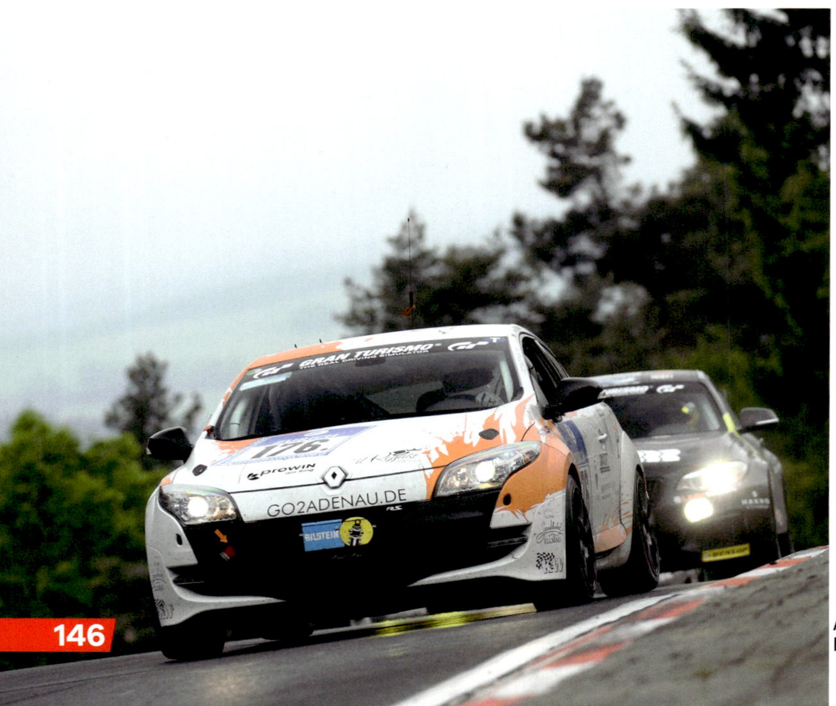

Axel Jahn, Andrei Sidorenko, Florian Quante, Bernd Kleeschulte

HTP-Mercedes-AMG übernimmt zunehmend das Kommando
Motorschaden beim Manthey-Porsche
Unverschuldetes Aus für den verbliebenen Schubert-BMW

Rund vier Stunden vor dem Fallen der Zielflagge war das Bild an der Spitze nahezu unverändert. Vier Mercedes-AMG GT3 führten das Feld an, nach 106 Runden lautete die Reihenfolge HTP (#29), Haribo (#88) und Black Falcon (#9 vor #4). Überhaupt war es die HTP-Mannschaft Vietoris, Seefried, Hohenadel und Van der Zande, die immer mehr das Zepter in die Hand nahm. Sie hatten in den letzten beiden Stunden für sieben Umläufe die Nase vorn, Haribo für fünf, Black Falcon (#4) lediglich für eine.

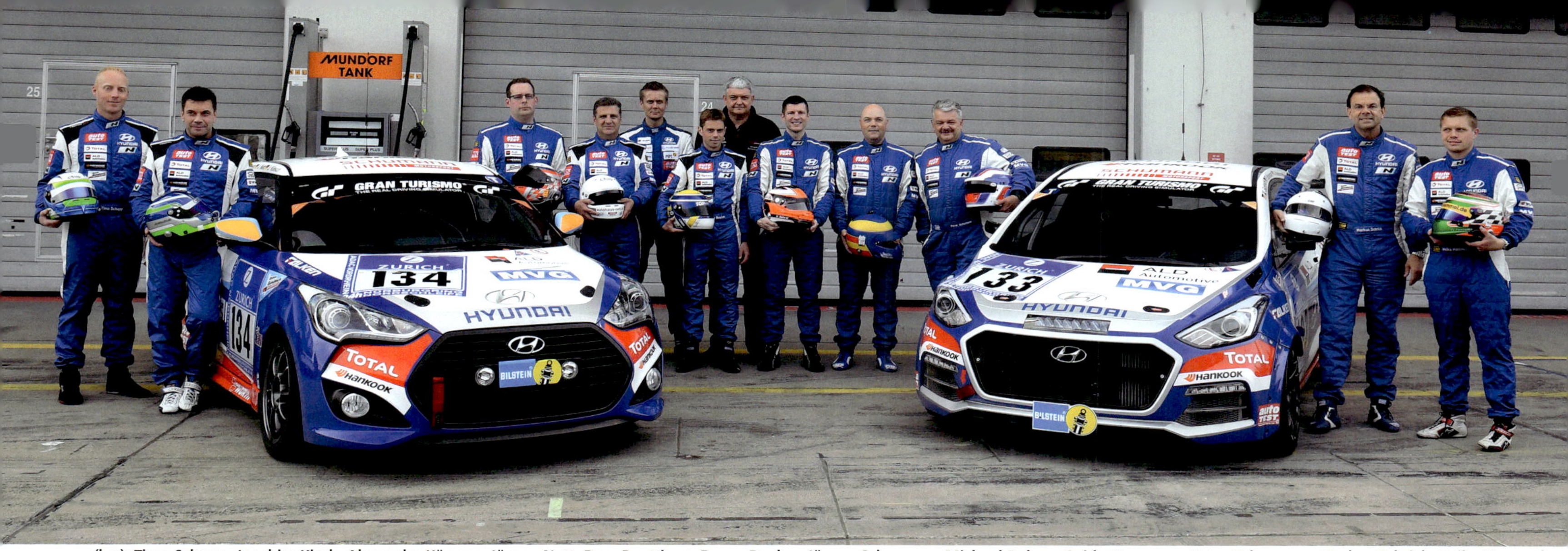

(l.-r.): Timo Schupp, Joachim Kisch, Alexander Köppen, Jürgen Nett, Rory Penttinen, Bruno Beulen, Jürgen Schumann, Michael Bohrer, Guido Naumann, Peter Schumann, Markus Schrick, Heiko Hammel

▌HTP Mercedes-AMG more and more in control
▌Engine failure on the Manthey Porsche
▌Remaining Schubert-BMW innocently retires

With some four hours remaining, the situation up front remained largely unchanged with four Mercedes-AMG GT3s running in the first four places after 106 laps: HTP (#29) from Haribo (#88) and Black Falcon (#9 and #4). The HTP car of Vietoris, Seefried, Hohenadel and Van der Zande led for seven laps during these two hours.
Light rain at 10.45 hrs spiced up the action. Many teams changed to rain tyres or intermediates. With the Manthey Porsche (#912, engine) and the Schubert BMW (#100, collision) having retired, the remaining Rowe BMW (#23) moved up to fifth.

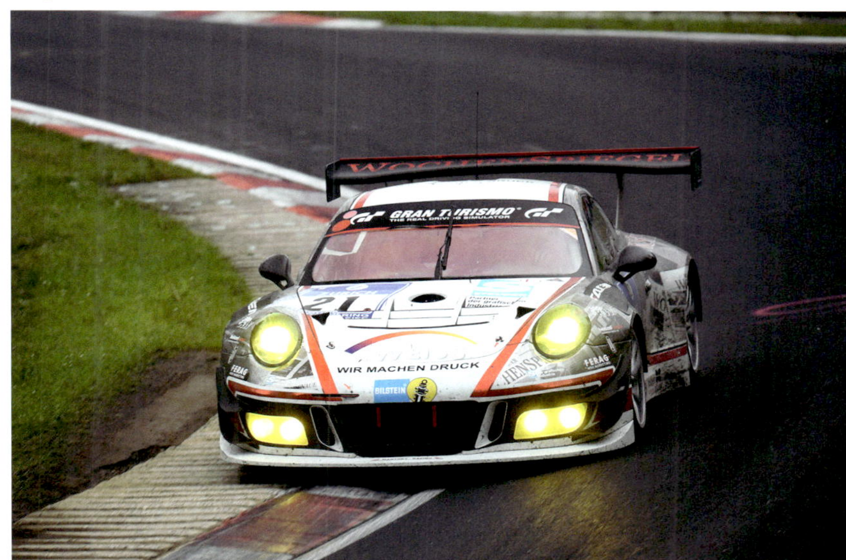

Georg Weiss, Oliver Kainz, Jochen Krumbach, Mike Stursberg

Bernd Schneider, Maro Engel, Adam Christodoulou, Manuel Metzger

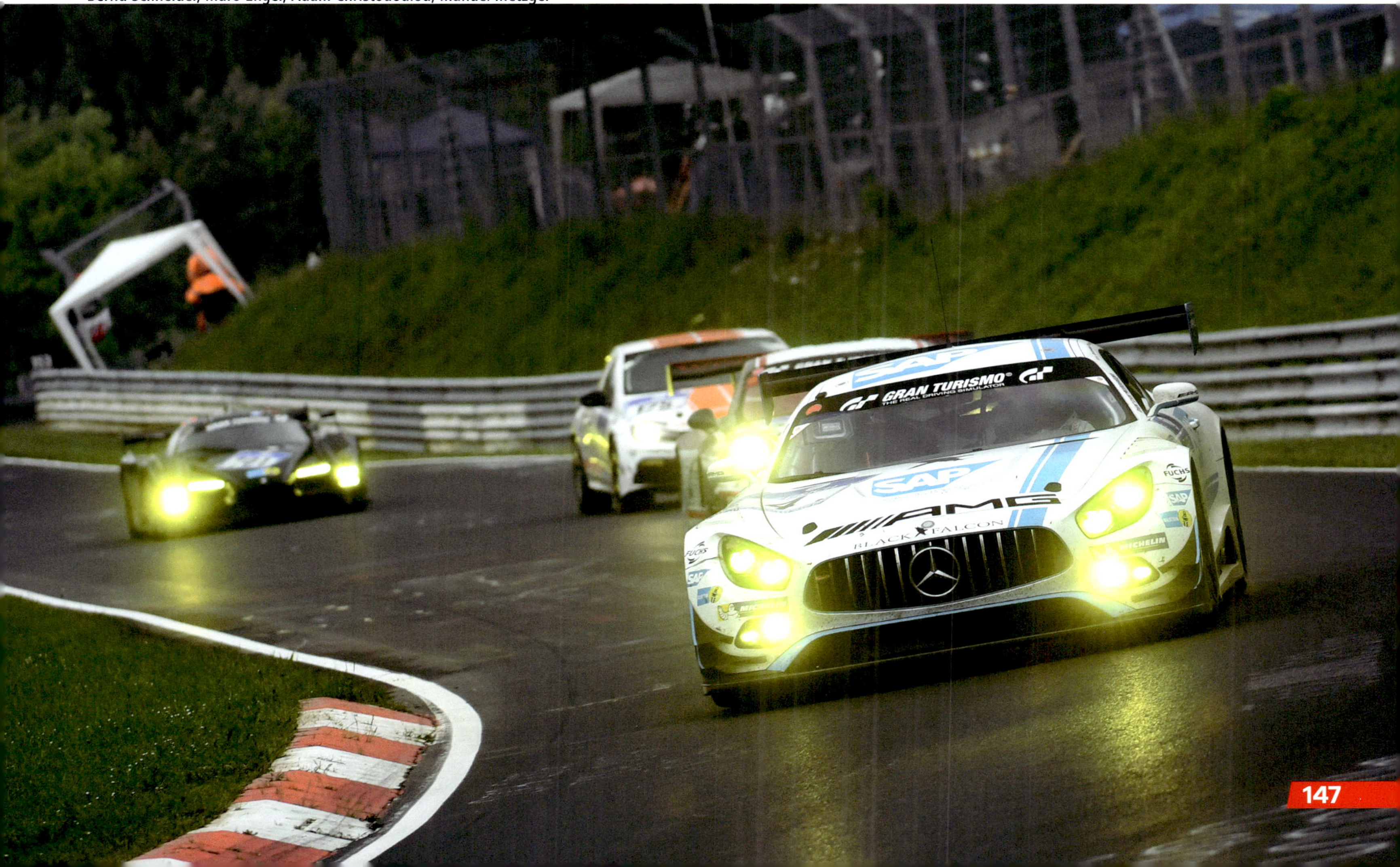

„Es läuft sehr gut", freute sich van der Zande. „Bei Regen hat Christian Hohenadel einen super Job gemacht und blieb in der Führungsgruppe. Als es abtrocknete, konnte ich übernehmen und ich denke, wir waren die meiste Zeit das schnellste Fahrzeug auf der Strecke."

Für zusätzliche Würze sorgte leicht einsetzender Regen gegen 10.45 Uhr. Diese Schauer gingen immer wieder an unterschiedlichen Streckenabschnitten nieder. Viele Teams wechselten auf Regenreifen oder Intermediates.

Auf den fünften Platz rückte der verbliebene Rowe-BMW (#23) vor, nachdem sowohl der Manthey-Porsche (#912, Motorschaden) als auch der Schubert-BMW M6 (#100) nach einer unverschuldeten Kollision die Segel streichen mussten. Ausgangs Yokohama-S kollidierten zunächst der Ford Fiesta (#136) sowie der Leutheuser-BMW 1er (#93) miteinander. BMW-Pilot Fabrice Reicher verlor die Kontrolle über sein Fahrzeug, drehte sich nach rechts von der Strecke und kollidierte dort mit Lucas Luhr im Schubert-M6.

„Wir waren extrem gut unterwegs. Mit einem brandneuen Auto diese Position zu halten - darauf können wir stolz sein", sagte Luhr. „Beim Überholen eines langsameren Autos überholte ein anderer Pilot das gleiche Fahrzeug auf der anderen Seite und fuhr mir dann ins Auto. Der kam für mich praktisch aus dem Nichts. Der Arzt hat nach dem Check gesagt, dass der Zustand des Kopfs genau so sei wie vorher. Ich weiß nicht, ob das gut oder schlecht ist."

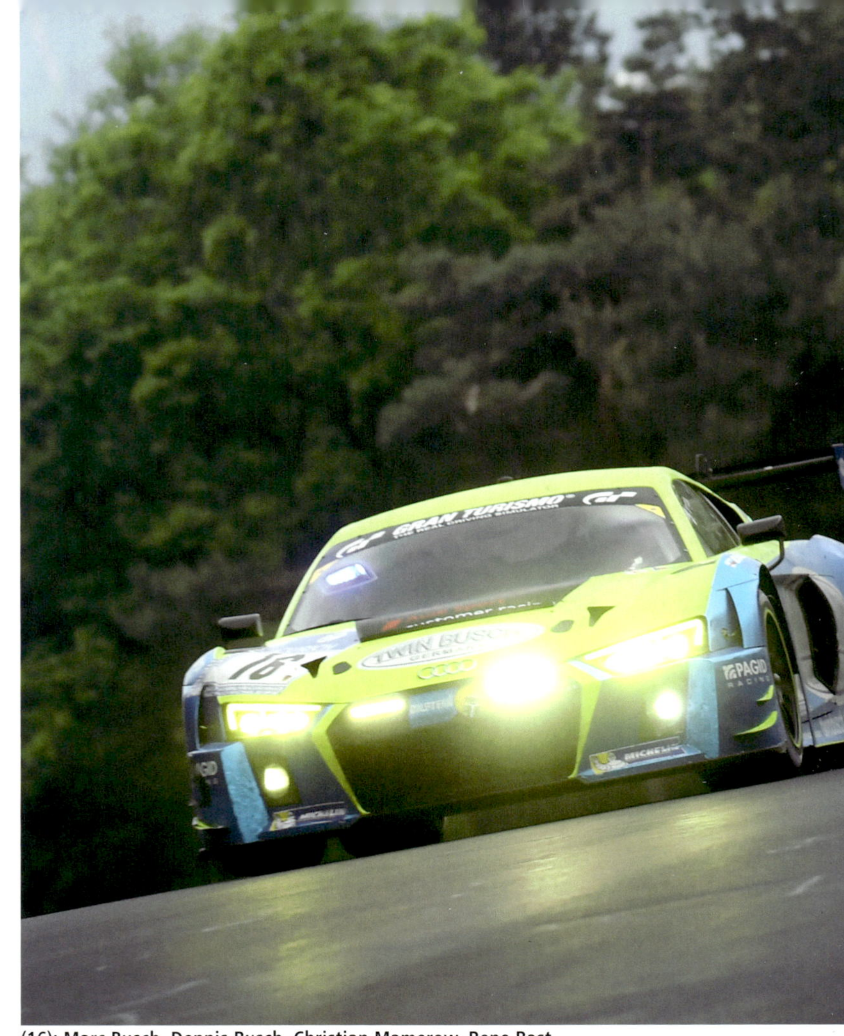

(16): Marc Busch, Dennis Busch, Christian Mamerow, Rene Rast

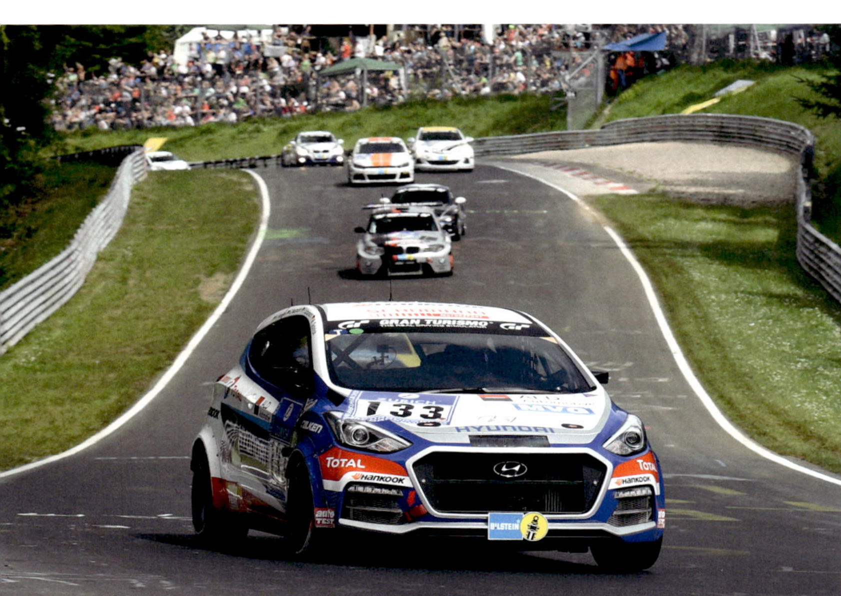

Markus Schrick, Peter Schumann, Guido Naumann, Heiko Hammel

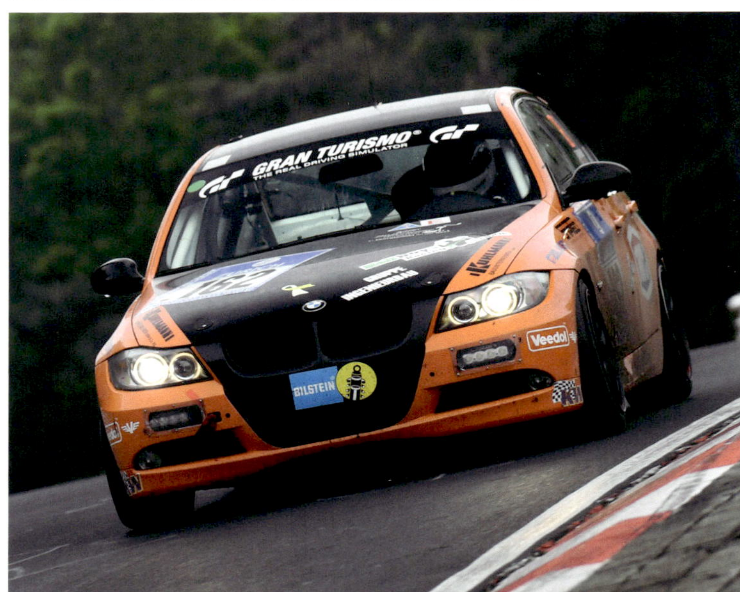

Michael Mönch, Jan von Kiedrowski, Han Choi Jang, Marco von Ramshorst

Christoph Breuer, Christian Gebhardt, Lars Kern

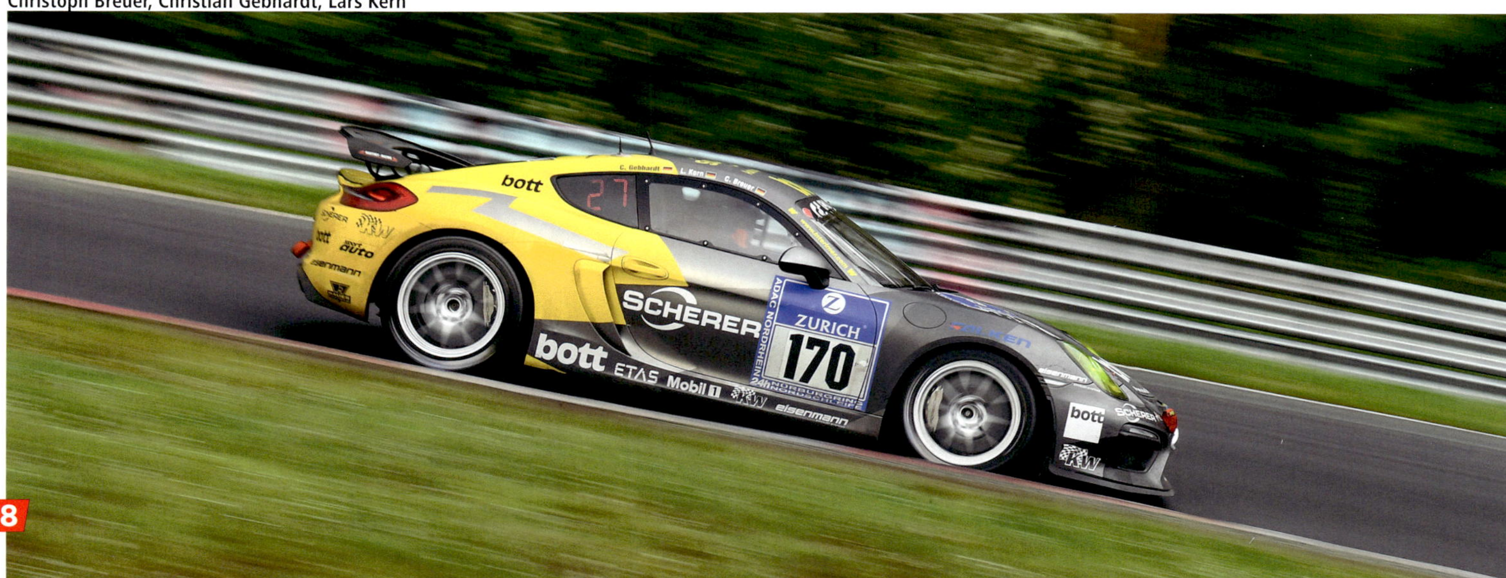

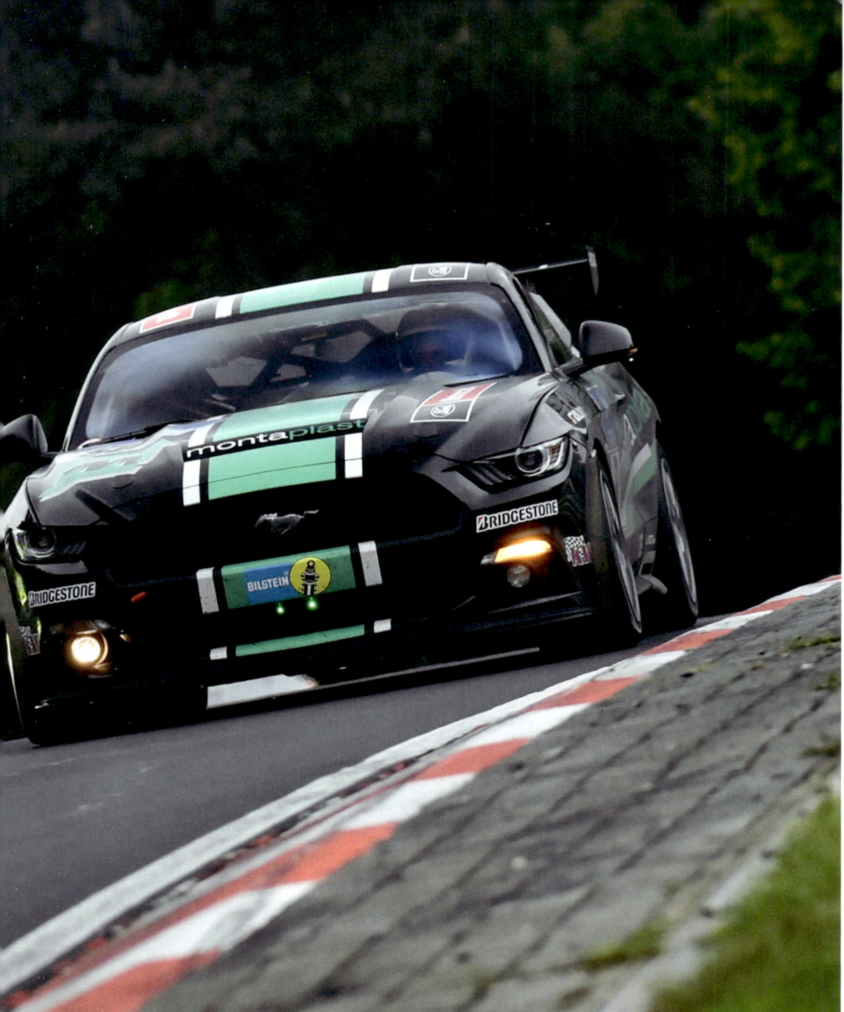

(50): Stephan Wölflick, Urs Bressan, Jürgen Gagstatter

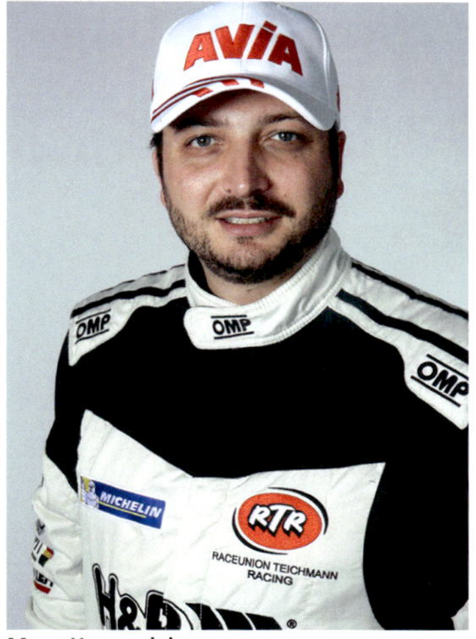

Marc Hennerici

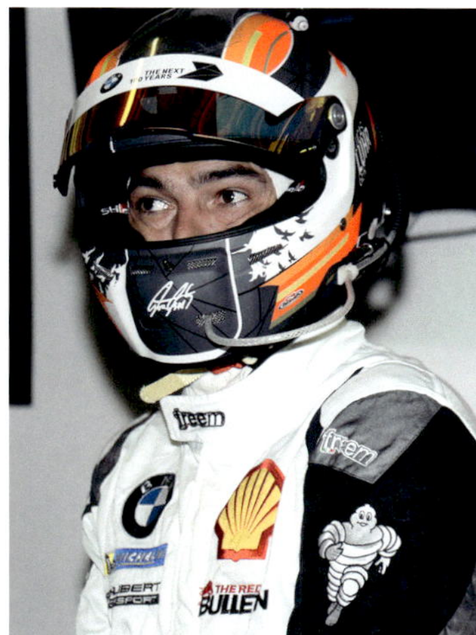

Lucas Luhr

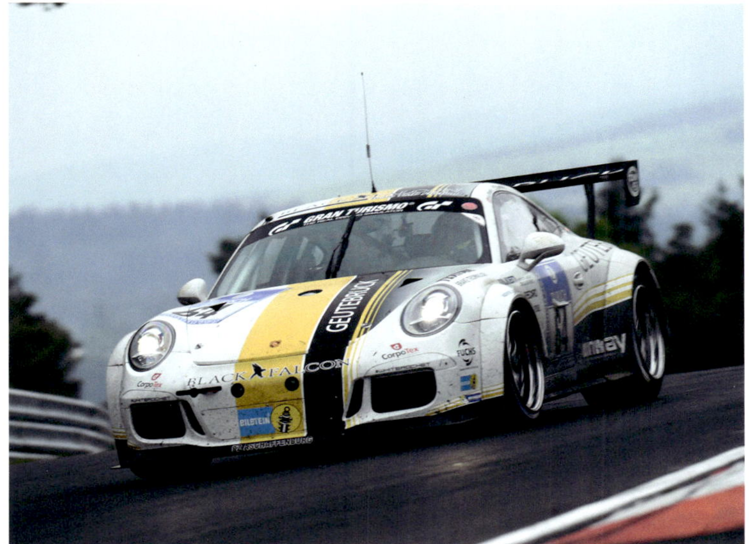

Arturo Devigus, Andreas Weishaupt, Alexander Josef Toril Boquoi, Mario Farnbacher

TOP 15 OVERALL // 09:30 – 11:30 Uhr

1	29	Vietoris / Seefried / Hohenadel / Van der Zande Mercedes-AMG GT3
2	88	Alzen / Arnold / Götz / Seyffarth Mercedes-AMG GT3
3	9	Haupt / Buurman / Engel / D. Müller Mercedes-AMG GT3
4	4	Schneider / Engel / Christodoulou / Metzger Mercedes-AMG GT3
5	23	Sims / Eng / Martin / Werner BMW M6 GT3
6	5	Stippler / Fjordbach / Mortara / Mayr-Melnhof Audi R8 LMS
7	38	Brück / Menzel / Smith / Hamprecht Bentley Continental GT3
8	75	Heyer / Asch / Ludwig / Keilwitz Mercedes-AMG GT3
9	44	Dumbreck / Henzler / Ragginger / Imperatori Porsche 911 GT3 R
10	2	Leonard / Frijns / Sandström / Vervisch Audi R8 LMS
11	44	M. Busch / D. Busch / Mamerow / Rast Audi R8 LMS
12	35	Krumm / Ordonez / Hoshino / Buncombe Nissan GT-R GT3
13	21	Weiss / Kainz / Krumbach / Stursberg Porsche 911 GT3 R
14	999	Bouveng / Blomqvist / Krognes / Di Martino BMW M6 GT3
15	25	Zoechling / F. Konrad / D. Farnbacher / Stolz Lamborghini Huracan GT3

CLASS LEADERS // 09:30 – 11:30 Uhr

AT	111	Barrow / Cox / Shaw / Morrow BMW 135D GTR
Cup1	251	Brüggenkamp / Schröder / Wanger / Tribelhorn Opel Astra OPC Cup
Cup3	354	Holmlund / Graberg / Marshall / M. Gusenbauer Porsche Cayman GT4
Cup5	305	Schrey / A. Mies / Akata / D. Vanthoor BMW M235i Racing
SP2T	133	Kiesch / Nett / Schupp / Köppen Hyundai Veloster 1,6T
SP3	118	Umemoto / Rühl / Okumura / Hamano Renault Clio Cup
SP3T	106	van Dam / Lasse / Schrick / Yamauchi Subaru WRX STI
SP4T	110	Dr. Lohn / Benninghofen / Kraske / Jaussi Volkswagen Golf 5 R-Line GTI
SP5	93	Purtscher / Rettich / Reicher / Nury BMW 1M-Coupé GTR
SP6	83	Ackermann / Welschar / Wiskirchen / Walter Porsche GT3 Cup
SP7	64	Devigus / Weishaupt / A. Toril Boquoi / M. Farnbacher Porsche 991 GT3 Cup
SP8	42	Cate / Dr. Kamelger / Turner / Guelden Aston Martin Vantage GT8
SP8T	51	Borum / Degnbol Moller / Eden / Moore BMW 335i
SP9	29	Vietoris / Seefried / Hohenadel / Van der Zande Mercedes-AMG GT3
SP10	77	Hertenstein / Preacher / "Takis" / Lungstrass Aston Martin Vantage V8
SP-PRO	36	Kataoka / Tsuchiya / Oshima / Iguchi Lexus RC F
SP-X	170	Breuer / Gebhardt / Kern Porsche Cayman GT4
TCR	201	Niederberger / Wohlfarth / Gülden / Gene Seat Leon TCR
V2T	175	Jahn / Sidorenko / Quante / Kleeschulte Renault Megane RS
V3	126	"Brody" / Dreszer / Muytjens / Barbaro Toyota GT86
V3T	161	von Garrel / Ohlinger / Cox BMW M235 i
V4	141	Rink / Brink / Piana / Steinhaus BMW E90
V5	156	Egbert / Rönnefarth / Hollerweger BMW 330i
V6	140	Schoeller / Kuhn / "Philip" / M. Toril Boquoi Porsche 911

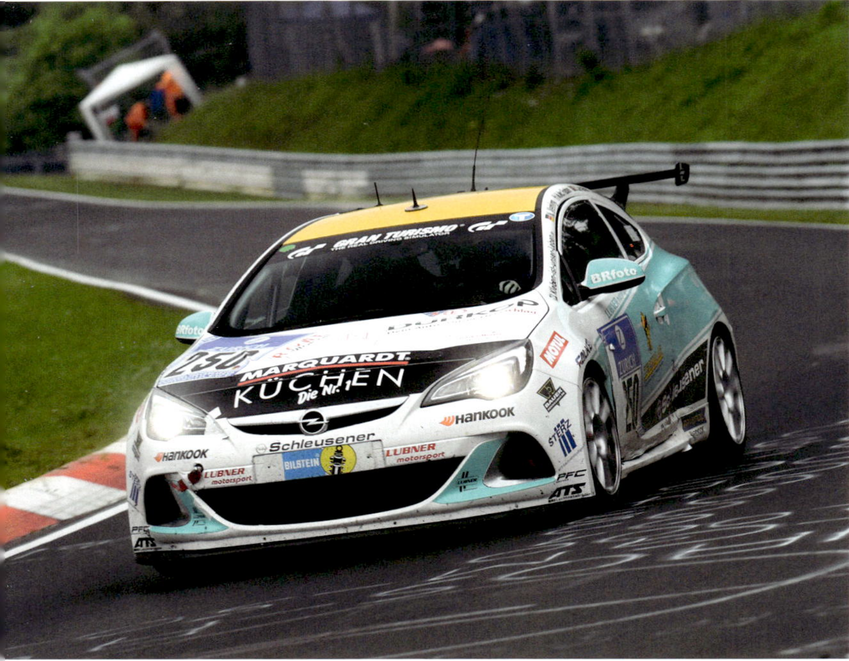

Sandro Rothenberger, Norbert Mehling, Rogerio Carvalhais, Matthew Mc Fadden

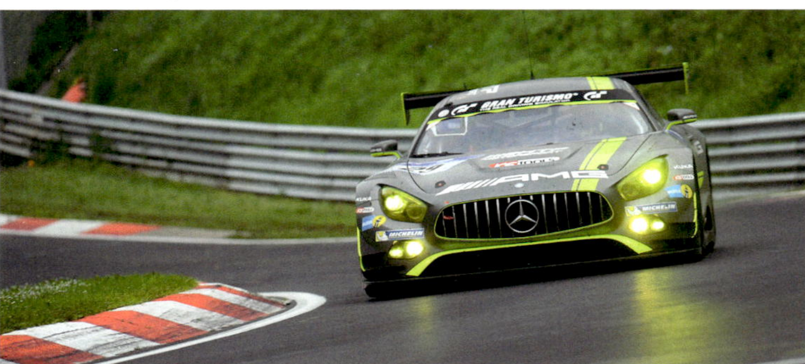
Christian Vietoris, Marco Seefried, Christian Hohenadel, Renger Van der Zande

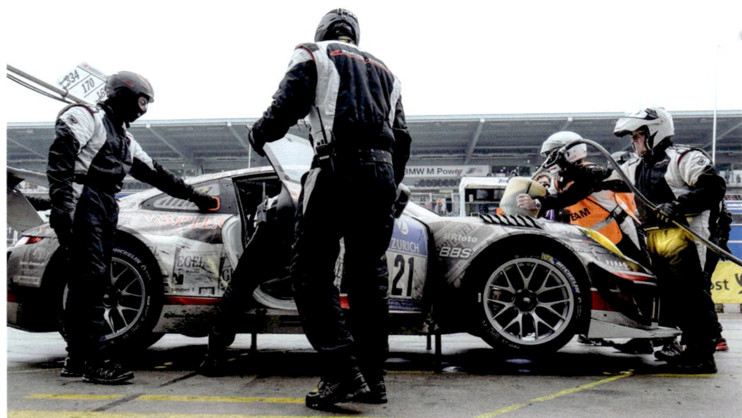
Georg Weiss, Oliver Kainz, Jochen Krumbach, Mike Stursberg

Stop-and-Go-Strafe wirft Haribo Racing zurück
Wechselnde Witterungsbedingungen sorgen für Reifenlotterie
Zakspeed-Mercedes-AMG zufrieden, Pech für den Konrad-Lamborghini

Die Entscheidung im Kampf um den Gesamtsieg spitzte sich weiter zu. Gesetzt schien, dass es einen Mercedes-AMG-Sieg geben wird. Welcher der vier in Führung liegenden Mercedes-AMG GT3 am Ende ganz oben stehen wird, war vier Stunden vor Rennende allerdings nicht absehbar. Das Haribo-Team (#88) büßte aufgrund einer 1.32 Minuten langen Zeitstrafe, die die Rennleitung wegen eines Gelb-Vergehens von Uwe Alzen verhängte, wertvolle Zeit ein. Davon profitierte HTP-Motorsport.

Alexander Sims, Philipp Eng, Maxime Martin, Dirk Werner

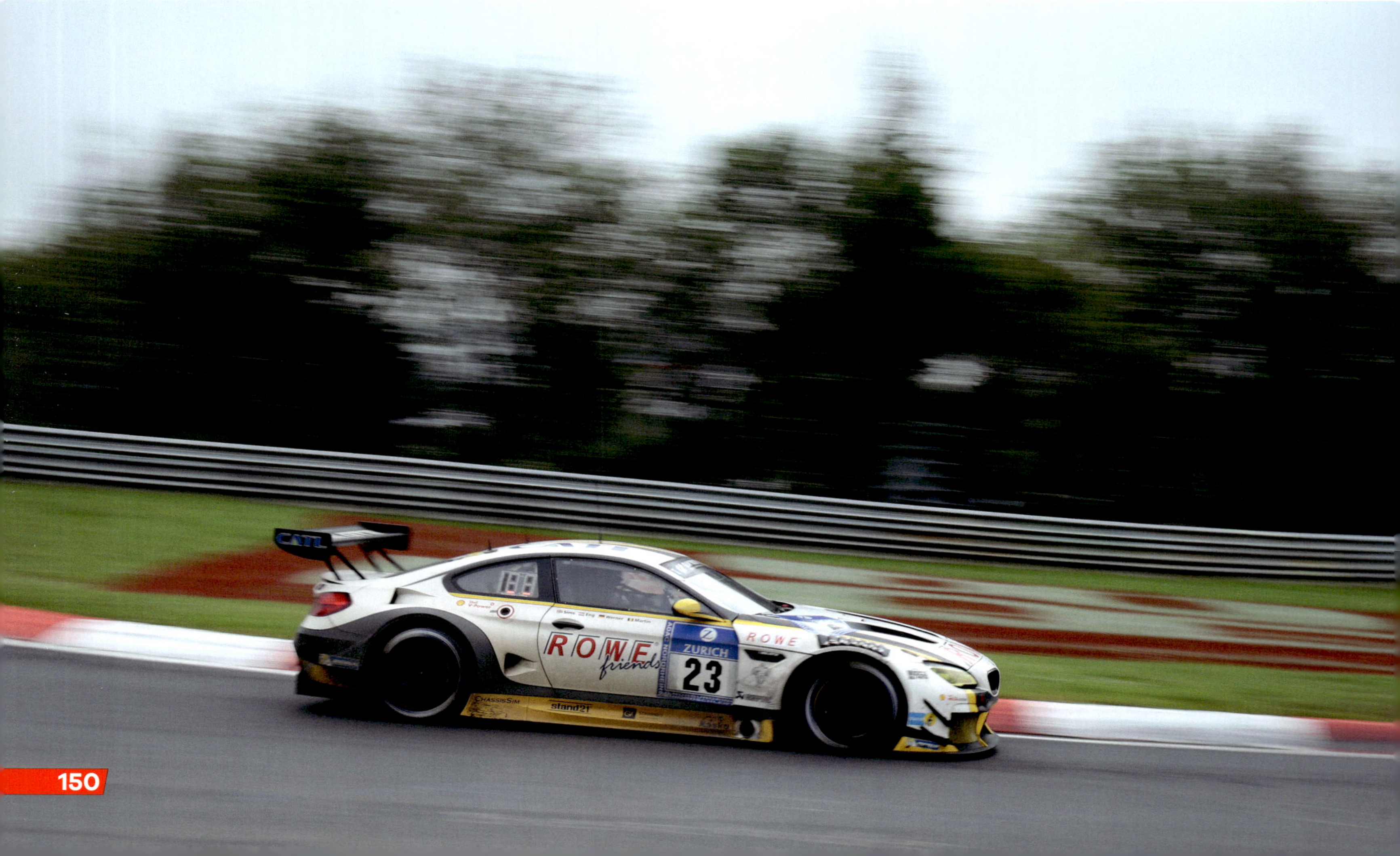

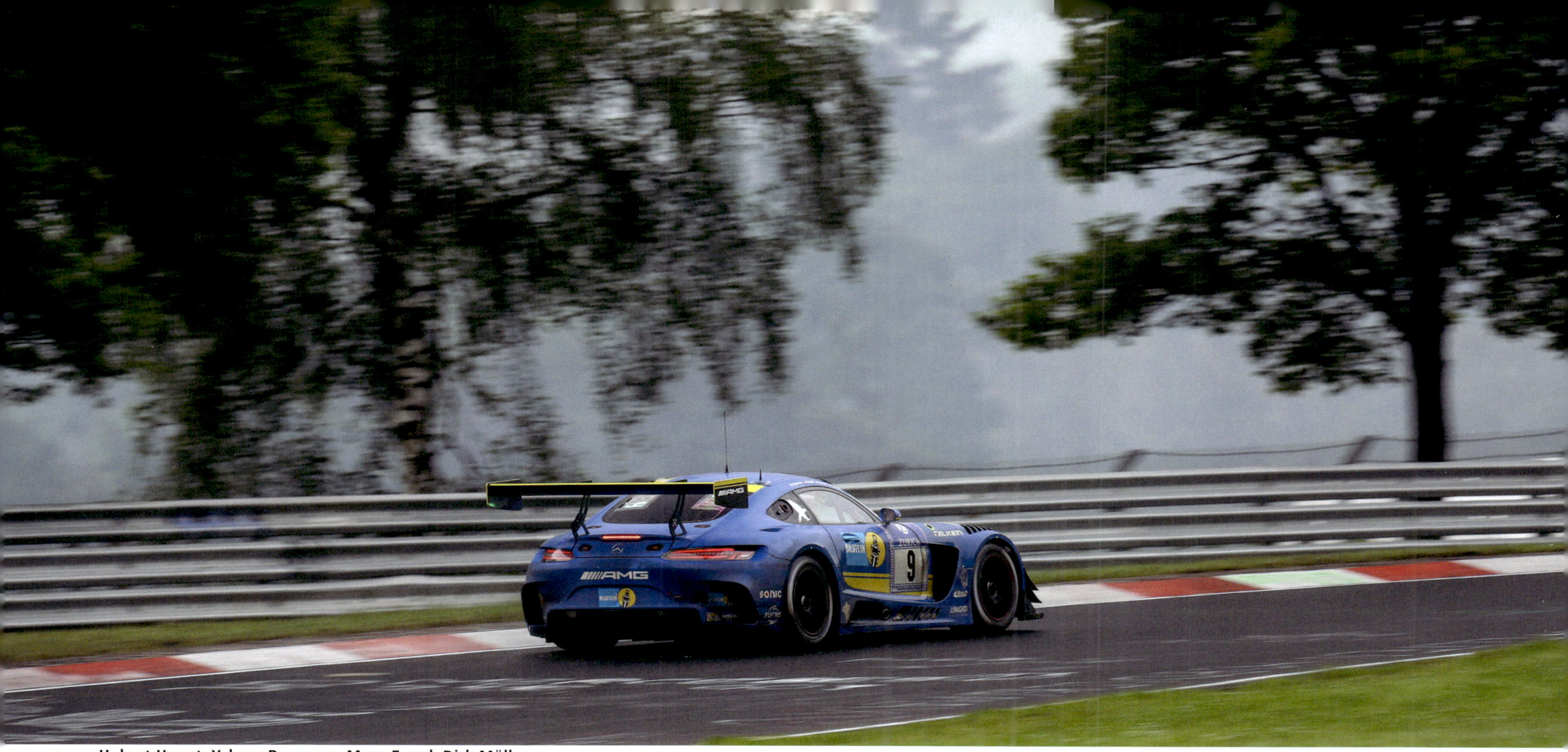

Hubert Haupt, Yelmer Buurman, Maro Engel, Dirk Müller

- ***Haribo Racing drops back after stop-and-go penalty***
- ***Changeable weather conditions lead to tyre gamble***
- ***Zakspeed Mercedes-AMG happy, bad luck for Konrad Lamborghini***

The battle for the overall honours intensified, but a Mercedes-AMG victory looked certain. The #88 Haribo car lost time due to a 1m32s penalty following a yellow flag infringement. The HTP car (#29) benefited and extended its lead, followed by the #4 Black Falcon car. Behind the Mercedes-AMG GT3s, the fifth-placed Rowe BMW was almost one lap down, and the next cars were at least one lap down on the leaders.

Rain showers hit the track again between 12.05 and 12.45 hrs. For Konrad Motorsport, the race was over just after 13.00 hrs as the Lamborghini Huracán crashed into the barriers at Hatzenbach.

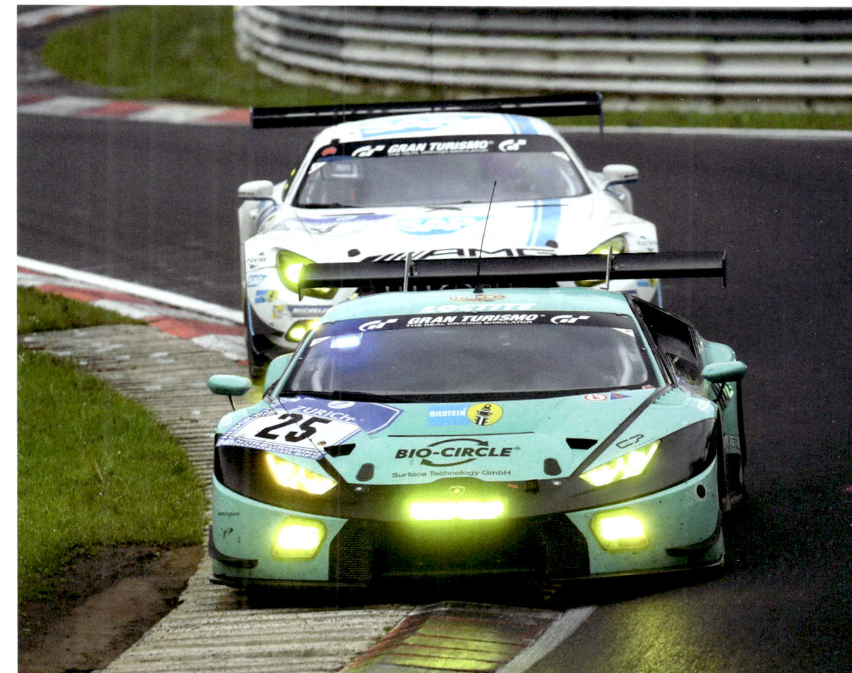

Christopher Zoechling, Franz Konrad, Dominik Farnbacher, Lucas Stolz

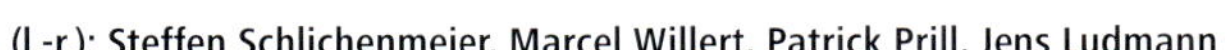

(l.-r.): Steffen Schlichenmeier, Marcel Willert, Patrick Prill, Jens Ludmann

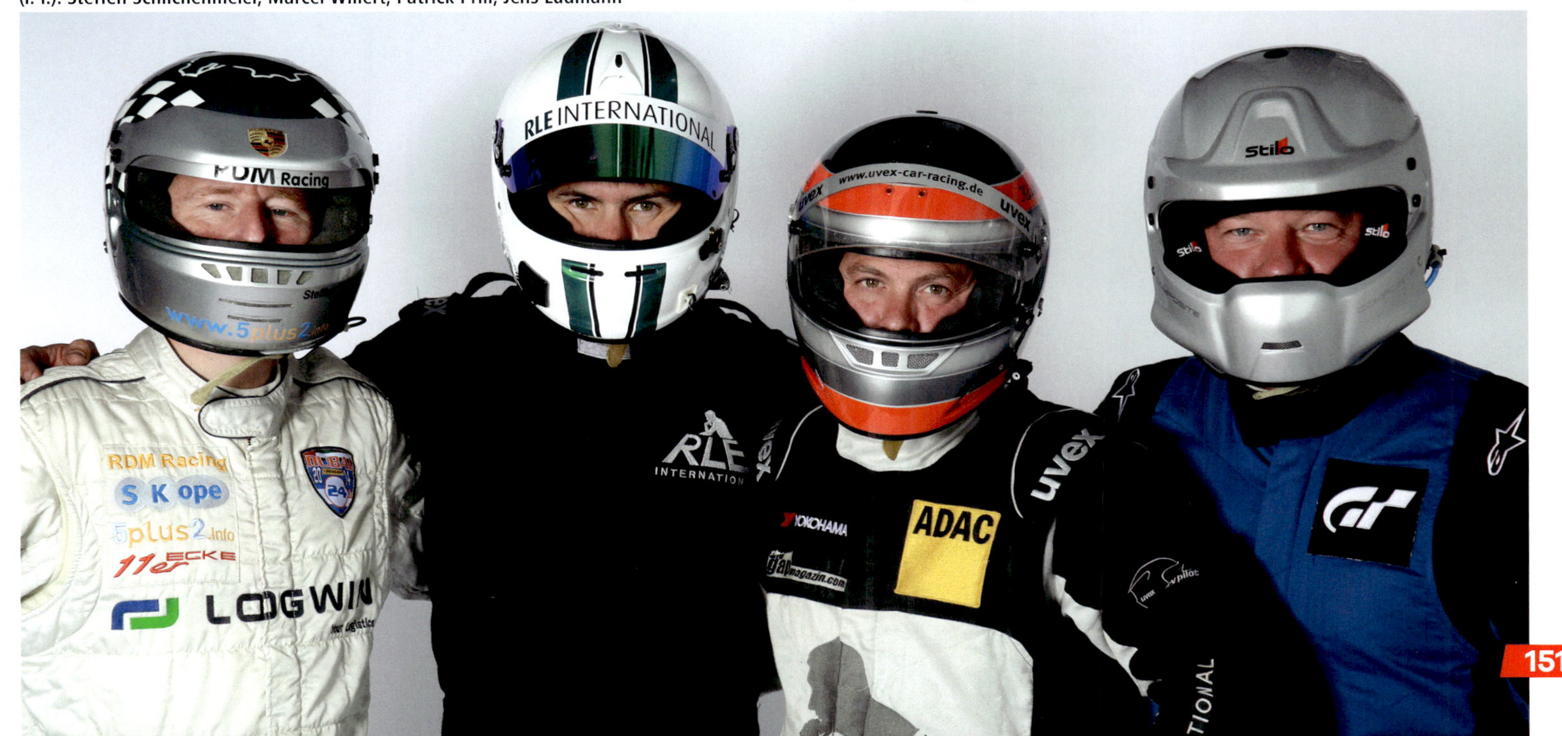

Die Startnummer 29 übernahm immer mehr die Führungsrolle. Bedingt durch die Strafe für den Haribo-GT3 war es Black Falcons Nummer vier, die in Schlagdistanz zum HTP-Boliden lag. Die #88 war Dritter, die #9 Vierter. Der Rowe-BMW (#23) lag mit fast einer Runde Rückstand auf Platz fünf. Die weiteren Verfolger Bentley (#38), Zakspeed-Mercedes-AMG (#75), WRT-Audi (#2) und Falken-Porsche (#44) lagen mindestens einen Umlauf zurück. Zwischen 12.05 Uhr und 12.45 Uhr setzten erneute partielle Regenschauer ein. Wieder begann für die Teams das Reifenlotto. Intermediates? Geschnittene Slicks? Doch auf Slicks bleiben oder gar auf echte Regenreifen setzen? So richtig falsch lag keiner, denn entscheidender Boden wurde weder gewonnen noch verloren. Maro Engel, Doppelstarter auf beiden Black Falcon-Autos, sagte: „Mein Stint mit der Nummer neun hat Spaß gemacht. Mit dem Regen war es etwas tricky. Aber der Grip war trotzdem noch gut. Ich denke, wir konnten nach vorne wieder etwas aufholen."

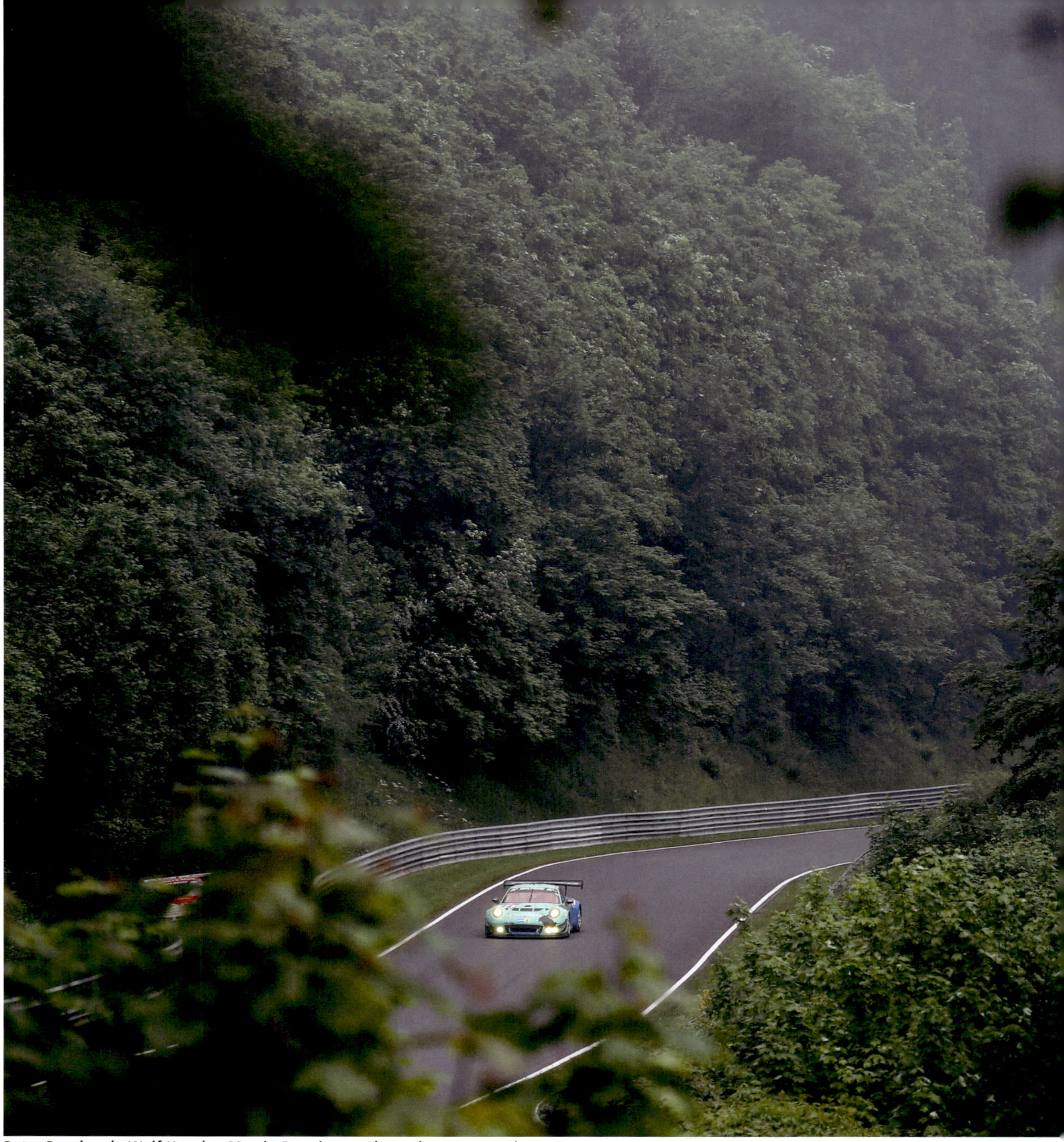

Peter Dumbreck, Wolf Henzler, Martin Ragginger, Alexandre Imperatori

Der MANN Filter-Mercedes von Zakspeed Racing hatte sich mittlerweile in die Top Ten vorgekämpft. „Es war nicht so einfach", berichtete Luca Ludwig. „In meinem ersten Stint hatte ich viele Gelb-Phasen. Nach dem Boxenstopp hat es angefangen zu regnen und so wurde jede Runde zur Herausforderung. Es hat aber nie stark geregnet. Deswegen sind wir auf Slicks geblieben - das war die richtige Entscheidung. Wir haben auch beim aktuellen Stopp wieder Slicks gewählt, die Strecke ist fast komplett trocken." Um kurz nach 13 Uhr war das Rennen hingegen für Konrad Motorsport zu Ende. Im Bereich Hatzenbach krachte der grüne Lamborghini Huracan mit dem infernalischen Sound rückwärts in die Leitplanken.

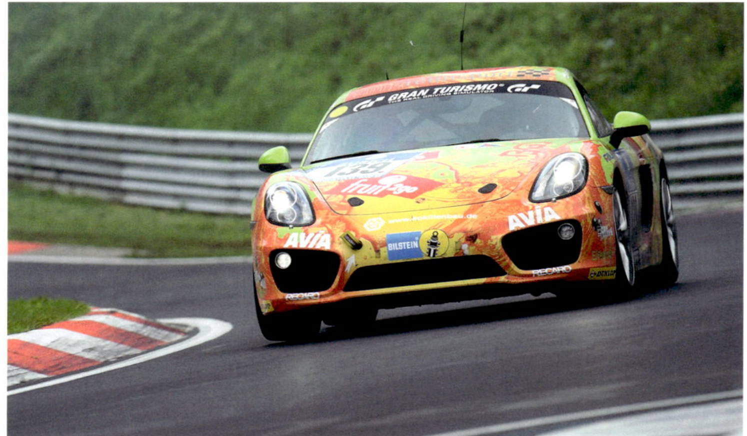

Peter Haener, Paul Follett, Ugo Vicenzi, Alberto Carobbio

Hans-Martin Gass, Heiko Hahn, Roland Konrad, Kristian Vetter

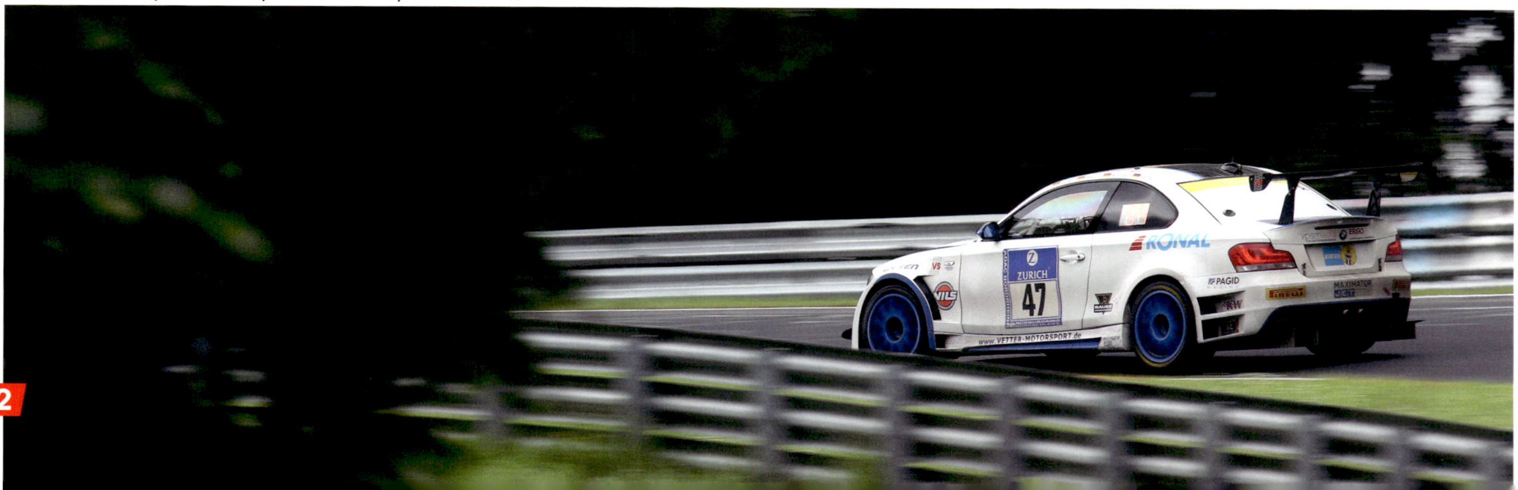

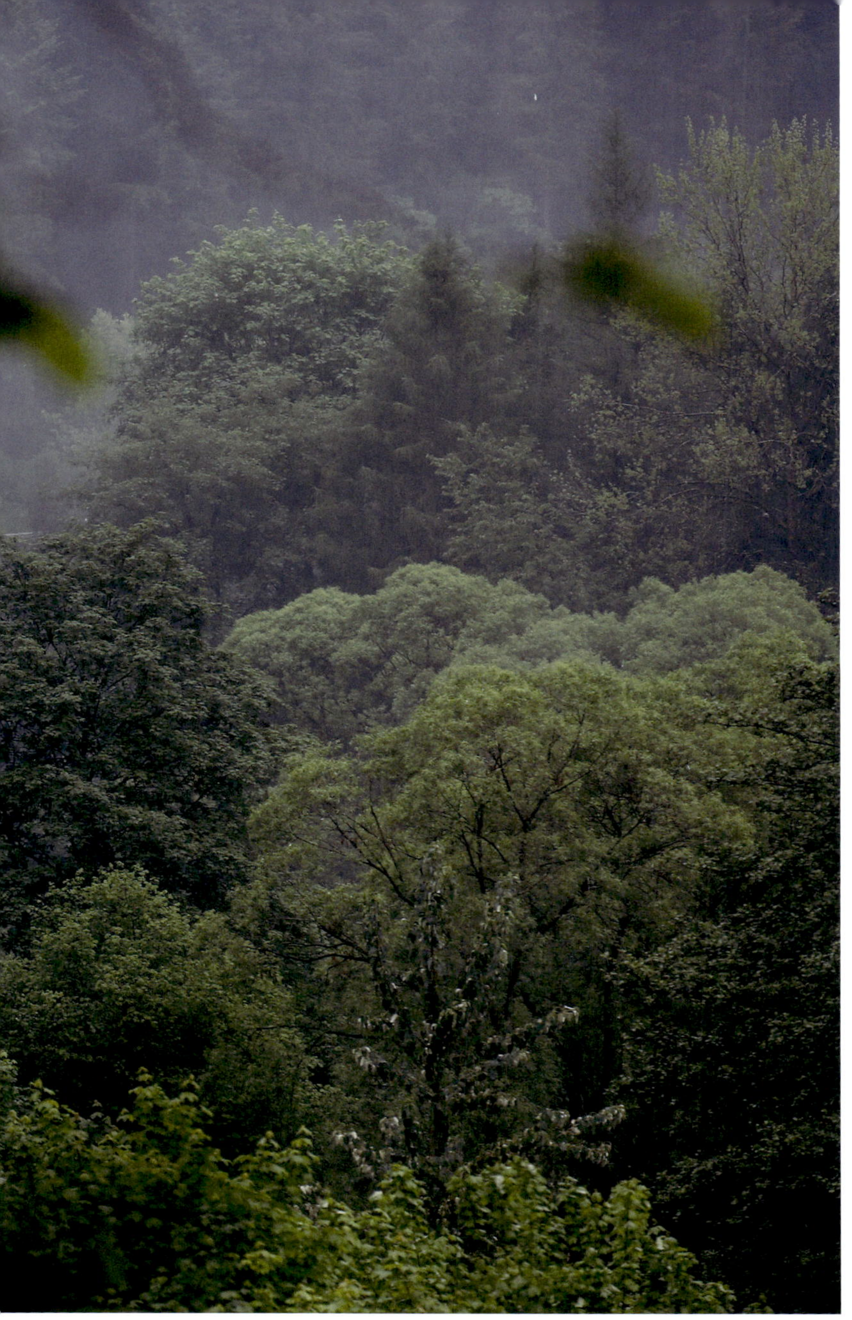

TOP 15 OVERALL // 11:30 – 13:30 Uhr

1	88	Alzen / Arnold / Götz / Seyffarth Mercedes-AMG GT3
2	29	Vietoris / Seefried / Hohenadel / Van der Zande Mercedes-AMG GT3
3	4	Schneider / Engel / Christodoulou / Metzger Mercedes-AMG GT3
4	9	Haupt / Buurman / Engel / D. Müller Mercedes-AMG GT3
5	23	Sims / Eng / Martin / Werner BMW M6 GT3
6	5	Stippler / Fjordbach / Mortara / Mayr-Melnhof Audi R8 LMS
7	38	Brück / Menzel / Smith / Hamprecht Bentley Continental GT3
8	75	Heyer / Asch / Ludwig / Keilwitz Mercedes-AMG GT3
9	2	Leonard / Frijns / Sandström / Vervisch Audi R8 LMS
10	44	Dumbreck / Henzler / Ragginger / Imperatori Porsche 911 GT3 R
11	16	M. Busch / D. Busch / Mamerow / Rast Audi R8 LMS
12	35	Krumm / Ordonez / Hoshino / Buncombe Nissan GT-R GT3
13	999	Bouveng / Blomqvist / Krognes / Di Martino BMW M6 GT3
14	21	Weiss / Kainz / Krumbach / Stursberg Porsche 911 GT3 R
15	25	Zoechling / F. Konrad / D. Farnbacher / Stolz Lamborghini Huracan GT3

CLASS LEADERS // 11:30 – 13:30 Uhr

AT	111	Barrow / Cox / Shaw / Morrow BMW 135D GTR
Cup1	251	Brüggenkamp / Schröder / Wanger / Tribelhorn Opel Astra OPC Cup
Cup3	354	Holmlund / Graberg / Marshall / M. Gusenbauer Porsche Cayman GT4
Cup5	305	Schrey / A. Mies / Akata / D. Vanthoor BMW M235i Racing
SP2T	133	Kiesch / Nett / Schupp / Köppen Hyundai Veloster 1,6T
SP3	118	Umemoto / Rühl / Okumura / Hamano Renault Clio Cup
SP3T	106	van Dam / Lasse / Schrick / Yamauchi Subaru WRX STI
SP4T	110	Dr. Lohn / Benninghofen / Kraske / Jaussi Volkswagen Golf 5 R-Line GTI
SP5	93	Purtscher / Rettich / Reicher / Nury BMW 1M-Coupé GTR
SP6	83	Ackermann / Welschar / Wiskirchen / Walter Porsche GT3 Cup
SP7	64	Devigus / Weishaupt / A. Toril Boquoi / M. Farnbacher Porsche 991 GT3 Cup
SP8	45	Göschel / Heldmann / Scheibner / Weishar BMW M3 E92
SP8T	51	Borum / Degnbol Moller / Eden / Moore BMW 335i
SP9	88	Alzen / Arnold / Götz / Seyffarth Mercedes-AMG GT3
SP10	77	Hertenstein / Preacher / "Takis" / Lungstrass Aston Martin Vantage V8
SP-PRO	36	Kataoka / Tsuchiya / Oshima / Iguchi Lexus RC F
SP-X	170	Breuer / Gebhardt / Kern Porsche Cayman GT4
TCR	201	Niederberger / Wohlfarth / Gülden / Gene Seat Leon TCR
V2T	175	Jahn / Sidorenko / Quante / Kleeschulte Renault Megane RS
V3	126	"Brody" / Dreszer / Muytjens / Barbaro Toyota GT86
V3T	161	von Garrel / Ohlinger / Cox BMW M235 i
V4	141	Rink / Brink / Piana / Steinhaus BMW E90
V5	156	Egbert / Rönnefarth / Hollerweger BMW 330i
V6	140	Schoeller / Kuhn / "Philip" / M. Toril Boquoi Porsche 911

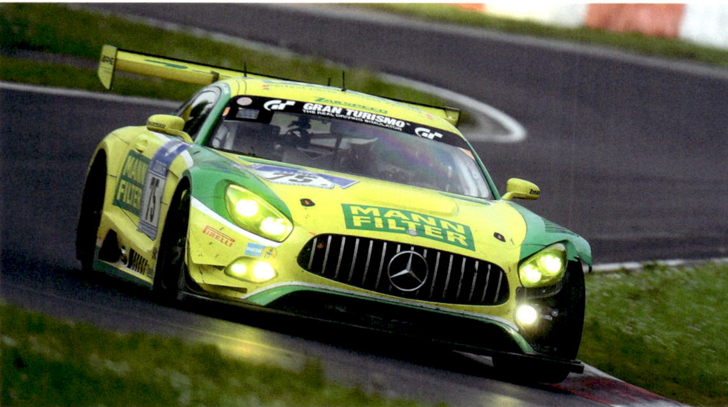

Kenneth Heyer, Sebastian Asch, Luca Ludwig, Daniel Keilwitz

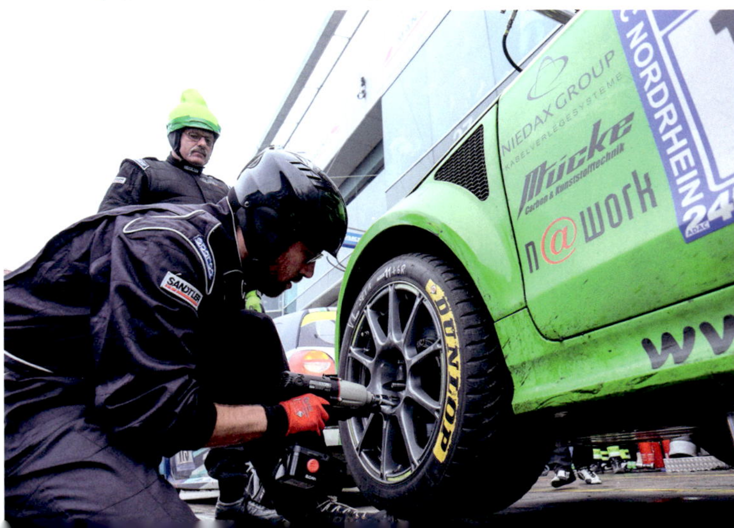

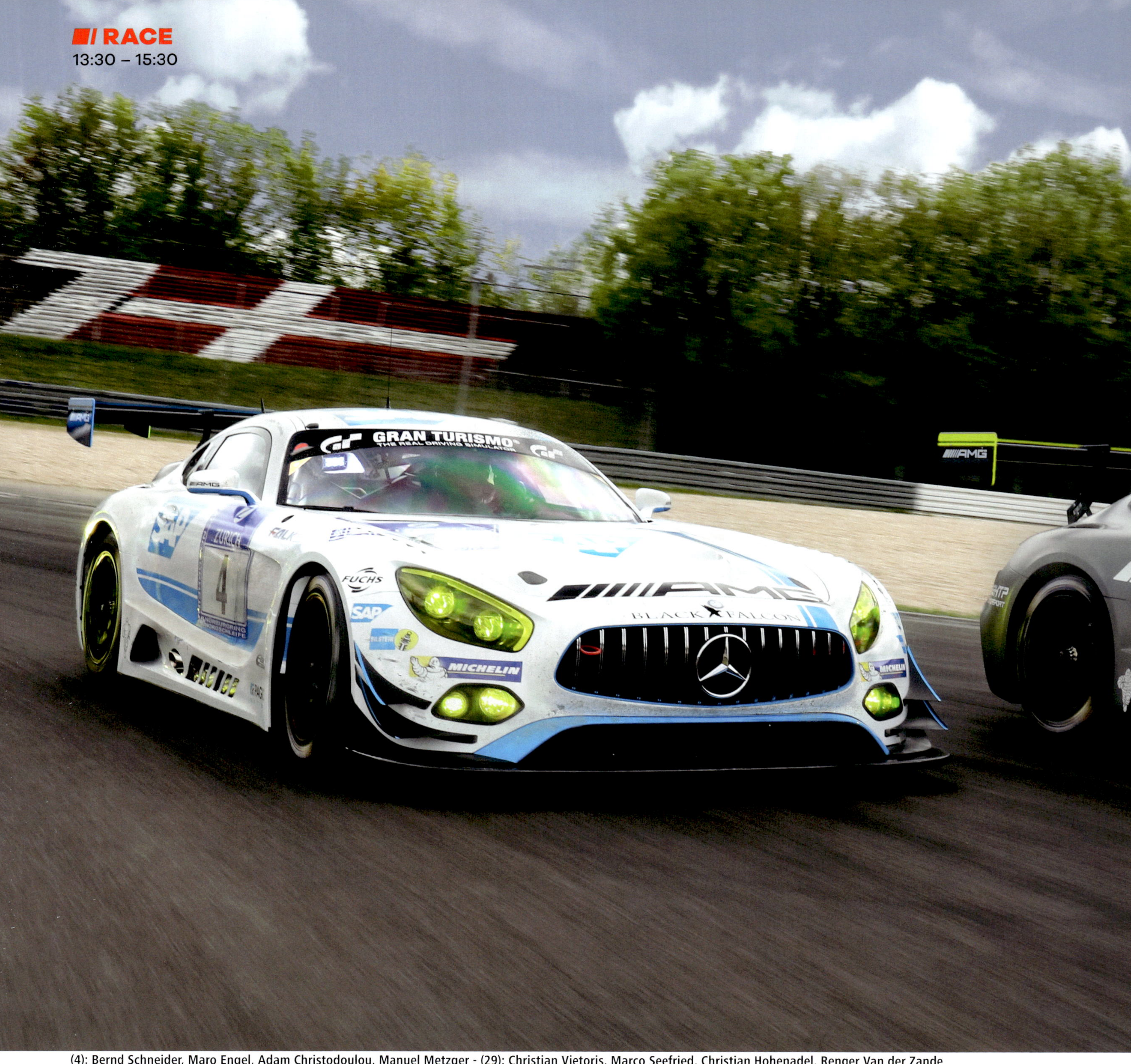

(4): Bernd Schneider, Maro Engel, Adam Christodoulou, Manuel Metzger - (29): Christian Vietoris, Marco Seefried, Christian Hohenadel, Renger Van der Zande

Unglaublicher Showdown zwischen Engel und Hohenadel
Entscheidung fällt in der letzten Runde
Knappster Zieleinlauf aller Zeiten: 5,697 Sekunden!

Das ADAC 24h-Rennen hatte seit 1970 schon manch ein für nicht möglich gehaltenes Kapitel Motorsport-Geschichte geschrieben. Und wenn man dann glaubte, schon alles gesehen oder erlebt zu haben, so wurde ein jeder – vor Ort oder auch zu Hause an den TV-Bildschirmen – eines Besseren belehrt. Die letzten beiden Rennstunden sorgten für eine unglaubliche Spannung, die von Runde zu Runde wuchs.

Die Plätze drei bis fünf waren mittlerweile bezogen. Dem Haribo-Quartett blieb nach Alzens Malheur und der Strafzeit nur Rang drei. Black Falcons Nummer neun fuhr einen sicheren vierten Rang nach Hause, ebenso wie auf Platz fünf der Rowe-BMW (#23). An der Spitze jedoch wurde richtig angegast. Maro Engel für Black Falcon (#4) und Christian Hohenadel (#29) im HTP-Cockpit hauten sich reihenweise schnelle Rundenzeiten um die Ohren.

Die spannendste Frage war vor allem: Wann und wie oft mussten die beiden noch planmäßig tanken? Klar war, dass ohne einsetzende Regen und Code 60-Phasen 134 Runden abgespult werden würden. Aber mit Niederschlag und diversen Gelbphasen nur 133, vielleicht sogar nur 132. Bis auf einen Sieben-Runden-Stint (99 bis 106) glänzte

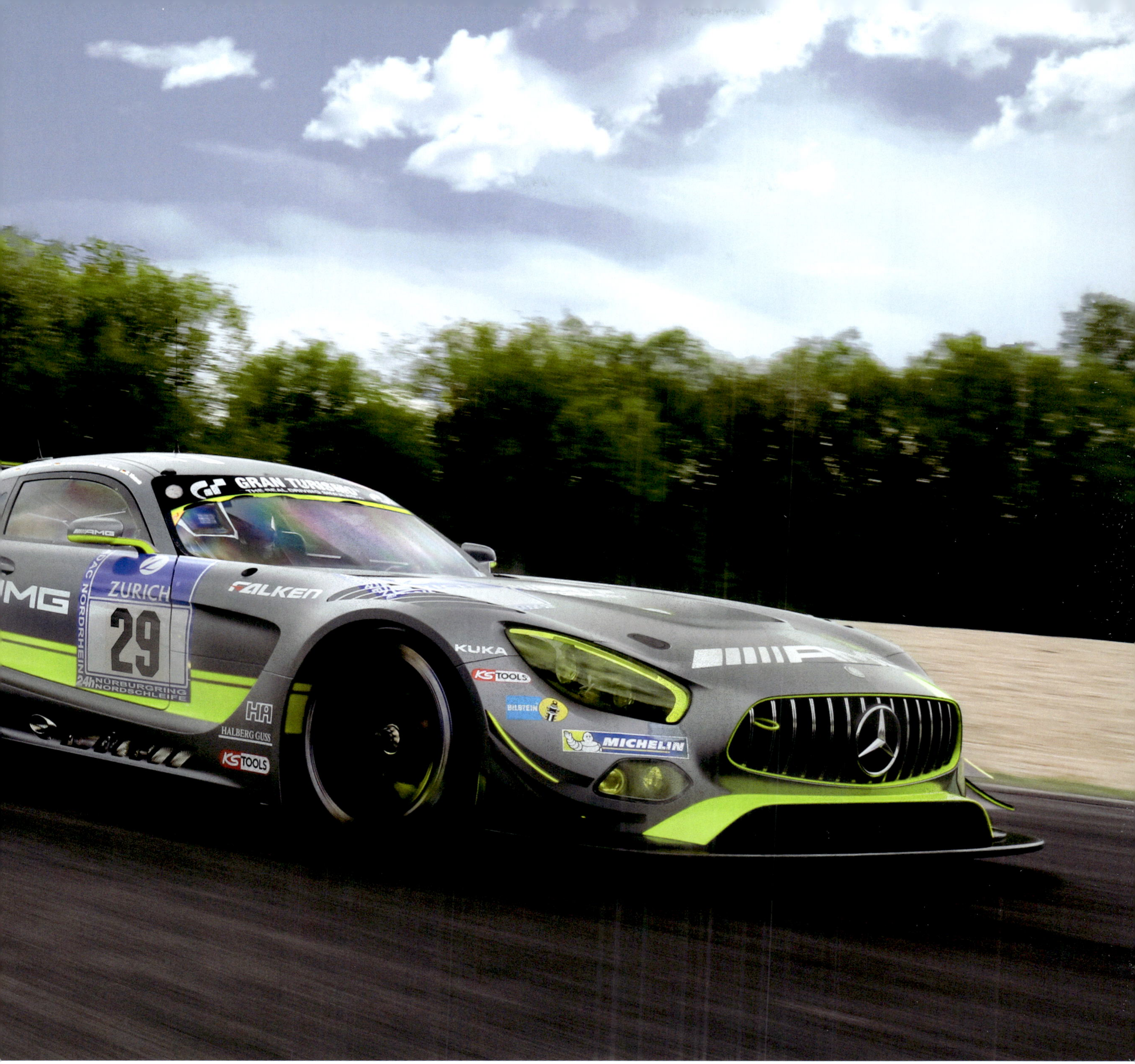

- **Incredible showdown between Engel and Hohenadel**
- **Decision on the final lap**
- **Closest finish ever: 5.697 seconds!**

Since 1970, the race has produced plenty of excitement, but this year's final two hours definitely provided some of the most thrilling racing. Third to fifth places were settled, with the Haribo team having to make do with third after Alzen's mishap and the time penalty. The #9 Black Falcon car was firmly in fourth place, and the Rowe BMW (#23) in fifth. However, up front, Maro Engel in the #4 Black Falcon car and Christian Hohenadel with the #29 HTP Mercedes kept setting fast lap times.

The question remained: when and how often do the two of them still have to refuel? Hohenadel came in for a scheduled stop after 124 laps, Engel followed two laps later, meaning that at least Hohenadel would have to come in for another stop before the chequered flag. At the end of lap 132, he made a splash and dash and retained his lead, but only a few metres ahead of Engel. On lap 133, Engel posted the fastest race lap time of 8m19.002s, the two separated by 0.78 seconds going into the 134th and final lap. The race was then decided at the Grand Prix track: Hohenadel left the door open in the Ravenol corner, Engel went past and stayed in front, winning by 5.697 seconds, the closest finish in race history. In front of 185,000 spectators, four Mercedes-AMG locked out the first four places while BMW (fifth), Bentley (seventh), Audi (eighth) and Porsche (ninth) also made it into the top ten.

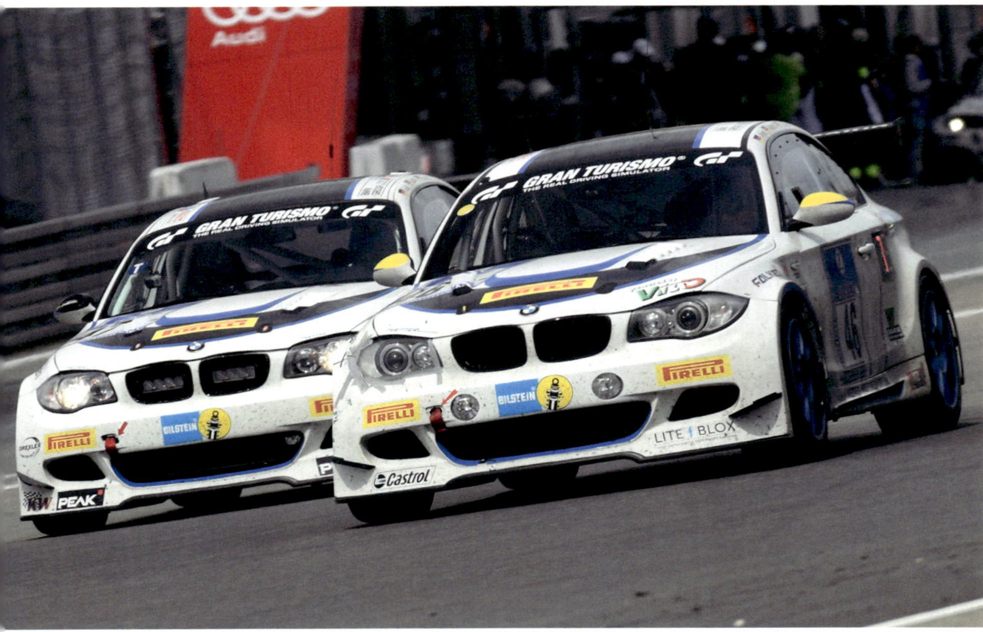

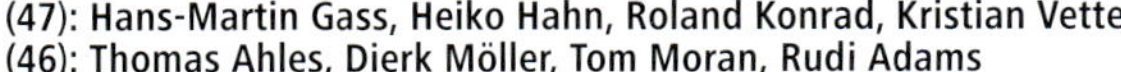
(47): Hans-Martin Gass, Heiko Hahn, Roland Konrad, Kristian Vetter
(46): Thomas Ahles, Dierk Möller, Tom Moran, Rudi Adams

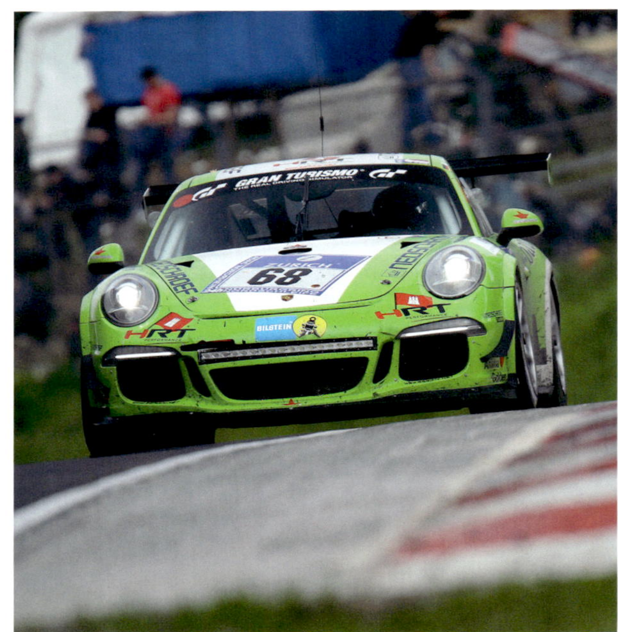

Michael Czyborra, Stefan Kenntemich, Kim Hauschild, Sergio Negroni

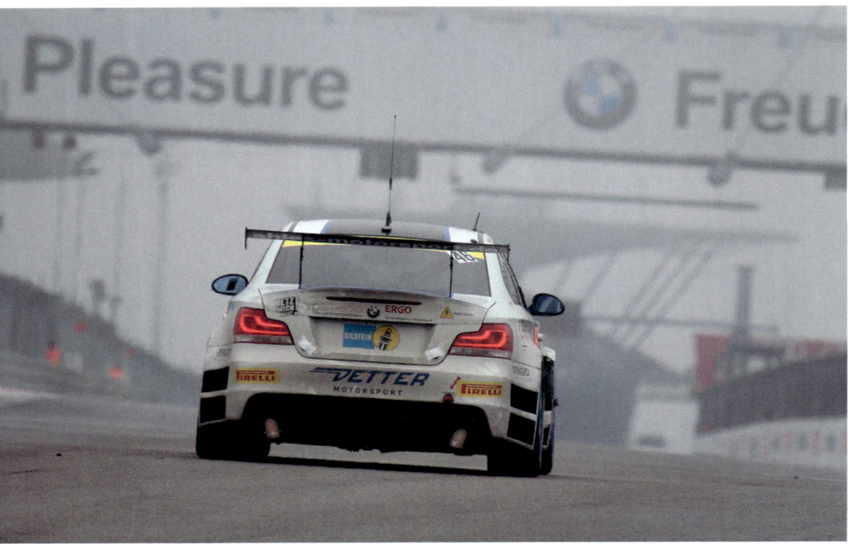

Thomas Ahles, Dierk Möller, Tom Moran, Rudi Adams

HTP während des Rennens überwiegend mit Neun-Runden-Stints. Nach 124 Umläufen kam Hohenadel planmäßig rein, Engel folgte zwei Runden später. Zu diesem Zeitpunkt war klar, dass der Black Falcon-Pilot definitiv keinen weiteren Stopp mehr einlegen müsste. HTP unter normalen Umständen schon.

Und die Umstände blieben normal. Das Wetter zeigte sich von seiner schönsten und sonnigsten Seite und Unfälle gab es auch keine mehr. In einem Höllentempo wie bei einem Sprintrennen hetzten sich die beiden Mercedes-AMG um den Kurs. Somit war klar: Die 133. Runde endet knapp vor 15.30 Uhr, der Gesamtsieger würde heuer 134 Runden drehen. Und einen Zehn-Runden-Stint schafft kein Mercedes-AMG GT3 im Trockenen. Am Ende der 132. Runde steuerte Hohenadel die Boxen an, ließ ein paar Liter Sprit nachtanken und nahm das Rennen wieder auf. Hohenadel kam schlecht weg, konnte aber am Boxenausgang ganz knapp

Große Zufriedenheit mit der Zahl 13
Great satisfaction with number 13

„Über den 13. Gesamtrang bei meinem zwölften Start bin ich unheimlich erleichtert. Wir sind ohne Probleme über die Distanz gekommen. Endlich hat die Technik gehalten und wir hatten das notwendige Glück gehabt, um diese Topplatzierung nach Hause zu fahren. Bei den letzten 24-Stunden-Rennen auf dem Nürburgring oder auch in Spa-Francorchamps ist bei uns eine Menge schief gegangen. Umso schöner war es, wieder einmal ins Ziel zu kommen. Es ist ein großartiges Gefühl, wenn das Auto nach dieser langen Zeit über die Ziellinie rollt und das Team feiern kann. Mein Dank gilt der Mannschaft von Manthey-Racing, die einen großartigen Job gemacht hat."

"I am incredibly relieved with my 13th position overall in my twelfth start. We have covered the distance without any problems. At last, the technology proved to be consistent and we had the necessary bit of luck to bring this top result home. In the last 24-hour race at the Nürburgring, or also at Spa-Francorchamps, for that matter, a lot of things went wrong for us. Making it to the finish was all the more beautiful because of this. Watching the car crossing the finish line after such a long time and the team being able to celebrate is a great feeling. My thanks go out to the Manthey Racing crew for doing a great job."

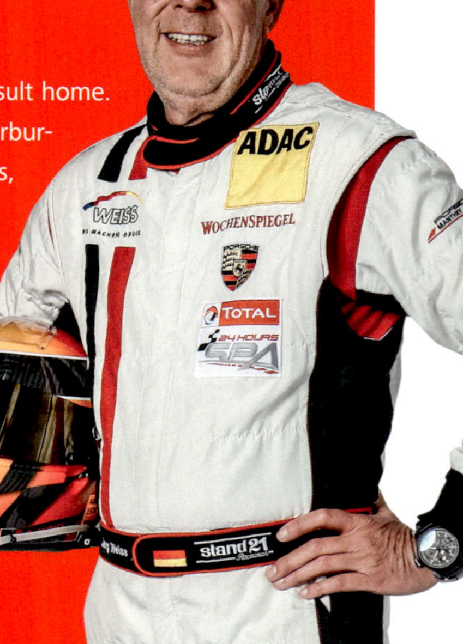

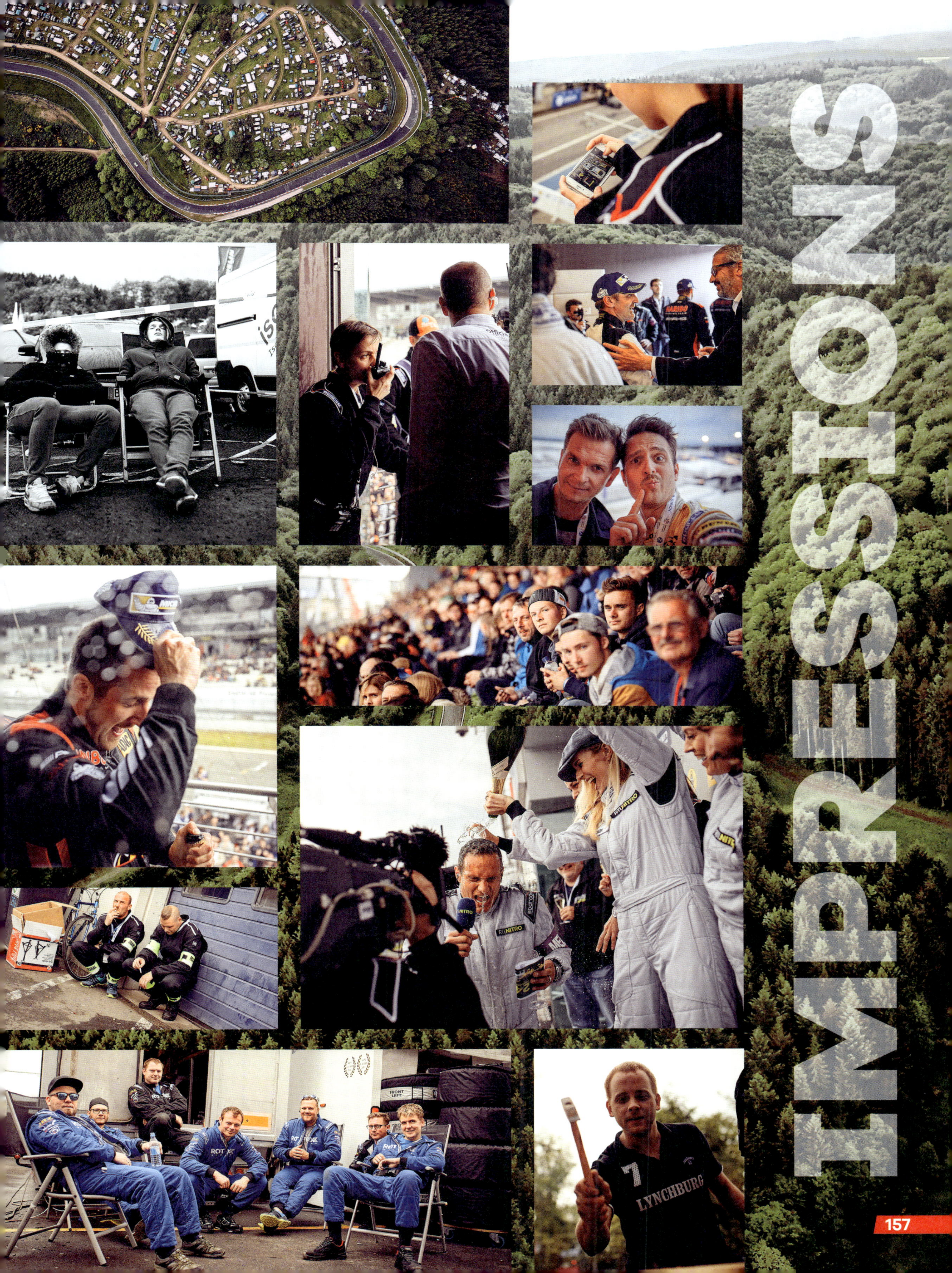
IMPRESSIONS
LYNCHBURG

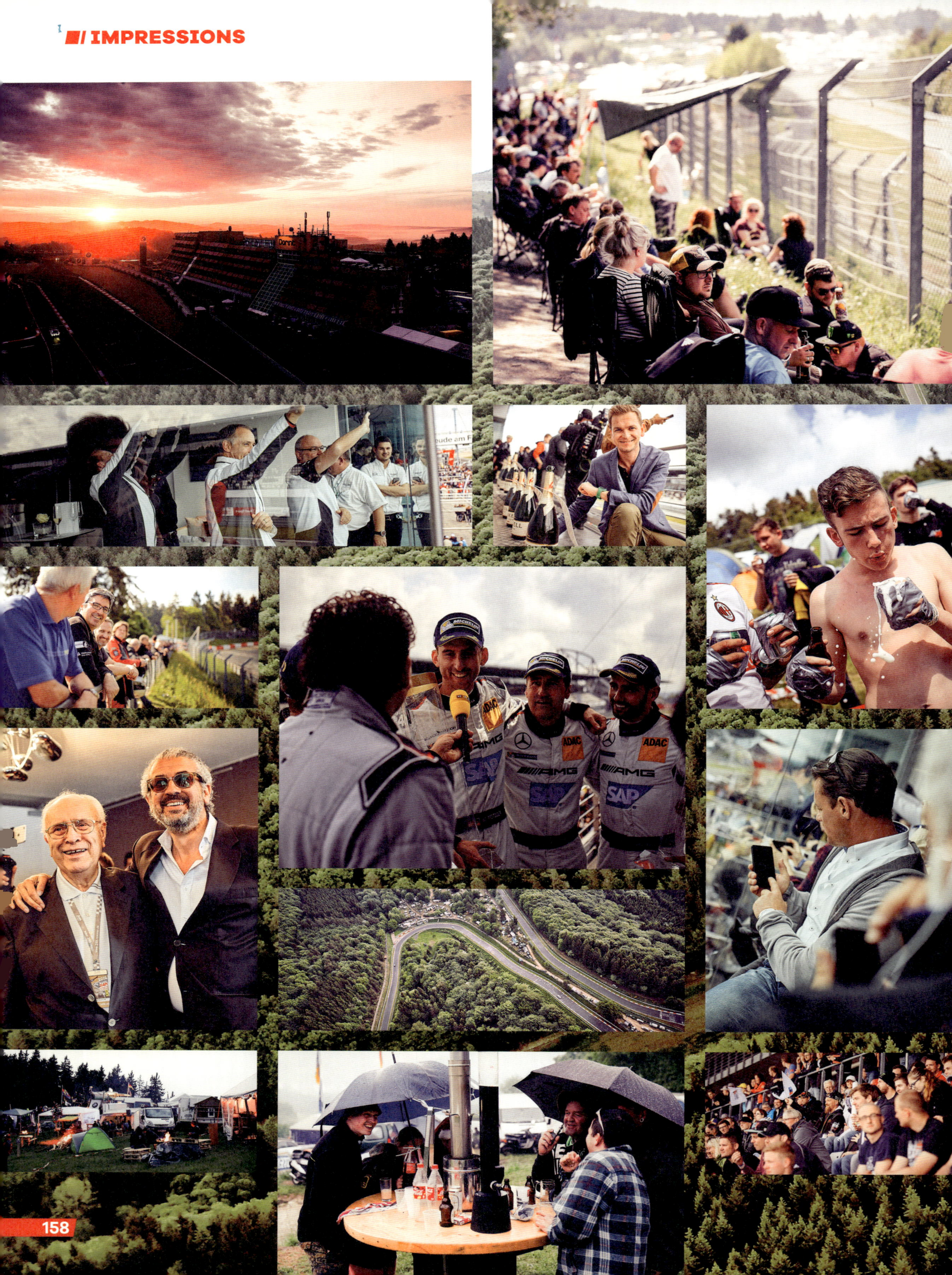

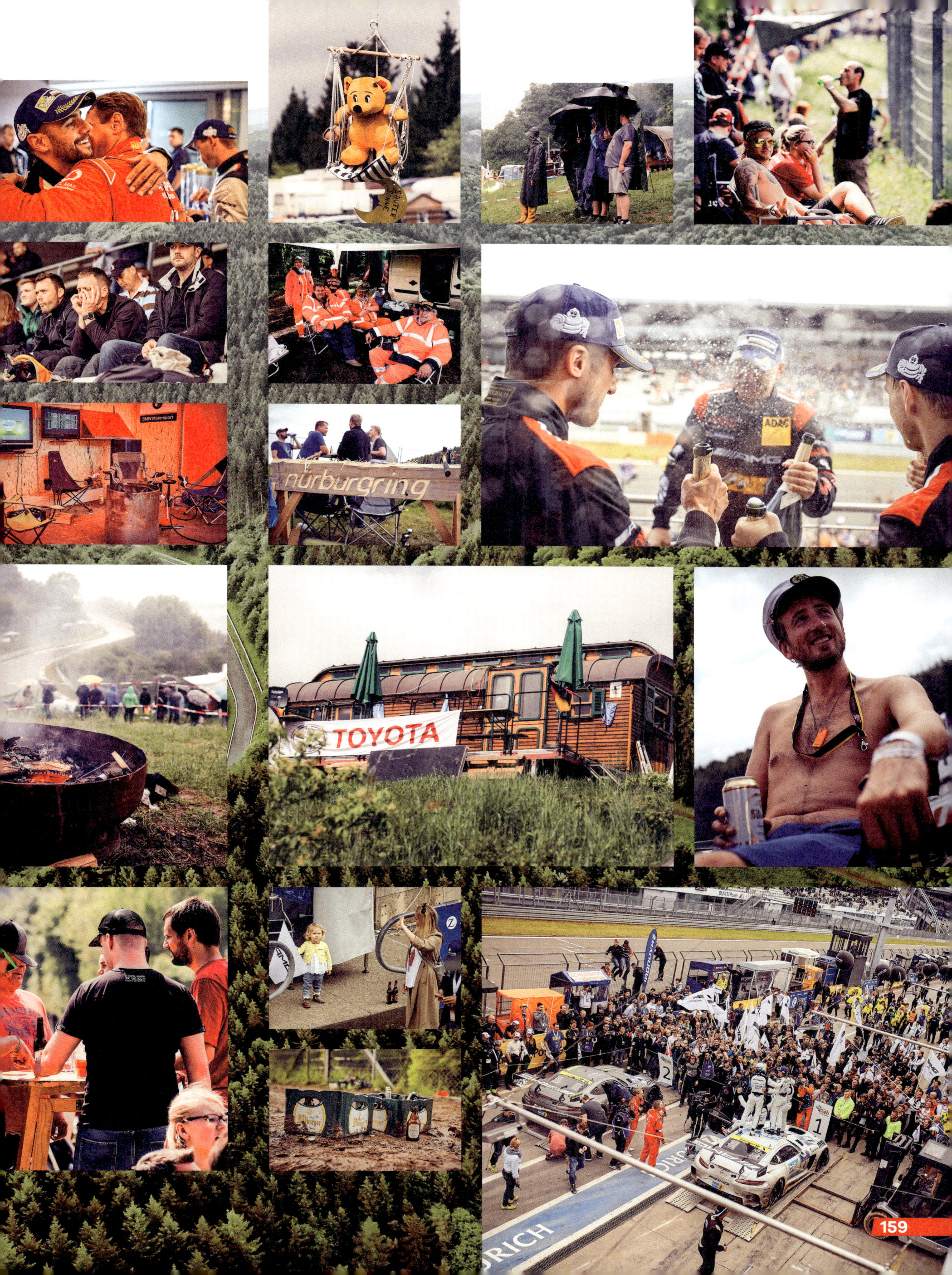
nürburgring
TOYOTA
ADAC

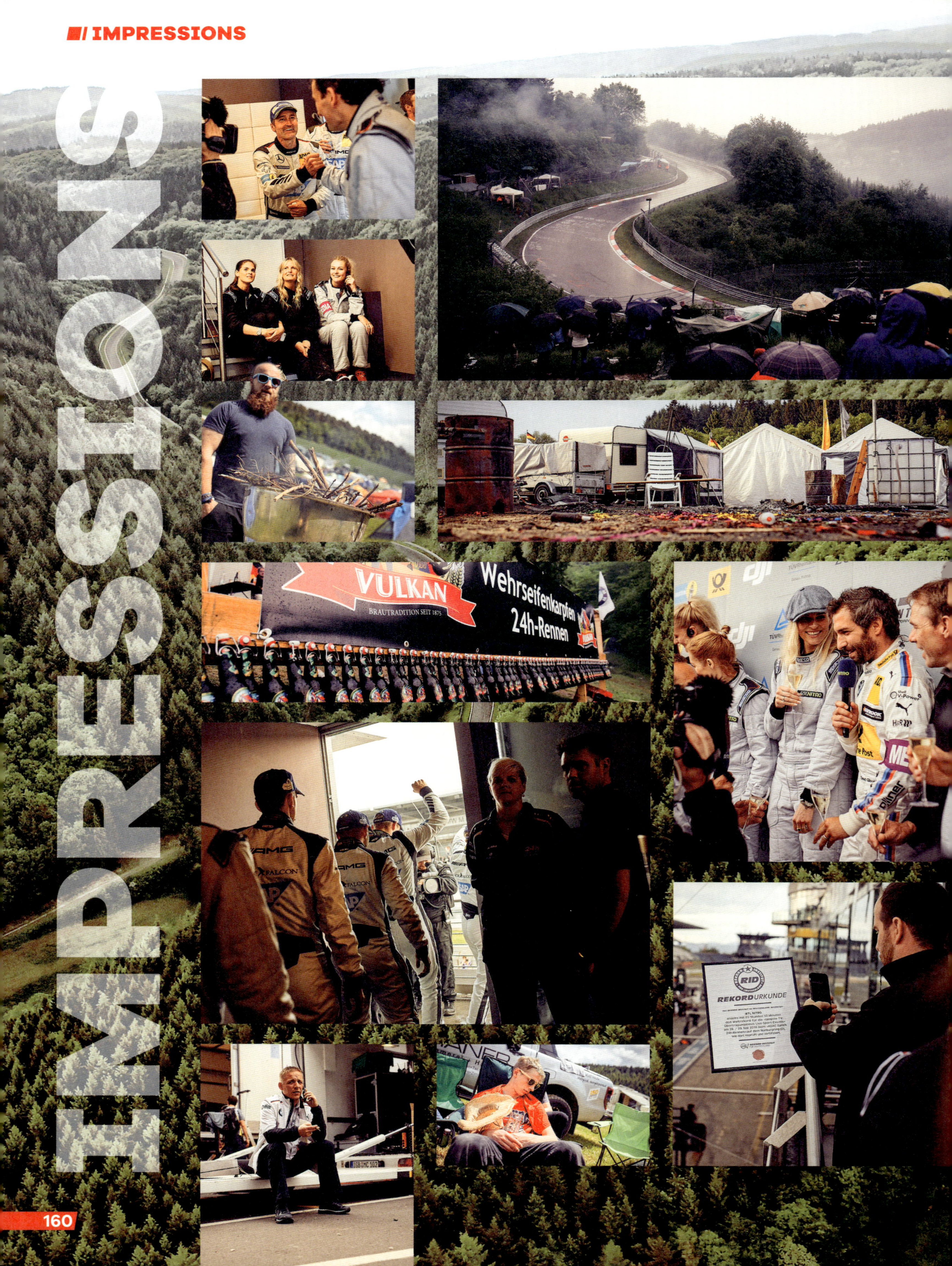
IMPRESSIONS
VULKAN
BRAUTRADITION SEIT 1875
Wehrseifenkarpfen
24h-Rennen
REKORDURKUNDE

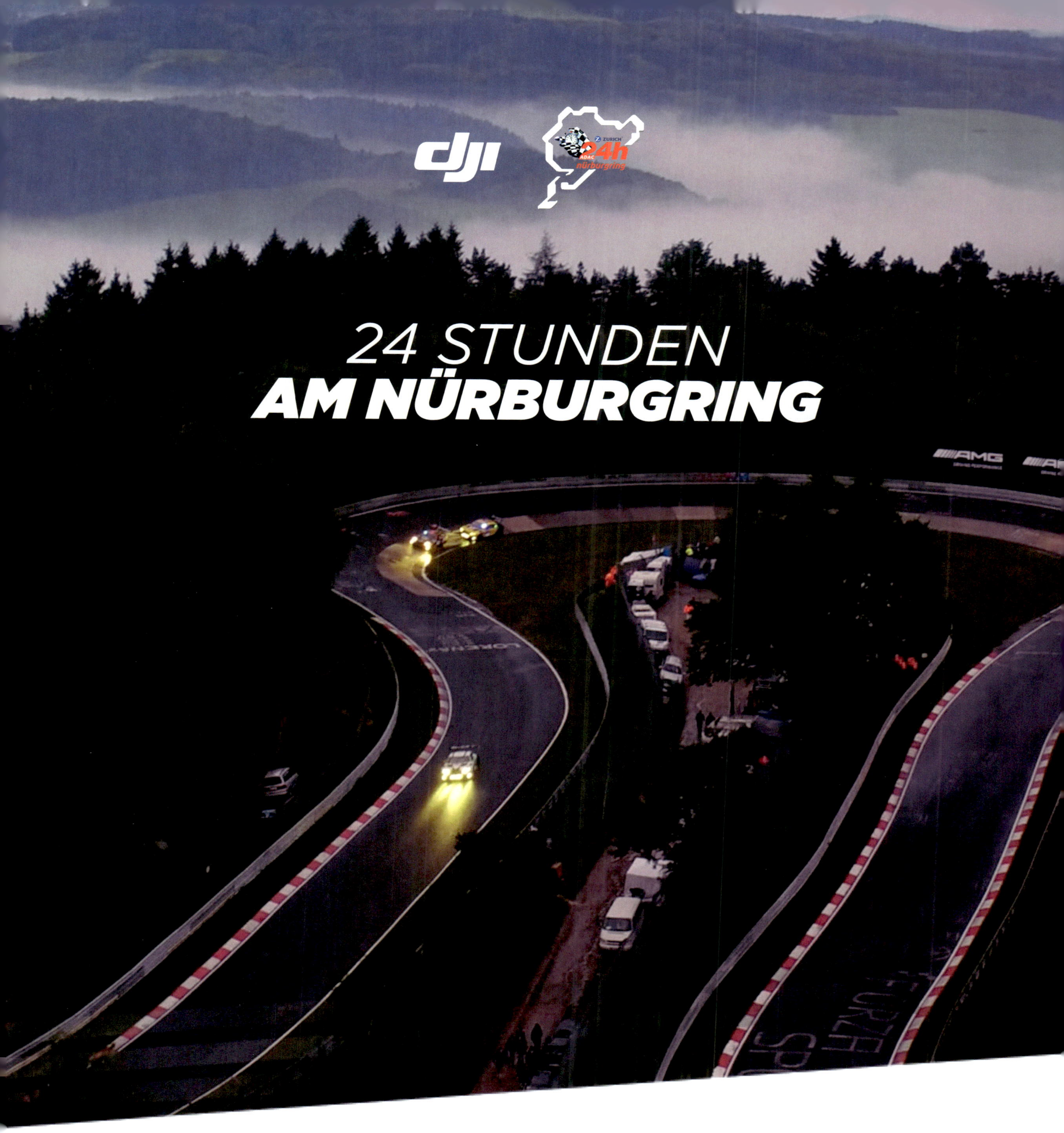

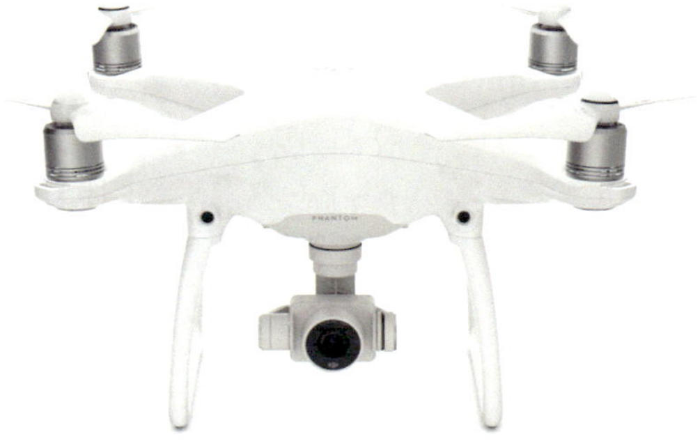

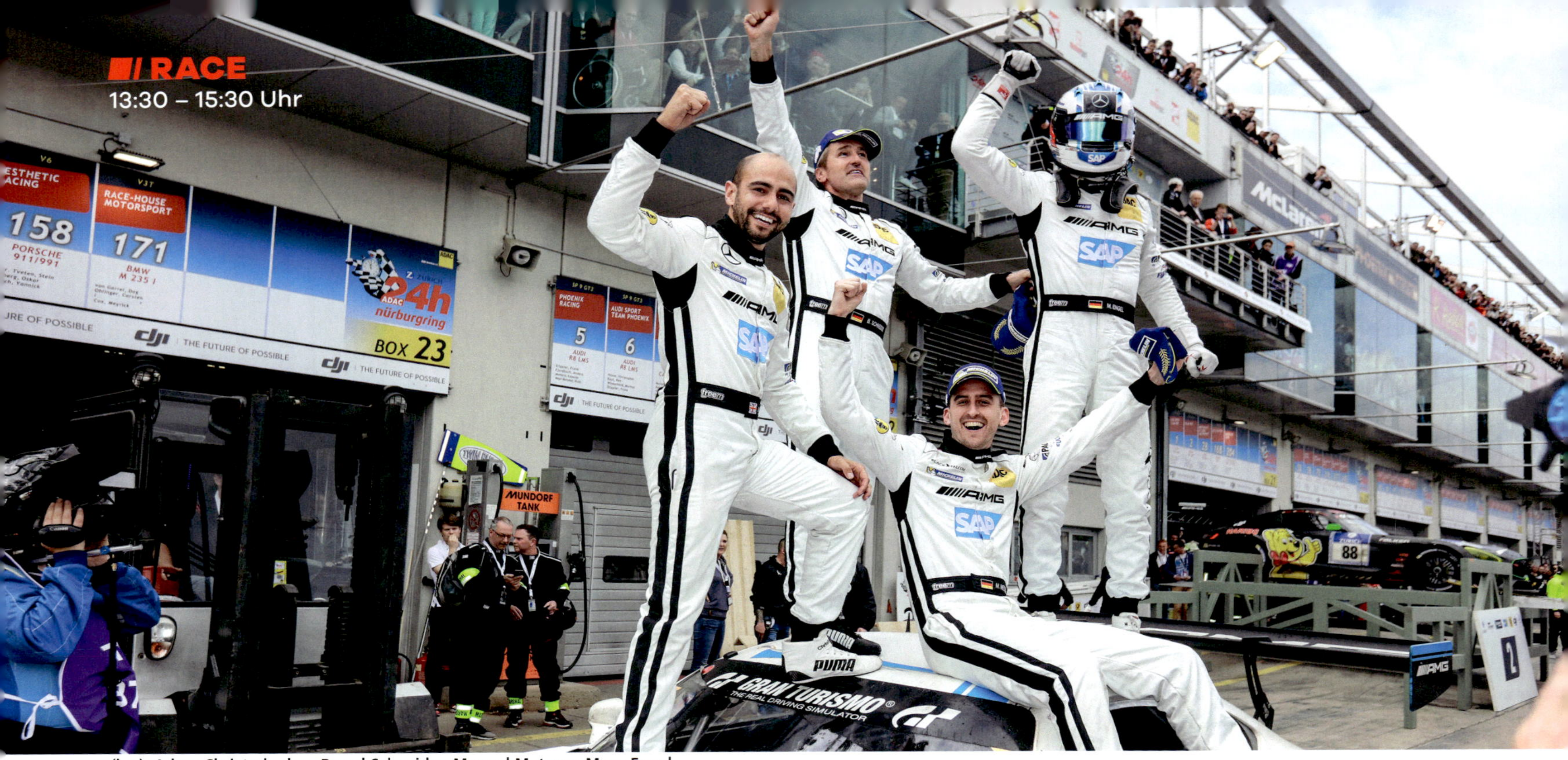

(l.-r.): Adam Christodoulou, Bernd Schneider, Manuel Metzger, Maro Engel

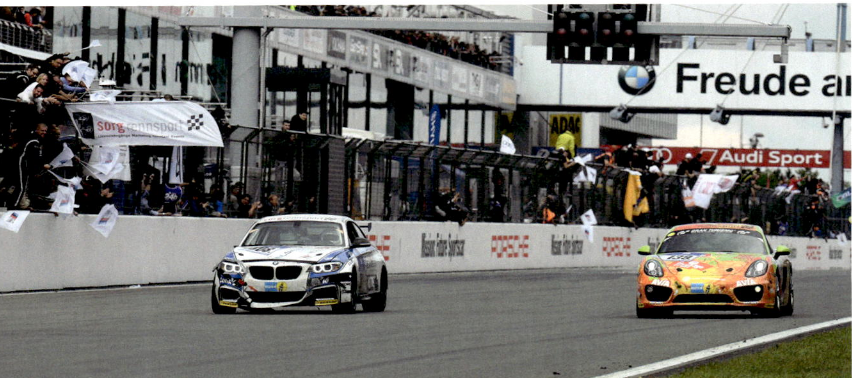

(308): Heiko Eichenberg, Kevin Warum, Felix Guenther, Moritz Oberheim
(139): Peter Haener, Paul Follett, Ugo Vicenzi, Alberto Carobbio

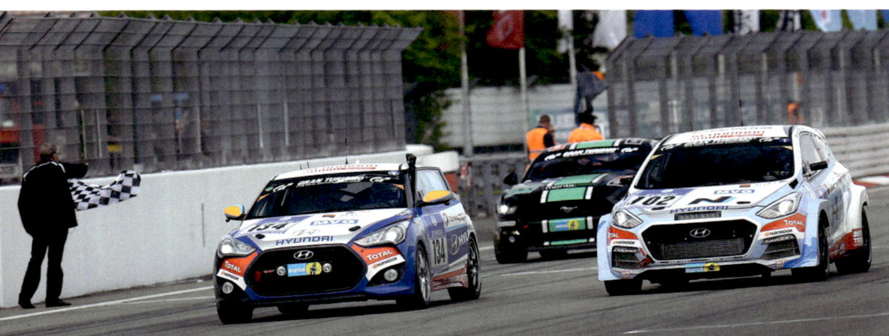

(134): Joachim Kisch, Jürgen Nett, Timo Schupp, Alexander Köppen
(102): Alexander Köppen, Rory Penttinen, Michael Bohrer, Bruno Beulen

Aurel Schoeller, Andre Kuhn, „Philip", Miguel Toril Boquoi

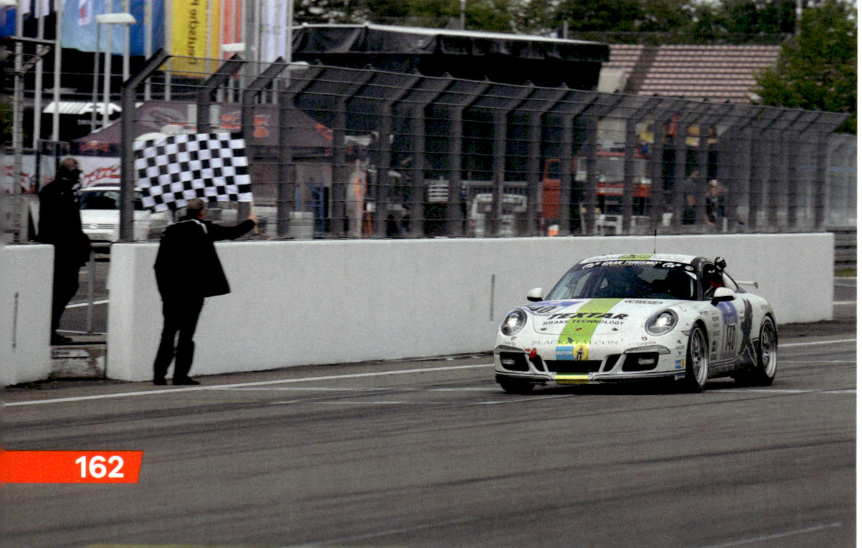

in Führung bleiben! Jetzt trennten die Führenden wirklich nur wenige Meter. In der 133. und vorletzen Runde markierte Engel in 8.19,002 Minuten die schnellste Rundenzeit des gesamten Rennens – und klebte jetzt unter dem Heckflügel von Hohenadel. Eingangs der letzten Runde trennten die beiden nur 0,78 Sekunden!

Auf dem GP-Kurs fiel dann die Entscheidung: In der Ravenol-Kurve ließ Hohenadel die Tür auf und Engel stach hinein. Es kam zwar zu einer leichten Berührung und HTP beschwerte sich auch später bei Rennleiter Walter Hornung. Doch alles war sauber, ein ganz normales Überholmanöver. Im weiteren Verlauf der letzten Runde konnte Engel den Vorsprung weiter ausbauen, zumal Hohenadel mit leichten Bremsenproblemen zu kämpfen hatte. Mit schließlich 5,697 Sekunden Differenz sorgten die beiden für den knappsten Zieleinlauf in der Geschichte des Eifel-Marathons.

„So ein Finish nach 24 Stunden war einfach unglaublich", sagte Engel. „Die letzten beiden Runden waren Anspannung und Konzentration pur. Als ich das Auto dann in Führung liegend über die Ziellinie fuhr und meine Teamkollegen und das ganze Team im Parc Fermé begrüßen konnte, ist die ganze Anspannung abgefallen und eine unglaubliche Freude ausgebrochen. An diese Momente werde ich mich immer erinnern, das war absolut einzigartig!"

Mercedes-AMG gelang vor 185.000 Zuschauern am gesamten Wochenende nicht nur der zweite 24h-Erfolg nach 2013, sondern auch das beste Ergebnis eines Herstellers beim ADAC Event seit dem Sechsfach-Sieg von BMW im Jahr 1998. Hinter den vier Mercedes-AMG schafften es mit BMW (Platz 5), Bentley (Platz 7), Audi (Platz 8) und Porsche (Platz 9) vier weitere Hersteller in die Top-10.

Wolfgang Müller, Felix Horn, Markus Horn

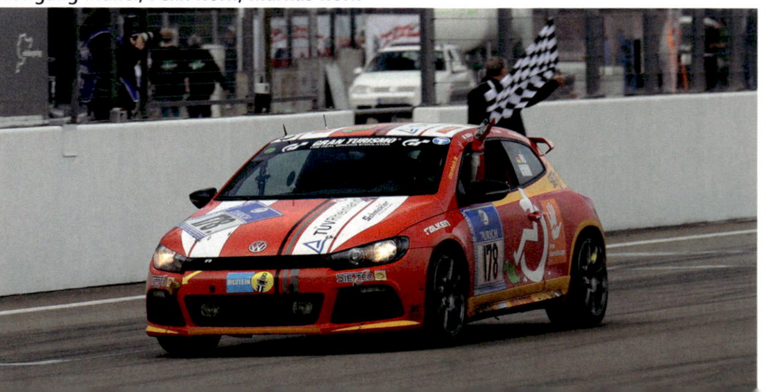

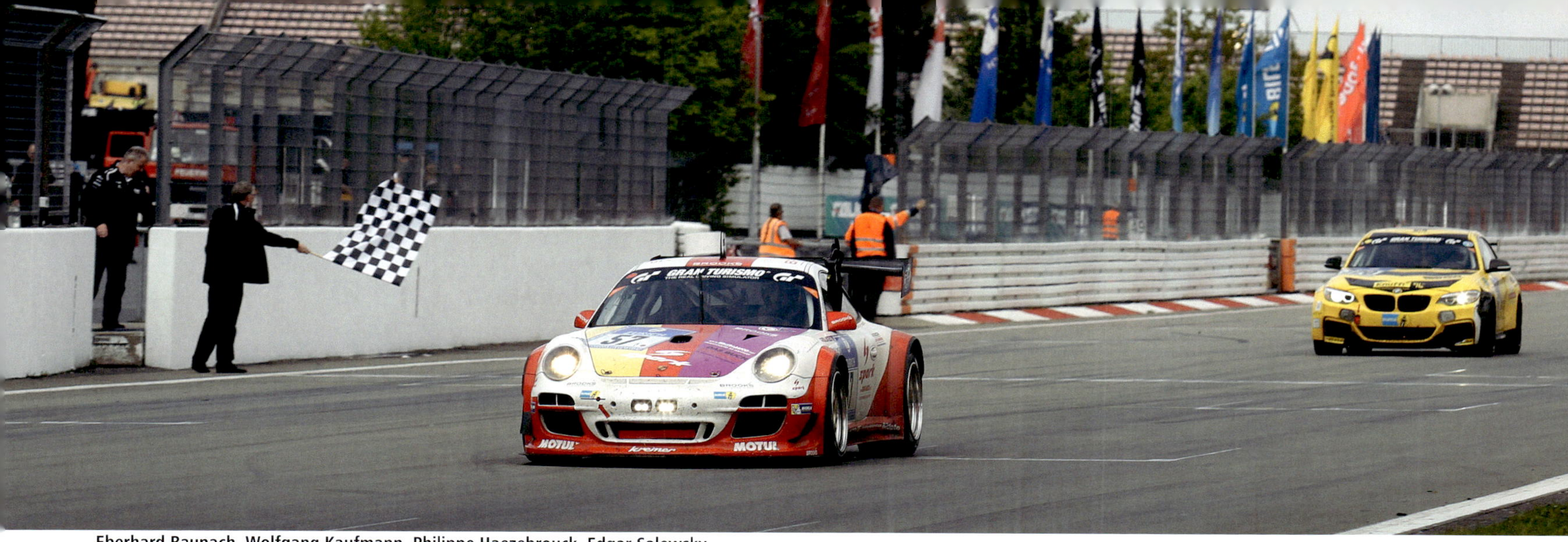

Eberhard Baunach, Wolfgang Kaufmann, Philippe Haezebrouck, Edgar Salewsky

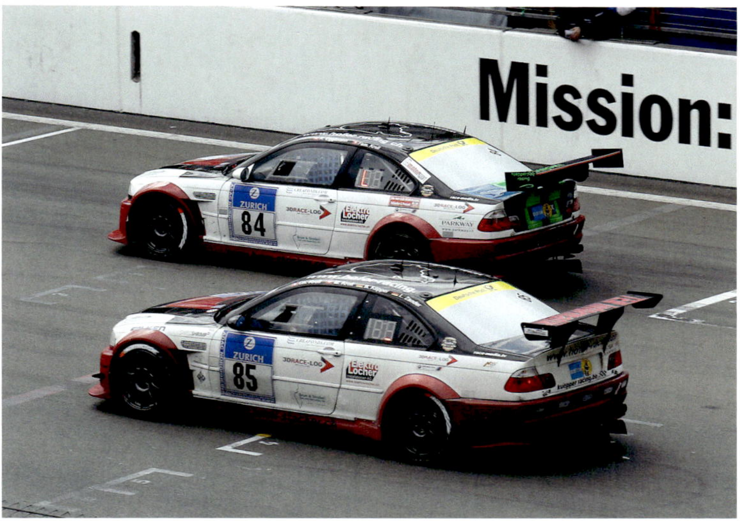

(84): Martin Kroll, Chantal Kroll, Michael Kroll, Roland Eggimann
(85): Martin Kroll, Chantal Kroll, Bernd Küpper, Lars Juergen Zander

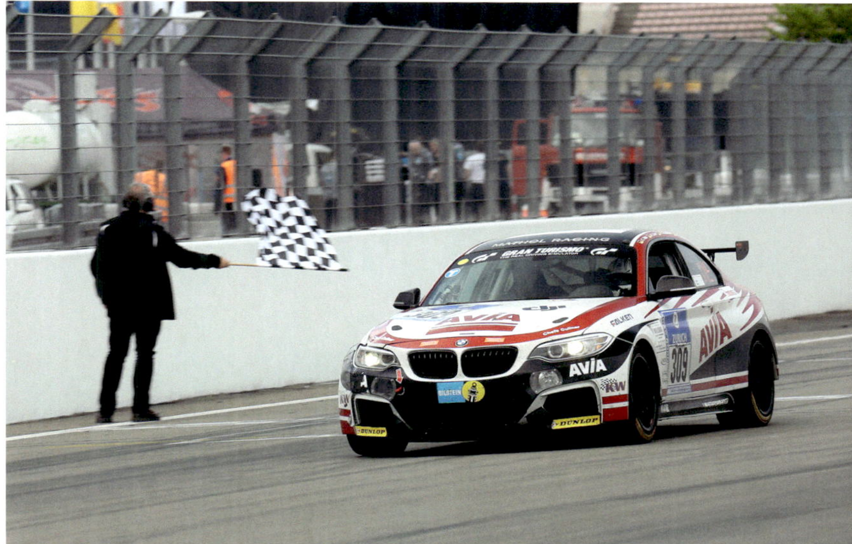

Christian Volz, Andre Duve, Rafael Hundeborn, Oliver Louisoder

Bernd Schneider, Maro Engel, Adam Christodoulou, Manuel Metzger

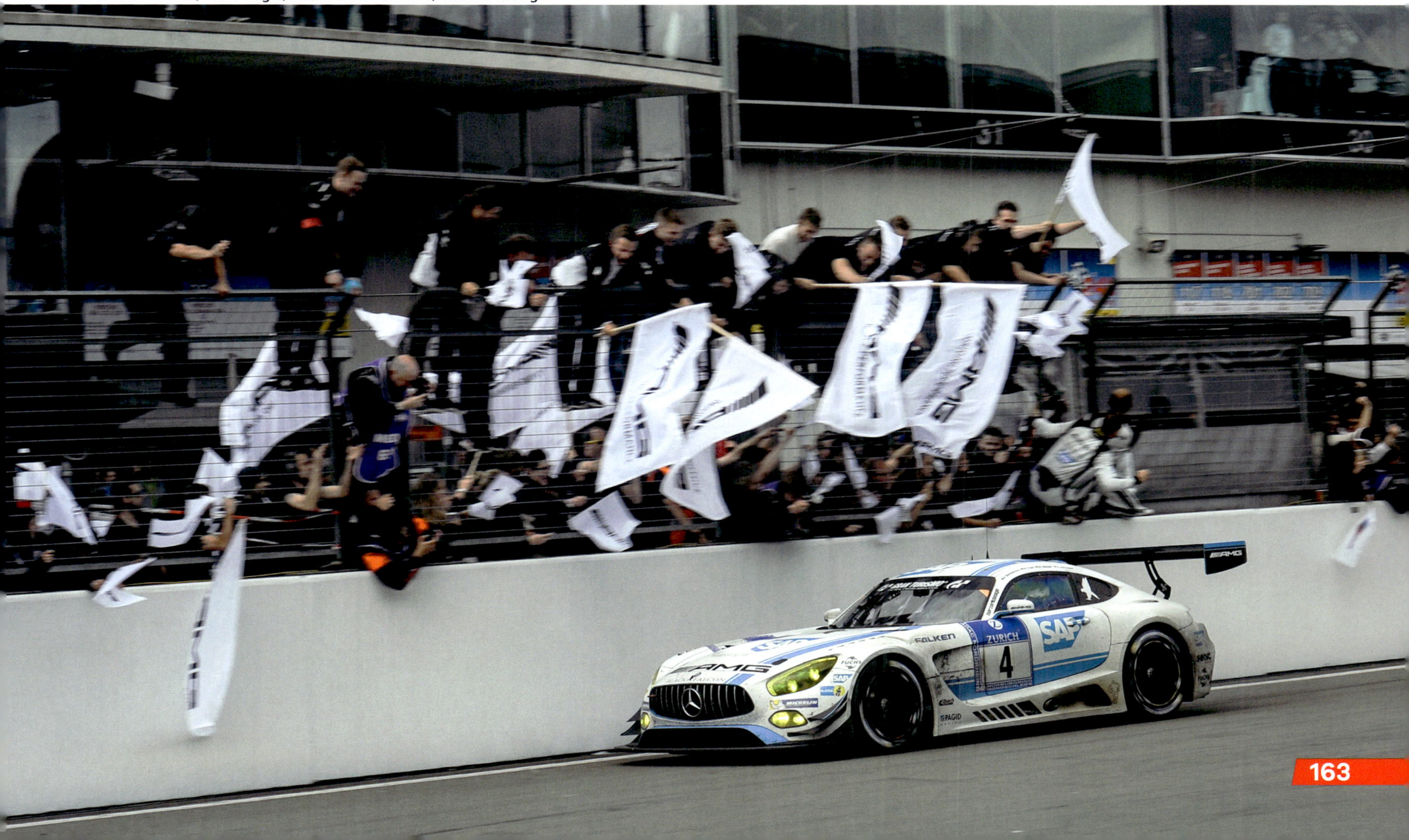

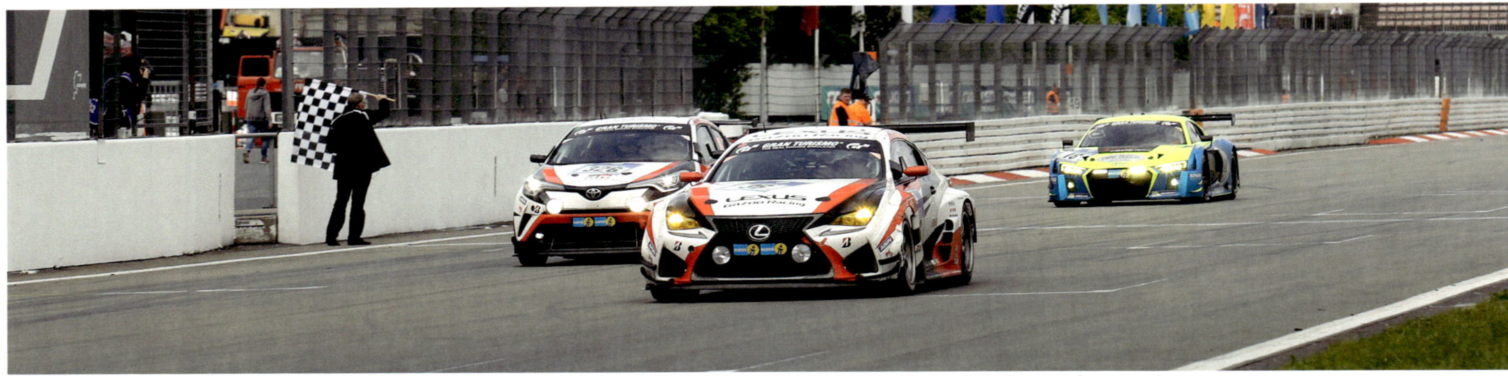

(326): Masahiko Kageyama, Tomoyuki Katayama, Herwig Daenens - (36): Tatsuya Kataoka, Takeshi Tsuchiya, Kazuya Oshima, Takuto Iguchi

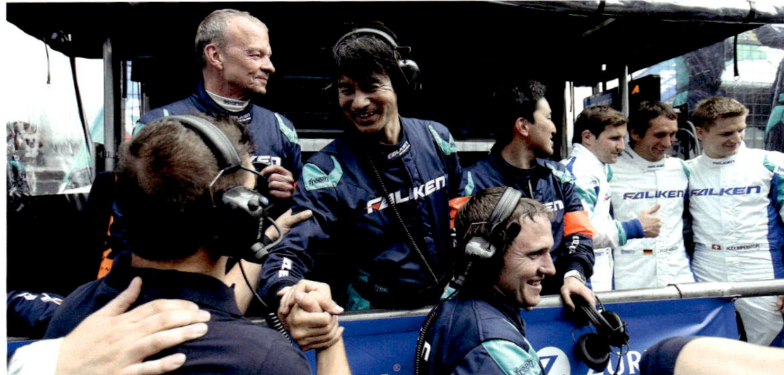

Falken Motorsports team

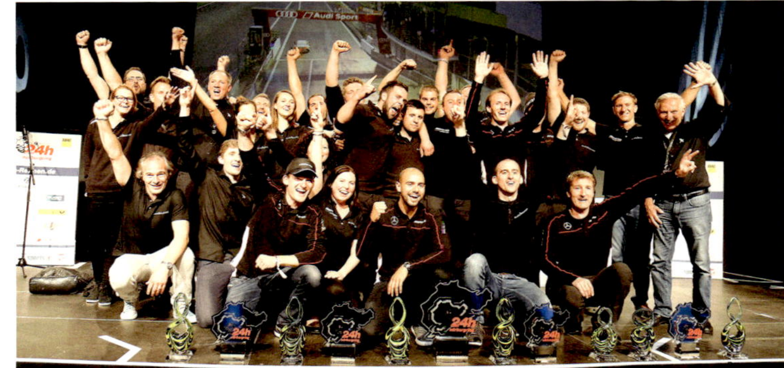

AMG-Team Black Falcon

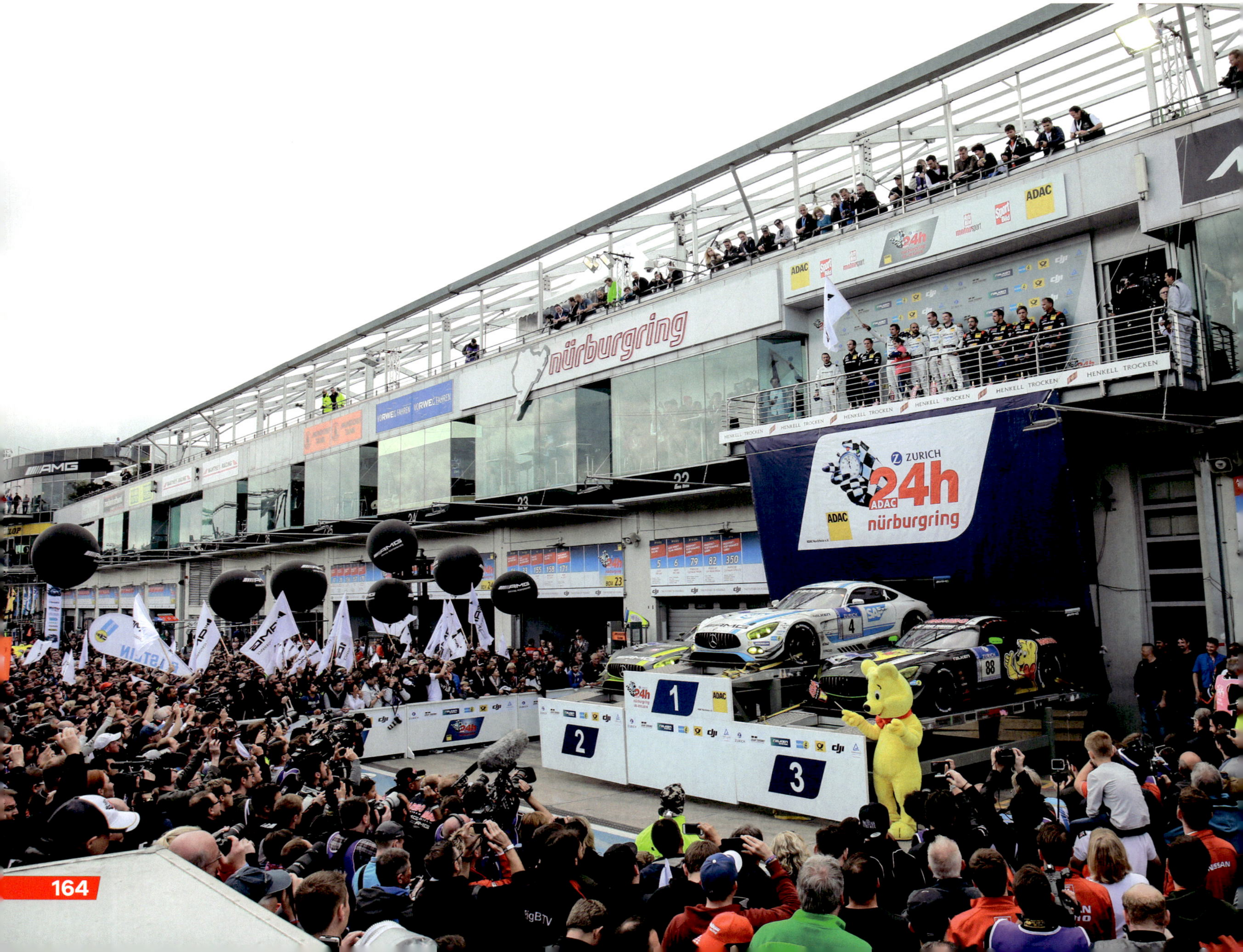

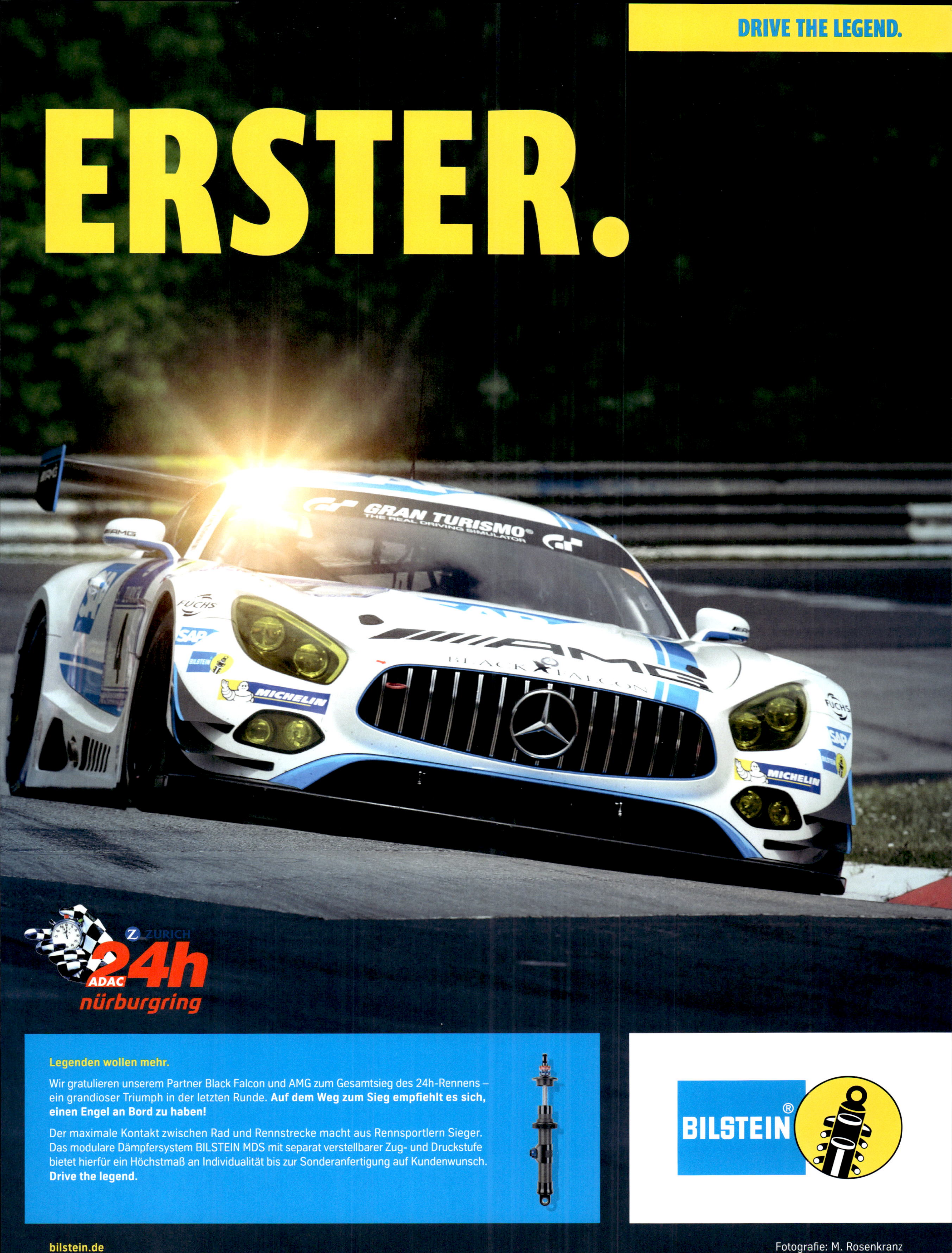

1 st Place
Class SP9 GT3

AMG-Team Black Falcon – Mercedes-AMG GT3
Bernd Schneider, Maro Engel, Adam Christodoulou, Manuel Metzger
134 rounds, 140,93 km/h, fastest lap: 8:19.002 min.

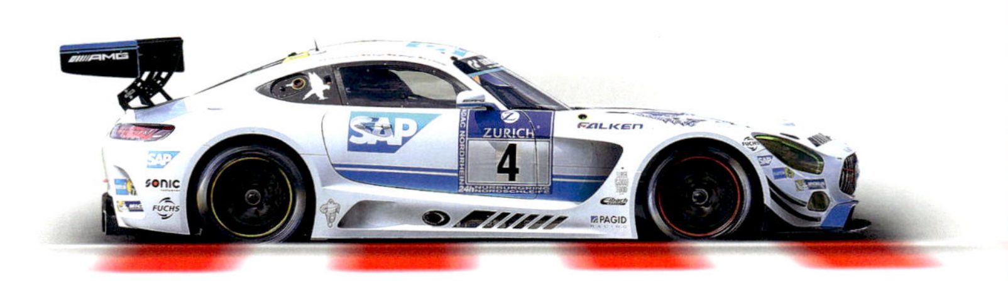

2 nd Place
Class SP9 GT3

AMG-Team HTP-Motorsport – Mercedes-AMG GT3
Christian Vietoris, Marco Seefried, Christian Hohenadel, Renger V. d. Zande
134 rounds, 140,92 km/h, fastest lap: 8:19.788 min..

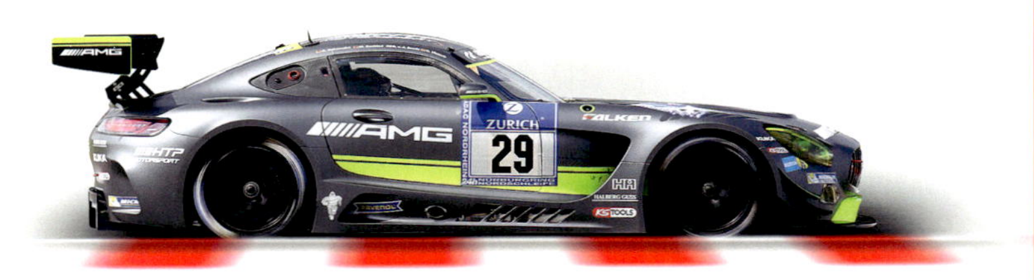

3 rd Place
Class SP9 GT3

HARIBO Racing Team-AMG – Mercedes-AMG GT3
Uwe Alzen, Lance David Arnold, Maximilian Götz, Jan Seyffarth
133 rounds, 140,55 km/h, fastest lap: 8:20.370 min.

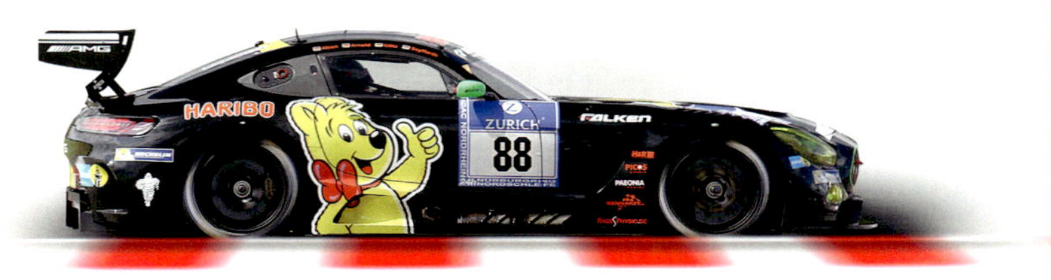

4 th Place
Class SP9 GT3

AMG-Team Black Falcon – Mercedes-AMG GT3
Hubert Haupt, Yelmer Buurman, Maro Engel, Dirk Müller
133 rounds, 140,47 km/h, fastest lap: 8:19.563 min.

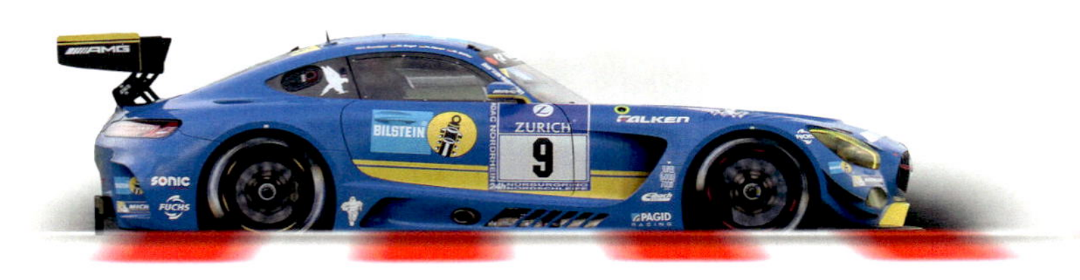

5 th Place
Class SP9 GT3

ROWE Racing – BMW M6 GT3
Alexander Sims, Philipp Eng, Maxime Martin, Dirk Werner
133 rounds, 140,10 km/h, fastest lap: 8:19.697 min.

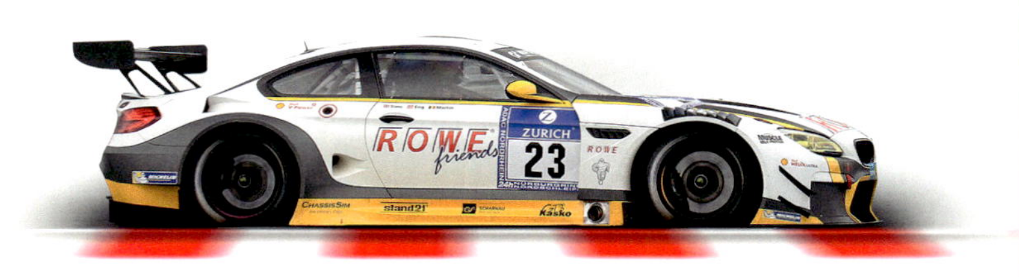

6 th Place
Class SP9 GT3

MANN-FILTER Team ZAKSPEED – Mercedes-AMG GT3
Kenneth Heyer, Sebastian Asch, Luca Ludwig, Daniel Keilwitz
131 rounds, 137,82 km/h, fastest lap: 8:25.488 min.

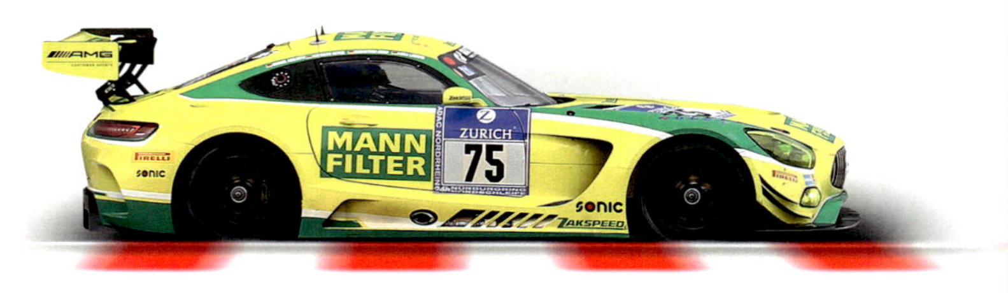

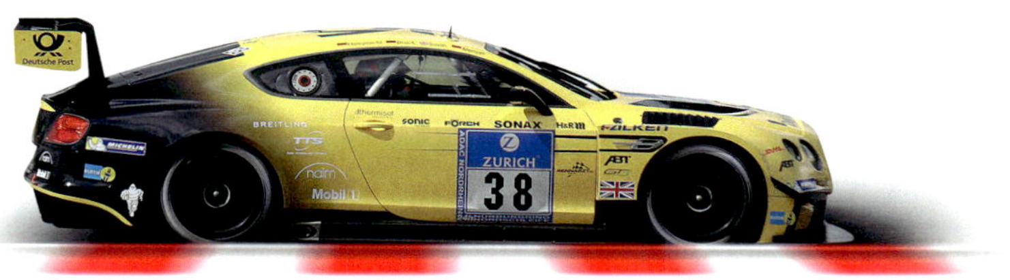

7 th Place
Class SP9 GT3

Bentley Team ABT – Bentley Continental GT3
Christopher Brück, Christian Menzel, Guy Smith, Fabian Hamprecht
131 rounds, 137,58 km/h, fastest lap: 8:26.759 min.

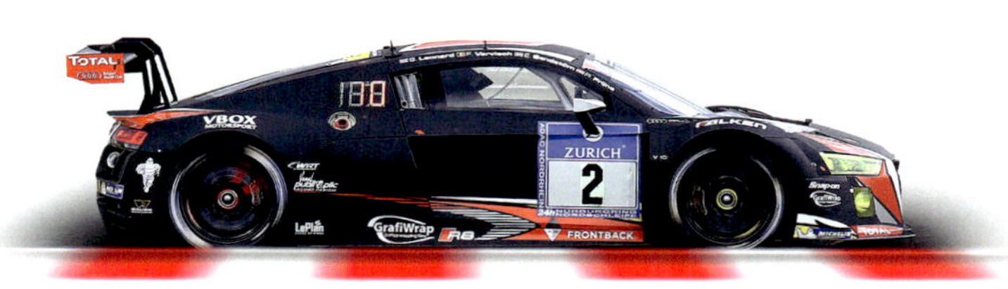

8 th Place
Class SP9 GT3

Team WRT – Audi R8 LMS
Stuart Leonard, Robin Frijns, Edward Sandström, Frederic Vervisch
130 rounds, 137,43 km/h, fastest lap: 8:23.615 min.

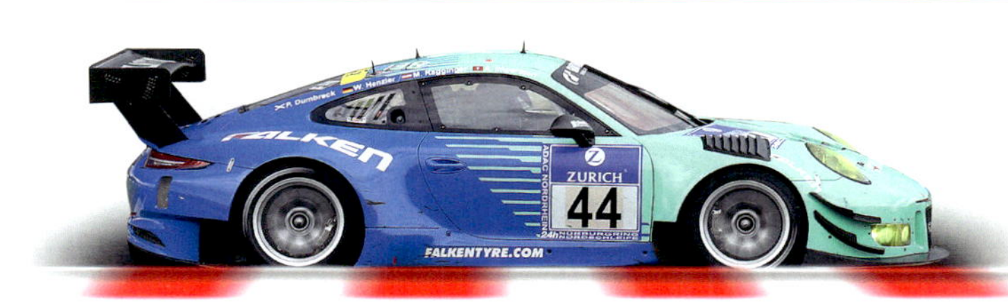

9 th Place
Class SP9 GT3

Falken Motorsports – Porsche 911 GT3 R
Peter Dumbreck, Wolf Henzler, Martin Ragginger, Alexandre Imperatori
130 rounds, 137,02 km/h, fastest lap: 8:29.488 min.

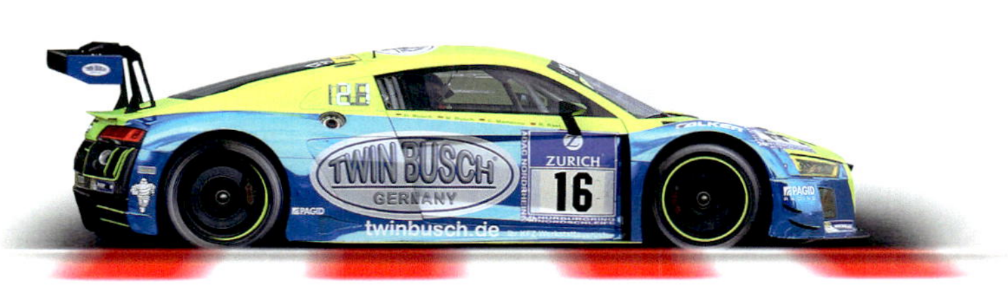

10 th Place
Class SP9 GT3

Twin Busch Motorsport – Audi R8 LMS
Marc Busch, Dennis Busch, Christian Mamerow, Rene Rast
130 rounds, 136,80 km/h, fastest lap: 8:25.624 min.

(l.-r.): Christian Hohenadel, Christian Vietoris, Renger Van der Zande, Bernd Schneider, Adam Christodoulou, Manuel Metzger, Maro Engel, Maximilian Götz, Lance David Arnold, Jan Seyffarth, Uwe Alzen

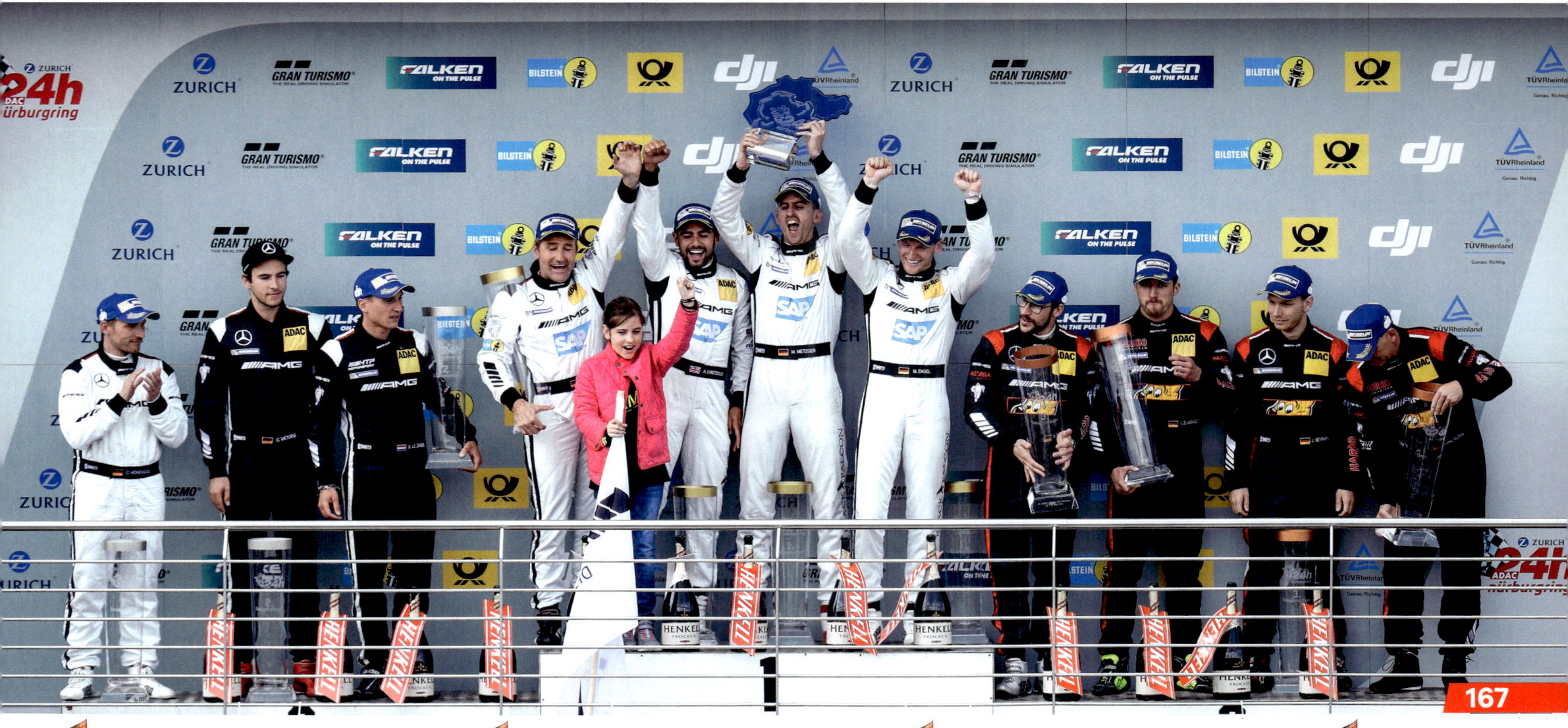

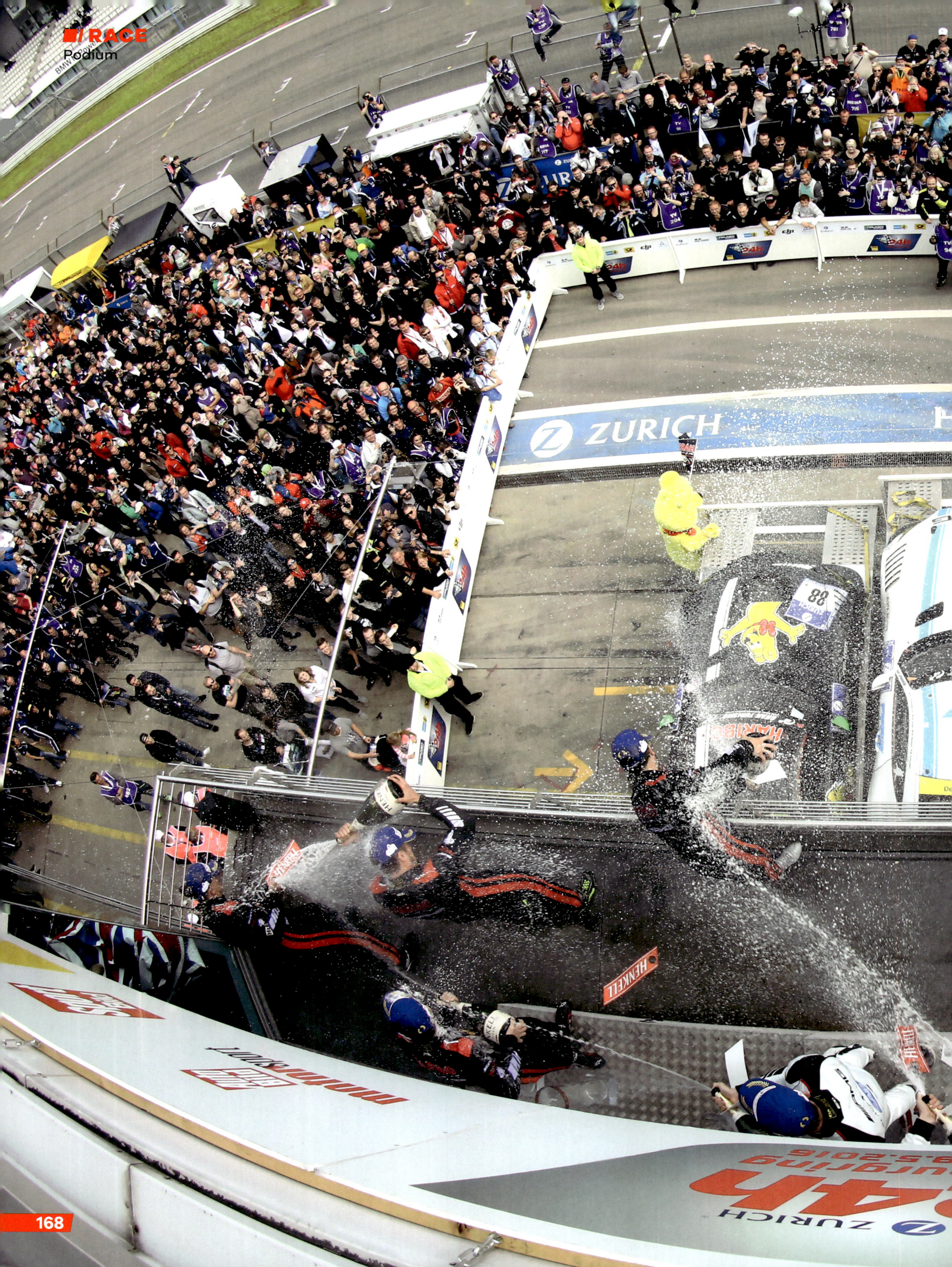

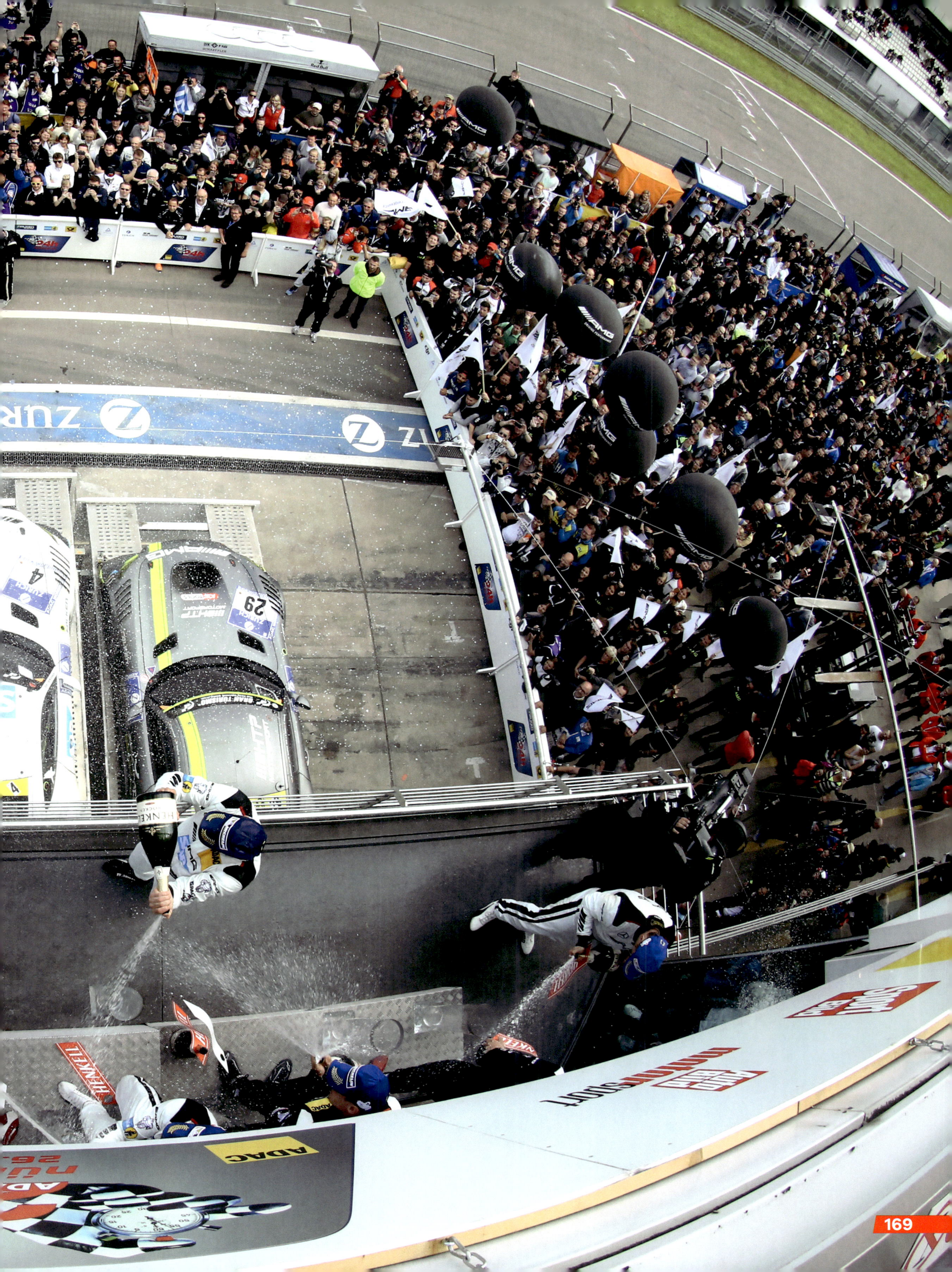

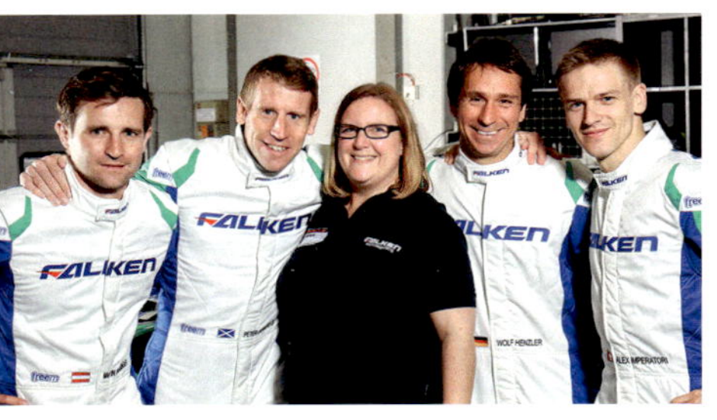
FALKEN
FALKEN
FALKEN

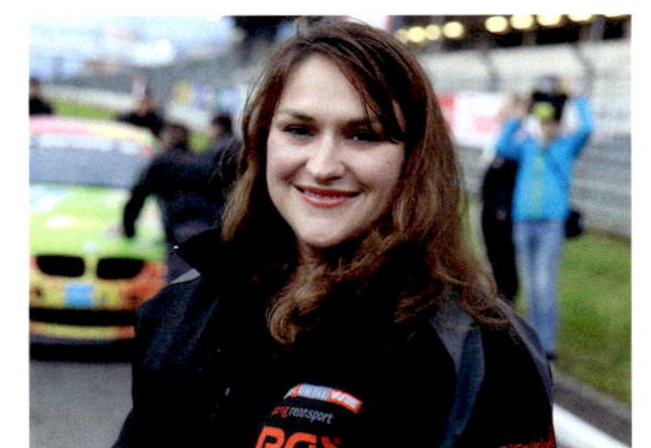

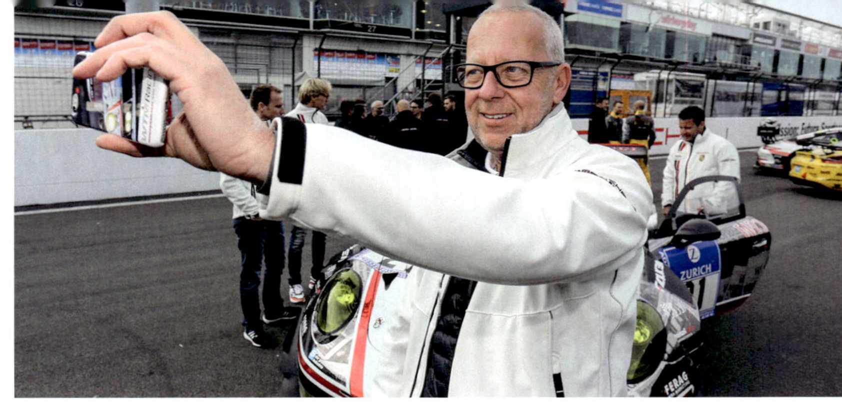
ZURICH

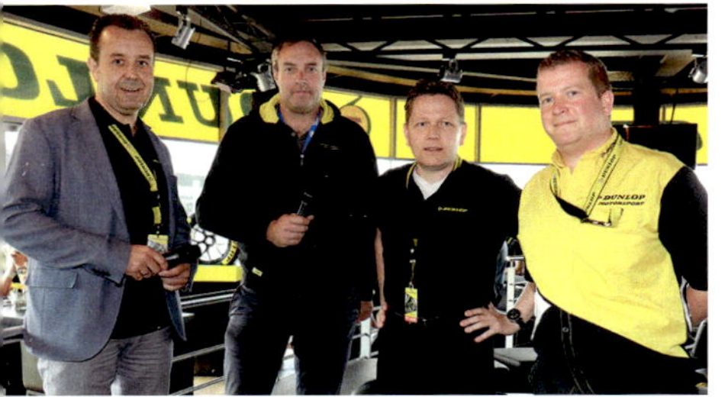

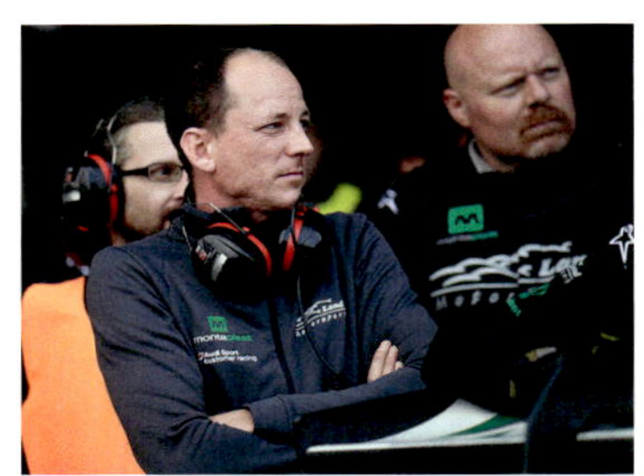

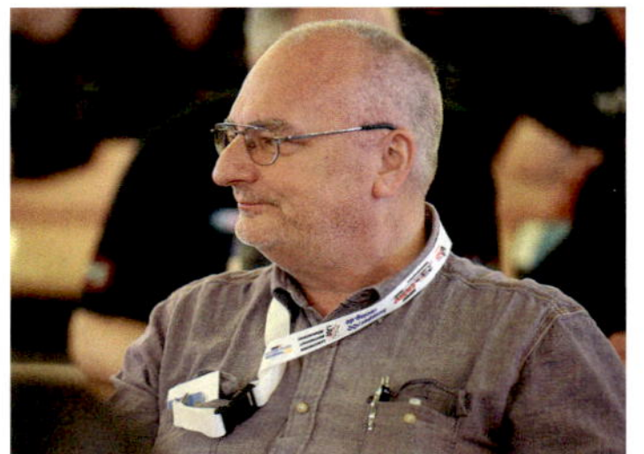

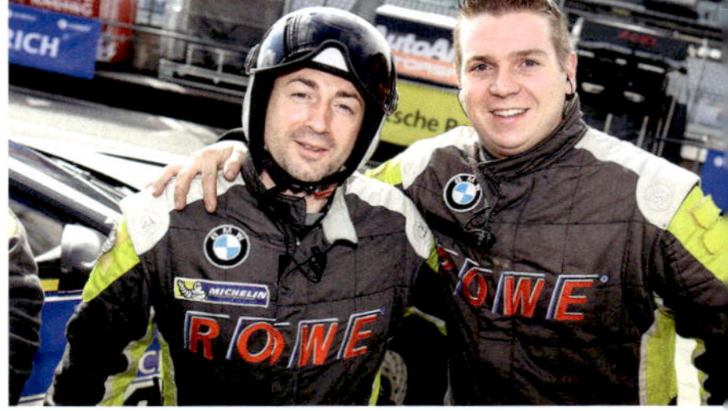
ROWE
ROWE
MICHELIN

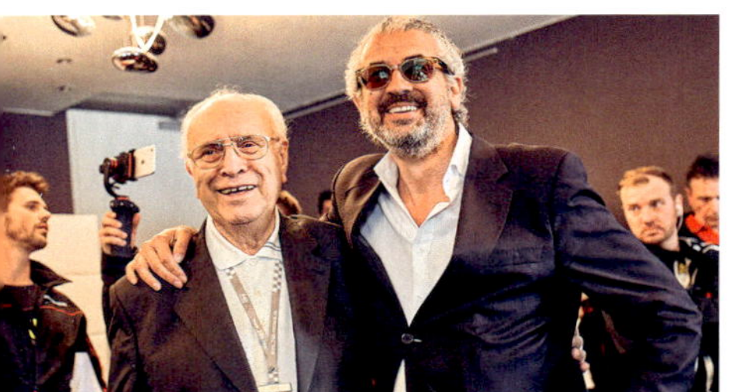

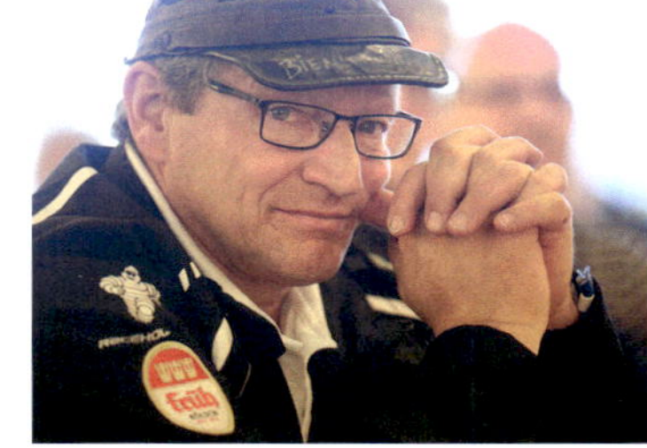

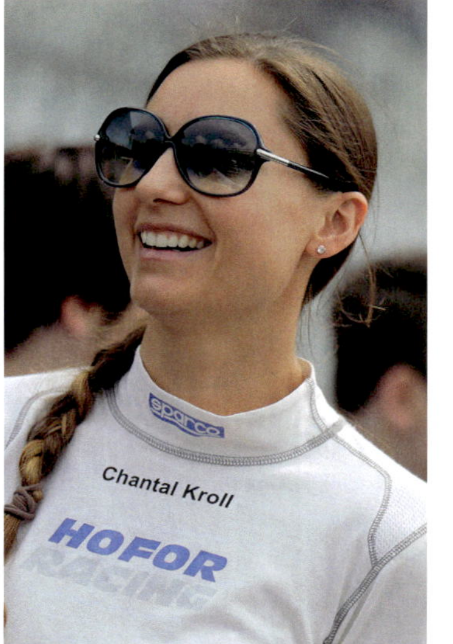
sparco
Chantal Kroll
HOFOR
RACING

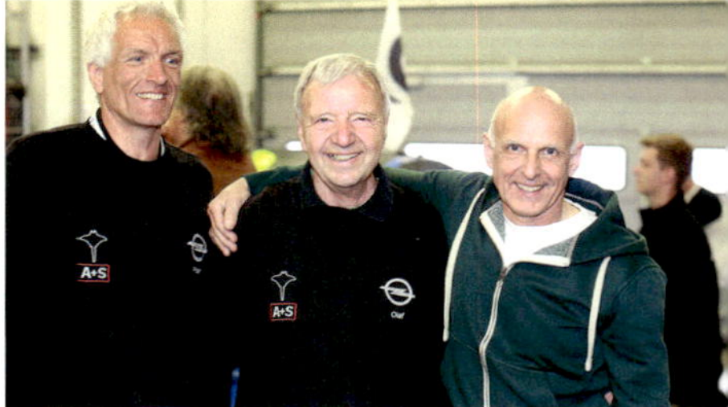

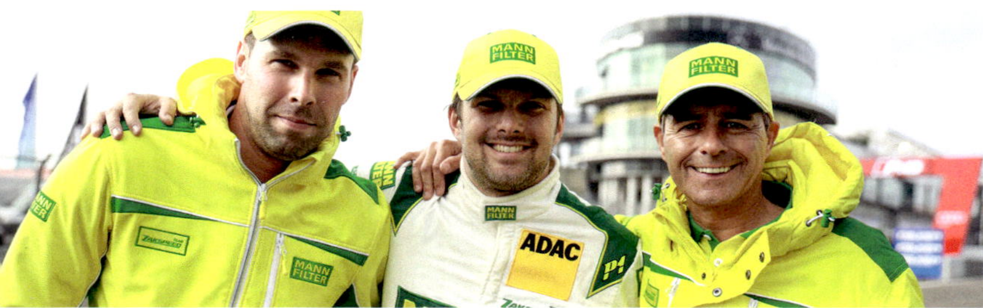
MANN FILTER
MANN FILTER
MANN FILTER
ADAC

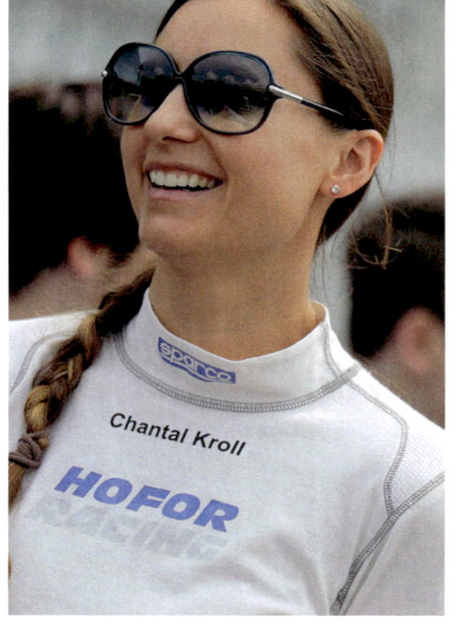

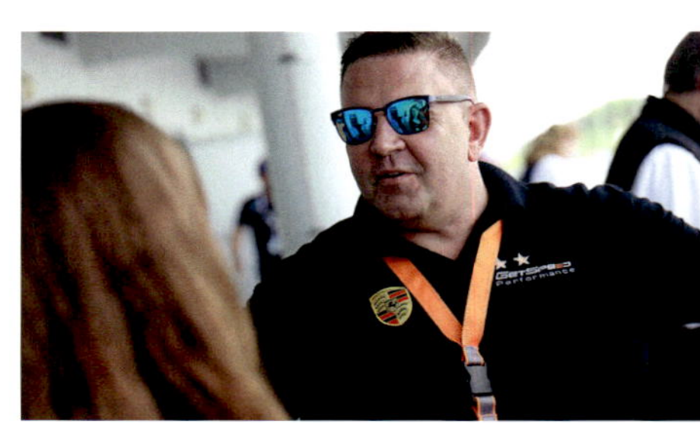

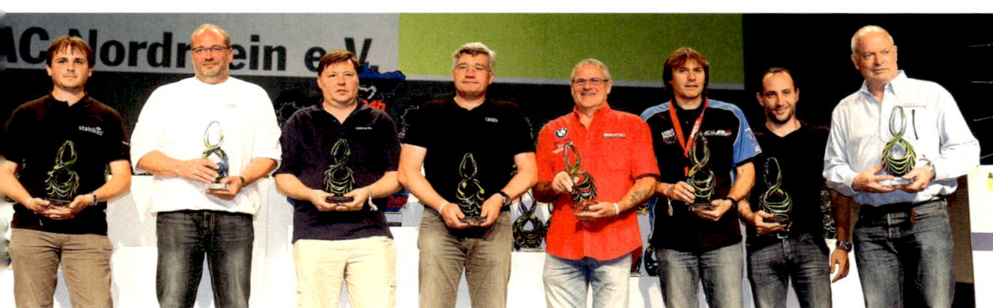
AC Nordrhein e.V.

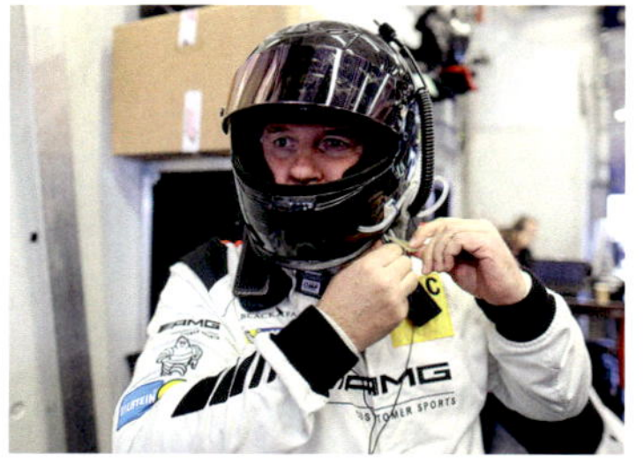
AMG

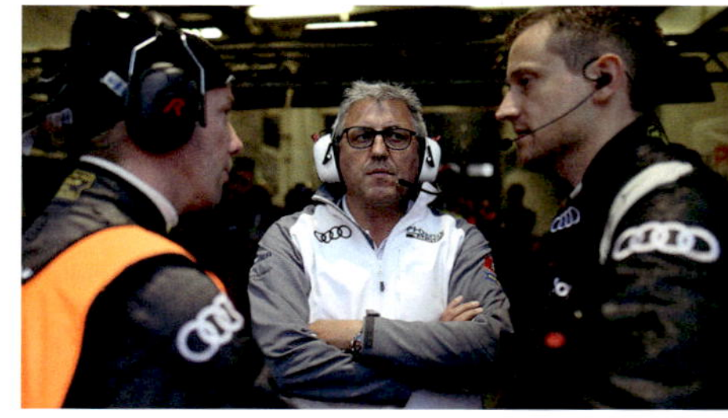

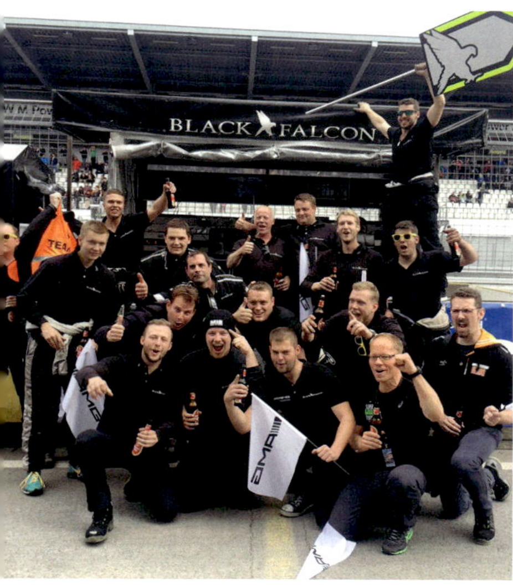
BLACK FALCON

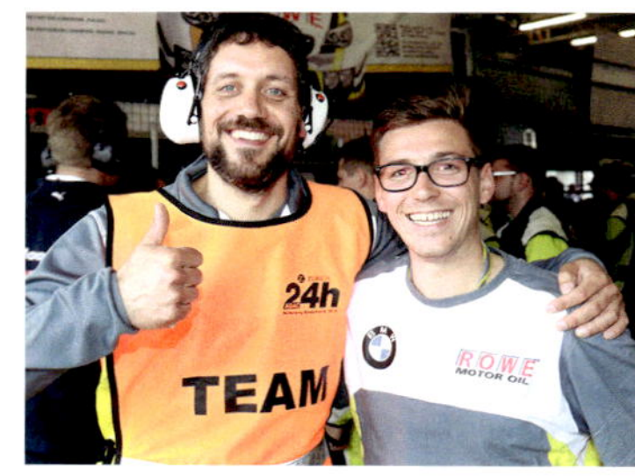
24h
TEAM
ROWE

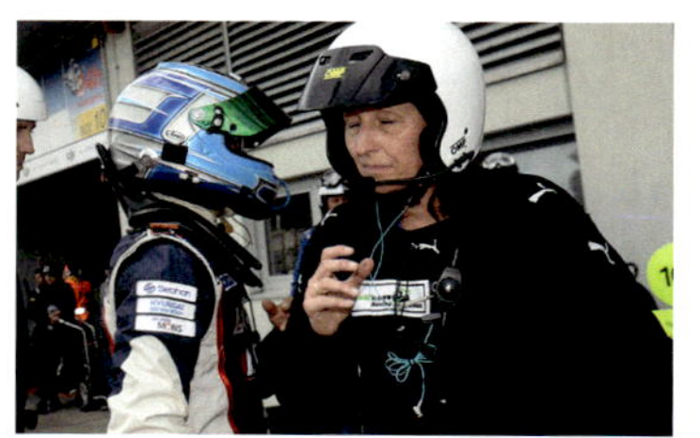

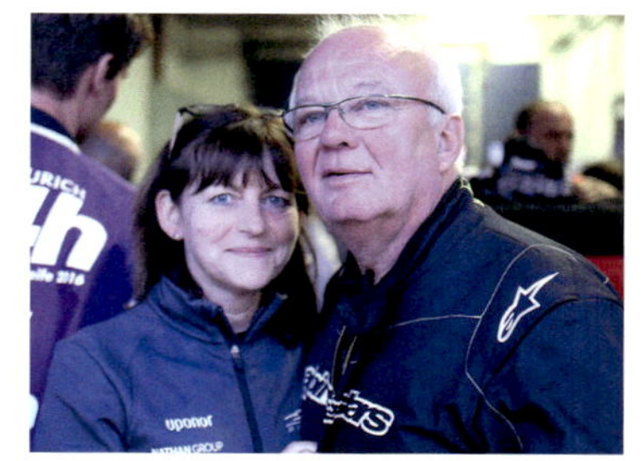

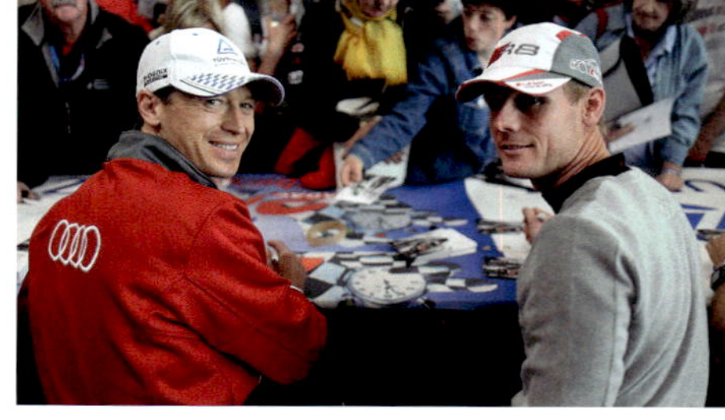

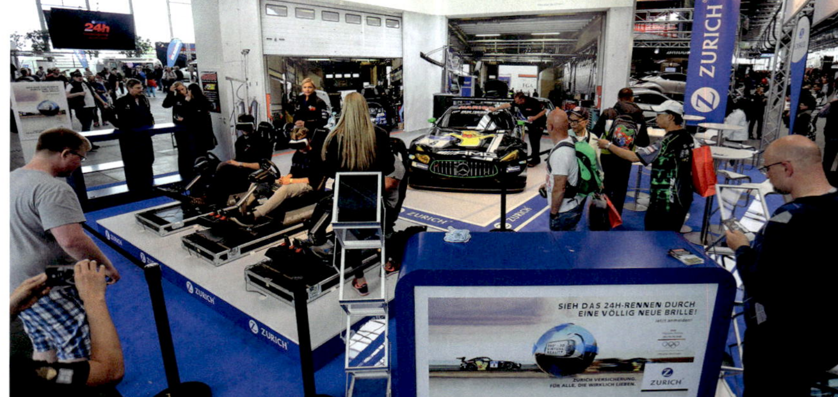
24h
ZURICH
SIEH DAS 24H-RENNEN DURCH EINE VÖLLIG NEUE BRILLE!
ZURICH

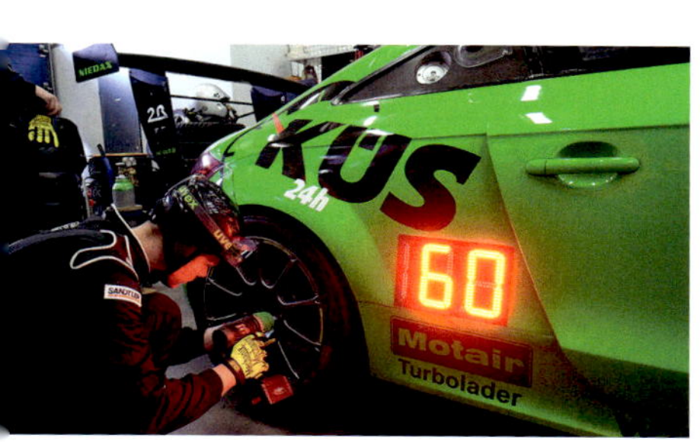
KUS
24h
60
Motair
Turbolader

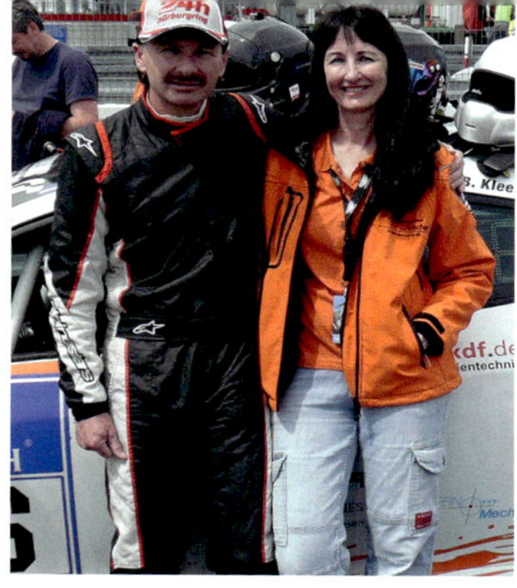

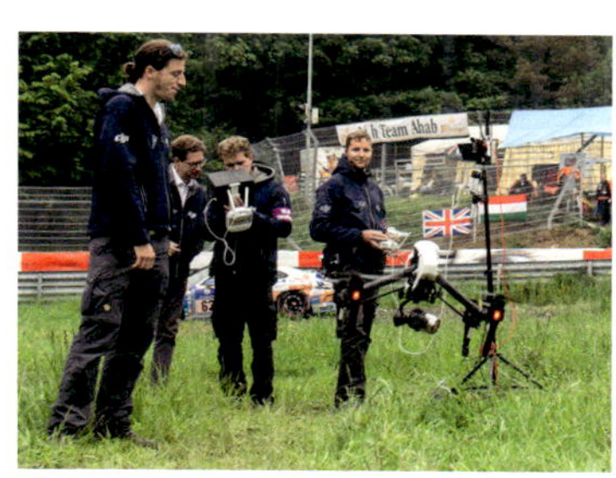

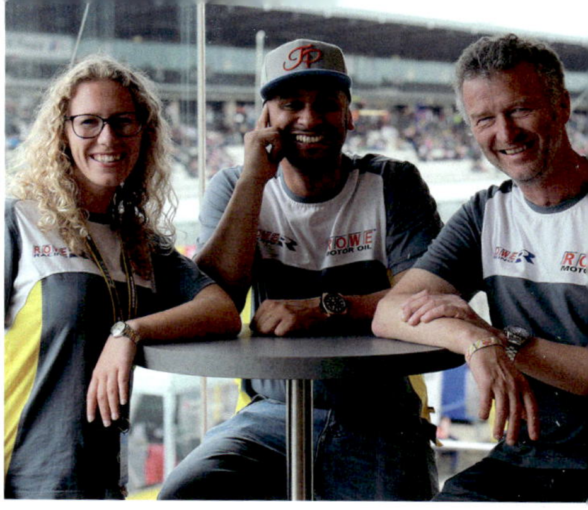

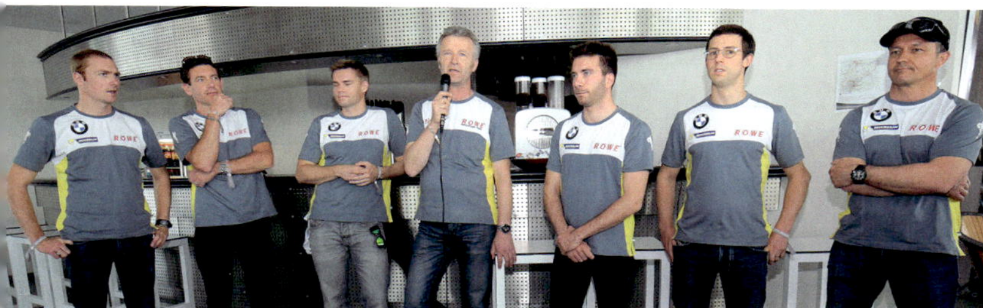

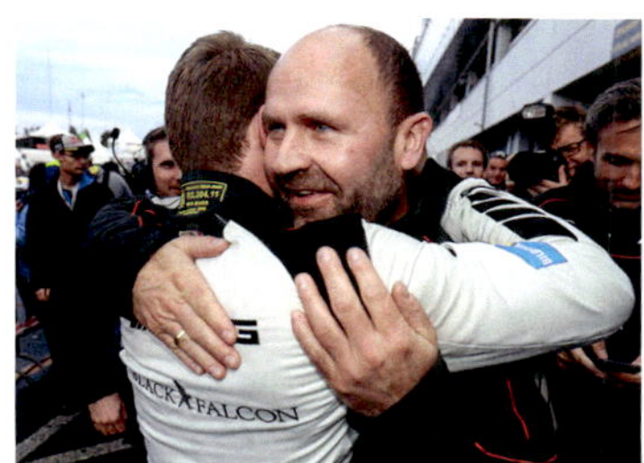

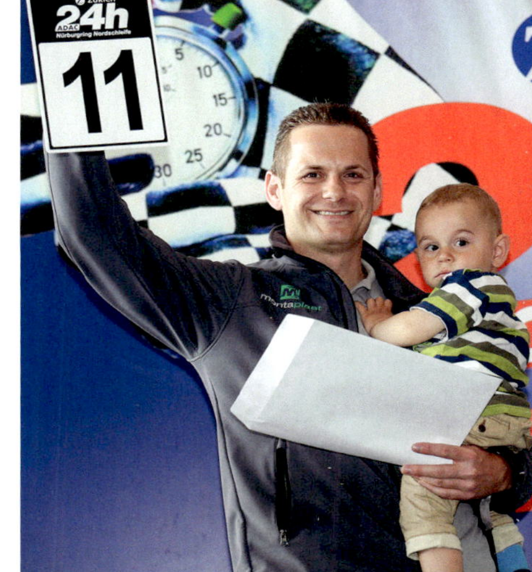
ZURICH
24h
11

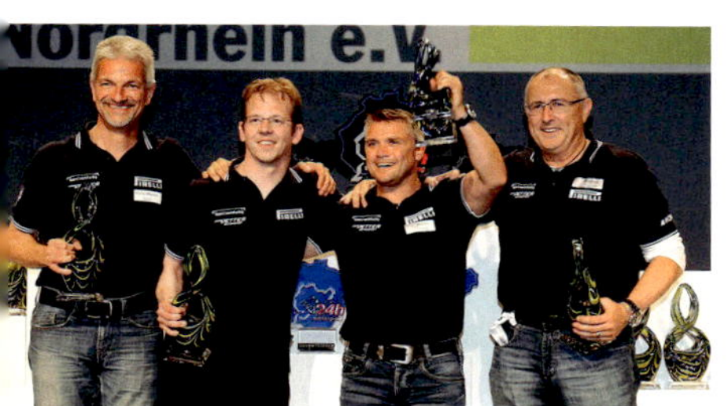
Nordrhein e.V.

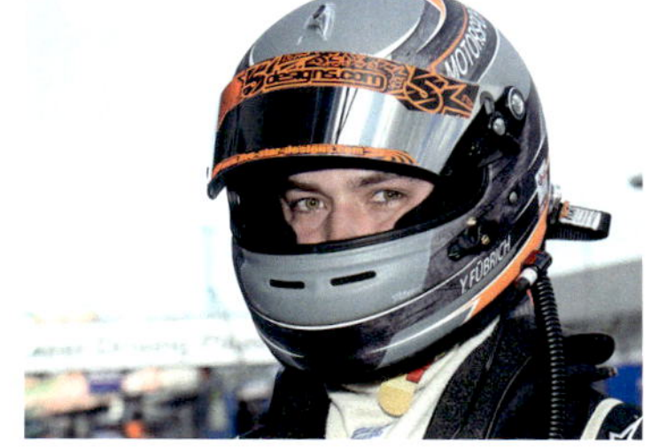

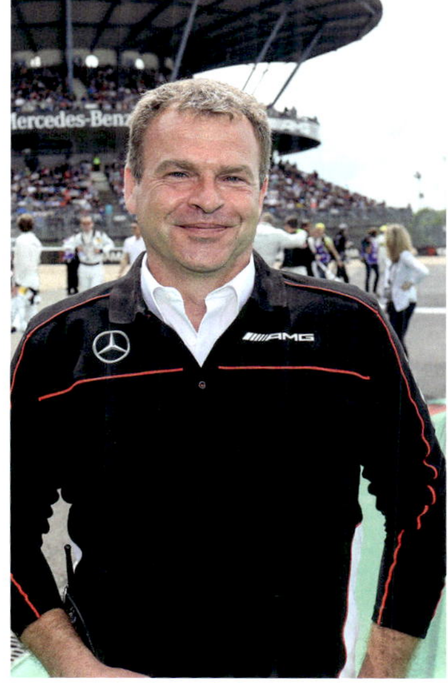

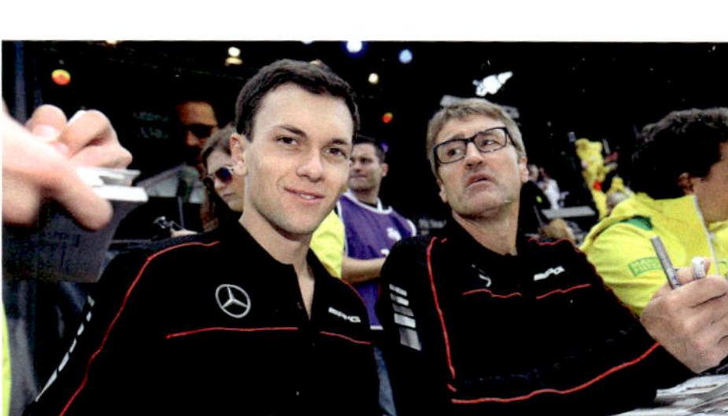

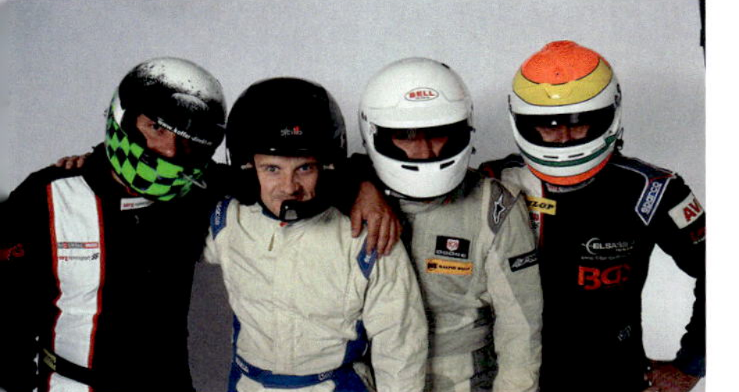

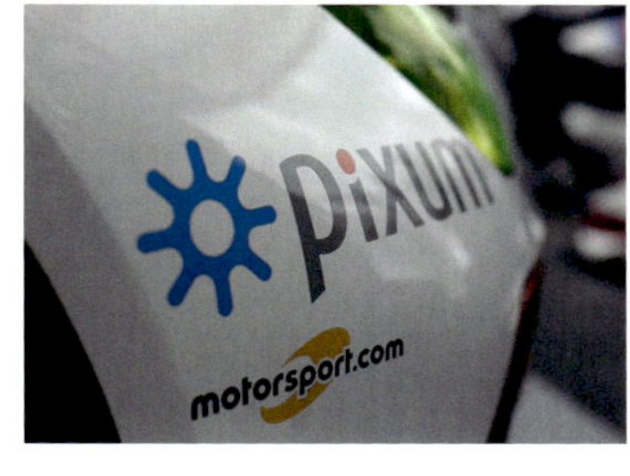
pixum
motorsport.com

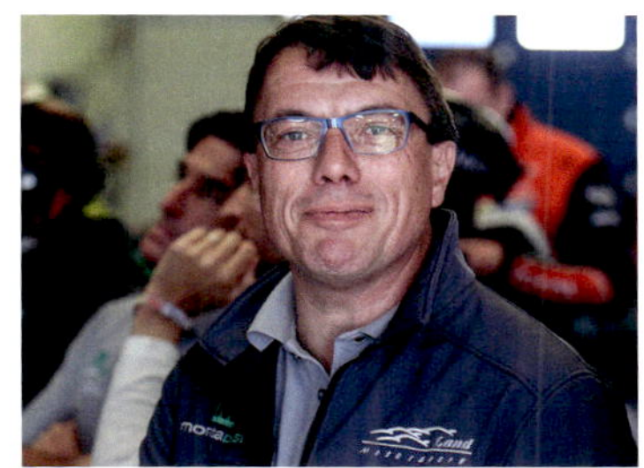

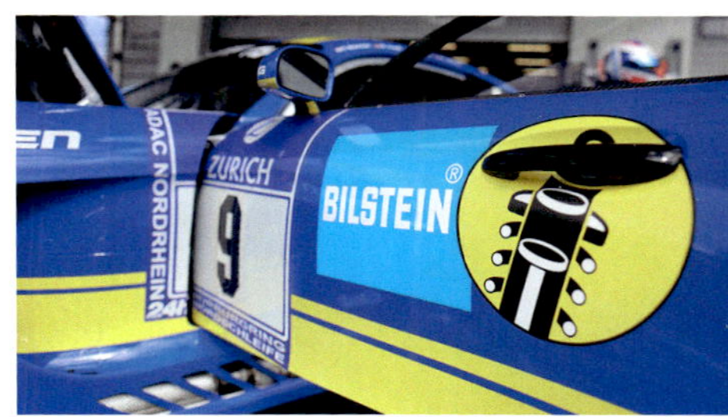
ZURICH
BILSTEIN
9

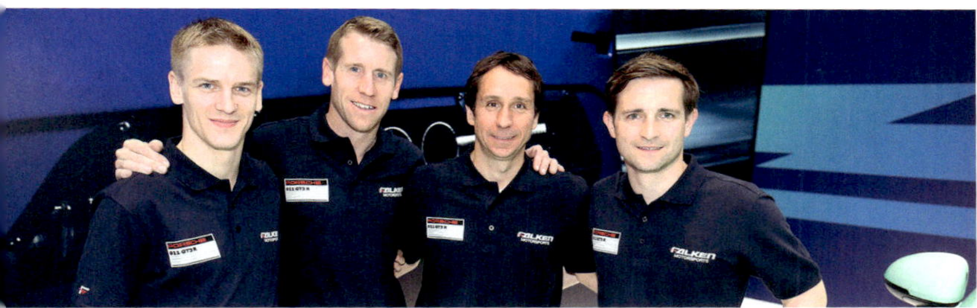

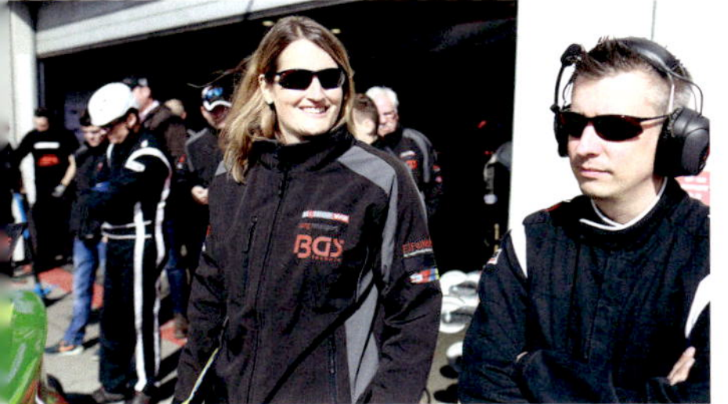

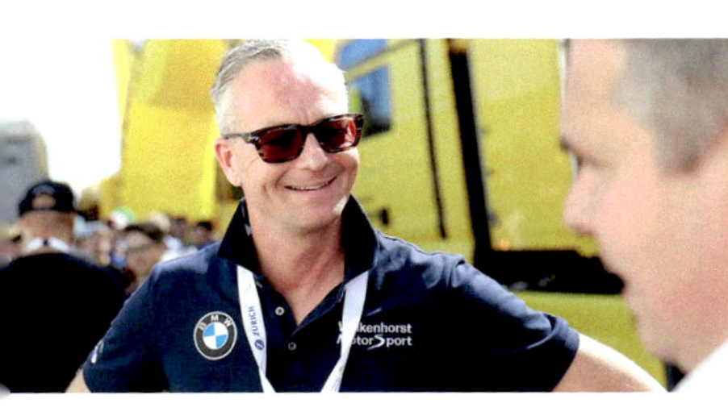

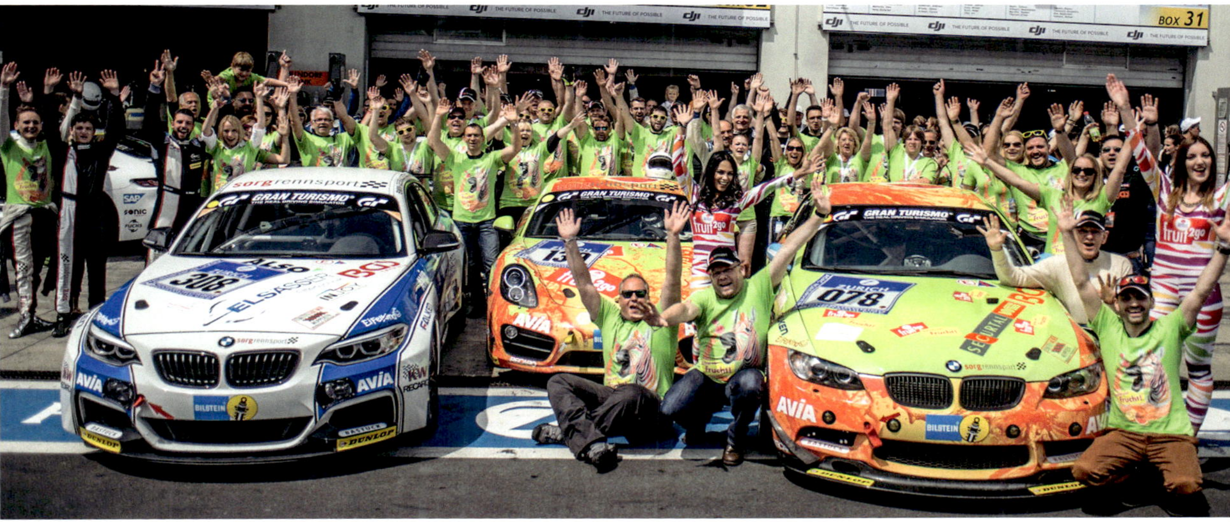
BOX 31
GRAN TURISMO
AVIA

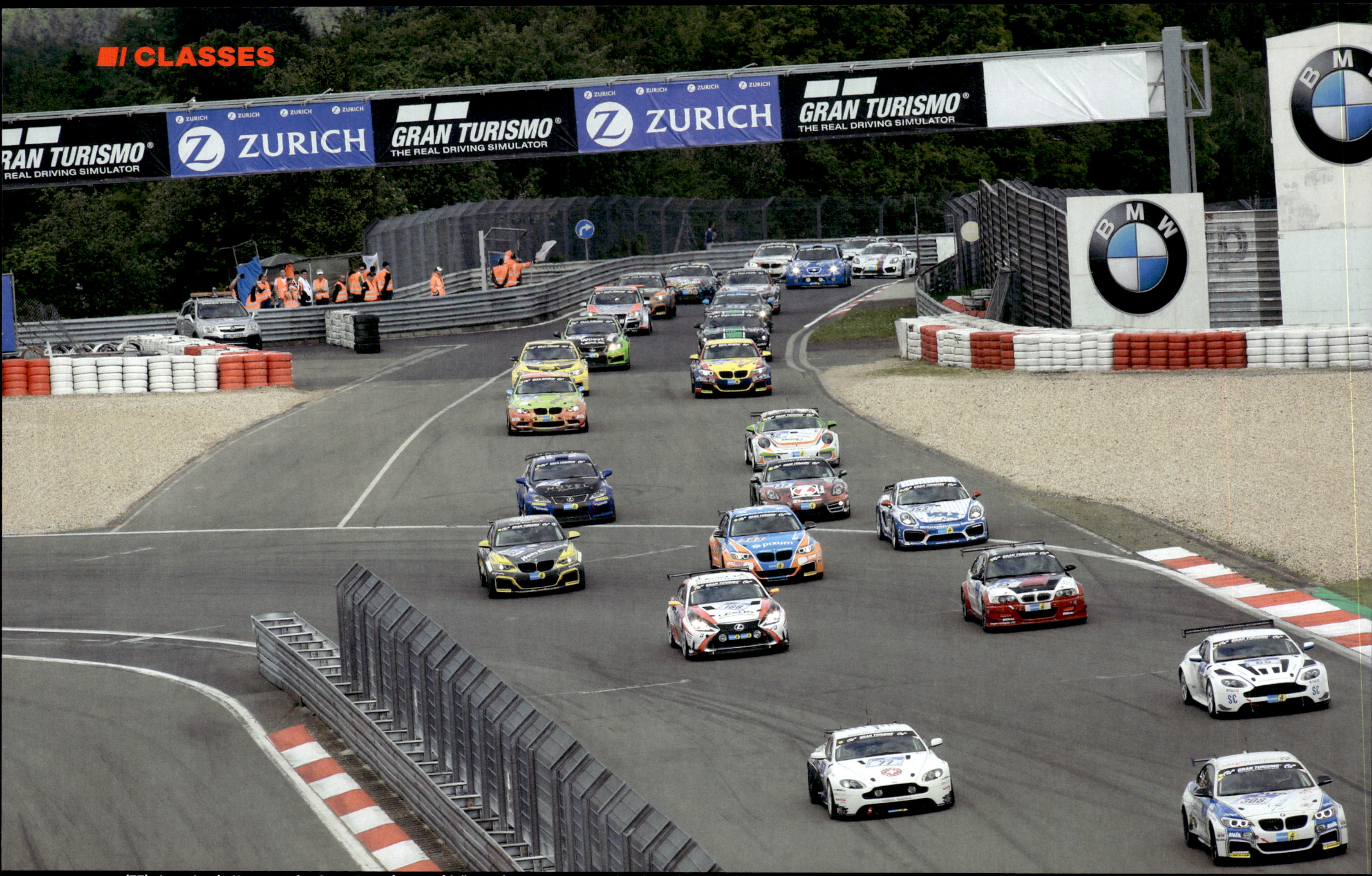

(77): Jean-Louis Hertenstein, Scott Preacher, „Takis", Markus Lungstrass - (308): Heiko Eichenberg, Kevin Warum, Felix Guenther, Moritz Oberheim
(65): Heinz-Jürgen Kroner, Wolfgang Schuhbauer, Dr. Ulrich Bez, Tobias Neuser

CLASSES

Auch abseits des Gesamtklassements wurde sehr spannender Motorsport geboten. 25 Klassen, so viele wie noch nie, waren ausgeschrieben, 24 davon nahmen das Rennen auf, in 23 kam wenigstens ein Teilnehmer in Wertung. Der Belgier Dries Vanthoor krönte sich mit 18 Jahren und 39 Tagen zum vermutlich jüngsten Klassensieger aller Zeiten. Über gleich drei Erfolge durfte sich Black Falcon freuen. TC-R&Vetter Motorsport sowie rent2drive feierten jeweils zwei Klassensiege. Über jeweils einen Doppelsieg in einer Klasse jubelten Lubner Motorsport und der Auto-Moto-Club Sankt Vith.

Zum dritten Mal in Folge standen Takuto Iguchi, Kazuya Oshima und Tim Schrick ganz oben auf dem Klassenpodium. Elf weitere Fahrer wiederholten immerhin ihre Vorjahressiege, für 58 war es der erste Klassensieg überhaupt. 576 Teilnehmerinnen und Teilnehmer nahmen das Rennen rund um die Uhr in Angriff, darunter 89 Debütanten. Seit 1970 starteten somit 7.028 verschiedene Fahrerrinnen und Fahrer beim Rennen des Jahres.

Volker Strycek baute mit dem 39. Start seinen einsamen Rekord weiter aus. Michael Hess rückte mit jetzt 28 zu Paul Hulverscheid auf Rang drei vor. Jürgen Nett und Klaus Niedzwiedz waren zum 26. Mal dabei, Sabine Schmitz und Ralf-Peter Bonk zum 25. Mal. Apropos 25: Genauso oft waren Classic-Fahrzeuge im Rahmenprogramm mit von der Partie. Mit sieben Klassenerfolgen war BMW zum 15. Mal (!) in Folge die beste Marke. Und noch eine Zahl ist interessant: Erst zum dritten Mal nach 1976 und 2014 trug das Gesamtsiegerauto die Startnummer vier.

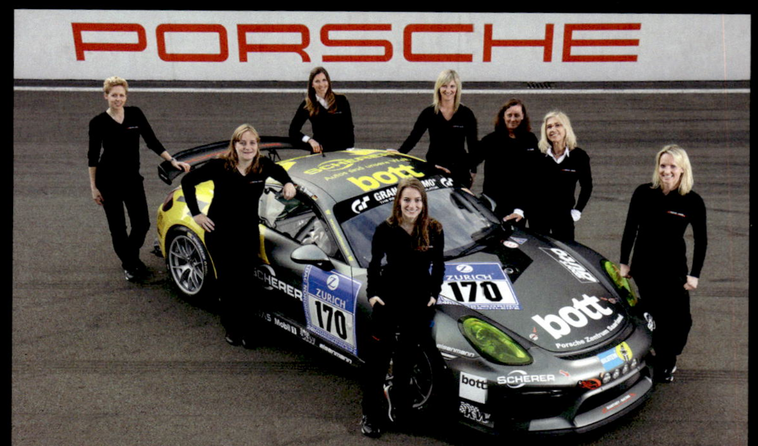

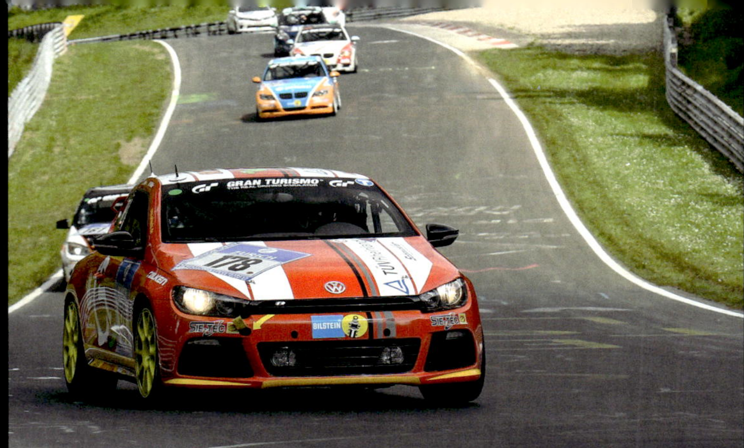

Wolfgang Müller, Felix Horn, Markus Horn

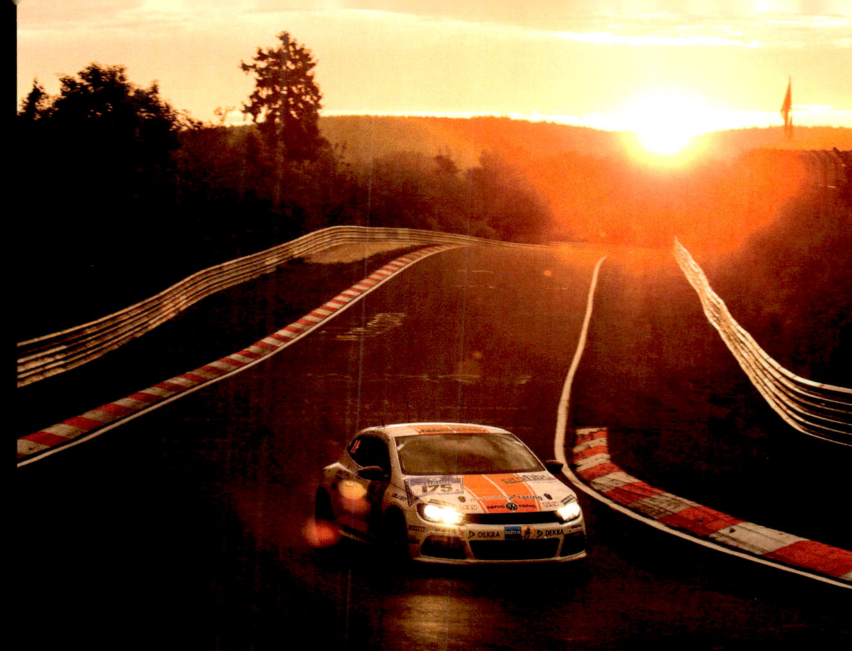

Michael Paatz, Knut Kluge, Josef Kocsis, Joerg Chmiela

Alongside the battle for overall honours, there was thrilling motorsport action elsewhere in the field too. No fewer than 25 classes, a new record, were admitted by the regulations, 24 of them were contested in the race and in 23 classes, at least one entrant was classified. Aged 18 years and 39 days, Belgian Dries Vanthoor became probably the youngest-ever class winner. Black Falcon scored three class wins, TC-R&Vetter Motorsport and rent2drive claimed two class wins each. Lubner Motorsport and Auto-Moto-Club Sankt Vith each scored a 1-2 in class.
Takuto Iguchi, Kazuya Oshima and Tim Schrick scored their third consecutive class win, eleven drivers repeated their class wins from the previous year and 58 became first-time class winners. No fewer than 576 drivers started, 89 of them novices. Since 1970, the total number of drivers to have competed in the race is 7,028. Volker Strycek extended his own record with his 39th participation. With seven class wins, BMW was the most successful brand for the 15th consecutive year.

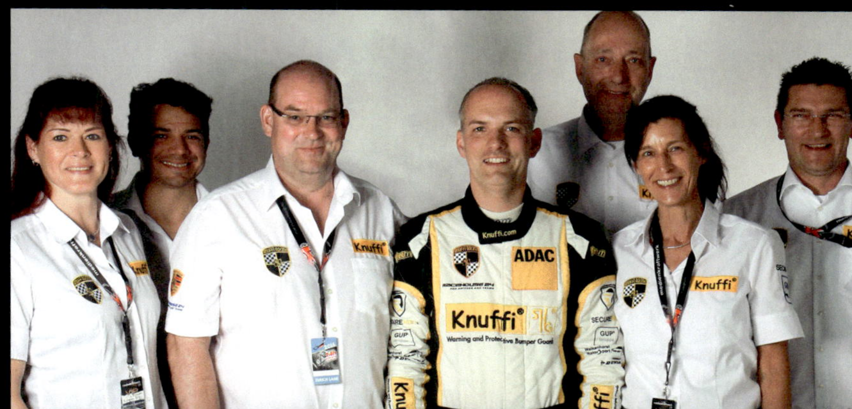

Thomas D. Hetzer and Team Knuffi

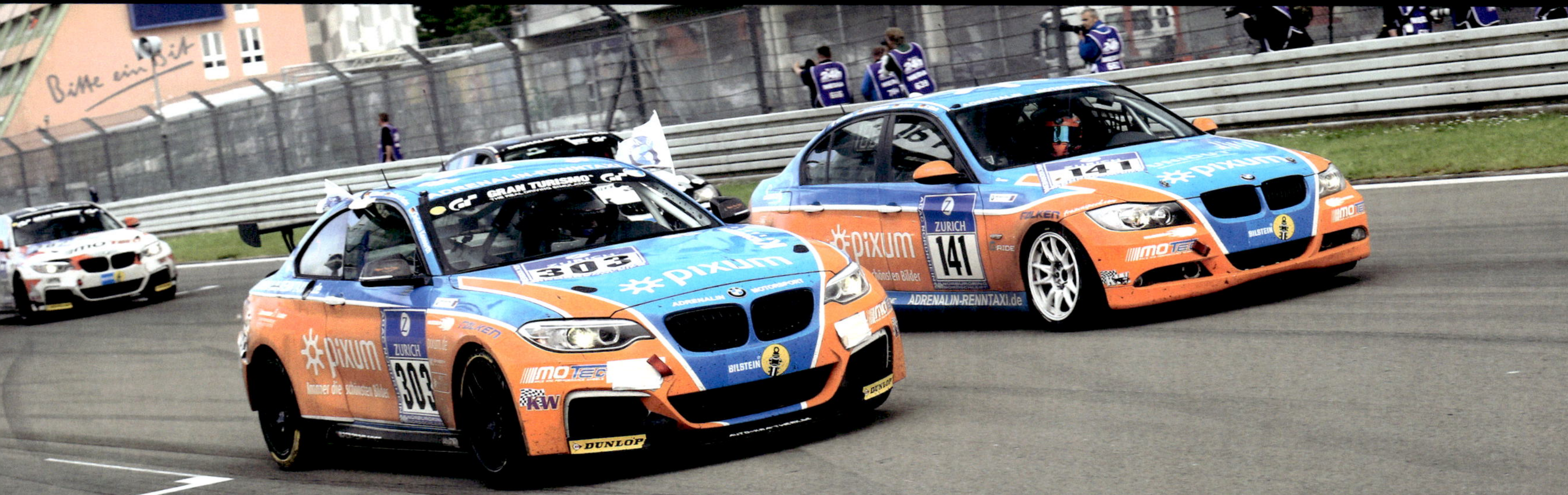

(303): Norbert Fischer, Daniel Zils, Uwe Ebertz - (141): Christopher Rink, Danny Brink, Gabriele Piana, Niklas Steinhaus

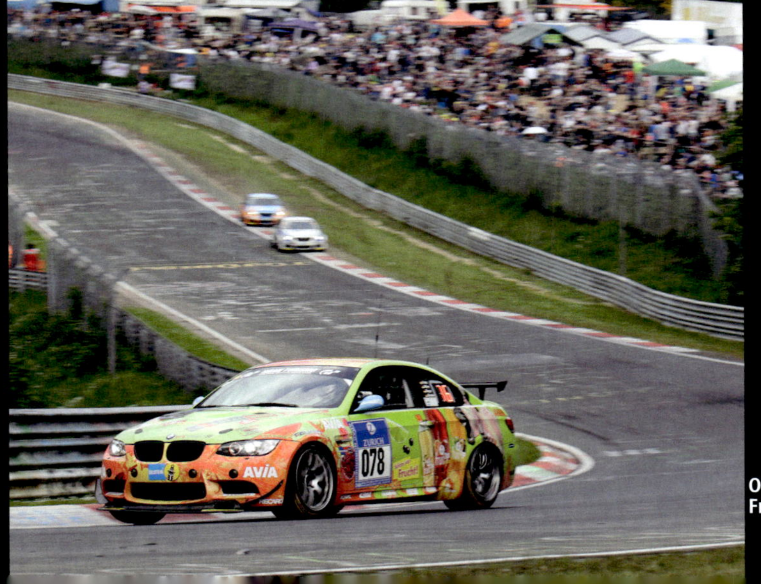

Oliver Bender, Stefan Beyer, Friedhelm Mihm, Torsten Kratz

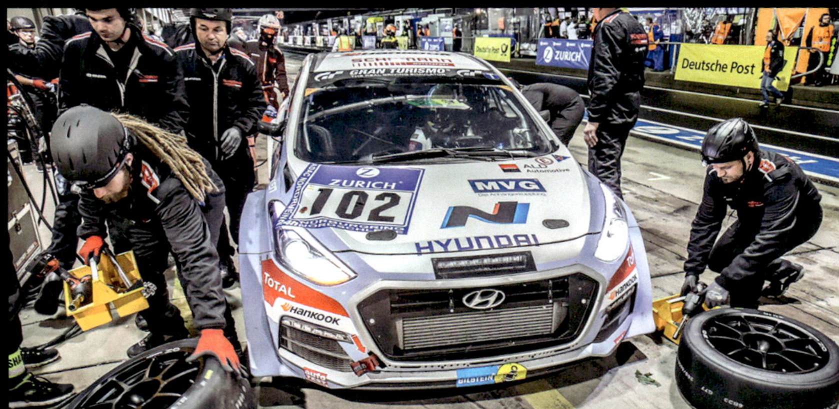

Alexander Köppen, Rory Penttinen, Michael Bohrer, Bruno Beulen

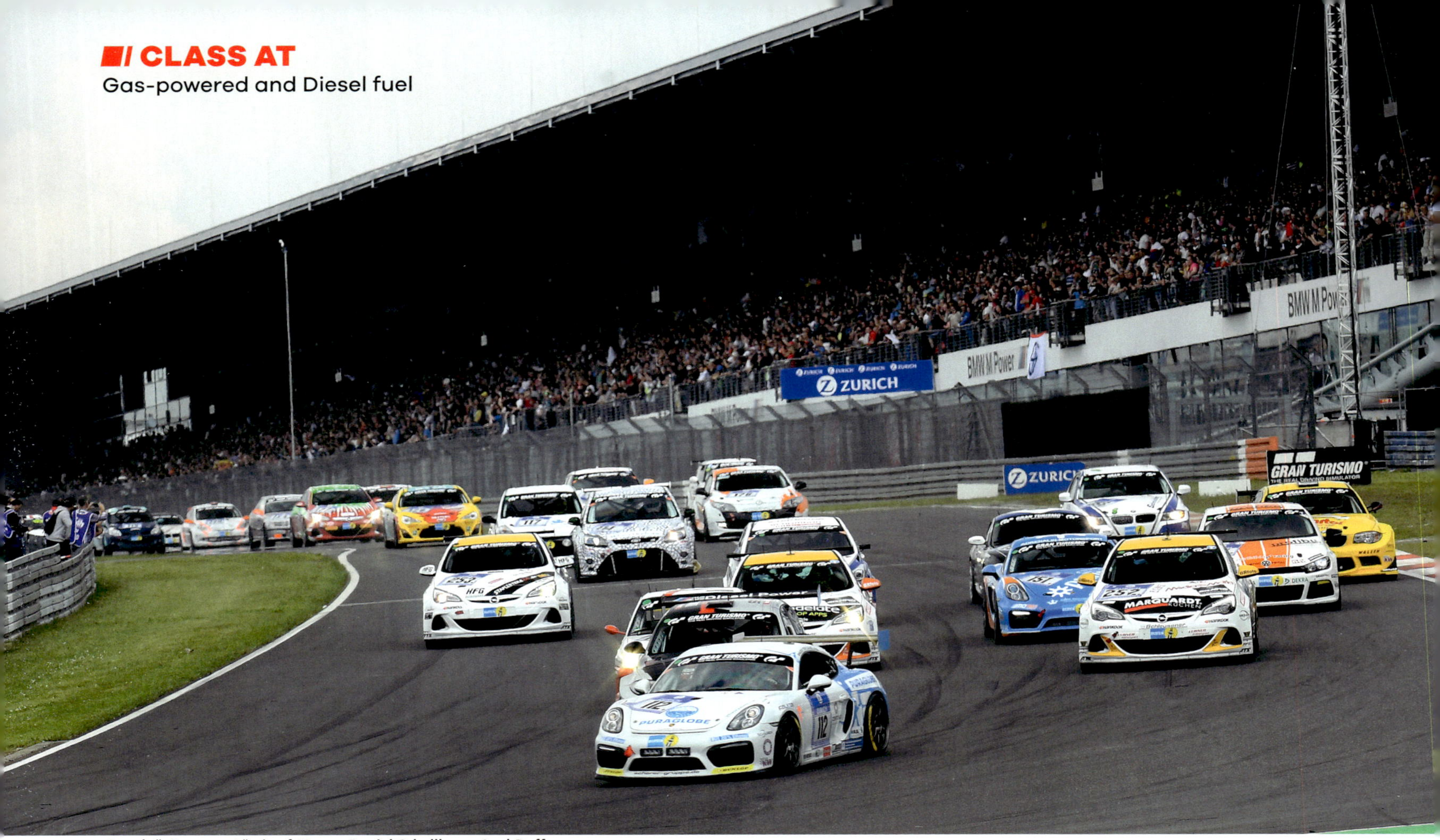

„Smudo", Tom von Löwis of Menar, Daniel Schellhaas, Axel Duffner

Class AT

Bei der elften Teilnahme hatte Smudo sein wohl bislang bestes Paket geschnürt: Ein Cup-Cayman aus dem Hause Manthey, der E20-Kraftstoff verbrannte. Also ein 80 Prozent Benzin- und 20 Prozent Ethanol-Gemisch. Nach der Pole im Training bestimmte Startfahrer Daniel Schellhaas zunächst das Geschehen. Bis zum Sonnenaufgang lieferten sich „Smudo", Thomas von Löwis of Menar, Axel Duffner und Daniel Schellhaas ein packendes Duell mit dem Saxon-BMW 135 Diesel von Nick Barrow, Dave Cox, Ric Shaw und Jamie Morrow. Mehrfach wechselte die Führung.

Die Entscheidung fiel in der 16. Stunde, als von Löwis of Menar an der Hohen Acht abflog. Der britische BMW siegte somit mit drei Runden Vorsprung auf den Audi A4 quattro von Thomas Hanisch, Michael Eichhorn, Markku Honkanen und Bastian Goercke. Das einzige Zwei-Mann-Team, der BMW 530i Erdgas von Christian Gatterer und Johan Sandberg, kam als Dritter aufs Podium. Gatterers Vater operierte als Teammanager, seine 100-Jährige (!) Oma war ebenfalls bis tief in die Nacht im Teamzelt auf den Beinen.

Platz vier ging an den OVR-Ford Focus RS von Ralph Caba, Volker Lange und Oliver Sprungmann. Wegen diverser Unfälle kam die Erdgas-Viper von Titus Dittmann, Bernd Albrecht, Reinhard Schall und Michael Lachmayer nur auf 55 Runden und somit nicht in Wertung.

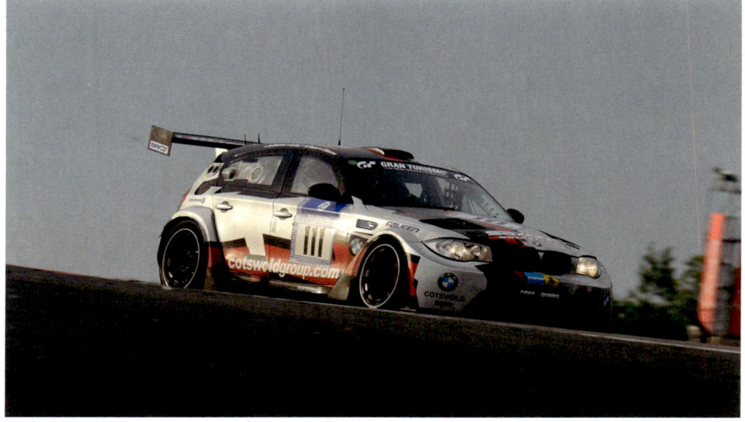

Nick Barrow, Dave Cox, Ric Shaw, Jamie Morrow

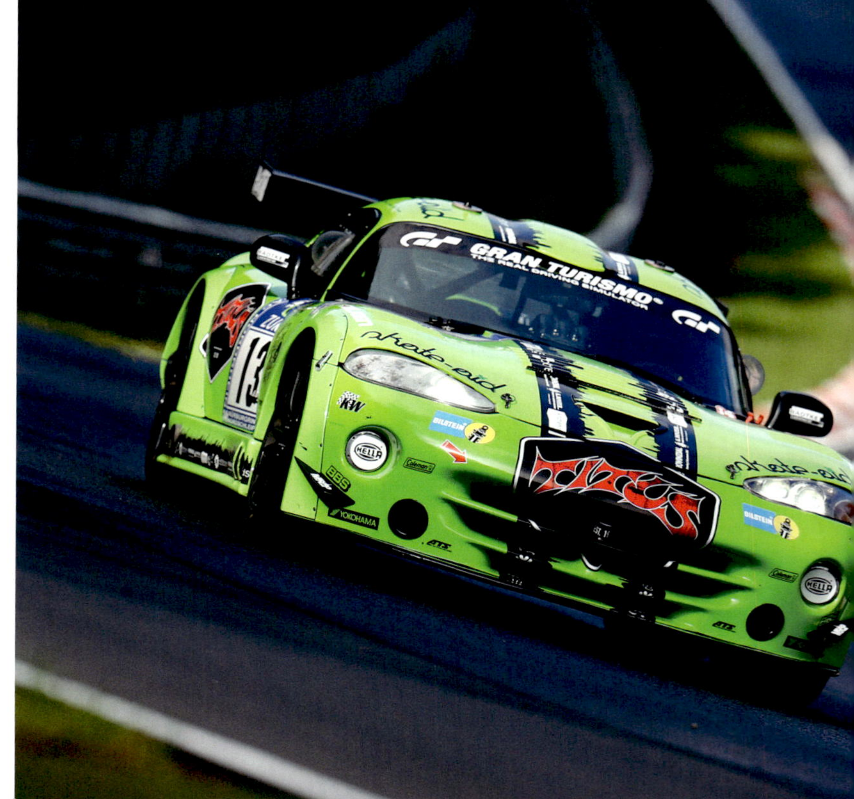

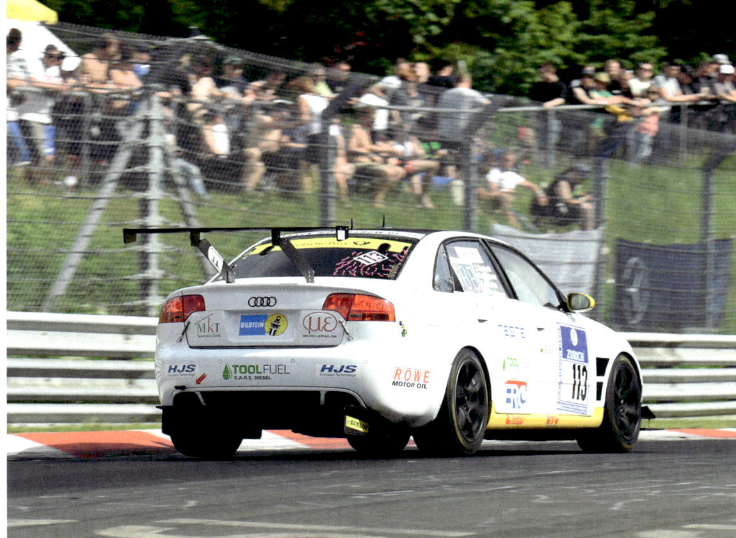

Thomas Hanisch, Michael Eichhorn, Markku Honkanen, Bastian Goercke

Before Sunday morning's sunrise, the E20-fuelled Porsche Cayman Cup car with Smudo, Thomas von Löwis of Menar, Axel Duffner and Daniel Schellhaas was embroiled in a nice battle with the diesel-powered Saxon BMW 135 with Nick Barrow, Dave Cox, Ric Shaw and Jamie Morrow. A crash involving the Porsche in the 16th hour at Hohe Acht allowed the British BMW to take the win, three laps ahead of the Audi A4 quattro with Hanisch/Eichhorn/Honkanen/Goerke. The only two-man team, Christian Gatterer and Johan Sandberg, finished third with its natural-gas powered BMW M530i.

Winner Class AT

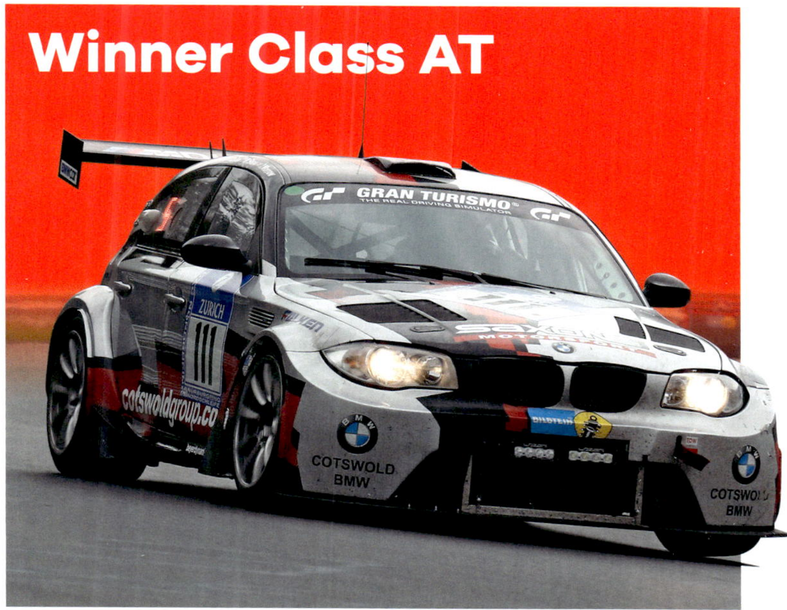

Nick Barrow, Dave Cox, Ric Shaw, Jamie Morrow

Class AT
Gas-powered and Diesel fuel

Hour		Q.	1	5	6	8	10	12	14	16	18	20	22	Finish
Position	1	112	112	111	111	111	111	112	111	111	111	111	111	111
	2	111	111	113	113	112	112	111	112	113	113	113	113	113
	3	114	114	112	112	113	113	113	113	112	115	115	115	115
	4	113	113	114	114	115	115	115	115	115	112	112	112	114
	5	115	13	115	115	114	13	13	13	114	114	114	114	
	6	13	115	13	13	13	114	114	114	13	13	13	13	

Fastest lap: No. 112 in 9:34.632 min. = 158.990 km/h
started: 6 • classified: 4 • not classified: 2

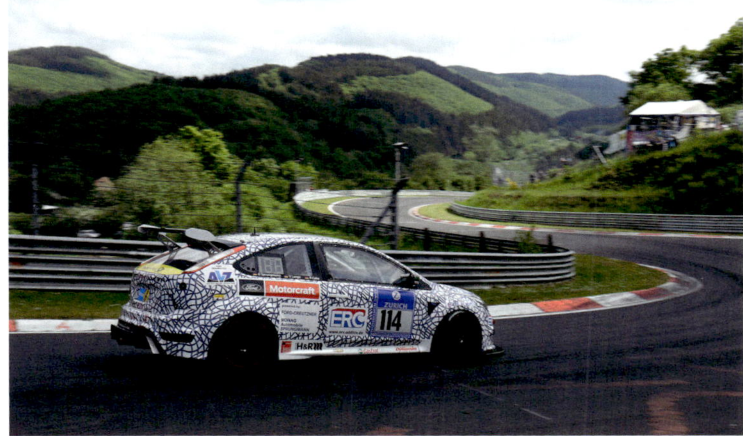

Ralph Caba, Volker Lange, Oliver Sprungmann

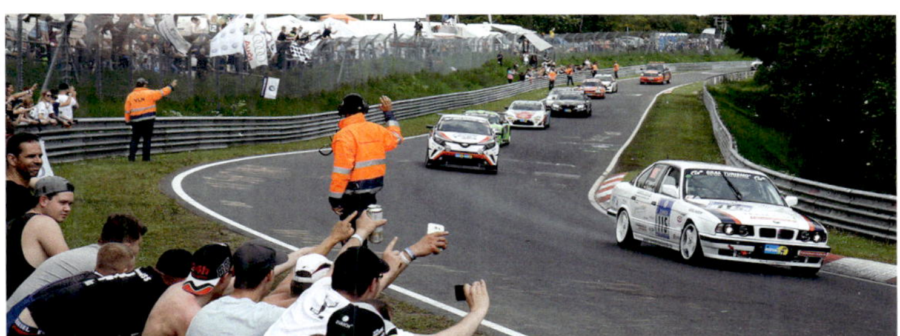

Christian Gatterer, Johan Sandberg

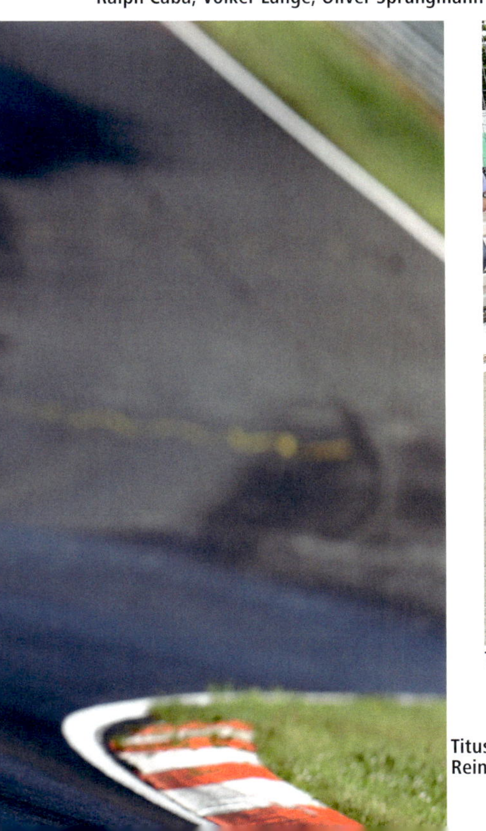

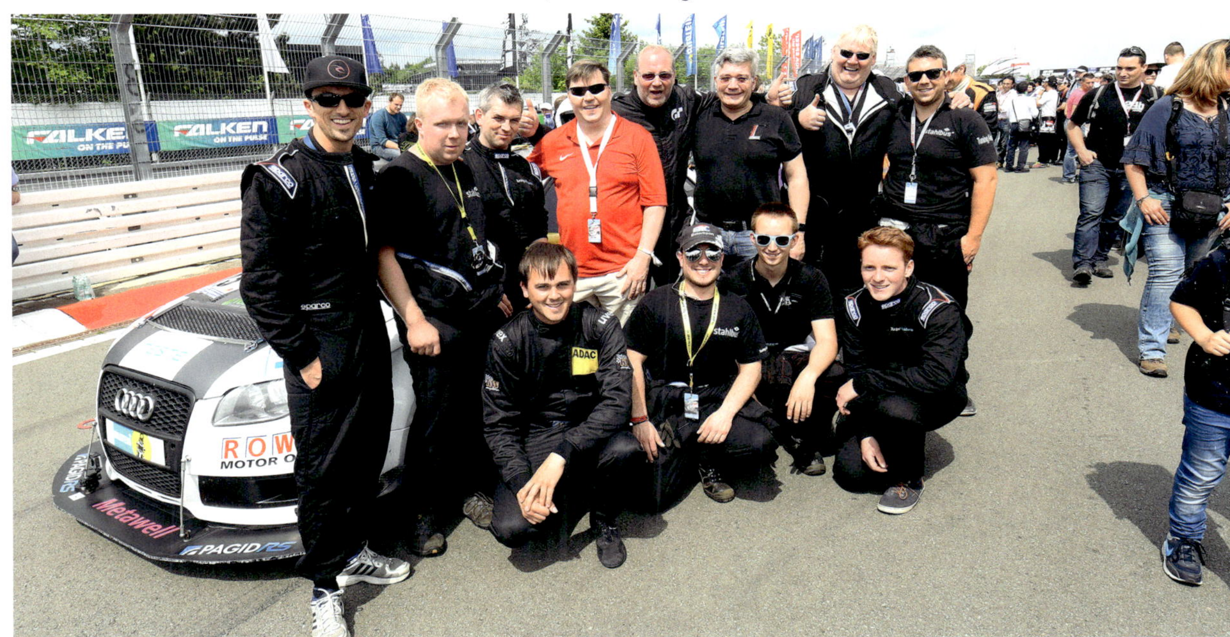

Thomas Hanisch, Michael Eichhorn, Markku Honkanen, Bastian Goercke and team

Titus Dittmann, Bernd Albrecht,
Reinhard Schall, Michael Lachmayer

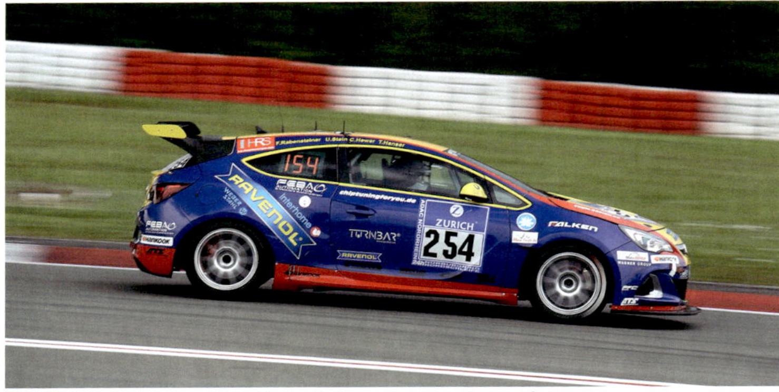
Friedrich Rabensteiner, Uwe Stein, Tatjana Hanser, Christoph Hewer

Class Cup 1

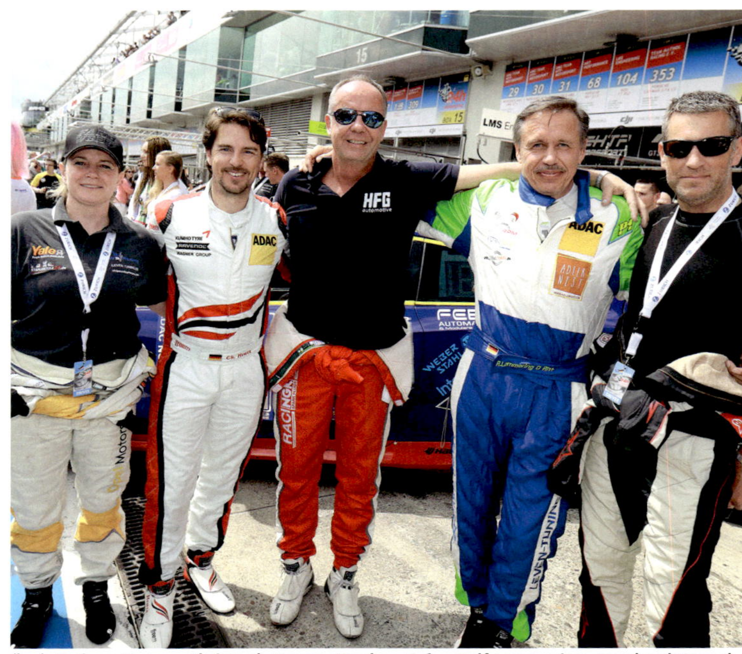
(l.-r.): Tatjana Hanser, Christoph Hewer, Stephan Kuhs, Ralf Lammering, Bernhard Henzel

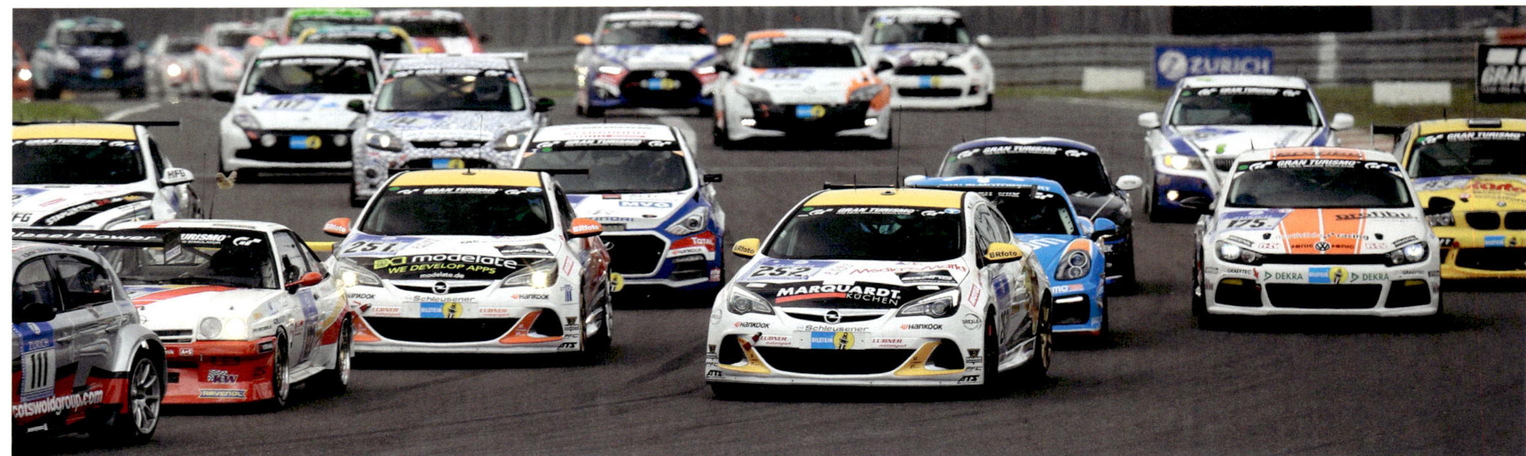
(251): Michael Brüggenkamp, Robert Schröder, Johann Wanger, Stefan Tribelhorn - (252): Marcel Hartl, Roger Vögeli, Jens Wulf, Ilkka Kariste

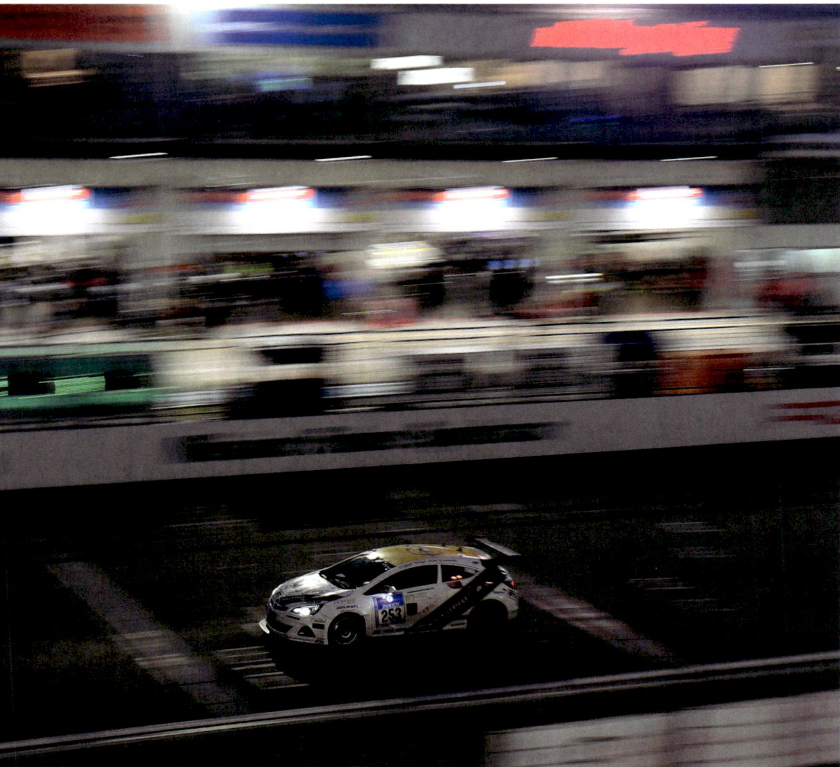
Bernhard Henzel, Stephan Kuhs, Jean-Luc Behets, Ralf Lammering

Wie immer beim ADAC-Klassiker glänzten die Cup-Opel mit enormer Standfestigkeit. Lubner Motorsport feierte einen ungefährdeten Doppelsieg in der Reihenfolge Michael Brüggenkamp, Robert Schröder, Johann Wanger und Stefan Tribelhorn vor Marcel Hartl, Roger Vögeli, Jens Wulf und Ilkka Kariste. Ihr Abstand betrug laut Ergebnisliste eine Runde, auf der Strecke waren es knapp sechs Minuten.

Das dritte Fahrzeug aus dem Thüringer Team mit Sandro Rothenberger, Norbert Mehling, Rogerio Carvalhais und Matthew McFadden wurde nach einem Unfall Vierter. Die Plätze drei und fünf gingen an WS-Racing mit sieben bzw. 19 Runden Rückstand. Hier griffen ins Lenkrad Bernhard Henzel, Stephan Kuhs, Jean-Luc Behets und Ralf Lammering sowie Friedrich Rabensteiner, Uwe Stein, Tatjana Hanser und Christoph Hewer.

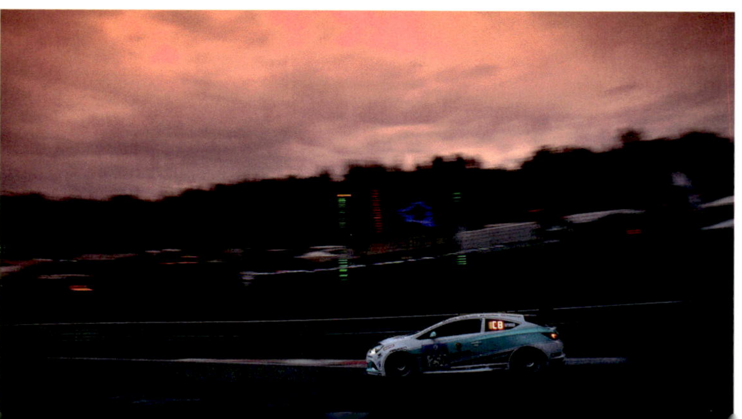
Sandro Rothenberger, Norbert Mehling, Rogerio Carvalhais, Matthew Mc Fadden

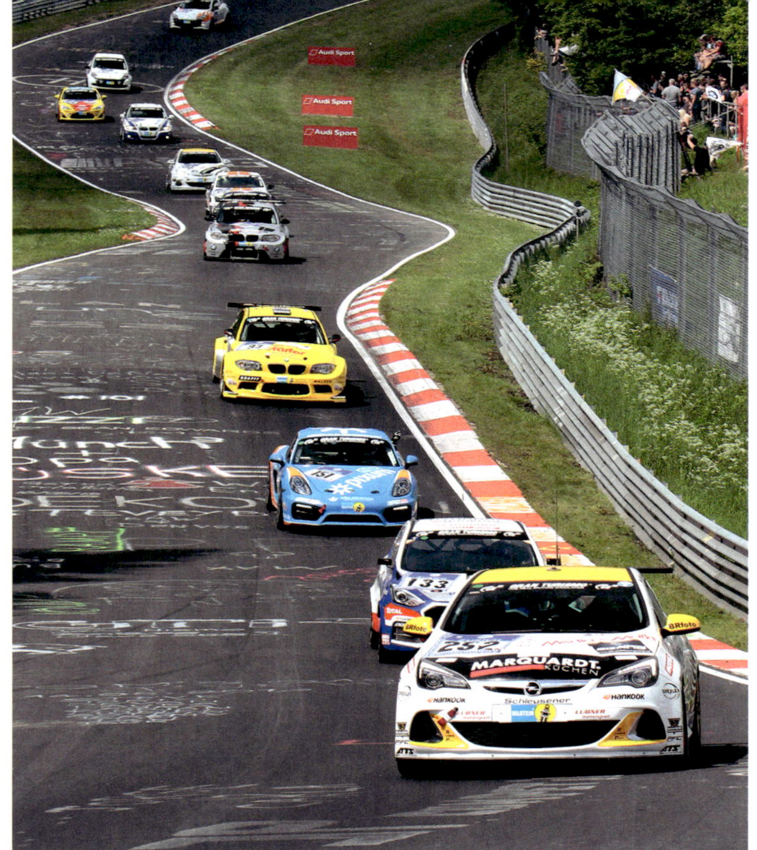

Marcel Hartl, Roger Vögeli, Jens Wulf, Ilkka Kariste

Lubner Motorsport scored an undisputed 1-2 with Brüggenkamp/Schröder/Wanger/Tribelhorn ahead of Hartl/Vögeli/Wulf/Kariste. On track, the gap between the two cars was less than six minutes, although the second-placed team was one lap down. Third place went to WS Racing.

Winner Class Cup 1

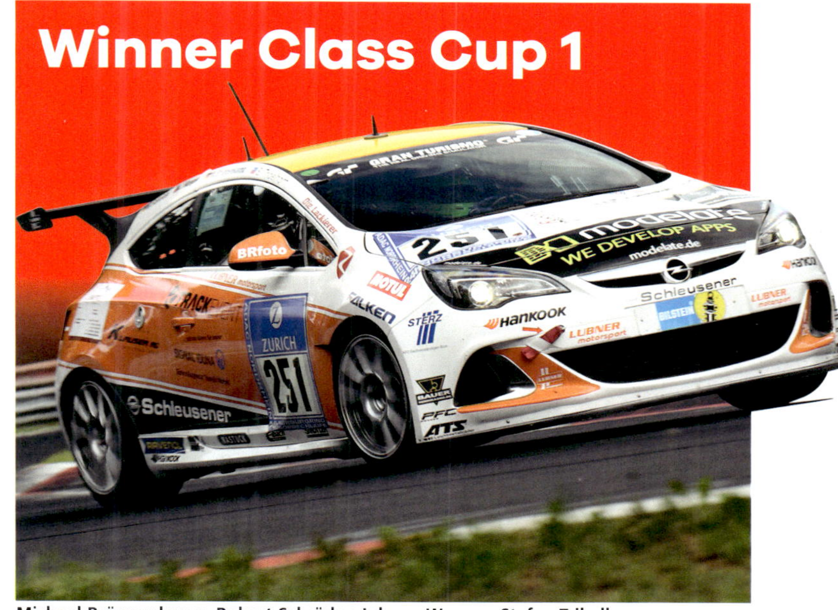

Michael Brüggenkamp, Robert Schröder, Johann Wanger, Stefan Tribelhorn

Class Cup 1
Opel Astra OPC Cup

Hour		Q.	1	5	6	8	10	12	14	16	18	20	22	Finish
Position	1	251	251	251	251	252	252	252	251	252	251	251	251	251
	2	252	252	252	252	251	251	251	252	251	252	252	252	252
	3	253	253	253	253	253	253	253	253	253	253	253	253	253
	4	250	250	250	254	254	254	250	250	250	250	250	250	250
	5	254	254	254	250	250	250	254	254	254	254	254	254	254

Fastest lap: No. 251 in 9:53.731 min. = 153.876 km/h
started: 5 • classified: 5 • not classified: 0

Michael Brüggenkamp, Robert Schröder, Johann Wanger, Stefan Tribelhorn

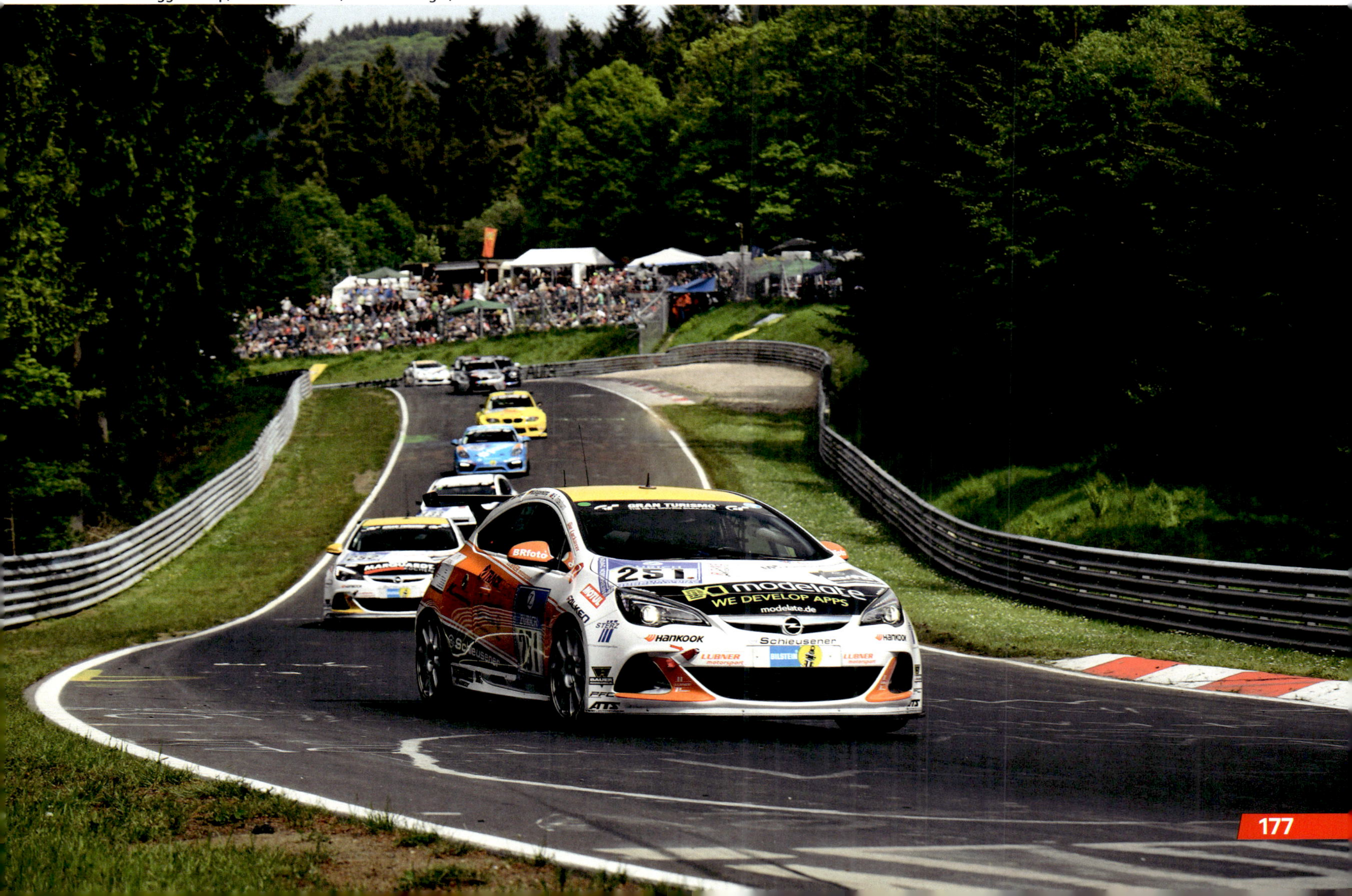

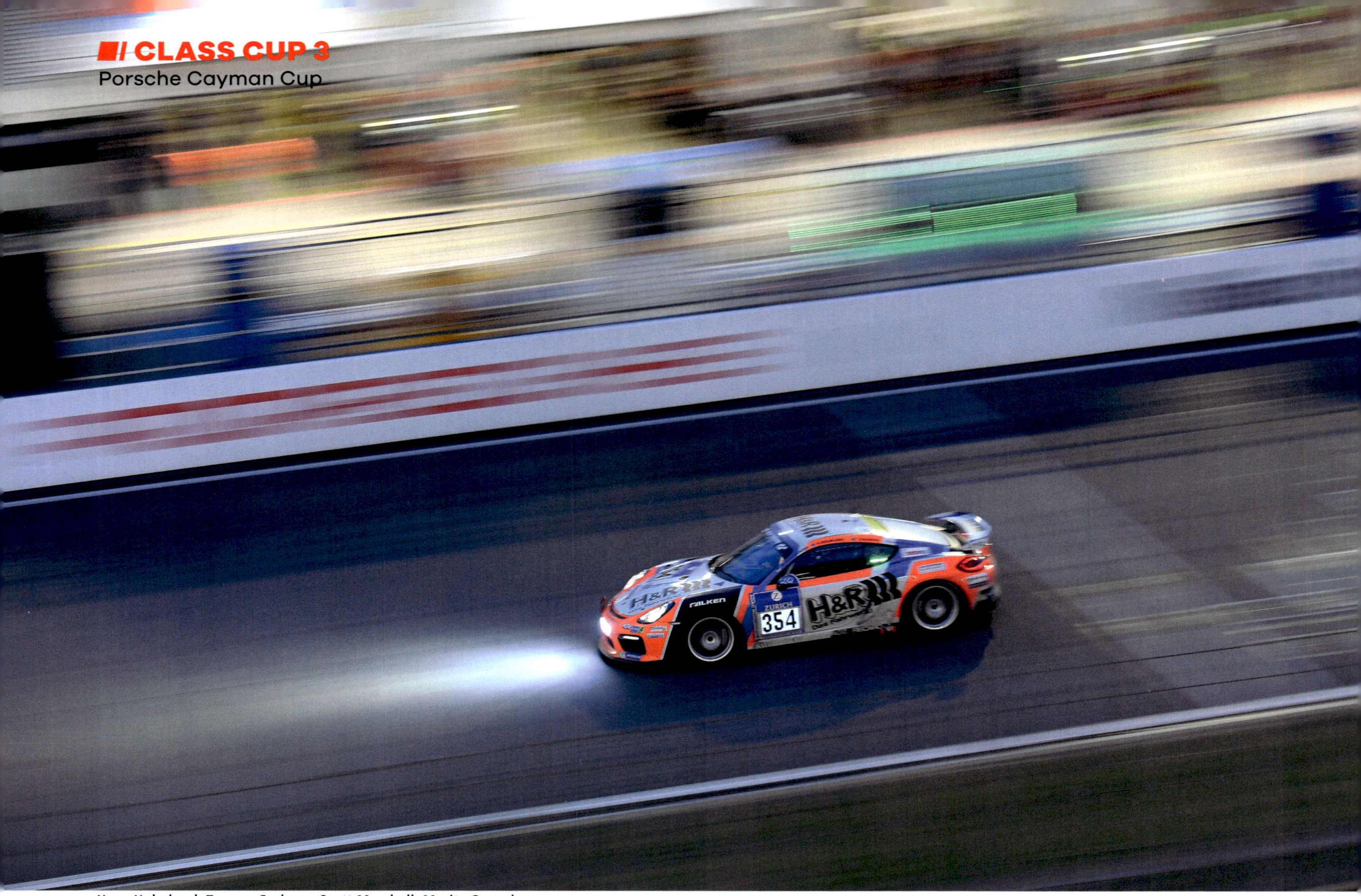

Hans Holmlund, Tommy Graberg, Scott Marshall, Moritz Gusenbauer

Class Cup 3

Erstmals waren die Cup-Cayman aus dem Hause Manthey mit von der Partie. Drei der vier Starter durften auch Führungsluft schnuppern. Bis zu einem Unfall (ca. 1.15 Uhr) führte der Pole-Setter von Mühlner Motorsport mit Daniel Bohr, Frank Schmickler und Pierre Humbert, die schließlich noch Dritter wurden. Für wenige Runden übernahmen die Black Falcon-Piloten Christian Björn-Hansen, Runar Vatne, "Sugar Mountain" und Stefan Karg die Spitze, ehe ein Unfall in Aremberg gegen 1.50 Uhr für das finale Aus sorgte. Somit siegten Hans Holmlund, Tommy Graberg, Scott Marshall und Moritz Gusenbauer für Raceunion Teichmann vor Marc Keilwerth, Volker Wawer, Rob Thomsen und Wilfried Assmann von Mathol Racing.

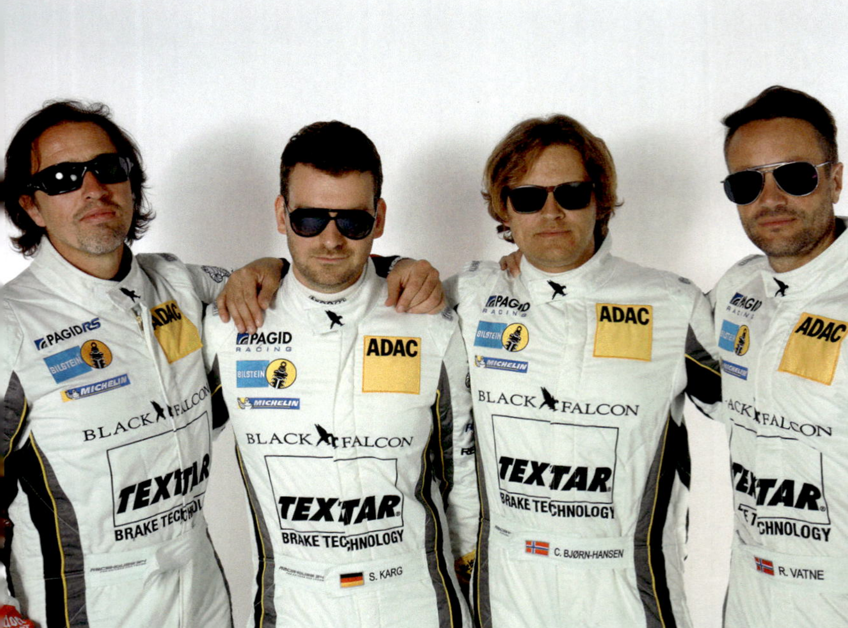

(l.-r.): „Sugar Mountain", Stefan Karg, Christian Björn-Hansen, Runar Vatne

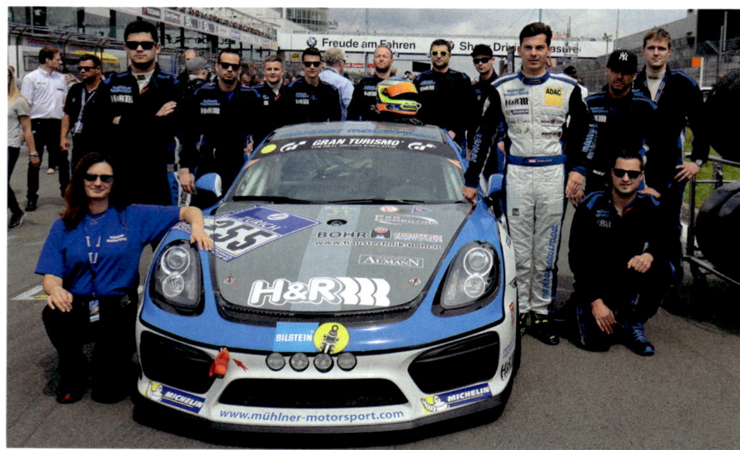

Daniel Bohr, Frank Schmickler, Pierre Humbert and Mühlner Motorsport team

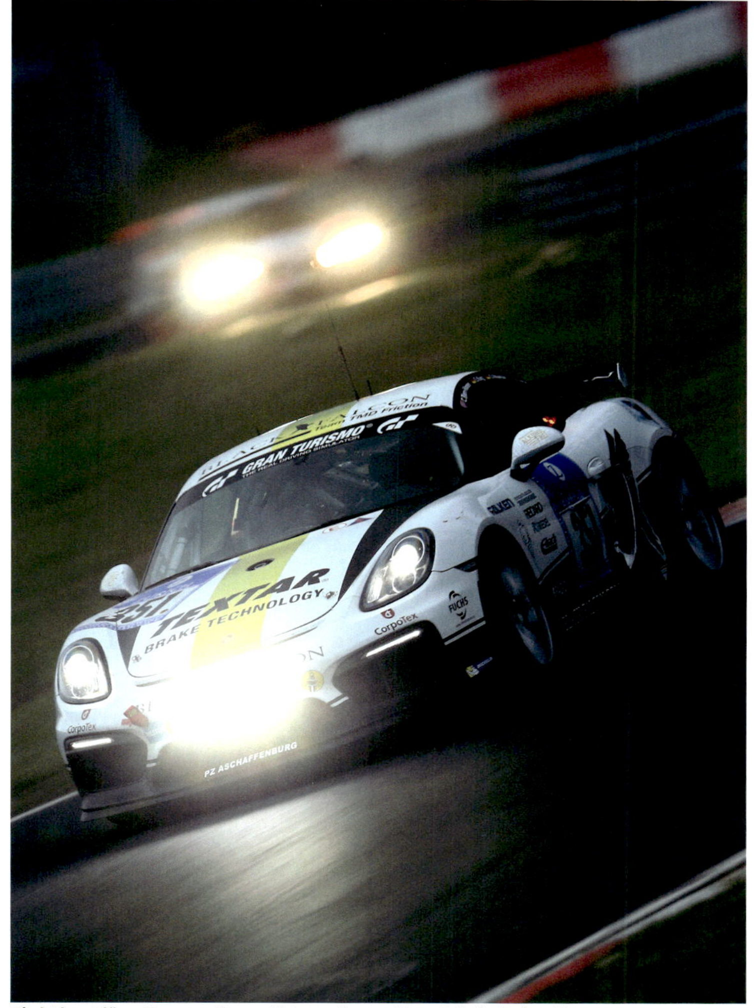

Christian Björn-Hansen, Runar Vatne, „Sugar Mountain", Stefan Karg

Winner Class Cup 3

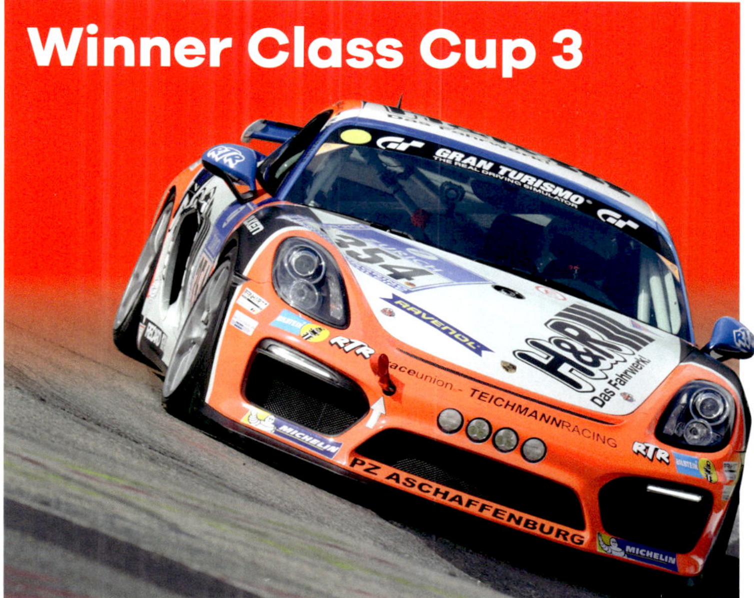

Hans Holmlund, Tommy Graberg, Scott Marshall, Moritz Gusenbauer

Class Cup 3
Porsche Cayman Cup

Hour		Q.	1	5	6	8	10	12	14	16	18	20	22	Finish
Position	1	355	355	355	355	351	354	354	354	354	354	354	354	354
	2	351	351	354	351	354	353	353	353	353	353	353	353	353
	3	353	354	351	354	355	355	355	355	355	355	355	355	355
	4	354	353	353	353	353	351	351	351	351	351	351	351	

Fastest lap: No. 351 in 9:20,929 min. = 162.874 km/h
started: 4 • classified: 3 • not classified: 1

The Manthey-built Cayman Cup cars raced for the first time, and three of the four teams took turns to lead the class Victory went to the Racunion Teichmann entry with Holmlund/Graberg/Marshall/Gusenbauer, followed by Keilwerth/Wawer/Thomsen/Assmann in the Mathol Porsche.

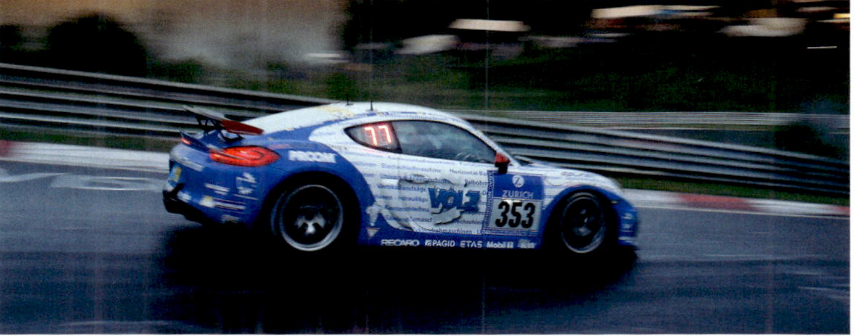

Marc Keilwerth, Volker Wawer, Rob Thomsen, Winfried Assmann

(355): Daniel Bohr, Frank Schmickler, Pierre Humbert
(354): Hans Holmlund, Tommy Graberg, Scott Marshall, Moritz Gusenbauer - (158): Dr. Dr. Stein Tveten, Oskar Sandberg, Yannick Fübrich

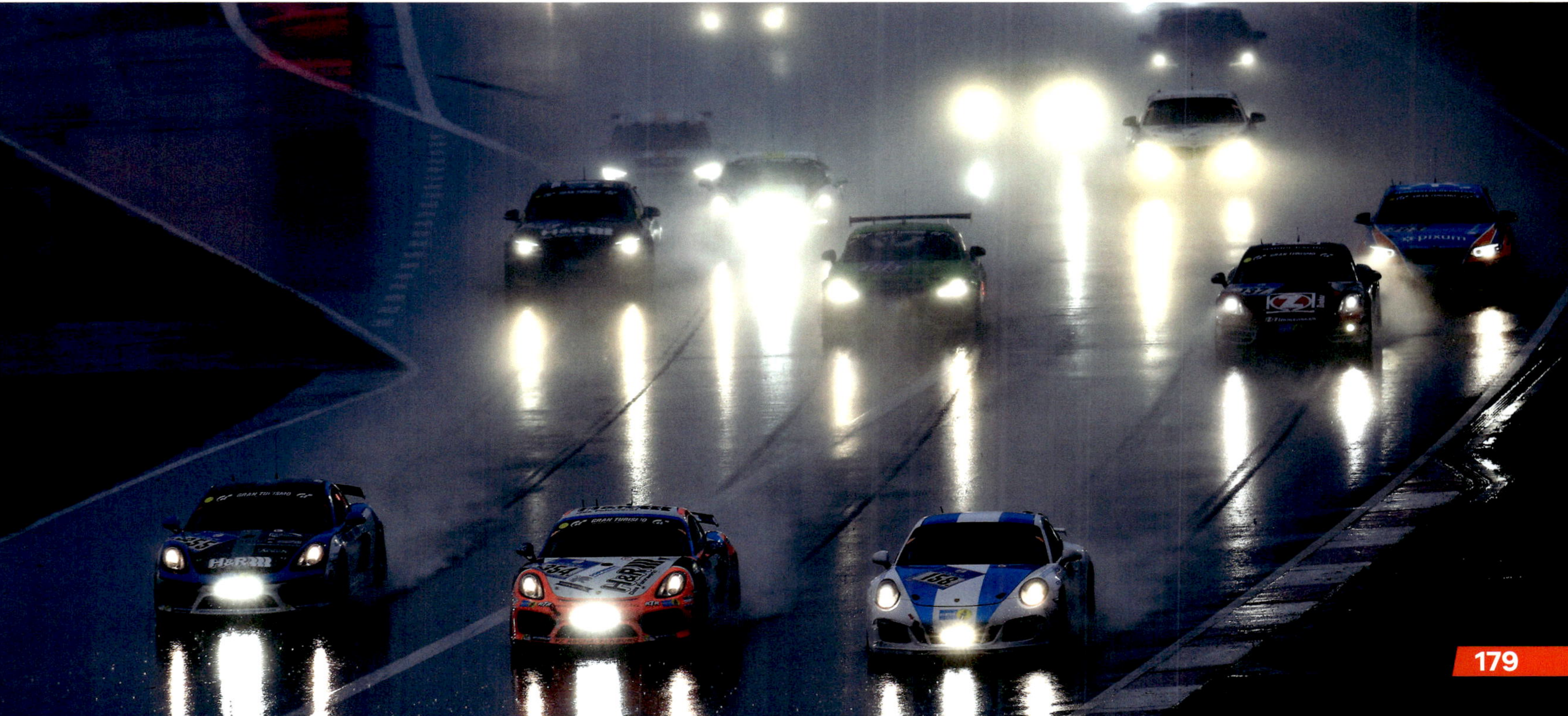

Class Cup 5

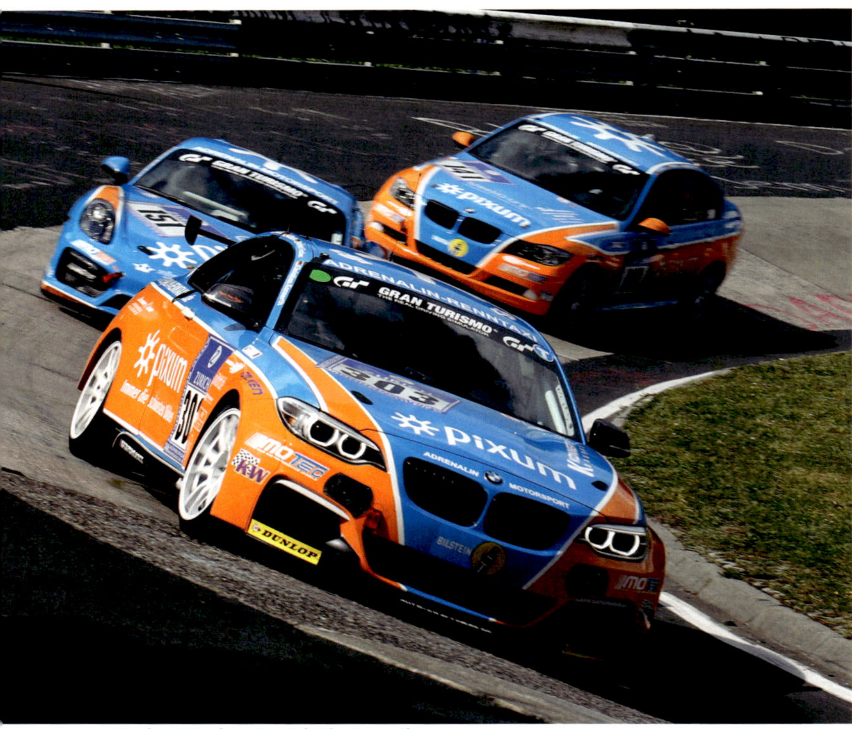
Norbert Fischer, Daniel Zils, Uwe Ebertz

Es gab den erwarteten Dreikampf zwischen Bonk (#305), Scheid (#310) und Sorg (#308). Alle drei führten auch zwischenzeitlich die Klasse an, wobei Adrenalin Motorsport (#303) sich immer in Schlagdistanz hielt. Unterm Strich siegte mit Michael Schrey, Alexander Mies, Emin Akata und Dries Vanthoor jene Bonk-Mannschaft, die die wenigsten Fehler machte. Die Scheid-Crew Thomas Jäger, Max Partl und Rudi Adams strandete einmal in der feuchten Hatzenbach-Wiese und wurde mit etwas mehr als einer Runde Rückstand Zweiter. Platz drei ging an Adrenalin Motorsport mit Norbert Fischer, Daniel Zils und Uwe Ebertz, die kurzfristig auf Christian Konnerth verzichten mussten, der sich donnerstags bei einem Rollerunfall das Schlüsselbein brach.

Der Sorg-BMW von Heiko Eichenberg, Kevin Warum, Felix Günther und Moritz Oberheim lag in der 13. Stunde nur 30 Sekunden hinter dem Bonk-M235, als Warum über zehn Minuten im Veedol-S in der nassen Wiese feststeckte. Ein Einschlag von Oberheim in der Ravenol-Kurve vier Stunden später ließ das Wuppertaler Team auf Platz sechs zurückfallen. Über Platz vier und fünf freute sich FK Performance mit Thorsten Wolter, Yannick Mettler, Patrick Hinte und Alex Lambertz vor Fabian Finck, Michael Mohr, Yann Munhowen und Andreas Schafitzl.

Thomas D. Hetzer, Stefan Kruse, Henning Cramer und Florian Weber fuhren im Knuffi-BMW von Walkenhorst Motorsport auf Platz sieben. Es folgten die beiden Adrenalin-M235 mit Nadir Zuhour, Mohammed Al Owais, Bashar Mardini und Einar Thorsen sowie Bogdan Capusan, Alessandro Cremascoli, Ralph-Peter Rink und Michael Hofmann. Der zweite Bonk-BMW von Axel Burghardt, Michael Bonk, Jens Moetefindt und Andreas Möntmann komplettierte die Top-Ten.

Schneeballschlacht beim 24h-Rennen

"I called for a snow ball match"

Die 24h schreiben bekanntermaßen ihre eigenen Regeln - in diesem Jahr war es das Wetter, inklusive Starkregen, Hagel und das Ende Mai! Ich durfte bei bestem Wetter den Start fahren, was für mich eine große Ehre war. Innerhalb von Minuten schlug es um, es kam zu einem Wetterchaos in deren Folge ich am Ende der Fuchsröhre im Hagel und auf Eis stecken blieb. Wahnsinn, das habe ich noch nicht erlebt! Verrückt wurde es, als ich bemerkte, dass meine beiden Walkenhorst-Teamkollegen Matias Henkola und Jaap van Lagen nicht weit weg „parkten" und wir eine Schnellballschlacht mit den Fans anzettelten. Das war ein großer Spaß! Nach drei Podien wurde ich jetzt beim vierten Start leider nur Siebter, was aber ein solides Ergebnis ist in dieser sehr hartumkämpften Klasse. Eins ist aber klar: Das Podium ist nur verliehen, nächstes Jahr greife ich wieder an! Mein besonderer Dank gilt meinen Sponsoren und dem gesamten Team Walkenhorst Motorsport, sowie meinem Renningenieur Ubi für dieses besondere 24h-Rennen 2016.

"As everyone knows, the 24-hour race has its own rules. And this year, further rules were added, it was unbelievable. I was allowed to drive the start in perfect conditions, which was a great honour for me. Within minutes, the weather changed, there was chaos and I got stuck in snow and ice at Fuchsröhre. Crazy. My two Walkenhorst team-mates Matias Henkola and Jaap van Lagen were parked not far away, so I called for a snow ball match!

My double stint during the night and into the morning was another special experience, as the fog at some stages didn't make orientation easy. Dawn, however, was wonderful, highly emotional. After three podium finishes, I now only ended up seventh in my fourth participation. But being off the podium is only temporarily, I will attack again next year! The car was perfect, my particular thanks go out to Ubi, my race engineer."

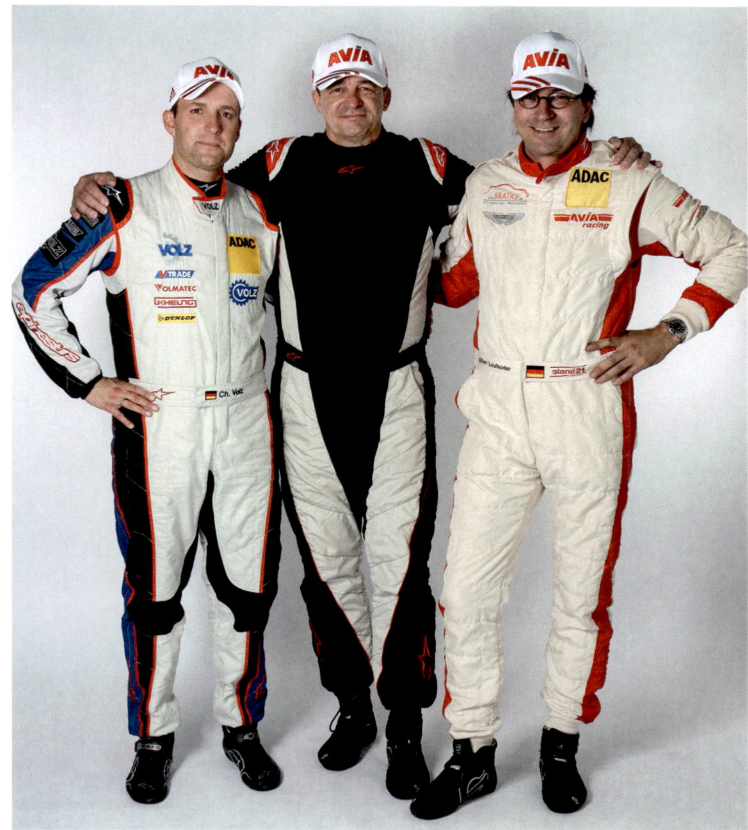

(l.-r.): Christian Volz, Andre Duve, Oliver Louisoder

The BMW Cup class produced the expected three-way battle between the Bonk (#305), Scheid (#310) and Sorg (#308) teams. All three led the class, with the Adrenalin car (#303) never far behind. Bonk drivers Michael Schrey, Alexander Mies, Emin Akata and Dries Vanthoor, made the fewest mistakes and took victory. The Scheid crew of Thomas Jäger, Max Partl and Rudi Adams finished second, driving for Adrenalin Motorsport. Incidents prevented a podium finish for the Sorg entry.

Winner Class Cup 5

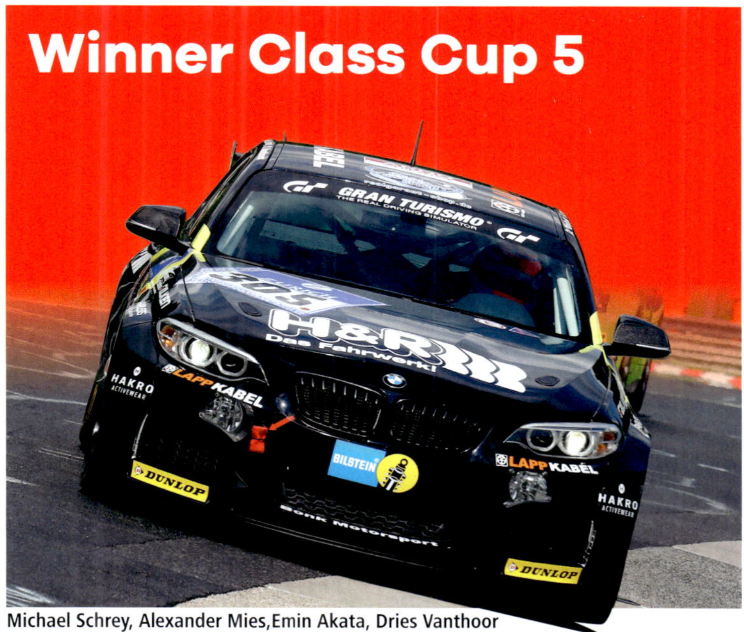

Michael Schrey, Alexander Mies,Emin Akata, Dries Vanthoor

CLASS CUP 5
BMW M235i Racing Cup

Hour		Q.	1	5	6	8	10	12	14	16	18	20	22	Finish
Position	1	305	305	310	310	305	308	305	305	305	305	305	305	305
	2	310	319	303	305	303	305	303	308	303	303	310	310	310
	3	319	303	305	303	308	303	308	303	310	310	303	303	303
	4	308	310	308	308	310	310	310	310	308	308	308	318	318
	5	318	308	316	316	318	318	318	318	318	318	318	316	316
	6	303	318	318	318	316	316	316	316	316	316	316	320	308
	7	320	309	320	320	302	301	301	301	320	301	320	308	320
	8	304	316	301	301	301	320	320	320	301	320	301	301	301
	9	317	302	302	302	320	302	302	302	302	302	302	302	302
	10	309	317	309	309	304	304	304	303	304	304	304	304	304
	11	302	320	317	317	309	319	319	319	319	317	317	317	317
	12	301	304	304	304	317	309	309	309	317	319	309	309	
	13	316	301	319	319	319	317	317	317	309	309	319	319	

Fastest lap: No. 310 in 9:31.798 min. = 159.778 km/h
started: 13 • classified: 11 • not classified: 2

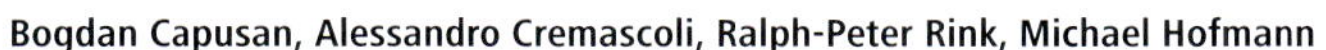

Bogdan Capusan, Alessandro Cremascoli, Ralph-Peter Rink, Michael Hofmann

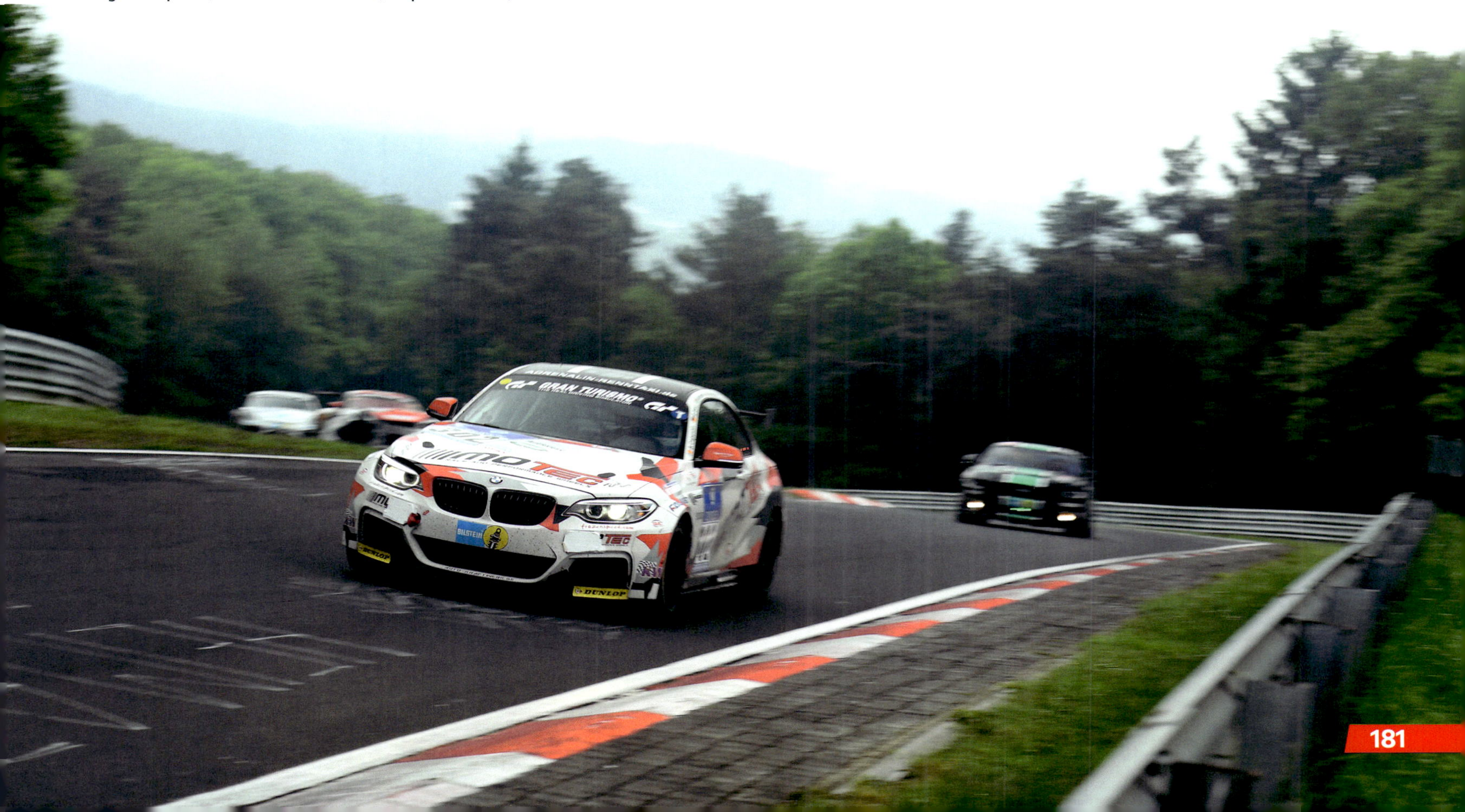

CLASS CUP 5

BMW M235i Racing Cup

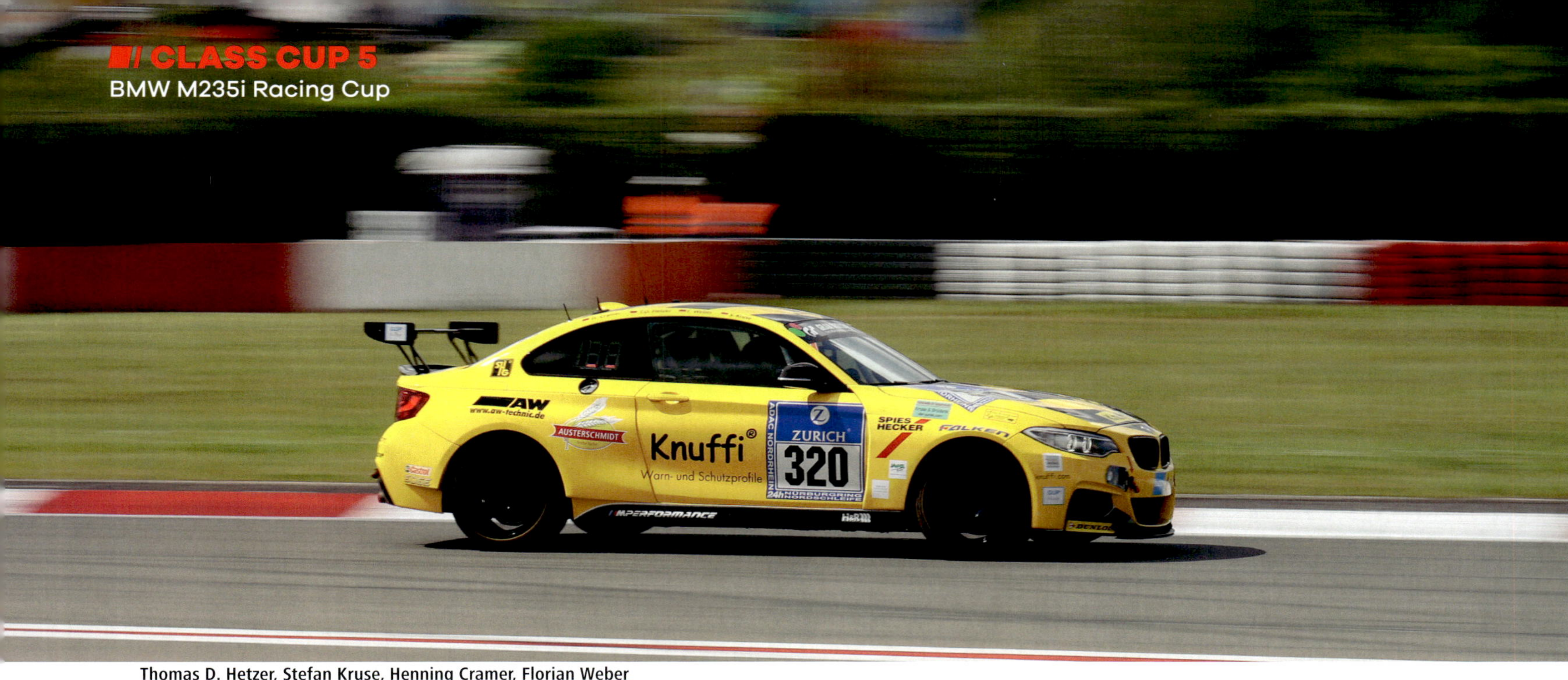

Thomas D. Hetzer, Stefan Kruse, Henning Cramer, Florian Weber

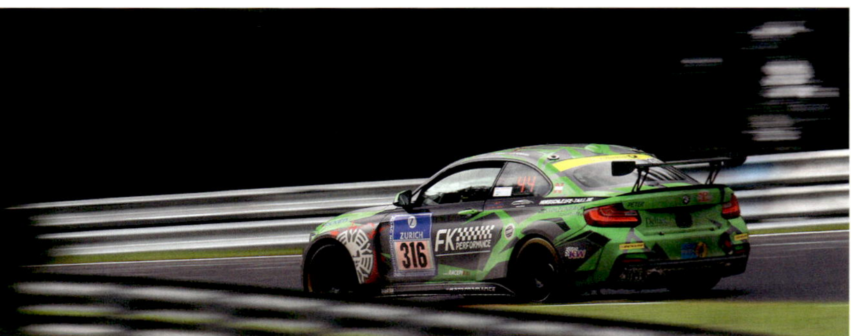

Fabian Finck, Michael Mohr, Yann Munchowen, Andreas Schaflitzl

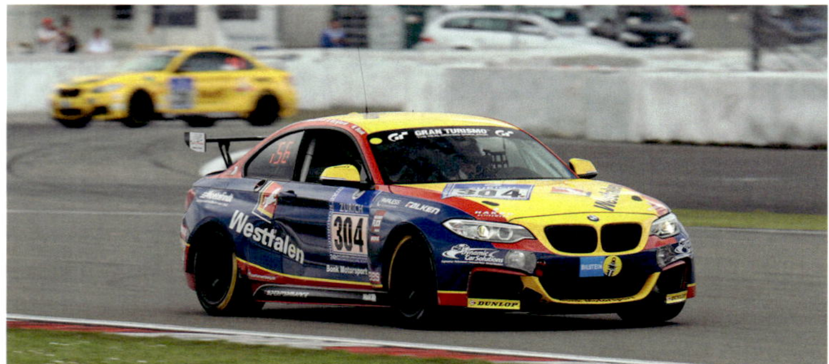

Axel Burghardt, Michael Bonk, Jens Moetefindt, Andreas Möntmann

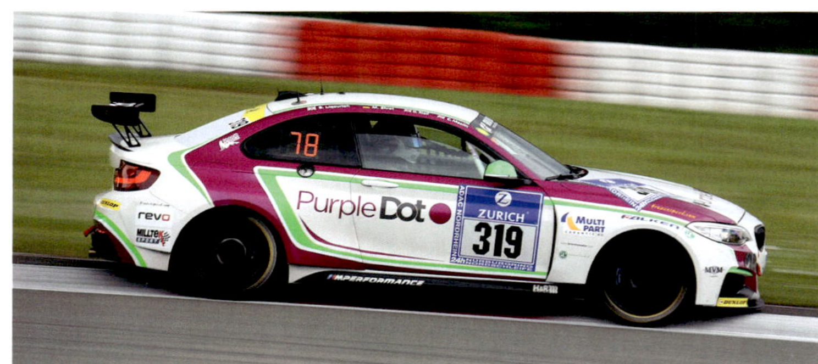

Chris Mealin, Guy Riall, Steve Liqourish, Marc Ehret

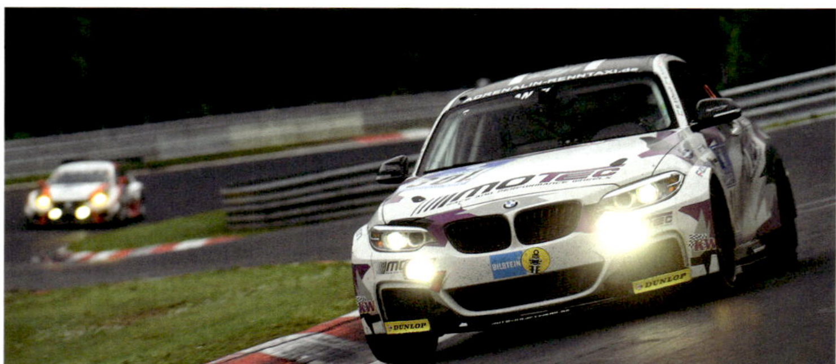

Zuhour Nadir, Mohammed AlOwais, Bashar Mardini, Einar Thorsen

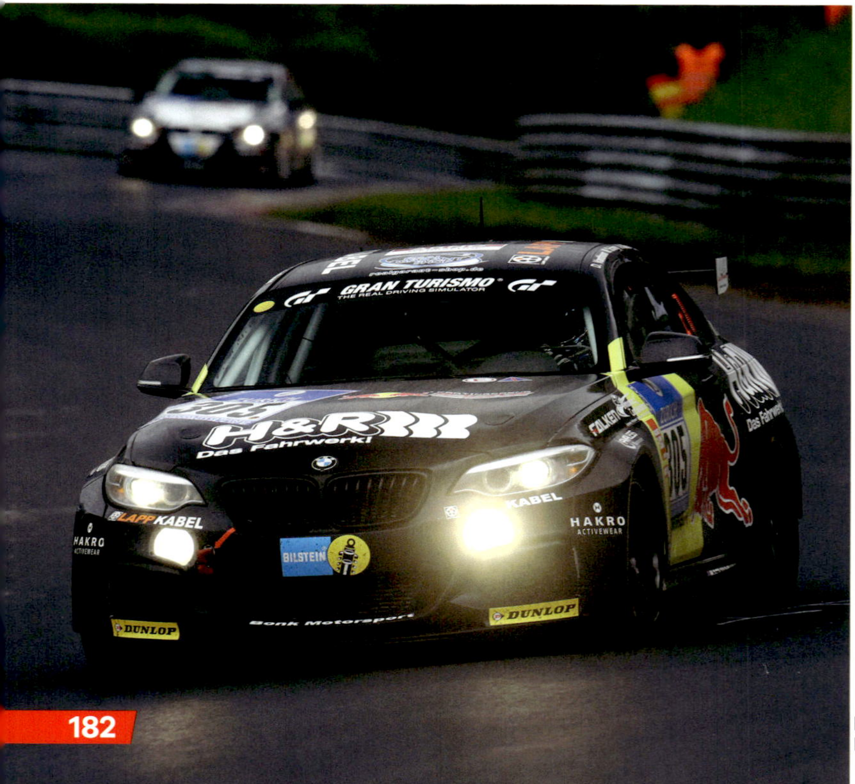

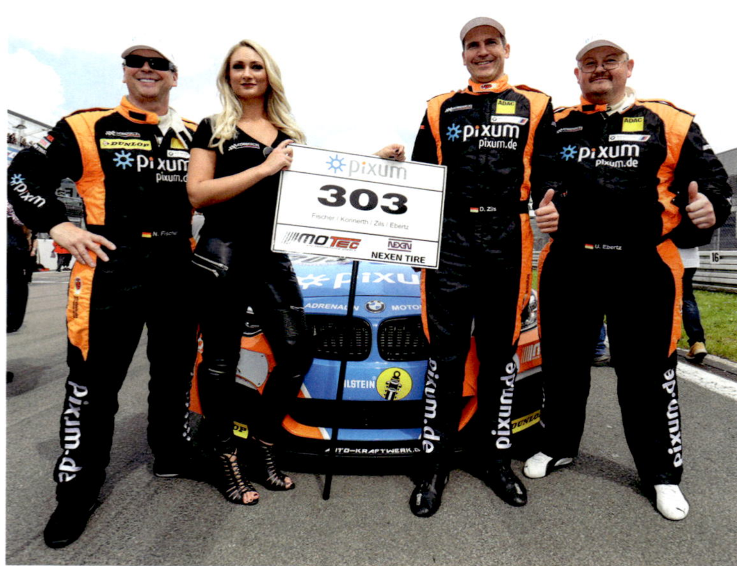

(l.-r.): Norbert Fischer, Daniel Zils, Uwe Ebertz

Michael Schrey, Alexander Mies, Emin Akata, Dries Vanthoor

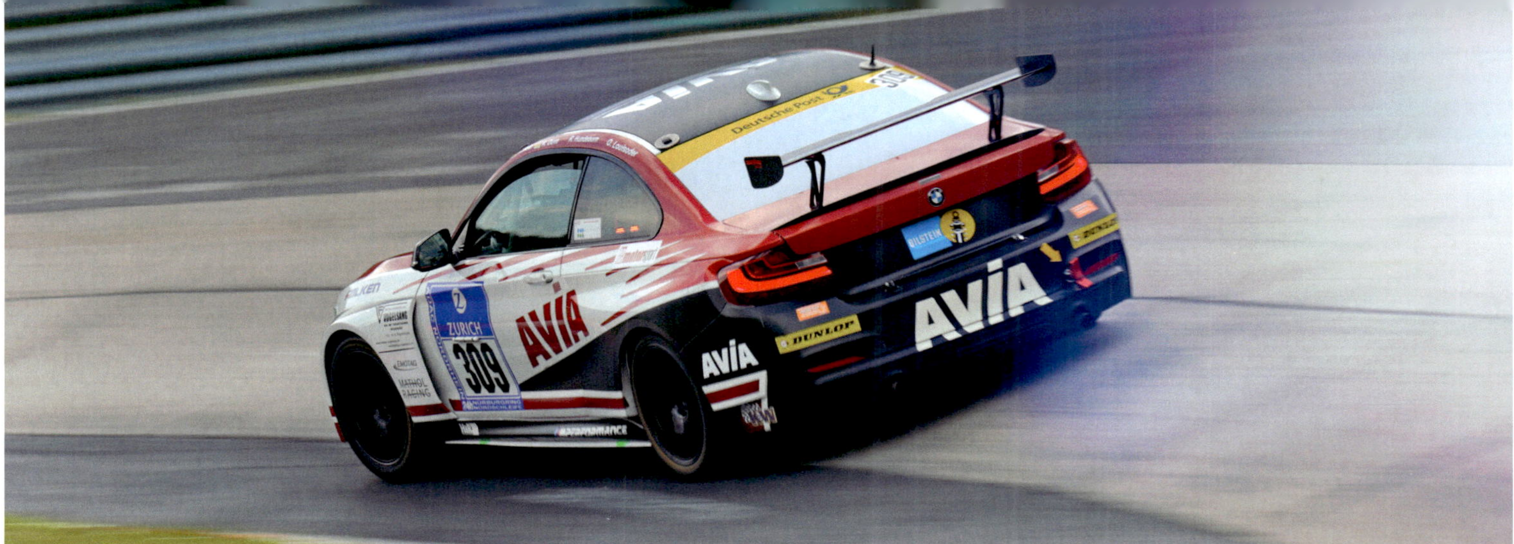

Christian Volz, Andre Duve, Rafael Hundeborn, Oliver Louisoder

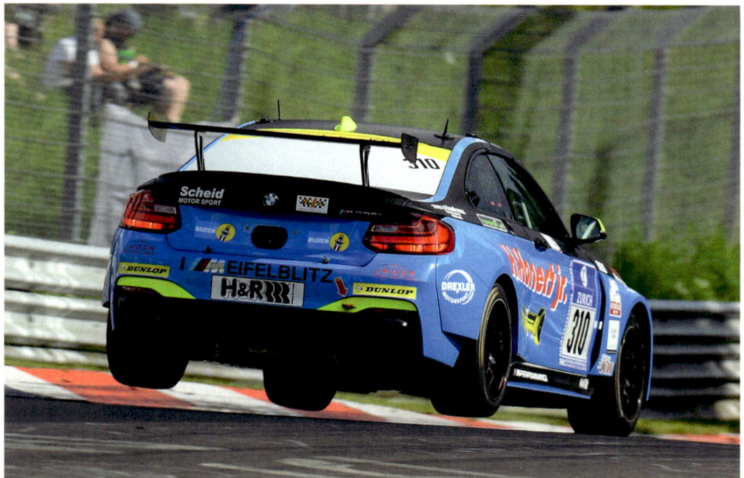

Thomas Jäger, Max Partl, Rudi Adams

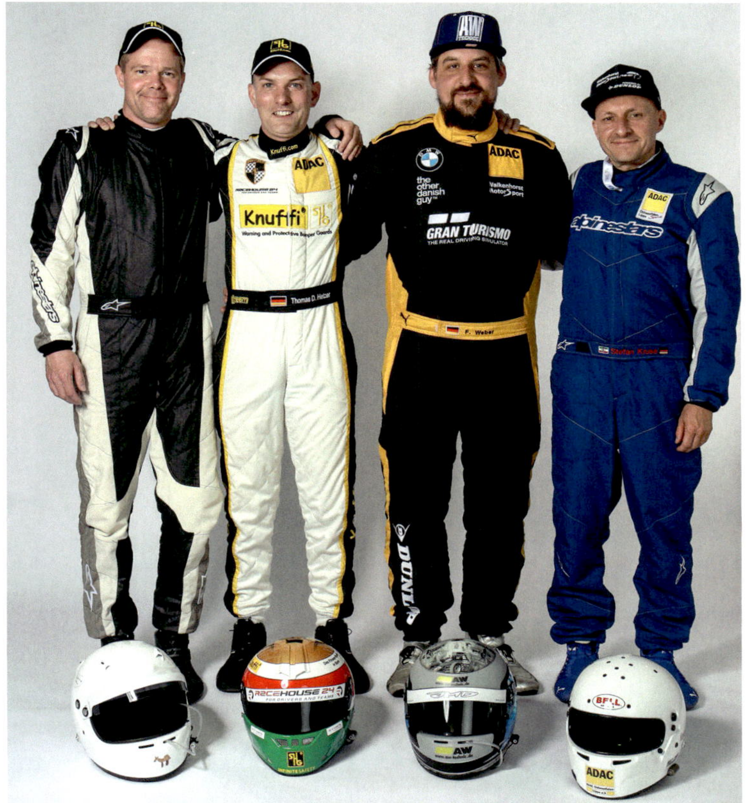

(l.-r.): Henning Cramer, Thomas D. Hetzer, Florian Weber, Stefan Kruse

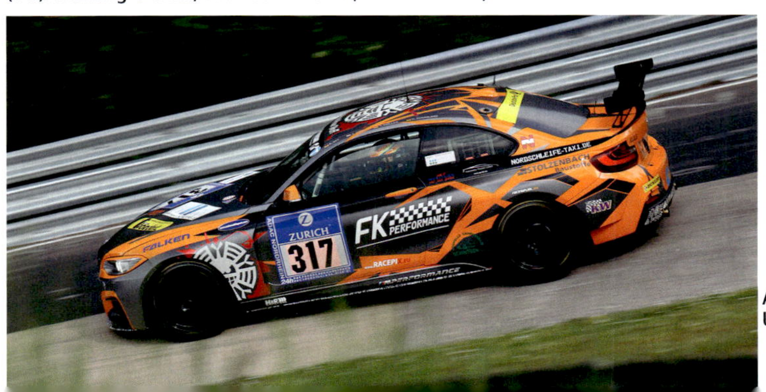

Alain Pier, Thomas Müller, Udo Schauland, Andreas Ott

Securtal Sorg Rennsport mit Kampfgeist

Securtal Sorg Rennsport with competitive spirit

Das 24h-Rennen endete für Securtal Sorg Rennsport dieses Mal nicht mit den gewohnten Erfolgen. Obwohl die Wuppertaler Mannschaft fünf Fahrzeuge an den Start brachte, wurde mit nur einem Podium lediglich das Minimalziel erreicht. „Zur Rennhälfte habe ich mir Hoffnungen auf drei Klassensiege gemacht, leider gingen diese nicht in Erfüllung", sagte ein trauriger Team-Manager Daniel Sorg. "Im BMW-Cup hatten wir großes Pech: Wir lagen am Sonntagmorgen mit 30 Sekunden Rückstand auf Platz zwei, ehe ein harmloser Dreher in eine verschlammte Wiese 15 Minuten kostete. In der GT4-Klasse wurden wir von einem GT3 abgeräumt. Dennoch: Wir waren fünf Tage lang eine großartige Mannschaft mit einem tollen Teamgeist. Die Boxenstopps verliefen hervorragend, Unfallschäden wurden schnell repariert und wir haben bis zur letzten Sekunde gekämpft. Hierfür möchten wir uns bei allen Beteiligten ganz herzlich bedanken! Bei den 24 Stunden in 2017 greifen wir wieder an!"

For Securtal Sorg Rennsport, the 24-hour race didn't bring the usual success this year. Even though the team from Wuppertal had five cars on the grid, only one podium finish meant that only the minimum goal was achieved. "At the halfway point, I had hopes for three class wins, but unfortunately, these remained unfulfilled," a disappointed team manager Daniel Sorg said. "In the BMW Cup, we had bad luck: we were second on Sunday morning, 30 seconds down, when a minor spin into a mudded field cost us 15 minutes. In the GT4 class, a GT3 car took us out. Still, for five days, we were a great team with an excellent team spirit. The pit stops went perfectly, accident damage could be repaired quickly and we were fighting until the final second. We want to thank everybody involved for this and we will be out to attack again in the 24-hour race in 2017!"

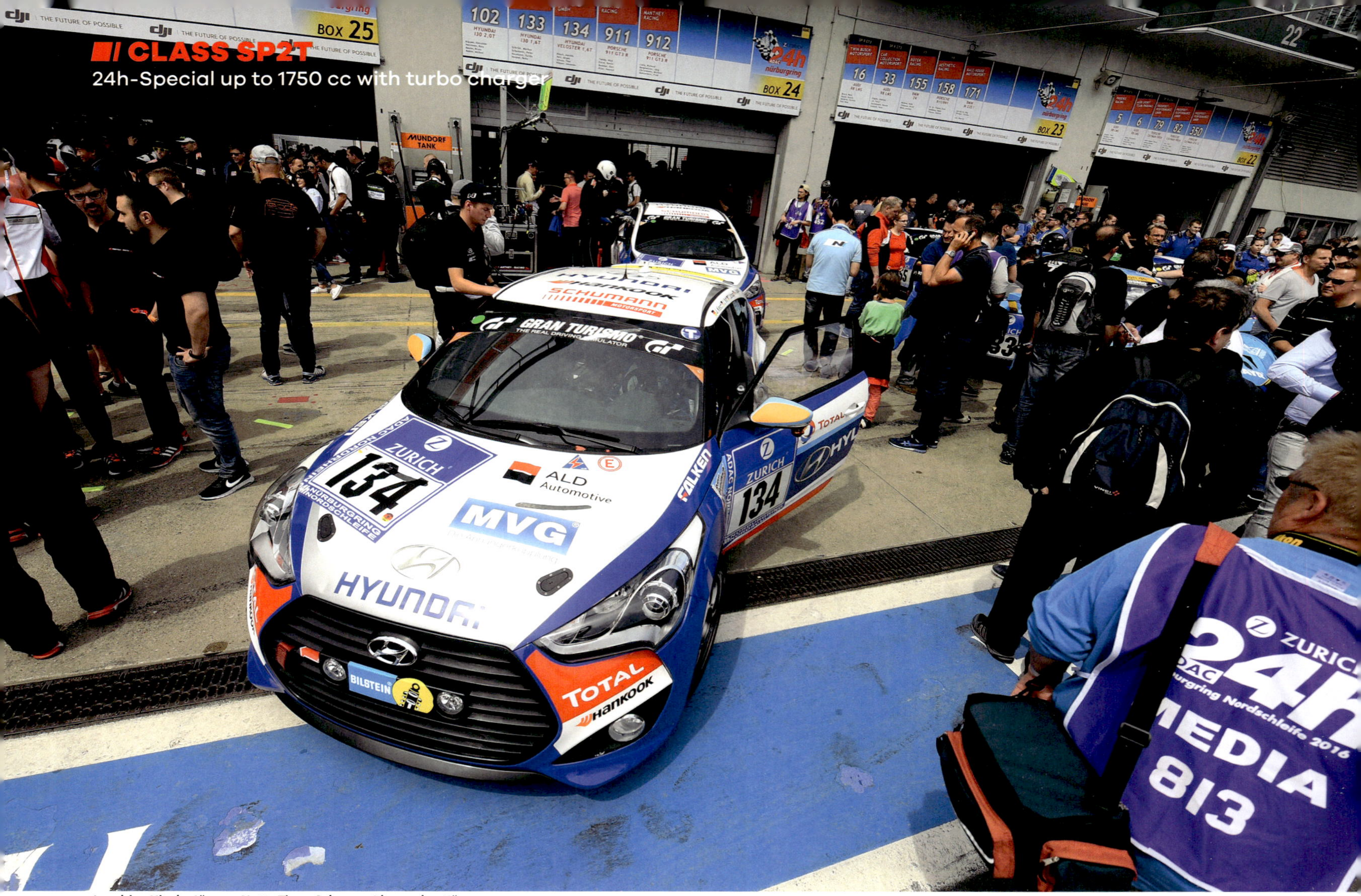

Joachim Kisch, Jürgen Nett, Timo Schupp, Alexander Köppen

Class SP2T

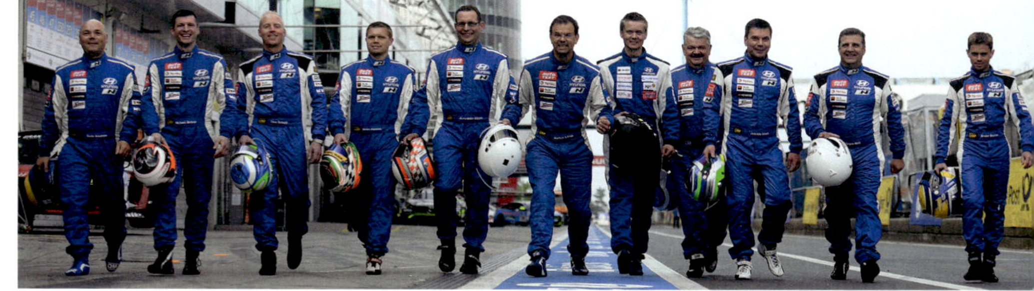

(l.-r.): Guido Naumann, Michael Bohrer, Timo Schupp, Heiko Hammel, Alexander Köppen, Markus Schrick, Rory Penttinen, Peter Schumann, Joachim Kisch, Jürgen Nett, Bruno Beulen

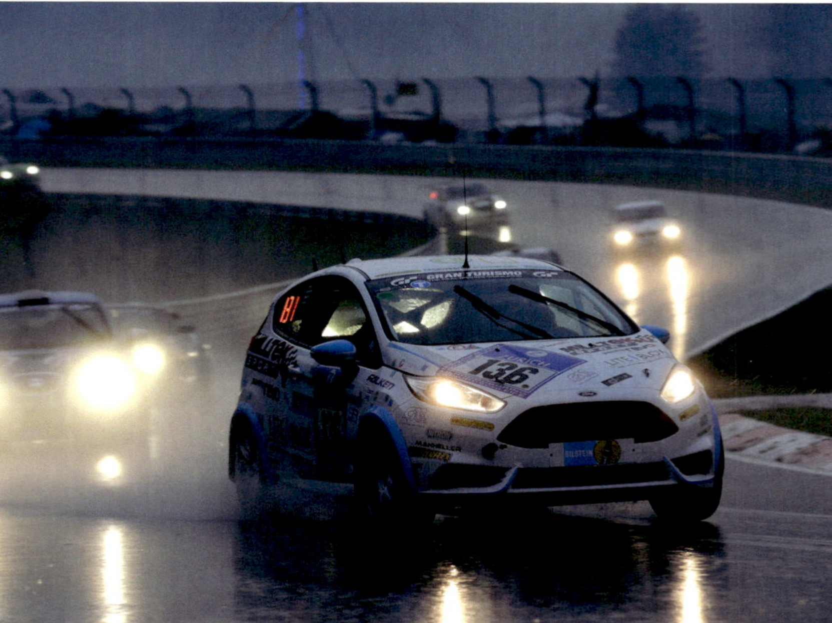

Dale Lomas, Lucian Gavris, Bradley Philpot, Anthony Gaylard

Dritter Sieg in Folge für Hyundai Motor Deutschland dank Joachim Kiesch, Jürgen Nett (8. Sieg), Timo Schupp und Alexander Köppen im Veloster 1,6 T. Aber wie alle Teams in dieser Klasse kamen auch die Sieger nicht ohne Probleme über die Runden, parkten sonntagmorgens mal länger im Pflanzgarten.

„Das 24h-Rennen am Nürburgring ist das härteste der Welt. Für uns ist das ein ideales Testumfeld, um die Belastbarkeit unseres neuen Zwei-Liter-Turbomotors mit Direkteinspritzung unter extremer Belastung zu testen", sagte Albert Biermann, der Leiter Fahrzeugtest und Hochleistungsentwicklung bei Hyundai Motor.

Die wichtigste Erkenntnis für alle Projektbeteiligten: Das Herzstück des Entwicklungsträgers, der neu entwickelte Turbomotor, hielt den Belastungen im Renneinsatz stand und lieferte wichtige Daten. „Wir sind auf einem sehr guten Weg bei der Entwicklung unseres ersten N-Autos. Bei der Entwicklung des Antriebs liegt das Hauptaugenmerk nicht

Joachim Kisch, Jürgen Nett,
Timo Schupp, Alexander Köppen

The Hyundai Motor Deutschland team claimed its third win in a row with Joachim Kiesch, Jürgen Nett, Timo Schupp and Alexander Köppen driving the Veloster 1.6 T. The Nexen Tire Mini of local team Zensen/Bretschneider/Fürsch/Beck finished second; the Toyota C-HR Racing with Kageyama/Katayama/Daenens was third.

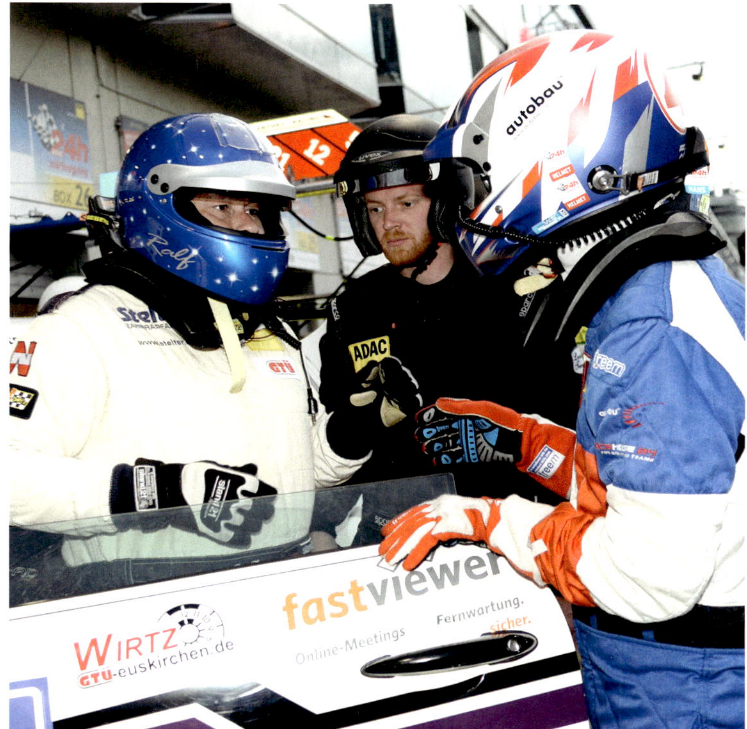

Ralf Zensen

Winner Class SP2T

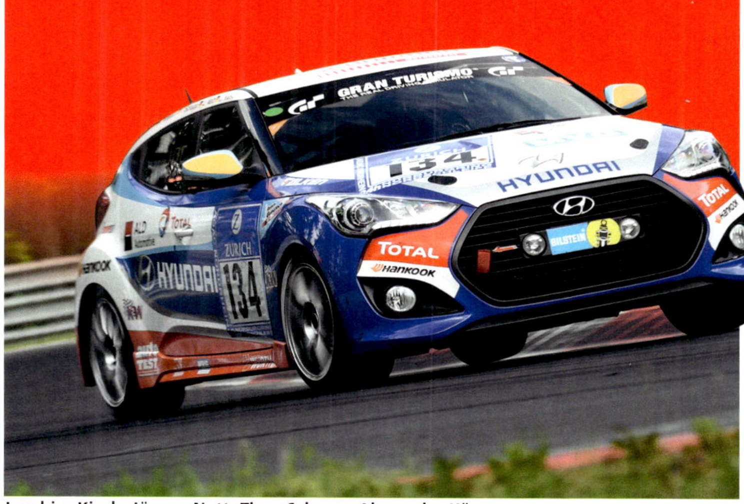

Joachim Kisch, Jürgen Nett, Timo Schupp, Alexander Köppen

CLASS SP2T
24h-Special up to 1750 cc with turbo charger

Hour		Q.	1	5	6	8	10	12	14	16	18	20	22	Finish
Position	1	133	133	133	134	134	134	134	134	134	134	134	134	134
	2	134	134	134	133	133	133	133	133	326	326	132	132	132
	3	132	136	136	136	326	326	326	326	132	132	326	326	326
	4	136	326	326	326	136	136	136	132	136	136	136	136	136
	5	326	132	132	132	132	132	132	136	133	133	133	133	133

Fastest lap: No. 133 in 9:57.402 min. = 152.930 km/h
started: 5 • classified: 5 • not classified: 0

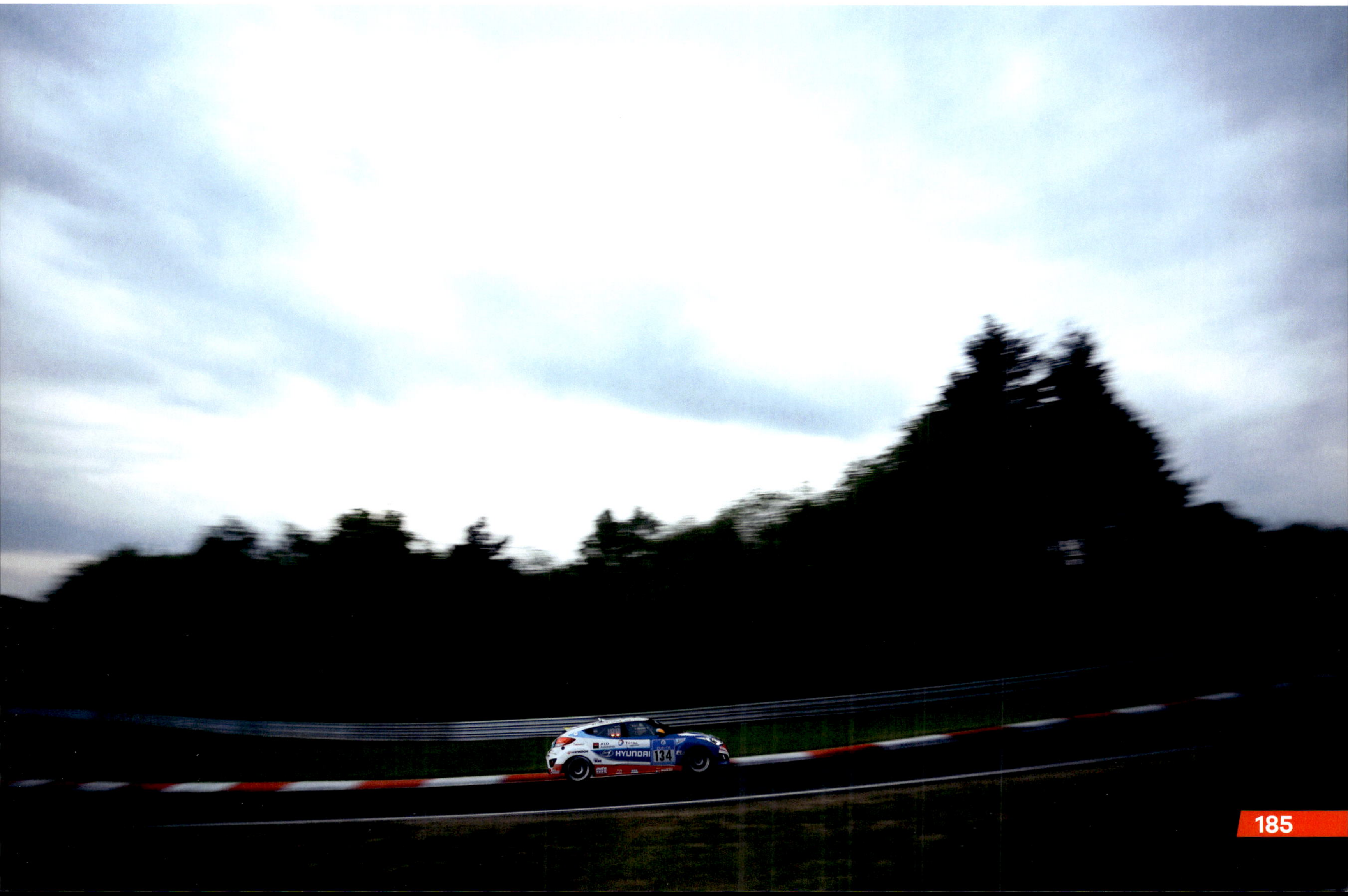

CLASS SP2T

24h-Special up to 1750 cc with turbo charger

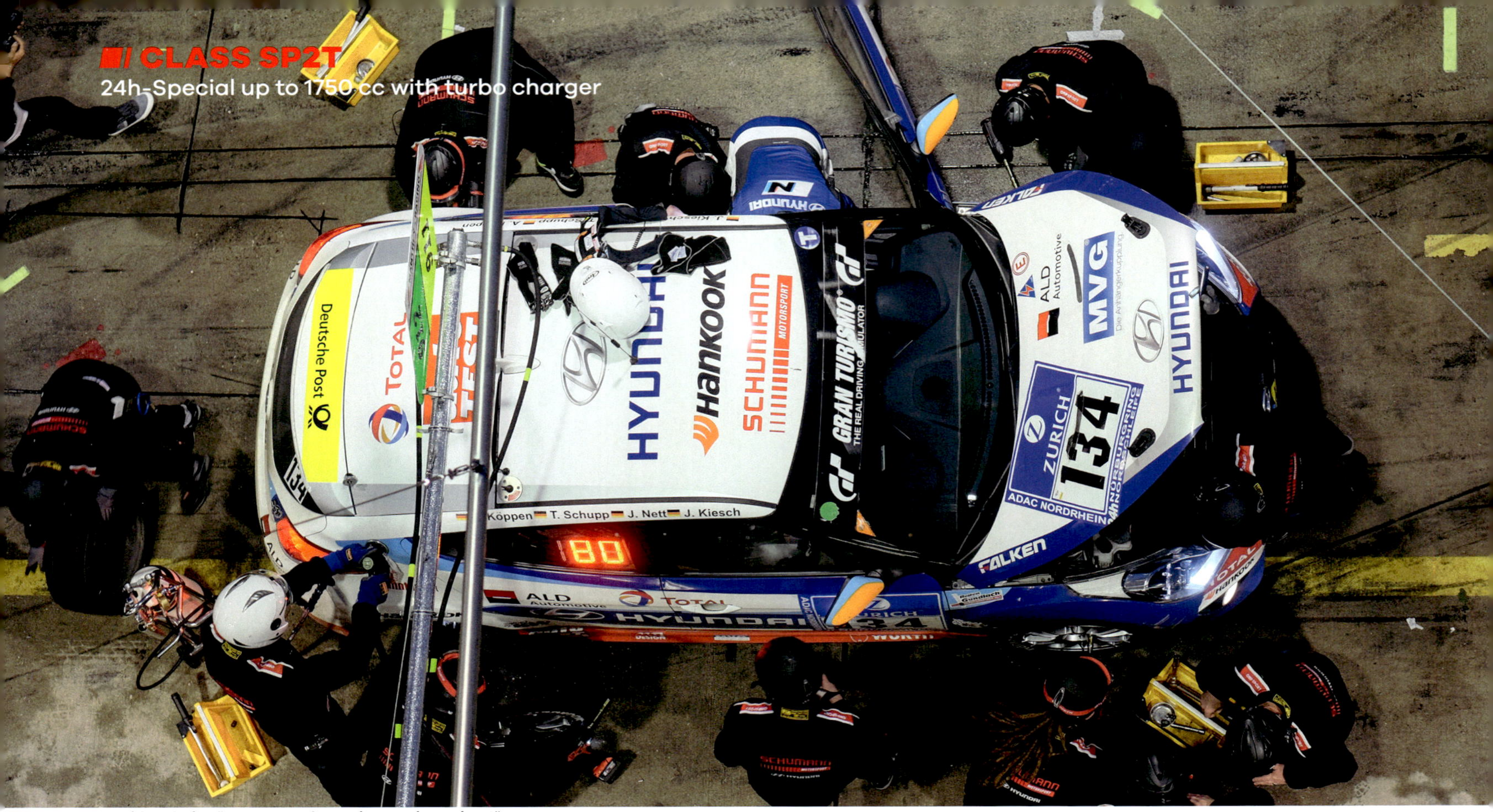

Joachim Kisch, Jürgen Nett, Timo Schupp, Alexander Köppen

in der maximalen Leistung, vielmehr soll er Freude und Spaß bereiten ohne Abstriche in der Alltagsnutzung zu machen".

An dem im Motorsport eingesetzten Hyundai i30 2.0 Turbo wurden zahlreiche Komponenten geändert. Dazu gehörten der Motor, ein angepasstes Fahrwerk, Stoßdämpfer und Verbesserungen in anderen Bereichen wie Räder, Lenkung, breitere Kotflügel und Sicherheitskomponenten, die im Rennsport Pflicht sind.

Platz zwei ging an den Nexen Tire-Mini der Lokalmatadore Ralf Zensen, Jürgen Bretschneider, Steffen Fürsch und Ralph Beck. Mit nur zwei Runden Rückstand folgten Masahiko Kageyama, Tomoyuki Katayama und Herwig Daenens im Toyota C-HR Racing.

Nach diversen Drehern und technischen Defekten kam der Manheller-Ford Fiesta von Dale Lomas, Lucian Gavris, Bradley Philpot und Anthony Gaylard auf Platz vier. Der zweite Werks-Hyundai i30 von Markus Schrick, Peter Schumann, Guido Naumann und Heiko Hammel wurde gleich zweimal vom Falken-Porsche getroffen und mit 22 Runden Rückstand Fünfter.

(134): Joachim Kisch, Jürgen Nett, Timo Schupp, Alexander Köppen - (132): Ralf Zensen, Jürgen Bretschneider, Steffen Fürsch, Ralph Beck

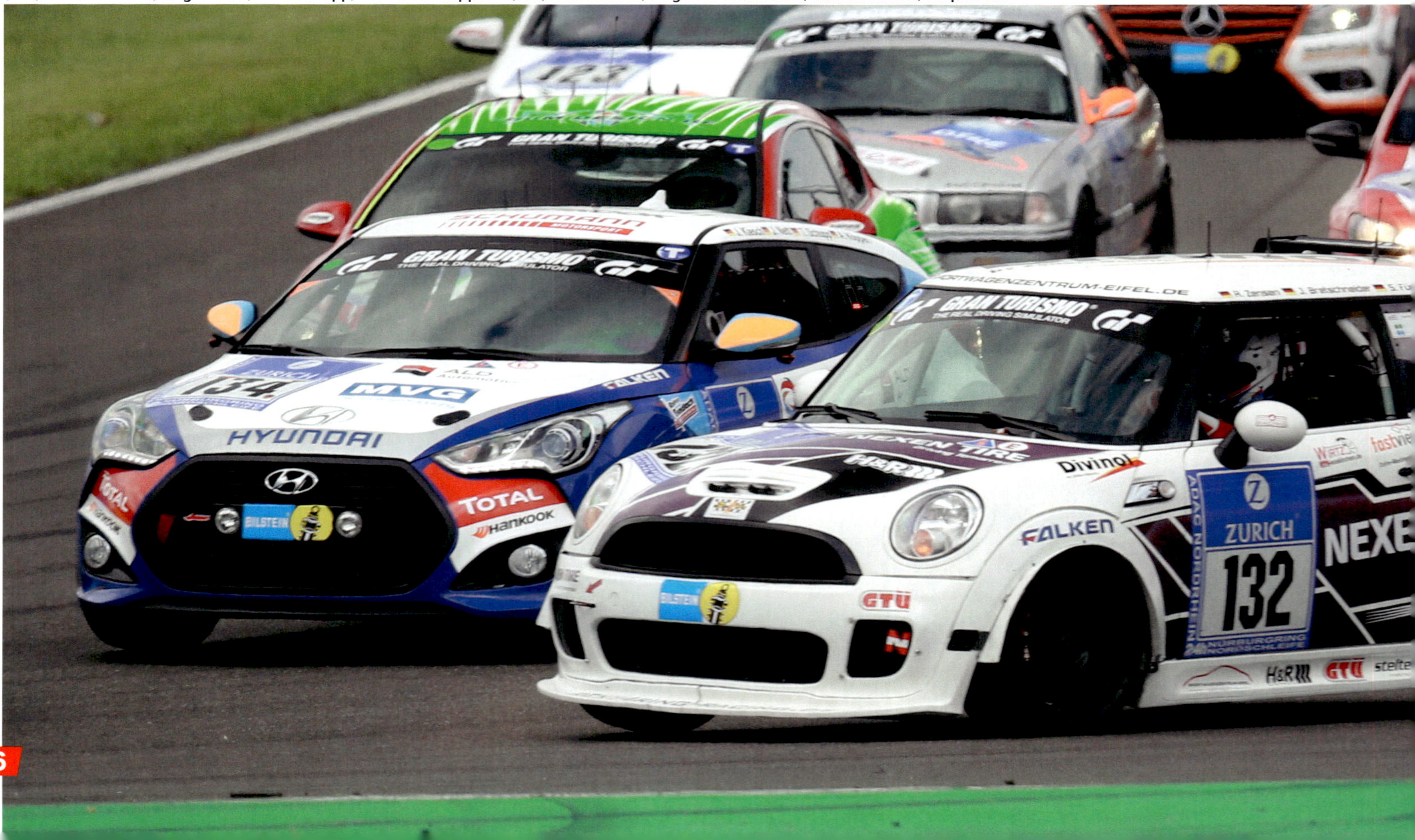

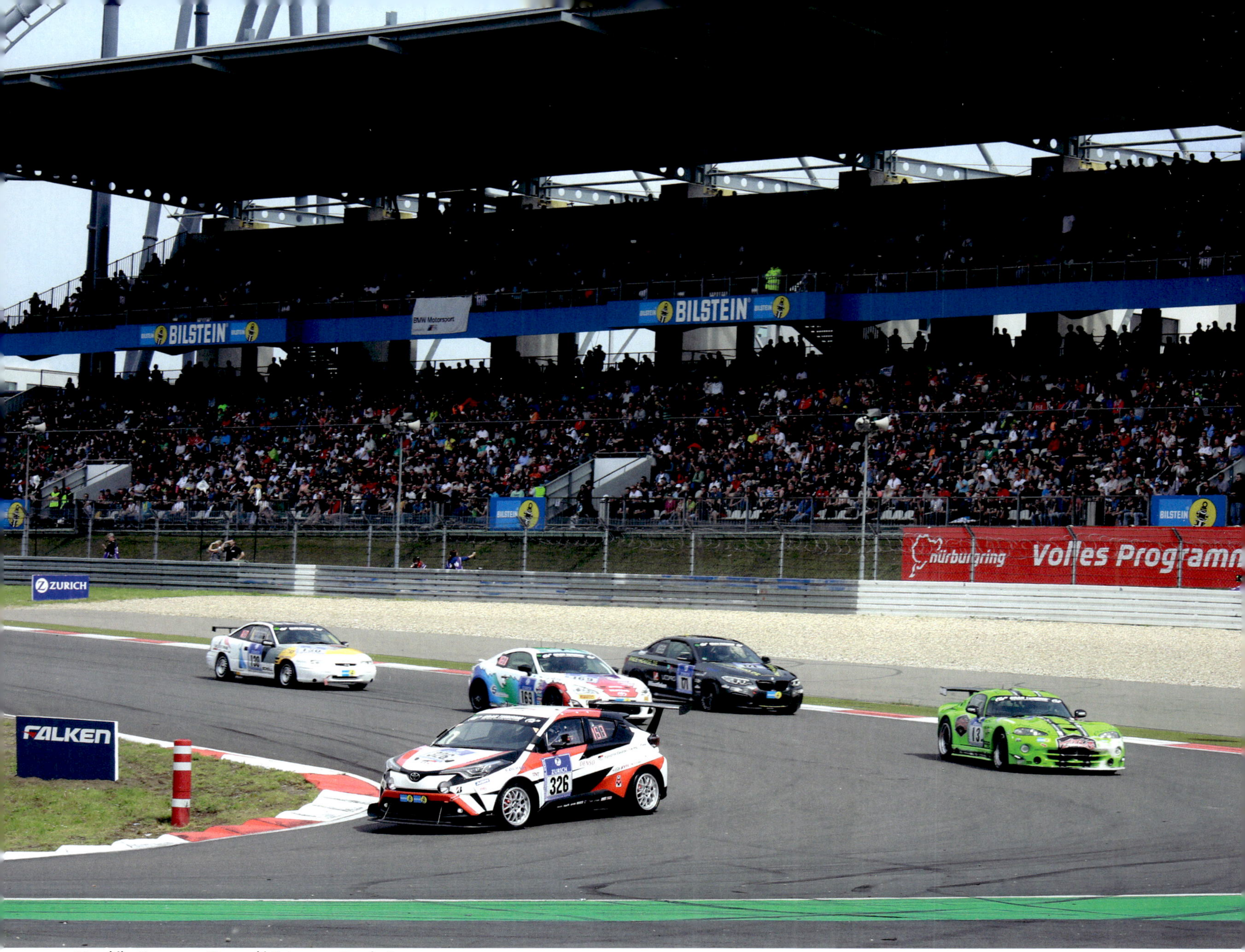

Masahiko Kageyama, Tomoyuki Katayama, Herwig Daenens

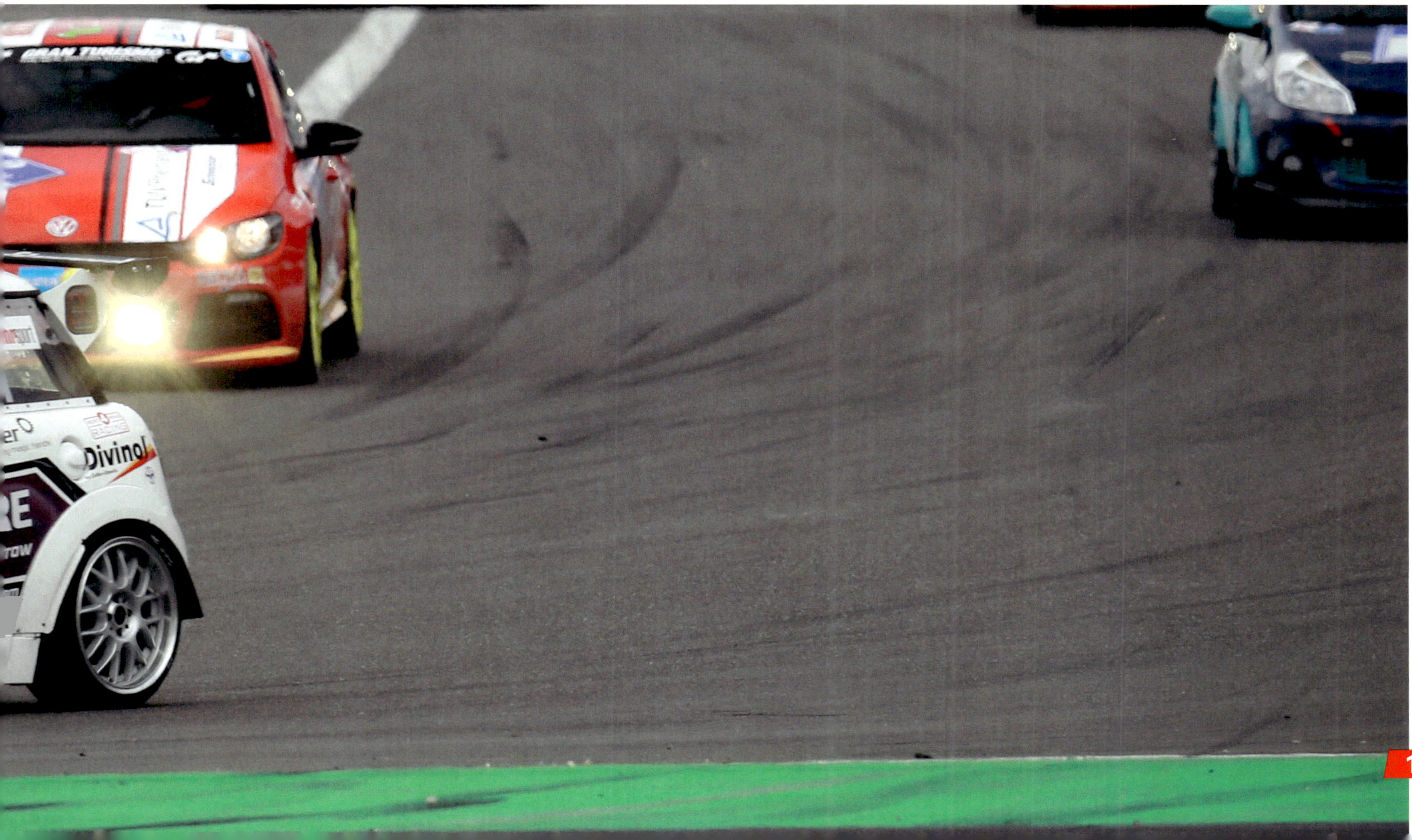

Class SP3

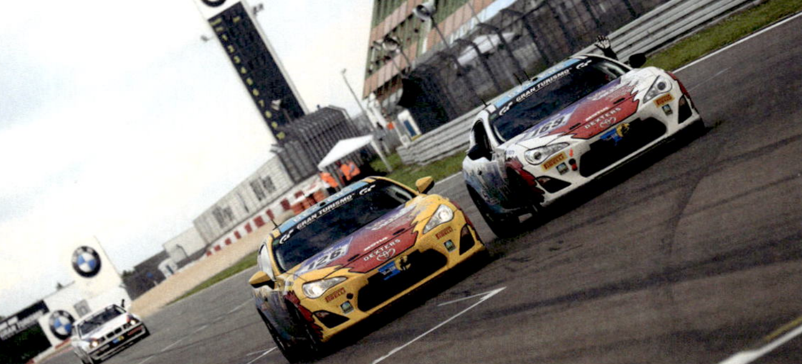
(126): „Brody", Maciej Dreszer, Olivier Muytjens, Bruno Barbaro
(169): Jacques Derenne, Kurt Dujardyn, Olivier Muytjens, „Brody"

Die Klasse mit dem großen Favoritensterben, denn die drei Hochgehandelten waren ausnahmslos unter den vier Nichtgewerteten. Den Anfang machte der Kissling-Manta von Hans-Olaf Beckmann, Volker Strycek, Peter Hass und Jürgen Schulten, der zum 16. Mal an den Start ging. Die Titelverteidiger strandeten bereits in der dritten Runde mit defekter Kupplungsglocke. „Wir haben zwar ein Ersatzteil dabei, dieses ist aber leider falsch gefräst. Eine Serien-Kupplungsglocke können wir nicht verbauen, da unser Fahrzeug von einer mechanischen auf eine hydraulische Kupplung umgebaut wurde", sagte ein enttäuschter Beckmann.
Jürgen Peter, Claus Gronning und "Rennsemmel" mussten nach 9,5 Stunden den Roadrunner-Clio mit defektem Getriebe abstellen. Und den Avia-Renault Clio haute Dr. Volker Kühn abends im Schwalbenschwanz in die Leitplanken, sehr zum Ärger seiner Teamkollegen Stephan Epp, Michael Uelwer und Gerrit Holthaus.

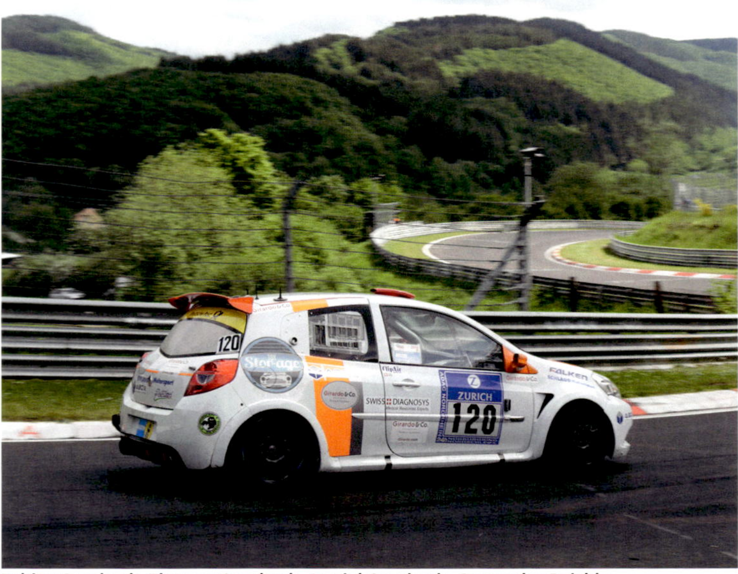
Tobias Overbeck, Thomas Overbeck, Daniel Overbeck, Cassandra Reichle

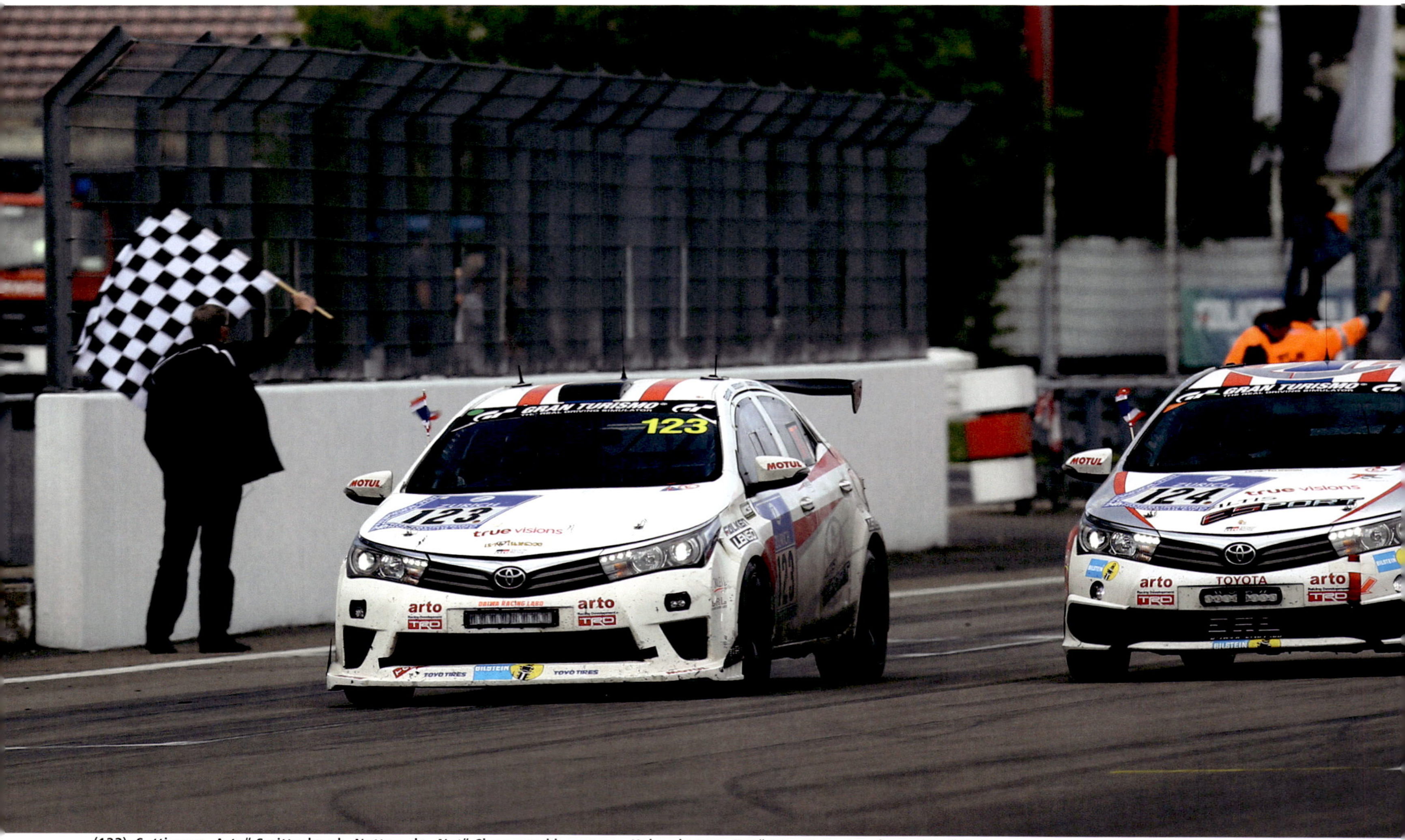

(123): Suttipong „Arto" Smittacharch, Nattavude „Nat" Charoensukhawatana, Kulapalanont „Ton" Manat, Hortongkum „Man" Nattapong
(124): Jum Supaphongs, Hortongkum „Man" Nattapong, Ruengsomboon „Louis" Arthit, Jian Hong „Ahong" Chen

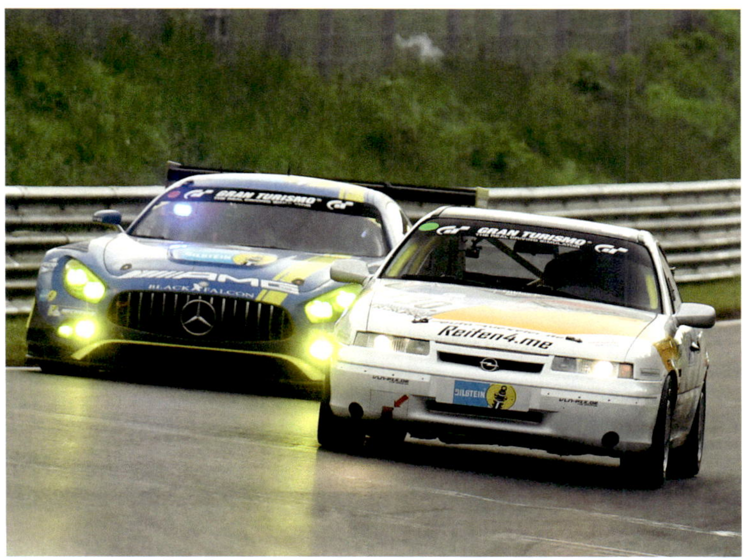

Tobias Jung, Marcel Müller, Patrick Boidron, Andreas Kunert

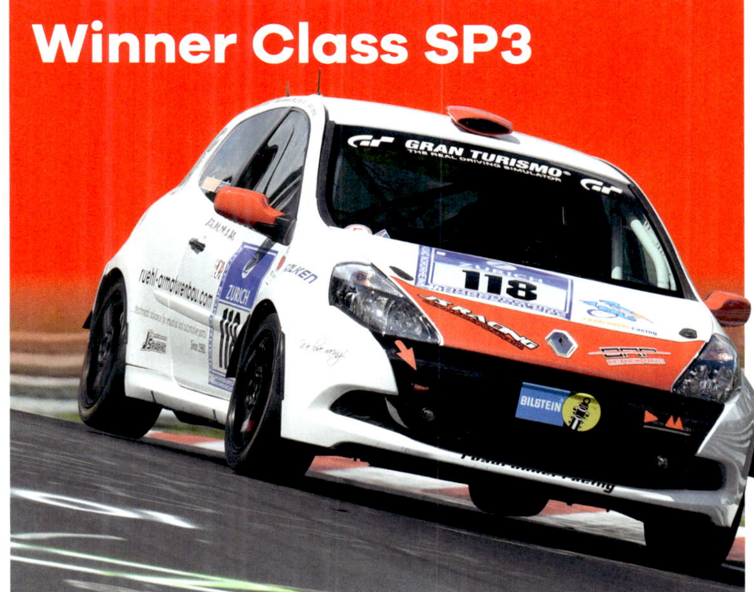

Junichi Umemoto, Lutz Marc Rühl, Kouichi Okumura, Teruhiko Hamano

None of the three favourites for class honours made it to the finish: the Kissling Manta was sidelined with a broken bellhousing, the Roadrunner Clio retired with gearbox failure and the Avia Clio crashed during Saturday evening. Junichi Umemoto, Lutz Marc Rühl, Kouichi Okumura and Teruhiko Hamano won their class, in the Roadrunner Clio, ahead of the Toyota Corolla of Suttipong Smittacharch, Nattavude Charoensukhawatana, Kulapalanont Manat and Hortongkum Nattapong, which finished second, three laps down. The rigid Hess Motorsport Volkswagen Golf 3 GTi was third, followed by the second Thailand Toyota with Jum Supaphongs, Ruengsomboon Arthit, Jian Hong Chen and double starter Nattapong.

CLASS SP3
24h-Special up to 2000 cc

Hour		Q.	1	5	6	8	10	12	14	16	18	20	22	Finish
Position	1	122	122	117	123	123	123	123	118	118	118	118	118	118
	2	117	117	119	117	118	118	118	123	150	123	123	123	123
	3	119	123	123	119	124	150	150	115	123	150	150	150	150
	4	120	119	118	118	150	124	124	124	124	124	124	124	124
	5	123	120	150	124	127	127	119	119	119	119	119	119	119
	6	118	118	124	127	117	117	130	130	130	130	130	130	130
	7	124	127	127	150	130	130	127	127	127	127	127	127	
	8	127	150	130	130	119	119	117	117	117	117	117	117	
	9	130	130	120	120	120	120	120	120	120	120	120	120	
	10	150	124	122	122	122	122	122	122	122	122	122	122	

Fastest lap: No. 122 in 9:58.148 min. = 152.739 km/h
started: 10 • classified: 6 • not classified: 4

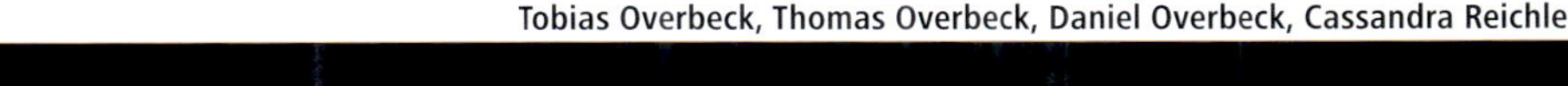

Tobias Overbeck, Thomas Overbeck, Daniel Overbeck, Cassandra Reichle

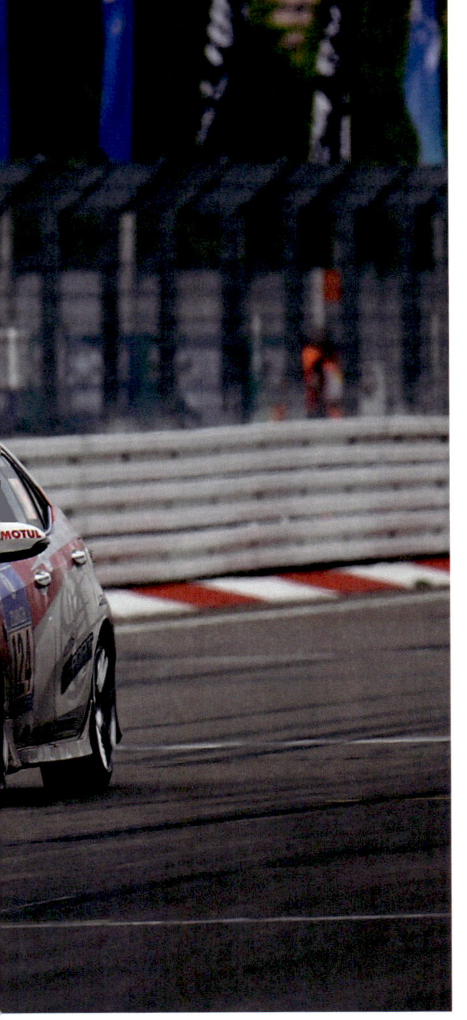

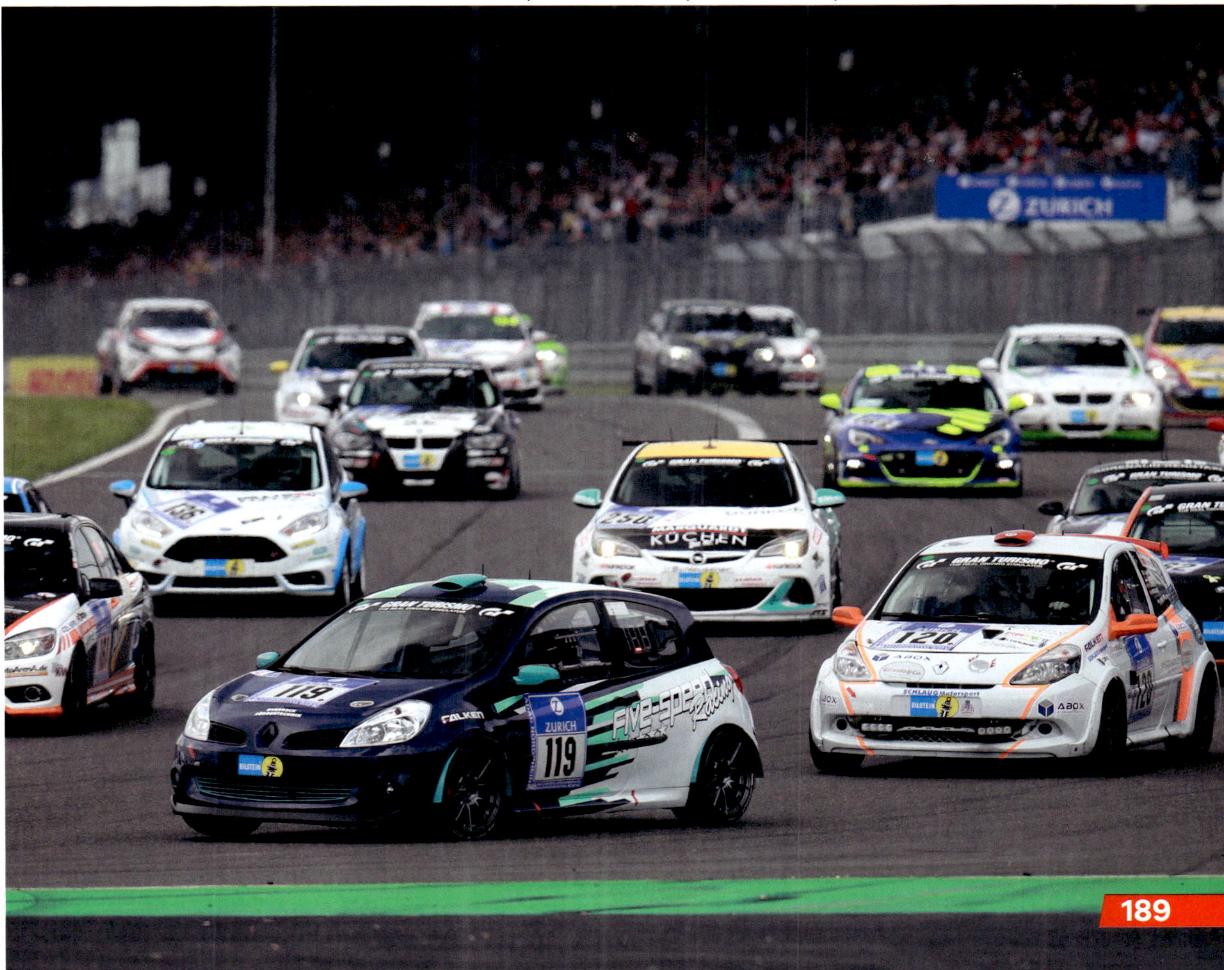

CLASS SP3
24h-Special up to 2000 cc

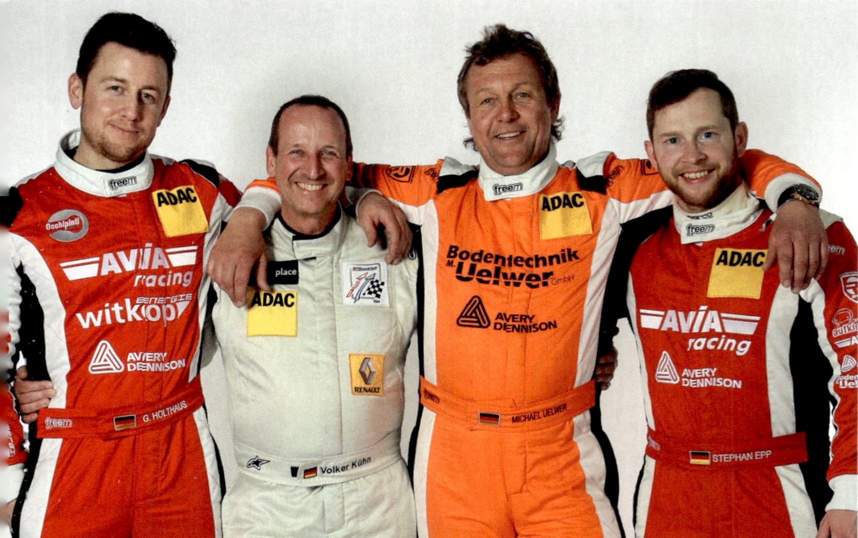

(l.-r.): Gerrit Holthaus, Dr. Volker Kühn, Michael Uelwer, Stephan Epp

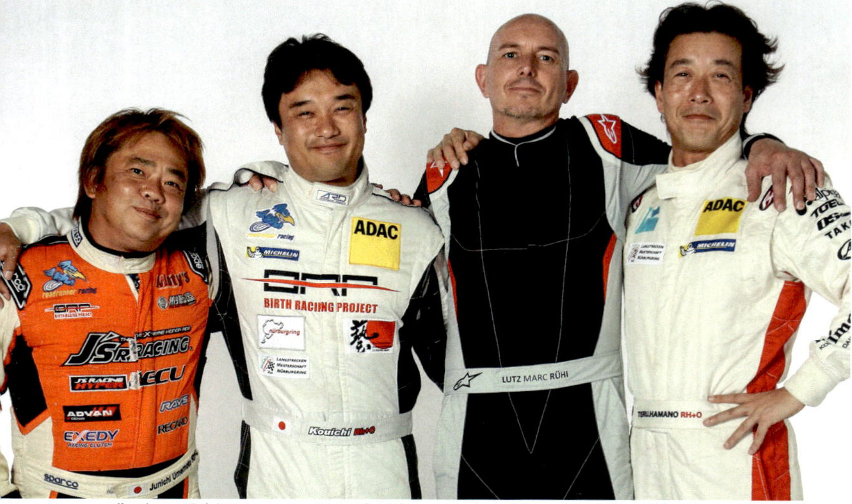

(l.-r.): Junichi Umemoto, Kouichi Okumura, Lutz Marc Rühl, Teruhiko Hamano

Über den Klassensieg freuten sich somit Junichi Umemoto, Lutz Marc Rühl, Kouichi Okumura und Teruhiko Hamano im zweiten Roadrunner-Clio vor dem Toyota Corolla von Suttipong Smittacharch, Nattavude Charoensukhawatana, Kulapalanont Manat und Hortongkum Nattapong. Die vier Thailänder führten sogar für über sechs Stunden die Klasse an. Platz drei ging an den unverwüstlichen Hess Motorsport-VW Golf 3 GTi mit Ralph Liesenfeld, Sebastian, Ralf Wiesner und Carsten Erpenbach, bei denen lediglich ein Antriebswellenwechsel rund zehn Minuten kostete.
Hinter dem zweiten Thailand-Toyota von Jum Supaphongs, Ruengsomboon Arthit, Jian Hong Chen und Doppelstarter Nattapong kamen Tobias, Thomas und Daniel Overbeck zusammen mit Cassandra Reichle ins Ziel, die ein Kupplungswechsel das Podium kostete. Trotz eines Getriebewechsels drehte der TJR-Opel Calibra von Tobias Jung, Marcel Müller, Patrick Boidron und Andreas Kunert 85 Runden und wurde Sechster.

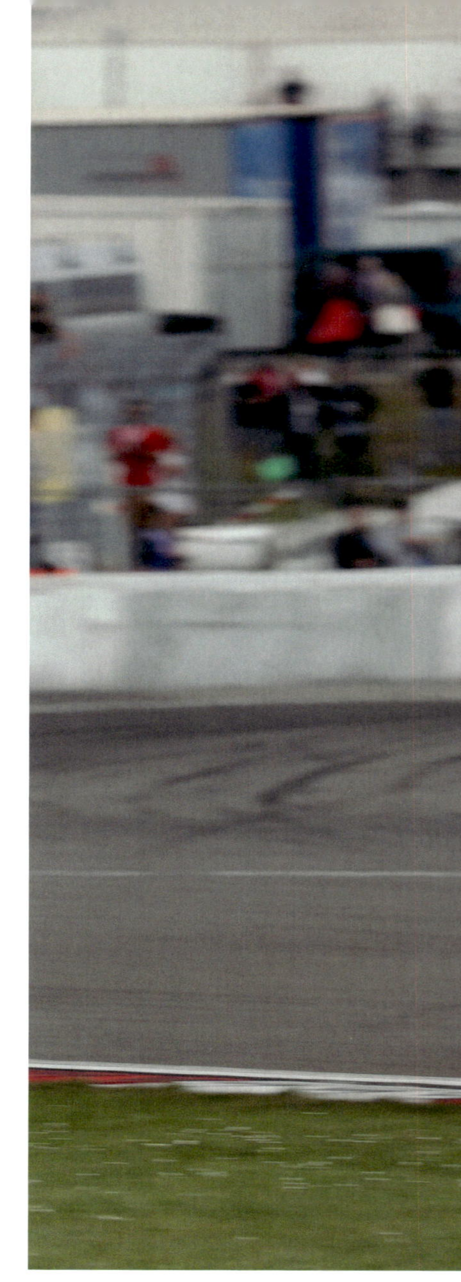

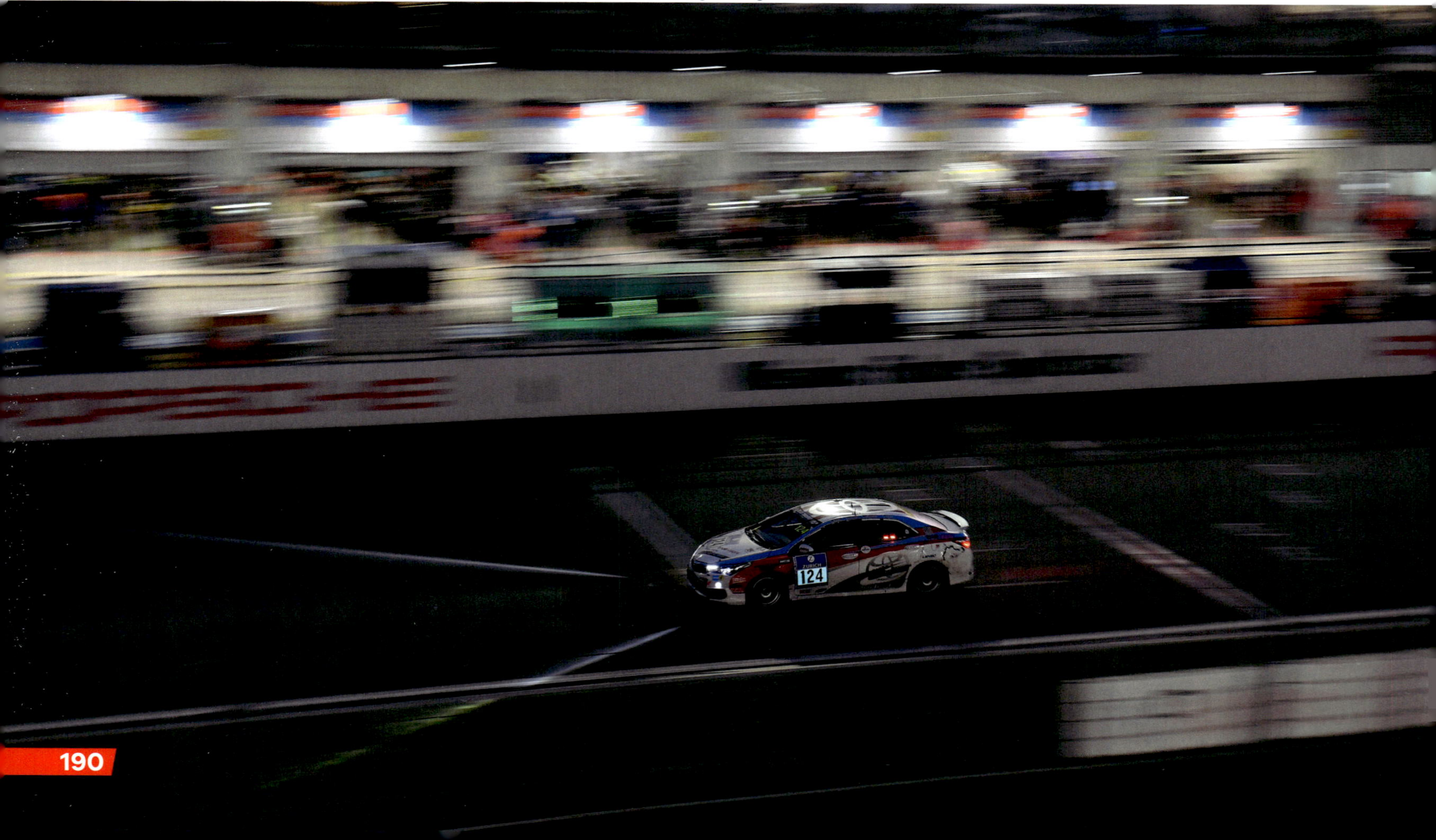

Jum Supaphongs, Hortongkum „Man" Nattapong, Ruengsomboon „Louis" Arthit, Hong „Ahong" Chen Jian

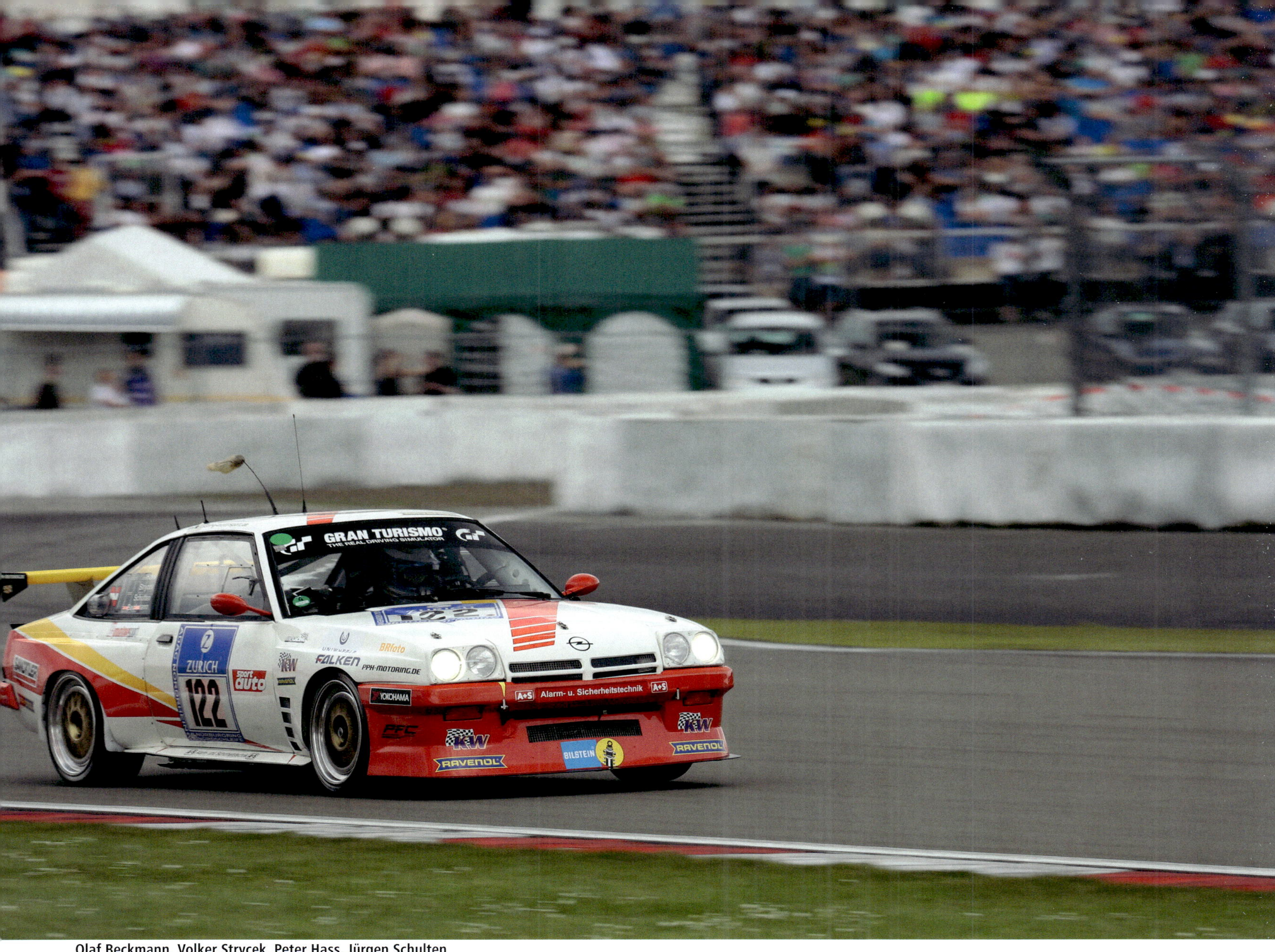

Olaf Beckmann, Volker Strycek, Peter Hass, Jürgen Schulten

Frühester Ausfall beim 16. Start für den Manta

The earliest retirement in the Manta's 16th participation

🇩🇪 Hans-Olaf Beckmann überlässt nichts dem Zufall. Gar nichts. „Ich kenne niemanden, der besser vorbereitet ist als Olaf", sagte Fahrerkollege Jürgen Schulten. „Wenn für den Manta in seinem LKW nicht jedes Ersatzteil mindestens einmal vorhanden ist, dann stimmt was nicht." Als nach gerade einmal drei Runden die Meldung kursierte, dass der Publikumsliebling nicht mehr fahrbereit sei, gab es vielerorts lange Gesichter. Olaf Beckmann erklärte: „Der Manta wurde von einer mechanischen auf eine hydraulische Kupplung umgebaut. Die Kupplungsglocke wurde beschädigt und unser Ersatzteil, natürlich eine Einzelanfertigung, wurde von unserem Lieferanten falsch gefertigt."

Auch wenn der 69-Jährige mit Hilfe vieler Werkzeuge noch versuchte, die neue Glocke passend zu machen. Es half nichts! So kamen zu den bisherigen 30.236 24h-Rennkilometern nur mickrige 76 weitere dazu. Nach zuletzt fünf Ankünften war es der erste Ausfall und mit nur drei Umläufen das kürzeste der 16 Rennen für den Kult-Boliden seit 1998. Beckmann: „Aber im nächsten Jahr kommen wir wieder. Diese Rechnung haben wir noch offen."

🇬🇧 Hans-Olaf Beckmann is leaving nothing to chance. Nothing at all. "I don't know anyone who is better prepared than Olaf," his fellow driver Jürgen Schulten says. "When there isn't at least one spare part of every piece on his Manta stored in his trailer, then something is wrong." When the news came in after three laps that the crowd's favourite was no longer fit to drive, many fans were disappointed. Olaf Beckmann explained: "The Manta's clutch was upgraded from a mechanical to a hydraulic one. The clutch bell housing was damaged and our supplier had made a mistake in producing the replacement part, a one-off, of course."

Even though the 69-year-old still tried to make the new bell house fit with many tools, his efforts were in vain. Thus, only 76 kilometres were added to the 30,236 that the car had racked up during the 24h events. After five finishes in a row, this was the first retirement and with only three laps, the briefest race of the 16 outings the cult car had in the 24h event since 1998. Beckmann: "We will be back next year, we still have unfinished business."

CLASS SP3
24h-Special up to 2000 cc

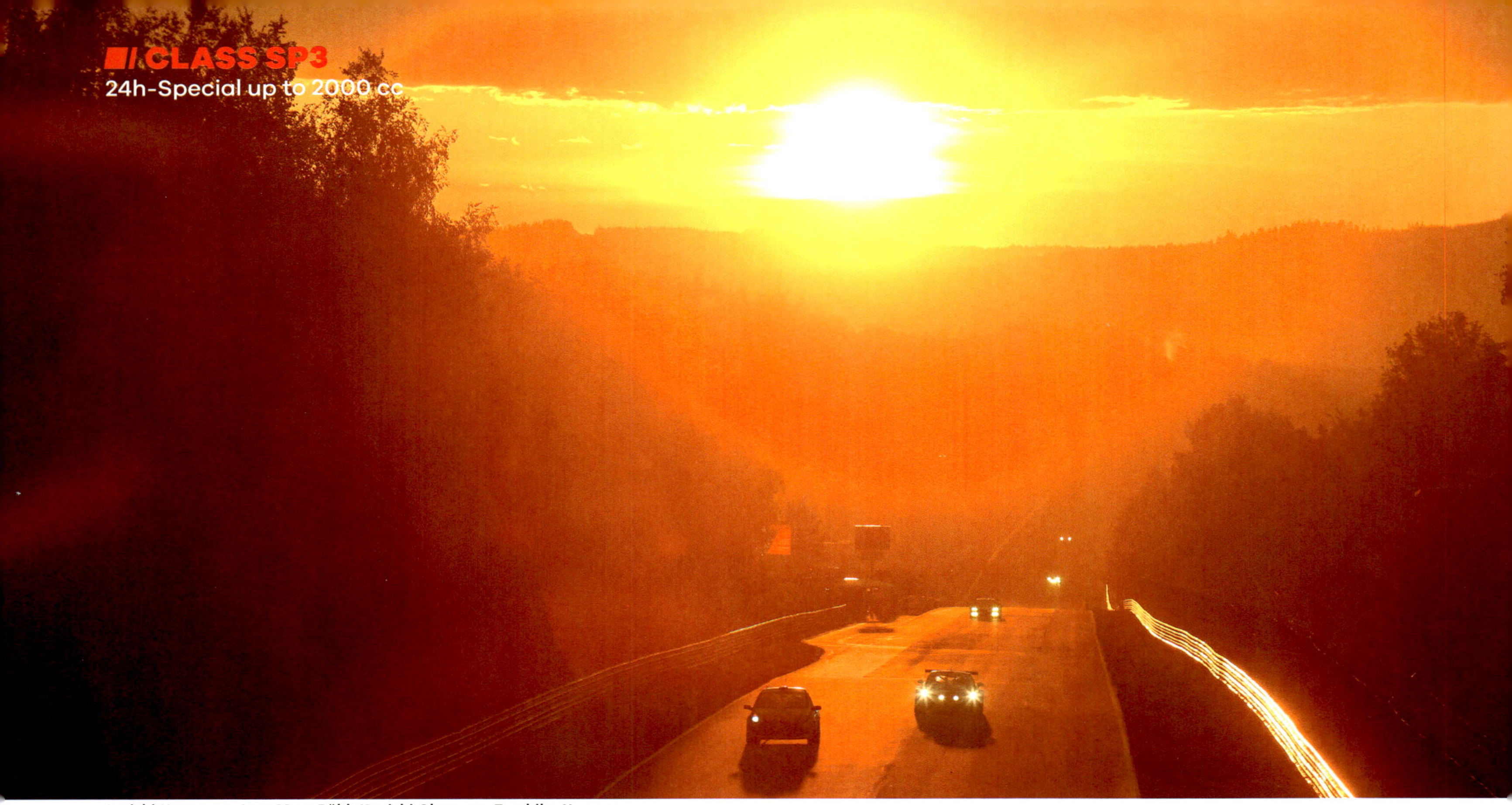

Junichi Umemoto, Lutz Marc Rühl, Kouichi Okumura, Teruhiko Hamano

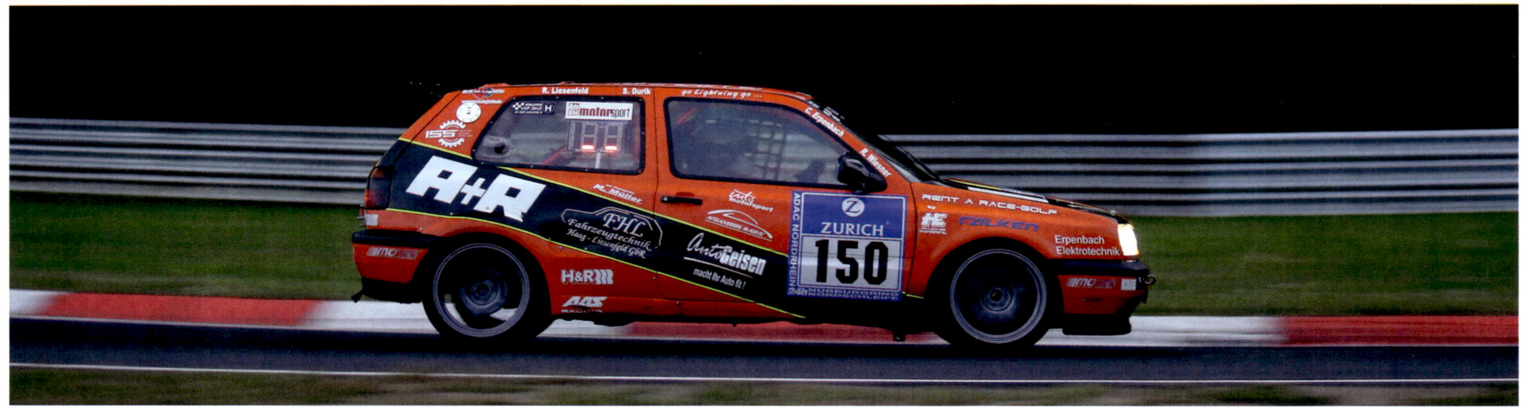

Ralph Liesenfeld, Sebastian Durik, Ralf Wiesner, Carsten Erpenbach

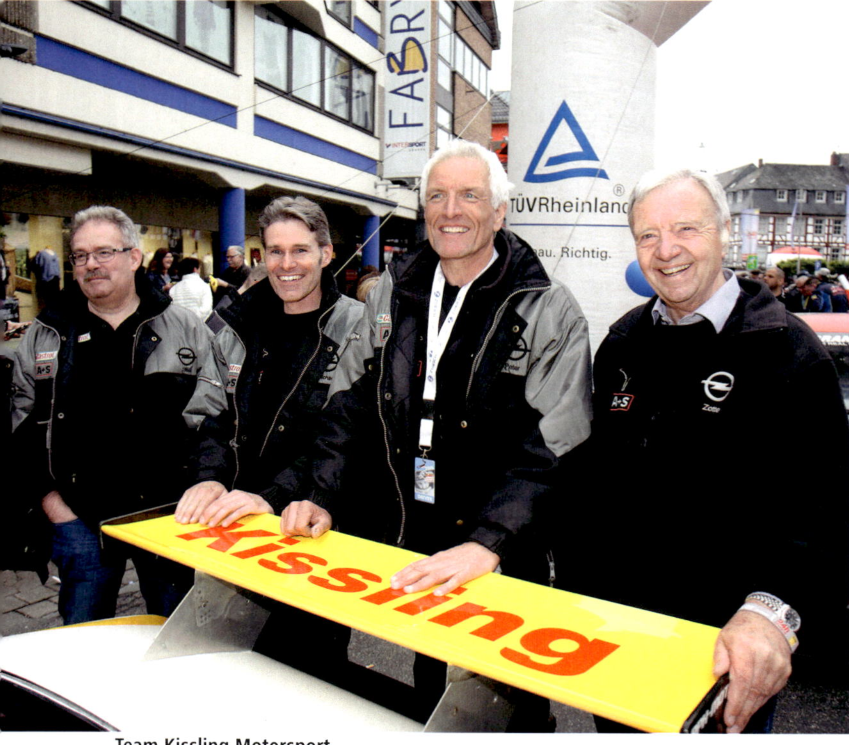

Team Kissling Motorsport

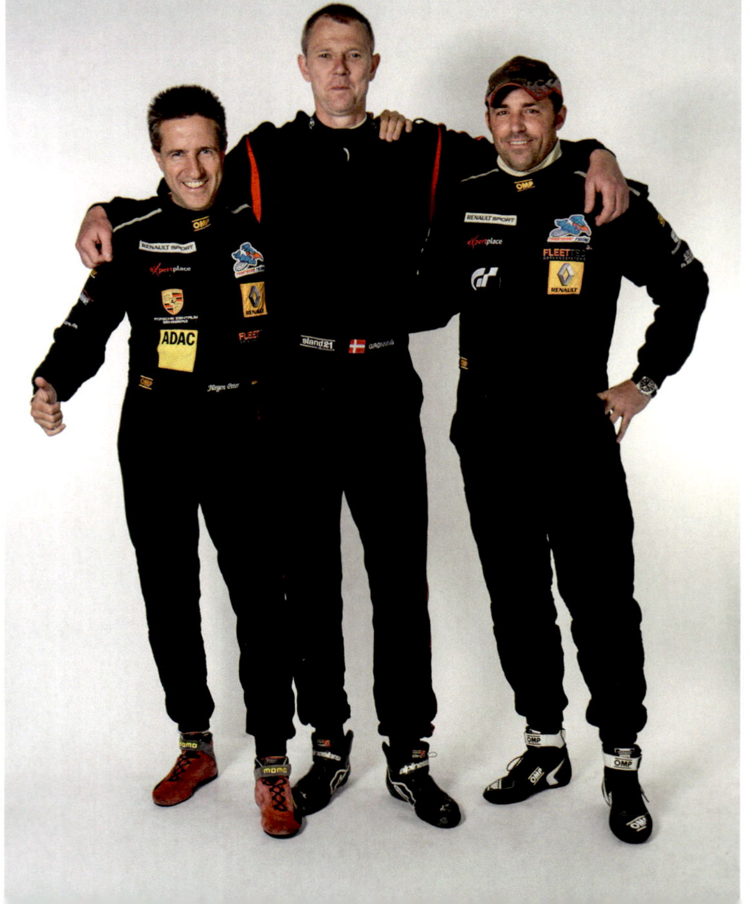

(l.-r.): Jürgen Peter, Claus Gronning, „Rennsemmel"

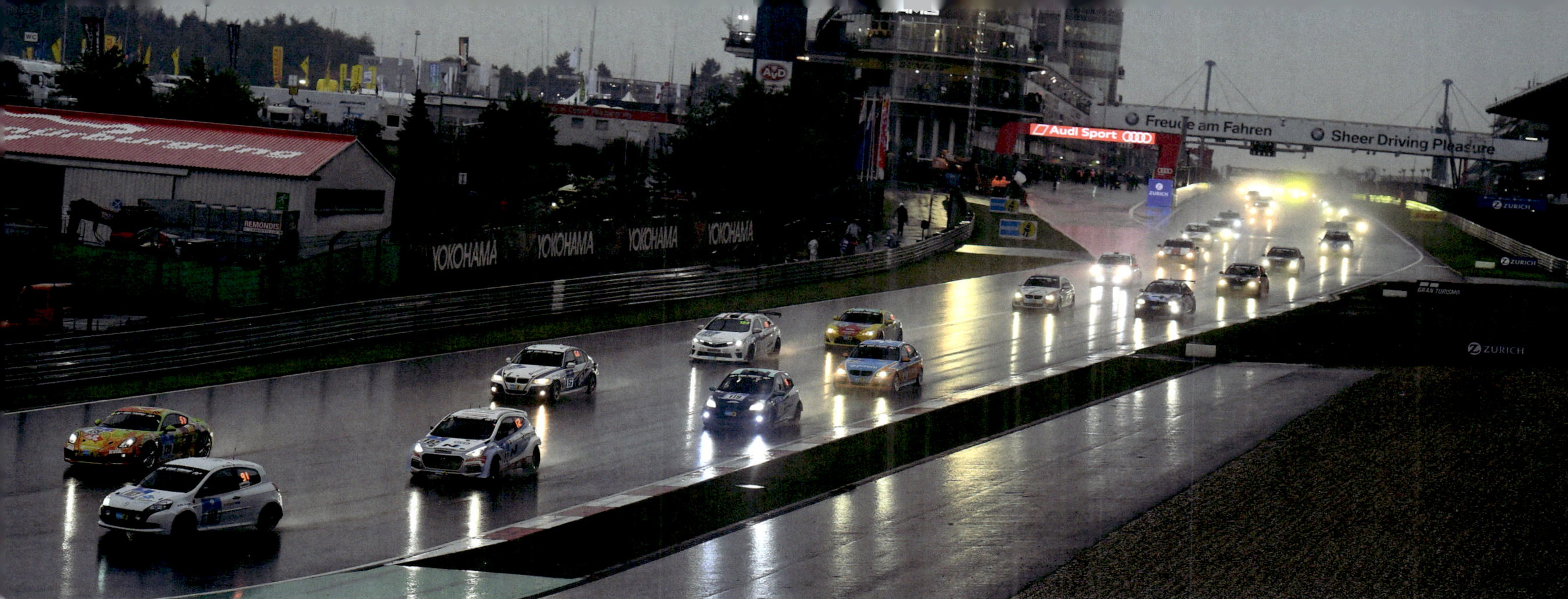

(139): Peter Haener, Paul Follett, Ugo Vicenzi, Alberto Carobbio - (117): Jürgen Peter, Claus Gronning, „Rennsemmel"

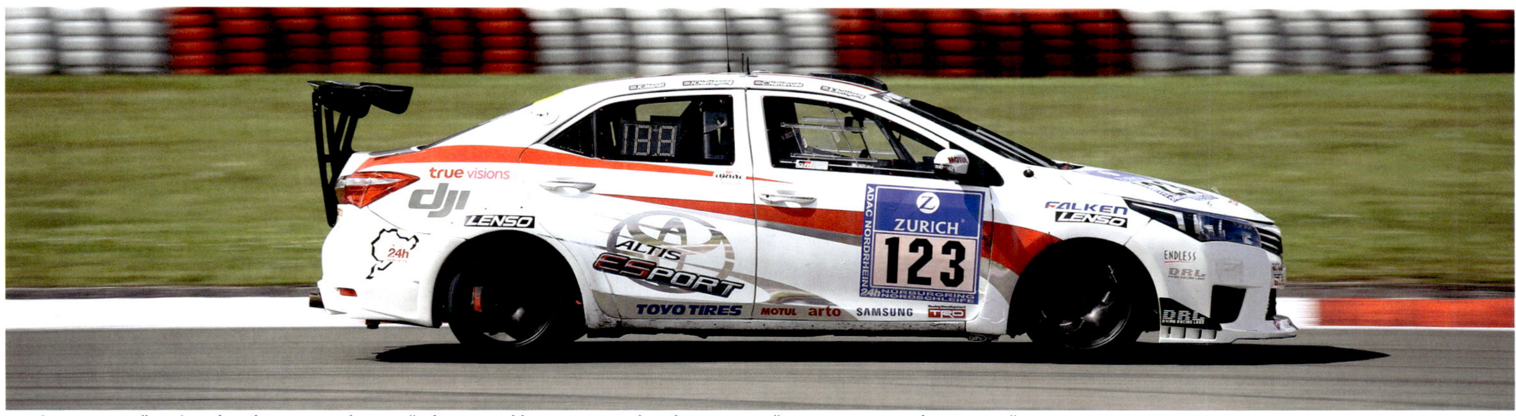

Suttipong „Arto" Smittacharch, Nattavude „Nat" Charoensukhawatana, Kulapalanont „Ton" Manat, Hortongkum „Man" Nattapong

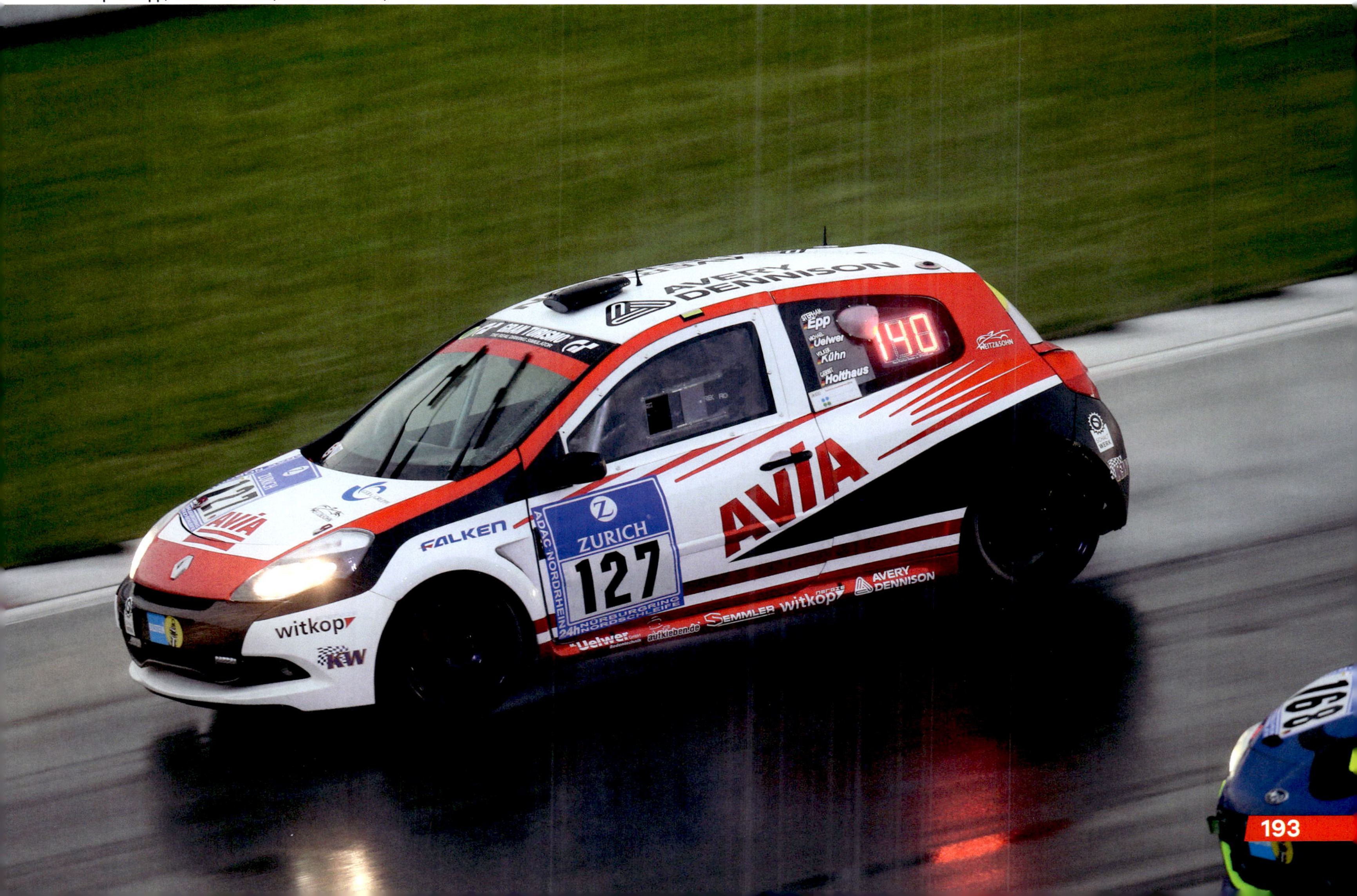

Stephan Epp, Michael Uelwer, Dr. Volker Kühn, Gerrit Holthaus

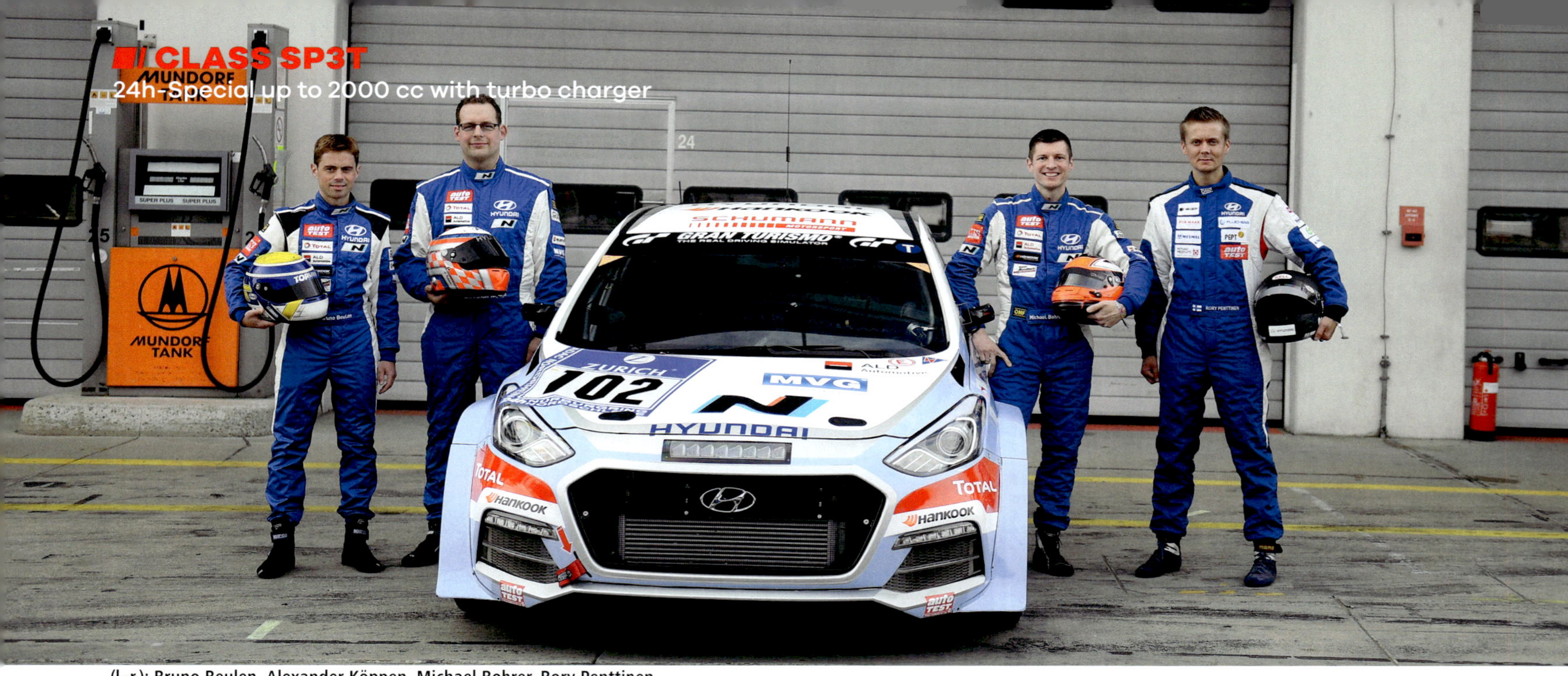

(l.-r.): Bruno Beulen, Alexander Köppen, Michael Bohrer, Rory Penttinen

Class SP3T

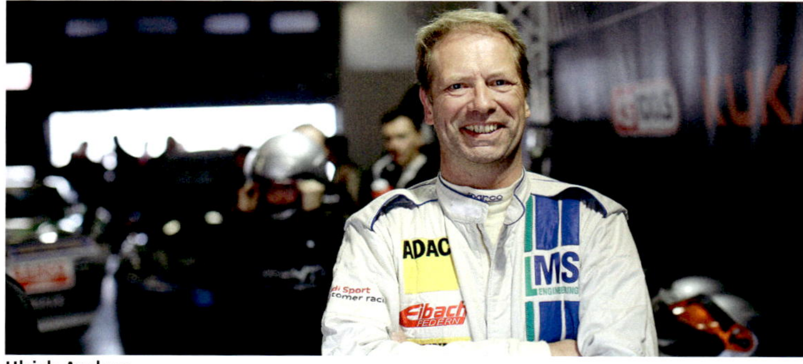
Ulrich Andree

Vierter Sieg in sechs Jahren: Das Subaru-Werksteam stellte seine Dominanz mal wieder unter Beweis. Vor allem in der nassen Anfangsphase trumpften Carlo van Dam, Marcel Lasse, Tim Schrick und Hideki Yamauchi im WRX STi groß auf. Einzig der LMS-Audi konnte im ersten Renndrittel dem Subaru teilweise die Führung abnehmen. „Christopher Tiger", Artur Goroyan, Ullrich Andree und Philipp Leisen lagen 3,5 Stunden vor dem Ende auf einem sicheren zweiten Platz, ehe Goroyan eine Kollision mit dem Stippler-Audi (#5) im Brünnchen zum Verhängnis wurde.

Im privat aufgebauten Audi TT hatten Rudi Speich, Roland Waschkau, Dirk Vleugels und Thorsten Jung nicht das geringste Problem und wurden Zweite vor dem Mathol-Seat von Jörg Kittelmann, Klaus Müller und Thomas Heinrich. Der von Hyundai Motor Deutschland erstmals eingesetzte i30 2,0T von Alexander Köppen, Rory Penttinen, Michael Bohrer und Bruno Beulen hatte nach zahlreichen Problemen zwar 30 Runden Rückstand, wurde aber noch als Vierter gewertet.

Patrick Prill, Marcel Willert, Jens Ludmann, Steffen Schlichenmeier

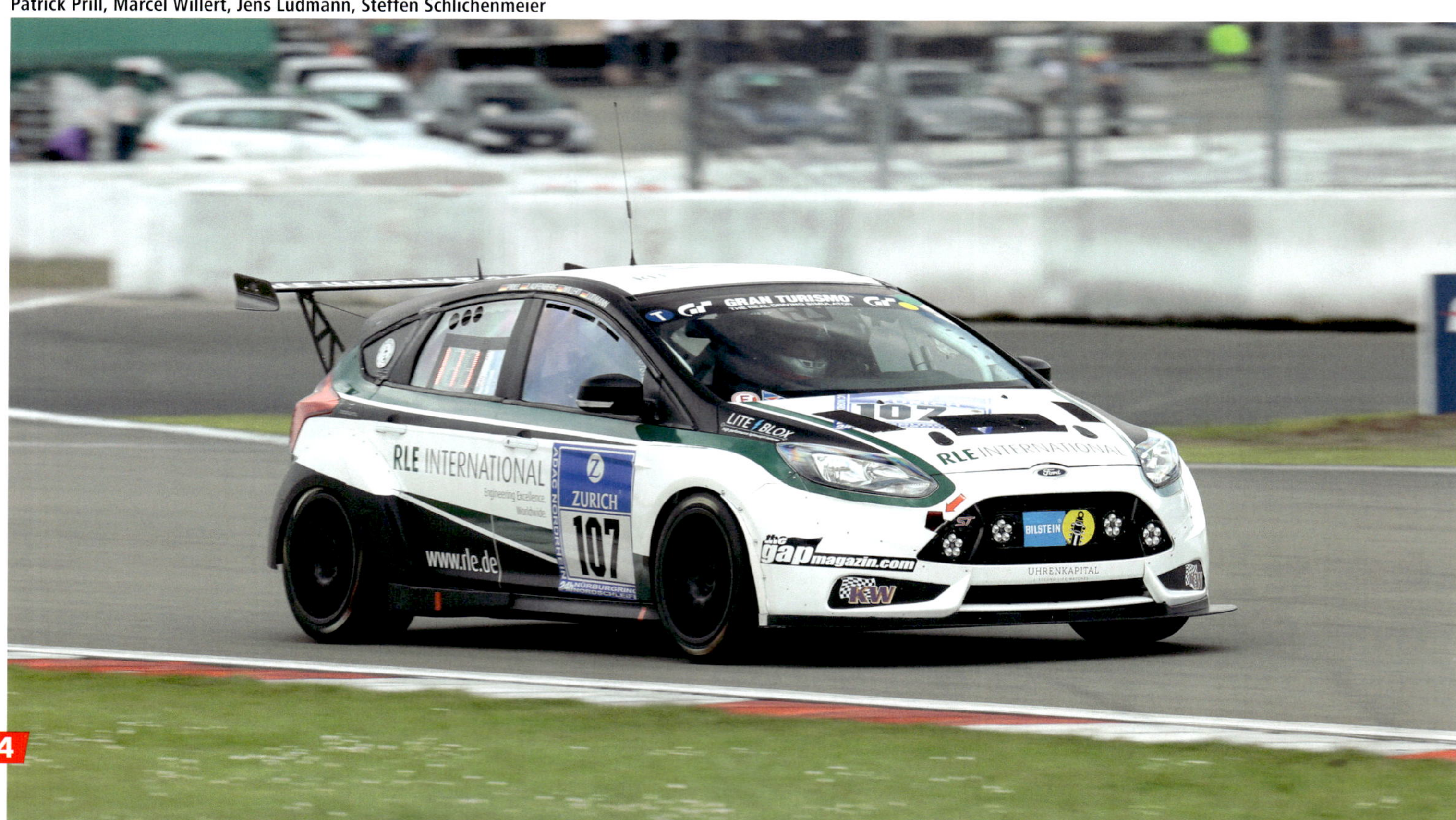

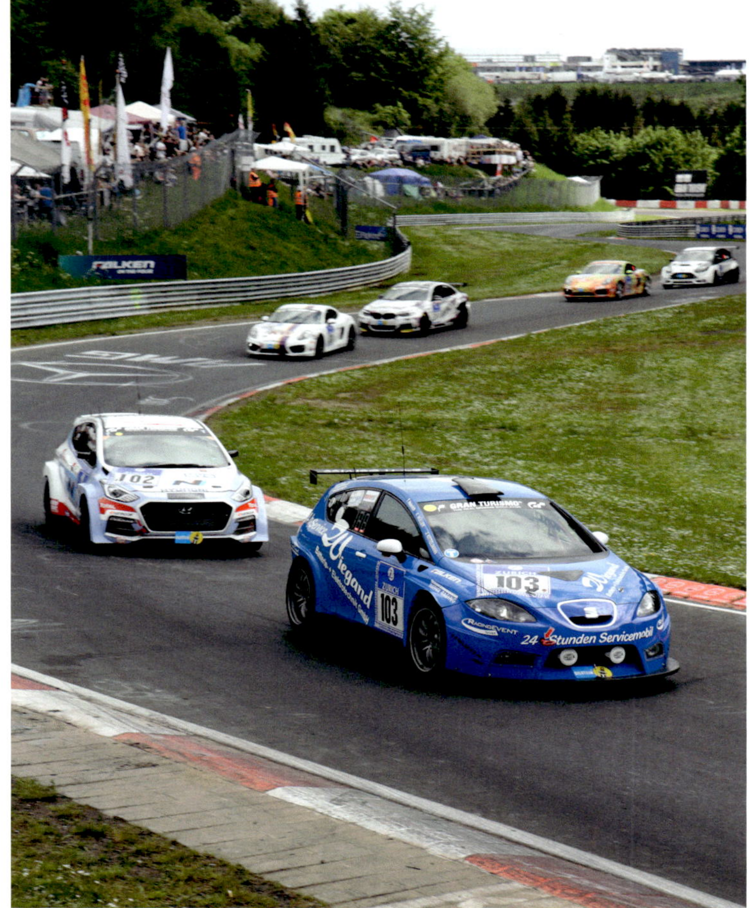

Jörg Kittelmann, Klaus Müller, Thomas Heinrich

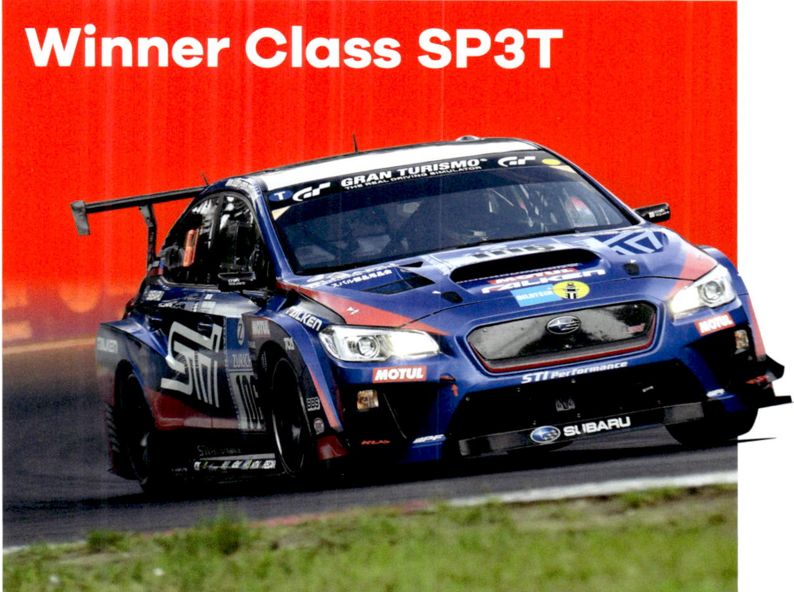

Carlo van Dam, Marcel Lasse, Tim Schrick, Hideki Yamauchi

CLASS SP3T

24h-Special up to 2000 cc with turbo charger

Hour		Q.	1	5	6	8	10	12	14	16	18	20	22	Finish
Position	1	104	104	106	104	106	106	106	106	106	106	106	106	106
	2	106	106	104	106	104	104	104	104	104	104	104	105	105
	3	105	105	105	105	105	105	105	105	105	105	105	104	103
	4	188	188	188	188	188	102	102	102	103	103	103	103	102
	5	103	102	102	102	102	103	103	103	102	102	102	102	
	6	102	103	103	103	103	188	188	188	107	107	107	107	
	7	107	107	107	107	107	107	107	107	188	188	188	188	

Fastest lap: No. 104 in 9:06.294 min. = 167.237 km/h
started: 7 • classified: 4 • not classified: 3

The Subaru works team of Carlo van Dam, Marcel Lassée, Tim Schrick and Hideki Yamauchi scored its fourth win in six years. The LMS Audi was the only contender during the first part of the race. Second place went to the Speich/Waschkau/Vleugels/Jung Audi TT.

Team MSC Sinzig e.V. im ADAC

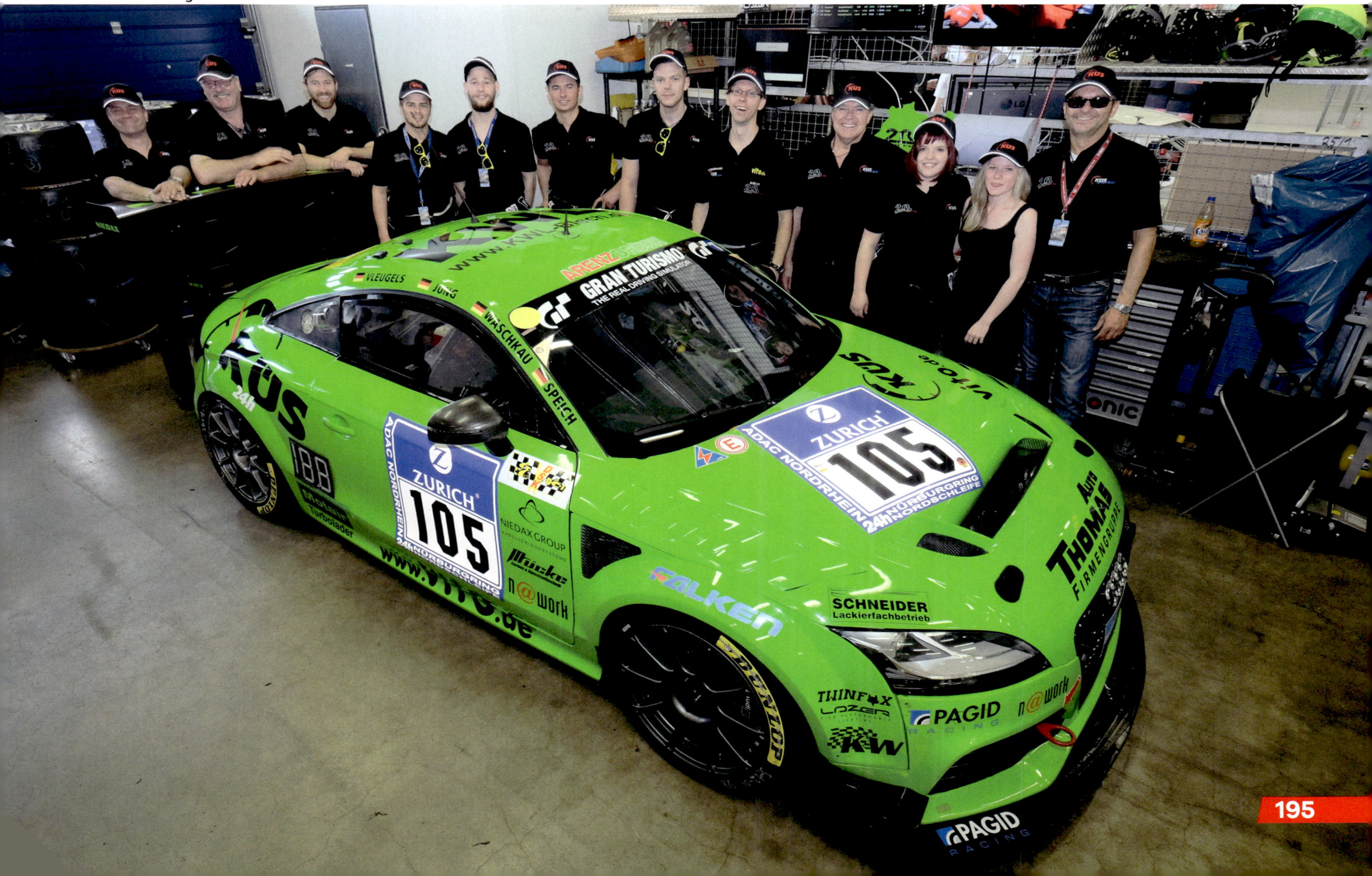

CLASS SP3T

24h-Special up to 2000 cc with turbo charger

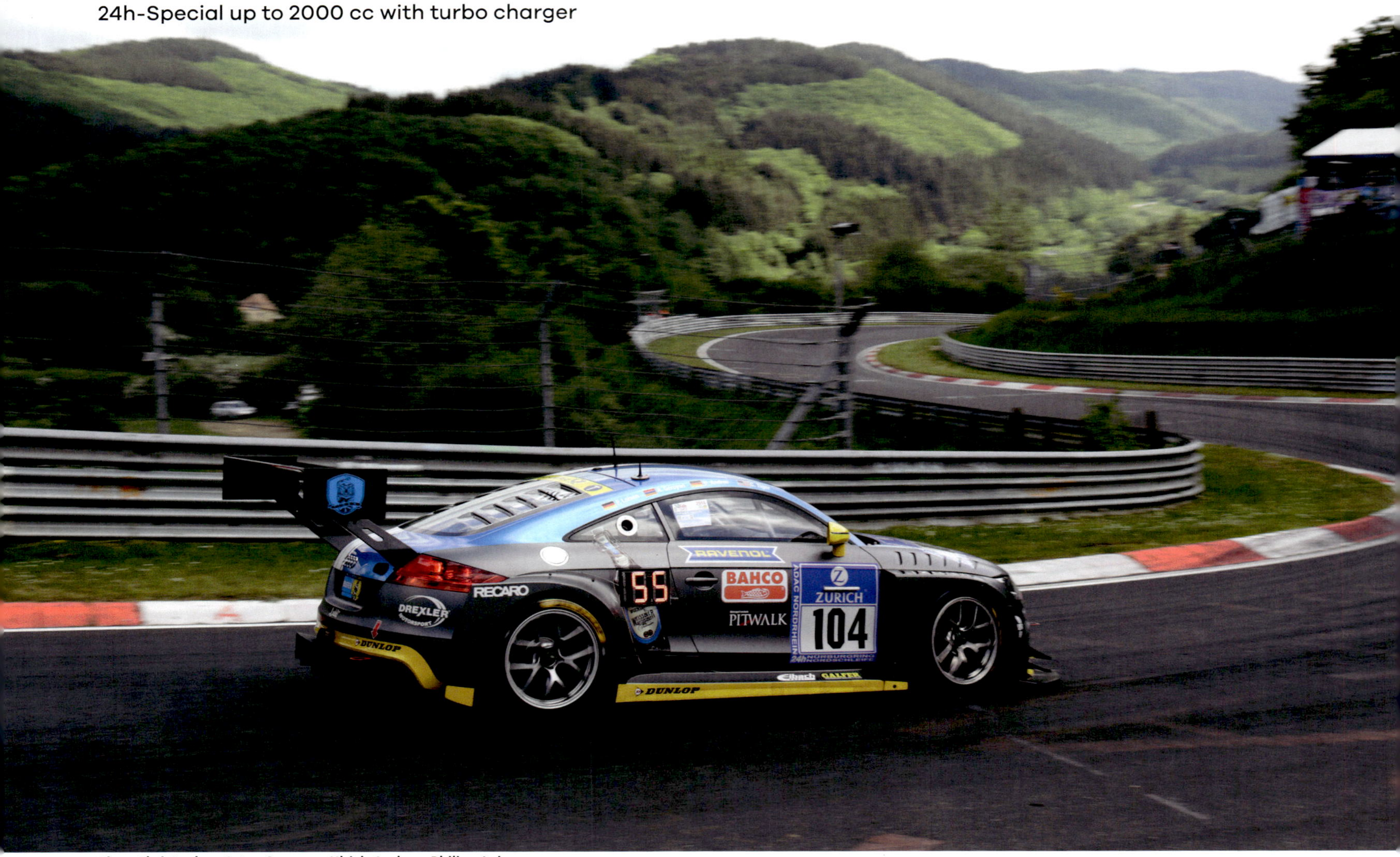

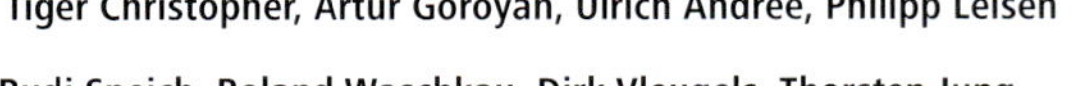

Tiger Christopher, Artur Goroyan, Ulrich Andree, Philipp Leisen

Rudi Speich, Roland Waschkau, Dirk Vleugels, Thorsten Jung

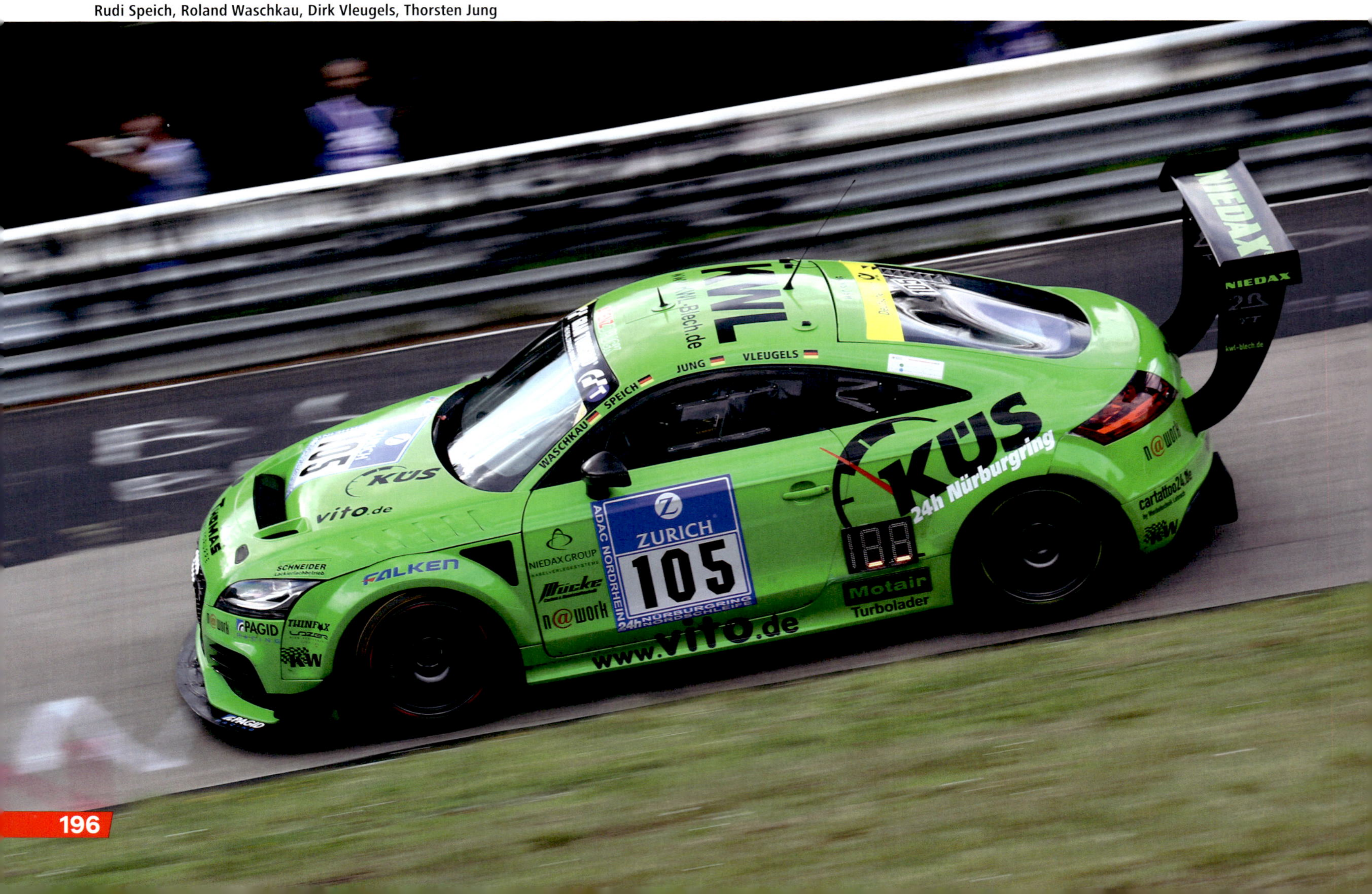

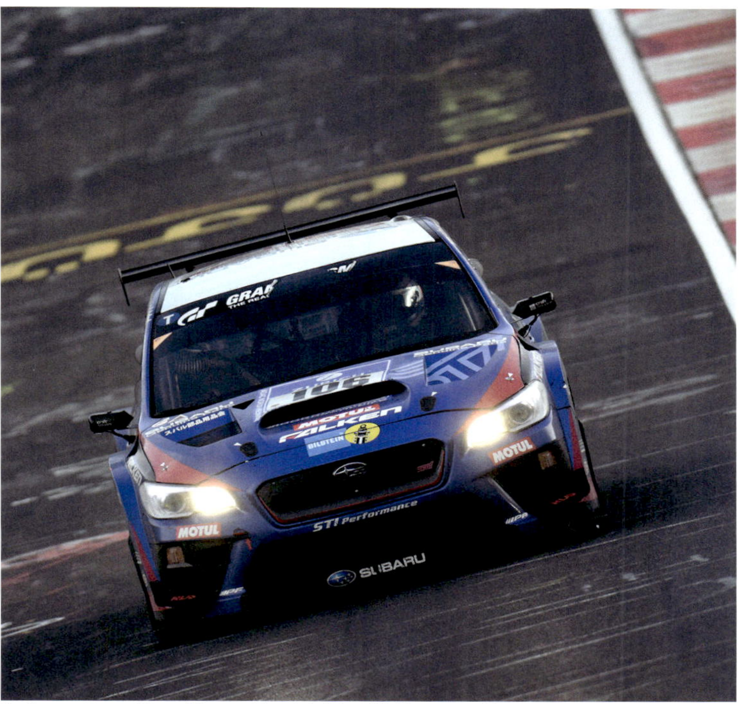

Carlo van Dam, Marcel Lasse, Tim Schrick, Hideki Yamauchi

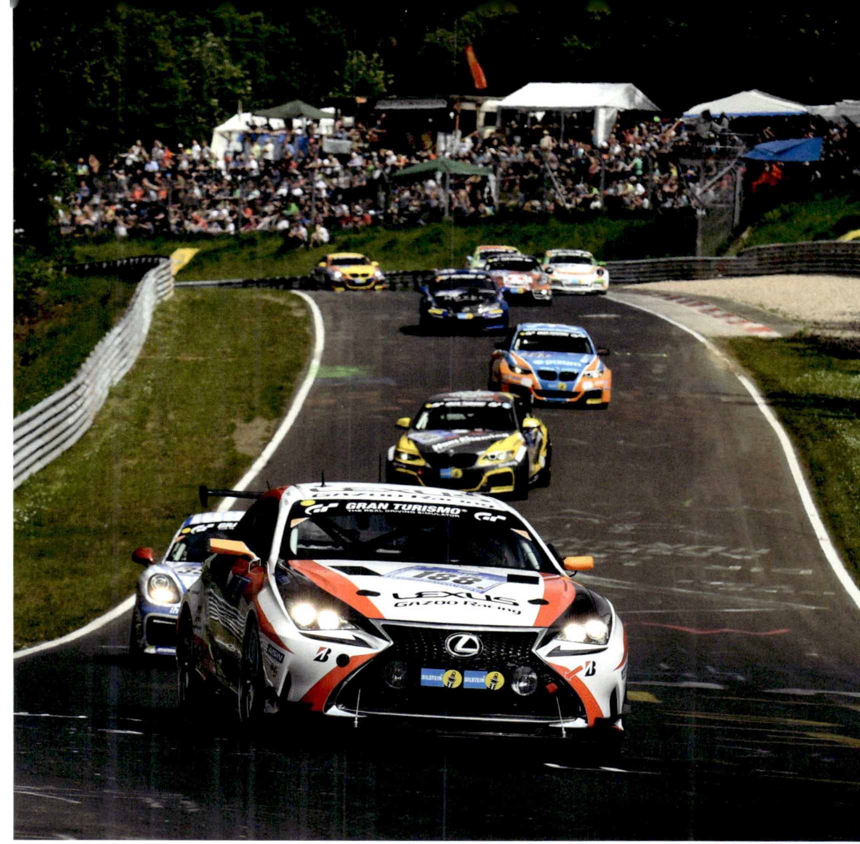

Takayuki Kinoshita, Takamitsu Matsui, Naoya Gamo, „Morizo“

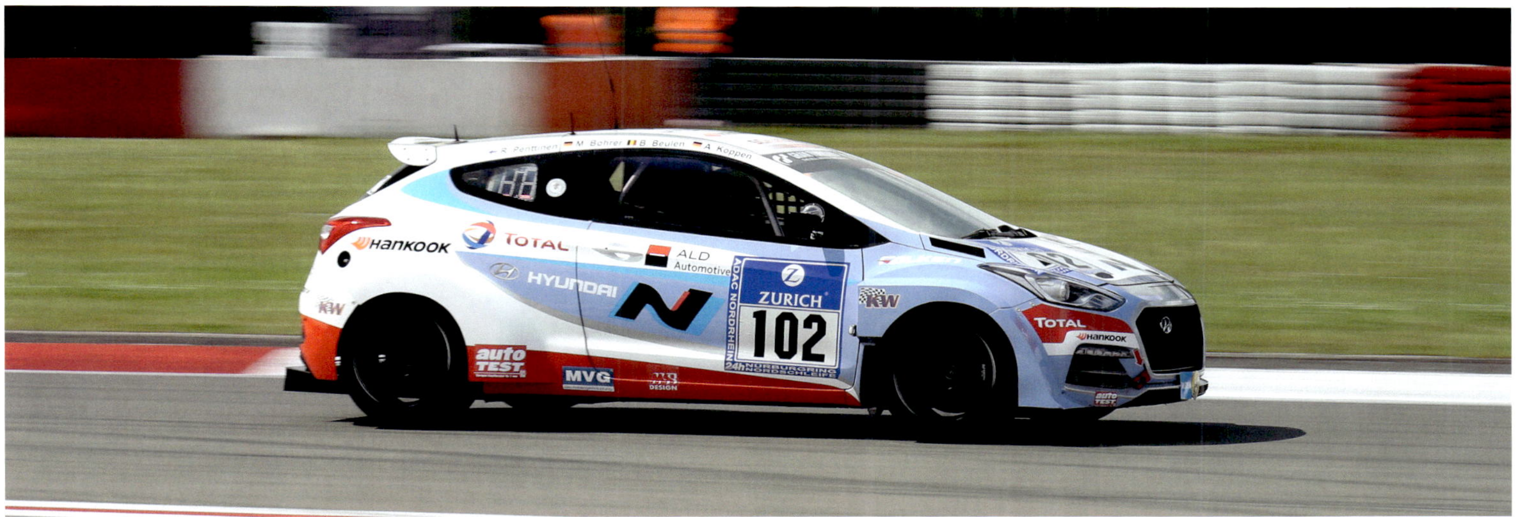

Alexander Köppen, Rory Penttinen, Michael Bohrer, Bruno Beulen

Patrick Prill, Marcel Willert, Jens Ludmann, Steffen Schlichenmeier

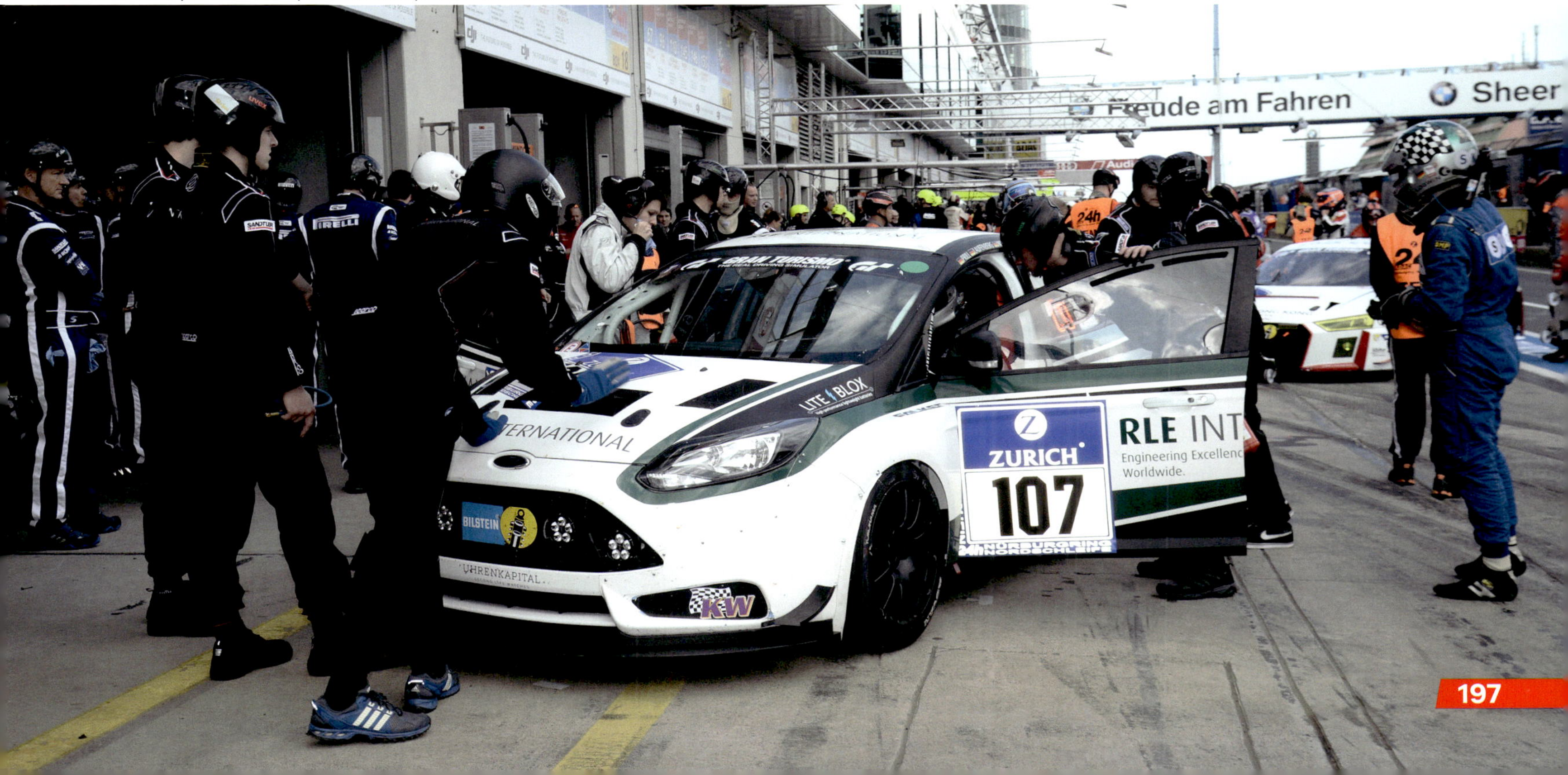

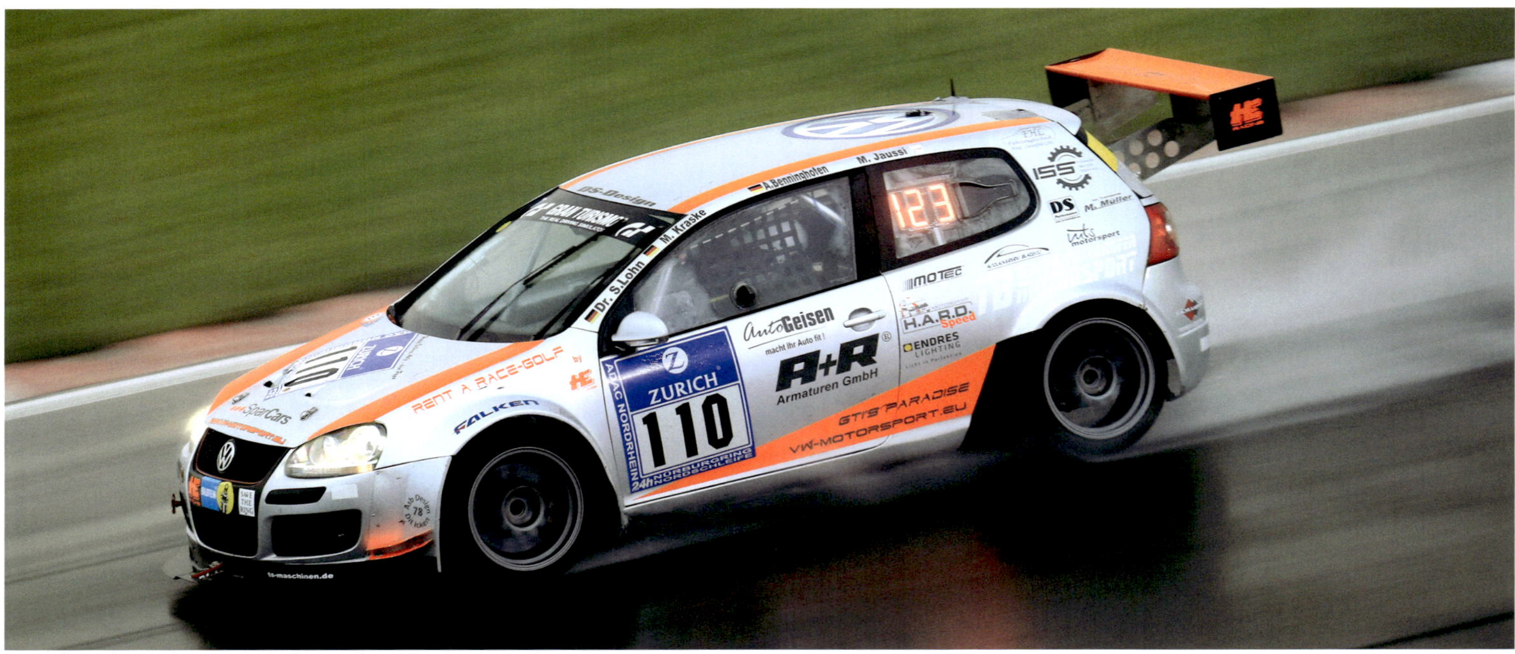

Dr. Stefan Lohn, Andre Benninghofen, Maik Kraske, Marc Jaussi

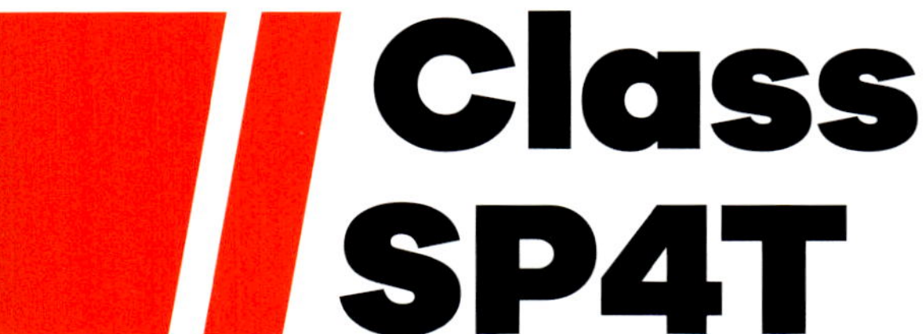

Der große Favorit strandete früh: Nach dem Re-Start rutschte Mike Jäger im Hatzenbach-Bogen von der Strecke und verformte leicht das Heck. Bei der Befreiung aus der feuchten Wiese brannte die Kupplung durch. Und der verschobene Auspuff beschädigte irreparabel die Lenkung – das frühe Aus für den S-Pace-Audi und seine Teamkollegen Marcus Löhnert, Matthias Wasel und Christian Schmitz. Der Hess Motorsport-VW Golf 5 GTi von Dr. Stefan Lohn, Andre Benninghofen, Maik Kraske und Marc Jaussi lief recht problemlos, drehte 103 Runden und siegte somit in der Klasse.

Christian Schmitz

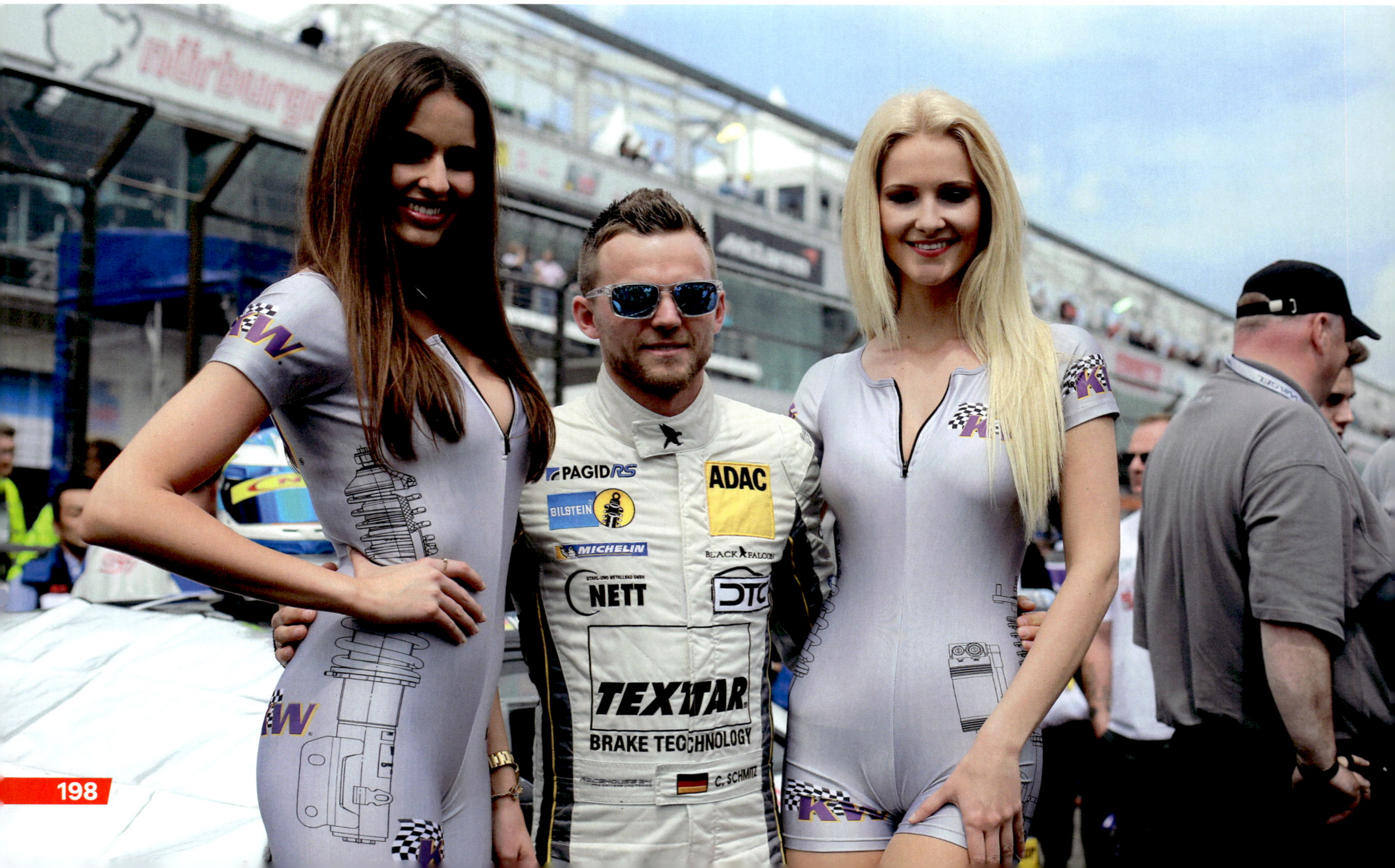

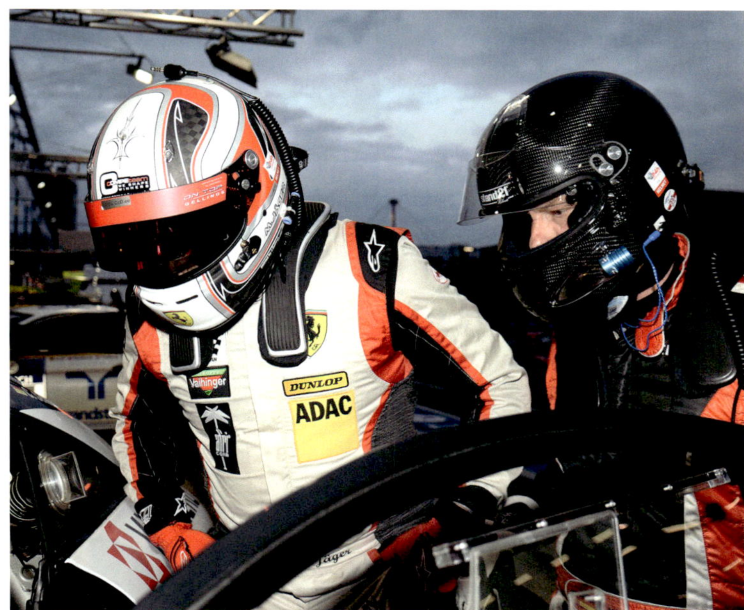
Mike Jäger and Marcus Löhnert

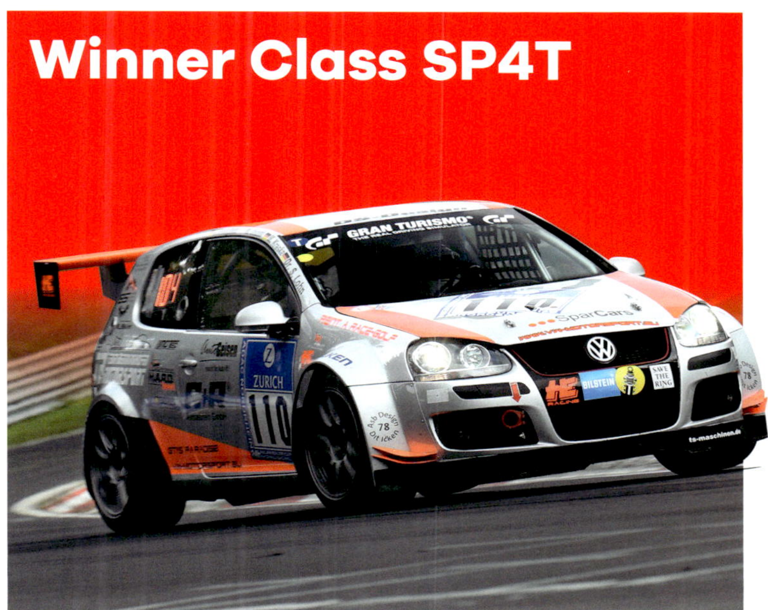

Dr. Stefan Lohn, Andre Benninghofen, Maik Kraske, Marc Jaussi

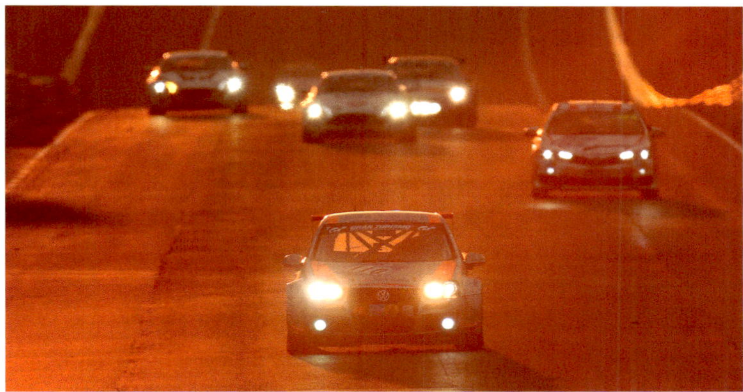
Dr. Stefan Lohn, Andre Benninghofen, Maik Kraske, Marc Jaussi

CLASS SP4T
24h-Special up to 2600 cc with turbo charger

Hour		Q.	1	5	6	8	10	12	14	16	18	20	22	Finish
Position	1	96	96	110	110	110	110	110	110	110	110	110	110	110
	2	110	110	96	96	96	96	96	96	96	96	96	96	

Fastest lap: No. 96 in 9:06.499 min. = 167.175 km/h
started: 2 • classified: 1 • not classified: 1

The big favourite was out very early on: after the re-start, Mike Jäger crashed the S-Pace Audi at the Hatzenbach-Bogen. The Hess Motorsport VW Golf 5 GTi had a trouble-free run and won its class.

Marcus Löhnert, Matthias Wasel, Christian Schmitz, Mike Jäger

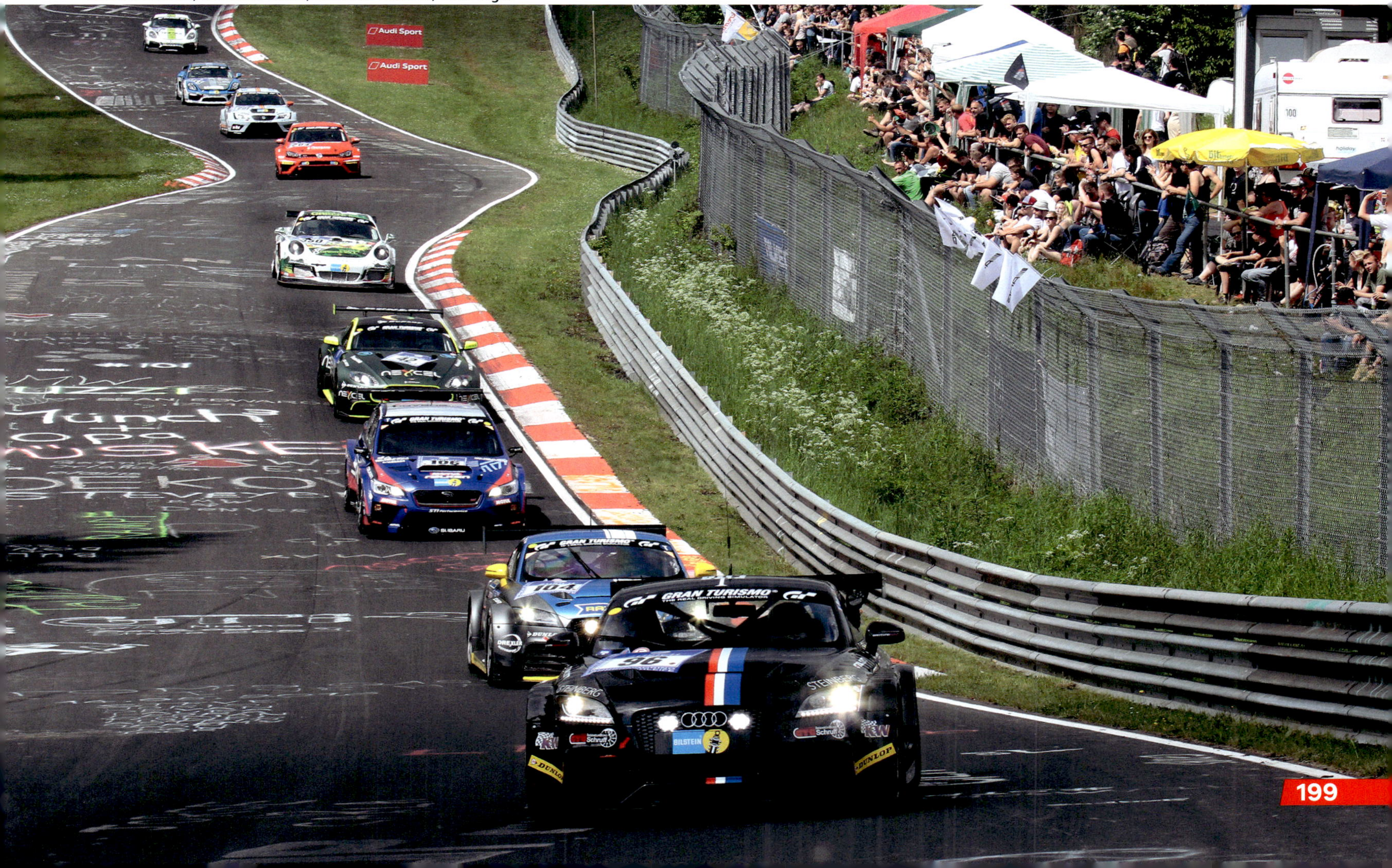

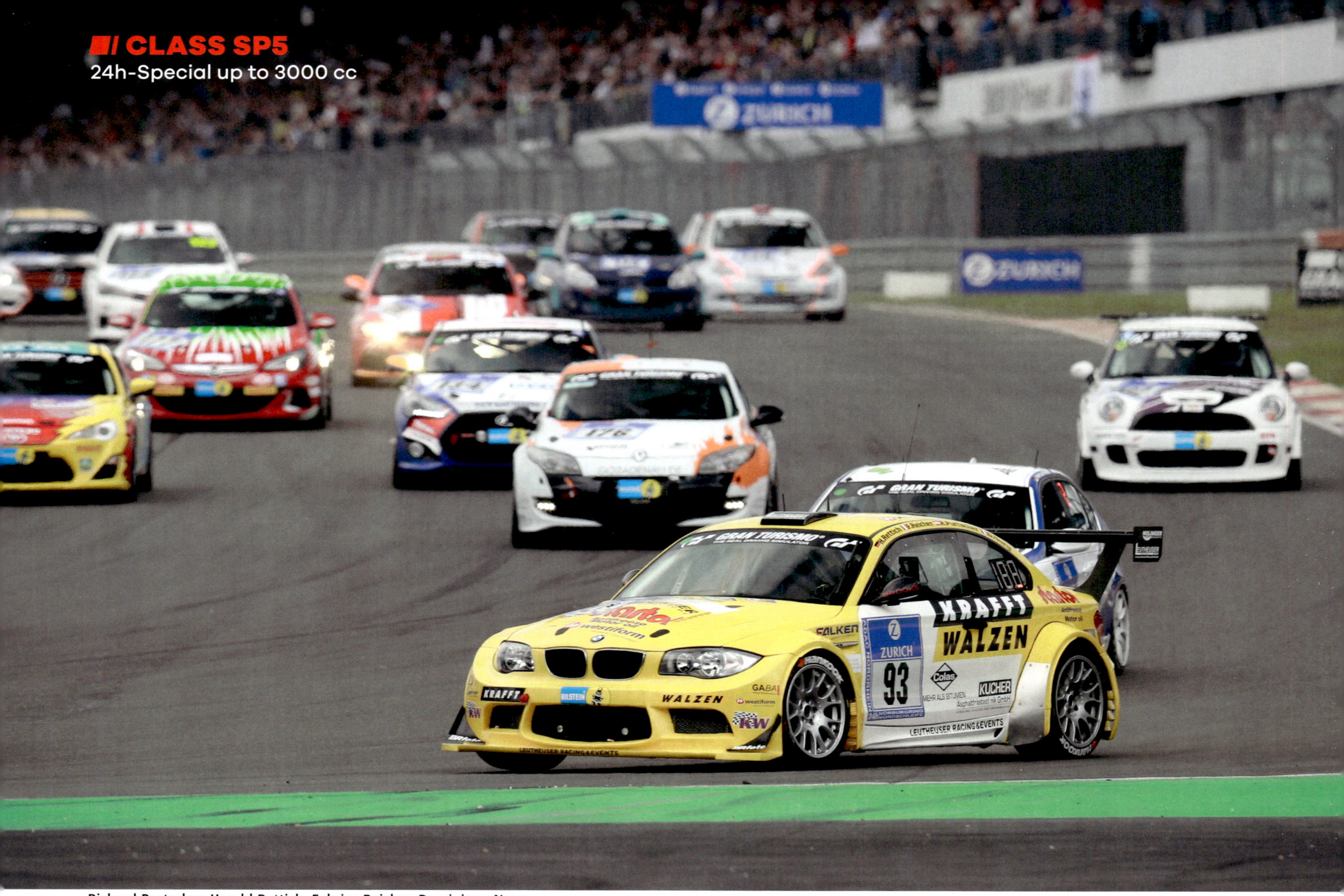

Richard Purtscher, Harald Rettich, Fabrice Reicher, Dominique Nury

Class SP5

Als Einzelstarter wäre der Klassensieg für Richard Purtscher, Harald Rettich, Fabrice Reicher und Dominique Nury eigentlich klar gewesen, doch eine Kollision rund sechs Stunden vor dem Ende verwandelte den Leutheuser-BMW 1M Coupé in ein Wrack. Ausgangs Mercedes-Arena kollidierte Reicher mit dem Manheller-Fiesta (#136), verlor dadurch die Kontrolle, drehte sich quer über die Fahrbahn nach rechts und wurde dort von Lucas Luhr im Schubert-M6 erfasst. Beide prallten gegen die Streckenbegrenzung, blieben gottlob unverletzt.

Dominique Nury and Fabrice Reicher

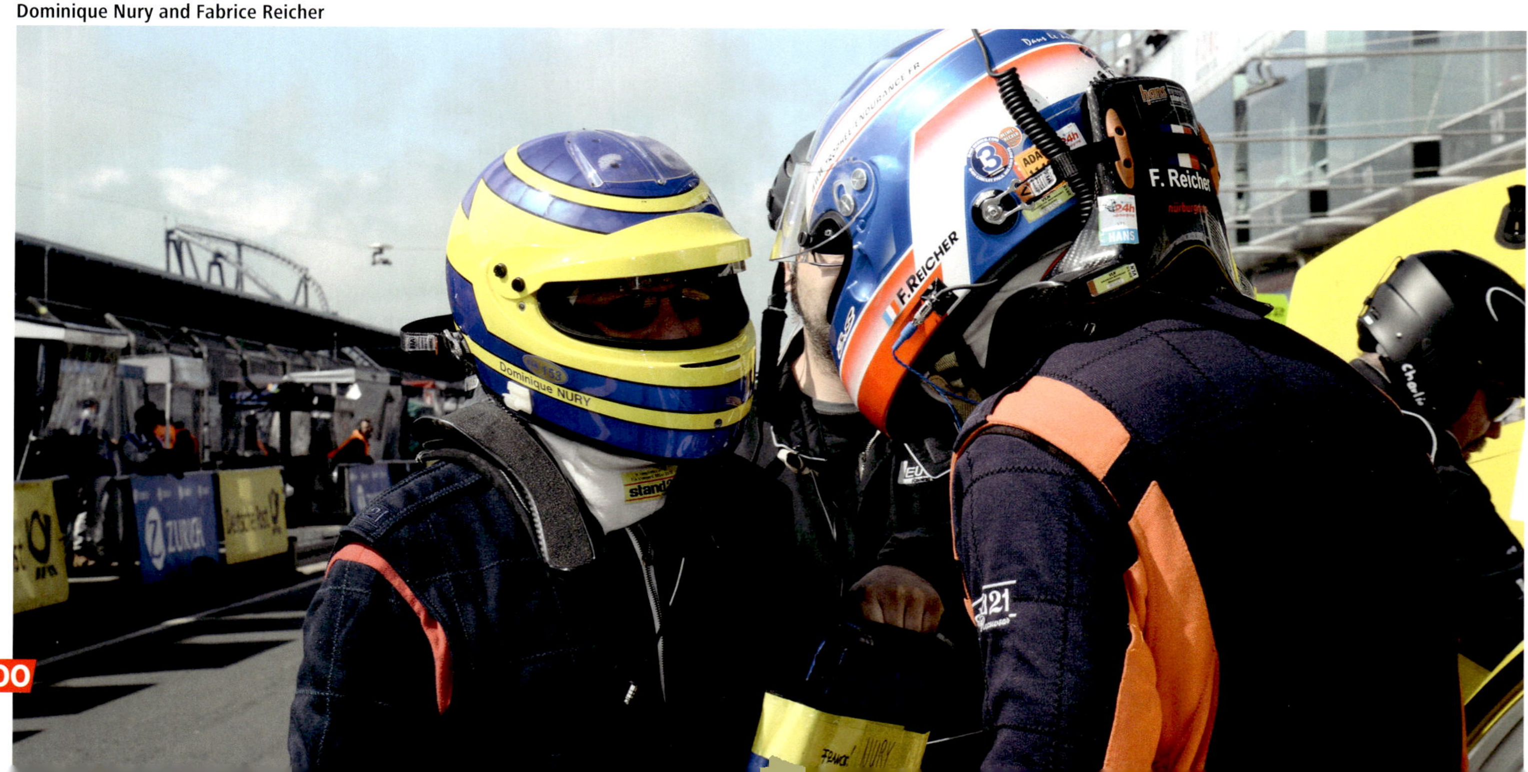

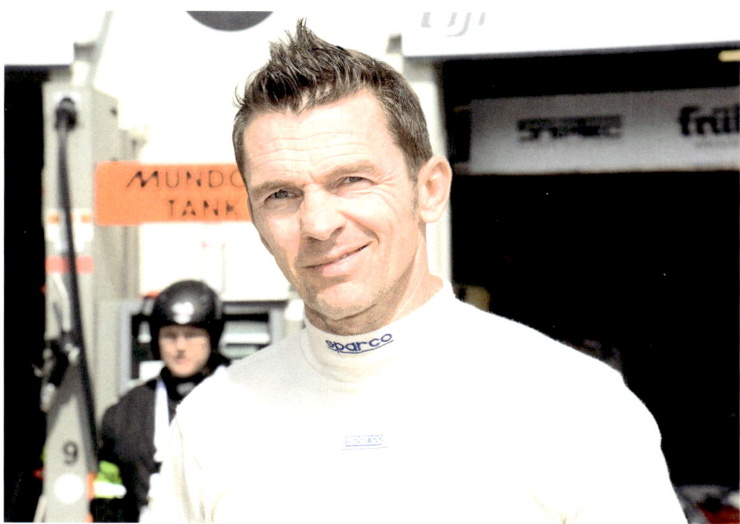

Harald Rettich

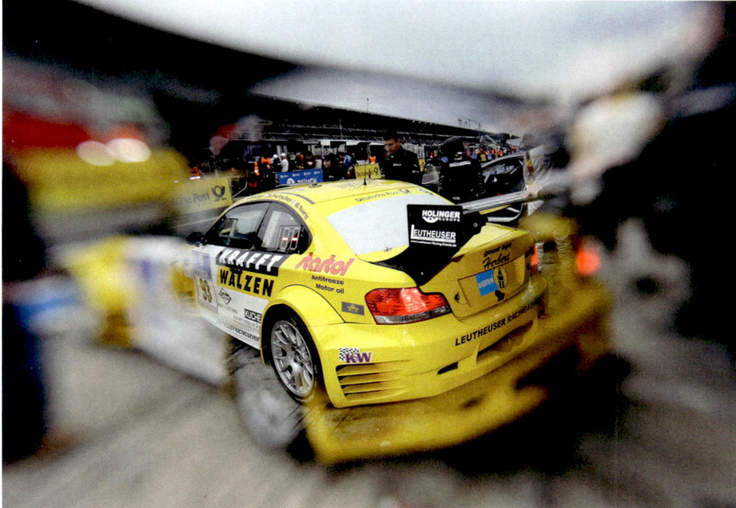

Richard Purtscher, Harald Rettich, Fabrice Reicher, Dominique Nury

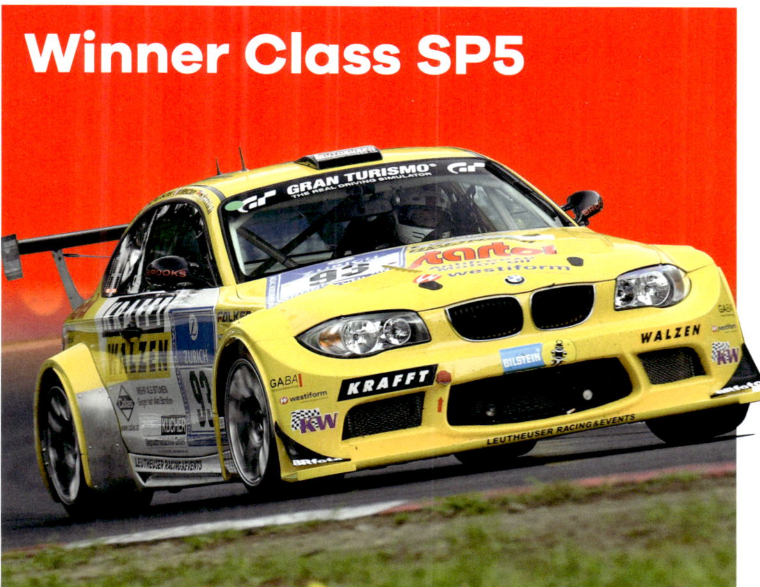

Richard Purtscher, Harald Rettich, Fabrice Reicher, Dominique Nury

CLASS SP5
24h-Special up to 3000 cc

Hour	Q.	1	5	6	8	10	12	14	16	18	20	22	Finish
Position 1	93	93	93	93	93	93	93	93	93	93	93	93	

Fastest lap: No. 93 in 9.49:117 min. = 155:081 km/h
started: 1 • classified: 0 • not classified: 1

As they were the only competitors, class victory seemed like a formality for Richard Purtscher, Harald Rettich, Fabrice Reicher and Dominique Nury with the Leutheuser BMW 1M Coupé, but a collision with six hours remaining led to retirement.

Richard Purtscher, Harald Rettich, Fabrice Reicher, Dominique Nury

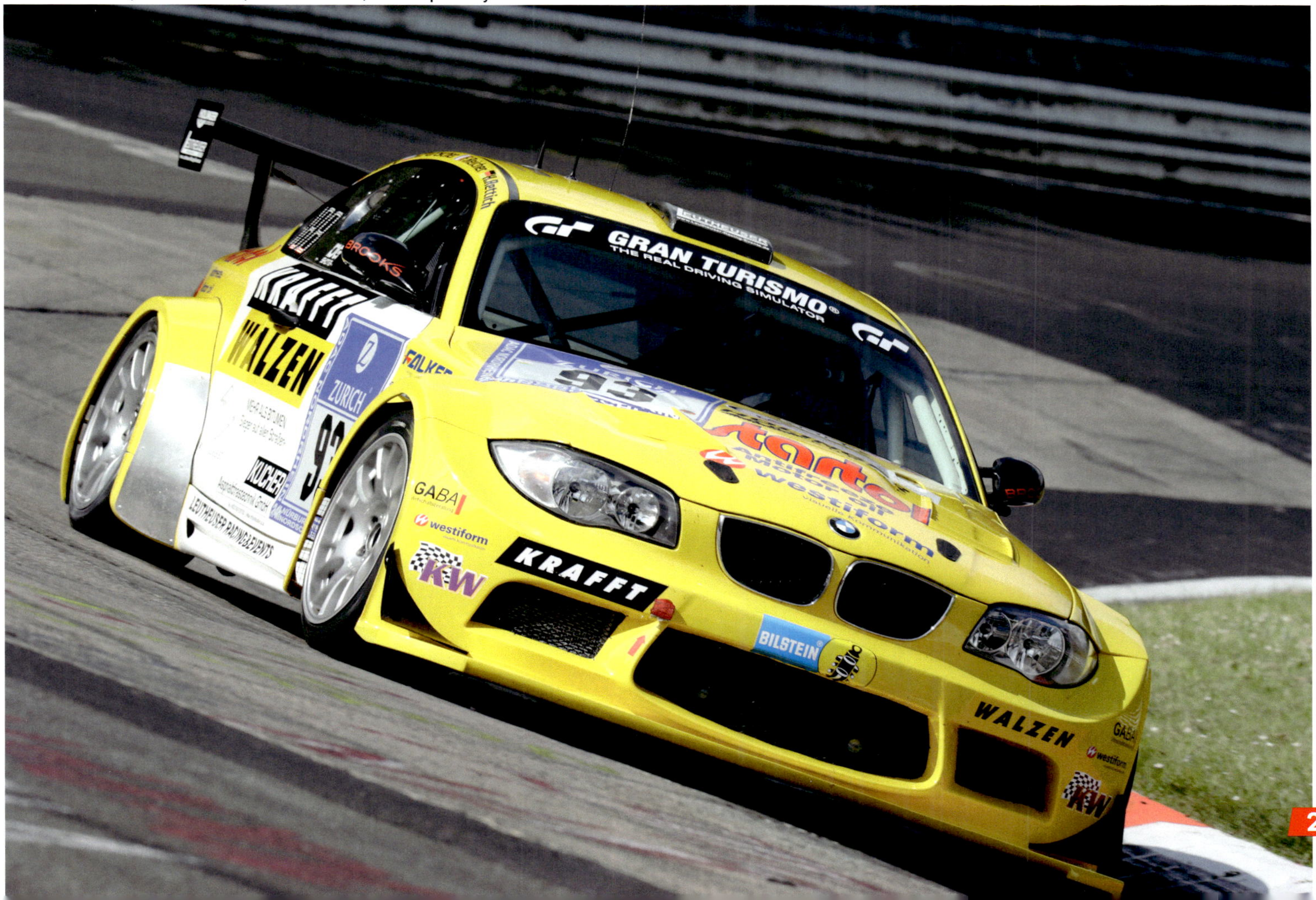

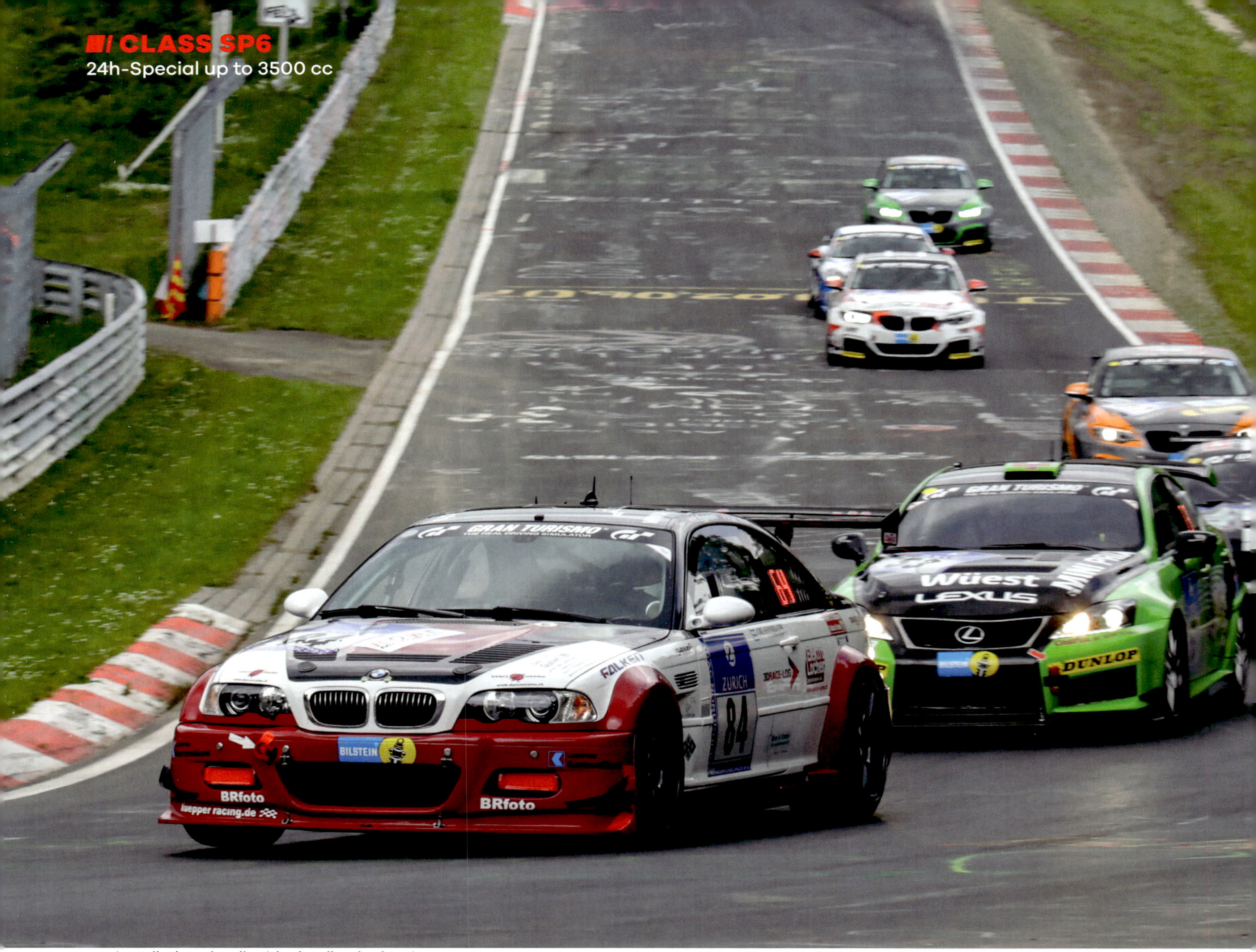

Martin Kroll, Chantal Kroll, Michael Kroll, Roland Eggimann

Class SP6

Die einzigen beiden Fahrzeuge des gesamten Feldes, die nach dem Regen- und Hagelschauer für den Re-Start nicht wieder hergerichtet werden konnten, waren die beiden PROsport-Cayman aus der Klasse SP6. Die Leitplankeneinschläge in Aremberg waren einfach zu heftig. Somit freute sich David Ackermanns Mannschaft von rent2drive-racing über einen ungefährdeten Sieg im Porsche GT3 vom Teamchef himself und seinen drei Kollegen Carsten Welschar, Jörg Wiskirchen und Walter Csaba. Die beiden BMW M3 E46 von Hofor Racing folgten auf den Plätzen. Martin und Chantal Kroll griffen bei beiden M3 ins Lenkrad, in der Nummer 85 unterstützt von Bernd Küpper und Lars Jürgen Zander und im Schwesterauto Nummer 84 von Michael Kroll und Roland Eggimann. Das die #85 18 Runden mehr drehte als die #84 lag an einem Unfall im Kesselchen.

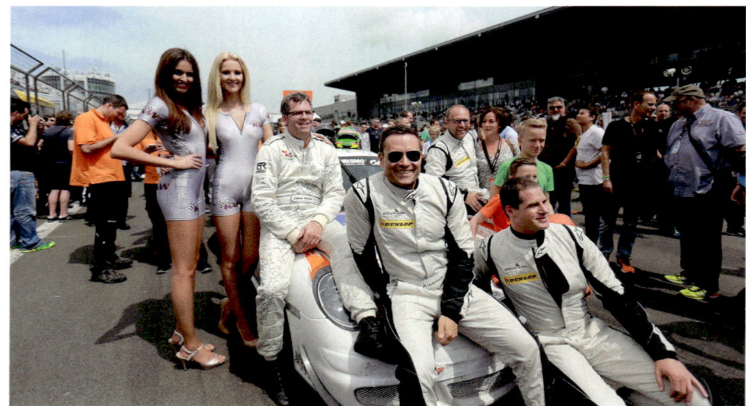

(l.-r.): Carsten Welschar, David Ackermann, Csaba Walter, Jörg Wiskirchen

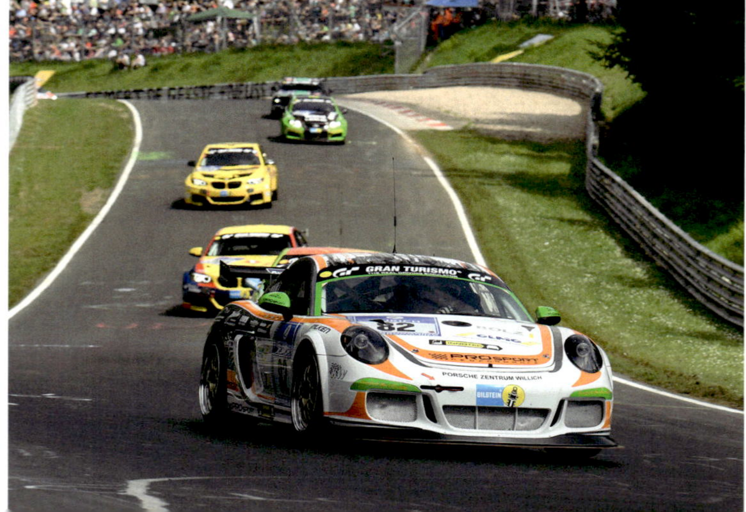

Fidel Leib, Jonas Carlsson, Thomas Bolz, Kelvin van der Linde

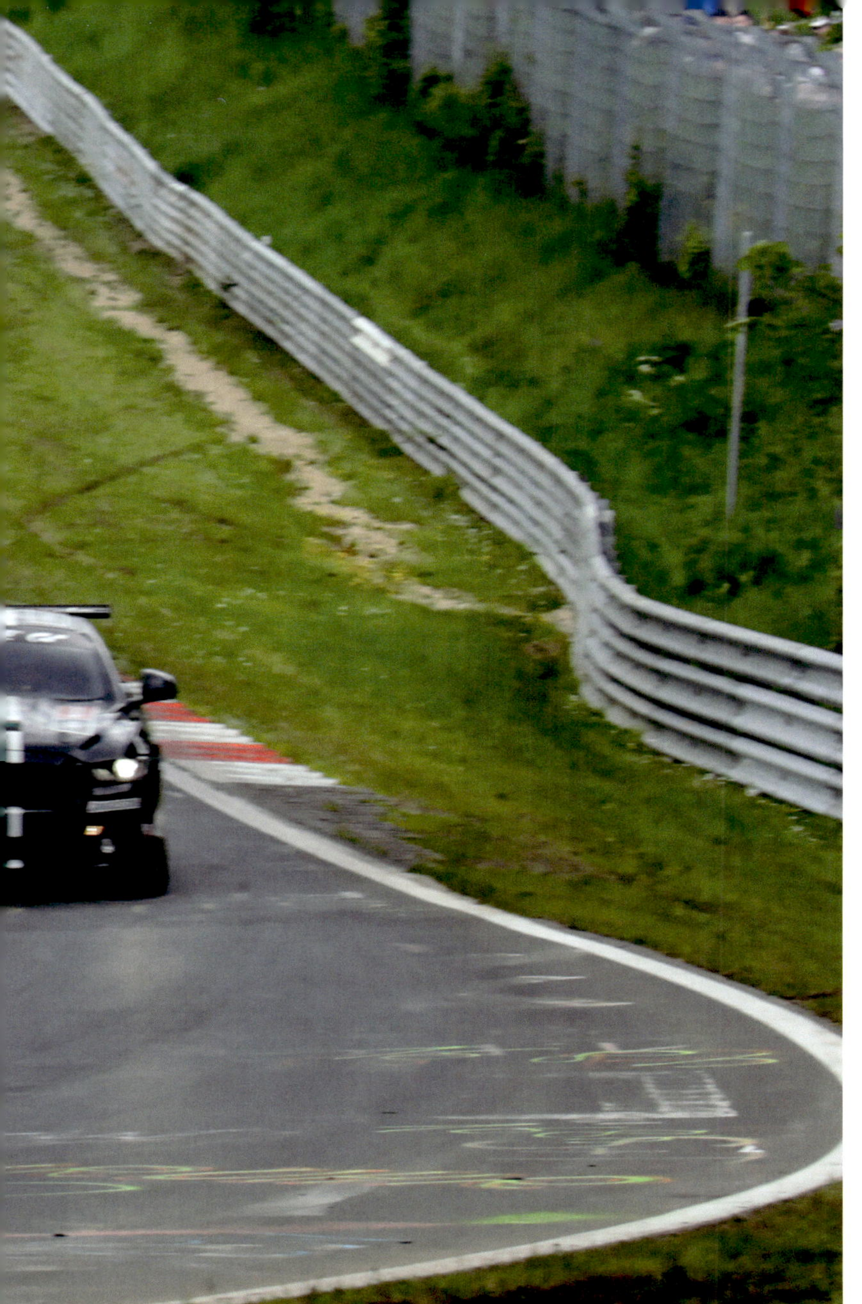

Charles Putman, Charles Espenlaub, Nico Verdonck, Xavier Maassen

Winner Class SP6

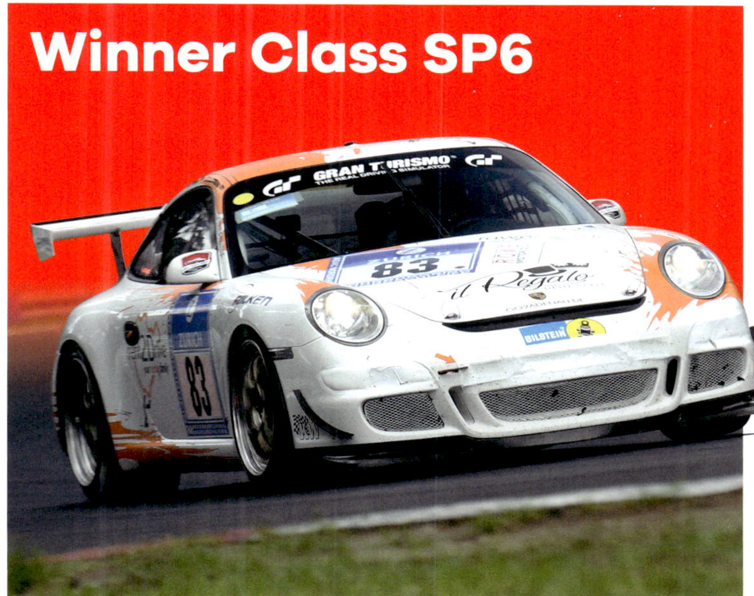

David Ackermann, Carsten Welschar, Jörg Wiskirchen, Csaba Walter

CLASS SP6
24h-Special up to 3500 cc

Hour		Q.	1	5	6	8	10	12	14	16	18	20	22	Finish
Position	1	350	83	83	83	83	83	83	83	83	83	83	83	83
	2	83	82	85	85	85	85	85	85	85	85	85	85	85
	3	84	350	84	84	84	84	84	84	84	84	84	84	84
	4	85	85	82	82	82	82	82	82	82	82	82	82	
	5	82	84	350	350	350	350	350	350	350	350	350	350	

Fastest lap: No. 83 in 9:13.560 min. = 165.560 km/h
started: 5 • started: 5 • not classified: 2

The two PROsport Caymans from the SP6 class were the only cars in the entire field that were too heavily damaged to restart the race after the red flag. Thus, rent2drive racing scored an undisputed win with its Porsche GT3, followed by the two Hofor Racing M3s.

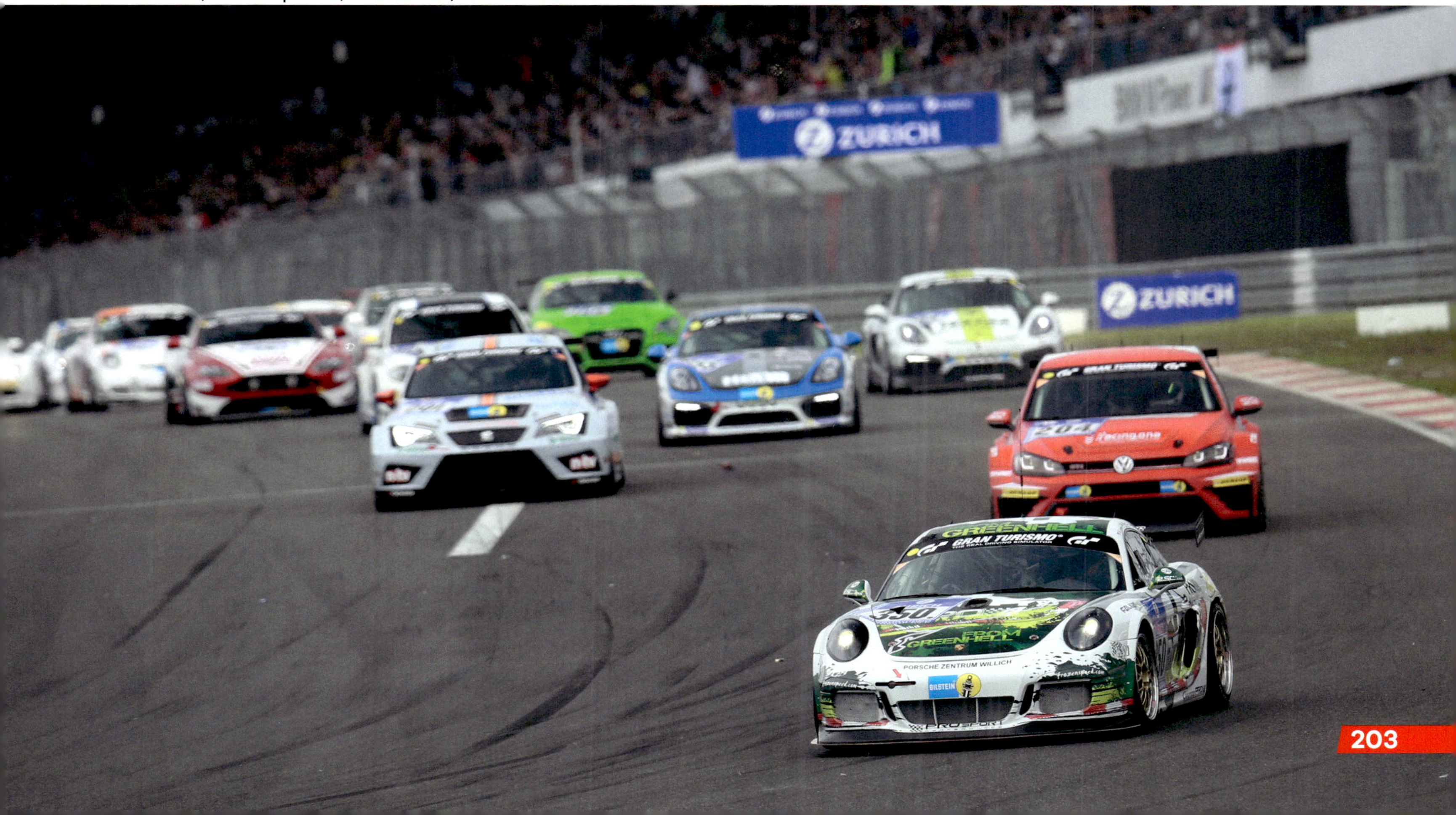

CLASS SP6
24h-Special up to 3500 cc

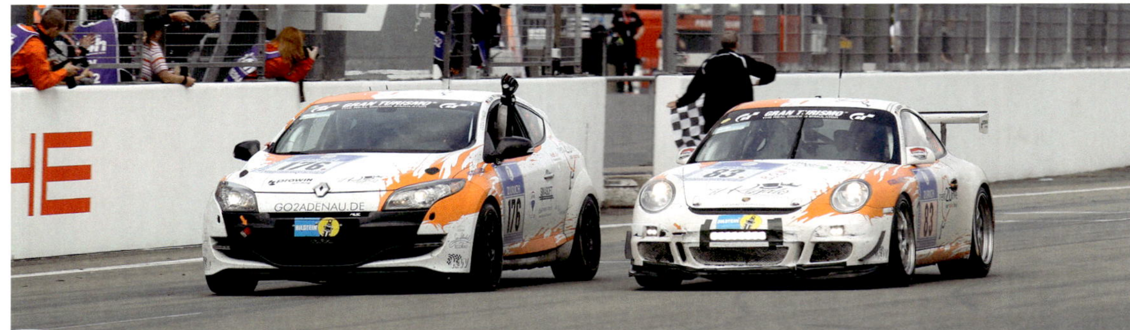

(176): Axel Jahn, Andrei Sidorenko, Florian Quante, Bernd Kleeschulte
(83): David Ackermann, Carsten Welschar, Jörg Wiskirchen, Csaba Walter

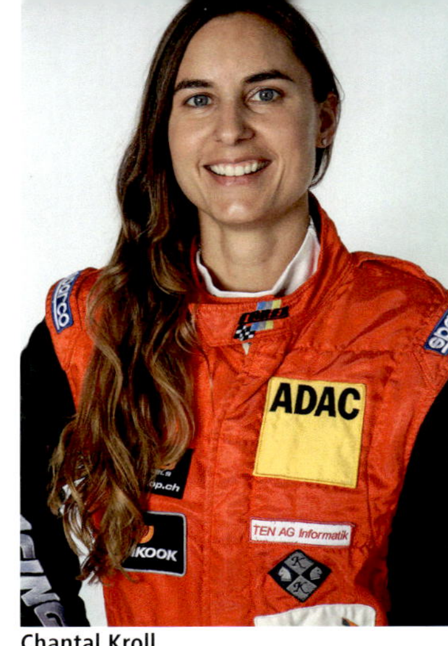

Chantal Kroll

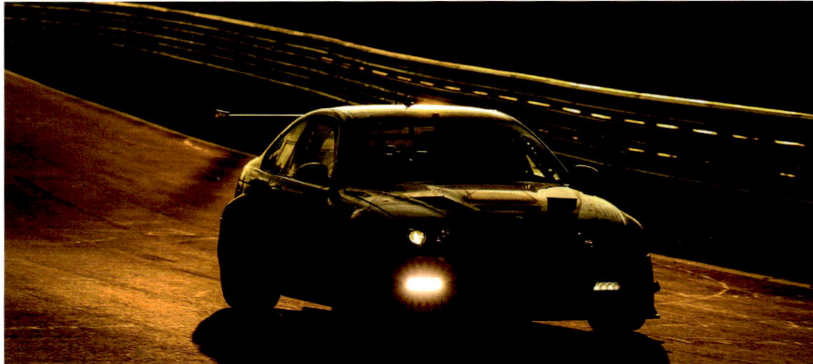

Martin Kroll, Chantal Kroll, Bernd Küpper, Lars Juergen Zander

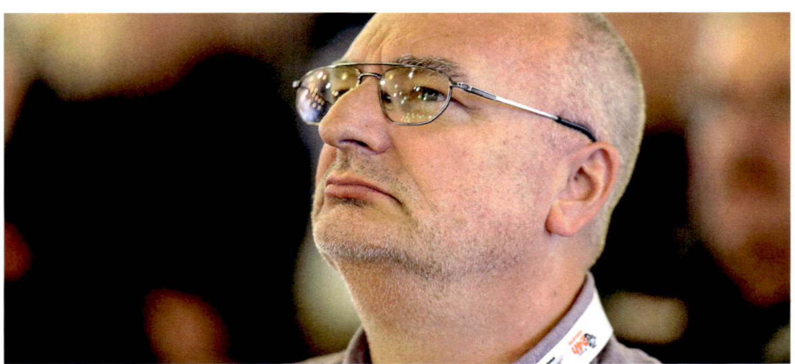

Michael Kroll

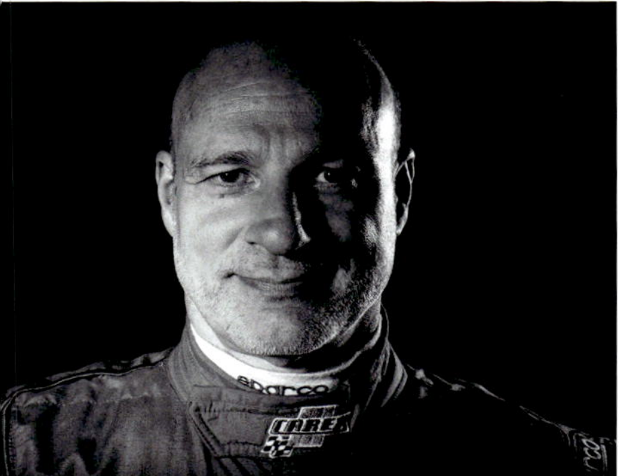

Martin Kroll

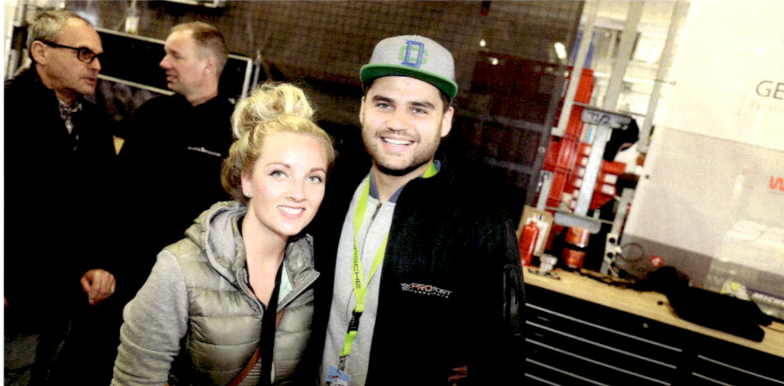

Tami Sohler and Fidel Leib

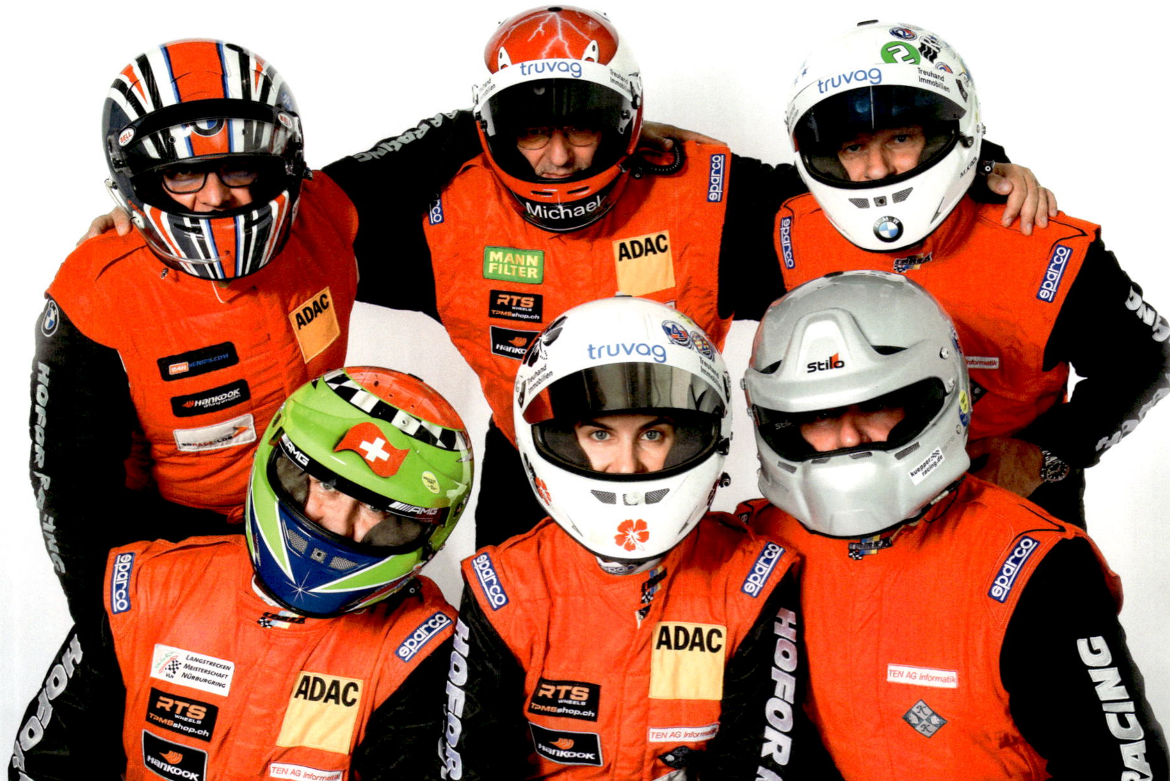

(back row l.-r.): Lars Juergen Zander, Michael Kroll, Martin Kroll
(front row l.-r.): Roland Eggimann, Chantal Kroll, Bernd Küpper

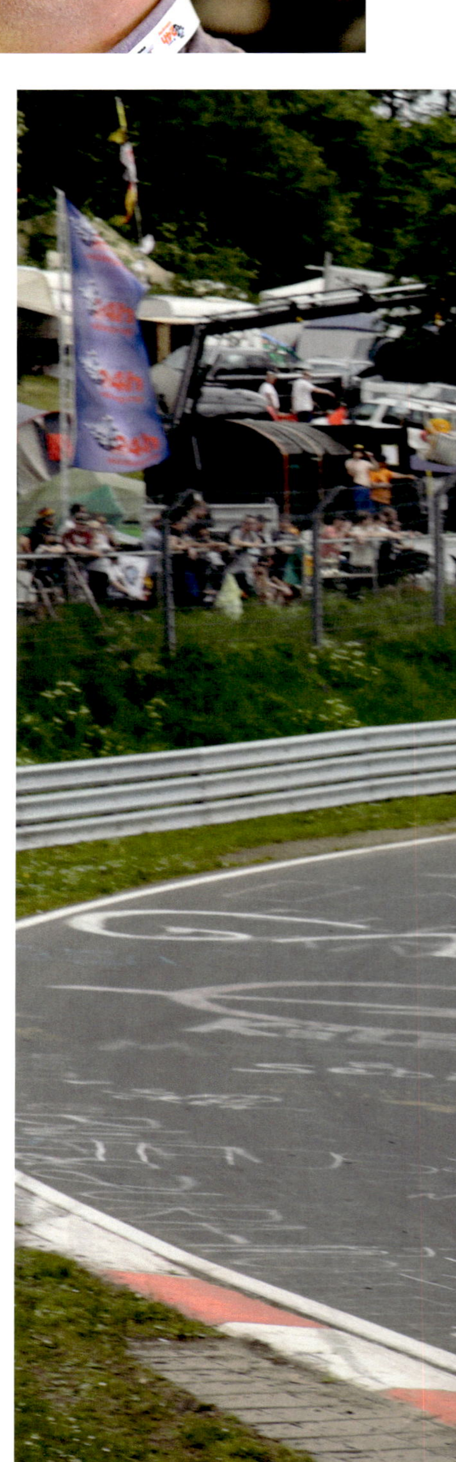

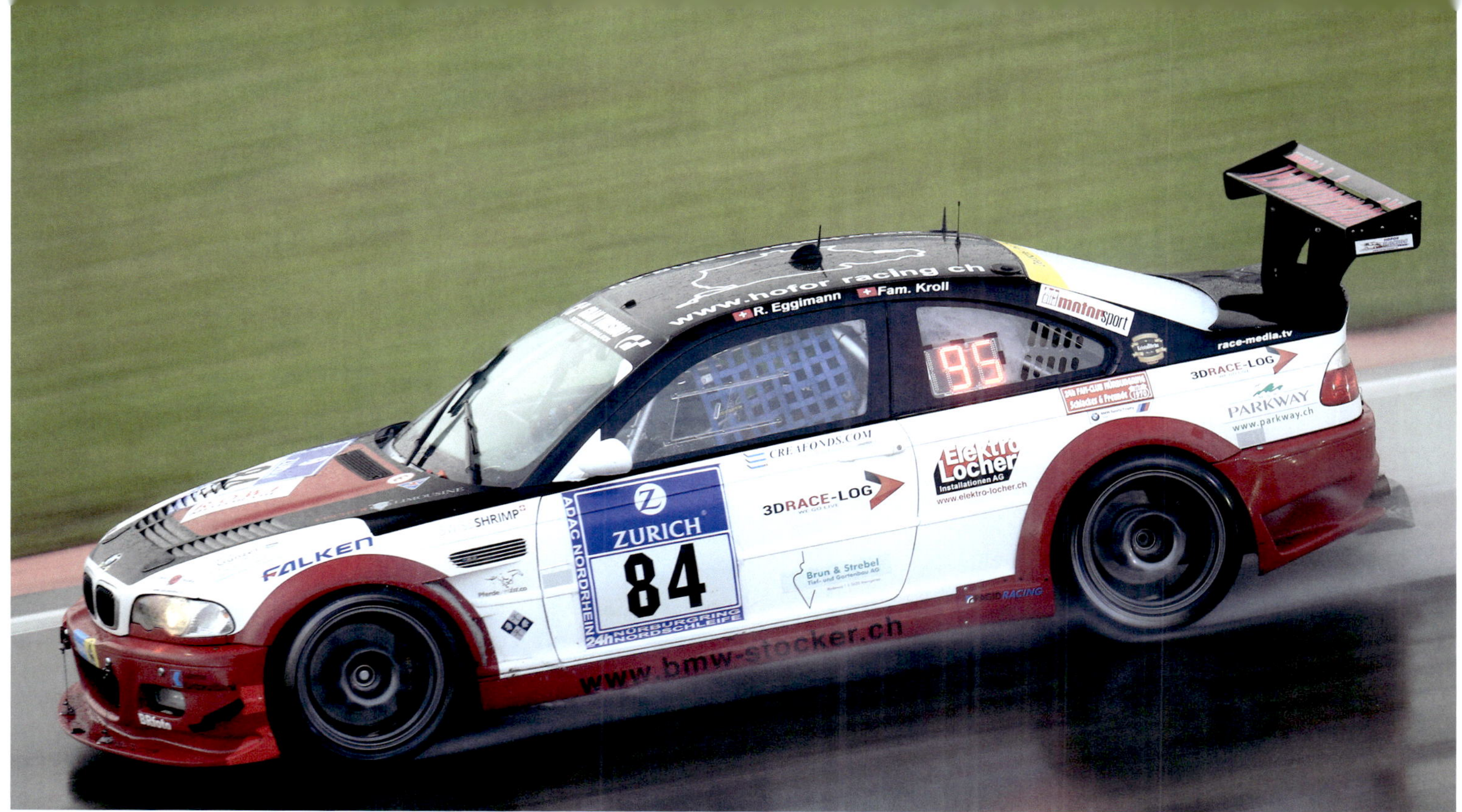

Martin Kroll, Chantal Kroll, Michael Kroll, Roland Eggimann

Martin Kroll, Chantal Kroll, Bernd Küpper, Lars Juergen Zander

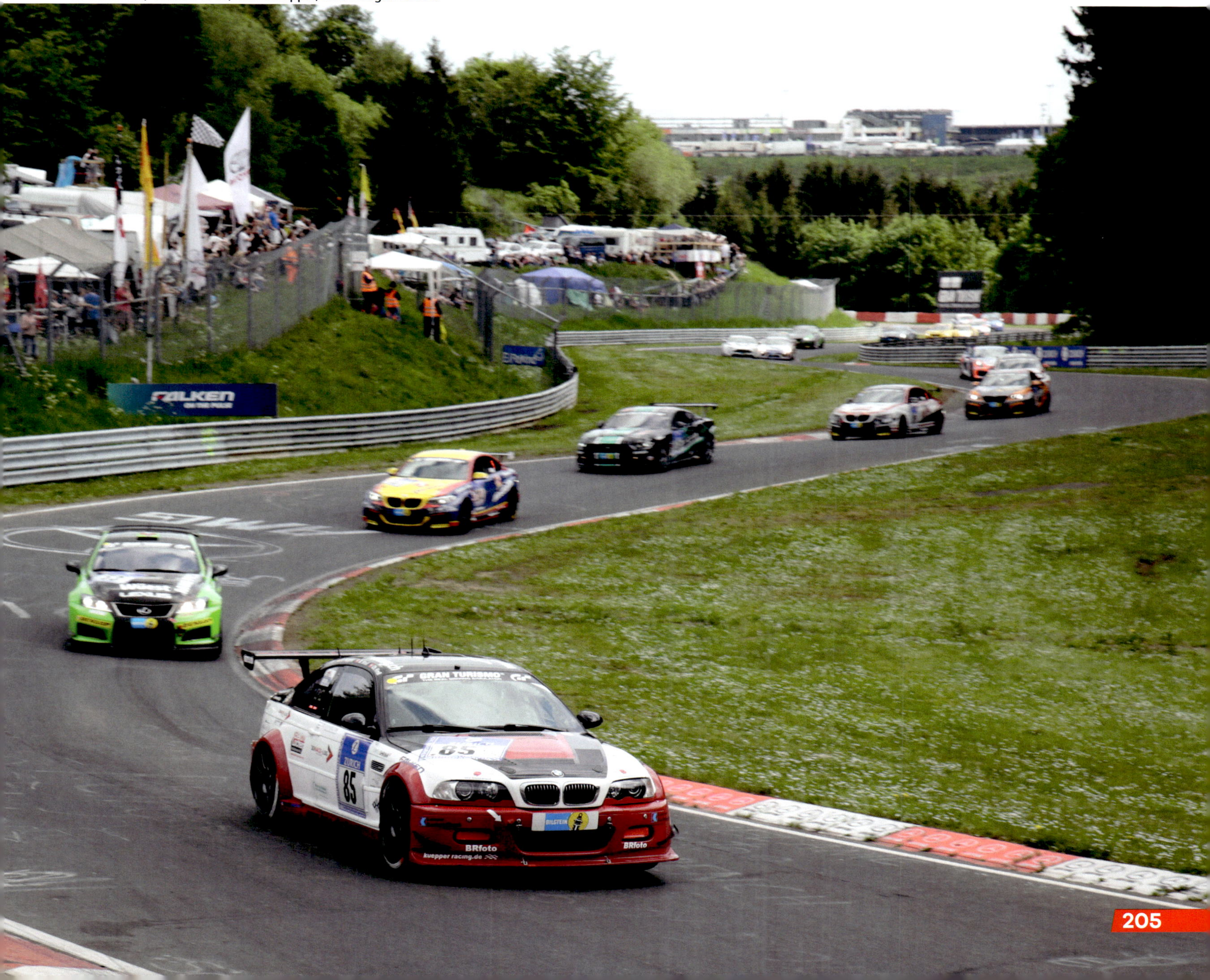

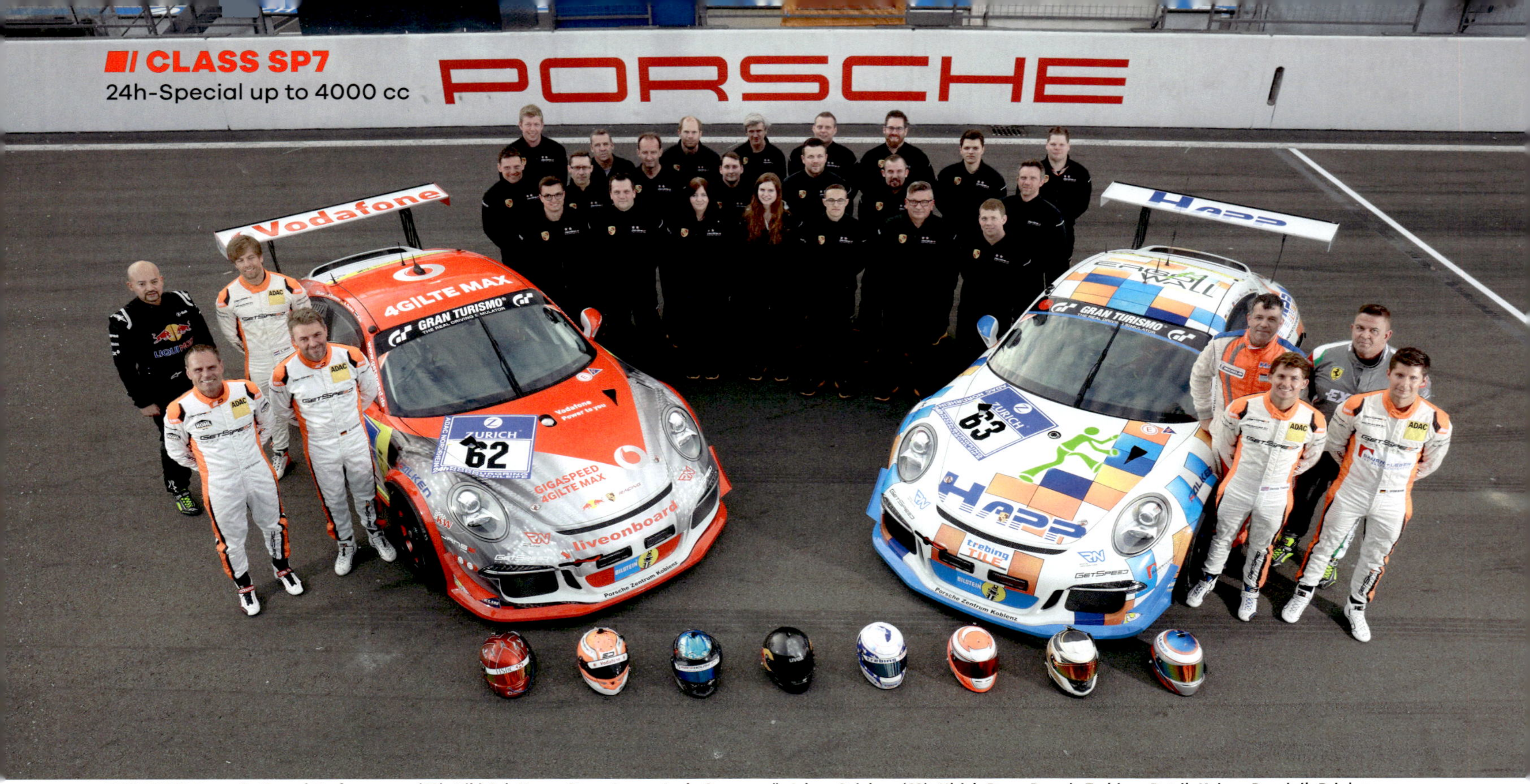

GIGASPEED Team GetSpeed Performance: (62): Kiki Sak Nana, Steve Jans, „Andy Sammers“, Adam Osieka - (63): Ulrich Berg, Dennis Trebing, Patrik Kaiser, Dominik Brinkmann

Class SP7

Die „Porsche-Klasse“ hatte dieses Mal eine ungewöhnlich hohe Ausfallquote. Zwei Motorschäden und fünf Unfälle sorgten für insgesamt sieben Gestrandete. Aus der Pole-Position heraus übernahm der Manthey-Porsche von „Steve Smith“, Reinhold Renger, Nils Reimer und Harald Proczyk zunächst die Führung.
Den Platz an der Sonne übernahm nach dem Re-Start der J2Racing-911 von John Shoffner, Janine Hill, Arno Klasen und Duncan Huisman. Nachdem für ein paar Runden der GetSpeed-Porsche von Adam Osieka,

Arturo Devigus, Andreas Weishaupt, Alexander Josef Toril Boquoi, Mario Farnbacher

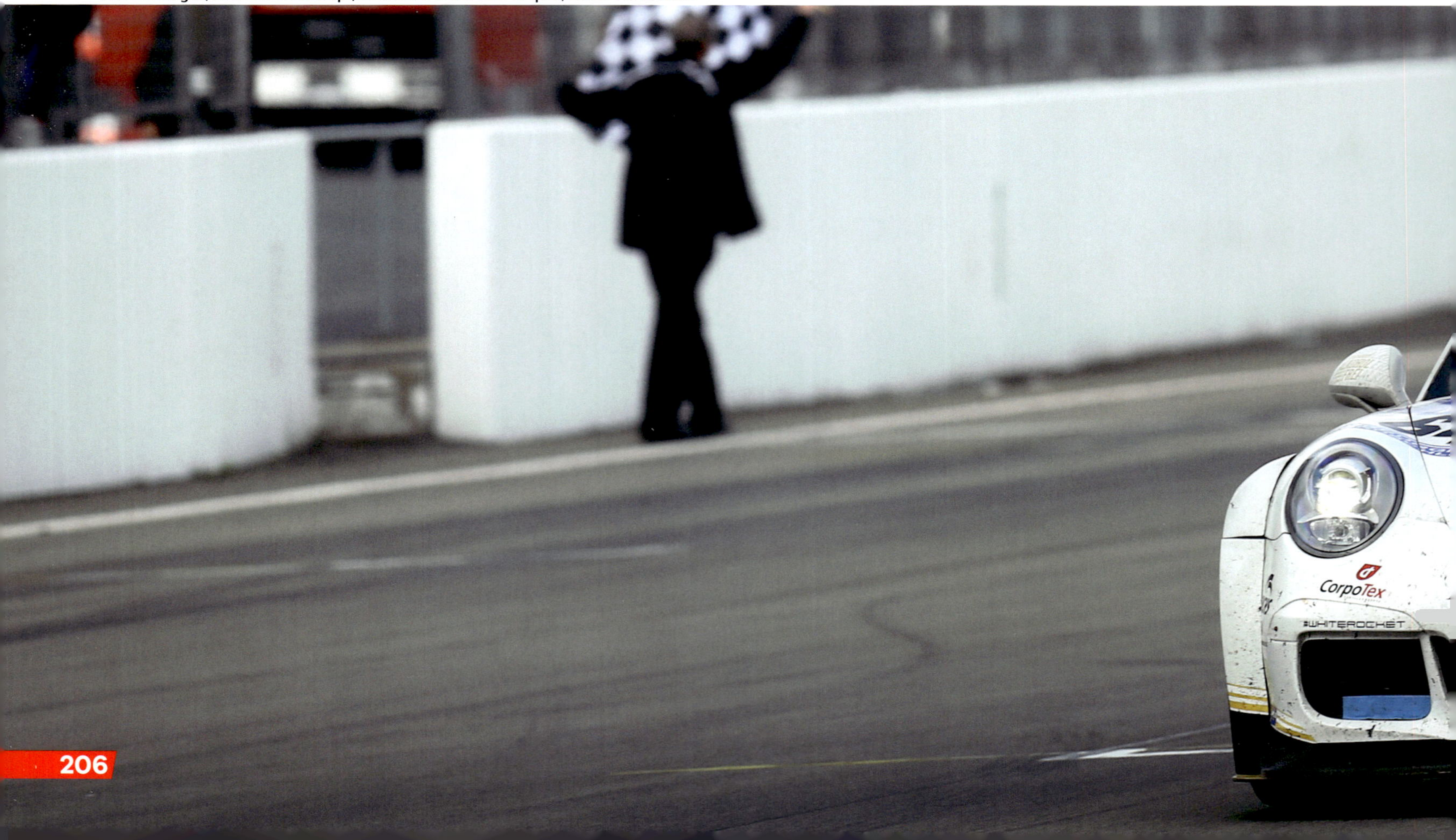

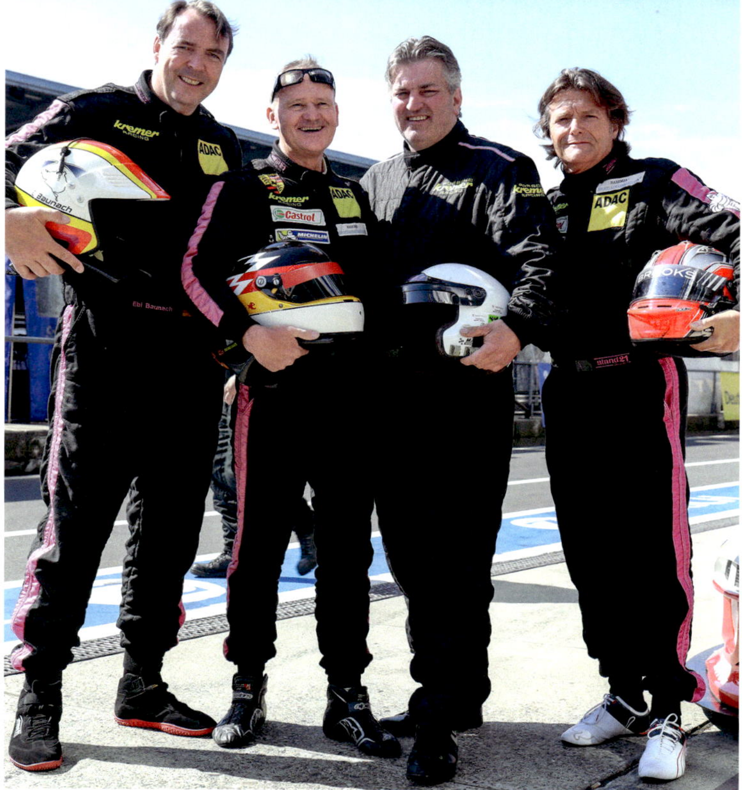

(l.-r.): Eberhard Baunach, Wolfgang Kaufmann, Edgar Salewsky, Philippe Haezebrouck

With two engine failures and five crashes, the Porsche class had an unusually high attrition rate. The Manthey, J2Racing and GetSpeed Porsches led their class during the early stages, but from the seventh hour, Black Falcon was in front. Arturo Devigus, Andreas Weishaupt, Alexander Toril and Mario Farnbacher won with a margin of two laps from J2Racing with John Shoffner, Janine Hill, Arno Klasen and Duncan Huisman. The Kremer Racing 997 KR with team owner Eberhard Baunach, Wolfgang Kaufmann, Philippe Haezebrouck and Edgar Salewsky finished third. Manthey saw its hopes blown by a collision, GetSpeed retired with engine failure.

Winner Class SP7

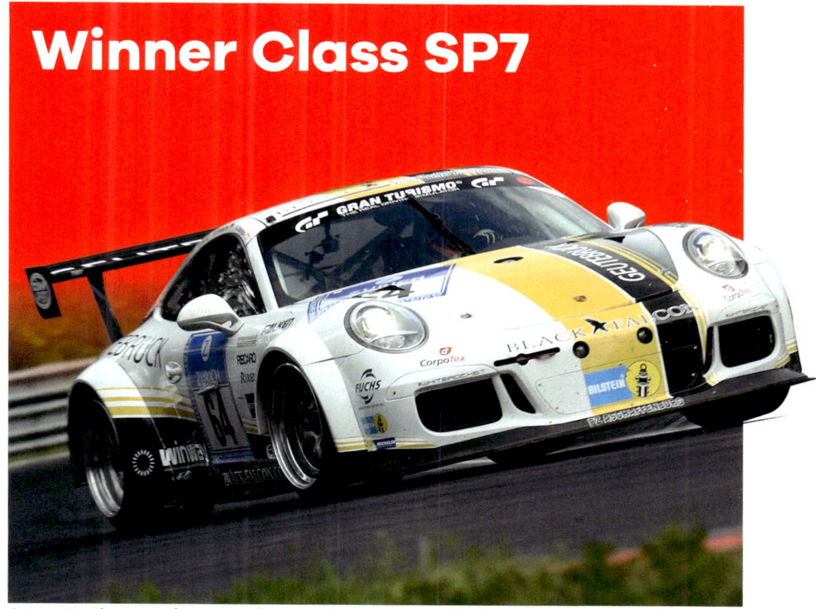

Arturo Devigus, Andreas Weishaupt, Alexander Josef Toril Boquoi, Mario Farnbacher

CLASS SP7
24h-Special up to 4000 cc

Hour		Q.	1	5	6	8	10	12	14	16	18	20	22	Finish
Position	1	59	59	56	62	64	64	64	64	64	64	64	64	64
	2	64	67	62	58	59	62	62	62	62	57	57	56	56
	3	67	64	64	59	62	67	57	57	56	56	56	57	57
	4	62	62	58	64	67	57	56	56	69	67	68	68	68
	5	57	57	59	56	58	56	69	69	57	62	58	58	58
	6	58	58	57	69	57	58	58	58	67	68	67	67	
	7	56	56	55	55	55	69	67	67	68	58	62	62	
	8	38	69	67	67	56	59	68	68	58	69	69	69	
	9	63	63	63	63	63	68	63	63	54	54	54	54	
	10	69	68	69	68	69	55	54	54	63	63	63	63	
	11	55	55	68	57	68	63	59	59	59	59	59	59	
	12	54	54	54	54	54	54	55	55	55	55	55	55	

Fastest lap: No. 67 in 8:46.070 min. = 173.667 km/h
started: 12 • classified: 5 • not classified: 7

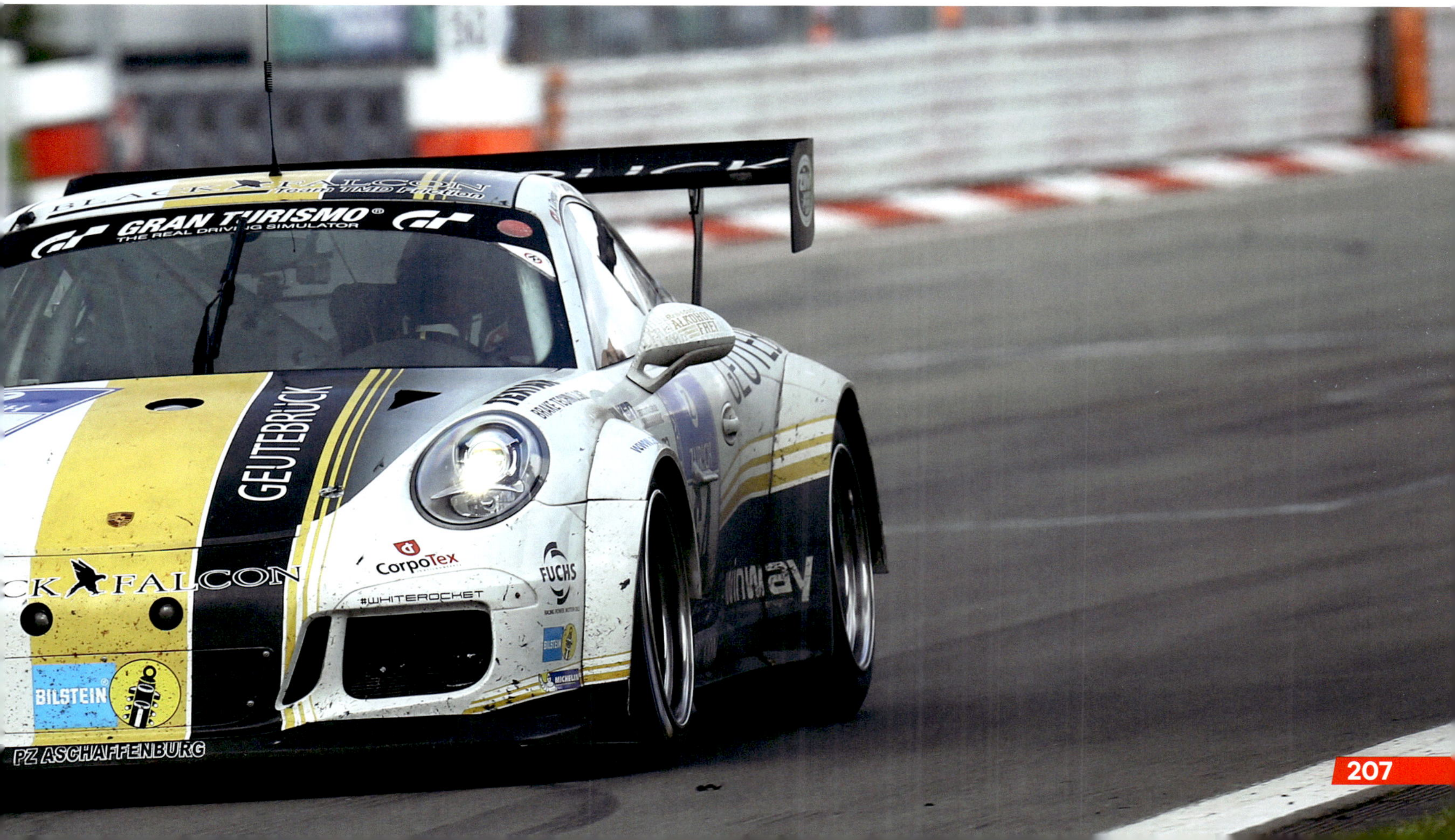

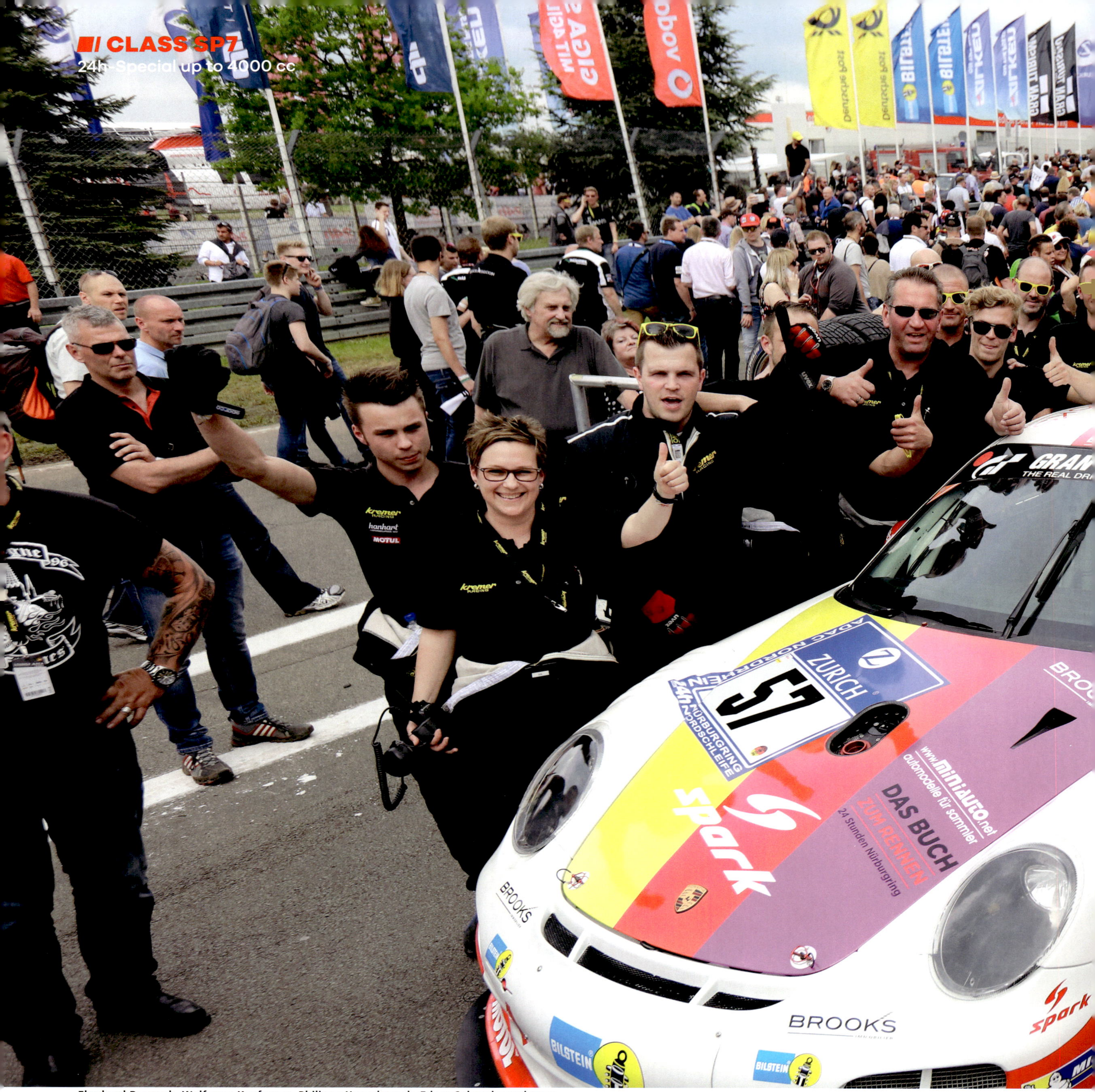

Eberhard Baunach, Wolfgang Kaufmann, Philippe Haezebrouck, Edgar Salewsky and team

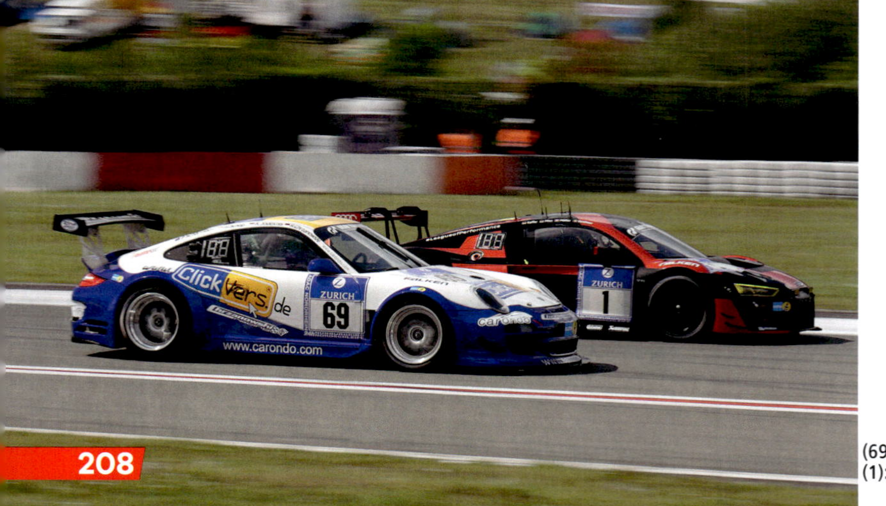

Kiki Sak Nana, "Andy Sammers" und Steve Jans führte, übernahm ab der siebten Stunde Black Falcon das Kommando und gab Platz eins nicht mehr ab.

Am Ende hatten Arturo Devigus, Andreas Weishaupt, Alexander Toril Boquoi und Mario Farnbacher zwei Runden Vorsprung auf J2Racing. Dritter wurde Kremer Racing im 997 KR von Teameigner Eberhard Baunach, Wolfgang Kaufmann, Philippe Haezebrouck und Edgar Salewsky mit einer weiteren Runde Rückstand. Manthey schied nach Kollision in Aremberg aus, Getspeed durch Motorschaden.

(69): Robin Chrzanowski, Kersten Jodexnis, Marco Schelp, Peter Scharmach
(1): Laurens Vanthoor, Christopher Mies, Nico Müller, Pierre Kaffer

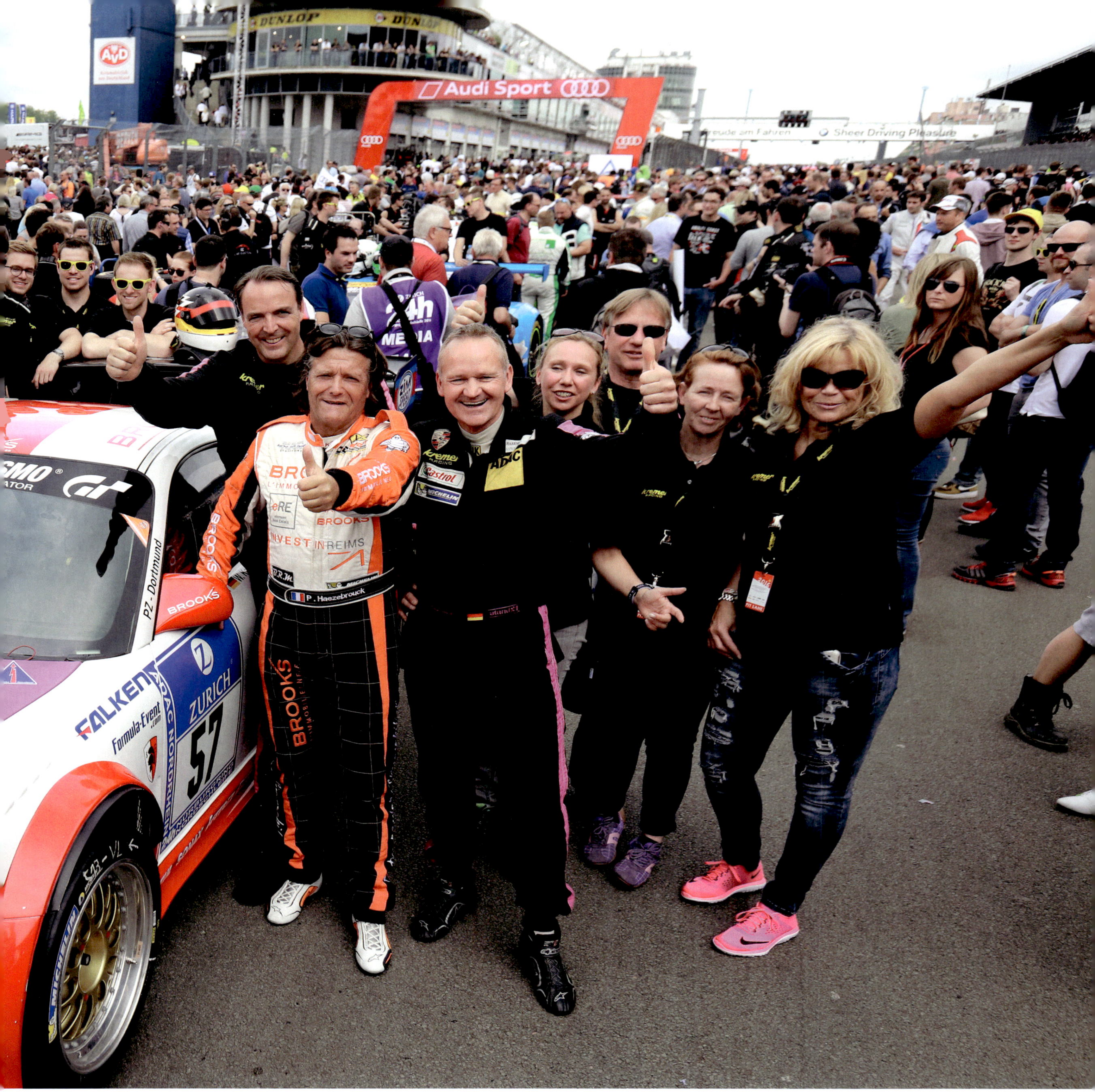

Guido Bugs Bunny, Oleg Kvitka, Florian Scholze, Fabian Schiller

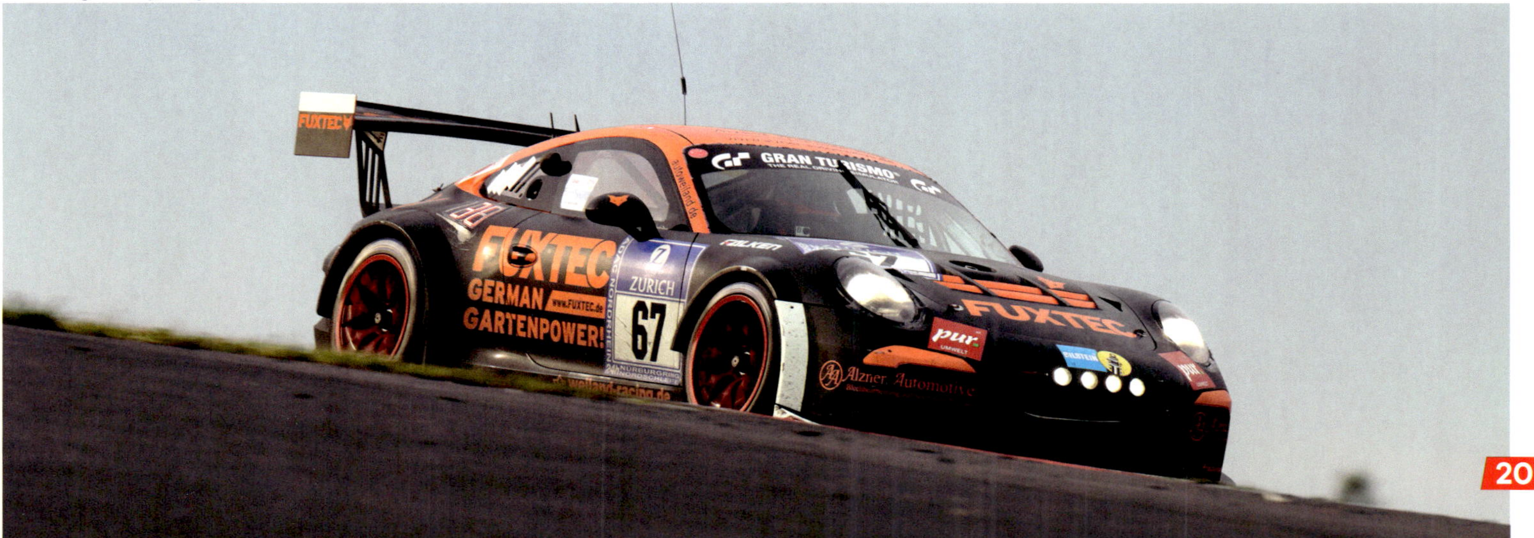

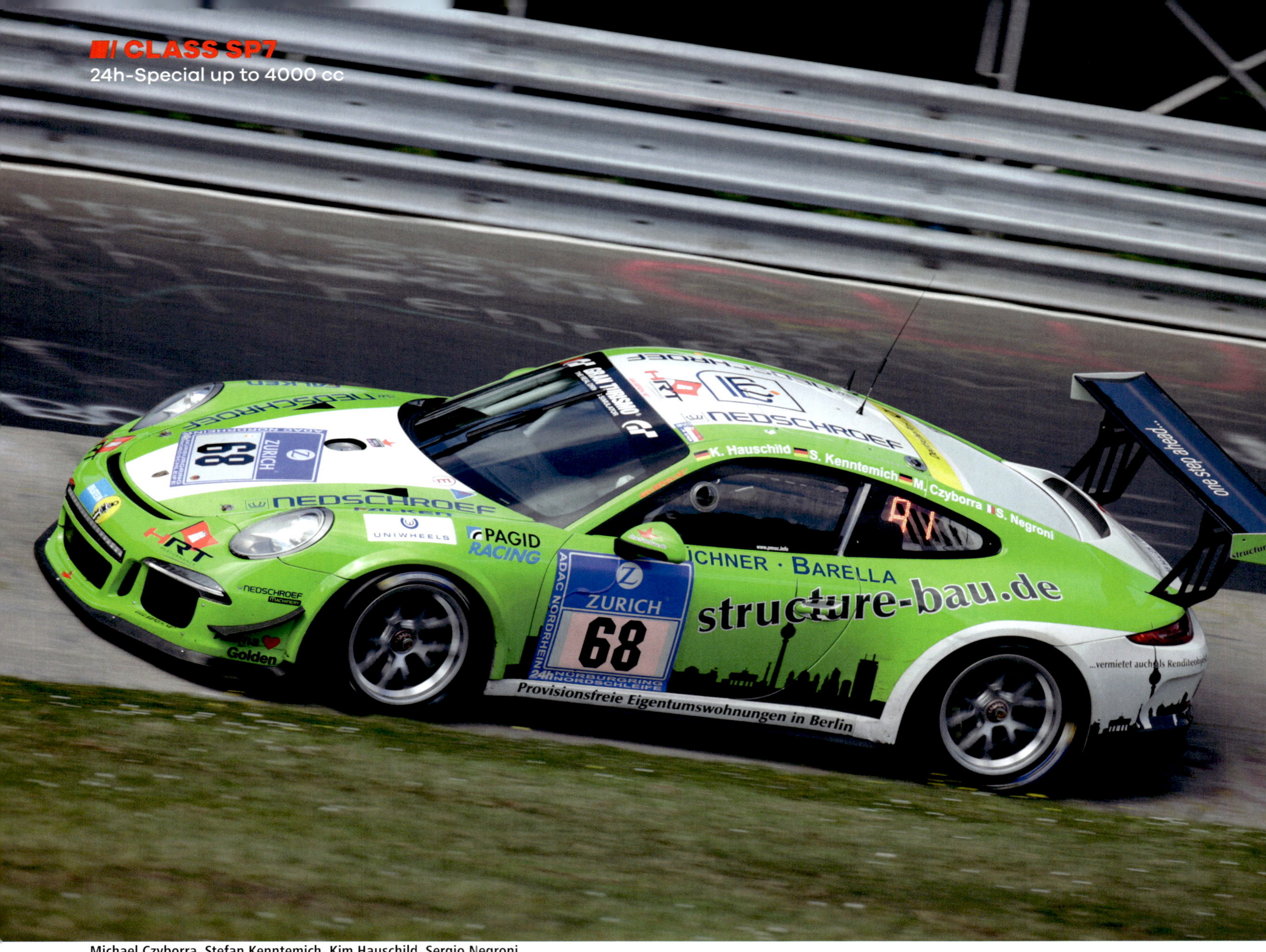

Michael Czyborra, Stefan Kenntemich, Kim Hauschild, Sergio Negroni

GetSpeed und Vodafone mit erfolgreichem Livestream

GetSpeed and Vodaphone with successful live stream

Für das GIGASPEED Team GetSpeed Performance war das Rennen ein Wechselbad der Gefühle. Keiner der beiden Porsche 911 GT3-Cup kam trotz guten Leistungen ins Ziel. Ein Porsche schied durch Unfall aus, der zweite mit Motorschaden. Die Livestream-App, unter anderem mit Bildern von Onboardkameras aus elf unterschiedlichen Fahrzeugen, begeisterte die Fans mit mehr als 6.000 Downloads und 60.000 Sessions. Aus der Zusammenarbeit mit Vodafone, wige, dem Nürburgring, dem PhotoShop und dem daraus resultierenden simultanen Livestream unter Nutzung des GIGASPEED 4G|LTE Max Netzwerkes waren nie da gewesene Sichten von dem Rennen auf der gesamten Nordschleife und den Rennverlauf möglich. Für die Fans eine großartige neue Möglichkeit jederzeit auch mobil das Renngeschehen von überall zu verfolgen. „So enttäuschend das Rennen für uns aus motorsportlicher Sicht war, umso mehr überraschte der mediale Erfolg des Vodafone-Livestreams, sowie der GetSpeed Livestream App", resümierte Adam Osieka mit einem lachenden und einem weinenden Auge.

For the GIGASPEED Team GetSpeed Performance, the race was an emotional roller-coaster. None of the two Porsche 911 GT3 Cup cars made it to the finish in spite of strong performances. One Porsche retired following an accident, the second one due to a blown engine. The live stream app, among others with footage from the onboard cameras from eleven different cars, thrilled the fans with over 6,000 downloads and 60,000 sessions. The co-operation with Vodafone, wige, the Nürburgring, PhotoShop and the resulting simultaneous live stream using the GIGASPEED 4G|LTE Max network allowed for unparalleled perspectives from the race at the entire Nordschleife. For fans, this was a great new opportunity to follow the race action from anywhere at any time, even with mobile devices. "As disappointing the race may have been for us from a motorsport perspective, the media success of the Vodafone live stream and the GetSpeed live stream app was all the more surprising," Adam Osieka said with one positive and one negative opinion.

(151): Christian Büllesbach, Andreas Schettler, James Briody, Carlos Arimon
(57): Eberhard Baunach, Wolfgang Kaufmann, Philippe Haezebrouck, Edgar Salewsky

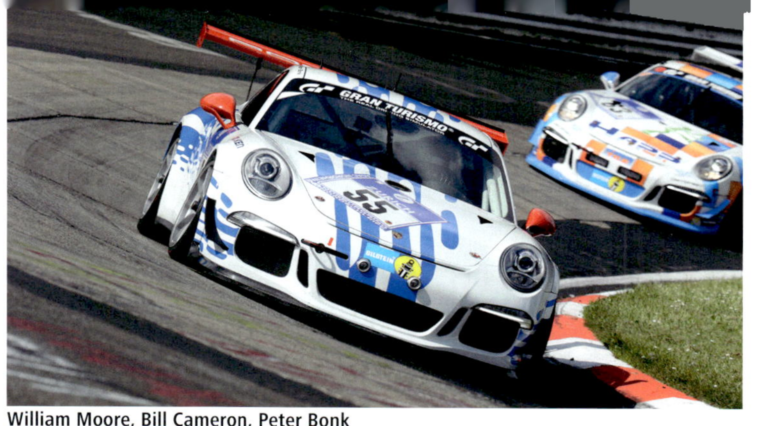

William Moore, Bill Cameron, Peter Bonk

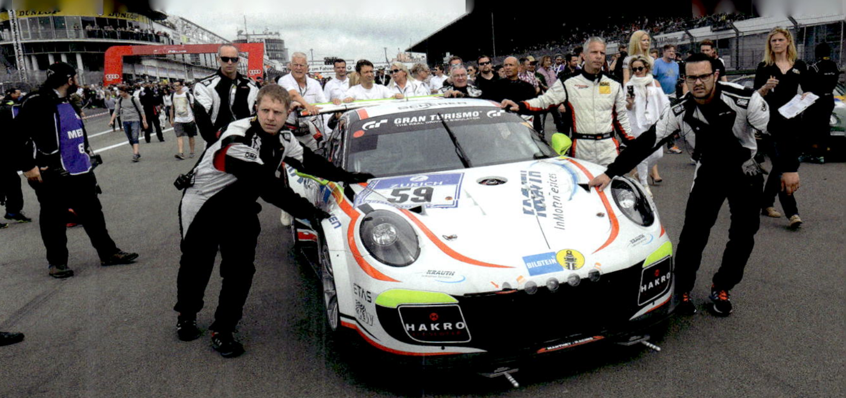

„Steve Smith", Reinhold Renger, Nils Reimer, Hari Proczyk

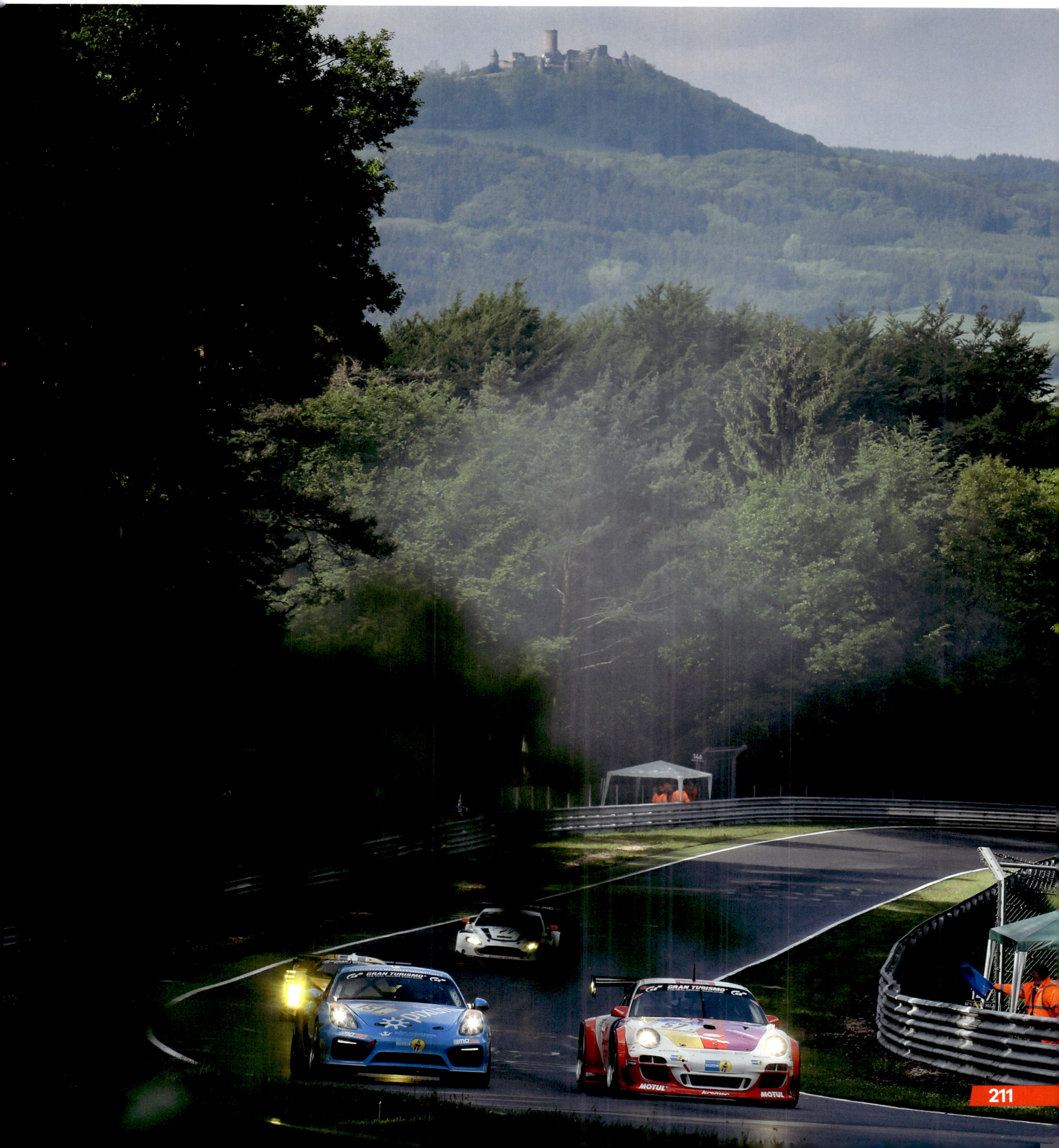

CLASS SP7

24h-Special up to 4000 cc

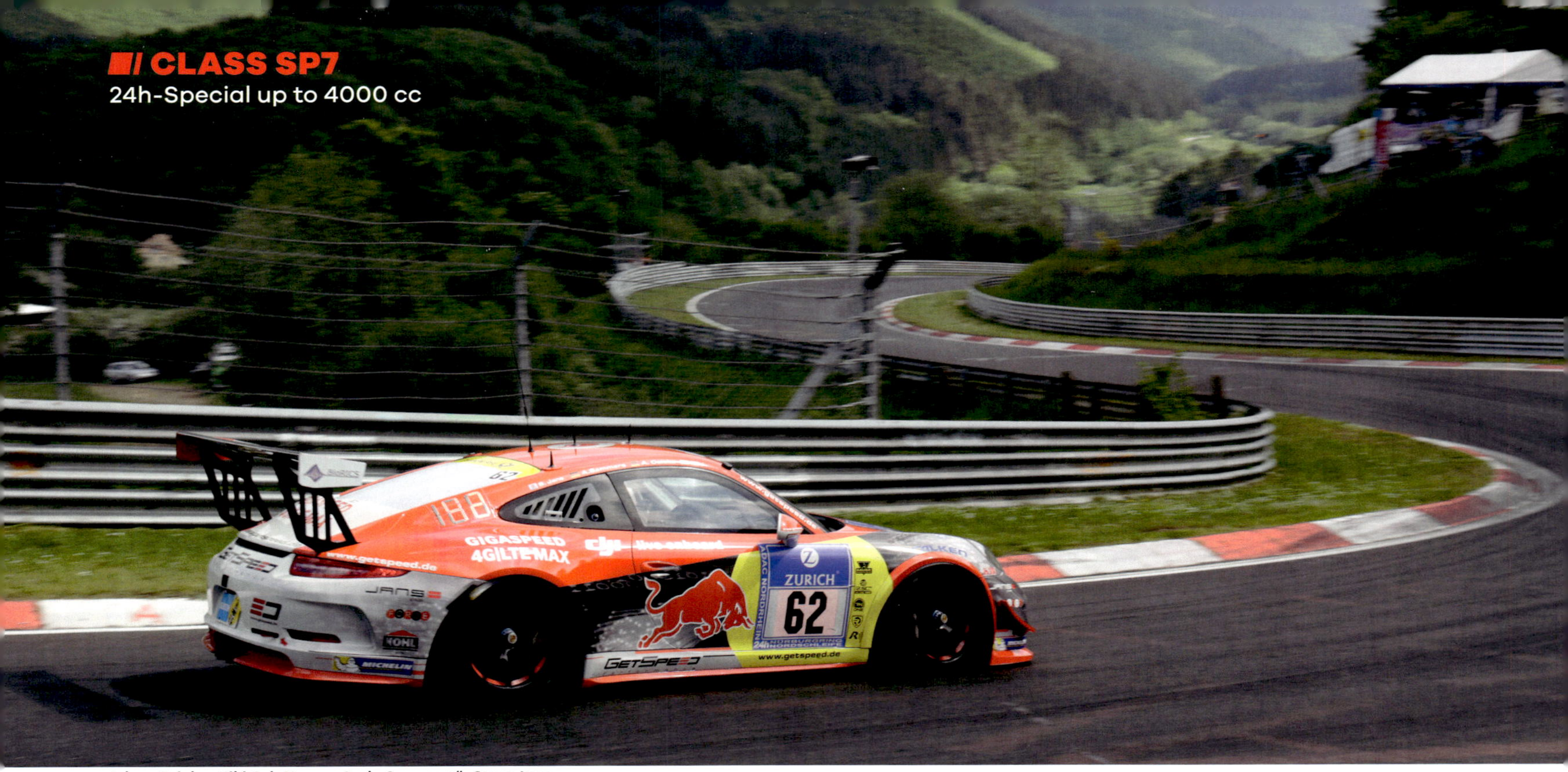

Adam Osieka, Kiki Sak Nana, „Andy Sammers", Steve Jans

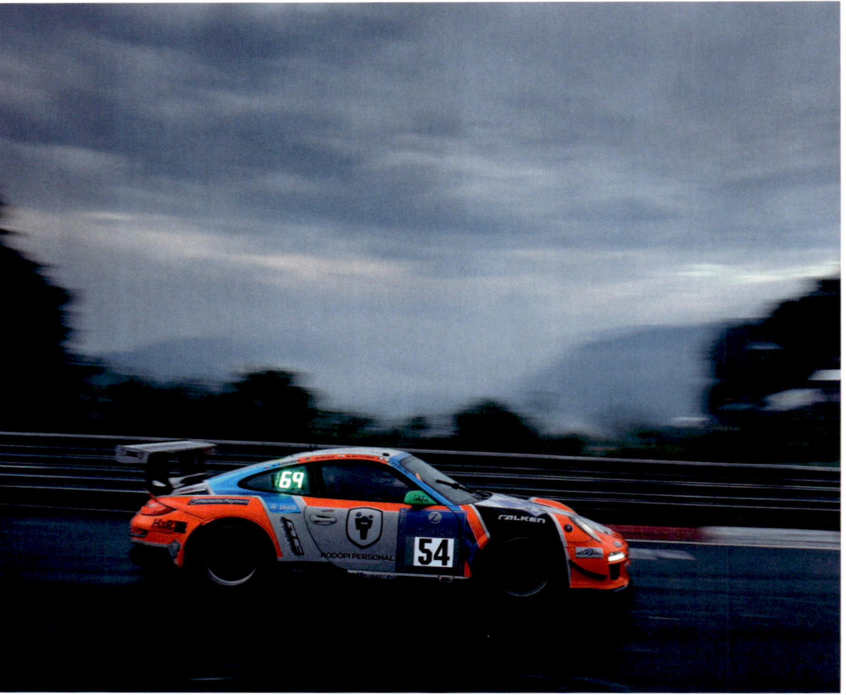

„Alex Autumn", „Airgee", Milan Kodidek, Andrea Perlini

Michael Czyborra, Stefan Kenntemich, Kim Hauschild und Sergio Negroni lenkten den HRT-Porsche auf Rang vier vor dem 9und11-Porsche von Georg Goder, Martin Schlüter, Tim Scheerbarth und Dirk Lessmeister, die zwischenzeitlich die Spiegelei-Flagge gezeigt bekommen hatten, weil das Fahrzeug zu laut war.

Aussichtsreich auf Platz vier liegend verunfallte der Weiland Racing-Porsche von „Bugs Bunny", Oleg Kvitka, Florian Scholze und Fabian Schiller in der Hatzenbach. Glück im Unglück hatte der Chrzanowski Racing-Porsche von Robin Chrzanowski, Kersten Jodexnis, Marco Schelp und Peter Scharmach. Im Bereich Stefan Bellof-S kollidierte Jodexnis bei Tempo 180 mit Indy Dontje im Black Falcon-Mercedes (#14), überschlug sich, konnte aber unverletzt dem Wrack entsteigen. Der zweite GetSpeed-911 von Ulrich Berg, Patrik Kaiser, Dennis Trebing und Dominik Brinkmann verunfallte im Klostertal. Jeweils einen Motorschaden beklagten der RTR-Porsche von „Alex Autumn", „Airgee", Milan Kodidek und Andrea Perline sowie das Bonk-Team mit Willi Moore, Bill Cameron und Peter Bonk.

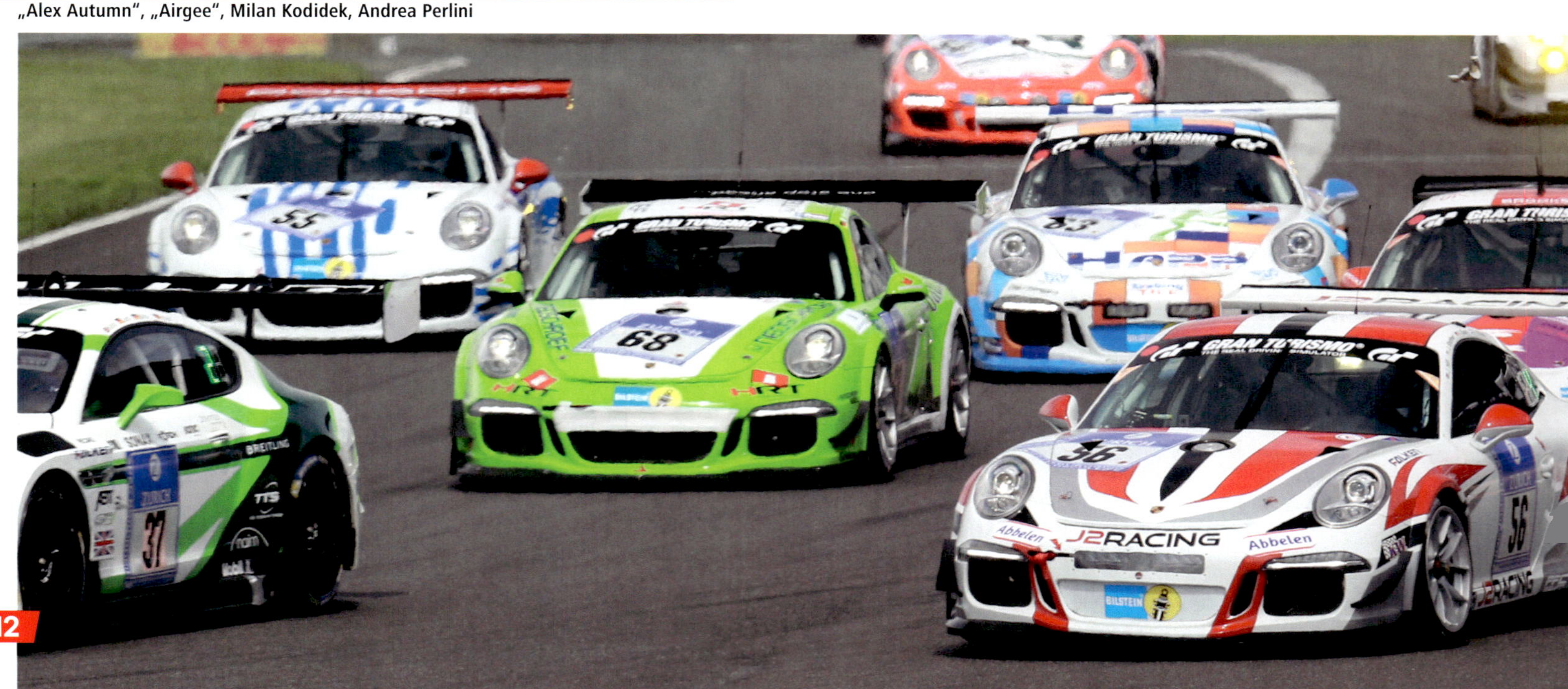

Ulrich Berg, Patrik Kaiser, Dennis Trebing, Dominik Brinkmann

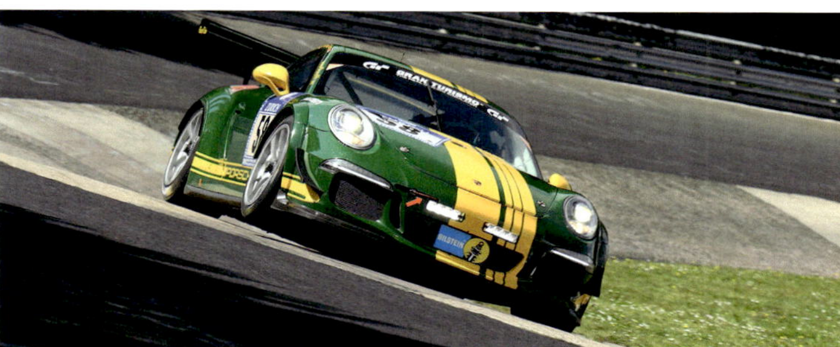

Georg Goder, Martin Schlüter, Tim Scheerbarth, Dirk Leßmeister

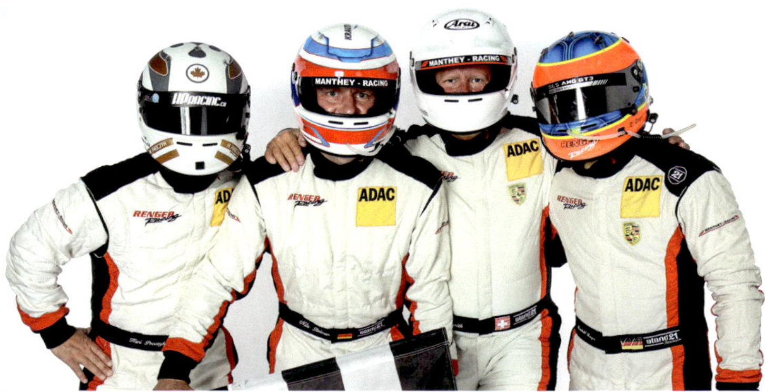

(l.-r.): Hari Proczyk, Nils Reimer, „Steve Smith", Reinhold Renger

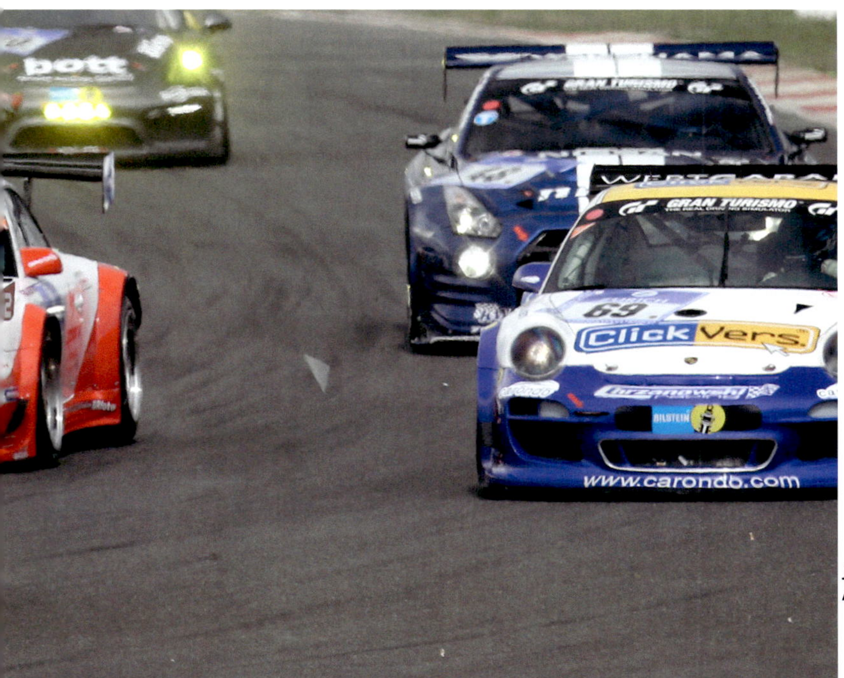

John Shoffner, Janine Hill,
Arno Klasen, Duncan Huisman

Kremer Racing: Erfolg im alten Porsche

Kremer Racing: Success with the old Porsche

Da der aus der VLN bekannte 911 GT3 K3 bei den 24h nicht startberechtigt war, setzte Kremer Racing auf den altbekannten 911 GT3 KR, der bereits im Jahr 2012 in der Klasse SP7 siegte und 13. der Gesamtwertung wurde. Vor dem Start war sich das seit 1962 im Langstreckensport erfolgreiche Team sicher: Mit dem Fahrerteam Wolfgang Kaufmann, Edgar Salewsky, Philippe Haezebrouck und Kremer-Eigner Eberhard Baunach sollte auch in Zeiten der großen Werkseinsätze ein respektables Ergebnis möglich sein.

Außer Tanken, Räder wechseln und etwas Öl nachfüllen gab es für die Kölner Mannschaft nichts Unplanmäßiges. Am Ende hatte das Auto weder Beulen noch Kratzer und einige schnelle Runden in der letzten Rennstunde brachten den Kremer Porsche noch auf Platz drei in der heiß umkämpften Klasse SP 7. „Wenn man bedenkt, dass wir als eines der wenigen Teams den Porsche GT3 auf Basis des 997 einsetzen, während die meisten anderen bereits das Nachfolgemodell 991 verwenden, ist das Ergebnis noch höher zu bewerten. Eine tolle Leistung des gesamten Kremer Teams und meiner Fahrerkollegen" freute sich Baunach nach dem Zieleinlauf.

The 911 GT3 K3 known from the VLN not being eligible for the 24h race, Kremer Racing relied on its trusted 911 GT3 KR that already took SP7 class honours along with 13th place overall in 2012. Prior to the start, the team, successful in endurance racing since 1962, was certain: with the driver line-up of Wolfgang Kaufmann, Edgar Salwesky, Philippe Haezebrouck and Kremer owner Eberhard Baunach, a respectable result should still be possible, even in times of huge manufacturer efforts.

Apart from refuelling, wheel changes and adding some oil every now and then, the Cologne-based team had no unscheduled activities. At the end, there wasn't a single scratch nor dent on the car and some fast laps in the final hour still brought the Kremer Porsche up in third place in the hotly-contested SP 7 class. "Considering that we are one of the few teams running the Porsche GT3 based on the 997 model range, while most of the others already are running its successor, the 991, this result has to be estimated even higher. A great performance by the entire Kremer team and my fellow drivers," a delighted Baunach said after the finish.

Ebi Baunach

Class SP8

Aus der Pole-Position heraus hatte das Aston Martin Test Centre mit Peter Cate, Dr. Florian Kamelger, Darren Turner und Andreas Gülden über weite Strecken das Geschehen im Griff. Bis 3,5 Stunden vor dem Ende Cate mit dem Vantage GT8 auf einer Ölspur im Klostertal abflog und aufgeben musste. Der Rest der Klasse litt unter technischen Problemen oder Unfällen, wie Gesamtrang 45 für den Klassensieger hinter vielen kleinen V-Autos beweist.

Aber es war spannend, richtig spannend. Weniger bei der Vergabe von Platz eins, denn nach dem Ausfall des Aston Martins siegte der TC-R&-Vetter Motorsport-BMW M3 von Philipp Göschel, Dirk Heldmann, Rolf Scheibner und Frank Weishar mit vier Runden Vorsprung. Die Plätze zwei bis sieben waren durch gerade einmal drei Runden getrennt.

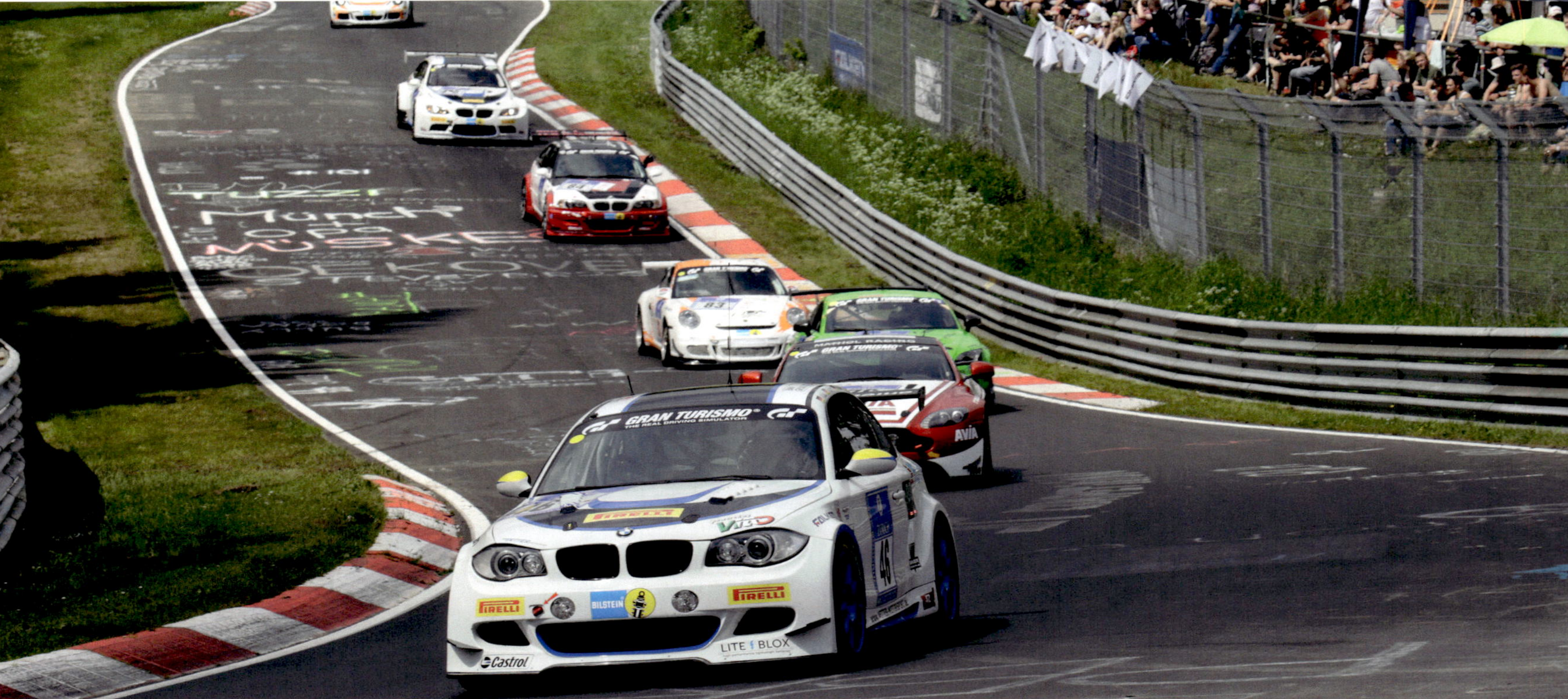

Thomas Ahles, Dierk Möller, Tom Moran, Rudi Adams

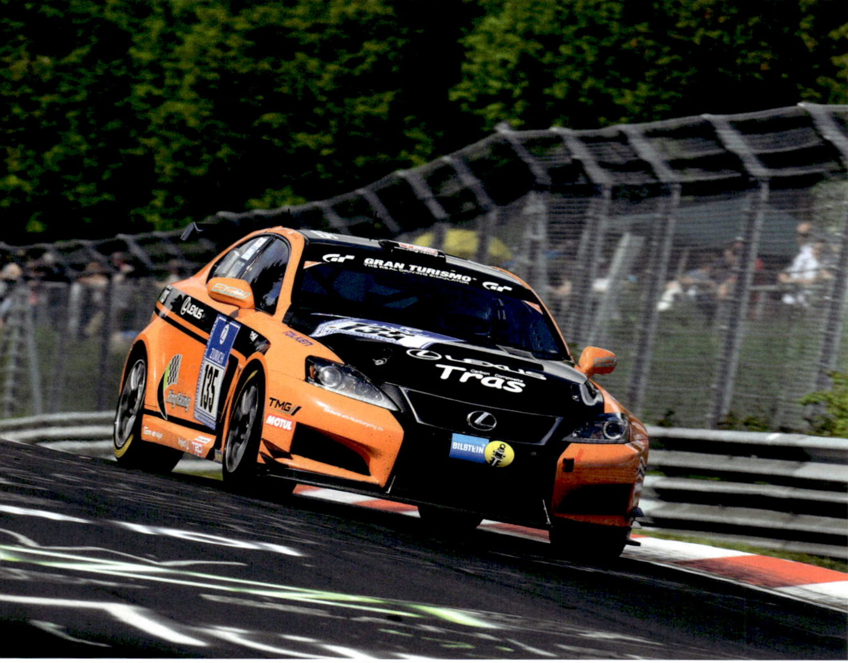

Yoshinobu Katsumata, Masahiko Kageyama, Kazuya Oshima

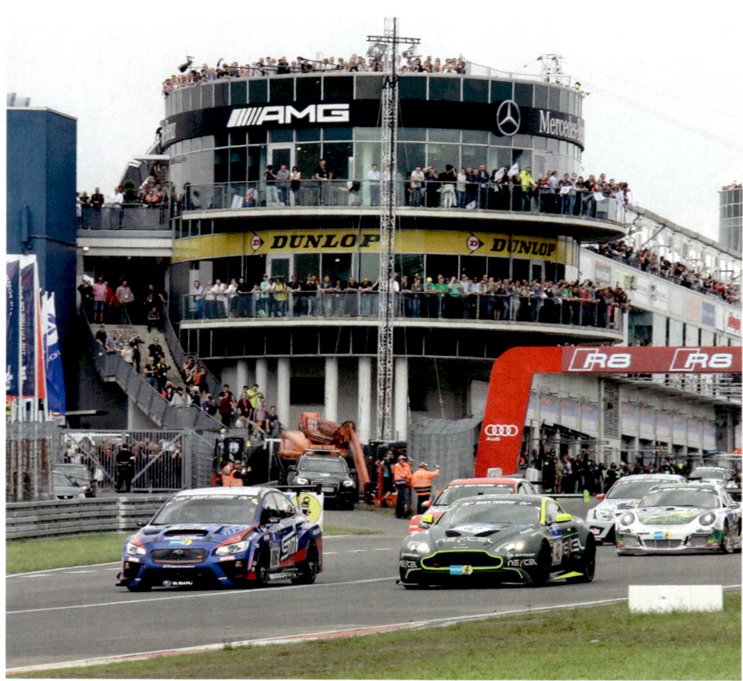

(106): Carlo van Dam, Marcel Lasse, Tim Schrick, Hideki Yamauchi
(42): Peter Cate, Dr. Florian Kamelger, Darren Turner, Andreas Guelden

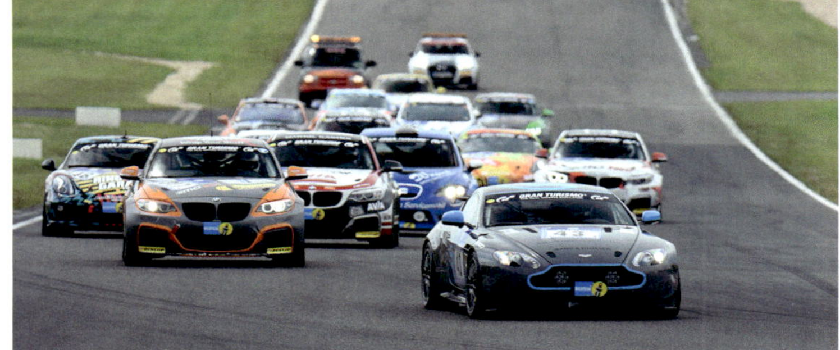

Dr. Andreas Bänziger, Peter Leemhuis, Dr. Florian Kamelger, Rose Mal

The Aston Martin Test Centre Vantage GT8 with Peter Cate, Dr. Florian Kamelger, Darren Turner and Andreas Gülden dominated proceedings for a long time, but the race was over when Cate crashed on a trace of oil at Klostertal. That handed the class win to the TC-R&Vetter Motorsport BMW M3 with Philipp Göschel, Dirk Heldmann, Rolf Scheibner and Frank Weishar. The Aston Martin team had to make do with second and third place, with Heinz-Jürgen Kroner, Wolfgang Schuhbauer, Dr. Ulrich Bez and Tobias Neuser followed by Dr. Andreas Bänziger, Peter Leemhuis, Mal Rose and double starter Kamelger.

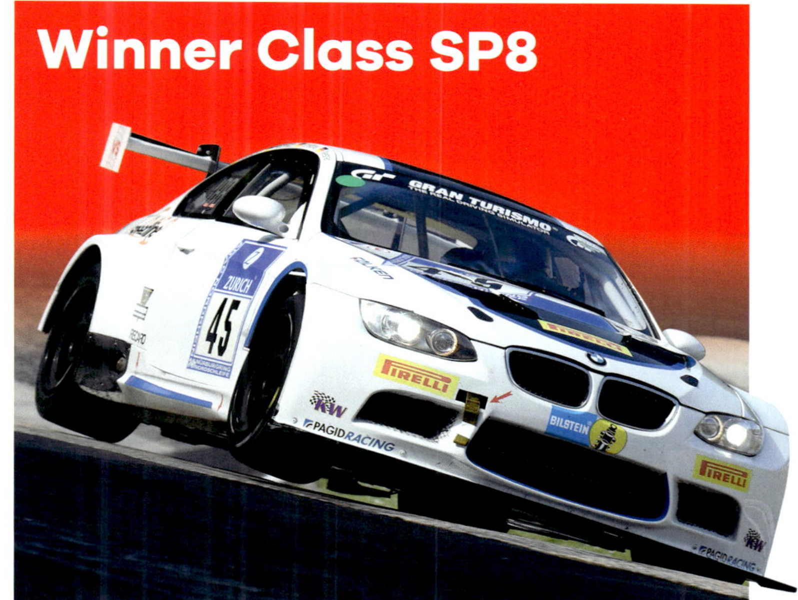

Philipp Göschel, Dirk Heldmann, Rolf Scheibner, Frank Weishar

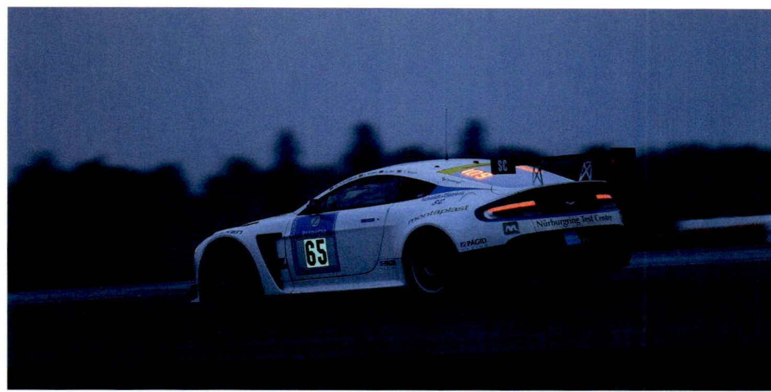

Heinz-Jürgen Kroner, Wolfgang Schuhbauer, Dr. Ulrich Bez, Tobias Neuser

CLASS SP8
24h-Special up to 6250 cc

Hour		Q.	1	5	6	8	10	12	14	16	18	20	22	Finish
Position	1	42	42	42	42	42	45	42	42	42	42	42	45	45
	2	46	45	45	45	45	65	50	52	45	45	45	42	65
	3	45	52	52	52	52	50	45	50	50	50	50	50	43
	4	65	53	50	50	65	42	52	45	53	46	46	65	53
	5	52	50	65	65	50	53	65	65	46	65	65	46	50
	6	53	43	53	43	53	46	46	53	65	43	43	43	56
	7	50	65	43	53	46	53	53	46	52	53	53	53	52
	8	43	46	46	46	43	43	43	43	43	52	52	52	
	9	135	135	135	135	135	135	135	135	135	135	135	135	

Fastest lap: No. 42 in 9:14.355 min. = 164.806 km/h
started: 9 • classified: 7 • not classified: 2

Stephan Wölflick, Urs Bressan, Jürgen Gagstatter

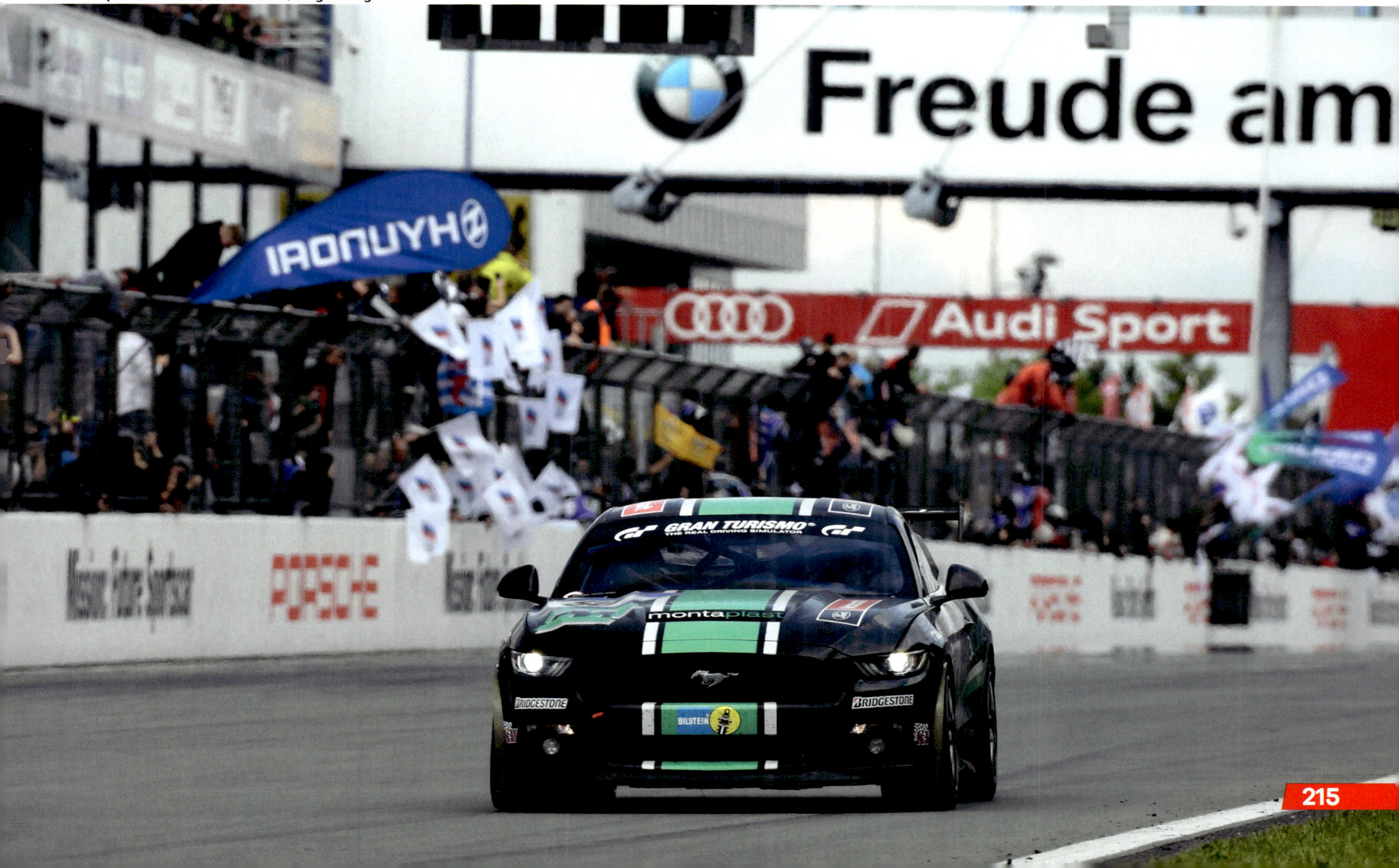

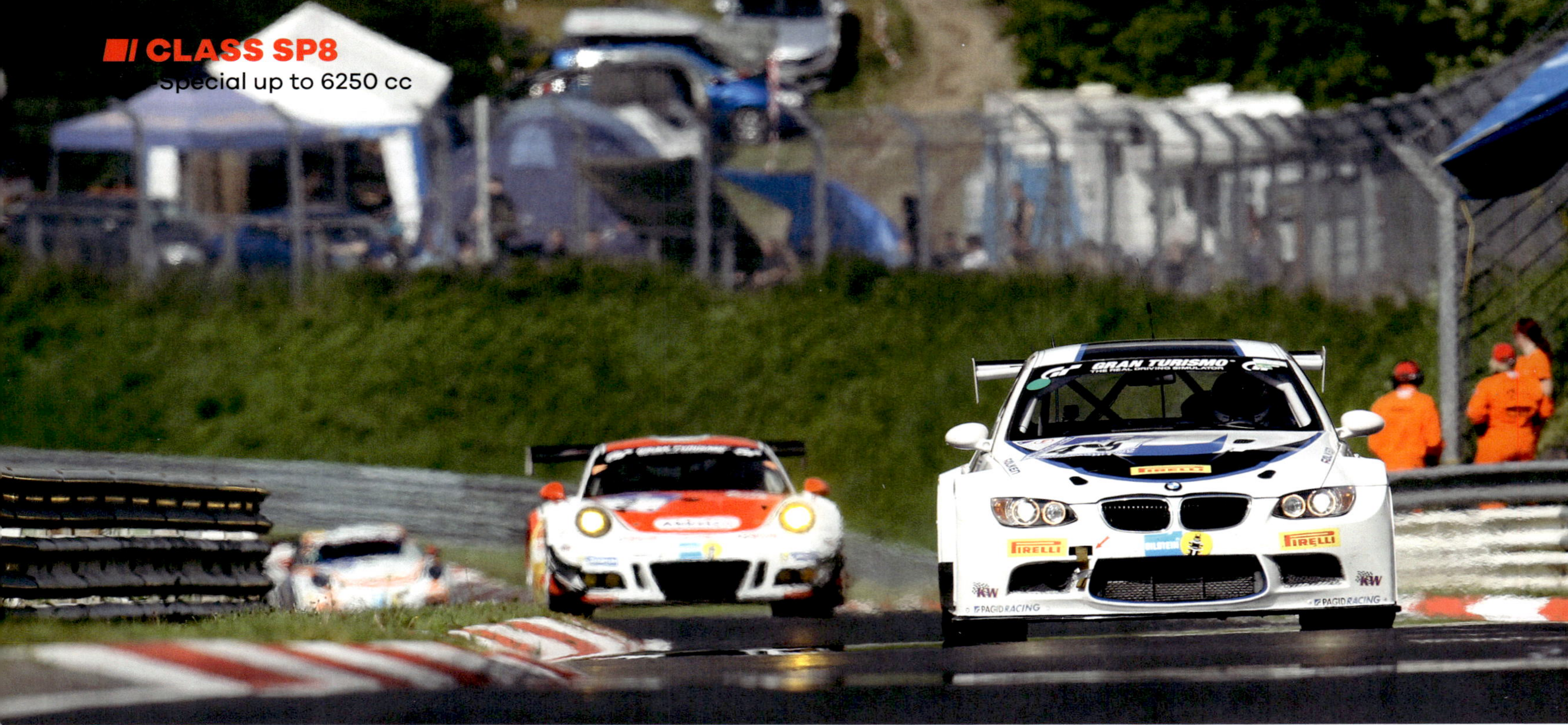
Philipp Göschel, Dirk Heldmann, Rolf Scheibner, Frank Weishar

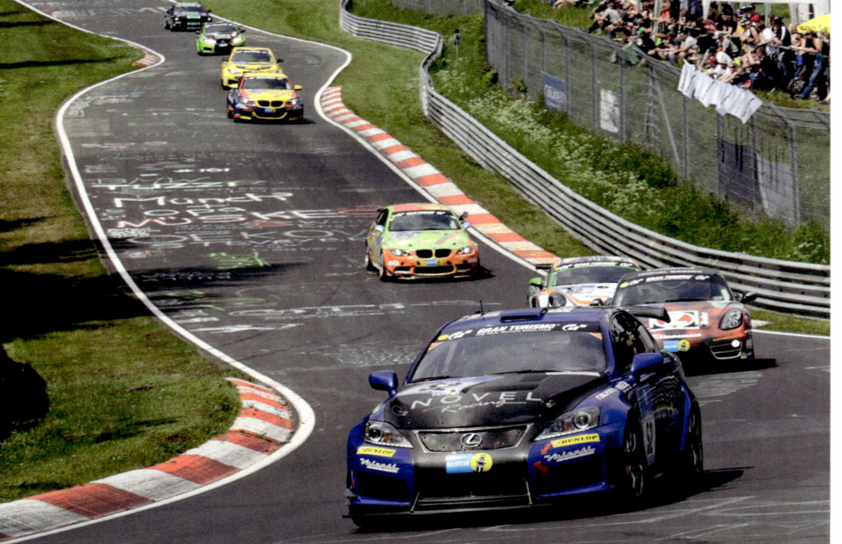
Uwe Kleen, Masashige Itoh, Klaus Völker, Horst Baumann

Die Aston Martin-Mannschaft durfte sich mit den Rängen zwei und drei trösten, in der Reihenfolge Heinz-Jürgen Kroner, Wolfgang Schuhbauer, Dr. Ulrich Bez und Tobias Neuser vor Dr. Andreas Bänziger, Peter Leemhuis, Mal Rose und Doppelstarter Kamelger. Mit 6.16 Minuten Rückstand folgte der Ring Racing-Lexus ISF von Christoph Wüest, Thomas Lampert, Manuel Amweg und Marc-Remo Kündig.
Ein Getriebewechsel in der Schlussphase warf den Wölflick Racing-Ford Mustang von Stephan Wölflick, Urs Bressan, Jürgen Gagstatter und erneut Neuser auf Platz fünf zurück. Doppelstarter Neuser fuhr auf dem Aston Martin übrigens nur während der Nacht, den Mustang nur im Hellen. Der 1er-BMW von TC-R&Vetter von Thomas Ahles, Dierk Möller, Tom Moran und Rudi Adams sah als Sechster das Ziel vor Uwe Kleen, Masahige Itho, Klaus Völker und Horst Baumann im zweiten Ring Racing-Lexus.

Philipp Göschel, Dirk Heldmann, Rolf Scheibner, Frank Weishar

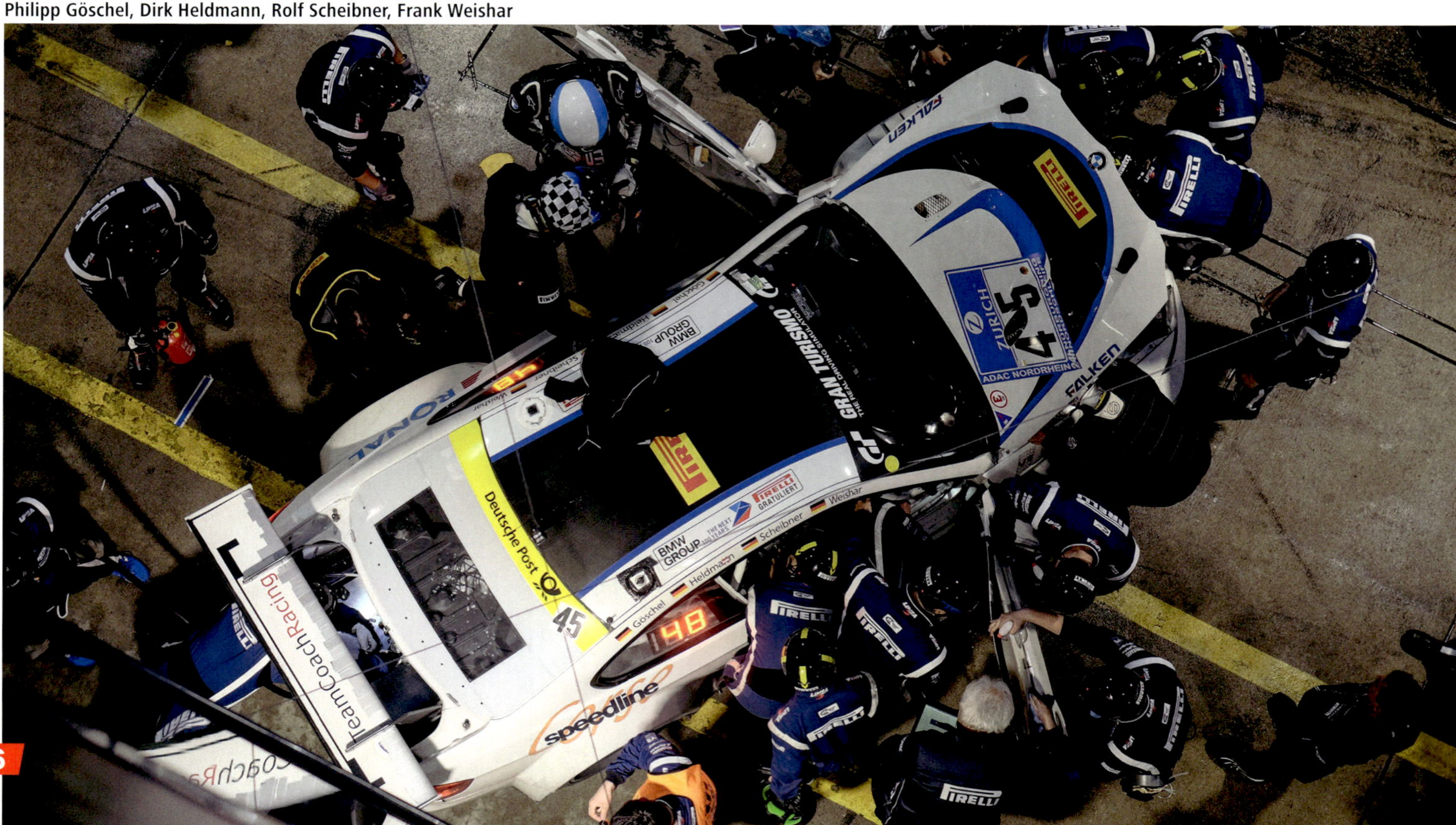

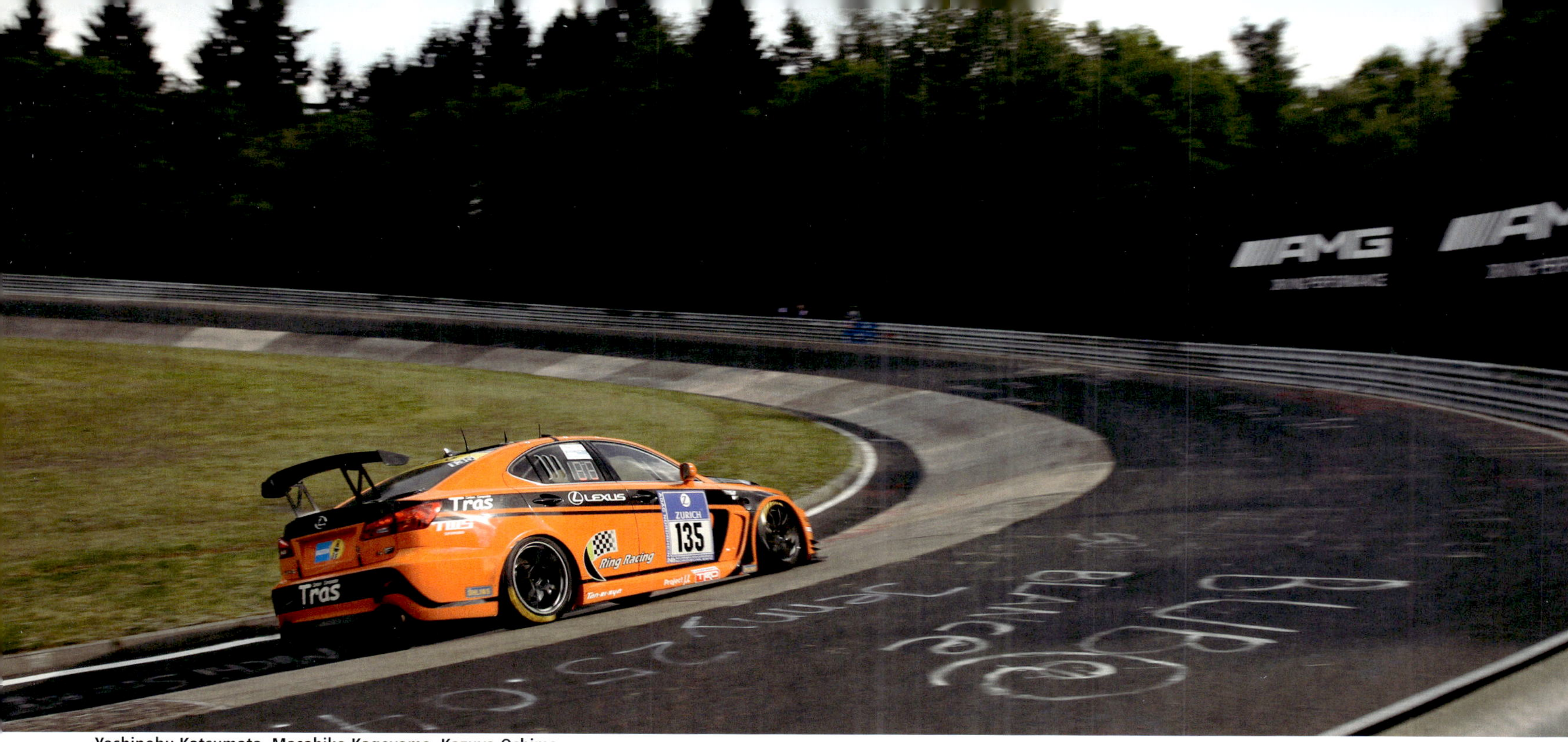

Yoshinobu Katsumata, Masahiko Kageyama, Kazuya Oshima

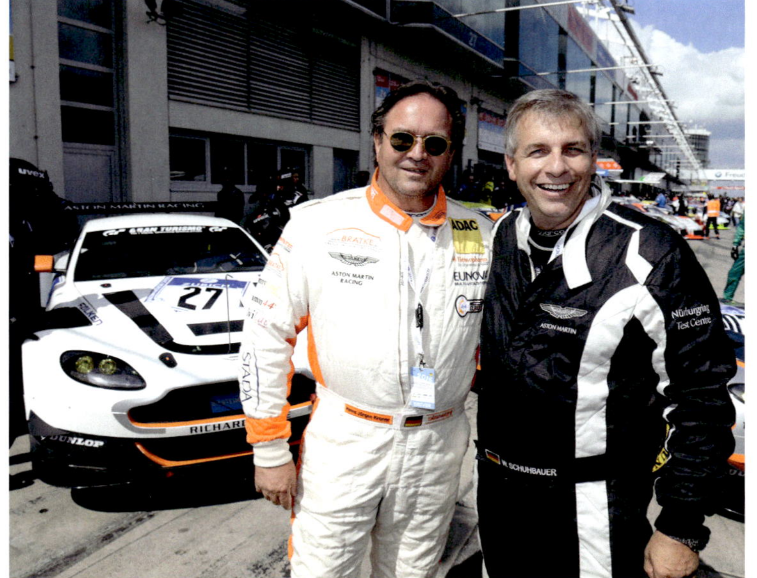
Heinz-Jürgen Kroner and Wolfgang Schuhbauer

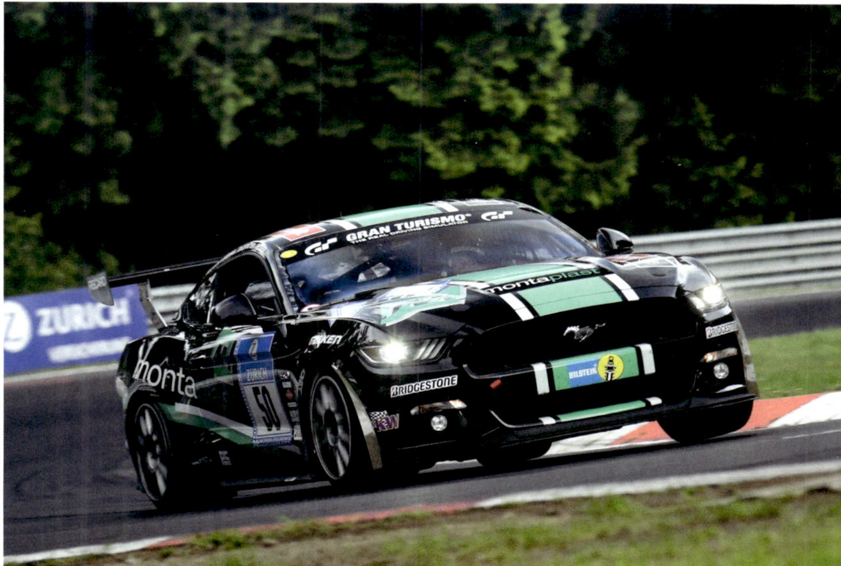

Stephan Wölflick, Urs Bressan, Jürgen Gagstatter

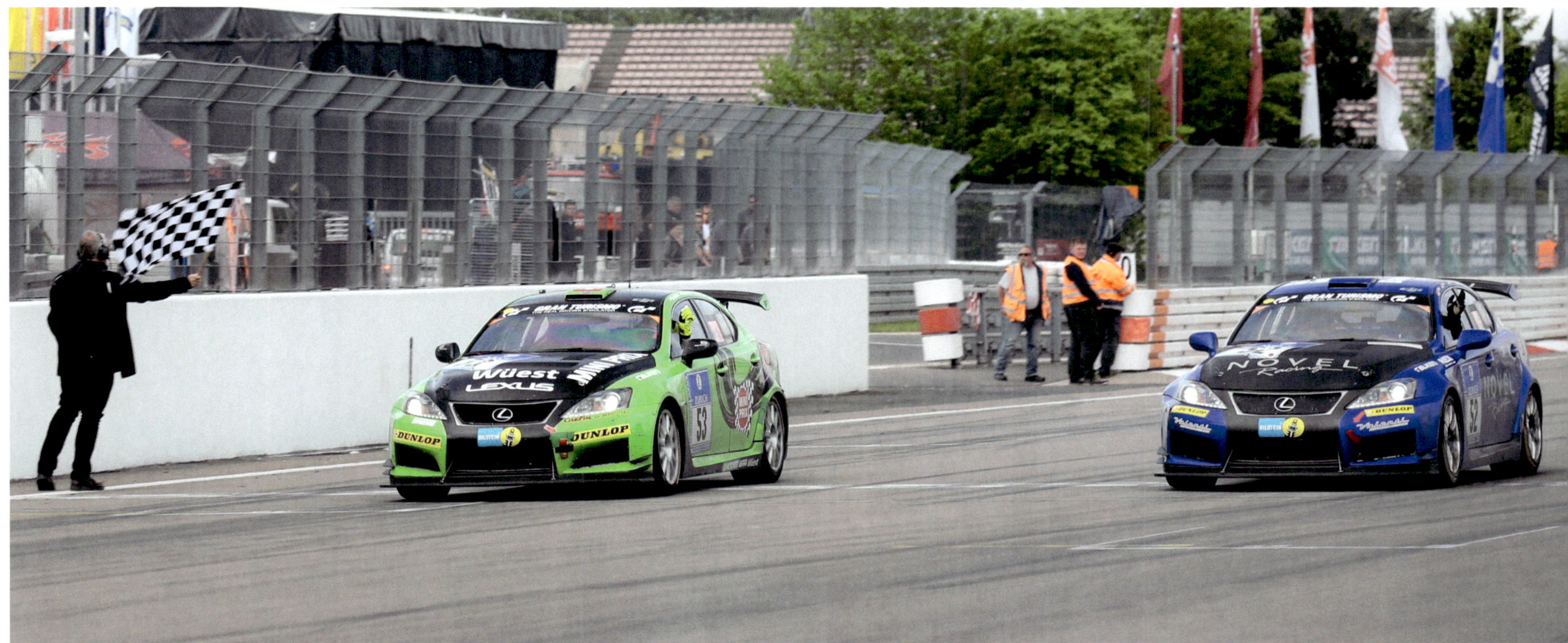

(53): Christoph Wüest, Thomas Lampert, Manuel Amweg, Marc-Remo Kündig - (52): Uwe Kleen, Masashige Itoh, Klaus Völker, Horst Baumann

(l.-r.): Hans-Martin Gass, Kristian Vetter, Heiko Hahn, Roland Konrad

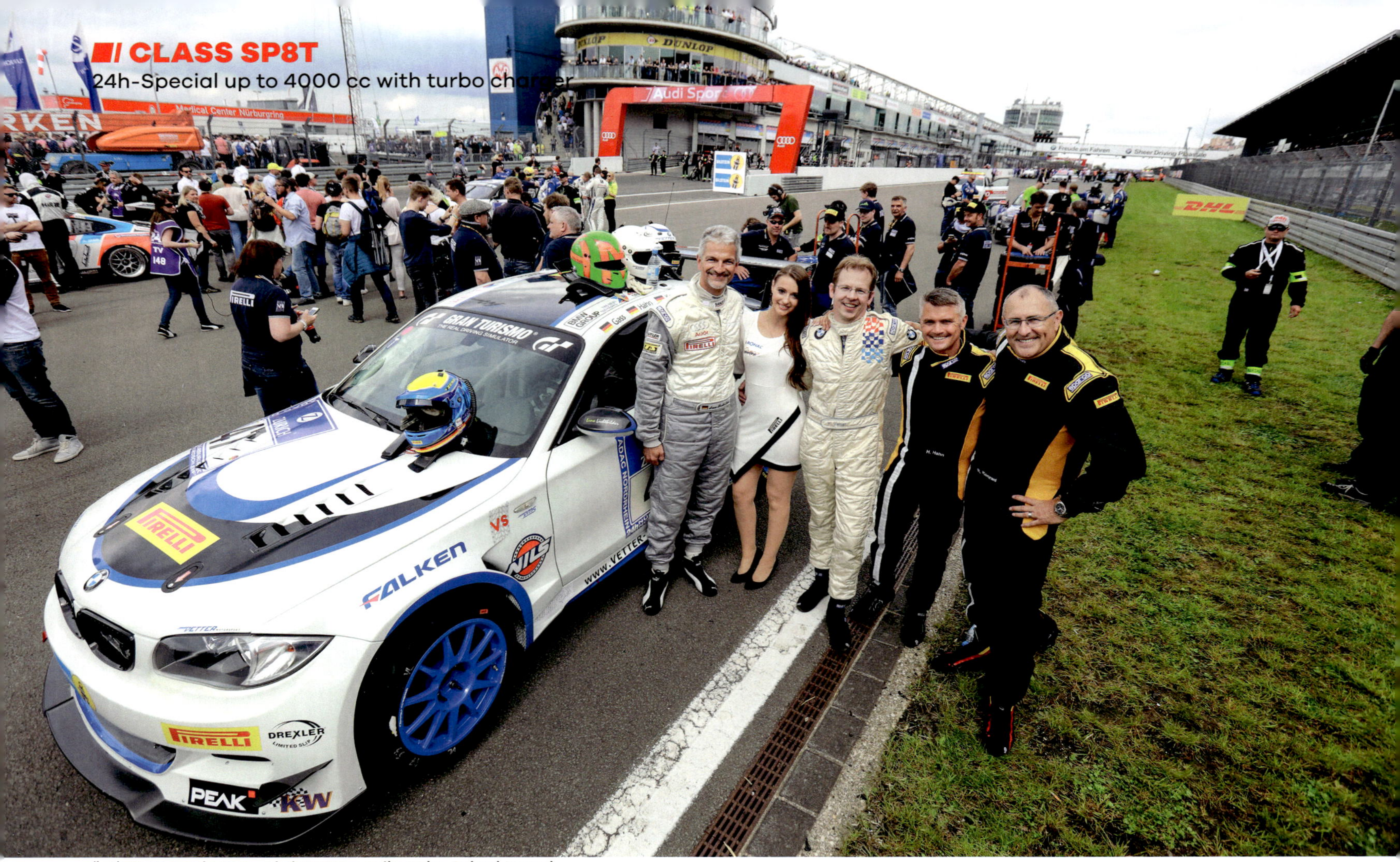

Class SP8T

Der hochgehandelte Nissan GT-R von Tobias und Michael Schulze, Jordan Tresson und Mark Shulzhitskiy war nur rund sieben Stunden dabei, dann brach die Vorderachse. Hans-Martin Gass, Heiko Hahn, Roland Konrad und Kristian Vetter übernahmen im TC-R&Vetter-BMW E92 das Kommando. Allerdings nur bis kurz vor Mitternacht, als es erst in Breidscheid und dann auf der Döttinger Höhe einen technischen Defekt gab.
In der Folgezeit blies das Team zur Aufholjagd, übernahm eine Stunde vor dem Ende erneut Platz eins und sorgte somit für den zweiten Klassensieg der Mannschaft aus Gerolzhofen. „Besser kann man seinen Abschied vom aktiven Rennsport nicht feiern", sagte Konrad. „Ich werde jetzt den jungen Wilden Platz machen." Platz zwei ging mit 4.47 Minuten Rückstand an Niels Borum, Jeppe Degnbol Moller, Michael Eden und Wayne Moore im Sorg Rennsport-BMW 335i, die nicht das geringste Problem hatten.

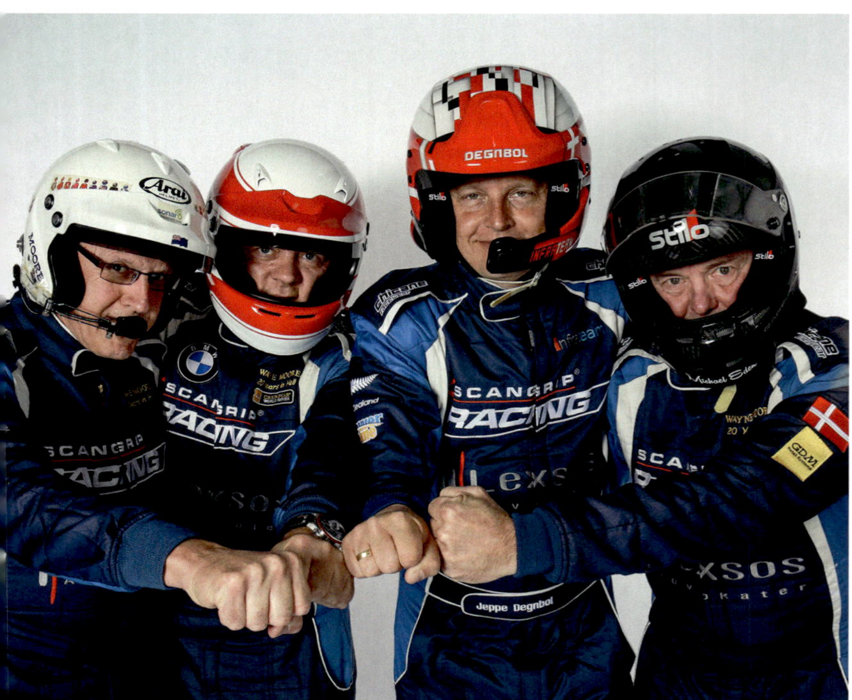

(l.-r.): Wayne Moore, Niels Borum, Michael Eden, Michael Eden

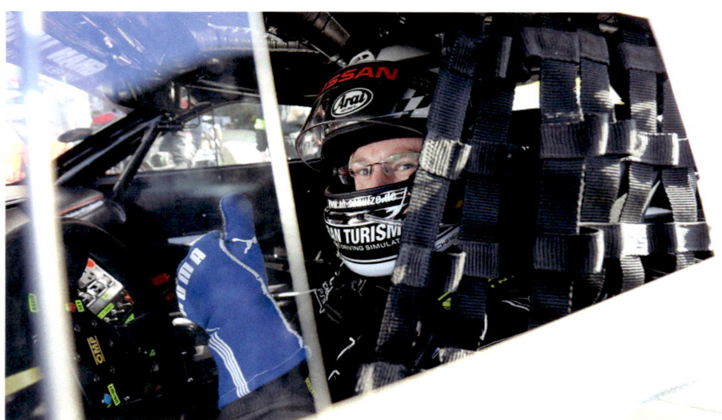

Michael Schulze

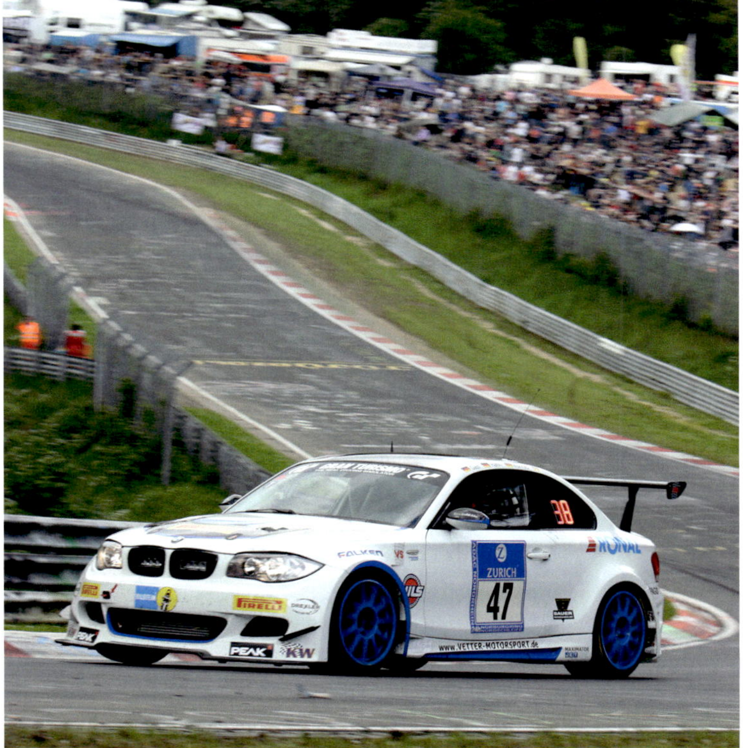

Hans-Martin Gass, Heiko Hahn, Roland Konrad, Kristian Vetter

Winner Class SP8T

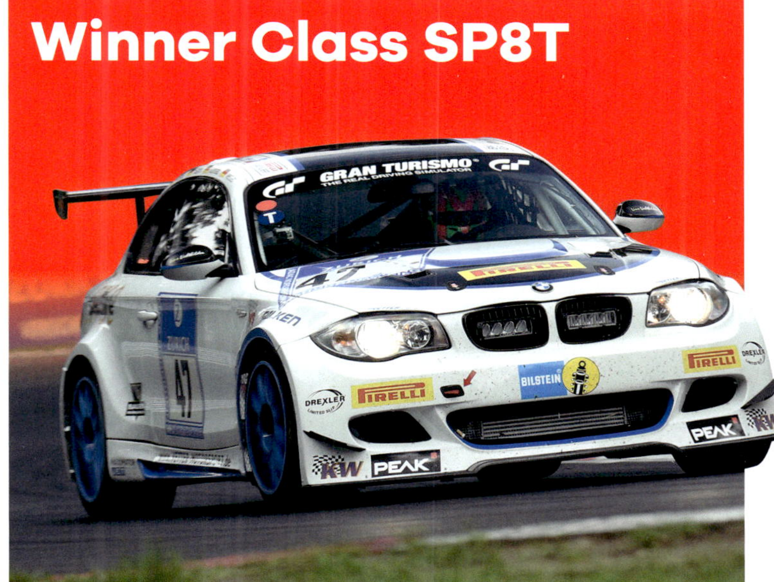

Hans-Martin Gass, Heiko Hahn, Roland Konrad, Kristian Vetter

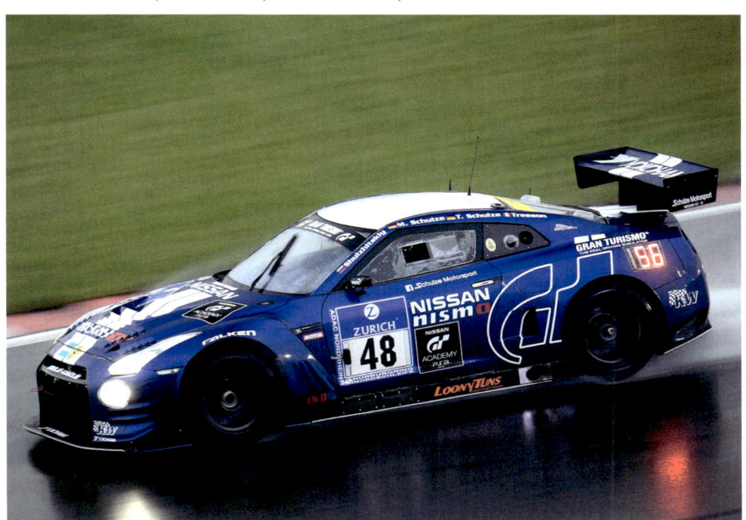

Tobias Schulze, Michael Schulze, Jordan Tresson, Mark Shulzhitskiy

CLASS SP8T
24h-Special up to 4000 cc with turbo charger

Hour		Q.	1	5	6	8	10	12	14	16	18	20	22	Finish
Position	1	48	48	47	48	47	51	51	51	51	51	51	51	47
	2	47	47	48	47	51	47	47	47	47	47	47	47	51
	3	51	51	51	51	48	48	48	48	48	48	48	48	

Fastest lap: No. 48 in 9:02.000 min. = 168.562 km/h
started: 3 • classified: 2 • not classified: 1

The Nissan GT-R of Tobias and Michael Schulze, Jordan Tresson and Mark Shulzhitzkiy was out after seven hours due to a broken front axle. Thus, Hans-Martin Gass, Heiko Hahn, Roland Konrad and Kristian Vetter claimed victory in the TC-R&Vetter BMW E92, despite their own technical issues around midnight. The Sorg Rennsport BMW 335i came second after a trouble-free run.

Niels Borum, Moller Jeppe Degnbol, Michael Eden, Wayne Moore

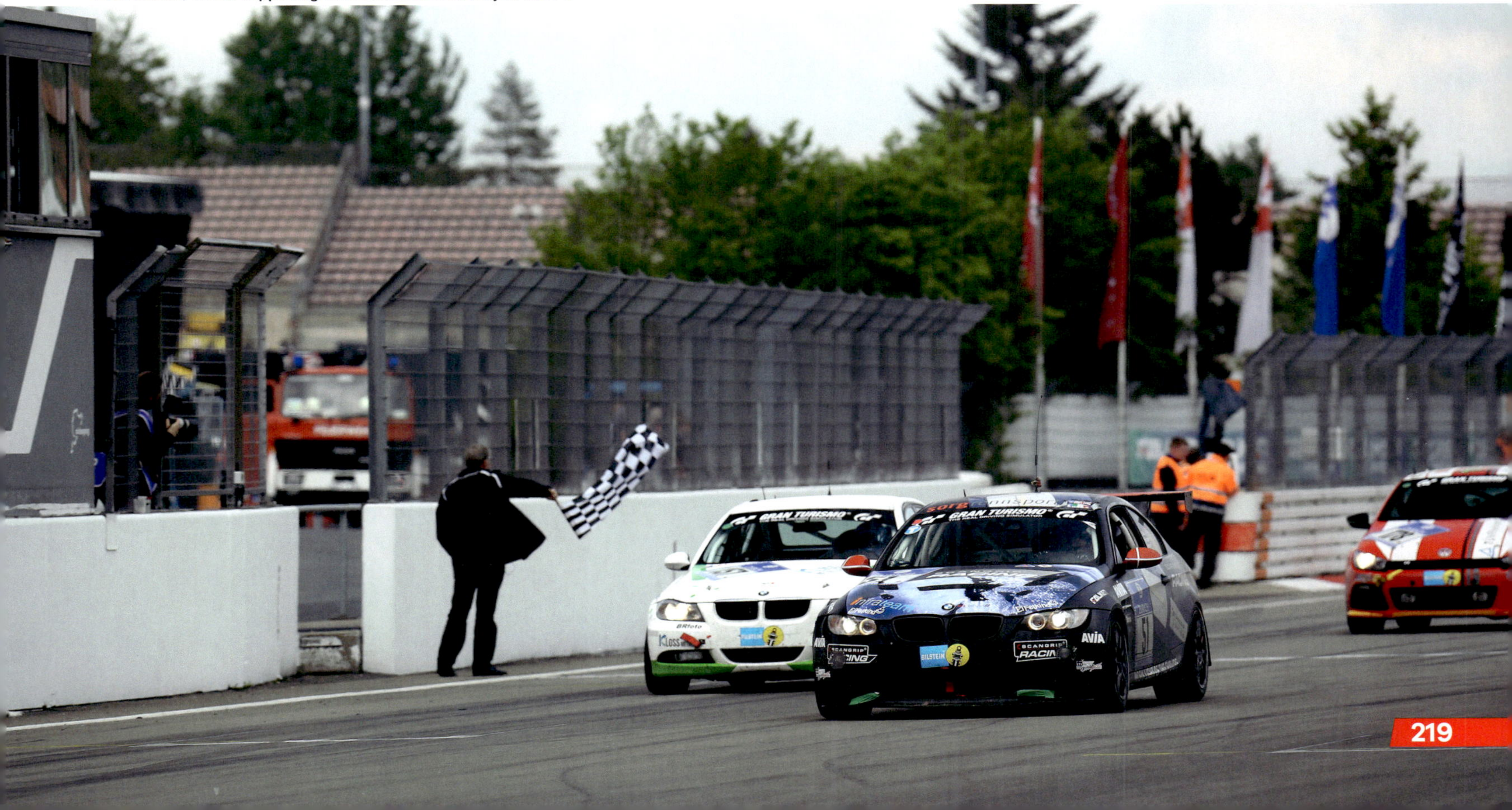

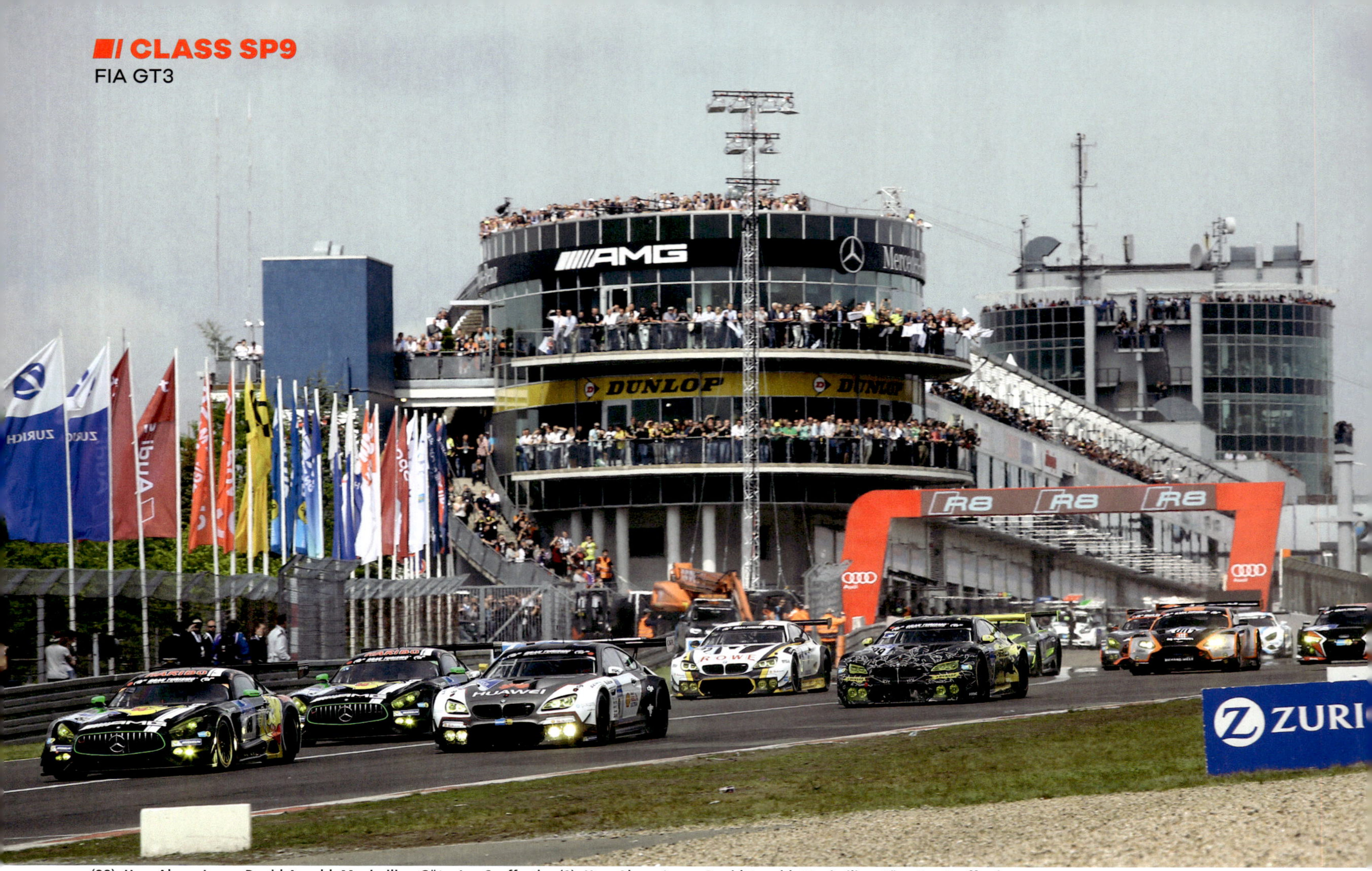

(88): Uwe Alzen, Lance David Arnold, Maximilian Götz, Jan Seyffarth - (8): Uwe Alzen, Lance David Arnold, Maximilian Götz, Jan Seyffarth
(18): Augusto Farfus, Jesse Krohn, Jörg Müller, Marco Wittmann

Class SP9

Das Geschehen der Klasse SP9 spiegelt natürlich weitestgehend auch das des Gesamtklassements wider. Die ersten acht Plätze wurden hier nämlich von GT3s belegt. Einzig der SGC mit der Nummer 702 konnte (mehrfach) bis auf den neunten Rang vorfahren. Von den 134 Rennrunden führte nur für vier Umläufe kein Mercedes-AMG das Tableau an. Diese vier Umläufe teilten sich der Rowe-BMW (#22, 2 Rd.), der Schubert-BMW (#18) und der Manthey-Porsche (#911, je eine).

Ansonsten hatten die Stuttgarter alles im Griff, markierten die Pole-Position, die schnellste Rennrunde (jeweils Maro Engel) und feierten einen Vierfach-Sieg sowie den sechsten Gesamtrang. Mercedes-AMG war vom ersten Meter an leicht überlegen, profitierte aber auch vom Pech oder den Missgeschicken der Wettbewerber. Dahinter ging es ausgeglichen zu, denn auf den Plätzen fünf bis neun landeten fünf verschiedene Hersteller.

(88): Uwe Alzen, Lance David Arnold, Maximilian Götz, Jan Seyffarth
(4): Bernd Schneider, Maro Engel, Adam Christodoulou, Manuel Metzger - (30): Dominik Baumann, Stefan Mücke, Maximilian Buhk

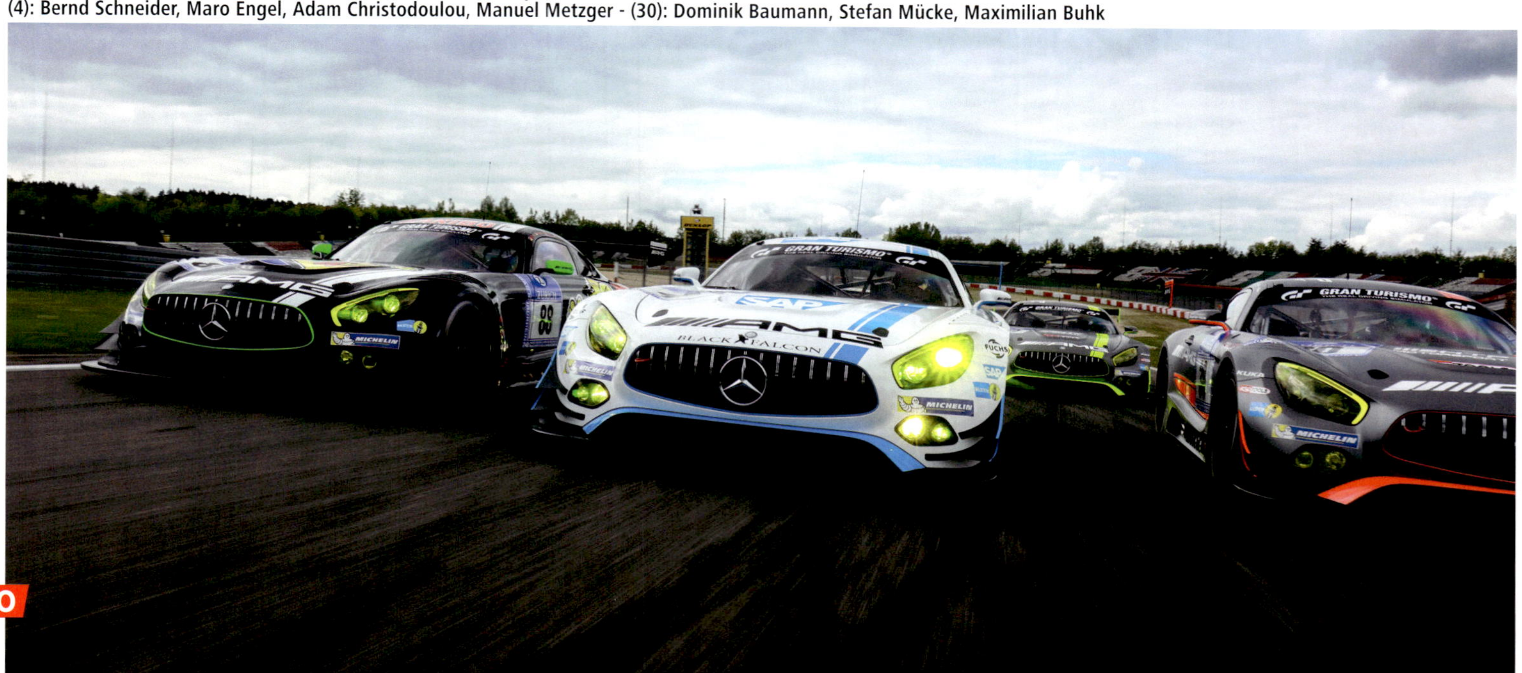

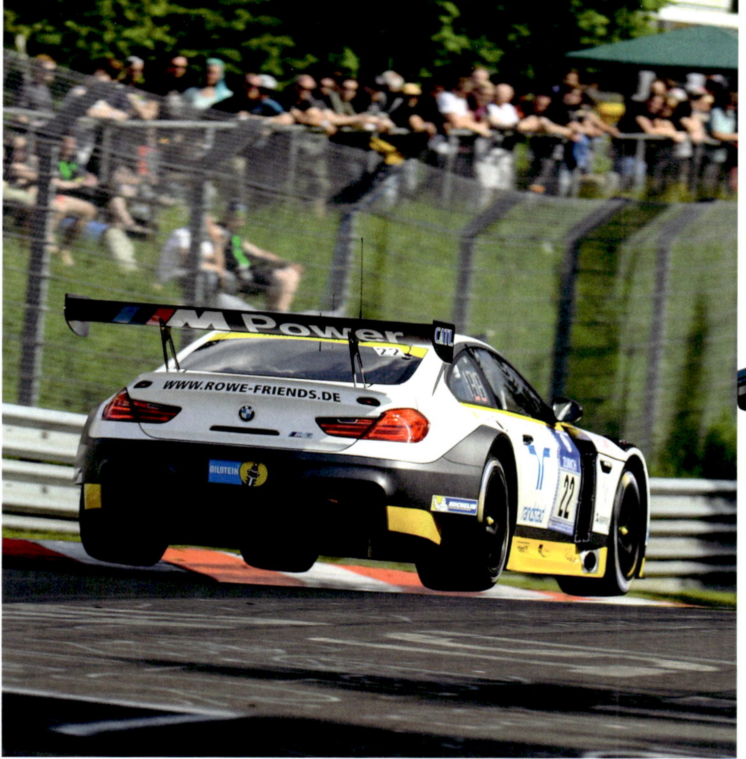

Klaus Graf, Richard Westbrook, Nicky Catsburg, Markus Palttala

Winner Class SP9

Bernd Schneider, Maro Engel, Adam Christodoulou, Manuel Metzger

The action in the SP9 class is also a tale of the overall classification, with GT3s locking out the first eight positions. The SGC made it into ninth place several times. A Mercedes-AMG led all but four of the 134 race laps: the #22 Rowe BMW led for two laps, the #18 Schubert BMW and the #911 Manthey Porsche led one lap each.

Otherwise, the Stuttgart-based brand dominated proceedings with pole position and the fastest race lap, both by Maro Engel, and a clean sweep of the first four places in the race.

The Haribo Racing team spent the most laps in the lead, 77 in total and 70 of them with its #88 car. However, a 1m32s time penalty for a yellow flag infringement prevented the car from taking victory try. The #8 entry was sidelined after a crash.

CLASS SP9
FIA GT3

Hour	Q.	1	5	6	8	10	12	14	16	18	20	22	Finish
Position 1	9	9	8	8	88	88	88	88	9	88	29	88	4
2	18	18	88	44	912	9	4	29	29	4	88	29	29
3	88	88	22	18	4	29	100	9	88	100	9	4	88
4	8	29	4	88	30	30	9	4	4	29	4	9	9
5	5	8	30	11	29	100	29	912	100	9	23	23	23
6	999	22	2	30	2	912	912	100	912	912	5	5	75
7	22	5	100	21	100	4	2	23	23	23	38	38	38
8	7	30	912	9	9	2	1	6	2	2	75	75	2
9	29	2	6	29	1	5	23	28	5	5	44	2	44
10	2	4	29	4	23	23	28	2	38	38	2	44	16
11	30	23	9	100	999	25	22	5	16	44	16	16	35
12	912	7	1	912	35	22	6	25	44	16	35	35	999
13	100	100	5	2	28	1	38	38	75	75	21	999	21
14	75	912	28	6	5	28	5	16	35	35	999	21	11
15	23	6	16	24	44	38	25	44	21	21	25	25	12
16	6	1	35	27	25	6	16	1	25	11	11	11	37
17	4	75	44	5	75	44	35	21	11	25	912	12	33
18	27	25	24	25	21	21	44	35	999	999	12	33	101
19	25	3	7	35	16	35	21	75	33	33	33	37	1
20	3	14	25	16	38	16	14	11	12	12	37	101	
21	37	38	338	28	22	14	75	999	37	37	101	912	
22	1	16	75	1	6	75	11	33	101	101	100	1	
23	35	28	37	38	24	24	999	12	28	1	1	100	
24	28	101	999	999	10	11	101	101	6	28	28	28	
25	14	35	21	23	14	101	31	37	1	6	6	6	
26	21	37	11	10	7	33	12	22	22	22	22	22	
27	38	99	18	7	11	999	3	14	14	14	14	14	
28	911	24	3	75	101	12	37	3	3	3	3	3	
29	16	21	27	22	33	3	24	24	24	24	24	24	
30	101	11	14	14	37	37	30	30	30	30	30	18	
31	12	10	10	101	12	7	99	99	99	99	99	30	
32	99	999	101	3	8	99	7	7	7	7	18	99	
33	44	33	23	33	3	10	10	10	10	10	7	7	
34	11	27	33	37	99	8	8	8	8	8	10	10	
35	10	44	12	12	27	27	27	27	27	18	8	8	
36	33	12	99	99	18	18	18	18	18	27	27	27	
37	24	911	911	911	911	911	911	911	911	911	911	911	
38	31												

Fastest lap: No. 4 in 8:19.002 min. = 183.087 km/h
started: 37 • classified: 19 • not classified: 18 • not started: 1

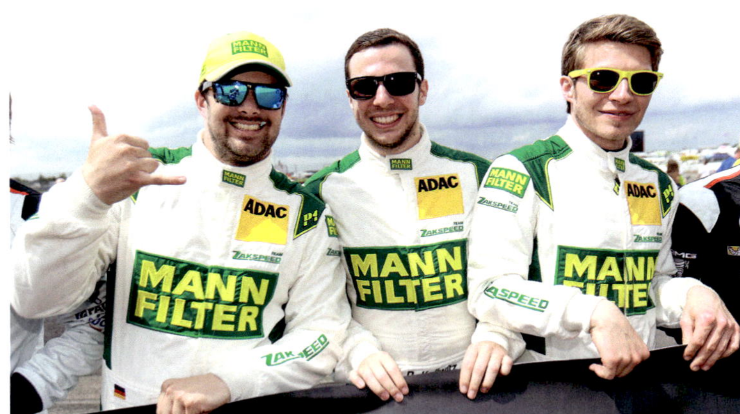

(l.-r.): Kenneth Heyer, Daniel Keilwitz, Sebastian Asch

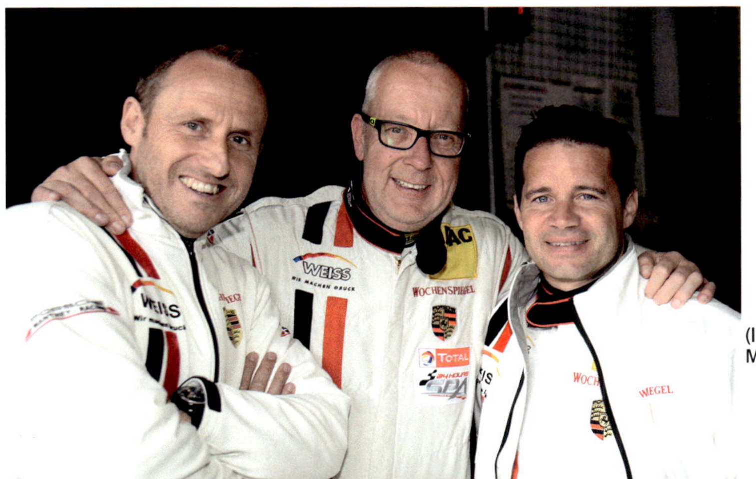

(l.-r.): Oliver Kainz, Georg Weiss, Mike Stursberg

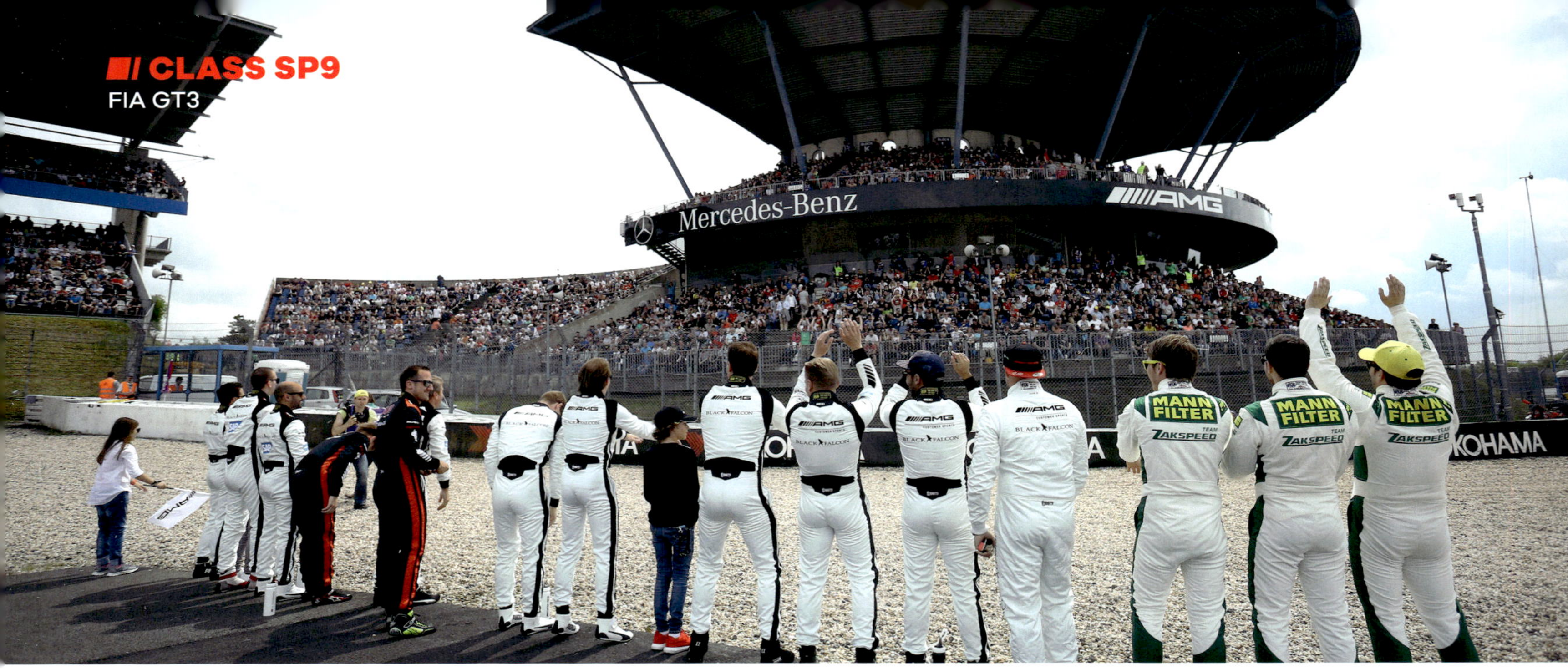

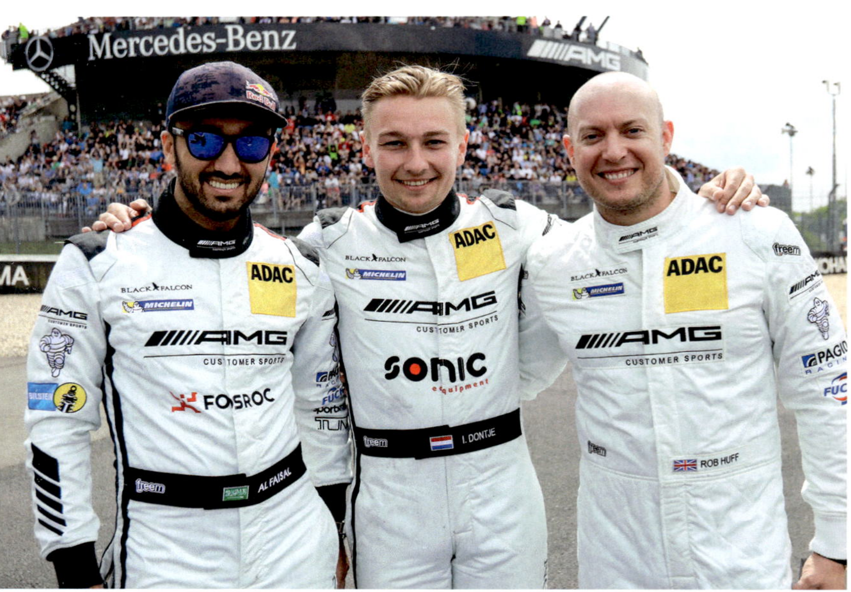

(l.-r.): Abdulaziz Al Faisal, Indy Dontje, Robert Huff

Die meiste Führungsarbeit leistete das Haribo-Racing-Team. Insgesamt 77 Mal strahlte der Goldbär von Platz eins, davon 70 Runden lang die Nummer 88. Das Schwesterauto mit der Nummer 8 und den gleichen Piloten Uwe Alzen, Lance David Arnold, Maximilian Götz und Jan Seyffarth hatte sieben Mal die Nase vorn. Die Andernacher Mannschaft hatte sowieso vor, in der Nacht eines der beiden Fahrzeuge aus dem Rennen zu nehmen. Eine leichte Kollision von Seyffarth in der Nummer 8 kurz vor 23 Uhr bestimmte dann auch welches. Die 88 hätte vermutlich auch gewonnen, wenn Alzen nicht am Sonntagvormittag in einer Gelbzone ausgangs Mercedes-Arena zu früh überholt und dafür eine Stop&Go-Strafe von 1.32 Minuten kassiert. Somit nur Rang drei mit rund 1.15 Minuten Rückstand.

Die Entscheidung über Sieg oder Niederlage fiel erst in der 134. und somit letzten Runde zwischen den beiden Mercedes-AMG von HTP (#29 Christian Vietoris/Marco Seefried/Christian Hohenadel/Renger Van der Zande) und Black Falcon (#4 Bernd Schneider/Maro Engel/Adam Christodoulou/Manuel Metzger). Im Rennverlauf überraschte das HTP-Team durchweg mit Neun-Runden-Stints, während Black Falcon nur acht schaffte, dafür aber zumeist ein paar Sekunden schneller unterwegs war.

Bestplatzierter Audi von der Strecke gerempelt

Best-placed Audi punted off the track

Die starke Leistung des Teams „Montaplast by Land-Motorsport"' wurde nicht belohnt. „Wir haben gezeigt was geht – aber an diesem Ausgang konnten wir leider nichts ändern", fasste Teamchef Wolfgang Land knapp die Erlebnisse zusammen. Als bestes Audi-Team auf Gesamtrang sieben liegend, wurde Connor De Phillippi völlig unverschuldet in eine Kollision verwickelt. Die Beschädigungen am Audi R8 LMS waren so stark, dass eine Reparatur während des Rennverlaufs nicht mehr möglich war. Während einer Code 60-Phase auf dem GP-Kurs bremste der Amerikaner vorschriftsmäßig ab. Der folgende Markus Winkelhock dagegen viel zu spät und fuhr auf. Für die Mannschaft rund um Wolfgang Land war damit trotz fehlerfreier Leistung von Fahrern und Team vorzeitig Ende.

The good performance of the team Montaplast by Land Motorsport remained unrewarded. "We have shown what would have been possible, but unfortunately, there was nothing we could change about the way it ended," team principal Wolfgang Land briefly summed up the situation. While running in seventh as the best-placed Audi team, Connor de Phillippi innocently became involved in a collision. Damage to the Audi R8 LMS was such that repair during the race was impossible. During a code 60 phase at the Grand Prix circuit, the American slowed down as required. Markus Winkelhock, who was next up, braked way too late and ran into the rear of the car. For Wolfgang Land's team, this meant the untimely end in spite of the faultless performance by the drivers and the crew.

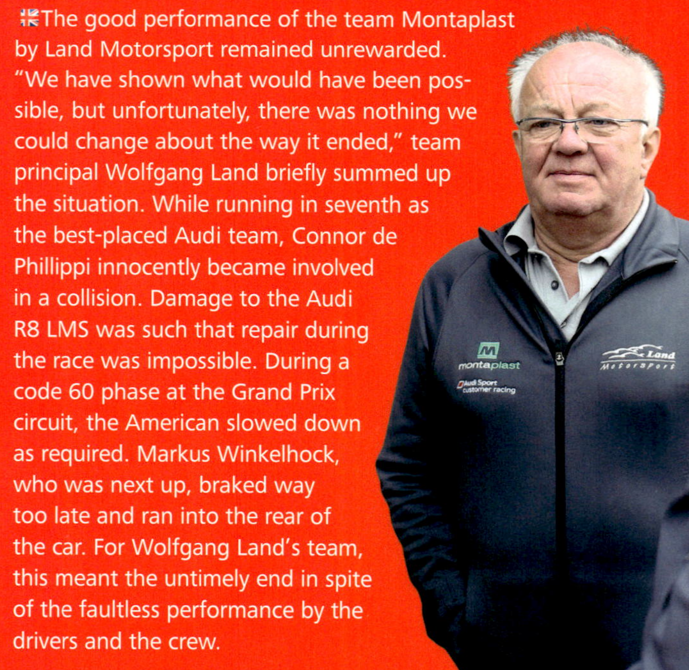

The 134th and final lap decided the battle for victory between the #29 HTP Mercedes and the #4 Black Falcon car. The HTP team was able to complete nine-lap stints, while Black Falcon completed eight laps between fuel stops. Engel outbraked Hohenadel in the Ravenol corner on the final lap and thus claimed victory for Black Falcon. The HTP entry came second, followed by the Haribo and the #6 Black Falcon cars.

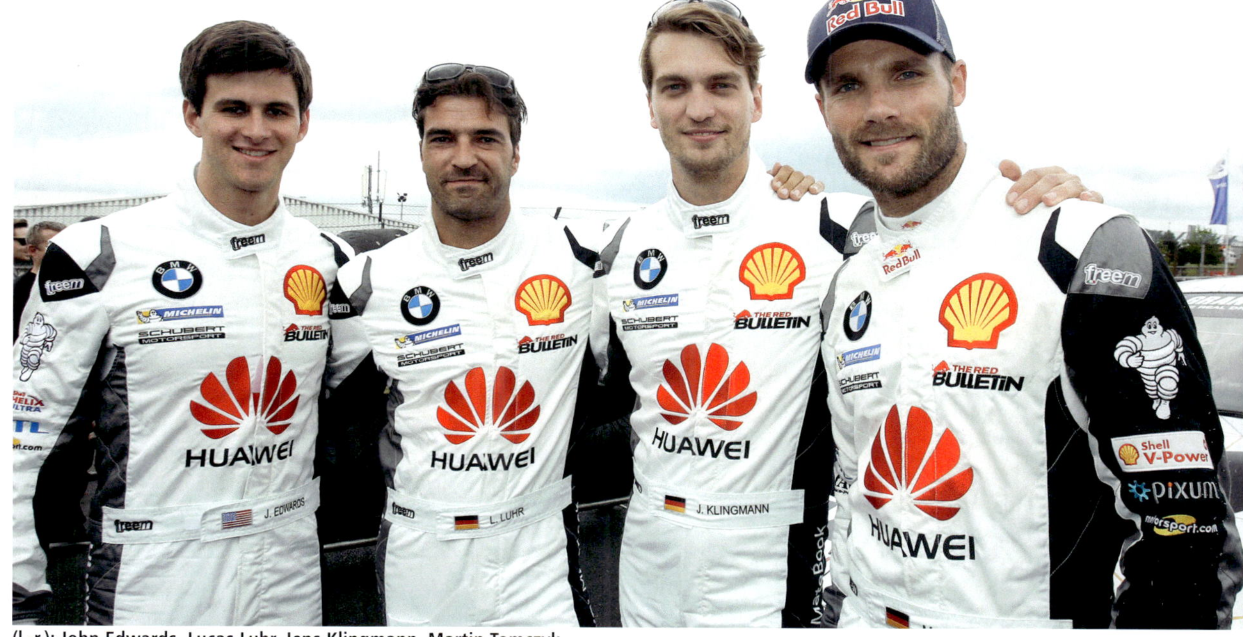

(l.-r.): John Edwards, Lucas Luhr, Jens Klingmann, Martin Tomczyk

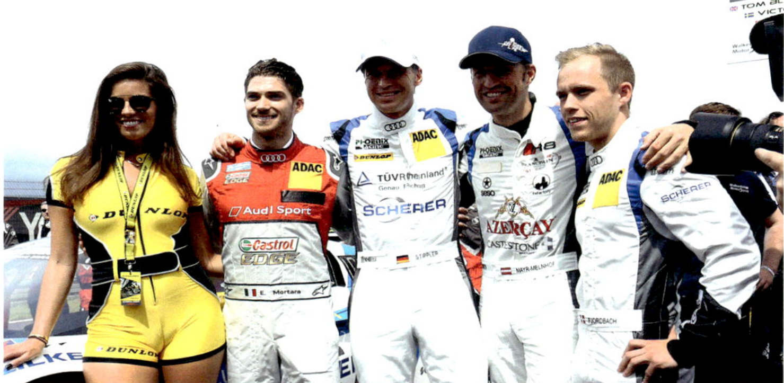

(l.-r.): Edoardo Mortara, Frank Stippler, Nicki Mayr-Melnhof, Anders Fjordbach

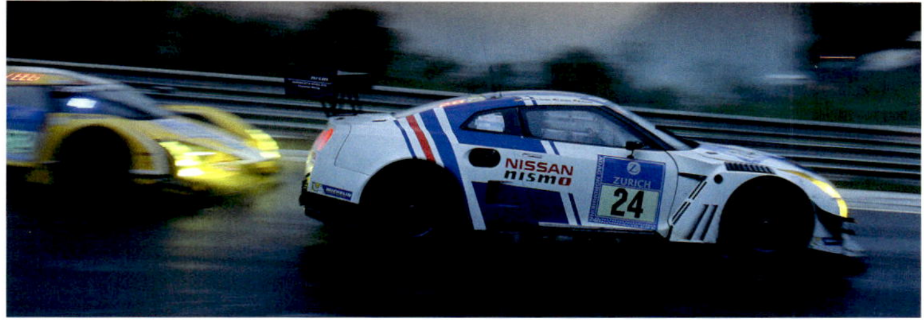

Marc Gassner, Florian Strauß, Tom Coronel, Hendrik Still

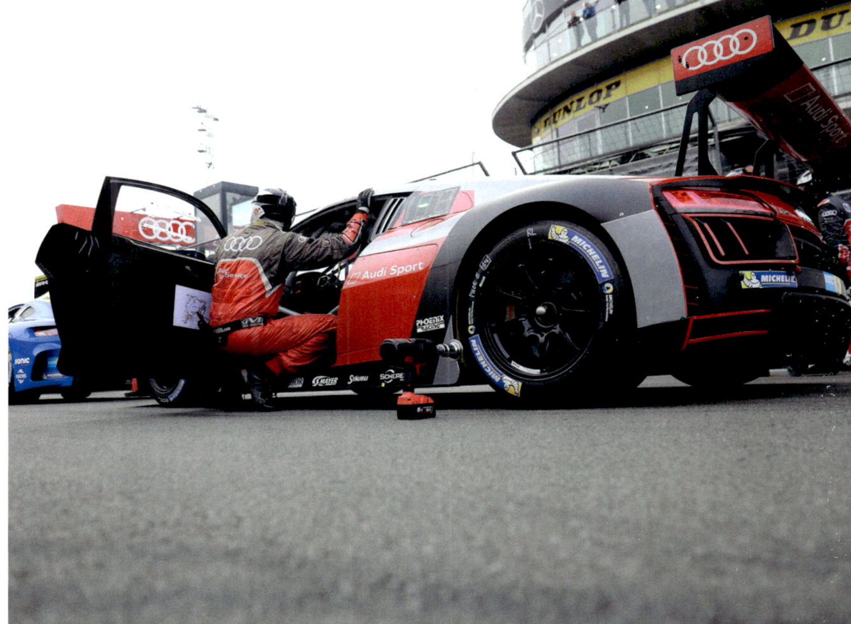

Christopher Haase, Rene Rast, Markus Winkelhock, Frank Stippler

Hubert Haupt, Yelmer Buurman, Maro Engel, Dirk Müller

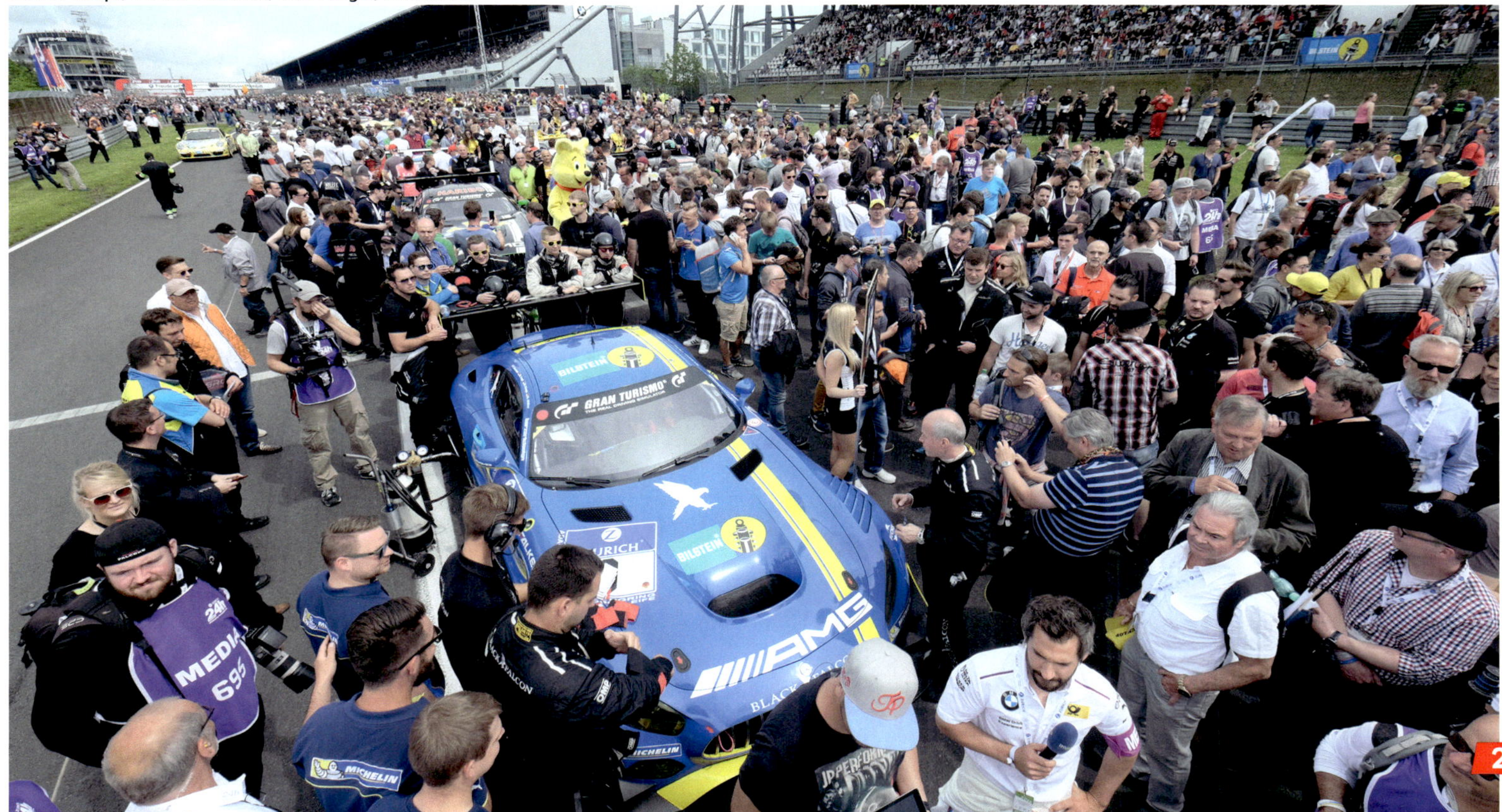

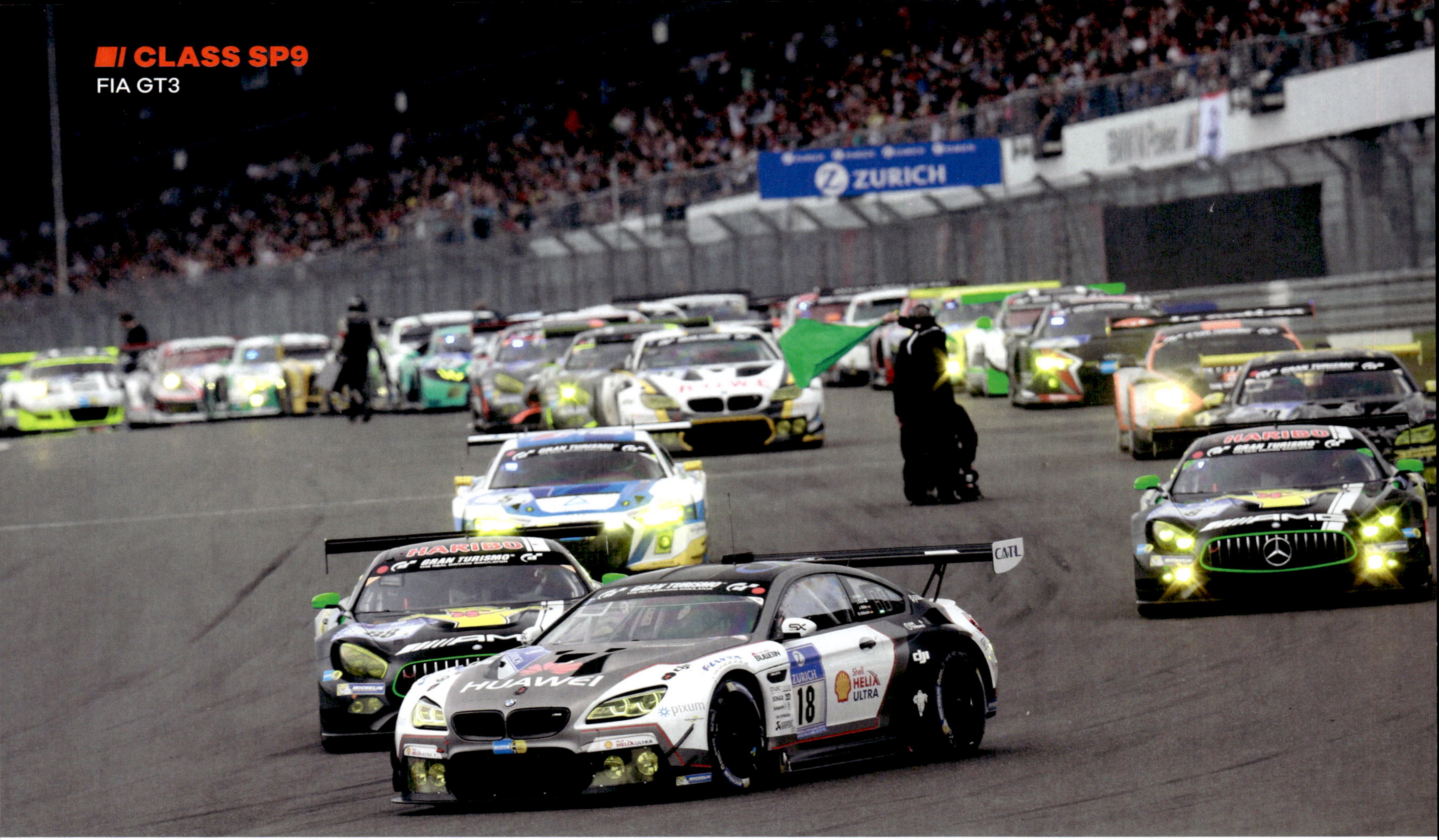

Augusto Farfus, Jesse Krohn, Jörg Müller, Marco Wittmann

Nachdem zwei Runden vor dem Ende Hohenadel nachtanken musste, kam Verfolger Engel bis auf fünf Sekunden heran. Letztgenannter drehte in diesem vorletzten Umlauf in 8.19,002 Minuten sogar die schnellste Runde des gesamten Rennens und verkürzte den Abstand auf 0,7 Sekunden. Die Entscheidung fiel noch auf dem Grand-Prix-Kurs in der Ravenol-Kurve, als sich Engel an Hohenadel vorbeibremste. Mit 5,697 Sekunden war es am Ende die knappste Entscheidung bei 44 Rennen.
Nur 49 Sekunden hinter dem Haribo-Mercedes folgte auf Platz vier der zweite Black Falcon-Mercedes-AMG von Hubert Haupt, Yelmer Buurman, Doppelstarter Engel und Dirk Müller. Nur 3.48 Minuten dahinter kreuzte mit dem Rowe-BMW von Alexander Sims, Philipp Eng, Maxime Martin und Dirk Werner der beste „Nicht-Stern" den Zielstrich.
Mit weiteren zwei Runden Rückstand folgte der Zakspeed-Mercedes von Kenneth Heyer, Sebastian Asch, Luca Ludwig und Daniel Keilwitz, die sich in der Schlussphase ein beherztes Duell mit dem Bentley Continental von Christopher Brück, Christian Menzel, Guy Smith und Fabian Hamprecht lieferten.
Die Top-Ten komplettierten Stuart Leonard/Robin Frijns/Edward Sandström/Frederic Vervisch (WRT-Audi R8), Peter Dumbreck/Wolf Henzler/Martin Ragginger/Alexandre Imperatori (Falken-Porsche) sowie Marc und

(9): Hubert Haupt, Yelmer Buurman, Maro Engel, Dirk Müller - (18): Augusto Farfus, Jesse Krohn, Jörg Müller, Marco Wittmann

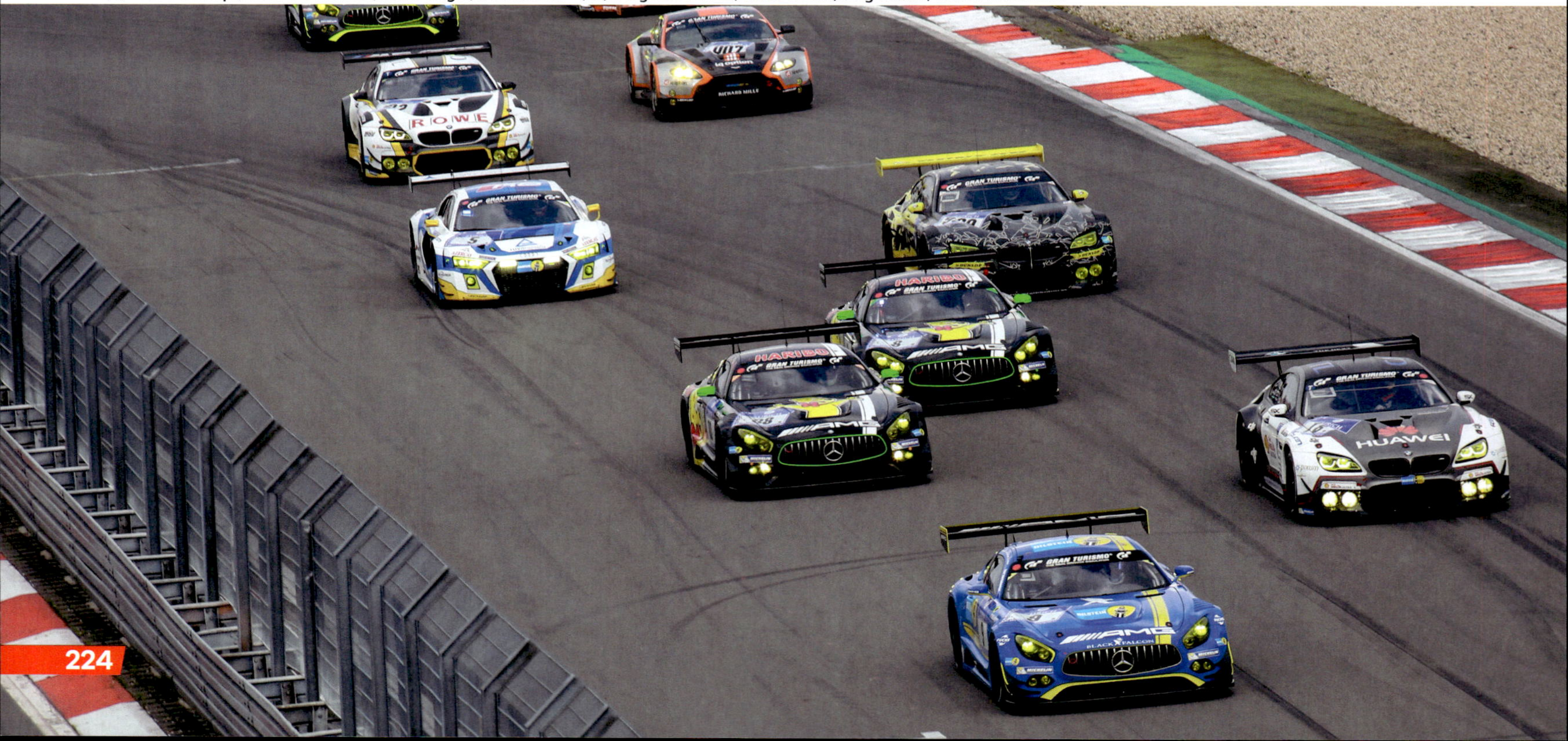

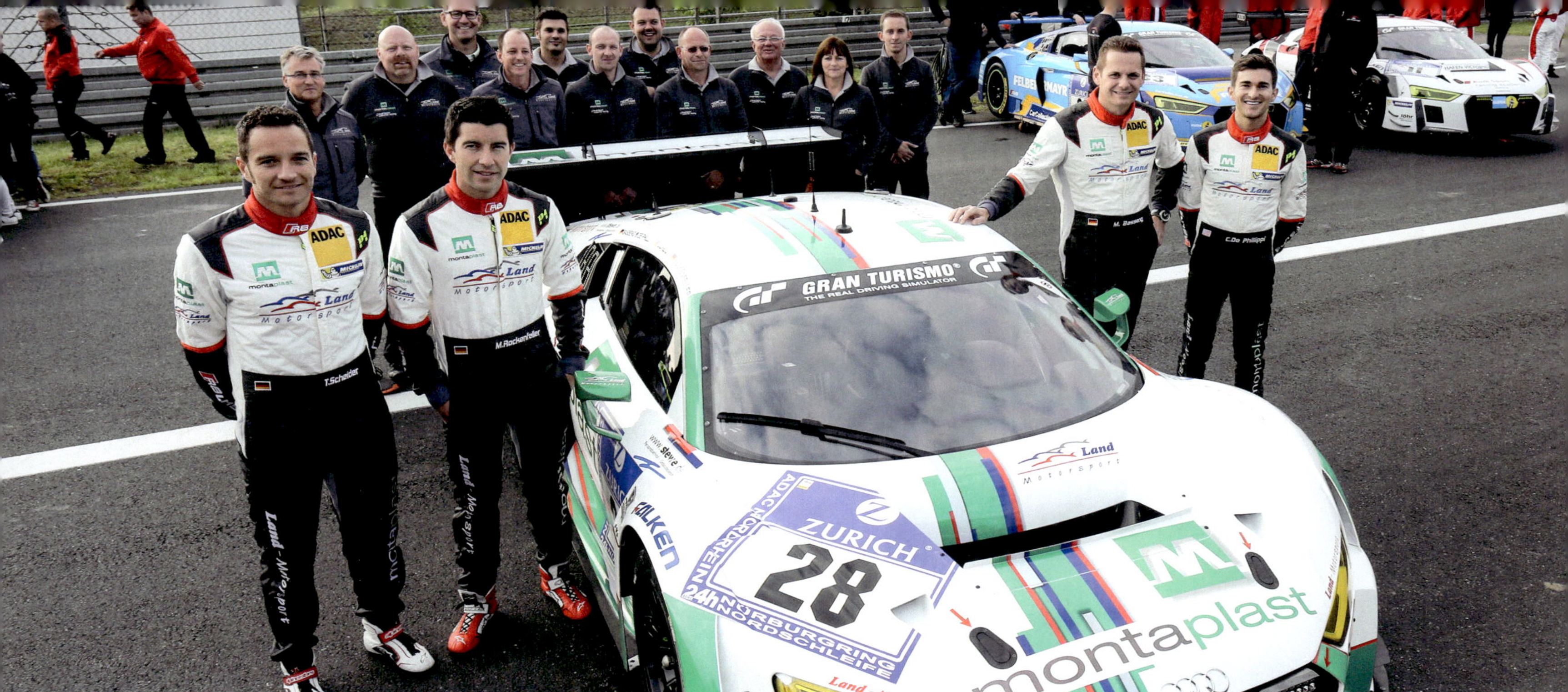

Timo Scheider, Mike Rockenfeller, Marc Basseng, Connor De Phillippi and Montaplast by Land-Motorsport team

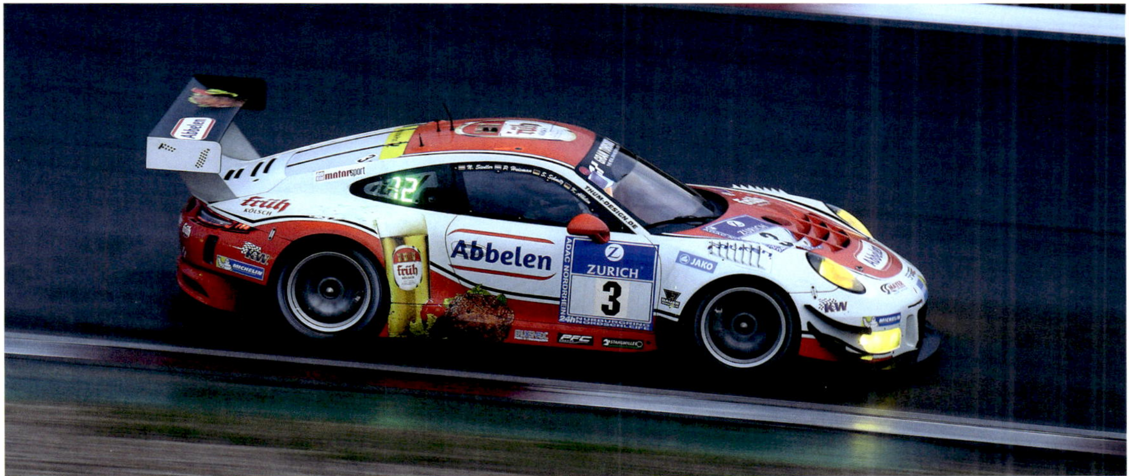

Klaus Abbelen, Sabine Schmitz, Patrick Huisman, Norbert Siedler

The best non-Mercedes was the Rowe BMW with Alexander Sims, Philipp Eng, Maxime Martin and Dirk Werner in fifth, followed by the Zakspeed Mercedes, the best-placed Bentley, the WRT Audi with Leonard/Frijns/Sandström/Vervisch, the Falken Porsche with Dumbreck/Henzler/Ragginger/Imperatori and the Twin Busch Audi with the Busch twins, Chris Mamerow and René Rast.

Georg Weiss, Oliver Kainz, Jochen Krumbach, Mike Stursberg

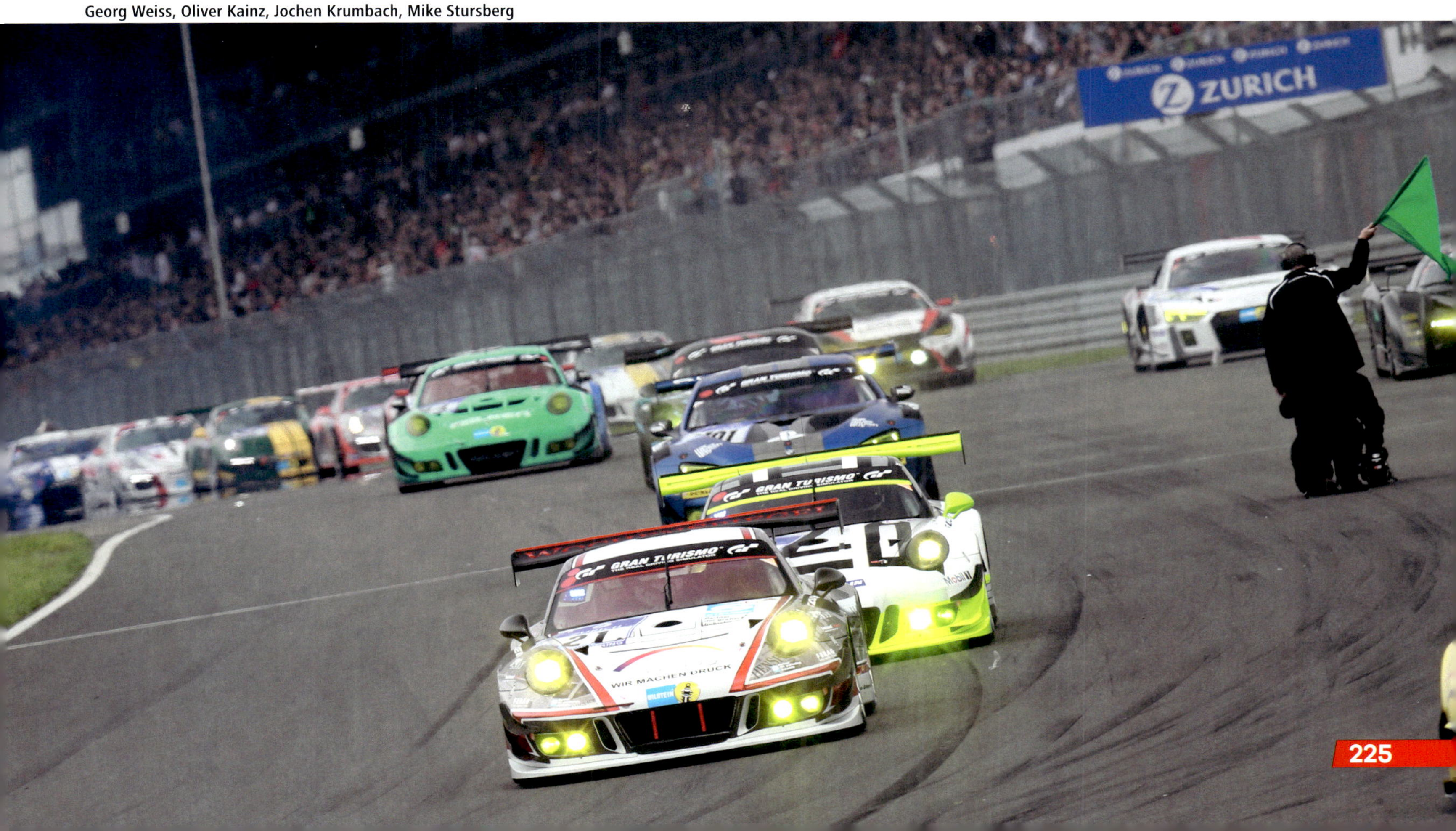

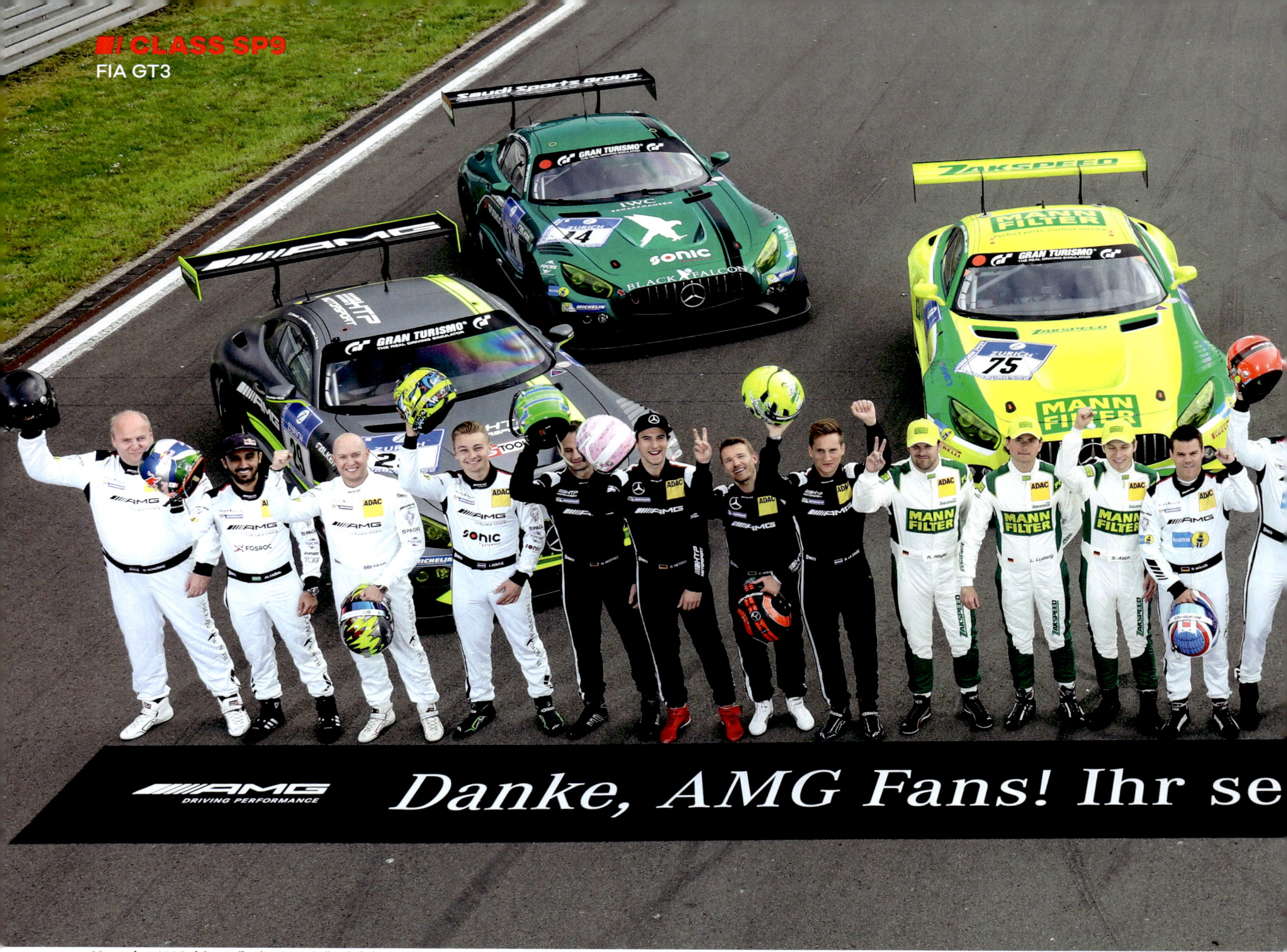

Mercedes-AMG drivers (l.-r.): „Gerwin", Abdulaziz Al Faisal, Robert Huff, Indy Dontje, Marco Seefried, Christian Vietoris, Christian Hohenadel, Renger Van der Zande, Kenneth Heyer, Luca Ludwig, Sebastian Asch, Dirk Müller, Hubert Haupt, Yelmer Buurman, Maro Engel, Manuel Metzger, Bernd Schneider, Adam Christodoulou, Lance David Arnold, Jan Seyffarth, Maximilian Götz, Uwe Alzen, Thomas Jäger, Dominik Baumann, Maximilian Buhk

Frank Stippler, Anders Fjordbach, Edoardo Mortara, Nicki Mayr-Melnhof

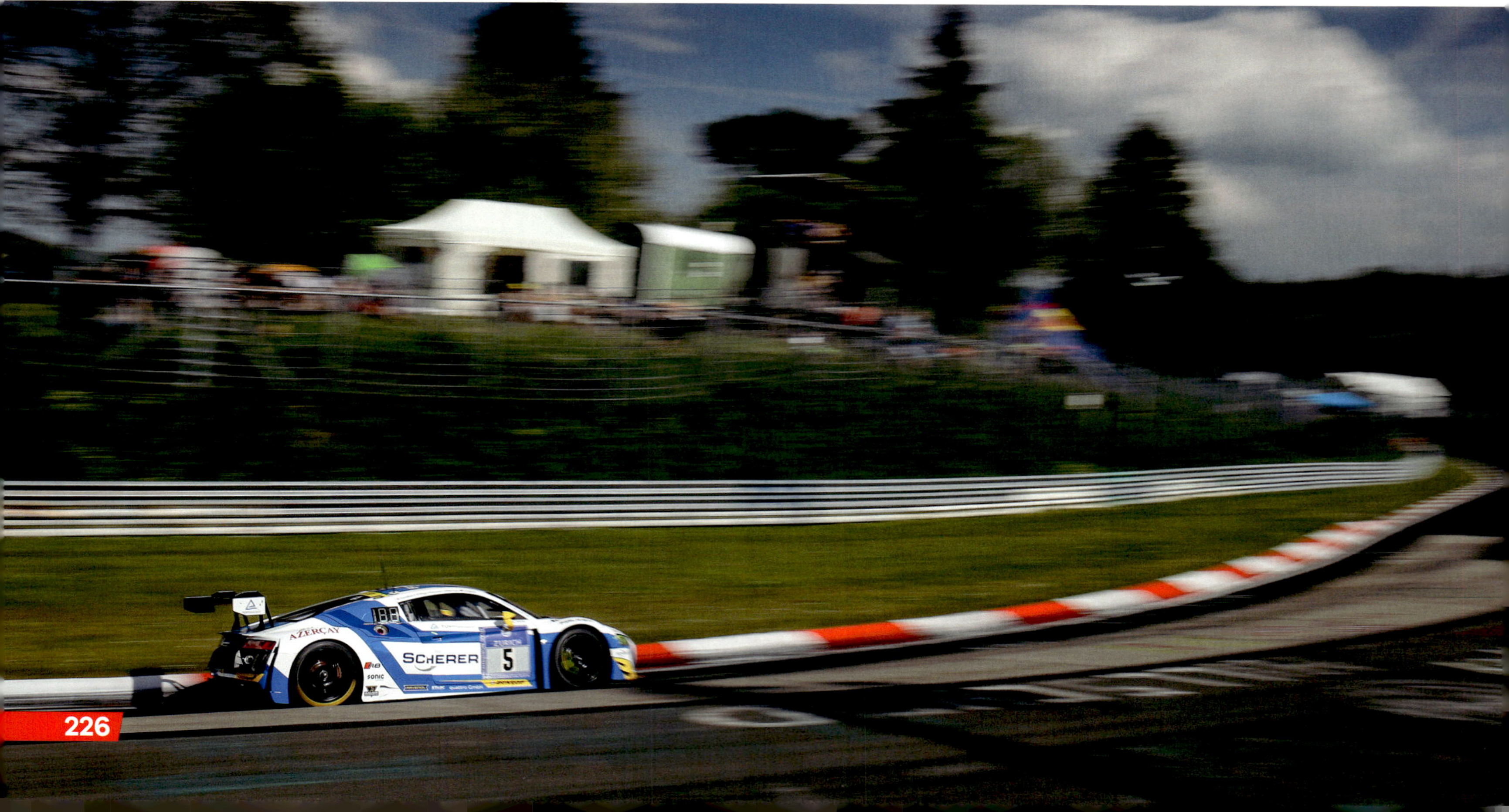

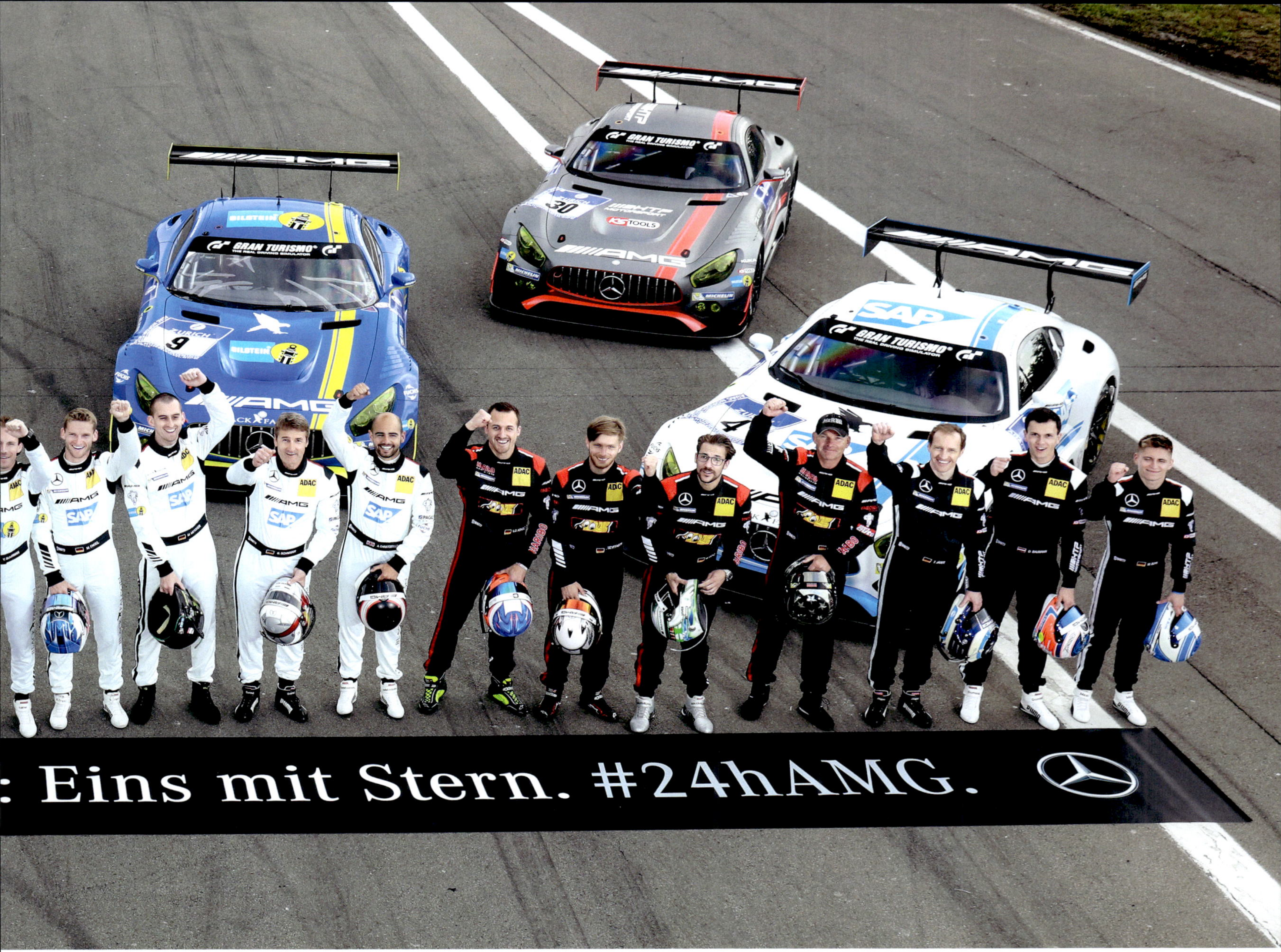

: Eins mit Stern. #24hAMG.

Alexander Sims, Philipp Eng, Maxime Martin, Dirk Werner

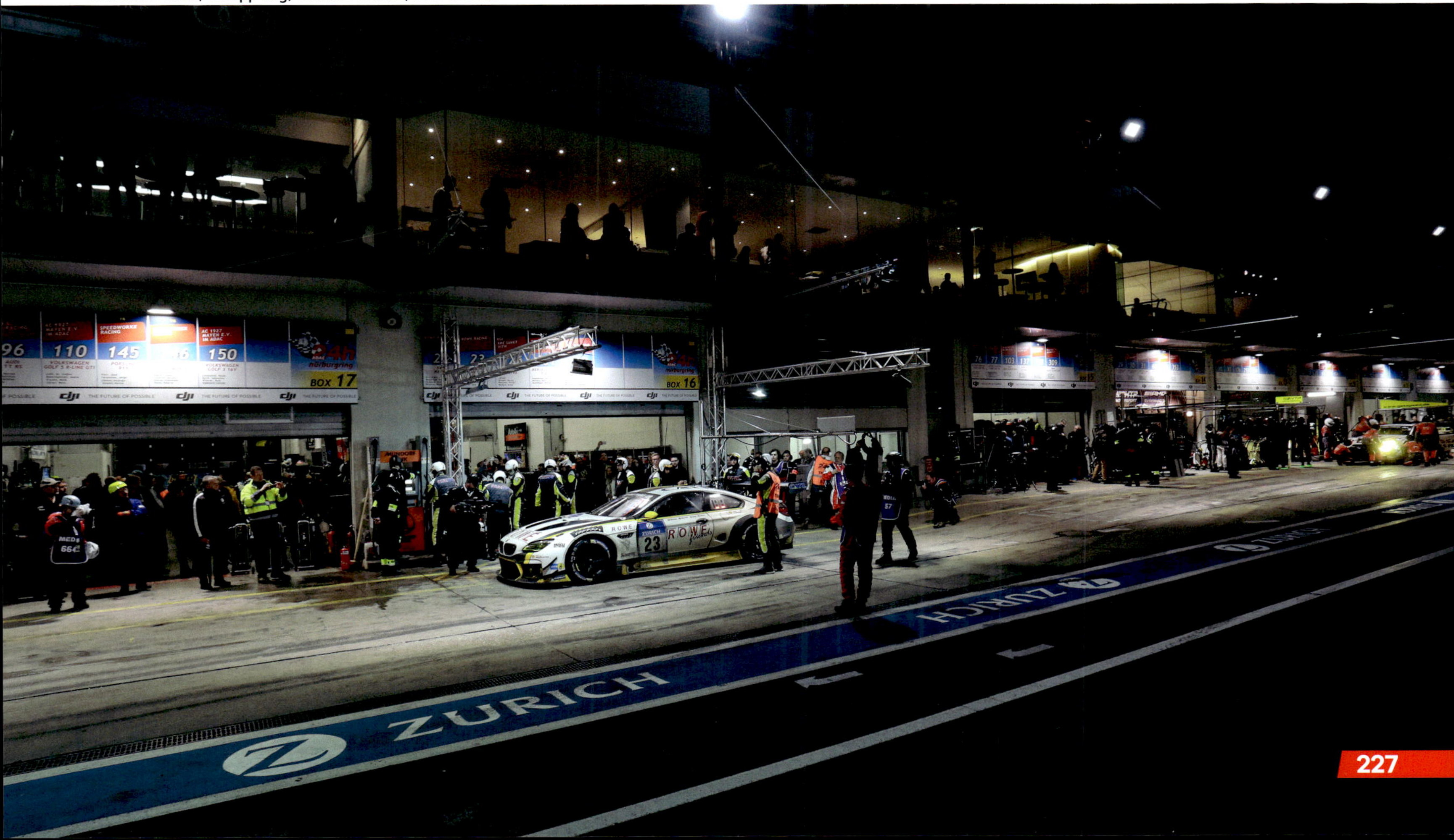

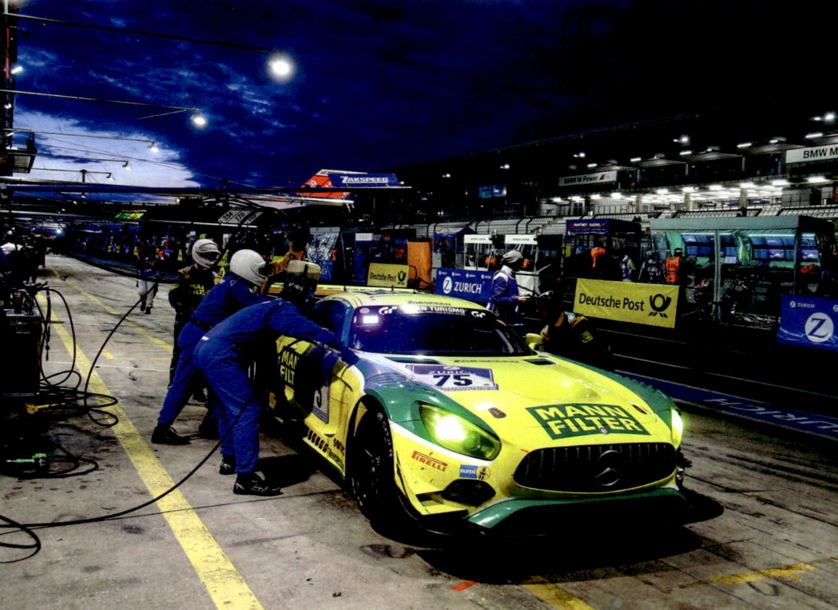
Kenneth Heyer, Sebastian Asch, Luca Ludwig, Daniel Keilwitz

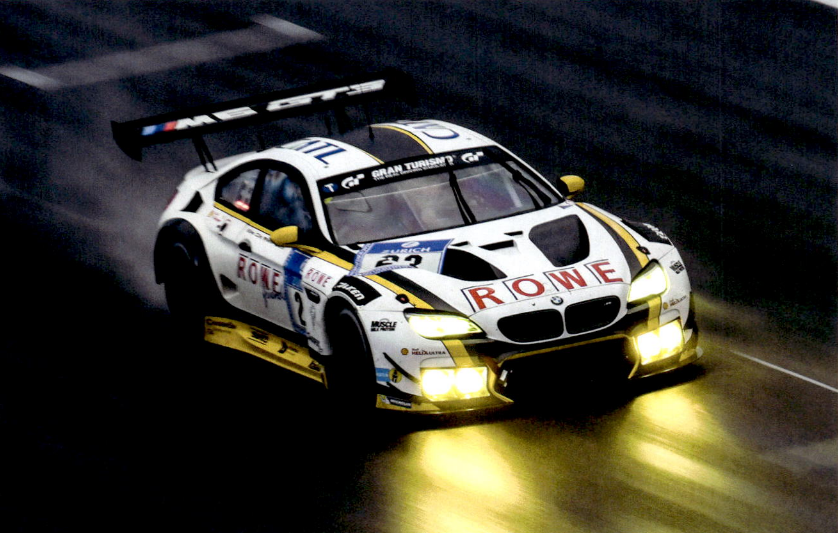
Alexander Sims, Philipp Eng, Maxime Martin, Dirk Werner

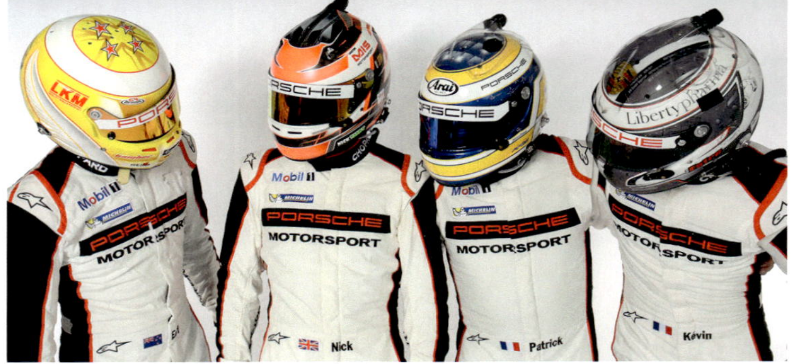
(l.-r.): Earl Bamber, Nick Tandy, Patrick Pilet, Kevin Estre

Dennis Busch, Christian Mamerow und René Rast (Twin Busch-Audi R8). Hinter dem RJN-Nissan von Michael Krumm, Lucas Ordonez, Kazuki Hoshino und Alex Buncombe kamen die BMW-Junioren Victor Bouveng, Tom Blomqvist, Christian Krognes und Michele Di Martino mit dem Walkenhorst-BMW als Zwölfte ins Ziel. Der Austausch der Hinterachse kostete ein Top-Ten-Resultat.

Es folgte mit dem Wochenspiegel-Team-Manthey die beste reine Gentleman-Mannschaft. Am Steuer des Porsche 911 wechselten sich Georg Weiss, Oliver Kainz, Jochen Krumbach und Mike Stursberg ab. „Es war ein tolles Gefühl, den Wochenspiegel-Porsche ins Ziel zu fahren. Wir haben keine Fehler gemacht und sind konsequent unseren Rhythmus durchgefahren. Platz 13 in diesem starken Feld ist ein großer Erfolg für uns“, sagte Stursberg.

Der verbliebene race experience-Audi R8 von Micke Ohlsson, Christian Bollrath, Ralf Oeverhaus und Maximilian Hackländer wurde trotz eines Unfalls im Schwalbenschwanz 14. vor dem nächsten privaten

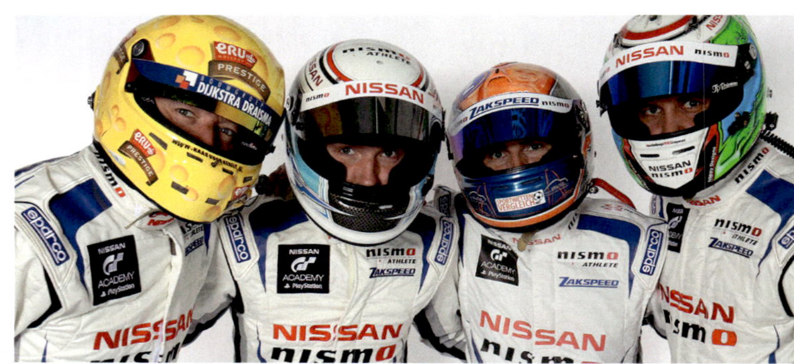
(l.-r.): Tom Coronel, Marc Gassner, Hendrik Still, Florian Strauß

(l.-r.): Robert Renauer, Jens Richter, „Dieter Schmidtmann“, Otto Klohs

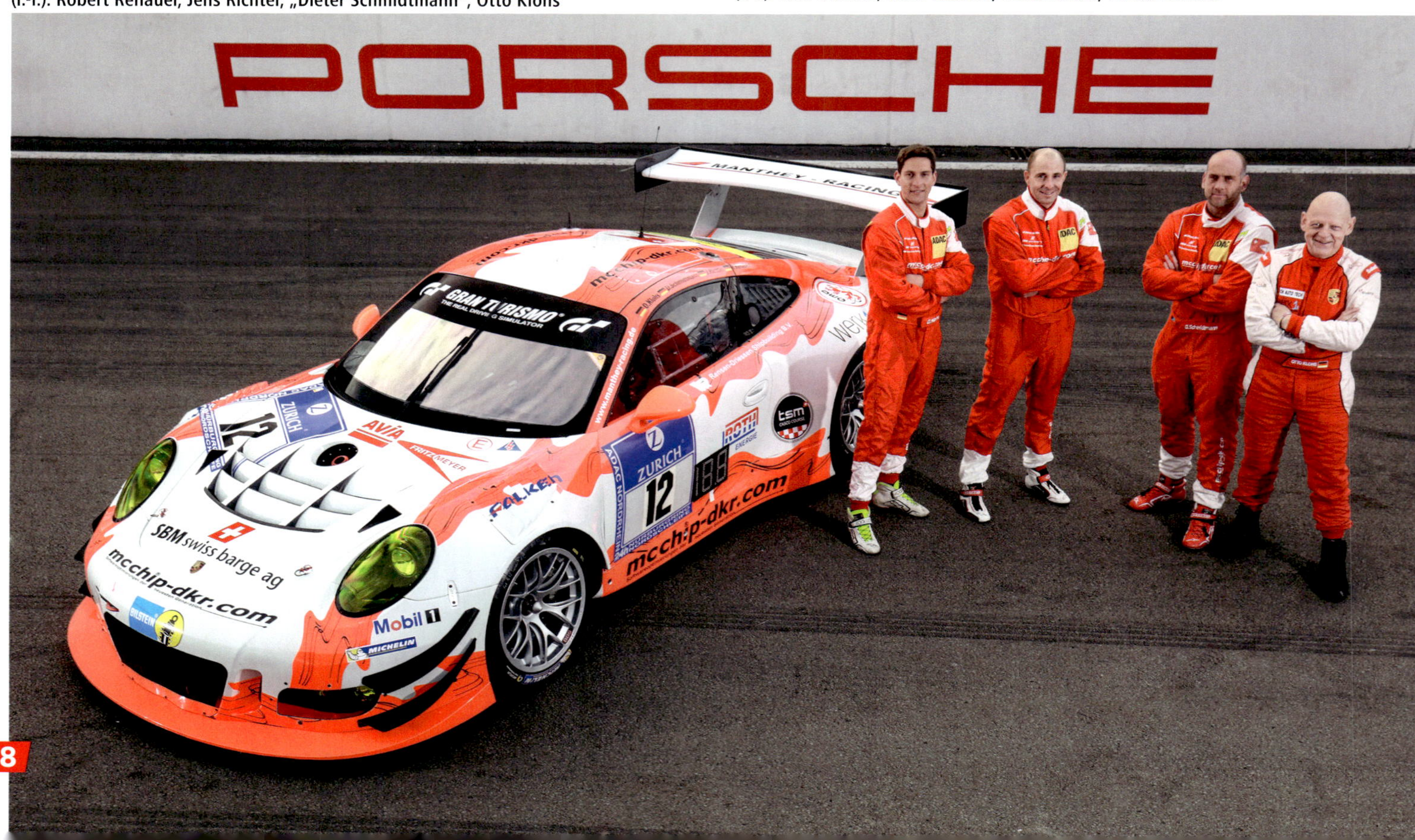

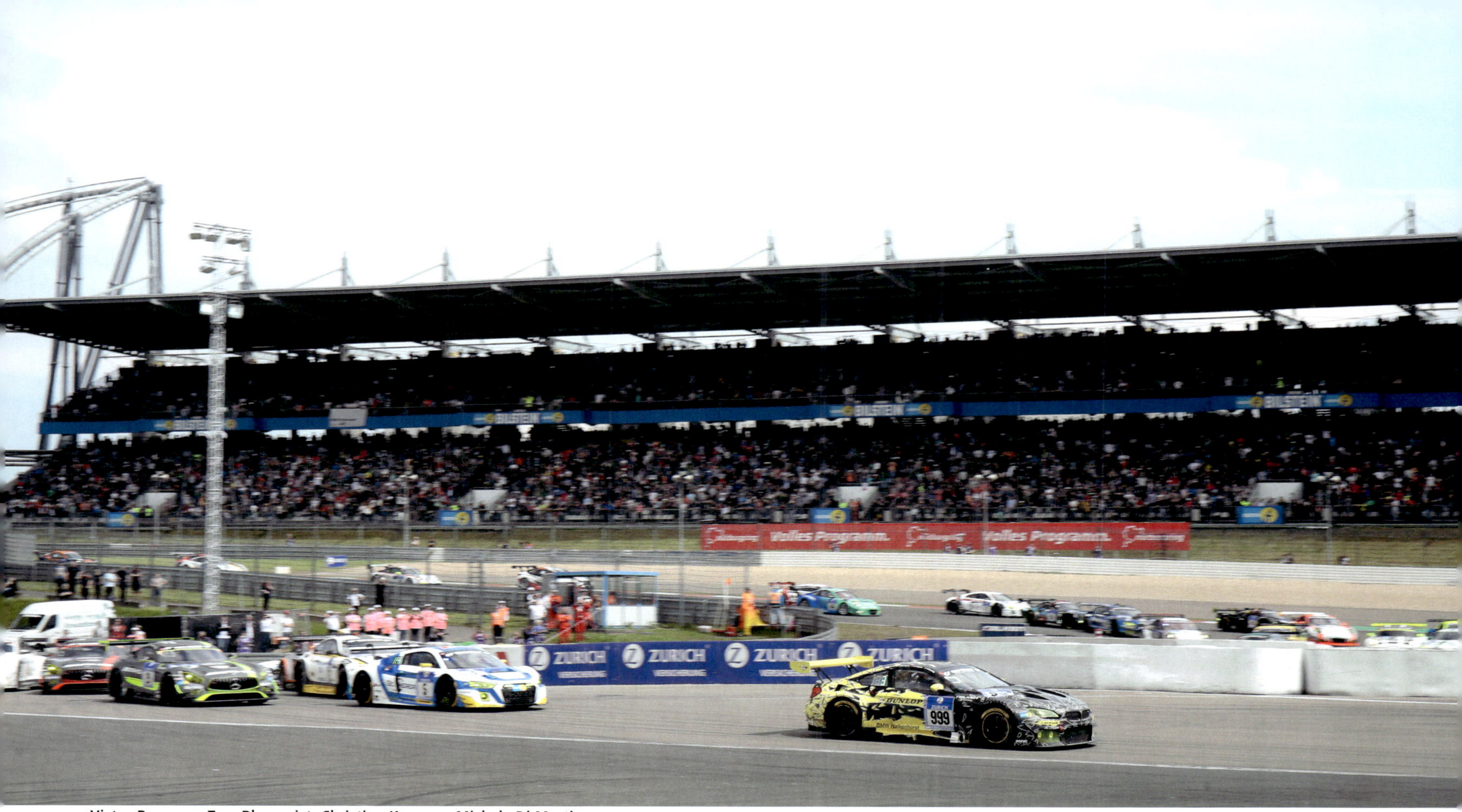

Victor Bouveng, Tom Blomqvist, Christian Krognes, Michele Di Martino

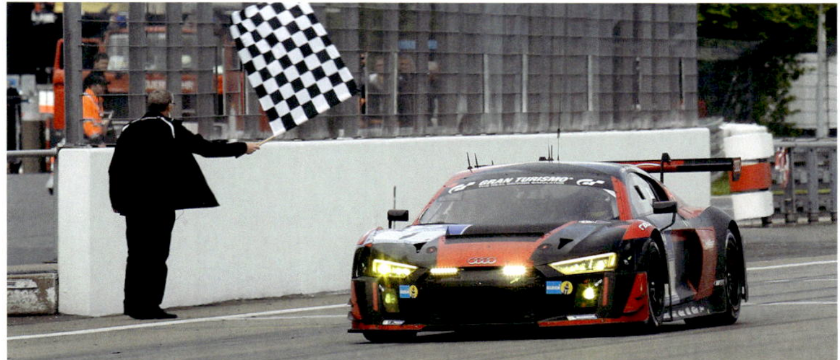

(1): Laurens Vanthoor, Christopher Mies, Nico Müller, Pierre Kaffer

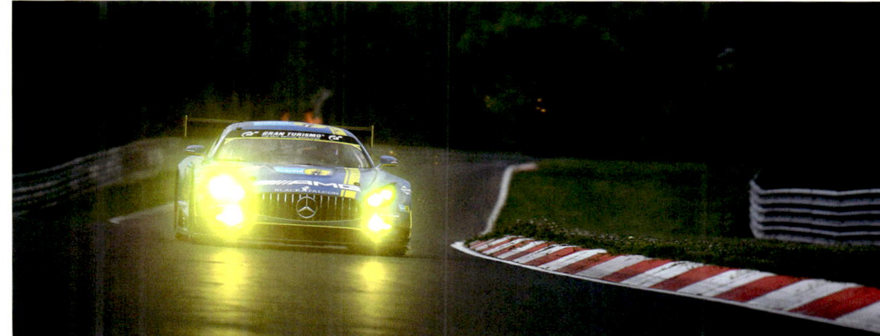

Hubert Haupt, Yelmer Buurman, Maro Engel, Dirk Müller

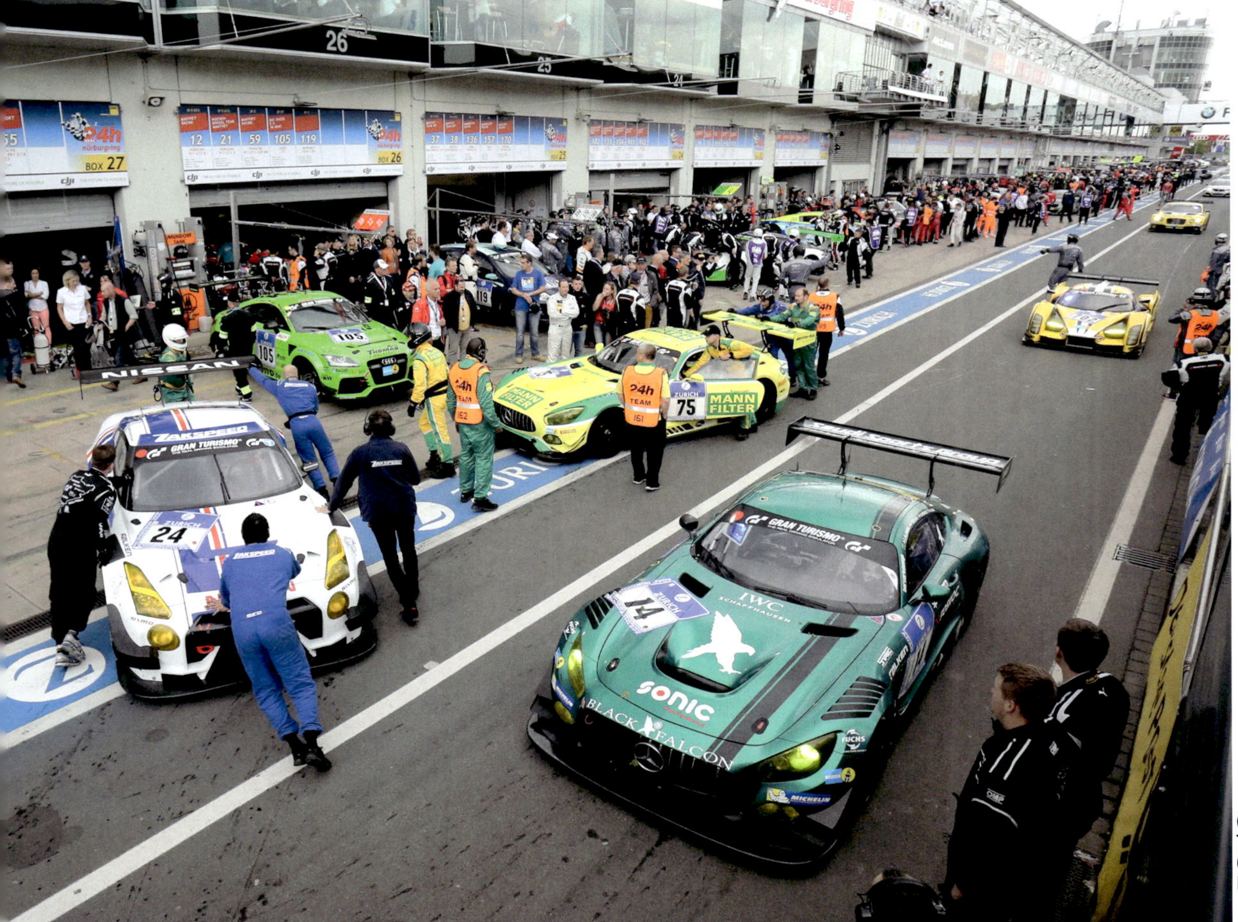

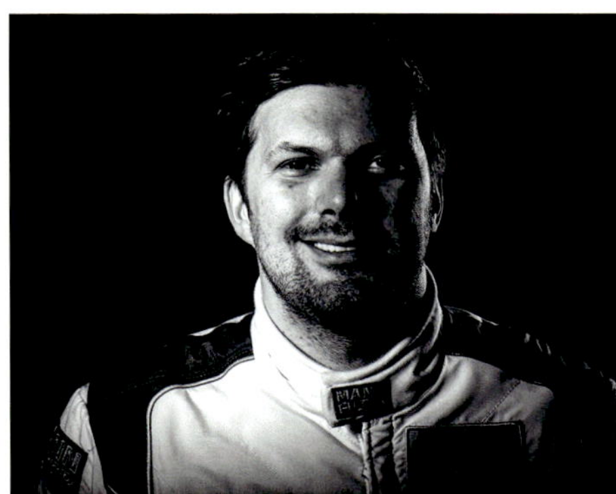

Kenneth Heyer

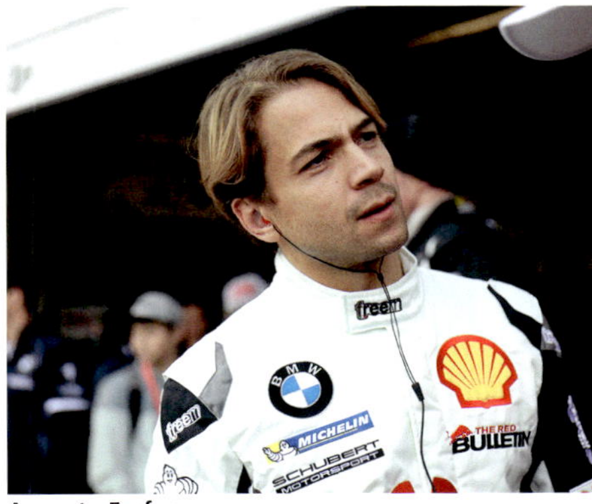

Augusto Farfus

(24): Marc Gassner, Florian Strauß, Tom Coronel, Hendrik Still
(14): Abdulaziz Al Faisal, „Gerwin", Indy Dontje, Robert Huff

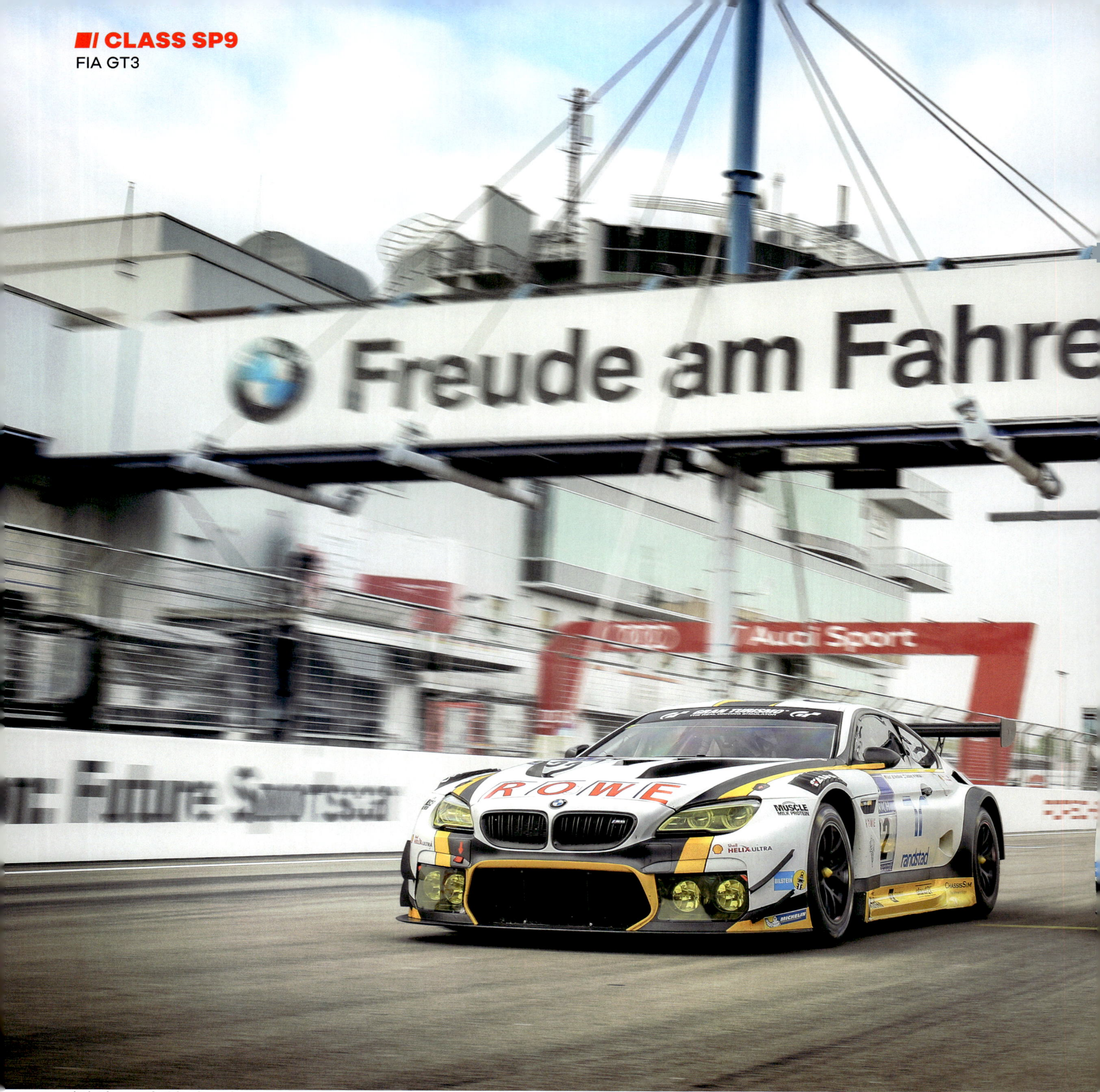

(22): Klaus Graf, Richard Westbrook, Nicky Catsburg, Markus Palttala – (23): Alexander Sims, Philipp Eng, Maxime Martin, Dirk Werner

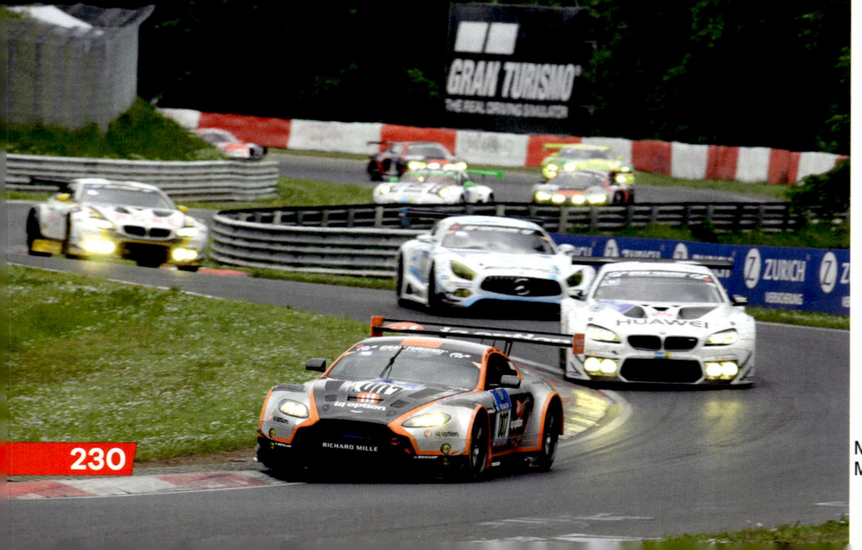

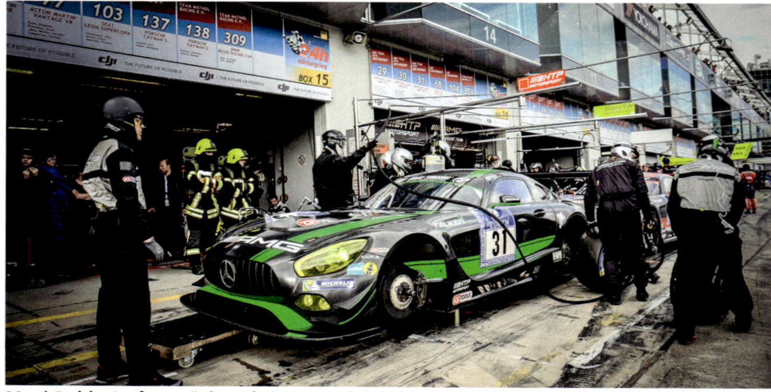

Maxi Buhk, Stefan Mücke, Christian Hohenadel, Renger Van der Zande

Nicki Thiim, Darren Turner,
Marco Sorensen, Pedro Lamy

(912): Richard Lietz, Jörg Bergmeister,
Michael Christensen, Fred Makowiecki
(911): Nick Tandy, Kevin Estre, Earl Bamber, Patrick Pilet

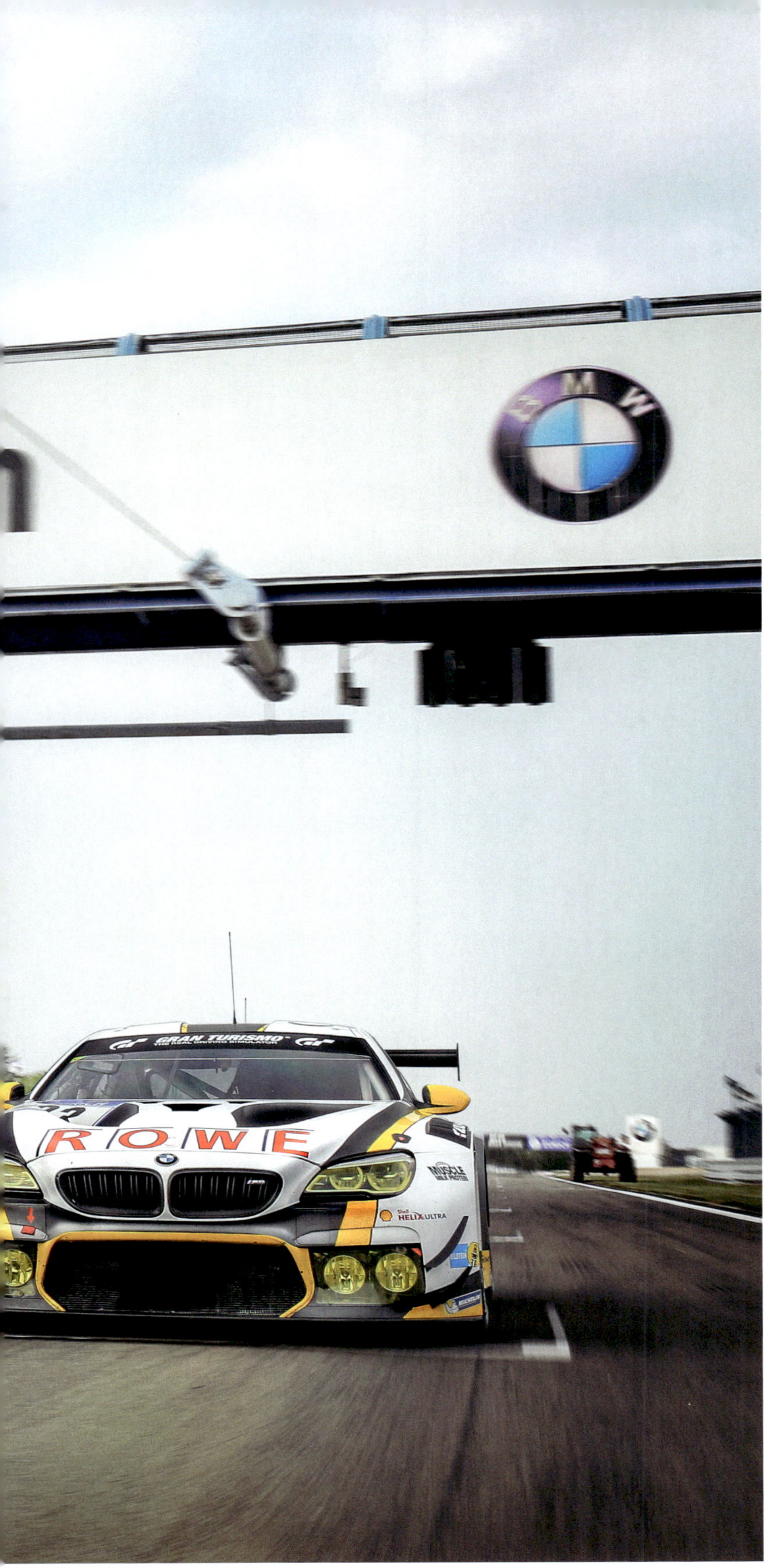

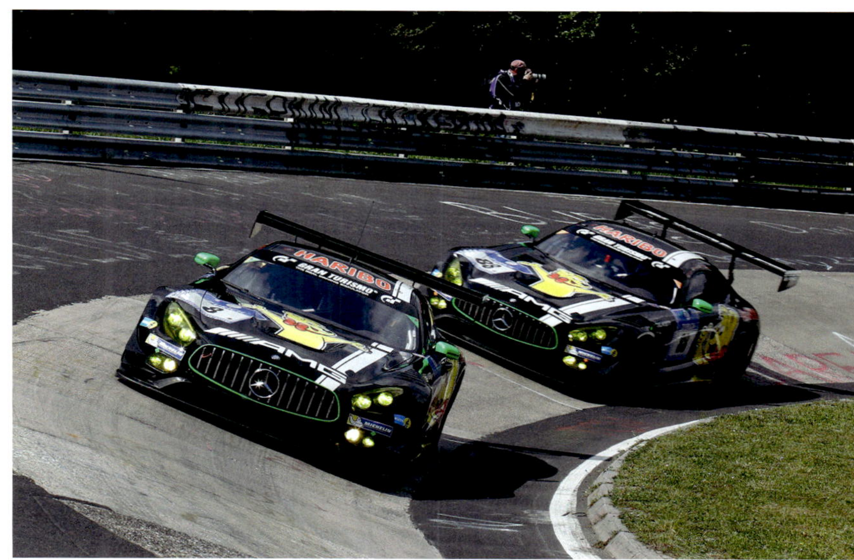

(8): Uwe Alzen, Lance David Arnold, Maximilian Götz, Jan Seyffarth
(88): Uwe Alzen, Lance David Arnold, Maximilian Götz, Jan Seyffarth

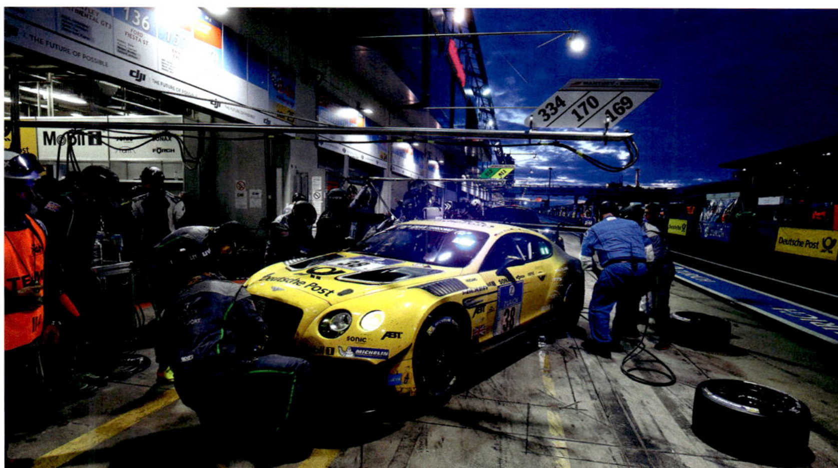

Christopher Brück, Christian Menzel, Guy Smith, Fabian Hamprecht

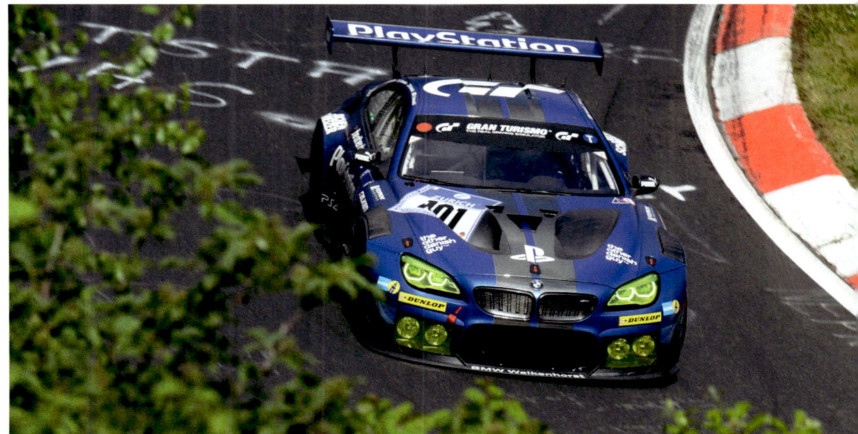

Matias Henkola, Kazunori Yamauchi, Max Sandritter, George Richardson

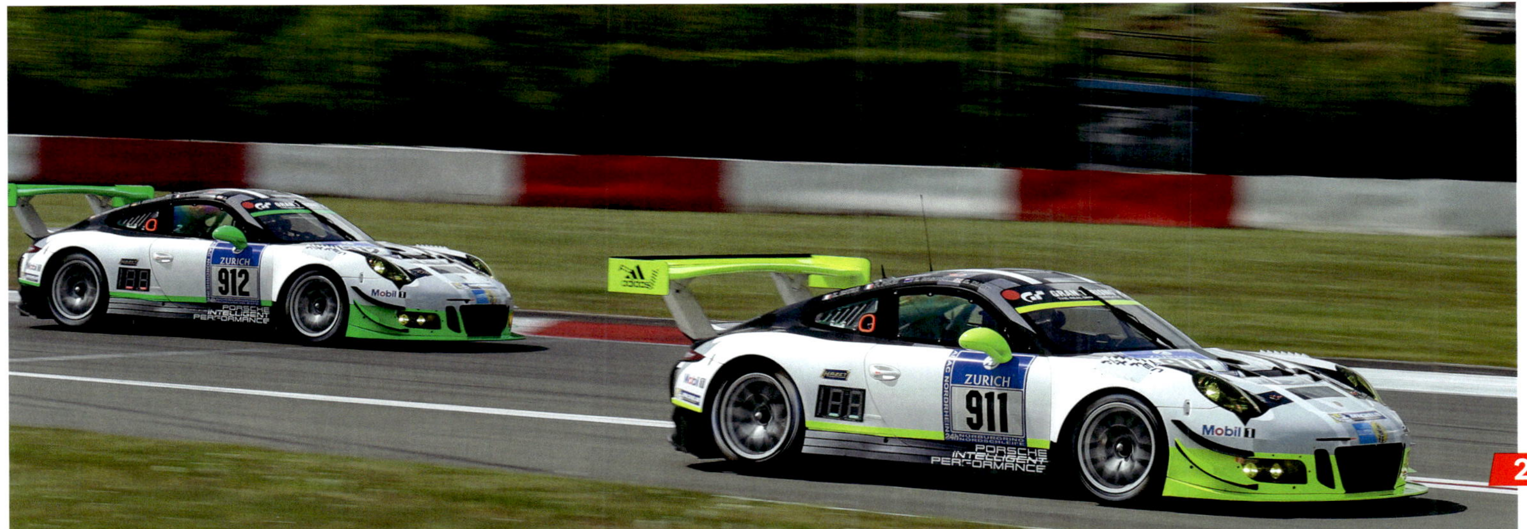

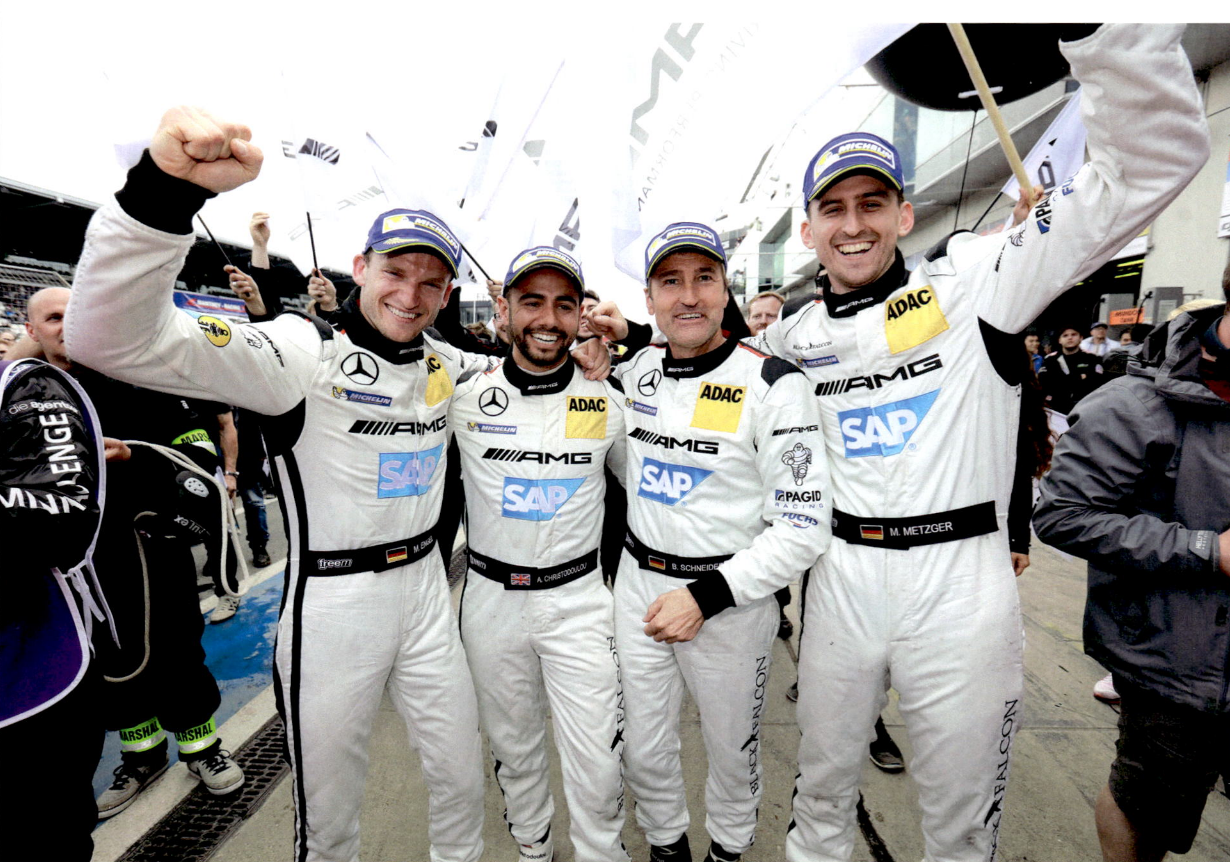
(l.-r.): Maro Engel, Adam Christodoulou, Bernd Schneider, Manuel Metzger

Porsche mit Otto Klohs, „Dieter Schmidtmann", Jens Richter und Robert Renauer, die gleich zu Beginn wegen eines Reifenschadens fast zwei Runden verloren. Nur 1.50 Minute dahinter sah der zweite Abt-Bentley das Ziel. Ebenfalls in Wertung kamen der Car Collection-Audi (#33), der zweite Walkenhorst-BMW (#101) sowie die Vorjahressieger Laurens Vanthoor, Christopher Mies, Nico Müller und Pierre Kaffer im WRT-Audi, die bei einem Unfall im Klostertal viel Zeit verloren.

Von den 18 Nicht-Gewerteten hatten nur drei (Zakspeed-Nissan #24, Werks-Porsche #912 und Schubert-BMW #18) einen technischen Defekt. Acht verunfallten alleine, sieben mussten nach Kollisionen aufgeben.

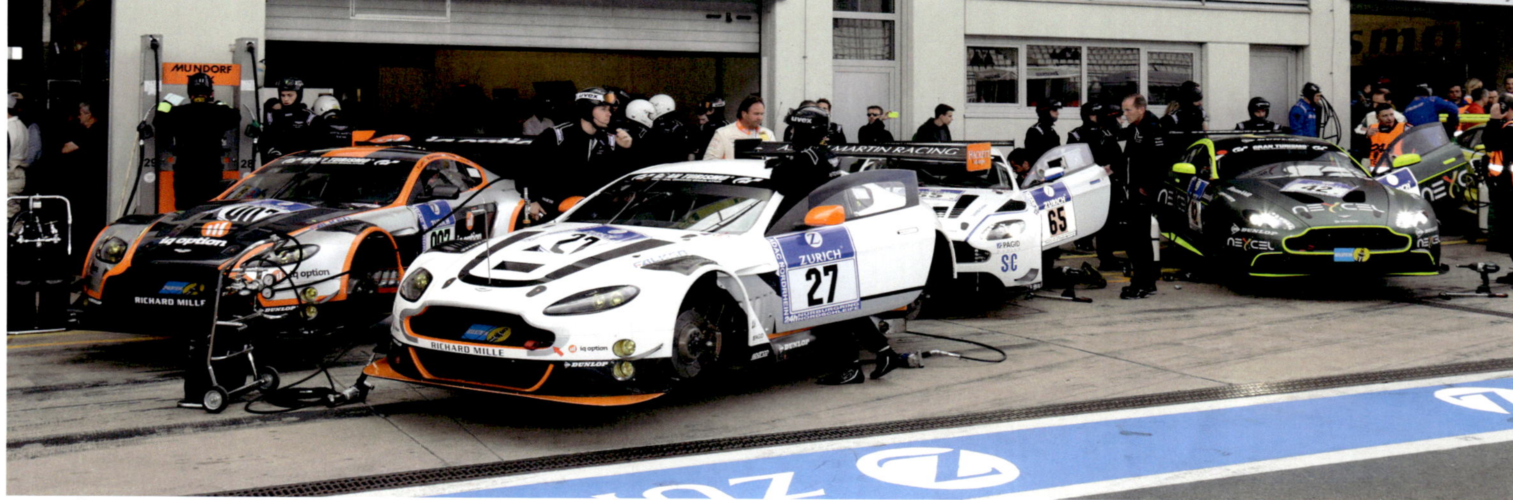
Jonny Adam, Fernando Rees, Mathias Lauda, Richie Stanaway

Peter Dumbreck, Wolf Henzler, Martin Ragginger, Alexandre Imperatori

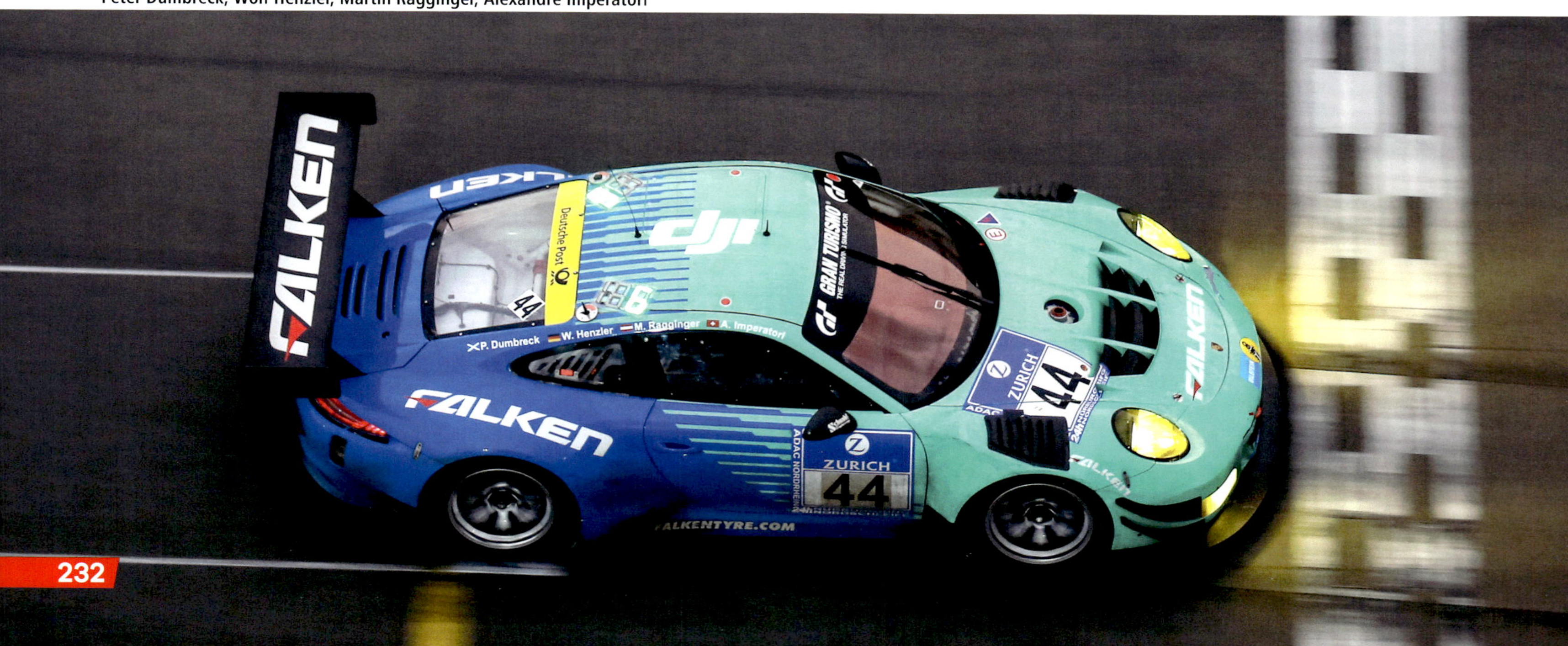

MANN-FILTER Team ZAKSPEED mit toller Aufholjagd bis auf Platz 6

MANN-FILTER Team ZAKSPEED with great recovery to sixth place

Nachdem MANN-FILTER im letzten Jahr bereits auf einem Mercedes-AMG SLS GT3 vertreten war und viele Fans gewonnen hatte, sollte 2016 mit dem neuen MANN-FILTER Team ZAKSPEED der nächste erfolgreiche Schritt folgen. Bereits bei den VLN-Vorbereitungsrennen im Vorfeld zum 24h-Rennen sorgte nicht nur unser gelb-grüner AMG GT3 für große Aufmerksamkeit, sondern auch die vielversprechende Fahrerpaarung mit den Profis Kenneth Heyer, Sebastian Asch und Luca Ludwig. Diese einzigartige Kombination aus Fahrern, bei denen schon die Väter früher für ZAKSPEED fuhren und große Erfolge feierten, stimmte uns aufgrund ihrer Erfahrung durchaus optimistisch. Daniel Keilwitz, der erfolgreichste Fahrer in der Geschichte des ADAC GT Masters, komplettierte das Trio. Ziel war es, mit unserem MANN-FILTER Team ZAKSPEED über das gesamte Wochenende für Begeisterung zu sorgen, sowohl auf als auch neben der Strecke. Ist es doch DIE Veranstaltung, um auch die Performance und Leistungsfähigkeit von MANN-FILTER zu präsentieren. Nach P14 im Top-30 Qualifying blieb uns fürs Rennen nur die Angreiferrolle, um noch ein Wörtchen um vordere Plätze mitreden zu können. Durch die extremen Wetterbedingungen fielen wir zunächst auf P22 zurück, arbeiteten uns aber Stunde um Stunde vor und wurden schließlich mit dem sechsten Platz belohnt. Wir sind sehr glücklich mit dem Ergebnis! Mein Dank gilt vor allem auch den Fans für ihre großartige Unterstützung!"

"MANN-FILTER already having been represented on a Mercedes-AMG SLS GT3 in the previous year, in which many fans were acquired, the next successful step was to follow in 2016 with the new MANN-FILTER Team ZAKSPEED. In the VLN rounds that were contested in preparation for the 24h race, it was not only the yellow and green AMG GT3 that caught the attention, but also the promising driver line-up with professionals Kenneth Heyer, Sebastian Asch and Luca Ludwig. This unique combination of drivers, whose fathers already raced and achieved great success for ZAKSPEED in the past, made us quite optimistic because of their experience. Daniel Keilwitz, the most successful driver in history of the ADAC GT Masters, rounded out the line-up.
It was our goal to cause excitement with our MANN-FILTER Team ZAKSPEED throughout the weekend, both on and off track. After all, it is the most ideal event to present the performance and potential of MANN-FILTER. After 14th place in the top 30 qualifying, the only strategy for the race was to attack in order to being able to play a role in the battle for the top positions. The extreme weather conditions initially made us drop back to 22nd place, but from hour to hour, we worked our way back up and eventually, we were rewarded with sixth place. We are very happy with the result! My thanks, in particular, go out to the fans for their great support!"

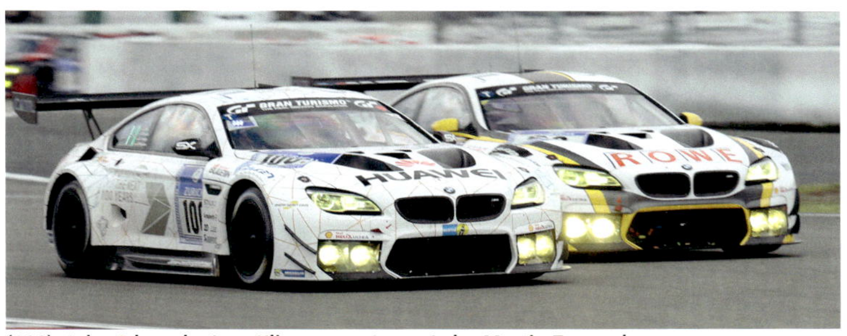

(100): John Edwards, Jens Klingmann, Lucas Luhr, Martin Tomczyk
(23): Alexander Sims, Philipp Eng, Maxime Martin, Dirk Werner

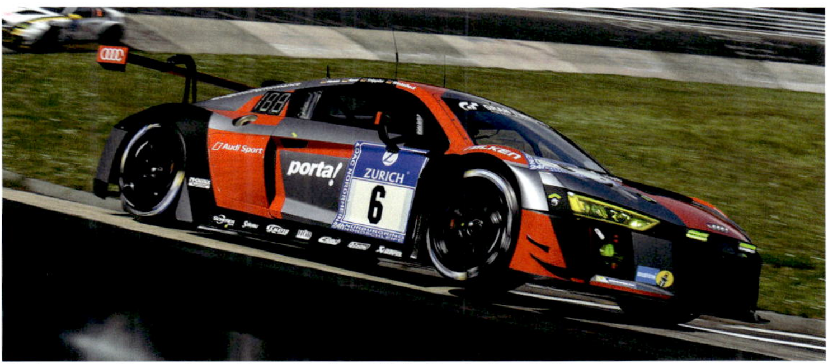

Christopher Haase, Rene Rast, Markus Winkelhock, Frank Stippler

(912): Richard Lietz, Jörg Bergmeister, Michael Christensen, Fred Makowiecki - (37): Christer Jöns, Steven Kane, Marco Holzer, Christopher Brück

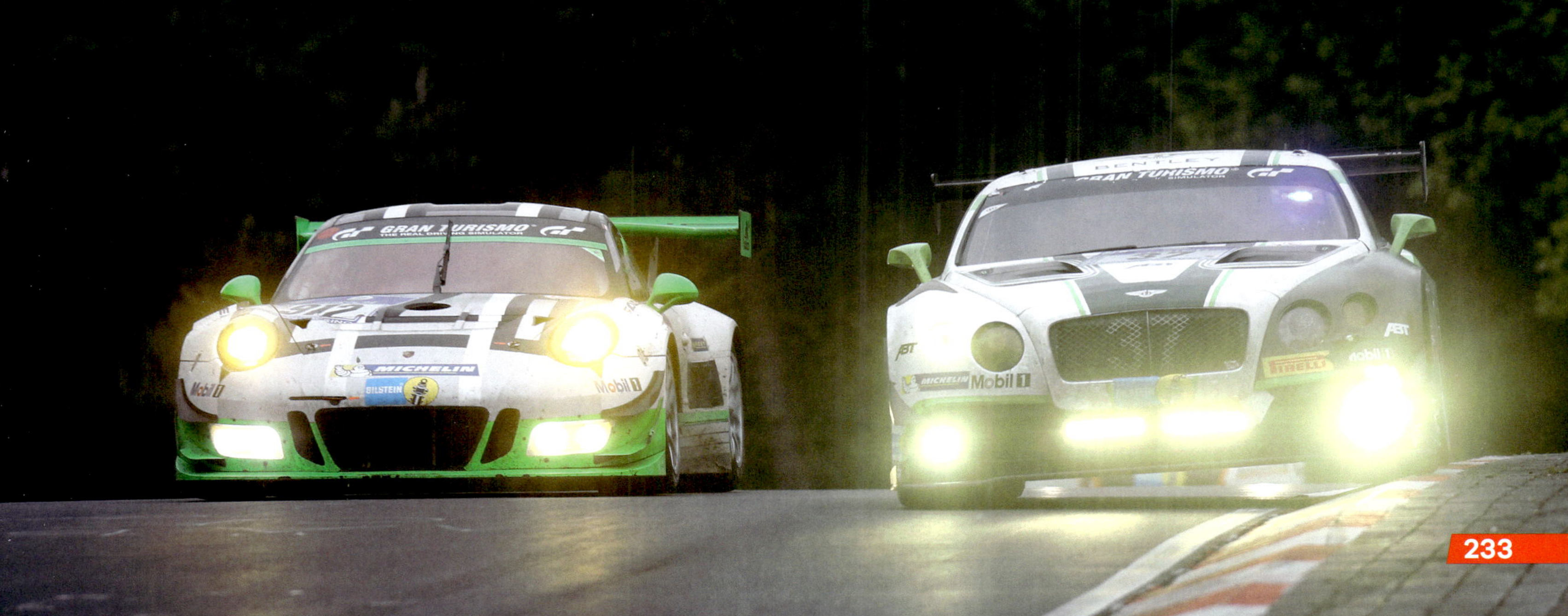

Class SP10

Es war die vermeintliche „Pleiten, Pech und Pannen-Klasse". Nur der STADAvita-Aston Martin von Jean-Louis Hertenstein, Scott Preacher, „Takis" und Markus Lungstrass kam durch. Weidwund und aufgrund vieler technischer Defekte war er allerdings nur als Gesamt-97. im Ziel. Der Rest strandete. Den Anfang machte der Avia-Aston Martin von Wolfgang Weber, Norbert Bermes, Marc Hennerici und Doppelstarter Preacher. Letztgenannter flog im Schwedenkreuz ab.

Als nächstes konnte PROsport einpacken: Nach mehrfachem Zeigen der „Spiegelei-Flagge" wegen Verstoßes gegen die Einhaltung der Lärmobergrenze gab es gegen 1.45 Uhr die schwarze Flagge des Veranstalters für den Cayman von Nicolaj Moller-Madsen, Michael Rebhan, Jörg Viebahn und Michael Hess.

Der Sorg-M3 von Oliver Bender, Stefan Beyer, Friedhelm Mihm und Torsten Kratz wurde erst in Aremberg von einem Manthey-SP7-Porsche torpediert und dann in der Hatzenbach in eine Kollision mit einem Rowe-BMW verwickelt.

Winner Class SP10

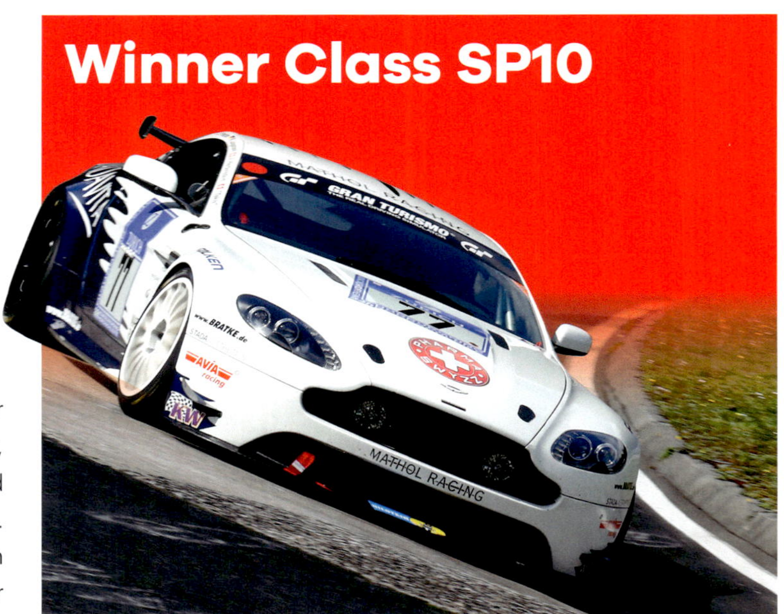

Jean-Louis Hertenstein, Scott Preacher, „Takis", Markus Lungstrass

CLASS SP10
FIA GT4

Hour		Q.	1	5	6	8	10	12	14	16	18	20	22	Finish
Position	1	76	76	79	76	76	79	77	77	77	77	77	77	77
	2	79	79	76	79	79	77	78	78	78	78	78	78	
	3	77	78	77	77	77	76	79	79	79	79	79	79	
	4	78	77	78	78	78	78	76	76	76	76	76	76	

Fastest lap: No. 76 in 9:22.795 min. = 162.334 km/h
started: 4 • classified: 1 • not classified: 3

There was plenty of drama for the teams in this class. Only the STADAvita Aston Martin of Jean-Louis Hertenstein, Scott Preacher, 'Takis' and Markus Lungstrass made it through, but it was classified 97th overall and finished with many scars. All other cars retired including the Avia Aston Marton, the PROsport Cayman and the Sorg BMW M3.

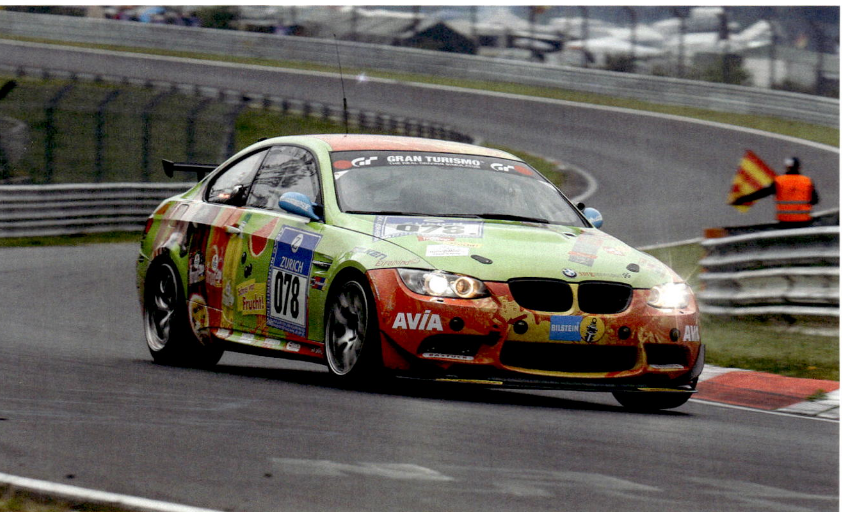

Oliver Bender, Stefan Beyer, Friedhelm Mihm, Torsten Kratz

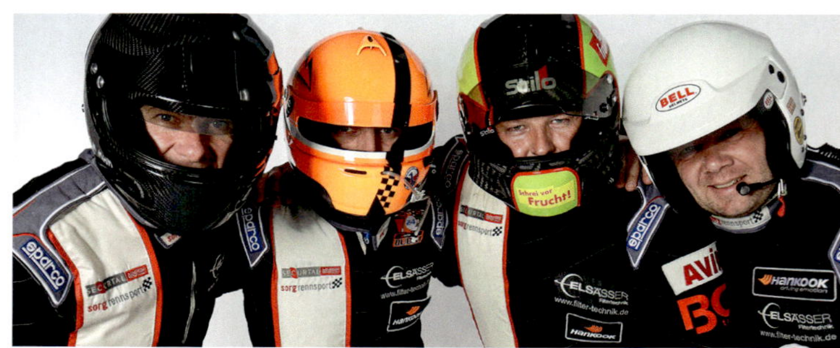

(l.-r.): Friedhelm Mihm, Torsten Kratz, Oliver Bender, Stefan Beyer

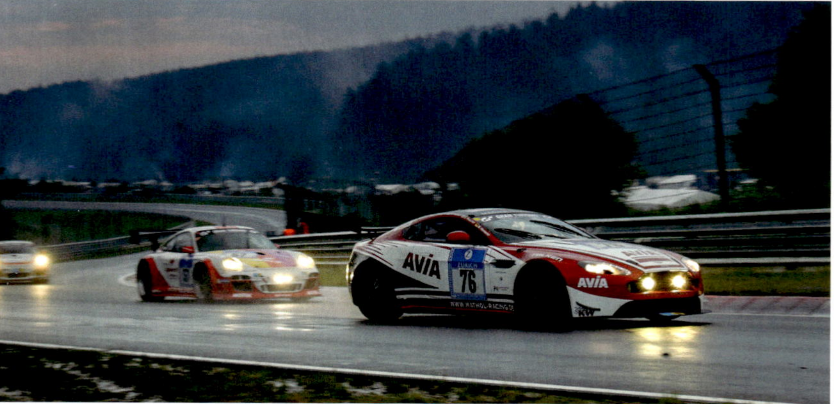

Wolfgang Weber, Norbert Bermes, Marc Hennerici

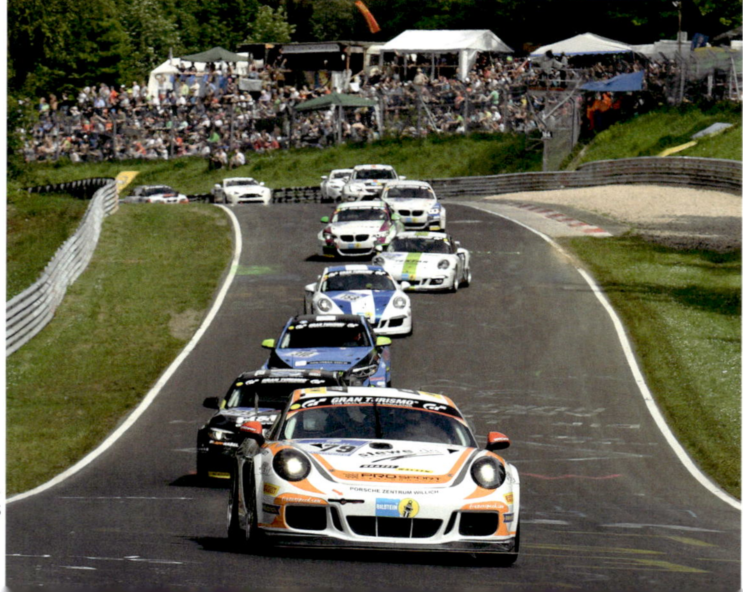

Nicolaj Moller Madsen, Michael Rebhan, Jörg Viebahn, Michael Hess

Class SP E1-XP Hybrid

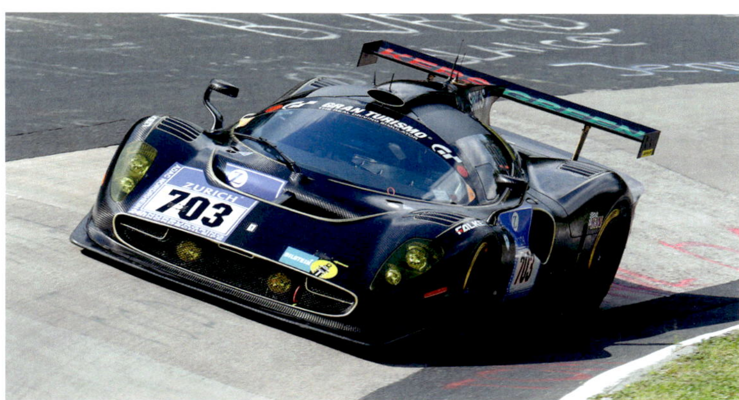
Jethro Bovingdon, Manuel Lauck, Chris Harris, Patrick Bernhardt

Die Scuderia Cameron Glickenhaus reaktivierte jenen Hybrid-unterstützten SCG P4/5 Competitione M16, der 2012 Gesamtzwölfter wurde, für Jethro Bovingdon, Manuel Lauck, Chris Harris und Patrick Bernhardt. Doch in den letzten Minuten des zweiten Qualifyings krachte Lauck im Bereich Flugplatz derart hart gegen die Leitplanken, dass eine Reparatur bis zum Rennen nicht mehr möglich war.

Class SP E1-XP Hybrid

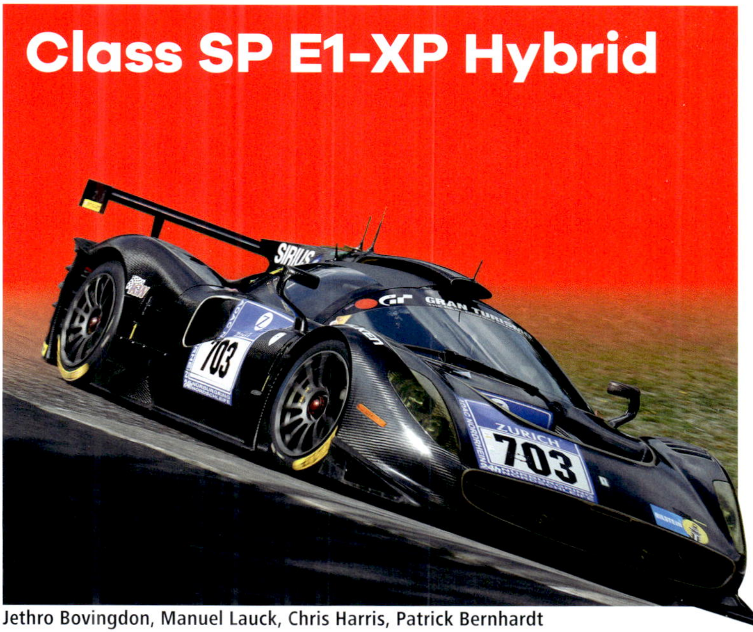
Jethro Bovingdon, Manuel Lauck, Chris Harris, Patrick Bernhardt

CLASS SP E1-XP HYBRID
experimental cars with hybrid system

Hour	Q.	1	5	6	8	10	12	14	16	18	20	22	Finish
Position 1	703												

started: 0 • classified: 0 • not classified: 0 • not started: 1

The hybrid SCG P4/5 Competizione, driven by Jethro Bovingdon, Manuel Lauck, Chris Harris and Patrick Bernhardt, crashed in the final minutes of second qualifying and couldn't make it to the race.

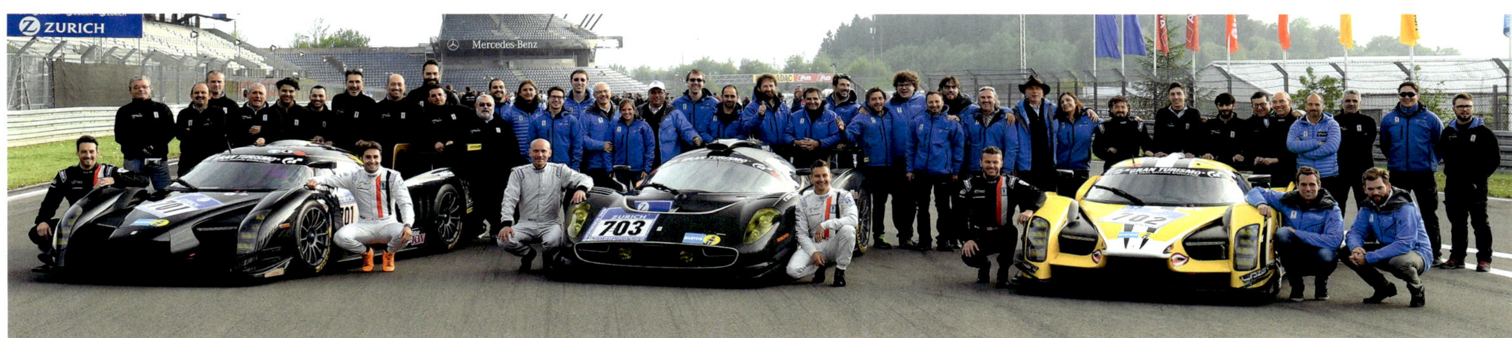
(701): Manuel Lauck, Franck Mailleux, Jeroen Bleekemolen, Felipe Laser - (703): Jethro Bovingdon, Manuel Lauck, Chris Harris, Patrick Bernhardt
(702): Thomas Mutsch, Jeff Westphal, Andreas Simonsen, Felipe Laser

Jethro Bovingdon, Manuel Lauck, Chris Harris, Patrick Bernhardt

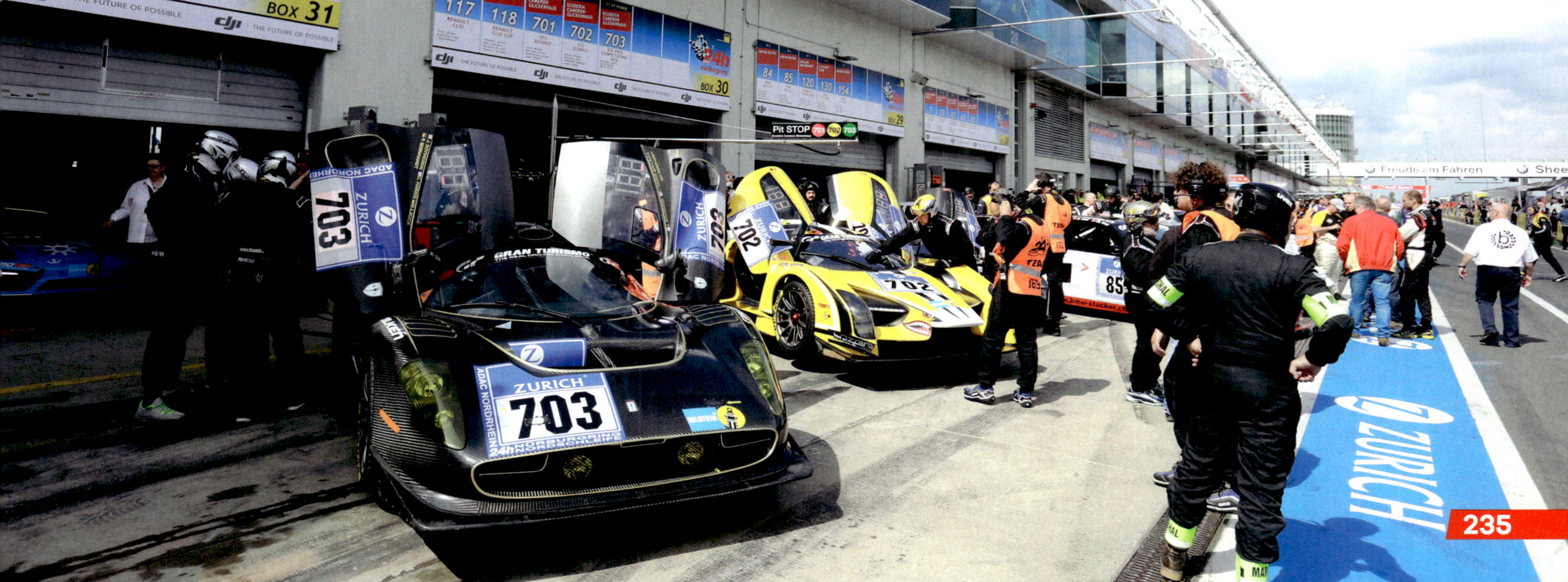

Class SP-PRO

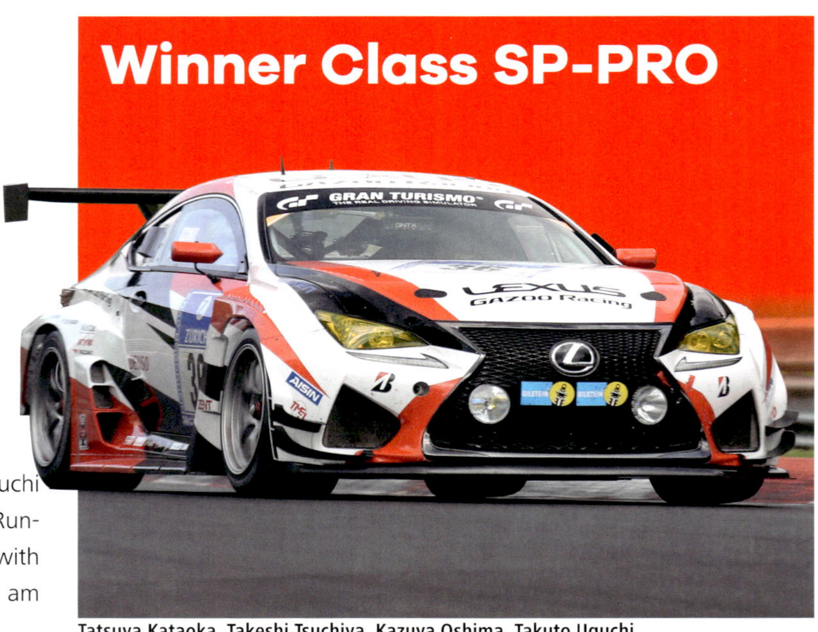

Tatsuya Kataoka, Takeshi Tsuchiya, Kazuya Oshima, Takuto Uguchi

Tatsuya Kataoka, Takeshi Tsuchiya, Kazuya Oshima und Takuto Iguchi spulten konstant und schnell ihre Runden ab und fuhren nach 121 Runden sogar auf den 24. Gesamtrang. Der von Toyota Gazoo Racing with TOM´s Toyota eingesetzte Lexus RC-F lief bis auf kleinere Probleme am Sonntagmorgen einwandfrei.

Tatsuya Katoka, Takeshi Tsuchiya, Kazuya Oshima and Takuto Iguchi enjoyed a trouble-free race in the Toyota Gazoo Racing with TOM's Toyota Lexus RC-F and won their class.

CLASS SP-PRO
24h-Special with air restrictor

Hour		Q.	1	5	6	8	10	12	14	16	18	20	22	Finish
Position	1	36	36	36	36	36	36	36	36	36	36	36	36	36

Fastest lap: No. 36 in 8:42.521 min. = 174.521 km/h
started: 1 • classified: 1 • not classified: 0

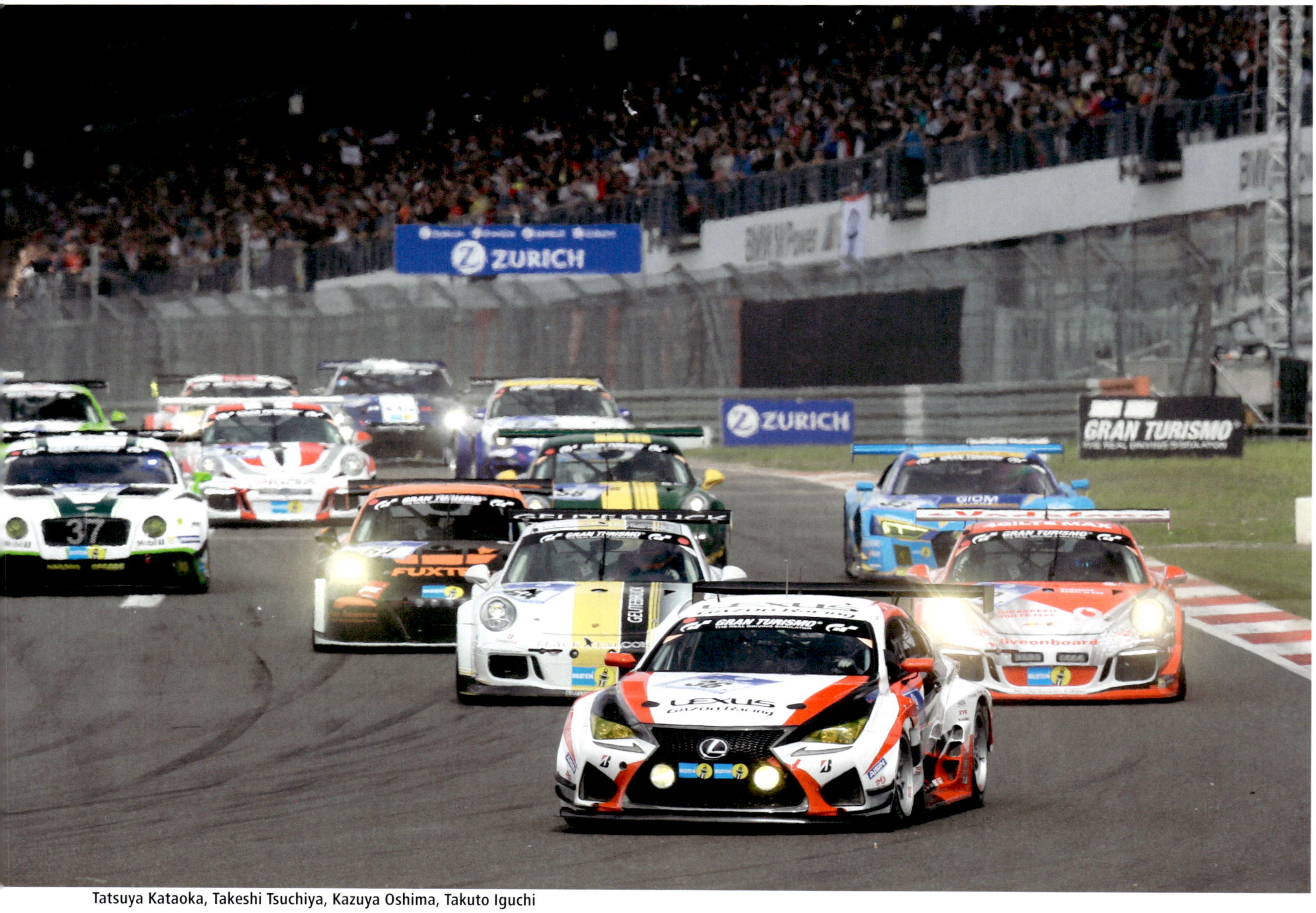

Tatsuya Kataoka, Takeshi Tsuchiya, Kazuya Oshima, Takuto Iguchi

Class SP-X

Der Favorit setzte sich durch: Christoph Breuer, Christian Gebhardt und Lars Kern fuhren mit schnellen Rundenzeiten und unglaublicher Konstanz den Manthey-Porsche Cayman GT4 zum Klassensieg. Das Trio übernahm noch vor der Rennhälfte die Spitze und gab diese nicht mehr ab.

Die beiden SCG 003C der Scuderia Cameron Glickenhaus waren zwar schneller, aber auch – wie schon in der Vergangenheit – anfälliger. Mit immerhin nur zwei Runden Rückstand wurden Thomas Mutsch, Jeff Westphal, Andreas Simonsen und Felipe Laser Zweite. Sie verloren viel Zeit wegen eines Turboladerwechsels. Manuel Lauck, Franck Mailleux, Jeroen Bleekemolen und Doppelstarter Laser strandeten am Sonntagmittag nach einem Unfall im Metzgesfeld.

The favourites came out on top: Christoph Breuer, Christian Gebhardt and Lars Kern won their class in the Manthey Porsche Cayman GT4. The two Scuderia Cameron Glickenhaus SCG 003Cs were faster, but less reliable. Still, the best-placed car came second, only two laps down.

Class SP-X

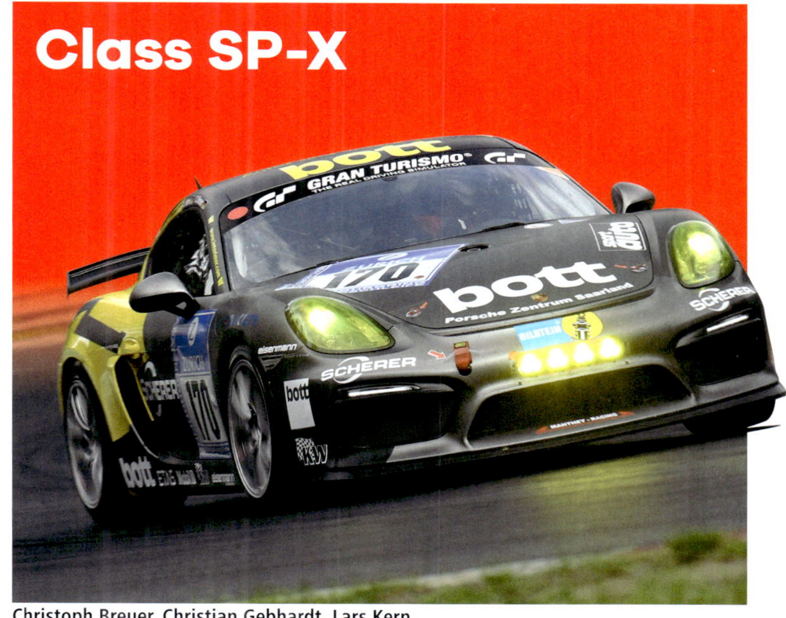

Christoph Breuer, Christian Gebhardt, Lars Kern

CLASS SP-X
experimental cars

Hour		Q.	1	5	6	8	10	12	14	16	18	20	22	Finish
Position	1	701	702	701	702	702	702	170	170	170	170	170	170	170
	2	702	701	702	701	701	170	702	702	702	702	702	702	702
	3	170	170	170	170	170	701	701	701	701	701	701	701	

Fastest lap: No. 702 in 8:27.151 min. = 180.145 km/h
started: 3 • classified: 2 • not classified: 1

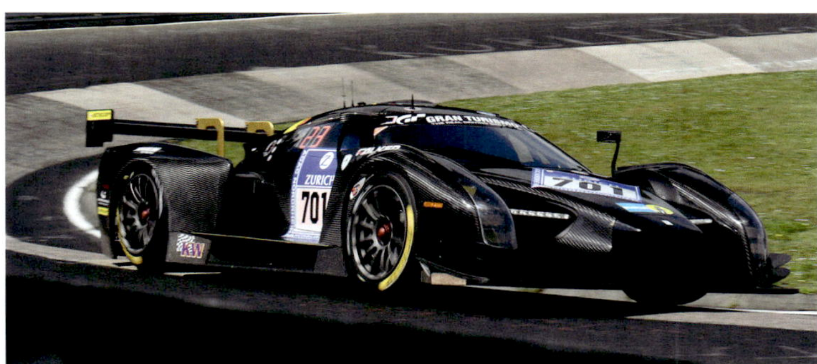

Manuel Lauck, Franck Mailleux, Jeroen Bleekemolen, Felipe Laser

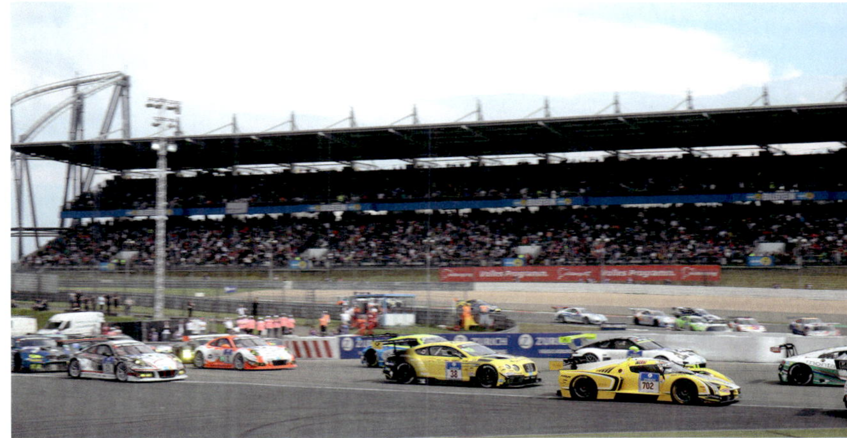

(38): Christopher Brück, Christian Menzel, Guy Smith, Fabian Hamprecht
(702): Thomas Mutsch, Jeff Westphal, Andreas Simonsen, Felipe Laser

(l.-r.): Christian Gebhardt, Christoph Breuer, Lars Kern

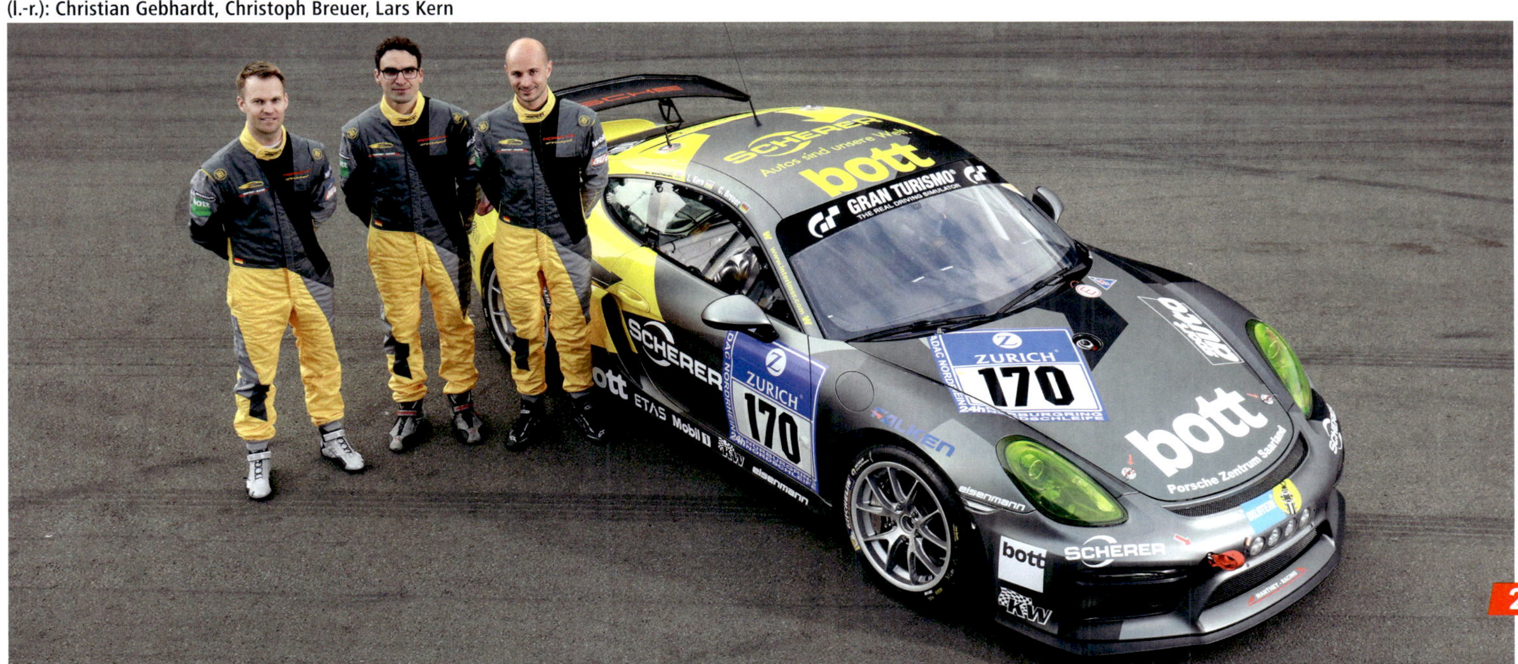

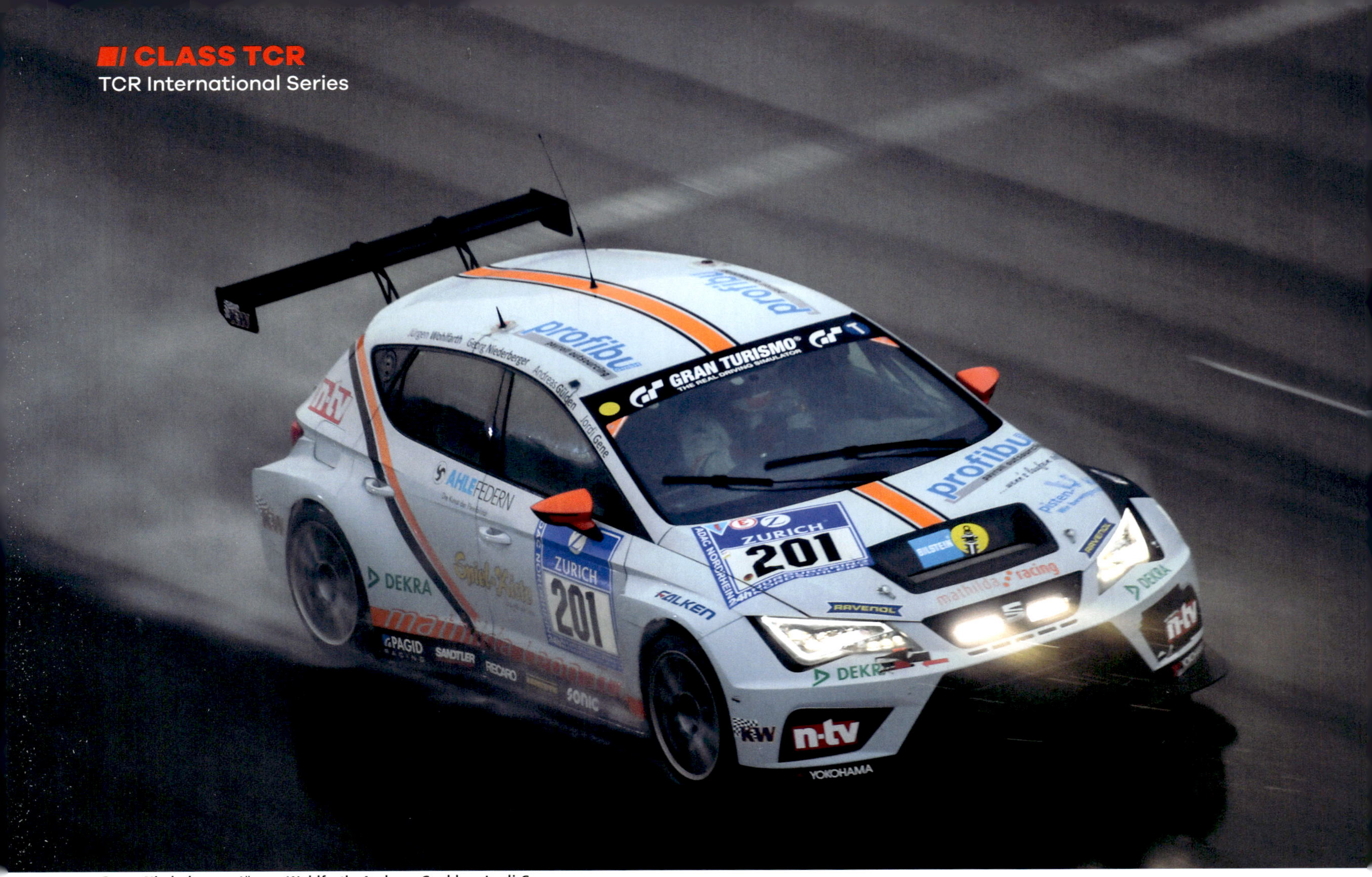

Georg Niederberger, Jürgen Wohlfarth, Andreas Guelden, Jordi Gene

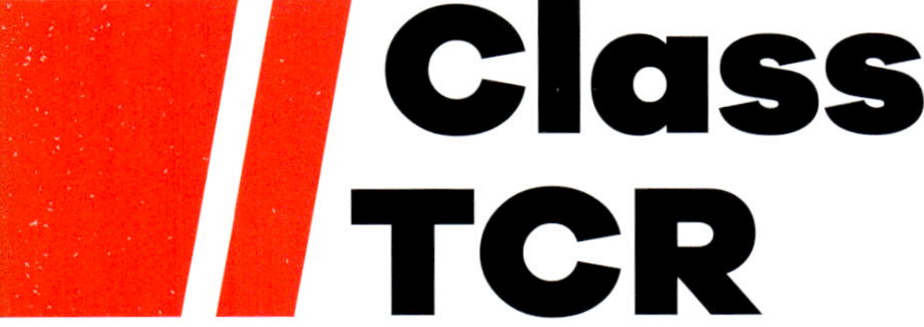

Class TCR

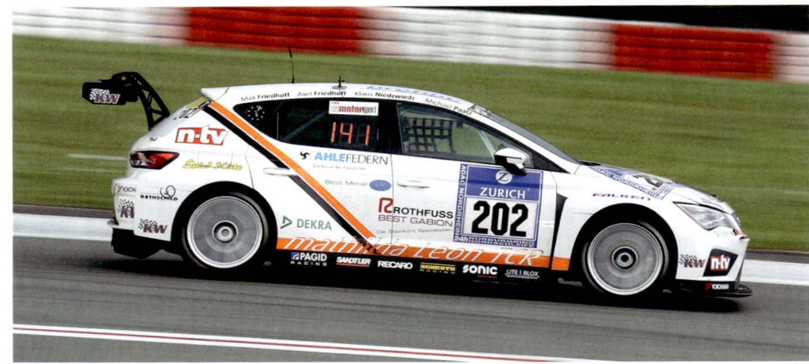

Michael Paatz, Klaus Niedzwiedz, Axel Friedhoff, Max Friedhoff

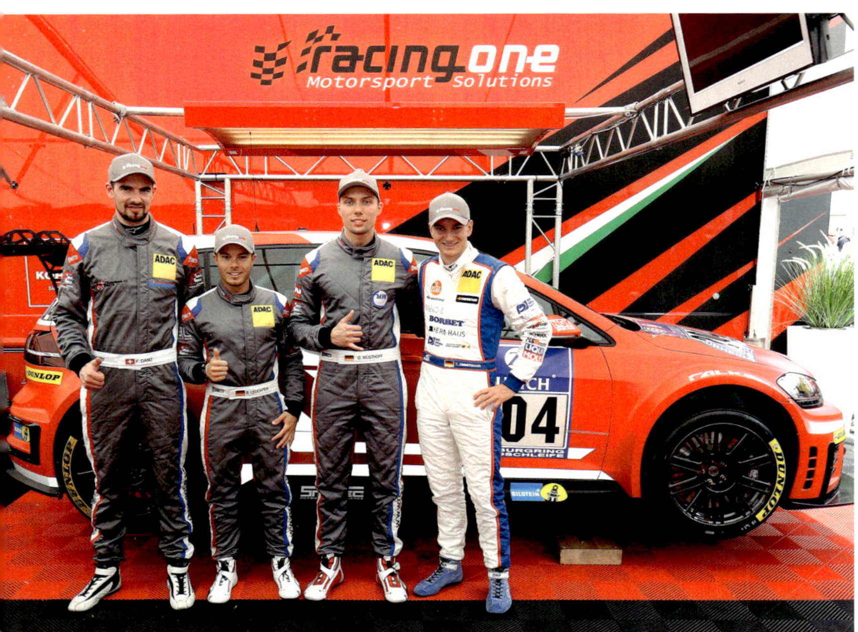

(l.-r.): Fabian Danz, Benjamin Leuchter, Dennis Wüsthoff, Tim Zimmermann

Was für ein irrer Rennverlauf! Da rutschten beim Starkregen in der fünften Runde im Bereich Aremberg alle drei TCRs von der Bahn. Am schlimmsten erwischte es den mathilda-Seat, der sich das Vorderrad abknickte, im Kiesbett steckenblieb und noch von vier (!) anderen Fahrzeugen getroffen wurde.
Und ausgerechnet dieser Leon von Georg Niederberger, Jürgen Wohlfarth, Andreas Gülden und Jordi Gene gewann nach Reparatur in der folgenden Pause am Ende mit 25 Runden Vorsprung! Für Gene bedeutete dieses übrigens bei seiner allerersten Nordschleifen-Veranstaltung überhaupt gleich einen Klassensieg!
Der racing one-Golf von Benjamin Leuchter, Fabian Danz, Tim Zimmermann und Dennis Wüsthoff verzeichnete wegen eines Motorwechsels eine mehrstündige Standzeit, wurde aber noch gewertet. Ein Unfall mit Feuer im Schwalbenschwanz wurde vor Mitternacht dem zweiten mathilda-Seat mit Michael Paatz, Klaus Niedzwiedz sowie Axel und Max Friedhoff zum Verhängnis.

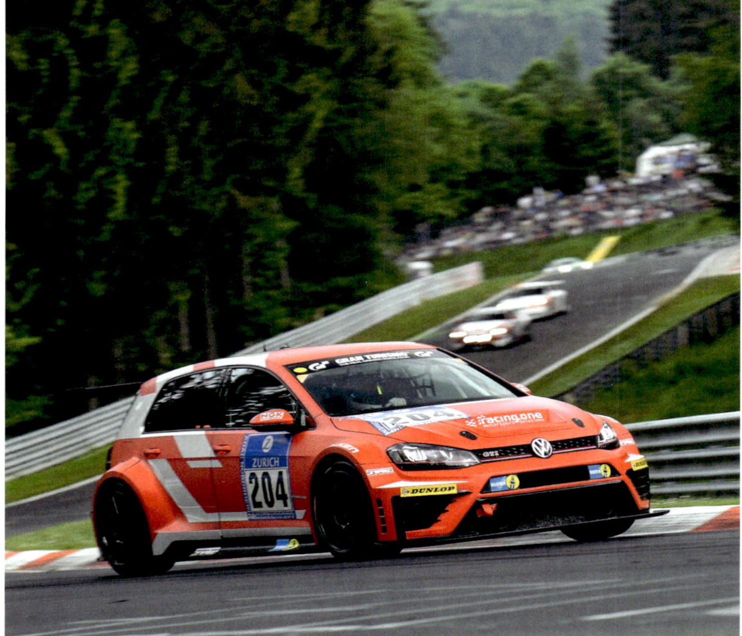

Fabian Danz, Benjamin Leuchter, Dennis Wüsthoff, Tim Zimmermann

Winner Class TCR

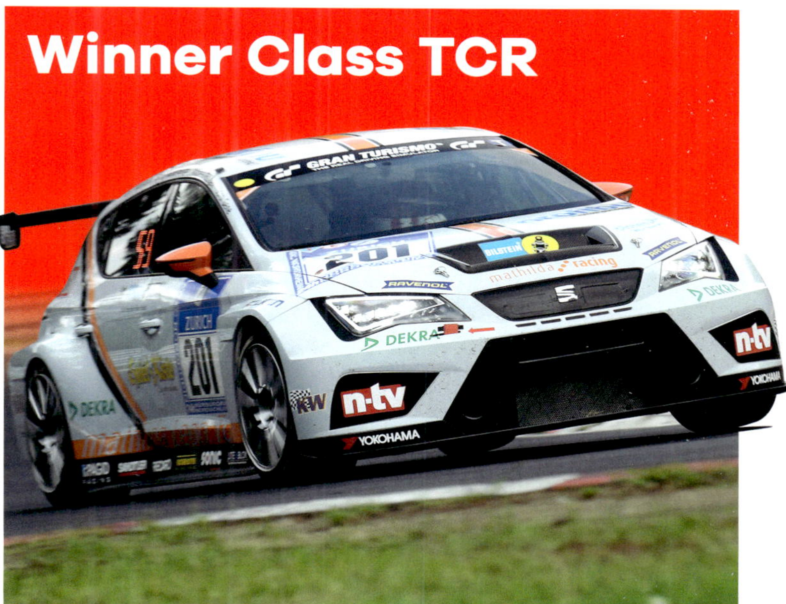

Georg Niederberger, Jürgen Wohlfarth, Andreas Guelden, Jordi Gene

In the heavy rain on lap five, all three TCRs slide off the track at Aremberg. The mathilda Seat came out worst as it had a front wheel torn off, got stuck in the gravel bed and was hit by another four (!) cars.
But no other car than this Leon, driven by Georg Niederberger, Jürgen Wohlfarth, Andreas Gülden and Jordi Gené went on to win with a margin of 25 laps after repair during the interruption. The racing one Golf lost several hours due to an engine change while the second mathilda Seat retired before midnight following an accident with fire at Schwalbenschwanz.

CLASS TCR
TCR International Series

Hour		Q.	1	5	6	8	10	12	14	16	18	20	22	Finish
Position	1	204	201	201	201	201	201	201	201	201	201	201	201	201
	2	201	204	202	202	202	202	202	204	204	204	204	204	204
	3	202	202	204	204	204	204	204	202	202	202	202	202	

Fastest lap: No. 201 in 9.17,683 min. = 163,822 km/h
started: 3 • classified: 2 • not classified: 1

Michael Paatz, Klaus Niedzwiedz, Axel Friedhoff, Max Friedhoff

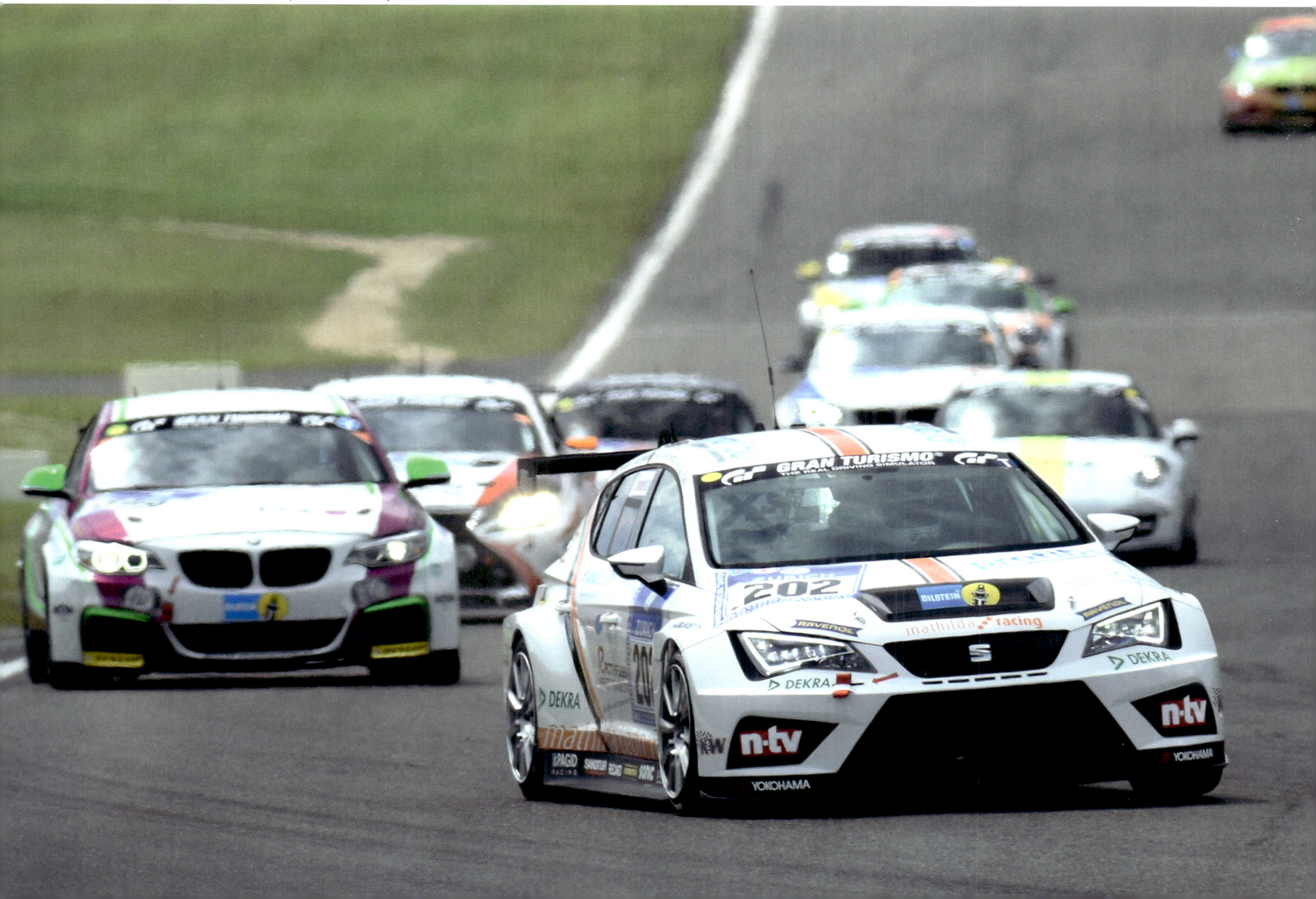

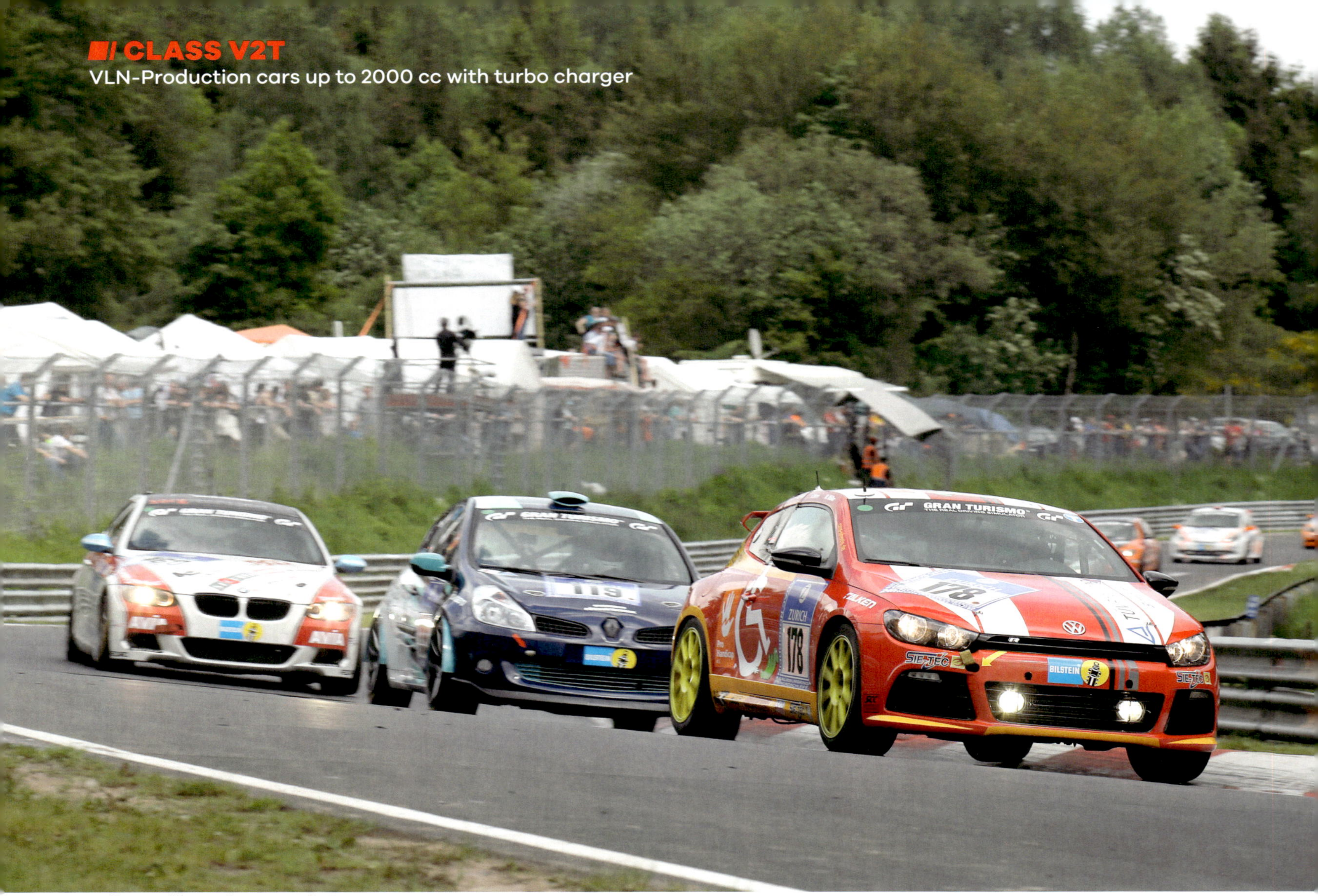

Wolfgang Müller, Markus Horn, Felix Horn

Class V2T

Auch eine Klasse mit nur vier Startern kann spannend sein. Am Ende freuten sich Axel Jahn, Andrei Sidorenko, Florian Quante und Bernd Kleeschulte im rent2drive-Renault Megane über den Sieg. Ein Auto, welches wegen eines Totalschadens des Vorgängers bei VLN 3 innerhalb von zehn Tagen neu aufgebaut werden musste.
Der anfänglich führende mathilda-VW Scirocco von Michael Paatz, Knut Kluge, Josef Kocsis und Jörg Chmiela büßte nachts nach einem Unfall zehn Runden ein. Mit Volker, Robin und Lena Strycek startete erstmals beim ADAC-Event ein Vater-Sohn-Tochter-Team. Das Trio kam im Opel Astra J OPC, betreut von der Lüdenscheider Theisen-Mannschaft, auf Platz zwei vor dem Pro Handicap-Scirocco von Wolfgang Müller, Felix und Markus Horn.

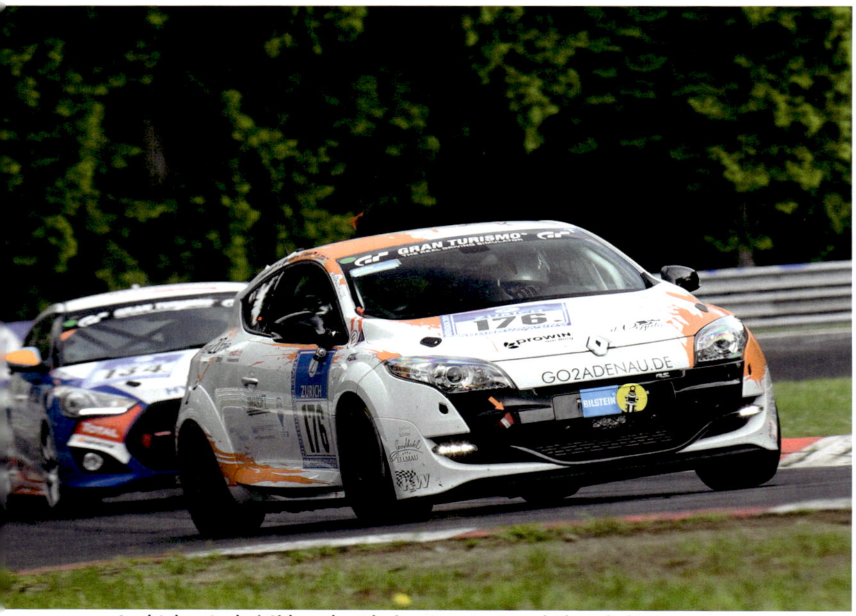

Axel Jahn, Andrei Sidorenko, Florian Quante, Bernd Kleeschulte

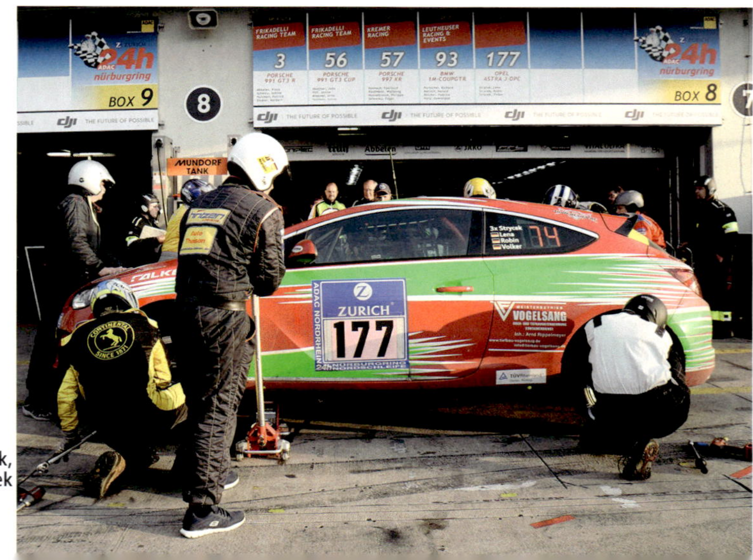

Lena Strycek, Robin Strycek, Volker Strycek

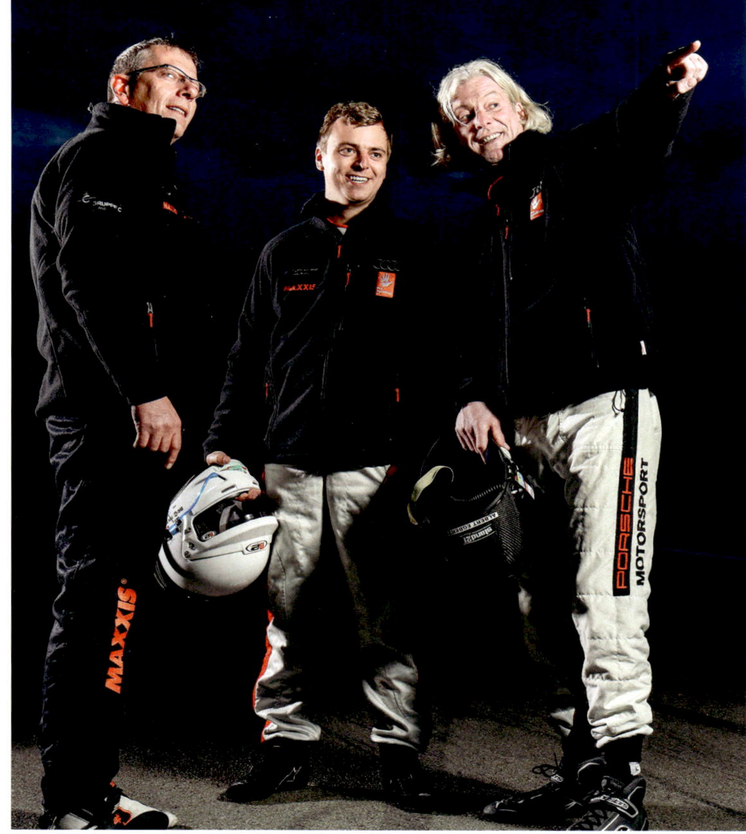

(l.-r.): Wolfgang Müller, Felix Horn, Markus Horn

Winner Class V2T

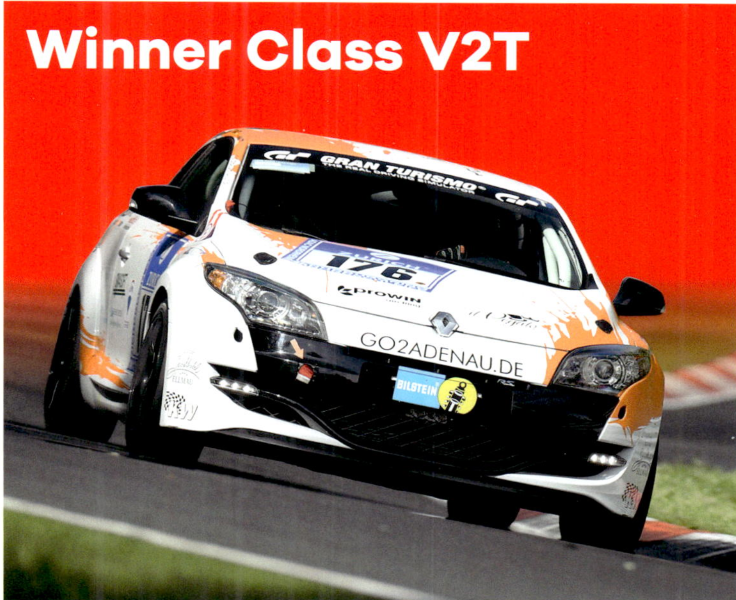

Axel Jahn, Andrei Sidorenko, Florian Quante, Bernd Kleeschulte

CLASS V2T
VLN-Production cars up to 2000 cc with turbo charger

Hour		Q.	1	5	6	8	10	12	14	16	18	20	22	Finish
Position	1	175	175	175	176	176	176	176	176	176	176	176	176	176
	2	176	176	176	175	177	177	177	177	177	177	177	177	177
	3	177	178	178	178	175	178	178	178	178	178	178	178	178
	4	178	177	177	177	178	175	175	175	175	175	175	175	175

Fastest lap: No. 175 in 9:53.597 min. = 153.910 km/h
started: 4 • classified: 4 • not classified: 0

A class with only four entrants can be thrilling, too. Axel Jahn, Andrei Sidorenko, Florian Quante and Bernd Kleeschulte won their class in the rent2drive Renault Mégane. Father-son-and-daughter team Volker, Robin and Lena Strycek came second in the Theisen Opel Astra J OPC.

Michael Paatz, Knut Kluge, Josef Kocsis, Joerg Chmiela

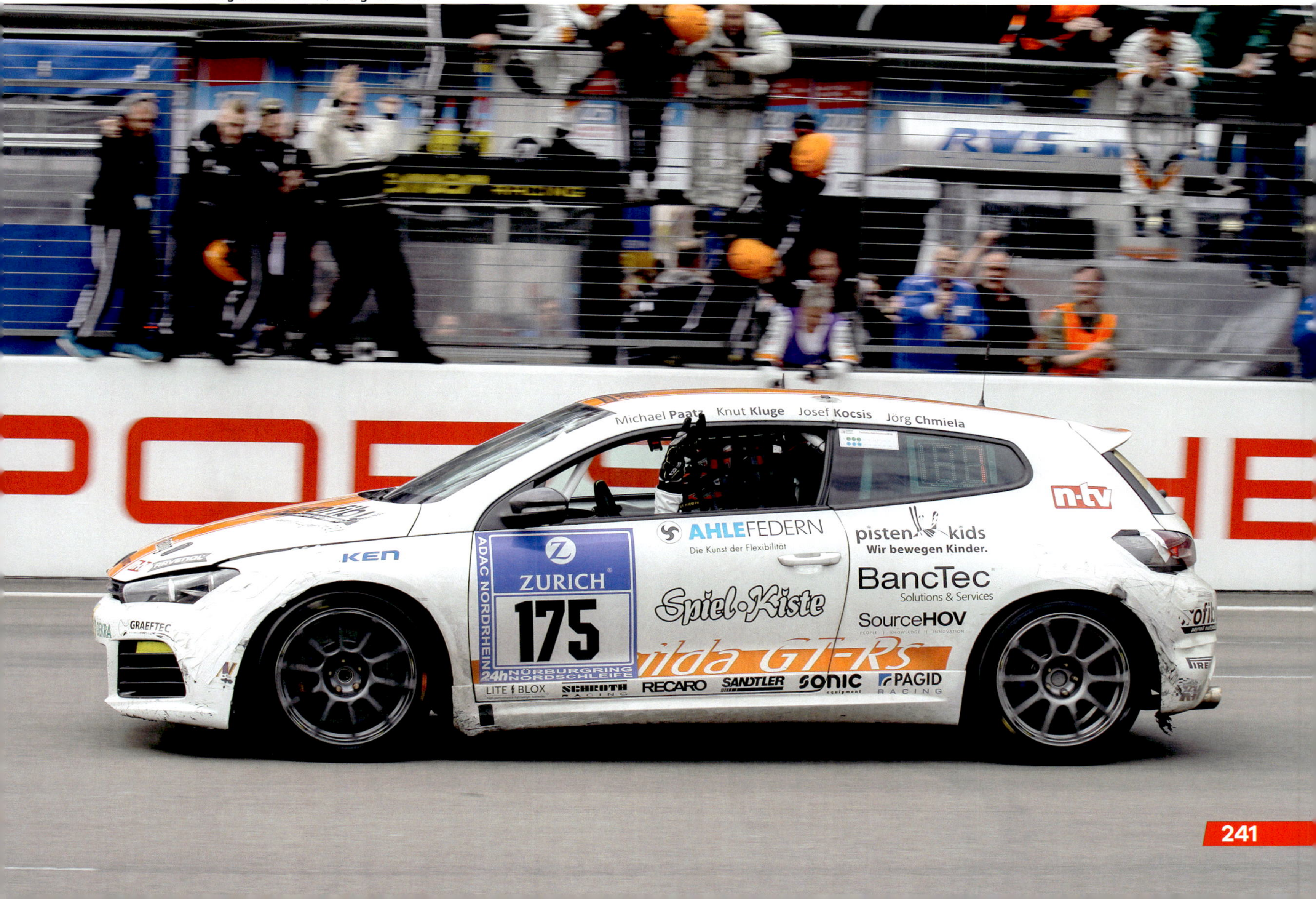

CLASS V2T

VLN-Production cars up to 2000 cc with turbo charger

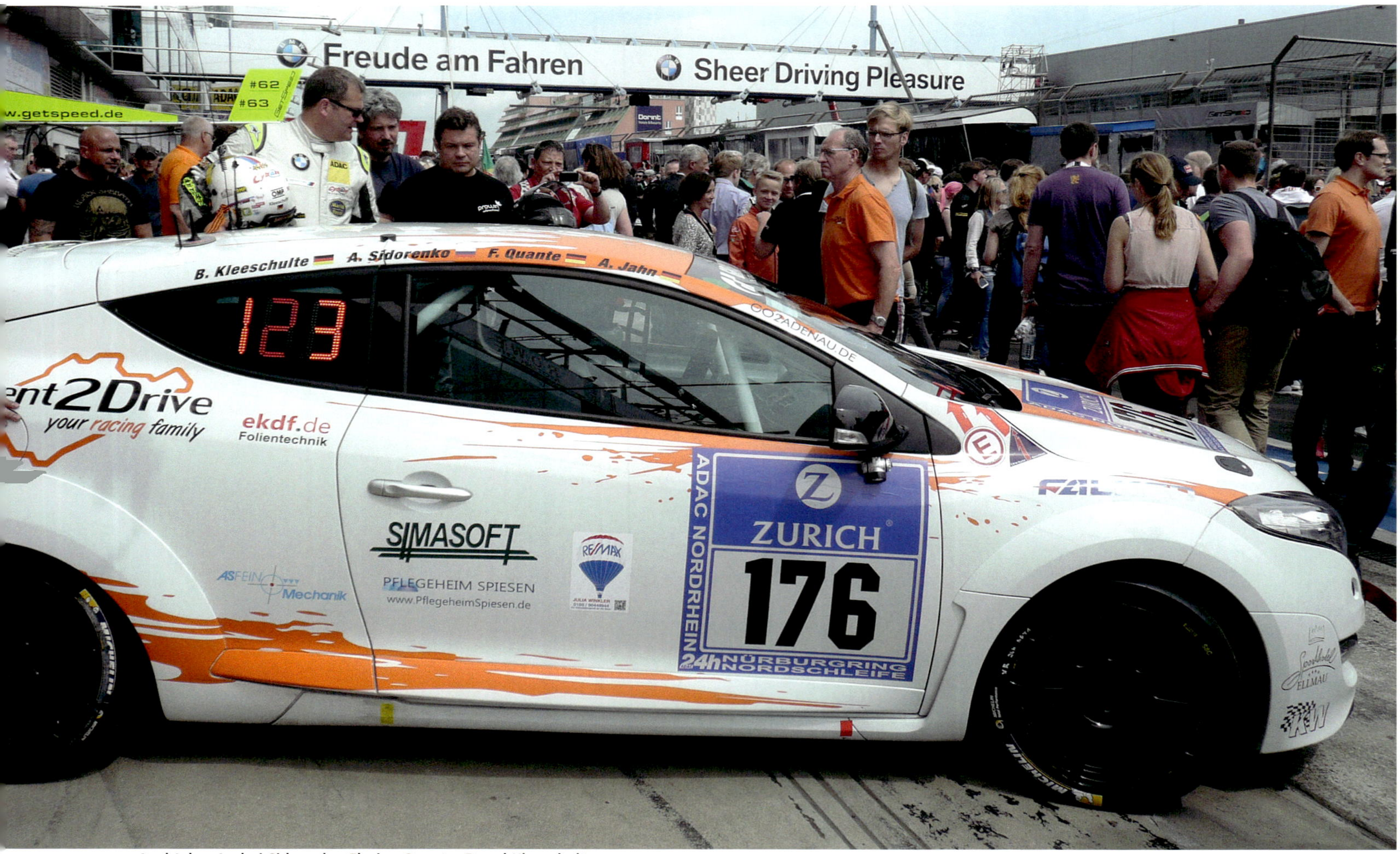

Axel Jahn, Andrei Sidorenko, Florian Quante, Bernd Kleeschulte

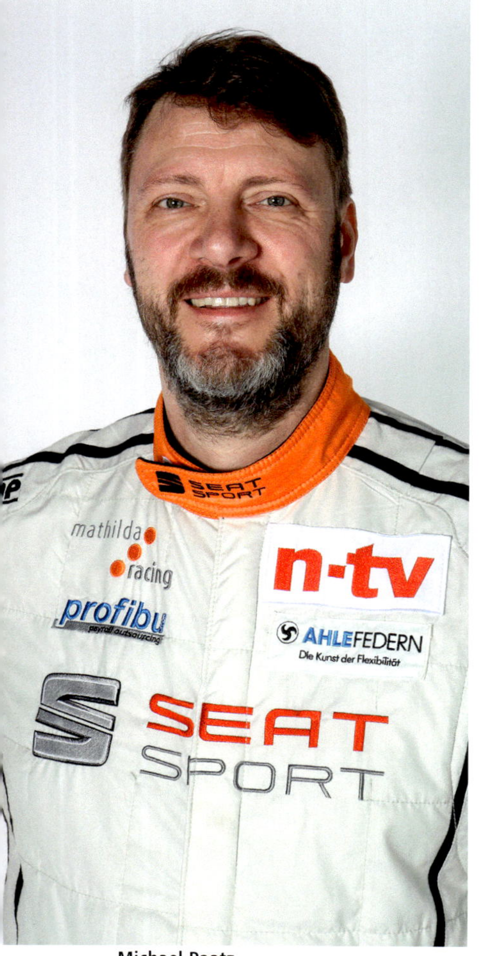

Michael Paatz

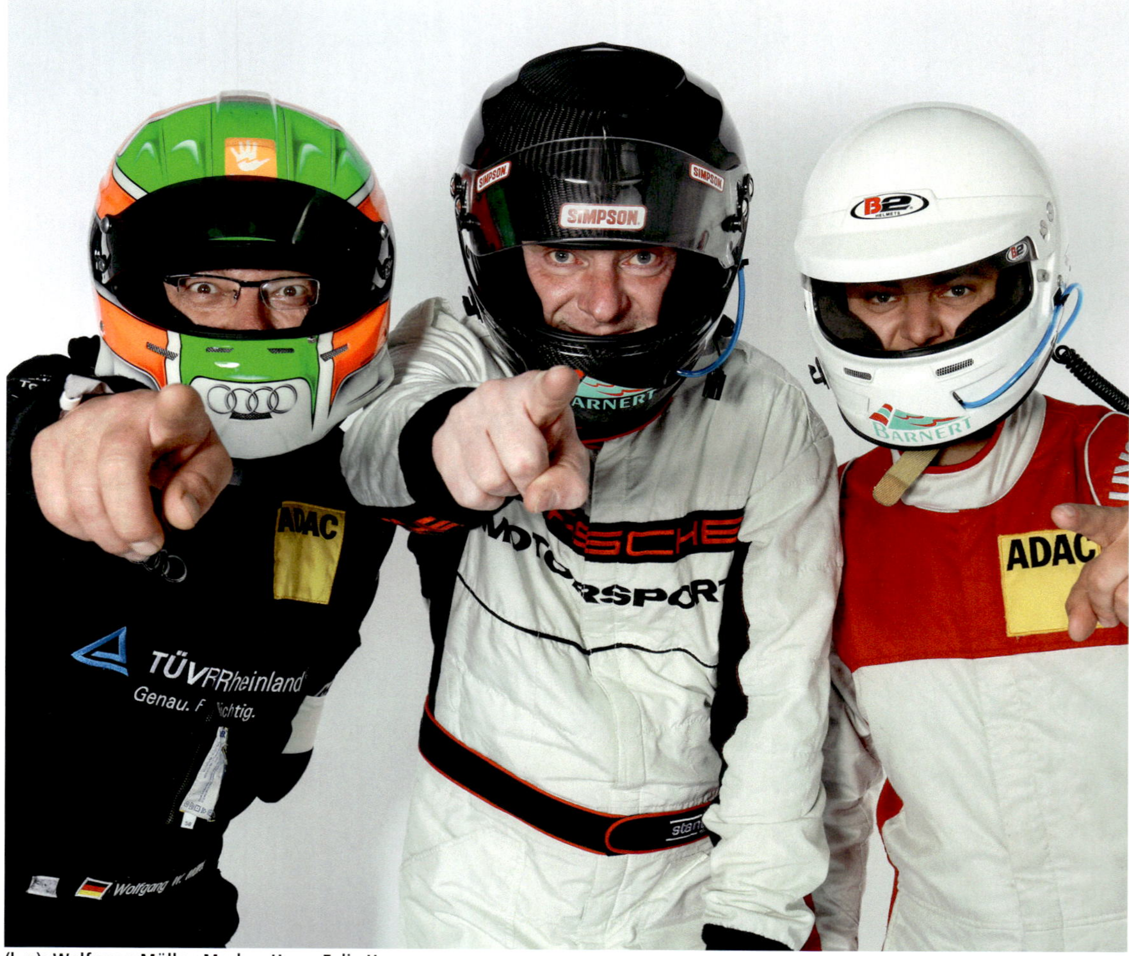

(l.-r.): Wolfgang Müller, Markus Horn, Felix Horn

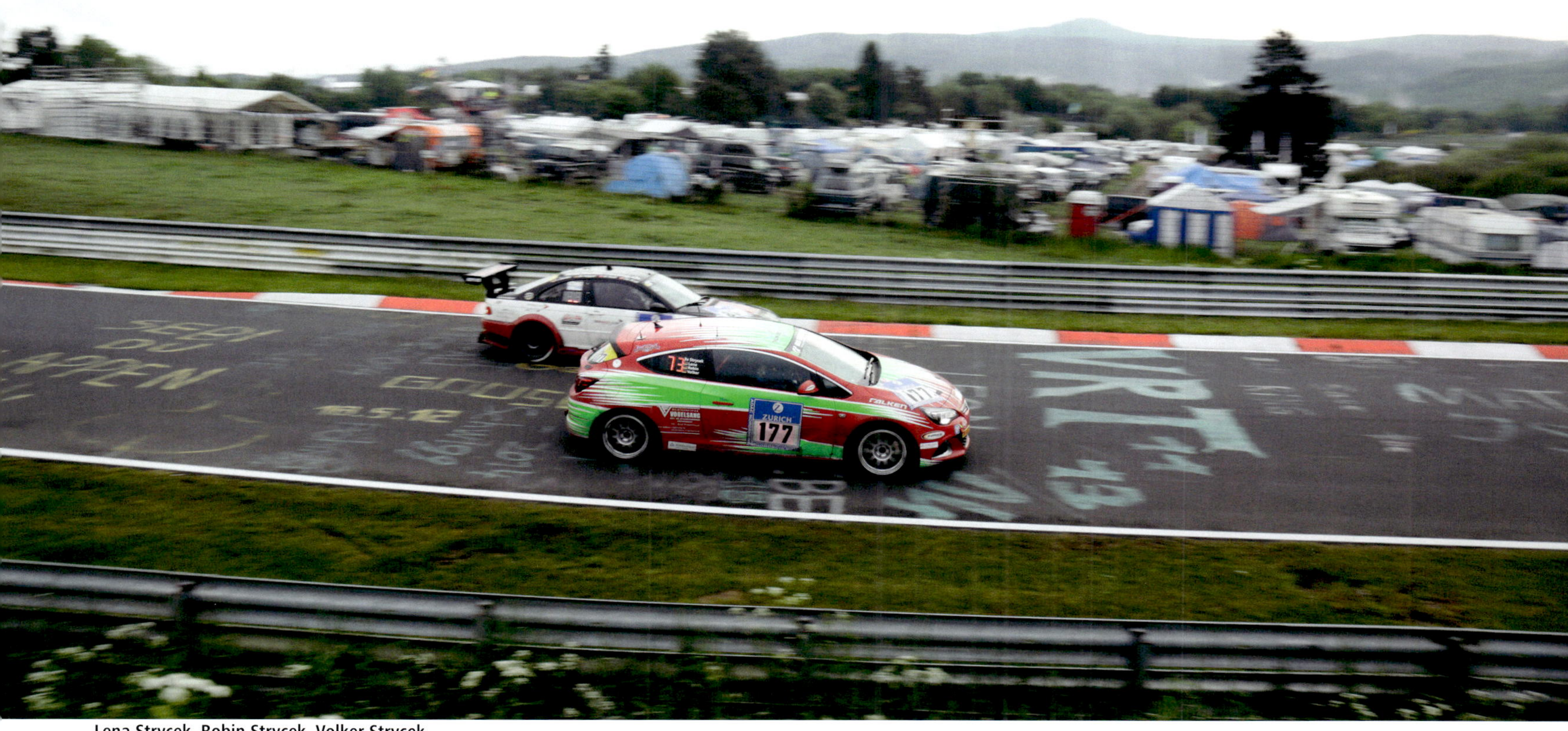

Lena Strycek, Robin Strycek, Volker Strycek

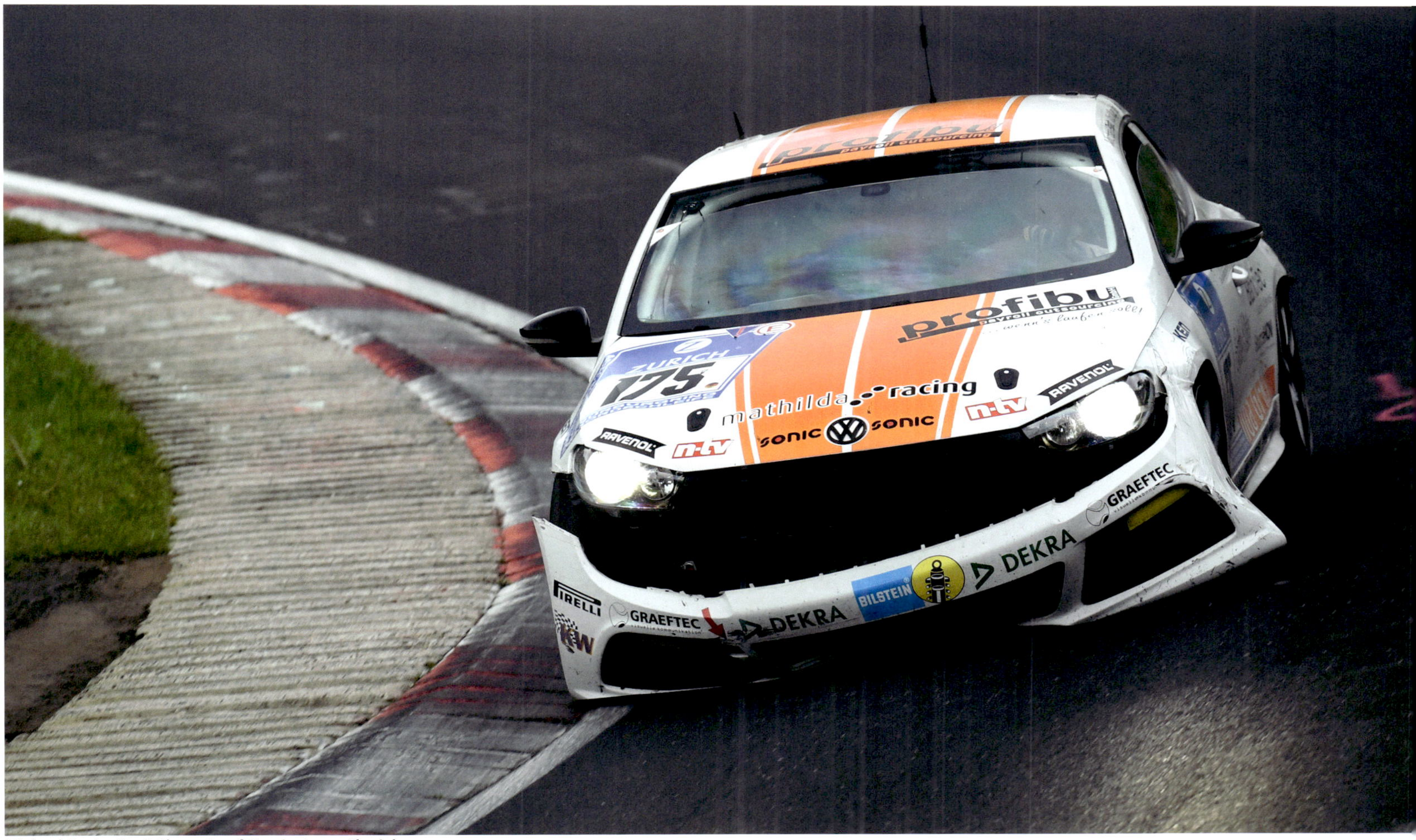

Michael Paatz, Knut Kluge, Josef Kocsis, Joerg Chmiela

Class V3

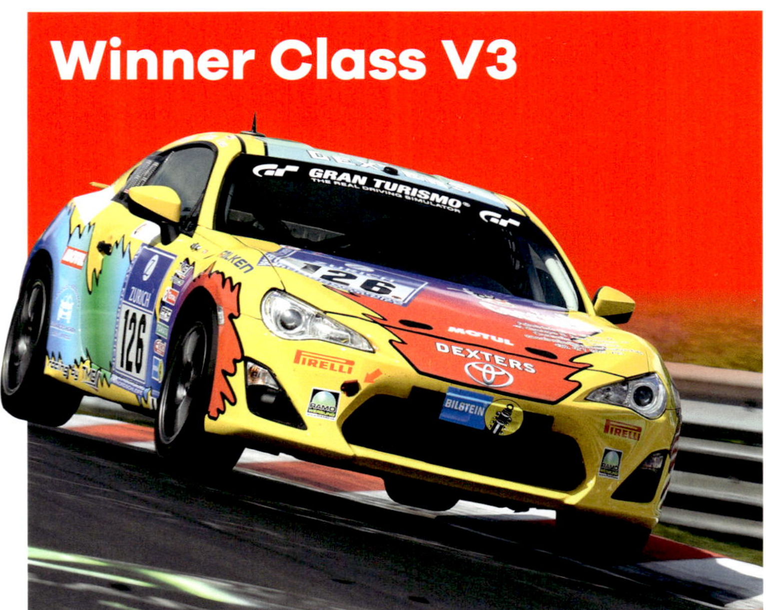

„Brody", Maciej Dreszer, Olivier Muytjens, Bruno Barbaro

Doppelsieg für die beiden Toyota GT86 des Auto-Moto-Club Sankt Vith. Dazu ein ungefährdeter Start-Ziel-Sieg von „Brody", Maciej Dreszer, Olivier Muytjens und Bruno Barbaro vor Jacques Derenne, Kurt Dujardyn und den Doppelstartern „Brody" und Muytjens. Der Pole Dreszer markierte zudem die Pole Position und auch klar die schnellste Rennrunde. Der Alles auf Horst-Subaru BRZ von Lutz Richter, Ex-Rallye-Europameister Armin Schwarz, Ingo Bender und Victor Smolski fiel kurz nach Rennhalbzeit mit Motorschaden aus.

The Auto-Moto-Club Sankt Vith scored a 1-2 with its Toyota GT86s. 'Brody', Maciej Dreszer, Oliver Muytjens and Bruno Barbaro took victory from the sister car, driven by Jacques Derenne, Kurt Dujardyn and double starters 'Brody' and Muytjens.

CLASS V3
VLN-Production cars up to 2000 cc

Hour		Q.	1	5	6	8	10	12	14	16	18	20	22	Finish
Position	1	126	126	126	126	126	126	126	126	126	126	126	126	126
	2	168	168	168	169	169	168	169	169	169	169	169	169	169
	3	169	169	169	168	168	169	168	168	168	168	168	168	

Fastest lap: No. 126 in 10:34.227 min. = 144.051 km/h
started: 3 • classified: 2 • not classified: 1

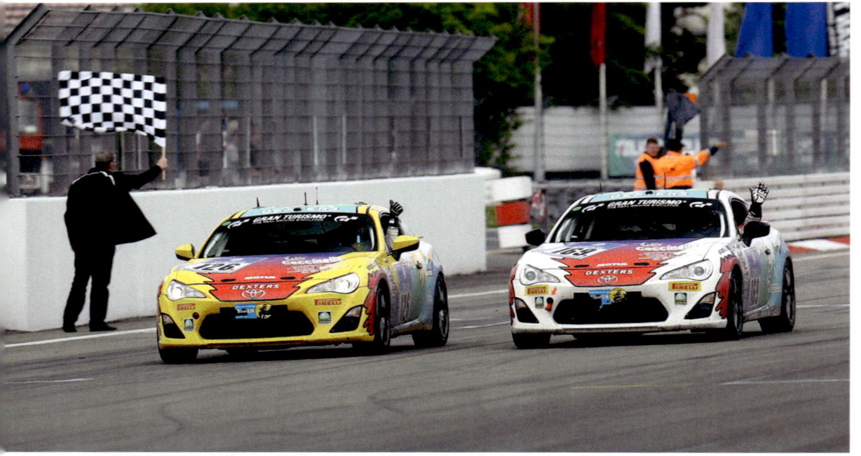
(126): „Brody", Maciej Dreszer, Olivier Muytjens, Bruno Barbaro
(169): Jacques Derenne, Kurt Dujardyn, Olivier Muytjens, „Brody"

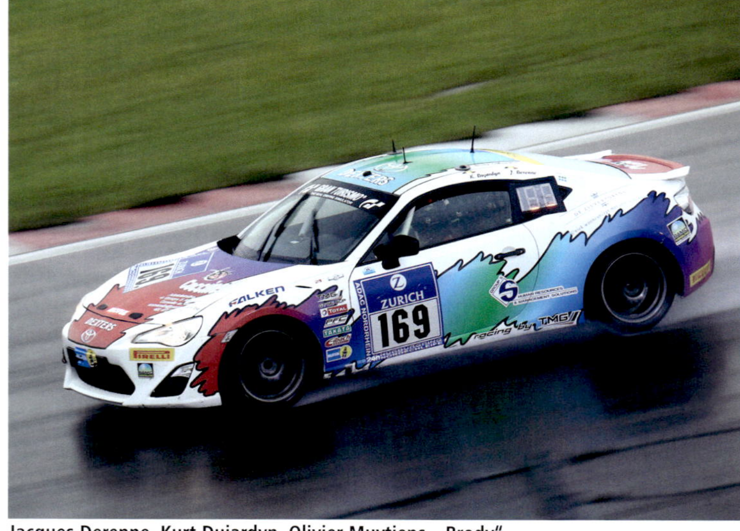

Jacques Derenne, Kurt Dujardyn, Olivier Muytjens, „Brody"

Lutz Richter, Armin Schwarz, Ingo Bender, Victor Smolski

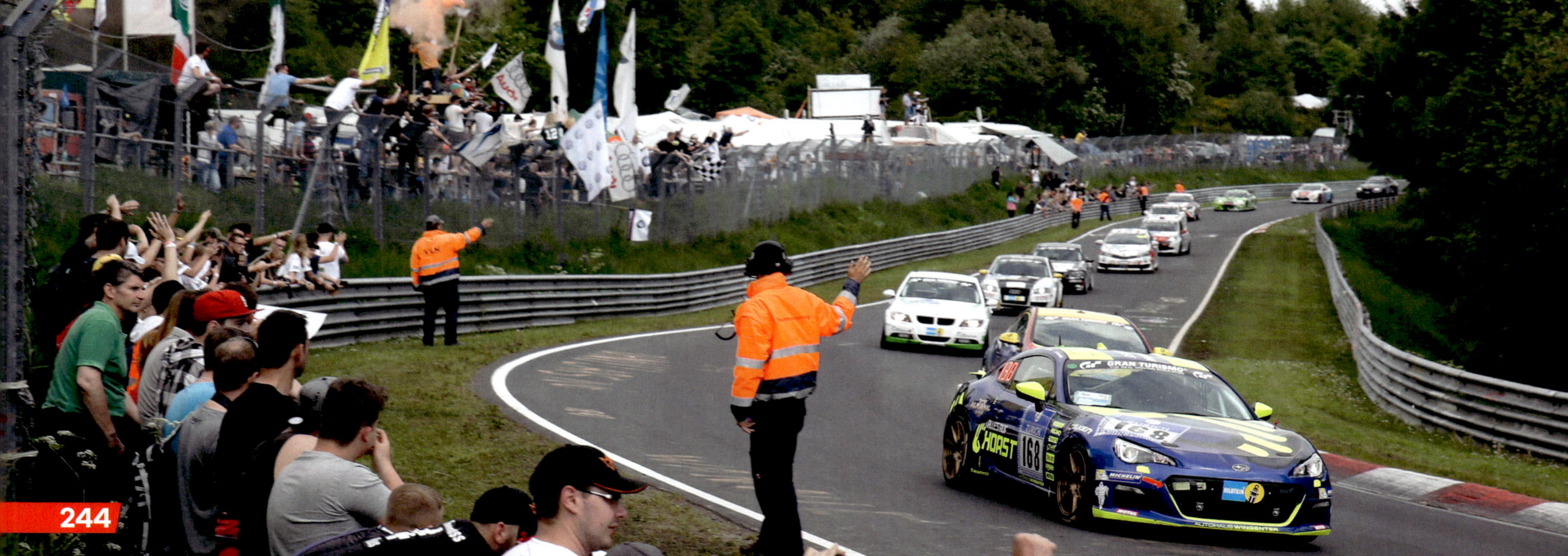

Class V3T

Dag Van Garrel, Carsten Ohlinger und Meyrick Cox spulten im seriennahen Race House-BMW M235i ihre Runden ab und sahen schließlich als Klassensieger den Zielstrich. Mit 73 Umläufen wurde das von zahlreichen Problemen gebeutelte Trio immerhin als Gesamt-100. und Vorletzter gewertet. Wie sagte Cox: „Wir haben es geschafft, was für ein Wochenende. Aber wir hatten garantiert die meisten Boxenstopps in der 24h-Geschichte …"

Despite various issues, Dag van Garrel, Carsten Ohlinger and Meyrick Cox won their class in the production-based Race House BMW M235i.

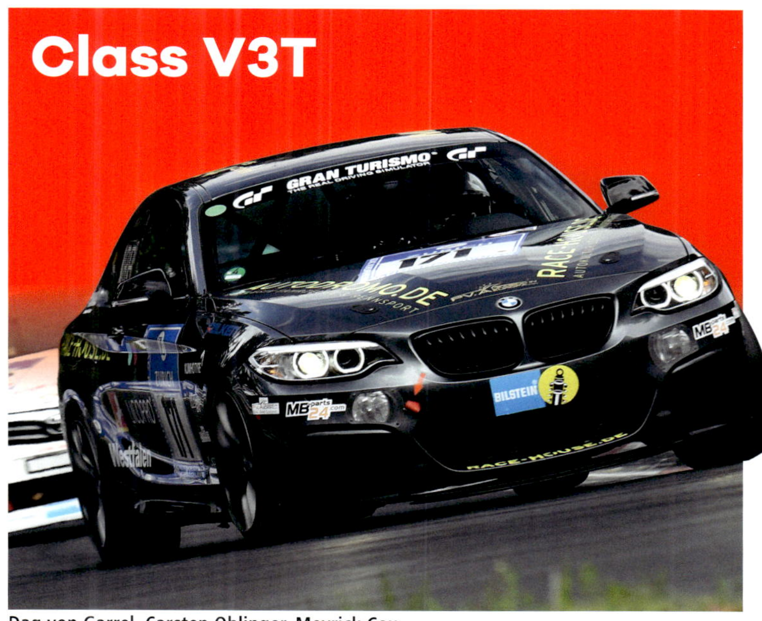

Dag von Garrel, Carsten Ohlinger, Meyrick Cox

CLASS V3T
VLN-Production cars up to 3000 cc with turbo charger

Hour		Q.	1	5	6	8	10	12	14	16	18	20	22	Finish
Position	1	171	171	171	171	171	171	171	171	171	171	171	171	171

Fastest lap: No. 171 in 10:17.122 min. = 148.043 km/h
started: 1 • classified: 1 • not classified: 0

Dag von Garrel, Carsten Ohlinger, Meyrick Cox

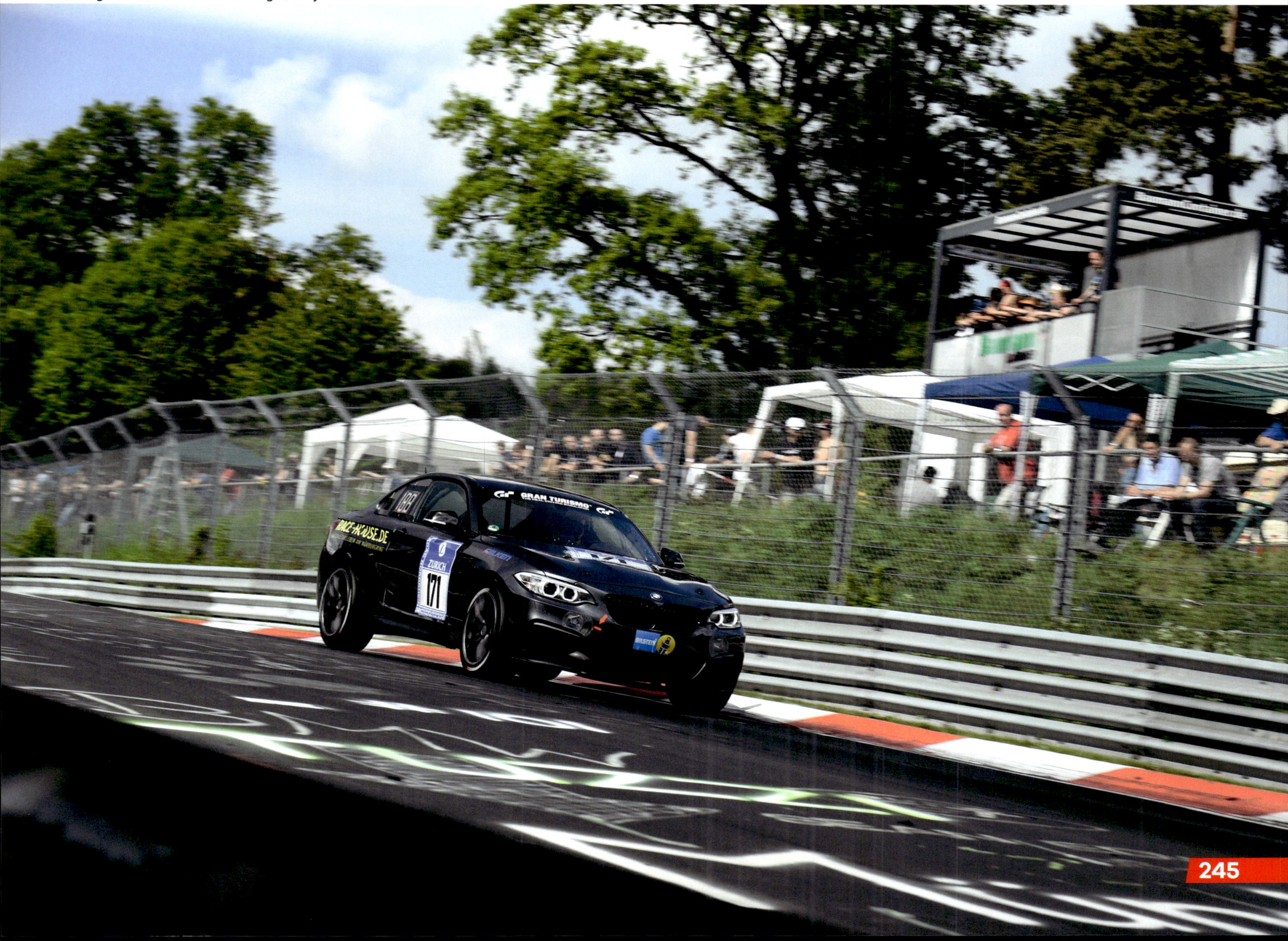

Class V4

Nach vier Siegen in den letzten fünf Jahren galt der AutoArenA-Mercedes-Benz C230 von Patrick Assenheimer, Marc Marbach und Werner Gusenbauer als leichter Favorit. Mit dem Adrenalin-BMW 325i von Christopher Rink, Danny Brink, Gabriele Piana und Niklas Steinhaus gab es aber einen starken Gegner. Im Qualifying hatte der Mercedes noch die Nase vorn, aber im Rennen war es der BMW, der meistens Platz eins belegte.

Stundenlang lieferten sich die beiden ein packendes Duell, dessen Entscheidung erst in den letzten Stunden fiel. Beim BMW-Team wurden die Rundenzeiten etwas langsamer, dadurch ersparte man sich aber einen Wechsel der Bremsbeläge. Auch wenn die Ergebnisliste einen Vorsprung des Adrenalin-325 von einer Runde zeigt: Auf der Strecke waren es nur rund fünf Minuten. Nach dem Unfall des Sorg-325i von Erki Koldits, Roul Liideman, Ulf Wickop und Ralf Goral ging Rang drei an den Manheller-BMW mit Yutaka Seki, David Quinlan, Hajo H.Müller und Jens Noeske.

Der Hellboys-BMW von Teameigner Michael Mönch, Jan von Kiedrowski, Jang Han Choi und Marco van Ramshorst wurde Vierter vor dem zweiten Adrenalin-325 mit Ioannis Smyrlis, Klaus-Dieter Frommer, Uwe Mallwitz und Hui Kang Byung, die bei einem Unfall im Wehrseifen viel Boden einbüßten.

Christopher Rink, Danny Brink, Gabriele Piana, Niklas Steinhaus

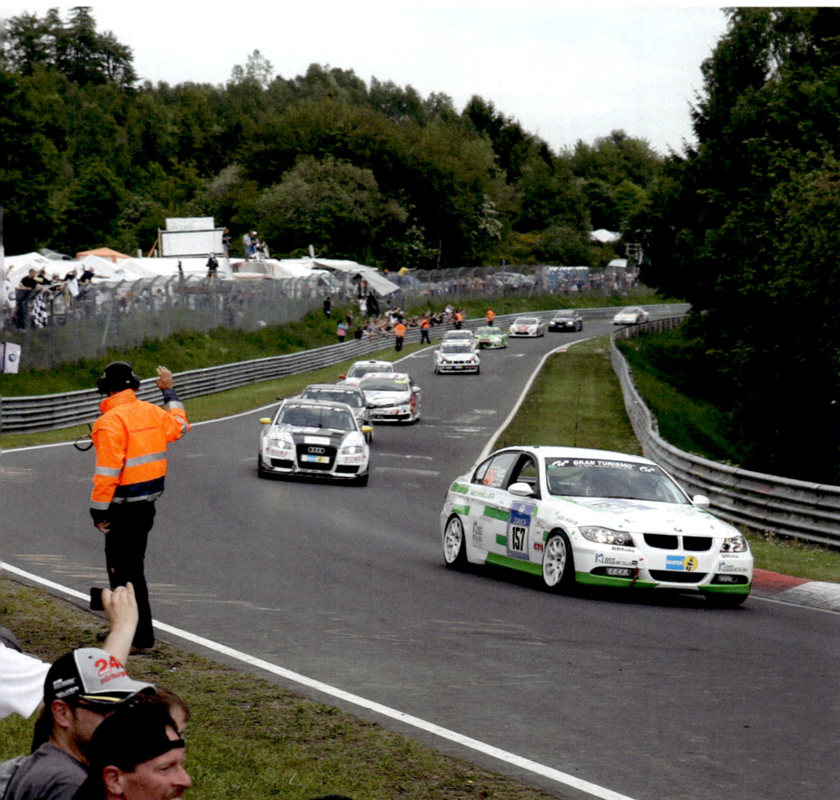

Yutaka Seki, David Quinlan, Hajo Müller, Jens Noeske

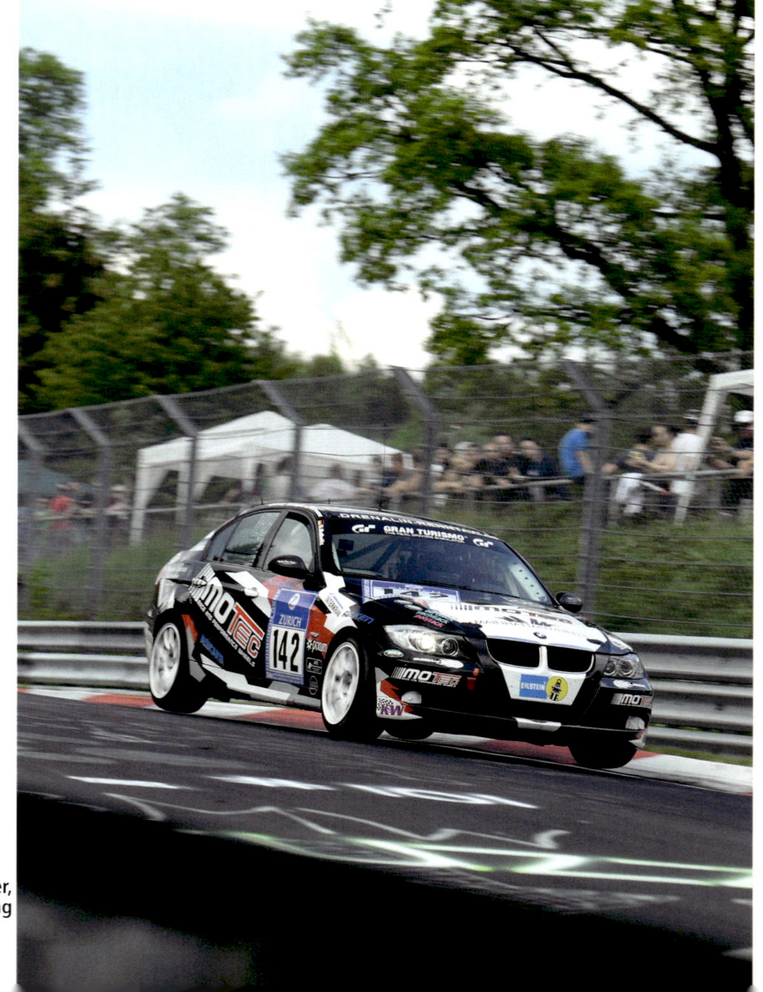

Ioannis Smyrlis, Klaus-Dieter Frommer, Uwe Mallwitz, Hui Kang Byung

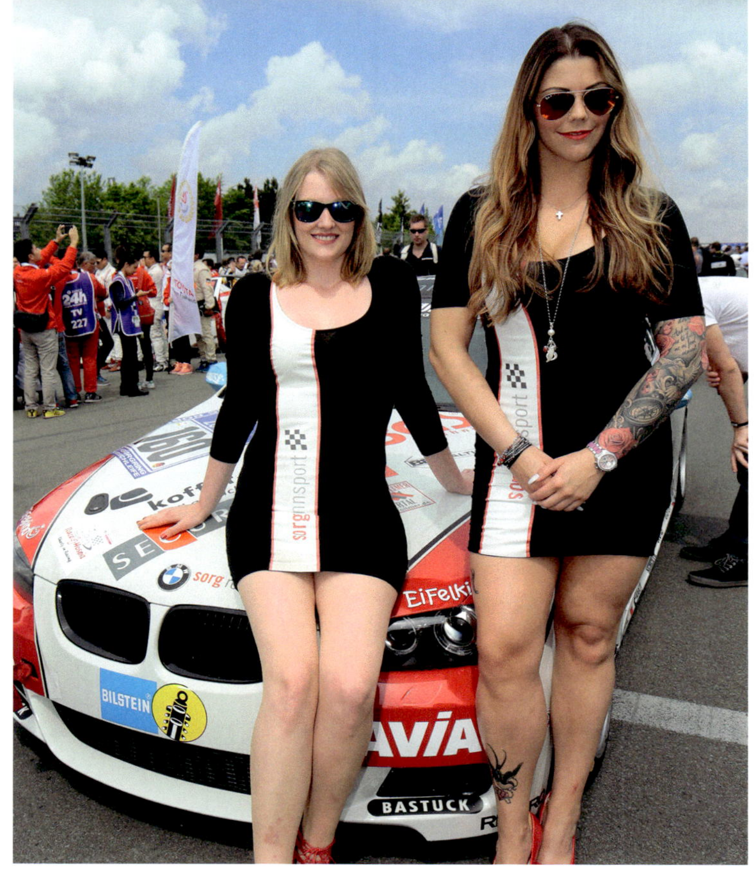

Winner Class V4

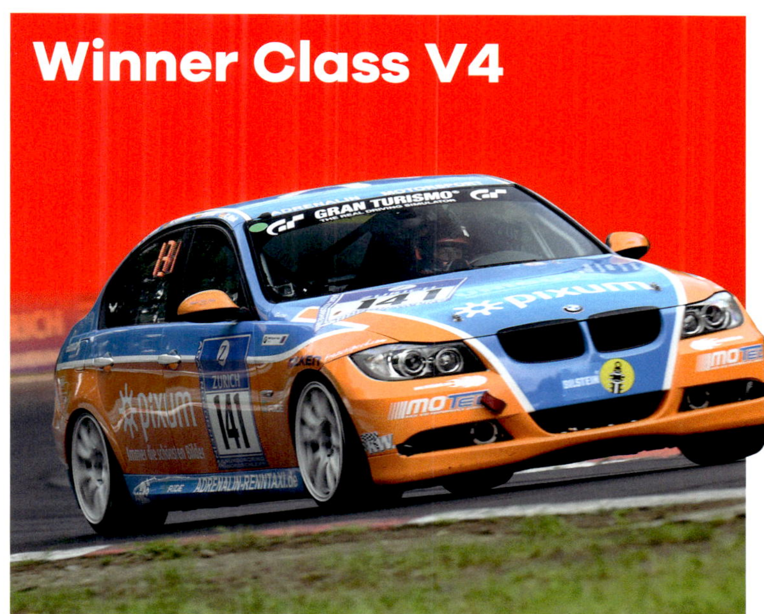

Christopher Rink, Danny Brink, Gabriele Piana, Niklas Steinhaus

After four victories in the last five years, the AutoArenA Mercedes-Benz C230 was clearly a favourite in 2016, but there was strong opposition from the Adrenalin BMW 325i. Eventually, the BMW of Christopher Rink, Danny Brink, Gabriele Piana and Niklaus Steinhaus came out on top, with the Mercedes second, followed by the Manheller BMW.

CLASS V4
VLN-Production cars up to 2500 cc

Hour		Q.	1	5	6	8	10	12	14	16	18	20	22	Finish
Position	1	161	141	141	141	141	161	141	141	141	141	141	141	141
	2	141	160	161	161	161	141	161	161	161	161	161	161	161
	3	160	162	160	160	160	162	162	157	157	157	157	157	157
	4	162	161	162	162	162	157	157	162	162	162	162	162	162
	5	142	142	157	157	157	160	142	142	142	142	142	142	142
	6	157	157	142	142	142	142	160	160	160	160	160	160	

Fastest lap: No. 141 in 10.21.222 min. = 147.068 km/h
started: 6 • classified: 5 • not classified: 1

Erki Koldits, Roul Liideman, Ulf Wickop, Ralf Goral

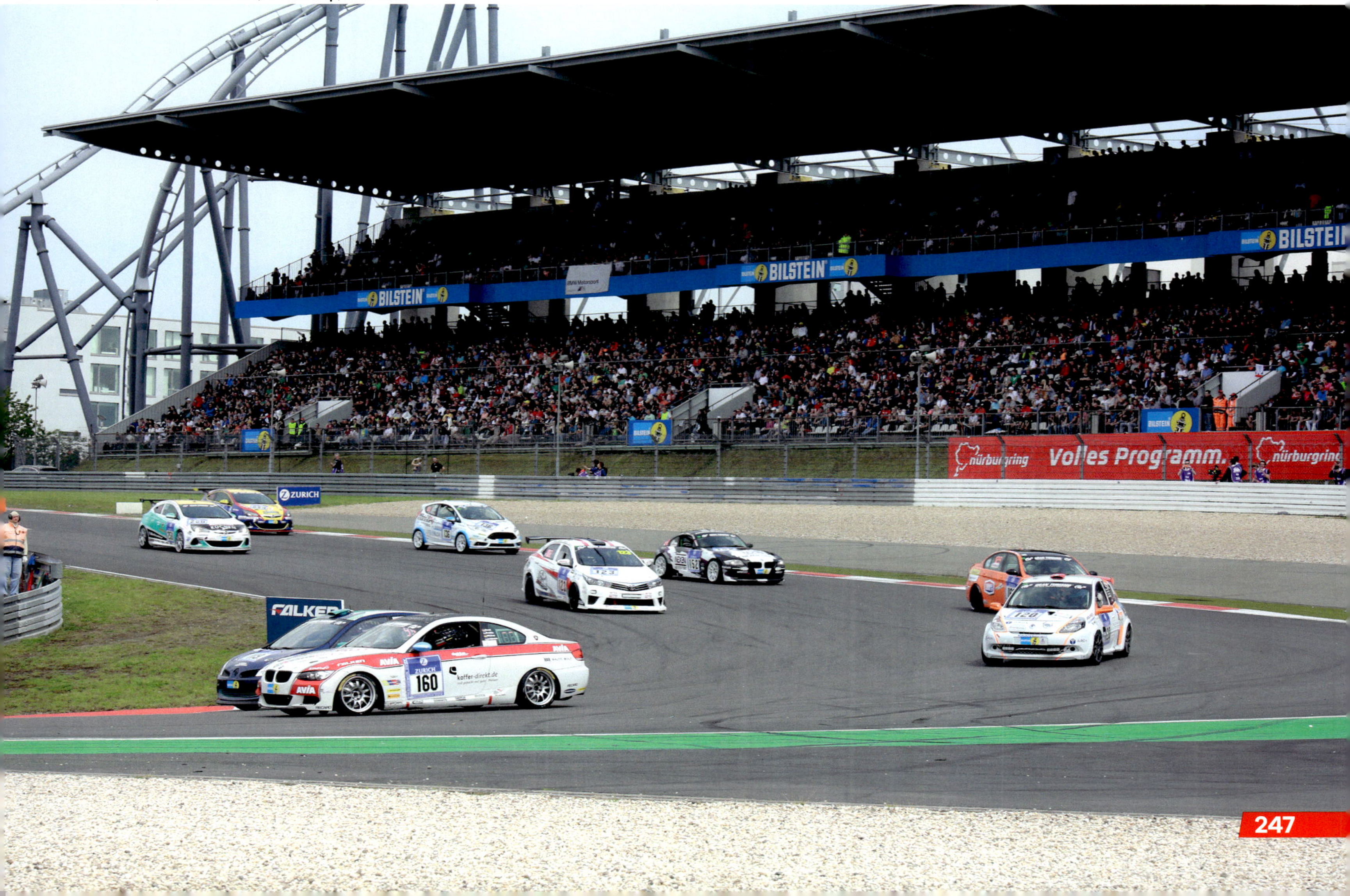

■/ CLASS V4

VLN-Production cars up to 2500 cc

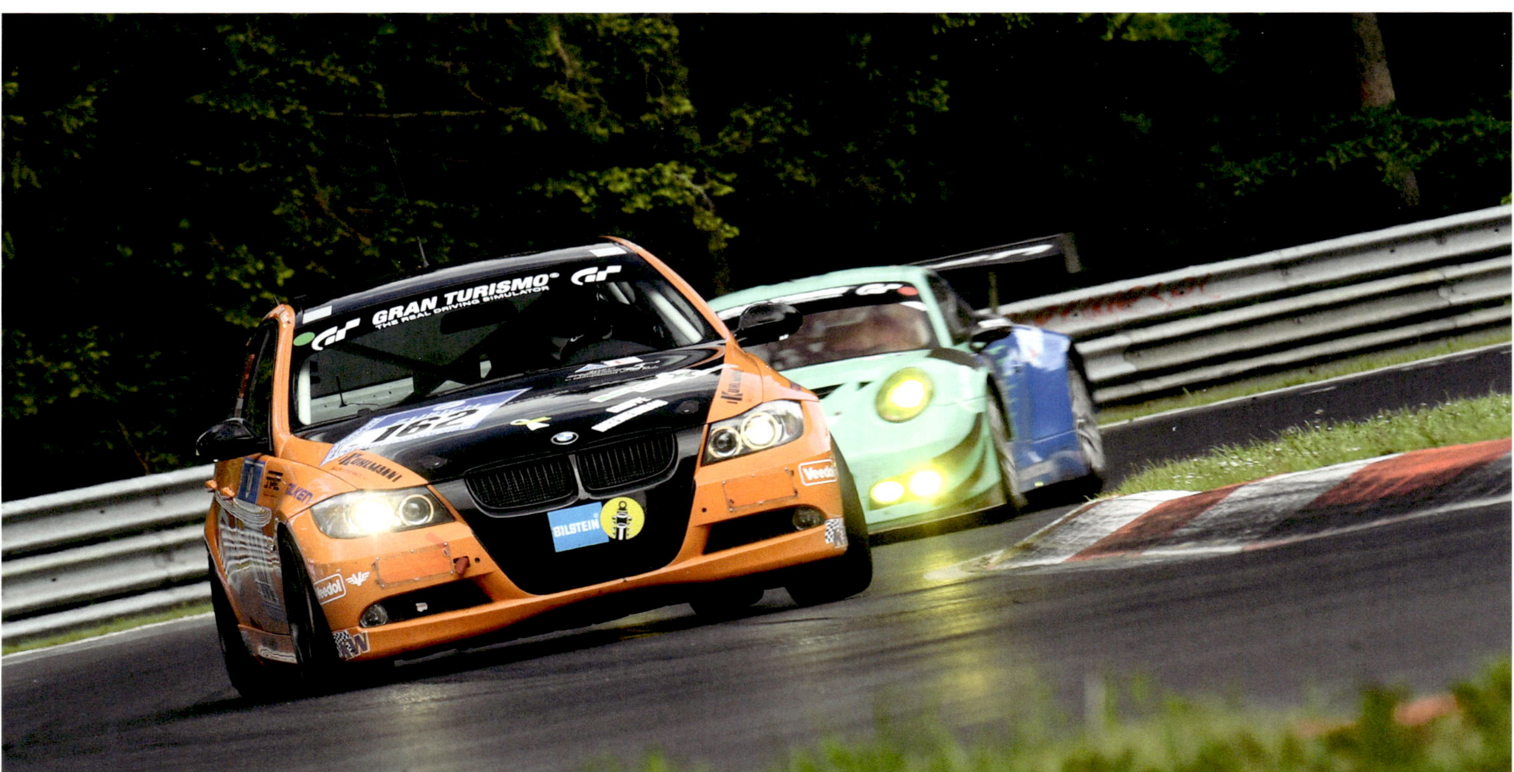

Michael Mönch, Jan von Kiedrowski, Han Choi Jang, Marco von Ramshorst

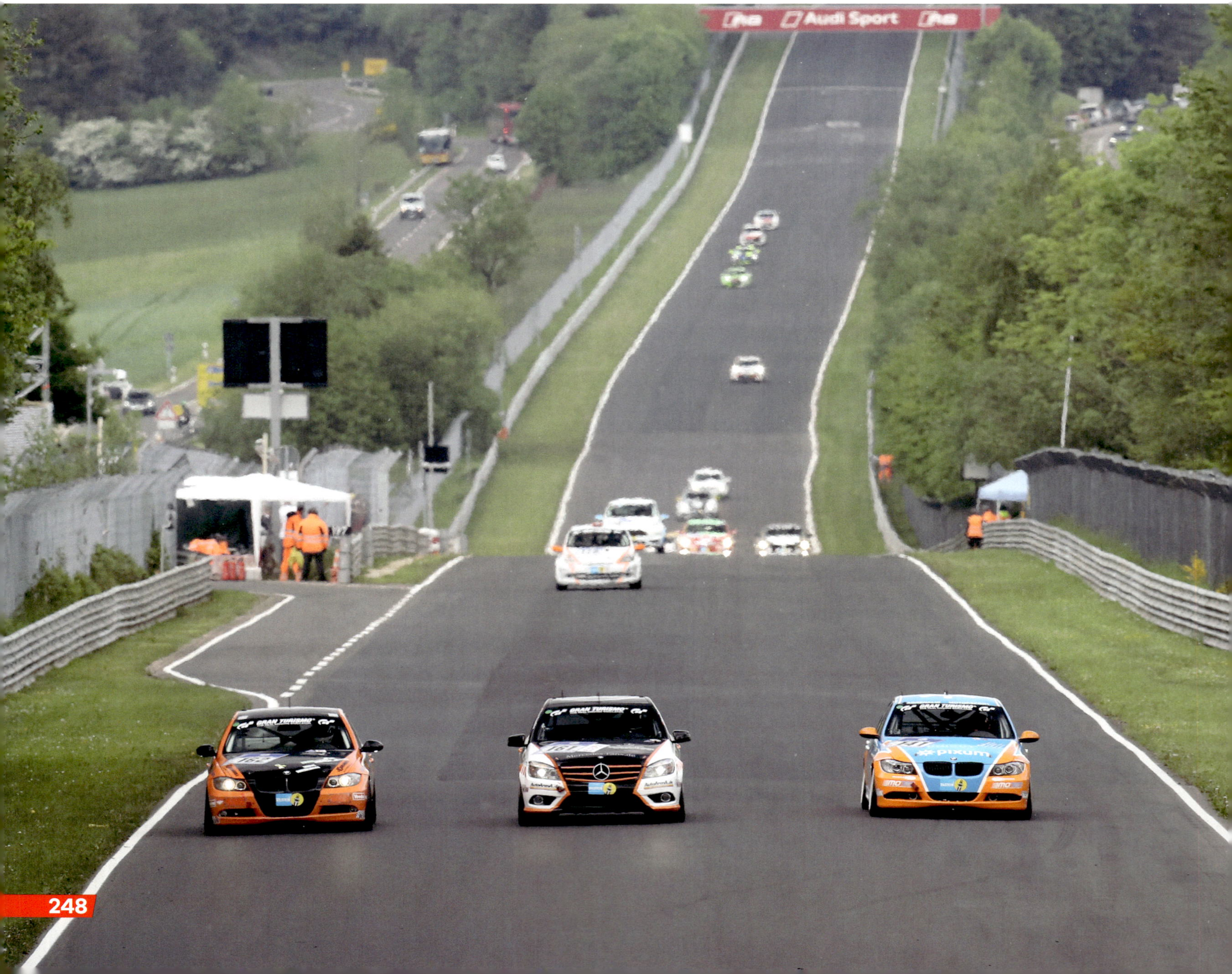

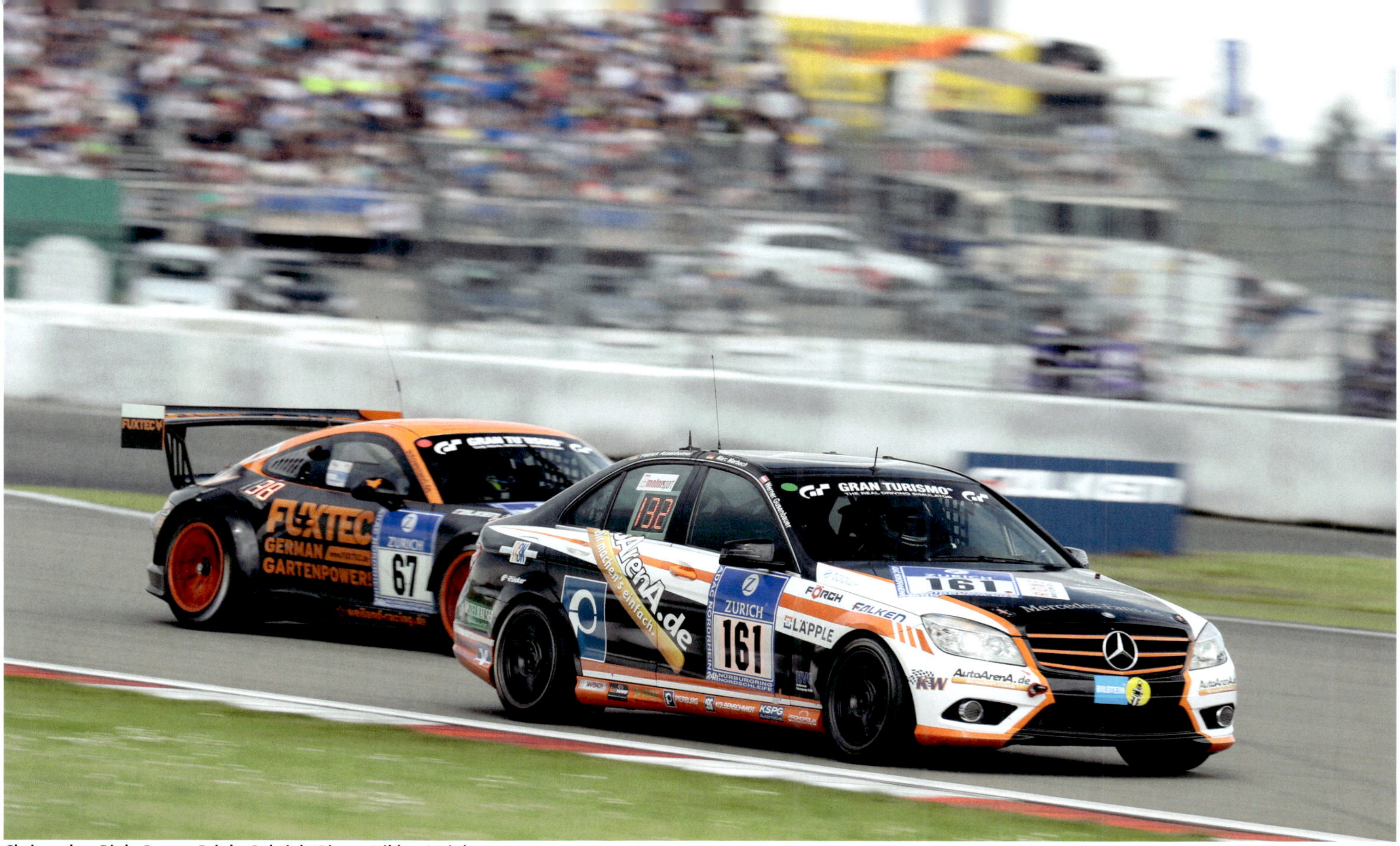

Christopher Rink, Danny Brink, Gabriele Piana, Niklas Steinhaus

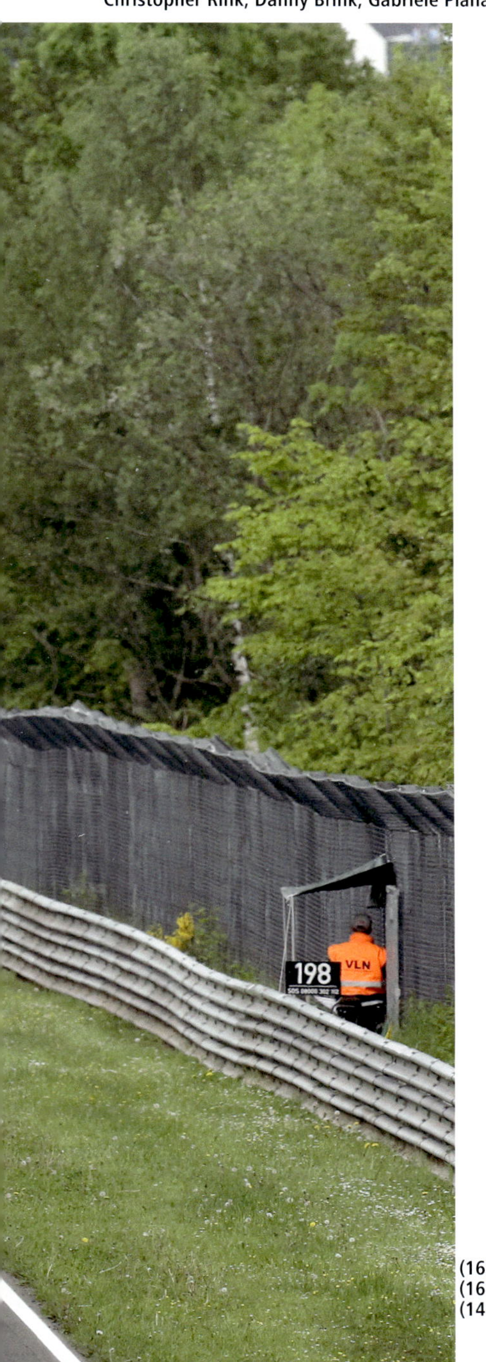

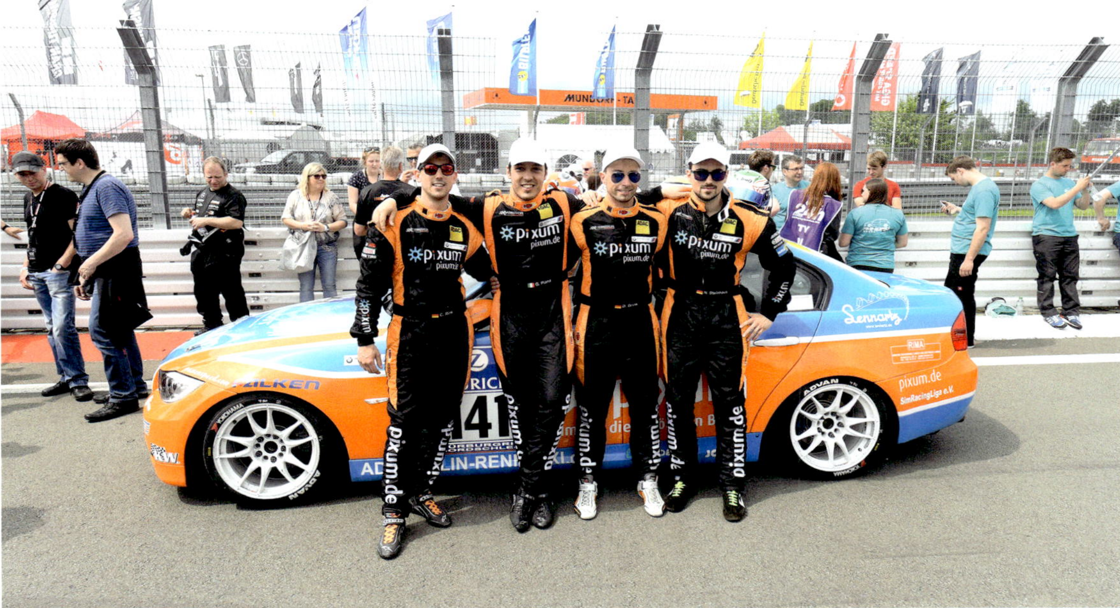

(l.-r.): Christopher Rink, Gabriele Piana, Danny Brink, Niklas Steinhaus

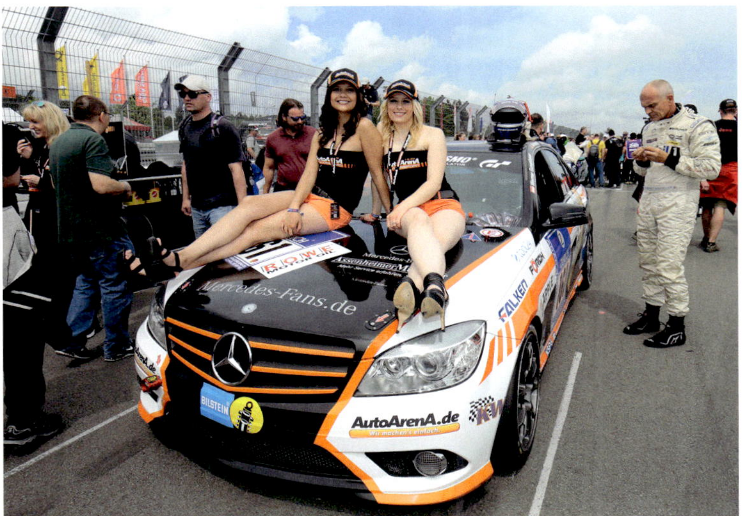

Patrick Assenheimer, Marc Marbach, Werner Gusenbauer

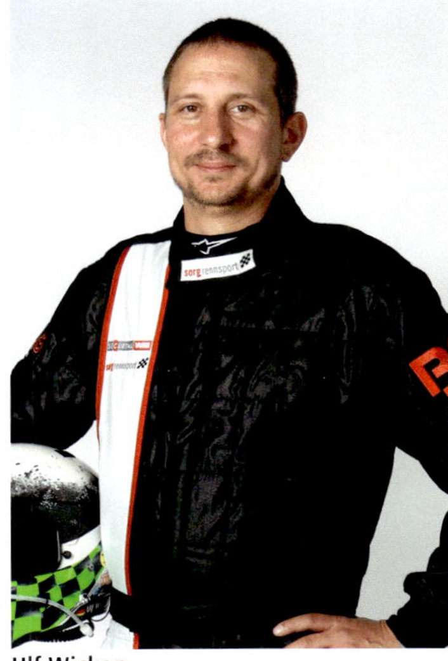

Ulf Wickop

(162): Michael Mönch, Jan von Kiedrowski, Han Choi Jang, Marco von Ramshorst
(161): Patrick Assenheimer, Marc Marbach, Werner Gusenbauer
(141): Christopher Rink, Danny Brink, Gabriele Piana, Niklas Steinhaus

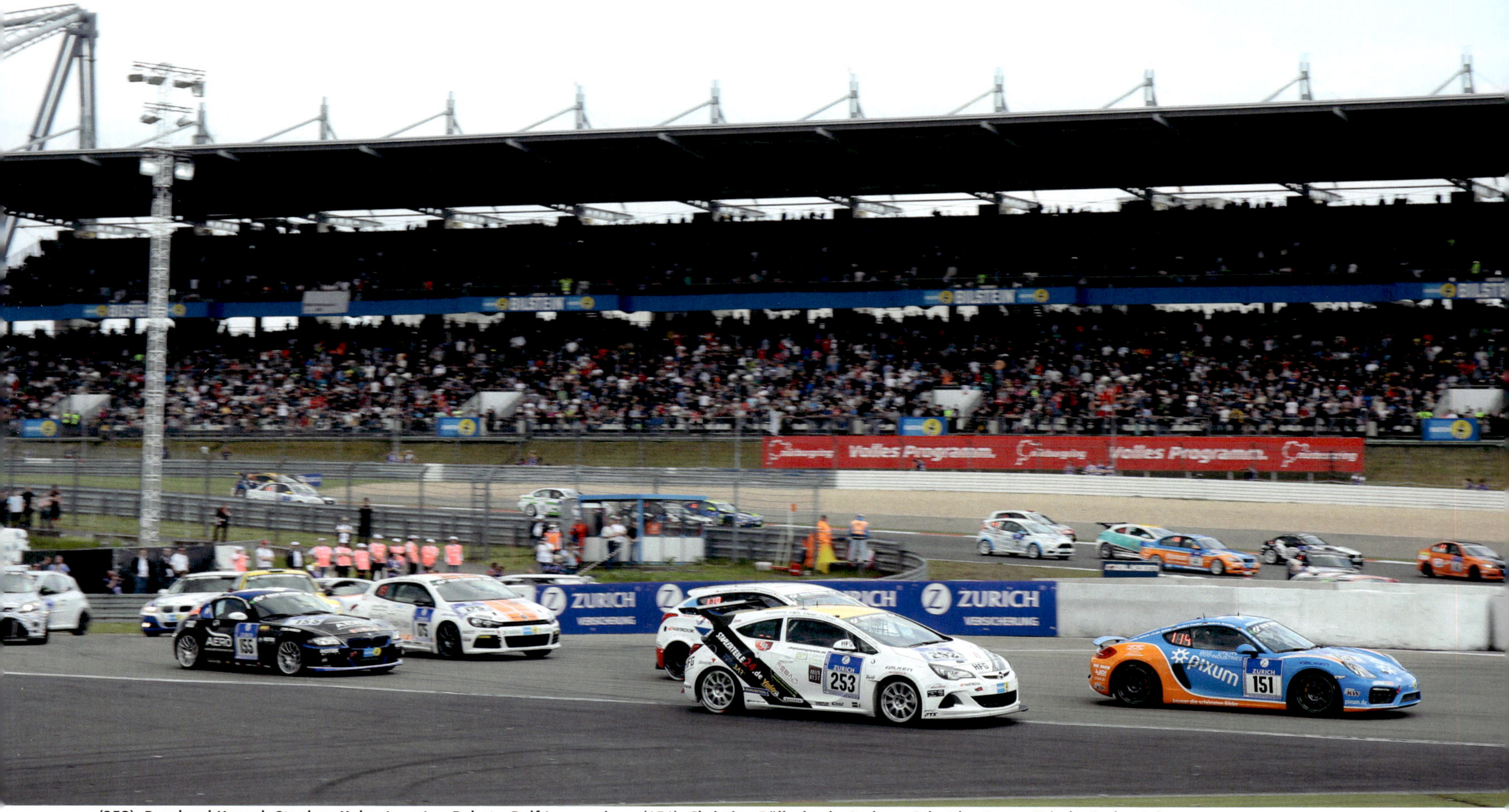

(253): Bernhard Henzel, Stephan Kuhs, Jean-Luc Behets, Ralf Lammering - (151): Christian Büllesbach, Andreas Schettler, James Briody, Carlos Arimon

Class V5

Die Pole-Setter Christian Büllesbach, Andreas Schettler, James Briody und Carlos Arimon waren die Pechvögel der Klasse: Souverän in Führung liegend, wurden sie gegen 23.20 Uhr im Yokohama-S vom Konrad-Lamborghini (#25) auf die Hörner genommen. Dadurch brach die Radaufhängung vorne rechts und der Traum vom Sieg platzte. Ein Unfall am Sonntagvormittag an der Hedwigshöhe beendete das Rennen dann endgültig.

Ohne das geringste Problem fuhren somit Albert Egbert, Maik Rönnefarth und Michael Hollerweger im Schmickler-BMW 330i auf Platz eins vor dem Hofor-BMW M3 von Simon Glenn, Jody Halse, Marcos Burnett und Cemal Osman sowie dem Adrenalin-BMW Z4 von Andreas Winkler, Michael Klotz, Holger Kroth und Urs Zünd. Rotek Racing brachte der Wechsel vom Audi TT zum BMW Z4 kein Glück: Technischer Defekt um kurz vor 8 Uhr für Robb Holland, David Thilenius und Jonathan Miller.

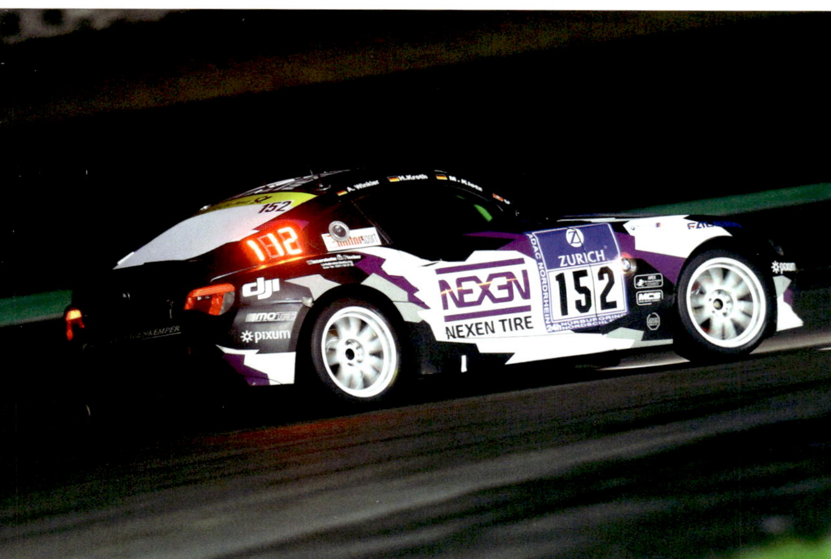

Andreas Winkler, Michael Klotz, Holger Kroth, Urs Zünd

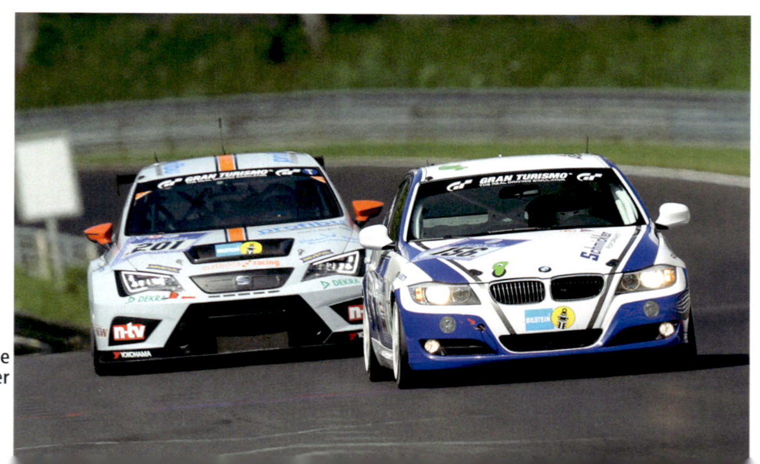

(201): Georg Niederberger, Jürgen Wohlfarth, Andreas Guelden, Jordi Gene
(156): Albert Egbert, Maik Rönnefarth, Michael Hollerweger

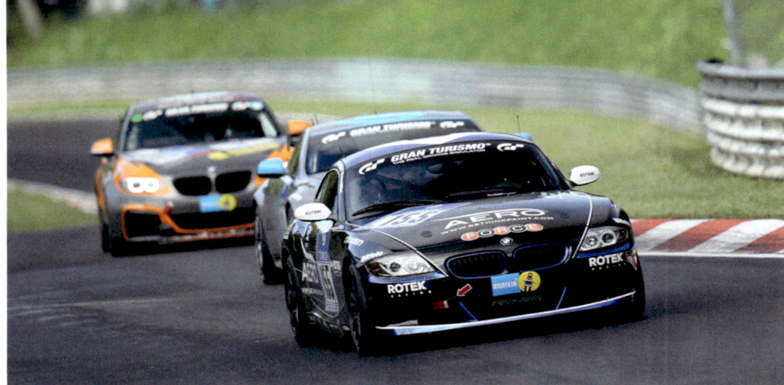

Robb Holland, David Thilenius, Jonathan Miller

Pole-sitters Büllesbach/Schettler/Briody/Arimon lost their chance for a race win following a collision and an accident, leaving the Schmickler BMW 330i with Albert Egberg, Maik Rönnefarth and Michael Holleweger to win its class after a trouble-free race, followed by the Hofor M3 and the Adrenalin Z4.

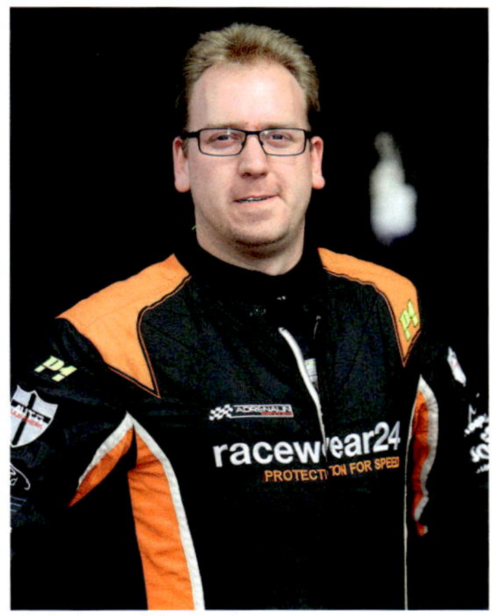

Christian Büllesbach

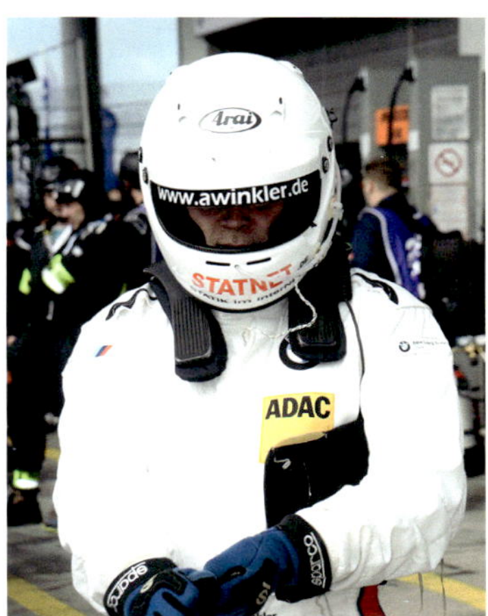

Andreas Winkler

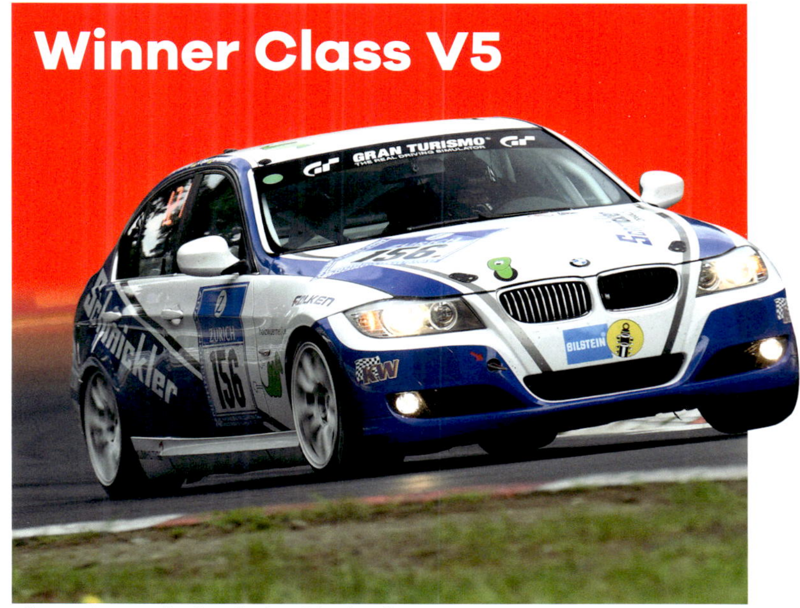

Albert Egbert, Maik Rönnefarth, Michael Hollerweger

CLASS V5
VLN-Production cars up to 3000 cc

Hour		Q.	1	5	6	8	10	12	14	16	18	20	22	Finish
Position	1	151	151	151	151	156	156	156	156	156	156	156	156	156
	2	155	155	155	156	151	154	154	154	154	154	154	154	154
	3	156	154	156	155	154	152	152	152	152	152	152	152	152
	4	154	156	154	154	152	151	151	151	151	151	151	151	
	5	152	152	152	152	155	155	155	155	155	155	155	155	

Fastest lap: No. 151 in 10:11.811 min. = 149.328 km/h
started: 5 • classified: 3 • not classified: 2

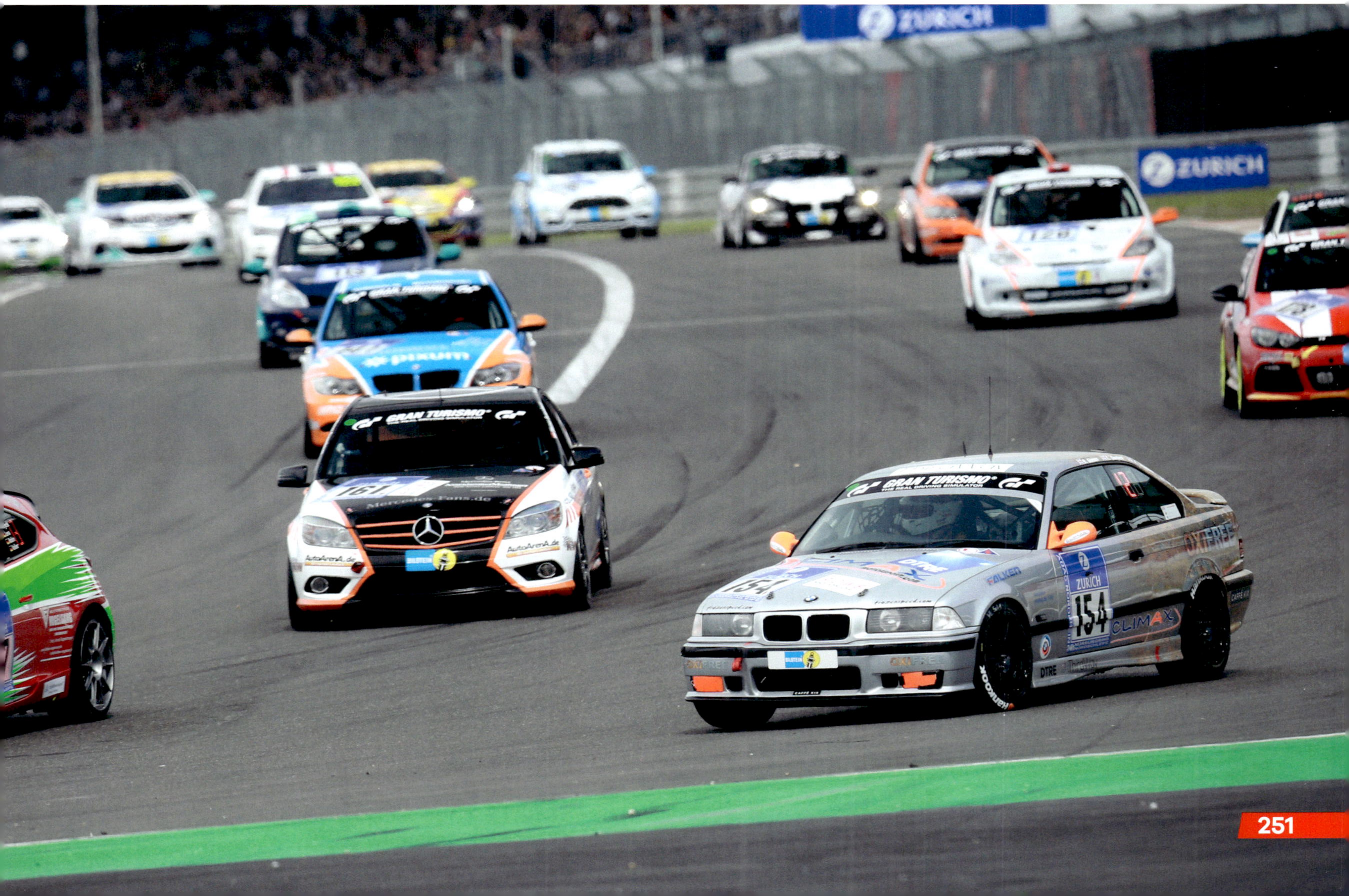

Class V6

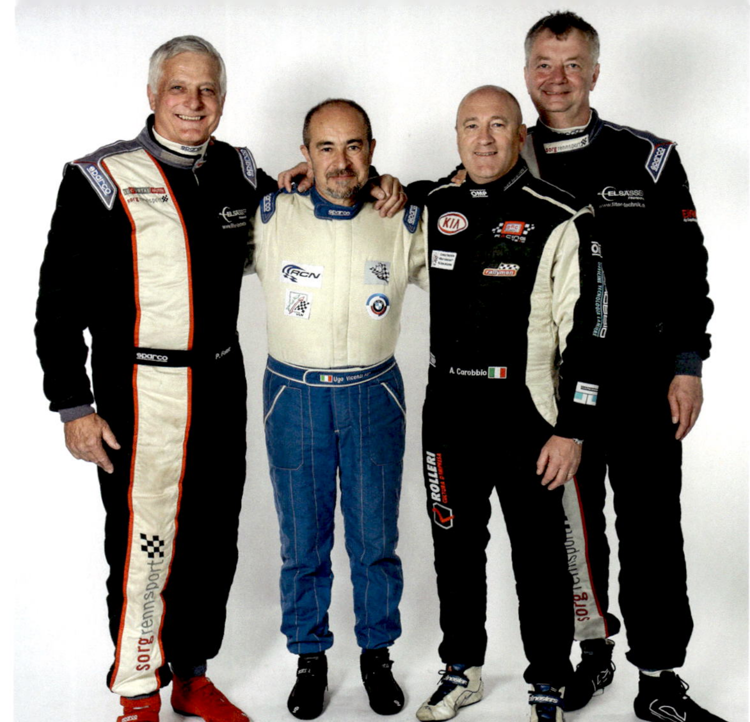

(l.-r.): Paul Follett, Ugo Vicenzi, Alberto Carobbio, Peter Haener

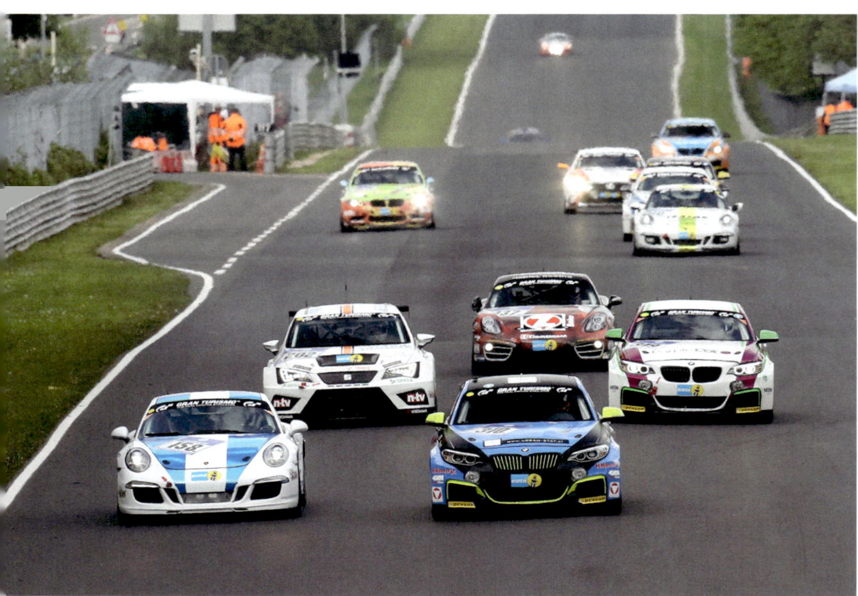

(158): Dr. Dr. Stein Tveten, Oskar Sandberg, Yannick Führich
(310): Thomas Jäger, Max Partl, Rudi Adams

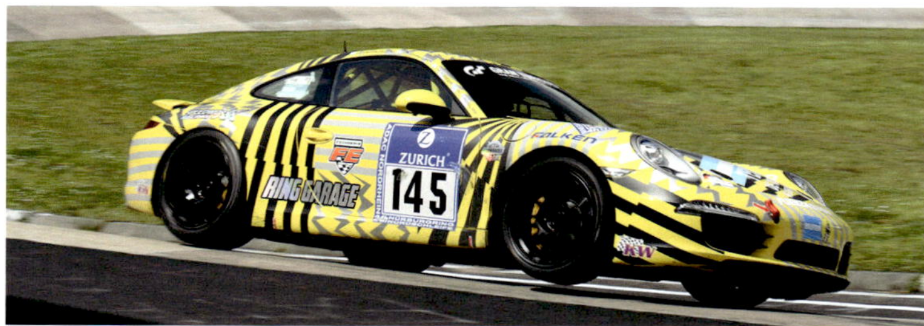

Jose Visir, Jorge Cersosimo, Alejandro Chawan, Marcos Vazquez

Die V6 bot einmal mehr sehr hohen Unterhaltungswert, denn zum dritten Mal in Folge kämpften aesthetic racing (Sieger 2014), Black Falcon (Sieger 2015) jeweils mit 911ern und der Mathol-Zimmermann-Cayman auf Augenhöhe um den Sieg. Im Training und auch während der ersten Stunden hatten Dr. Dr. Stein Tveten, Oskar Sandberg und Yannick Führich im aesthetic-Porsche die Nase vorn. Sie hatten Glück, dass nach einem Leitplankentreffer im Starkregen in Aremberg die rote Flagge kam und der Querlenker vorne links in Ruhe erneuert werden konnte. Der rechte vordere Querlenker brach dann nach einer Kollision nachts gegen 2.45 Uhr – das Aus.

Aurel Schoeller, Andre Kuhn, "Philip" und Miguel Toril Boquoi übernahmen für Black Falcon die Führung und gaben diese nicht mehr ab. Ivan Jacoma, Claudius Karch, Timo Mölig und Marc Hennerici hatten immer nur ein paar Minuten Rückstand, kamen aber nie so richtig ran. Die drei weiteren Platzierten Mathol-Cayman (#138), Sorg Rennsport-Cayman (#139) und Ring Garage-911 (#145) folgten mit mindestens 12 Runden Rückstand auf den Plätzen. Der Ring Garage-Cayman (#146) schied nach einem technischen Defekt im Schwalbenschwanz gegen Sonnenaufgang aus.

(138): Christian Eichner, Rüdiger Schicht, Sebastian Schaefer, Herbert von Dannwitz - (139): Peter Haener, Paul Follett, Ugo Vicenzi, Alberto Carobbio

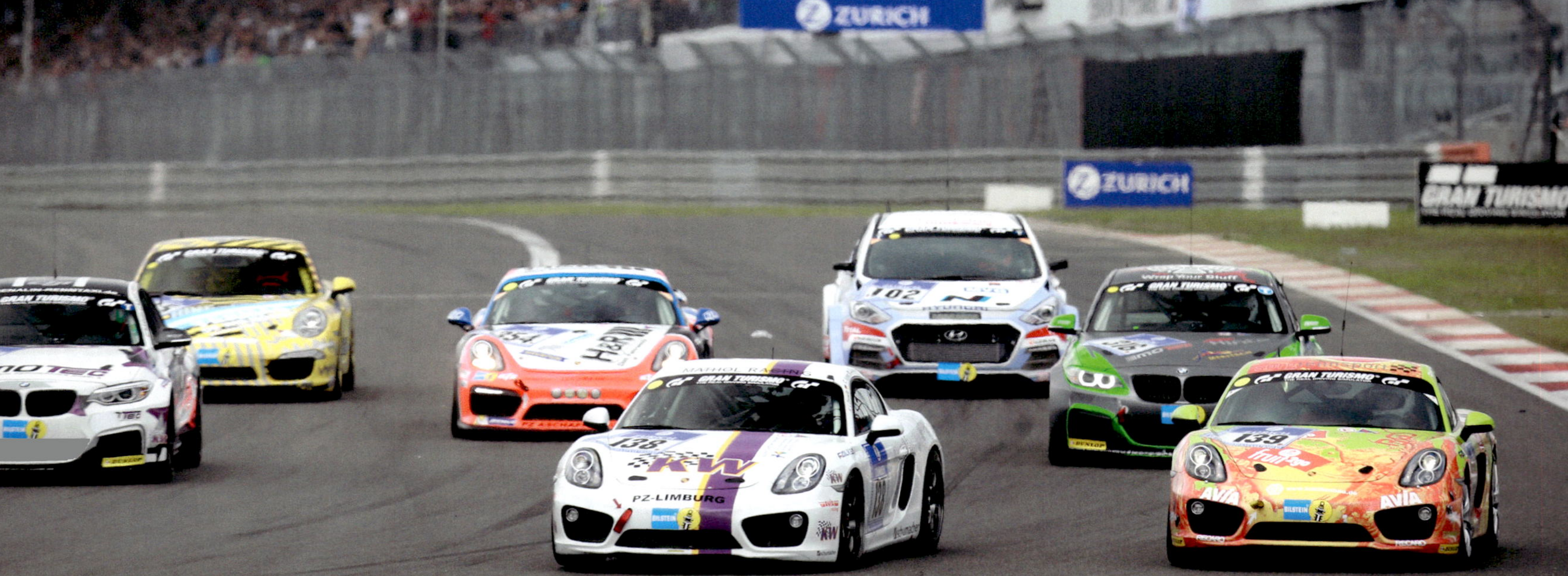

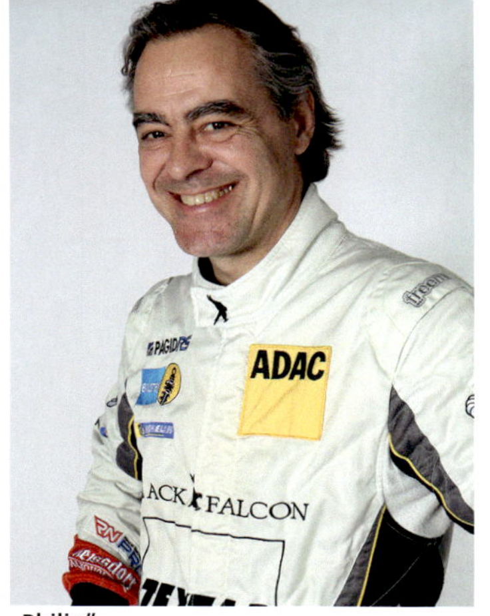

„Philip"

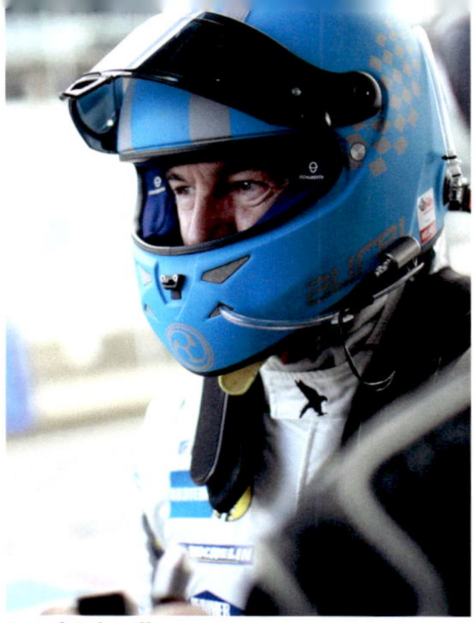

Aurel Schoeller

Once again, class V6 was highly entertaining, with various former class winners battling for top positions. The Black Falcon Porsche with Aurel Schoeller, André Kuhn, 'Philip' and Miguel Toril took the spoils, with Ivan Jacoma, Claudius Karch, Timo Mölig and Marc Hennerici second from the Mathol Cayman.

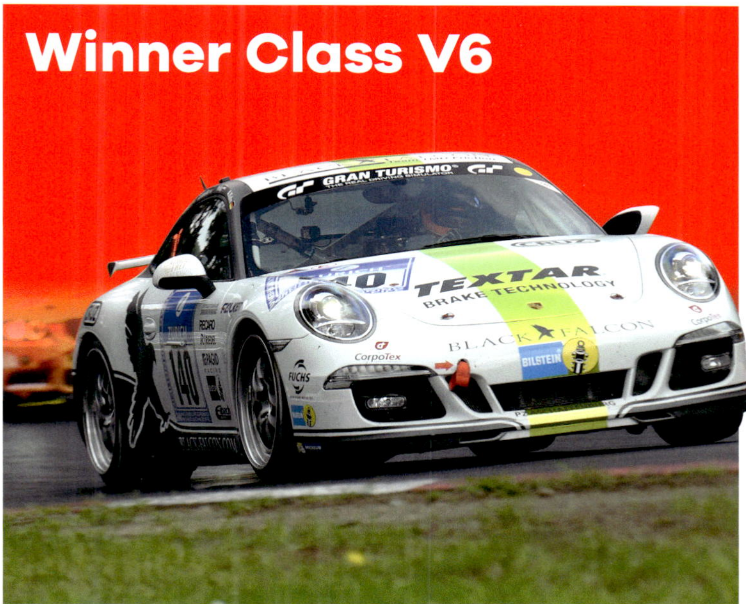

Aurel Schoeller, Andre Kuhn, „Philip", Miguel Toril Boquoi

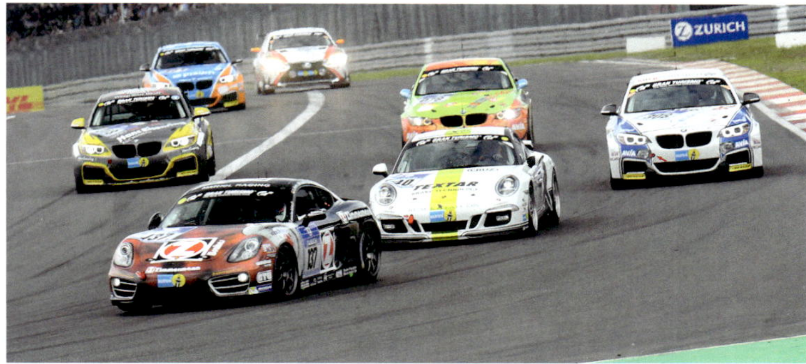

(137): Ivan Jacoma, Claudius Karch, Timo Moelig, Marc Hennerici
(140): Aurel Schoeller, Andre Kuhn, „Philip", Miguel Toril Boquoi

CLASS V6
VLN-Production cars up to 3500 cc

Hour		Q.	1	5	6	8	10	12	14	16	18	20	22	Finish
Position	1	158	158	158	158	158	158	140	140	140	140	140	140	140
	2	140	137	140	140	140	140	137	137	137	137	137	137	137
	3	137	140	137	137	137	137	158	138	138	139	139	138	138
	4	145	146	146	138	138	138	138	139	139	138	138	139	139
	5	146	138	138	146	146	146	139	158	145	145	145	145	145
	6	138	139	139	139	139	139	146	145	158	158	158	158	
	7	139	145	145	145	145	145	145	146	146	146	146	146	

Fastest lap: No. 137 in 9:30.075 min. = 160.261 km/h
started: 7 • classified: 5 • not classified: 2

Aurel Schoeller, Andre Kuhn, „Philip", Miguel Toril Boquoi

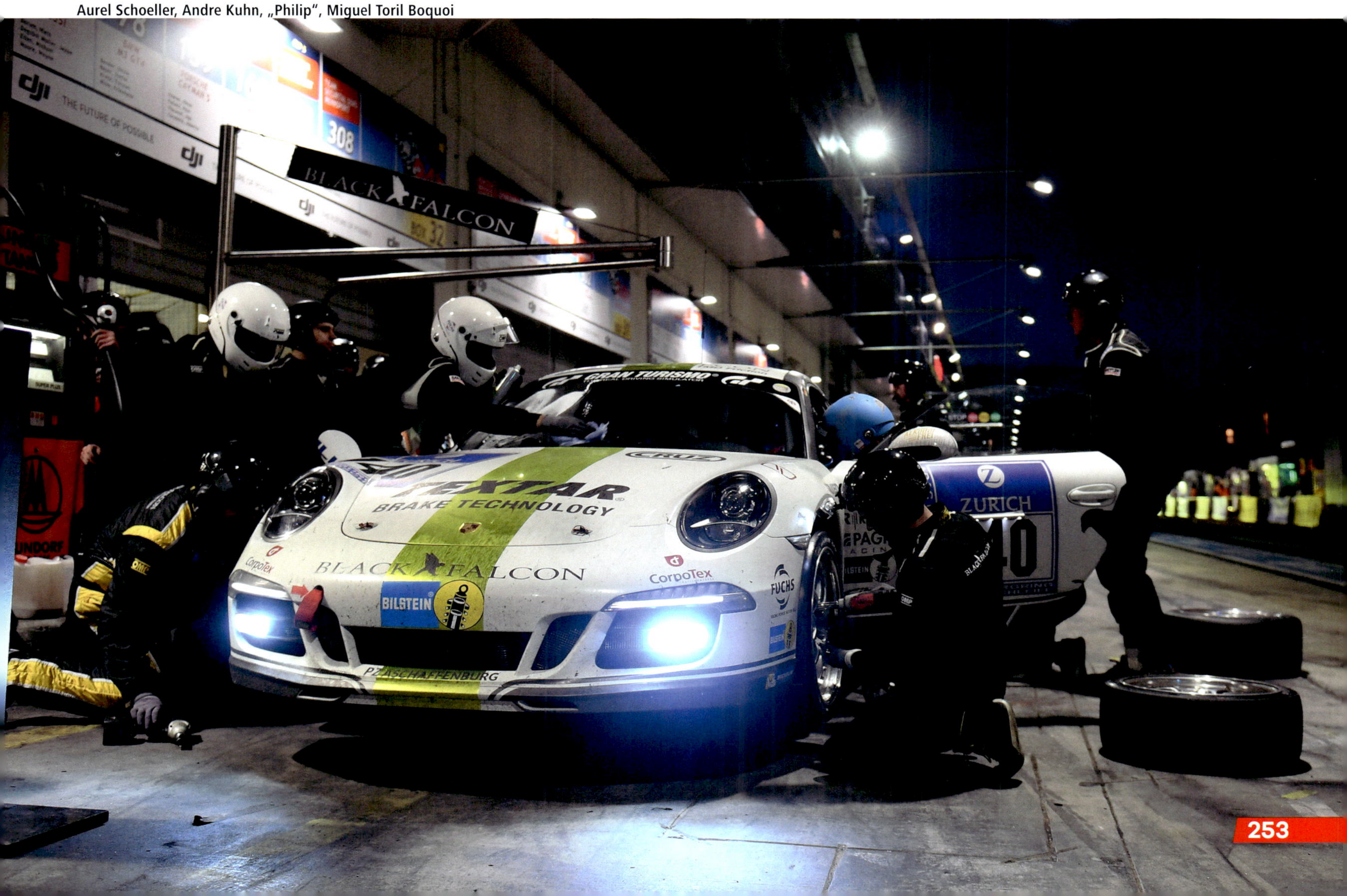

// RACE FACTS

5,697
Sekunden
betrug der Abstand zwischen dem Ersten und Zweiten im Gesamtklassement.

5.697 seconds was the margin between the first- and second-placed team in the overall classification.

40
Fahrzeuge
blieben mit technischem Defekt liegen,
82 verunfallten.

40 cars got stuck due to technical issues, 82 cars had accidents.

Die Gesamtsieger absolvierten
3400,65
Kilometer.
Aufgrund der Unterbrechung ordnet sich diese Distanz auf Platz 23 der ewigen Bestenliste ein.

The overall winners completed 3,400.65 kilomteres. Due to the interruption, this only was the 23rd longest distance in history.

Maro Engel **markierte in**
08.14,515
Minuten die Pole-Position und markiere in
08.19,002
Minuten auch die schnellste Rennrunde. Und das in zwei verschiedenen Fahrzeugen!

Maro Engel claimed pole position with a time of 8m14.515s and also posted the fastest race lap time of 8m19.002s. And he did so with two different cars.

Zum
44. Mal
richtete der ADAC das 24 Stunden-Rennen auf dem Nürburgring aus.

The ADAC organised the 24-hour race at the Nürburgring for the 44th time.

Seit
17
Jahren
ist Zurich der Titelsponsor.

Zurich has been the title sponsor for 17 years.

Alle Starter zusammen drehten
13.656
Runden, welches einer Distanz von
346.561,97
Kilometern entspricht.

All participants together racked up 13,656 laps, equalling a distance of 346,561.97 kilometres.

50 Stop-and-Go-Strafen

wurden ausgesprochen.

50 stop-and-go penalties were issued.

25,378 Kilometer

misst eine Runde aus der Kombination Grand-Prix-Kurs ohne Mercedes-Arena plus Nordschleife.

25,378 kilometres is the length of a lap at the combination of the Grand Prix circuit without the Mercedes Arena and the Nordschleife.

7.028

verschiedene Fahrerinnen und Fahrer haben seit 1970 teilgenommen.

7,028 different drivers, male and female, took the start since 1970.

Zum ersten Mal wurde das Rennen um

15.30 Uhr

gestartet.

For the first time, the race got underway at 15.30 hrs.

Mit **39** **Teilnahmen ist**

Volker Strycek

der mit Abstand fleißigste Starter. Mit gerade einmal 18 Jahren absolvierte er seinen ersten Start 1976. 1994 musste Strycek pausieren: Beim Fußballspielen mit seinem Sohn brach er sich einen Fuß.

With 39 participations to his name, Volker Strycek is the most experienced driver by far. At the age of only 18, he took part for the first time in 1976. In 1994, Strycek had to miss out on the race, having broken his foot while playing football with his son.

16 Erfolge: Rekord-Klassensieger Heinz-Josef Bermes

war dieses Mal nicht am Start.

16 victories: record class winner Heinz-Josef Bermes didn't take part this time.

Erstmals seit 1987, damals 3-Sat, fand Dank RTL nitro wieder eine

25 Stunden lange Liveübertragung

des Rennens im TV statt.

For the first time since 1987, back then on 3-Sat, there was a 25 hours' long live broadcast of the race on TV thanks to RTL nitro.

Es gab **32** Führungswechsel **im Gesamtklassement.**

There were 32 changes in the overall lead.

Abgesehen von den beiden Mercedes-AMG aus der GT3-Klasse, gab es in der V6

das knappste Ergebnis:

7.14,080 Minuten Vorsprung hatte der Black Falcon-911 auf den Zimmermann-Cayman.

Apart from the two Mercedes-AMGs in the GT3 class, the V6 category had the closest finish: the Black Falcon 911 had a margin of 7m14.080s on the Zimmermann Cayman.

44. Internationales ADAC Zurich 24 Stunden-Rennen

Nürburgring Grand-Prix-Track (excluding Mercedes-Arena) and Nordschleife, Track length: 25.378 metres
May 26th to 29th, 2016

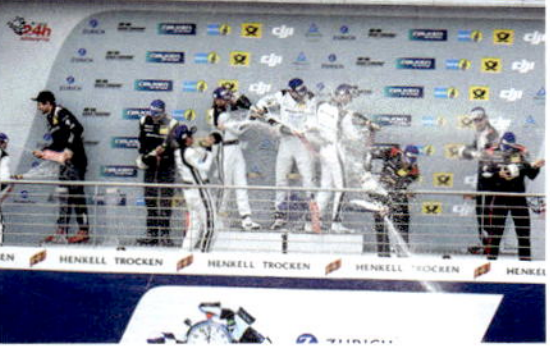
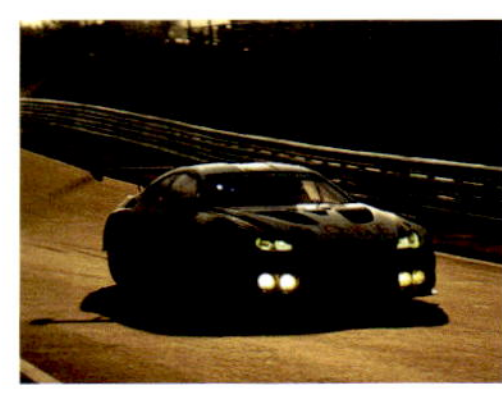
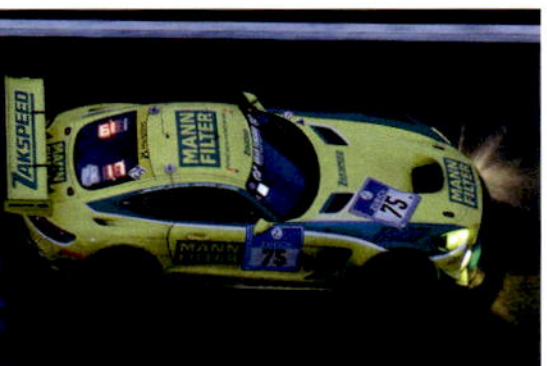
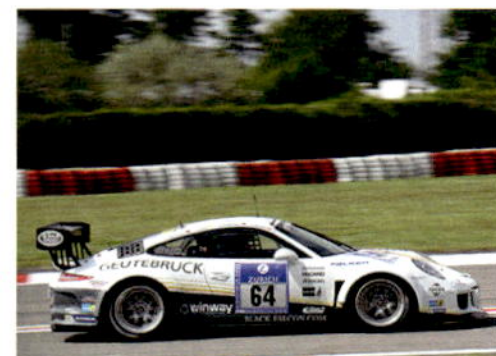
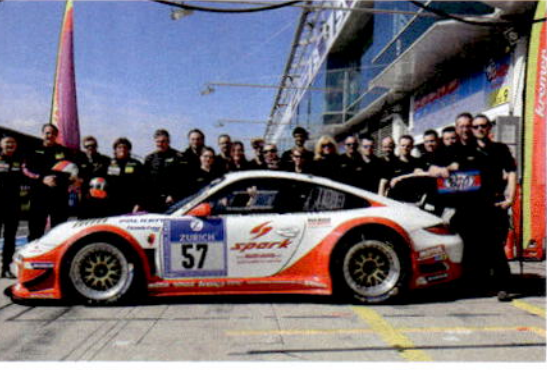
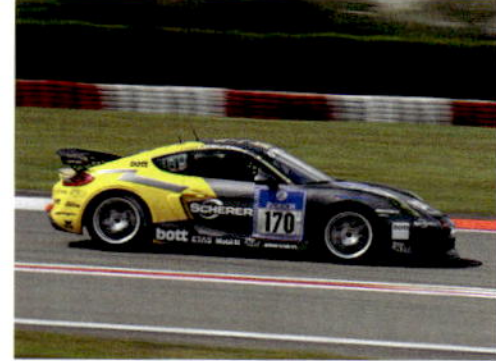
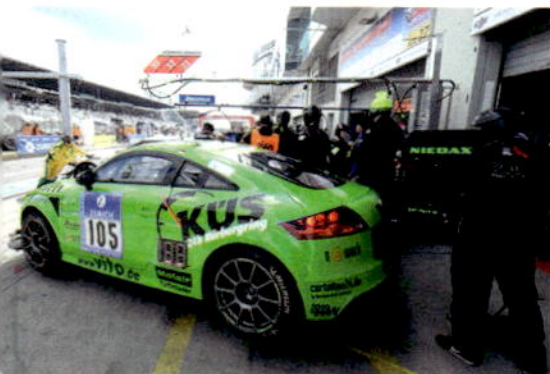
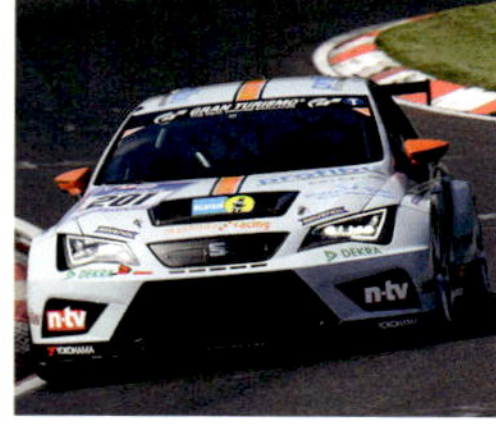

Pos.	No.	Class	Team, Drivers	Car	Laps	Overall time	Fastest Lap	Qualifying	Grid
1	4	SP9	AMG-Team Black Falcon Bernd Schneider / Maro Engel / Adam Christodoulou / Manuel Metzger	Mercedes-AMG GT3	134	24:07:46.500	08.19,002	08.25,146	17
2	29	SP9	AMG-Team HTP-Motorsport Christian Vietoris / Marco Seefried / Christian Hohenadel / Renger Van der Zande	Mercedes-AMG GT3	134	24:07:52.197	08.19,788	08.20,514	9
3	88	SP9	HARIBO Racing Team - AMG Uwe Alzen / Lance David Arnold / Maximilian Götz / Jan Seyffarth	Mercedes-AMG GT3	133	24:00:56.132	08.20,370	08.18,380	3
4	9	SP9	AMG-Team Black Falcon Hubert Haupt / Yelmer Buurman / Maro Engel / Dirk Müller	Mercedes-AMG GT3	133	24:01:45.258	08.19,563	08.14,515	1
5	23	SP9	ROWE Racing Alexander Sims / Philipp Eng / Maxime Martin / Dirk Werner	BMW M6 GT3	133	24:05:34.024	08.19,697	08.22,695	15
6	75	SP9	MANN-Filter Team Zakspeed Kenneth Heyer / Sebastian Asch / Luca Ludwig / Daniel Keilwitz	Mercedes-AMG GT3	131	24:07:17.677	08.25,488	08.22,644	14
7	38	SP9	Bentley Team ABT Christopher Brück / Fabian Hamprecht / Christian Menzel / Guy Smith	Bentley Continental GT3	131	24:09:49.685	08.26,759	00.00,000	28
8	2	SP9	Audi Sport Team WRT Stuart Leonard / Robin Frijns / Edward Sandström / Frederic Vervisch	Audi R8 LMS	130	24:00:22.618	08.23,615	08.20,662	10
9	44	SP9	Falken Motorsports Peter Dumbreck / Wolf Henzler / Martin Ragginger / Alexandre Imperatori	Porsche 911 GT3-R	130	24:04:43.437	08.29,488	08.27,544	35
10	16	SP9	Twin Busch Motorsport Marc Busch / Dennis Busch / Christian Mamerow / René Rast	Audi R8 LMS	130	24:06:57.378	08.25,624	00.00,000	30
11	35	SP9	Nissan GT Academy Team RJN Michael Krumm / Lucas Ordonez / Kazuki Hoshino / Alex Buncombe	Nissan Nismo GT-R GT3	129	24:03:49.504	08.34,876	08.31,377	24
12	999	SP9	Walkenhorst Motorsport powered by Dunlop Victor Bouveng / Tom Blomqvist / Christian Krognes / Michele Di Martino	BMW M6 GT3	129	24:05:32.023	08.25,037	08.19,390	6
13	21	SP9	Wochenspiegel Team Manthey Georg Weiss / Oliver Kainz / Jochen Krumbach / Mike Stursberg	Porsche 911 GT3-R	128	24:00:39.917	08.34,971	08.47,505	27
14	11	SP9	Audi race experience Micke Ohlsson / Christian Bollrath / Ralf Oeverhaus / Maximilian Hackländer	Audi R8 LMS	125	24:00:58.931	08.34,418	08.30,938	36
15	64	SP7	Black Falcon Team TMD Friction Arturo Devigus / Andreas Weishaupt / Alexander Josef Toril Boquoi / Mario Farnbacher	Porsche 911 GT3-Cup	124	24:00:10.594	08.49,118	08.48,107	40
16	12	SP9	Manthey Racing Otto Klohs / "Dieter Schmidtmann" / Jens Richter / Robert Renauer	Porsche 911 GT3-R	123	24:03:01.619	08.25,747	08.23,477	32
17	37	SP9	Bentley Team ABT Christer Jöns / Steven Kane / Christopher Brück / Marco Holzer	Bentley Continental GT3	123	24:04:51.701	08.24,318	08.27,989	21
18	33	SP9	Car Collection Motorsport Andreas Ziegler / "G. Tonic" / Ronnie Saurenmann / Peter Schmidt	Audi R8 LMS	123	24:08:23.611	08.51,204	08.51,265	46
19	56	SP7	Frikadelli Racing Team John Shoffner / Janine Hill / Arno Klasen / Duncan Huisman	Porsche 911 GT3-Cup	122	24:04:05.319	08.50,581	08.52,746	47
20	106	SP3T	Subaru Tecnica International Carlo van Dam / Marcel Lasee / Tim Schrick / Hideki Yamauchi	Subaru WRX STI	121	23:58:27.533	09.11,340	09.08,288	56
21	57	SP7	Kremer Racing Eberhard Baunach / Wolfgang Kaufmann / Philippe Haezebrouck / Edgar Salewsky	Porsche 911 KR	121	24:03:26.491	08.55,514	08.50,191	44
22	101	SP9	Walkenhorst Motorsport powered by Dunlop Matias Henkola / Yamauchi Kazunori / Max Sandritter / George Richardson	BMW M6 GT3	121	24:05:36.600	08.29,446	08.23,238	31
23	170	SP-X	Manthey Racing Christoph Breuer / Christian Gebhardt / Lars Kern	Porsche Cayman GT4	121	24:06:38.595	09.10,908	09.07,033	54
24	36	SP-PRO	TOYOTA GAZOO Racing with TOM'S Tatsuya Kataoka / Takeshi Tsuchiya / Kazuya Oshima / Takuto Iguchi	Lexus RC F	121	24:06:56.231	08.42,521	08.37,386	38
25	305	Cup 5	Bonk Motorsport Michael Schrey / Alexander Mies / Emin Akata / Dries Vanthoor	BMW M235i Racing Cup	120	24:14:14.618	09.32,198	09.28,093	70
26	702	SP-X	Scuderia Cameron Glickenhaus Thomas Mutsch / Jeff Westphal / Andreas Simonsen / Felipe Laser	SCG003C	119	24:13:20.846	08.27,151	08.29,862	23
27	310	Cup 5	Scheid Honert Motorsport Thomas Jäger / Max Partl / Rudi Adams	BMW M235i Racing Cup	118	24:06:47.022	09.31,798	09.32,473	72
28	354	Cup 3	raceunion Teichmann Racing Hans Holmlund / Tommy Graberg / Scott Marshall / Moritz Gusenbauer	Porsche Cayman GT4 CS	118	24:07:59.014	09.21,015	00.00,00	155
29	68	SP7	HRT Performance Michael Czyborra / Stefan Kenntemich / Kim Hauschild / Sergio Negroni	Porsche 911 GT3-Cup	117	24:01:19.401	09.02,612	08.53,043	48
30	303	Cup 5	Pixum Team Adrenalin Motorsport Norbert Fischer / Daniel Zils / Uwe Ebertz	BMW M235i Racing Cup	117	24:05:21.792	09.35,808	09.41,777	86
31	140	V6	Black Falcon Team TMD Friction Aurel Schoeller / Andre Kuhn / "Philip" / Miguel Toril Boquoi	Porsche 911 Carrera	116	24:01:37.853	09.33,392	09.33,227	73
32	105	SP3T	MSC Sinzig e. V. im ADAC Rudi Speich / Roland Waschkau / Dirk Vleugels / Thorsten Jung	Audi TT	116	24:03:50.257	09.27,732	09.21,929	65
33	201	TCR	mathilda racing Georg Niederberger / Jürgen Wohlfarth / Andreas Gülden / Jordi Gene	Seat Leon TCR	116	24:04:46.986	09.17,683	09.14,631	60
34	137	V6	Team Mathol Racing e. V. Ivan Jacoma / Claudius Karch / Timo Mölig / Marc Hennerici	Porsche Cayman S	116	24:08:51.933	09.30,075	09.42,740	88
35	83	SP6	David Ackermann / Carsten Welschar / Jörg Wiskirchen / Walter Csaba	Porsche GT3 Cup	114	23:59:11.604	09.13,560	09.22,110	66
36	58	SP7	S: 9 und 11 Racing Georg Goder / Martin Schlüter / Tim Scheerbarth / Dirk Leßmeister	Porsche 911 GT3-Cup	114	24:02:57.567	08.57,784	08.50,858	45
37	318	Cup 5	FK Performance Gbr. Thorsten Wolter / Yannick Mettler / Patrick Hinte / Alex Lambertz	BMW M235i Racing Cup	113	24:01:56.714	09.44,226	09.41,680	85
38	353	Cup 3	Team Mathol Racing e. V. Marc Keilwerth / Volker Wawer / Rob Thomsen / Winfried Assmann	Porsche Cayman GT4 CS	113	24:02:01.583	09.42,472	09.41,563	84
39	251	Cup 1	Lubner Motorsport Michael Brüggenkamp / Robert Schröder / Johann Wanger / Stefan Tribelhorn	Opel Astra OPC Cup	112	24:04:28.544	09.53,731	9.57,144	99
40	316	Cup 5	S: FK Performance Gbr. Fabian Finck / Michael Mohr / Yann Munhowen / Andreas Schaflitzl	BMW M235i Racing Cup	111	23:58:59.812	09.44,354	00.00,000	157
41	252	Cup 1	Lubner Motorsport Marcel Hartl / Roger Vögeli / Jens Wulf / Ilkka Kariste	Opel Astra OPC Cup	111	24:00:08.231	09.58,805	10.00,901	102

Pos.	No.	Class	Team, Drivers	Car	Laps	Overall time	Fastest Lap	Qualifying	Grid
42	141	V4	Pixum Team Adrenalin Motorsport Christopher Rink / Danny Brink / Gabriele Piana / Niklas Steinhaus	BMW 325i	111	24:03:00.782	10.21,222	10.29,286	131
43	308	Cup 5	Team Securtal Sorg Rennsport Heiko Eichenberg / Felix Günther / Moritz Oberheim / Kevin Warum	BMW M235i Racing Cup	111	24:08:10.115	09.35,780	09.34,596	75
44	161	V4	Team AutoArenA Motorsport Patrick Assenheimer / Marc Marbach / Werner Gusenbauer	Mercedes-Benz C 230	110	23:58:12.934	10.23,580	10.27,092	128
45	45	SP8	TC-R & Vetter Motorsport Philipp Göschel / Dirk Heldmann / Rolf Scheibner / Frank Weishar	BMW M3	110	23:58:27.184	09.23,638	09.23,931	68
46	320	Cup 5	Walkenhorst Motorsport powered by Dunlop Thomas D. Hetzer / Stefan Kruse / Henning Cramer / Florian Weber	BMW M235i Racing Cup	110	24:00:42.949	09.54,130	09.52,595	95
47	1	SP9	Audi Sport Team WRT Laurens Vanthoor / Christopher Mies / Nico Müller / Pierre Kaffer	Audi R8 LMS	109	24:00:22.551	08.20,706	08.28,361	22
48	301	Cup 5	Pixum Team Adrenalin Motorsport Nadir Zuhour / Mohammed Al Owais / Bashar Mardini / Einar Thorsen	BMW M235i	109	24:05:22.180	09.59,036	10.16,279	117
49	156	V5	S: Schmickler Performance Albert Egbert / Maik Rönnefarth / Michael Hollerweger	BMW 330i	108	23:56:46.733	10.19,772	10.16,052	116
50	176	V2T	S: rent2Drive-racing Axel Jahn / Andrei Sidorenko / Florian Quante / Bernd Kleeschulte	Renault Megane RS	108	23:56:50.579	10.13,833	10.20,302	121
51	85	SP6	Hofor-Racing Martin Kroll / Chantal Kroll / Bernd Küpper / Lars Jürgen Zander	BMW M3 CSL	108	24:01:08.935	09.47,538	09.37,885	79
52	47	SP8T	TC-R & Vetter Motorsport Hans-Martin Gass / Heiko Hahn / Roland Konrad / Kristian Vetter	BMW E82	108	24:01:28.651	09.32,209	09.38,771	82
53	111	AT	S: Saxon Motorsport Nicki Barrow / Dave Cox / Ric Shaw / Jamie Morrow	BMW 135D GTR	108	24:05:07.643	09.46,712	10.10,853	108
54	51	SP8T	Team Securtal Sorg Rennsport Niels Borum / Jeppe Degnbol Moller / Michael Eden / Wayne Moore	BMW 335i	108	24:06:16.237	10.05,537	10.28,948	129
55	154	V5	Hofor-Racing Simon Glenn / Jody Halse / Marcos Burnett / Cemal Osman	BMW M3	106	23:57:34.077	10.17,360	10.26,769	127
56	65	SP8	Aston Martin Test Centre Heinz-Jürgen Kroner / Wolfgang Schuhbauer / Dr. Ulrich Bez / Tobias Neuser	Aston Martin Vantage V12	106	23:59:49.206	09.38,003	09.36,726	77
57	103	SP3T	Team Mathol Racing e. V. Jörg Kittelmann / Klaus Müller / Thomas Heinrich	Seat Leon Supercopa	106	23:59:52.307	10.06,142	10.12,987	111
58	253	Cup 1	S: Team WS-Racing Bernhard Henzel / Stephan Kuhs / Jean-Luc Behets / Ralf Lammering	Opel Astra OPC Cup	105	23:59:46.541	10.06,640	10.14,323	113
59	43	SP8	AF Racing AG / R Motorsport Dr. Andreas Bänziger / Peter Lemhuis / Dr. Florian Kamelger / Mal Rose	Aston Martin Vantage V8	105	23:59:49.330	09.41,653	09.57,912	101
60	113	AT	Thomas Hanisch / Michael Eichhorn / Markku Honkanen / Bastian Goercke	Audi A4 quattro	105	24:00:21.035	10.31,825	10.42,885	142
61	177	V2T	Lena Strycek / Robin Strycek / Volker Strycek	Opel Astra OPC	105	24:00:59.378	10.25,694	10.25,445	126
62	157	V4	Manheller Racing Yutaka Seki / David Quinland / Hajo Müller / Jens Noeske	BMW 325i	105	24:01:10.835	10.28,811	10.53,158	145
63	118	SP3	Junichi Umemoto / Lutz Marc Rühl / Kouichi Okumura / Teruhiko Hamano	Renault Clio RS Cup	105	24:03:19.191	10.37,199	10.58,618	146
64	53	SP8	Ring Racing Christoph Wüest / Thomas Lampert / Manuel Amweg / Marc-Remo Kündig	Lexus ISF CCS-R	105	24:06:05.347	09.39,599	9.55,487	97
65	134	SP2T	Hyundai Motor Deutschland GmbH Joachim Kisch / Jürgen Nett / Timo Schupp / Alexander Köppen	Hyundai Veloster 1,6T	104	23:57:15.600	10.18,152	10.24,352	123
66	50	SP8	Stephan Wölflick / Urs Bressan / Jürgen Gagstatter / Tim Neuser	Ford Mustang	104	23:59:37.550	09.44,575	09.55,877	98
67	126	SP3	Königlicher Auto-Moto-Club St. Vith "Brody" / Maciej Dreszer / Olivier Muytjens / Bruno Barbaro	Toyota GT86	104	24:00:43.554	10:34,227	10.17,805	119
68	138	V6	Team Mathol Racing e. V. Christian Eichner / Rüdiger Schicht / Sebastian Schäfer / Herbert von Danwitz	Porsche Cayman S	104	24:02:01.883	10.19,827	10.15,291	115
69	46	SP8	TC-R & Vetter Motorsport Thomas Ahles / Dierk Möller / Tom Moran / Rudi Adams	BMW E82	103	23:58:43.952	09.30,440	09.18,991	62
70	152	V5	Pixum Team Adrenalin Motorsport Andreas Winkler / Michael Klotz / Holger Kroth / Urs Zünd	BMW Z4	103	24:03:01.670	10.26,495	10.35,899	139
71	110	SP4T	AC 1927 Mayen e. V. im ADAC Dr. Stefan Lohn / Andre Benninghoven / Maik Kraske / Marc Jaussi	VW Golf Gti R-Line	103	24:03:17.800	09.57,198	09.57,581	100
72	52	SP8	Ring Racing, S:NOVEL Uwe Kleen / Masashige Itoh / Klaus Völker / Horst Baumann	Lexus ISF CCS-R	103	24:06:05.382	09.35,834	09.41,813	87
73	123	SP3	Toyota Team Thailand Suttipong Smittacharch / Nattavude Charoensukhawatana / Kulapalanont Manat / Hortongkum Nattapong	Toyota Corolla Altis	102	24:01:08.272	10.21,763	10.32,222	135
74	162	V4	S: MSC Adenau e. V. im ADAC Michael Mönch / Jan von Kiedrowski / Jang Han Choi / Marco van Ramshorst	BMW 325i	101	23:55:14.435	10.31,349	10.32,445	136
75	302	Cup 5	Pixum Team Adrenalin Motorsport Bogdan Capusan / Alessandro Cremascoli / Ralph-Peter Rink / Michael Hofmann	BMW M235i Racing Cup	101	24:05:22.684	09.47,604	10.14,932	114
76	250	Cup 1	Lubner Motorsport Sandro Rothenberger / Norbert Mehlilng / Rogerio Carvalhais / Matthew McFadden	Opel Astra OPC Cup	100	24:00:57.438	10.34,943	10.34,755	138
77	178	V2T	Pro handicap e.V. Wolfgang Müller / Felix Horn / Markus Horn	Volkswagen Scirocco GT-RS	100	24:01:11.561	10.40,947	10.29,154	130
78	150	SP3	AC 1927 Mayen e. V. im ADAC Ralph Liesenfeld / Sebastian Durik / Ralf Wiesner / Carsten Erpenbach	Volkswagen Golf GTi 16V	99	24:00:56.737	11.00,616	11.48,317	150
79	169	V3	Königlicher Auto-Moto-Club Jacques Derenne / Kurt Dujardyn / Olivier Muytjens / "Brody"	Toyota GT86	99	24:01:13.588	11.09,246	11.10,825	150
80	355	Cup 3	Mühlner Motorsport Daniel Bohr / Frank Schmickler / Pierre Humbert	Porsche Cayman GT4 CS	99	24:01:55.642	09.23,002	09.16,231	61
81	132	SP2T	Ralf Zensen / Jürgen Bretschneider / Steffen Fürsch / Ralph Beck	Mini Cooper	99	24:05:08.091	10.22,978	10.25,800	124
82	175	V2T	mathilda racing Michael Paatz / Knut Kluge / Josef Kocsis / Jörg Chmiela	Volkswagen Scirocco GT-RS	98	24:06:37.348	09.53,597	10.11,910	110
83	124	SP3	Toyota Team Thailand Jum Supaphongs / Hortongkum Nattapong / Ruengsomboon Arthit / Jian Hong Chen	Toyota Corolla Altis	97	24:01:08.340	11.00,043	11.00,993	147
84	326	SP2T	Toyota GAZOO Racing Masahiko Kageyama / Tomoyuki Katayama / Herwig Daenens	Toyota C-HR Racing	97	24:01:50.841	10.55,412	11.06,233	148
85	142	V4	Pixum Team Adrenalin Motorsport Ioannis Smyrlis / Klaus-Dieter Frommer / Uwe Mallwitz / Hui Kang Byung	BMW 325i	96	24:03:01.259	10.35,135	10.45,940	144
86	139	V6	Team Securtal Sorg Rennsport Peter Haener / Paul Follett / Ugo Vincenzi / Alberto Carobbio	Porsche Cayman S	95	24:08:10.017	10.13,524	10.17,282	118
87	119	SP3	Tobias Overbeck / Thomas Overbeck / Daniel Overbeck / Cassandra Reichle	Renault Clio RS Cup	95	24:08:45.050	10.32,353	10.31,769	133
88	145	V6	Speedworxx Racing Jose Visir / Jorge Cersosimo / Alejandro Chawan / Marcos Vazquez	Porsche 911 Carrera	93	24:06:49.049	09.54,164	09.48,298	94
89	254	Cup 1	S: Team WS-Racing Friedrich Rabensteiner / Uwe Stein / Tatjana Hanser / Christoph Hewer	Opel Astra OPC Cup	93	24:08:11.868	10.55,381	10.45,353	143

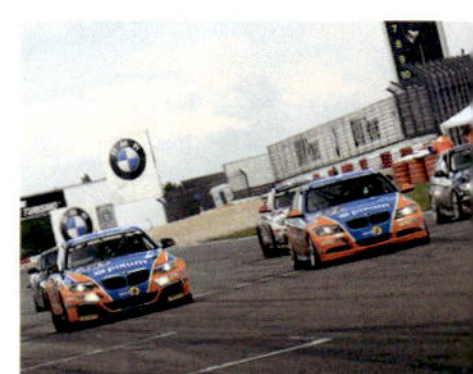
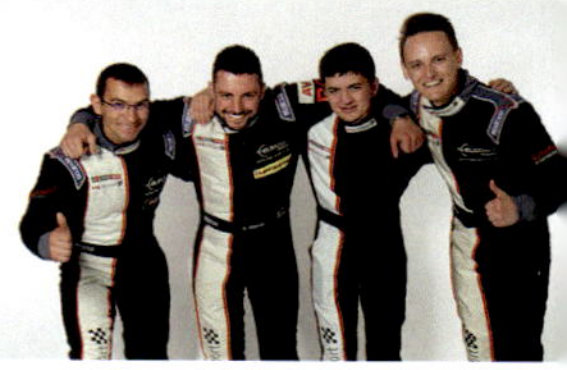
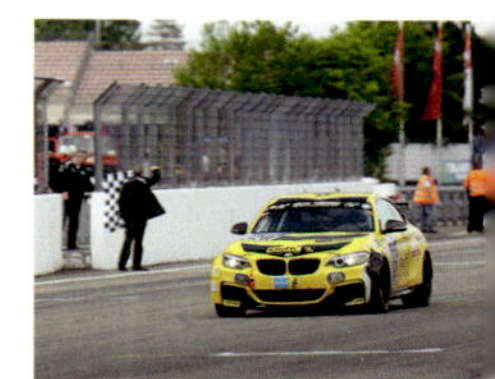
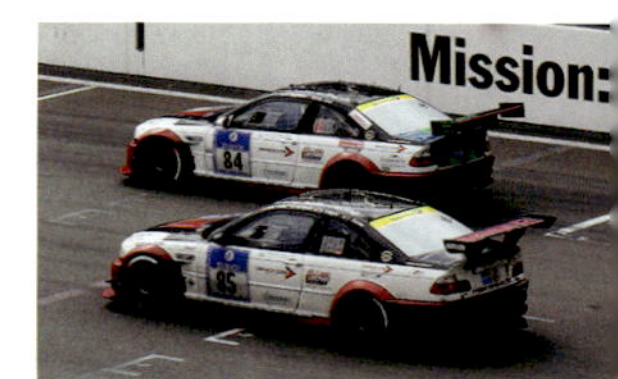

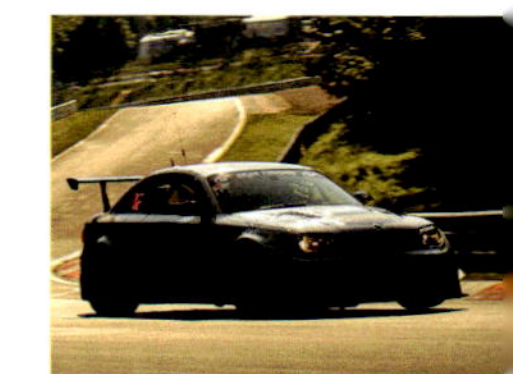
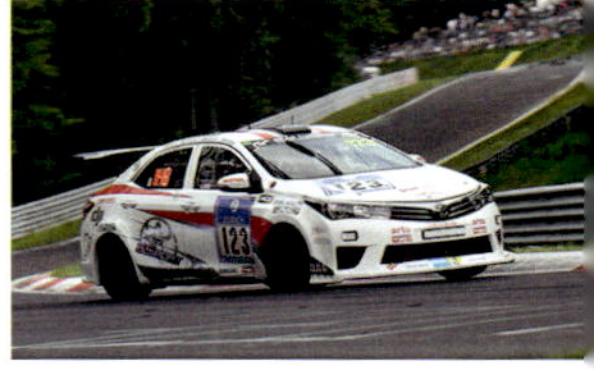
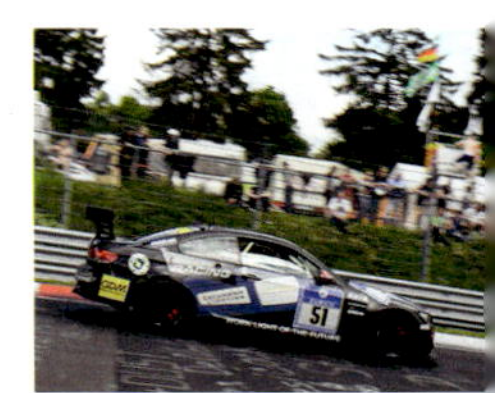
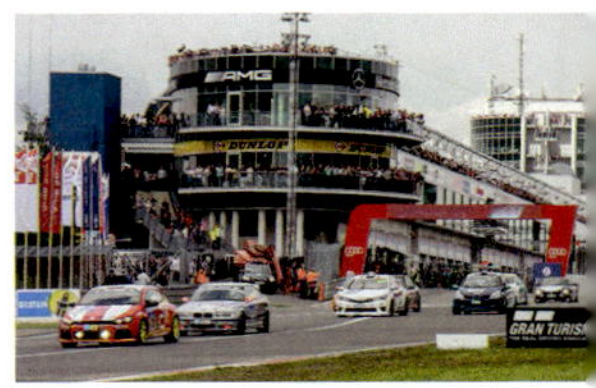
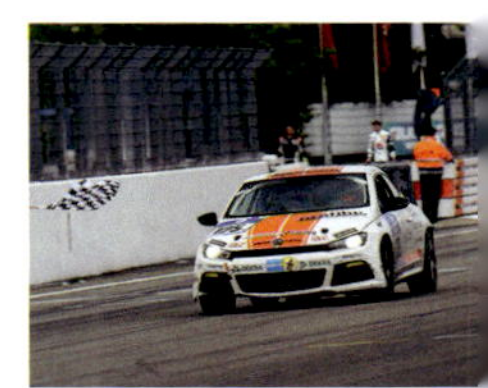
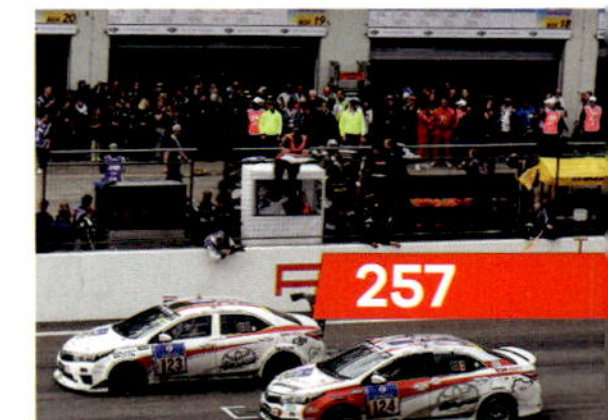

44. Internationales ADAC Zurich 24 Stunden-Rennen

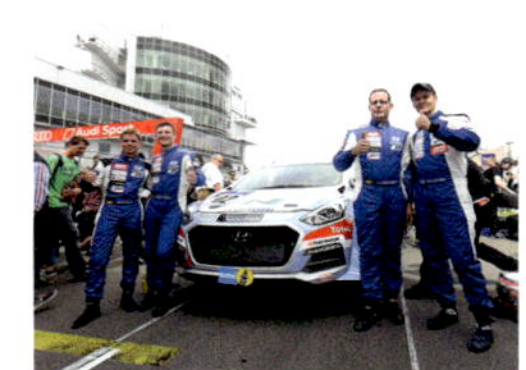
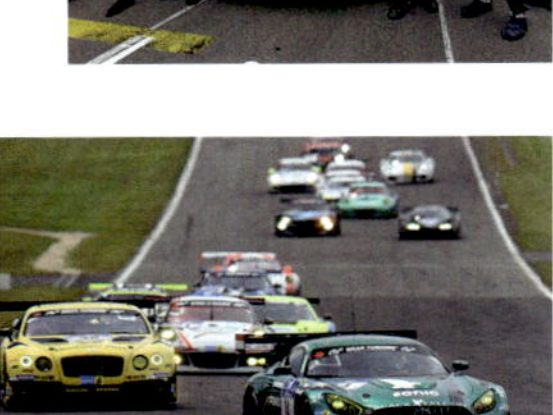
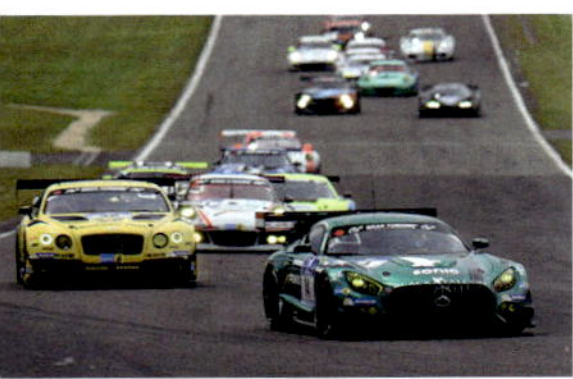
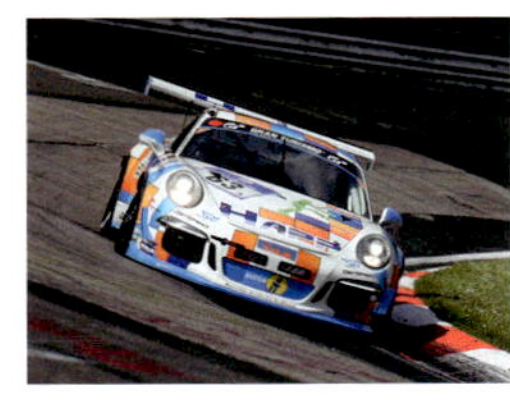
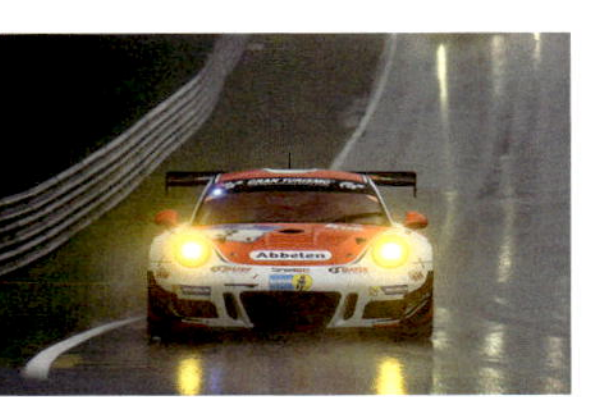

Pos.	No.	Class	Team, Drivers	Car	Laps	Overall time	Fastest Lap	Qualifying	Grid
90	102	SP3T	Hyundai Motor Deutschland GmbH Michael Bohrer / Rory Pentinnen / Bruno Beulen / Alexander Köppen	Hyundai i30 2,0T	91	23:59:36.701	09.55,636	10.34,332	137
91	304	Cup 5	Bonk Motorsport Axel Burghardt / Michael Bonk / Jens Moetefind / Andreas Möntmann	BMW M235i Racing Cup	91	24:00:45.821	09.44,370	09.55,261	96
92	115	AT	Christian Gatterer / Johan Sandberg	BMW 530i	91	24:00:46.014	10.47,567	11.10,297	149
93	204	TCR	racing one GmbH Benjamin Leuchter / Fabian Danz / Dennis Wüsthoff / Tim Zimmermann	VW Golf GTi TCR	91	24:04:37.009	09.19,067	09.12,455	58
94	84	SP6	Hofor-Racing Martin Kroll / Chantal Kroll / Michael Kroll / Roland Eggimann	BMW M3 CSL	90	24:01:08.827	09.47,978	09.23,691	67
95	130	SP4T	S: MSC Adenau e. V. im ADAC Tobias Jung / Marcel Müller / Patrick Boidron / Andreas Kunert	Opel Calibra	85	24:00:57.051	11.14,549	11.27,396	152
96	136	SP2T	Manheller Racing Dale Lomas / Lucian Gavris / Bradley Philpot / Anthony Gaylard	Ford Fiesta ST	85	24:04:23.632	10.44,002	10.39,401	141
97	133	SP3	Hyundai Motor Deutschland GmbH Markus Schrick / Peter Schumann / Guido Naumann / Heiko Hammel	Hyundai i30 1,6T	82	24:08:15.050	09.57,402	10.05,368	106
98	77	SP10	STADAvita Racing Team Jean-Louis Hertenstein / Scott Preacher / "Takis" / Markus Lungstrass	Aston Martin Vantage V8	79	24:01:59.745	09.29,051	09.36,950	78
99	114	AT	OVR Racing Ralph Caba / Volker Lange / Oliver Sprungmann	Ford Focus RS	75	24:08:13.751	10.06,405	10.22,305	122
100	171	V3T	Race-House Motorsport Dag von Garrel / Carsten Ohlinger / Meyrick Cox	BMW M235i	73	23:57:11.167	10.17,122	00.00,000	156
101	317	Cup 5	S: FK Performance Gbr. Alain Pier / Thomas Müller / Udo Schauland / Andreas Ott	BMW M235i Racing Cup	71	24:10:35.174	09.56,177	10.01,624	103

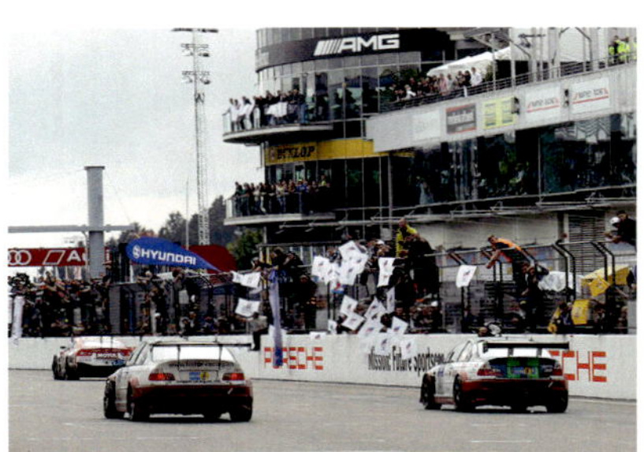
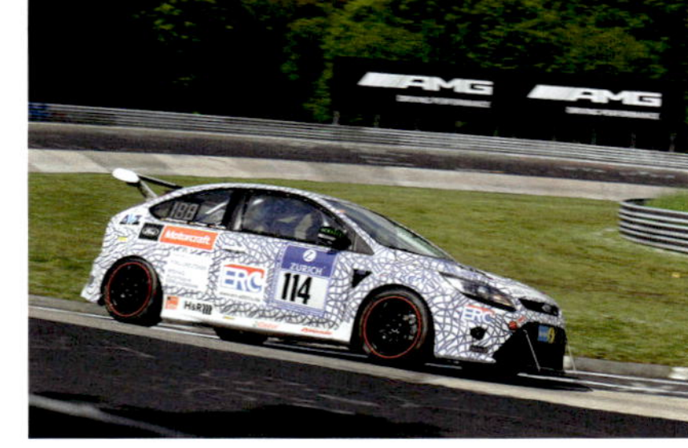
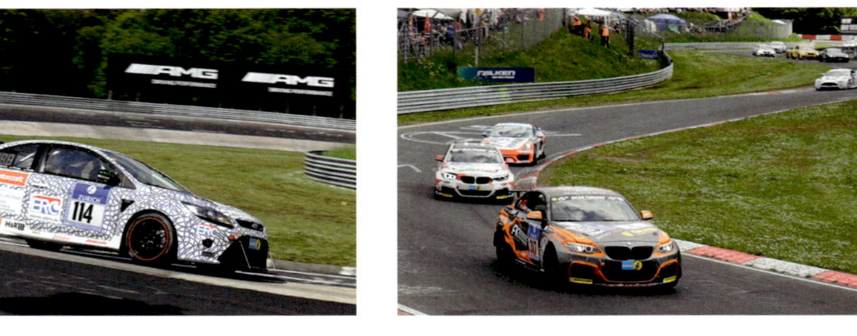

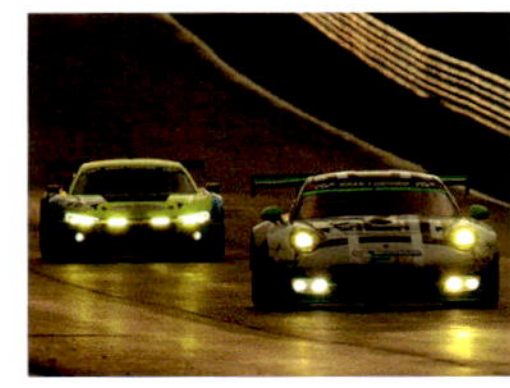
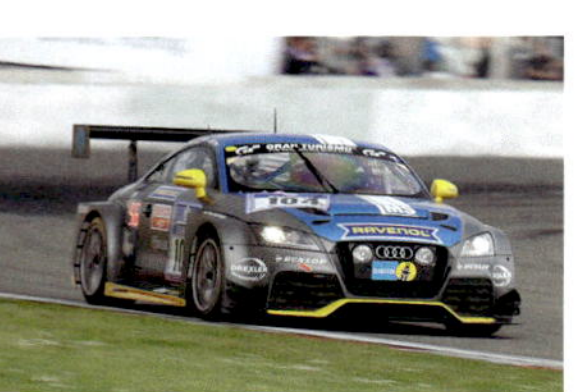
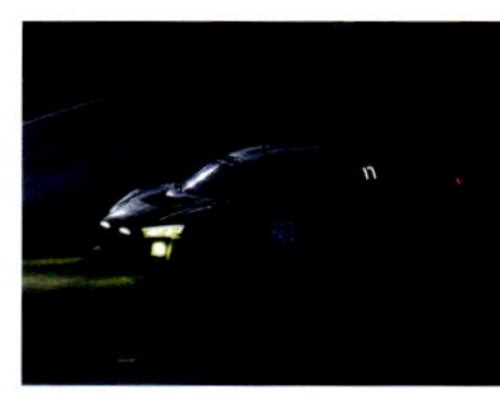
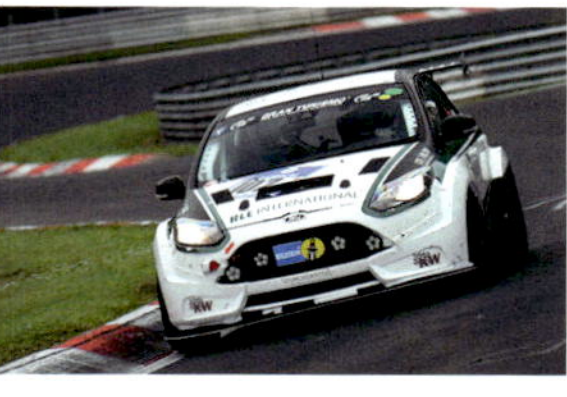
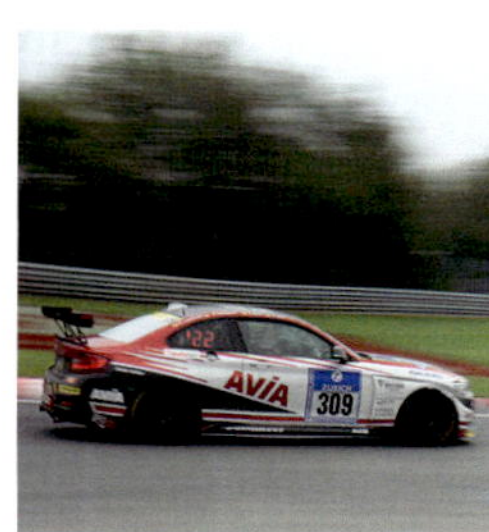

not classified:

Pos.	No.	Class	Team, Drivers	Car	Laps	Overall time	Fastest Lap	Qualifying	Grid
	5	SP9	Phoenix Racing Frank Stippler / Anders Fjordbach / Edoardo Mortara / Nikolas Mayr-Melnhof	Audi R8 LMS	117	21:59:17.823	08.22,038	08.19,138	5
	25	SP9	Konrad Motorsport GmbH Christopher Zöchling / Franz Konrad / Dominik Farnbacher / Lucas Stolz	Lamborghini Huracan GT3	111	21:24:22.765	08.27,858	08.25,252	19
	912	SP9	Manthey Racing Richard Lietz / Jörg Bergmeister / Michael Christensen / Fred Makowiecki	Porsche 911 GT3-R	100	19:00:47.264	08.20,345	08.21,948	12
	104	SP3T	LMS Engineering "C. Tiger" / Artur Goroyan / Philipp Leisen / Ullrich Andree	Audi TT-RS	99	20:19:10.580	09.06,294	09.07,446	55
	701	SP-X	Scuderia Cameron Glickenhaus Manuel Lauck / Franck Mailleux / Jeroen Bleekemolen / Felipe Laser	SCG003C	98	21:59:13.224	08.29,769	08.26,435	34
	42	SP8	Aston Martin Test Centre Peter Cate / Dr. Florian Kamelger / Darren Turner / Andreas Gülden	Aston Martin Vantage GT8	96	20:36:18.944	09.14,355	09.08,961	57
	100	SP9	Schubert Motorsport GmbH Jonathan Edwards / Jens Klingmann / Lucas Luhr / Martin Tomczyk	BMW M6 GT3	93	17:55:11.560	08.22,072	08.22,342	13
	67	SP7	"Bugs Bunny" / Oleg Kvitka / Florian Scholze / Fabian Schiller	Porsche 991 GT-3 MR 4.0	85	17:59:14.502	08.46,070	08.48,278	41
	62	SP7	GetSpeed Performance Adam Osieka / Kiki Sak Nana / "Andy Sammers" / Steve Jans	Porsche 911 GT3-Cup	82	17:03:52.699	08.56,110	08.49,337	43
	151	V5	Pixum Team Adrenalin Motorsport Christian Büllesbach / Andreas Schettler / James Briody / Carlos Arimon	Porsche Cayman	78	19:11:52.269	10.11,811	10.06,754	107
	69	SP7	Clickvers.de Team Robin Chrzanowski / Kersten Jodexnis / Marco Schelp / Peter Scharmach	Porsche 911 GT3-Cup	77	16:33:58.343	08.57,819	08.54,183	50
	93	SP5	Leutheuser Racing & Events Richard Purtscher / Harald Rettich / Fabrice Reicher / Dominique Nury	BMW 1 M-Coupé GTR	74	17:52:46.494	09.49,117	10.11,484	109
	28	SP9	Montaplast by Land-Motorsport Marc Basseng / Connor de Phillippi / Mike Rockenfeller / Timo Scheider	Audi R8 LMS	67	14:08:32.534	08.29,475	08.34,754	25
	6	SP9	Audi Sport Team Phoenix Christopher Haase / René Rast / Markus Winkelhock / Frank Stippler	Audi R8 LMS	67	14:08:33.027	08.24,124	08.25,027	16
	107	SP3T	Patrick Prill / Marcel Willert / Jens Ludmann / Steffen Schlichenmeyer	Ford Focus ST	67	23:28:44.252	10.21,445	00.00,000	158
	309	Cup 5	Team Mathol Racing e. V., AVIA racing Christian Volz / Andre Duve / Rafael Hundeborn / Oliver Louisoder	BMW M235i Racing Cup	64	24:07:23.816	09.46,787	10.02,628	104
	112	AT	Care for climate "Smudo" / Thomas von Löwis of Menar / Daniel Schellhaas / Axel Duffner	Porsche Cayman GT4	63	15:10:34.740	09.34,632	09.39,854	83
	54	SP7	raceunion Teichmann Racing "Airgee" / "Alex Autumn" / Milan Kodidek / Andrea Perlini	Porsche 911 GT3-Cup	63	16:27:07.248	09.21,059	09.38,369	80
	18	SP9	Schubert Motorsport GmbH Augusto Farfus / Jesse Krohn / Jörg Müller / Marco Wittmann	BMW M6 GT3	60	24:04:14.517	08.19,576	08.16,146	2
	22	SP9	ROWE Racing Klaus Graf / Richard Westbrook / Nicky Catsburg / Markus Palttala	BMW M6 GT3	57	12:33:18.654	08.21,442	08.19,862	7
	14	SP9	Black Falcon Abdulaziz Al Faisal / "Gerwin" / Indy Dontje / Robert Huff	Mercedes-AMG GT3	57	16:34:55.743	08.25,339	08.39,434	26
	63	SP7	GetSpeed Performance Ulrich Berg / Patrick Kaiser / Dennis Trebing / Dominik Brinkmann	Porsche 911 GT3-Cup	55	13:37:48.185	08.57,605	08.53,803	49
	13	AT	skate aid e. V. Titus Dittmann / Bernd Albrecht / Reinhard Schall / Michael Lachmeyer	Chrysler (Dodge) Viper	53	23:56:46.019	10.21,224	11.29,181	153
	3	SP9	Frikadelli Racing Team Klaus Abbelen / Sabine Schmitz / Patrick Huisman / Norbert Siedler	Porsche 911 GT3-R	50	12:26:46.654	08.25,499	08.27,990	20
	155	V5	Rotek Racing Robb Holland / David Thilenius / Jonathan Miller	BMW Z4	49	16:17:50.052	10.15,229	10.13,546	112
	24	SP9	Team Zakspeed Marc Gassner / Florian Strauß / Tom Coronel / Hendrik Still	Nissan Nismo GT-R GT3	46	12:06:18.923	08.39,633	09.46,599	92

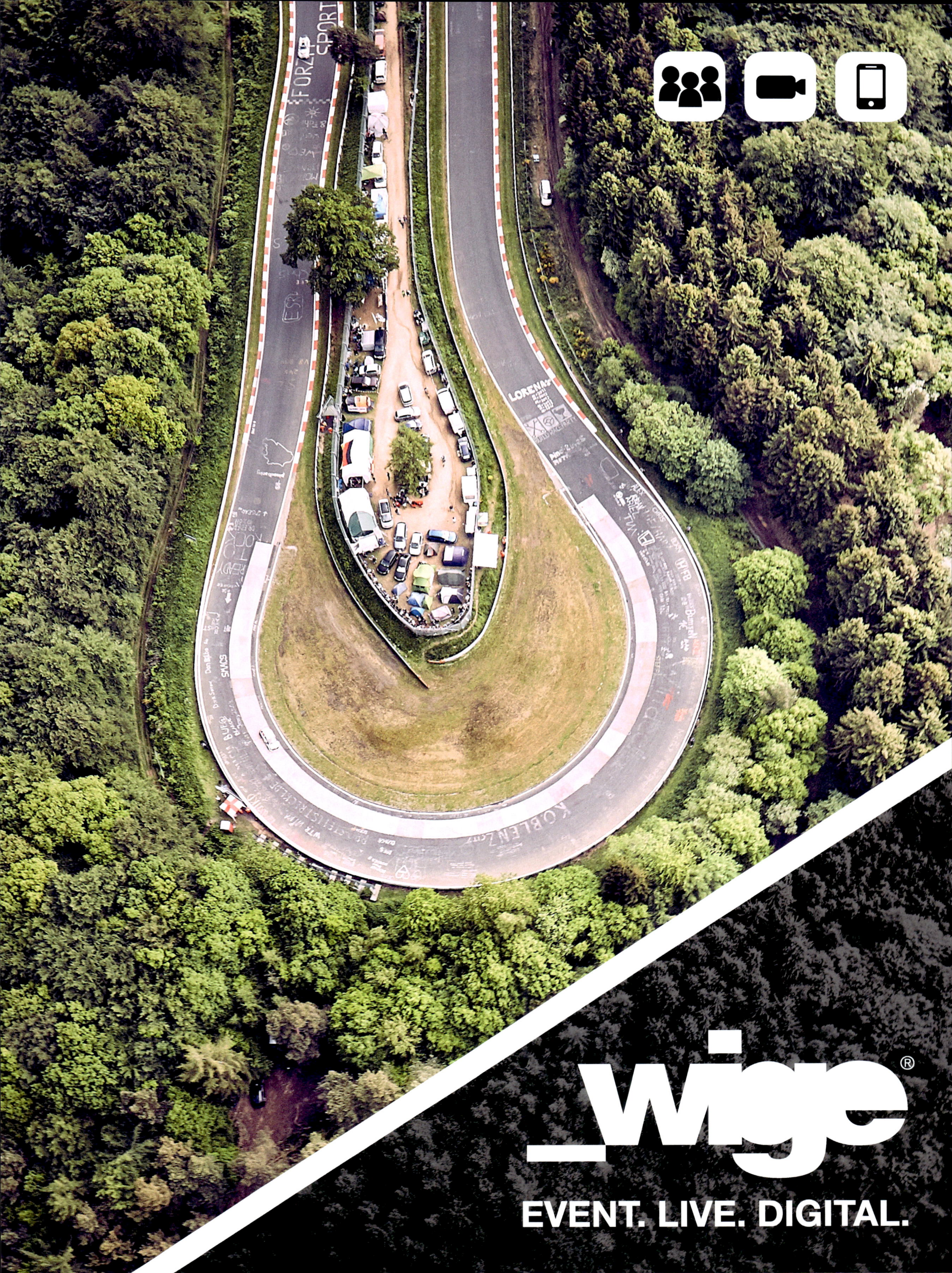

wige®
EVENT. LIVE. DIGITAL.

44. Internationales ADAC Zurich 24 Stunden-Rennen

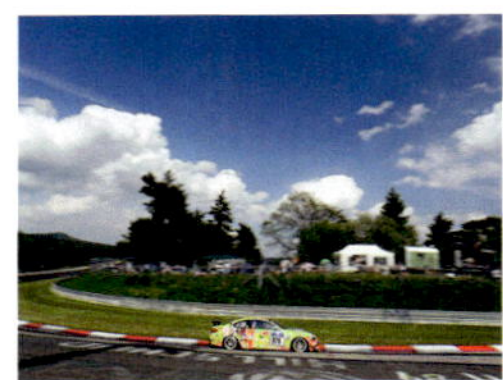
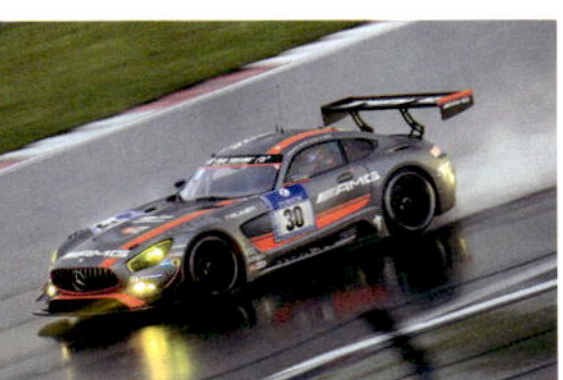
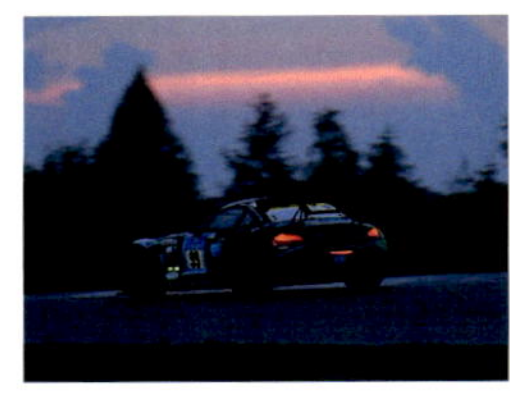
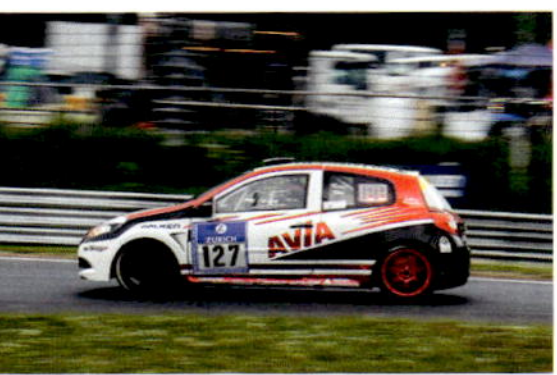
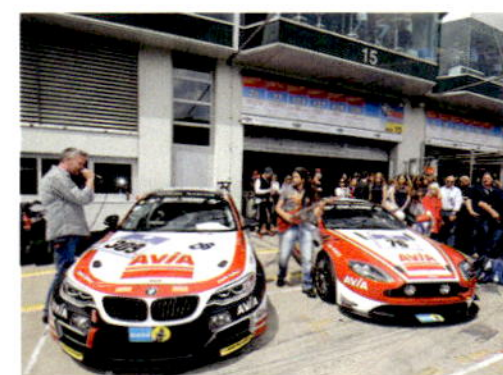
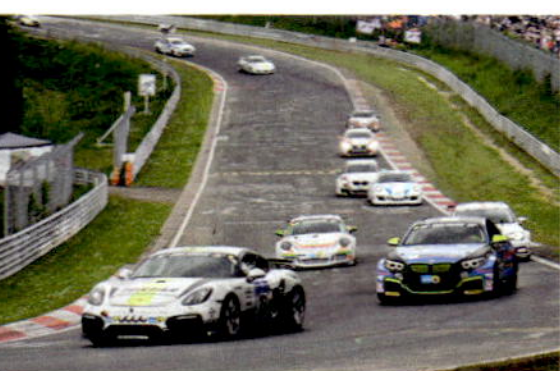
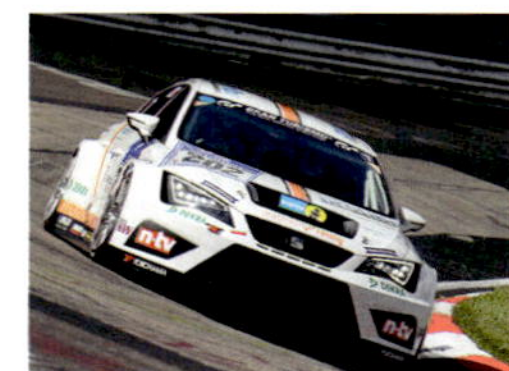
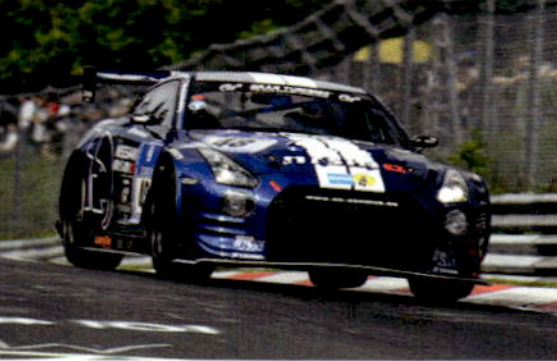
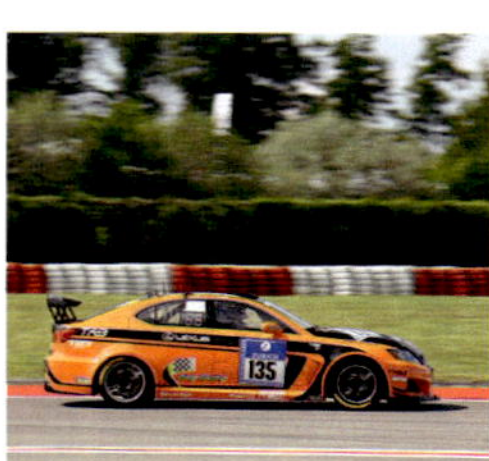

Pos.	No.	Class	Team, Drivers	Car	Laps	Overall time	Fastest Lap	Qualifying	Grid
	78	SP10	Team Securtal Sorg Rennsport Oliver Bender / Stefan Beyer / Torsten Kratz / Friedhelm Mihm	BMW M3 GT4	45	12:28:05.668	09.32,716	09.44,584	89
	158	V4	aesthetic racing Dr. Dr. Stein Tveten / Oskar Sandberg / Yannick Fübrich	BMW 325i	43	11:11:10.403	09.33,681	09.31,152	71
	168	V3	Lutz Richter Lutz Richter / Armin Schwarz / Ingo Bender / Victor Smolski	Subaru BRZ	43	12:23:43.996	10.48,646	10.37,008	140
	30	SP9	AMG-Team HTP-Motorsport Dominik Baumann / Stefan Mücke / Maximilian Buhk / Thomas Jäger	Mercedes-AMG GT3	42	10:12:07.901	08.23,198	08.21,390	11
	319	Cup 5	Walkenhorst Motorsport powered by Dunlop Chris Mealin / Guy Riall / Steve Liqourish / Marc Ehret	BMW M235i Racing Cup	38	13:48:41.774	09.33,495	09.34,576	74
	188	SP3T	Toyota GAZOO Racing Takayuki Kinoshita / Takamitsu Matsui / Gamo Naoya / "Morizo"	Lexus RC	38	22:36:46.521	09.46,500	09.38,700	81
	79	SP10	Prosport-Performance GmbH Nicolaj Moller Madsen / Michael Rebhan / Jörg Viebahn / Michael Hess	Porsche Cayman Pro4	36	10:15:47.826	09.28,564	09.28,053	69
	146	V6	Speedworxx Racing Ruben Salerno / Alfredo Tricarichi / Allessandro Salerno / Roberto Falcon	Porsche Cayman S	36	14:06:22.502	09.58,276	10.02,959	105
	59	SP7	Manthey Racing "Steve Smith" / Reinhold Renger / Nils Reimer / Harald Proczyk	Porsche 911 GT3-Cup MR	35	9:24:05.156	08.48,125	08.42,684	39
	99	SP9	Walkenhorst Motorsport powered by Dunlop Henry Walkenhorst / Peter Posavac / Daniela Schmid / Jaap van Lagen	BMW Z4 GT3	35	10:22:54.345	08.39,674	08.26,344	33
	55	SP7	William Moore William Moore / Bill Cameron / Peter Bonk	Porsche 911 GT3-Cup	33	9:42:51.424	09.08,997	09.04,778	52
	127	SP3	aufkleben.de - Motorsport Stephan Epp / Michael Uelwer / Dr. Volker Kühn / Gerrit Holthaus	Renault Clio RS Cup	33	24:00:49.951	10.58,398	11.19,694	151
	7	SP9	Aston Martin Racing Nicki Thiim / Darren Turner / Marco Sorensen / Pedro Lamy	Aston Martin Vantage GT3	32	8:53:37.445	08.26,237	08.20,332	8
	76	SP10	Team Mathol Racing e. V., S: AVIA racing Wolfgang Weber / Norbert Bermes / Scott Preacher / Marc Hennerici	Aston Martin Vantage V8	31	9:01:10.857	09.22,795	09.21,828	64
	10	SP9	Audi race experience Marchy Lee / Shaun Thong / Franky Cheng / Alexander Yoong Loong	Audi R8 LMS	30	8:31:56.631	08.39,997	08.32,074	37
	351	Cup 3	Black Falcon Team TMD Friction Christian Björn-Hansen / Runar Vatne / Stefan Karg / "Sugar Mountain"	Porsche Cayman GT4 CS	27	8:11:30.266	09.20,929	09.20,458	63
	117	SP3	 Jürgen Peter / Claus Gronning / "Rennsemmel"	Renault Clio RS Cup	27	9:36:33.992	10.29,389	10.18,143	120
	202	TCR	mathilda racing Michael Paatz / Klaus Niedzwiedz / Axel Friedhoff / Max Friedhoff	Seat Leon TCR	25	8:13:18.685	09.28,145	09.34,977	76
	160	V4	Team Securtal Sorg Rennsport Erki Koldits / Roul Liideman / Ulf Wickop / Ralf Goral	BMW 325i	25	8:20:41.630	10.37,246	10.30,143	132
	8	SP9	HARIBO Racing Team - AMG Uwe Alzen / Lance David Arnold / Maximilian Götz / Jan Seyffarth	Mercedes-AMG GT3	23	7:16:06.175	08.22,656	08.15,530	4
	48	SP8T	Schulze Motorsport Tobias Schulze / Michael Schulze / Jordan Tresson / Markus Shulzhitskiy	Nissan GT-R	18	6:55:35.905	09.02,000	08.56,547	51
	96	SP4T	S: Team S.Pace-Racing Marcus Löhnert / Matthias Wasel / Christian Schmitz / Mike Jäger	Audi TT-RS	18	9:42:25.613	09.06,499	09.05,283	53
	27	SP9	Aston Martin Racing Jonny Adam / Fernando Rees / Mathias Lauda / Richie Stanaway	Aston Martin Vantage GT3	17	6:22:29.052	08.30,464	08.25,204	18
	120	SP3	Schlaugg Motorsport Xavier Lamadrid jr. / Xavier Lamadrid sr. / Massimiliano Girardo / Nicolas Abril	Renault Clio RS Cup	7	4:45:33.589	10.34,536	10.31,962	134
	82	SP6	Prosport-Performance GmbH Fidel Leib / Jonas Carlsson / Thomas Bolz / Kelvin van der Linde	Porsche Cayman Pro4	4	38:44.748	09.20,482	09.44,704	90
	350	Cup 3	Prosport-Performance GmbH Charles Putman / Charles Espenlaub / Nico Verdonck / Xavier Maassen	Porsche Cayman GT4 CS	4	38:56.035	09.28,848	09.13,189	59
	122	SP3	Kissling Motorsport Olaf Beckmann / Volker Strycek / Peter Hass / Jürgen Schulten	Opel Manta	3	30:28.503	09.58,148	09.46,511	91
	911	SP9	Manthey Racing Nick Tandy / Kevin Estre / Earl Bamber / Patrick Pilet	Porsche 911 GT3-R	1	8:47.614	08.47,614	00.00,000	29
	135	SP8	TOYOTA GAZOO Racing Yoshinobu Katsumata / Masahiko Kageyama / Kazuya Oshima	Lexus IS F CCS-R	1	23:24:33.738	23:24.33,738	10.26,336	125

not started:

Pos.	No.	Class<	Team, Drivers	Car	Laps	Overall time	Fastest Lap	Qualifying	Grid
	703	E1-XP	Scuderia Cameron Glickenhaus Jethro Bovingdon / Manuel Lauck / Chris Harris / Patrick Bernhardt	SCG P4/5 Competizione M16				08.48,634	42
	31	SP9	AMG-Team HTP-Motorsport Maximilian Buhk / Stefan Mücke / Christian Hohenadel / Renger Van der Zande	Mercedes-AMG GT3				09.47,045	93

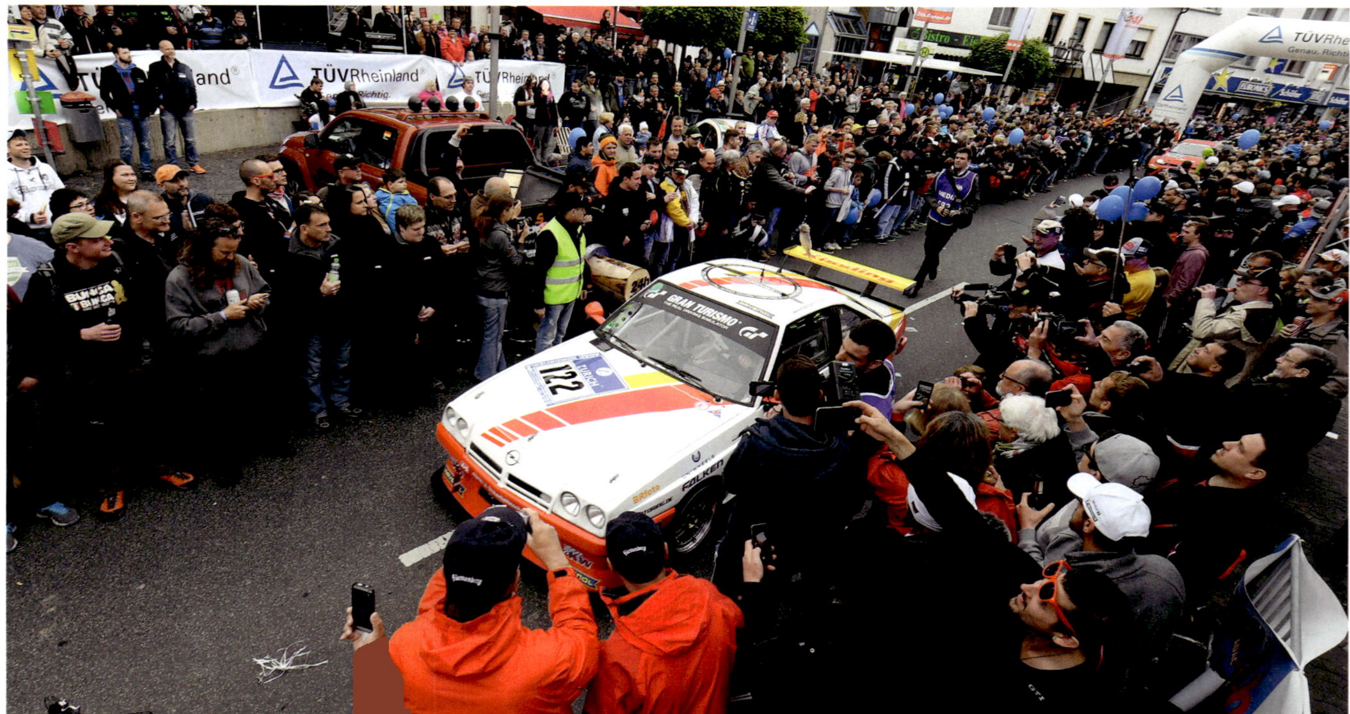

MANUEL METZGER

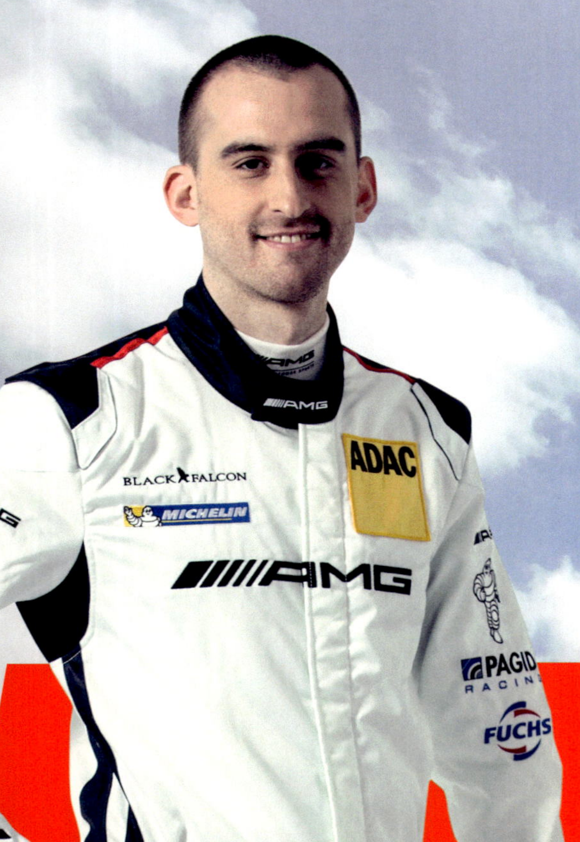

„Die Zieldurchfahrt war für mich der schönste Moment. Die ganze Anspannung die sich angesammelt hat, fällt auf einen Schlag ab und weicht grenzenloser Freude. Nicht nur bei uns Fahrern, sondern auch bei allen Beteiligten des Teams, die ebenso hart für diesen Erfolg gekämpft haben."

"The most beautiful moment for me was when the car crossed the finish line. All the tension that built up is falling off at once to make way for boundless joy. Not just for us as the drivers, but also for everybody involved with the team, who have also worked just as hard for this success."

Born: **February, 9th 1986**
Starts: **5**
Overall victories: **1**
Class victories: **3**

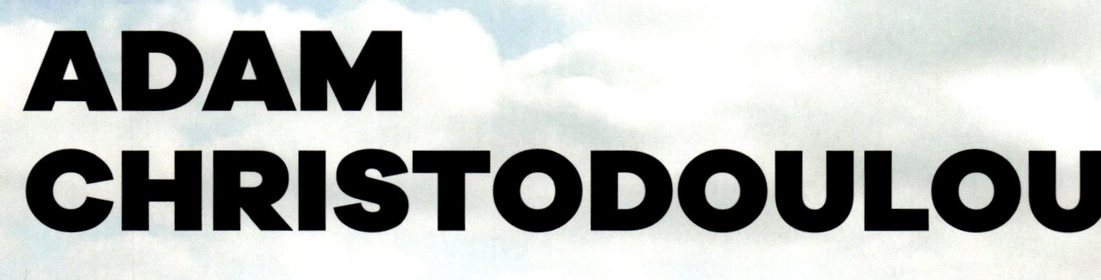

ADAM CHRISTODOULOU

„Wenn man die Chance hat, beim größten Rennen der Welt vorn mitzufahren, will man sich die Chance nicht entgehen lassen. Nicht jeder kommt an, es ist der härteste Test für Mensch und Material. Geht die geringste Kleinigkeit schief, kann das Rennen vorüber sein. Als wir die letzte Runde unmittelbar hinter dem Vordermann in Angriff nahmen, habe ich erstmals geglaubt, dass wir es schaffen können. Die letzte Runde dauerte eine gefühlte Ewigkeit, aber Maro schaffte es und ich schrie vor Freude so laut, dass ich Angst um meine Stimme hatte. Die Gefühle waren unglaublich, es kam mir so unwirklich vor. Jeder im Team rastete aus. Das größte Rennen in unserer Karriere."

"To fight at the front in the biggest race in the world, there was no way I was going to let it past. The chances of finishing this race are extremely slim, this race is the biggest test in the world for man and machine. So many things have to be perfect and if one of them isn't, it can be the end of your race. So when we found ourselves going into the last lap on the bumper of the leader it was at this point when we all realised this might actually happen. The final lap felt like the longest lap in history, when Maro made the move for first place, I jumped up and screamed that hard I lost my voice. It felt like it took forever for Maro to come round to the finish line, but once he did, it was such a good feeling, really emotional, totally surreal, everyone was going crazy, the biggest race of our careers."

Born: **June, 11th 1989**
Starts: **6**
Overall victories: **1**
Class victories: **2**

BERND SCHNEIDER

„Für mich gibt es sehr viele Erinnerungen. Außer der letzten Runde, die ich nie vergessen werde, ist mir auch der letzte Umlauf vor dem Abbruch in Erinnerung geblieben. Als wir über Funk Adam immer wieder gesagt haben „halte am Schwedenkreuz" an und er es überhaupt nicht verstehen wollte, da er zu dem Zeitpunkt noch auf der GP-Strecke war und es dort kaum geregnet hat! Der Re-Start nach dem Abbruch war für mich extrem schwierig, da die ersten Runden ein absoluter Blindflug waren und es an vielen Stellen noch Aquaplaning gab. Es gab für mich nur eine Devise, das Auto ohne Kratzer zurück an die Box zu bringen..."

"For me, there are many memories. Apart from the final lap, one I will never forget, I also have vivid memories of the lap before the race was stopped. We kept telling Adam on the radio to stop at Schwedenkreuz, and he didn't understand it at all, because he was still at the Grand Prix circuit at the time, where there hardly was any rain. The re-start after the interruption was extremely difficult for me, because there was absolutely no visibility on the first few laps and aquaplaning in many places. For me, the only thing was to bring the car back into the pits without any scratches."

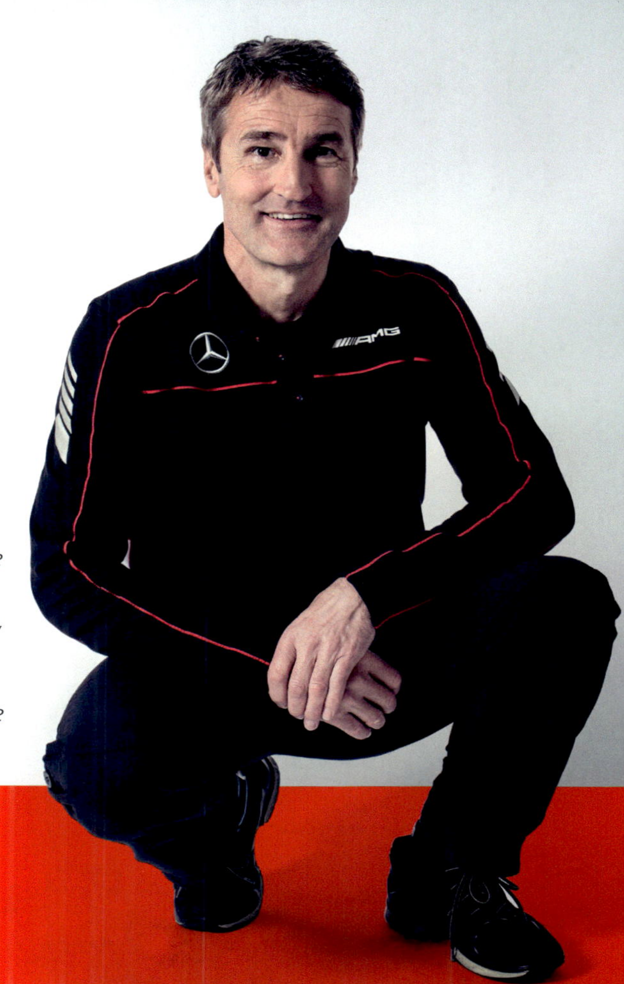

Born: **July, 20th 1964**
Starts: **7**
Overall victories: **2**
Class victories: **2**

MARO ENGEL

„Abgesehen vom Zieleinlauf war für mich die Pole Runde im Top-30 ein ganz spezieller Moment. Diese zwei Runden, wo Du die Nordschleife gefühlt ganz für dich hast, und alles in diese eine perfekte Runde legst. Das ist ein Gefühl als wenn es nur die Natur, die magische Nordschleife, dein Auto und dich gibt. Mir ist wirklich eine super Runde gelungen und als ich die Zeit sah wusste ich, dass könnte was werden. Im Parc Fermé saß ich sicher noch fünf Minuten im Auto und habe gewartet, bis alle Autos ihre Runden beendet haben. Diese fünf Minuten waren gefühlt wie eine Stunde, bis die Bestätigung vom Team per Funk kam, dass wir die Pole haben."

"Apart from the finish, the pole-winning lap in the top 30 qualifying was a very special moment for e. These two laps, in which it seems like you have the Nordschleife just for yourself, and you put everything into this one perfect lap. That is a feeling as if there is only nature, the magic Nordschleife, the car and yourself. I really managed to do a super lap and when I saw the time, I knew that it could work out. In parc fermé, I was sitting in the car for at least another five minutes and I waited for all cars to complete their laps. These five minutes felt lie an hour, until confirmation from the team came over the radio that we had pole position."

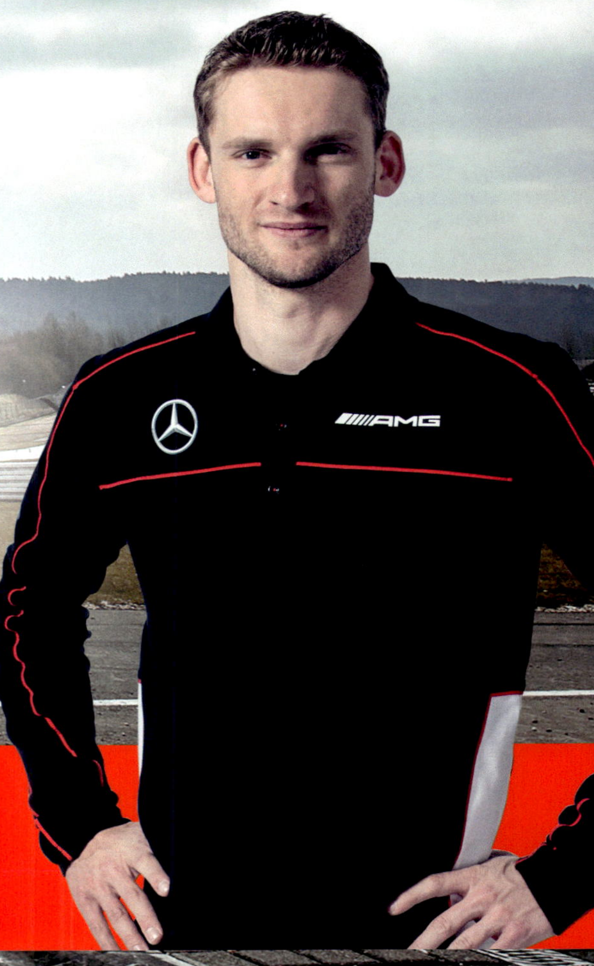

Born: **August, 27th 1985**
Starts: **3**
Overall victories: **1**
Class victories: **1**

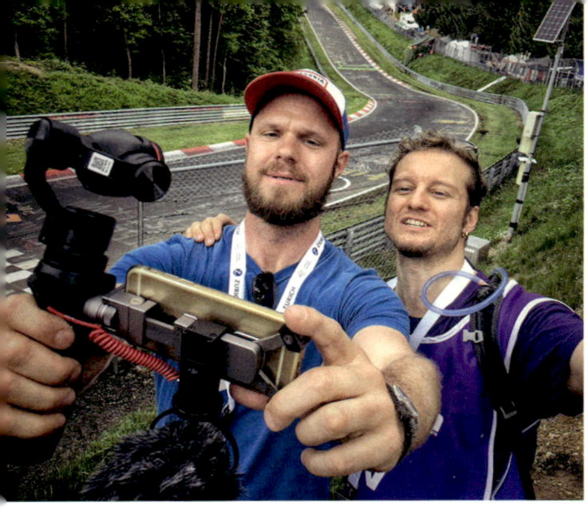
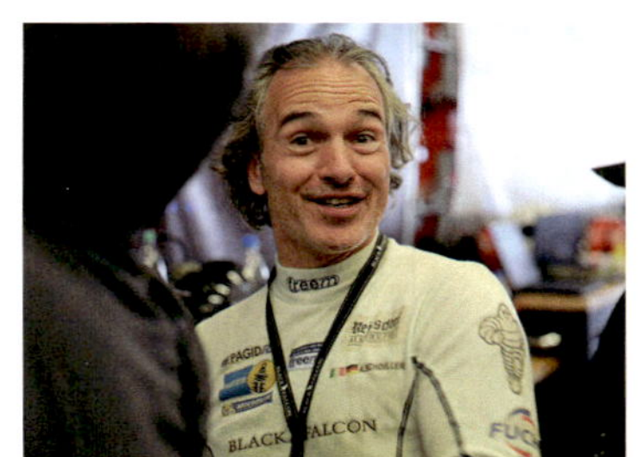
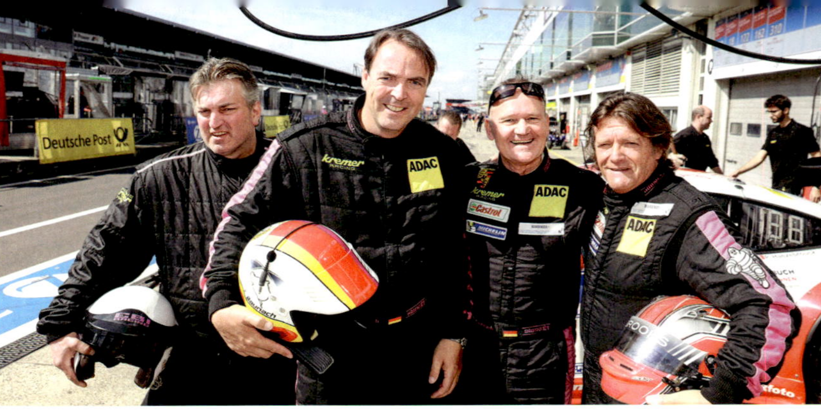
Deutsche Post
ADAC
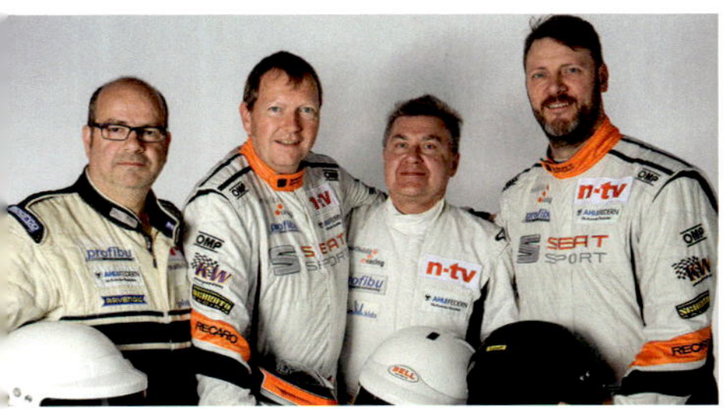
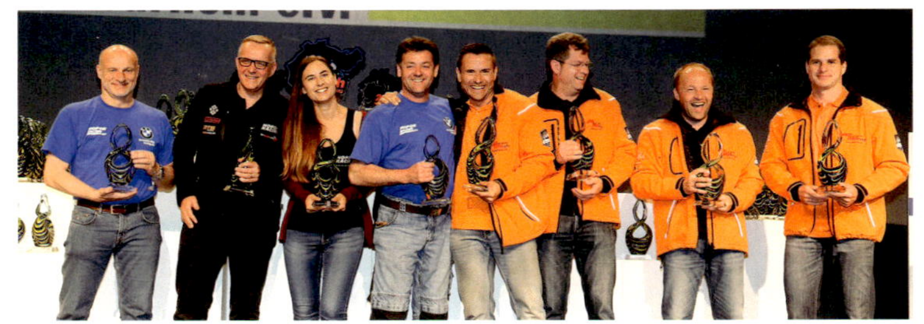
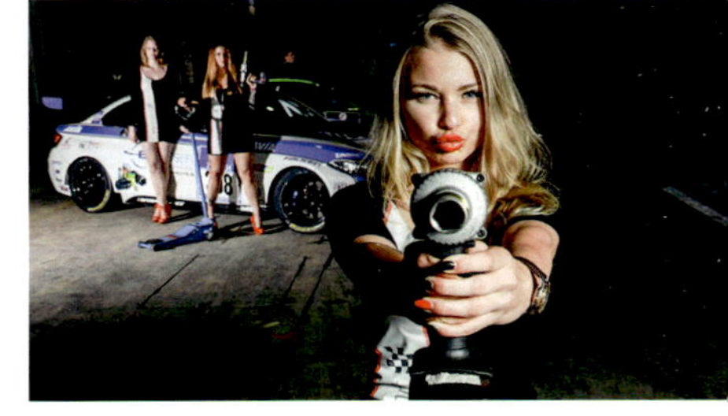
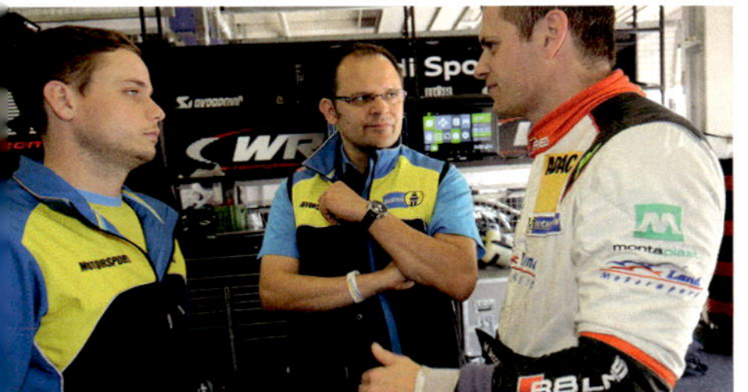
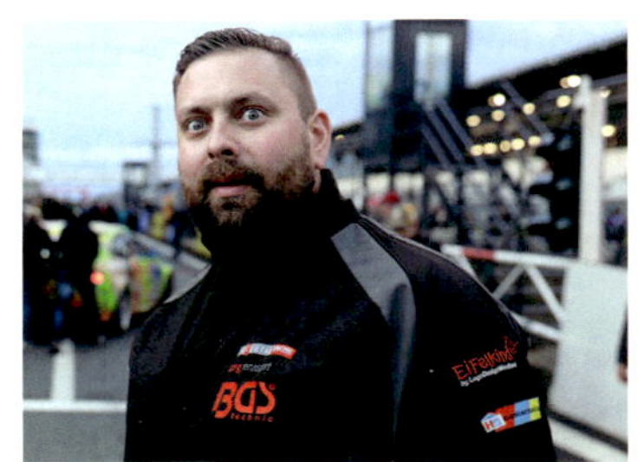
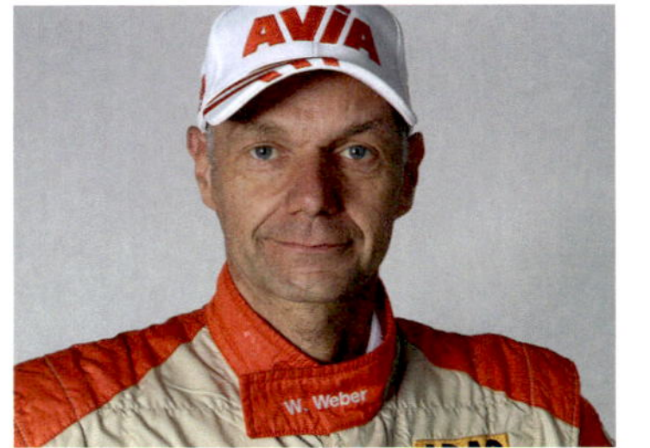
AVIA
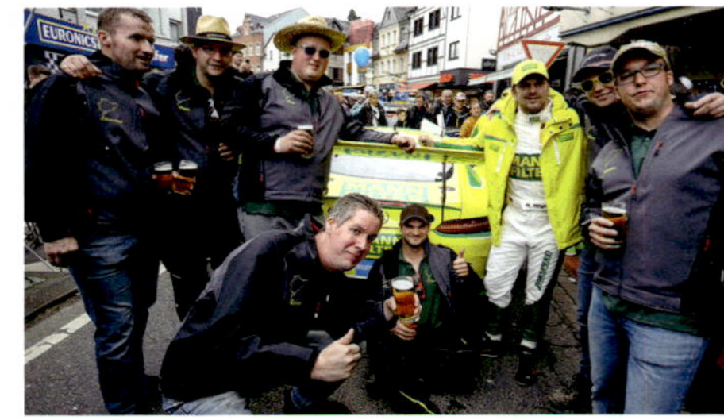
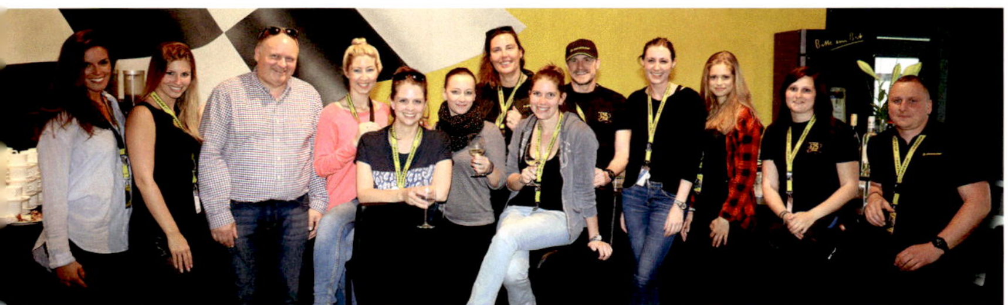
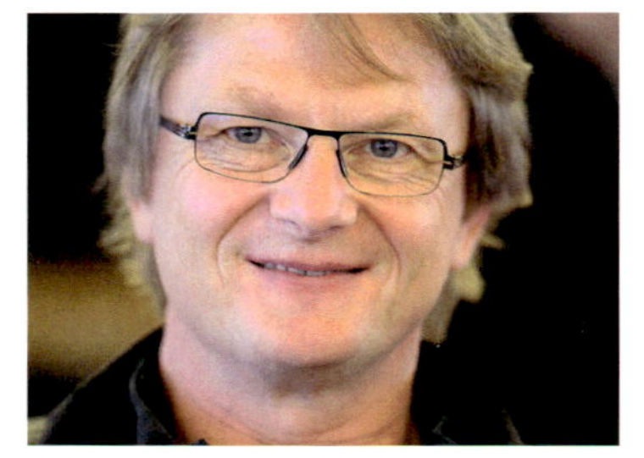
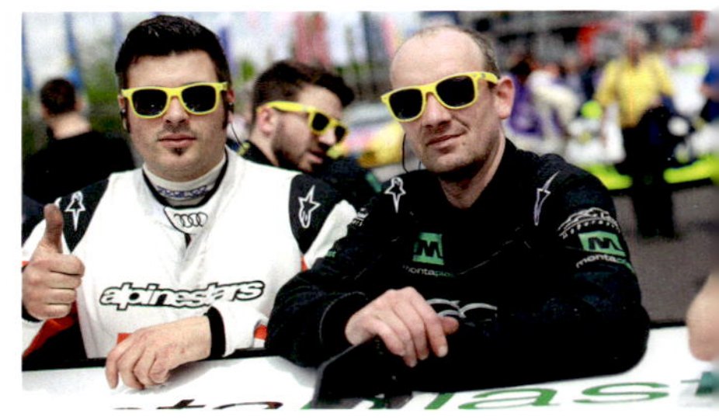
alpinestars
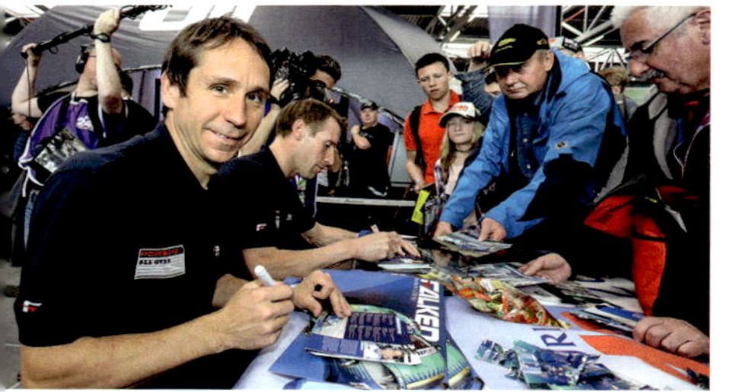
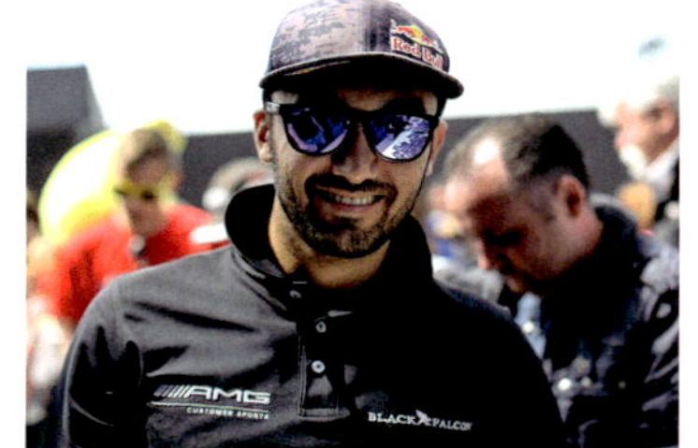
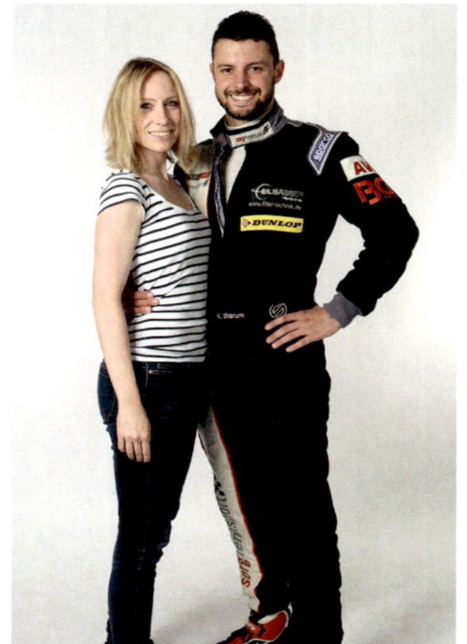
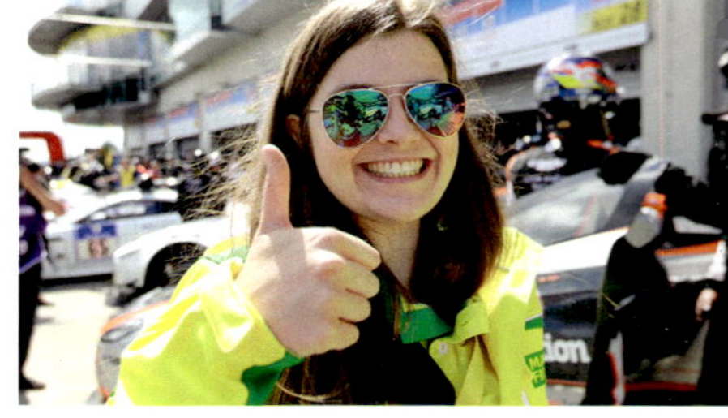
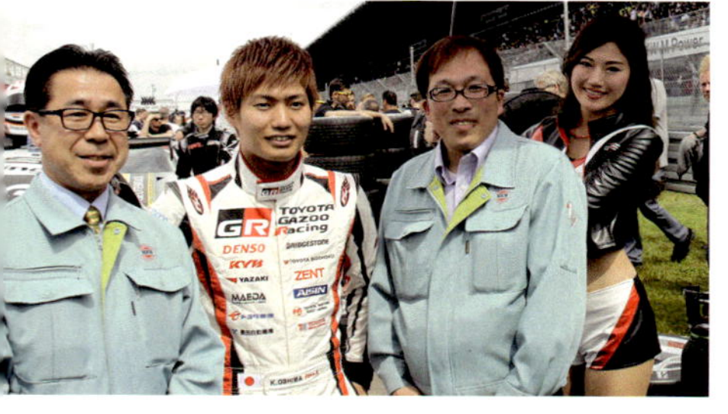
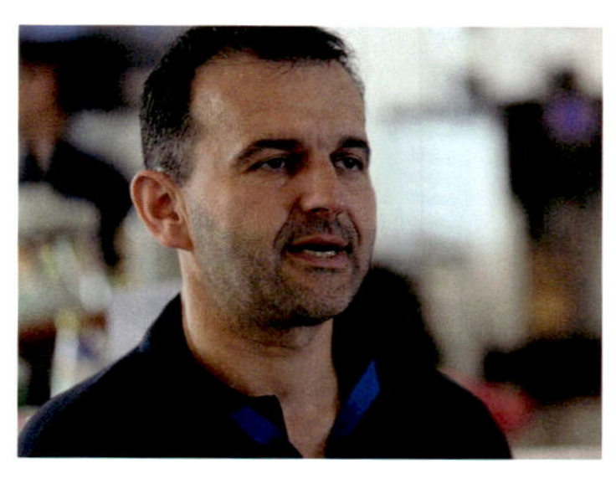
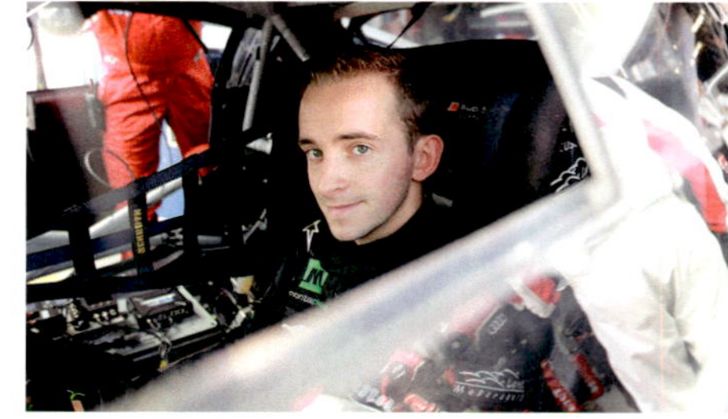
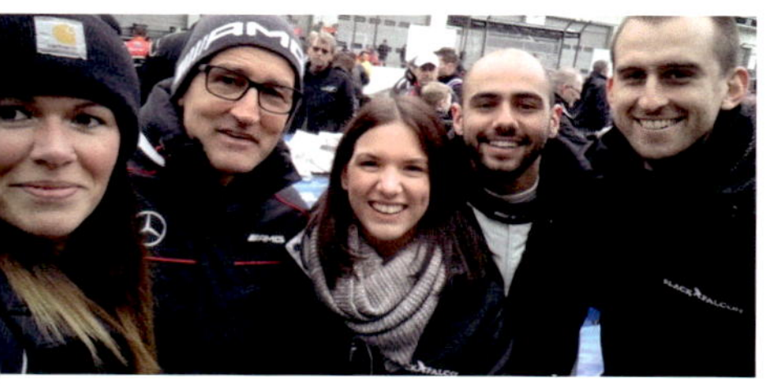
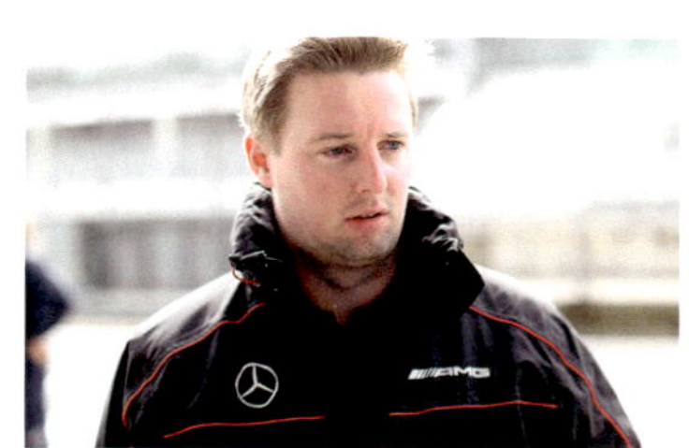
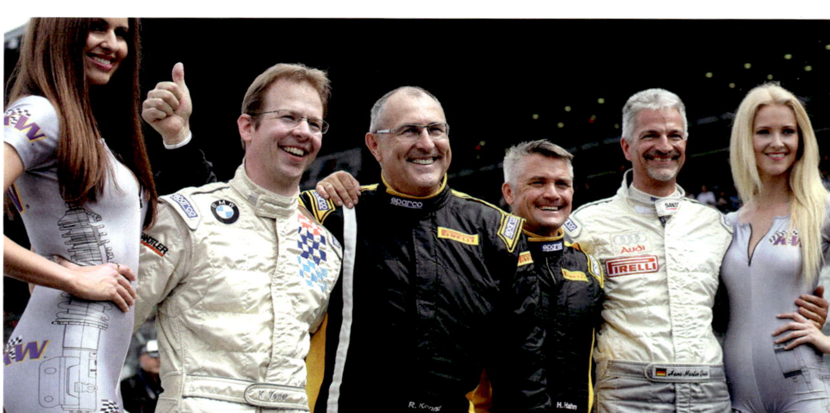

Statistic

OVERALL WINNERS 1970-2016

Year	Drivers	Car
2016	Bernd Schneider/Maro Engel/Adam Christodoulou/Manuel Metzger	Mercedes-AMG GT3
2015	Christopher Mies/Edward Sandström/Nico Müller/Laurens Vanthoor	Audi R8 LMS
2014	Christopher Haase/Christian Mamerow/René Rast/Markus Winkelhock	Audi R8 LMS ultra
2013	Bernd Schneider/Jeroen Bleekemolen/Sean Edwards/Nicki Thiim	Mercedes-Benz SLS AMG GT3
2012	Marc Basseng/Christopher Haase/Frank Stippler/Markus Winkelhock	Audi R8 LMS ultra
2011	Timo Bernhard/Marc Lieb/Romain Dumas/Lucas Luhr	Porsche GT3 RSR
2010	Jörg Müller/Augusto Farfus/Uwe Alzen/Pedro Lamy	BMW M3 GT2
2009	Timo Bernhard/Marc Lieb/Romain Dumas/Marcel Tiemann	Porsche GT3 RSR
2008	Timo Bernhard/Marc Lieb/Romain Dumas/Marcel Tiemann	Porsche GT3 RSR
2007	Timo Bernhard/Marc Lieb/Romain Dumas/Marcel Tiemann	Porsche GT3 RSR
2006	Lucas Luhr/Timo Bernhard/Mike Rockenfeller/Marcel Tiemann	Porsche GT3 RSR
2005	Pedro Lamy/Boris Said/Duncan Huisman/Andy Priaulx	BMW M3 GTR
2004	Dirk Müller/Jörg Müller/Hans-Joachim Stuck/Pedro Lamy	BMW M3 GTR
2003	Manuel Reuter/Timo Scheider/Marcel Tiemann/Volker Strycek	Opel Astra V8 Coupé
2002	Peter Zakowski/Pedro Lamy/Robert Lechner	Chrysler Viper GTS-R
2001	Peter Zakowski/Michael Bartels/Pedro Lamy	Chrysler Viper GTS-R
2000	Bernd Mayländer/Uwe Alzen/Altfrid Heger/Michael Bartels	Porsche GT3
1999	Hans-Jürgen Tiemann/Peter Zakowski/Klaus Ludwig/Marc Duez	Chrysler Viper GTS-R
1998	Marc Duez/Andreas Bovensiepen/Christian Menzel/Hans-Joachim Stuck	BMW 320d
1997	Johannes Scheid/Sabine Reck/Hans-Jürgen Tiemann/Peter Zakowski	BMW M3
1996	Johannes Scheid/Sabine Reck/Hans Widmann	BMW M3
1995	Roberto Ravaglia/Marc Duez/Alexander Burgstaller	BMW 320i
1994	Karl-Heinz Wlazik/Frank Katthöfer/Fred Rosterg	BMW M3
1993	Antonio de Azevedo/Franz Konrad/Örnulf Wirdheim/Frank Katthöfer	Porsche Carrera
1992	Johnny Cecotto/Christian Danner/Jean-Michel Martin/Marc Duez	BMW M3
1991	Joachim Winkelhock/Kris Nissen/Armin Hahne	BMW M3
1990	Altfrid Heger/Joachim Winkelhock/Frank Schmickler	BMW M3
1989	Emanuele Piro/Roberto Ravaglia/Fabien Giroix	BMW M3
1988	Edgar Dören/Gerhard Holup/Peter Faubel	Porsche Carrera RSR
1987	Klaus Niedzwiedz/Klaus Ludwig/Steve Soper	Ford Sierra Cosworth
1986	Markus Oestreich/Otto Rensing/Winfried Vogt	BMW 325i
1985	Axel Felder/Jürgen Hamelmann/Robert Walterscheid-Müller	BMW 635 CSi
1984	Axel Felder/Franz-Josef Bröhling/Peter Oberndorfer	BMW 635 CSi
1982	Dieter Gartmann/Klaus Ludwig/Klaus Niedzwiedz	Ford Capri 3,0
1981	Helmut Döring/Dieter Gartmann/Fritz Müller	Ford Capri 3,0
1980	Dieter Selzer/Wolfgang Wolf/Matthias Schneider	Ford Escort RS 2000
1979	Herbert Kummle/Winfried Vogt/Karl Mauer	Ford Escort RS 2000
1978	Herbert Hechler/Fritz Müller/Franz Gschwendtner	Porsche Carrera
1977	Herbert Hechler/Fritz Müller	Porsche Carrera
1976	Herbert Hechler/Fritz Müller/Karl-Heinz Quirin	Porsche Carrera
1973	Niki Lauda/Hans-Peter Joisten	BMW 3,3
1972	Helmut Kelleners/Gerold Pankl	BMW Alpina
1971	Ferfried Prinz von Hohenzollern/Gerold Pankl	BMW Alpina
1970	Hans-Joachim Stuck/Clemens Schickentanz	BMW 2002 ti

WINNING DISTANCES

Distance km	Drivers	Car	Year
4035,100	Christopher Haase/Christian Mamerow/René Rast/Markus Winkelhock	Audi R8 LMS ultra	2014
3958,968	Timo Bernhard/Marc Lieb/Romain Dumas/Lucas Luhr	Porsche GT3 RSR	2011
3958,968	Christopher Mies / Edward Sandström / Nico Müller / Laurens Vanthoor	Audi R8 LMS	2015
3933,590	Marc Basseng/Christopher Haase/Frank Stippler/Markus Winkelhock	Audi R8 LMS ultra	2012
3933,590	Lucas Luhr/Timo Bernhard/Mike Rockenfeller/Marcel Tiemann	Porsche GT3 RSR	2009
3907,750	Jörg Müller/Augusto Farfus/Uwe Alzen/Pedro Lamy	BMW M3 GT2	2010
3832,078	Lucas Luhr/Timo Bernhard/Mike Rockenfeller/Marcel Tiemann	Porsche GT3 RSR	2006
3755,944	Timo Bernhard/Marc Lieb/Romain Dumas/Marcel Tiemann	Porsche GT3 RSR	2008
3727,773	Peter Zakowski/Michael Bartels/Pedro Lamy	Chrysler Viper GTS-R	2001
3710,421	Manuel Reuter/Timo Scheider/Marcel Tiemann/Volker Strycek	Opel Astra V8 Coupé	2003
3677,055	Bernd Mayländer/Uwe Alzen/Altfrid Heger/Michael Bartels	Porsche 996	2000
3658,527	Peter Zakowski/Pedro Lamy/Robert Lechner	Chrysler Viper GTS-R	2002
3650,400	Altfrid Heger/Joachim Winkelhock/Frank Schmickler	BMW M3	1990
3626,337	Hans-Jürgen Tiemann/Peter Zakowski/Klaus Ludwig/Marc Duez	Chrysler Viper GTS-R	1999
3625,050	Emanuele Pirro/Roberto Ravaglia/Fabien Giroix	BMW M3	1989
3549,000	Edgar Dören/Gerhard Holup/Peter Faubel	Porsche Carrera RSR	1988
3527,542	Pedro Lamy/Boris Said/Duncan Huisman/Andy Priaulx	BMW M3 GTR	2005
3498,300	Joachim Winkelhock/Kris Nissen/Armin Hahne	BMW M3	1991
3494,870	Marc Duez/Andreas Bovensiepen/Christian Menzel/Hans-Joachim Stuck	BMW 320d	1998
3458,836	Dirk Müller/Jörg Müller/Hans-Joachim Stuck/Pedro Lamy	BMW M3 GTR	2004
3422,250	Johannes Scheid/Sabine Reck/Hans Widmann	BMW M3	1996
3422,250	Klaus Niedzwiedz/Klaus Ludwig/Steve Soper	Ford Sierra Cosworth	1987
3400,652	Bernd Schneider/Maro Engel/Adam Christodoulou/Manuel Metzger	Mercedes-AMG GT3	2016
3311,075	Helmut Kelleners/Gerold Pankl	BMW 2800 CS	1972
3295,500	Markus Oestreich/Otto Rensing/Winfried Vogt	BMW 325i	1986
3271,956	Roberto Ravaglia/Marc Duez/Alexander Burgstaller	BMW 320i	1995
3270,150	Antonio de Azevedo/Franz Konrad/Örnulf Wirdheim/Frank Katthöfer	Porsche Carrera	1993
3244,800	Axel Felder/Jürgen Hamelmann/Robert Walterscheid-Müller	BMW 635 CSi	1985
3242,570	Herbert Hechler/Fritz Müller/Franz Gschwendtner	Porsche Carrera	1978
3219,450	Axel Felder/Franz-Josef Bröhling/Peter Oberndorfer	BMW 635 CSi	1984
3196,900	Herbert Kummle/Winfried Vogt/Karl Mauer	Ford Escort RS 2000	1979
3196,900	Herbert Hechler/Fritz Müller	Porsche Carrera	1977
3195,864	Johannes Scheid/Sabine Reck/Hans-Jürgen Tiemann/Peter Zakowski	BMW M3	1997
3151,230	Dieter Gartmann/Klaus Ludwig/Klaus Niedzwiedz	Ford Capri 3,0	1982
3128,395	Dieter Selzer/Wolfgang Wolf/Matthias Schneider	Ford Escort RS 2000	1980
3059,890	Herbert Hechler/Fritz Müller/Karl-Heinz Quirin	Porsche Carrera	1976
3014,220	Helmut Döring/Dieter Gartmann/Fritz Müller	Ford Capri 3,0	1981
2854,375	Ferfried Prinz von Hohenzollern/Gerold Pankl	BMW 2002	1971
2842,336	Timo Bernhard/Marc Lieb/Romain Dumas/Marcel Tiemann	Porsche GT3 RSR	2007
2808,705	Hans-Joachim Stuck/Clemens Schickentanz	BMW 2002 TI	1970
2687,100	Karl-Heinz Wlazik/Frank Katthöfer/Fred Rosterg	BMW M3	1994
2233,264	Bernd Schneider/Jeroen Bleekemolen/Sean Edwards/Nicki Thiim	Mercedes-Benz SLS AMG GT3	2013
2169,325	Niki Lauda/Hans-Peter Joisten	BMW 3,0 CSL	1973
1926,600	Johnny Cecotto/Christian Danner/Jean-Michel Martin/Marc Duez	BMW M3	1992

OVERALL STANDINGS

Pos.	Race	Lap										Hour										
	Qualif.	1	2	3	4	5	6	7	8	9	10	1	5	6	8	10	12	14	16	18	20	22
1	9	9	9	9	9	9	9	9	22	22	8	9	8	8	88	88	88	88	9	88	29	88
2	18	18	18	18	18	18	18	18	2	29	29	18	88	88	912	9	4	29	29	4	88	29
3	88	88	88	88	88	88	88	88	29	8	22	88	22	9	4	29	100	9	88	100	9	4
4	8	8	8	29	29	29	29	29	18	88	88	29	4	30	30	30	9	4	4	29	4	9
5	5	29	29	8	8	22	8	8	8	2	2	8	30	4	29	100	29	912	100	9	23	23
6	999	22	22	22	22	5	22	22	88	4	4	22	2	912	2	912	912	100	912	912	5	5
7	22	5	5	5	5	8	5	5	4	5	5	5	100	29	100	4	2	23	23	23	38	38
8	7	30	30	30	30	4	30	30	5	30	30	30	912	100	9	702	1	6	2	2	75	75
9	29	7	2	2	2	30	2	2	9	100	100	2	6	2	1	2	23	28	5	5	44	2
10	2	2	4	4	4	2	4	4	30	912	912	4	29	44	23	5	28	2	38	38	2	44
11	30	100	7	7	23	23	7	7	100	9	6	7	9	702	999	23	22	5	16	44	16	16
12	912	4	100	23	7	7	912	912	912	1	1	23	1	1	35	25	6	25	44	16	35	35
13	100	23	23	100	100	6	100	100	1	6	9	100	5	35	28	22	38	38	75	75	21	999
14	75	912	912	912	912	912	6	6	6	701	701	912	701	5	5	1	5	16	35	35	999	21
15	23	6	6	6	6	100	1	1	701	18	702	6	702	25	44	28	25	44	21	21	25	25
16	6	75	75	1	1	1	75	75	7	702	7	1	28	23	702	38	16	1	25	11	11	11
17	4	1	1	3	75	75	25	25	702	7	756	3	16	28	25	6	35	21	11	25	912	64
18	27	3	3	75	25	14	14	14	75	75	16	75	35	22	75	44	44	35	999	999	64	12
19	25	27	25	25	3	702	3	3	25	25	25	25	44	999	21	21	21	75	64	64	12	33
20	3	25	14	14	14	38	14	16	16	16	35	14	24	38	16	35	14	11	62	33	33	37

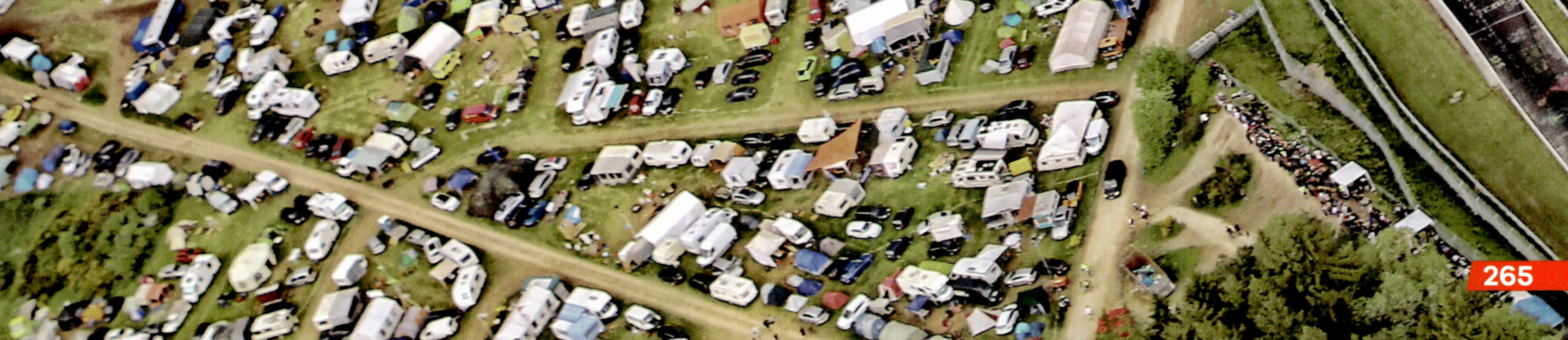

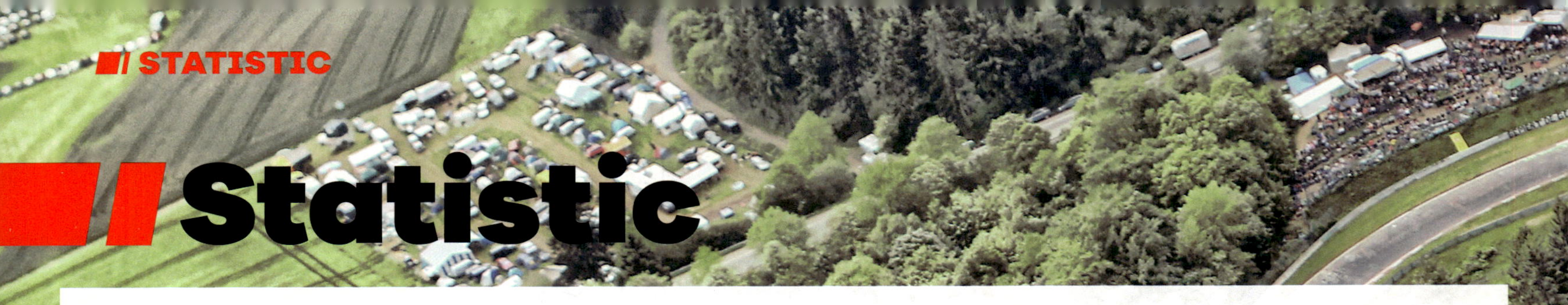

Statistic

THE MOST SUCCESSFUL DRIVERS BASED ON CLASS WINS 1970-2016

Name, Residence	Wins
Heinz-Josef Bermes, Willich	16
Volker Strycek, Dehrn	12
Klaus Niedzwiedz, Waltrop	10
Johannes Scheid, Kottenborn	10
Timo Bernhard, Dittweiler	9
Dino Drößiger, Bochum	9
Peter Seikel, Freigericht	9
Martin Tschornia, Bestwig	9
Jürgen Ilgner, Essen	8
Hubert Nacken, Steisslingen	8
Jürgen Nett, Mayen	8
Andreas Mäder, Grosskugel	7
Fritz Müller, Pfaffenhofen	7
Stefan Schlesack, Remscheid	7
Hermann Tilke, Aachen	7
Willi Bergmeister, Langenfeld	6
Franz-Josef sr. Bröhling, Köln	6
Helmut Döring, Wirges	6
Heinz-Otto Fritzsche, Hückeswagen	6
Jürgen Fritzsche, Hückeswagen	6
Werner Kather, Aachen	6
Markus Krauskopf, Düsseldorf	6
Pedro Lamy, P-Lissabon	6
Lucas Luhr, CH-Ermatingen	6
Willi Obermann, Mülheim	6
Reinhold Renger, Rothenburg	6
Fred Rosterg, MC-Monte Carlo	6
Hans Widmann, Berlin	6
Rudi Adams, Ahrhütte	5
Christoph Breuer, Nettersheim	5
Romain Dumas, CH-Basel	5
Axel Felder, Hückeswagen	5
Ludger Henrich, Schmitten	5
Ludwig Hölzl, Berlin	5
Claudia Hürtgen, Aachen	5
Harald Jacksties, Willich	5
Takayuki Kinoshita, J-Yokusuka	5
Marc Lieb, Ludwigsburg	5
Andreas Middendorf, Grevenbroich	5
Wolfgang Savelsbergh, Aachen	5
Lothar Schörg, Österreich	5
Jürgen Schulten, Hamminkeln	5
Hans-Joachim Stuck, A-Ellmau	5
Marcel Tiemann, MC-Monte Carlo	5
Karl-Heinz Wlazik, Gladbeck	5
Manfred Wollgarten, Aachen	5
Peter Zakowski, Niederzissen	5
"Wolf Silvester", Nürnberg	4
Patrick Assenheimer, Lehrensteinsfeld	4
Florian Billen, Wolfsburg	4
Alexander Böhm, Kruft	4
Michael Bohrer, Losheim	4
Andreas Bovensiepen, München	4
Rainer Brückner, Loffenau	4
Michael Dernedde, Croya	4
Rolf Derscheid, Much	4
Edgar Dören, Wuppertal	4
Marc Duez, B-Verviers	4
Wolf-Dieter Feuerlein, Oldenburg	4
Rene Gassen, Bad Münstereifel	4
Klaus Götzmann, Gaggenau	4
Harald Grohs, Essen	4
Werner Gusenbauer, Plochingen	4
Gunnar Hermann, Remscheid	4
Heinz-Jürgen Hoffknecht, Essen	4
Klaus Hofmann, Essen	4
Paul Hulverscheid, Wipperfürth	4
Takuto Iguchi, J-Gotemba	4
Frank Katthöfer, Essen	4
Joachim Kiesch, Nusbaum	4
Stefan Kissling, Schuld	4
Marc Marbach, Heilbronn-Biberach	4
Karl Mauer, Mainz-Laubenheim	4
Jörg Müller, MC-Monte Carlo	4
Stefan Neuberger, Peuschen	4
Peter Oberndorfer, Hamburg	4
Markus Oestreich, Fulda	4
Kazuya Oshima, J-Tomoikashi	4
Rolf Scheibner, Ottobrunn	4
Sabine Schmitz (Reck), Pulheim	4
Timo Schupp, Bretzfeld	4
Carlo van Dam, NL-Vlaardingen	4
Arno Wester, Meerbusch	4
Joachim Winkelhock, Korb	4
Jürgen Wohlfahrt, Murrhardt	4
Helmut Abels, Euskirchen	3
Michael Abendroth, Duisburg	3
Dirk Adorf, Heupelzen	3
Uwe Alzen, Betzdorf	3
Ullrich Andree, Köln	3
Frank Aust, Rietberg	3
Stefan Aust, Münster	3
Michael Bartels, MC-Monte Carlo	3
Nils Bartels, Mannheim	3
Marc Basseng, Köln	3
Jürgen Baumgarten, Neuhof	3
Raimund Baumschlager, Österreich	3
Martin Becker, Bestwig	3
Bernd Benning, Menden	3
Norbert Bermes, Willich	3
Ulrich Bez, Düsseldorf	3
Michael Bonk, Münster	3
Peter Bonk, Münster	3
Roland Botor, Mönchengladbach	3
Karl-Ernst Brune, Wülfrath	3
Christian Büllesbach, Königswinter	3
Friedrich Burgmann, Essen	3
Peter Buschmans, Aachen	3
Elmar Deegener, Stelzenberg	3
Rolf Dippe, Adenau	3
Rainer Dörr, Butzbach	3
Uwe Ebertz, Fleißbach	3
Michael Eichhorn, Mönchengladbach	3
Marcel Engels, Willich	3
Michael Eschmann, Gummersbach	3
Franz Fabian, Mülhausen	3
Augusto Farfus, MC-Monte Carlo	3
Wilfried Fasting, Sandkrug	3
Peter Faubel, Remscheid	3
Jochen Felder, Remscheid	3
Karl Fraund, Heiligenhaus	3
Michael Funke, Meerbusch	3
Dieter Gartmann, Osnabrück	3
Frank Gittke, Kaisersesch	3
Axel Goebel, Dresden	3
Markus Grossmann, Bedburg	3
Florian Gruber, Aham	3
Christopher Haase, Kulmbach	3
Thomas Haider, Köln	3
Thomas Hanisch, Gaimersheim	3
Peter Hass, Waldems	3
Norbert Haug, Grunbach	3
Herbert Hechler, Darmstadt	3
Altfrid Heger, Essen	3
Werner Heiden, Dinslaken	3
Marc Hennerici, Bonn	3
Helmut Hennes, Aachen	3
Lutz-Wilhelm Höhl, Dortmund	3
Akira Iida, J- Tokyo	3
Hiroaki Ishiura, J-Kanagawa	3
Max Janitschek, Bergisch-Gladbach	3
Guido Janzen, Lohmar	3
Hans-Ingo Jeleniowski, Bornheim	3
Michael Jestädt, Fulda	3
Jimmy Johansen, S-Nösund	3
Marco Keller, Aachen	3
Arno Klasen, Karlshausen	3
Jutta Kleinschmidt, MC-Monte Carlo	3
Carsten Knechtges, Mayen	3
Werner Kowald, Essen	3
Andreas Kramer, Olsberg	3
Jürgen Kremerskothen, Düsseldorf	3
Wolfgang Kudrass, Lohmar	3
Rainer Kutsch, Köln	3
Manuel Lauck, Lebach	3
Manfred Lauderbach, Halsenbach	3
Frank-Dieter Lohmann, Freudenberg	3
Ellen Lohr, Mönchengladbach	3
Frank Lorenzo, Willich	3
Klaus Ludwig, Roisdorf	3
Olaf Manthey, Bonn	3
Thomas Marschall, Eggenstein	3
Manuel Metzger, Rickenbach-Hütten	3
Alexander Mies, Heiligenhaus	3
Friedhelm Mihm, Sundern	3
Wolfgang Müller, Duisburg	3
Guido Naumann, Kammerstein	3
Hans-Jürgen Nowack, Ingolstadt	3
Dirk Obermann, Mülheim	3
Jörg Obermann, Mülheim	3
Hannes Pfledderer, Öhringen	3
Günter Pollert, Pr. Oldendorf	3
Andreas Graf Praschma, Essen	3
Ulli Richter, Essen	3
Kai Riemer, Espelkamp	3
Ralph-Peter Rink, Frankfurt	3
Dennis Rönz, Mülheim-Kärlich	3
Dennis Rostek, Porta Westfalica	3
Horst Rotter, Großalmerode	3
Ralf Schall, Dornstadt	3
Werner Schlehecker, Rösrath	3
Günther Schrey, Detmold	3
Wolfgang Schrey, Wallenhorst	3
Tim Schrick, München	3
Torsten Schubert, Oschersleben	3
Peter Schumann, Saarbücken	3
Herbert Schuster, Neuss	3
Rolf Schütz, Andernach	3
Dieter Selzer, Dillingen	3
Hans-Georg Ströter, Köln	3
Kurt Thiim, L-Luxembourg	3
Matthias Tischner, Marl	3
Michael Tischner, Marl	3
Frank Totz, Brakel	3
Jörg Totz, Brakel	3
Christian Tschornia, Brilon	3
Sebastian Tschornia, Winterberg	3
Werner Uetrecht, Stemwede	3
Matthias Unger, Heusenstamm	3
Alfred Vahsen, B-Büllingen	3
Juichi Wakisaka, J-Tokyo	3
Robert Walterscheid-Müller, I-Bozen	3
Frank Weishar, Schweitenkirchen	3
Andreas Weishaupt, Ulm	3
Markus Winkelhock, Berglen	3
Jürgen Wirtgen, Neuwied	3
Stephan Wölflick, Quiddelbach	3
Jürgen Zerha, Leonberg	3
Daniel Zils, Bendorf	3
Frank Katthöfer, Essen	2
Lucas Luhr, Ch-Ermatingen	2
Jörg Müller, MC-Monte Carlo	2
Klaus Niedzwiedz, Waltrop	2
Gerold Pankl, Österreich	2
Roberto Ravaglia, I-	2
Johannes Scheid, Kottenborn	2
Sabine Schmitz (Reck), Pulheim	2
Bernd Schneider, CH-Bottighofen	2
Hans-Jürgen Tiemann, Soltau	2
Winfried Vogt, Waldshut	2
Joachim Winkelhock, Korb	2
Markus Winkelhock, Berglen-Steinbach	2
Marc Basseng, Neusalza-Spremberg	1
Jeroen Bleekemolen, MC-Monte Carlo	1
Andreas Bovensiepen, München	1
Gianfranco Brancatelli, Italien	1
Franz-Josef sr. Bröhling, Köln	1
Alexander Burgstaller, München	1
Johnny Cecotto, Venezuela	1
Adam Christodoulou, GB-Lichfield	1
Christian Danner, Berg	1
Antonio De Azevedo, Brasilien	1
Edgar Dören, Wuppertal	1
Helmut Döring, Wirges	1
Sean Edwards, MC-Monte Carlo	1
Maro Engel, MC-Monte Carlo	1
Augusto Farfus, MC-Monte Carlo	1
Peter Faubel, Remscheid	1
Franz Gschwendtner, Pfaffenhofen	1
Armin Hahne, MC-Monte Carlo	1
Jürgen Hamelmann, Kempen	1
Ferfried Prinz von Hohenzollern, München	1
Gerhard Holup, Kaarst	1
Duncan Huisman, NL-Vreden	1
Hans-Peter Joisten, Köln	1
Helmut Kelleners, Moers	1
Franz Konrad, Gütersloh	1
Herbert Kummle, Zell	1
Niki Lauda, Österreich	1
Robert Lechner, Freilassing	1
Christian Mamerow, Waltrop	1
Jean-Michel Martin, B-Woluwe	1
Karl Mauer, Ahrhütte	1
Bernd Mayländer, Schorndorf	1
Christian Menzel, Kelberg	1
Manuel Metzger, CH-Frauenfeld	1
Christopher Mies, Heiligenhaus	1
Dirk Müller, MC-Monte Carlo	1
Nico Müller, CH-Blumenstein	1
Kris Nissen, MC-Monte Carlo	1
Peter Oberndorfer, Hamburg	1
Markus Oestreich, Fulda	1
Emanuele Pirro, I-	1
Andy Priaulx, GB-Guernsey	1
Karl-H. Quirin, Pfungstadt	1
René Rast, Stolzenau	1
Otto Rensing, Jüchen	1
Manuel Reuter, A-Saalfelden	1
Mike Rockenfeller, Neuwied	1
Fred Rosterg, MC-Monte Carlo	1
Boris Said, USA-Carlsbad	1
Edward Sandström, CH-Berlingen	1
Timo Scheider, A-Altach	1
Clemens Schickentanz, Willich	1
Frank Schmickler, Köln	1
Matthias Schneider, Cochem	1
Dieter Selzer, Dillingen	1
Steve Soper, GB-Beaconsfield	1
Frank Stippler, Bad Münstereifel	1
Volker Strycek, Dehrn	1
Nicki Thiim, DK-Sönderborg	1
Laurens Vanthoor, B-Heusden-Zolder	1
Robert Walterscheid-Müller, I-Bozen	1
Hans Widmann, Berlin	1
Ornulf Wirdheim, Schweden	1
Karl-Heinz Wlazik, Gladbeck	1
Wolfgang Wolf, Marburg	1

THE MOST SUCCESSFUL DRIVERS BASED ON OVERALL WINS 1970-2016

Name, Residence	Wins
Timo Bernhard, Dittweiler	5
Pedro Lamy, P-Lissabon	5
Marcel Tiemann, MC-Monte Carlo	5
Marc Duez, B-Verviers	4
Romain Dumas, CH-Basel	4
Marc Lieb, Ludwigsburg	4
Fritz Müller, Pfaffenhofen	4
Peter Zakowski, Niederzissen	4
Herbert Hechler, Darmstadt	3
Klaus Ludwig, Roisdorf	3
Hans-Joachim Stuck, A-Ellmau	3
Uwe Alzen, Betzdorf	2
Michael Bartels, MC-Monte Carlo	2
Axel Felder, Hückeswagen	2
Dieter Gartmann, Osnabrück	2
Christopher Haase, Kulmbach	2
Altfrid Heger, Essen	2

THE MOST SUCCESSFUL MANUFACTURERS BASED ON RACE STARTS 1970-2016

Manufacturer	Starts
BMW	1580
Opel	766
Ford	616
Volkswagen	611
Porsche	596
Honda	429
Audi	339
Renault	262
Alfa Romeo	216
Peugeot	192
Toyota	155
Mercedes-Benz	144
Suzuki	126
Seat	114
Fiat	105
Simca/Talbot	78
Citroen	77
Aston Martin	68
Nissan/Datsun	67
Autobianchi	62
Mini (alle)	61
NSU	51
Mitsubishi	40
Volvo	31
Daihatsu	30
Caterham	26
Lexus	25
Hyundai	22
Chrysler	21
Mazda	21
Saab	19
Subaru	20
Vauxhall	15
Chevrolet	14
DAF	12
Lotus	11
Dodge	10
Skoda	9
Lamborghini	8
Mercedes-AMG	8
Morgan	7
V8-Star	7
Ferrari	6
Ginetta	6
McLaren	6
Bentley	5
Holden	5
Jaguar	5
Rover	5
Steyr Puch	5
Donkervoort	4
Wiesmann	4
SCG	3
American Motor	2
CN Cobra	2
Lancia	2
Maserati	2
N.Technology	2
Apollo	1
Artega	1
Kia	1
Sylva	1
Toyo	1
Ultima	1
Westfield	1

THE MOST SUCCESSFUL DRIVERS BASED ON RACE STARTS 1970-2016

Name, Residence	Starts
Volker Strycek, Dehrn	39
Uwe Reich, Solingen	35
Michael Hess, Düren	28
Paul Hulverscheid, Wipperfürth	28
Harald Grohs, Essen	27
Michael Prym, Aachen	27
Martin Tschornia, Bestwig	27
Jürgen Nett, Mayen	26
Klaus Niedzwiedz, Waltrop	26
Ralf-Peter Bonk, Münster	25
Johannes Scheid, Kottenborn	25
Sabine Schmitz (Reck), Barweiler	25
Gerd Flentje, Dortmund	24
Wolfgang Kaufmann, Molsberg	24
Willi Obermann, Mülheim	24
Peter Wyss, CH-Wallenbuch	24
Heinz-Josef Bermes, Willich	23
Michael Bonk, Münster	23
Günter Kühlewein, Eschelbach	23
Bernd Küpper, Düren	23
Hubert Nacken, Steisslingen	23
Peter Oberndorfer, Hamburg	23
Reinhold Renger, Rothenburg	23
Stefan Schlesack, Remscheid	23
Hermann Tilke, Aachen	23
Jörg Chmiela, Kaltenengers	22
Kornelius Hoffmann, Blankenheim	22
Christian Menzel, Kelberg	22
Wayne Moore, NZ-Tauranga	22
Bernd Ostmann, Stuttgart	22
Manfred Wollgarten, Aachen	22
Dirk Adorf, Heupelzen	21
Manfred Anspann, München	21
Dino Drössiger, Bochum	21
Helmut Hennes, Aachen	21
Andre Krumbach, Inden	21
Jürgen Möhle, Kürten	21
Dierk Möller(-Sonntag), Hamburg	21
Andreas Graf Praschma, Essen	21
Rudi Adams, Ahrhütte	20
Franz-Josef sr. Bröhling, Köln	20
Edgar Dören, Wuppertal	20
William Moore, GB-Milton Keynes	20
Kai Riemer, Espelkamp	20
Horst Graf von Saurma-Jeltsch, Stuttgart	20
Peter Scharmach, Solingen	20
Ralf Zensen, Barweiler	20
Jürgen Alzen, Betzdorf	19
Uwe Alzen, Betzdorf	19
Wolfgang Destree, Zornheim	19
Peter Hass, Waldems	19
Wolfgang Haugg, Aachen	19
Claudia Hürtgen, Aachen	19
Kersten Jodexnis, Hannover	19
Takayuki Kinoshita, J-Yokusuka	19
Andreas Middendorf, Grevenbroich	19
Ullrich Packeisen, Wuppertal	19
Ullrich Richter, Essen	19
Hans-Georg Ströter, Köln	19
Hans-Joachim Stuck, A-Ellmau	19
Michael Tischner, Marl	19
Edgar Dr. Althoff, Viersen	18
Norbert Bermes, Willich	18
Paul Martin Dose, BurgHohenstein	18
Heinz-Otto Fritzsche, Hückeswagen	18
Marc Gindorf, MC-Monte Carlo	18
Arno Klasen, Karlshausen	18
Christian Kohlhaas, Andernach	18
Christopher Peters, Mönchengladbach	18
Dirk Riebensahm, Andernach	18
Ralph-Peter Rink, Frankfurt	18
Werner Schlehecker, Rösrath	18
Frank Schmickler, Lohmar	18
Wilfried Schmitz, Baesweiler	18
Jörg Viebahn, Gummersbach	18
Stephan Wölflick, Quiddelbach	18
Friedrich Burgmann, Essen	17
Michael Eschmann, Gummersbach	17
Wolf-Dieter Feuerlein, Oldenburg	17
Wolfgang Förster, Hennef	17
Jürgen Fritzsche, Hückeswagen	17
Michael Funke, Meerbusch	17
Karl Mauer, Ahrhütte	17
Klaus Müller, Euskirchen	17
Markus Oestreich, Fulda	17
Jürgen Peter , Herzogenrath	17
Haakon Schjärin, N-Flisa	17
Joachim Dr. Steidel, Recklinghausen	17
Kurt Thiim, Luxemburg	17
Arno Wester, Meerbusch	17

THE MOST SUCCESSFUL MANUFACTURERS BASED ON CLASS WINS 1970-2016

Manufacturer	Wins
BMW	177
Opel	60
Volkswagen	51
Honda	50
Porsche	42
Ford	41
Audi	31
Mercedes-Benz	20
Peugeot	20
Alfa Romeo	18
Toyota	12
Citroen	10
Autobianchi	9
Suzuki	9
Aston Martin	8
Renault	7
Lexus	6
Hyundai	5
Seat	5
Volvo	5
Nissan	4
Simca/Talbot	4
Subaru	4
Chrysler	3
Dodge	3
Fiat	3
NSU	3
Caterham	2
Ferrari	2
Mazda	2
American Motor	1
Chevrolet	1
Daihatsu	1
Jaguar	1
Kia	1
Lotus	1
Mercedes-AMG	1
Mitsubishi	1
N.Technology	1
SCG	1
Skoda	1
Steyr Puch	1

THE MOST SUCCESSFUL TEAMS BASED ON OVERALL WINS 1970-2016

Team	Wins
BMW Schnitzer	5
Manthey Racing	5
Phoenix Racing	4
Auto Budde Team	3
BMW Alpina	3
Müllerbräu Racing	3
Zakspeed Racing	3
Black Falcon	2
BMW Nürburg	2
Ford Eichberg Racing	2
Scheid Motorsport	2
Armbrust Motorsport	1
Audi Sport Team WRT	1
BMW Bigazzi	1
BMW Linder	1
Dören Motorsport	1
Ford Berkenkamp Racing	1
Ford Racing Team	1
Heico Dienstleistungen	1
Koepchen BMW	1
Konrad Motorsport	1

THE MOST SUCCESSFUL MANUFACTURERS BASED ON OVERALL WINS 1970-2016

Manufacturer	Wins
BMW	19
Porsche	11
Ford	5
Audi	3
Chrysler	3
Mercedes-AMG	1
Mercedes-Benz	1

Organization

Veranstalter
ADAC Nordrhein e.V.
50963 Köln

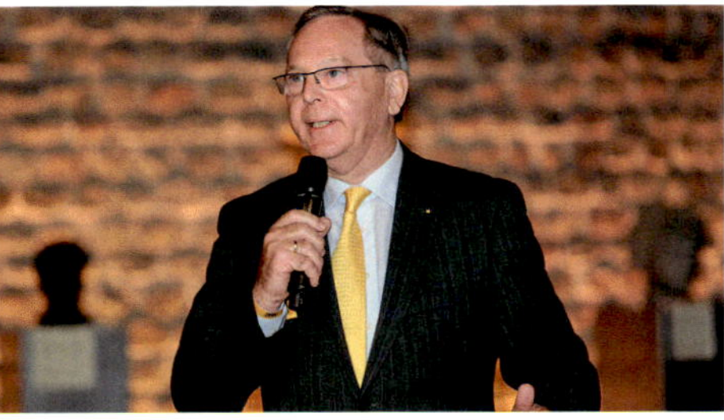

Organisationskomitee
Peter Meyer, Mülheim a. d. Ruhr
Peter Geishecker, Köln
Walter Hornung, Neunkirchen-Seelscheid
Mirco Hansen, Bonn

Organisationsleiter
Mirco Hansen, Bonn

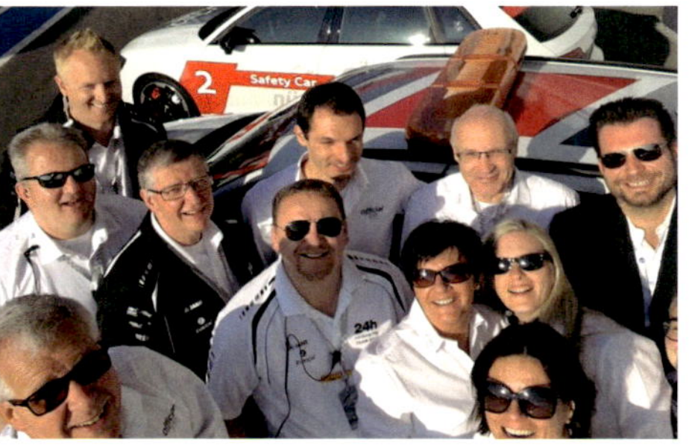

Stellv. Organisationsleiterin
Birgit Arnold, Duisburg

Rennleiter
Walter Hornung, Neunkirchen-Seelscheid

Stellvertretende Rennleiter
Norbert Heinz, Losheim
Alfred Schmitz, Langerwehe

Rennleiter Rundstrecken-Challenge
Hans-Werner Hilger, Brühl

Race Director Audi Sport TT Cup
Niels Wittich, Frankfurt

Rennsekretärinnen
Birgit Arnold, Duisburg
Silvia Berthold, Brühl

Assistenz Race Office Administration
Katrin Hilbig, Duisburg
Bettina Seim, Alsfeld
z.b.V. Tobias Prinz, Köln

Assistenz Rennleitung
Frank Becker, Wipperfürth
Franz-Josef Cremer, Langerwehe
Vanessa di Pasca, Niederkassel
Tanja Geilhausen, Windeck
Torsten Kabuth, Hohenleimbach
Stefan Kahlscheuer, Siegburg
Sigrid Marx, Andernach
Nicole Weynand, Bergisch Gladbach
Andi Witkowski, St. Augustin

Race Office / Papierabnahme
Silvia Berthold, Brühl
Katrin Howad, Rösrath
Martin Gstöttner, Regen
Kai-Uwe Graul, Langdorf
Stefanie Hentrich, Engelskirchen
Monika Siemoneit, Brühl
Nicole Vollmer, Wiehl

Finanzen
Daniel Schönenberg, Nörvenich

Leiter der Streckensicherung
Wolfgang Siering, Wuppertal

Stellvertretende Leiter der Streckensicherung
Franz Mönch, Bergheim
Andreas Mühlenbernd, Herresbach

Assistenz Streckensicherung
Gabriele Floßbach, Frechen
Dagmar Guhlemann, Mechernich
Wolfgang Hilbig, Duisburg
Angela Kastenholz, Remagen
Thomas Klusch, Bonn
Dr. Werner Koch, Jünkerath
Wilfried Mertens, Kelberg
Hermann Molitor, Hilden
Antje Mühlenbernd, Herresbach
Thomas Schmidt, Mülheim
Alana Winterkamp, Jünkerath
Andreas Wissmeyer, Niederdorfelden

Stationäre Streckensicherung
ADAC- und MVNW-Marshals sowie befreundete Hilfsclubs

Chief-Marshal
Andreas Kirschner, Bad Sobernheim

Stellvertretender Chief Marshal
Jochen Sammetinger, Lohr

Intervention Cars / Official Cars
Ralf Arnold, Duisburg
Marc Scherhag, Duisburg
Marcus Schmitz, Duisburg
quattro GmbH, Ingolstadt

Medizinische Einsatzleiter
Dr. Achim Kornemann, Meckenheim
Peter Beurschgens, Stromberg

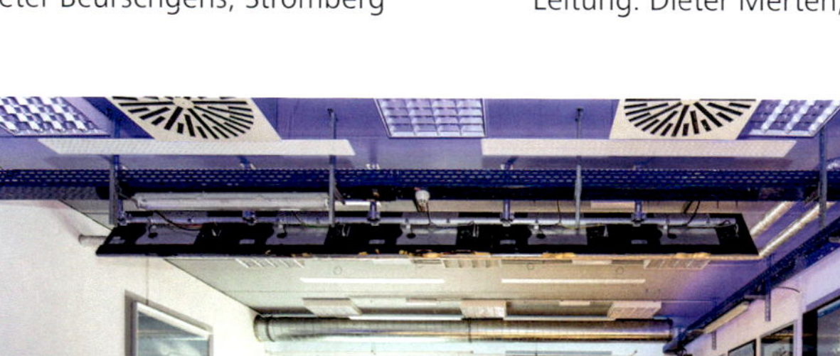

Sanitätsdienst Strecke / Medical Center
DRK-Kreisverband Ahrweiler
Einsatzleitung/Koordination:
Armin Link, Herschbroich

Mobile Streckensicherung
DMSB-Staffel, Frankfurt
E-Unit-Fahrzeuge
Heinz Domagalla, Meuspath

Abschnittsleiter Strecke
Günter Harpel, Weilmünster
Carsten Setzefand, Monheim
Andrea Schmitz, Kempen
Michael Nieden, Saarbrücken
Oliver Metzger, Saarbrücken
Harald Ciesiolka, Welcherath
Oliver Damas, Hof
Jean-Claude Reuter, Neustadt
Regina Schilling, Pforzheim
Jürgen Thein, Wuppertal
Beatrix Pittig, Königsfeld
Oliver Krambrock, Meinerzhagen
Klaus Daschner, Karl
Peter Anders, Oberreidenbach
Lutz Fröschmann, Bad Mergentheim
Michael Neubauer, Lohr
Marcel Trogant, Ruppichteroth
Michael Sadrinna, Bonn
Wolfgang Meißner, Leverkusen
Heinz-Werner Rösl, Adenau
Patric Rösl, Issum
Ingo Güss, Bonn
Joachim Dohmen, Willich
Sarah Dohmen, Willich
Holger Schulzki, Elsdorf
Peter Weise, Hamm
Detlev Lamm, Köln
Dennis Kortus, Korntal
Stefan Brenner, Meckenbach
Michael Kaliszan, Kaisersesch
Martina Contzen, Rheinbach
Christoph Joisten, Rheinbach

Brandschutz
Freiwillige Feuerwehr
Verbandsgemeinde Adenau
Leitung: Dieter Merten, Adenau

Bergewesen / Abschleppdienst
KFZ Gebr. Bongard, Adenau
Erich Schmitz, Boos
Sportkommissare
Horst Seidel, Mahlow (Vorsitzender)
Klaus Bierhoff, Mülheim
Frank Küper, Gevelsberg
Matthias Heinz, Losheim
Peter Jacobs, Rheinbach
Harry Stüber, Köln
Rundstrecken Challenge
Peter Brings, Mülheim
Wilhelm Wiegmann, Seelscheid

Technikausschuss 24h-Rennen
Mike Gramke, Leichlingen
Norbert Kreyer, Niederzissen
Martin Marx, Lebach

Technische Kommissare 24h-Rennen
Karl-Heinz Loibl, Hoffeld
Dr. Axel Bieling, Mönchengladbach
Carola Feyen, Nettersheim
Peter Friederichs, Bunde
Herbert Fussen, Bad Münstereifel
René Guthe, Hilden
Wolfgang Lohoff, St. Augustin
Jens Rommel, Rommerskirchen
Gerd Trappmann, Wülfrath
Lars Vaupel, Solingen
Klaus von Barby, Köln
Wolf von Barby, Köln
Helfer Technische Kommissare
Rolf Guhlemann, Mechernich
24h-Classic
Peter Friederichs, Bunde
Lars Vaupel, Solingen
Audi Sport TT Cup
Knut Wartenberg, Grasbrunn
Rundstrecken Challenge
Eicke Blümcke, Köln
Rolf Lambertz, Brühl
Stefan Wiedenhöfer, Much

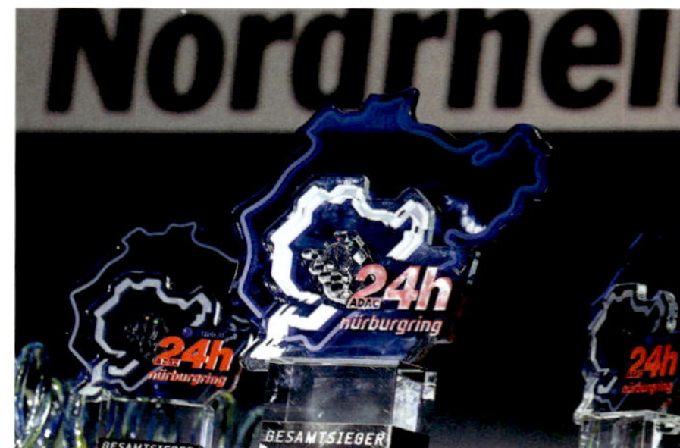

Zeitnahme / Auswertung
_wige SOLUTIONS GmbH
Inge Kühn, Köln (Obfrau)

Chiefmarshal Boxen
Dieter Reck, Ulmen

Stellvertretender Chiefmarshal Boxen
Hans-Günter Horten, Niederstadtfeld

Organisation Fahrerlager
Alexander Zäpernick, Köln
Ralf Kettern, Rommerskirchen
Werner Lungstrass, Burscheid

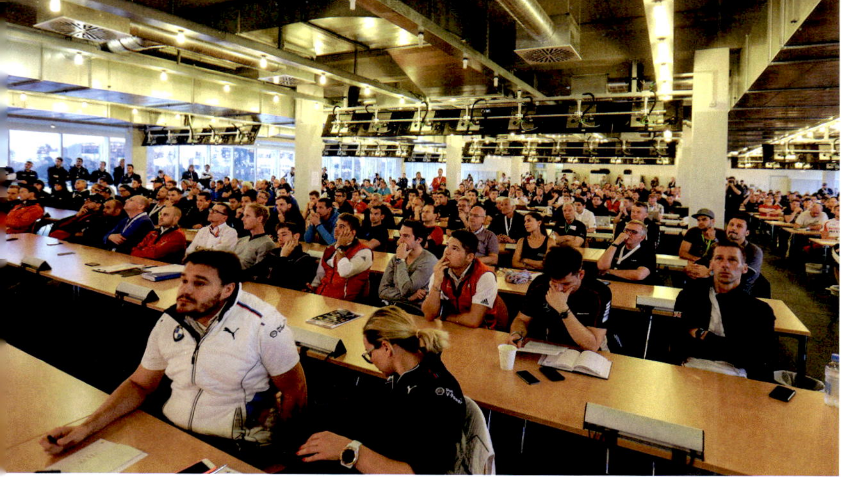

Vorstart / Startaufstellung / Parc Fermé
Rolf Dahlgren, Norath

Fahrerinfo / Material / Runner Fahrerinfo
Jürgen Cüpper, Bergisch Gladbach
Bernd Althausen, Rheinbach
Torsten Brandt, Düsseldorf

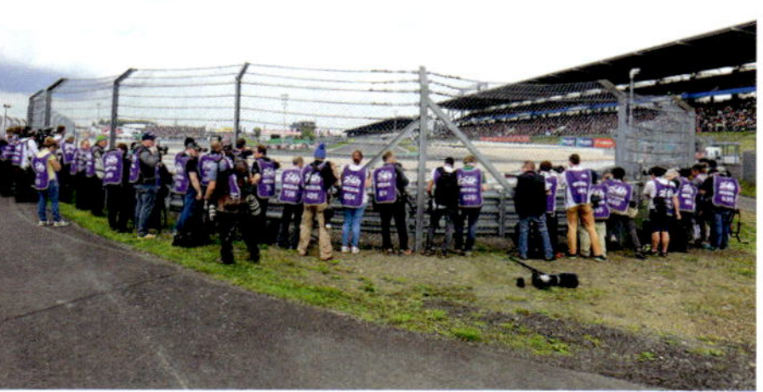

Marc Dietz, Bad Laasphe
Maria-Theresia Peters, Ratingen
Material
Daniel Schönenberg, Nörvenich
Heinz Arndt, Bergisch Gladbach
Rafael Tomaszko, Pulheim
Runner / Kopierdienst / Aushänge
Svenja Blatt, Pulheim
Michael Kokott, Hennef
Andrea Florkiewicz, Köln
Andreas Palm, Pulheim
Gerd Siemoneit, Brühl
Melli Schäfer, Höhr-Grenzhausen

Crew-Catering
Christel Hilbig, Duisburg
Bernadette Kolodziej, Mülheim

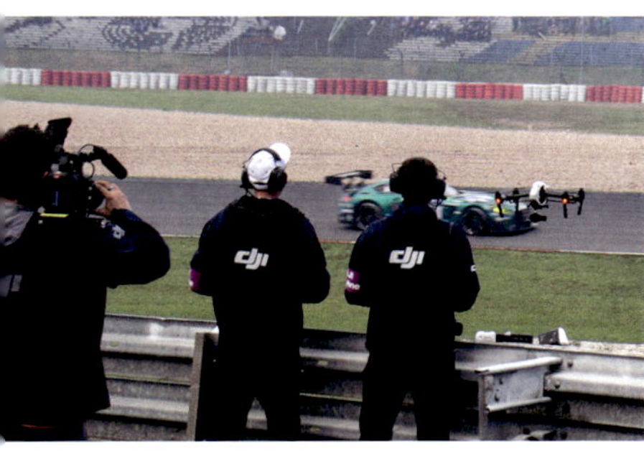

ADAC Check-in / Welcome-Center, Meuspath
Daniel Schönenberg, Nörvenich
Maria Braun, Siegburg
Manuel Felix, Reichshof
Marie-Luise Münch, Ettringen
Udo Radermacher, Kerpen
Rafael Tomaszko, Pulheim

ADAC-Ausgabestelle „Scharfer Kopf"
Tim Beckemper, Neunkirchen-Seelscheid
Maria Heeren, Simmerath
Bert Lemmens, Simmerath
Marie-Luise Münch, Ettringen

Organisation Campingpark B2
Hannelore Bantz, Troisdorf

Organisation Campingpark A2
Uwe Könings, Rheinberg

Tankerfassung / Tankabrechnung
Ingo Müller, Rösrath
Manuel Felix, Reichshof
Christopher Schäfer, Kempenich
Christian Stehli, Wittenbach

Shuttle-Service
Helmut Brinzei, Meckenheim
Jens Seidel, Köln

Autohaus Kempen, Meckenheim
Löhr Automobile Vertriebs GmbH
Rainer Blessgen, Meckenheim
Stephan Esser, Meckenheim

Streckensprecher
Wolfgang Drabiniok, Essen
Lukas Gajewski, Dortmund
Jörg Hennig, Macken
Kou Watanabe, Düsseldorf
Swen Wauer, Wuppertal
Audi Sport TT Cup
Stefan Heinrich Tübingen
Patrick Simon, Wiesbaden

Serienbetreuung
Audi Sport TT Cup
Manuel Jahn, Ingolstadt
Philipp Mondelaers, Ingolstadt
ADAC 24h-Classic
Karin Kölzer, Bergheim
Rundstrecken Challenge
Hans Werner Hilger, Brühl
Rahmenprogramm Nordschleife
Jürgen Glath, Grafschaft
Rafael Tomaszko, Pulheim
Siegerehrung
Katrin Howad, Rösrath
Stefanie Hentrich, Engelskirchen
Moderation Siegerehrung
Bitburger Event Center
Eve Scheer, Bad Münstereifel
Patrick Simon, Wiesbaden

Umweltbeauftragter
Georg von Ciesewski, Mülheim

Rennstreckenbetreiber
capricorn Nürburgring GmbH

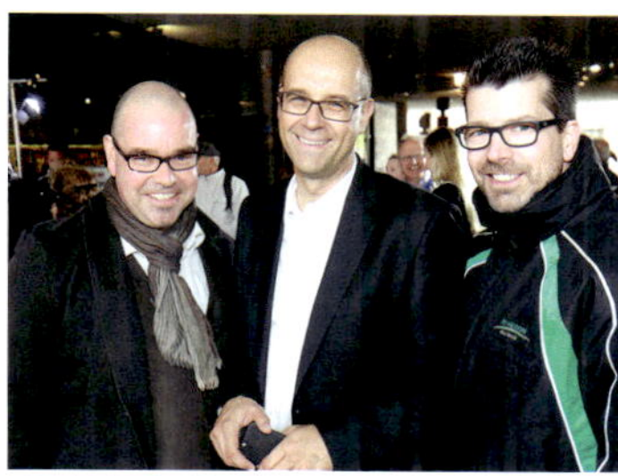

Presse
Pro Motion GmbH
Michael Kramp, Köln
Media Center, Nürburgring
Presseakkreditierung
Hotel Döttinger Höhe

TV-Produktion und Vermarktung
_wige MEDIA AG
Matthias Wurm, Köln
Joachim Kurth, Köln
Anne Gebauer, Köln

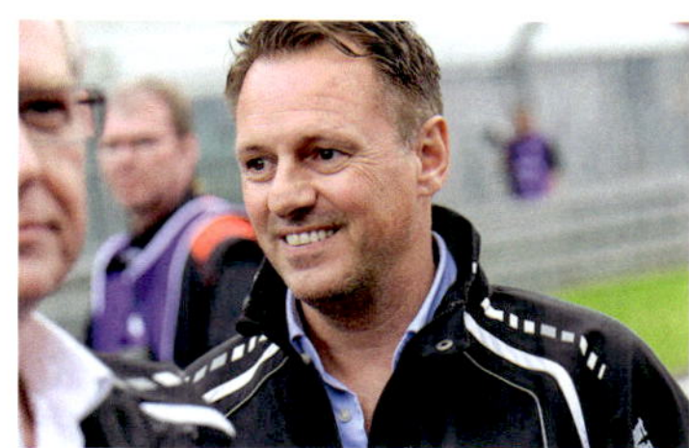

Ortslclub-Treff
Werner Klasen, Oberhausen
Peter Berghaus, Bergisch Gladbach
Hans-Werner Hilger, Brühl
Walter Kaulen, Monschau
Reinhold Wisniewski, Remscheid
Ulla Herzog, Brühl

WTCC/ETCC Officials

FIA Stewards WTCC
Paolo Longoni, (ITA) (Chairman)
Tim Schenken, (AUS)
Achim Loth (DEU)

FIA Stewards ETCC
Rod Parkin, (GBR)
Joel Do Vale, (FRA)
Achim Loth (DEU)

Race Director
Miroslav Bartos, (CZE)
Rui Marques, (PRT) Assistent
Clerk of the Course
Walter Hornung, Neunkirchen-Seelscheid

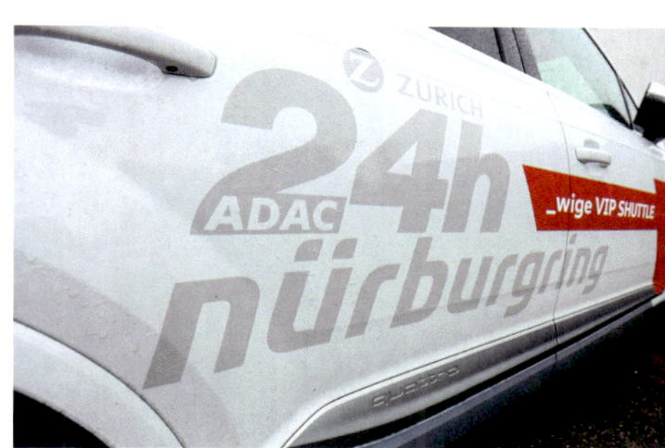

Secretary of the Event
Birgit Arnold, Duisburg

Secretary Stewards WTCC
Catherine Zappia (ITA)

Secretary Stewards ETCC
Vanessa di Pasca, Köln

Chief National Scrutineer
Karl-Heinz Loibl, Hoffeld

Chief National Medical Officer
Dr. Michael Scholz, Magdeburg
Deputy National Medical Officer ETCC
Dr. Hanns Lang, Lebach

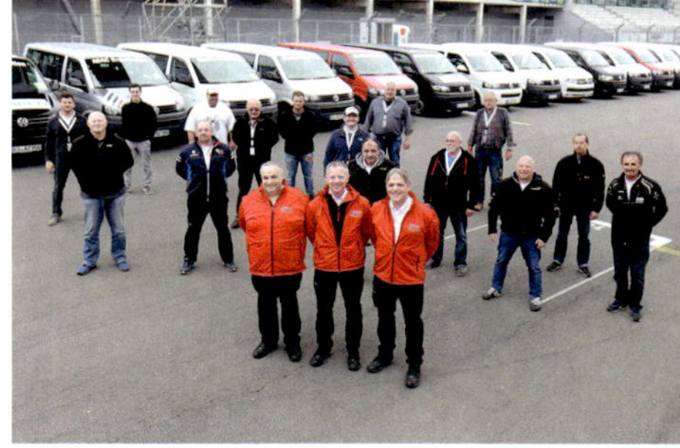

Technical Delegate
Manuel Leal, (ESP)

Press Delegate
Richard Rodgers, (GBR)

Incident camera delegate
Lionel Bérard, (FRA)

Medical Delegate
Jacques Tropenat, (FRA)

Chief Timekeeper
Inge Kühn, Köln

FIA Coordinator
Olivier Steveny, (BEL)

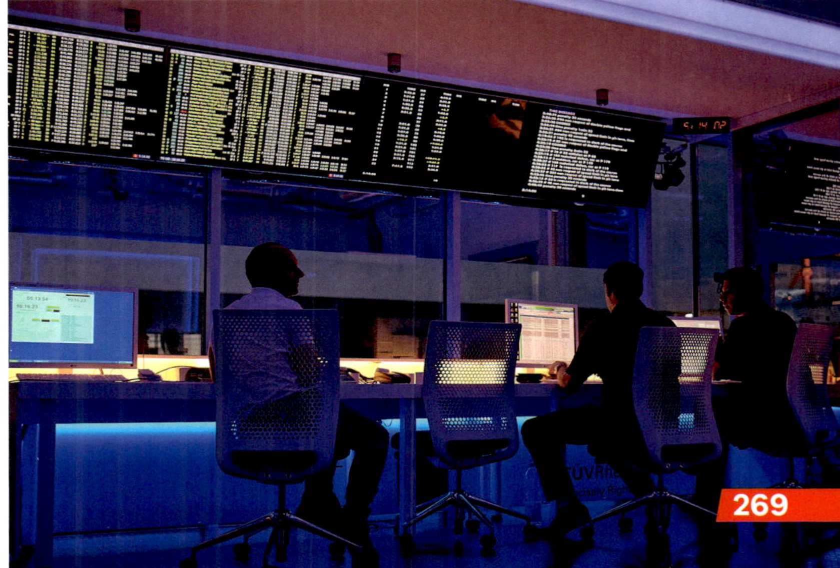

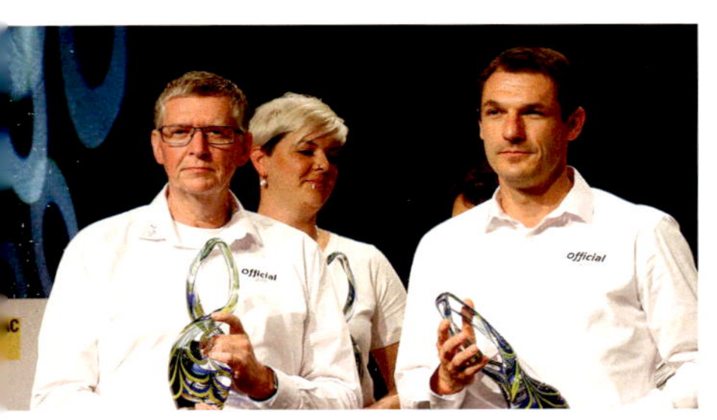
official

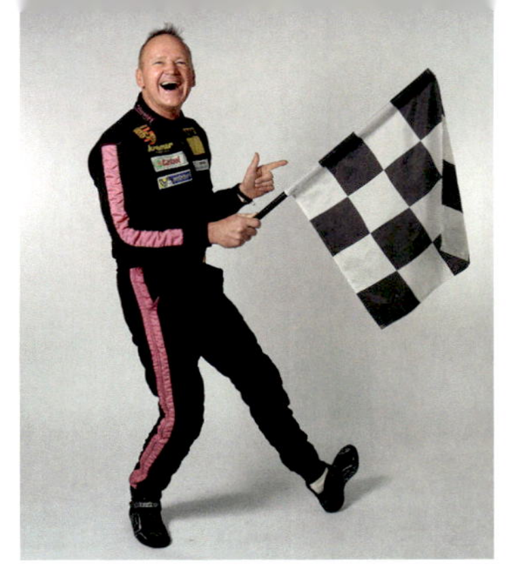

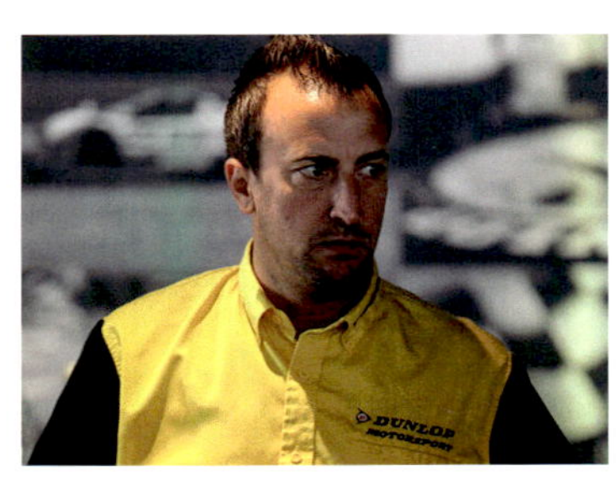

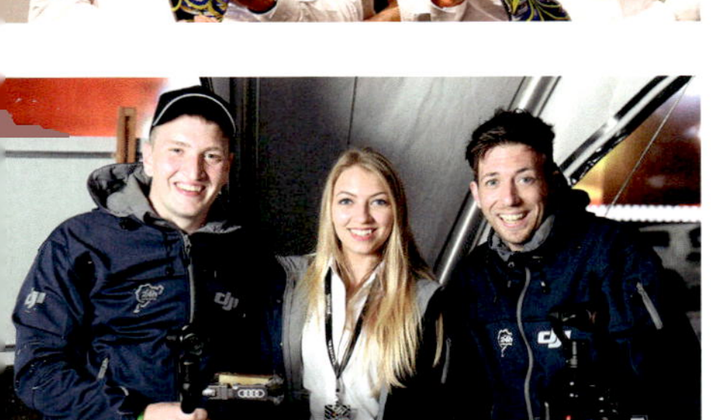

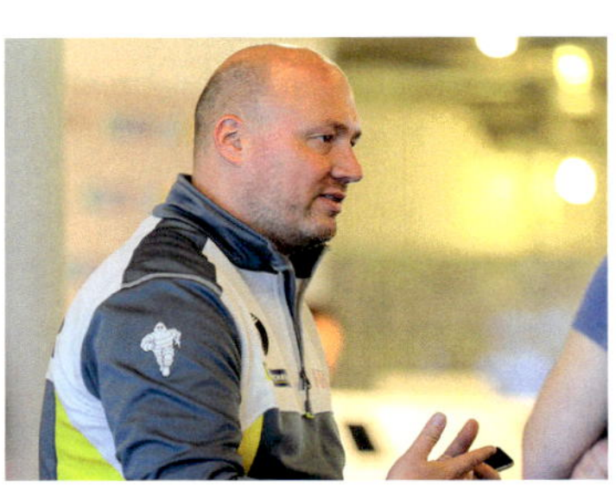

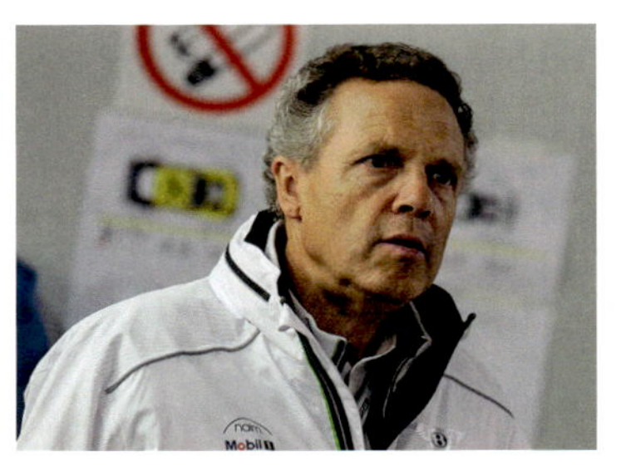

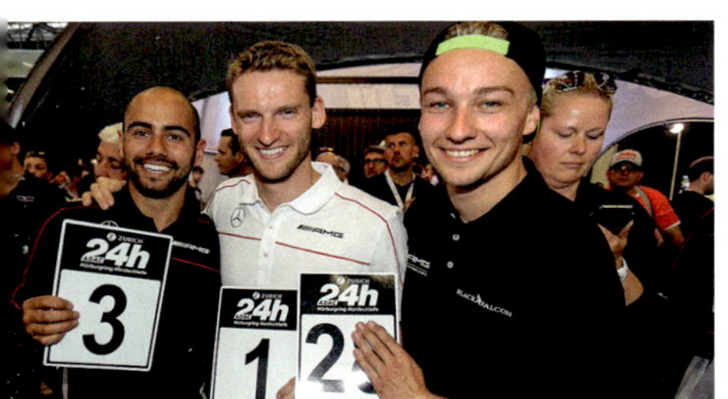
24h
3
24h
1
24h
2

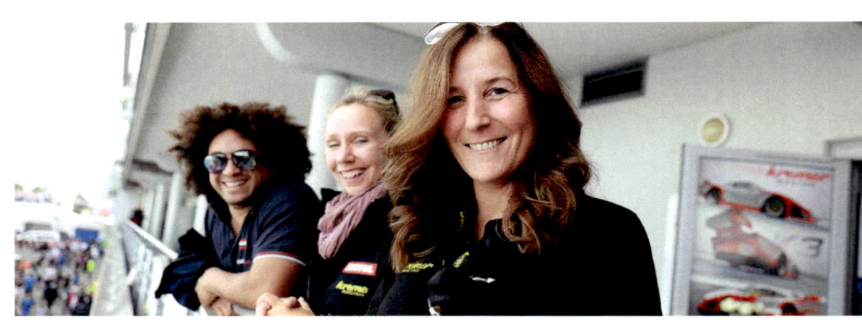

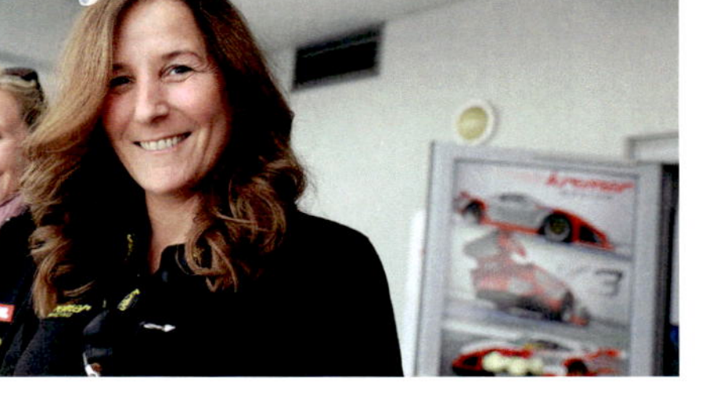

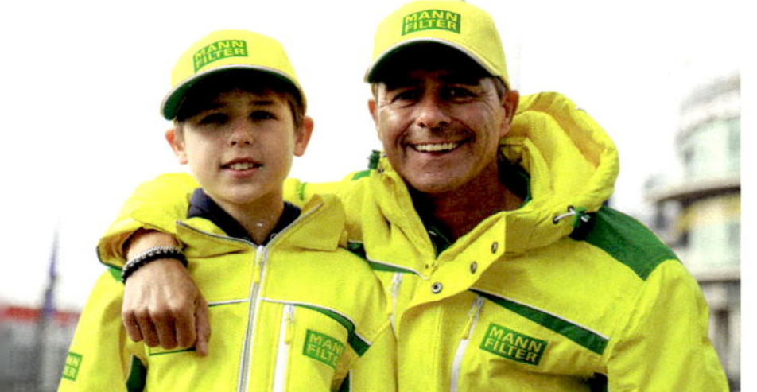

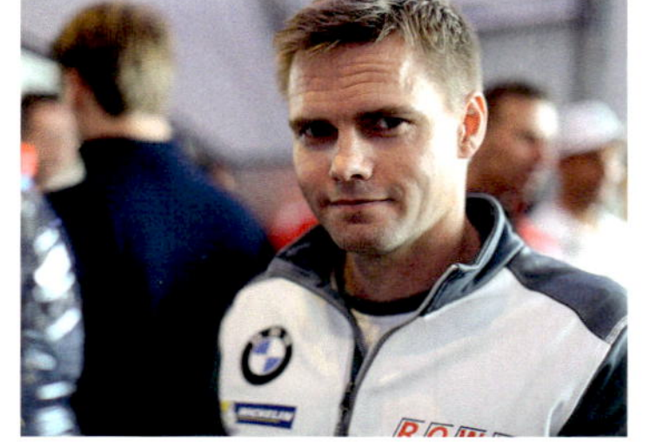

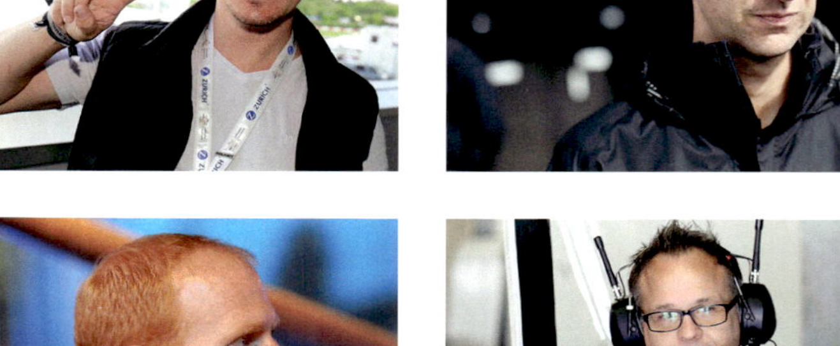
KS TOOLS

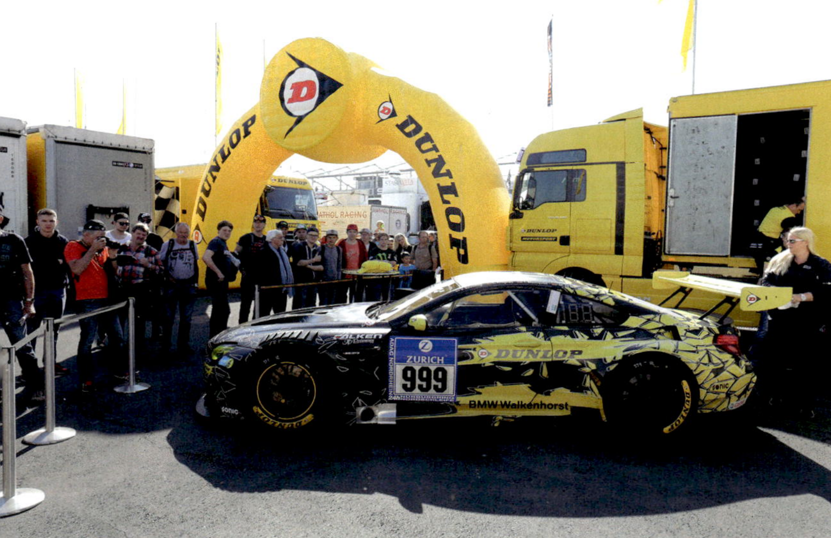
DUNLOP
DUNLOP
ZURICH
999
DUNLOP
BMW Walkenhorst

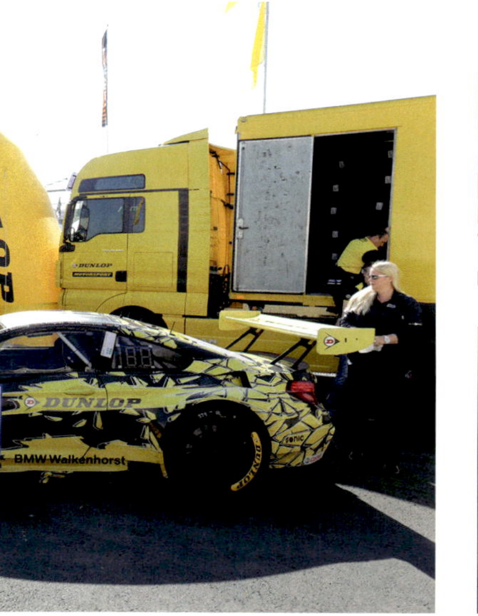

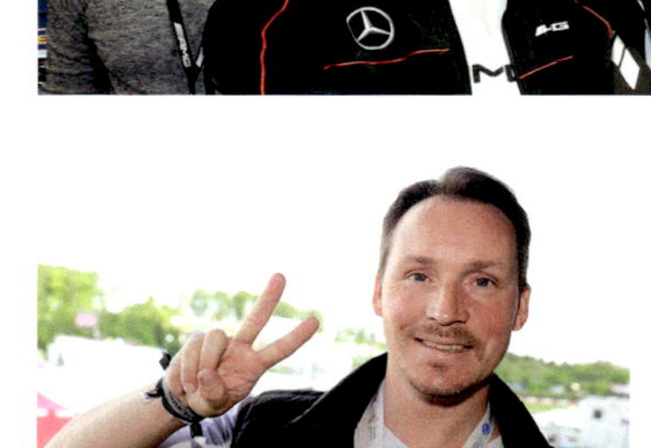

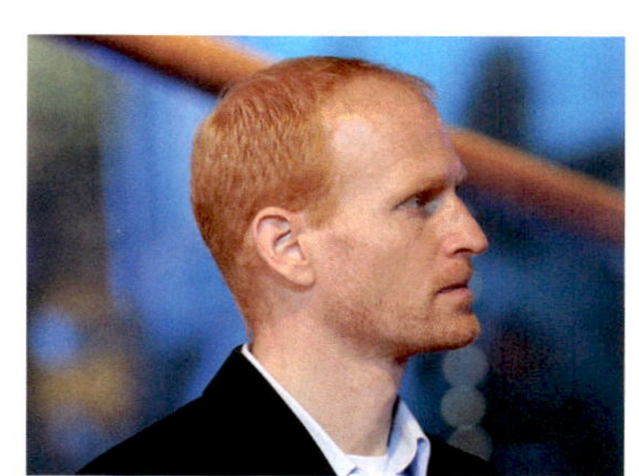

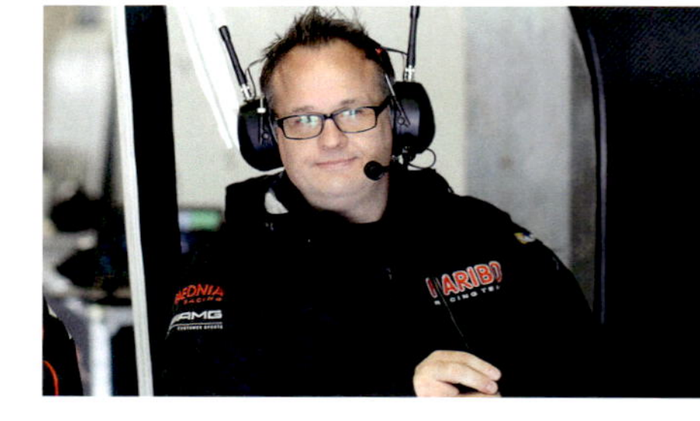

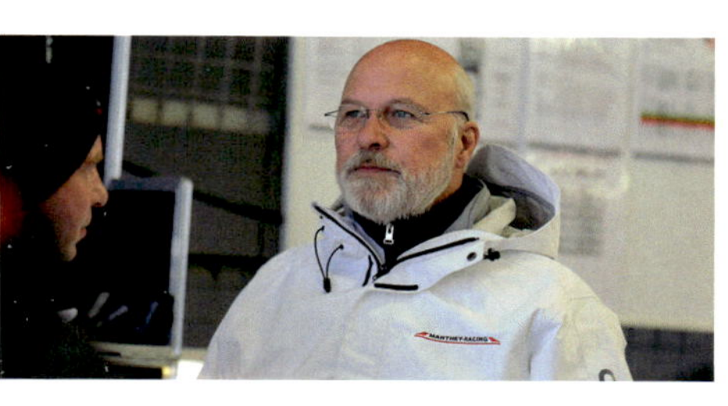

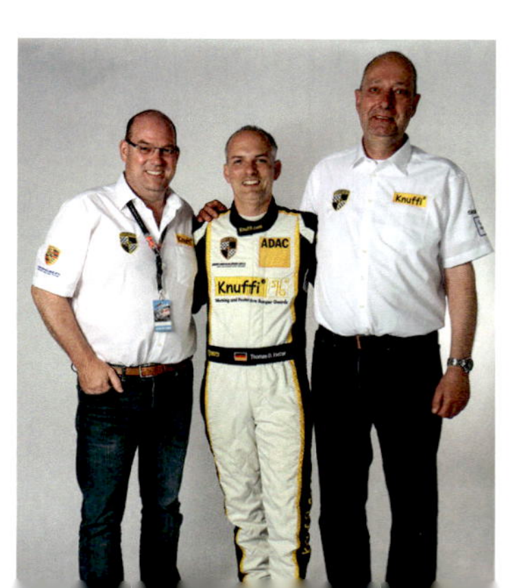
ADAC
Knuffi

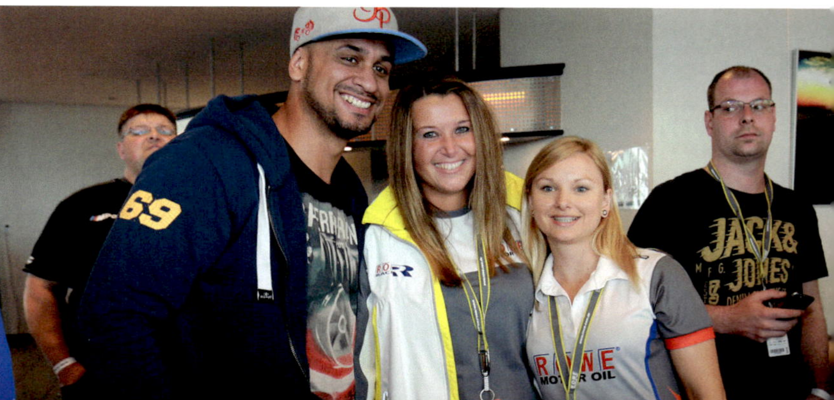
69
JACK&
JONES
ROWE
MOTOR OIL

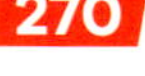

EDITORIAL TEAM

Herausgeber / Editor:
Gruppe C Motorsport Verlag

Projektleitung / Project management:
Tim Upietz

Autor / Author:
Jörg-Richard Ufer

Übersetzung / Translation:
René de Boer

Fotografen / Photographers:
Audi Presse, Jan Philipp Brucke, Malte Christians, DJI, Patrick Funk, Michael Gräff, Georg Hennecke - Bildagentur Kräling, Sören Herweg, Thomas Hinz, Hyundai, Burkhard Kasan, Oliver Kleinz, Katharina Konheiser, Bodo Kräling, Michael Kunkel, Patrick Liepertz, Alexander Link, Jochen Merkle, Lars David Neill, Goran Nitschke, Kevin Pecks – chequered flag, Silvia & Dirk Reiter - BRfoto, Timo Rennert, Julian Schmidt, Philip Scholl, Daniel Spaar - dspicture.com, Thomas Suer Photography, Alexander Trienitz, Julian Ufer, Tim Upietz, Akl Yazbeck

Layout und Design / Layout and Design:
Jonas Hermanns – www.jonashermanns.de

Lektorat / Proofreading:
Thomas Hinz, Andrew Cotton, Björn Upietz

Redaktionelle Mitarbeit / Editorial cooperation:
ADAC Nordrhein – Mirco Hansen & Ingo Müller, Hans-Richard & Karin Ufer, Anja Ufer, Marcel Ebeling, Uwe Klenke, Jasmin Holstein

Assistenten vor Ort / Helping Hands:
Nico Kastner, André Hänsch, Thomas Hinz, Pascal Lips, Wesley Lombard, Markus Plützer, Tom Schmidt, Tobias Thommes, Björn Upietz, Sven Upietz, Jael Zilligers

Produktionsmanagement / Productionmanagement:
Christoph Löhr – Produktionsteam, Düsseldorf

Produktion und Druck / Production and Printing:
Gunnar Kettler – DruckVerlag Kettler GmbH

Buchbinder / Bookbinder:
Integralis Buchbinderei

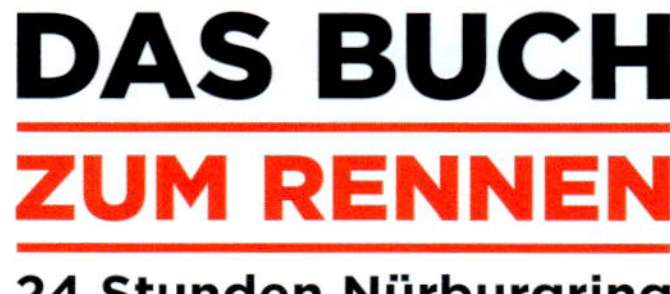

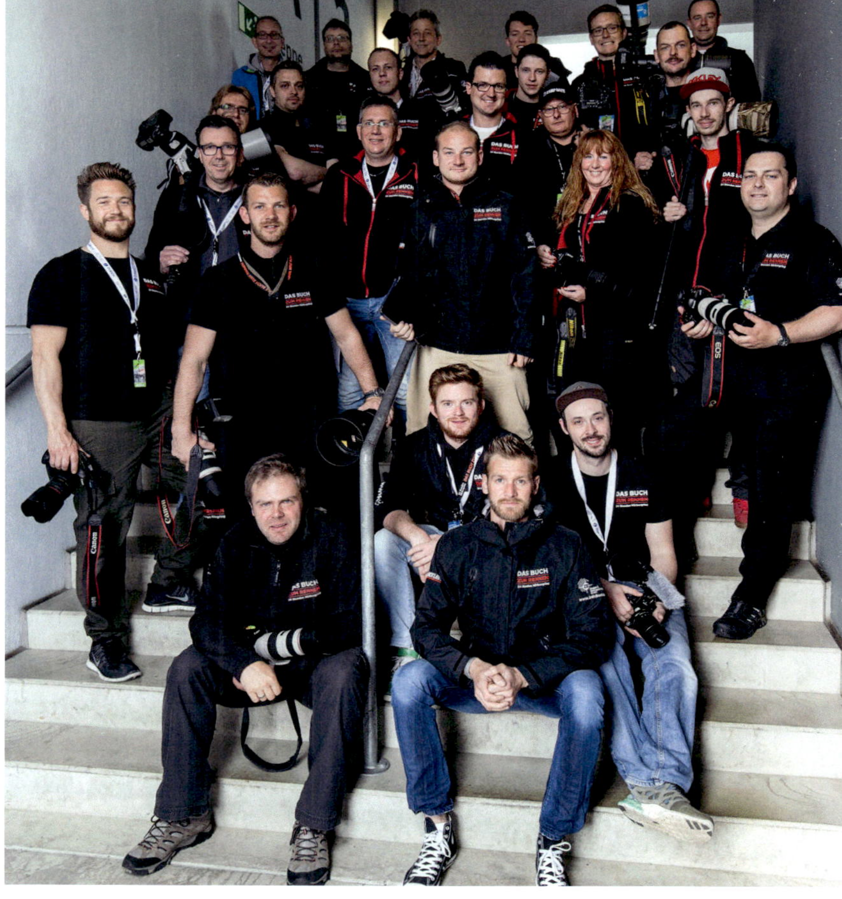

Printed and bound in Germany, **ISBN 978-3-928540-84-1**

Einige Abbildungen sind aus Privathand und deren Ursprung konnte nicht mehr ermittelt werden.

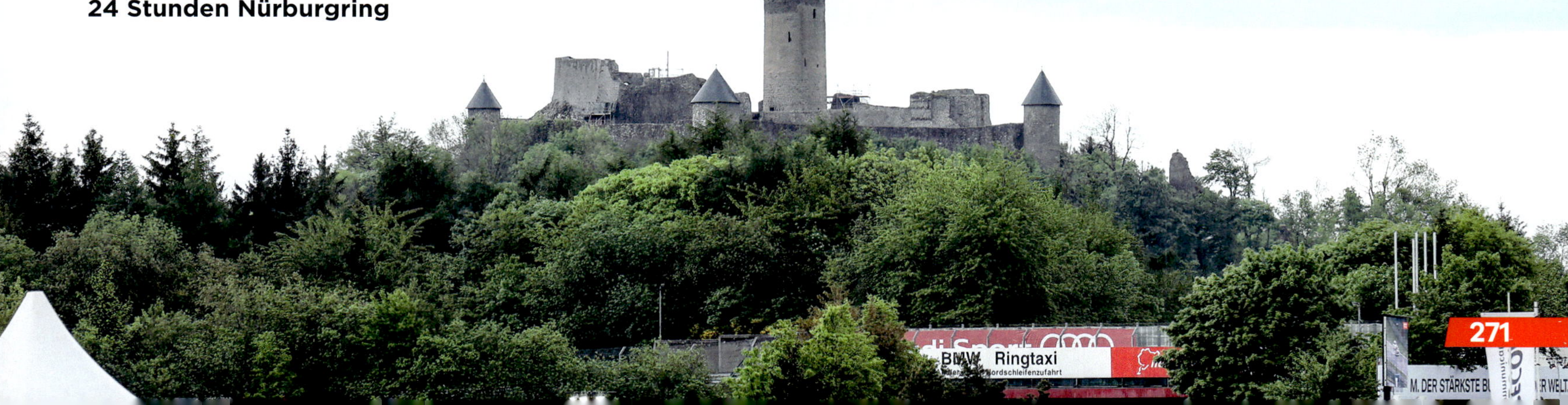

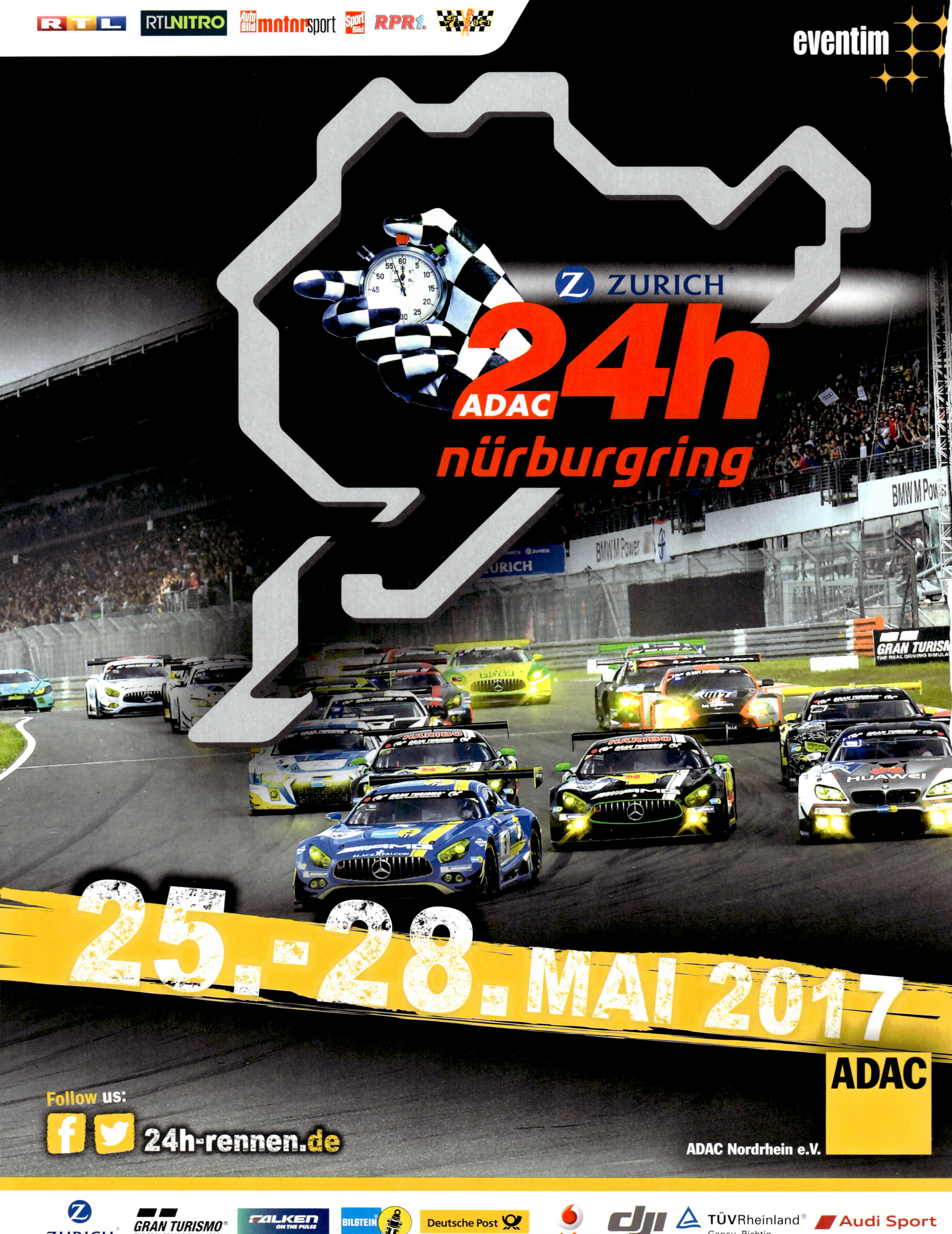
RTL
RTL NITRO
Auto Bild motorsport
Sport Bild
RPR1.
eventim
ZURICH
ADAC 24h
nürburgring
25.-28. MAI 2017
ADAC
Follow us:
24h-rennen.de
ADAC Nordrhein e.V.
ZURICH
GRAN TURISMO
THE REAL DRIVING SIMULATOR
FALKEN
ON THE PULSE
BILSTEIN
Deutsche Post
vodafone
dji
TÜVRheinland
Genau. Richtig.
Audi Sport